Heinrich Fürst / Gregor Geiger

IM LAND DES HERRN

Ein franziskanischer Pilger-
und Reiseführer für das Heilige Land

W0231287

Nihil obstat quominus imprimatur
Fr. Pierbattista Pizzaballa ofm, Custos Terrae Sanctae
Datum Hierosolymis e Conventu SS. Salvatoris
Martiae Calendae 2015

Bibliografische Information der Deutschen Bibliothek
Die Deutsche Bibliothek verzeichnet diese Publikation in der Deutschen
Nationalbibliografie; detaillierte bibliografische Daten sind im Internet über
http://dnb.ddb.de abrufbar.

ClimatePartner **O** | Zertifikatsnummer:
klimaneutral | 53323-1507-1004
| www.climatepartner.com

Einheitsübersetzung der Heiligen Schrift
© 1980 Katholische Bibelanstalt, Stuttgart

Umschlaggrafik: Christian Knaak, Dortmund
Umschlagsfoto: Br. Petrus Schüler ofm, Jerusalem

ISBN 978-3-89710-613-0

© 2015 by Bonifatius GmbH Druck · Buch · Verlag Paderborn

Gesamtherstellung: Bonifatius GmbH Druck · Buch · Verlag Paderborn

INHALT

Inhalt 5
Vorwort der ersten Auflage 14
Vorwort der fünften Auflage 15
Hinweis zur Schreibung der Ortsnamen 19

Geschichte und Gegenwart **20**
Geschichte des Heiligen Landes in Zahlen und Stichworten . 20

Religionen im Heiligen Land **38**
Die christlichen Kirchen 38
Die lateinische Kirche 40
Die Ostkirchen 43
a) Die altorientalischen Kirchen 43
b) Die orthodoxen Kirchen 47
c) Die unierten oder katholischen Ostkirchen 49
Die Kirchen der Reformation 53
Ökumene 53
Das Judentum 56
Die Samaritaner 60
Der Islam 61
Die Drusen 65
Die Bahai 66
Religion und Staat 67

1. **Tel Aviv und Umgebung** **69**
    Lod 69
    Ramle 71
    Tel Aviv-Jaffa 72
    Afek/Antipatris 78

2. **Von Tel Aviv nach Haifa** **80**
    Cäsarea 80
    Dor 90

3. **Haifa und das Karmelgebirge** **92**
    Haifa 92
    Der Karmel und die Karmeliten 94
    Muhraka 97

4. **Von Haifa über Akko zur libanesischen Grenze** **101**
    Akko 101

5. **Nazaret** **111**
   Die Verkündigungskirche 114
   Die Umgebung der Verkündigungskirche 124
   Die Synagogenkirche 126
   Der Marienbrunnen und die Gabrielskirche 127
   Das moderne Nazaret 128

6. **Von Nazaret nach Westen (Richtung Haifa)** **131**

7. **Von Nazaret nach Nordwesten (Richtung Akko)** **135**
   Sepphoris 135

8. **Von Nazaret nach Osten (Richtung See Gennesaret)** **143**
   Kana 143

9. **Obergaliläa** **152**
   Entlang der libanesischen Grenze 152
   Von Safed nach Naharija 154
   Von Chorazin nach Akko 161

10. **Um den See Gennesaret** **163**
    Bootsfahrt über den See 164
    Tiberias 165
    Magdala 170
    Der Berg der Seligpreisungen 174
    Tabgha 177
    Kafarnaum 186
    Chorazin 198
    Betsaida 199
    Kursi 203
    Hippos 206
    Hammat Gader 207

11. **Vom See Gennesaret nach Norden (Hule-Ebene)** **210**
    Hazor 211
    Dan 215

12. **Der Golan** **218**
    Banjas 219
    Gamla 224

13. Von Nazaret nach Süden (Jesreel-Ebene) **226**
Naïn 226
Der Berg Tabor 230
Jesreel 238
Bet Alfa 241
Megiddo 242

14. Das nördliche Samarien **246**
Samaria/Sebaste 251

15. Sichem/Nablus **257**
Der Jakobsbrunnen 261
Tell Balata 265
Das Josefsgrab 266
Die Altstadt 266
Der Berg Garizim und die Samaritaner 267

16. Zwischen Nablus und Ramallah **273**
Schilo 274
Bet-El 280

17. Ramallah und Umgebung **284**
Gibeon 286
Nabi Samuil 288
Emmaus/Qubeibe – Diskussion um das biblische Emmaus . 291
Modeïn 298
Zwischen Ramallah und Jerusalem 300

18. Durch das Jordantal **304**
Das Jordantal (westliche Seite) 304
Belvoir 305
Bet-Schean 307
Zwischen Bet-Schean und Jericho 312
Die Taufstelle (westliche Seite) 318

19. Jericho **323**
Das alttestamentliche Jericho 324
Das herodianische Jericho 327
Das byzantinische Jericho 329
Der Berg der Versuchung 331

20. Von Jericho nach Jerusalem **335**
    Wadi Kelt 336
    Die Wüstenklöster 337
    Nabi Musa und die Buqea 340
    Die Herberge des Barmherzigen Samariters 342

21. Jerusalem **345**

22. Die Grabes- und Auferstehungskirche **349**
    Die Geschichte der Grabeskirche 349
    Das Äußere der Basilika 363
    Die Erscheinungskapelle 365
    Der Chorumgang 367
    Die Helenakapelle 368
    Die Kapelle der Kreuzauffindung 370
    Golgota 370
    Der Salbungsstein 375
    Die Rotunde (Anastasis) und das Heilige Grab ... 376
    Das Presbyterium (Katholikon) 380

23. Das moslemische Viertel und die Via Dolorosa **381**
    Das Stefans- oder Löwentor 381
    Der Betesdateich und die St.-Anna-Kirche 383
    Die Burg Antonia (Prätorium?) 389
    Die Flagellatio 393
    Der Kreuzweg 396
    Vom Damaskustor zum Stefanstor 407

24. Das christliche Viertel **411**

25. Das jüdische Viertel **418**
    Die Westmauer (Klagemauer) 418
    Religiöse Ausdrucksformen der Juden 421
    Das Ausgrabungsareal (Davidson Center) 429
    Das jüdische Viertel 431

26. Der Tempelberg/al-Haram asch-Scharif **436**
    Geschichte 436
    Besichtigung 445
    Die al-Aqsa-Moschee 445
    Der Felsendom 447
    Das Goldene Tor 450

27. Das armenische Viertel **455**
  Die Zitadelle (Herodesburg oder Davidsturm) 455
  Die syrisch-orthodoxe Markuskirche 459
  Die Jakobuskathedrale und das armenische Patriarchat 460

28. Der Berg Zion **463**
  Der Abendmahlssaal 464
  Das Davidsgrab 472
  Die Dormitio (Entschlafung Mariens) 475
  St. Peter beim Hahnenschrei (in Gallicantu) 480

29. Der Ölberg und das obere Kidrontal **485**
  Die drei Ölberggipfel 485
  Das Heiligtum der Himmelfahrt Christi 489
  Die Eleona (Paternosterkirche) 491
  Die jüdischen Friedhöfe und das Tal Joschafat 494
  Dominus Flevit 496
  Die russisch-orthodoxe Magdalenenkirche 498
  Der Garten Getsemani und die Getsemanibasilika 499
  Das Mariengrab 503
  Betfage 509
  Betanien 511

30. Das untere Kidrontal und die Davidstadt **516**
  Die antiken Grabmonumente 516
  Silwan 519
  Die Davidstadt 520
  Die Gihonquelle 523
  Der Schiloachteich 527
  Das untere Stadttal (Tyropoiontal) 530
  Das untere Hinnomtal und der Berg des Bösen Rates 531

31. Jerusalem nördlich der Altstadt **533**
  Außerhalb des Neuen Tors 533
  Außerhalb des Damaskustors 534
  Außerhalb des Herodestors 538

32. Der Westen Jerusalems **540**
Das Kreuzkloster 543
Das Israel-Museum 544
Die Menora 548
Yad Vashem 551
Ain Karim/Ein Kerem 552
Die Geburtskirche Johannes' des Täufers 553
Die Kirche Mariä Heimsuchung (Visitatio) 556
Die Chagall-Fenster in der Synagoge der Hadassaklinik 559
St. Johannes in der Wüste 561

33. Zwischen Jerusalem und Betlehem **563**

34. Betlehem und Umgebung **569**
Die Geburtskirche 571
Das Rahelgrab 587
Bet Sahur und die Hirtenfelder 589
Das Theodosiuskloster und Mar Saba 594
Die Teiche Salomos und der Hortus Conclusus 596
Herodion 598
St. Chariton und Tekoa 600

35. Hebron und Umgebung **603**
Der Philippusbrunnen 603
Bani Naïm 605
Hebron 609

36. Von Jerusalem nach Tel Aviv **622**
Abu Gosch (Emmaus?) 623
Amwas (Emmaus/Nikopolis) und Latrun 624

37. Die Schefela und das Philisterland **627**
Zora und Eschtaol 628
Bet-Schemesch 629
Bet Dschemal 631
Ekron 633
Aseka, Socho und Adullam 634
Gat 638
Bet Guvrin/Marescha 641
Lachisch 643
Javne 644
Aschkelon 647
Gaza 648

38. Am Toten Meer (Westseite) **652**

Das Tote Meer 652

Die Wüste 653

Qumran 654

Zwischen Qumran und En-Gedi 659

En-Gedi 661

Zwischen En-Gedi und Massada 664

Massada 665

Das Tote Meer (Südteil) 670

Sodom 670

39. Der Negev **674**

Arad 675

Beerscheba 676

Die Nabatäerstädte 679

Der Exodus 685

Der südliche Negev 687

Die Arava 688

40. Der Sinai **693**

Die Ebene ar-Raha (die Rast) 694

Das Katharinenkloster 698

Der Moseberg 703

Der Katharinenberg 708

Kadesch-Barnea 710

41. Jordanien **712**

Das Jordantal (östliche/jordanische Seite) 714

Die Taufstelle (jordanische Seite) 720

Amman 724

Gerasa (Jarasch) 728

Gadara (Umm Qais) 733

Umm al-Dschimal 734

Die Wege in den Süden 736

Heschbon 738

Madaba 740

Der Berg Nebo 744

Machärus 755

Umm ar-Rasas 761

Kerak 765

Petra 769

Aqaba 777

42. Abschluss und Anhänge **779**
Ausgewählte Literatur 780
Die deutschsprachigen Kommissariate des Hl. Landes 781
Bildnachweis 781
Index der Bibelstellen 782
Index der Ortsnamen 797
Buslinien 815
Öffnungszeiten 820

Bild- und Kartenteil (Tafeln)
Das Grab Jesu I
Karte des Heiligen Landes: der Norden II
Karte des Heiligen Landes: der Süden III
Die Madabakarte IV
Karte von Galiläa V
Nazaret: Stadtplan VI
Nazaret: Archäologischer Plan der Verkündigungskirche   VII
Nazaret: Deutsche Mariendarstellung VIII
Berg Tabor: Gemälde von David Roberts .... IXa
Berg Tabor: Archäologischer Plan .... IXb
Tabgha: Mosaik der Brotvermehrungskirche .... Xa
Tabgha: Primatskapelle .... Xb
Kafarnaum: Archäologischer Plan XI
Kafarnaum: Rekonstruktion des Petrushauses .... XIIa
Kafarnaum: Historische Luftaufnahme .... XIIb
Kafarnaum: Prozession durch die Ruinen .... XIIIa
Akko (Altstadt): Stadtplan .... XIIIb
Jerusalem: Stadtplan Westen XIV
Jerusalem: Stadtplan Osten XV
Jerusalem: Stadtplan Altstadt XVI
Jerusalem nach der Madabakarte .... XVIIa
Blick auf Jerusalem vom Ölberg (Dominus Flevit) ... XVIIb
Grabeskirche: Übersichtsplan XVIII
Grabeskirche: die konstantinische Basilika .... XIXa
Grabeskirche: die Kreuzfahrerkirche .... XIXb
Grabeskirche: der heutige Bau .... XXa
Grabeskirche: Osterfeuer .... XXb
Grabeskirche: Prozession am Gründonnerstag XXI
Via Dolorosa: Übersichtsplan .... XXIIa
Oberes Kidrontal: Übersichtsplan .... XXIIb
Berg Zion: Übersichtsplan XXIII

Abendmahlssaal: Besuch von Papst Benedikt XVI ...   XXIVa

Jerusalem: Palmsonntagsprozession ....   XXIVb

Betanien: Archäologischer Plan ....   XXVa

Himmelfahrtskapelle/-moschee ....   XXVb

Betlehem: Stadtplan   XXVI

Betlehem: Übersichtsplan Geburtskirche   XXVII

Betlehem: Grotten unter der Geburtskirche .... XXVIIIa

Betlehem: Geburtsgrotte .... XXVIIIb

Betlehem: Einzug des Patriarchen an Weihnachten ...   XXIXa

Betlehem: Ökumene ....   XXIXb

Jaffa (Altstadt): Stadtplan   XXX

Sinai: Blick über die Wüstenlandschaft ....   XXXIa

Sinai: Das Katharinenkloster ....   XXXIb

Negev: Die Wüste Paran ....   XXXIIa

Machärus: Rekonstruktion des Herodespalastes ....   XXXIIb

Vorwort der ersten Auflage

Die Beauftragten (*Kommissare* im ursprünglichen Sinn des lateinischen Wortes) des Heiligen Landes der deutschsprachigen Franzis-
kanerprovinzen legen hiermit einen neuen Pilgerführer für das Heilige Land vor. Zwar gibt es eine Menge und auch gute Israel-Führer,
aber die religiöse Seite dieses einzigartigen Landes, die den christlichen Pilger eigentlich interessiert, kommt doch meist zu kurz. Es
versteht sich von selbst, daß ein Pilgerführer sich nicht auf die Grenzen des Staates Israel beschränkt, sondern eigentlich das Land im
Blick hat, in dem „der unsichtbare Gott die Menschen wie Freunde
angeredet und mit ihnen verkehrt hat" (2. Vatikanisches Konzil,
Über die göttliche Offenbarung), und das so die Wiege der drei großen monotheistischen Religionen geworden ist.
Es sollte eine alte Tradition fortgeführt werden, die mit dem elsässi-
schen Franziskaner P. Barnabas Meistermann begann. Er veröffentlichte im Jahr 1906 in Paris seinen *Guide de Terre Sainte,* der 1913
in Trier und München auch in deutscher Sprache in der Bearbeitung
durch den Franziskaner P. Dr. Engelbert Huber unter dem Titel erschien: *Durch's Heilige Land. Führer für Pilger und Reisende.* Dieser Führer wurde auch in andere Sprachen übersetzt und erlebte in
den Jahren vor und nach dem zweiten Weltkrieg weitere deutsche
Auflagen in den Neubearbeitungen von P. Oderich Stenner und P.
Hyazinth M. Wilmes (zuletzt 1978). P. Januarius Grewe und der israelische Pilgerführer Gershon Monar brachten 1982 noch leichte
Verbesserungen und Ergänzungen an; seitdem ist der Text unverändert geblieben. So bedurfte dieses verdienstvolle Werk dringend einer durchgehenden Neubearbeitung, da es in keinem anderen Land
so viele neue Erkenntnisse in Archäologie und Geschichte gibt wie
im „Heiligen Land", neue Einsichten in die Bibel nicht zu vergessen. Diese Neubearbeitung wird nun vorgelegt in der Hoffnung, daß
sie in einer breiten Öffentlichkeit ähnliches Gefallen findet wie die
früheren Editionen.
Gegenüber früheren Bearbeitungen dieses Führers wurden über die
Orte der Evangelien hinaus viele Orte und Geschehnisse des Alten Testaments ausdrücklich einbezogen, weil sich erfreulicherweise
der Blick der Christen auf das Alte Testament geweitet hat. Sinai
und jordanische Höhepunkte sollten vom Pilger nicht nur als land-
schaftliche und touristische Leckerbissen erlebt werden. Es sind zugleich Stationen an dem Weg, auf dem das Volk Israel ins „Gelobte
Land" heraufgezogen ist, und sie werden nicht selten durch eine
ruhmvolle christliche Tradition empfohlen, die in Kirchen und Mosaiken wieder zutage tritt. An bestimmten Brennpunkten wurde versucht, auch jüdische und islamische Geschichte und Frömmigkeit
näher zu bringen. Nicht zuletzt sollte diese Neubearbeitung auch

Einzelreisenden helfen, die religiösen Zeugnisse dieses besonderen Landes zu entdecken, ein Anliegen, das im Werk des P. Meistermann sogar ganz im Vordergrund stand.

Franziskanischer Tradition entspricht es, daß der Führer keine speziellen Kenntnisse in Geschichte und Theologie voraussetzt, sondern von einem interessierten Christen verstanden werden kann. Fremdwörter und Begriffe anderer und früherer Kulturen ließen sich dabei nicht vermeiden; ihnen begegnet der Reisende auf Schritt und Tritt. Ein Führer hat ja gerade die Aufgabe, an Ungewöhnliches heranzuführen und es möglichst gut zu vermitteln. Wie weit dies gelungen ist, muß der geplagte und doch wissensdurstige Leser entscheiden.

Schließlich bleibt dem Autor die angenehme Pflicht, mehreren Mitbrüdern aufrichtigen Dank zu sagen. Dies gilt in ganz außerordentlicher Weise den Beauftragten für das Heilige Land in Werl und in München, P. Werner Mertens und P. Dr. Raynald Wagner, die unendliche Geduld aufbringen mußten und weder Zeit, Mühen noch Kosten gescheut haben, mich mit den benötigten Informationen zu versorgen und schließlich an der endgültigen Gestaltung des Führers selber mit Hand angelegt haben. Die Zusammenstellung der Adressen und Öffnungszeiten hat überhaupt P. Werner Mertens beigesteuert; P. Raynald Wagner hat sich dem wenig begehrten Geschäft der Korrekturen und der Register gewidmet. Ein spezieller Dank sei dem Mitbruder P. Dr. Sigfried Grän gesagt, der die beziehungsreichen Chagall-Glasgemälde in der Jerusalemer Hadassah-Klinik kompetent und dennoch für den einfachen Leser verständlich gedeutet hat, und P. Gregor Geiger, der sich des ins Abseits geratenen Damaskus angenommen hat. Der neue Führer ist ein Gemeinschaftswerk. Ganz besonders danke ich schließlich dem Dietrich-Coelde-Verlag in Werl, der dem Orden bis heute verbunden ist, für die kompetente Betreuung und Ausstattung dieses lang ersehnten Verlagsobjektes durch Herrn Stephan Gutowski. Da auch dieser Führer da und dort schon wieder überholt sein wird, wenn er auf dem Buchmarkt erscheint, sind Verlag und Autor dem Leser für Hinweise und Verbesserungen dankbar.

P. Dr. Heinrich Fürst

Vorwort der fünften Auflage

Über fünfzehn Jahre sind vergangen, seit 1999 der Pilgerführer für das Heilige Land von Heinrich Fürst erschienen ist. Die weiteren drei Auflagen waren unverändert, abgesehen von der Korrektur einiger Druckfehler. Schon 2001 hat mir P. Heinrich das Manuskript

des Pilgerführers mit der Bitte überlassen, eine Neubearbeitung vor-
zubereiten, wenn die Zeit dafür reif ist. Sehr gerne habe ich diese
Aufgabe übernommen. Bei der Arbeit habe ich freilich gemerkt,
dass sie eine größere Herausforderung war, als ich gedacht hätte. P.
Heinrich hat sowohl eine unendliche Fülle von Informationen zu
Details als auch Hintergrundinformationen aus den verschiedensten
Bereichen zusammengetragen. Oft habe ich mich gefragt, wie er das
gemacht hat, bevor es das Internet gab. Wenn ich daran Hand anle-
ge, komme ich mir wie der junge David vor, der, in Sauls Rüstung
gesteckt, darin nicht gehen konnte (1 Sam 17,39).
Es sei mir gestattet, P. Heinrich nicht nur meine Anerkennung für
dieses Meisterwerk auszusprechen, sondern dies mit einem persönli-
chen Dank zu verbinden. Er war in meinen ersten Jahren als Franziskaner der Provinzial der Bayerischen Franziskanerprovinz, von
ihm habe ich 1988 den Franziskanerhabit empfangen, in seine Hände habe ich 1995 meine Ewigen Gelübde abgelegt. Ich verdanke
ihm persönlich sehr viel.
P. Heinrich, 1929 in Gößweinstein (Oberfranken) geboren, war pro-
movierter Neutestamentler. Während mehrerer längerer Aufenthalte
im Heiligen Land – als Student, als Dozent, in Leitungsfunktionen
des Ordens und als Pilgerführer – konnte er sich umfassende Kenntnisse des Landes erwerben und diese weitergeben. Seinen Wunsch,
die Neuauflage des Führers zu erleben, konnte ich ihm leider nicht
erfüllen. Er verstarb am 4. September 2014 im Franziskanerkloster
Vierzehnheiligen (Oberfranken), RIP.
Ich selbst habe das Heilige Land während eines Studienaufenthaltes
1992-93 kennengelernt, seit 1999 lebe ich in Jerusalem, seit 2002
unterrichte ich am *Studium Biblicum Franciscanum,* dem franziskanischen Bibelstudium, in der Flagellatio (Geißelungskloster) in Jerusalem. Mein Fachgebiet ist die hebräische Sprachwissenschaft – ich
hoffe, Leserinnen und Leser durch Worterklärungen nicht allzu sehr
zu langweilen.
P. Heinrich und ich gehören verschiedenen Generationen an. Seinen
unnachahmlichen, zuweilen fast barocken Schreibstil habe ich teils
behutsam den Schreibgewohnheiten des 21. Jahrhunderts anzupassen versucht, teils vermochte ich der Versuchung, ihn zu imitieren,
nicht zu widerstehen.

Die Hauptunterschiede zur ersten Auflage sind: Am augenfälligsten
ist eine Umstellung von Teilen des Gesamtaufbaus. P. Heinrich hat
das Buch in Routen gegliedert. Die Wegbeschreibungen gingen dabei von Entfernungsangaben vom Ausgangspunkt aus. Erfahrungen
mit dem Buch – meine eigenen, aber auch die anderer Nutzer – haben gezeigt, dass das nicht immer praktisch ist. Für Besucher, die in
Gruppen unterwegs sind, sind die Kilometerangaben nicht sehr in-

teressant. Wer sich dagegen auf eigene Faust auf den Weg macht, wird die Orte nicht immer in der vorgeschlagenen Reihenfolge besuchen. Dazu kommt, daß die Wegbeschreibungen von vor fünfzehn Jahren oft nicht mehr stimmen. Neue Straßen wurden gebaut, andere sind nicht mehr passierbar.

Die Wege in Israel sind jetzt meistens entsprechend der Straßenbeschilderung beschrieben, deren Orientierungspunkte oft namentlich benannte Kreuzungen sind. In Palästina fehlen Straßenschilder oft ganz oder sind nicht aktuell. Manchmal ist die einzige Möglichkeit, sich von hilfsbereiten Passanten den Weg weisen zu lassen. Wer in einer Reisegruppe das Land besucht, hat solche Probleme natürlich nicht. Einzelreisende werden hoffentlich mit Hilfe dieses Buches und einer aktuellen Landkarte die Orte ohne Probleme finden. Zahlreiche Querverweise und ein ausführlicher Index mögen die Orientierung im Buch erleichtern.

Nicht nur im Bereich der Straßen geht die Entwicklung weiter. Neue oder wieder aufgenommene Ausgrabungen sind Legion. Neue Orte sind entdeckt oder zugänglich gemacht worden. Aber auch in anderen Wissensbereichen gibt es Fortschritte, denen hier Rechnung getragen ist. Das Kapitel über Syrien habe ich gestrichen. Wer weiß, wie es dort jetzt und in naher Zukunft aussieht?

Dieser Pilgerführer für das Heilige Land ist ein franziskanischer Pilgerführer, nicht nur, weil er von zwei Franziskanern verfasst wurde und weil von Franziskanern betreute heilige Stätten und franziskanische Geschichte ausführlich beschrieben werden. Das Buch ist ein Gemeinschaftswerk – nicht nur der beiden Autoren, sondern vieler Mitbrüder, Freunde und Mitarbeiter der franziskanischen Ordensfamilie.

An erster Stelle möchte ich Br. Petrus Schüler danken. Er hat mich auf vielen Ortsterminen begleitet, dabei manche verschlossene Tür geöffnet und mich mit einer Menge von Informationen versorgt, mit ganz aktuellen oder auch mit schwer zugänglichen. Viel verdanke ich der Kompetenz meiner Mitbrüder und Kollegen vom Studium Biblicum Franciscanum; zwei seien genannt: An P. Eugenio Alliata habe ich mich auch mit außergewöhnlichen Fragen wenden können; wenn es eine Antwort gibt, hat er sie gewusst oder gefunden. Außerdem hat er mir seine umfangreiche Sammlung von Plänen und Karten zur Verfügung gestellt. P. Pietro Kaswalder† hat sein umfangreiches Wissen in Exkursionen an Studenten und Kollegen weitergegeben; aus seinen Führungen, Vorlesungsskripten und Veröffentlichungen habe ich viel gelernt. Stefan Polt und Bernardin Rolf Höhn, zwei Kenner und Freunde des Heiligen Landes, haben das Manuskript korrigiert, B. Höhn hat auch zwei das Judentum betreffende Abschnitte (Klagemauer und Safed) neu geschrieben. Jochen und

Mariell Winter haben mich auf vielen Besuchen begleitet und mir zahlreiche interessante Hinweise gegeben. P. Werner Mertens, der Kommissar des Heiligen Landes der deutschen Franziskanerprovinz, hat die Arbeit von Deutschland aus begleitet, für die Finanzierung gesorgt und mit heilsamer Hartnäckigkeit dafür gesorgt, dass dieses Buch überhaupt fertig wurde. Einen interreligiösen Dank an David Goldblatt, Jawad Sharabati und Benedikt Poller, die als Angehörige der jeweiligen Religion die Abschnitte über das Judentum, den Islam und die Bahai gelesen und kommentiert haben. Für technische Unterstützung danke ich den Mitarbeitern des Fotoarchivs der Kustodie (Marie-Armelle Beaulieu und Marc Homedes Palau) und des technischen Büros der Kustodie (P. Sergey Loktionov, Ettore Soranzo und Alice Sartori). Noch viele andere haben zum Gelingen des Buches beigetragen; herzlichen Dank an P. Raynald Wagner, Br. René Walke, P. Gottfried Egger, Gianantonio Urbani, Bärbel Schöneweiß-Mering und Karin Dengler.

Einige Nutzer der bisherigen Auflage haben kritisiert, sie enthalte zu viele Detailinformationen. Ich habe mir diese durchaus berechtigte Kritik nicht zu Herzen genommen, bin vielleicht sogar noch weitergegangen. Das Buch enthält mehr als die meisten Pilger- oder Touristenführer – für den, der kurz gefasste Informationen für einen ersten Besuch im Heiligen Land sucht, vielleicht zu viel. Wer aber seine Kenntnisse vertiefen möchte, wer daheim noch einmal nachlesen möchte, wer das Land schon kennt, wer Bibelerklärungen an Ort und Stelle sucht oder wer als Pilgerführer eine Fahrt vorbereitet, wird hier hoffentlich auf seine Kosten kommen. Dass das Buch dadurch etwas unhandlich geworden ist und nicht in eine Hosen-, Hand- oder Kuttentasche passt, musste in Kauf genommen werden.
Eine persönliche Leidenschaft (und Empfehlung) von mir konnte ich kaum mit aufnehmen: das Heilige Land zu Fuß zu erkunden. Kurze Hinweise fanden sich schon in der ersten Auflage, einige sind hinzugekommen. Für die Organisation längerer Wanderungen muss man dagegen auf englische oder hebräische Veröffentlichungen ausweichen oder – zu empfehlen – auf die Begleitung eines Ortskundigen.

Dass so ein Buch an manchen Stellen schon veraltet ist, wenn es gedruckt erscheint, liegt in der Natur der Sache. Trotz größtmöglicher Sorgfalt wird mir manche Ungenauigkeit, mancher Fehler unterlaufen sein. Für jeden diesbezüglichen Hinweis ist der Autor dankbar – bitte an: gregor.geiger@franziskaner.de.

Jerusalem, Sonntag Laetare 2015   P. Dr. Gregor Geiger

Hinweis zur Schreibung der Ortsnamen

Bei der Schreibweise der Namen muss man sich auf beinahe alles gefasst machen. Die beiden Landessprachen des Heiligen Landes, Hebräisch und Arabisch, sind orientalische (semitische) Sprachen. Beide haben eine eigene Schrift. Beide werden von rechts nach links geschrieben. Beide haben Laute, für die es im Deutschen keine genaue Entsprechung gibt. Beide deuten Vokale (Selbstlaute) in der Schrift nur an, da in beiden Sprachen die Vokale größeren Veränderungen unterworfen sind, als dies in den europäischen Sprachen der Fall ist. All das spiegelt sich in den verschiedenen Schreibweisen wieder, die man oft für ein und denselben Namen findet. Es gibt kein allgemein anerkanntes Umschriftsystem; oft schreibt man ungefähr so, wie man hört, wobei natürlich ein Deutscher anders schreibt als ein Englischsprachiger oder ein Sprecher einer anderen Sprache. Manche Namen sind sehr alt und haben sich im Laufe der Zeit nur allmählich geändert; andere Orte haben dagegen mehrere ganz verschiedene Namen, vor allem wenn die Bevölkerung oder deren Sprache gewechselt hat. Viele Namen sind uns aus der Bibel geläufig, und zwar in der Gestalt, wie sie die Übersetzer der Bibel ins Griechische oder Lateinische – diese Sprachen schreiben Vokale – vor 2000 Jahren wiedergegeben haben. Auf diese Weise sind uns alte Formen von Namen geläufig, die sich dagegen in den Landessprachen im Laufe der Zeit geändert haben.

Bei biblischen Namen gingen wir in der Regel von der Schreibweise der deutschen Einheitsübersetzung der Bibel aus. Die anderen Namen sind ungefähr so wiedergegeben, wie man sie auf Deutsch schreiben würde. Auf Sonderzeichen, Punkte oder Striche über oder unter den Buchstaben, wie sie in der wissenschaftlichen Literatur üblich sind, wurde verzichtet. Dagegen folgen wir bei Wegbeschreibungen, vor allem bei den Namen der Kreuzungen, der hauptsächlich auf dem englischen Lautsystem basierenden Umschrift, wie sie auf israelischen oder arabischen Wegweisern und Landkarten üblich ist (auch sie sind freilich nicht einheitlich). Einige Male wird eine Betonung, die für deutsche Ohren ungewöhnlich ist, durch einen Akzent wiedergegeben. So schreiben wir *Nazaret,* obwohl man im Land, internationalen Gepflogenheiten folgend, meistens *Nazareth* mit *th* liest. Die Israelis buchstabieren lieber *Nazerat,* aber auch *Natseret* und sogar *Natsrat* kommen vor, die Araber schreiben *an-Nasra*. Die *Esséner* tragen bisweilen einen Akzent, um sie von den Bewohnern der Stadt in Nordrhein-Westfalen zu unterscheiden. *Ein* und *Ain* heißen beide „Quelle", das eine ist hebräisch, das andere arabisch. *Ein Kerem* und *Ain Karim* meinen somit den gleichen Vorort von Jerusalem, der früher arabisch war und heute israelisch ist.

GESCHICHTE UND GEGENWART

Geschichte des Heiligen Landes in Zahlen und Stichworten

Die biblischen Altersangaben über die Urväter der Menschheit bis zur Sintflut, die Vorväter vor Abraham, die Zeit der Patriarchen und der Israeliten in Ägypten können nicht als historisch gewertet und zusammengezählt werden. Es sind offenkundig symbolische Zahlen, die antikem theologischem Denken entstammen. Der Kalender des Judentums gründet sich freilich auf eine Zusammenzählung alttestamentlicher Angaben. Demnach begann am jüdischen Neujahrsfest, am 25. September 2014, das Jahr 5775 seit Erschaffung der Welt. Da für die frühe Geschichte der Menschheit keine präzisen Jahreszahlen möglich sind, ist es üblich geworden, Zeitabschnitte der Vor- und Frühgeschichte nach auffälligen Errungenschaften zu benennen, bis man in Perioden gelangt, die für die eigentliche Geschichtswissenschaft zugänglich sind. Dies gilt insbesondere für die Archäologie, deren ältere Datierungen hauptsächlich auf dem Vergleich von Keramik beruhen. Demgemäß kann man eine geschichtliche Übersicht in folgender Weise gliedern:

JUNGSTEINZEIT (bis 4500 v.Chr.)
Der Mensch kennt und benutzt nur Steinwerkzeuge. In diese Zeit reichen die ältesten Funde von Jericho zurück.

KUPFERSTEINZEIT (4500–3000 v.Chr.)
Neben Steinwerkzeugen finden sich zunehmend Werkzeuge aus Kupfer, einem weichen Metall, das sich leicht bearbeiten lässt.

BRONZEZEIT (3000–1200 v.Chr.)
Die Menschen haben erkannt, dass man durch Beimischung anderer Metalle widerstandsfähigere Werkzeuge herstellen kann. Die Bronzezeit wird herkömmlich in drei Perioden unterteilt: *Frühe, Mittlere* und *Späte Bronzezeit*. In der Frühen Bronzezeit wurden die Pyramiden in Ägypten errichtet. Die Späte Bronzezeit reicht etwa von 1800 bis 1200 v.Chr.

um 1700   *Abraham* hauptsächlich in Mamre bei Hebron, *Isaak* bei Beerscheba, *Jakob* in Sichem und bei Bet-El. Man kommt zu diesem zeitlichen Ansatz durch einen Vergleich der biblischen Patriarchengeschichten mit den gut dokumentierten Verhältnissen zur Zeit des Königs Hammurabi in Babylonien (ca.1728–1686 v.Chr.).

um 1350   Die Kinder Israels in *ägyptischer Knechtschaft*.

um 1230   Auszug (*Exodus*) der Israeliten aus Ägypten unter
           Führung des *Mose* in den Sinai und den Negev. Der
           Auszug aus Ägypten wird mit Pharao Ramses II. (ca.
           1304–1237) oder seinem Sohn Merneptah (ca. 1236–
           1223) in Verbindung gebracht.

EISENZEIT (1200–600 v. Chr.)
Die neue Errungenschaft ist das Eisen, aus dem man bessere Geräte
und Waffen schmieden kann. In diese Zeit fällt die biblische Königszeit. Weite Teile des Alten Testamentes gehen auf diese Zeit
zurück.

1200–1100 *Einwanderung* der Stämme nach Kanaan, wie das Hei-
           lige Land damals heißt, vom Ostjordanland (Edom,
           Moab, Ammon) her. Die Stämme Ruben, Gad und ein
           Teil von Manasse lassen sich dort nieder. Die *Philister*
           werden, ebenso wie andere „Seevölker", von Ägypten
           abgedrängt und lassen sich an der Küste Kanaans
           nieder.

um 1100   Kanaan besteht in dieser Zeit aus *Stadtstaaten,* die je-
           weils ihren eigenen „König" haben. *Josua erobert Je-
           richo* und den Norden des Landes bis nach *Hazor.*
           Währenddessen dringen andere Stämme, namentlich
           Kaleb, der *Hebron* in seine Gewalt bringt, von Süden
           her ein. Die Israeliten haben in dieser Zeit noch keine
           stabile Organisation, sondern folgen nur in Notzeiten
           einem charismatischen Führer, *Richter* genannt, oft ei-
           nem Kriegshelden.

ca. 1020   Der *Richter Samuel* salbt im Kampf mit den Philistern
           den Helden *Saul* aus dem Stamm Benjamin zum ersten
           König (1020–1004). Er fällt mit seinen Söhnen auf
           den Gilboabergen.

1004–965   Die Stämme machen den Kriegshelden *David* aus dem
           Stamm Juda zum *König;* er erobert Jerusalem und
           macht es um 997 zur Hauptstadt, schafft ringsum Frie-
           den und überträgt seinem Sohn Salomo die Nachfolge.

965–928   *König Salomo* heiratet eine Tochter des Pharao, schafft
           eine neue Verwaltung und baut in Jerusalem den *Ers-
           ten Tempel.*

928–911   Rehabeam, Salomos Sohn und Nachfolger, gedenkt die
           Herrschaft weiter zu zentralisieren, aber ein Großteil
           der Stämme versagt ihm die Gefolgschaft und wählt
           Jeroboam, einen Beamten Salomos, zum König (928–
           907). Das Königreich zerfällt daraufhin in das *Süd-
           reich Juda* und das *Nordreich Israel.*

um 870	In Israel wird durch Isebel, die phönizische Frau des Königs Ahab, der phönizische Einfluss stärker. Der Prophet *Elija* kämpft gegen den Baalskult.
um 750	*Amos* und *Hosea* sind die ersten Propheten, deren Aussprüche schriftlich gesammelt werden und die daher als *Schriftpropheten* bezeichnet werden.
	In Griechenland wirkt der Dichter *Homer*; Rom wird gegründet (nach der Sage: 753)
735–701	Der *Prophet Jesaja,* der erste der „großen" Propheten: Er hat eine solche Wirkung, dass noch in der Babylonischen Gefangenschaft 200 Jahre später eine Schule seine Botschaft in seinem Namen weiterführt (Jes 40–56).
722	*Zerstörung Samarias* und des *Nordreiches Israel* durch die Assyrer. Teile der Bevölkerung werden in andere Länder verschleppt, *Heiden* (Nicht-Juden) dafür angesiedelt. Die religiöse Tradition im Norden des Landes vermischt sich mit der der Einwanderer, die *Samaritaner* entstehen.
701	Bei einer weiteren Strafexpedition der Assyrer gegen untreue Vasallen im Westen wird *Jerusalem belagert,* kann aber nicht erobert werden; die Assyrer ziehen wegen interner Schwierigkeiten ab, das Südreich bleibt tributpflichtig.
639–609	Der fromme *König Joschija* nutzt die Schwäche der Assyrer und erreicht größere Unabhängigkeit. Er führt die *deuteronomischen Reformen* durch, die hauptsächlich in das Buch Deuteronomium eingegangen sind.
612	Die Babylonier erobern die assyrische Hauptstadt Ninive und weiten ihre Macht nach Westen aus, wo sie mit dem ägyptischen Pharao Necho in Konflikt geraten. In Jerusalem entstehen zwei Parteien, eine Babylon- und eine Ägypten-freundliche.
609	König Joschija von Jerusalem stellt sich bei Megiddo dem Pharao entgegen und fällt im Kampf. Der *Prophet Jeremia* tritt auf und begleitet die turbulenten Jahrzehnte Jerusalems als Seher und Mahner. Der Pharao setzt mit Jojakim einen ihm genehmen König ein, der 598 während der Belagerung Jerusalems durch die Babylonier stirbt.
597	*Erste Deportation nach Babylon*: Der babylonische König Nebukadnezzar führt Jojakims Nachfolger Jojachin und einen Teil der Bevölkerung ins Exil nach Babylon. Unter den Deportierten wirkt der *Prophet Ezechiel* (592–571). In Jerusalem ist der neue König Zid-

kija zu schwach, um der Ägypten-freundlichen Partei zu widerstehen, und lässt sich zum Abfall von Babylon verleiten.

586   Nebukadnezzar erobert die Stadt und zerstört sie: Die Mauern werden geschleift, der *Tempel verbrannt* und ein noch größerer Teil der Bevölkerung in die Gefangenschaft weggeführt. *Jeremia* verweilt freiwillig bei den verarmten Zurückgebliebenen, die ihn dazu drängen, mit ihnen nach Ägypten auszuwandern.

PERSERZEIT (ca. 600 – 300 v. Chr.)

Die Epoche beginnt mit dem *Babylonischen Exil* (586 – 538), das archäologisch kaum fassbar ist, weil Jerusalem zerstört und verarmt daniederliegt. Aramäisch wird Gemeinsprache im Westteil des babylonischen Reiches.

539   Der *Perserkönig Kyrus* erobert Babylonien und ermöglicht im folgenden Jahr die *Rückkehr* aus dem Exil.

520 – 515   Auf Betreiben der Propheten Haggai und Sacharja wird in Jerusalem der Tempel wieder aufgebaut: der *Zweite Tempel*.

445   Dem Statthalter *Nehemia* gelingt die Stabilisierung Jerusalems und Judäas. Die Samaritaner bleiben ausgeschlossen, es kommt zur religiösen Trennung (Schisma) zwischen Juden und Samaritanern (vgl. S. 60).

HELLENISTISCHE ZEIT (ca. 300 v. Chr. – Zeitenwende)

336 – 323   *Alexander der Große* (356 – 323) besiegt die Perser und unterwirft 332 auch Palästina und Ägypten. Griechische Sprache und Kultur werden beherrschend, obwohl sich in Syrien und Palästina als Umgangssprache das Aramäische, unter Juden auch das Hebräische hält.

323   Nach dem Tod Alexanders fällt Palästina an die *Ptolemäer* in Ägypten, die eine tolerante Religionspolitik betreiben.

um 250   Juden übersetzen in *Alexandrien*, dem bedeutendsten Gelehrtenzentrum jener Zeit, die hebräische Bibel ins Griechische. Nach der legendären Zahl von 70 Übersetzern nennt man sie „Bibel der 70", lateinisch: *Septuaginta*. Sie wird später das *Alte Testament* der meisten christlichen Kirchen.

198   Schlacht bei Banjas. Palästina fällt an die syrischen *Seleukiden,* die Rivalen der Ptolemäer. König Antiochus IV. (175 – 164) und viele Juden versuchen, die jüdische Religion der Umwelt anzupassen.

167 *Aufstand der Makkabäer* gegen die Anpassung an die hellenistische Umwelt unter Führung des Judas Makkabäus (gefallen 161) und seines Bruders Jonatan, der Hoherpriester wird.

141 Der *Hohepriester Simeon* (143–135) wird von den Römern als politischer Führer anerkannt. Aus den priesterlichen Makkabäern wird das Königshaus der *Hasmonäer*.

134–76 Die Hasmonäer *Johannes Hyrkanus I.* (134–104) und *Alexander Jannai* (103–76) erweitern mit Eroberungen ihre Macht und betreiben, teils mit Gewalt, die *Judaisierung* von Idumäa, Samaria, Galiläa und den Gebieten jenseits des Jordans.

63 Der römische Feldherr *Pompeius* erobert das Heilige Land und setzt den Idumäer *Antipater* als Statthalter in Jerusalem ein.

40–4 *Herodes der Große*: Da die Parther Palästina überrannt haben, überlassen die Römer das Feld dem Idumäer Herodes und machen ihn zum König. Er muss sich sein Reich mühsam erobern. Vor seinem Tod teilt er sein Reich auf drei Söhne auf: *Archelaus* erhält Judäa, Samaria, Idumäa und dazu die Krone, *Antipas* wird „Vierfürst" von Galiläa und dem südlichen Ostjordanland (4 v.Chr.–39 n.Chr.), *Philippus* bekommt das nördliche Ostjordanland (4 v.Chr.–34 n.Chr.).

um 7 v.Chr. *Geburt Jesu Christi*.

RÖMERZEIT (Zeitenwende–300 n.Chr.)
Die Gemeinsprache bleibt weiterhin das Griechische.

6 n.Chr. Archelaos, der Sohn Herodes' des Großen, wird von Kaiser Augustus abgesetzt, Judäa ist fortan *römische Provinz*.

26–36 *Pontius Pilatus* Präfekt von Judäa.

um 30 *Kreuzestod Jesu*.

um 33 Steinigung des ersten Märtyrers *Stephanus*.

um 35 Bekehrung des *Paulus* vor Damaskus.

42 Enthauptung des Apostels *Jakobus* des Älteren.

um 49 Paulus mit Titus in Jerusalem, *Apostelkonzil*.

62 Der Hohepriester Hannas II. lässt den Herrenbruder *Jakobus* hinrichten.

66 *Zeloten* (jüdische „Eiferer") beginnen in Galiläa den *Ersten Jüdischen Aufstand* gegen die Römer. Die Christen ziehen sich nach Pella östlich des Jordans zurück, da ihnen die politisch-messianischen Hoffnungen der Zeloten fremd sind.

70	Eroberung und *Zerstörung Jerusalems* und des jüdischen Tempels durch den römischen Feldherrn Titus.
ca. 73–106	Simeon, ein Verwandter des Herrn, ist Bischof von Jerusalem; auch er stirbt als Märtyrer.
132–135	*Zweiter Jüdischer Aufstand* gegen die Römer unter Führung des *Simon bar Kochba* („Sternen-Sohn").
135	Die Juden werden aus Jerusalem ausgewiesen; davon sind die Judenchristen mitbetroffen. Jerusalem wird als heidnische Stadt Colonia *Aelia Capitolina* wiederaufgebaut.
um 160	Melito, Bischof von Sardes in Kleinasien, kommt nach Jerusalem, um „den Ort zu sehen, wo das Evangelium verkündet und vollbracht wurde", und hinterlässt den ältesten überlieferten Pilgerbericht.
um 165	Der gebildete Heidenchrist *Justinus* aus Neapolis (Nablus) erleidet in Rom den Martertod.
230–253	*Origenes,* zuerst Lehrer an der Theologenschule von Alexandria, lässt sich in Cäsarea am Meer nieder und besucht die heiligen Orte auch aus wissenschaftlicher Neugier.
303–310	Grausame Christenverfolgung in Cäsarea und Gaza.

BYZANTINISCHE ZEIT (ca. 300–600 n.Chr.)

313	*Kaiser Konstantin* macht den Christenverfolgungen ein Ende und erkennt das Christentum als gesetzmäßige Religion an.
326	Konstantin macht *Byzanz* zur Reichshauptstadt und benennt sie in *Konstantinopel* um.
313–339	*Eusebius,* Bischof von *Cäsarea,* „Vater der Kirchengeschichte", verfasst das erste geographische Handbuch zur Bibel.
314–333	Makarios Bischof von Jerusalem; er nimmt am Konzil von Nizäa teil, das 325 vor den Toren von Byzanz abgehalten wird.
326	*Kaiserin Helena* kommt nach Jerusalem, beseitigt am Golgotafelsen, am Grab Christi und in Betlehem die heidnischen Heiligtümer und errichtet mehrere Kirchen, darunter die über dem Grab Jesu.
330	Hilarion († 371), Schüler beim Mönchsvater Antonius in Ägypten, begründet in Maiuma bei Gaza das „palästinensiche Mönchtum".
333	Ein namentlich unbekannter *Pilger aus Bordeaux* besucht das Heilige Land und notiert die besuchten heiligen Stätten.

348–386   Der hl. *Cyrill* ist Bischof von Jerusalem. Er kommt in seinen erhaltenen Predigten mehrfach auf die heiligen Stätten zu sprechen.

360–363   Kaiser *Julian* (in christlichen Quellen „der Abtrünnige" genannt) versucht das Christentum zurückzudrängen, indem er die alten, heidnischen Kulte fördert. Der unter ihm geplante Wiederaufbau des jüdischen Tempels wird nicht verwirklicht.

375–377   Der Judenchrist Bischof *Epiphanius von Salamis* überliefert in seinem Werk „Arzneikasten" viele Nachrichten über die Kirche des Heiligen Landes.

378   Die römische Patrizierin *Melania* die Ältere kommt nach Jerusalem und stiftet ein Kloster auf dem *Ölberg,* wo Poimenia, ebenfalls eine vornehme Römerin, die Himmelfahrtskirche baut. Ihnen folgt 417 Melania die Jüngere, eine Enkelin der älteren Melania, und stiftet weitere Klöster auf dem Ölberg.

381–384   Die aus Spanien oder Frankreich stammende *Pilgerin Aetheria* (manchmal auch *Egeria* genannt) erforscht in mehreren Reisen von Jerusalem aus das Heilige Land; sie hinterlässt den ausführlichsten Pilgerbericht des Altertums.

385   Die römische Patrizierin *Paula* bereist mit ihrer Tochter *Eustochium* und weiteren vornehmen Damen das Heilige Land und stiftet Klöster in Betlehem.

386–420   Der gelehrte Reisebegleiter Paulas, *Hieronymus,* widmet sich in Betlehem bis zu seinem Tod der Erforschung der Bibel und ihrer Neuübersetzung ins Lateinische (genannt *Vulgata,* „die Volkstümliche").

441–460   Kaiserin *Eudokia* in Jerusalem; Errichtung der Basilika am Schiloachteich und der Stephanuskirche, vielleicht auch der Marienkirche am Betesdateich.

451   Auf dem *Konzil von Chalzedon* wird Jerusalem Patriarchensitz, dem die Provinzhauptstadt Cäsarea untergeordnet wird.

527–565   Die byzantinische Kultur erreicht unter Kaiser *Justinian* ihren Höhepunkt. Nach der Hagia Sophia und der Apostelkirche in Konstantinopel wird in Jerusalem die *Nea-Basilika* und auf dem Sinai die Verklärungsbasilika gebaut.

529   *Samaritaner* machen einen Aufstand gegen den Kaiser und zerstören viele Kirchen; zur Strafe lässt der Kaiser viele Samaritaner als Sklaven verkaufen.

(ERSTE) ARABISCHE PERIODE (600 – 1100).

614 Die *Perser* erobern und verwüsten das Land und verschleppen die Reliquie des Heiligen Kreuzes.

620 *Abt Modestus*, 632 – 634 Patriarch von Jerusalem, macht sich verdient um die Wiederherstellung des Heiligen Grabes.

628 *Kaiser Heraklius* besiegt die Perser und bringt um 630 die Kreuzesreliquie zurück.

636 Nach dem Sieg am Jarmuk dringt der muslimische *Kalif Omar* ins Heilige Land ein.

638 Patriarch *Sophronius* übergibt Jerusalem dem Kalifen. Der byzantinische Einfluss in Jerusalem geht zugunsten des einheimischen Klerus zurück.

700 – 750 *Johannes von Damaskus*, Mönch in Mar Saba, als Theologe, Dichter und Diplomat geschätzt.

724 – 727 *Willibald*, später Bischof von Eichstätt, besucht das Heilige Land und hinterlässt einen Pilgerbericht, der für die erste arabische Periode aufschlussreich ist.

730 Das *Bilderverbot* des Islam (Kalif Jasid II. im Jahr 720), das auch im Alten Testament zentral ist, wird durch Kaiser Leo III. der byzantinischen Kirche verordnet. Viele Mosaike werden durch *Ikonoklasten* („Bilder-Stürmer") beschädigt.

750 Die *Abbasiden* lösen die *Omaijaden*-Herrschaft ab und verlegen ihre Residenz von Damaskus nach Bagdad. Das Heilige Land gerät dadurch in eine Randlage.

797 Kaiser Karl der Große hat gute Beziehungen zum Kalifen Harun ar-Raschid von Bagdad und ermöglicht die Ausbesserung von Schäden des Erdbebens von 746 an der Kuppel der Grabeskirche.

869 Der *Ikonoklasmus* (Bildersturm) wird auf dem *Konzil von Konstantinopel* endgültig verurteilt.

878 Ahmed ibn-Tulun von Ägypten erobert vorübergehend das Heilige Land.

881 Patriarch Elias III. erbittet von König Karl III. von Ostfranken Unterstützung zur Reparatur von Kirchen.

969 Beim Wechsel von der Abbasiden-Herrschaft (Bagdad) zu der der Fatimiden (Kairo) wird die Grabeskirche beschädigt, aber bald wieder hergestellt.

1009 Der wahnhafte *Kalif al-Hakim* lässt viele Kirchen im Heiligen Land zerstören, darunter die Grabeskirche.

1054 *Kirchenspaltung* zwischen dem griechischen Patriarchat von Konstantinopel und der lateinischen Kirche in Rom. Aus verschiedenen Riten in Jerusalem werden jetzt verschiedene Kirchen.

1071	Palästina wird durch seldschukische Türken erobert.
1084	Patriarch Simeon II. zieht sich nach Zypern zurück.
1095	Kaiser Alexios I. von Konstantinopel nutzt gute Beziehungen zu Papst Urban II. und erbittet Hilfe gegen die Türken. Der Papst ruft zum *Kreuzzug* auf.

KREUZFAHRERZEIT (1100–1250).

1099	Die *Kreuzfahrer* nehmen Betlehem im Handstreich. Nach einer Belagerung richten sie bei der *Eroberung Jerusalems* (15. Juli) ein schreckliches *Blutbad* an.
1100	*Balduin,* ein Bruder Gottfrieds von Bouillon, des Eroberers von Jerusalem, wird in Betlehem zum *König von Jerusalem* gekrönt. Die Kreuzfahrer richten die Kirchen wieder her, bauen neue und suchen ihre Herrschaft mit Burgen zu sichern.
1118	Balduin I. stirbt im selben Jahr wie sein nomineller Oberherr, Kaiser Alexios von Byzanz.
1152	Balduin III. von Jerusalem pflegt wegen des Aufstiegs des Herrschers von Damaskus, Nur ad-Din, die Beziehungen zu Byzanz und heiratet eine Nichte des Kaisers Manuel I.
1171–1193	Nach dem Tod seines Oberherrn, des Fatimidenkalifen al-Adid, bringt *Saladin* die Macht an sich und begründet in Kairo das *Ayyubiden*-Sultanat, benannt nach Saladins Vater *Ayyub* ad-Dawini.
1187	Saladin dringt von Osten in das lateinische Königreich ein und bringt den Christen in der Schlacht bei den *Hörnern von Hittim* am 4. Juli eine vernichtende Niederlage bei. Jerusalem und ein großer Teil des Landes werden wieder muslimisch.
1189	Kaiser *Friedrich Barbarossa, Philipp August* von Frankreich und *Richard Löwenherz* von England unternehmen den Dritten Kreuzzug. Der 70-jährige Kaiser ertrinkt 1190 im Fluss Saleph in der heutigen Türkei. Die beiden Könige erobern nach zweijähriger Belagerung Akko. Nach der Rückkehr Philipps nach Frankreich schlägt Richard Löwenherz Saladin bei Arsuf, riskiert aber nicht, nach Jerusalem hinaufzuziehen.
1192	*Friedensvertrag* zwischen Richard Löwenherz und Saladin: Freier Zugang nach Jerusalem, Verbleib der Küstenstädte bei den Christen.
1219	Mit den Kreuzfahrern kommt *Franz von Assisi* über Akko nach Damiette (Ägypten), kreuzt die Fronten und erringt die Achtung von Sultan *al-Kamil,* dem er den Glauben predigt.

1221	Der Fünfte Kreuzzug endet erfolglos, die Kreuzfahrer müssen mit freiem Abzug zufrieden sein.
1229	*Kaiser Friedrich II.* hatte schon 1215 einen Kreuzzug zugesagt, aber nicht verwirklicht. Deshalb vom Papst mit dem Bann belegt, krönt er sich selbst zum König von Jerusalem. Er schließt mit Sultan al-Kamil den „Frieden von Jaffa", der den Christen den Zugang zu den heiligen Stätten sichert.
1244	Choresmische (tatarische) Reiterhorden, von den Mongolen Dschingis Khans verdrängt, erobern Galiläa und Jerusalem und richten dort ein Blutbad an. Der mamlukische Emir *Baibars* und die Choresmier fügen den Kreuzfahrern eine vernichtende Niederlage zu. Jerusalem und Galiläa sind für die Christen verloren. Seitdem muss jeder christliche Pilger für das Betreten des Heiligen Grabes ein Eintrittsgeld bezahlen (dabei bleibt es bis 1831).
1248	Der hl. *Ludwig IX.*, König von Frankreich, unternimmt den Sechsten Kreuzzug, um Jerusalem für die Christen zurückzugewinnen. Er unterliegt vor Kairo den Mamluken unter Baibars, denen aber 1250 die Herrschaft über Ägypten wichtiger wird. Ludwig kann sich freikaufen und schließt 1252 mit Baibars einen Vertrag.

MAMLUKENZEIT (1250–1500)

1260–1277	*Baibars* ermordet Sultan Qutuz, seinen Herrn in Kairo, und besteigt selbst den Thron. Die Kreuzritterfestungen versuchen durch Verträge zu überleben, werden aber insgesamt schwächer.
1265	Cäsarea und Haifa gehen verloren, 1266 wird Safed von Baibars erobert, 1268 folgen Jaffa und Antiochia, 1271–1285 die Burgen im Ostjordanland.
1291	Sultan al-Aschraf erobert nach einer Belagerung das stark befestigte *Akko* und richtet ein gnadenloses Blutbad an. Tyrus, Sidon und Beirut ergeben sich. *Ende des Kreuzfahrerstaates* im Orient.
1320	König Jakob II. von Aragon verhandelt mit den Mamluken in Kairo und sendet 1323 zwölf *Dominikaner* für den Dienst am Heiligen Grab nach Jerusalem, was aus unbekannten Gründen scheitert.
1333	Die *Franziskaner* übernehmen den Dienst am Heiligen Grab und im Abendmahlssaal dank der Fürsprache des Königs Robert von Neapel.
1342	Papst Clemens VI. macht die Franziskaner offiziell zu *Hütern der heiligen Stätten*.

1345/46	Erste Verfolgung der Franziskaner in Jerusalem, der noch zahlreiche weitere folgen.
1347	Die Franziskaner übernehmen den Dienst in der *Geburtskirche* zu Betlehem dank der Fürsprache des Königs Petrus IV. von Aragon.
1391	Martyrium von vier Franziskanern, dem hl. Nikolaus Tavelić und drei Mitbrüdern, in Jerusalem.
1421	Einrichtung von *Kommissariaten* (Heilig-Land-Beauftragten) in den Ordensprovinzen der Franziskaner, um die Gelder für die Erhaltung der heiligen Stätten und die Hilfestellung für die Pilger aufbringen zu können.
1453	Die türkischen *Osmanen erobern Konstantinopel* und machen dem byzantinischen Reich ein Ende.
1478	Erneuerung der Kuppel der Grabeskirche.
1480	Renovierung der Geburtsbasilika in Betlehem mit Hilfe des Herzogs Philipp von Burgund, König Eduards IV. von England und der Republik Venedig.

TÜRKISCHE ODER OSMANISCHE ZEIT (1500–1918)

1516/17	Sultan Selim I. erobert Syrien, Palästina (Jerusalem am 1. Dezember) und Ägypten.
1520–1566	Sultan *Suleiman der Prächtige* restauriert die Mauern und die Zitadelle von Jerusalem.
1523	Der hl. Ignatius von Loyola, später Gründer des Jesuitenordens, reist ins Heilige Land.
1537	Abt Gregorios aus Mar Saba, ein Grieche aus dem Peloponnes, wird Patriarch von Jerusalem. Seitdem ist das Patriarchat fest in griechischer Hand.
1545	Ein Erdbeben bringt einen Teil des Kirchturmes der Grabeskirche zum Einsturz.
1551	Die Franziskaner werden endgültig aus dem Abendmahlssaal und ihrem dortigen Kloster vertrieben. 1559 erwerben sie von den Georgiern das Säulenkloster zum Heiligen Erlöser (*St. Salvator*).
1620	Der *Drusen-Emir Fachr ad-Din* von Sidon (1635 gehenkt) ist den Christen wohlgesonnen und ermöglicht den Franziskanern die Niederlassung in Nazaret, Akko und 1631 auf dem Tabor; im selben Jahr können die Karmeliten wieder auf dem *Karmel* Fuß fassen.
1683	Der griechische Erzbischof von Tyrus und Sidon tritt mit einer größeren Anzahl von Gläubigen zur katholischen Kirche über. So wächst besonders in Galiläa eine griechisch-katholische Kirche. Das orthodoxe Patriarchat reagiert erbittert.

1774	Das Osmanische Reich gesteht dem russischen Zaren das Protektorat über die orthodoxen Christen zu.
1798	*Napoleon* landet in Ägypten und dringt bis Akko vor; eine Niederlage seiner Flotte bei Abukir gegen die Engländer zwingt ihn unverrichteter Dinge zur Rückkehr.
1805	Der albanische Offizier Muhammed Ali ruft sich zum Pascha von Ägypten aus und erlangt relative Unabhängigkeit vom Osmanischen Reich.
1808	*Brand in der Kirche des Heiligen Grabes.* Europa ist mit den napoleonischen Kriegen beschäftigt, die Wiederherstellung der Kirche übernimmt das erstarkende Russland.
1825 – 1855	Zar Nikolaus I. von Russland, gegen die Osmanen im Krieg erfolgreich, wird, gegen den Protest Frankreichs, im Heiligen Land als Schutzherr der Orthodoxen aktiv.
1831	Ibrahim Pascha, Sohn von Muhammed Ali, dehnt seine Herrschaft über Palästina und Syrien aus. Er ersetzt die Eintrittsgebühr am Heiligen Grab durch eine von den Kirchen zu bezahlende Pauschalsumme.
seit 1836	Die Franziskaner können bekannte oder vermutete Stätten des Evangeliums erwerben, zunächst die Geißelungskapelle (Flagellatio) auf dem angenommenen Gebiet der Burg Antonia in Jerusalem.
1840	Unter dem Druck europäischer Mächte überlässt Ibrahim Pascha Palästina wieder den Osmanen.
1842 – 1886	Deutsch-englisches (evangelisch-anglikanisches) Bistum von Jerusalem.
1847	Wiederherstellung des *lateinischen Patriarchats* von Jerusalem.
seit 1848	Weibliche Ordensgemeinschaften und (seit 1874) weitere Männerorden gründen Niederlassungen.
1852	Die osmanische Regierung verkündet einen *Status quo* für die heiligen Stätten, der die Lateiner benachteiligt.
1853 – 1856	Russland erleidet im Krimkrieg gegen die verbündeten Osmanen, Briten und Franzosen eine empfindliche Niederlage. In den Friedensverhandlungen geht es auch um den Status der heiligen Stätten. Die Griechen müssen den geraubten lateinischen Silberstern in der Geburtsgrotte in Betlehem wieder anbringen, alles Übrige bleibt ungeklärt.
seit 1860	*Jüdische Einwanderungswellen* (hebr. *Alija*) nach Jerusalem und in die Küstenebene.

1868	Protestantische Templer (württembergische Pietisten) errichten in Haifa, Jaffa und Jerusalem deutsche Viertel.
1869	Kaiser Franz Josef von Österreich besucht das Heilige Land und stiftet Geld für die Katharinenkirche in Betlehem, den Neubau der Salvatorkirche in Jerusalem und die Erweiterung des Franziskanerklosters bei der Grabeskirche.
1890	Gründung der *École Biblique* der französischen Dominikaner in Jerusalem durch P. Lagrange.
1895	Der „Verein vom Heiligen Grabe" (1855) und der „Palästinaverein deutscher Katholiken" (1879) vereinigen sich zum *„Deutschen Verein vom Heiligen Lande"*.
1896	Der Budapester Jude *Theodor Herzl* schreibt sein Buch „Der Judenstaat".
1897	Erster „Zionistischer Weltkongress" in Basel mit dem Ziel, den Juden in Palästina eine Heimstätte zu schaffen.
1898	Staatsbesuch des deutschen *Kaisers Wilhelms II.* und Einweihung der *Erlöserkirche* von Jerusalem (31. Oktober). Es gelingt ihm, drei weitere Grundstücke für deutsche Kirchen zu erwerben (Dormitio, Auguste-Viktoria, Paulushaus).
1909	Gründung von *Tel Aviv* und der ersten *Kibbuzim* am See Gennesaret.
1914 – 1918	*Erster Weltkrieg,* in dem ein deutsches Expeditionskorps den Osmanen gegen die Engländer beisteht. In Palästina leben ca. 600 000 Araber und 100 000 Juden.
1915	Der britische Hochkommissar verspricht dem Herrscher von Mekka im Fall des Sieges über die Osmanen die Errichtung eines arabischen Königreiches.
1917	Der englische Außenminister Lord *Balfour* verspricht dem jüdischen Volk die Errichtung einer *nationalen Heimstätte* in Palästina, um die Unterstützung der Juden zu gewinnen. Am 9. Dezember marschiert General Allenby von Ägypten her in Jerusalem ein.
1918	30. Oktober: Das Osmanische Reich streckt die Waffen und zerfällt.

NEUGLIEDERUNG DER REGION (seit 1920)

1920	In der Konferenz von San Remo teilen sich die Siegermächte die Einflussgebiete auf: Frankreich erhält vom Völkerbund das *Mandat* für Syrien und den Libanon, Großbritannien für Palästina und Mesopotamien (Irak).

1921	Abdallah wird Emir des neugebildeten *Transjordaniens* und macht Amman zur Hauptstadt.
1927	Errichtung des *Studium Biblicum Franciscanum* (Franziskanisches Bibelstudium) in der Flagellatio (Geißelungskloster) in Jerusalem.
1929	In Hebron und Jerusalem kommt es zu Massakern von Arabern an Juden.
1936	Weitere arabische Unruhen. Trotzdem nimmt die jüdische Einwanderung nach Palästina aus Furcht vor den deutschen Nationalsozialisten zu.
1939	Ausbruch des *Zweiten Weltkriegs*. Die britische Regierung versucht die Einwanderung von Juden nach Palästina zu beschränken und verbietet den Landverkauf an Zionisten. Arabische Nationalisten suchen Hilfe bei den Achsenmächten Deutschland und Italien.
1943	Frankreich entlässt den Libanon, im Jahr darauf auch Syrien, in die Selbständigkeit.
1945	Nach Ende des Krieges unterbindet die britische Mandatsmacht von neuem die jüdische Einwanderung. Juden gründen militärische Untergrundorganisationen zum Kampf gegen die Araber und die englische Mandatsregierung; die späteren Ministerpräsidenten Menachem Begin und Jitzchak Schamir gehören zu ihren Führern.
1946	*Transjordanien* wird unabhängig und Königreich.
1947	Die UN-Vollversammlung beschließt, Palästina unter Araber und Juden *aufzuteilen,* Jerusalem solle internationalisiert werden, was auch die Zustimmung des Vatikans finden. Die Araber lehnen diesen Vorschlag ab.
1948	Ein Massaker mit 250 Toten im arabischen Dorf *Der Jassin* am Rand von Jerusalem führt zu einer Massenflucht der arabischen Bevölkerung. Am 14. Mai, einen Tag vor Ende des britischen Mandats, ruft *David Ben-Gurion* in Tel Aviv den *Staat Israel* aus. 600 000 Juden stehen 1,3 Millionen Palästinenser gegenüber; alle benachbarten arabischen Staaten treten in den Krieg gegen Israel ein, aber nur die Arabische Legion Transjordaniens erzielt wirkliche Erfolge und verteidigt das palästinensische Bergland (die spätere *West Bank*) sowie die Altstadt von Jerusalem.
1949	Der *Waffenstillstand* am 15. Januar führt zur *Teilung Palästinas*. Der Gazastreifen bleibt bei Ägypten; der Negev bis nach Elat, die Küstenebene mit einem Korridor zur Neustadt von Jerusalem und ganz Galiläa werden israelisch.

1950	Transjordanien gliedert sich die arabisch gehaltenen Teile von Palästina an und nennt sich *Haschemitisches Königreich Jordanien*. In Israel leben ca. 1 000 000 Juden und 115 000 Araber.
1951	König Abdallah von Jordanien wird in der *al-Aqsa-Moschee* in Jerusalem von einem palästinensischen Nationalisten ermordet.
1956	Einmarsch Israels in den Sinai; der Gazastreifen wird unter UN-Kontrolle gestellt.
1964	*Papst Paul VI.* besucht im Januar das Heilige Land und trifft sich am Ölberg mit Athenagoras, dem Ökumenischen Patriarchen der orthodoxen Kirchen. Gründung der *PLO* (Palästinensische Befreiungsorganisation).
1967	Im Sechs-Tage-Krieg (5.–10. Juni), von Ägypten mit der Sperrung des Wasserweges nach Elat provoziert, erringt Israel die Lufthoheit und *besetzt* das Westjordanland mit der Altstadt von Jerusalem (Jordanien), die Sinaihalbinsel (Ägypten) und die Golanhöhen (Syrien). Viele Palästinenser fliehen über die Grenze nach Jordanien und in den Libanon. *UN-Resolution 242*: Israel soll sich aus allen im Krieg eroberten Gebieten zurückziehen. Gründung der religiös-nationalistischen Bewegung Gusch Emunim zur jüdischen Besiedlung der eroberten Gebiete.
1969	Jassir *Arafat* wird Vorsitzender der PLO.
1973	Israel wird am 6. Oktober (*Jom Kippur*, hebr. „Versöhnungs-Tag") vom *Jom-Kippur-Krieg* überrascht. Ägyptische und syrische Truppen erringen Erfolge, werden aber bald zurückgeworfen. Am Suezkanal und auf den Golanhöhen werden Pufferzonen unter Aufsicht der UNO eingerichtet.
1976	Die UNO-Vollversammlung erkennt das Recht der Palästinenser an, in ihre Heimat zurückzukehren und unter Führung der PLO einen eigenen Staat zu gründen.
1979	In Camp David unterzeichnen Israel und Ägypten einen *Friedensvertrag*. Israel zieht sich schrittweise aus dem Sinai zurück.
1980	Die Knesset (Parlament von Israel) erklärt Jerusalem einschließlich der Altstadt zur *ewigen Hauptstadt Israels* – ein Schritt, der international kaum Anerkennung findet und den die UNO im Jahr darauf verurteilt.
1981	Die arabischen Lutheraner erhalten einen eigenen Bischof.

Verhandlungen zwischen Ägypten, Israel und USA über eine Autonomie der Palästinenser. Ägyptens Präsident Anwar al-Sadat wird am 6. Oktober von einem Islamisten ermordet.

Israel annektiert die seit 1967 besetzten *Golanhöhen*.

1982   Israel marschiert in den Libanon ein. Libanesische christliche Milizen ermorden in zwei Palästinenserlagern 2000 Menschen.

1987   Beginn des Palästinensaufstandes gegen die israelische Besetzung (*Intifada*, arab. wörtlich „Abschütteln").
Am 28. Dezember wird mit Michel *Sabbah* aus Nazaret zum ersten Mal in der Neuzeit ein Araber lateinischer Patriarch von Jerusalem.

1988   Die PLO erkennt das Existenzrecht Israels an, Arafat verurteilt jede Form des Terrorismus.

1990–1991   Der *Golfkrieg* (2. August bis 28. Februar) wirft seine Schatten auch auf Israel und Jordanien.

1991   Die Madrider Konferenz für Frieden im Nahen Osten sieht Friedensverhandlungen zwischen Israel und den Palästinensern, Jordanien, Libanon und Syrien vor.

1993   Nach Verhandlungen in *Oslo* Grundsatzerklärung: Gegenseitige Anerkennung zwischen Israel und der PLO.
30. Dezember: Völkerrechtlicher Vertrag (*fundamental agreement*) zwischen dem Staat Israel und dem Heiligen Stuhl; der Status quo wird erneut bekräftigt.

1994   Gespräche in Kairo erbringen einen ersten Rückzug Israels aus den 1967 besetzten Gebieten und eine begrenzte *palästinensische Autonomie* im Gebiet von Gaza und Jericho. Die militante Palästinensergruppierung Hamas widersetzt sich mit Terroranschlägen.
16. Juli: *Jordanisch-israelischer Friedensvertrag* unter ausdrücklichem Verzicht Jordaniens auf das Westjordanland zugunsten der PLO.

1995   Am 4. November wird der israelische Ministerpräsident Jitzchaq *Rabin* von einem jüdischen religiösen Nationalisten in Tel Aviv ermordet.

1996   Im Januar Wahlen zum *Palästinensischen Autonomierat* in den „verwalteten Gebieten" (Westjordanland und Gaza), eingeschlossen Ost-Jerusalem. Jassir *Arafat* wird erster Präsident. Die israelischen Wahlen im Mai ergeben eine Mitte-rechts-Koalition unter Ministerpräsident Benjamin *Netanjahu*.

1997   Der Abzug der israelischen Truppen aus dem größten Teil von Hebron wird mit Verspätung durchgeführt. Der Baubeginn der israelischen Siedlung *Har Choma*

zwischen Betlehem und Jerusalem bringt den Friedensprozess zum Stillstand.

1999   Der jordanische König *Hussein* stirbt am 7. Februar.

2000   Pilgerreise von Papst *Johannes Paul II.* zu den Stätten
der Heilsgeschichte und der Erlösung in Jordanien, Israel und Palästina.

Gespräche zwischen dem israelischen Ministerpräsidenten Ehud Barak und dem Präsidenten der palästinensischen Autonomiebehörde Jassir Arafat in *Camp
David* (USA) bleiben ohne Einigung.

Der provokante Besuch des israelischen Oppositions-
politikers Ariel *Scharon* auf dem Tempelberg (dem
muslimischen *al-Aqsa*-Heiligtum) in Jerusalem ist der
Tropfen, der das Fass zum Überlaufen bringt. Die
Zweite Intifada, von den Arabern *al-Aqsa-Intifada* genannt, bricht aus. Die Spirale der Gewalt, von Selbst-
mordattentaten und militärischer Gewalt, verschärft
sich von neuem.

2001   Bei Neuwahlen in Israel wird Ariel *Scharon* zum Ministerpräsidenten gewählt.

2002   Mit der 40-tägigen *Belagerung der Geburtskirche* in
Betlehem (2. April – 10. Mai) durch das israelische Militär erreicht die Zweite Intifada ihren traurigen Höhepunkt.

2003   Auf Initiative des US-Präsidenten George W. Bush
wird eine *Roadmap* („Straßenkarte") zum Frieden vorgelegt.

Als Folge der Intifada beginnt Israel mit dem Bau der
Sperranlagen (in besiedelten Gebieten eine acht Meter
hohe *Mauer*), durch welche die autonomen Palästi-
nensergebiete von Israel und den israelischen Siedlungen abgeriegelt werden.

2004   Ernennung von Pierbattista Pizzaballa zum Kustos des
Heiligen Landes.

Jassir *Arafat stirbt* in einem Krankenhaus in Paris (11.
November)

2005   Im Januar wird *Mahmud Abbas* Präsident der palästinensischen Autonomiebehörde.

Beendigung der Zweiten Intifada durch das Abkom-
men von *Scharm asch-Scheich* (Sinai) am 8. Februar.

Räumung der Siedlungen im Gazastreifen.

Die griechisch-orthodoxe Kirche wählt *Theophilos III.*
zum Patriarchen, da sein Vorgänger amtsenthoben
wurde. Die Anerkennung der Wahl durch die verschiedenen staatlichen Behörden zieht sich über Jahre hin.

2006	Wahlen in Israel und in Palästina. In Israel wird Ehud *Olmert* Ministerpräsident. In Palästina gewinnt die radikal-islamische *Hamas*; dieses Wahlergebnis wird von den westlichen Staaten nicht anerkannt. Als Folge davon kommt es 2007 zu unterschiedlichen Machtverhältnissen im Gazastreifen (*Hamas*-Regierung) und im Westjordanland (*Fatah*-Partei von Präsident Abbas).
2008	Ernennung des Jordaniers Fuad Twal zum lateinischen Patriarchen von Jerusalem.
2008–2009	Mehrere israelische Militärinterventionen im Gazastreifen.
2009	Neuwahl von Benjamin *Netanjahu* als israelischer Ministerpräsident. 8.–15. Mai: Pastoralreise von *Papst Benedikt XVI.* nach Jordanien, Israel und Palästina.
2011	In Israel kommt es zu zahlreichen Protesten gegen soziale Ungerechtigkeit. Versöhnungsabkommen zwischen Fatah und Hamas. Der „Arabische Frühling" destabilisiert die Region. Ausbruch des Bürgerkriegs in Syrien.
2012	Seit Jahren wird Israel aus dem Gazastreifen immer wieder mit Raketen beschossen; im November: Raketenbeschuss bis weit ins israelische Kernland.
2013	Juli: Auf Vermittlung von US-Außenminister Kerry werden die Friedensgespräche zwischen Israel und Palästina wieder aufgenommen.
2014	24.–26. Mai: Kurzer, viel beachteter und viel diskutierter Besuch von *Papst Franziskus* in Amman, Betlehem und Jerusalem.

Erbittet für Jerusalem Frieden! Wer dich liebt, sei in dir geborgen. Friede wohne in deinen Mauern, in deinen Häusern Geborgenheit (Ps 122,6-7).

RELIGIONEN IM HEILIGEN LAND

Die christlichen Kirchen

Die Kirche des Heiligen Landes war von Anfang an multikulturell und ist es im Lauf ihrer bewegten Geschichte geblieben. Das ist bereits an den verschiedenen Sprachen erkennbar. Obwohl die Sprachen Jesu Aramäisch und Hebräisch waren, kommt schon bei den Aposteln auch das Griechische zur Geltung, nicht nur durch Paulus, der aus dem fernen Tarsus (in der heutigen Türkei) kam: Schon die Apostel Andreas und Philippus aus Betsaida in Galiläa tragen griechische Namen; tatsächlich wandten sich einige Griechen, die Jesus sehen wollten, an Philippus und Andreas (Joh 12,20-26). Die Gemeinsprache war damals das Griechische, das zumindest in den Städten gesprochen wurde.

Nach der konstantinischen Wende blieb im östlichen Mittelmeerraum das Griechische herrschend. Aber das Syrische, ein aramäischer Dialekt und damit der Sprache Jesu sehr nahe, ist weiterhin lebendig. Das zeigen insbesondere die Inschriften, in denen sich die Stifter in den Kirchen verewigten. Viele Namen sind nur mit griechischen Endungen versehen; man erkennt unschwer, dass es syrische Namen sind. In manchen Fällen werden die Wohltäter sogar in beiden Sprachen der Nachwelt empfohlen. Hinzu kommt die lateinische Sprache des Römischen Reiches. So verwundert es nicht, dass sich unter den Namen von Bischöfen und Patriarchen von Jerusalem auch lateinische Namen finden, z.B. Modestus (632–634).

Schon seit dem 3. Jh. gab es im Ostjordanland christliche Araber, ihr Einfluss wuchs nach der arabischen Eroberung. Der hl. Johannes von Damaskus stammte aus einer vornehmen arabischen Familie, und noch im 11. Jh. machte sich Suleiman al-Ghazzi, Bischof von Gaza, einen Namen als arabischer Theologe und Dichter. Ab dem 5. Jh. sind in Jerusalem auch Armenier, Kopten und Georgier bezeugt.

Karl der Große erwies sich als großer Förderer des lateinischen Ritus durch Stiftung dreier Klöster, nämlich von St. Maria Latina und einem Nonnenkloster beim Heiligen Grab, sowie einem Benediktinerkloster auf dem Ölberg. Im Jahr 809 kam es zu einem Zwischenfall, als die fränkischen Mönche das *filioque* der lateinischen Kirche ins Credo einfügten („Wir glauben an den Heiligen Geist …, der aus dem Vater *und dem Sohn – filioque –* hervorgeht") und den Unmut der griechischen Mönche erregten; Papst Leo III. schlichtet die Kontroverse mit einer diplomatischen Entscheidung.

Eine wichtige Episode in der Kirchengeschichte des ersten Jahrtausends, der man im Heiligen Land immer wieder begegnet, ist der *Ikonoklasmus* (Bildersturm: griech. *Ikon,* „Bild"; *Klasma,* „Brocken"). Der Ikonoklasmus wollte alle bildlichen Darstellungen von Menschen und Tieren aus den Kirchen verbannen. Er mag eine Reaktion auf übertriebene Bilderverehrung gewesen sein. Bischöfe von Kleinasien und Armenien regten ihn an und die byzantinischen Kaiser führten ihn mit Staatsgewalt durch. Sicher spielte mit, dass der Islam das ursprünglich jüdische Bilderverbot wieder zur Geltung gebracht hatte. Es ist kaum ein Zufall, dass der Kalif Jazid II. 720 ein Edikt gegen Menschen- und Tierdarstellungen erließ und der byzantinische Kaiser Leo III. sich alsbald ebenfalls gegen die Bilderverehrung stellte, welche aber der angesehene Johannes von Damaskus verteidigte. Der kaiserlich verordnete Ikonoklasmus dauerte von 726 bis 843; ihm fielen im Orient viele Mosaike zum Opfer. Auf dem 8. Ökumenischen Konzil von Konstantinopel 869/70 wurde er endgültig verurteilt. In Europa richtete er wenig aus, da er erst mit Verzögerung bekannt wurde und bereits 794 in einer Synode von Frankfurt unter Karl dem Großen zurückgewiesen wurde. Wichtigstes Argument für die Zurückweisung des Ikonoklasmus war: Der Gottmensch Jesus Christus hat einen menschlichen Leib, der somit auch abgebildet werden kann und darf.

Die weitere Geschichte der christlichen Kirche(n) des Heiligen Landes ist geprägt von mehreren Kirchenspaltungen, von denen keine einzige von hier ihren Ausgang genommen hat. Bis heute spiegeln Spaltungen und Zerwürfnisse der Kirchen im Heiligen Land die Spaltungen und Zerwürfnisse der Weltkirche wieder. In den letzten Jahren haben sich übrigens die Beziehungen zwischen den einzelnen christlichen Konfessionen – es sind weit mehr als ein Dutzend – fühlbar gebessert. Freilich bleiben menschliche Unzulänglichkeiten von Kirchengliedern und -leitern eine Realität. Der Besucher aus dem Kulturkreis, der die größte Kirchenspaltung des Abendlandes hervorgebracht hat, sollte sich vor vorschnellen Urteilen hüten! Jerusalem ist als geistiges Zentrum einer weltweiten Christenheit Spiegel der Zerrissenheit, aber auch der Vielfalt ebendieser Christenheit.

Die Zahl der Christen in Israel und in Jordanien steigt, in Palästina stagniert sie, allerdings steigt die Zahl der jüdischen und muslimischen Bevölkerung schneller, so dass der Anteil der Christen an der Bevölkerung abnimmt.

Die lateinische Kirche

Als „lateinische Kirche" bezeichnet man die Kirche, die ihren Gottesdienst im „lateinischen", d.h. römischen Ritus feiert, also die katholische Kirche Westeuropas und die Kirchen, die von dort geprägt sind. Im Heiligen Land ist diese Bezeichnung weiterhin üblich, auch wenn dort, wie in den meisten anderen Ländern, die Gottesdienste häufig nicht mehr in lateinischer Sprache gefeiert werden. Die im deutschen Sprachraum üblichere Bezeichnung ist „römisch-katholische Kirche".

Mit der Ankunft der Kreuzfahrer wurde das Patriarchat von Jerusalem eine lateinische Domäne. Die lateinische Liturgie wurde die tonangebende, ohne dass die anderen ausgeschlossen worden wären. Der Einfluss der Lateiner reduzierte sich nach der Niederlage der Kreuzfahrer 1187 wieder drastisch. Als der lateinische Patriarch nach Tyrus und dann nach Akko auswich, bekam Jerusalem wieder einen griechischen Patriarchen.

In der ersten Hälfte des 14.Jh. übernahmen die *Franziskaner* oder, wie sie sich nach dem Willen ihres Gründers, des hl. Franziskus von Assisi (1182–1226), eigentlich nennen, die *Minderen Brüder* (daher die Ordensabkürzung OFM, *Ordo Fratrum Minorum*), den Dienst am Heiligen Grab und blieben seitdem die *Hüter (Kustoden) der heiligen Stätten* seitens der lateinischen Kirche. Im Heiligen Land ist bis heute auch die volkstümliche italienische Bezeichnung *Frati della Corda,* „Brüder vom Strick", üblich – aufgrund des Stricks, den sie statt eines Gürtels um ihr braunes Ordensgewand tragen.

Der Titel *Kustos* stammt ursprünglich aus der internen Gliederung des Franziskanerordens. Dieser wurde schon zu Lebzeiten des hl. Franziskus in Provinzen aufgegliedert, denen jeweils ein Provinzialminister vorsteht – Minister bedeutet ja eigentlich „Diener" (!). Größere Provinzen können noch einmal in Kustodíen unterteilt sein, denen ein *Kustos* (Hüter) vorsteht. So sind z.B. die Franziskaner in der Schweiz eine Kustodie der Österreichischen Franziskanerprovinz. Die Mutterprovinz der „Kustodie des Heiligen Landes", die Provinz *Oltre Mare,* „Jenseits des Meeres", hat mit dem Fall Zyperns an das Osmanische Reich (1571) zu existieren aufgehört. Die Kustodie des Heiligen Landes blieb daraufhin direkt der Leitung des Gesamtordens unterstellt. Im Laufe der folgenden Jahrhunderte entwickelte sie sich zur selbständigen Ordensprovinz, die aber den Titel *Kustodie* beibehielt, da er den Hauptauftrag der Franziskaner als *Hüter der heiligen Stätten* ausgezeichnet beschreibt.

Richtungsweisend für die Tätigkeit der Franziskaner im Heiligen Land und ihr Wirken unter Gläubigen anderer Religionen wurde (und ist bis heute) die Begegnung zwischen ihrem Gründer und dem Sultan Malek al-Kamil im Jahr 1219, während des Fünften Kreuzzugs, in Damiette (Ägypten). Jakob von Vitry, Bischof von Akko und Augenzeuge der Belagerung von Damiette durch die Kreuzfahrer, berichtet darüber in einem Brief an Papst Honorius III.:

> Ihr Meister, der diesen Orden gegründet hat (Franz von Assisi), war damals zu unserem Heer gestoßen. In seinem Eifer für den Glauben ließ er sich nicht davon abhalten, in das Heer unserer Feinde hinüberzugehen. Obwohl er den Sarazenen während mehreren Tagen das Wort Gottes predigte, richtete er nur wenig aus. Doch der Sultan, der König von Ägypten, bat ihn insgeheim, für ihn zum Herrn zu beten, damit er auf göttliche Erleuchtung hin derjenigen Religion anhangen könne, die Gott mehr gefalle.

Dieser Bericht ist vielleicht nicht objektiv im Sinne moderner Geschichtsschreibung und schon bald bildete sich ein Kranz von Legenden um diesen Besuch, aber drei Punkte bleiben beachtenswert: Franziskus geht unbewaffnet zum „Feind". Er spricht von *seinem* Glauben an Gott. Es gelingt ihm nicht, den anderen zu „bekehren", aber die beiden trennen sich in Frieden und Respekt voreinander.

Nach dem Ende des Kreuzfahrerstaats mussten zunächst alle westlichen Geistlichen das Land verlassen, auch die Franziskaner. Aber ab 1333 konnten die Franziskaner den Dienst am Heiligen Grab wieder übernehmen und beim Abendmahlssaal ein kleines Kloster bauen. Papst Clemens VI. übertrug ihnen 1342 den Dienst als *Hüter der heiligen Stätten* offiziell – einen Dienst, den sie seither ohne Unterbrechung innehaben. Der Kustos der Franziskaner in Jerusalem war jeweils zugleich oberster Repräsentant der lateinischen Kirche im Land und hatte bischöfliche Rechte, ohne Bischof zu sein. Die Franziskaner beschränkten ihre Rolle keineswegs darauf, den Abendmahlssaal und – zusammen mit den anderen Kirchengemeinschaften – die Kirche des Heiligen Grabes zu erhalten und zu betreuen. 1347 konnten sie sich in Betlehem niederlassen, 1363 erhielten sie den Schlüssel zum Mariengrab. Sie waren bestrebt, auch an anderen Orten des Evangeliums die Kirche präsent zu machen, sobald sich eine Chance ergab. Dies geschah meist in drei Schritten: Jährlicher Besuch oder Prozession zu einer heiligen Stätte – Erwerb des Grundstücks – Bau einer neuen Kapelle oder Kirche bzw. Wiedererrichtung einer alten. So zogen sie beispielsweise bereits seit 1349, wenn es möglich erschien, nach Nazaret zum Fest Mariä Verkündigung, erst 1620 gelang jedoch die Niederlassung. Von Nazaret aus wurde der Berg Tabor angestrebt und dort 1631 ein Grundstück gekauft, 1641 geschah das Gleiche in Kana. Oder schon 1392 konnten die Franziskaner die Getsemanigrotte erwerben, den Getsemanigarten erst 1681; bis der Bau der Basilika möglich wurde, vergingen nochmals 240 Jahre. Gegen Mitte des 19. Jh. wurde es möglich, an

weiteren Stätten des Evangeliums Fuß zu fassen, und die Franziskaner nutzten die Gelegenheiten, die sich boten: die Geißelungskapelle
(Flagellatio) in Jerusalem (1836-38), die Lazaruskirche in Betanien
(1862) oder das (lateinische) Hirtenfeld bei Betlehem (1889), um
nur einige zu nennen. Die bedeutendste Neuerwerbung gelang in
den Jahren 1886-93 mit dem damals noch reichlich spekulativen
Kafarnaum.

Der Kustodie des Heiligen Landes gehören gegenwärtig (2014) 273
Brüder aus 37 Nationen an. Sie leben in 28 Konventen in Israel und
Palästina (und noch einmal in fast genauso vielen in den Nachbarländern). Sie betreuen 79 größere und kleinere heilige Stätten, 23
Pfarreien, 14 Schulen, zwei Studienzentren sowie diverse andere soziale und kulturelle Einrichtungen. 106 Kommissariate (Kommissar
heißt eigentlich „Beauftragter") in 43 Ländern halten den Kontakt
zwischen den Franziskanern des Heiligen Landes und dem Weltor-
den. Es gibt 250 Franziskaner (teils im Heiligen Land ansässig, teils
in ihren Heimatländern), die Pilgergruppen durch das Land begleiten. Weltweit gehören zum Franziskanerorden knapp 14 000 Brüder
in 120 Staaten. Die deutsche Franziskanerprovinz hat 340 Mitglieder, die österreichische (einschließlich Südtirol) 135, die Schweizer
Kustodie 23.

1847 entschloss sich Papst Pius IX. zu einem zukunftsträchtigen,
wenn auch umstrittenen Schritt: Er errichtete das *lateinische Patriarchat von Jerusalem* neu, um die lateinische Kirche in Jerusalem
nicht ins Hintertreffen geraten zu lassen. Denn 1842 waren das britische Empire (anglikanische Kirche) und das Königreich Preußen
(Lutheraner) übereingekommen, in Jerusalem ein gemeinsames Erzbistum einzurichten. Auch politische Motive dürften eine Rolle gespielt haben. Frankreich erhoffte sich auf diesem Wege stärkeren
Einfluss auf die katholische Kirche des Heiligen Landes, sozusagen
als Gegengewicht zu den italienisch und spanisch geprägten Franziskanern. 1987 wurde mit dem aus Nazaret stammenden Michel
Sabbah erstmals in der Neuzeit ein einheimischer Christ lateinischer
Patriarch von Jerusalem. Seit 2008 ist Fuad Twal lateinischer Patriarch von Jerusalem, auch er stammt aus der Diözese (aus Madaba/
Jordanien). 1988-90 war er in der Nuntiatur (Botschaft des Hl. Stuhles) in Bonn beschäftigt.

Die insgesamt knapp 70 000 einheimischen römischen Katholiken
verteilen sich auf gut 70 Pfarreien (in den palästinensischen Autono-
miegebieten: 15; in Israel: 15 arabisch-, 5 hebräisch- und 2 russisch-
sprachige; in Jerusalem: eine arabisch- und eine hebräischsprachige;
in Jordanien: 32; auf Zypern: 4). Zu diesen einheimischen Christen
kommt eine stattliche Anzahl von ausländischen Katholiken hinzu,
die meist als Gastarbeiter im Land leben, teils auch als Flüchtlinge.
Da deren Religionszugehörigkeit nicht registriert ist, sind genaue

Zahlen nicht zu ermitteln. Möglicherweise erreicht ihre Zahl bald
die der einheimischen Katholiken. Sie stammen zum großen Teil
von den Philippinen, aus Indien und Sri Lanka, aus Lateinamerika
und aus einigen afrikanischen Ländern. Vor allem im Großraum Tel
Aviv bilden sie einige große und lebendige Gemeinden. Die Zahl
der zum Weltklerus zählenden Priester beträgt etwa 90. Ferner sind
ungefähr 30 Männer- und 75 Frauenorden in der Diözese tätig (mit
ca. 550 Brüdern und knapp 1100 Schwestern). Die Kirche bei der
Residenz des lateinischen Patriarchen beim Jaffator ist die „Konkathedrale"; die Basilika des Heiligen Grabes ist seine eigentliche Kathedrale, die er aber mit den anderen Kirchen teilt und in der er keine anderen Rechte hat als die, welche die Franziskaner im Rahmen
des Status quo dort haben.

Die Ostkirchen

Der Pilger, der nach Jerusalem kommt, wird hier mit einer Reihe
wenig bekannter Kirchen konfrontiert, die in Europa allgemein als
„Ostkirchen" bezeichnet werden, die sich aber deutlich voneinander
unterscheiden. Auffälligstes und vordergründiges Unterscheidungs-
merkmal sind die Liturgie und ihre Sprache, aber auch in Theologie
und Spiritualität gibt es tief liegende Unterschiede, die weit in die
Geschichte zurückreichen. Es handelt sich um drei Gruppen: die altorientalischen, die orthodoxen und die unierten Kirchen, die sich
wiederum in Einzelkirchen unterteilen lassen.

a) Die altorientalischen Kirchen

Unter dem Begriff *altorientalische Kirchen* fasst man fünf Kirchen
zusammen: Die assyrische Kirche (auch als nestorianische Kirche
oder einfach als Kirche des Ostens bezeichnet), die syrisch-orthodoxe, die armenische, die koptische und die äthiopisch-orthodoxe Kirche (diese vier werden unter dem Begriff monophysitische Kirchen
zusammengefasst). Diese Kirchen gehören nicht zu den orthodoxen
Kirchen im engeren Sinn (s. u.), obwohl sie oft *orthodox* (griech.
„rechtgläubig") genannt werden und sich auch selbst so sehen und
bezeichnen. Von allen fünf Kirchen gibt es katholische (unierte)
Schwesterkirchen.
Die altorientalischen Kirchen haben sich ab dem 5. Jh. von der byzantinischen Reichskirche losgesagt. Grund der Spaltung war zunächst die „richtige" Aussage über den zentralen Christusglauben,
freilich hat auch anderes eine Rolle gespielt: Politik, menschliche
Unzulänglichkeiten oder die Tatsache, dass man verschiedene Spra-

chen sprach und daher philosophische Sachverhalte unterschiedlich
verstand. Die Altorientalen glauben ebenso wie die anderen Christen an die Gottheit und die Menschheit Christi, stimmten aber nicht
zu, als die Gesamtkirche auf den Konzilien von Ephesus (431) und
Chalzedon (451) das Geheimnis der Verbindung von Gottheit und
Menschheit in Christus theologisch näher zu bestimmen versuchte.
Bischof *Nestorius,* 428 zum Patriarchen von Antiochia gewählt,
hatte die traditionelle Bezeichnung Mariens als Gottesgebärerin
(griech. *Theotókos*) abgelehnt, weil er scharf zwischen Christus als
Mensch und Christus als Gott unterschied und somit auch nicht
zugestehen konnte, dass Maria – ein Mensch – Gottesgebärerin
(Gottesmutter) genannt werden sollte. Das brachte ihm den Vorwurf
ein, er zerteile Christus in zwei Personen. Das Konzil von *Ephesus*
nahm sich 431 dieser Frage an; es verwarf die Lehre des Nestorius
und seiner Anhänger und erklärte Maria feierlich zur Gottesmutter.
Die kurz zuvor entstandene Kirche in Persien, dem alten Assyrien
(Ostsyrien), hielt aber an der nestorianischen, vom Konzil verworfe-
nen Lehre fest. Sie wurde zur persische Nationalkirche. Sie zählt
heute in aller Welt etwa 400 000 Mitglieder, die meisten von ihnen
nicht mehr in der angestammten Heimat. Im Heiligen Land ist die
assyrische Kirche nicht (mehr) vertreten, dagegen ihre katholische
Schwesterkirche (s. u.).
Die Problematik des Geheimnisses Christi als Gott und Mensch war
freilich mit der Entscheidung von Ephesus nicht befriedigend gelöst,
ja sie sollte Theologen und Konzilien noch jahrhundertelang beschäftigen. Auf dem Konzil von *Chalzedon* (451) fand man zu einer
Präzisierung, indem man Christus zwar als eine einzige Person de-
finierte, in der aber zwei Naturen, die göttliche und die menschliche,
unvermischt anwesend und verbunden seien. Diese theologische
Unterscheidung erschien vielen, besonders in Ägypten und Syrien,
zu kompliziert. Um die Einheit der Person Christi besser zu wahren,
lehnten sie die Unterscheidung zwischen (einer) Person und (zwei)
Naturen ab und wollten auch bei Christus nur von einer Natur sprechen. Sie wurden daher *Monophysiten* genannt (griech. *monos,*
„eins, einzig", und *Physis,* „Natur").
Dieser monophysitische Grundansatz war zwar vom Konzil verworfen worden, blieb aber weiterhin wirksam, verstärkt durch Ressen-
timents gegen das Patriarchat der Hauptstadt Konstantinopel, dem
auf dem Konzil von Chalzedon ein Vorrang zuerkannt worden war.
So waren Teile der Patriarchate von Antiochien und Alexandrien
dem Konzil von Chalzedon nicht sehr günstig gesinnt. Auf dieser
Strömung schwimmend weihte der monophysitische Mönch Jakob
Baradai († 578), als er um 542 zum Metropoliten von Kleinasien
und Syrien erhoben worden war, zahlreiche Gleichgesinnte in Syri-
en, Armenien und Ägypten zu Bischöfen und schuf so eine konkur-

rierende Bischofshierarchie. Er genoss dabei längere Zeit die Gunst der byzantinischen Kaiserin Theodora. Für viele Städte gab es nun einen *chalzedonischen,* konzilstreuen, und einen *monophysitischen* Bischof. Die monophysitischen Bischöfe werden nach ihrem geistlichen Vater Jakob Baradai auch „Jakobiten" genannt.

Diese Kirchenspaltung wurde nie mehr völlig überwunden. In den Kerngebieten des byzantinischen Reiches setzten sich mit der Zeit die Anhänger des Konzils durch. In den Randprovinzen aber versprach man sich angesichts der heraufziehenden Gefahren durch die Perser (ab 608) und die Araber (ab 629) mehr davon, wenn man nicht so eng mit Konstantinopel verbunden war; die monophysitischen oder jakobitischen Bischöfe bekamen Aufwind. So entstanden im Osten die *syrische* und die *armenische,* in Ägypten die *koptische* Kirche. Von der koptischen Kirche stammt die *äthiopische* Kirche ab, die erst 1959 offiziell von ihr unabhängig wurde und einen eigenen Patriarchen bekam. Diese vier selbständigen monophysitischen Kirchen stehen miteinander in voller Gemeinschaft, haben sich aber im Laufe der Geschichte unterschiedlich entwickelt und sind zu Nationalkirchen geworden. Im Heiligen Land sind alle vier monophysitischen Kirchen seit alter Zeit vertreten.

In neuerer Zeit gibt es erfreuliche Annäherungsversuche zwischen den altorientalischen Kirchen und der katholischen Westkirche. Schon Pius XII. anerkannte 1951, anlässlich der 1500-Jahres-Feier des Konzils von Chalzedon, dass die monophysitischen Kirchen keine Häretiker sind, weil der Begriff *Physis,* „Natur", unterschiedlich gebraucht werden kann und gebraucht wurde. 1973 unterzeichneten Papst Paul VI. und der koptische Papst Schenuda III. ein gemeinsames Glaubensbekenntnis, das eine Annäherung der Standpunkte versucht; 1984 geschah etwas Ähnliches zwischen Johannes Paul II. und dem syrischen Patriarchen. Man kann zwar jahrhundertealte unterschiedliche, oft gegenläufige Entwicklungen nicht einfach mit einem Federstrich beiseite schieben, aber man versteht heute, dass getrennte Kirchen sich in ihrem Bekenntnis viel näher stehen, als es aussieht, weil jede theologische Aussage menschliche Worte benutzen muss, die Stückwerk sind.

Die *armenische Kirche* ist stolz darauf, dass sie eine Gründung der Apostel ist (der Überlieferung nach Judas Thaddäus und Bartholomäus; sie nennt sich daher offiziell „armenisch-apostolische Kirche") und dass Armenien das erste Volk war, das sich, mit König Trdat III. an der Spitze, als Ganzes zum Christentum bekehrte (301 n.Chr.). Das Oberhaupt der armenischen Kirche (der *Katholikos*), seit 1999 Karekin II. Nersissian, hat seinen Sitz in Etschmiadsin in Armenien. Verlässliche Zahlen, wie viele Gläubige zur armenischen Kirche gehören, sind schwer zu ermitteln. Man kann von über zehn Millionen ausgehen, von denen ungefähr ein Drittel in Armenien lebt. Der Rest lebt in den Nachbarländern oder in der armenischen Diaspora, die schon seit vielen Jahrhunderten im Balkan und im Orient existiert; auch in Jerusalem gibt es eine alteingesessene Gemeinde. In der heutigen Türkei (Kleinarmenien) erlitten die Armenier vor und während des Ersten Weltkriegs zusammen mit anderen christlichen Minderheiten schlimmste Verfolgungen mit 1,5 Millionen Toten. Infolge dieser Ereignisse, aber auch aufgrund von Unterdrückungen in der Zaren- und Sowjetzeit wanderten viele weitere Armenier aus ihrer Heimat aus. Daher gibt es heute in mehreren Ländern, v. a. in Frankreich, den USA und Brasilien, große armenische Gemeinden. Wie zahlreiche armenische Mosaikfunde aus der byzantinischen Zeit belegen, gab es in Jerusalem schon damals eine blühende armenische Kirche, die bis in die heutige Zeit ohne Unterbrechung besteht. Das armenische Patriarchat von Jerusalem mit Sitz in der Jakobuskathedrale im armenischen Viertel der Altstadt besteht seit dem Jahr 1311. Die Zahl der Gläubigen, die zum Jerusalemer Patriarchat gehören, beläuft sich auf etwa 3000. Seit 2013 steht Nourhan Manougian als 97. Patriarch der armenischen Kirche von Jerusalem vor.

Die *syrisch-orthodoxe Kirche* hat als Kirchensprache Syrisch, das als aramäischer Dialekt mit der Muttersprache Jesu eng verwandt ist. Die Zahl der syrisch-orthodoxen Christen wird auf ungefähr 3,5 Millionen geschätzt, von denen die meisten in Indien leben. Vor allem in ihrer angestammten Heimat, im heutigen Syrien und der Türkei, ist die Kirche in ihrer Existenz bedroht. Ihr Oberhaupt ist seit 1980 Patriarch Ignatius Zakka I. Iwas, Patriarch von Antiochien, mit Sitz in der Nähe von Damaskus. Einstmals gab es in der syrisch-orthodoxen Kirche ein blühendes, extrem strenges Mönchtum, das unter den Fährnissen der Geschichte besonders zu leiden hatte (und hat). An der Spitze eines Klosters steht der Rabban – man fühlt sich an den Rabbi der Sprache Jesu erinnert. Die Syrisch-Orthodoxen haben in Jerusalem einen Erzbischof bei der St.-Markus-Kirche am Rand des armenischen Viertels der Altstadt.

Die *koptische (koptisch-orthodoxe) Kirche* ist die alteingesessene Kirche Ägyptens und führt sich auf die Mission durch den Evangelisten Markus zurück. Wer beim Wort Ägypten auf die Mitlaute (*g-p-t*) schaut, wird unschwer die Mitlaute vom Wort „Kopten" erkennen. Das Christentum ist bei der arabischen Eroberung in Ägypten nicht wie in den anderen Ländern Nordafrikas untergegangen. Die Kopten stellen in Ägypten bis heute eine starke Minderheit, die genau zu zählen der Staat kein großes Interesse hat. Außerdem gibt es große koptische Gemeinden in der Diaspora, v. a. in Nordamerika und in Australien, sowie, leidgeprüft, im Sudan. Das Oberhaupt der koptischen Kirche ist *Papst* (die koptische Kirche verwendete diesen Titel schon vor der römischen Kirche) *Tawadros*. Er wurde

2012 Nachfolger des kurz zuvor verstorbenen Papstes Schenuda III.,
der in seiner 40-jährigen Amtszeit viel für die Ökumene getan hat.
Erfreulich ist, dass das koptische Mönchtum – einstmals ruhmreich
und überhaupt der Anfang des Mönchtums (der „Mönchsvater" Antonius stammte aus Ägypten) – in neuerer Zeit einen bemerkenswerten Aufschwung erlebt. Wichtige Zentren sind die Klöster im Wadi Natrun am westlichen Rand des Nildeltas. Der koptische Erzbischof von Jerusalem hat seinen Sitz an der 9. Kreuzwegstation. Die
koptische Gemeinde im Heiligen Land besteht aus ungefähr 1000
Gläubigen.

Die *äthiopisch-orthodoxe Kirche* (auch *Abessinier* genannt) ist eine
seit 1959 selbständige Tochterkirche der koptischen Kirche. Der
erste äthiopische Christ ist bereits im Neuen Testament erwähnt, ein
„Kämmerer, Hofbeamter der Kandake, der Königin der Äthiopier",
der den Diakon Philippus als Anhalter mitnahm und sich von ihm
taufen ließ (Apg 8,26-39; Text: S.604). Seit dem 4.Jh. ist Äthiopien
christlich. Auch nachdem seit dem 7.Jh. die umliegenden Länder
arabisiert und islamisiert wurden, konnte Äthiopien seine politische
und damit auch seine christlich-religiöse Eigenständigkeit bewahren. Dadurch war aber die äthiopische Kirche von der restlichen
christlichen Welt weitgehend isoliert, so dass sie eine Reihe von Ei-
genheiten entwickeln oder bewahren konnte, wie die Rolle des Sabbats oder der Bundeslade. Der äthiopischen Kirche gehören ungefähr 40 Millionen Gläubige an. Im Gegensatz zu den anderen orientalischen Kirchen leben diese fast alle noch in ihrer angestammten
Heimat. In Jerusalem haben die Äthiopier das bescheidene Klösterchen auf dem Dach der Helenakapelle der Grabeskirche sowie die
beiden angrenzenden Kapellen, die in den Vorhof der Grabeskirche
führen. Der Sitz des Erzbischofs ist im christlichen Viertel der Jerusalemer Altstadt, außerdem haben sie eine weithin sichtbare Kup-
pelkirche im Westen der Stadt. Der frühere Herrscher (*Negus,* „Kaiser") von Äthiopien führte den Titel „Löwe aus dem Stamme Juda"
(vgl. Gen 49,9) und unterstützte die Anwesenheit seiner Untertanen
in Jerusalem. Seit aber 1974 der letzte Negus *Haile Selassie* gestürzt
wurde, gehören die äthiopischen Mönche in Jerusalem zu den Ärms-
ten der Armen. Dennoch ist die farbenfrohe Osterprozession der
Äthiopier am Karsamstagabend auf dem Dach der Helenakapelle ein
herausragendes Erlebnis; man fühlt sich geradezu an den Hof des
ehemaligen Negus von Abessinien versetzt.

b) Die orthodoxen Kirchen

Im Jahr 1054 trat eine weitere Kirchenspaltung ein, die sich schon
längere Zeit angebahnt hatte: Die östlichen Kirchen sagten sich von

der römischen oder Papstkirche los. Natürlich wurden auch hierbei theologische Unterschiede hervorgekehrt: die Frage, ob der Hl. Geist „aus dem Vater *durch* den Sohn" (Konstantinopel) oder aber „aus dem Vater *und* dem Sohn" (Rom, lat. *filioque*) hervorgehe. Es wäre aber kaum zu einer Kirchenspaltung gekommen, wenn nicht längst eine tiefsitzende Rivalität zwischen Rom und der neuen Hauptstadt Ostrom (Konstantinopel) vorhanden gewesen wäre. Immerhin, die „richtige Lehre", griechisch *Orthodoxie,* spielte ihre Rolle. Die östlichen Kirchen nahmen sie für sich in Anspruch und sprachen sie der lateinischen Kirche des Papstes in Rom ab. So versahen sich die östlichen, in Patriarchaten organisierten Kirchen mit dem Zusatz *orthodox.* Geringere theologische Unterschiede kamen im Lauf der Jahrhunderte wohl hinzu. Aber abgesehen von der Lehre vom Amt des Papstes als Hirte der Gesamtkirche, die im Ersten Vatikanischen Konzil 1870 definiert wurde, ist die Glaubenslehre des Ostens der des Westens weitgehend ähnlich.

Da die orthodoxen Kirchen keinen Papst als gemeinsames Oberhaupt haben, sind ihre Patriarchate grundsätzlich gleichwertig und unabhängig (*autokephal,* von griech. *autos,* „selbst", und *Kephalos,* „Kopf"). Das Patriarchat der früheren byzantinischen Hauptstadt Konstantinopel bewahrt jedoch einen Ehrenvorrang („Erster unter Gleichen") und wird *ökumenisches Patriarchat* genannt. Der Zahl der Gläubigen nach ist es eines der kleinsten. Seit 1991 ist Bartholomäus I. ökumenischer Patriarch; er setzt sich stark für den Dialog mit anderen christlichen Kirchen ein. War in der alten Kirche die Zahl der Patriarchate begrenzt (Rom, Konstantinopel, Alexandrien, Antiochien und Jerusalem), kam es infolge der Nationalismen seit der frühen Neuzeit zu einer Zersplitterung und zur Gründung weiterer Patriarchate (z. B. Moskau). Neben den Patriarchaten gibt es kleinere orthodoxe Kirchen wie die von Zypern. Sie haben keinen Patriarchen, sondern einen ebenfalls autokephalen Erzbischof an der Spitze. Insgesamt zählen die orthodoxen Kirchen ca. 300 Millionen Gläubige in 14 autokephalen Kirchen. Dazu kommen einige Kirchen, deren Autokephalie nicht von allen anderen anerkannt wird, wie z. B. die Kirche Mazedoniens. Einigendes Band aller orthodoxen Kirchen ist die *byzantinische Liturgie.* Der Ritus der orthodoxen Gottesdienste ist also in den verschiedenen Kirchen identisch; er wird aber gewöhnlich in der Landessprache (oder in einer alten Form davon) gefeiert.

Die Bezeichnung *griechisch-orthodoxe Kirche* für das orthodoxe Patriarchat von Jerusalem ist irreführend. Die orthodoxe Kirche Jerusalems ist zunächst die Kirche der ansässigen orthodoxen Christen – im Heiligen Land sind das zum großen Teil Araber. Seit mehreren Jahrhunderten ist es aber ein ungeschriebenes Gesetz, dass der Patriarch und der große Teil des höheren Klerus Mönche aus Griechenland sind. Dagegen sind die in der Regel verheirateten Gemeindepfarrer meist Araber, so wie die Gläubigen. Der derzeitige Patriarch Theophilos III. wurde 2005 gewählt, nachdem sein Vorgänger amtsenthoben wurde. Die Zahl der orthodoxen Gläubigen im Heiligen Land wird mit etwa 200000 angegeben. Zu diesen gehört eine nicht kleine Zahl an eingewanderten Israelis. Das mag überraschen. Zum einen handelt es sich dabei um Ehegatten von nach Israel eingewanderten Juden aus der ehemaligen Sowjetunion. Es gibt aber auch eine beträchtliche Zahl von Menschen, die nach israelischem Recht als Juden oder als Nachkommen von Juden ins Land eingewandert sind, die aber Christen sind (meist russisch-orthodox), ohne offiziell als solche registriert zu sein. Die meisten orthodoxen Klöster im Heiligen Land gehören zur sogenannten *Bruderschaft vom Heiligen Grab*. Ihr Kennzeichen ist das Monogramm aus den griechischen Buchstaben T und Φ (*ph*), die als *Taphos,* griech. „(Heiliges) Grab", zu lesen sind.

Neben der griechisch-orthodoxen Kirche sind im Heiligen Land auch andere orthodoxe Kirchen vertreten. Diese Niederlassungen (Kirchen, Klöster und Pilgerhäuser) anderer orthodoxer Patriarchate dienen vor allem der Betreuung der jeweiligen Pilger. Bis zum Ersten Weltkrieg und der russischen Oktoberrevolution hatte vor allem die russisch-orthodoxe Kirche ein weit verzweigtes Netz von Einrichtungen, die dem blühenden Pilgerwesen dienten. Vom zaristischen Russland unterstützt, gab es außerdem eine Vielzahl sozialer Einrichtungen. Nach Jahrzehnten der Krise erfuhr das Pilgerwesen aus Russland und anderen osteuropäischen Ländern in den letzten Jahren einen neuen Aufschwung. Hinzu kommt die Seelsorge an den eingewanderten russisch-orthodoxen Gläubigen.

c) Die unierten oder katholischen Ostkirchen

Die Kirchenspaltungen wurden wohl selten als normal empfunden. Immer wieder gab es Wiedervereinigungsbemühungen – zwischen den Patriarchaten und Nationalkirchen untereinander wie auch mit den Großkirchen von Rom und Konstantinopel. Herausragend waren die theologischen Verhandlungen und Einigungsformeln auf den Konzilien von Lyon (1274) und Ferrara/Florenz (1438-42). Leider blieb der dauerhafte Erfolg meistens aus.

Eine Ausnahme stellen die *Maroniten* dar. Ihr Name geht zurück auf den hl. Marún (auch Maron), der um 400 n.Chr. westlich von Aleppo als Asket lebte. Als sich in der byzantinischen Reichskirche das Konzil von Chalzedon, nicht zuletzt durch das Wirken der Maronitenmönche, endlich durchgesetzt hatte, folgerte man weiter: Wenn es in Christus zwei Naturen gibt, müsste es bei ihm auch zwei Wil-

len geben, den göttlichen und den menschlichen. Aber nicht alle
wollten so weit gehen. Den Monophysiten folgten so die Monothe-
leten (aus griech. *monos,* „einzig", und *Thelesis,* „Wille"), auch unter Anhängern des Konzils von Chalzedon. Die Auseinandersetzungen wurden so unübersichtlich, dass selbst Papst Honorius in Rom
eine Formel vertrat, die später vom Ökumenischen Konzil zu Konstantinopel 680/81 verworfen wurde. Syrische Mönche, geschart um
ein Kloster bei Apameia am Orontes, das dem hl. Marun schon um
450 geweiht worden war, fühlten sich nach der arabischen Eroberung von der griechischsprachigen Reichskirche isoliert und zogen
sich, um den Verfolgungen der abbasidischen Kalifen zu entgehen,
in die Gebirge des Libanon zurück. Das Eigenleben der Maroniten
in den Bergen unter arabischer Herrschaft führte um 745 zum endgültigen Bruch mit dem griechischen Patriarchat von Antiochien.
Als die Kreuzfahrer in den Orient kamen, entschloss sich 1182 der
maronitische Patriarch zu einer Union mit der römischen Kirche,
welche über all die Jahrhunderte hinweg anhielt. Die maronitische
Kirche ist also eine schon seit dem Mittelalter mit Rom „unierte"
Nationalkirche. Die heutige Liturgiesprache der Maroniten ist Arabisch, in einigen Teilen noch Altsyrisch. In den Jahrhunderten der
Mamluken- und Osmanenherrschaft kam es zu Unterdrückungen
und Verfolgungen; kampfgewohnt verteidigten die Maroniten (unter
dem Emir Fachr ad-Din im 17. Jh. auch einmal zusammen mit den
Drusen) eine relative Autonomie in den libanesischen Bergen und
pflegten, so gut es ging, die Verbindung mit der römischen Kirche.
Der Libanon wurde so das einzige arabische Land, in dem die Christen keine kleine Minderheit sind, sondern die Gesellschaft und das
öffentliche Leben deutlich mitbestimmen (der libanesische Staats-
präsident ist laut Verfassung immer ein Maronit). Der maronitische
Patriarch hat seinen Sitz in Bkerke nördlich von Beirut. Von den ungefähr sechs Millionen Maroniten lebt etwa eine Million im Stammland Libanon. Besonders unter dem Druck der drusisch-osmani-
schen Verfolgung von 1860 und des libanesischen Bürgerkriegs von
1975-90 sind zahlreiche Maroniten ausgewandert, vor allem nach
Brasilien und in die USA. Im Heiligen Land leben ca. 8000 Maroniten in zwei Diözesen: Zum *Patriarchalexarchat Jerusalem* gehören
drei Pfarreien, davon eine in Jordanien; zur *Erzeparchie Haifa* gehören elf Pfarreien, davon sind zwei verwaist. Seit 2012 steht der Li-
banese Moussa al-Hadsch als Bischof beiden Diözesen vor.
Sowohl orthodoxe als auch altorientalische Gläubige und Bischöfe
waren vom 16. Jh. an das Ziel von katholischen Unionsbemühungen.
Man schätzte die lehrmäßigen Unterschiede zwischen den „Ostkirchen" und der lateinischen Kirche geringer ein und hatte aus den
Unionskonzilien bereits brauchbare Vorlagen. Es ging darum, die
Christen und Bischöfe wieder zur Anerkennung des Bischofs von

Rom als Oberhaupt der Gesamtkirche zu bewegen. Bezüglich der
nationalen Kirchensprachen und der liturgischen Traditionen zeigte
sich die römische Kirche großzügig und bot deren Weitergeltung an.
Nicht nur in Europa, etwa in der Ukraine, gelang es, Gläubige und
Bischöfe für die Wiedervereinigung mit der katholischen Kirche zu
gewinnen. Im Orient arbeiteten Franziskaner und Kapuziner, Jesuiten und Karmeliten erfolgreich für die Union. 1683 schloss sich der
griechisch-orthodoxe Erzbischof von Tyrus und Sidon der katholischen Kirche an, 1712 der griechisch-orthodoxe Patriarch von Alexandrien und 1718 tat der griechisch-orthodoxe Patriarch von Antiochien, Cyrill V., den gleichen Schritt, nachdem er schon vorher die
Katholiken toleriert hatte. Sein Neffe Cyrill VI. vollendete 1724 die
Union. Diese unierten Kirchen, die den Papst als Oberhaupt anerkennen, behalten neben den liturgischen Traditionen weiterhin ihre
frühere Organisationsform. Sie wählen beispielsweise Bischöfe und
Patriarchen selbst; verheiratete Männer können zu Priestern (aber
nicht zu Bischöfen) geweiht werden. Es gibt von fast allen orthodoxen und allen altorientalischen Kirchen einen mit Rom unierten, katholischen Zweig, mit recht unterschiedlicher Größe.

Die Tragik liegt darin, dass alle Unionen zwischen Ostkirchen und
römischer Kirche (mit Ausnahme der Maroniten) eine weitere Kirchenspaltung nach sich zogen. So gab es jeweils bald nach den erwähnten Übertritten von Bischöfen oder Patriarchen orthodoxe Ge-
genbischöfe/-patriarchen. Daher haben bis heute diese seit Jahrhunderten katholischen Kirchen des Ostens entgegen dem Anschein keinerlei Brückenfunktion zwischen der römisch-katholischen Kirche
und den orthodoxen Kirchen einnehmen können. Im Gegenteil, sie
werden als Zwitter angesehen und sind für die orthodoxen Kirchen
ein fortwährendes Ärgernis. Nach offizieller orthodoxer Meinung
sollten sie verschwinden, entweder ganz römisch werden oder orthodox bleiben. Vor diesem Hintergrund müssen auch die harten
konfessionellen Auseinandersetzungen in Russland und der Ukraine
gesehen werden.

Die stärkste Gruppe der Unierten im Heiligen Land sind die *Griechisch-Katholischen,* auch *Melkiten* genannt. Bei den Syrern des Altertums nannte man so (von aramäisch *Malka,* „König", auch „Kaiser") die Kaiserlichen, d.h. die Anhänger der byzantinischen Kirche
von Konstantinopel. Da sich deren Nachfahren aber jetzt allgemein
als Orthodoxe bezeichnen, blieb der Name Melkiten nur mehr für
die katholisch gewordenen Griechen von Syrien und Palästina üblich. Der griechisch-katholische Patriarch Gregor III., bürgerlich
Lutfi Lahham, vor seiner Wahl Erzbischof von Jerusalem, hat seinen
Sitz in Damaskus. In Jerusalem residiert ein Patriarchalvikar beim
Jaffator, zu dessen Diözese acht Gemeinden mit etwas 3500 Gläubigen gehören. Stärker sind die Melkiten in Galiläa vertreten, wo zum

Erzbistum Akko 31 Pfarreien mit etwa 76 000 Gläubigen gehören.
Im Staat Israel sind die Melkiten die größte christliche Konfession –
zumindest wenn man nur die staatlich registrierten Gläubigen betrachtet.

Das Patriarchat der *katholischen Armenier* (gut 500 000 Gläubige
weltweit) hat seinen Sitz in Harissa nördlich von Beirut im Libanon;
in Jerusalem besteht bei der 3. Kreuzwegstation ein Vikariat für die
etwa 400 Gläubigen. Erste Unionsbemühungen gab es 1439, aber
erst 1742 kam es tatsächlich zu einer solchen.

Die *katholischen Syrer* unterhalten in Jerusalem, in Betlehem und in
Amman je eine Pfarrei mit insgesamt etwa 1500 einheimischen
Gläubigen. Der syrisch-katholische Patriarch residiert in Beirut (ca.
160 000 Gläubige). Ihre Zahl im Heiligen Land hat sich in den letzten Jahren durch den Zuzug von Gastarbeitern aus Indien, besonders aus dem Bundesstaat Kerala, vervielfacht. Die dortige Kirche
(„Thomas-Christen") entstammt zwar syrischer Tradition, hat sich
aber durch Jahrhunderte unabhängig von der syrischen Kirche entwickelt.

Für die (seit 1781) mit Rom unierten Assyrer hat sich als offizieller
Name *chaldäische Kirche* eingebürgert. Chaldäa ist eine früher übliche Bezeichnung für Mesopotamien, den heutigen Irak; auch die
aramäische Sprache nannte man früher Chaldäisch. Seit 2013 steht
Patriarch Raphael I. Sako der chaldäischen Kirche vor. Es gibt eine chaldäische Kirche in Jerusalem und einige chaldäische Famili-
en in Haifa, in Jordanien leben viele chaldäische Flüchtlinge aus
dem Irak.

Die wenigen *katholischen Kopten* im Heiligen Land haben hier keine eigenen Strukturen mehr. Seit 2013 leitet Patriarch Ibrahim Isaac
Sidrak von Ägypten aus die koptisch-katholische Kirche.

Seit 1992 bilden die Repräsentanten der verschiedenen katholischen
Kirchen des Heiligen Landes eine katholische Ordinarienkonferenz.
Da für die katholischen Orientalen im Heiligen Land nicht überall
eigene Pfarrer zur Verfügung stehen, haben eine Reihe von lateinischen Priestern die Vollmacht, auch in anderen Riten Gottesdienste
zu feiern (Bi-Ritualisten). Der Vatikan achtet aber darauf, dass die
katholischen Orientalen nicht in den lateinischen Ritus gedrängt
werden. Wenn etwa ein orientalisch-katholischer Mann bei einer römisch-katholischen Ordensgemeinschaft eintritt, wird er automa-
tisch birituell, er wird aber in der Regel in seinem angestammten
orientalischen Ritus zum Priester geweiht.

Die Kirchen der Reformation

Die beiden großen Kirchenspaltungen des Westens, *Anglikaner* in England und *Lutheraner* in Deutschland, sind im Heiligen Land erst Mitte des 19. Jh. angekommen, als sich die europäischen Nationen immer mehr für diese Gegend des Osmanischen Reichs zu interessieren begannen.

Die Spaltung zwischen *anglikanischer* und römischer Kirche 1529 war zunächst politisch begründet. Bald begannen aber Reformen innerhalb der selbständig gewordenen Kirche Englands, wie der Gebrauch der Volkssprache im Gottesdienst. Dagegen strebte Martin *Luther* (1483 – 1546) zunächst eine Reform der Kirche an. Erst als diese nicht zustande kam, kam es zur Kirchenspaltung (und bald darauf zu blutigen Auseinandersetzungen).

Die Geschichte von Anglikanern und Lutheranern in Jerusalem beginnt mit dem Experiment eines gemeinsamen anglikanisch-lutheranischen Bistums, gegründet 1841 auf Betreiben Englands und Preußens. Die Bischofskirche war die *Christ Church* am Jaffator. Ab 1887 ging man getrennte Wege und baute in den Folgejahren die anglikanische Georgskathedrale in der Nablusstraße und die evangelische Erlöserkirche in der Jerusalemer Altstadt. Beide Kirchen gründeten bald eigene, auch einheimische Gemeinden. Die zunächst angestrebte Mission unter Nicht-Christen war wenig erfolgreich, aber es schlossen sich eine Reihe orientalischer Christen diesen Kirchen an.

Die *evangelische* Kirche im Heiligen Land besteht seit 1979 aus zwei selbständigen, aber eng miteinander verbundenen Kirchen. Eine ist deutschsprachig; ihr steht der Propst der Erlöserkirche vor (seit 2012 Wolfgang Schmidt). Die andere ist arabischsprachig; sie wird seit 1998 von Bischof Munib Younan geleitet, der seit 2010 auch Präsident des Lutherischen Weltbundes ist. Die hergebrachte Bezeichnung ist *evangelisch-lutherische Kirche,* sie umfasst im Heiligen Land aber auch Gläubige aus anderen evangelischen Traditionen, wie Reformierte oder Mennoniten.

Ökumene

Besucher aus gemischt-konfessionellen Gebieten Deutschlands oder der Schweiz, die mit ihren eigenen Erfahrungen die Ökumene im Heiligen Land betrachten, sind zunächst oft enttäuscht. Was in Mitteleuropa problemlos ist (oder scheint), davon ist man im Nahen Osten weit entfernt. Zwei Tatsachen sollte man dabei nicht vergessen: Zum einen sind Angehörige verschiedener Konfessionen im deutschen Sprachraum Angehörige desselben Volkes, derselben Kultur, derselben Sprache. Im Heiligen Land dagegen meint unterschiedliche Konfession häufig auch unterschiedliche Herkunft, unterschiedliche Sprache und Kultur, unterschiedliche Mentalitäten und Temperamente. Gründe für schleppenden Ökumenismus sind daher oft nicht die Unterschiede im Glauben oder in der Theologie, sondern es sind die Probleme bei der Überbrückung kultureller Unterschiede. Zum anderen gehören in Mitteleuropa praktizierende gläubige Christen (oder sogar allgemein gläubige Menschen) bald zu einer Minderheit. Deshalb ist der Glaube etwas, das verbindet – selbst wenn er in unterschiedlichen Glaubensgemeinschaften gelebt wird. Nicht so im Heiligen Land, in Israel wie in Palästina. Hier ist es die Regel, dass man praktizierender Angehöriger einer Religionsgemeinschaft ist. Deshalb ist die Zugehörigkeit zu verschiedenen Konfessionen oder Religionsgemeinschaften eher etwas Trennendes.

Trotzdem gibt es im Heiligen Land Ökumenismus, in der Regel freilich keine theologischen Gesprächsrunden und nur selten ökumenische Gottesdienste. Der Kustos der Franziskaner, Pierbattista Pizzaballa, bezeichnet diesen Ökumenismus als „Mehrfamilienhaus-Ökumenismus": Man teilt miteinander die Sorgen und Freuden des Alltags, man feiert Feste gemeinsam, man besucht sich zu frohen oder zu traurigen Anlässen. Und dann gibt es durchaus auch Momente von „offizieller" Ökumene: Jedes Jahr Ende Januar begeht man „die Woche der Einheit der Christen"; eine Woche lang treffen sich Christen unterschiedlicher Konfessionen jeden Tag in einer anderen Kirche, um für die Einheit der Christen zu beten. In Not- und Krisenzeiten erheben bisweilen die Kirchenoberhäupter gemeinsam die Stimme, um für Gerechtigkeit und Frieden einzutreten. Ein wichtiger Schritt war 2008 die Herausgabe von einem Katechismus, den dreizehn christlichen Konfessionen für den Religionsunterricht an arabischen Schulen gemeinsam erarbeitet haben. Schließlich kann man im Heiligen Land eine ähnliche Beobachtung wie in Europa machen: Die Ökumene an der Basis ist viel leichter zu leben als die Ökumene zwischen Kirchenoberhäuptern. Fragt man im Heiligen Land einen Christen nach seiner Konfession, wird er in aller Regel zuerst sagen, er sei Christ. Erst auf weitere Nachfragen wird er hinzufügen, er sei griechisch-orthodox oder syrisch-katholisch oder was auch immer – nicht, weil er sich seiner Konfession schämt, sondern weil er sich tatsächlich zuerst als Christ fühlt, erst in zweiter Linie als Angehöriger einer bestimmten Kirche.

Eine Kuriosität (eine der vielen!) der Jerusalemer Ökumene sind die verschiedenen Kalender. Die Franziskaner geben in Jerusalem jedes Jahr einen „ökumenischen Kalender" mit sieben verschiedenen Kalendern heraus, davon fünf (!) christliche: der gregorianische, der julianische, der koptische, der armenische und der äthiopische Kalender sowie die Kalender von Juden und Muslimen. Der gregorianische Kalender ist der Kalender der Westkirchen (er wird inzwischen fast weltweit im zivilen Leben gebraucht). Er ist nach Papst *Gregor XIII.* benannt, der 1582 eine Kalenderreform verfügte, um den bis dahin gültigen julianischen Kalender mit dem astronomischen in Einklang zu bringen. Der julianische Kalender ist in 400 Jahren um drei Tage zu kurz, daher ließ Papst Gregor auf den 4. Oktober 1582 den 15. Oktober folgen. Da die Kalenderreform von einem katholischen Papst ausging, wurde sie in orthodoxen und protestantischen Staaten nur zögerlich angenommen, in einigen osteuropäischen Ländern erst im 20. Jh. Viele Ostkirchen – im Heiligen Land alle – halten bis heute am julianischen Kalender fest, der auf *Julius* Cäsar zurückgeht. Gegenwärtig (seit dem Jahr 1900 und bis zum Jahr 2100) beträgt die Differenz zwischen dem gregorianischen und dem julianischen Kalender dreizehn Tage. Wenn also die Westkirche am 6. Januar das Fest Erscheinung des Herrn (Dreikönig) feiert, ist für die orthodoxen Kirchen gerade der 24. Dezember – Heiliger Abend. Noch komplizierter ist der Ostertermin: Hier kommen zur 13-Tage-Differenz noch Unterschiede in der Festlegung des Ostertermins hinzu. Deshalb können das westliche und das östliche Osterfest um eine Woche, um vier Wochen (selten) oder um fünf Wochen auseinander liegen – sie können aber auch auf denselben Tag fallen (z. B. in den Jahren 2017 und 2025). Beide Kalender berechnen die Jahreszahlen „nach Christi Geburt". Diese Zählung wurde im 6. Jh. eingeführt, sie hält aber modernen Berechnungen nicht stand. So gehen heute die meisten Wissenschaftler davon aus, dass Jesus Christus im Jahr 7 „vor Christi Geburt" geboren wurde. Die anderen drei genannten christlichen Kalender gehen mit dem julianischen Kalender parallel, unterscheiden sich aber in der Monats- und Jahreszählung. Die Kopten beginnen im Jahr 2015 das Jahr 1730 (nach der Verfolgung unter Kaiser Diokletian), die Äthiopier das Jahr 2008 (nach der Geburt Christi, jedoch nach anderer Berechnung), die Armenier 1465 (nach der Trennung von der byzantinischen Reichskirche).

Im Heiligen Land heißt das also, man feiert die christlichen Feste mehrfach. Ein Ärgernis? – In kleinen gemischt-konfessionellen Gemeinden des Heiligen Landes (und in allen Gemeinden in Jordanien) hat man sich schon seit Jahren auf einen Kompromiss geeinigt: Man feiert den Weihnachtsfestkreis gemeinsam nach dem westlichen (gregorianischen), den Osterfestkreis nach dem östlichen (julianischen) Kalender. Der lateinische Patriarch von Jerusalem hat dies 2012 seinen Gläubigen noch einmal deutlich ans Herz gelegt. Dagegen bleibt man in den großen Pilgerzentren, vor allem in Jerusalem, bei den doppelten Feiern – nicht nur aus Traditionsverbundenheit, sondern auch aus praktischen Gründen: So verteilen sich die Massen von Pilgern und Besuchern auf zwei Termine. An den heiligen Stätten, allen voran der Grabeskirche, bedeutet dies eine enorme Erleichterung. Wer je erlebt hat, wie die beiden Osterfeste zusammenfallen (zuletzt 2014), wird das nachvollziehen können: Die Gottesdienste der verschiedenen Konfessionen sind minutiös aufeinander abgestimmt, das ist kein Problem. Aber wie kann die Menge von Gläubigen der einen Konfession so schnell aus der Kirche gelangen (durch die einzige Tür und die engen Altstadtgassen), um für die nächste Menge von Gläubigen Platz zu schaffen? Zugegeben, es ist eigenartig, wenn eine Gemeinde das österliche Halleluja anstimmt, während die Schwesterkirchen mit Palmzweigen in den Händen Hosianna singen (so z.B. 2015 oder 2018). Aber nichts hindert daran, sich auch noch eine oder mehr Wochen später „Frohe Ostern" zu wünschen. – Hierzulande tut man das mit dem Ruf *Christos anesti* (griechisch) oder *al-Massih qam* (arabisch), „Christus ist auferstanden". Die Antwort ist: *Alethinos anesti, Haqqan qam,* „Er ist wahrhaft auferstanden".

Das Judentum

Christen – gerade aus Deutschland oder Österreich – fällt es manchmal schwer, ein unbefangenes Verhältnis zum Judentum und zu den Juden aufzubauen; zu kompliziert, zu leidvoll war die Geschichte von Christen und Juden. Im Heiligen Land wird der Besucher verschiedene Facetten des Judentums erleben. Manches mag befremden, vieles liegt einem Christen gar nicht so fern. Man vergesse nicht: Jesus, Maria, die Apostel, Paulus und drei der vier Evangelisten waren Juden; unsere Heilige Schrift besteht zu weiten Teilen aus der Heiligen Schrift der Juden. In den letzten Jahren bezeichnen manche Christen die Juden zuweilen als „unsere älteren Brüder"; auch Papst Johannes Paul II. hat diesen Ausdruck gerne gebraucht. Diese Bezeichnung drückt zwar gut das Verhältnis der beiden Schwesterreligionen aus, das ein geschwisterliches sein soll. Es sei aber darauf hingewiesen, dass das Bild des älteren Bruders aus jüdischer Sicht zwiespältig ist. Mehrfach wird in den Patriarchenerzählungen der Bibel berichtet, wie der erstgeborene Sohn benachteiligt, ja verstoßen wurde: Isaaks älterer Bruder Ismael (Gen 21), Jakobs älterer Zwillingsbruder Esau (Gen 27) oder Ruben, der älteste der zwölf Söhne Jakobs (Gen 49,3-4).
Die jüdische Religion geht nach biblischer Überlieferung auf den großen religiösen Führer und Befreier Mose zurück, der wohl im 13.Jh. v.Chr. gelebt hat. Man spricht daher auch von der *mosaischen Religion*. Nomadische Stämme, die sich als Söhne Israels oder Israeliten bezeichneten, nahmen im wüstenhaften Sinaigebiet von Mose die göttliche Offenbarung an und erhielten ihre religiöse Formung. Dabei bewahrten sie Erinnerungen an Vorväter, die aus

Mesopotamien ausgewandert und über Kanaan bis nach Ägypten
gekommen waren (Gen 11–50).

In dieser Vorzeit, besonders bei den Ägyptern, wurden sie auch *Hebräer* genannt. Damit war zunächst eine fremde und niedrige Volks-
und Gesellschaftsklasse gemeint: Abraham in Kanaan und Josef in
Ägypten waren *Hebräer* (Gen 14,13; 39,14); diese Bezeichnung
wird den Israeliten im Buch Exodus oft gegeben.

Das Königreich von Saul, David und Salomo zerbrach nach dem
Tod von König Salomo (932 v.Chr.) in zwei Teile. Das Nordreich
Israel ging mit der Eroberung durch die Assyrer (722 v.Chr.) zugrunde, das Südreich *Juda* dagegen bestand bis zur Eroberung durch
die Babylonier im Jahre 586 v.Chr. und erlebte nach der Rückkehr
aus dem Babylonischen Exil (ab 536) eine Restaurierung. Das Gebiet des Stammes Juda heißt in der griechischen Bibel *Judäa,* seine
Bewohner *Judäer.* Die Heimkehrer aus der Gefangenschaft waren in
der Hauptsache Judäer. So kam es, dass man die Anhänger der in Jerusalem restaurierten Religion Judäer nannte. Aus der geographischen Bezeichnung wurde dadurch eine religiöse, für die sich im
Deutschen die Übersetzung *Jude* einbürgerte. Diese geht direkt auf
den Ausdruck *Jehúd* der hebräischen Bibel zurück, während für die
geographische Bezeichnung weiterhin *Judäer* zur Verfügung steht.
In der griechischen Bibel gibt es diese Unterscheidung nicht. Doch
hat auch die geographische Bezeichnung *Judäa* durch den religiösen
Begriff eine Ausweitung erfahren. Die jüdischen Hasmonäer trieben
nämlich in den von ihnen eroberten Gebieten eine Judaisierungspolitik, so dass es nun Juden (griech. *Judäer*) nicht nur im eigentlichen
Judäa, sondern auch in Galiläa oder im Ostjordanland gab. *Judäa*
wird damit soviel wie „Judenland" und erstreckt sich auf das ganze
Heilige Land. So heißt es nach der Auferweckung des Jünglings von
Naïn: „Und die Kunde davon verbreitete sich überall in *Judäa*" (Lk
7,17), obwohl Naïn in *Galiläa* liegt.

Zur Zeit Jesu war die tonangebende Richtung unter den Juden die
der *Sadduzäer,* deren Name vom Priester Zadok zur Zeit Davids
(1 Kön 1,32) abgeleitet ist. Sie waren die Mitglieder einer konserva-
tiven priesterlichen Aristokratie mit dem Hohenpriester an der Spitze. Neue Lehre wie die von der Auferstehung der Toten lehnten sie
ab (Mk 12,18, Apg 23,8). Mit dem Untergang des Tempels (70
n.Chr.) verloren sie an Bedeutung und gingen unter. Doch gibt es
bis heute im Judentum Priester. *Priester* (hebr. *Kohén*) wird man im
Judentum nicht durch eine Weihe, sondern man ist es durch Abstammung von einem priesterlichen Geschlecht.

Die traditionellen Konkurrenten der Sadduzäer waren die *Pharisäer.*
Sie waren neuen Lehren gegenüber aufgeschlossener und versuchten die Lehre der Heiligen Schrift weiterzuentwickeln. Deswegen
waren unter ihnen die *Schriftgelehrten* zahlreich. Sie legten Wert

auf eine ganz genaue Gesetzesauslegung. Ihr Name – das hebräische
Peruschim heißt „Abgesonderte" – leitete sich davon ab, dass sie
den allfälligen rituellen Verunreinigungen des Alltags aus dem Weg
gingen. Trotzdem waren sie beim einfachen Volk geachtet und hatten erheblichen Einfluss auf seine religiöse Bildung. Da auch Jesus
sich hauptsächlich an das einfache Volk wandte, war es nur natürlich, dass er und die Pharisäer immer wieder aneinander gerieten – übrigens nicht immer nur feindselig; mehrfach wird berichtet,
wie Pharisäer Jesus zum Essen einluden (z.B. Lk 7,36).

Da die Endfassung der Evangelien zum größten Teil nach dem Untergang des Tempels 70 n.Chr. erfolgte, als die Sadduzäer keine
Rolle mehr spielten, sind in den Evangelien nicht viele Worte Jesu
über die Sadduzäer aufbewahrt worden – dafür umso mehr über die
Pharisäer. Denn nur die Pharisäer überstanden die Katastrophe;
Schriftgelehrte ihrer Richtung sammelten das Judentum neu. Mit ihnen setzte sich das Christentum weiter auseinander.

Aus Werken alter Schriftsteller, allen voran Flavius Josephus, kennt
man noch eine dritte Gruppe im Judentum der Zeit Jesu, die *Esséner.* Sie sind durch die Handschriftenfunde und Ausgrabungen von
Qumran am Toten Meer einer breiten Öffentlichkeit bekannt geworden. Wenigstens der Teil der Gemeinschaft, der in Qumran ansässig
war, hatte mit Jerusalem und dem Tempel völlig gebrochen, sich in
eschatologischer Hoffnung bewusst in die Wüste zurückgezogen
und kommt deshalb im Neuen Testament nicht vor. Selbst der ebenfalls in der Wüste predigende Täufer Johannes lässt sich kaum bei
ihnen einordnen, von Jesus ganz zu schweigen.

Im *Talmud* (von der Heiligen Schrift ausgehende „Belehrung") sind
Worte und Gesetzesauslegungen von nachbiblischen Schriftgelehrten gesammelt. Er besteht aus zwei Grundbestandteilen: Die *Mischna* (wörtlich „Wiederholung") ist die erste autoritative Sammlung
von Auslegungen des biblischen Gesetzes (bis etwa 200 n.Chr.), die
dann selbst Gesetz wird. Ihr folgt die *Gemara* („Vollendung"), in
der die späteren Rabbiner die *Mischna* durch Kommentare auslegen
und weiterführen. Der sogenannte *Jerusalemer Talmud* entstand bis
etwa 400 n.Chr., weniger in Jerusalem, das heidnisch und dann
christlich geworden war, als in den galiläischen Gelehrtenzentren
wie Sepphoris und Tiberias. Maßgeblicher wurde aber der *Babylonische Talmud,* der erst nach 600 n.Chr. abgeschlossen wurde und damit Weiterentwicklungen miteinschließt.

Zwei der größten Feste des Judentums, nämlich *Pessach* (aramäisch
Pas'cha) – die *Woche der Ungesäuerten Brote* – und *Schavuot,*
„Wochenfest", wurden als Osterfest und Pfingstfest auch den Christen heilig. An *Pessach* feiern die Juden die Befreiung aus dem Sklavenhaus Ägypten (Ex 12–15). Herzstück der Feier ist das Pessach-
mahl (hebr. *Seder,* wörtlich „Ordnung"), ein rituelles Mahl in der

Familie am (Vor-)Abend (der jüdische Tag beginnt mit dem Vorabend) des ersten Tages des Festes. Jesus hat im Letzten Abendmahl
mit den Seinen dieses Fest gefeiert, durch seine Passion am folgenden Tag hat es freilich im Christentum als Abschiedsmahl Jesu einen neuen Inhalt bekommen. Das Wochenfest, 50 Tage nach Pessach, feiert die Offenbarung der *Tora,* des „Gesetzes" – Gesetz ist
nicht in erster Linie juristisch zu verstehen, sondern meint allgemein
die „Weisung" des göttlichen Willens, wie er in der *Tora,* den „fünf
Büchern Mose", dem Herzstück der jüdischen Bibel, offenbart worden ist. Auch dieses Fest bekam in der christlichen Tradition eine
neue Bedeutung durch die Herabkunft des Hl. Geistes auf die Jünger
(Apg 2).

Das herbstliche Wallfahrtsfest, das „Laubhüttenfest" (*Sukót*), verlor
bei den Christen seine Bedeutung, weil es nicht so stark mit der neutestamentlichen Geschichte verbunden ist (vgl. aber Joh 7,2: „Das
Laubhüttenfest der Juden war nahe"). Am Laubhüttenfest errichtet
man im Hof oder auf dem Balkon eine *Suká* (hebr. „Laubhütte"), in
Erinnerung an die nomadische Vergangenheit Israels. Zum Feststrauß des Laubhüttenfestes, *Lulav* genannt, gehören eine Zitrus-
frucht, ein Palm-, zwei Weiden- und drei Myrtenzweige. Der Feststrauß wird zum Segnen in die vier Himmelsrichtungen geschwenkt,
um Fruchtbarkeit für das neue Jahr, das nach dem jüdischen Kalender wenige Tage davor beginnt, zu erlangen. Das jüdische Neujahrsfest (*Rosch ha-Schana,* wörtlich „Haupt des Jahres", im Herbst) hat
im Gegensatz zum westlichen Neujahr einen eher ernsten Charakter,
da mit ihm die Bußtage beginnen, die auf den Versöhnungstag (*Jom
Kippur,* zehn Tage nach Neujahr) vorbereiten. Der *Jom Kippur* ist
ein Tag strengen Fastens und absoluter Arbeitsruhe. Kaum jemand,
der an diesem Tag in Israel ist, kann sich der Faszination dieses
Tages entziehen: Das gesamte öffentliche Leben, selbst der Straßen-
verkehr, steht still. Man erbittet von Gott die Vergebung der Sünden. – Zu weiteren jüdischen religiösen Bräuchen, denen der Besucher des Heiligen Landes bisweilen begegnet, siehe S. 421.

Der jüdische Kalender ist ein Mondkalender, der aber den Sonnen-
kalender berücksichtigt. Das heißt, die Monate dauern von Neumond zu Neumond, etwa 29 Tage, woraus sich für das Jahr ungefähr 354 Tage ergeben. Um die fehlenden 11 oder 12 Tage auszugleichen, fügt man innerhalb von 19 Jahren siebenmal einen Schalt-
monat ein, der *Adar B* („zweiter Adar") heißt und vor dem Pascha-
monat *Nissan* eingeschoben wird. Damit werden die fehlenden Tage
gegenüber dem Sonnenstand zwar wettgemacht, es bleibt aber die
Tatsache, dass sich die jüdischen Feste gegenüber unserem, dem
gregorianischen Kalender bis zu einen Monat verschieben.

Mindestens seit dem Babylonischen Exil gab es eine jüdische *Diaspora* (griech. „Zerstreuung"). Infolge der katastrophalen Ereignisse

70 n.Chr. – Niederschlagung des Jüdischen Aufstandes, Zerstörung Jerusalems und des Tempels – verlagerte sich der Schwerpunkt jüdischen Lebens immer mehr in die Diaspora. Dort blieben die Juden zwar ihrer religiösen Überlieferung treu, waren aber starken kulturellen Einflüssen der Völker (hebr. *Gojim*), unter denen sie lebten, ausgesetzt. So entwickelte sich ein breit gefächertes Diaspora-Judentum in weiten Teilen Europas, Asiens und Nordafrikas, später auch in der Neuen Welt. Die beiden Hauptrichtungen des Judentums sind: die *Sepharden* – ursprünglich aus Spanien (hebr. *Sefarad,* „Spanien"), nach der Vertreibung von dort 1492 nach Nordafrika und ins Osmanische Reich ausgewandert – und die *Aschkenasen* aus Mittel- und Osteuropa (im Mittelalter bezeichnete man mit *Aschkenas* – nach Gen 10,3 ein Urenkel Noachs – Deutschland).

Das Judentum im Heiligen Land blieb zwar immer erhalten, konnte sich aber unter den christlichen und muslimischen Herrschern nie weit entfalten. Vom 16.Jh. an erhielt es Zuzug durch aus Spanien vertriebene Juden. Im 18.Jh. zogen osteuropäische *Chassidim* (hebr. „Fromme") nach Jerusalem, ab 1880 kamen vor allem viele osteuropäische Juden, bis dann durch den Zionismus und später infolge des Nationalsozialismus eine allgemein europäische Einwanderung einsetzte. Nach der israelischen Staatsgründung und dem Unabhängigkeitskrieg 1948 kam es zu einer weiteren Einwanderungswelle von Juden aus arabischen Staaten, v.a. Marokko, Ägypten, dem Jemen und dem Irak. In den 80er- und 90er-Jahren wanderten viele Juden aus Äthiopien und der ehemaligen Sowjetunion nach Israel ein. Diese verschiedenen Einwanderungswellen bezeichnet man auf Hebräisch als *Alijá,* wörtlich „Aufstieg" (in das Verheißene Land). Auch wenn Israel, besonders die Kibbuzbewegung und das Militär, ein Schmelztiegel für Juden unterschiedlichster Herkunft ist, bleiben kulturelle und soziale Unterschiede auch zwischen den Nachfahren eingewanderter Juden erkennbar. In Israel geborene Juden – inzwischen die Mehrheit – bezeichnen sich selbst als *Sabras* (hebr. „Kaktusfrucht"): innen süß, aber nach außen stachlig. Wer jemals mit israelischen Behörden zu tun gehabt hat, wird verstehen, warum.

Die Samaritaner

Auch die religiösen Traditionen des Nordreiches Israel erlebten eine gewisse Restauration. Zwar war nach der Niederlage Samarias 722 v.Chr. der verschleppte Teil der Bevölkerung durch andere unterworfene Völkerschaften ersetzt worden und dadurch eine Mischbevölkerung entstanden. Die Verehrung des Gottes Israels blieb aber erhalten, wenn auch aus der Sicht der Judäer nicht in voller Reinheit (vgl. 2 Kön 17). Dabei wohnten die Bewohner von Samarien sogar im Kernland des israelitischen Siedlungsgebietes. Sie hätten sich am Wiederaufbau des Jerusalemer Tempels beteiligen wollen, wurden aber von den Judäern zurückgewiesen (Esra 4,1-3). Damit wurde die Spaltung zwischen Judäern und Samaritanern vertieft.

Der Zwist war sicherlich nicht nur in politischen Feindseligkeiten begründet. Dass die Samaritaner auf einem früheren Stadium der israelitischen Religion stehen geblieben sind, zeigt sich nicht zuletzt darin, dass die Heilige Schrift der Samaritaner nur aus der *Tora* („Weisung"), den traditionellen fünf Büchern Mose, besteht. Bei den Juden hat die Tora zwar den höchsten Rang, doch kamen noch zahlreiche weitere Bücher zur Heiligen Schrift hinzu.

Nach der Rückkehr der Juden aus dem Babylonischen Exil hintertrieben die Samaritaner den Tempel- und Mauerbau in Jerusalem (Esra 4,4-6, Neh 3,33-4,3; 6,1-9) und schafften es, von Alexander dem Großen die Erlaubnis zum Bau eines eigenen Tempels auf dem Berg Garizim bei Sichem (Nablus) zu erwirken. Dieser Tempel bestand rund 200 Jahre, bis ihn Johannes Hyrkanus aus dem Geschlecht der Hasmonäer 107 v.Chr. zerstörte und versuchte, Samarien mit Gewalt zu judaisieren. Obwohl sie ins Hintertreffen gerieten, bewahrten die Samaritaner dennoch ihren Stolz und ihre Eigenständigkeit gegenüber den Juden und es kam oft zu gegenseitigen Feindseligkeiten.

Jesus trat den Samaritanern mit offener Sympathie gegenüber und setzte ihnen mit der Geschichte vom barmherzigen Samariter (Lk 10,25-37) ein unvergessliches Denkmal. Zur Geschichte der Samaritaner in christlicher Zeit siehe S. 268.

Etwa die Hälfte des heute nur mehr etwa 750 Menschen zählenden Volkes mit großer biblischer Vergangenheit lebt bei Nablus und hat sein religiöses Zentrum auf dem Berg Garizim, wo man noch jedes Jahr die Paschafeier erleben kann, die es im Judentum seit dem Untergang des Tempels in dieser Form nicht mehr gibt. Der Rest der Samaritaner wohnt in Holon südlich von Tel Aviv.

Der Islam

Begründer des Islam war *Muhámmad* (im Deutschen meist *Mohammed* geschrieben), der 571 n.Chr. in dem kleinen Ort *Mekka* im Westen der arabischen Halbinsel als Sohn eines Kaufmanns geboren wurde. Nach islamischer Überlieferung erhielt er mit etwa 40 Jahren durch Vermittlung des Engels Gabriel Offenbarungen, die er auch niederschreiben sollte. Daraus ergab sich das heilige Buch des Islam, der *Koran* (arabisch „Vortrag", „Lesung"), dessen 114 *Suren* (Kapitel) keine streng systematische Ordnung aufweisen. Sie sind – nach muslimischer Tradition auf Gottes Geheiß hin – teils der Länge nach angeordnet (wie die Paulusbriefe im Neuen Testament), teils nach der Entstehungszeit. Der Islam zählt somit ebenso wie Judentum und Christentum zu den Offenbarungsreligionen. *Islam* heißt soviel wie „Hingabe an Gott", „Ergebung in seinen Willen", eine Ableitung von *Salam*, „Friede", „Heil". Mohammed betrachtete sich als letzten Propheten unter Anerkennung der früheren Offenbarungen und ihrer Propheten (u.a. Adam, Noach, Abraham, Mose, Jesus). Der Islam erkennt also Jesus an, aber nur als einen früheren Propheten. So enthält der Koran nicht wenige Elemente der Heiligen Schrift von Juden und Christen – wenn auch mit volkstümlichen Vereinfachungen, wie Mohammed sie unter den durchreisenden Kaufleuten oder von den kleinen jüdischen und christlichen Gemeinden dieser abgelegenen Region kennengelernt haben mochte. Grundlegend ist die Offenbarung von dem Einzigen Gott. Er betrachtete es als seine Sendung, den Götzendienst zu bekämpfen und allein den wahren Gott anzubeten, den Schöpfer der Welt und Richter aller Menschen. „Er ist der Erste und der Letzte" (Sure 57,4; vgl. Offb 1,17).

Die Bezeichnung *Mohammedaner* wird von den Moslems oder Muslimen (arab. *Muslim*, „Anhänger des Islam") nicht gern gehört. Sie legen Wert darauf, dass Mohammed für sie nicht denselben Rang einnimmt wie Christus für die Christen, Mohammed ist *der* Prophet, während Gott keinen Sohn neben sich haben könne.

Mohammed gewann in der eigenen Familie und darüber hinaus Anhänger, wurde aber von einflussreichen Personen seiner Heimat angefeindet und verfolgt. Im Jahr 622 n.Chr. zog er mit 60 Familien in das 350 km entfernte *Jatrib,* wo er mehr Anerkennung fand. Diese Stadt wurde ihm zur zweiten Heimat (später genannt: *al-Medina,* „die Stadt"). Mit dieser Übersiedlung (arab. *Hedschra*) des Propheten beginnt die islamische Zeitrechnung. Medina geriet in einen Krieg mit Mekka, nach acht Jahren konnte Mohammed seine heidnische Heimat erobern und dort den Islam einpflanzen. Anders als Mose, der Prophet und Führer seines Volkes, der das Gelobte Land nicht betreten durfte, und Jesus, der, äußerlich erfolglos, am Kreuz starb, hatte Mohammed nach anfänglichen Anfeindungen durchaus Erfolg. Er übte Autorität und Macht aus – als Prophet und als Heerführer – und der Erfolg blieb ihm treu. Bei seinem Tod im Jahr 632 war der Ein-Gott-Glaube, den er auf seine Fahnen geschrieben hatte, zu einer unwiderstehlichen Bewegung geworden. Im Jahr 635 zogen die Araber mit ihrer neuen Religion in das reiche Damaskus ein, 638 betete der zweite Nachfolger Mohammeds, Kalif Omar, in Jerusalem. Die muslimischen Krieger überrannten den ganzen Orient, Nordafrika und Spanien. 732, genau hundert Jahre nach dem Tod Mohammeds, konnte der Frankenheerführer Karl Martell bei Poitiers in Frankreich ihren Vormarsch aufhalten.

Ein Erfolgsgeheimnis des Islams ist die Einfachheit der Religion, die Mohammed lehrte (was man vom Koran nicht sagen kann; er ist alles andere als leicht verständlich). Sie stützt sich auf folgende fünf Säulen:

1. Das *Bekenntnis zur Einheit und Einzigkeit Gottes.*
2. Das *Gebet,* das in Richtung Mekka verrichtet wird. Der *Muezzin* ruft dazu täglich fünfmal (die Zeiten richten sich nach dem Sonnenstand) mit folgenden Worten auf:

> Allah ist am größten (*Allahu akbar,* 4×).
> Ich bekenne, dass es keinen Gott gibt außer Allah (2×).
> Ich bekenne, dass Mohammed der Gesandte Allahs ist (2×).
> Erhebe dich zum Gottesdienst (2×).
> Erhebe dich zum Wohlergehen (2×).
> Allah ist am größten (2×).
> Es gibt keinen Gott außer Allah.

Der hl. Franziskus, der diese Gebetsrufe auf seiner Orientreise kennengelernt hatte – sie waren noch nicht lautsprecherverstärkt –, war davon beeindruckt. Bald nach seiner Rückkehr richtete er einen „Brief an die Lenker der Völker" und schrieb darin:

> Und möget ihr doch unter dem euch anvertrauten Volk dem Herrn so große Ehre bereiten, dass an jedem Abend durch einen Herold oder sonst ein Zeichen dazu aufgerufen werde, vom gesamten Volk Gott, dem allmächtigen Herrn, Lobpreis und Dank zu erweisen.

3. Das *Fasten* im neunten Monat, dem *Ramadan,* von Sonnenaufgang bis Sonnenuntergang, das nicht nur Essen und Trinken, sondern auch Rauchen umfasst.
4. Das *Almosengeben* für Bedürftige.
5. Die *Pilgerfahrt* nach Mekka (arab. *Hadsch*) für jeden Mann, der sie sich gesundheitlich und finanziell leisten kann; sie ist ein Höhepunkt im religiösen Leben, die den Pilger zum angesehenen *Hadschi* („Pilger") macht.

Man erkennt in diesen Pflichten unschwer die schon im Judentum gelehrte Dreiheit von Gebet, Fasten und Almosengeben, die in der Bergpredigt Jesu vertieft wiederkehrt (Mt 6,1-18). Der Islam kennt keinen institutionalisierten Priesterstand, sondern nur Prediger. Der wöchentliche Feiertag ist der Freitag. Die beiden wichtigsten Feste sind *Id al-Adha,* das viertägige Opferfest, das den Gehorsam Abrahams feiert, der seinen Sohn Ismael (nicht, wie in der biblischen Tradition, Isaak!) zum Opfer darbringen sollte, und *Id al-Fitr,* ein dreitägiges Freudenfest am Ende des Ramadan.

Sowohl der Ramadan als auch die anderen religiösen Feste rotieren durch das ganze Jahr, sind also nicht an Jahreszeiten gebunden. Das muslimische Jahr ist nämlich ein reines Mondjahr mit $12 \times 29/30 =$ 354 Tagen und daher um 11, manchmal 12 Tage kürzer als das Sonnenjahr. Einschaltungen zum Ausgleich gibt es nicht. 2015 beginnt der Ramadan am 18. Juni.

Ein weiterer entscheidender Faktor für den Erfolg des Islam war der *Dschihad*. Dieses arabische Wort bedeutet allgemein „Anstrengung". Diese Anstrengung für den Islam kann durchaus auch kriegerisch sein, daher wird das Wort häufig als „Heiliger Krieg" wiedergegeben. Diese Übersetzung ist nicht falsch, aber sie drückt nur einen (freilich wichtigen) Teilaspekt des *Dschihads* aus. Einige der Aussprüche über den *Dschihad* lauten:

> Das Paradies ist im Schatten der Schwerter.
> *Dschihad* ist unsere Pflicht unter jedem Herrscher, sei er fromm oder tyrannisch.

Zwar kann man nicht sagen, dass die islamische Religion den unterworfenen Völkern einfach aufgezwungen wurde. Der Islam behandelte insbesondere die vorausgehenden Offenbarungsreligionen Judentum und Christentum gegen Zahlung einer Sondersteuer tolerant, aber der Predigt des Islam ging doch oft die Eroberung der Länder voraus. – Der Dschihad darf nicht zu selbstsüchtigen Zwecken missbraucht werden, sondern sein Ziel ist, die ganze Welt unter islamisches Recht (*Scharia*) zu bringen und Hindernisse für den wahren Glauben wegzuräumen.

Es gibt zwei Hauptrichtungen im Islam, die sich schon früh auseinanderentwickelten: die *Sunniten* und die *Schiiten*. Als goldene Zeit des Islam gilt den Sunniten die Zeit der ersten vier Kalifen (Nachfolger Mohammeds), obwohl alle vier durch Mörderhand starben. Sie waren keine Abkömmlinge des Propheten, sondern durch Konsens der Kampfgefährten anerkannte Führer. Ihre Überlieferungen über den Propheten wurden in der *Sunna* (arab. „Weg") gesammelt und als Norm festgelegt.

Dagegen forderten die *Schiiten* Blutsverwandtschaft mit dem Propheten. Eine Rebellion der Partei Alis (arab. *Schiat Ali*) im Jahr 680 wurde zwar niedergeschlagen und ausgerottet – an ihrer Spitze stand Hussein, ein Sohn Alis (der vierte Kalif, 656–661, ein Vetter Mohammeds, mit Mohammeds Tochter Fatima verheiratet). Aber das Prinzip der *Schia* war geboren. Das Martyrium des Hussein ibn Ali machte ihn zum „Heiligen" der Schiiten.

Die große Mehrheit aller Muslime (90 %) sind Sunniten, etwa 10 % sind Anhänger der schiitischen Richtungen, vor allem im Iran. Die Muslime des Heiligen Landes sind Sunniten, die wenigen schiitischen Dörfer im äußersten Norden des Landes existieren seit 1948 nicht mehr.

Die Drusen

Die Religion der Drusen ist ausgesprochen esoterisch und unterliegt einer strikten Geheimhaltung. Zwar ist mittlerweile ein Teil ihrer Geheimlehren an die Öffentlichkeit gekommen, doch sehen sich die Drusen selbst als Eingeweihte einer verschwiegenen Kultgemeinschaft, die sich jeweils donnerstags am Abend trifft (nachdem Sonntag, Samstag und Freitag durch Christen, Juden und Muslime in Anspruch genommen waren). Wegen der Geheimhaltung der Lehre gibt es keine Bekehrungsversuche: Druse ist man nur durch Abstammung, nicht durch Missionierung. Der größte Teil von ihnen lebte ursprünglich in abgelegenen Regionen im Libanon, in Syrien (im *Dschebel ad-Drus,* dem „Drusen-Gebirge", daher der Name *Drusen*) und im heutigen Israel.

Als Begründer der Drusen gilt *Hamza ibn Ali ibn Ahmad,* der sich als Inkarnation der göttlichen Vernunft verstand. Im Jahre 1017 deutete er den fatimidischen Kalifen *Hakim* als letzte Inkarnation Gottes. Es ist derselbe Hakim (996–1021), der westlichen Historikern als wahnsinnig gilt und der Tausende von Kirchen und Klöstern (darunter 1009 die Grabeskirche in Jerusalem) plündern und zerstören ließ. Nach drusischem Glauben wird der nicht verstorbene, sondern zum Himmel entrückte Kalif am Ende der Zeiten als Erlöser (*Mahdi*) wiederkehren. Darüber hinaus glauben die Drusen an weitere Inkarnationen, wie die der göttlichen *Vernunft,* der universalen *Seele* oder des *Wortes*. Sie haben eine große Anzahl heiliger Schriften, von denen viele vom erwähnten Hamza stammen. Die Drusen anerkennen daneben aber auch den Koran und sogar das Evangelium. Zu ihren Lehren gehört auch die Seelenwanderung: Wer gerecht war, wird in einem menschlichem Körper, wer böse war, in einem Hundekörper wiedergeboren.

Zwischen den Drusen und den ebenfalls im Schufgebirge (Libanon) verwurzelten christlichen Maroniten bestand oft ein Spannungsverhältnis, das sich beispielsweise im *Drusenaufstand* von 1860 entlud. Damals fielen viele Christen einem Hassausbruch der Drusen zum Opfer, darunter in Damaskus zusammen mit sieben weiteren Mitbrüdern der Tiroler Franziskaner Engelbert Kolland aus Ramsau, Zillertal (1926 von Pius XI. seliggesprochen).

In Israel leben gut 130 000 Drusen, die meisten von ihnen in Galiläa und auf dem Karmel, sowie ca. 17 000 in vier Dörfern im Norden des Golans. Sie gelten als Israel gegenüber staatstreu. Drusen sind in Israel, im Gegensatz zu muslimischen oder christlichen Arabern, zum Militärdienst verpflichtet.

Die Bahai

Die Bahai-Religion vertritt einen umfassenden Kosmopolitismus
mit dem Glauben an den Einen Gott. Sie geht zurück auf *Baha'ullah*
(„Glanz Gottes"), den Sohn eines persischen Ministers aus altem
Adel (1817–1892), der in Akko in der Verbannung starb und dort
bestattet ist. Nach den Lehren der Bahai wird religiöse Wahrheit
fortschreitend erkannt und ist nie endgültig. Mose, Zarathustra,
Buddha, Christus, Mohammed, der Baha'ullah und andere sind göttliche Erzieher der Menschheit. Die Bahai-Religion lässt also die früheren Propheten und Religionsstifter gelten und lehnt alle Vorurteile
von Religion, Klasse, Rasse oder Nation ab. Es gibt keine Priester
und keine rituellen Gemeinschaftsgebete, sondern nur die Botschaft
des bislang letzten Sprechers Gottes, des „göttlichen Baha'ullah",
die ein umfassendes Friedensreich herbeiführen wird. Die Bahai
streben Gleichwertigkeit und gleiche Rechte der Geschlechter an.
Sie verlangen eine offene, gerechte Gesellschaft der Völker mit einem internationalen Gerichtshof und eine Welthilfssprache, die in
allen Schulen gelehrt werden soll. Es sind also wichtige Elemente
der bisherigen Religionen in einem monotheistischen System mit
vielen säkularen Elementen gesammelt. Einige Sätze des Baha'ullah
mögen dies verdeutlichen:

> Wendet euch der Förderung des Wohlergehens und der Ruhe
> der Menschenkinder zu. Widmet euren Geist und Willen der
> Erziehung der Völker und Geschlechter der Erde, damit die
> Zwietracht, die sie spaltet, durch die Macht des Größten Na-
> mens von ihrem Angesicht getilgt und die ganze Menschheit
> zum Erhalten *einer* Ordnung und zu Bewohnern *einer* Stadt
> werde. Erleuchtet und heiligt eure Herzen. Lasst sie nicht
> durch die Dornen des Hasses und die Disteln der Bosheit ent-
> weiht werden. Ihr wohnt in *einer* Welt und seid durch das
> Wirken *eines* Willens erschaffen worden. Gesegnet ist, wer
> sich mit allen Menschen im Geiste äußerster Freundlichkeit
> und Liebe verbindet.

Die Bahai-Religion zählt etwa acht Millionen Anhänger und ist über
viele Länder der Erde verbreitet, vor allem in Asien. Das Zentrum
(„Haus der Andacht") der ca. 6000 deutschen Bahai befindet sich in
Langenhain bei Hofheim/Taunus. Im Heiligen Land befindet sich
der heiligste Ort der Bahai, das Grab des *Baha'ullah* in Akko (siehe
S. 107), sowie das Grab des Märtyrervorläufers der Bahai-Religion,
Ali Mohammed al-Bab, in Haifa (siehe S. 93).

Religion und Staat

Im Gegensatz zu Europa sind im Orient Religion und Gesellschaft und damit Religion und Politik eng miteinander verwoben. Es gibt keine strikte Trennung von Religion und Staat, weder in Israel noch in den arabischen Ländern. Andererseits sind die Länder des Nahen Ostens dadurch geprägt, dass in ihnen neben einer Mehrheitsreligion mehr oder minder große religiöse Minderheiten leben.

Der seit 1948 unabhängige Staat Israel versuchte sich der sozialistischen zionistischen Idee gemäß weitgehend säkular zu organisieren, konnte aber nicht umhin, den religiösen Belangen beträchtlichen Raum einzuräumen. Insbesondere die gesamte Ehegesetzgebung und -gerichtsbarkeit wurde den orthodoxen Rabbinaten überlassen (oder für Nicht-Juden den jeweiligen Religionsgemeinschaften); somit gibt es in Israel keine Ziviltrauung und keine Zivilscheidung – und kaum Möglichkeiten für Eheschließungen zwischen Angehörigen verschiedener Religionen. Dagegen haben reformierte Formen des Judentums im Familienrecht in Israel keine Kompetenz. Jude im religiösen Sinn ist, „wer von einer jüdischen Mutter geboren oder nach orthodoxer Norm zum Judentum übergetreten ist"; im Staat Israel gibt es dazu einen wichtigen Zusatz: „und sich nicht zu einer anderen Religion bekennt". *Jude* besagt also sowohl die Volks- als auch die Religionszugehörigkeit, *Israeli* meint den Bürger des Staates Israel. In der israelischen Gesellschaft und auch in der israelischen Politik sind die Gegensätze zwischen säkularer und religiöser Bevölkerung oft überraschend scharf zu spüren.

Israel umfasst eine Gesamtfläche von ca. 21 000 km^2, ist also ungefähr so groß wie Hessen, etwas größer als Niederösterreich. Die Bevölkerung des Staates Israel betrug Ende 2012 nach israelischen Angaben (die Ost-Jerusalem und die Golanhöhen mit einschließen) knapp acht Millionen Einwohner, davon sechs Millionen Juden, das sind rund 43 % der jüdischen Bevölkerung weltweit. Ca. 1 400 000 der Bevölkerung Israels sind arabische Muslime, ca. 160 000 Christen (die meisten von ihnen in Galiläa) und ca. 130 000 Drusen. Dazu kommen als kleinere Gruppen noch Bahai, Alawiten, Ahmaditen, muslimische Tscherkessen und ca. 750 Samaritaner. Von den jüdischen Israelis bezeichnen sich knapp die Hälfte als säkular, sie praktizieren also ihre Religion nicht regelmäßig; ein Viertel bezeichnet sich als traditionell, ein weiteres Viertel als orthodox oder ultra-orthodox (*Haredim*).

Es gibt keine verlässlichen Angaben darüber, wie viele „messianische Juden" es in Israel gibt, d.h. Juden, die an Jesus als den Messias glauben, aber an ihrer jüdischen Religion festhalten. Es dürften ca. 15 000 sein, sie sind in wohl fast 100 sehr unterschiedlichen Ge-

meinden organisiert. Bei vielen Juden stoßen sie auf teils heftige
Ablehnung.
Die arabische Bevölkerung der palästinensischen Autonomiegebiete
besteht großteils aus Muslimen, nur etwas mehr als 1% (ca. 50 000)
sind Christen (es gibt keine verlässlichen Angaben; die Zahlen
schwanken erheblich). Diese leben vor allem in der Gegend um Betlehem und um Ramallah. Die Regierung der Autonomiebehörde und
auch ein großer Teil der muslimischen Bevölkerung des Westjordanlands betrachtet die christlichen Palästinenser als gleichberech-
tigte Mitbürger. Es ist zu hoffen, dass es extremistischen muslimischen Kreisen, auch aus anderen arabischen Staaten, nicht gelingen
wird, dies zu ändern und die palästinensische Gesellschaft zu islami-
schem Extremismus zu verführen.
Nach Angaben der palästinensischen Regierung lebten 2012 im
Westjordanland 2 649 000 Menschen (ohne die Siedler), im Gazastreifen 1 644 000. Das Westjordanland (einschließlich der israelisch
besetzten/verwalteten Gebiete und Ost-Jerusalem) umfasst eine Fläche von 5655 km^2 (etwas weniger als Südtirol, doppelt so groß wie
das Saarland), der Gazastreifen 365 km^2 (weniger als Wien oder
Bremen). Noch einmal über fünf Millionen Palästinenser leben in
der sogenannten palästinensischen Diaspora, als Flüchtlinge, Gastarbeiter oder auch in die jeweilige Gesellschaft integriert, die meisten
von ihnen in den anderen arabischen Staaten. Mitten im Westjordanland leben in gut 200 „Siedlungen", von denen einige mittelgroße
Städte sind, 330 000 jüdische Siedler (die als Staatsbürger Israels
gezählt werden).
Zur Situation in Jordanien und Ägypten siehe S. 693 und 712.
Ein Kuriosum sei noch erwähnt, dem der Besucher im Frühling oder
Herbst begegnen kann: In Israel und Palästina gilt osteuropäische
Zeit (im Vergleich zu Mitteleuropa eine Stunde voraus), in beiden
Gebieten gibt es eine Sommerzeit. Die Zeitumstellung erfolgt aller-
dings nicht gleichzeitig. Teils lehnt man sich an Europa an, teils an
Jordanien, teils geht man eigene Wege, die von den jeweiligen reli-
giösen Kalendern mitbestimmt werden. So passiert es immer wie-
der, dass man auf engstem Raum zwei verschiedene Zeitzonen hat.
Es kann also durchaus vorkommen, dass man in Jerusalem um 9.15
Uhr losfährt, aber rechtzeitig in Betlehem ist, um um 9.00 Uhr Gottesdienst zu feiern. – Die meisten Religionsgemeinschaften lassen
sich von keiner weltlichen Stelle in den Zeitplan eingreifen. Sowohl
Sabbatbeginn und -ende als auch der Ruf des Muezzins richten sich
allein nach dem Stand der Sonne. Und auch in der Grabeskirche
stellt man die Uhr nicht um; dort sind während der Sommerzeit alle
Gottesdienste eine Stunde später als eigentlich vorgesehen!
Alle wünschen den *Frieden*. Es macht aber einen Unterschied, ob
man ihn mit *Schalom* oder mit *Salam* zum Ausdruck bringt!

1. TEL AVIV UND UMGEBUNG

Die meisten Pilger betreten das Heilige Land in dieser Region. Das war schon in den vergangenen Jahrhunderten der Fall, als die Pilger mit dem Schiff den Hafen Jaffa erreichten. Heute kommt man in der Regel am internationalen *Ben-Gurion-Flughafen* bei Tel Aviv an. Er ist nach dem ersten Ministerpräsidenten des Staates Israel benannt und liegt 5 km nördlich der biblischen Stadt Lod, 18 km östlich von Tel Aviv. Palmen empfangen den Besucher; sie und das oft feucht-heiße Wetter der Küstenebene geben sofort das Gefühl, in einem südlichen, subtropischen Land zu sein.

Die meisten internationalen Flüge kommen am 2004 eröffneten Terminal 3 an. Nach einem längeren Fußmarsch durch das ausgedehnte Gebäude erreicht man die Passkontrolle, die für Gruppen und für Einzelreisende mit einem Rückflugticket meistens unproblematisch ist. Deutsche, die nach dem 1.1.1928 geboren sind, Österreicher und Schweizer erhalten in der Regel ein kostenloses, drei Monate gültiges Touristenvisum. Nach der Gepäckausgabe und dem Zoll kommt man in die große, moderne Empfangshalle. Für Besucher, die nicht abgeholt werden, empfiehlt sich die Weiterreise mit einem *Scherut* („Sammeltaxi"). Diese Kleinbusse bringen die Passagiere nach Jerusalem, Tel Aviv oder Haifa. Sie fahren ab, wenn sie voll sind. Am Zielort bringen sie die Fahrgäste zur gewünschten Adresse (allerdings nicht in Ost-Jerusalem).

Lod

Die Stadt *Lod* hieß in hellenistischer und in neutestamentlicher Zeit *Lydda*. Von Kaiser Septimius Severus wurde sie um 200 n.Chr. mit Stadtrecht ausgestattet und in *Diospolis* („Zeus-Stadt") umbenannt; bei den Kreuzfahrern trug sie den Namen ihres großen Heiligen *St. Georg*. Heute trägt sie wieder ihren früheren Namen und hat gut 70 000 Einwohner (70 % Juden, 22 % Muslime, 1,1 % Christen).

Lod ist eine der ältesten Städte des Landes, Ausgrabungsfunde gehen bis ins 5. Jahrtausend v.Chr. zurück. In den „Memoiren" Tuthmosis' III. (1504–1450 v.Chr.) auf den Säulen seines Tempels in Karnak (Oberägypten) wird es zum ersten Mal literarisch erwähnt. Lod wurde später von Israeliten aus dem Stamm Benjamin besiedelt (1 Chr 8,12). Eine in der Nähe gefundene Keilschrifttafel aus dem Jahr 698 v.Chr. gilt als ältester bisher in Israel entdeckter Kaufvertrag. Beachtlich ist dabei, dass er noch in Keilschrift geschrieben ist, während Israel längst seine eigene althebräische Schrift hatte. Bei Bauarbeiten in der Altstadt wurde 1996 ein prächtiges, vollständig erhaltenes Mosaik aus der Zeit um 300 n. Chr. entdeckt, das mit 150 m² das größte in Israel ist. Es stellt Land- und Seetiere dar und gehörte zu einer römischen Villa. Gegenwärtig ist ein Museum in Bau, in dem das Mosaik ausgestellt werden soll.

Lod/Lydda sah in apostolischer Zeit das Wirken des hl. Petrus. Die Apostelgeschichte berichtet von der Heilung eines kranken Mannes namens *Äneas* durch Petrus:

> Auf einer Reise zu den einzelnen Gemeinden kam Petrus auch zu den Heiligen in *Lydda*. Dort fand er einen Mann namens Äneas, der seit acht Jahren lahm und bettlägerig war. Petrus sagte zu ihm: Äneas, Jesus Christus heilt dich. Steh auf und richte dir dein Bett! Sogleich stand er auf. Und alle Bewohner *von Lydda und der Scharon-Ebene* sahen ihn und bekehrten sich zum Herrn (Apg 9,32-35).

Lod gilt als Heimat und Begräbnisstätte des heiligen *Märtyrers Georg,* der im Orient vielfältig verehrt wird. Die Gestalt des hl. Georg ist zwar von Legenden umwuchert (siehe die Andromeda-Sage von Jaffa, S. 74), aber seine historische Existenz sollte nicht bezweifelt werden. Man kennt sein Grab in Lydda seit dem 5. Jh.; den mächtig aufblühenden Kult des „Großmärtyrers" bezeugt erstmals der Heilig-Land-Pilger Theodosius (um 530): „Dort ist auch sein Leichnam und es geschehen viele Wunder". Der hochverehrte Märtyrer Georg, der alttestamentliche Prophet Elija und der samaritanische Priester Pinhas haben sich in der muslimischen Frömmigkeit zu der wundermächtigen Figur des *al-Chader* („der Grüne" – grün ist die Farbe des Islam) verwoben, der hier und an vielen anderen Orten hoch verehrt wird.

Die Kreuzfahrer fanden bei ihrer Ankunft die Kirche bei seinem Grab zerstört vor und bauten deshalb ein wenig nördlicher, über dem Grab, eine neue, große Kirche. Während nämlich byzantinische Kirchen meist *neben* Heiligengräbern errichtet wurden, integriert die westliche Tradition solche Gräber gerne *in* Kirchen, oft in Form einer Krypta. Die Kreuzfahrerkirche wurde 1191 durch Saladin schwer beschädigt und von Richard Löwenherz wiederhergestellt. Die Kreuzritter erwählten St. Georg zu ihrem Schutzpatron und verhalfen seiner Verehrung auch in ihrer Heimat zu weiterem Aufschwung.

Die griechisch-orthodoxe Kirche erwarb 1870 die Kreuzfahrerkirche des Ritterheiligen, baute sie in verkleinerter Form wieder auf und erneuerte die kleine Grabkrypta. Die Kirche umfasst die vorderen beiden Joche vom Mittelschiff und vom linken Seitenschiff. Beachtenswert ist die schöne Ikonostase. Links vom Eingang sind Ketten ausgestellt, die als die Ketten des hl. Georg verehrt werden. Das Fest des Heiligen – die Orthodoxen verehren in als *Tropaiophoros,* als „Sieg-Bringer" – wird in Lod nicht am 23. April, sondern am 3. November gefeiert, dem Tag der Weihe der Kirche und der Übertragung seiner Reliquien. Weitere Reste der Kreuzfahrerbauten und der daneben anschließenden byzantinischen Kirche sind jetzt Höfe und Teil einer Moschee; deren Minarett hilft, die Kirche aufzufinden. Merkwürdigerweise gehen die heutigen Apsiden entgegen der Regel nach Norden. Ausgrabungen unter der Kirche und der Moschee könnten reizvoll sein, sind aber derzeit nicht möglich. An einer Säule im Inneren der Moschee, etwas rechts der byzantinischen Apsis, ist eine griechische Inschrift zu sehen.

Ramle

3 km südwestlich von Lod liegt *Ramle* (arab. „Sand"), die einzige Stadt, welche die islamischen Herrscher nach der Eroberung des Landes unter dem Kalifen Suleiman 716 gegründet haben. Der Grund war, dass die Kalifen, ähnlich wie in Jerusalem mit dem Felsendom, der eindrucksvollen St.-Georgs-Kirche in Lydda etwas entgegensetzen wollten. Unter den arabischen Herrschern war Ramle Hauptstadt, im Osmanischen Reich noch Bezirkshauptstadt. 1948 sind die meisten Araber geflohen, danach strömten jüdische Bewohner herein, so dass heute die Mehrheit der ca. 65 000 Einwohner der Stadt Juden sind (ca. 80 %; Muslime: 16 %; Christen: 4 %). Ramle ist das Zentrum der jüdischen Gruppe der *Karäer* (siehe S. 432). 1962 wurde hier der NS-Verbrecher Adolf Eichmann hingerichtet – das einzige Mal, dass im Staat Israel die Todesstrafe verhängt wurde.
Ramle war bis in die Mitte des 20. Jh. ein wichtiger Verkehrsknotenpunkt und eine Haltestation der Pilger auf dem Weg von Jaffa nach Jerusalem. Da die Kreuzfahrer den Namen der Stadt Ramle mit Josef von *Arimathäa* in Zusammenhang gebracht hatten, in dessen neuem Grab Jesus bestattet worden war (Mt 27,57-60, Joh 19,38-42), ist die kleine Franziskanerpfarrei von Ramle ihm geweiht. Eine Seitenkapelle erinnert an den hl. Nikodemus, den zweiten verborgenen Freund Jesu, der sich um seine Grablegung bemüht hat. Der wirkliche Heimatort des Josef von Arimathäa darf mit der Heimat des Propheten Samuel *Rama* bzw. *Ramatajim* gleichgesetzt werden. Dieser Ort wird heute in *Rantis,* 20 km östlich von Tel Aviv und schon nahe am Gebirge, vermutet (siehe S. 279). Im Franziskanerkloster lag das ehemalige Pilgerhospiz, in dem auch Napoleon auf seiner Orientexpedition logierte. Heute noch wird das Zimmer gezeigt, in dem er 1799 übernachtete und von dem aus er den Muezzin auf dem benachbarten Minarett erschoss, der ihn um den Schlaf gebracht hatte. Nach seinem Abzug sollten sich die Muslime rächen, indem sie die beiden Kirchen der Stadt anzündeten. – Seit 2009 trägt

die Straße, die zum Franziskanerkloster führt, offiziell den Namen *Franciscan Order Street,* „Franziskaner-Orden-Straße", ein bisher einzigartiger Straßenname im Heiligen Land!

In der Nachbarschaft der Hauptstraße, *Rechov* („Straße) *Herzl,* am Markt, liegt die *Große Moschee* mit ihrem runden Minarett, der man die einstmalige dreischiffige Kreuzfahrerbasilika zu Ehren des hl. Johannes des Täufers aus dem 12.Jh. bis heute ansieht. Der südliche Seiteneingang ist zum *Mihrab* (Gebetsnische) umgestaltet.

Als wohlproportionierte Konstruktion mit schönsten Rundblick empfiehlt sich der quadratische, sechsstöckige *Weiße Turm,* der zur gewaltigen ehemaligen *Weißen Moschee* gehörte. Diese Moschee geht wahrscheinlich auf die Zeit der Stadtgründung zurück (erstmals erwähnt 896). 1033 wurde sie teilweise durch Erdbeben zerstört, 1190 durch Saladin neu gebaut, wahrscheinlich beim Erdbeben 1546 zerstört und nie wieder aufgebaut. Der Turm wurde vom Mamlukensultan Baibars 1268 angelegt und 1318 vollendet. Er liegt etwas westlich vom *Rechov Herzl* und kann über eine Treppe mit 111 Stufen bestiegen werden. Man hat einen schönen Rundblick, im Nordwesten bis nach Tel Aviv, im Osten nach Modeïn, bei klarem Wetter bis nach Ramallah.

Durch eine Straße, die bei der Polizeistation östlich vom *Rechov Herzl* abzweigt, kann man den unterirdischen *Helenateich* (hebr. *Brechat ha-Keschatot,* „Arkaden-Teich") erreichen, eine riesige Zisterne, welche die Kreuzfahrer fälschlich der hl. Helena zugeschrieben haben, die aber in Wirklichkeit vom Kalifen Harun ar-Raschid (786–809, dem Kalifen aus Tausendundeiner Nacht) stammt. Fünfzehn im Wasser stehende Säulen tragen ein schönes Kreuzgewölbe, das als ältestes seiner Art und als richtungweisend für die gesamte mittelalterliche Architektur gilt. Man kann, recht romantisch, die Zisterne mit einem Ruderboot erkunden.

Tel Aviv-Jaffa

Tel Aviv-Jaffa ist mit gut 400 000 Einwohnern die zweitgrößte Stadt des Landes. Die Stadtregion von Tel Aviv, die man bei der Landung in Lod/Tel Aviv überfliegt, zählt dagegen ca. zwei Millionen Einwohner, da Tel Aviv von einem Kranz großer und mittlerer Städte umgeben ist, die mit Tel Aviv zusammengewachsen sind: *Bne-Berak* (157 000 Einw.), *Ramat Gan* (148 000), *Givatajim* (55 000), *Holon* (182 000) und *Bat Jam* (128 000); dazu kommen im Umkreis von 20 km: *Herzlija* (89 000), *Raanana* (75 000), *Kfar Sava* (81 000), *Petach Tikva* (190 000), *Lod* (70 000, siehe S.69), *Ramle* (65 000, siehe S.71), *Rischon le-Zion* (225 000) und *Javne* (33 000, siehe S.644).

Die Siedlung wurde 1909 von jüdischen Einwanderern in den Dünen nördlich von Jaffa gegründet. *Tel Aviv* bedeutet „Ähren-/Frühlings-Hügel" und war der Titel der hebräischen Übersetzung von Theodor Herzls utopischem Roman „Altneuland" (erschienen 1902). Der Name ist biblisch, hat aber mit der hiesigen Gegend nichts zu tun: Der Prophet Ezechiel wohnte in der Babylonischen Gefangenschaft, also im Zweistromland (im heutigen Irak), in einem Ort namens Tel Aviv (Ez 3,15).

Tel Aviv war zunächst ein Vorort von Jaffa. Viele der eingewanderten Juden siedelten sich dort an, wo der Boden leicht zu erwerben war – das war in der wenig fruchtbare Gegend von Tel Aviv mit ihren Dünen, die erst urbar gemacht werden musste, der Fall. 1921 wurde Tel Aviv selbständig, 1950 „vereinigte" man die beiden Städte wieder, der offizielle Name der Stadt ist seither *Tel Aviv-Jafo* (Jafo ist die hebräische Form von Jaffa).

Am 14. Mai 1948 wurde in der Wohnung des Bürgermeisters von Tel Aviv der Staat Israel ausgerufen. Die Hauptstadt Israels wurde freilich das historische religiöse wie politische Zentrum Israels, Jerusalem. Aufgrund des international ungeklärten Status von Jerusalem wurde dieser Schritt allerdings von den meisten anderen Staaten nicht anerkannt; deswegen sind bis heute viele diplomatische Vertretungen, darunter die deutsche, die österreichische und die Schweizer Botschaft, in Tel Aviv. Erst recht sind der internationale Handel und die Börse an diesem Finanzplatz geblieben. Aber auch die größte Universität des Landes, viele kulturelle Einrichtungen, Theater und Museen und nicht zuletzt der internationale Flughafen halten weiterhin den Rang von Tel Aviv aufrecht.

Tel Aviv, zunächst aus lose zusammenhängenden Siedlungen bestehend, wuchs bald schnell und planvoll, wie das einigermaßen regelmäßige Straßennetz erkennen lässt. In den 30er-Jahren mussten eine Reihe deutscher jüdischer Architekten, die der Bauhaus-Schule angehörten, ihre Heimat verlassen und begannen in Tel Aviv zu wirken. Da die Stadt in ihrer kurzen Geschichte vor Kriegszerstörungen verschont blieb, sind hier komplette Straßenzüge, insgesamt etwa 1000 Gebäude, im Bauhaus-Stil erhalten geblieben. Mehrere solcher Viertel wurden 2003 als „Weiße Stadt" in die Liste des UNESCO-Weltkulturerbes aufgenommen.

Das Stadtbild wird heute von vielen modernen Hochhäusern geprägt, die in den letzten Jahrzehnten errichtet wurden; in den oberen Stockwerken eines dieser Gebäude befindet sich die deutsche Botschaft. Die beiden geschäftigsten Straßen Tel Avivs sind der *Rechov Allenby* (nach dem englischen General, der 1917 das Land den Osmanen entrissen hat) und die *Sderot Dizengoff* (nach dem ersten Bürgermeister von Tel Aviv, 1921–1936). Empfehlenswert ist die

Küstenpromenade in nördlicher Richtung, während man in südlicher
Richtung die „Altstadt" Jaffa erreicht.

Geschichte Jaffas: Der wichtigste Naturhafen an der Küste südlich
von Haifa, durch eine Anhöhe von 37 m geschützt, ist eine der ältesten Siedlungen des Landes. Eine jüdische Legende bringt Jaffa mit
Jafet, dem Sohn Noachs (Gen 5,32) in Beziehung. Bei den Philistern von Jaffa ist die *Andromeda-Sage* beheimatet, die in einer der
Klippen vor Jaffa den Felsen sah, auf dem angekettet Andromeda,
die Tochter des Äthiopierkönigs Kepheus, einem Meerungeheuer
zum Opfer dargebracht werden sollte, aber vom trojanischen Helden
Perseus befreit und geehelicht wurde. Diese legendäre Befreiungstat
wurde in christlicher Zeit dem Ritter Georg aus dem nahen Lydda
zugeschrieben und damit christianisiert. Da die Philister Stammes-
verwandte der Trojaner waren, nimmt es nicht wunder, dass der von
Petrus geheilte Kranke von Lydda den gut trojanischen Namen *Äneas* trug (siehe S. 70).
Nach Ausgrabungen (im Park oberhalb der Franziskanerkirche) geht
die älteste, 6 m dicke Mauer in die Hyksoszeit zurück (18. Jh.
v. Chr.). Namentlich wird Jaffa erstmals unter den von Pharao Tuthmosis III. eroberten Städten (ca. 1500 v. Chr.) und in den ägyptischen Amarnabriefen des 14. Jh. v. Chr. erwähnt.
Nach der Bibel war bei der Landverteilung der israelitischen Stämme die Gegend von Jaffa dem Stamm Dan zugefallen. In seinem
Gebiet werden unter anderen namentlich genannt: „Bene-Berak,
Gat-Rimmon, Me-Jarkon („Jarkon-Gewässer"), Rakkon samt dem
Gebiet gegenüber *Jafo"* (Jos 19,45-46). Doch der Stamm Dan konnte sich gegen die Philister nicht durchsetzen – in der Bibel heißt es:
„Das Gebiet wurde den Danitern zu eng" (Jos 19,47). Deshalb wan-
derte der Stamm nach Nordisrael aus (siehe Dan, S. 215). Von den
im Buch Josua genannten Orten kennt man auf jeden Fall den Fluss
Jarkon am nördlichen Rand von Tel Aviv.
Später versprach König Hiram von Tyrus dem König Salomo:

> Wir aber werden die Bäume auf dem Libanon fällen, so viele
> du nötig hast, und sie dir in Flößen auf dem Meer nach *Jafo*
> schaffen. Du magst sie dann nach Jerusalem hinaufbringen
> (2 Chr 2,15).

Der Prophet Jona bestieg in *Jafo* das Schiff, mit dem er vor Gottes
Auftrag nach *Tarschisch* (eine unbekannte Stadt weit im Westen,
möglicherweise Karthago, vielleicht auch Tartessos bei Cádiz/Spa-
nien) zu fliehen versuchte (Jona 1,3). Unter jüdische Herrschaft gelangte Jaffa aber erst ca. 140 v. Chr., unter dem Makkabäer Simon
(1 Makk 12,33; 13,11 und vor allem 14,5-6):

Sein (Simons) Ruhm wuchs, als er den Hafen von *Jafo* gewann; so öffnete er einen Weg zu den Inseln. Er erweiterte das Gebiet seines Volkes und gewann die Herrschaft über das ganze Land.

Während der Herrschaft Herodes' des Großen verlor Jaffa immer mehr an Bedeutung und wurde von der neu gebauten Hauptstadt Cäsarea um Längen überholt.

Unter dem griechischen Namen *Joppe* wurde Jaffa zum Schauplatz einer bedeutsamen Wandlung im Denken des Petrus und der jungen Kirche, von der Lukas in der Apostelgeschichte ausführlich berichtet. Nach der Erzählung von der Heilung des Äneas in Lydda (siehe S. 70) heißt es zunächst:

In *Joppe* lebte eine Jüngerin namens Tabita, das heißt übersetzt: Gazelle. Sie tat viele gute Werke und gab reichlich Almosen. In jenen Tagen aber wurde sie krank und starb. Man wusch sie und bahrte sie im Obergemach auf. Weil aber Lydda *nahe bei Joppe* liegt und die Jünger hörten, dass Petrus dort war, schickten sie zwei Männer zu ihm und ließen ihn bitten: Komm zu uns, zögere nicht! Da stand Petrus auf und ging mit ihnen. Als er ankam, führten sie ihn in das Obergemach hinauf; alle Witwen traten zu ihm, sie weinten und zeigten ihm die Röcke und Mäntel, die Gazelle gemacht hatte, als sie noch bei ihnen war. Petrus aber schickte alle hinaus, kniete nieder und betete. Dann wandte er sich zu dem Leichnam und sagte: Tabita, steh auf! Da öffnete sie ihre Augen, sah Petrus an und setzte sich auf. Er gab ihr die Hand und ließ sie aufstehen; dann rief er die Heiligen und die Witwen und zeigte ihnen, dass sie wieder lebte. Das wurde in ganz *Joppe* bekannt und viele kamen zum Glauben an den Herrn. Petrus aber blieb längere Zeit *in Joppe* bei einem gewissen Simon, einem Gerber (Apg 9,36-43).

Von seiner eigenen Neuorientierung durch Gott berichtet Petrus in der Apostelgeschichte selbst:

Ich war in der Stadt *Joppe* und betete; da hatte ich in einer Verzückung eine Vision: Eine Schale, die aussah wie ein großes Leinentuch, das an den vier Ecken gehalten wurde, senkte sich aus dem Himmel bis zu mir herab. Als ich genauer hinschaute, sah ich darin die Vierfüßler der Erde, die wilden Tiere, die Kriechtiere und die Vögel des Himmels. Ich hörte auch eine Stimme, die zu mir sagte: Steh auf, Petrus, schlachte und iss! Ich antwortete: Niemals, Herr! Noch nie ist etwas Unheiliges oder Unreines in meinen Mund gekommen. Doch zum zweiten Mal kam eine Stimme vom Himmel; sie sagte: Was

Gott für rein erklärt hat, nenne du nicht unrein! Das geschah
dreimal, dann wurde alles wieder in den Himmel hinaufgezogen. Da standen auf einmal drei Männer vor dem Haus, in
dem ich wohnte; sie waren aus Cäsarea zu mir geschickt worden. Der Geist aber sagte mir, ich solle ohne Bedenken mit ihnen gehen. Auch diese sechs Brüder zogen mit mir und wir
kamen in das Haus jenes Mannes. Er erzählte uns, wie er in
seinem Haus den Engel stehen sah, der zu ihm sagte: Schick
jemand *nach Joppe* und lass Simon, der Petrus genannt wird,
holen. Er wird dir Worte sagen, durch die du mit deinem ganzen Haus gerettet werden wirst. Während ich redete, kam der
Heilige Geist auf sie herab, wie am Anfang auf uns. Da erinnerte ich mich an das Wort des Herrn: Johannes hat mit Wasser getauft, ihr aber werdet mit dem Heiligen Geist getauft
werden. Wenn nun Gott ihnen, nachdem sie zum Glauben
an Jesus Christus, den Herrn, gekommen sind, die gleiche Gabe verliehen hat wie uns: Wer bin ich, dass ich Gott hindern
könnte? (Apg 11,5-17).

Im 4. Jh. wurde Joppe Bischofssitz; es wurde 638 von den Arabern
erobert und blühte danach als Küstenstadt erneut auf. Auch von den
Kreuzfahrern wurde es zerstört und wieder aufgebaut. König Ludwig IX., der Heilige, verstärkte 1251 die Mauern, bevor die Stadt
unter Baibars 1268 endgültig in die Hände der Muslime fiel. Napoleon eroberte und zerstörte 1799 die Stadt. 1874 wurde die alte
Stadtmauer abgebrochen, damit die Stadt sich ungehindert ausbrei-
ten konnte. 1947 sollte Jaffa nach dem Teilungsplan der UNO eine
arabische Enklave werden, umgeben von israelischem Gebiet. Im
folgenden Jahr nahmen dagegen israelische Milizen die Stadt ein,
der Großteil der arabischen Bevölkerung floh. Heute ist die Altstadt
von Jaffa zum Künstlerviertel von Tel Aviv geworden. In den daran
östlich und südlich angrenzenden Stadtvierteln leben nebeneinander
alteingesessene muslimische wie christliche Araber, neu eingewanderte Israelis und Gastarbeiter. Liebevoll renovierte Altbauten, moderne Neubauten und heruntergekommene Winkel unmittelbar nebeneinander verleihen der Stadt einen eigenen Reiz.

Besichtigung: Nachdem Jaffa (Übersichtsplan der Altstadt: Tafel
XXX) schon immer der nächste Hafen für Jerusalempilger gewesen
war, gelang es den Franziskanern nach 1650 auf den Ruinen der
Kreuzfahrerburg ein Pilgerhospiz und eine Kirche zu bauen, die na-
türlich dem hl. Petrus geweiht wurde. Die jetzige Gestalt erhielt die
Petruskirche bei einer Erneuerung 1888. Die Glasfenster zeigen im
hinteren Bereich (über der Empore) Szenen aus dem Leben des
Apostels Petrus, im Kirchenschiff sind spanische Heilige dargestellt,

eine Erinnerung an die Zeit, als die spanische Krone Schutzmacht
einer Reihe von Franziskanerkirchen war. Im Untergeschoss des
Franziskanerklosters befindet sich die apostolische Nuntiatur (Botschaft des Hl. Stuhls) in Israel.

Ein übrig gebliebenes Minarett – südwestlich unterhalb der Kirche,
oberhalb des Leuchtturms – bezeichnet den Ort, der traditionsgemäß
als Haus Simons des Gerbers und damit als Aufenthaltsort des hl.
Petrus angegeben wird: „Simon …, der den Beinamen Petrus hat …,
ist zu Gast bei einem Gerber namens Simon, der *ein Haus am Meer*
hat" (Apg 10,5-6; ungekürzter Text: siehe S.81).

Gegenüber der Petruskirche sind in einem unterirdischen *Visitor
Center* archäologische Funde vor allem aus der späten Zeit des Alten Testamentes zu sehen. Schwerpunkte der Ausstellung sind zum
einen die Geschichte des Hafens, der seit vier Jahrtausenden ohne
Unterbrechung in Betrieb ist, zum anderen die Geschichte des jüdischen Jaffas. Östlich oberhalb dieser Ausstellung sind Ausgrabungen freigelegt, darunter ein kanaanäischer Tempel und ein ägyptisches Tor. Oberhalb, am höchsten Punkt des Parks, muss man bei
einem modernen Monument von *Daniel Kafri* genau hinsehen, um
auf der einen Seite die Eroberung Jerichos, auf der anderen Seite die
Opferung des Isaak, Jakobs Traum und Jakobs Frauen Lea und Rahel zu erkennen.

Geht man von der Altstadt Richtung Tel Aviv hinab, passiert man
links die *Große* oder *Mahmudije-Moschee*. Der osmanische Statthalter zu Beginn der nachnapoleonischen Zeit, Mahmud Pascha, mit
dem Beinamen *Abu Nabut* („Vater der Keule"), ließ sie 1810 erbau-
en. Ihm machte es gar nichts aus, antike Säulen aus der Nachbarschaft umgekehrt, mit dem Kapitell nach unten, einzusetzen. Beachtenswert ist ein schöner osmanischer Wandbrunnen. In der Nachbarschaft sieht man den 1900 errichteten Uhrturm. Solche Türme wurden damals in vielen Städten des Osmanischen Reichs errichtet, so
auch in Jerusalem (am Jaffator) – der von Jaffa ist erhalten und gibt
bis heute die rechte Uhrzeit an.

Im nördlichen Teil von Tel Aviv, am Ufer des Jarkons, konnten israelische Archäologen mit dem *Tel Kasile* eine Philistersiedlung aus
dem 12.Jh. v.Chr. ausgraben. Funde von importierter Keramik aus
Griechenland zeugen von der hohen Kultur der Bewohner. Als König Salomo kurz nach 1000 v.Chr. den Hafen von Jaffa ausbaute,
wurde dieser Ort mit seinem Hafen – sein antiker Name ist unbekannt – aufgegeben, die Philister wurden weiter in den Süden zurückgedrängt. Die Ausgrabungen sind in das *Eretz-Israel*-(„Land Israel")-*Museum* integriert. In diesem Museum finden sich Ausstellungen über die Geschichte der Keramik, über Glas, über Münzen
und ihre Geschichte, über den Kupferbergbau sowie die Rekon-

struktion eines Vier-Raum-Hauses, wie es in der Eisenzeit (10.– 7.
Jh. v. Chr.) im ganzen Land typisch war.
Nicht weit vom Eretz-Israel-Museum, auf dem Gelände der Universität, ist das *Diasporamuseum* (hebr. *Beit ha-Tefutzot,* „Haus der
Zerstreuungen"), eine weiträumige Ausstellung, die der Geschichte
der jüdischen Diaspora (griech. „Zerstreuung") gewidmet ist, beginnend von der Zeit des Babylonischen Exils bis in die Gegenwart.

Afek/Antipatris

Von Petach Tikva führt die Straße Nr. 483 nach *Rosch ha-Ajin.* Der
Name des Ortes bedeutet „Quell-Kuppe", denn aus zahlreichen
Quellen entspringt dort der Jarkonfluss, von dem allerdings nur
mehr wenig Wasser bei Tel Kasile ins Meer mündet; das meiste
wird in die nationale Wasserversorgung abgeleitet.
An der *Afek Junction* biegt man zum *Yarkon National Park* ab. Der
Park enthält sowohl die erwähnten Jarkonquellen als Naherholungsgebiet als auch die Ruinen von *Tel Afek.* Dank seiner günstigen Lage war Afek schon seit 3000 v. Chr. eine ausgedehnte befestigte
Stadt und wird entsprechend oft in den Texten der Pharaonen erwähnt. Im Alten Testament hat es den traurigen Ruhm, dass hier die
Bundeslade von den Philistern erbeutet wurde (1 Sam 4,1-11). Herodes der Große hat der Stadt den Namen seines Vaters Antipater gegeben, *Antípatris,* und aus ihr eine Stadt mit römischer Kultur, mit
vornehmen Wohnungen, einer stolzen Hauptstraße (Cardo, im südlichen Teil des Parks) und einem Theater gemacht. Antipatris war eine Wegstation des gefangenen Paulus auf seinem Weg von Jerusalem nach Cäsarea (Apg 23,31). Die gut erhaltene Burgruine geht auf
die osmanische Zeit zurück (16. Jh.).
4 km südöstlich von Afek/Antipatris, südlich von Rosch ha-Ajin,
liegt, weithin sichtbar, die Ruine *Migdal* („Turm") *Afek.* Schon in
römischer und byzantinischer Zeit stand hier eine Festung, um den
wichtigen Pass zu kontrollieren. Die Kreuzfahrer nannten die Burg
Mirabel („Schön-Blick"). Der Großteil des heutigen Gebäudes
stammt aus der osmanischen Zeit (19. Jh.).
5 km südlich von Rosch ha-Ajin, bei Elad, findet sich östlich der
Straße Nr. 444 das Mausoleum von *Masor* (oft *Mazor* geschrieben),
eine bemerkenswerte römische Grabanlage aus dem 2. Jh. n. Chr. –
eines der wenigen Gebäude aus der Römerzeit, welches noch steht.
Für wen das Doppelgrab errichtet wurde, ist nicht bekannt. In der
örtlichen muslimischen Tradition wurde die Grabstätte *an-Nabi Jahja,* „Prophet Johannes", genannt und in eine Moschee umgestaltet.

Der moderne Name Masor stammt vom gleichnamigen benachbarten Moschaw, der seinerseits den Namen des arabischen Dorfes *al-Musaírija,* „kleines Saatfeld", weiterträgt, das 1948 zerstört wurde.

2. VON TEL AVIV NACH HAIFA

Die Ebene entlang der Mittelmeerküste, zwischen Jaffa und dem Karmel, trägt den biblischen Namen *Scharon*. Sie geht im Landesinneren in die *Schefela* über. Die Scharonebene wird schon in biblischen Zeiten für ihre Schönheit gerühmt (Jes 35,2, Hld 2,1). Sie bringt, freilich nur durch Fleiß und Schweiß (vgl. Jes 33,9), Früchte in Hülle und Fülle hervor. Heute sind dies vor allem Zitrusfrüchte („Jaffa-Orangen") und Bananen, aber auch Kartoffeln und Baumwolle, welche in biblischen Zeiten noch unbekannt waren. Dem biblisch Interessierten bietet diese Gegend relativ wenig, sie lag meist außerhalb des biblischen Interesses. Als die israelitischen Stämme das verheißene Land eroberten, konnten sie in der Küstenebene nicht Fuß fassen (vgl. Jos 13,1-5, Ri 1,33-35). Jesus scheint nie in dieser Region gewesen zu sein, sie spielt dagegen eine wichtige Rolle im Leben der Apostel Petrus und Paulus (in Jaffa und Cäsarea).

Arsuf: Am Nordrand von *Herzlija* (bei dem Turm des muslimischen Heiligtums *Sidna Ali*, arab. „unser Herr Ali") liegt *Arsuf* mit den gut erhaltenen Ruinen einer Kreuzfahrerfestung. In diesem Namen verbirgt sich der semitische Gott *Reschef,* der in einigen schwer zu deutenden Bibelstellen erwähnt wird (z.B. Hld 8,6, die Einheitsübersetzung schreibt „Feuersgluten"; Hab 3,5, „Pest"; Sir 43,14, „Vögel"). Ihm wurde der griechische Gott Apollo gleichgesetzt, demgemäß hieß die Stadt in hellenistischer Zeit *Apollonia*. Hier gelang den Rittern des Dritten Kreuzzugs unter Richard Löwenherz 1191 endlich ein Sieg gegen Saladin. In den Verhandlungen danach wurde dem lateinischen Königreich der Besitz der Küstenstädte von Tyrus bis Jaffa zugesichert, dazu der freie Zugang nach Jerusalem, das selbst aber muslimisch blieb.

Cäsarea

Um nach *Cäsarea* zu kommen, folgt man von den Nord-Süd-Autobahnen Nr. 2 oder Nr. 4 der Beschilderung *Qesaryya* (verschieden geschrieben). Dies ist der hebräische Name sowohl des antiken Cäsareas als auch des modernen Städtchens. Von Süden kommend passiert man zunächst die vier Schornsteine von *Orot Rabin,* eines Kohlekraftwerkes mit einer modernen Entladeanlage, die weit ins Meer hinausragt. Dann gelangt man an eine T-Kreuzung mit einem Denkmal für illegal eingewanderte Holocaustflüchtlinge, wo man rechts abbiegt. Innerhalb des modernen Cäsareas folgt man der (dürftigen) Beschilderung *Theater*.

Geschichte: Eine phönizische Siedlung an diesem Ort namens *Stratons-Turm* ist erstmals im Jahr 259 v.Chr. bezeugt. 103 v.Chr. eroberte es der Hasmonäerkönig Alexander Jannai und machte daraus eine jüdische Stadt. Herodes der Große errichtete von 22 v.Chr. ab eine prächtige Stadt, die heute wieder Gestalt gewinnt durch systematische großflächige Ausgrabungen; er nannte sie zu Ehren seines kaiserlichen Gönners *Cäsarea*. Die Stadt überflügelte an Größe und Pracht bald Jerusalem und wurde nach der Absetzung des Herodessohnes Archelaus im Jahre 6 n.Chr. Sitz des Statthalters und Hauptstadt der römischen Provinz Judäa.

Das Evangelium kam durch Philippus nach Cäsarea, der hier wohnte und einer von den „Sieben", den ersten Diakonen, war (Apg 21,8). Ihm ist wohl die erste Missionierung des ganzen Küstenstreifens bis nach Aschdod hin zu verdanken, also auch von Joppe (Jaffa) und Lydda (Lod) (Apg 8,40).

Vor allem aber kann sich Cäsarea rühmen, sowohl im Leben des Apostels Petrus als auch später des Apostels Paulus eine entscheidende Rolle gespielt zu haben. Petrus spendete hier dem römischen Hauptmann Kornelius die Taufe und öffnete damit den Heiden erstmals das Tor zum Christentum. Lukas berichtet von diesem für die Kirche entscheidenden Schritt in der Apostelgeschichte gleich zwei Mal. Zur kürzeren Fassung, wie Petrus darüber in Jerusalem berichtet hat (Apg 11,5-17), s.o., S.75; von Cäsarea aus gesehen hat Lukas dafür folgenden Bericht:

> In *Cäsarea* lebte ein Mann namens Kornelius, Hauptmann in der sogenannten Italischen Kohorte; er lebte mit seinem ganzen Haus fromm und gottesfürchtig, gab dem Volk reichlich Almosen und betete beständig zu Gott. Er sah um die neunte Tagesstunde in einer Vision deutlich, wie ein Engel Gottes bei ihm eintrat und zu ihm sagte: Kornelius! Kornelius blickte ihn an und fragte erschrocken: Was ist, Herr? Er sagte zu ihm: Deine Gebete und Almosen sind zu Gott gelangt und er hat sich an sie erinnert. Schick jetzt einige Männer nach Joppe und lass einen gewissen Simon herbeiholen, der den Beinamen Petrus hat. Er ist zu Gast bei einem Gerber namens Simon, der ein Haus am Meer hat. Als der Engel, der mit ihm sprach, weggegangen war, rief Kornelius zwei seiner Haussklaven und einen frommen Soldaten aus seinem Gefolge. Er erzählte ihnen alles und schickte sie nach Joppe.
>
> Am folgenden Tag, als jene unterwegs waren und sich der Stadt näherten, stieg Petrus auf das Dach, um zu beten; es war

um die sechste Stunde. Da wurde er hungrig und wollte essen. Während man etwas zubereitete, kam eine Verzückung über ihn. Er sah den Himmel offen und eine Schale auf die Erde herabkommen, die aussah wie ein großes Leinentuch, das an den vier Ecken gehalten wurde. Darin lagen alle möglichen Vierfüßler, Kriechtiere der Erde und Vögel des Himmels. Und eine Stimme rief ihm zu: Steh auf, Petrus, schlachte und iss! Petrus aber antwortete: Niemals, Herr! Noch nie habe ich etwas Unheiliges und Unreines gegessen. Da richtete sich die Stimme ein zweites Mal an ihn: Was Gott für rein erklärt, nenne du nicht unrein! Das geschah dreimal, dann wurde die Schale plötzlich in den Himmel hinaufgezogen.

Petrus war noch ratlos und überlegte, was die Vision, die er gehabt hatte, wohl bedeutete; inzwischen hatten sich die von Kornelius gesandten Männer zum Haus des Simon durchgefragt und standen am Tor. Sie riefen und fragten, ob Simon mit dem Beinamen Petrus hier zu Gast sei. Während Petrus noch über die Vision nachdachte, sagte der Geist zu ihm: Da sind zwei Männer und suchen dich. Steh auf, geh hinunter und zieh ohne Bedenken mit ihnen; denn ich habe sie geschickt. Petrus stieg zu den Männern hinab und sagte: Ich bin der, den ihr sucht. Aus welchem Grund seid ihr hier? Sie antworteten: Der Hauptmann Kornelius, ein gerechter und gottesfürchtiger Mann, der beim ganzen Volk der Juden in gutem Ruf steht, hat von einem heiligen Engel die Weisung erhalten, dich in sein Haus holen zu lassen und zu hören, was du ihm zu sagen hast. Da ließ er sie eintreten und bewirtete sie.

Tags darauf machte sich Petrus mit ihnen auf den Weg und einige Brüder aus Joppe begleiteten ihn. Am folgenden Tag kamen sie *nach Cäsarea*. Kornelius erwartete sie schon und hatte seine Verwandten und seine nächsten Freunde zusammengerufen. Als nun Petrus ankam, ging ihm Kornelius entgegen und warf sich ehrfürchtig vor ihm nieder. Petrus aber richtete ihn auf und sagte: Steh auf! Auch ich bin nur ein Mensch. Während er sich mit ihm unterhielt, ging er hinein und fand dort viele Menschen versammelt. Da sagte er zu ihnen: Ihr wisst, dass es einem Juden nicht erlaubt ist, mit einem Nichtjuden zu verkehren oder sein Haus zu betreten; mir aber hat Gott gezeigt, dass man keinen Menschen unheilig oder unrein nennen darf. Darum bin ich auch ohne Widerspruch gekommen, als nach mir geschickt wurde. Nun frage ich: Warum habt ihr mich holen lassen? Da sagte Kornelius: Vor vier Tagen um diese Zeit war ich zum Gebet der neunten Stunde in meinem Haus; da stand plötzlich ein Mann in einem leuchtenden Gewand vor mir und sagte: Kornelius, dein Gebet wurde erhört und deine Almosen wurden vor Gott in Erinnerung gebracht. Schick jemand nach Joppe und lass Simon, der den Beinamen Petrus hat, holen; er ist Gast im Haus des Gerbers Simon am Meer. Sofort habe ich nach dir geschickt und es ist gut, dass du gekommen bist. Jetzt sind wir alle hier vor Gott zugegen, um all das anzuhören, was dir vom Herrn aufgetragen worden ist.

Da begann Petrus zu reden und sagte: Wahrhaftig, jetzt begreife ich, dass Gott nicht auf die Person sieht, sondern dass ihm in jedem Volk willkommen ist, wer ihn fürchtet und tut, was recht ist. Er hat das Wort den Israeliten gesandt, indem er den Frieden verkündete durch Jesus Christus; dieser ist der Herr aller. Ihr wisst, was im ganzen Land der Juden geschehen ist, angefangen in Galiläa, nach der Taufe, die Johannes verkündet hat: wie Gott Jesus von Nazaret gesalbt hat mit dem Heiligen Geist und mit Kraft, wie dieser umherzog, Gutes tat und alle heilte, die in der Gewalt des Teufels waren; denn Gott war mit ihm. Und wir sind Zeugen für alles, was er im Land der Juden und in Jerusalem getan hat. Ihn haben sie an den Pfahl gehängt und getötet. Gott aber hat ihn am dritten Tag auferweckt und hat ihn erscheinen lassen, zwar nicht dem ganzen Volk, wohl aber den von Gott vorherbestimmten Zeugen: uns, die wir mit ihm nach seiner Auferstehung von den Toten gegessen und getrunken haben. Und er hat uns geboten, dem Volk zu verkündigen und zu bezeugen: Das ist der von Gott eingesetzte Richter der Lebenden und der Toten. Von ihm bezeugen alle Propheten, dass jeder, der an ihn glaubt, durch seinen Namen die Vergebung der Sünden empfängt.

Noch während Petrus dies sagte, kam der Heilige Geist auf alle herab, die das Wort hörten. Die gläubig gewordenen Juden, die mit Petrus gekommen waren, konnten es nicht fassen, dass auch auf die Heiden die Gabe des Heiligen Geistes ausgegossen wurde. Denn sie hörten sie in Zungen reden und Gott preisen. Petrus aber sagte: Kann jemand denen das Wasser zur Taufe verweigern, die ebenso wie wir den Heiligen Geist empfangen haben? Und er ordnete an, sie im Namen Jesu Christi zu taufen. Danach baten sie ihn, einige Tage zu bleiben (Apg 10,1-48).

Paulus, der schon auf der Rückkehr von seiner dritten Missionsreise hier vorbeigekommen war (Apg 21,7-8), verbrachte in Cäsarea zwei Jahre in römischer Gefangenschaft (ca. 58–60 n. Chr.), bis er wegen seiner Appellation an den Kaiser nach Rom überstellt wurde (Apg 23,23–26,32). Die für die Zukunft des Völkerapostels entscheidende Stunde schildert die Apostelgeschichte so:

Nach zwei Jahren aber wurde Porzius Festus Nachfolger des
Felix; und weil Felix den Juden einen Gefallen erweisen wollte, ließ er Paulus in der Haft zurück. Als Festus in der Provinz
eingetroffen war, zog er drei Tage später von *Cäsarea* nach
Jerusalem hinauf. Da erstatteten die Hohenpriester und die
Vornehmsten der Juden bei ihm Anzeige gegen Paulus. Sie er-
suchten ihn, gegen Paulus vorzugehen, und baten ihn um den
Gefallen, Paulus nach Jerusalem bringen zu lassen. Sie wollten ihn nämlich unterwegs aus einem Hinterhalt heraus ermorden. Festus jedoch antwortete, Paulus bleibe in *Cäsarea* in
Haft, und er selbst wolle in Kürze abreisen. Die unter euch,
die dafür zuständig sind, sagte er, können mit hinabkommen,
und wenn gegen den Mann etwas vorliegt, sollen sie gegen ihn
Anklage erheben.
Er hielt sich nicht länger als acht oder zehn Tage bei ihnen
auf, dann reiste er nach *Cäsarea* hinab. Am folgenden Tag
setzte er sich auf den Richterstuhl und ließ Paulus vorführen.
Als dieser erschien, umringten ihn die Juden, die von Jerusalem herabgekommen waren, und brachten viele schwere Be-
schuldigungen vor, konnten sie aber nicht beweisen. Paulus
verteidigte sich: Ich habe mich weder gegen das Gesetz der
Juden noch gegen den Tempel noch gegen den Kaiser vergangen. Festus jedoch wollte den Juden einen Gefallen erweisen
und antwortete dem Paulus: Willst du nach Jerusalem hinauf-
gehen und dich dort unter meinem Vorsitz dieser Sache wegen
richten lassen? Paulus sagte: Ich stehe vor dem Richterstuhl
des Kaisers und da muss ich gerichtet werden. Den Juden habe
ich kein Unrecht getan, wie auch du sehr wohl weißt. Wenn
ich wirklich ein Unrecht begangen und etwas getan habe, worauf die Todesstrafe steht, weigere ich mich nicht zu sterben.
Wenn aber ihre Anklage gegen mich unbegründet ist, kann
mich niemand ihnen ausliefern. Ich lege Berufung beim Kaiser ein! Da besprach sich Festus mit seinen Ratgebern und
antwortete: An den Kaiser hast du appelliert; zum Kaiser sollst
du gehen (Apg 24,27 – 25,12).

Die Bevölkerung von Cäsarea war überwiegend heidnisch, was öfter
zu Spannungen mit den Juden führte und schließlich zum Ausbruch
des Ersten Jüdischen Krieges beitrug. Im Jahr 69 n.Chr. wurde hier
der Feldherr dieses Krieges, Vespasian, zum römischen Kaiser ausgerufen.
Der erste namentlich bekannte Bischof von Cäsarea war Theophilos;
er setzte sich auf einer Synode zu Cäsarea im Jahr 195 für die Feier
des Osterfestes am Sonntag ein, während die kleinasiatischen Bischöfe bisher daran festgehalten hatten, dieses Fest mit den Juden

am 14. Nisan, am ersten Frühlingsvollmond, zu feiern, ohne Rücksicht darauf, welcher Tag in der Woche es war.

Um 232 gründete der gelehrte *Origenes* in Cäsarea eine christliche
Theologenschule und schuf für ihre Bibliothek die *Hexapla* (griech.
„sechsfach"), ein monumentales Werk: Die Bibel des Alten Testaments in allen damals erreichbaren Formen zum Studium und zur
theologischen Auseinandersetzung mit den Juden. In sechs Spalten
waren nebeneinander geschrieben: 1. der hebräische Text in hebräischen Buchstaben, 2. der hebräische Text in griechischen (!) Buchstaben, 3. die griechische Übersetzung des Akiba-Schülers Aquilas,
der äußerst wörtlich übersetzt und dabei die griechische Sprache geradezu vergewaltigt hatte, um nur ja den hebräischen Text bis in die
Einzelheiten genau wiederzugeben, 4. die griechische Übersetzung
des Juden Symmachus, der sich auch um Genauigkeit bemühte, aber
doch der griechischen Sprache ihr Recht ließ, 5. die lange von allen
gebrauchte *Septuaginta* (siehe S.23), die schon aus dem vorchristlichen Judentum stammte, dann aber durch den christlichen Gebrauch
bei den Juden immer mehr verpönt wurde, 6. die griechische Übersetzung des Theodotion, von der man nicht sehr viel weiß. Leider ist
dieses monumentale Gelehrtenwerk des Origenes während der persischen (614) oder arabischen Eroberung (636) verloren gegangen,
bis auf wenige Zitate bei den Kirchenvätern und einige Blätter eines
Palimpsestes (wiederverwendetes Pergament), das in der erzbischöflichen Bibliothek in Mailand entdeckt wurde.

Des weiteren wirkte an dieser Theologenschule der „Vater der Kirchengeschichte", Bischof *Eusebius,* dem wir nicht nur viele Nachrichten über die Persönlichkeiten der frühen Kirche, sondern mit seinem *Onomastikon* („Namensregister") auch die älteste Landesbe-
schreibung des Heiligen Landes verdanken. Von ihm wissen wir
auch, wie sich die diokletianische Christenverfolgung ab 303 in Palästina auswirkte. Cäsarea erlangte als Hauptstadt und Umschlagplatz für zum Bergwerk Verurteilte einen traurigen Ruhm, während
sich die hiesigen Christen durch Mut und Eintreten für die Verurteilten hervortaten. In der byzantinischen Zeit wuchs Cäsarea weiter an,
nach der arabischen Eroberung im Jahr 640 ging es jedoch abwärts.

Im 9.Jh. gewannen die Araber größeres Interesse an der Seefahrt
und bauten Cäsarea zum befestigten Hafen aus. So wurde es auch
für die Kreuzfahrer ein wichtiger Stützpunkt an der Küste. Nach Saladin wechselten sich die Besitzer ab. Die heute zu bewundernden
Mauern und Gräben um die Kreuzfahrerstadt ließ König Ludwig IX.
von Frankreich im Jahr 1251 errichten, 14 Jahre vor der endgültigen
Zerstörung durch Sultan Baibars (1265). Bis Mitte des vergangenen
Jahrhunderts lag die glanzvolle Stadt unter Dünensand begraben;
auf den Ruinen des Hafens siedelten sich im 19.Jh. einige muslimi-

sche Familien aus Bosnien an. Nach ersten Untersuchungen 1873
wird die Stadt seit 1951 mehr und mehr ans Tageslicht gehoben.

Besichtigung: Betritt man den Nationalpark durch den südlichen
Eingang (am Theater), sieht man zunächst einige Statuen. Die meisten von ihnen sind kopflos, ein Hinweis auf eine gängige Praxis,
dass nämlich Statuen zunächst ohne Kopf geschaffen wurden, während der Kopf des entsprechenden Herrschers nachträglich angebracht (und bei Bedarf ausgewechselt) werden konnte. Interessant
ist eine ca. 80 cm hohe Statue eines Mannes (die Beine fehlen), der
ein Lamm auf den Schultern trägt. Es ist umstritten, ob es sich dabei
um eine Statue aus christlicher Zeit handelt, die Jesus als den Guten
Hirten zeigt, oder um ein vorchristliches Werk, von dem wir nicht
wissen, wen es darstellt.

Dahinter liegt das *Römische Theater*. Es wurde von italienischen
Archäologen in den Jahren 1959-64 freigelegt und bot etwa 4000
Zuschauern Platz. Die Sitzreihen wurden restauriert und teilweise
rekonstruiert, so dass es wieder als Theater genutzt werden kann.
Anstelle der nicht erhaltenen Rückwand hat man heute das Meer als
beeindruckende Kulisse für Konzert und Theateraufführungen. Um
das Theater herum sieht man eine byzantinische Festungsmauer, deren genaue Bestimmung ungeklärt ist.

Auf einer als Stufe im Theater wiederverwendeten Steinplatte fand
man eine Weiheinschrift mit dem Namen von *Pontius Pilatus*. Das
Original der Inschrift wird heute in der archäologischen Abteilung
(Raum 4) des Israel-Museums aufbewahrt, eine Kopie befindet sich
nach dem Eingang zum Park zur Rechten, eine weitere in der Palast-
ruine auf der Landzunge. Dieser Stein ist die erste Bezeugung des
römischen Statthalters zur Zeit Christi (26-36) durch die Archäologie und eine Präzisierung unseres historischen Wissens. Zwar ist
von der Inschrift nur etwa die Hälfte erhalten geblieben, aber darunter ist in der zweiten Zeile der Name des Stifters *...tius Pilatus*; er
wird in der folgenden Zeile nicht als *Procurator,* wie er im Evangelium genannt wird (Lk 3,1), sondern *...ectus Judae...* bezeichnet,
was nicht anders als zu *Praefectus Judaeae*, „Präfekt von Judäa", ergänzt werden kann. Mit dem in der ersten Zeile genannten *Tiberi-
eum* ist wohl der Leuchtturm der nördlichen Hafenmole gemeint.
Von Flavius Josephus weiß man, dass Herodes den Leuchtturm auf
der südlichen Hafenmole *Druseum* benannt hatte. *Drusus* († 9 v.
Chr.) war nämlich der Stiefsohn, *Tiberius* der Adoptivsohn des Kaisers Augustus, beide wurden oft zusammen geehrt. So ist es ein-
leuchtend, dass Pontius Pilatus sich mit einem Zwillingsturm zum
vorhandenen *Drusus-Turm* beim Kaiser in Erinnerung brachte.

Wahrscheinlich hat sich die folgende Begebenheit in diesem Theater
zugetragen: Herodes Agrippa I. (37-44), ein Enkel Herodes des Gro-

ßen, der den Apostel Jakobus den Älteren hatte hinrichten lassen (Apg 12,2; siehe S. 460), ließ sich göttliche Ehren erweisen und wurde plötzlich von einem Gottesgericht dahingerafft. Die Apostelgeschichte berichtet:

> Dann zog Herodes von Judäa nach *Cäsarea* hinab und blieb dort. Er war über die Bewohner von Tyrus und Sidon sehr aufgebracht. Sie kamen gemeinsam zu ihm, gewannen Blastus, den Kämmerer des Königs, für sich und baten um Frieden, weil sie ihre Nahrung aus dem Land des Königs bezogen. Am festgesetzten Tag nahm Herodes im Königsgewand *auf der Tribüne* Platz und hielt vor ihnen eine feierliche Ansprache. Das Volk aber schrie: Die Stimme eines Gottes, nicht eines Menschen! Im selben Augenblick schlug ihn ein Engel des Herrn, weil er nicht Gott die Ehre gegeben hatte. Und von Würmern zerfressen, starb er (Apg 12,19–23).

Nördlich des Theaters lag auf einem Landvorsprung der Palast des Herodes bzw. der römischen Statthalter. Die Anlage gruppierte sich um zwei Höfe. Der westliche, mit einem Becken, ist heute fast ganz vom Meer verschluckt. Hier dürfte wohl das Prätorium zu suchen sein, wo Paulus gefangen gehalten wurde, bevor er nach Rom überstellt wurde (Apg 24–26). Nach 70 n. Chr. wurde die Anlage umgestaltet und zweigeteilt. Das militärische Prätorium, das auch als Gericht diente, lag in der Nähe des Hafens. Im zweiten Prätorium (für die Finanzverwaltung) wurden in einem Gewölbe Fresken entdeckt, die Christus und Heilige zeigen.

Entlang des Meeres erstreckt sich das *Hippodrom* („Pferde-Rennbahn“, 315 × 68 m), ein U-förmiger Zirkus, der von Herodes dem Großen in den Jahren 10/9 v. Chr. anlässlich der Stadteinweihung errichtet wurde. Der Bau mit seinen zwölf Sitzreihen mochte 10 000 Menschen Platz bieten. Die Startboxen im Norden und der Wendepunkt im Süden sind gut zu erkennen. Später wurde die südliche Hälfte in ein *Amphitheater* umgestaltet, während im Nordteil Gebäude eingefügt wurden, deren Reste es dem heutigen Besucher erschweren, sich eine Vorstellung von der Anlage zu machen.

Östlich (landeinwärts) vom Hippodrom/Amphitheater erstreckt sich der *Cardo Maximus* (Hauptstraße), dazwischen ist ein luxuriöses römisches Privathaus mit Marmor- und Mosaikfußböden sowie ein großes Badehaus zu bewundern. Nördlich davon befand sich das byzantinische Prätorium. Noch weiter gegen Norden, nahe der Kreuzfahrerstadt, wurden interessante Fußbodeninschriften entdeckt, die an die Staatslehre aus dem Römerbrief des hl. Paulus erinnern. Die eine lautet: „Willst du ohne Furcht vor der staatlichen Gewalt leben, dann tue das Gute“; die zweite enthält die Fortsetzung: „so dass du ihre Anerkennung findest“ (Röm 13,3). Sie können zu einer Steuer-

behörde oder einem Gericht gehört haben. Mithin ergibt sich ein
guter Einblick in die Organisation der byzantinischen Provinzhauptstadt Cäsarea.

Anschließend kommt man zu einem weiteren Höhepunkt der dem
Sande entrissenen Ruinen. Es ist die ehemalige *Kreuzfahrerstadt,*
die König Ludwig IX. von Frankreich mit eindrucksvollen Gräben
und Wällen befestigen ließ. Nach dem Durchgang rechts, auf dem
höchsten Punkt des Areals, liegt die *Pauluskirche,* wohl ein unvoll-
endet gebliebener Neubau Ludwigs IX. Die Überreste geben mancherlei Rätsel auf und scheinen die letzten Jahrzehnte der erlahmen-
den Kreuzfahrerherrschaft widerzuspiegeln.

Gleich nördlich daneben ist eine achteckige byzantinische Kathedrale mit Marmorkapitellen ähnlich der Himmelfahrtskirche auf dem
Ölberg zum Vorschein gekommen. Später stand hier die Große Moschee; die Kreuzfahrer errichteten an derselben Stelle ihre Petruskirche, die von Saladin nach 1187 zerstört wurde. Darunter haben Ausgrabungen der Universitäten Haifa und Maryland (USA) 1996 einen
Tempel (30×54 m) entdeckt, den Herodes etwa $20-10$ v.Chr. errichten ließ. Er war dem Augustus und der Göttin Roma geweiht.

Um den antiken *Hafen* herum liegen heute Restaurants und Cafés,
dazwischen erinnert ein Minarett an das bosnische Dorf des 19.Jh.
Zum Hafen hin kann man die gewaltigen Stützmauern und -bögen
erkennen, auf denen Herodes seine Monumentalbauten platzierte.
Der Hafen wurde von Herodes mit großem Aufwand ausgebaut. Er
hatte ein äußeres und ein inneres Becken, die durch einen Wellenbrecher getrennt waren. Der Wellenbrecher ist inzwischen zerfallen,
obwohl Kaiser Anastasius ($491-518$) nochmals eine Restaurierung
unternahm. Zu dem gewaltigen Eindruck tragen heute nicht zuletzt
die granitenen Säulentrümmer bei, welche in der Burg des Kreuz-
fahrerhafens unsachgemäß wiederverwendet wurden.

Die Kreuzfahrerstadt ist leider im Fortgang der Ausgrabungen teilweise verschwunden; man konnte neue Erkenntnisse gewinnen, dafür haben sich andere Fragen aufgetan. Es ist die Tragik der Archäologie, dass sie häufig die jüngeren Epochen demontieren muss, um
zu den älteren vordringen zu können. Die schönsten Beispiele der
Kreuzfahrerarchitektur beim Ausgang nach Osten über dem tiefen
Graben hat man aber unverändert belassen. Man ist beeindruckt von
dem zweckmäßig und schön gestalteten Osttor, dem Haupttor der
Kreuzfahrerfestung. Es wechselt zweimal die Richtung, um den Ansturm von Feinden auf dicke Mauern auflaufen zu lassen. Die 13 m
hohen, mächtigen Bastionen, welche in einer 900 m langen Mauer
Cäsarea umgeben und auf arabischen Befestigungen ruhen, sind das
Werk Ludwigs IX.(1251).

Nördlich vom Hafen, am Meeresufer entlang, stößt man auf die gut
erhaltenen Kreuzfahreranlagen zur Stadtbefestigung (Mauer und

Graben). Außerhalb der Kreuzfahrerstadt liegen die spärlichen Reste eines muslimischen Friedhofs aus der jüngeren Vergangenheit. Dort hat man den Mosaikfußboden einer Synagoge (nicht mehr sichtbar) gefunden. Wahrscheinlich befand sich hier das jüdische Viertel der byzantinischen Stadt.

Verlässt man das Nationalparksgelände durch das Kreuzfahrertor in der östlichen Stadtmauer, kann man, in ein Gartenrestaurant integriert, ein weiteres, tiefer liegendes Stück des römisch-byzantinischen Cäsarea betrachten: eine breite Straße, die nach einer Inschrift im 6. Jh. renoviert wurde. Dazu gehören zwei ältere römische Statuen, die eine aus Marmor, die andere aus rotem Porphyr. Letztere scheint einen Kaiser darzustellen, vielleicht Kaiser Hadrian (117–138 n. Chr.). Auch dieses Straßenstück mit seinen Statuen vermittelt einen Eindruck von der Macht des römischen Kaisertums und dem Wohlstand des römisch-byzantinischen Reiches.

Wenn man von Cäsarea (vom Kreuzfahrertor) landeinwärts fährt, sieht man in der ersten Linkskurve rechts der Straße ein gemauertes Tor aus neuerer Zeit. Dahinter lag ein weiteres *Hippodrom* (450 × 90 m). Heute ist es Ackerland, seine Umrisse sind mit Hecken überwuchert, aber gut zu erkennen. In der Mitte erhebt sich ein Obelisk. Diese Rennbahn muss Platz für 30 000 Zuschauer geboten haben; sie markiert in etwa den östlichen Rand des spätrömischen Cäsarea.

Fährt man diese Straße weiter und biegt am nächsten Kreisverkehr nach links ab, erreicht man das *Aquädukt,* das nördlich der Kreuzfahrerstadt liegt. Über die am Sandstrand liegenden Bögen führten zwei Wasserleitungen, über die Cäsarea mit Wasser versorgt wurde. Die eine führte Quellwasser vom 7,5 km entfernten Karmelabhang heran, die andere Wasser aus einem 5 km entfernten Speicherbecken. Eine Inschrift (heute im Israel-Museum, Jerusalem) bezeugt die römische *Legio X. Fretensis.* Etwas vom Meer entfernt finden sich die Röhren einer dritten Wasserleitung, die sich weiter nördlich mit dem imposanteren Aquädukt kreuzt.

Nördlich des modernen Cäsarea liegt *Or Akiva* (hebr. „Licht des Akiba"), dessen Name den sagenumwobenen Rabbi Akiba (um 50–135 n. Chr.) ehrt. Rabbi Akiba war der berühmteste jüdische Lehrer seiner Zeit, dem nicht zuletzt die Festlegung des hebräischen Bibeltextes bis auf jeden einzelnen Buchstaben zu verdanken ist und der damit auch auf die christliche Theologenschule von Cäsarea Einfluss ausgeübt hat. Er soll den Führer des Zweiten Jüdischen Aufstandes (132–135), Simon bar Kochba, als Messias begrüßt haben und deshalb in Cäsarea geblendet und hingerichtet worden sein.

Fährt man auf der Straße Nr. 4 weiter nach Norden, überquert man kurz vor den Hängen des Karmel einige weitere Reste des 7 km lan-

gen römischen Aquädukts. Die Straße führt durch Bananenpflanzun-
gen, die zum Schutz gegen den Wind mit Zypressen eingesäumt
sind. Auf dem Kamm des Karmelgebirges sieht man bereits den hohen Turm der Universität von Haifa aufragen. Die Scharon-Ebene
verengt sich und an den Abhängen des Karmel wird Weinbau sichtbar. Es waren die französischen Barone Rothschild, die seit 1882 armen Juden bei der Anlage von Weinbergen und Kellereien finanziell
beistanden und sich daher 1954 bei Binjamina (benannt nach Ed-
mond Benjamin James de Rothschild) in einem eigenen Mausoleum
eine Ruhestätte in Israel schufen. Zentrum des Weinbaus war damals *Sichron Jaakov* (hebr. „Erinnerung an Jakob"), mit dem Benjamin de Rothschild die Erinnerung an seinen Vater James (Jakob)
ehren wollte. Im nördlich benachbarten arabischen Städtchen mit
dem vielversprechenden Namen *Fureidis* („kleines Paradies") befinden sich die Karmelweinkellereien. Von *Sichron Jaakov* führt die
Straße Nr. 70 über einen mäßig hohen Pass in die Jesreel-Ebene hinüber, die auch als Zufahrt zum Karmelgebirge empfehlenswert ist,
wenn man das Klösterchen *Muhraka* besuchen will (siehe S. 97).

Dor

Die Ruinen der antiken Stadt Dor erreicht man vom Kibbuz Nachscholim aus (am Strand entlang in nördlicher Richtung) oder, indem
man den Kibbuz nördlich umfährt. Der Kibbuz liegt zwischen der
Straße Nr. 2 und dem Meer, ist aber von dieser aus nicht zu erreichen; man muss von der Straße Nr. 4 westwärts abbiegen. Dor war
eine vorisraelitische Stadt (Jos 11,2), in der nacheinander Kanaanäer, die Sikil (eines der Seevölker – der Name erinnert an die Insel
Sizilien, schließlich kamen die Seevölker über das Mittelmeer ins
Land), Phönizier und Griechen wohnten. Die Stadt scheint durch die
Produktion und Verarbeitung von Purpurschnecken reich geworden
zu sein (vgl. Num 15,38). Man mag sich hier, in Sichtweite des Berges Karmel, an die Stelle aus dem Hohenlied (7,6) erinnern: „Dein
Haupt gleicht oben dem Karmel; wie Purpur sind deine Haare". In
der Makkabäerzeit war Dor umkämpft (1 Makk 15,10-14). Mit der
Neugründung von Cäsarea durch Herodes büßte es an Bedeutung
ein. Doch noch 649 erscheint bei einem Konzil in Rom der Bischof
von Dor als Vertreter des Patriarchenstuhls von Jerusalem. Bei den
Kreuzfahrern (die die Burg nach einer französischen Ritterfamilie
Merle nannten) und Heilig-Land-Pilgern war Dor eine wichtige Sta-
tion auf dem Weg nach Jerusalem; es konnte bis zuletzt (1291) gehalten werden. Im hiesigen arabischen Dorf *Tantura* waren noch
Ende des 19. Jh. die Ruinen eines Turms zu sehen, die auch Kaiser
Wilhelm auf seiner Heilig-Land-Reise 1898 besuchte. Heute sind

das Dorf und die Ruine verschwunden. An ihre Stelle ist der 1948 gegründete Kibbuz *Nachscholim* (hebr. „Brandung") getreten.

Die Ruinen des antiken Dor sind zum großen Teil vom Meer verschlungen oder vom Sand bedeckt. Dagegen kommen im reizvollen Zusammenspiel von Altertümern, Riffen und Buchten auch Strandliebhaber (und Angler) auf ihre Kosten. In den 80er- und 90er-Jahren führten die Hebräische Universität und die Universität von Kalifornien Ausgrabungen durch. Am Nordrand des Kibbuz sind die Reste einer byzantinischen Kirche zu erkennen, die vom 4.–9.Jh. Bestand hatte. Sie war über einem älteren Apollo- und Äskulapheiligtum errichtet. Hier wurde eine Säule mit einer griechischen Inschrift entdeckt: „Stein vom heiligen Golgota"; diese bezog sich auf ein Reliquienkästchen, das in die Säule eingelassen war.

Im Kibbuz gibt es in einem auffälligen Steingebäude mit Ziegeldach ein Museum. Dieses Gebäude wurde 1891 als Glasflaschenfabrik für die nahen Weinkellereien von Sichron Jaakov errichtet, die aber nicht lange Bestand hatte. Im Museum sind sowohl Funde der Ausgrabungen als auch Gegenstände, die man vor den Küsten Dors im Meer gefunden hat, zu sehen. Beachtenswert ist der Rest eines Mosaiks, das aus extrem kleinen Steinen zusammengesetzt ist, sowie eine Kanone, die von der Flotte Napoleons bei ihrem überstürzten Rückzug 1798 als Ballast ins Meer geworfen wurde.

4 km nördlich davon liegt, zwischen der Autobahn Nr. 2 und der Bahntrasse, der Moschav *ha-Bonim,* „die Maurer", benannt nach der gleichnamigen zionistischen Jugendorganisation. Der Moschav wurde 1949 an der Stelle des arabischen Dorfes *Kafr Lam* errichtet, welches auf den Ruinen der Kreuzfahrerburg *Capharlet* gebaut war. Die gut erhaltene Festung (58 × 50 m) war mit vier Rundtürmen an den Ecken gesichert. Westlich außerhalb des Geviertes liegen die Ruinen einer Kirche.

Weiter entlang der Küste liegt die gewaltige Festungsruine von *Atlit,* dem schönsten und besterhaltenen mittelalterlichen Schloss an der Küste. Nachdem die Tempelritter 1187 Jerusalem verlassen mussten, bauten sie ab 1218 Atlit zu ihrer Ordensburg aus. Nach dem Vorbild des Felsendomes errichteten sie dort eine achteckige Kirche und legten das *Castrum Peregrinorum,* „Pilger-Lager", an. Atlit wurde 1291 nach dem Fall Akkos ohne Kampf geräumt, erst 1837 wurde es durch ein Erdbeben zerstört. Nördlich der Kreuzfahrerburg wurden Unterwasserfunde aus der Zeit um 6000 v.Chr. gemacht, als der Wasserstand des Meeres am Ende der letzten Eiszeit niedriger war. Leider ist die Zone von Atlit militärisches Sperrgebiet, was derzeit sowohl weitere Ausgrabungen als auch einen Besuch der Anlage unmöglich macht.

3. HAIFA UND DAS KARMELGEBIRGE

Haifa

Die Geschichte von Haifa lässt sich bis in die Antike zurückverfolgen, es stand aber bis ins 19. Jh. im Schatten von Akko (Ptolemaïs, S. 101). Innerhalb des heutigen Stadtgebietes finden sich die (spärlichen) Reste dreier antiker Siedlungen. Die älteste von ihnen, *Tell Abu Hawam,* befand sich nördlich der Kischon-Mündung. Dort hat man Funde ausgemacht, die bis ins 15. Jh. v. Chr. zurückgehen; doch lag dieser Ort bis in unsere Zeit außerhalb (nördlich) von Haifa. An der Nordwestspitze der Küste, zwischen der Hauptstraße und dem Meer, südlich vom modernen Betongebäude des Meeresforschungsinstituts der Universität Haifa, liegt der *Tel Schiqmona.* Dieser moderne hebräische Name greift den alten griechischen Namen von *Sykaminon* auf, der von *Sykomorea,* „Maulbeerfeigenbaum", abgeleitet ist. Im Arabischen hat sich dieser Name in verballhornter Form erhalten, als *Tell Samak,* „Fischhügel". Die Stadt blühte in byzantinischer Zeit, villenartige Wohnungen breiteten sich am Fuß des Hügels aus. Sie wurde anfangs des 7. Jh. n. Chr. zerstört.

Das eigentliche Haifa lag an der nördlichsten Ausbuchtung der Küste (im heutigen Stadtteil *Bat Galim*), wo römische Reste gefunden wurden. Der Name *Haifa* (hebr. *Chefá*) kommt erst in christlichen Quellen und im Talmud vor. Im Mittelalter war Haifa (durch den Anklang an den Namen des Hohenpriesters zur Zeit Jesu wurde der Name in *Caifa* umgestaltet) ein nicht unbedeutender befestigter Ort, den Saladin 1187 besetzte, um ihn 1191 doch wieder an die Kreuzfahrer zu verlieren. 1265 eroberte der Mamlukensultan Baibars Haifa und zerstörte auch das ganze Hinterland, während sich die Kreuzritter im nahen Akko noch bis 1291 halten konnten.

Erst im 19. Jh. bekam Haifa allmählich wieder größere Bedeutung. 1868 ließen sich protestantische „Templer" aus Württemberg in Haifa nieder und leisteten hier und in weiteren sechs Gründungen vorbildliche Kulturarbeit. Den endgültigen Durchbruch zum Industrie- und Handelszentrum brachte der Eisenbahnanschluss an die Hedschasbahn (von Damaskus nach Medina im heutigen Saudi-Arabien), der nach dem Besuch des deutschen Kaisers im Zeichen der deutsch-osmanischen Freundschaft im Jahr 1904 fertiggestellt wurde. 1919 kam noch der Anschluss an die Bahn Lod – Gaza – Kairo hinzu. Die verbesserten Verkehrswege gingen einher mit einem weiteren Ausbau der Hafenanlagen.

Heute ist Haifa der größte Hafen Israels und mit 270 000 Einwohnern die drittgrößte Stadt des Landes. Sie erstreckt sich nicht nur an der Bucht, sondern hat auch den Karmel erklommen und breitet sich auf seinen grünen Höhen immer weiter aus. Das *Technion* (Technische Hochschule) und die Universität mit ihrem markanten Turm sind schon sehr weit in das zerklüftete Karmelgebirge hinein vorgeschoben. Eine Besonderheit der Stadt sind mehrere steile Täler, die, fast völlig naturbelassen, die Stadt durchziehen. Einen guten Eindruck von der Schönheit der Stadt gibt eine Fahrt zum *Hadar ha-Karmel,* dem Hauptgeschäftsviertel, oder zum sogenannten *Central Carmel* mit seinen gepflegten Wohnvierteln und schönen Parks, den man auch mit einer Untergrundbahn (*Carmelite Subway*) vom *Kikar Paris* („Paris-Platz") beim Hafen erreichen kann. Empfehlenswert ist ein Ausblick von der Panoramastraße über die Stadt und die Bucht von Haifa bis hin zu den libanesischen und zentralgaliläischen Bergen.

Es gibt einige christliche Gemeinden in Haifa. Hier ist der Sitz des griechisch-katholischen Erzbischofs von Galiläa; die lateinische Pfarrei ist den Karmeliten anvertraut. Haifa gilt als Beispiel für ein gelungenes Zusammenleben zweier Völker und mehrerer Religionen (Juden, Christen, Muslime, Bahai).

Die *Bahai-Gärten*: Wahrzeichen und Blickfang der Stadt ist das von einem Park umgebene Mausoleum des Märtyrervorläufers der Bahai-Religion, Ali Mohammed al-Bab (1819–1850), der im persischen Täbris als Ketzer öffentlich hingerichtet wurde. Er wurde 1909 von den Anhängern dieser Religion am Fuße des Berges Karmel beigesetzt. Das Mausoleum aus weißem italienischem Marmor mit einer Kuppel aus feuervergoldeten Ziegeln wurde 1948-53 gebaut und mit aller Pracht ausgestattet. Das Gebäude oberhalb, auf der anderen Seite der *ha-Ziyyonut Avenue* (von dieser aus ist die ganze Anlage zu erreichen), enthält das *Muzeon,* das im Stil eines dorischen Tempels errichtet ist. Dort sind persönliche Gegenstände und Schriften des Gründers der Bahai-Religion, *Baha'ullah,* aufbewahrt (für die Öffentlichkeit nicht zugänglich). Die anderen Gebäude in diesem oberen Teil der Gärten dienen Verwaltungs- und Studienzwecken; dort befinden sich auch die Marmorsarkophage der Angehörigen des Gründers. Die gepflegten prachtvollen Gärten erstrecken sich über 19 Etagen – die Zahl neunzehn (sie findet sich z.B. auch im 19-Monats-Kalender der Bahai) symbolisiert den Gründer und seine 18 Gefährten. Ein Teil der Gärten ist den Bahai vorbehalten, Teile können im Rahmen einer Führung besucht werden. Zur Bahai-Religion siehe S.66.

Unterhalb der Bahai-Gärten liegt die *German Colony* („deutsche Kolonie"), die Siedlung der deutschen protestantischen Templer. Sie kamen 1869 aus Württemberg hierher. Ihr schwäbischer Fleiß und

die technischen Errungenschaften, die sie mitbrachten, trugen viel
zur Entwicklung der Stadt und der Umgebung bei. Nach Ausbruch
des Zweiten Weltkrieges wurden sie von der britischen Mandatsregierung als Feindbürger interniert, einige Jahre später ganz vertrieben. Die meisten der solide gebauten Häuser sind bis heute erhalten
und liebevoll restauriert.

Für geschichtsinteressierte Besucher lohnt sich der Besuch des
Hecht-Museums, im Untergeschoss des höchsten Gebäudes von
Haifa, des weithin sichtbaren schlanken *Eschkol-Turms* der Universität Haifa, errichtet vom deutsch-brasilianischen Architekten Oscar
Niemeyer. Der Name des Museums erinnert an den Gründer, den
aus der Schweiz stammenden Unternehmer Reuben Hecht. Die umfangreiche archäologische Sammlung ist teils chronologisch, teils
thematisch gegliedert. Die Kunstsammlung ist vor allem reich an
Impressionisten.

Mit einer Seilbahn kann man von der Unterstadt nach *Stella Maris*
hinaufgelangen (s.u., S.96). Von ihrer Bergstation gegenüber von
Kirche und Kloster genießt man einen schönen Überblick über Stadt
und Bucht von Haifa, über Akko hinweg bis zur libanesischen Grenze, der *Tyrischen Steige.* Oberhalb der Talstation, auf der anderen
Seite der Stadtautobahn, liegt die *Schule der Propheten,* eine große
Höhle, in der die Erinnerung an die Propheten Elija und seinen
Nachfolger Elischa gepflegt wird. Auch die Heilige Familie soll hier
gerastet haben. In dieser Höhle sind einige griechische Inschriften
aus der byzantinischen Zeit zu sehen. Die Höhle war bis in die jüngste Vergangenheit eine Wallfahrtsstätte für Juden und Christen,
Drusen und Muslime. Man verehrte hier die verschwommene Gestalt *al-Chader* (arab. „der Grüne"); in ihr laufen Elemente des alttestamentlichen Propheten Elija, des christlichen Märtyrers Georg
und des islamischen Propheten Mohammed ineinander. Heute ist sie
eine Synagoge.

Der Karmel und die Karmeliten

Der *Karmel* (von hebräisch *Kerem El,* „Weinberg Gottes") ist nicht
ein einzelner Berg, sondern ein ganzer Gebirgszug. Er erreicht als
größte Höhe 546 m und erstreckt sich von Haifa in südöstlicher
Richtung etwa 25 km weit, um dann, durch einige schmale Quertäler
unterbrochen, ins zentralpalästinensische Bergland überzugehen. In
einem Tal der südlichen Karmelabhänge wurden in mehreren Höhlen 90 Schädel des prähistorischen Karmelmenschen, einer Art Ne-
andertaler, gefunden, die an die 150 000 Jahre alt sind.

Der Karmel ist von Geschichte und Sage umwoben und wohl immer
eine Gebets- und Opferstätte gewesen. Auch der römische Feldherr

Vespasian hat nach seiner Landung in Palästina auf dem Karmel geopfert und um ein günstiges Orakel nachgesucht; ja selbst der berühmte Philosoph Pythagoras (560–480 v.Chr.) soll auf den hoch-
heiligen, für gemeine Menschen unzugänglichen Berg Karmel gestiegen sein.

Im Alten Testament ist der Karmel untrennbar mit dem Propheten
Elia verbunden (s.u., S.98). Im Neuen Testament wird der Karmel
nicht erwähnt. Die Verbindung mit Maria (so das Marienfest „unserer Lieben Frau auf dem Berge Karmel" am 16. Juli; vgl. auch das
bayrische Adventslied „als Maria über's Gebirge ging") entstammt
späterer Zeit und wurde vor allem von den Karmeliten gefördert, die
hier ihren Ursprung haben.

Die traditionelle direkte Herleitung der Karmeliten vom Propheten
Elija ist natürlich legendarisch. Der bevorzugte Aufenthaltsort für
christliche Asketen war zunächst die Wüste Juda gewesen, die Jesus
durch sein eigenes Fasten geheiligt hatte. Als aber nach dem Sieg
Saladins im Jahr 1187 die Wüste Juda für Einsiedler zu gefährlich
geworden war, konzentrierten sich die Einsiedler auf dem Karmel,
wo die Erinnerung an den Propheten Elija wach war und zum strengen Leben einlud. Die nahe Festung Akko bot Schutz, zumal auch
der Patriarch von Jerusalem seinen Sitz nach Akko verlegt hatte.
Um 1208/09, also zu derselben Zeit, in der sich Franziskus in Rom
vom Papst Innozenz III. seine erste Regel gutheißen ließ, schloss der
später als Seliger verehrte Patriarch Albert von Jerusalem (1206–
1214) die Karmeleinsiedler zusammen, indem er ihnen die erste
Karmelitenregel gab. Diese Regel hebt so an:

> Albertus, durch Gottes Gnade Patriarch der Kirche von Jerusa-
> lem, an die in Christus geliebten Söhne, Brocardus und die üb-
> rigen Einsiedlerbrüder, die unter seinem Gehorsam in der Nä-
> he der Quelle auf dem Karmelgebirge wohnen … Da ihr uns
> bittet, euch eine Lebensregel zu geben, die eurer Lebensweise
> entspricht, sollt ihr in Zukunft folgendes beobachten …

Von Jakob von Vitry, dem Nachfolger Alberts auf dem Patriarchen-
stuhl in Akko (1216–1228), erfahren wir noch, dass diese Einsiedler in der Gefolgschaft des Elija besonders in einer Gegend lebten,

> die über der Stadt Porphyria liegt, die *Haifa* genannt wird, in
> der Nähe der Quelle, die *Elijaquelle* heißt, nicht weit weg vom
> Kloster der heiligen Jungfrau Margareta.

Ab 1238 zogen sich die Karmeleinsiedler angesichts der schwächer
werdenden Kreuzritter nach Europa zurück und wurden dort, ähnlich wie Franziskaner und Dominikaner, zu einem angesehenen
Seelsorgsorden. Bei Beendigung seines Kreuzzugs ins Heilige Land
(1254) begleiteten König Ludwig IX. von Frankreich sechs Kar-

meliten nach Europa. Zum letzten Mal werden Karmeliten auf dem
Karmel im Jahr 1283 erwähnt.

Die *Elijaquelle,* die den Ursprung des Karmelmönchtums markiert,
entspringt am Westhang des Karmel im *Wadi as-Siah* – zu erreichen
in einem Fußmarsch von ca. einem halben Kilometer; Ausgangspunkt ist die Ostseite (die Bergseite) des großen Friedhofs im Südwesten Haifas. Dort wurden 1958-60 von den Karmeliten und dem
Franziskanerarchäologen Bellarmino Bagatti Ausgrabungen vorgenommen, die die Reste einer kleinen Kirche und eines Klosters aus
dem 13. Jh. freilegten. Der Befund zeigt eine ältere Schicht von Ein-
siedlerzellen, zu denen danach ein Kloster kam, während die Kirche
von romanischen Formen zu gotischen überging. Die Karmeliten
beabsichtigten dort, am Ort ihres Ursprungs, eine Kapelle zu errichten, was aber bisher nicht verwirklicht werden konnte. Das kleine
moderne Gebäude bei den Ruinen, das von außen wie eine Kapelle
aussieht und vielleicht auch als solche gedacht war, diente während
der Ausgrabungen als Geräteschuppen; heute steht es leer.

Kirche und Kloster *Stella Maris*: Der Name *Stella Maris* (lat.
„Meer-Stern") rührt von einer mittelalterlichen, heute verworfe-
nen Deutung des Namens Maria (hebr. *Miriam*) als „Stern des Meeres" her.

Nach langer Unterbrechung, erst 1631, konnten Bruder Prosper und
einige weitere Karmeliten – die Karmeliten der Reform der hl. Teresa von Ávila, die „Unbeschuhten Karmeliten" – wieder auf dem
Karmel Fuß fassen und in der Nähe des Leuchtturms von Haifa ein
Klösterchen errichten. Diese Niederlassung wurde 1767 von Daher
al-Omar, einem Beduinenscheich aus Akko, zerstört. Auch über den
anschließenden Neubau, wo heute Kloster und Kirche Stella Maris
stehen und sich byzantinische und mittelalterliche Ruinen (vielleicht
des Klosters der hl. Margareta) befinden, konnten sich die Karmeliten nicht lange freuen. Denn da sie bei Napoleons Belagerung von
Akko 1799 die kranken und verwundeten Franzosen pflegten, bekamen sie nach Abzug Napoleons die Rache des osmanischen
Paschas von Akko zu spüren; sie wurden vertrieben und ihr Kloster
wiederum zerstört. Dem Gedenken der verstorbenen und ermordeten
Franzosen gilt die kleine Pyramide mit dem Kreuz vor der jetzigen
Kirche.

Die heutige klassizistische Kirche *Stella Maris,* die aus einer Höhe
von 150 m auf das Meer hinausschaut, wurde 1823-32 erbaut, die
zugehörigen Klosteranlagen seither mehrfach erweitert. Ausgemalt
wurde die Kirche 1924-27 vom italienischen Karmeliten Luigi Pog-
gi (1873–1958). Über dem Hochaltar thront „Unsere Liebe Frau
vom Berge Karmel" mit Krone und Zepter, ihr königliches Kind mit
Würde tragend. Haupt, Hände und Füße sind aus Porzellan und wur-

den 1820 vom Genueser Karmeliten Giovanni Battista Caraventa geschaffen, die übrige Statue und das Jesuskind aus Zedernholz erst im 20. Jh. dazu geschnitzt. In der Kuppel stehen die auf Maria angewandten Worte „Ihr Haupt ist so schön wie der Karmel" (vgl. Hld 7,6) und „Die Pracht des Karmel und der Ebene Scharon" (Jes 35,2). Der erhöhte Hochaltar steht über einer Höhle, die dem Propheten Elija zugeeignet wird, während vor der Höhle Gedenkplatten an die großen Männer des Karmelordens erinnern: *Berthold* soll schon 1155 den Orden gegründet haben, dem Prior *Cyrill* wird eine legendarische Frühgeschichte des Ordens vom 5. bis zum 13. Jh. zugeschrieben; beide sind Persönlichkeiten, die stark in den legendenhaften Ursprung des Karmelitenordens verwoben sind. *Brokard (Burkhard?)* war Prior zur Zeit der offiziellen Approbation des Ordens durch den Patriarchen *Albert* (vor 1214); dem seligen *Prosper* verdankt man die Wiederbegründung auf dem Karmel 1631.

Die Malereien in der Kuppel zeigen den Vorvater der Karmeliten, den Propheten Elija, wie er auf einem feurigen Wagen zum Himmel entrückt wird (2 Kön 2,1-15; Text: S.721), König David mit der Harfe, die Propheten Jesaja, Ezechiel, Daniel, die Heilige Familie, die nach einer legendarischen Überlieferung auf der Rückkehr aus Ägypten in einer Höhle am Fuß des Karmel (s.o., S.94) Station gemacht haben soll, sowie Heilige des Karmelitenordens.

An den tragenden Pfeilern sind in vier Reliefs vier große Heiligen des Karmelitenordens dargestellt: Vorne links sieht man eine Abbildung der „Seelenburg" der hl. Teresa von Ávila; vorne rechts den „Aufstieg zu Gott" des hl. Johannes vom Kreuz; links hinten die selige Karmelitin Mirjam Baouardy (Miriam von Ibellin, mit Ordensnamen Maria von Jesus dem Gekreuzigten, 1846–1878; vgl. S.141), rechts die hl. Edith Stein (Teresa Benedicta vom Kreuz), die 1942 als Jüdin in Auschwitz starb.

Wenn man von Stella Maris auf einem Pfad in nordwestlicher Richtung hinabsteigt (Wegweiser vor dem Leuchtturm), trifft man auf Ruinen der Klosterzellen, die sich die ersten Karmeliten nach ihrer Rückkehr aus Europa im Jahr 1631 gebaut haben; die Kapelle war dem seligen Generalprior Simon Stock (um 1250) geweiht, auf dessen Vision das Karmelitenskapulier, das Schulterkleid, das das Joch Christi (Mt 11,29-30) symbolisiert, zurückgeführt wird. Weiter unten gelangt man zur *Schule der Propheten* (s.o., S.94).

Muhraka

In *al-Muhraka* (arab. „Brandopfer") fand der Überlieferung nach die Auseinandersetzung zwischen Elija und den Baalspriestern statt.

Von Haifa aus nimmt man die Karmelhöhenstraße Nr. 672, zunächst
zwischen wohlhabenden Stadtvierteln, später durch die bewaldeten
Höhen des Karmels. Unterwegs durchfährt man die Drusendörfer *Isfija* und *Dalijat al-Karmel*. Isfija hat gut 11 000 Einwohner, 80 % davon sind Drusen, 15 % Christen, 5 % Muslime. Eine hier gefundene
Synagoge mit einer Menora, fünf Bildern des Tierkreises und der
Mosaikinschrift „Friede über Israel" bezeugt für das 6. Jh. n. Chr. jüdische Bewohner, im Mittelalter befand sich hier das jüdische Dorf
Huseifa. In Dalijat al-Karmel geht es recht bunt und malerisch zu;
vielerlei orientalische Waren stehen an der Straße zum Verkauf. Die
knapp 16 000 Einwohner sind zu über 95 % Drusen.

In einem Neubauviertel am östlichen Ortsrand von Dalijat al-Karmel biegt man an einem Kreisverkehr (ausgeschildert) Richtung *al-
Muhraka* ab, das man nach 4 km erreicht. Das kleine Kloster der
Unbeschuhten Karmeliten (482 m ü. d. M.) mit einer Elija-Statue davor ist nach der Tradition der Ort, an dem sich der denkwürdige
Wettstreit des Propheten Elija mit den 450 Baalspriestern abspielte,
den der jüdisch-stämmige Komponist Felix Mendelssohn Bartholdy
in seinem „Elias" eindrucksvoll in Musik gefasst hat:

> Ahab ging Elija entgegen. Sobald er ihn sah, rief er aus: Bist
> du es, Verderber Israels? Elija entgegnete: Nicht ich habe Is-
> rael ins Verderben gestürzt, sondern du und das Haus deines
> Vaters, weil ihr die Gebote des HERRN übertreten habt und den
> Baalen nachgelaufen seid. Doch schick jetzt Boten aus und
> versammle mir ganz Israel auf dem Karmel, auch die vierhun-
> dertfünfzig Propheten des Baal und die vierhundert Propheten
> der Aschera, die vom Tisch Isebels essen. Ahab schickte in
> ganz Israel umher und ließ die Propheten auf dem Karmel zu-
> sammenkommen. Und Elija trat vor das ganze Volk und rief:
> Wie lange noch schwankt ihr nach zwei Seiten? Wenn der
> HERR der wahre Gott ist, dann folgt ihm! Wenn aber Baal es
> ist, dann folgt diesem! Doch das Volk gab ihm keine Antwort.
> Da sagte Elija zum Volk: Ich allein bin als Prophet des HERRN
> übrig geblieben; die Propheten des Baal aber sind vierhundert-
> fünfzig. Man gebe uns zwei Stiere. Sie sollen sich einen aus-
> wählen, ihn zerteilen und auf das Holz legen, aber kein Feuer
> anzünden. Ich werde den andern zubereiten, auf das Holz le-
> gen und kein Feuer anzünden. Dann sollt ihr den Namen eures
> Gottes anrufen und ich werde den Namen des HERRN anrufen.
> Der Gott, der mit Feuer antwortet, ist der wahre Gott. Da rief
> das ganze Volk: Der Vorschlag ist gut. Nun sagte Elija zu den
> Propheten des Baal: Wählt ihr zuerst den einen Stier aus und
> bereitet ihn zu; denn ihr seid die Mehrheit. Ruft dann den Na-
> men eures Gottes an, entzündet aber kein Feuer! Sie nahmen

den Stier, den er ihnen überließ, und bereiteten ihn zu. Dann riefen sie vom Morgen bis zum Mittag den Namen des Baal an und schrien: Baal, erhöre uns! Doch es kam kein Laut und niemand gab Antwort. Sie tanzten hüpfend um den Altar, den sie gebaut hatten. Um die Mittagszeit verspottete sie Elija und sagte: Ruft lauter! Er ist doch Gott. Er könnte beschäftigt sein, könnte beiseite gegangen oder verreist sein. Vielleicht schläft er und wacht dann auf. Sie schrien nun mit lauter Stimme. Nach ihrem Brauch ritzten sie sich mit Schwertern und Lanzen wund, bis das Blut an ihnen herabfloss. Als der Mittag vorüber war, verfielen sie in Raserei und das dauerte bis zu der Zeit, da man das Speiseopfer darzubringen pflegt. Doch es kam kein Laut, keine Antwort, keine Erhörung. Nun forderte Elija das ganze Volk auf: Tretet her zu mir! Sie kamen und Elija baute den zerstörten Altar des HERRN wieder auf. Er nahm zwölf Steine, nach der Zahl der Stämme der Söhne Jakobs, zu dem der HERR gesagt hatte: Israel soll dein Name sein. Er fügte die Steine zu einem Altar für den Namen des HERRN, zog rings um den Altar einen Graben und grenzte eine Fläche ab, die zwei Sea Saat hätte aufnehmen können. Sodann schichtete er das Holz auf, zerteilte den Stier und legte ihn auf das Holz. Nun befahl er: Füllt vier Krüge mit Wasser und gießt es über das Brandopfer und das Holz! Hierauf sagte er: Tut es noch einmal! Und sie wiederholten es. Dann sagte er: Tut es zum dritten Mal! Und sie taten es zum dritten Mal. Das Wasser lief rings um den Altar. Auch den Graben füllte er mit Wasser. Zu der Zeit nun, da man das Speiseopfer darzubringen pflegt, trat der Prophet Elija an den Altar und rief: HERR, Gott Abrahams, Isaaks und Israels, heute soll man erkennen, dass du Gott bist in Israel, dass ich dein Knecht bin und all das in deinem Auftrag tue. Erhöre mich, HERR, erhöre mich! Dieses Volk soll erkennen, dass du, HERR, der wahre Gott bist und dass du sein Herz zur Umkehr wendest. Da kam das Feuer des HERRN herab und verzehrte das Brandopfer, das Holz, die Steine und die Erde. Auch das Wasser im Graben leckte es auf. Das ganze Volk sah es, warf sich auf das Angesicht nieder und rief: Der HERR ist Gott, der HERR ist Gott! Elija aber befahl ihnen: Ergreift die Propheten des Baal! Keiner von ihnen soll entkommen. Man ergriff sie und Elija ließ sie zum Bach Kischon hinabführen und dort töten (1 Kön 18,16-40).

Die blutige Niedermetzelung der 450 Baalspriester auf Weisung des Elija im 9.Jh. v.Chr. geschah als Gegenschlag für die Ausrottung der Propheten durch Königin Isebel (1 Kön 18,4). Es wäre ungerecht, sie mit den Maßstäben unserer Zeit bewerten zu wollen (leider gibt es ja auch heute noch „ethnische Säuberungen"!). Die Propheten wirken im Auftrag Gottes, aber sie bleiben Kinder ihrer Zeit. Doch schon in der Bibel wird der leidenschaftliche Elija eines Besseren belehrt, wenn Gott sich ihm anschließend nicht in Sturm und Feuer, sondern im sanften Säuseln des Windes offenbart (1 Kön 19, 8-13; Text: S. 705).

Es hat einiges für sich, al-Muhraka auch als den Ort anzusehen, zu dem die Frau aus Schunem eilte, um die Hilfe des Propheten Elischa für ihr totes Kind zu erbitten, das vermutlich Opfer eines Sonnenstichs geworden war (2 Kön 4,8-37; siehe S. 236). Ihr Mann wendet nämlich ein: „Es ist doch nicht Neumond und nicht Sabbat", was voraussetzt, dass es eine Art Wallfahrtsort war, an dem sich der Prophet auf dem Karmel aufhielt.

Jüdische mittelalterliche Quellen (Benjamin von Tudela um 1170 und Rabbi Jakob von Paris um 1235) bezeugen bereits damals die jüdische und islamische Verehrung des Ortes. Der Karmelit Philipp von der heiligsten Dreifaltigkeit spricht 1638 ausdrücklich von den zwölf Steinen am jüdischen Heiligtum, wie sie im biblischen Bericht 1 Kön 18,31 erwähnt sind. Damals wurde bei Muhraka auch noch eine Höhle des Propheten Elischa gezeigt.

Die Karmeliten konnten den Platz 1846 erwerben. 1883 errichteten sie dort ein kleines Kloster und die bis heute existierende Kapelle an der Stelle des alten Gebäudes, das wahrscheinlich aus der Zeit vor den Kreuzfahrern stammte, aber inzwischen verlassen war. Darin ist auf Hebräisch und Arabisch rechts der Bericht vom vergeblichen Opfer der Baalspriester festgehalten, auf der linken Seite die Annahme des Opfers des Elija, hinten über dem Eingang der eine Entscheidung fordernde Satz: „Wie lange noch schwankt ihr nach zwei Seiten? Wenn der HERR der wahre Gott ist, dann folgt ihm!" (1 Kön 18,21). Der Altar ist aus zwölf Steinen errichtet – eine Erinnerung an den Altar, den Elija errichtet hatte.

Bei klarem Wetter genießt man von der Dachterrasse des Klösterchens ein eindrucksvolles Panorama, das vom Mittelmeer bis weit hinein nach Galiläa reicht. Unten in der Ebene fließt nahe am Karmel der Bach Kischon, an dessen jenseitigem Ufer ein Hügelchen (Tel Qaschisch) als der Ort angesehen wird, wo die Baalspriester hingerichtet wurden (1 Kön 18,40). Etwas weiter südlich erkennt man Tell Jokneam (siehe S. 134).

4. VON HAIFA ÜBER AKKO ZUR LIBANESISCHEN GRENZE

Bis in die Mitte des 20.Jh. führte die Straße von Haifa nach Norden, Richtung Akko, direkt am Meer entlang. Heute existiert diese Verbindung nicht mehr, stattdessen umrundet die Autobahn Nr.4 weiter landeinwärts die Bucht von Haifa. Am Stadtrand von Haifa zweigt die Straße Nr.75 nach Nazaret ab. Diese führt an den Nescher-Zementwerken vorbei und am Fuß des Karmels entlang, während links träge der Kischonbach dahinfließt. Die Nr.4 dagegen führt nach Norden: Nachdem man den Kischonbach überquert hat, folgen dicht bebaute Industrie- und Wohngebiete. Der erste Namensbestandteil dieser modernen Städte, *Kirjat,* heißt nichts anderes als Stadt (also z.B. *Kirjat Bialik:* „Bialik-Stadt").

Die Bucht von Haifa zeichnete sich in der Antike durch zweierlei aus: Am feinen Sandstrand bei Akko soll durch Zufall die Herstellung von Glas entdeckt worden sein und die hier vorkommende Purpurschnecke lieferte den kostbaren Purpurfarbstoff. Das Gebiet um diese Bucht nennt man herkömmlich *Ebene Sebulon.* Dies ist aber kaum exakt, denn nach Jos 19,25-31 gehörte die Küste von Sidon bis zum Karmel zum Stammesgebiet von Ascher .

Akko

Akko hat knapp 50 000 Einwohner, darunter rund ein Viertel meist muslimische Araber, vor allem in der Altstadt. Unter den Christen (ca.2,5 %) sind die Melkiten die stärkste Gruppe.

Geschichte: Nach Ausgrabungen am *Tel Akko,* östlich der heutigen Altstadt, geht die Stadt bis etwa 3000 v.Chr. zurück. Die frühesten literarischen Erwähnungen der Stadt sind ägyptische Texte ab dem 19.Jh. v.Chr. Bei der Landverteilung fiel es dem Stamm Ascher zu; doch konnten es die Israeliten nicht erobern (Ri 1,31-32).

Vom ägyptischen König Ptolemäus II. wurde es nach der Zerstörung durch seinen Vorgänger neu gebaut und erhielt daher 261 v.Chr. den Namen *Ptolemaïs.* Ab etwa 200 v.Chr. gehörte es zum syrischen Herrschaftsbereich und war zeitweise sogar Residenzstadt der syrischen Seleukiden. Ptolemaïs wurde in den seleukidischen Thronstreitigkeiten zwischen König Demetrius I. und seinem Rivalen Alexander Balas zum Schauplatz skrupelloser Machtintrigen, an denen auch die Makkabäer beteiligt waren. Jonatan, der Bruder des Judas Makkabäus, erlangte hier durch Alexander die Hohepriesterwürde (1 Makk 10,15-21). Darauf versuchte König Demetrius sein Möglichstes; er erhöhte noch einmal das eigene Angebot. Der Hohepriester Jonatan hielt aber weiterhin zu Alexander und erreichte mit dessen Hilfe den Gipfel seiner Macht:

> Die beiden Könige eröffneten den Kampf gegeneinander. Das Heer des Demetrius floh; Alexander setzte ihm nach und gewann die Oberhand. Er kämpfte hartnäckig, bis die Sonne unterging. An jenem Tag fiel Demetrius in der Schlacht.
>
> Alexander schickte Gesandte zu Ptolemäus, dem König von Ägypten, und ließ ihm folgendes sagen: Ich bin in mein Reich zurückgekehrt, habe mich auf den Thron meiner Väter gesetzt und die Herrschaft angetreten. Ich habe Demetrius besiegt und unser Land in meine Gewalt gebracht. Ich habe mit ihm gekämpft; er wurde mit seinem Heer von uns vernichtend geschlagen. So haben wir uns auf den Thron seines Reiches gesetzt. Lasst uns nun miteinander Freundschaft schließen. Gib mir deine Tochter zur Frau, damit wir uns durch diese Heirat miteinander verschwägern. Ich werde dir und ihr Geschenke machen, die deiner würdig sind. König Ptolemäus antwortete: Welch glücklicher Tag, an dem du in das Land deiner Väter zurückgekehrt bist und dich auf den Thron ihres Reiches gesetzt hast. Ich will auf deinen Vorschlag eingehen. Doch komm mir bis *Ptolemaïs* entgegen, damit wir uns kennenlernen. Dann werde ich mich mit dir verschwägern, wie du geschrieben hast.
>
> Ptolemäus verließ Ägypten und nahm seine Tochter Kleopatra mit sich. Im Jahr 162 (150 v.Chr.) kam er nach *Ptolemaïs*. Als König Alexander mit ihm zusammenkam, gab er ihm seine Tochter zur Frau. Er veranstaltete in *Ptolemaïs* eine glänzende Hochzeit für sie, wie es bei Königen üblich ist.
>
> König Alexander schrieb an Jonatan, er möge doch zu ihm kommen und sich mit ihm treffen. Da begab sich Jonatan mit glänzendem Gefolge nach *Ptolemaïs* und traf dort die beiden Könige. Er brachte ihnen und ihren Freunden Silber, Gold und viele Geschenke mit. So gewann er sie für sich. Aber ehrlose Männer aus Israel, Verräter, traten gemeinsam auf und klagten ihn an. Doch der König schenkte ihnen keine Beachtung. Vielmehr gab er die Anweisung, Jonatan anstelle der Gewänder, die er trug, mit Purpur zu bekleiden. Das geschah und der König ließ ihn neben sich Platz nehmen (1 Makk 10,49-63).

Doch sieben Jahre später sollte Ptolemaïs dem Hohenpriester Jonatan Unglück bringen. Alexander hatte vor seinem Tod seinen Feldherrn Tryphon zum Vormund seines unmündigen Sohnes Antiochus

VI. eingesetzt. Dieser verfolgte aber eigensüchtige Pläne und beseitigte durch eine Intrige auch Jonatan, den „Freund des Königs":

> Tryphon strebte nach der Herrschaft über Asien und wollte sich selbst die Königskrone aufsetzen; deshalb trachtete er König Antiochus nach dem Leben. Doch er fürchtete, dass Jonatan das nicht zulassen und Krieg gegen ihn führen werde. So suchte er nach Mitteln und Wegen, ihn in seine Gewalt zu bekommen und umzubringen. Darum zog er nach Bet-Schean. Jonatan rückte ihm mit vierzigtausend kampferprobten Männern nach Bet-Schean entgegen.
> Als Tryphon sah, dass Jonatan ein großes Heer bei sich hatte, fürchtete er sich, etwas gegen ihn zu unternehmen. Er bereitete ihm einen glänzenden Empfang, stellte ihn all seinen Freunden vor, machte ihm Geschenke und befahl seinen Freunden und Soldaten: Gehorcht ihm wie mir selbst! Dann sagte er zu Jonatan: Warum hast du dieses ganze Heer bemüht? Es droht doch kein Krieg. Lass sie nach Hause gehen, wähl dir einige Männer als Begleitung aus und geh mit mir nach *Ptolemaïs*! Ich werde dir die Stadt und die übrigen Festungen übergeben und auch alle anderen Truppen und alle Behörden. Nur deswegen bin ich gekommen, dann ziehe ich wieder ab.
> Jonatan vertraute ihm und tat, was Tryphon ihm vorgeschlagen hatte. Er entließ seine Truppen und sie zogen nach Judäa ab. Dreitausend Mann behielt er bei sich, von denen er zweitausend in Galiläa ließ; nur tausend begleiteten ihn. Sobald Jonatan *Ptolemaïs* betreten hatte, schlossen die Einwohner die Tore, nahmen ihn fest und erschlugen alle, die mit ihm gekommen waren, mit dem Schwert (1 Makk 12,39-48).

Bereits um 58 n.Chr. gab es Christen in Akko; denn bei der Rückkehr von seiner dritten Missionsreise geht Paulus mit seinen Gefährten in Ptolemaïs an Land und trifft Brüder:

> So fuhren wir von Tyrus ab und beendeten unsere Seereise in *Ptolemaïs*. Wir begrüßten die Brüder und blieben einen Tag bei ihnen (Apg 21,7).

In der ersten arabischen Zeit erlebte Akko einen starken wirtschaftlichen Aufschwung, denn die Schiffe, mit denen die Kalifen von Damaskus ihre Macht bis nach Nordafrika ausdehnten, wurden auf den Werften von Akko gefertigt. Die Kreuzfahrer ließen 1099, im Bestreben möglichst schnell nach Jerusalem zu gelangen, Akko gegen die Zusicherung der Unterwerfung unbehelligt. Da der Emir von Akko aber sein Versprechen nicht hielt, kehrten sie 1103 zurück. Im folgenden Jahr brachten sie es nach 20-tägiger Belagerung mit Hilfe genuesischer Schiffe in ihre Gewalt und rächten sich für die nicht

gehaltenen Versprechen. Infolge der Schlacht bei den Hörnern von
Hittim 1187 ging Akko wieder verloren, nach heftigen Kämpfen er-
oberte Richard Löwenherz es 1191 zurück. Hundert Jahre lang war
Akko dann die Hauptstadt des restlichen Kreuzfahrerreiches.

In dieser Epoche, 1217, während des Fünften Kreuzzuges, kam auch
der hl. Franziskus nach Akko – er freilich nicht, um die Kreuzfahrer
im Kampf zu unterstützen, sondern in friedlicher Mission. Ob Franziskus damals auch nach Jerusalem kam, ist bis heute umstritten; die
ältesten Quellen schweigen sich aus. Richtungsweisend war dagegen sein Aufenthalt in Damiette (Ägypten) und seine Begegnung
mit dem Sultan (siehe S. 41). Interessant ist in diesem Zusammenhang ein Brief, den der Bischof von Akko, Jakob von Vitry, an
Papst Honorius III. schrieb. Jakob hatte großen Respekt vor Franz
von Assisi, sparte aber auch nicht mit Kritik an dessen neuer Gemeinschaft der „Minderen Brüder", die in den Augen der damaligen
Amtskirche reichlich unkonventionell wirkten. Seine Hauptsorge
war allerdings eine andere, nämlich die Anziehungskraft dieser Gemeinschaft:

> In diesen Orden eingetreten sind Colin, unser Kleriker aus
> England sowie zwei weitere aus unserem Gefolge: der Magis-
> ter Michael und Don Matthäus, dem ich die Seelsorge an der
> Heilig-Kreuz-Kirche übertragen hatte. Den Vorsänger Johan-
> nes von Cambrai und Heinrich Siniscalco sowie einige andere
> kann ich nur mit Mühe zurückhalten.

Die Kreuzzüge und Kriege gingen weiter. 1291 erlag Akko, durch
interne Streitigkeiten der Handelshäuser von Venedig, Genua und
Pisa geschwächt, dem Ansturm der Mamluken. Es war das Ende der
Kreuzfahrerherrschaft im Heiligen Land. Kirchen und Klöster fielen der Vernichtung anheim, die Christen wurden gnadenlos niedergemacht. Mittelalterliche Berichte sprechen von 30000 getöteten
Christen in Akko, darunter 52 Franziskaner und 74 Klarissen.

Erst 1620 gelang es den Franziskanern, nach Akko zurückzukehren;
der wohlgesonnene Drusen-Emir Fachr ad-Din ermöglichte dies. Zu
neuer Blüte gelangte die Stadt, als Scheich Daher al-Omar sie 1744
zur Hauptstadt von Galiläa machte. Dieser tolerante Herrscher befestigte die Stadt, indem er einen Teil der Kreuzfahrerfundamente
wiederverwendete. Akko wurde wieder zu einer blühenden Hafenstadt. Der Handel mit Europa, v.a. Genua und Marseille, brachte
Wohlstand in die Stadt. Dahers Nachfolger, Ahmed Pascha aus Bosnien (1775–1804), wegen seiner Grausamkeit *al-Dschazzar*, „der
Schlächter", genannt, baute die Befestigungen weiter aus. Von ihm
stammt der größte Teil der gewaltigen Bastionen und Mauern, welche die Altstadt bis heute umgeben. Sie hielten sogar den Angriffen
Napoleons Stand, der 1799 Akko 53 Tage lang erfolglos belagerte.

Al-Dschazzars Nachfolger *Suleiman Pascha,* der den Beinamen *al-Adil* („der Gerechte") trug, baute die Stadt und die Befestigungen weiter aus.

In den 30er- und 40er-Jahren war Akko ein Zentrum des arabischen Widerstandes gegen Briten und Juden. Nach dem Teilungsplan der Vereinten Nationen sollte Akko Teil des arabischen Staates in Palästina sein, es wurde aber im Unabhängigkeitskrieg 1948 von Israel erobert. Ein Teil der arabischen Bevölkerung konnte in der Stadt bleiben, bald zogen auch viele jüdische Israelis hierher, vor allem aus Marokko und der damaligen Sowjetunion. Die Stadt breitete sich bald weit nach Norden und Osten aus.

Besichtigung: Fast alle Sehenswürdigkeiten liegen in der Altstadt von Akko (Stadtplan: Tafel XIIIb). Diese hat ihren orientalischen Charakter weitgehend bewahrt und verdankt ihr Aussehen zum großen Teil *al-Dschazzar*. Dank guter Beschilderungen findet man sich in den verwinkelten Gassen leicht zurecht.

Noch bevor man die Altstadt erreicht, sieht man am Ostrand der Neustadt, links der Hauptstraße (von der *Akko East Junction* von der Autobahn Nr. 4 her kommend) einen sich deutlich abhebenden Hügel. Es ist der *Tel Akko,* heute meist *Tel Napoleon* genannt, da hier Napoleon bei der Belagerung 1799 sein Hauptquartier hatte. Hier liegen die Reste des ältesten Akko. Schon Richard Löwenherz hisste hier bei der Belagerung 1191 sein Banner. Ein Besuch des Hügels lohnt sich vor allem wegen der Aussicht.

Die Altstadtmauer aus dem 18. Jh. hatte ursprünglich nur ein Tor, das *Landtor,* an ihrem östlichen Ende, wo sie auf die Bucht von Akko stößt. In der Mitte des 20. Jh. wurde die Mauer an zwei weiteren Stellen geöffnet, am nordwestlichen Ufer und im Zentrum; dort ist heute die Haupteinfahrt in die Altstadt (*Rechov Weizmann*).

Der mächtige Eckturm (*Burdsch al-Kummander*) links (östlich) dieser Haupteinfahrt nimmt in etwa die Stelle des *Verfluchten Turms* ein, von dem 1191 Richard Löwenherz von England das Banner des Herzogs Leopold von Österreich herunterholte (wofür sich der Österreicher rächte, indem er Richard auf seinem Rückweg nach England auf der Burg Dürnstein an der Donau gefangen hielt). Man kann diesen Teil der Bastionen ersteigen und genießt schöne Blicke auf die Altstadt mit ihren schlanken grünen Minaretten, mit dem roten Turm der Franziskanerkirche und dem viereckigen Uhrturm. Jenseits der Bucht von Akko sieht man Haifa, das sich die Hänge des Karmels hinaufzieht. Innerhalb der Bastion wurde das Museum *Treasures in the Wall* („Schätze in der Mauer") eingerichtet, eine Ausstellung über das Alltagsleben im Heiligen Land im 19. und der ersten Hälfte des 20. Jh.

Von hier aus hat man die grüne Kuppel der weithin sichtbaren *Hauptmoschee* vor sich. Sie wurde 1781 von al-Dschazzar an der Stelle der ehemaligen Kreuzfahrerkathedrale zum Heiligen Kreuz erbaut und rühmt sich, drei Haare vom Barte des Propheten zu besitzen.

Westlich (rechts) daneben befindet sich die monumentale Anlage der *Johanniterordensburg*. Um einen Hof herum liegen mehrere große Säle. Diese heute unterirdischen Räume waren früher ebenerdig. Ahmed Pascha ließ sie mit Sand auffüllen, um ein festes Fundament für seine darüber errichtete Zitadelle zu gewinnen. Vom Eingang aus rechts betritt man zunächst die sogenannten *Rittersäle*, die aus sechs Tonnengewölben bestehen. Sie wurden bis in die Mitte des 20. Jh. als Gefängnis benutzt. Danach kommt man in die *Große Halle*, den größten der Säle, der für Ausstellungen genutzt wird. An der Südseite des Hofes liegt der eindrucksvollste Saal mit drei mächtigen Rundsäulen. Man hält ihn für das *Refektorium* (Speisesaal) der Johanniter. Die Räume an der Westseite des Hofes sind nicht ausgegraben – mit Ausnahme der Latrinen in der Nordostecke. Am Eingang des Refektoriums kann man in einen unterirdischen schmalen Gang hinabsteigen. Er war ein Teil eines weitläufigen Gängesystems, von welchem Teile schon in der Antike angelegt worden waren. Heute ist er bis zur Krypta der Johanneskirche begehbar. Die Kirche selbst ist nicht erhalten, da an ihrer Stelle eine Moschee errichtet wurde. Von dort gibt es einen Ausgang in den *Türkischen Bazar*, der in 90er-Jahren restauriert wurde. Nach rechts kann man zum *Hammam* (Türkisches Bad) gelangen. Dieses war vom 18. bis in die Mitte des 20. Jh. wichtiger Teil des öffentlichen Lebens der Stadt. Heute befindet sich darin eine Ausstellung über die Geschichte des Bades und der Stadt.

Bei einem Gang durch die Altstadt mit ihren Basaren fallen mehrere Karawansereien (arab.: *Chan*) auf, die dem Umschlag der Waren von Handelskarawanen auf Schiffe dienten. Die ebenerdigen Räume waren für die Waren und die Lasttiere bestimmt, die oberen für die Handelsherren und ihre Geschäfte. Der *Chan al-Afrandschi* („Franken-Herberge") ist die älteste Karawanserei und wurde um 1620 vom Drusen-Emir Fachr ad-Din im Viertel der europäischen Kaufleute errichtet. Da dieser den Franziskanern sehr gewogen war, konnten sie daneben Kirche und Kloster errichten. Heute wird ein Teil des Chans von den Franziskanern als Schule genutzt (ca. 520 Schüler, davon 150 Christen). Nahe beim Hafen wurde 1784 am Platz des einstmaligen Dominikanerklosters der *Chan al-Umdan* („Säulen-Herberge") gebaut. Er ist weithin sichtbar durch den im Jahr 1900 aufgesetzten Uhrturm. Für diesen Chan ließ al-Dschazzar Granit- und Porphyrsäulen aus Cäsarea herbeischaffen und erzielte damit einen überaus noblen Eindruck. Der *Chan asch-Schawarda*

(„Händler-Herberge"), nahe dem östlichen Stadttor, steht an der Stelle des Klarissenklosters der Kreuzfahrerzeit, also am Ort des Martyriums der Schwestern 1291.

Im Osten der Altstadt, nahe beim *Chan al-Umdan,* liegt der Fischereihafen. Von hier aus sieht man mitten in der Bucht von Akko die Grundmauern des *Fliegenturms* aus der Kreuzfahrerzeit. Der Legende nach gaben ihm die Kreuzfahrer diesen Namen, da sie Akko für das alttestamentliche *Ekron* gehalten hätten (siehe aber S. 633), wo *Beelzebub,* „der Herr der Fliegen", verehrt worden sei. Wahrscheinlicher ist jedoch, dass hier gegerbte Fälle zum Trocknen ausgelegt wurden, was außerhalb der Stadt geschah, da es geruchsintensiv war – und eben Fliegen anzog.

Am Hintereingang des Chan al-Umdan kann man in den *Templertunnel* hinabsteigen. Er wurde in der Kreuzfahrerzeit vom Templerorden errichtet und verband dessen Burg mit dem Hafen. Diese Burg befand sich am westlichen Ufer Akkos und war das größte und stärkste Gebäude der Stadt. Von der Burg ist nichts mehr zu sehen, der geräumige Tunnel ist auf einer Länge von 350 m begehbar.

In der Nähe des Leuchtturms über der Südwestbastion der Seemauer steht die Johanneskirche, welche die Franziskaner 1737 anstelle einer mittelalterlichen Kirche erbauten und die heute der kleinen römisch-katholischen Gemeinde als Pfarrkirche dient.

Akko war zur Kreuzfahrerzeit größer als die heutige Altstadt. Das damalige Franziskanerkloster lag nördlich von ihr. Die Anwesenheit der Franziskaner geht bis auf die Zeit des hl. Franziskus (1220) zurück. Bald wurde der Konvent in Akko Sitz der Franziskanerprovinz *Oltre Mare,* „Jenseits des Meeres", von welcher die Kustodie des Heiligen Landes ein Teil war. Seit 1255 ist der Ordensgründer Franz von Assisi als Patron der Niederlassung von Akko bezeugt. Auch der Deutsche Orden scheint sein Zentrum nach dem Fall von Jerusalem 1187 außerhalb der heutigen Stadtmauern gehabt zu haben, östlich der Altstadt. Von diesen beiden großen Klosteranlagen wurden allerdings nur wenige Spuren gefunden, weil die Osmanen vor ihren Mauern dem Feind keine Schlupfwinkel lassen wollten und alle vorhandene Ruinen beseitigten.

Am nördlichen Ende des modernen Akko liegt rechts (östlich) der Ausfallstraße hinter schmiedeeisernen Toren ein rotgedecktes Landhaus inmitten geometrisch angelegter Gärten. Dort wohnte von 1879 bis zu seinem Tod 1892 der persische Prinz Hussein Ali, der sich *Baha'ullah* („Glanz Gottes") nannte, der Begründer der Bahai-Religion (siehe S. 66). Bereits seit 1868 lebte er mit seiner Familie in Akko, wo er von den Osmanen zu einer Art Hausarrest verurteilt war. Neben seinem Landhaus wurde er auch bestattet. Sein Grab ist für die Bahai der heiligste Ort, dem sie sich beim Gebet zuwenden.

Ebenfalls östlich (rechts) dieser Straße sieht man immer wieder ein imposantes Aquädukt. Wie schon in früherer Zeit die Römer ließ auch al-Dschazzar auf diese Weise Wasser aus der Gegend von *Kabri* über 15 km Entfernung nach Akko leiten. Das Aquädukt war bis 1942 in Betrieb.

Nördlich von Akko, 1 km nach der *Shomrat Junction,* liegt der Kibbuz *Lochamé ha-Getaót* (hebr. „Ghetto-Kämpfer"). Er wurde am 19. April 1949, dem sechsten Jahrestag des Aufstandes im Warschauer Ghetto, gegründet. Eine Ausstellung berichtet über die Judenvernichtung und über den jüdischen Widerstand gegen das nationalsozialistische Regime in den Ghettos und Konzentrationslagern.

Nach weiteren 2 km erreicht man die *Regba Junction.* Hinter dem Dorf *Regba* zur Rechten liegt *Nes Amim* („Zeichen der Völker", vgl. Jes 62,10), eine christliche Siedlung, die in den 60er-Jahren von Niederländern, Deutschen und Schweizern als ein Zentrum für christlich-jüdische Versöhnung gegründet wurde.
Unmittelbar nach der *Regba Junction* führt links eine Straße zum Badeort *Schavé Zion* („Zions-Rückkehrer"). Das Dorf wurde 1938 als landwirtschaftliche Genossenschaftssiedlung von Einwanderern aus Rexingen bei Horb am Neckar gegründet. Von hier stammt die auch in Deutschland bekannte Sängerin Daliah Lavi. Am Nordrand des Ortes, zum Strand hin, liegen die Reste einer frühen byzantinischen Basilika mit einem Mosaik aus der Zeit vor 422.
2 km nördlich davon liegt rechts der Kibbuz *Evron,* wo eine weitere byzantinische Basilika mit Taufbecken, Mosaikfußboden und nicht weniger als 14 griechischen und einer syrischen Inschrift (zwischen 415 und 490 n. Chr.) entdeckt wurde. Eine Inschrift am Eingang der Kirche ist besonders bemerkenswert: Sie weist dreimal hintereinander in altertümlicher Form den hebräischen Buchstaben *Jod* auf, mit dem der Gottesname JHWH beginnt. Aller Wahrscheinlichkeit nach kann dies auf die heilige Dreifaltigkeit gedeutet werden, so dass die Inschrift zu lesen wäre: „Dreifaltiger, gedenke deines Dieners Timotheos".

Naharíja: Die Stadt mit gut 50 000 Einwohnern wurde 1934 von Juden aus Deutschland gegründet, die vor den Nationalsozialisten geflohen waren; sie galt lange als „deutscheste" Stadt Israels. Ihr Name leitet sich vom Fluss (arab. *Nahr) Gaaton* ab, an dessen Ufern die Stadt entstand. Wenig nördlich des Flusses wurde etwas erhöht am Meer ein kanaanäischer Tempel der Göttin Aschera (Astarte) aus dem 15. Jh. v. Chr. entdeckt.

Im Ostteil von Naharija wurde 1964 durch Zufall eine große byzantinische Kirche (16×32m) gefunden. Zweimal sechs Säulen mit schönen Kapitellen teilten die Kirche in drei Schiffe. Zwar sind vom Mosaikschmuck außer einem Früchtekorb mit Pfauen auf der Altarinsel und einer sehr großen Rosette im Mittelschiff im Wesentlichen nur die Einfassungsbänder erhalten; doch sind diese mit lebhaften Figuren durchsetzt und von fast klassischer Qualität, wie sie im Heiligen Land selten vorkommt. Die Kirche dürfte aus der Frühzeit des Kaisers Justinian stammen und wurde – ebenso wie die benachbarten Kirchen an der Küste – durch einen Brand zerstört, wahrscheinlich bei der persischen Eroberung 614 n.Chr.

Achsib: Der Ort wird im Buch der Richter (Ri 1,31) genannt. Er ist einer der Orte, aus dem die Israeliten vom Stamm Ascher die ursprünglichen phönizischen Einwohner nicht vertreiben konnten. Die Phönizier hatten hier einen kleinen Hafen und produzierten Purpur aus der Purpurschnecke. Die phönizische Bevölkerung ist bis in die Perserzeit (5./4.Jh. v.Chr.) nachzuweisen. Auch später, v.a. zur Kreuzfahrerzeit, behielt der Ort seine Bedeutung als Hafen. Bis 1948 befand sich hier das arabische Dorf, dessen Name *az-Zib* eine Kurzform des phönizischen/biblischen Namens ist.

Auf der südlichen Hälfte des Tells befindet sich heute der Nationalpark *Akhziv,* der aber weniger den archäologischen Resten gewidmet ist – er ist eine Strand- und Freizeiteinrichtung. Die Ruinen stammen zum großen Teil vom arabischen Dorf, die Moschee ist gut erhalten, an mehreren Stellen sind architektonische Reste aus früheren Epochen in jüngere Gebäude integriert. Einige Häuser des Dorfes wurden in Restaurants und Strandbars umgestaltet, die aber auch schon wieder Ruinen sind. Die Nordhälfte des Tells ist in Privatbesitz, das Haus des Muchtars (Dorfvorstehers) ist ein extravagantes Museum.

Auf einer Anhöhe erreicht man die Grenze zum Libanon. Der Gebirgszug, der Israel vom Libanon trennt und senkrecht zum Meer abfällt, war früher nur unter größten Schwierigkeiten zu überwinden. Alexander der Große soll den Übergang für sein Heer mittels Stufen erleichtert haben. Seither hieß er *Tyrische Steige,* da man von hier ins heute libanesische Tyrus gelangte. Heere und Kaufleute, Kreuzritter und Pilger mühten sich über den Berg. Erst die Engländer schufen wirklich Abhilfe: 1918 durch den Bau einer Straße und 1942 durch mehrere Eisenbahntunnel. Jüdische Untergrundkämpfer sahen darin jedoch eine Gefahr und sprengten 1947 auf ihrer Seite die Eisenbahnbrücke. Seither ist die Eisenbahnlinie unterbrochen.

Der hebräische wie der arabische Name für den Bergzug *Rosch ha-Nikra/Ras an-Naqura* („Höhlen-Kap") weisen auf die Grotten hin, welche die Brandung aus den Kreidefelsen ausgewaschen hat. Eine Seilbahn bringt Besucher bequem hinunter zum Grottenlabyrinth. Die Grotten sind durch künstliche Stollen begehbar gemacht; sie bieten durch die in den Wellen gebrochene, wechselnde Beleuchtung interessante Farbspiele. In einem der Tunnel wird ein Film über die Geschichte der Eisenbahnlinie gezeigt.

5. NAZARET

Nazaret (hebr. *Nazrat,* arab. *an-Nasra*) zählt 74 000 Einwohner, zumeist Araber. Es ist damit die größte arabische Stadt in Israel (Stadtplan: Tafel VI). Ungefähr ein Drittel der Einwohner sind Christen. Davon sind knapp die Hälfte griechisch-orthodox, je ein Viertel griechisch-katholisch und römisch-katholisch (mit ca. 8000 Seelen die größte katholische Pfarrei des Heiligen Landes), daneben gibt es kleinere Gemeinden von Maroniten, Kopten, Anglikanern und Baptisten. Fast ein Drittel der eingesessenen Christen in Israel leben also hier. Aus Nazaret stammt nicht zuletzt der ehemalige lateinische Patriarch von Jerusalem, Michel Sabbah (geboren 1933). *Nazaret* ist mit *Nazerat Illit* („Ober-Nazaret") zusammengebaut, einer modernen israelischen Stadt mit 40 000 Einwohnern. Ungefähr drei Viertel der Einwohner von Nazerat Illit sind jüdische Israelis, es gibt aber auch einen erheblichen Anteil von meist christlichen Arabern. Die Doppelstadt Nazaret gilt als ein Beispiel für ein einigermaßen gelungenes Zusammenleben von Christen, Muslimen und Juden.

Nazaret liegt von Bergen umrahmt in einer Mulde, 350–400 m ü.d.M. Der malerische Name „Perle von Galiläa", mit dem frühere Pilger die Stadt bezeichneten, wirkt angesichts des modernen, kaum kontrollierten Wachstums der Stadt fast wie Ironie. Es fällt nicht leicht, sich das winzige Dorf der Zeit Jesu vorzustellen.

Nazaret wird weder im Alten Testament noch in den Werken der alten Historiker erwähnt. Es kann nicht übermäßig angesehen gewesen sein, sagt doch Natanael im Johannesevangelium (1,46): *„Aus Nazaret? Kann von dort etwas Gutes kommen?"* Seine Geschichte beginnt mit dem Evangelium und seine Berühmtheit verdankt es der Tatsache, dass Jesus den größten Teil seines Lebens verborgen vor der Welt hier verbracht hat. Wir lesen im Lukasevangelium:

> Dann kehrte er (Jesus) mit ihnen nach *Nazaret* zurück und war ihnen gehorsam. Seine Mutter bewahrte alles, was geschehen war, in ihrem Herzen. Jesus aber wuchs heran und seine Weisheit nahm zu und er fand Gefallen bei Gott und den Menschen (Lk 2,51-52).

Im Markusevangelium sagen die Einwohner von Nazaret über Jesus:

> Ist das nicht der Zimmermann, der Sohn der Maria und der Bruder von Jakobus, Joses, Judas und Simon? Leben nicht seine Schwestern hier unter uns? (Mk 6,3).

Das sind die Erinnerungen, die Nazaret zu einem der heiligsten Orte machen, und zwar nicht nur die einzelnen Gedächtnisstätten, sondern vieles andere, was das Auge des Pilgers in der Umgebung erblickt oder sich vorstellt: Nahezu alles erinnert an ihn, der hier seine

Kindheit und Jugend, sein Leben in Armut, Freude und Geborgenheit der Familie verbracht, gelernt, gearbeitet und gebetet hat.

Wie Ausgrabungen ergeben haben, lag das Nazaret der Zeit Jesu innerhalb des Talkessels auf dem kleinen Hügel, auf dem heute das Franziskanerkloster und die Verkündigungskirche steht. Reste von Felsenwohnungen, Keller mit in den Felsen gehauenen Treppen, Zisternen und Getreidespeicher sowie Tonscherben aus der Spätbronzezeit bis zur Römerzeit beweisen, dass dieser Platz seit der Zeit Davids ständig bewohnt war, obwohl es vor den Evangelien keine schriftlichen Nachrichten darüber gibt.

In diesem Ruinenkomplex liegt die Verkündigungsgrotte. Wann der erste Kultraum an diesem Ort errichtet worden ist, lässt sich nicht mit Sicherheit feststellen. Die erste Nachricht von einer Kirche in Nazaret ist merkwürdig jung. Sie stammt vom anonymen Pilger von Piacenza um 570 n.Chr. Andererseits bezeugen die Reste, die man gefunden hat, dass es in Nazaret schon längst eine, ja sogar mehrere Kirchen gegeben hat. Es sieht also so aus, als ob es in Nazaret Christen gab, die man aber wenig besucht hat. Das Rätsel löst sich, wenn man in Betracht zieht, dass es sich um Judenchristen handelte, die den Christen aus dem Heidentum abhold waren – und umgekehrt. Gerade der Pilger von Piacenza trägt einiges bei, diese Vermutung wahrscheinlich zu machen, schreibt er doch außerdem:

> In jener Stadt (Nazaret) sind die hebräischen Frauen so reizend, dass es in jenem Land keine schöneren Hebräerinnen gibt. Sie sagen, die heilige Maria habe ihnen das verliehen; denn diese halten sie für ihre Verwandte. Und während es sonst bei den Hebräern gegen die Christen keine Freundlichkeit gibt, sind jene Frauen voll aller Freundlichkeit.

Der Text ist zunächst mysteriös: Was sind das für Hebräerinnen (Jüdinnen), die sich zur Gottesmutter Maria als ihrer Verwandten bekennen? Es müssen Judenchristinnen sein. Unter dieser Annahme löst sich auch eine weitere Merkwürdigkeit auf: Die Judenchristen mögen die Heidenchristen nicht, aber in Nazaret scheint das Eis gebrochen. So wird erklärlich, dass wir vorher nur geringe Nachrichten über Nazaret haben.

Schon im Neuen Testament gibt es Anzeichen dafür, dass es in Nazaret und Umgebung Christen gegeben hat, die aus der Verwandtschaft Jesu hervorgegangen sind, von deren Glauben an Jesus, den Messias – trotz aller anfänglichen Skepsis –, die Heilige Schrift selbst berichtet. Wir führen diese Zeugnisse an, zunächst über den anfänglichen Unglauben:

> Jesus ging in ein Haus und wieder kamen so viele Menschen zusammen, dass er und seine Jünger nicht einmal mehr essen konnten. Als seine Angehörigen davon hörten, machten sie

sich auf den Weg, um ihn mit Gewalt zurückzuholen; denn sie sagten: Er ist von Sinnen (Mk 3,20-21).

Das Laubhüttenfest der Juden war nahe. Da sagten seine Brüder zu ihm: Geh von hier fort und zieh nach Judäa, damit auch deine Jünger die Werke sehen, die du vollbringst. Denn niemand wirkt im Verborgenen, wenn er öffentlich bekannt sein möchte. Wenn du dies tust, zeige dich der Welt! Auch seine Brüder glaubten nämlich nicht an ihn (Joh 7,2-5).

Als Jesus noch mit den Leuten redete, standen seine Mutter und seine Brüder vor dem Haus und wollten mit ihm sprechen. Da sagte jemand zu ihm: Deine Mutter und deine Brüder stehen draußen und wollen mit dir sprechen. Dem, der ihm das gesagt hatte, erwiderte er: Wer ist meine Mutter und wer sind meine Brüder? Und er streckte die Hand über seine Jünger aus und sagte: Das hier sind meine Mutter und meine Brüder. Denn wer den Willen meines himmlischen Vaters erfüllt, der ist für mich Bruder und Schwester und Mutter (Mt 12,46-50).

Das Matthäusevangelium nennt die „Brüder Jesu" auch mit Namen:

Jesus kam *in seine Heimatstadt* und lehrte die Menschen dort in der Synagoge. Da staunten alle und sagten: Woher hat er diese Weisheit und die Kraft, Wunder zu tun? Ist das nicht der Sohn des Zimmermanns? Heißt nicht seine Mutter Maria und sind nicht Jakobus, Josef, Simon und Judas seine Brüder? Leben nicht alle seine Schwestern unter uns? Woher also hat er das alles? Und sie nahmen Anstoß an ihm und lehnten ihn ab. Da sagte Jesus zu ihnen: Nirgends hat ein Prophet so wenig Ansehen wie in seiner Heimat und in seiner Familie. Und wegen ihres Unglaubens tat er dort nur wenige Wunder (Mt 13, 54-58).

Diesem Unglauben steht aber gegenüber, dass es in der Apostelgeschichte gleich zu Anfang, nach der Himmelfahrt Jesu, heißt:

Sie alle (die Apostel) verharrten dort (in Jerusalem) einmütig im Gebet zusammen mit den Frauen und mit Maria, der Mutter Jesu, und mit seinen Brüdern (Apg 1,14).

Auch Paulus spricht von einem dieser Brüder Jesu, der eine herausragende Stellung in der jungen Gemeinde innehatte:

Von den anderen Aposteln habe ich keinen gesehen, nur Jakobus, den Bruder des Herrn (Gal 1,19).

Deshalb gaben Jakobus, Kephas und Johannes, die als die „Säulen" Ansehen genießen, mir und Barnabas die Hand zum Zeichen der Gemeinschaft (Gal 2,9).

Auch im 7.Jh., ein halbes Jahrhundert nach dem Pilger von Piacenza, dauerten die Konflikte der verschiedenen Gemeinden von Nazaret an. In einer ägyptischen Chronik (verfasst im 10.Jh.) wird berichtet, dass die Juden (Judenchristen?) Nazarets den byzantinischen
Kaiser Heraklius nach dessen Sieg über die Perser (629 n.Chr.) um
Schutz baten, den dieser ihnen zunächst gewährte. Bald darauf wi-
derrief er dies jedoch auf Bitten der Jerusalemer Kirche, die sich für
die Unterstützung der Perser durch die Juden rächen wollte.
Nach der arabischen Eroberung (638) bestanden in Nazaret zunächst
zwei Kirchen, der Eichstätter Pilger Willibald weiß dagegen 100
Jahre später nur mehr von einer Kirche, die bis in die Mitte des
10.Jh. bestanden haben dürfte. Die Kreuzfahrer fanden 1102 Stadt
und Kirche zerstört vor. Die weitere Geschichte Nazarets verlief
parallel zum Geschick der Verkündigungskirche (s.u.). Eine kuriose
Situation bestand von 1697 bis 1770: Um die heiligen Stätten und
die christliche Bevölkerung von Nazaret zu schützen, gelang es den
Franziskanern, gegen eine jährliche Zahlung an die Paschas von Sidon und Akko das ganze Dorf zu erwerben. Der Guardian (Haus-
obere) des Franziskanerklosters war damit „Emir von Nazaret".

Die Verkündigungskirche

Die Sichtbetonarchitektur der 60er-Jahre erschließt dem Besucher
ihre Schönheit nicht unbedingt auf den ersten Blick. Es gelingt ihr
aber in einzigartiger Weise, Geschichte und Gegenwart, Ortskirche
und Weltkirche miteinander in Verbindung zu bringen. Sie ist in eine Ober- und eine Unterkirche geteilt. Während die Oberkirche Gottesdienstraum sowohl für die einheimische Gemeinde als auch für
Pilgergruppen ist, umschließt die Unterkirche die Verkündigungsgrotte und lädt trotz ihrer Größe eher zu innerer Sammlung ein, zur
Betrachtung der Ereignisse, die sich hier vor 2000 Jahren zugetragen haben. – Ein archäologischer Plan des Komplexes findet sich
auf Tafel VII.

Geschichte: Man erkennt vor der Verkündigungsgrotte in der Unterkirche deutlich eine kleine byzantinische Kirche, deren Apsis nach
Osten zeigte. Darunter muss es eine Vorgängerkirche gegeben haben, wie verschiedene Überreste anzeigen. Manche sprechen von einer Synagogenkirche, weil man mit starken judenchristlichen Einflüssen in Nazaret rechnen muss; eine sichere Vorstellung davon ist
aber kaum mehr zu gewinnen. Auch diese Kirche geht kaum weiter
als in die byzantinische Zeit zurück. Bei Epiphanius von Salamis
gibt es die Nachricht (etwa 375 n.Chr.), der jüdische Konvertit Josef
von Tiberias habe nach seiner Taufe in seiner Heimatstadt Tiberias

und dann in den jüdisch bewohnten Orten Sepphoris, Nazaret und Kafarnaum mit kaiserlicher Unterstützung Kirchen gebaut. Zwar genießt Epiphanius bei den Historikern nicht den besten Ruf, aber es ist verführerisch, ihm in diesem Fall doch Vertrauen zu schenken. Diese frühere Kirche wäre dann bald nach 350 gebaut worden. Zu ihr gehörten wohl Mosaike aus der älteren byzantinischen Epoche. Sie sind mit Kreuzen geschmückt, sind also offenbar vor 427 gelegt worden, denn in diesem Jahr verfügte Kaiser Theodosius II., dass es die Ehrfurcht vor dem Kreuz Christi nicht zulasse, dass der Boden mit Kreuzen versehen wird. Ein besonders kostbarer Fund aus dem älteren Heiligtum ist die auf einer Säulenbasis eingeritzte Inschrift XE MAPIA (*Chaire Maria*) – der griechische Anfang des Grußes des Engels (und des „Gegrüßet seist du, Maria"); sie befindet sich heute im benachbarten Museum. Neben der byzantinischen Kirche gab es Nebenräume und wahrscheinlich ein Taufbecken.

Die Kreuzfahrer bauten ihre Kirche in der Achse der byzantinischen, nur in ganz anderen Ausmaßen. Sie war 70 m lang und 30 m breit. An der linken (nördlichen) Seite der Unterkirche ist eine Kreuzfahrermauer in die heutige Kirche mit einbezogen. Am Tag der Schlacht bei den Hörnern von Hittim (4. Juli 1187) ermordeten herumziehende Horden in Nazaret die Christen, die sich in die Kirche geflüchtet hatten. Danach profitierte auch Nazaret von den Verträgen, die Richard Löwenherz und Friedrich II. aushandelten. Der hl. König Ludwig IX. nahm an Mariä Verkündigung 1251 an Vesper und Hochamt teil. Die Kreuzfahrerkirche fiel der Zerstörungswut des Sultans Baibars im Jahre 1263 zum Opfer. Es folgte eine Leidenszeit für die Christen, in der das Heiligtum in Ruinen blieb. Wohl versuchten die Franziskaner mehrmals in Nazaret Fuß zu fassen, aber ein dauernder Erfolg blieb ihnen lange versagt. Um 1547 waren sie in Nazaret, mussten aber bei einem Aufstand fliehen und die Kirchenschlüssel einem einheimischen Christen hinterlassen. Erst im Jahre 1620 gelang es ihnen, die Ruinen wieder zu erwerben und sich in Nazaret fest niederzulassen. 1637 wurden sie eingesperrt mit der Drohung, alles niederzureißen, weil sie sich in eine ehemalige Moschee eingenistet hätten. Wieder mussten sie sich die Freiheit und das Recht zu bleiben mit einer hohen Summe erkaufen. 1730 erhielten sie die Erlaubnis, eine neue kleine Kirche zu bauen. Diese Kirche war zur Verkündigungsgrotte hin orientiert, stand also quer zu den vorausgehenden Kirchen. Diese kleine Kirche der Barockzeit sollte 1954 durch eine größere, dem Rang des Ortes angemessene, ersetzt werden, doch zog sich der Baubeginn hin. Die neue Basilika, die sich auf den Fundamenten der Kreuzfahrerkirche erhebt, wurde nach Plänen des Mailänder Architekten Giovanni Muzio 1960-69 gebaut.

Fassade und *Vorplatz*: Die hohe Fassade ist eine Hinführung auf das große Geheimnis, das nach allem, was wir wissen können, hier seinen konkreten Ort hat. Über dem Giebel steht Jesus Christus. Auf den oberen Wandflächen sieht man die Verkündigung an Maria eingemeißelt, darunter in einem Schriftband auf Lateinisch: „Der Engel des Herrn brachte Maria die Botschaft". Ein weiteres Band weiter unten verkündet dann die Ausführung: „Das Wort ist Fleisch geworden und hat unter uns gewohnt" (Joh 1,14), wofür die darüber angebrachten vier Evangelisten ihr je eigenes Zeugnis ablegen. An der linken Flanke stehen die Worte aus dem Buch Genesis:

> Da sprach Gott, der Herr, zur Schlange: ... Feindschaft setze ich zwischen dich und die Frau, zwischen deinen Nachwuchs und ihren Nachwuchs. Er trifft dich am Kopf und du triffst ihn an der Ferse (Gen 3,14-15).

Dem ist an der rechten Flanke die Prophetie des Jesaja gegenübergestellt:

> Seht, die Jungfrau wird ein Kind empfangen, sie wird einen Sohn gebären und sie wird ihm den Namen Immanuel (Gott mit uns) geben (Jes 7,14).

Die Bronzeportale der *Hauptfassade* stammen von Roland Friederichsen, München. Das Mittelportal zeigt das Schicksal des menschgewordenen Gottessohnes auf Erden: links (von oben nach unten) die Verkündigung an die Engel, die Geburt Jesu, die Flucht nach Ägypten, „Jesus wächst an Alter und Weisheit"; rechts (von unten nach oben) die Taufe Jesu, die Bergpredigt, die Kreuzigung und die Auferstehung. Darüber zwei Bibelzitate:

> Viele Male und auf vielerlei Weise hat Gott einst zu den Vätern gesprochen durch die Propheten (Hebr 1,1).

> Als es Tag wurde, rief er seine Jünger zu sich und wählte aus ihnen zwölf aus; sie nannte er auch Apostel (Lk 6,13).

Dementsprechend sind im linken Türsturz alttestamentliche Propheten dargestellt, im rechten die Apostel.

Das linke Seitenportal greift auf das erste Buch der Bibel zurück und zeigt, wie Gott selbst die Rettung der Menschen anbahnt: die Ursünde im Paradies und die Mühen des Menschenlebens, andererseits die Rettung in der Arche und der Opfergehorsam des Abraham, des „Vaters des Glaubens". Im rechten Seitenportal werden weitere Heilsverheißungen ins Bild gebracht: die Natanverheißung an König David („Dein Königtum soll auf ewig Bestand haben", 2 Sam 7,16), die *Immanuel-* (hebr. „Gott mit uns") Verheißung des Jesaja (7,14); der *Löwe Juda,* vor dem die Brüder sich neigen und von dem das Zepter nicht weicht (Segen des Stammvaters Jakob, Gen 49,8-10);

die Bezeichnung mit dem rettenden Buchstaben *Tau* im Buch Ezechiel (9,4) und die Rettung des Jona aus dem Bauch des Fisches.
Beachtlich ist auch die Südflanke der Basilika, die mit dem *Salve
Regina* (das lateinische Gebet „Gegrüßet seist du, Königin") dekoriert ist. Das Südportal hat Frederick Shrady (USA) mit Szenen aus
dem Marienleben gestaltet (von unten nach oben und von links nach
rechts): die unbefleckte Empfängnis, die Darstellung Mariens im
Tempel, die Verlobung Mariens, der Gruß durch den Engel „Ave
Maria", der Lobgesang Mariens „Magnificat", die Geburt Jesu, Maria als Mittlerin bei der Hochzeit zu Kana, Maria unter dem Kreuz,
die Schmerzhafte Muttergottes „Pietà", Mariens Aufnahme in den
Himmel, ihre Krönung als Königin des Himmels und Maria, die
Mutter der Kirche. In den Seitenportalen finden sich Zitate aus dem
biblischen Hohenlied, die die Schönheit der Geliebten preisen, was
allegorisch auf Maria übertragen werden kann. Die Statue darüber
(von Franco Verroca) zeigt Maria als bescheidenes Mädchen.
Der weite Vorhof der Verkündigungskirche ist von einem modernen
Wandelgang mit Mariendarstellungen aus den verschiedensten Ländern umgeben. Die ganz unterschiedlichen Bilder zeigen oft ma-
rianische Nationalheiligtümer. So ist für Österreich eine Darstellung
mit der *Magna Mater Austriae,* der „Großen Mutter Österreichs",
von Mariazell in Vorbereitung. Eine nationale Marienwallfahrt gibt
es in Deutschland nicht, auch bedeutende Wallfahrtsorte wie Altötting oder Kevelaer haben eher regionale Bedeutung. Daher ist
das Keramikbild der *Patrona Germaniae,* der Patronin Deutschlands
(an der Südseite, der Längsseite, ungefähr in der Mitte; Abbildung:
Tafel VIII) auf den ersten Blick für viele eine Enttäuschung. Es
stammt vom Coesfelder Künstler Egon Lichte und zeigt Maria, die
unter ihrem Schutzmantel zwei Kinder birgt. Beide sind durch eine
Mauer getrennt, aber unter der Mauer hindurch reichen sich die Kinder aus dem Osten und die Kinder aus dem Westen die Hand. Das
Ganze bekommt eine ungeahnte Brisanz, bedenkt man, dass die
deutsche Mauer wenige Wochen, nachdem im Oktober 1989 das
Bild in Nazaret angebracht wurde, gefallen ist. Wann wird die Mauer fallen, die das Heilige Land spaltet?

Die *Unterkirche*: Gedämpftes Licht umfängt den Besucher im Inneren. Die Unterkirche, in einer Atmosphäre des Gebetes gehalten,
soll den Pilgern dienen und sie einreihen in den vielfältigen Chor
derer, die durch die Jahrhunderte hierher kamen, um an Ort und
Stelle zu hören und zu feiern, was *für uns Menschen und zu unserem
Heil* (Credo der Messe) hier begonnen hat. Für die Ausstattung ließ
man zuallererst die am Ort vorhandenen oder wiedergefundenen
Zeugnisse der Verehrung aus den vergangenen Jahrhunderten sprechen. So hat der Franziskanerarchitekt Benedetto Antonucci mit

größtem Respekt und Liebe zum Detail ein unvergleichliches Meisterwerk geschaffen.

Der Raum wird beherrscht vom tiefer liegenden eigentlichen Heiligtum, das dezentral den Kirchenraum unterbricht. Es ist eine bescheidene, zum Teil gemauerte *Felsgrotte* – eine der vielen in nächster Umgebung, in denen die Bewohner von Nazaret der Zeit Jesu gewohnt und ihre Habseligkeiten untergebracht haben. Unter dem Altar der Grotte sind mit verdeutlichender Ergänzung die unausdenkbaren Worte zu lesen: *Verbum caro* hic *factum est* – „Das Wort ist *hier* Fleisch geworden." Der Evangelist Lukas kleidet das in folgenden Bericht:

> Im sechsten Monat wurde der Engel Gabriel von Gott in eine Stadt in Galiläa namens *Nazaret* zu einer Jungfrau gesandt. Sie war mit einem Mann namens Josef verlobt, der aus dem Haus David stammte. Der Name der Jungfrau war Maria. Der Engel trat bei ihr ein und sagte: Sei gegrüßt, du Begnadete, der Herr ist mit dir. Sie erschrak über die Anrede und überlegte, was dieser Gruß zu bedeuten habe. Da sagte der Engel zu ihr: Fürchte dich nicht, Maria; denn du hast bei Gott Gnade gefunden. Du wirst ein Kind empfangen, einen Sohn wirst du gebären: dem sollst du den Namen Jesus geben. Er wird groß sein und Sohn des Höchsten genannt werden. Gott, der Herr, wird ihm den Thron seines Vaters David geben. Er wird über das Haus Jakob in Ewigkeit herrschen und seine Herrschaft wird kein Ende haben. Maria sagte zu dem Engel: Wie soll das geschehen, da ich keinen Mann erkenne? Der Engel antwortete ihr: Der Heilige Geist wird über dich kommen und die Kraft des Höchsten wird dich überschatten. Deshalb wird auch das Kind heilig und Sohn Gottes genannt werden. Auch Elisabet, deine Verwandte, hat noch in ihrem Alter einen Sohn empfangen; obwohl sie als unfruchtbar galt, ist sie jetzt schon im sechsten Monat. Denn für Gott ist nichts unmöglich. Da sagte Maria: Ich bin die Magd des Herrn; mir geschehe, wie du es gesagt hast. Danach verließ sie der Engel (Lk 1,26-38).

Das Angelusläuten und das Gebet „Der Engel des Herrn" erinnern die Christen in aller Welt an das Geheimnis dieses Ortes und halten es in den Herzen lebendig:

> Der Engel des Herrn brachte Maria die Botschaft
> und sie empfing vom Heiligen Geist.
> Maria sprach: Siehe, ich bin die Magd des Herrn;
> mir geschehe nach deinem Wort.
> Und das Wort ist Fleisch geworden
> und hat unter uns gewohnt.

Die Felsgrotte hat in den vergangenen Jahrzehnten stark unter der Feuchtigkeit gelitten, verursacht durch die Pilgerströme. Erste Sicherungsmaßnahmen in den 70er-Jahren erwiesen sich als ungenügend, so dass die Grotte für viele Jahre für Besucher gesperrt war. Seit 2013 werden von einer Bozner Firma umfassende Sanierungen durchgeführt.

Die Treppe, die nach hinten aus der Grotte hinausführt, galt bis vor Kurzem als Bausünde der Franziskaner. Darin gefundene eingemeißelte Kreuze aus der Kreuzfahrerzeit und noch frühere Reste griechischer Inschriften belegen aber, dass diese Treppe viel älter ist.

Die vier Säulen, die die Verkündigungsgrotte flankieren, trugen früher den Hochaltar der Barockkirche. Die stämmigeren Säulen dahinter gehörten zur Kreuzfahrerkirche. Der viereckige Pfeiler mit eingemauerter Säule stammt aus der Barockkirche und wurde an Ort und Stelle belassen. Davor ist jetzt ein großer Konzelebrationsaltar aufgerichtet, von byzantinischen Säulenbasen getragen. Die byzantinische Apsis in der Längsrichtung nimmt die Sitze für die Zelebranten auf.

Um dem Besucherandrang Herr zu werden, wurde vor der Verkündigungsgrotte eine Einbahnregelung eingeführt. Der frühe Morgen und die Abendstunden bleiben dem stillen Gebet vorbehalten. Gottesdienste für Pilgergruppen finden in der Regel nicht mehr in der Unterkirche statt.

Neben der Grotte der Verkündigung und Menschwerdung des Erlösers verblasst etwas eine weitere Grotte, die *Konongrotte* (man passiert sie nach der Verkündigungsgrotte und hat sie dann zur Rechten). Sie ist an den Wänden mit Blütenranken geziert, jedoch ohne figürliche Darstellungen. In mit bloßem Auge nicht mehr lesbaren Inschriften an den Wänden wird Jesus Christus von verschiedenen Personen um Hilfe angerufen. Ihren Namen verdankt die Grotte einer griechischen Mosaikinschrift um 400 n.Chr. vor dem Eingang am Boden: „Stiftung des Diakons Konon aus Jerusalem". Ist es nun bloßer Zufall oder mehr, dass es in altpalästinensischen Heiligenkalendern die Nachricht gibt, dass ein Verwandter Jesu aus Nazaret mit dem Namen Konon in der Verfolgung unter Kaiser Decius vor 248 n.Chr. in Pamphylien (Südtürkei) den Martertod erlitt und dabei bekannte: „Ich stamme aus Nazaret, bin ein Verwandter Jesu und diene ihm wie schon meine Väter"? So wäre es gut denkbar, dass ein Jerusalemer Diakon sich seinem Märtyrernamensvetter aus der Verwandtschaft Jesu hier in Nazaret durch die Stiftung einer Kapelle empfehlen wollte.

In dem der Grotte gegenüberliegenden Teil sieht man ein Stück byzantinisches Mosaik mit einem Christusmonogramm und Kreuzen, was den Schluss zulässt, dass das Mosaik vor 427 n.Chr. gefertigt wurde. Daneben liegt, etwas tiefer, ein wahrscheinlich judenchristliches Taufbecken, in welches ursprünglich sieben Stufen führten. Die Fenster der Unterkirche sind von Lydia Roppolt, Wien, das Gitter vor den Grotten von Hermann Petit, Lienz in Osttirol. Das Altargerät entwarf Hanna Koller, München. 2012 wurden in die Unter- und die Oberkirche zwei neue Orgeln eingebaut (und eine dritte in die Josefskirche). Alle drei stammen von der Orgelbaufirma Rieger aus Vorarlberg.

Die *Oberkirche*: Zwei Wendeltreppen in den angedeuteten Türmen führen hinauf in die Oberkirche. Die geschmackvollen farbigen Fenster des sizilianischen Franziskaners Alberto Farina erfreuen den Betrachter, der es nicht eilig hat. Dazwischen sind auf den Wänden Bibelverse, die allegorisch auf Maria bezogen werden können, sowie Zitate aus den Kirchenvätern und der Liturgie angebracht.

Die Oberkirche ist 64 m lang, 27 m breit und 12 m hoch. Die Kuppel hat eine Höhe von 49,5 m, von der Unterkirche aus 57 m. Die Oberkirche hat einen ganz anderen Charakter als die Unterkirche. Sie ist für größere Feiern gedacht und dient sowohl größeren Pilgergruppen als auch der stattlichen lateinischen, römisch-katholischen Pfarrei von Nazaret als Pfarrkirche. Die achteckige Öffnung hinab zur Unterkirche bringt die Verbindung zwischen dem Ursprung des Glaubens und der lebendigen Kirche, sowohl der Orts- als auch der Weltkirche, zum Ausdruck.

Im großen *Apsismosaik* von Salvatore Fiume aus Sizilien steht Christus im Mittelpunkt. Mit ausgebreiteten Armen umfängt er die *unam, sanctam, catholicam et apostolicam Ecclesiam,* die „eine, heilige, katholische und apostolische Kirche" (Credo der Messe): rechts der Apostel Petrus und die ganze hierarchische Kirche, links die charismatische Kirche mit ihren Heiligen. Maria, die Magd und Mutter des Herrn, ist in den Hintergrund getreten und doch ist sie der Kirche nahe als fürbittende Mutter. Über allen schwebt *die Kraft des Allerhöchsten,* der Hl. Geist. An den beiden Seitenwänden der Apsis sind die wichtigsten heiligen Stätten des Heiligen Landes abgebildet.

Die linke Apsiskapelle ist dem hl. Franziskus, einigen Franziskanerheiligen und der Sendung der Franziskaner im Heiligen Land gewidmet. Die rechte Kapelle ist Sakramentskapelle und will zu stillem Gebet einladen.

Das Licht des Kirchenraumes strömt aus der *Kuppel* herab. Sie stellt einen Lilienkelch dar, der sich von oben zur Grotte hin öffnet, um in der Menschwerdung des Wortes Gottes seinen Reichtum über alle auszugießen. Die Fenster der Kuppel stammen von Yoki Aebischer (Schweiz) und stellen die Apostel, die Eltern Mariens Joachim und Anna sowie die heiligen Ephrem den Syrer und Bernhard von Clair-

vaux dar, welche herausragende Marienverehrer waren. Die Wände
der Kuppel enthalten unzählige „M" für den Namen Maria. Im Marmorfußboden rings um die Öffnung zur Unterkirche sind Ehrentitel
Mariens dargestellt.
Wie man schon nach dem Ersten Weltkrieg die Getsemanibasilika
als „Kirche der Nationen" gebaut hatte, so wurden auch in Nazaret
viele Nationen eingeladen, zum Neubau der Kirche einen finanziellen und künstlerischen Beitrag zu leisten, sozusagen als Illustration
zum prophetischen Wort Mariens im Magnificat: „Von nun preisen
mich selig alle Geschlechter". Bei der Planung der Kirche war noch
an viele Seitenaltäre gedacht worden, doch die Liturgiereform durch
das Zweite Vatikanische Konzil hat sie überflüssig gemacht. Da
aber die Arbeiten schon fortgeschritten waren, beließ man es bei der
ursprünglichen Ausschreibung und brachte Mariendarstellungen aus
den verschiedenen Nationen und Kontinenten zum Lobpreis der
Gottesmutter hier zusammen. Die Einheitlichkeit der Ausstattung
hat dadurch gelitten, aber es sind auch ganz hervorragende Bilder
und Skulpturen darunter, wie z.B. die originelle Komposition des
Jesuiten Engelbert Mreng aus Zaire – Gläubige aus Schwarzafrika
bringen Jesus und seiner Mutter ihre Gaben –; die Darstellung aus
den USA – die Frau, mit der Sonne umkleidet (Offb 12,1), mit einem aus Waffenstahl geschmiedeten Gewand (vgl. Jes 2,4: „Dann
schmieden sie Pflugscharen aus ihren Schwertern") – oder die Darstellung Mariens als Kaiserin von China – sie und das Jesuskind
tragen die traditionelle chinesische Kaiserkrone. Auch der Kreuzweg in Majoliken aus Faenza verdienen Beachtung – die Stationen
sind auf Arabisch beschriftet, der Muttersprache der einheimischen
Christen.
Das Fenster der Fassade, eine „Verkündigung an Maria" des Marc-
Chagall-Schülers Max Ingrand (Paris), ist eine Rückerinnerung an
die Verkündigungsgrotte und eine Huldigung Frankreichs (lothringi-
sche Lilie) an die „Lilie ohne gleichen".
Thema der beiden Portale in die Oberkirche (von Niel Steenbergen,
Niederlande) ist *die Kirche aus der Beschneidung* (vorne) und *die
Kirche aus den Heiden* (hinten), gewissermaßen Illustrationen zum
Christuslobpreis des greisen Simeon: „ein Licht, das die Heiden er-
leuchtet – und Herrlichkeit für dein Volk Israel" (Lk 2,32). Die vor-
dere Türe zeigt links die „Wurzel Jesse", den Stammbaum Jesu (Jes-
se/Isai ist der Vater von König David) bis zu Maria mit dem Kind.
In der Mitte auf Augenhöhe sieht man die Verkündigung an Maria
als Höhepunkt. Umrahmt ist diese Szene von der Verkündigung an
die Hirten in der Heiligen Nacht (oben) und der Berufung der ersten
Juden, des Petrus und seiner Gefährten, am See Gennesaret (unten).
Auf der hinteren Eingangstüre sieht man links als Ankündigung der
Kirche aus den Heiden die Geschichte des Jona, der den Heiden von

Ninive wider seinen Willen die Barmherzigkeit Gottes eröffnen soll (von unten nach oben): Er flieht vor Gott, wird ins Meer geworfen, an Land gespien, schaut auf Ninive und empfängt Belehrung im Schatten des Rizinusstrauchs. Rechts findet man die neutestamentliche Erfüllung (von oben nach unten): die Anbetung der Weisen aus dem Morgenland, das Pfingstwunder der verschiedenen Sprachen und die Bekehrung und Berufung des Heidenapostels Paulus.

Der (obere) *Kirchenvorplatz*: Verlässt man die Oberkirche durch einen der beiden Ausgänge auf der Nordseite, findet man sich in einem geräumigen Hof wieder. Die frei stehende *Taufkapelle* wurde von Bernd und Ima Hartmann aus Wiedenbrück in Westfalen gestaltet: am Boden der Jordanfluss, an der Stirnwand der geöffnete Himmel, aus dem der Hl. Geist niedersteigt.

Darunter befinden sich die freigelegten geschichtlichen Überreste von Nazaret (am besten zu sehen von der Freitreppe aus, die diesen Hof mit dem Vorhof der Unterkirche verbindet). Aus den zahlreichen Keramikfunden ist zu schließen, dass der Ort mindestens seit der Zeit König Davids (um 1000 v.Chr.) besiedelt war. Was heute zu sehen ist, sind zum großen Teil Höhlen. Die Menschen der damaligen Zeit waren keine Höhlenmenschen, aber man hat natürliche und künstliche Höhlen in die Wohngebäude (einfache Hütten, von denen nach 2000 Jahren nichts mehr erhalten ist) integriert. Diese Grotten dienten als erweiterter Wohnraum (im Sommer kühl, im Winter gemäßigt) oder auch als Stall – man denke an den Stall zu Betlehem, der seit ältester Zeit in einer Höhle verehrt wird. Unterhalb der Grotten fand man Silos zur Aufbewahrung für Getreide, Wein und Öl.

Neben den Ausgrabungen unter der Taufkapelle ist ein kleines *Museum* eingerichtet, in dem die interessantesten Funde des Heiligtums der Verkündigung ausgestellt sind (falls geschlossen, kann man sich an den Kiosk gegenüber des Eingangs der Unterkirche wenden). Besondere Beachtung verdienen das XE (*Chaire*) MAPIA (griech. „Gegrüßet seist du, Maria") auf einer Säulenbasis in der Mitte des Raumes, die Graffiti mit Anrufungen Christi und die fünf romanischen Kreuzfahrerkapitelle, die so gut erhalten sind, weil sie vor der nahenden Zerstörung der Kirche in Sicherheit gebracht und in einer der Höhlen in Sand vergraben wurden. Erst die Ausgrabungen des vergangenen Jahrhunderts haben sie wieder ans Licht gebracht. Die modern anmutenden, verzerrten Formen der Darstellungen rühren daher, dass die Darstellungen dazu bestimmt waren, von unten, und zwar aus einer gewissen Entfernung, betrachtet zu werden. Das mittlere Kapitell hat die Kirche zum Thema, welche mit sanfter Gewalt einen Apostel zur Verkündigung antreibt, während Dämonen versuchen ihn daran zu hindern. Die anderen vier sind den Aposteln gewidmet und zeigen (von rechts nach links): Thomas – Jesus zeigt ihm die Seitenwunde, umgeben von weiteren Aposteln; Petrus – der Gang auf dem Wasser und die Erweckung der Tabita; Jakobus – sein Martyrium und nach-biblische Legenden; Matthäus – legendäre Darstellungen.

Das langgestreckte weiße Gebäude, das an die Verkündigungskirche anschließt (1930 erbaut), birgt unter einem Dach neben dem *Franziskanerkloster* mit Pfarrei auch das von christlichen und muslimischen Arabern besuchte Terra-Sancta-College, die älteste katholische Schule des Heiligen Landes (seit 1645) mit heute 700 Schülern. Im nördlichen Teil des Hofes, in einer Grünanlage, steht eine von der spanischen Künstlerin Elena Pilar 2013 errichtete Josefsstatue. Sie stellt Josef als Nachkommen Davids (vgl. Mt 1,1-17) dar, der Züge eines Hirten (David wurde von der Schafherde weg zum König berufen, 1 Sam 16,1-13) und eines Handwerkers („Zimmermanns") vereint.

Die *Josefskirche*: Diese Kirche, am nördlichen Ende der langgezogenen Klosterfassade, von einem enormen, aber kaum 50 Jahre alten Gummibaum fast verdeckt, ist eine willkommene Alternative zur oft überlaufenen Verkündigungsbasilika. Eine frühchristliche Verehrungsstätte des hl. Josef in Nazaret ist naheliegend, heißt es doch im Matthäusevangelium:

> Mit der Geburt Jesu Christi war es so: Maria, seine Mutter, war mit Josef verlobt; noch bevor sie zusammengekommen waren, zeigte sich, dass sie ein Kind erwartete – durch das Wirken des Heiligen Geistes. Josef, ihr Mann, der gerecht war und sie nicht bloßstellen wollte, beschloss, sich in aller Stille von ihr zu trennen. Während er noch darüber nachdachte, erschien ihm ein Engel des Herrn im Traum und sagte: Josef, Sohn Davids, fürchte dich nicht, Maria als deine Frau zu dir zu nehmen; denn das Kind, das sie erwartet, ist vom Heiligen Geist. Sie wird einen Sohn gebären; ihm sollst du den Namen Jesus geben; denn er wird sein Volk von seinen Sünden erlösen. Dies alles ist geschehen, damit sich erfüllte, was der Herr durch den Propheten gesagt hat: Seht, die Jungfrau wird ein Kind empfangen, einen Sohn wird sie gebären und man wird ihm den Namen Immanuel geben, das heißt übersetzt: Gott ist mit uns. Als Josef erwachte, tat er, was der Engel des Herrn ihm befohlen hatte, und nahm seine Frau zu sich (Mt 1,18-24).

Weiter heißt es zum Abschluss der Kindheitsgeschichte:

> Und weil er (Josef) im Traum einen Befehl erhalten hatte, zog er in das Gebiet von Galiläa und ließ sich *in einer Stadt namens Nazaret* nieder. Denn es sollte sich erfüllen, was durch

die Propheten gesagt worden ist: Er wird *Nazoräer* genannt werden (Mt 2,22-23).

Die Josefskirche könnte also an der Stelle des Hauses des Josefs stehen, in das er Maria gemäß dem Engelswort heimführte. Dort wäre nach diesen Voraussetzungen dann Jesus aufgewachsen. Eine barocke Tradition aus dem 17.Jh. kennt daher hier die „Werkstatt Josefs". Die bescheidene Enge und Kleinheit des alten Nazaret setzt sich hier fort.

Bereits der Pilgerbischof Arkulf aus Gallien (um 680) berichtet von zwei großen Kirchen in Nazaret und nennt an erster Stelle die, wo „einst unser Herr und Erlöser aufgezogen wurde". Allerdings scheint er sich auf den Ort der heutigen griechisch-orthodoxen Gabrielskirche beim Marienbrunnen zu beziehen (s.u., Seite 127), weil er diese Kirche mit einer Quelle verbindet. Dort sind aber noch keine Ausgrabungen vorgenommen worden, so dass letzte Sicherheit nicht erreicht werden kann.

Die Josefskirche wurde 1911-14 von dem Franziskaner Wendelin Hinterkeuser (1851–1921) aus Menden (Nordrhein-Westfalen) auf den Fundamenten einer dreischiffigen Kreuzfahrerkirche errichtet. Das Gemälde der Heiligen Familie in der Apsis entspricht dem Nazarenerstil der Erbauungszeit. In der Krypta der Josefskirche fand man byzantinische Reste mit Mosaikdekorationen. Es handelt sich um ein judenchristliches Taufbecken, ähnlich dem der Verkündigungskirche. Der 2013 neu errichtete Altar der Krypta greift die örtliche Tradition auf: *hic erat subditus illis,* lat. „Hier war er ihnen gehorsam" (vgl. Lk 2,51). Unter der Krypta, noch ein Stockwerk tiefer, befinden wir uns wieder in der kleinen Welt des alten Nazaret; dort sind eine Zisterne und landwirtschaftlich genutzte Höhlen und Vorratsräume zu sehen.

Die Umgebung der Verkündigungskirche

Gegenüber der Verkündigungsbasilika, auf der anderen Seite der Straße, befindet sich die *Casa Nova.* Dieses Pilgerhaus der Franziskaner hat nichts mit dem gleichnamigen Herrn aus Venedig zu tun. Im Mittelalter fanden die wenigen Pilger in den Franziskanerklöstern Unterkunft. Als jedoch im 19.Jh. die Zahl der Pilger stark zunahm, baute man neben die Klöster *Neue Häuser;* diese Bezeichnung haben sie bis heute bewahrt: *Casa Nova* (lateinisch) oder *Casa Nuova* (italienisch). Solche *Casanoven* gibt es heute hier in Nazaret (2013-15 renoviert), in Jerusalem und Betlehem, kleinere in Tiberias, Ain Karim und auf dem Berg Tabor; die in Jaffa und Ramle wurden inzwischen aufgegeben.

Neben der Casa Nova betreiben die *Sisters of Nazareth* („Nazaret-Schwestern", franz. *Dames de Nazareth*) ein weiteres Gästehaus. Bereits im 19.Jh. fand man eine interessante Grabanlage aus der Zeit Jesu, die von manchen für das Grab Josefs gehalten wird. Auf alle Fälle zeigen diese Gräber, dass die „Stadt" Nazaret damals nicht bis hierher reichte. Untersuchungen aus den Jahren 2006-10 deuten darauf hin, dass hier zur byzantinischen und Kreuzfahrerzeit die Kirche der *Ernährung Christi* gestanden haben könnte, die wir bisher nur aus schriftlichen Quellen kennen.

Unterhalb des oberen Ausgangs des Verkündigungskirchenkomplexes liegt das „Internationale Zentrum Maria von Nazareth" der katholischen charismatischen Bewegung *Chemin Neuf* (frz. „Neuer Weg"), entstanden 1973 in Lyon (Frankreich). In einer aufwendigen, etwas langatmigen Multi-Media-Show wird die Heilsgeschichte dargestellt. In diesem Zentrum befinden sich außerdem eine geschmackvolle Kapelle und ein gepflegter Dachgarten mit einer schönen Aussicht.

Unterhalb der Verkündigungskirche liegt ein freier Platz mit einer kleinen Grünanlage. Als 1997 die Stadtverwaltung hier einen freien Platz anlegen wollte, um die christlichen Pilgermassen für das Jahr 2000 aufnehmen zu können, löste dies den Protest von Muslimen aus, die daneben ein kleines Heiligtum haben, das Grab von Schihab ad-Din, eines Neffen von Saladin. Von ausländischen Muslimen unterstützt, sollte nun hier, unterhalb der Basilika, eine Moschee errichtet werden, welche diese an Größe und Höhe (!) überragen sollte. Gegen den illegal begonnenen Bau erhoben 2001 die Oberhäupter von dreizehn verschiedenen Kirchen des Heiligen Landes gemeinsam die Stimme, 2002 wurde der Bau gestoppt. Daran erinnert noch heute ein muslimisches Gebetszelt mit für christliche Pilger provozierenden Aufschriften, z.B.:

> Ihr Schriftbesitzer, überschreitet nicht die Grenzen eurer Religion und sagt nichts anderes von Allah, als was wahr ist. Wahrlich, der Messias Jesus, der Sohn Marias, ist ein Gesandter Allahs und das Wort, das er Maria niedersandte, eine Erfüllung Allahs und sein Geist. Glaubt daher an Allah und seinen Gesandten, sagt aber nichts von einer Dreiheit. Vermeidet das und es wird besser um euch stehen. Es gibt nur einen einzigen Gott. Fern von ihm, dass er einen Sohn habe! (Koran, Sure 4,171-172).

Die Synagogenkirche

In der Verlängerung der Casa Nova Street kann man durch den belebten Basar zur griechisch-katholischen Pfarrkirche (erbaut 1887)
hinaufsteigen (wo sich der Basar etwas weitet, nach links, dann
gleich wieder rechts). Zu ihr gehört ein mittelalterliches Gebäude,
das früher als griechisch-katholische Kirche diente und traditionell
als die einstmalige Synagoge von Nazaret angesehen wird (arab.
Madrasat al-Masih, „Schule des Messias"). Der erste Pilger, der eine Synagoge erwähnt, ist der Pilger von Piacenza (um 570), ihm
folgt im Mittelalter der Diakon Petrus (1137). Nach anderen Quellen
soll diese mittelalterliche Synagoge dort gestanden haben, wo heute
die alte Hauptmoschee Nazarets, die *Weiße Moschee* (arab.: *al-Mas-
dschid al-abjad*), steht. Wo die Synagoge zur Zeit Jesu war, ist auf
alle Fälle sehr fraglich. Auf jeden Fall ist es wert, sich hier der großen Rede zu erinnern, mit der nach dem Lukasevangelium das öffentliche Wirken Jesu eingeleitet und gedeutet wird. Diese programmatische Rede lautet:

> Jesus kehrte, erfüllt von der Kraft des Geistes, nach Galiläa
> zurück. Und die Kunde von ihm verbreitete sich in der ganzen
> Gegend. Er lehrte in den Synagogen und wurde von allen ge-
> priesen. So kam er auch *nach Nazaret,* wo er aufgewachsen
> war, und ging, wie gewohnt, am Sabbat *in die Synagoge.* Als
> er aufstand, um aus der Schrift vorzulesen, reichte man ihm
> das Buch des Propheten Jesaja. Er schlug das Buch auf und
> fand die Stelle, wo es heißt: Der Geist des Herrn ruht auf mir;
> denn der Herr hat mich gesalbt. Er hat mich gesandt, damit ich
> den Armen eine gute Nachricht bringe; damit ich den Gefan-
> genen die Entlassung verkünde und den Blinden das Augen-
> licht; damit ich die Zerschlagenen in Freiheit setze und ein
> Gnadenjahr des Herrn ausrufe. Dann schloss er das Buch, gab
> es dem Synagogendiener und setzte sich. Die Augen aller in
> der Synagoge waren auf ihn gerichtet. Da begann er, ihnen
> darzulegen: Heute hat sich das Schriftwort, das ihr eben ge-
> hört habt, erfüllt. Seine Rede fand bei allen Beifall; sie staun-
> ten darüber, wie begnadet er redete, und sagten: Ist das nicht
> der Sohn Josefs?
> Da entgegnete er ihnen: Sicher werdet ihr mir das Sprichwort
> vorhalten: Arzt, heile dich selbst! Wenn du in Kafarnaum so
> große Dinge getan hast, wie wir gehört haben, dann tu sie
> auch hier in deiner Heimat! Und er setzte hinzu: Amen, das
> sage ich euch: Kein Prophet wird in seiner Heimat anerkannt.
> Wahrhaftig, das sage ich euch: In Israel gab es viele Witwen
> in den Tagen des Elija, als der Himmel für drei Jahre und

sechs Monate verschlossen war und eine große Hungersnot
über das ganze Land kam. Aber zu keiner von ihnen wurde
Elija gesandt, nur zu einer Witwe in Sarepta bei Sidon. Und
viele Aussätzige gab es in Israel zur Zeit des Propheten Elischa. Aber keiner von ihnen wurde geheilt, nur der Syrer Naa-
man. Als die Leute in der Synagoge das hörten, gerieten sie alle in Wut. Sie sprangen auf und trieben Jesus zur Stadt hinaus;
sie brachten ihn an den Abhang des Berges, auf dem ihre Stadt
erbaut war, und wollten ihn hinabstürzen (Lk 4,14-30).

Der Lukastext braucht nicht als Wiedergabe einer einzigen Rede Jesu verstanden zu werden, sondern hat deutlich zwei Teile: Im ersten
Teil sind die Bewohner Nazarets angetan von den begnadeten Worten ihres Mitbürgers, im zweiten Teil erfährt er scharfe Ablehnung
und ist in Gefahr, gelyncht zu werden. Offenbar hatte Lukas von
beiden Haltungen Kenntnis (selbst seine Verwandten hatten ihn ja
abgelehnt) und stellte sie unverbunden nebeneinander. Dass nicht
die ganze Rede an den Anfang des Wirkens Jesu gehört, erkennt
man schon daraus, dass man in Nazaret bereits von den Wunderta-
ten Jesu in Kafarnaum wusste: „Wenn du in Kafarnaum so große
Dinge getan hast ..." Nicht psychologische Gründe für den Mei-
nungsumschwung sind zu erwägen, vielmehr ist Jesus bereits hier in
Nazaret für den Evangelisten „das Zeichen, dem widersprochen
wird," wie der greise Simeon den Eltern Jesu geweissagt hatte (Lk
2,34). Sein Messiasschicksal wird deutlich, das Glauben, aber auch
Ablehnung findet.

Der Marienbrunnen und die Gabrielskirche

Nazaret hatte zwei Quellen; die eine entsprang auf halber Bergeshö-
he bei der *Mensa Christi,* einer Kapelle von 1861 mit einem merk-
würdigen Steinblock, bei dem man des Abschieds Jesu von seinen
Jüngern vor seiner Himmelfahrt gedachte. Diese Quelle ist heute
verschwunden, ihr Wasser in die allgemeine Wasserversorgung integriert. Die bedeutendere Quelle kommt aus dem gleichen Berg, trat
aber ein gutes Stück nördlicher ans Licht, nicht weit von der heutigen Hauptstraße. Sie wurde gefasst und speiste früher den Haupt-
brunnen von Nazaret, *Marienbrunnen* genannt, weil Maria wie alle
Frauen von Nazaret wohl dort Wasser geholt hat. Die mittelalterlichen Pilger dachten sogar daran, dass der Jesusknabe seiner Mutter
den Dienst des Wasserholens oft abgenommen habe. Heute wird ein
Großteil des Quellwassers direkt in die städtische Wasserleitung geleitet, der alte Brunnen ist aber immerhin mit einer Umwälzpumpe
versehen. Die alte Anlage mit ihren Bäumen und den umgebenden

Cafés und Läden und der dahinter befindlichen Gabrielskirche ist
ein schönes Ensemble, das in den vergangenen Jahren neu gestaltet
wurde.

Die griechisch-orthodoxe Gemeinde hat hinter dem Marienbrunnen
ihre Hauptkirche, die *Gabrielskirche,* in deren Seitengang man das
unten durchrauschende Wasser sehen, hören und schöpfen kann.
Man hat sich dabei einer Tradition angenommen, die auf das apokryphe Protoevangelium („Vorevangelium") des Jakobus aus dem
2. Jh. zurückgeht. Danach verteile sich nämlich die Verkündigungs-
szene des Lukasevangeliums auf zwei Orte: Zuerst hätte die Jungfrau Maria beim Wasserschöpfen an diesem Brunnen den Gruß des
Engels vernommen; die eigentliche Ankündigung der Geburt Jesu
sei dann bei einer weiteren Erscheinung in ihrem Haus erfolgt. Nach
moderneren Meinungen ist diese doppelte Tradition, die der orientalischen Christen am Brunnen, die der westlichen Christenheit im
Hause Mariens, gar ein Symbol für verschiedene Mentalitäten: Nach
orientalischer Auffassung sei die Verkündigung an den Engel etwas
so Bedeutendes gewesen, das sich nur in der Öffentlichkeit, wie
eben an einem Brunnen, hätte abspielen können. Nach westlicher
Auffassung dagegen handelte es sich dabei um etwas so Intimes, das
sich nur im geschützten Rahmen eines Hauses hätte zutragen können, wie das alte süddeutsche Adventslied besingt:

> Maria war alleine, versunken im Gebet:
> Emmanuel erscheine, dich kündet der Prophet.

Eine Rundkirche des Erzengels Gabriel am Ort der ersten Verkündigung außerhalb der Stadt an der Quelle bezeugt zuerst der russische
Abt Daniel, der 1106/07 Nazaret besuchte. Die heutige Gabrielskirche wurde 1767 erbaut und zeichnet sich durch eine reich geschmückte Ikonostase und eine Kanzel aus derselben Zeit aus. 1977/
78 wurde die Kirche von den beiden Brüdern Michael und Gabriel
Morosan aus Rumänien mit Szenen aus dem Alten und Neuen Testament geschmückt.

Das moderne Nazaret

Das arme Leben Jesu im winzigen Flecken Nazaret hat die Menschen naturgemäß immer sehr berührt. Freilich lässt die moderne
Stadt für romantische Vorstellungen keinen Raum mehr. Die einst
vor allem mit Oliven bepflanzten Hügel sind verschwunden. Doch
auch das heutige Nazaret hat dem aufmerksamen Besucher einiges
zu bieten.

Ganz auffallend oben am nördlichen Bergrand erhebt sich das Kloster der Salesianer mit Lehrlingswerkstätten. Ihre Kirche *Jesus Ado-*

lescent, „der jugendliche Jesus" (erbaut 1906), mit heller Fassade und zwei Türmen, schaut auf Nazaret herunter. Weiter nördlich bestand ein Franziskanerinnenkloster mit auffälligem rotem Kirchturm. Aus dem Kloster ist ein Hotel („St. Gabriel") geworden; die Kirche wird vor allem für Hochzeiten gerne genutzt. Hinter dem Salesianerkloster ist ein Aussichtspunkt, von dem aus man nach Westen bis nach Haifa, dem Karmel und dem Mittelmeer, nach Norden über Sepphoris bis zum Meron blicken kann.

In Nazaret siedelten sich 1884 *Klarissen* an, der weibliche Zweig des Franziskanerordens. Sie wurden von der hl. Klara von Assisi gegründet, der Gefährtin des hl. Franziskus. Im Gegensatz zum männlichen Ordenszweig führen sie ein kontemplatives (beschauliches) Leben mit einer strengen Klausur. Bei ihnen fand sich um 1900 ein ganz radikaler Nachahmer Jesu ein, der Franzose Charles de Foucauld (* 1858 in Straßburg). Er diente 1897 – 1900 bei den Klarissen, ging dann nach Afrika, um in der Wüste Sahara das arme Leben Jesu fortzusetzen. Das damalige Klarissenkloster, unweit unterhalb der Verkündigungskirche, wird jetzt von den *Kleinen Brüdern Jesu* bewohnt, die Charles de Foucauld (1916 in Algerien ermordet, 2005 seliggesprochen) als ihren Gründer verehren. Das Klarissenkloster selbst wurde 1968 auf die Höhe des nahen *Tremor-* (lat. „Zittern/ Schrecken"-) Hügels verlegt (zum Namen s.u.). Dort konnten die Franziskaner auch das erste Altenheim für Nazaret errichten.

An der Hauptstraße, die Nazaret Richtung Norden (Richtung Kana/ Tiberias) verlässt, liegt in einer scharfen Linkskurve rechts oberhalb der Straße das *Italian Hospital* („Italienisches Krankenhaus"), benannt nach der italienischen Ordensgemeinschaft der *Fatebene Fratelli* („Tut-Gutes-Brüder"), manchmal auch *Holy Family Hospital* („Hl.-Familie-Krankenhaus") genannt. Auf dem Gelände der Klinik liegt ein Soldatenfriedhof für deutsche Gefallene aus dem Ersten Weltkrieg.

Verlässt man Nazaret nach Süden, Richtung Afula/Jesreel-Ebene, auf der neu gebauten Straße Nr. 60, kommt man an zwei Orten vorbei, an denen die Pilger der jüngeren Vergangenheit des beabsichtigten Hinabstürzens Jesu vom Abhang gedachten (Lk 4,16-30, s.o.). Links (östlich der Straße) sieht man die kleine griechisch-orthodoxe Kapelle des *Erschreckens Mariens,* die 2009 renoviert wurde. Sie erinnert an den Schrecken, den die Mutter Jesu bei dieser Begebenheit haben musste, während die lateinische Tradition auf dem Tremorhügel, etwas näher bei der Stadt, dasselbe Ereignis verehrte. Westlich der Straße Nr. 60 liegt der *Berg des Hinabstürzens* (auf Englisch gewöhnlich: *Mt. Precipice*). Der 387 m hohe Berg fällt zur Jesreelebene hin steil ab, so dass man sich tatsächlich einen „Abhang des Berges" (Lk 4,29, s.o.) vorstellen kann – zumal, wenn man ihn von unten, von der Ebene aus, betrachtet. Freilich sind beide Orte viel zu weit weg für die hier gemeinte spontane Reaktion der Bewohner von Nazaret. „Der Berg, auf den ihre Stadt erbaut war", kann nur der kleine Hügel über der Hauptstraße von Nazaret sein, auf dem heute die Hauptkirchen von Nazaret stehen. Auf dem Gipfelplateau vom *Mt. Precipice* hat man Reste einer kleinen byzantinischen Einsiedelei gefunden, von der freilich nichts mehr zu sehen ist. Auf der flachen Seite des Berges, zur Stadt hin, wurde 2009 anlässlich des Besuches von Papst Benedikt XVI. ein großes Freigelände errichtet. Es bietet mehreren Zehntausend Besuchern Platz und wird zuweilen noch für Freiluftgottesdienste verwendet. In der Schlucht unterhalb des Abhangs wurden in einer Höhle prähistorische Begräbnisstätten gefunden, deren Skelette in die Altsteinzeit vor rund 40 000 Jahren zurückgehen.

6. VON NAZARET NACH WESTEN
(RICHTUNG HAIFA)

Verlässt man Nazaret auf der Straße Nr. 75 Richtung Westen (Richtung Haifa), passiert man zunächst das mit Nazaret zusammengewachsene *Jafa* (auch *Jafia* geschrieben, vgl. Jos 19,12). Zur Zeit Jesu war es um einiges bedeutender als Nazaret und überdies eine der ganz alten Siedlungen des Landes; es ist schon in den ägyptischen Amarnabriefen (14. Jh. v. Chr.) erwähnt. Mit einer doppelten Mauer umgeben, diente es Flavius Josephus, als er 66 n. Chr. noch den Aufstand gegen die Römer befehligte, als Hauptquartier und konnte von den Römern nur mit großer Mühe erobert werden. Danach verschwand es aber weitgehend aus der Geschichte. 1641 errichteten die Franziskaner von Nazaret aus hier eine katholische Pfarrei; die heutige neugotische Pfarrkirche stammt, ebenso wie die griechisch-katholische Pfarrkirche, vom Ende des 19. Jh. Älter ist die griechisch-orthodoxe Kirche, die mit Materialien von früheren Bauten bestückt ist, wie besonders die Darstellung eines siebenarmigen Leuchters erkennen lässt. Hinter dieser Kirche wurden Reste einer Synagoge entdeckt. Nach einer lokale Tradition hätten die Apostel Jakobus und Johannes, die Söhne des Zebedäus, aus Jafa gestammt.

Zur Linken (südlich der Straße) liegt *al-Mudscheidel,* arab. „das Türmchen", hebr. *Migdal ha-Emek,* „Turm der Ebene", genannt, zur Unterscheidung von *Migdal/Magdala* am See Gennesaret. Das ehemals christlich-arabische Dorf ist heute mehrheitlich von Juden bewohnt. Die Franziskaner betreuen hier eine kleine katholische Pfarrgemeinde.

Zur Rechten (nördlich der Straße) passiert man nach ca. 4 km die Ruinen von *Malul,* möglicherweise das biblische Nahalal (Jos 19, 15; 21,35), eine Levitenstadt im Stammesgebiet von Sebulon. Vom einst malerisch auf einem Hügel gelegenen Städtchen sind heute nur noch zwei Kirchen und eine baufällige Moschee übrig. Der biblische Name lebt im Moschaw (landwirtschaftliche Genossenschaftssiedlung) Nahalal weiter (südlich der *Nahalal Junction,* ca. 10 km westlich von Nazaret). Nahalal war 1921 der erste Moschaw, der sich an die Kultivierung der Jesreel-Ebene wagte.

Waldheim und *Betlehem in Galiläa*: An der *Alonim Junction* zweigt eine kleine Straße (Nr. 7513) von der Straße Nr. 75 nach Norden ab. Sie führt nach *Aloné Abba* und *Bet Lechem ha-Glilit,* zwei Dörfer, die für die Geschichte der Deutschen im Heiligen Land von Bedeutung sind. *Aloné Abba,* „Vaters-Eichen", ursprünglich *Waldheim,* wurde 1907 von württembergischen Templern gegründet, die jedoch bald darauf zur evangelischen (lutherischen) Kirche zurückkehrten. Ihre schmucke Kirche steht noch, ist aber leider in einem erbärmlichen Zustand. Schon ein Jahr vorher gründeten die Templer 3 km östlich davon *Betlehem,* an der Stelle der gleichnamigen biblischen Ortschaft (Jos 19,15, Ri 12,8-10). Sie ist freilich nicht mit dem viel bekannteren Betlehem in Judäa, dem Geburtsort Jesu, zu verwechseln. Aus diesem Grund ist seit der Staatsgründung der Namenszusatz *ha-Glilit,* „das galiläische", üblich. Einige der Templerhäuser sind liebevoll restauriert. 1948 wurden die deutschen Bewohner beider Dörfer ausgesiedelt, die Ortsnamen wurden ins Hebräische übertragen. Einige der neuen Einwohner waren Holocaustüberlebende aus Österreich.

Bet Schearím: Man erreicht den Nationalpark von Bet Schearim (nicht zu verwechseln mit der 5 km weiter östlich liegenden modernen gleichnamigen Stadt) von der Straße Nr. 722 aus, der östlichen Umfahrung von Kirjat Tivón, die die Straßen Nr. 75 und Nr. 70 miteinander verbindet.

Nachdem der Sanhedrin (Hohe Rat) von Jerusalem vertrieben (70 n. Chr.) und auch sein neuer Sitz Javne (bei Jaffa) zerstört worden war (135 n. Chr.), zog er sich nach mehreren Zwischenstationen nach *Bet Schearim* in Galiläa zurück. Hier lehrte ab 170 Rabbi Jehuda ha-Nasi als „Präsident" oder „Fürst" (das hebräische *Nasí* kann beides bedeuten). Man fand die Überreste einer stattlichen Synagoge und über 30 in Stein gehauene jüdische Begräbnisstätten (Katakomben), teilweise mit Hunderten von Gräbern, nicht wenige in Steinsarkophagen. Hier sind eine ganze Reihe jüdischer Rechtsgelehrter begraben worden und andere jüdische Vornehme besorgten sich bis zum 4. Jh. hier ebenfalls eine Grablege. Allerdings fand man keine Gebeine und keinerlei Beigaben mehr; offensichtlich wurden die Grabstätten schon früh ausgeraubt. 352 wurde die zugehörige Stadt von der römisch-byzantinischen Staatsmacht zerstört. Sie blieb vergessen, bis sie 1936 durch Zufall wiederentdeckt wurde: Einem Mann war aufgefallen, dass seine Hühner jeden Morgen aus einer Höhle herauskamen und gackerten. Er fand zwar keine Eier, entdeckte aber dafür jüdische Gräber. Diese wurden in der Folge systematisch ausgegraben. Dass fast alle Sarkophage, die man gefunden hat, aus Stein sind, muss nicht heißen, dass dies das einzige Material war; es hat nur am besten die Zeiten überdauert: Marmor und Blei wurden wohl schon von antiken Grabräubern geplündert, Holz hat sich zersetzt.

Eine Inschrift, die bei der Synagoge gefunden wurde, mag einen Eindruck von der Internationalität dieser Totenstadt geben. Sie ist griechisch abgefasst und lautet: „Jakob von Cäsarea, Synagogenvorsteher von Pamphylien (in der heutigen Türkei), Schalom". Die berühmtesten Katakomben sind die Nr. 14 und die Nr. 20, beide mit einer dreitoriger Fassade (*Bet Schearim* heißt „Haus der Tore"). Diese sorgfältig gearbeiteten Tore sehen wie Tore von wohlhabenden Häusern aus. Das Grab wird als Haus des Toten gesehen (das hebräische Wort für Friedhof ist *Bet Kvarot,* „Haus der Gräber", oder *Bet Almin,* „Haus der Ewigkeit"), die Tür dient der Begegnung zwischen den Welten.

In der Katakombe Nr. 14 sind u. a. wohl die beiden Söhne des Jehuda ha-Nasi bestattet, Simeon und Gamaliel. Er selbst starb in Sepphoris (siehe S. 137), aber sein Leichnam wurde nach der Überlieferung wieder nach Bet Schearim zurückgebracht. Sein Grab wurde allerdings hier nicht gefunden, möglicherweise hat man seinen letzten Willen respektiert, nach welchem er nicht in einem Sarg, sondern auf der Erde liegend bestattet werden wollte. Vor allem die Katakombe Nr. 20 bietet einen Einblick in die Begräbnissitten. Auffällig ist dabei, wie wenig „orthodox" diese Sitten in dieser prominenten jüdischen Nekropole waren. Man findet neben Inschriften in hebräischer, aramäischer und griechischer Sprache nicht nur Tierdarstellungen (Löwen, Adler, Stierkopf), sondern sogar Abbildungen von Menschen, z. B. am „Maskensarkophag", ja in anderen Katakomben selbst Gladiatoren und Amazonen. Solche Abbildungen waren im Judentum eigentlich verboten. Vielleicht verrät die Naivität der Zeichnungen aber doch, dass die darstellende Kunst ziemlich ungewohnt war.

Eine ebenfalls aufgefundene rudimentäre Basilika des 2./3. Jh. ist nicht christlich – diese Bauform stammt aus der römischen Welt und konnte auch in einer jüdischen Gemeinde als öffentliches Gebäude dienen.

Das Reiterstandbild oberhalb der Katakomben ehrt den russischen Juden Alexander Zaid (1886 – 1938). Er siedelte sich 1926 mit seiner Familie auf dem Hügel in der Nachbarschaft des arabischen Dorfes *Scheich Abrek* (auch *Ibrek*) an; 1938 wurde er ermordet. Von diesem Dorf ist, außer den allgegenwärtigen Kakteen, nur die Moschee übrig geblieben, ein Bau mit zwei Kuppeln, der das Grab des Scheichs enthält, welcher dem Dorf seinen Namen gegeben hatte. Wer dieser Scheich Abrek war, ist unbekannt. Nach örtlicher muslimischer Überlieferung soll er vor Mohammed gelebt haben. Vielleicht bewahrt der Name eine Erinnerung an Barak, den Feldherrn Deboras (Ri 4 – 5).

Zurück auf der Straße Nr. 75 erreicht man *Kirjat Tivón*. Das Städtchen ist ein Zusammenschluss mehrerer ursprünglich selbständiger Siedlungen; einige von ihnen wurden von jüdischen Einwanderern aus Deutschland gegründet. Ein Stadtteil von Kirjat Tivon ist *Kfar Tikwa* („Dorf der Hoffnung"), ein 1964 gegründetes Behindertendorf. Es wird von Deutschland aus unterstützt, unter anderem vom Deutschen Verein vom Heiligen Lande aus Köln.

Westlich von Kirjat Tivon, an der *ha-Amakim Junction,* zu Füßen des Karmelgebirges, stößt die Straße Nr. 75 auf die Nr. 70. Nach Norden, bis zur *Yagur Junction* (4 km), trägt die Straße beide Nummern, dann trennen sie sich wieder. Die Nr. 75 führt weiter an den Hängen des Karmels entlang nach Haifa, die Nr. 70 geht nach Nordosten, Richtung Schefaram (siehe S. 140). Nach Süden umfährt die Straße Nr. 70 das Karmelgebirge östlich. Auf ihr erreicht man die moderne Stadt *Jokneam* und den gleichnamigen Tell. Um dorthin zu kommen, kann man auch vom Nationalpark Bet Schearim die Straße Nr. 722 in südlicher Richtung weiterfahren; man stößt dann an der *ha-Tishbi Junction* auf die Straße Nr. 70.

Jokneam: Man erreicht *Tell Jokneam,* indem man von der Straße Nr. 70 ins moderne Jokneam einbiegt, von dort ist der Tell ausgeschildert.

Jokneam war eine Levitenstadt im Stammesgebiet von Sebulon (Jos 12,22; 19,11; 21,34). Die beherrschende Stellung an der Via Maris hat der Stadt zu verschiedenen Zeiten zu Bedeutung und Wohlstand verholfen. Jüngst wiederaufgenommene Ausgrabungen haben bestätigt, was man aus literarischen Quellen über den Ort wusste. Siedlungsschichten aus der Bronzezeit stimmen überein mit Erwähnungen in ägyptischen Texten. Aus der Eisenzeit, der israelitischen Zeit, fanden sich Wohnhäuser. Nach dem Babylonischen Exil war die Stadt unter phönizischem Einfluss. Aus hellenistischer, byzantinischer und muslimischer Zeit finden sich auf dem Tell nur spärliche Reste. Das Siedlungszentrum befand sich südlich davon, wo heute die moderne gleichnamige Stadt liegt. Die Kreuzfahrer errichteten eine Burg, die den schmalen Übergang von der Küste über den Karmel in die Jesreel-Ebene bewachte, und nannten sie *Caimont* oder *Mons Cain.*

Gleich am Eingang sieht man ansehnliche Reste einer Kreuzfahrerkapelle, dahinter die Ruinen der Burg, die auf den Fundamenten von früheren Bauten errichtet war. Darüber finden sich Überreste aus verschiedenen Epochen. In jüngster Zeit wurde ein Park eingerichtet, der vor allem Kindern und Schulklassen die Archäologie nahebringen will. Jenseits der achtspurigen Straße Nr. 70, die moderne Variante der Via Maris, sieht man den Karmel mit dem Klösterchen *Muhraka,* nach Norden überblickt man weite Teile der *Jesreel-Ebene.*

7. VON NAZARET NACH NORDWESTEN (RICHTUNG AKKO)

Man verlässt Nazaret zunächst in nordöstlicher Richtung, wobei die Straße ständig ansteigt. Nach Überwindung des die Stadt umrahmenden Bergkranzes führt die Straße Nr. 700 geradeaus weiter. Am Stadtrand mündet diese Straße in die Nr. 79. Man biegt nach links ab und erreicht nach einem guten Kilometer die Abzweigung nach Sepphoris (von der nördlich nahe vorbeiführenden Straße Nr. 77 gibt es keine Zufahrt).

Sepphoris

200 m nach der Abzweigung von der Nr. 79 gabelt sich die Straße; nach links kommt man zum Moschaw (Gemeinschaftssiedlung) *Zippori* mit der Kreuzfahrerruine der St.-Anna-Kirche, nach rechts zum Nationalpark mit der Ruinenstadt *Sepphoris* auf einem dominierenden Hügel. Dort wurden bei Ausgrabungen eindrucksvolle Überreste der noch im Mittelalter bedeutenden Stadt zutage gefördert.

Geschichte: Die Stadt Sepphoris ist seit dem Hasmonäerkönig Alexander Jannai (103–76 v. Chr.) bekannt und war seit 55 v. Chr. die Hauptstadt von Galiläa mit hauptsächlich jüdischer Bevölkerung. Der Name ist die griechische Form des hebräischen *Zippori*. Angeblich hieß sie so, weil sie wie ein Vogel (hebr. *Zippor*) auf dem Hügel thronte. Nach dem Tod Herodes' des Großen (4 v. Chr.) nutzte die Stadt die Gelegenheit zu einer Revolte gegen die im Namen Roms ausgeübte Staatsmacht und wurde dafür vom römischen Befehlshaber Varus zur Strafe niedergebrannt. Es war derselbe Varus, der ein gutes Jahrzehnt später im Teutoburger Wald dem Cheruskerfürsten Hermann unterlag und daraufhin Selbstmord beging. Der Sohn Herodes des Großen, Herodes Antipas (4 v. Chr.–39 n. Chr.), baute Sepphoris wieder auf und machte es erneut zur Hauptstadt von Galiläa. Flavius Josephus nennt die Stadt voller Bewunderung „Zierde von Galiläa". So ist es vorstellbar, dass Josef, der Ziehvater Jesu, beim Wiederaufbau von Sepphoris Arbeit und Brot fand. Nachrichten darüber liegen freilich nicht vor. Später wurde Sepphoris durch die Neugründung Tiberias als Hauptstadt von Galiläa abgelöst.
Sepphoris wird im Talmud oft erwähnt und beherbergte gegen Ende des 2. Jh. n. Chr. für 17 Jahre den *Sanhedrin* (Hohen Rat). Man nimmt an, dass es in Sepphoris wie auch in Nazaret Judenchristen gegeben hat, die Jesus als Messias anerkannten, aber an der geset-

zestreuen Religionspraxis des Judentums festhielten und darüber in
Konflikt mit der großen, heidenchristlich orientierten Kirche gerieten. Seit Kaiser Hadrian (2.Jh. n.Chr.) nannte sich die Stadt mit
Verbeugung vor Rom *Diocäsarea* („Gott-Kaiserliche"). Im 5.Jh.
wurde Sepphoris Bischofssitz.
Im Mittelalter galt Sepphoris als Heimat der hl. Anna, der Mutter
der Gottesmutter Maria. Deshalb hatten die Kreuzfahrer hier eine
dreischiffige Kirche zu Ehren der hl. Anna erbaut, ohne dass man
sich an der Paralleltradition in Jerusalem (siehe S.387) gestört hätte.
Nach der Kreuzfahrerzeit trug das Dorf den antiken Namen in der
arabischen Form *Saffurije* weiter. In der ersten Hälfte des 20.Jh. war
es das größte Dorf in Galiläa, genaue Angaben sind schwer zu bekommen, je nach Quelle ist von 4000 bis 12000 Einwohnern die
Rede, fast durchweg Muslime. Im Unabhängigkeitskrieg 1948 war
das Dorf Schauplatz schwerer Kämpfe, die Einwohner flohen oder
wurden vertrieben, viele von ihnen nach Nazaret. Während sich das
arabische Dorf auf dem Hügel befand, um die Zitadelle herum in der
archäologischen Zone und südlich davon, wo heute ein Pinienwäldchen ist, entstand ab 1949 unterhalb davon der Moschaw, der den
hebräischen Namen *Zippori* wiederbelebt hat. Er hat heute gut 600
Einwohner.

Die *Annakirche*: Um zur Kreuzfahrerkirche zu kommen, fährt man
in den Moschaw hinein. Von der ersten Kuppe, die die Hauptstraße
passiert, hat man einen guten Blick auf die Zitadelle und das ehemalige Dorf. An der zweiten Kuppe zweigt eine kleine Sackgasse nach
rechts oben ab (mit einem unscheinbaren Hinweisschild). An den
spärlichen Überresten des arabischen Dorfes vorbei kommt man zur
Kirche. Das Sträßchen endet an der Einfahrt der St.-Anna-Schwes-
tern, die hier ein Waisenhaus und eine Schule für arabische Kinder
aus den Nachbardörfern unterhalten.
Links daneben ist der Eingang zum Grundstück mit der imposanten
Kirchenruine, die stimmungsvoll von einem Olivenhain umgeben
ist. Sie wurde 1841 von den Franziskanern erworben und freigelegt.
Der vordere Teil der Kreuzfahrerkirche (37×22 m), zumal die Apsiden, sind hervorragend erhalten, der hintere Teil der Außenmauern
wurde 1870 ergänzt. Schon bei den ersten Untersuchungen im
19.Jh. wurde hier eine aramäische Weihe-Inschrift aus talmudischer
Zeit (4./5.Jh.) gefunden, die einen *Rabbi Judan, Sohn des Tanhum*
nennt, der einen Denar spendierte (heute im Museum der Franziskaner in Nazaret). Ob die Kreuzfahrer ihre Kirche auf den Ruinen einer Synagoge, einer judenchristlichen Kirche oder einer später errichteten byzantinischen Kirche bauten, ist nicht geklärt. An der
Stelle der nördlichen (linken) Apsis bewahrten die Kreuzfahrer ei-

nen Raum (heute eine schlichte Kapelle), der wohl als Haus der hl. Anna, der Großmutter Jesu, verehrt wurde.

Unterhalb der Annakirche, im Talgrund, sieht man einen kleinen Bau mit blauer Kuppel; man erreicht ihn, indem man die Sackgasse zurück zur Dorfstraße fährt, diese nach rechts nimmt und bald wieder nach links einbiegt. Verehrte die örtliche Überlieferung in diesem Grabmal aus der Römerzeit das *Grab der Töchter Jakobs,* sieht die jüdische Tradition hier das Grab von *Jehuda ha-Nasi* (hebr. „Juda, der Fürst", 165–217 n.Chr.). Er hat die Mischna verfasst, genauer gesagt hat er die mündlichen Traditionen, die dieser wichtigsten und ersten jüdischen nachbiblischen Gesetzessammlung zugrunde liegen, schriftlich zusammengestellt. Dass es dazu in Bet Schearim (siehe S.132) eine konkurrierende Überlieferung gibt, stört den frommen Juden ebensowenig wie den frommen Christen die Doppelüberlieferung über die hl. Anna. Manche helfen sich auch mit der Annahme, hier ruhe *Jehuda Nessia* (dieser aramäische Name bedeutet ebenfalls „Juda, der Fürst"), der Enkel von *Jehuda ha-Nasi.* Um die Grabanlage herum befand sich wohl in talmudischer bzw. byzantinischer Zeit der jüdische Friedhof, von dem kaum mehr etwas zu erkennen ist. In einer Höhle wird auch das Grab der Frau von Jehuda ha-Nasi gezeigt.

Der *Nationalpark*: Am Eingang des Nationalparks, noch in erheblicher Entfernung vom Ausgrabungsgelände, lohnt sich ein Abstecher nach links, zu den freigelegten Überresten der antiken Bewässerungsanlagen. Aus mehreren Quellen weiter östlich wurde Wasser in die Stadt geleitet. Ein enormes Wasserreservoir (260 m lang, 4300 m^3 Fassungsvermögen) kann besichtigt werden. Von dort wurde das Wasser zunächst in einem 235 m langen Tunnel, dann in einem Kanal in die Stadt geleitet. Das letzte Drittel des Tunnels ist begehbar. Platzangst darf man nicht haben, eine Taschenlampe ist unbedingt notwendig.

Die Ausgrabungen erstrecken sich um die Zitadelle auf dem Hügel und in der Ebene östlich davon (vom Eingang des Parks gesehen vor dem Hügel). Schon 1931 führten Sondierungen zur Entdeckung bedeutender römischer und byzantinischer Überreste. Ab 1983 nahmen sich israelische Archäologen unter Mitarbeit mehrerer amerikanischer Universitäten dieser Überreste wieder an und begannen mit den systematischen Ausgrabungen, die bis heute fortdauern und die „Zierde von Galiläa" wieder ans Licht bringen.

Vom Parkplatz aus betritt man das Ruinengelände über den *Decumanus*, die Ost-West-Achse römischer Städte, der den *Cardo* (Nord-Süd-Achse) kreuzt. Beide sind gepflastert, der Cardo beiderseits flankiert von einst überdachten Säulengängen mit Mosaikböden. Diese wurden in der byzantinischen Zeit neugestaltet, wie die mehrfache Erwähnung eines Bischofs Eutropius zeigt. Leider ist dieser Bischof aus keiner anderen Quelle bekannt, so dass eine Datierung dieser Umbauten nicht möglich ist. Östlich des Cardos wurde 2014 eine geräumige Kirche entdeckt, wahrscheinlich die, von deren Renovierung im Jahr 518 n.Chr. auf einer Inschrift im Cardo die Rede ist. Diese Kirche scheint an der Stelle eines römischen Tempels errichtet worden zu sein. Von zwei weiteren Kirchen, die längs des Cardos gefunden wurden, ist fast nichts erhalten. Dagegen erfreuen die zahlreichen Mosaike von reichen Privathäusern heute wieder das Auge des Besuchers. Besonders beeindruckend ist das „Nil-Haus", so von den modernen Ausgräbern bezeichnet aufgrund des prächtigsten der Mosaike, dessen zentrales Thema der Strom Nil ist: Es zeigt eine Frau, die Ägypten symbolisiert, Tor und Türme von Alexandria, Jagdszenen und Darstellungen zu einem ägyptischen Freudenfest, das jährlich beim höchsten Wasserstand des Nil gefeiert wurde. Einige der Mosaike wurden durch fallende Steine beschädigt, wie es für Zerstörungen durch Erdbeben typisch ist, andere zeigen Spuren eines Brandes, möglicherweise während der Zerstörung der Stadt durch die Perser (614).

Noch bevor man den Hügel hinaufsteigt, wendet man sich nach rechts (Norden), um die *Synagogenruine* zu besichtigen, die ebenfalls mit prächtigen Mosaiken dekoriert ist. Sie unterscheidet sich erheblich von anderen zeitgenössischen Synagogen (frühes 5.Jh.) in Galiläa: durch die lang gestreckte Form (6,5 × 16 m), durch die Darstellungen biblischer Szenen, die zahlreicher sind als z.B. in Bet Alfa oder Tiberias, vor allem aber durch die Orientierung, die bisher nicht schlüssig erklärt werden konnte. Sie ist nämlich nach Nordwesten gerichtet, während bis auf wenige Ausnahmen Synagogen gen Jerusalem weisen (von hier aus fast genau südlich). Der Raum ist in ein Haupt- und ein Seitenschiff (beim Betreten des Raumes durch den Vorraum zur Rechten) geteilt. Das Mosaik des Hauptschiffes zeigt von unten nach oben: die Engel, die zu Abraham und Sara kommen (Gen 18,1-18), die Opferung („Bindung") Isaaks (Gen 22,1-19), ein Tierkreiszeichen mit den hebräischen Monatsnamen (in der Mitte der Wagen des Sonnengottes Helios, ohne jedoch den heidnischen Gott selbst bildlich darzustellen), Opfergaben für den Tempel, die Weihe Aarons (Ex 29,1-9), Tempelgeräte sowie einen Kranz zwischen Löwen. In einer der Stifterinschriften im Seitenschiff wird ein *Tanhum, Sohn des Judan* genannt, möglicherweise der Sohn oder Vater des *Judan, Sohn des Tanhum* (es ist im Judentum üblich, einen Sohn nach dem verstorbenen Großvater zu benennen) aus der anderen Synagoge (an der Stelle der Annakirche, s.o.).

Auf dem Hügel liegt eine weitere luxuriöse römische Villa aus dem 3.Jh. n.Chr., die wohl durch das Erdbeben von 363 n.Chr. zerstört wurde. Größtenteils gut erhaltene Mosaike gehörten zum Speisesaal und zeigen Szenen aus dem Kult des Gottes Dionysos, mit der „Mona Lisa von Sepphoris" in der Mitte, einem besonders schönen und fein gearbeiteten Frauenbildnis.

Die weithin sichtbare kubische *Zitadelle* auf der Kuppe des Berges stammt aus der Kreuzfahrerzeit; byzantinisches und römisches Material wurde dabei wiederverwendet, Sarkophage dienen als Ecksteine. Eine Festung aus der Zeit um 150 v. Chr. konnte nachgewiesen werden. Noch ältere Kleinfunde aus der Bronze- und Eisenzeit belegen eine frühere Besiedlung dieses Ortes; es wurden aber aus jener Zeit keine Gebäudereste entdeckt, da diese wahrscheinlich bei späteren Bebauungen abgetragen wurden. Teile der Zitadelle und ihres Eingangs sind auf eine Wiederherstellung durch den Beduinenfürsten Daher al-Omar von Akko (18. Jh.) zurückzuführen. In der jüngeren Vergangenheit befand sich im Gebäude die Schule des Dorfes. Heute ist darin eine kleine Ausstellung, die vor allem über die jüdische Geschichte von Sepphoris informiert, untergebracht. Die Dachterrasse gewährt eine gute Aussicht auf Sepphoris und die Umgebung.

An der Nordflanke des Berges ist das halbrunde *Theater* angelegt, das etwa 4000 Zuschauern Platz bot; es wurde allem Anschein nach von Herodes Antipas erbaut. Man fand ferner ausgedehnte Wohnviertel an der Westseite des Hügels. Im Pinienwäldchen an der Südflanke liegen die spärlichen Reste des arabischen Dorfes Saffurije und seines Friedhofes.

Nach 4 km, an der *ha-Movil Junction,* kreuzt man die Autobahn Nr. 77. Nach Südwesten führt sie nach Haifa, nach Osten durch das *Netofa-Tal* Richtung Tiberias. In diesem Tal ist der offene Kanal sichtbar, der vom See Gennesaret hochgepumptes Wasser zur Bewässerung bis zum Negev weiterleitet.

Chirbet Kana: Unmittelbar nach der *ha-Movil Junction* zweigt die Straße Nr. 784 ab, auf der man nach *Kafr Manda* gelangen kann. Am Ostende dieses großen Dorfes führt ein Feldweg am Fuß des Bergzuges entlang, auf dem man nach etwa 4 km den Hügel von *Chirbet Kana* am Nordrand der Ebene erreichen kann. Es konkurriert mit *Kafr Kana* und wird von Manchen auch heute als das Kana des Evangeliums (Joh 2,1-11) angesehen (vgl. S. 143). Nach dem, was man an der Oberfläche gefunden hat, scheint es seit der Eisenzeit besiedelt gewesen zu sein. Auf dem Kamm wurden 1998 Reste eines christlichen Klosters im ansonsten jüdischen Dorf entdeckt – ein Hinweis darauf, dass es damals als Ort des ersten Wunders Jesu verehrt wurde? Am Abhang des Hügels fand man eine Höhle mit zwei Kammern, die auf dem Verputz Spuren mittelalterlicher

Verehrung aufweisen. Systematische Ausgrabungen des ganzen
Hügels stehen freilich noch aus. Der Besuch eines Ruinenfeldes
in dem Zustand, wie es die Pioniere der Archäologie vorfanden,
mit überwachsenen Ruinen und zugänglichen Höhlen, hat seinen eigenen Reiz.

Jotapata: Weiter auf der Straße Nr. 784 nach Norden biegt man bei
der *Yodfat Junction* nach rechts (Osten) auf die Nebenstraße Nr.
7955. Auf dieser erreicht man nach einem guten Kilometer die Abzweigung zum Moschaw *Jodfat* und (vor der Einfahrt in den Moschaw nach links) zum kahlen Ruinenhügel der gleichnamigen antiken Stadt (oft auch nach der griechischen Form *Jotapata* genannt).
Die ältesten Reste weisen bis ins 3. Jh. v. Chr. Um das Jahr 100
v. Chr. befestigten die Hasmonäer die Stadt. 67 n. Chr. unterlag die
Stadt nach 47-tägiger Belagerung den Römern, der Befehlshaber Josef ben Mathitjahu wurde gefangen genommen und wechselte die
Seiten – bekannter ist er unter seinem römischen Namen Flavius Josephus (oder Josephus Flavius). Seine Schriften sind unsere wichtigste, freilich nicht unumstrittene, Quelle für den Jüdischen Aufstand
gegen die Römer sowie für das jüdische Leben in der Zeit davor.
Moderne Ausgrabungen fanden eine hastig errichtete Verteidigungs-
mauer, zahlreiche miteinander verbundene Fluchthöhlen und Spuren
heftiger Kämpfe: zerstörte Häuser, Pfeilspitzen und Wurfgeschosse
sowie unbestattete Gebeine von Gefallenen. All das bestätigt den
Bericht von Flavius Josephus. Der Ort wurde nie mehr besiedelt.

Schefaram: Auf der Straße Nr. 79 erstreckt sich 8 km nach der *ha-
Movil Junction* rechts (nördlich) der Straße die Stadt *Schefarám*
(hebr.)/*Schafa-Amr* (arab.). Von den 38 000 Einwohnern sind 60 %
Muslime, 26 % Christen und 14 % Drusen. Der Ort beherbergte nach
der unglücklichen Bar-Kochba-Revolte (132 – 135 n. Chr.) zeitweise
den Sanhedrin auf seinem Weg von Javne und Uscha (östlich von
Kirjat Ata), bevor er von Rabbi Jehuda ha-Nasi nach Bet Schearim
geholt und nach Sepphoris weitertransferiert wurde. Der auffallende
Festungsbau im Zentrum stammt aus der Kreuzfahrerzeit und sollte
die Straße von Akko nach Nazaret sichern. Er diente dann Saladin
als Basis für die Belagerung von Akko. 1745 wurde ein Teil davon
von den Söhnen Daher al-Omars nochmals instand gesetzt. Die Ruine harrt darauf, hergerichtet zu werden. Sie lohnt einen Besuch vor
allem wegen der schönen Aussicht von der Terrasse. Es gibt sowohl
eine lateinische als auch eine griechisch-katholische Pfarrei. Wegen
ei-ner den heiligen Jakobus und Johannes geweihten alten Kirche
nahm man im Mittelalter an, diese beiden Apostel seien hier zuhause gewesen.

Ibellin: Das Dorf (auch *Abellin* geschrieben) liegt 2 km nordöstlich von Schefaram am Hang. Man erreicht es, indem man nach Schefaram an der *Somekh Junction* auf die Nr. 70 nach rechts (Norden) und nach weiteren 2 km an der *Evlayim Junction* auf die Nr. 781 nach rechts (Osten) abbiegt.

In Ibellin wurde 1846 *Mirjam Baouardy* geboren, oft liebevoll „die kleine Araberin" genannt. Nach dem frühen Tod ihrer Eltern wuchs sie bei einem Onkel auf, 1854 zog sie mit ihrer Pflegefamilie nach Alexandrien (Ägypten). Es kam aber zum Bruch mit ihrem Onkel, als sie sich im Alter von 13 Jahren der ohne ihr Wissen schon beschlossenen Hochzeit widersetzte. Gleichsam rechtlos geworden, bat sie eine benachbarte muslimische Familie um Hilfe, die man ihr aber nur gewähren wollte, wenn sie sich zum Islam bekehrte. Sie lehnte dies so entschieden ab, dass sie damit den Zorn des Familienvaters provozierte, der sie mit einem Säbel schwer verwundete. Nach einigen Tagen kam die Schwerverletzte ins Franziskanerkloster St. Katharina in Alexandrien – Mirjam selbst berichtet von ihrer Rettung als Wunder durch die Hilfe der Jungfrau Maria. Sie verdingte sich als Dienstmädchen und kam über Jerusalem und Beirut nach Marseille. Dort trat sie bei den Josephsschwestern ein, einer französischen Gemeinschaft, die bis heute mehrere Niederlassungen im Orient hat (z. B. das Heiligtum der Bundeslade in Abu Gosch oder das „French Hospital" am Neuen Tor in Jerusalem). Auch als Ordensfrau verlor Mirjam nie ihr kindliches Wesen. Immer wieder hatte sie ekstatische Visionen, bald wurden an ihrem Leib Stigmata, die Wundmale Jesu, sichtbar. In dieser karitativen Ordensgemeinschaft war die Mystikerin daher nicht am richtigen Platz, so dass sie 1869 in den Karmel von Pau (Südfrankreich) überwechselte. Dort erhielt sie den Ordensnamen „Mirjam von Jesus dem Gekreuzigten". 1875 reiste sie mit neun Schwestern nach Betlehem, um dort einen Karmel neu zu gründen. Über den letzten Abschnitt der Reise, von Ramle nach Jerusalem (am 7. September 1875), berichtet eine der Schwestern anschaulich:

> Wie grässlich ist die Strasse von Ramle nach Jerusalem. In dem Karren ohne jegliche Federung werden wir gewaltig durcheinander gerüttelt. Da geht es über Felsbrocken und rollende Steine. Dem Kutscher scheint das überhaupt nichts auszumachen. Haben wir eine Anhöhe erreicht, dann holpert das Gefährt im rasenden Galopp talabwärts. Ständig laufen wir Gefahr abzustürzen. Um nicht aus dem Wagen geschleudert zu werden, müssen wir uns krampfhaft aneinander oder an die eisernen Lehnen der Sitze klammern. Und doch rückt das ersehnte Jerusalem näher und näher. Jerusalem. Das Herz

schlägt höher. Unser Augen werden feucht bei dem Gedenken, dass wir bald die Kuppel der Grabeskirche erblicken werden.

Der kleinen Araberin gelang es, die zahllosen Probleme, auch die finanziellen, zu lösen, so dass schon im folgenden Jahr das neue Kloster bezogen werden konnte. Ihr Plan, auch in Nazaret einen Karmel zu gründen, sollte sich dagegen erst 1910 verwirklichen. Mirjam starb 32-jährig, am 26. August 1878, infolge einer Verletzung durch einen Sturz im Karmel in Betlehem. 1983 hat Papst Johannes Paul II. sie zur Patronin des Friedens für den Mittleren Osten erklärt, 2015 wurde sie von Papst Franziskus heiliggesprochen. Ihr Lebensmotiv bleibt aktuell: „Wer die Liebe zum Mitmenschen verletzt, verletzt Jesus selbst."

Wo das Elternhaus der seligen Mirjam stand, wird gegenwärtig eine Gedenk- und Andachtsstätte errichtet. Man erreicht sie vom kleinen Parkplatz aus, der wenig südlich von der höchsten Stelle des alten Dorfes liegt. Von dort geht man durch die kleine Gasse, die unter einem großen Holzkreuz hindurch führt. Gleich darauf wendet man sich nach rechts, eine Marmorplatte an der Wand weist auf den Ort hin.

Vom erwähnten Parkplatz aus sieht man in einem modernen Stadtteil, der sich auf der anderen Seite des Tales liegt, einen Gebäudekomplex mit einer großen Kirche. Es ist die *Mar-Elias-*(„St. Elias")*Universität*. Diese wurde vom früheren griechisch-katholischen Pfarrer von Ibellin, Elias Chacour (2006-14 griechisch-katholischer Erzbischof von Haifa) aus bescheidensten Anfängen (einem Kindergarten in der Einzimmerwohnung des Pfarrers) aufgebaut. Seit 2009 ist die Institution (vom Kindergarten bis zur Universität) vom israelischen Staat anerkannt. Sie ist die erste christlich-arabische Universität in Israel und steht Schülern und Studenten aller Religionen offen.

8. VON NAZARET NACH OSTEN (RICHTUNG SEE GENNESARET)

Man verlässt Nazaret zunächst in nördlicher Richtung, wobei die Straße ständig ansteigt. Nach Überwindung des die Stadt umrahmenden Bergkranzes führt die Straße Nr. 754 nach Tiberias. Nazaret breitet sich immer weiter aus, so dass man das folgende, teilweise christliche (30 % der ca. 14 000 Einwohner) Dorf *Reina* gar nicht mehr als solches wahrnimmt. Reina leitet seinen Namen von einem Grafen René aus der Kreuzfahrerzeit ab. In einer Talmulde stößt man auf die neue Straße Nr. 79, die von Akko herkommt.

Das nächste Dorf, links auf einem Hügel, ist *Maschhad*. Es wird mit dem biblischen Gat-Hefer identifiziert, das bei der Landverteilung im Buch Josua (19,12-13) zusammen mit *Jafia* (2 km westlich von Nazaret) als einer der nördlichen Grenzorte des Stammes Sebulon genannt wird. Also kann auch Nazaret zu diesem Stammesgebiet gezählt werden, so dass Matthäus das öffentliche Auftreten Jesu treffend mit den Worten des Propheten Jesaja überschreiben konnte: „Das Land *Sebulon* und das Land Naftali ... hat ein helles Licht gesehen" (Mt 4,15-16). In der Moschee des Dorfes wird das Grab des Propheten Jona (arab. *Nabi Junis*) verehrt. Es handelt sich nicht um den bekannten Jona, der in Ninive predigen sollte und vom Fisch verschlungen wurde, sondern um einen Jona, der kurz vor der assyrischen Eroberung Galiläas und Samariens gewirkt hat und eben aus *Gat-Hefer* stammte (2 Kön 14,25).

Kana

Mit Maschhad beinahe zusammengewachsen ist *Kafr* (arab. „Dorf") *Kana* (oft auch *Kefr Kenna* geschrieben). Dieses darf als das *Kana* des Evangeliums gelten, freilich mit einigen Fragezeichen. Es ist ungeklärt, ob der Ort mit dem Kana identisch ist, das in den ägyptischen Amarnabriefen (14. Jh. v. Chr.) und bei Flavius Josephus erwähnt ist. Siedlungsspuren reichen bis in die ersten nachchristlichen Jahrhunderte zurück; Funde aus der Zeit Jesu sind freilich unsicher. 1948 wurde das Dorf von israelischen Truppen eingenommen, auf Vermittlung des damaligen Pfarrers von Kana, des Franziskaners Giuseppe Leombruni, konnte jedoch die arabische (christliche wie muslimische) Bevölkerung in ihrer Heimat bleiben. Der Ort hat sich in den letzten Jahren sehr ausgebreitet. Er zählt gut 20 000 Einwohner, in der Mehrheit Muslime, ca. 12 % sind Christen. Neben den Moscheen mit ihren Minaretten heben sich drei Kirchen heraus:

bald nach dem Eingang des Dorfes rechts die griechisch-katholische, im unteren Zentrum rechts der Straße die griechisch-orthodoxe
und etwas dahinter, durch eine kleine Gasse nur zu Fuß zu erreichen, die lateinische Pfarrkirche der Franziskaner, durch eine rote
Kuppel und zwei Türme markiert.

Das Heiligtum des ersten Zeichens: Der Text des Johannesevangeliums, der Kana berühmt gemacht hat, lautet:

> Am dritten Tag fand *in Kana in Galiläa* eine Hochzeit statt
> und die Mutter Jesu war dabei. Auch Jesus und seine Jünger
> waren zur Hochzeit eingeladen. Als der Wein ausging, sagte
> die Mutter Jesu zu ihm: Sie haben keinen Wein mehr. Jesus
> erwiderte ihr: Was willst du von mir, Frau? Meine Stunde ist
> noch nicht gekommen. Seine Mutter sagte zu den Dienern:
> Was er euch sagt, das tut! Es standen dort sechs steinerne
> Wasserkrüge, wie es der Reinigungsvorschrift der Juden ent-
> sprach; jeder fasste ungefähr hundert Liter. Jesus sagte zu den
> Dienern: Füllt die Krüge mit Wasser! Und sie füllten sie bis
> zum Rand. Er sagte zu ihnen: Schöpft jetzt und bringt es dem,
> der für das Festmahl verantwortlich ist. Sie brachten es ihm.
> Er kostete das Wasser, das zu Wein geworden war. Er wusste
> nicht, woher der Wein kam; die Diener aber, die das Wasser
> geschöpft hatten, wussten es. Da ließ er den Bräutigam rufen
> und sagte zu ihm: Jeder setzt zuerst den guten Wein vor und
> erst, wenn die Gäste zu viel getrunken haben, den weniger gu-
> ten. Du jedoch hast den guten Wein bis jetzt zurückgehalten.
> So tat Jesus sein erstes Zeichen, *in Kana in Galiläa,* und of-
> fenbarte seine Herrlichkeit und seine Jünger glaubten an ihn
> (Joh 2,1-11).

So hat der Ort Kana in der christlichen Frömmigkeit einen hohen
Stellenwert: Jesu „Zeichen", wie der Evangelist Johannes es nennt,
offenbart nicht nur seine Macht, sondern ist auch ein Zeichen seiner
Zuneigung für die Brautleute und damit für die Ehe als Fundament
der Familie. Nicht zu übersehen ist dabei die Fürbitte Mariens, die,
scheinbar abgelehnt, zum Anlass des Eingreifens Jesu wird.
Es ist allerdings umstritten, ob Kafr Kana das richtige Kana des
Evangeliums ist. Sogar die deutsche Einheitsübersetzung nimmt dagegen Partei, wenn es in einer Anmerkung heißt:

> Das geschichtliche Kana in Galiläa lag wahrscheinlich 13 km
> nördlich von Nazaret, heute nur noch in Ruinen erhalten
> (Chirbet Kana), während das heutige Kana (Kefr Kenna), 6 km
> nordöstlich von Nazaret, erst später als das Kana des Evange-
> liums angesehen wurde.

Richtig daran ist, dass man im Mittelalter schwankte, wie aus Reisebeschreibungen zu entnehmen ist. Unter den Pilgerberichten des christlichen Altertums ist jedoch keiner, der klar für das nördlichere Chirbet Kana (siehe S. 139) spräche – wohl aber eine Anzahl, die auf Kafr Kana weisen. In einem Brief an ihre Freundin Marcella aus dem Jahr 392/3, der von dem Kirchenvater Hieronymus inspiriert ist, spricht die römische Patrizierin Paula über Nazaret, um unmittelbar fortzufahren: „Nicht weit davon sieht man Kana, wo das Wasser in Wein verwandelt wurde." Der Pilger von Piacenza (um 570) erzählt, dass die Pilger sich in der Quelle von Kana gewaschen hätten. In Kafr Kana speiste eine Quelle bis in die 30er-Jahre einen Dorfbrunnen (heute durch einen winzigen Brunnen rechts der Straße angedeutet), während es in dem entfernteren nördlichen Kana nur eine große Zisterne, aber keine Quelle gibt. Der spätere Bischof Willibald von Eichstätt besuchte um 724 von Nazaret aus Kana, wo er eine große Kirche sah, und von da aus den Tabor. Im nördlichen Chirbet Kana ist von einer großen Kirche nichts zu erkennen, und hätte Willibald das nördlichere Kana aufgesucht, hätte er die Route anders nehmen müssen. So sprechen etliche Zeugnisse ab der byzantinischen Zeit für Kafr Kana, die vier Jahrhunderte davor bleiben freilich im Dunkeln. Wir wissen nicht mit Sicherheit, ob das biblische Kana in Kafr Kana, in Chirbet Kana, vielleicht sogar in Qana bei Tyrus (wo es eine entsprechende Tradition libanesischer Christen gibt) oder ganz woanders lag. Sicherlich waren es nicht erst, wie zuweilen behauptet wird, die Franziskaner, welche Kafr Kana ins Spiel gebracht hätten, angeblich weil es so bequem am Weg nach Tiberias lag.

Die orthodoxen Griechen haben bereits 1566 in Kafr Kana Fuß gefasst und in der Nähe der Moschee, die man für eine ursprüngliche Kirche der hl. Helena hielt, eine Kirche erbaut; sie wurde 1886 durch eine neue am gleichen Ort ersetzt. 1641 erwarben auch die Franziskaner ein Grundstück neben dieser Moschee und pilgerten von Nazaret dorthin, mussten dieses aber noch viermal kaufen, bis sie von 1862 bis 1879 auch die inzwischen verfallene Moschee in ihren Besitz bringen konnten.

Das lateinische *Heiligtum des ersten Zeichens Jesu* ist durch den ersten Pfarrer, den Österreicher P. Aegidius Geißler, in Etappen errichtet worden. 1881 wurde zunächst eine schlichte Kirche gebaut. Die Überreste dessen, was man als das eigentliche Heiligtum von Kana ansah, blieben zunächst östlich außerhalb. Um auch diese mit einzubeziehen, wurde 1901 ein höher gelegtes Presbyterium hinzugefügt; Aegidius Geißler wählte dafür eine Dreiapsidenanlage, um einer schon damals gefundenen Nordapsis im Boden gerecht zu werden. Den Marmoraltar und die Bilder im Nazarenerstil stifteten bayerische Pilger. Da P. Aegidius aus Salzburg stammte, inspirierte

er sich für die Fassade am Salzburger Dom. Die kräftigen Säulen
der Vorhalle stammen von einem der Vorgängerbauten. Schon damals hatte man eine alte aramäische Stifterinschrift entdeckt und
durch ein Fenster im Fußboden sichtbar gemacht. Sie wird ins 5.Jh.
datiert und lautet:

> Gesegnet sei das Andenken an Jose, Sohn des Tanhum, des
> Sohnes des Bota, und an seine Söhne, welche dieses Mosaik
> gemacht haben. Möge es ihnen zum Segen sein! Amen.

Bei Ausgrabungen durch die Franziskaner Stanislao Loffreda (1969)
und Eugenio Alliata (1997) wurden nördlich (links) der Kirche ein
Hof und Reste mit geometrischen und Granatapfelmosaiken aus der
Synagoge gefunden, deren Existenz schon P. Geißler vermutet hatte.
Den vermutlich drei Eingängen auf der Südseite war unter der heutigen Kirche ein Hof mit Säulengängen auf allen Seiten vorgelagert.
Die aramäische Inschrift aus dem 5.Jh. gehörte dazu und befand
sich an der Ostseite des Hofes. Hauptsächlich südlich neben der Kirche fanden sich als älteste Schicht Wohnbauten aus der Zeit des 1.
bis 4.Jh. n.Chr. und eine Zisterne. Ein mit Steinplatten belegter Flur
und ein rundes Bassin sind in das 1.Jh. n.Chr. zu datieren. Was man
im 19.Jh. als eigentliches Heiligtum betrachtete, war um das Jahr
500 eine christliche Grabanlage in einer eigenartigen Form gewesen: Es gab eine Apsis nach Norden; das Grab selbst, schon teilweise zerstört und ohne Gebeine, war ost-westlich orientiert. Gräber im
Boden der Apsis einer Kirche waren in byzantinischer Zeit keine
Seltenheit, die östliche Orientierung entsprach christlichem Brauch.
Die Moschee stammte dagegen wohl erst aus der Mamlukenzeit
(14.Jh.?); in der Tat sprechen die Berichte der Kreuzfahrerzeit nur
von Ruinen. – Ein großer Teil der Ausgrabung sind heute neben und
unter der Kirche zugänglich.

Was kann man diesem archäologischen Befund entnehmen? Von
der Vorstellung, den Hochzeitssaal von Kana finden zu können,
wird man heute Abschied nehmen. Der Ort war seit dem 1.Jh. n.
Chr. bewohnt, bis ins 5.Jh. vornehmlich von Juden. Christlich ist
erst die Grabanlage nach 500. Über sie ist weiter zu diskutieren:
War die nach Norden gerichtete Apsis Teil einer Dreiapsidenanlage
(wie die heutige Kirche) oder wie ist sie sonst zu erklären? Die Geschichte des Ortes ist zwar klarer geworden, aber die Periode vor
dem 6.Jh. weist deutliche Lücken auf. Kafr Kana *kann* der Ort des
ersten Zeichens Jesu sein, eine Verehrung ist aber erst um 500 zu erkennen. Dagegen weiß man von einer christlichen Geschichte von
Chirbet Kana bis zum Mittelalter noch nichts. Es wäre reizvoll, eine
archäologische Gegenprobe durchzuführen; aber bis dahin fließen
wohl noch etliche Wasser den Jordan hinab.

Kana war es auch, von wo aus Jesus den Sohn des königlichen Beamten von Kafarnaum heilte. Diese Geschichte, ebenfalls aus dem Johannesevangelium, lautet:

> Nach diesen beiden Tagen (es geht die Erzählung vom Jakobsbrunnen voraus) ging er von dort nach Galiläa. Jesus selbst hatte nämlich bestätigt: Ein Prophet wird in seiner eigenen Heimat nicht geehrt. Als er nun nach Galiläa kam, nahmen ihn die Galiläer auf, weil sie alles gesehen hatten, was er in Jerusalem während des Festes getan hatte; denn auch sie waren zum Fest gekommen. Jesus kam wieder *nach Kana in Galiläa*, wo er das Wasser in Wein verwandelt hatte. In Kafarnaum lebte ein königlicher Beamter; dessen Sohn war krank. Als er hörte, dass Jesus von Judäa nach Galiläa gekommen war, suchte er ihn auf und bat ihn, herabzukommen und seinen Sohn zu heilen; denn er lag im Sterben. Da sagte Jesus zu ihm: Wenn ihr nicht Zeichen und Wunder seht, glaubt ihr nicht. Der Beamte bat ihn: Herr, komm herab, ehe mein Kind stirbt. Jesus erwiderte ihm: Geh, dein Sohn lebt! Der Mann glaubte dem Wort, das Jesus zu ihm gesagt hatte, und machte sich auf den Weg. Noch während er unterwegs war, kamen ihm seine Diener entgegen und sagten: Dein Junge lebt. Da fragte er sie genau nach der Stunde, in der die Besserung eingetreten war. Sie antworteten: Gestern in der siebten Stunde ist das Fieber von ihm gewichen. Da erkannte der Vater, dass es genau zu der Stunde war, als Jesus zu ihm gesagt hatte: Dein Sohn lebt. Und er wurde gläubig mit seinem ganzen Haus. So tat Jesus sein zweites Zeichen, und zwar nachdem er von Judäa nach Galiläa gekommen war (Joh 4,43-54).

Schließlich nennt das Johannesevangelium Kana in Galiläa noch ein drittes Mal. Bei dem wunderbaren Fischfang im See Gennesaret nach der Auferstehung Jesu ist unter den Gefährten, die mit Simon Petrus beim Fischen waren, ein *Natanaël aus Kana in Galiläa* (Joh 21,2). Das erste Zusammentreffen dieses Natanaël mit Jesus wird (ohne Nennung von Kana) am Anfang des Evangeliums sogar recht ausführlich geschildert:

> Am Tag darauf wollte Jesus nach Galiläa aufbrechen; da traf er Philippus. Und Jesus sagte zu ihm: Folge mir nach! Philippus war aus Betsaida, dem Heimatort des Andreas und Petrus. Philippus traf Natanaël und sagte zu ihm: Wir haben den gefunden, über den Mose im Gesetz und auch die Propheten geschrieben haben: Jesus aus Nazaret, den Sohn Josefs. Da sagte Natanaël zu ihm: Aus Nazaret? Kann von dort etwas Gutes kommen? Philippus antwortete: Komm und sieh! Jesus sah Natanaël auf sich zukommen und sagte über ihn: Da kommt

ein echter Israelit, ein Mann ohne Falschheit. Natanaël fragte ihn: Woher kennst du mich? Jesus antwortete ihm: Schon bevor dich Philippus rief, habe ich dich unter dem Feigenbaum gesehen. Natanaël antwortete ihm: Rabbi, du bist der Sohn Gottes, du bist der König von Israel! Jesus antwortete ihm: Du glaubst, weil ich dir sagte, dass ich dich unter dem Feigenbaum sah? Du wirst noch Größeres sehen (Joh 1,43-50).

Für das Johannesevangelium war dieser Natanaël offensichtlich eine bekannte und bedeutende Persönlichkeit. Da aber keine Apostelliste den Namen *Natanaël* enthält, hat man versucht, ihn mit einem der Apostel gleichzusetzen. Eine griechische Tradition hielt ihn für *Simon Kananäus* (Mk 3,18), wobei man *Kananäus* auf den Ort *Kana* bezog. Freilich ist *Kananäus* wohl richtiger aus dem Aramäischen abzuleiten. Dort bedeutet bedeutet es „Eiferer" oder *Zelot,* nach der Partei der *Zeloten,* „Eiferer", die es im damaligen Judentum gegeben hat. Eine andere Tradition seit dem 9.Jh., die im Abendland mehr Gefolgschaft gefunden hat, setzte Natanaël mit dem Bartholomäus der Apostellisten gleich, weil in den Apostellisten Bartholomäus unmittelbar nach Philippus aufgeführt wird, der Natanaël zu Jesus führte. Diese Schlussfolgerung wird heute kaum mehr vollzogen, ist aber der Grund dafür, dass Aegidius Geißler in Kana eine *Bartholomäuskapelle* errichtet hat, die auf jeden Fall diesen „Natanaël aus Kana in Galiläa" meint, ob er nun den Zunamen *Bartholomäus* (aramäisch „Sohn des Tolmai/Ptolemäus") hatte oder nicht. Sie steht nördlich der Hochzeitskirche und trägt an der Stirnseite die lateinische Inschrift: „Haus des Natanaël, des Apostels Bartholomäus".

P. Aegidius Geißler war nicht nur ein fähiger Bauherr, sondern auch ein tüchtiger Seelsorger. Er baute gleichzeitig mit der Kirche eine Schule und brachte in zehn Jahren etwa die Hälfte der griechisch-orthodoxen Bevölkerung zum Übertritt in die lateinische Kirche, nicht zur Freude des griechisch-orthodoxen Klerus. Es waren aber die Protestanten, die durch ihre Schule einen wahren Schulwettstreit auslösten. Nach 1900 gab es in Kana je eine katholische Schule für Buben und Mädchen, in die anfangs sogar die Kinder des orthodoxen Pfarrers gingen, je eine griechisch-orthodoxe Schule für Buben und Mädchen, eine protestantische und eine russische-orthodoxe Mädchenschule und eine osmanische Bubenschule.

Unterhalb von Kafr Kana stößt man auf die Straße Nr. 77, die in östlicher Richtung nach Tiberias führt. Die fruchtbare Ebene von Turan, die nördlich vom Turanberg (548 m) begrenzt wird, lädt ein, sich die Geschichte vom Ährenrupfen der Jünger vorzustellen, das bei den Pharisäern Anstoß erregte:

An einem Sabbat ging er durch die Kornfelder und unterwegs rissen seine Jünger Ähren ab. Da sagten die Pharisäer zu ihm: Sieh dir an, was sie tun! Das ist doch am Sabbat verboten. Er antwortete: Habt ihr nie gelesen, was David getan hat, als er und seine Begleiter hungrig waren und nichts zu essen hatten – wie er zur Zeit des Hohenpriesters Abjatar in das Haus Gottes ging und die heiligen Brote aß, die außer den Priestern niemand essen darf, und auch seinen Begleitern davon gab? Und Jesus fügte hinzu: Der Sabbat ist für den Menschen da, nicht der Mensch für den Sabbat. Deshalb ist der Menschensohn Herr auch über den Sabbat (Mk 2,23-28).

Nach 6 km kommt man zur *Golani Junction*. Auf der Straße Nr. 65 kann man nach rechts zum Tabor gelangen, nach links stellt sie eine schnelle Verbindung nach Obergaliläa her. Diese Straße nimmt man, wenn der Pilger den Weg durch das *Wadi al-Hamam* („Tauben-Tal") hinunter nach Migdal/Magdala (vierstündiger Fußmarsch) machen möchte, wie ihn Jesus und seine Jünger für gewöhnlich gemacht haben. An der Kreuzung steht ein Denkmal für die Gefallenen der Golani-Brigade, die im Unabhängigkeitskrieg Galiläa für Israel sicherte.

Die *Hörner von Hittim* (hebr. *Karne Chittim*, manchmal auch *Chittin,* arab. *Qurun Hattin*) liegen links (nördlich) der Straße, so genannt wegen der hörnerförmigen Bergkuppe (326 ü.d.M.), die vulkanischen Ursprungs ist. Hier fand am 4. Juli 1187 die entscheidende Schlacht zwischen dem Kreuzfahrerheer und den Truppen Saladins statt. Saladin hatte bereits den Jordan überschritten und die Stadt Tiberias eingenommen. Mitten im Sommer war natürlich das angreifende Kreuzfahrerheer im Nachteil. Trotz der Warnungen verschiedener Heerführer ließ sich das christliche Heer dazu verleiten, das gut gelegene, befestigte Sepphoris zu verlassen und Saladin entgegenzuziehen. Schon vom beschwerlichen Marsch in der glühenden Julihitze geschwächt, vermehrte Saladin Hitze und Durst des Heeres der Christen noch, indem er das trockene Gras anzünden ließ. Zwar versuchten die Kreuzritter an den See Gennesaret durchzubrechen; ihre Kräfte reichten aber nicht mehr und sie erlitten eine vernichtende Niederlage. Die Macht des lateinischen Königreichs von Jerusalem war damit gebrochen, ein großer Teil des Heiligen Landes fiel wieder in die Hände der Muslime. Weitere Kreuzzüge brachten zwar noch Teilerfolge und Zugeständnisse der muslimischen Machthaber, aber das Königreich von Jerusalem gab es nur noch dem Namen nach. Nach 88 Jahren war die Heilige Stadt wieder muslimischer Besitz.

Spätmittelalterliche Pilger erwähnen die Hörner von Hittim auch als
Ort der Bergpredigt oder der zweiten Brotvermehrung, welche nach
Mt 15,29 auf einem Berg geschah. Freilich gibt es dafür keine
Grundlage in alten Quellen. Es dürften eher praktische Gründe eine
Rolle gespielt haben; die Orte am Nordufer des Sees Gennesaret wa-
ren nämlich damals nicht zugänglich.

Die Straße Nr. 77 führt schließlich mit starkem Gefälle zum See
Gennesaret hinab. Bald sieht man das dreisprachige Schild, das die
Höhe des Meeresspiegels anzeigt. Man hat von hier aus einen wunderbaren Blick auf den See und das Jordantal, auf die jenseits liegenden Berge und das tief eingeschnittene Tal des Jarmuk, des
stärksten Jordannebenflusses.

Nabi Schuweib: Das Drusenheiligtum liegt unterhalb (nordwestlich)
der Hörner von Hittim. Um es zu erreichen, fährt man in die moderne Stadt Tiberias und biegt nach links (Norden) auf die Straße
Nr. 7717 (ausgeschildert). Die Drusen verehren dort das Grab des
Jitro, des Schwiegervaters des Mose (Ex 3,1). Der arabische Name
erinnert aber eher an den Midianiter oder Keniter Hobab, der ebenfalls (Ri 4,11) als Schwiegervater des Mose bezeichnet wird. Nach
drusischer Überlieferung handelt es sich um zwei Namen einer einzigen Person, die sie als Propheten verehren. Als Erbauer des ersten
Heiligtums gilt Saladin, freilich deuten gotische Spitzbögen darauf
hin, dass Kreuzfahrerbauten in diesen Bau integriert wurden. Heute
gilt die moderne und sehr gepflegte Wallfahrtsstätte als heiligste
Stätte der Drusen in Israel. Hier werden auch die drusischen Soldaten der israelischen Armee vereidigt. Um die Moschee zu besuchen,
muss man sowohl nach muslimischer Tradition die Schuhe ausziehen (vgl. auch Ex 3,5) als auch nach jüdischer Art den Kopf bedecken. In der Nische gegenüber vom Eingang wird ein Fußabdruck
des Propheten verehrt. Jüdische Überlieferung sucht hier auch das
Grab der Zippora, der rätselhaften Frau des Mose (Ex 2,21; 4,25;
18,2), welches sich dagegen nach drusischer Tradition in Tiberias
befinde.

Arbel: Um zu den Ruinen von Arbel zu gelangen, biegt man von
derselben Straße 7717 nach rechts ab, in Richtung des modernen
Moschaws Arbel. Man fährt aber nicht in diesen hinein, sondern
umfährt ihn westlich (links). Die Festung lag auf unzugänglichen
Felsen hoch über dem südlichen Abhang des Taubentals, durch welches in der römischen Zeit die Hauptstraße vom See, von Magdala,
nach Westen führte (siehe S. 170). Aufständische Galiläer wurden
hier 160 v. Chr. in den Makkabäerkriegen von Bakchides, dem General Demetrios' III., niedergemacht (1 Makk 9,2). Ähnliches ge-

schah widerspenstigen Galiläern durch Herodes den Großen 38
v.Chr.; er ließ seine besten Krieger an Seilen von oben an die Höh-
leneingänge herab, so dass es für die Eingeschlossenen kein Entrin-
nen mehr gab. Nach einer jüdischen Tradition aus Tiberias (aus dem
7.Jh.) solle der Messias im Tal von Arbel erscheinen. Sollte diese
Tradition von einer lokalen Überlieferung beeinflusst sein, nach
welcher Jesus Christus den Weg von Nazaret zum See durch das
Taubental genommen hat? Schließlich ist es durchaus wahrscheinlich, dass Jesus für gewöhnlich diesen Weg nahm, bildet er doch
den kürzesten Weg zwischen Nazaret und Kafarnaum.

Nachdem man in langgezogenen Rechtskurven den Moschaw um-
fahren hat, kommt nach einer Kuppe zur Rechten ein Parkplatz, auf
den ein Schild (nur auf Hebräisch) hinweist. Dort befindet sich die
Ruine der Synagoge der hellenistischen Stadt *Arbela*. Die Synagoge
stammt wohl aus dem 4.Jh. n.Chr. Sie war aus weißem Kalkstein
errichtet, im Gegensatz zu den anderen Gebäuden des Ortes, die aus
Basalt waren (ähnlich der Synagoge von Kafarnaum). Eine Nische
in der Südwand (Richtung Jerusalem) barg den Toraschrein. Ungewöhnlich für galiläische Synagogen jener Zeit ist der Eingang von
Osten.

Die Straße endet am Nationalpark Arbel. Beim Kiosk sieht man die
Rekonstruktion eines Holzkäfigs; mit solchen ließ Herodes seine
Kämpfer zu den Höhlen hinab. Der Fußweg zu den Höhlen und zu
den Resten der Festung (ein Rundweg von ca. 90 Minuten) umfasst
Kletterpassagen. Diese sind zwar nicht schwierig und gut gesichert,
aber sie sind steil und ausgesetzt (besonders der westliche, rot markierte Weg). Die Ruinen der Festung, die in die Höhlen hineingebaut ist, stammen aus dem 17.Jh., vom Drusen-Emir Fachr ad-Din.
Vom östlichen, schwarz markierten Weg bietet sich ein beeindruckender Blick auf Magdala und den See Gennesaret.

9. OBERGALILÄA

Galiläa, der Norden des Heiligen Landes, kann in Ober- und Untergaliläa unterteilt werden. Untergaliläa ist der durchschnittlich tiefer gelegene Teil, die Gegend um Nazaret; Obergaliläa dagegen der höher gelegene nördliche Teil, bis zur libanesischen Grenze. Es gibt keine klare Abgrenzung zwischen den beiden Teilen. Die Beschreibung in diesem Kapitel folgt der geographischen Gliederung der Täler bzw. Höhenrücken, die in Ost-West-Richtung verlaufen – spiegeln sich ungefähr im Verlauf der Hauptstraßen wider. Ganz im Norden, entlang der libanesischen Grenze, verläuft die Straße Nr. 899; südlich davon, von Safed nach Naharija, die Nr. 89; weiter südlich, von Chorazin nach Akko, die Nr. 85.

Sowohl zur biblischen Zeit als auch heute befindet diese Region sich in einer Randlage. Deshalb gibt es hier kaum wichtige biblische Ortslagen. In der byzantinischen Epoche blieb vor allem der Ostteil dieser abgelegene Gegend jüdisch geprägt, wovon zahlreiche antike Synagogen Zeugnis ablegen. Dagegen sind im westlichen Obergaliläa über 50 Orte gefunden worden, in denen in der Antike Christen wohnten. Noch heute gibt es hier relativ viele christliche Gemeinden. Wer mehr an schöner Landschaft denn an Zeugnissen der Vergangenheit interessiert ist, kommt ebenfalls auf seine Kosten. Man kann hier selbst in den heißen Sommermonaten ein überraschend grünes Heiliges Land entdecken.

Entlang der libanesischen Grenze

Die Straße Nr. 899 führt vom Huletal bis zum Mittelmeer teils sehr nahe der libanesischen Grenze entlang. Auf dieser landschaftlich reizvollen Strecke öffnet sich immer wieder der Blick nach Norden auf die teils kahlen, teils grünen Höhen des südlichen Libanon. Zum östlichen Teil dieser Strecke siehe S. 213.

Etwa 10 km nordwestlich von Safed liegt *Kfar Barám* (auch *Birim* geschrieben), bis 1948 ein christliches (maronitisches und melkitisches) Dorf. Damals wurden seine ungefähr 1000 Einwohner angewiesen, das Dorf vorübergehend zu verlassen. Wenige Jahre später wurde das Dorf zerstört. Die einstigen Bewohner (unter ihnen Elias Chacour, bis 2014 melkitischer Erzbischof von Galiläa) warten bis heute auf ihre Rückkehr. Die maronitische Kirche aus dem 19. Jh., an deren Fassade bemerkenswerte alte Überreste zu bewundern sind, ist erhalten und wird wieder benutzt. Die früheren Dorfbewohner und ihre Nachfahren kommen zu Taufen, Hochzeiten oder Beerdigungen gerne in die alte Heimat zurück. Vom Dach der Kirche

genießt man eine schöne Aussicht, nach Süden sieht man den dominierenden Gipfel des Meron.

In einem Nationalpark liegen die Reste einer sehr gut erhaltenen
Synagoge mit nahezu intakter Fassade aus dem 3. (?) Jh. n. Chr. Pioniere der Synagogenforschung waren wie in Kafarnaum die deutschen Architekten Heinrich Kohl und Carl Watzinger (1905). Eine
schon damals gefundene Inschrift lautet:

> Möge an diesem und an jedem Ort in Israel Frieden herrschen.
> Josua der Levit, der Sohn Levis, hat dieses Gesims gemacht.
> Mögen seine Taten gesegnet sein. Friede.

Die Inschrift befindet sich heute im Pariser Louvre, andere Überreste im Israel-Museum zu Jerusalem.

Nördlich von Baram (aus dem Nationalpark kommend rechts auf die
Nr. 899, bald darauf noch einmal rechts) kommt man zunächst zum
christlichen Friedhof des Dorfes, dann zu einem jüdischen Friedhof
und danach zum Grab des Propheten Obadja (alle rechts der Straße).
Von diesem Propheten stammt das kürzeste Buch der Bibel (nur 21
Verse).

Eine jüdische Legende nimmt wenig südlich von Baram das Grab
der Königin Ester und ihres Cousins und Vormunds Mordechai an,
weshalb Juden gern zum Purimfest hierher pilgern – an diesem Fest
feiern die Juden ausgelassen die Rettung ihres Volkes durch Ester,
wie sie im gleichnamigen biblischen Buch beschrieben ist.

In der Küstenebene angekommen, erreicht man *Schlomi*. Das moderne Städtchen liegt an der Stelle des arabischen Dorfes *al-Bassa,*
dessen Name auf das antike *Bezet* zurückgeht, das im Talmud erwähnt wird. Die Einwohner des Dorfes waren mehrheitlich Christen
(griechisch-katholisch), ein kleinerer Teil waren schiitische Muslime. Die in den 1920er-Jahren strittige Zugehörigkeit des Dorfes
zum (französischen) Libanon oder zum (britischen) Palästina wurde
schließlich zugunsten Palästinas entschieden. 1948 mussten alle Bewohner ihre Heimat verlassen, eine Kirche und eine Moschee stehen
noch.

Im Nordwesten des Städtchens wurden 1976-78 vor der Errichtung
von Neubauten Notgrabungen vorgenommen. Auf die Überreste aus
der Frühen Bronzezeit folgt unmittelbar die byzantinische Zeit. Da
man keine Kirche fand, eine griechische Inschrift inmitten der sehr
dekorativen Mosaiken aber das Jahr 610 und einen Abt Thomas erwähnt, schließt man, es habe sich um ein Klostergut gehandelt, dessen Abt sich nur ein paar Jahre an den gut ausgestatteten Räumen
freuen konnte, denn schon in der persischen Eroberung scheint das
Gut zerstört worden zu sein. Eine zweite, syrische Inschrift bezeugt
die Wiederbesiedlung eines Teils der Gebäude im 8. Jh.

Von Safed nach Naharija

Sáfed (*Zefát* ist die moderne hebräische Form des Namens) hat gut
30 000 Einwohner und ist wegen seines frischen Klimas, seiner
Künstlerkolonie und wegen seiner reichen und lebendigen jüdischen
Tradition Anziehungspunkt für Besucher. Die Stadt gilt als eine der
vier „heiligen Städte" des Judentums. Um nach Safed zu kommen,
verlässt man die Schnellstraße Nr. 89 an der Ausfahrt *Safed South*.
Von dort sind die Altstadt und der Friedhof ausgeschildert.

Geschichte: In der Bibel kommt Safed nicht vor, Flavius Josephus
erwähnt die Stadt unter dem Namen *Sepph*. Aufgrund ihrer Lage
wird sie gern mit der „Stadt auf dem Berg, die nicht verborgen bleiben kann," (Mt 5,14) in Verbindung gebracht. Selbstverständlich
darf man sich vorstellen, dass Jesus während der Bergpredigt den
Blick zu dieser Stadt wandte, ohne dass er freilich von einer konkreten Stadt gesprochen hätte.
Schon zur Zeitenwende war Safed befestigt, auch in der Kreuzfahrerzeit war es eine wichtige Festung. Diese wurde 1140 erbaut und
1188 von Saladin nach fünfwöchiger Belagerung eingenommen. Die
Befestigungen wurden 1220 von den Arabern geschleift, aus Angst,
sie könnte in die Hände des herannahenden Fünften Kreuzzugs fallen. 1240 wurde Safed im Rahmen eines Vertrages den Kreuzfahrern zurückgegeben, die die Festung zur größten Kreuzfahrerburg
im Lande ausbauten. 1266 ergab sie sich dem Sultan Baibars unter
Zusicherung freien Geleites. Diese Zusicherung wurde aber nicht
eingehalten: 600 Christen – Ritter, aber auch Geistliche und Nonnen – wurden getötet. Die weitere Zerstörung übernahm die Natur,
vor allem zwei schwere Erdbeben, 1759 und 1837. Was von den
Erdbeben übrig blieb, wurde beim Wiederaufbau der Stadt als Baumaterial verwendet.
Safed ist eine der wenigen Städte des Heiligen Landes, in welcher es
stets eine jüdische Gemeinde gegeben hat – mit der traurigen Ausnahme der Kreuzfahrerzeit, als die neuen Herren die jüdische Bevölkerung teils töteten, teils zur Flucht zwangen. Nach der Vertreibung
der Juden aus Spanien (1492) fand ein Teil der Ausgewiesenen hier
Zuflucht. Für Safed sprachen vor allem zwei Gründe: Die Stadt hatte weder für Christen noch für Muslime religiöse Bedeutung und sie
lag in der Nähe des Grabes von Schimon bar Jochai und anderer
wichtiger rabbinischer Gelehrter. Bald wurde Safed zu einem Zentrum jüdischer Gelehrsamkeit – hier wurde 1578 das erste hebräische Buch des Orients gedruckt – und zu einem Sammelpunkt der
Kabbalisten (s. u.). Die folgenden Jahrhunderte waren eine Zeit allmählichen Niedergangs, verursacht durch politische Unsicherheiten

und Ausschreitungen, aber auch durch Erdbeben und Seuchen. Ab dem ausgehenden 18. Jh. wanderten osteuropäische (aschkenasische) Juden nach Safed zu, bald überstieg ihre Zahl die der einheimischen orientalischen (sephardischen) Juden.

Zu Beginn des 20. Jh. galt Safed als Musterbeispiel friedlichen Zusammenlebens von Juden und Arabern, laut zeitgenössischen Berichten sprachen die Juden auch Arabisch, die Araber auch Jiddisch (!). Dies änderte sich in den 1920er-Jahren, als es zu Ausschreitungen gegen die jüdische Minderheit in der Stadt kam. Im Unabhängigkeitskrieg 1948 verteidigte sich die jüdische Bevölkerung gegen die arabische Übermacht und gewann schließlich die Oberhand (Kriegerdenkmal am höchsten Punkt der Festung). Die arabische Bevölkerung (darunter der 13-jährige Mahmud Abbas, gegenwärtig Präsident der Palästinensischen Autonomie) floh. Heute ist Safed eine moderne israelische Stadt, die Altstadt ist sowohl durch orthodoxe Juden als auch durch Künstler geprägt.

Die *Kabbalá*: Safed ist ein Zentrum der jüdischen Kabbala. Diese ist in den letzten Jahrzehnten in esoterischen Kreisen in Mitteleuropa zu einer Mode geworden. Freilich hat vieles, was heute unter diesem Titel zu finden ist, mit ihren jüdischen Ursprüngen wenig zu tun. Der Begriff *Kabbala* kommt vom hebräischen Wort *kibbél,* „empfangen, nehmen"; oft wird Kabbala auch mit „Tradition" übersetzt. Ihre Überlieferung gilt als Teil der mündlichen Tradition, die Mose nach jüdischem Glauben am Berg Sinai empfing. Kabbala bedeutet also eigentlich das Gegenteil von dem, was wir unter Mystik verstehen und mit Privatoffenbarungen, Visionen, etc. assoziieren. Selbst in den wenigen Fällen, in denen die Kabbala auf mystische Weise überliefert wurde, gilt die empfangene Lehre als traditionell und orthodox. Religionsgeschichtlich gesehen trat die Kabbala erst am Ende des 12. Jh. in Erscheinung, wobei sich im weiteren Verlauf der Geschichte innerhalb der kabbalistischen Bewegung verschiedene Strömungen herausbildeten.

Die frühen Zentren der Kabbala lagen in der Provence und in Spanien. Dort wirkten in der zweiten Hälfte des 13. Jh. berühmte Kabbalisten, wie Abraham Abulafia und dessen Schüler Josef Gatkilla, der unter dem Titel *Schaaré Ora* (aramäisch „Pforten des Lichts") eine der einflussreichsten Darstellungen der kabbalistischen Lehre schrieb. Gatkilla schloss sich dann Moses de Leon an, der als Verfasser des *Zohars* (Buch des „Glanzes"), des Hauptwerkes der Kabbala, gilt. Dieses wurde traditionell Schimon bar Jochai, einem Gelehrten des 2. Jh., zugeschrieben (siehe S. 158).

Unter den Kabbalisten, die im 16. Jh. in Safed lebten, ist an erster Stelle Josef Karo (1488–1575) zu nennen, der 1536 in die Stadt kam und auch hier begraben ist. Er war nicht nur Kabbalist, sondern

auch ein bedeutender Halachist (Gesetzeslehrer). Neben zahlreichen
kabbalistischen Arbeiten hat er einen Kodex des religiösen Rechtes
zusammengestellt, den *Schulchan Aruch* (hebr. „Gedeckter Tisch"),
der bis heute im orthodoxen Judentum maßgebend ist. Zu seinen
Gefährten zählte Schlomo Alkabetz (ca.1500–1580), der Dichter
des Sabbathymnus *Lechá Dodi* („Komm, mein Geliebter", vgl. Hld
7,12). Unter Karos Schülern waren Moses Alscheich (1509–1593)
und Moses Cordovero (1522–1570). Dieser gilt als der größte Kabbalist seiner Zeit. Zwei seiner Schüler, Isaak Luria (1534–1572)
und Chaim Vital (1542–1620), wurden selbst berühmte Kabbalisten. Luria, der in Jerusalem geboren wurde und lange in Kairo lebte,
kam 1569/70 nach Safed. Dort stand er einer Schule vor, der kurze
Zeit auch Chaim Vital angehörte. Dieser wurde zum Sammler, Deu-
ter und Herausgeber des lurianischen Werkes und sorgte für dessen
Verbreitung. So wurde Luria zum einflussreichsten kabbalistischen
Gelehrten, dessen Lehre (lurianische Kabbala) bis heute in orthodoxen und chassidischen Kreisen verbreitet ist.

Die vielfältigen Inhalte der „kabbalistischen" Lehren, die heute im
Umlauf sind, müssen hier übergangen werden, wobei die meisten
mit der klassischen Kabbala, die vom Judentum nicht abzulösen ist,
ohnehin nichts zu tun haben. Es soll vielmehr darauf hingewiesen
werden, dass die authentische Kabbala von Anfang an auf eine „Spi-
ritualisierung der Tora" hinzielte. Anders gesagt: Den Kabbalisten
ging es immer um das spirituelle „Herz" der Tora, das lange zugunsten der gesetzmäßigen Auslegung (*Halachá,* wörtlich „Gehen", also
etwa die „Gangart") vernachlässigt wurde – also nicht um esote-
rische Lehren. Die geistlichen Motive der *Mizwot* (hebr. „Gebote"), die seit der Gesetzgebung am Sinai überliefert wurden, sollten
entdeckt und fruchtbar gemacht werden. Dazu entwickelten die Gelehrten das System der *Taamé Mizwot* („Gründe der Gebote"), bei
denen die nicht-rationalen Gründe für die Einhaltung der Gebote
hervorgehoben und neue Bedeutungsebenen für die Rituale und sozialen Pflichten entdeckt wurden. Damit entstand auch die Vorstellung einer wechselseitigen Abhängigkeit zwischen Gott und den
Menschen, welcher in der kabbalistische Lehre eine zentrale Bedeutung zukommt. Die Gebote werden zu Mitteln, durch die der
Mensch den göttlichen Bereich beeinflussen kann und damit auch
sein eigenes Schicksal gestaltet. Diese Konzepte begegnen uns wieder in der lurianischen Kabbala, deren zentrale Idee der *Tikkun*
(„Heilung" oder „Reparatur") ist. Dabei geht es darum, die von Anfang an unvollkommene Schöpfung zu ihrer Vollendung zu führen.
Die Mittel des *Tikkun* sind vor allem die Beobachtung der Mizwot
sowie ein Streben nach religiöser Vollkommenheit – und zwar für
den Einzelnen wie für das ganze auserwählte Volk.

An die Blütezeit der Kabbala erinnern heute die Synagogen in der Altstadt von Safed. Zwei davon tragen die Namen von Gelehrten, die bisher nicht erwähnt wurden: Rabbi Abuhav, ein Kabbalist des 15. Jh., und Rabbi Banaá, ein Gelehrter zur Zeit der Mischna, der zusammen mit Schimon bar Jochai zu den Schülern des berühmten Rabbi Akiba zählte. Er wird nach einer Legende auch *der weiße Zaddik* (hebr. „Gerechter") genannt. Vier weitere Synagogen sind nach bereits erwähnten Kabbalisten benannt: Die *ha-Alscheich-*, die *Josef-Karo-* sowie die aschkenasische und die sephardische *Ari-Synagoge – Arí* (hebr. „Löwe") ist ein Ehrenname des Rabbi Isaak Luria.

Besichtigung: Der günstigste Ausgangspunkt für einen Besuch der Altstadt ist der Busparkplatz zwischen dem alten jüdischen Viertel und der ehemaligen „Markt-Moschee". Das alte jüdische Viertel, in dem die erwähnten Synagogen liegen, ist nach wie vor jüdisch-religiös geprägt, es ist aber auch zu einem Künstlerviertel geworden. Es ist interessant zu beobachten, wie sich sowohl im Judentum als auch im Christentum religiöse Kunst und Kitsch leicht vermischen. Manche der Geschäfte könnten mit nur geringen Änderungen auch in Altötting oder Oberammergau zu finden sein.

Die frühere Marktmoschee wird heute als Ausstellungsraum für Kunst genutzt. Dahinter wurde 1948 ein Künstlerviertel gegründet – freilich sind heute fast alle Künstler in die Altstadt abgewandert. Etwa 600 m südlich davon liegen die verwahrlosten Ruinen eines mamlukischen Mausoleums und daneben die *Rote Moschee*. Diese wurde 1276 von Baibars in schöner Mamlukenarchitektur erbaut. Heute befindet sich darin das (meist geschlossene) Kulturzentrum „Roter Chan".

Unterhalb der Altstadt liegt der enorme alte jüdische Friedhof. Auf ihm befinden sich die Grabstätten der meisten der erwähnten Kabbalisten und anderer verehrter jüdischer Gelehrter. Auch wenn den meisten europäischen Besuchern diese Personen fremd sind, werden sie sich nur schwerlich dem eigenartigen Reiz entziehen können, den diese Ruhestätte von Frommen aus bald zwei Jahrtausenden ausstrahlt.

Auf dem höchsten Punkt der Stadt lag die einst gewaltige Befestigung (hebr. *ha-Metsuda*, 838 m ü. d. M.), von der leider fast nichts mehr erhalten ist. 850 m lang, war sie von einer 30 m hohen Mauer umgeben. Der Aufstieg lohnt sich aber wegen der Aussicht. Nach Osten, über die Altstadt hinweg, sieht man das tief eingeschnittene *Wadi/Nachal Amud* (arab. und hebr. „Säulental"). Es hat seinen Namen von einer Kalksteinsäule, die im Unterlauf des Tales durch Erosion entstanden ist, und zieht sich bis hinunter zum See Gennesaret. Jenseits davon sieht man den Doppelgipfel des Meron, dem mit 1208 m höchsten Berg Israels (ohne die Golanhöhen). Die Kuppel auf dem höheren, rechten Gipfel ist eine militärische Anlage. Südlich unterhalb des Burgberges befindet sich ein auf interessante Weise ökumenisches Heiligtum, heute genannt: *Cave of Shem and Ever* („Höhle von Schem und Eber"). Zur byzantinischen Zeit befand sich hier eine (jüdische?) Grabanlage, die von Juden als Grab mehrerer talmudischer Gelehrter verehrt wurde. Die örtliche muslimische Tradition sah hier den Platz der Trauer Jakobs über den vermeintlichen Tod seines Sohnes Josef (Gen 37,29-36; vgl. aber S. 249). Die Kreuzfahrer betrachteten das Grab als das von Tobit (Tob 14,11), der aus dieser Gegend stammte (siehe S. 214). Die benachbarte Kirche weihten sie dagegen, wohl in Anlehnung an die muslimische Tradition, dem hl. Jakobus – welchem der verschiedenen Heiligen dieses Namens, ist unbekannt. Daher wurden die Nonnen des hiesigen Klosters „Töchter Jakobs" genannt (vgl. S. 210). In der mamlukischen und osmanischen Zeit war der Platz wieder ein muslimisches Heiligtum. Seit dem 19. Jh. verehrten Juden hier das *Lehrhaus Jakobs,* der nach einer Tradition unbekannten Alters hier am Grab seiner Vorfahren Schem und Eber die Tora studiert habe. Schem war nach der Bibel ein Sohn Noachs, Eber sein Urenkel (Gen 10,21-24). Von Schem leitet sich übrigens der Begriff „semitisch" ab, der eine Gruppe von Sprachen (u. a. Hebräisch, Arabisch und Aramäisch), in der Vergangenheit auch eine Gruppe von Völkern, bezeichnet.

Meron (4 km westlich von Safed) ist der bedeutendste volkstümliche jüdische Wallfahrtsort, von der Klagemauer einmal abgesehen, und liegt mitten in der romantischen Bergwelt Obergaliläas. Tausende von Pilgern besuchen alljährlich zum Fest *Lag be-Omer* (33 Tage nach dem Pascha, im Mai oder Juni) das Grab des weisen Rabbi Schimon bar Jochai, nach den Anfangsbuchstaben seines Namens oft *Raschbi* genannt. In einer großteils neuen Wallfahrtsanlage fast an der höchsten Stelle des Ortes liegt sein Grab und das seines Sohnes Eleazar. Raschbi ist ein bekannter Gelehrter des 2. Jh., der wegen seiner Unterstützung des Kampfes gegen die Römer in die Berge fliehen musste. Ihm wird (kaum zu Recht) das berühmte mystische *Zohar* (Buch des „Glanzes") zugeschrieben. Um die Anlage herum befinden sich weitere antike jüdischen Gräber. Man beachte die Metallbrücke unterhalb des Grabes von Raschbi. Sie dient dazu, dass *Kohanim* (jüdische Priester) hier entlanglaufen können, ohne einen Friedhof betreten zu müssen, was ihnen nach jüdischen Gesetz verboten ist.

Oberhalb der Grabanlage und des Parkplatzes liegt die schlecht erhaltene Ruine einer Synagoge (13×27 m). Wie bei galiläischen Synagogen üblich, ist die Fassade mit drei Toren nach Süden, nach Jerusalem hin ausgerichtet.

Über einen kurzen Fußpfad abwärts kann man zur traditionellen Grabkammer des *Rabbi Hillel* und seiner Schüler gelangen, während das Grab seines Konkurrenten *Rabbi Schammai* und ein *Messiasthron* genannter Felsen auf der anderen Seite der Schlucht gezeigt werden. Rabbi Hillel und Rabbi Schammai waren die beiden Schulhäupter der Gesetzesauslegung zur Zeit Jesu und diskutierten, wie Jesus, beispielsweise auch über die Frage: „Darf man seine Frau aus jedem beliebigen Grund aus der Ehe entlassen?" (vgl. Mt 19,3). Rabbi Schammai vertrat eine strengere Auffassung und verlangte triftige Gründe, Rabbi Hillel ließ dagegen alles gelten, was dem Mann an seiner Frau missfiel (z.B. eine versalzene Suppe).

4 km nördlich von Meron erreicht man *Dschisch,* meistens *(al-)Jish* oder *Gisch* geschrieben; hebräisch heißt es *Gusch Chalav.* Das Dorf hat etwa 2700 Einwohner, zum großen Teil maronitische Christen. In der Antike hieß der Ort *Giskala,* von hier stammte Johannes (oder Johanan) von Giskala, einer der Anführer des Jüdischen Aufstandes gegen die Römer (66–70 n.Chr.). Nach dem Kirchenvater Hieronymus habe auch die Familie des Paulus von hier gestammt; er selbst war ja zu Tarsus in Kleinasien geboren (Apg 21,39). Westlich unterhalb des Dorfes sieht man eine blaue Kuppel über einer Grabhöhle – nach der jüdischen Tradition das Grab des Propheten Joël. Die Bibel schweigt über die Herkunft, den Wirkungs- und Sterbeort des Propheten, das kurze Buch Joël beschreibt in eindrücklichen Bildern den „Tag des HERRN". Petrus zitiert in seiner Pfingstpredigt einen längeren Abschnitt daraus (Apg 2,16-21).

4 km nach Jish mündet von rechts die Straße Nr.899 ein (*Khiram Junction*) und wenig später wieder aus. Die Straße Nr.89 führt nördlich um den *Meronberg* herum.

Nach weiteren 14 km, an der *Khosen Junction,* zweigt nach Süden (links) die Straße Nr.864 ab. Auf dieser erreicht man nach 5 km *Buqea* (arab. „kleine Ebene")/*Pekiin* (hebr.). Von den 5000 Einwohnern sind etwa 70 % Drusen, knapp 30 % Christen (griechisch-orthodox und -katholisch), daneben gibt es kleine muslimische und jüdische Gemeinden. Es ist das einzige Dorf im Heiligen Land, in dem es seit Jahrhunderten eine Gemeinde von „Landjuden" gibt, während sonst hier die Juden traditionell in den Städten lebten. Die jüdische Gemeinde ist seit dem 16. Jh. schriftlich belegt, sie dürfte aber viel älter sein. Interessant ist die Synagoge. Sie wurde 1873 neu gebaut, enthält aber steinerne Schmuckelemente (eine Menora und die Darstellung eines Toraschreins – oder der Bundeslade?), die bis in die ersten Jahrhunderte unserer Zeit zurückreichen. Wer nicht bis in diese abgelegene Gegend kommt, kann einige Ansichten des malerischen Dorfes auf der Rückseite des 100-Schekel-Scheines bewundern.

An der höchsten Stelle der Straße Nr. 89 hat man zur Rechten das christliche Dorf *Miílja*. Es wird von den Ruinen der rechteckigen Kreuzfahrerburg *Castrum Regis* (lat. „Königs-Lager") beherrscht. Im 13. Jh. verlor diese Burg allmählich zugunsten des benachbarten Montfort an Bedeutung. Um 1270 wurde sie von Mamluken erobert.

Montfort („Starken-Berg"): Von *Miilja* nordwestlich abzweigend, kann man noch 3 km zu einem Parkplatz fahren und muss von dort zu Fuß in das *Kezivtal* mit der Ruine Montfort absteigen. Sie ist eine der Kreuzfahrerburgen, die der Sicherung des Inneren von Galiläa bzw. der Heerstraße von Syrien nach Palästina und Ägypten dienten. Sie wurde von französischen Grafen im 12. Jh. gegründet. Nach Besitzwechseln im Gefolge der Schlacht bei den Hörnern von Hittim 1187 erwarb sie 1229 der Deutsche Orden. Ihr Großmeister Hermann von Salza bestimmte sie zum Sitz des Ordens und ließ sie entsprechend ausbauen und ausstatten. Sie sollte zugleich das wirtschaftliche Hinterland von Akko sichern. 1271 musste sie aber dem Sultan Baibars zur Zerstörung übergeben werden, da die Mamluken ihre Bastionen unterminiert hatten. Immerhin gestattete der Sultan den Rittern freien Abzug und die Mitnahme des Ordensarchivs.

Da Montfort so weit abliegt und bis heute nur zu Fuß zu erreichen ist, blieben sehr ansehnliche Ruinen erhalten. Sie wurden 1926 vom Metropolitan Museum in New York weiter freigelegt. Man gewinnt eine gute Vorstellung von Mauern und Türmen, Burgkapelle und Kapitelsaal und dazu einer Mühle im Tal.

Den schönsten Blick auf die Ruine hat man von der gegenüberliegenden Talseite aus (vom *Goren Park,* westlich vom Moschaw Goren, Zufahrt von der Straße Nr. 899). In einer Wanderung kann man diesen Aussichtspunkt auch von Montfort aus erreichen, sie beinhaltet aber 150 Höhenmeter Ab- und Aufstieg.

An der *Oshrat Junction* kann man über eine Seitenstraße zum Kibbuz *Jechiam* mit der Kreuzfahrerburg *Judin* gelangen, welche die Templer 1192 als Vorposten für Akko erbaut haben. Die Burg wurde auf römischen und byzantinischen Ruinen errichtet, von welchen aber nur wenige Reste erhalten sind. Die Kreuzfahrer errichteten sie zunächst als befestigte landwirtschaftliche Siedlung. 1208 wurde sie dem Deutschen Orden anvertraut, der sie weiter ausbaute. 1265 eroberte Baibars die Burg und zerstörte sie. 1738 baute Scheich Daher al-Omar auf den Kreuzfahrerfundamenten eine Festung. Von ihr stammen die meisten der beeindruckenden Ruinen, die man heute sieht. 1948 war der zwei Jahre zuvor gegründete Kibbuz schwer

umkämpft. Eine Reihe von erhaltenen oder rekonstruierten Befestigungsanlagen erinnern an diese Ereignisse der jüngeren Geschichte.

An der *Kabri Junction* liegt der Kibbuz *Kabri,* der 1949 an der Stelle des gleichnamigen arabischen Dorfes gegründet wurde. Von hier
aus wurde früher Akko mit Wasser versorgt. Der wasserreiche Ort
war schon seit der Jungsteinzeit besiedelt, wovon einige erstaunliche Funde zeugen. In byzantinischer Zeit gab es hier eine Kirche
mit einer verstümmelten syrischen Inschrift.

Von Chorazin nach Akko

Die Straße Nr. 85 führt von Chorazin bis nach Akko. Der östliche
Teil dieser Straße ist zwar nicht die kürzeste, aber die schnellste
Verbindung vom Nordufer des Sees Gennesaret nach Südwesten
(Richtung Nazaret). Um in diese Richtung zu fahren, nimmt man an
der *Nakhal Amud Junction* die fast ganz vierspurig ausgebaute
Nr. 65. 2 km nach dieser Kreuzung liegt rechts der Straße eine Grab-
anlage, die in der jüdischen Tradition als das Grab des Propheten
Habakuk verehrt wird. Nach weiteren 10 km erreicht man rechts die
Einfahrt zum arabischen Dorf *Eilabun,* am Westrand des *Netofa-
Tals* (siehe S. 139).
Nördlich der *Netofa-Tals* erhebt sich der *Har* (Berg) *Netofa* und an
dessen höchster Stelle die *Laura Netofa.* Der niederländische Trap-
pist Abuna (arab. „Pater") Jaakov Willebrands gründete hier 1967
diese Laura, eine Einsiedlergemeinschaft nach dem Vorbild des alten palästinischen Mönchtums. Mittelpunkt der Anlage ist eine Kapelle in einer Grotte, die Abuna Jaakov eigenhändig gegraben hat.
Vor seinem Tod 2005 vertraute der Gründer das Kloster der Gemeinschaft der Betlehemschwestern und -brüder aus Bet Dschemal
(siehe S. 632) an, die das kontemplative Leben an diesem Ort weiterführen. Um das Kloster zu erreichen, muss man den Kibbuz Hararit durchqueren. Der Berg ist einer der wenigen Orte, von dem aus
man bei geeignetem Wetter gleichzeitig den See Gennesaret und das
Mittelmeer sehen kann.
Nördlich vom Netofa-Berg liegt das arabische Dorf *Der Hanna.* In
den Resten der Kreuzfahrerfestung an der höchsten Stelle des Dorfes wurden eine Moschee und eine Kirche eingebaut.

Bleibt man auf der Straße Nr. 85 nach Westen, kommt man nach
Karmiël, „Gottes-Weinberg". Die Stadt (45 000) Einwohner wurde
1964 als regionales Zentrum gegründet. Der Name der Stadt wie der
des ganzen Tales (*Bet Kerem,* „Weinberg-Haus") bezieht sich auf
die Weinberge, die zu den Olivenbäumen als zweite traditionelle

Einnahmequelle hinzukommen. Im Stadtgebiet wurden die (spärlichen) Reste mehrerer byzantinischer Kirchen gefunden.

Von Karmiël aus ist die Straße Nr.854 nach Norden (bergauf) lohnenswert. Bald nach der Einfahrt zum Industriegebiet *Layon* zweigt nach links (Westen) die Straße Nr.8544 ab. Auf dieser sieht man den auffälligen Kegel des *Tefen-Berges* vor sich. Ein Wanderweg auf den Gipfel beginnt bei der nächsten Abzweigung (nach *Yirka*). Auf dem Gipfel liegen die eindrucksvollen Ruinen einer großen hellenistischen Festung aus dem 2.Jh. v.Chr. mit den gut erhaltenen Resten mehrerer Tore und Türme.

Weiter auf der Nr.854 liegen auf der anderen Seite des Talgrundes zwei byzantinische Ruinenstätten. Wenig oberhalb des Straße liegt inmitten von Olivenhainen *Chirbet Mahoz* mit gut erhaltenen byzantinischen Gebäuden, die zu einer landwirtschaftlichen Siedlung gehörten.

Nördlich oberhalb davon erreicht man auf einem grün markierten Wanderweg in wenigen Minuten *Chirbet Hescheq*, die Ruine einer byzantinischen Kirche. Es ist verhältnismäßig viel an Mauern und Architekturteilen erhalten, so dass man sich nach den Ausgrabungen von 1985-88 eine recht gute Vorstellung von dem Bauwerk machen kann. Die einfachen teppichartigen Mosaike sind gut erhalten. Aus fünf griechischen Inschriften ergibt sich, dass die Kirche von einem Diakon Demetrios und seinem Sohn Georg vollendet wurde, wahrscheinlich im April 519 n.Chr. Das Mittelschiff der Kirche war dem Märtyrer Georg geweiht, das rechte Seitenschiff dem hl. Sergius. Für beide Heilige gab es jeweils ein steinernes Reliquiar im Boden, das der Mittelapsis liegt noch an Ort und Stelle. Unter dem rechten Seitenschiff der Kirche befindet sich eine geräumige Grabkammer, unter dem Narthex (Vorraum) eine Zisterne, beide sind gut erhalten und begehbar. Ein Brand des hölzernen Daches brachte die Kirche zum Einsturz, wahrscheinlich 614 oder 638, während der persischen bzw. arabischen Eroberung.

Weiter auf der Nr.854 erreicht man *Migdal* („Turm") *Tefen*, ein Industriegebiet, in dem sich ein Komplex mehrerer Museen befindet, darunter ein moderner Skulpturenpark und ein Industriemuseum. Beachtung verdient das *German Speaking Jewry Museum*, das „Museum deutschsprachiger Juden". Es stellt Religion, Geschichte und Leben der deutschsprachigen Juden von ganz Mitteleuropa in Bildern, Fotos und Gegenständen dar. Ein eigener Raum dokumentiert den Anteil der deutschsprachigen Juden am Aufbau Israels. Da die deutschsprachigen Juden in Israel den Spitznamen „Jeckes" haben, nennt man dieses Museum auch *Jeckes-Museum*. Diese Bezeichnung (hebr. *Jekim*) hat nichts mit dem Kölner Karneval zu tun, sondern stammt von den (Anzugs-)Jacken, die sie üblicherweise trugen.

10. UM DEN SEE GENNESARET

Der See Gennesaret ist der größte Süßwassersee im Heiligen Land. Während er im Alten Testament nur am Rande vorkommt, spielt er im Neuen Testament eine wichtige Rolle, lagen doch viele der Orte, an denen Jesus wirkte, in seiner Nähe, vor allem am Nordufer.

In verschiedenen – modernen wie antiken – Sprachen gibt es für den See unterschiedliche Bezeichnungen, die allesamt mit Orten oder Landschaften in seiner Umgebung in Beziehung stehen. Im Deutschen ist die Bezeichnung „See Gennesaret" üblich; sie kam in hellenistischer Zeit auf (1 Makk 11,67, Lk 5,1), nach dem gleichnamigen Ort (hebr. *Ginnosar,* siehe S. 173). Im Hebräischen heißt der See *Jam Kinnéret* („Kinneret-Meer"), und zwar schon in der Bibel (z. B. Num 34,11), nach dem gleichnamigen Ort (siehe S. 173). Eine volkstümliche Erklärung leitet diesen Namen vom hebräischen Wort *Kinnor,* „Harfe", ab, da er in etwa die Form einer Harfe habe. Dagegen wird eingewandt, dass Ortsnamen nach Musikinstrumenten ungewöhnlich sind, dass aber Orte öfter nach Göttern benannt wurden. So wird diskutiert, ob es einen semitischen Gott gab, der *Kinnor,* oder eine Göttin, die *Kinneret* hieß und mit einer Harfe abgebildet wurde. Auf Englisch heißt er *Sea of Galilee,* „Meer von Galiläa" (ähnlich im Spanischen). Dieser Name findet sich auch im Neuen Testament (Mk 1,16, Mt 4,18). Im etwas späteren Johannesevangelium wird er „Meer von Tiberias" genannt (Joh 6,1), eine Bezeichnung, die sich im Arabischen (*Buhairat Tabarije*) oder auch im Italienischen, Polnischen oder Russischen erhalten hat.

Der See Gennesaret ist 21 km lang und bis zu 12 km breit und liegt gut 200 m unter dem Meeresspiegel. Die genaue Höhe schwankt je nach Ergiebigkeit der Niederschläge: Der bisherige historische Tiefststand war -215 m (im Herbst 2002), bei -209 m gilt er als voll (zuletzt erreicht 2004). Er ist der am tiefsten gelegene Süßwassersee der Erde. Er ist ca. 45 m tief; seine Oberfläche beträgt etwa 165 km^2, d. h. ein Drittel des Bodensees.

Die Vegetation um den See ist subtropisch, der Sommer sehr heiß und die Luft dabei feucht, für Mitteleuropäer nicht sehr angenehm. Doch der jüdische Geschichtsschreiber Flavius Josephus schwärmt in seinem Geschichtswerk „Über den Jüdischen Krieg":

> Weintrauben und Feigen, die königlichsten Früchte, kann man zehn Monate lang ohne Unterbrechung ernten, die anderen Früchte sogar während des ganzen Jahres.

Berühmt ist auch der Fischreichtum des Sees; besonders bekannt ist der „Petrusfisch", eine Barsch-Art, die in den Restaurants um den See angeboten wird und eine Kostprobe wert ist.

Bootsfahrt über den See

Es besteht die Möglichkeit, mit dem Boot eine Fahrt über den See
Gennesaret zu machen. Als Ausgangs- und Zielpunkte kommen in
Frage: Tiberias oder Ginnosar am Westufer oder Ein Gev auf der
anderen Seite des Sees, bei ausreichend hohem Wasserstand auch
Kafarnaum. Angesichts des faszinierenden Rundpanoramas auf dem
See empfiehlt es sich, die einschlägigen Texte aus den Evangelien
zu lesen, namentlich die Geschichte vom *Sturm auf dem See*:

> Am Abend dieses Tages sagte er zu ihnen: Wir wollen ans an-
> dere Ufer hinüberfahren. Sie schickten die Leute fort und fuh-
> ren mit ihm *in dem Boot,* in dem er saß, weg; einige andere
> Boote begleiteten ihn. Plötzlich erhob sich ein heftiger Wir-
> belsturm und die Wellen schlugen in das Boot, so dass es sich
> mit Wasser zu füllen begann. Er aber lag hinten im Boot auf
> einem Kissen und schlief. Sie weckten ihn und riefen: Meister,
> kümmert es dich nicht, dass wir zugrunde gehen? Da stand er
> auf, drohte dem Wind und sagte *zu dem See*: Schweig, sei
> still! Und der Wind legte sich und es trat völlige Stille ein. Er
> sagte zu ihnen: Warum habt ihr solche Angst? Habt ihr noch
> keinen Glauben? (Mk 4,35-40).

In eine fortgeschrittenere Phase der Glaubensgeschichte der Jünger
weist die Geschichte vom *Gang Jesu auf dem Wasser,* in der Petrus
zu glauben versucht und doch wieder versagt:

> Gleich darauf forderte er die Jünger auf, *ins Boot* zu steigen
> und an das andere Ufer vorauszufahren. Inzwischen wollte er
> die Leute nach Hause schicken. Nachdem er sie weggeschickt
> hatte, stieg er auf einen Berg, um in der Einsamkeit zu beten.
> Spät am Abend war er immer noch allein auf dem Berg. Das
> Boot aber war schon viele Stadien vom Land entfernt und
> wurde von den Wellen hin und her geworfen; denn sie hatten
> Gegenwind. In der vierten Nachtwache kam Jesus zu ihnen; er
> ging *auf dem See*. Als ihn die Jünger *über den See* kommen
> sahen, erschraken sie, weil sie meinten, es sei ein Gespenst,
> und sie schrien vor Angst. Doch Jesus begann mit ihnen zu re-
> den und sagte: Habt Vertrauen, ich bin es; fürchtet euch nicht!
> Darauf erwiderte ihm Petrus: Herr, wenn du es bist, so befiehl,
> dass ich auf dem Wasser zu dir komme. Jesus sagte: Komm!
> Da stieg Petrus aus dem Boot und ging über das Wasser auf
> Jesus zu. Als er aber sah, wie heftig der Wind war, bekam er
> Angst und begann unterzugehen. Er schrie: Herr, rette mich!
> Jesus streckte sofort die Hand aus, ergriff ihn und sagte zu
> ihm: Du Kleingläubiger, warum hast du gezweifelt? Und als

sie ins Boot gestiegen waren, legte sich der Wind. Die Jünger im Boot aber fielen vor Jesus nieder und sagten: Wahrhaftig, du bist Gottes Sohn (Mt 14,22-33).

Das Lob der Schöpfung, die den Pilger auf dem See umgibt, mögen die folgenden Verse aus dem Sonnengesang des hl. Franz von Assisi ausdrücken:

> Gelobt seist du, mein Herr, mit allen deinen Geschöpfen, zumal dem Herrn Bruder Sonne, welcher der Tag ist und durch den du uns leuchtest. Und schön ist er und strahlend mit großem Glanz: von dir, Höchster, ein Sinnbild.
> Gelobt seist du, mein Herr, durch Bruder Wind und durch Luft und Wolken und heiteres und jegliches Wetter, durch das du deinen Geschöpfen Nahrung gibst.
> Gelobt seist du, mein Herr, durch Schwester Wasser, gar nützlich ist es und demütig und kostbar und keusch.
> Lobt und preist meinen Herrn und dankt ihm und dient ihm mit großer Demut.

Tiberias

Tiberias (hebr. *Tvérja*, arab. *Tabaríje*) ist die Hauptstadt von Galiläa und hat gut 40 000 Einwohner. Durch seine vielen Hotels und seine zentrale Lage ist es eine gute Basis für Besuche im Norden des Landes. Freilich hat das starke Wachstum der letzten Jahrzehnte die Stadt etwas unförmig werden lassen.

Geschichte: Von den Städten, die einstmals am See blühten, ist nur diese erhalten geblieben. Herodes Antipas (4 v.Chr.–38 n.Chr.) erbaute sie in den Jahren 17–22 n.Chr. als neue Hauptstadt für Galiläa, zwischen der heutigen Stadt und den heißen Quellen von Hammat Tverja. Sie lag an der Stelle einer älteren unbedeutenderen Siedlung, wahrscheinlich das im Buch Josua (19,35) erwähnte Rakkat. Mit dem Namen Tiberias wollte er seinen Oberherrn und Gönner, Kaiser Tiberius (14–37 n.Chr.), ehren. Er nahm beim Bau keine Rücksicht auf einen vorhandenen Friedhof. Daher mieden die Juden Tiberias zunächst als unrein, Priester durften es nicht betreten. Ob Jesus je hier war, wissen wir nicht.

Der üble Ruf von Tiberias änderte sich, als nach der Zerstörung Jerusalems und der Vertreibung der Juden aus Judäa (135 n.Chr.) der Sanhedrin (Hohe Rat) und die jüdische Gelehrtenwelt sich nach Galiläa zurückziehen mussten. Bereits um die Mitte des 2.Jh. kam Rabbi Schimon bar Jochai nach Tiberias und erklärte es zur „reinen" Stadt.

Das einst gemiedene Tiberias wurde mit der Zeit sogar zu einer der
vier „heiligen Städte" des Judentums. Zum Beweis seines hohen
Ranges kann Tiberias auf mehrere Rabbinergräber verweisen: das
Grab von Jochanan ben Zakkai, des Gründers der Rabbinerschule
von Javne (Ende des 1.Jh.); das Grab des Gelehrten Rabbi Akiba,
der den Bibeltext bis auf die Anzahl der Buchstaben autoritativ festgelegt hat und der wahrscheinlich 135 n.Chr. als Märtyrer des Bar-
Kochba-Aufstandes gestorben ist; das Grab des Rabbi Meïr Baal ha-
Nes (des „Wundertäters", 2.Jh.). Zu ihnen kam im Mittelalter noch
das Grab des Rabbi Mosche ben Maimon (Maimonides) hinzu.

In Tiberias vollendete Rabbi Jehuda *ha-Nasi* (hebr. „der Fürst" bzw.
„Präsident" des Hohen Rates, siehe S.137) um 200 die *Mischna*
(den Grundstock des Talmud). Um 400 wurde hier der *Jerusalemer
Talmud* vollendet; obwohl in Tiberias entstanden, wird er *Jerusalemer Talmud* genannt, um ihn vom *Babylonischen Talmud* zu unterscheiden, einer in Mesopotamien (Babylon) entstandenen Parallelüberlieferung.

Während der überlieferte Bibeltext jener talmudischen Zeit noch
weitgehend ein Konsonantentext war und die Einfügung der richtigen Vokale der Überlieferung und der Kenntnis des Lesers überlassen blieb, begann man im 8.Jh. in Tiberias die Vokale durch Punkte
über und unter den Buchstaben anzuzeigen. Diese *tiberiensische
Punktation* setzte sich durch und ist bis heute im hebräischen Bibeltext maßgebend.

Im Lauf des 4.Jh. bekam Tiberias durch die Bemühungen des jüdischen Konvertiten Josef von Tiberias eine Kirche; 451 n.Chr. wird
erstmals ein Bischof Johannes erwähnt. Da die Juden von Tiberias
614 mit den Persern gemeinsame Sache gemacht und Kirchen und
Klöster zerstört hatten, nahm Kaiser Heraklius nach der Wiederge-
winnung des Landes im Jahr 628 an den Juden grausame Rache. Als
635 die Araber Tiberias erobert hatten, wurde Tiberias Hauptstadt
des nördlichen Verwaltungsbezirkes. 749 und 1033 fügten Erdbeben
der Stadt schwere Schäden zu.

Auch unter dem Kreuzfahrerfürsten Tankred (ab 1099) blieb Tiberias Hauptstadt des Nordbezirks. Doch war die Stadt anscheinend
ziemlich heruntergekommen. Jedenfalls gründete Tankred weiter
nördlich an dem Platz der heutigen Altstadt eine neue Kreuzfahrerstadt und umgab sie mit Mauern, während die byzantinisch-arabi-
sche Stadt südlich davon endgültig verfiel. Die Erinnerung an das
Wirken Jesu am See Gennesaret wurde jetzt allein in Tiberias (und
Magdala) gepflegt, da die historischen Stätten am Nordufer unzugänglich waren. Doch die Herrlichkeit war nur von kurzer Dauer.
Schon 1187 startete Saladin von Tiberias aus die Rückeroberung des
Landes für den Islam. Bei den Mamluken (nach 1247) geriet die
Stadt ins Abseits und wurde zum Dorf.

Tiberias erholte sich erst wieder, als der Beduinenscheich Daher al-
Omar gegen die Osmanen rebellierte und Tiberias zu seiner Domäne
machte. Er baute 1745 die Mauern und Türme der Kreuzfahrerstadt
wieder auf und lud Juden ein, den Ort zu besiedeln. Von 1860 an
und dann wieder nach 1912 setzten neue jüdische Immigrationswel-
len ein. Tiberias wurde wieder eine Stadt, entwickelte sich zur
Hauptstadt Galiläas und zu einem wichtigen Badeort. Im Unabhängigkeitskrieg 1948 war Tiberias fest in israelischer Hand, so dass
die arabische Bevölkerung floh und die Moscheen verödeten.

Besichtigung: Im Nordwestteil der Kreuzfahrerstadt, die der jetzigen
Altstadt entspricht, ist noch die *Zitadelle* mit ihren vier Ecktürmen
erhalten; die Mauern und Türme sind aus dem dunklen Basalt der
Gegend.
Die *Franziskanerkirche* an der Strandpromenade ist so klein (20×
6 m) und zwischen Hotels und Restaurants eingekeilt, dass sie von
vielen gar nicht wahrgenommen wird. Sie stammt aus der Kreuzfahrerzeit und ist dem hl. Petrus geweiht. Als Monument der Kreuzfahrerepoche ist sie, ähnlich der St.-Anna-Kirche in Jerusalem, deshalb
erhalten geblieben, weil sie zur Moschee umgewandelt worden war;
im Innern kann man an der rechten Seitenwand, also nach Süden,
nach Mekka, gewandt, noch die Umrisse der nachträglich eingebau-
ten muslimischen Gebetsnische erkennen. Es wird vermutet, dass
man beim Bau die Formen eines Bootes nachahmen wollte – man
erkennt das besonders von außen an der Apsis. Die Franziskaner bemühten sich 1641, die kleine Kirche zu erwerben, aber erst 1757 gelang dies. Noch einmal 90 Jahre später, zehn Jahre nach dem schweren Erdbeben von 1837, konnten die Franziskaner hier eine ständige
Niederlassung errichten. Bei der Jahrhundertüberschwemmung, die
die Stadt 1934 heimsuchte, erlitt die Kirche schwere Schäden, die
Anlass gaben, 1944 eine gründliche Renovierung durchzuführen,
bei welcher der Maler Emilio Ritz zurückhaltende Fresken anbrachte. Im Vorhof des Kirchleins steht eine Reproduktion der bekannten
Petrusstatue aus dem Petersdom in Rom. Ihr gegenüber errichteten
1944 Soldaten der Freien Polnischen Armee, die in der Pilgerunterkunft einquartiert waren, ein Kriegerdenkmal mit Bild der Muttergottes von Tschenstochau. Die 1932 errichtete lateinische Pfarrei für
die arabischen Katholiken von Tiberias und der Gegend um den See
war seit dem israelischen Unabhängigkeitskrieg weitgehend verwaist, doch hat sich inzwischen aus Einwanderern und Gastarbeitern
eine Gemeinde mit neuem Gesicht gebildet. Neben der Petruskirche
besteht seit 1903 eine franziskanische „Casa Nova", eine einfache
Pilgerunterkunft.
Westlich des Leonardo-Plaza-Hotels fand man den Mosaikboden einer Synagoge (20×20 m) aus dem 6. Jh. In einem Lorbeerkranz zwi-

schen Feststräußen des Laubhüttenfestes lautet die Gedenkinschrift: „Proklos, Sohn des Krispos, stiftete dies". Die Synagoge wurde durch das Erdbeben von 749 beschädigt, war aber danach wieder in Funktion. Erst in der Kreuzfahrerzeit wurde sie überbaut.

An der Hauptstraße nach Westen, nach oben, Richtung Nazaret, sieht man links (südlich) der Straße eine moderne Konstruktion aus rostfarbenen Stahlträgern. Dort befindet sich das erwähnte Grab von Rabbi Mosche ben Maimon (geboren 1135 in Cordoba/Spanien, gestorben 1204 in Altkairo). Im Westen nennt man ihn gewöhnlich mit seinem lateinischen Namen *Maimonides,* im Hebräischen hat man aus den vier Anfangsbuchstaben seines Namens *R*abbi *M*osche *b*en *M*aimon die Kurzform *Rambam* gebildet. Er war der berühmteste jüdische Gelehrte des Mittelalters und Leibarzt Saladins. Mit seinen Kenntnissen der Philosophie von Aristoteles bis zu den arabischen Philosophen beeinflusste er auch die christliche Philosophie und Theologie des Mittelalters: Er war der erste, der versuchte, das Weltbild der griechischen Philosophie mit dem der Bibel in Einklang zu bringen. Christliche Gelehrte, vor allem Albert der Große und Thomas von Aquin, bauten auf seinen Arbeiten auf. Der Zugang zum Grab befindet sich in der Jochanan-ben-Zakkai-Straße.

Südlich der Stadt, auf halbem Weg zwischen der Altstadt und den heißen Quellen von Hammat Tverja, stieß man auf imposante Überreste der römisch-byzantinischen Stadt. Unmittelbar westlich der heutigen Uferstraße befand sich eine römische Basilika, die in byzantinischer Zeit zur Kirche (21 × 15 m) umgewandelt wurde, und südlich davon ein Halbrund (griech. *Exedra*), das für kleinere Theater- oder Musikaufführungen gedient haben mag. Auch Tiberias hatte seinen etwa 12 m breiten Cardo (Hauptstraße). Er verlief parallel zum Seeufer bis zu einem monumentalen Südtor. An seiner Ostseite lagen neben den üblichen Läden eine Markthalle und eine große Badeanlage (42 × 31 m) mit teilweise erhaltenen Mosaiken. Auf ihnen sind neben Pflanzen, Vögeln und Großtieren auch Fische zur Geltung gebracht. Es ist verführerisch, ein öffentliches Gebäude (5 × 10 m) aus dem 3. Jh. mit sehr einfachem Mosaikboden ohne Menschen- und Tierdarstellung als Sitz des Sanhedrins zu betrachten. In neuerer Zeit wurden außerdem ein Theater und ein römisches Bad freigelegt.

Erstaunlich war, dass die teilweise bis zu 5 m Höhe erhaltene byzantinische Stadtmauer bis auf den *Berenikeberg* (20 m unter dem Meeresspiegel, d. h. ca. 190 m über dem See) hinauf- und wieder herabführte. Diese aufwendige Mauer geht offensichtlich auf Kaiser Justinian zurück, der auch die christliche Basilika auf diesem Berg geschützt wissen wollte. Man erreicht sie auf einem Schotterweg entweder von unten, vom Stadtteil Ge'ullim aus, oder (nur zu Fuß oder mit geländegängigem Fahrzeug) von oben, vom *Swiss Forest*

(„Schweizer Wald"). Die Basilika (mit Vorhof 48×28 m) war dreischiffig und hatte drei Apsiden. In der Mittelapsis liegt ein Ankerstein mit einem Loch in der Mitte zum Befestigen des Seils, wie ihn die Fischer am See benutzten, aber von überdimensionaler Größe und fast einer halben Tonne Gewicht. Es ist kein ähnlicher Fall bekannt; in anderen antiken Kirchen befand sich an dieser Stelle ein Heiligengrab oder ein Reliquienschrein. Auch aus der Kreuzfahrerzeit gibt es Spuren der Verehrung dieses Ankers. Kann man ihn mit Jesus, dem Menschenfischer, in Verbindung bringen? Der Anker kann auch als Symbol der christlichen Hoffnung verstanden werden, von der der Hebräerbrief (6,19) sagt:

> In ihr haben wir einen sicheren und festen Anker der Seele, der hineinreicht in das Innere hinter dem Vorhang.

Ebenfalls sehenswert sind die Reste der *Synagoge,* die 1962 beim Grab des Rabbi Meïr Baal ha-Nes oberhalb der alten Schwefelquellen (weiße Kuppel) entdeckt wurde und nach einer Inschrift *Severus-Synagoge* genannt wird. Sie ist in einem Nationalpark (*Hammat Tverja*) zugänglich gemacht worden. Bereits die unterste Schicht aus dem 1.Jh. n.Chr. könnte eine Synagoge gewesen sein, wenn es auch keinen Beweis dafür gibt. Nach Zerstörung durch das Erdbeben von 306 (?) wurde im 4.Jh. hier wieder eine Synagoge (15× 13 m) gebaut, die in einem späteren Stadium prächtig ausgestattet wurde. Das Schönste daran ist das prächtige und an sich gut erhaltene Fußbodenmosaik, durch das leider eine spätere Mauer verläuft. Sein Thema ist das gleiche wie in Bet Alfa (siehe S.241): oben der Toraschrein mit liturgischen Symbolen; im Hauptfeld Helios, der Sonnengott, in Herrschergeste auf seinem Wagen und mit einem Globus in der anderen Hand. Um ihn herum sieht man in einem Kreis die hebräisch beschrifteten Tierkreiszeichen, in den Ecken symbolisieren vier Frauen die Jahreszeiten. Unten finden sich zwei Löwen, welche neun Felder mit griechischen Inschriften flankieren. Nur die Szene der Opferung des Isaak fehlt gegenüber Bet Alfa. Dafür ist die künstlerische Qualität eine ganz andere als dort; es ist ein weiteres Zeugnis einer liberaleren jüdischen Frömmigkeit aus der ersten Hälfte des 4.Jh. Und erst recht erstaunlich: Eine der Widmungsinschriften nennt als Stifter einen „Severus, Schüler der berühmtesten Patriarchen des Sanhedrin". Also auch im Umkreis des Sanhedrin wurden solche halbmythologischen Darstellungen akzeptiert. Als die Synagoge im 5.Jh. zerstört worden war, folgten noch zwei Neubauten in Basilikaform an gleicher Stelle. Die ältere dieser Nachfolgesynagogen wurde im 7.Jh. zerstört, vielleicht bei der byzantinischen Rückeroberung des Landes (628) nach dem Persereinfall, weil die Juden mit den Persern gemeinsame Sache gemacht hatten. Die darauf folgende letzte Synagoge ging Mitte des 8.Jh. unter, als die Abbasiden aus Bagdad die neuen Herren des Landes wurden. Die Mosaikdarstellungen, die nicht jüdischer Orthodoxie entsprechen, hatten ein Nachspiel in der jüngsten Vergangenheit: In einer Nacht im Mai 2012 wurden Teile des wertvollen Mosaiks, vor allem die bildlichen Darstellungen und die griechischen Inschriften, mutwillig schwer beschädigt, was auf religiös-extremistischen jüdischen Hintergrund der Vandalen, die nicht gefasst werden konnten, hindeutet.

Im Nationalparksgelände finden sich außerdem Reste der römischen Thermen. Das mit Kuppeln überwölbte Gebäude rechts vom Eingang des Nationalparks ist das *Hammam* („Bad") *Suleiman*, das Ende des 18. Jh. errichtet wurde. Es verdankt seinen Namen einer mittelalterlichen arabischen Legende, nach der König Salomo (arab. *Suleiman*) dieses Bad errichtet haben soll; er habe Dämonen geboten, die Wasser der heißen Quellen zu erhitzen. Heute ist in diesem Gebäude ein kleines Museum untergebracht, in dem Funde aus dem Bereich der Thermen ausgestellt sind.

Um in die bekannten Orte der Evangelien am Nordufer des Sees zu kommen, verlässt man Tiberias in nördlicher Richtung auf der Seestraße (Nr. 90). Nach ca. 4 km, wo die Straße eng am Abhang des Berges Arbel entlangführt, sieht man links der Straße Überreste einer antiken Begräbnisstätte mit mehreren aus dem Stein gemeißelten Sarkophagen, die einstmals wohl zu Magdala gehört haben. Bald darauf erreicht man die *Migdal Junction*.

Magdala

Magdala ist dem christlichen Pilger ein Begriff, stammte doch von hier eine der Jüngerinnen Jesu – die Stadt gab ihr den Beinamen, um sie von zahlreichen anderen Trägerinnen des gleichen Namens zu unterscheiden: Maria von Magdala, lat. *Maria Magdalena,* „aus der sieben Dämonen ausgefahren waren" (Lk 8,2). Sie gehörte zu einem Kreis von Frauen, die Jesus schon in Galiläa nachfolgten (Lk 8,1-3), mit ihm nach Jerusalem zogen, Zeuginnen der Kreuzigung Jesu und seines Begräbnisses (Mt 27,55-56.61) waren und das leere Grab entdeckten (Mt 28,1-8). Maria Magdalena war vor allen anderen Jüngerinnen und Jüngern durch die erste Erscheinung des Auferstandenen ausgezeichnet, von der das Johannesevangelium liebevoll berichtet (Joh 20,11-18; Text: S. 379). Eine spätere Überlieferung (nachzuweisen ab dem 6. Jh.) setzte sie mit der Sünderin gleich, die Jesus die Füße salbte, deren Namen jedoch in der Bibel nicht genannt wird (Lk 7,36-50).

Auf der Höhe der *Migdal Junction* sieht man rechts, zum Seeufer hin, das umzäunte Grundstück der Franziskaner und im Nachbargrundstück nördlich daneben den modernen Neubau der Legionäre Christi. Die beiden Grundstücke bergen das Zentrum der einst bedeutenden Stadt Magdala. Der Name *Magdala* ist abgeleitet von *Migdal* (hebr. „Turm"). Der Talmud nennt die Stadt *Migdal Nunaja* („Fisch-Turm"); in der Antike wird sie häufig *Tarichäa* (griech. „Ort zum Dörren von Fischen") genannt. Sie lag an einem Scheideweg, wo man entweder mit der *Via Maris,* der „Meeres-Straße", den See verlassen und durch das *Wadi al-Hamam* („Tauben-Tal") über Sepphoris in Richtung Küste ziehen oder aber weiter dem Seeufer und dem Jordantal folgen konnte. Bis zum Aufblühen von Tiberias war Magdala mit ca. 40 000 Einwohnern die bedeutendste Stadt am See. Nach den Zerstörungen im Jüdischen Aufstand 67 n. Chr. konnte sie aber nicht mehr zur früheren Größe zurückkehren. Nach dem Talmud lebte Magdala vom Fischfang, von Webereien und dem Handel mit Opfertauben. Überdies ist die kleine Ebene nordwestlich des Sees sehr fruchtbar. In byzantinischer Zeit gab es eine Kirche, die über dem Ort errichtet war, an dem sich der Tradition nach das Haus der Maria Magdalena befand. Von ihm berichten Pilger bis kurz nach der Kreuzfahrerzeit. Dieses Haus und die darüber errichtete Kirche wurden bis heute nicht entdeckt. Bis ins frühe 20. Jh. befand sich hier das armselige arabische Fischerdorf *al-Medschdel.* In seinen Häusern waren architektonische Elemente aus der byzantinischen und der Kreuzfahrerzeit zu erkennen. Im Unabhängigkeitskrieg 1948 wurden die Bewohner vertrieben und das Dorf dem Erdboden gleichgemacht.

Auf dem südlichen Grundstück wurden in den 70er-Jahren von den Franziskanerarchäologen Virgilio Corbo und Stanislao Loffreda Ausgrabungen durchgeführt. Sie legten eine Art Forum mit Basaltpflasterung frei, eine römische Villa und ein kleines Gebäude (6 × 6,5 m), das man zunächst für eine Synagoge hielt; im Licht neuerer Entdeckungen wurde diese Interpretation aber verworfen. Aus byzantinischer Zeit fand man ein Kloster (5./6. – 8. Jh.). Es war von einer Umfassungsmauer umgeben, die eine zentrale Kapelle umschloss sowie mehrere Diensträume und Mönchszellen (z. T. mit Mosaiken), Bewässerungseinrichtungen für einen Bäderkomplex und Räume, die als Herberge dienten. Der Haupteingang war auf der Ostseite, von wo eine gepflasterte Straße den Komplex direkt mit der Hafenanlage verband. Diese umfassten zu jener Zeit ein Hafenbecken, eine Mole und mindestens einen Ankerplatz. 2007-09 wurden die Ausgrabungen vom Franziskaner Stefano de Luca wieder aufgenommen. Die inzwischen verfeinerten Ausgrabungsmethoden lieferten interessante Aufschlüsse über verschiedene Schichten von Zerstörungen (durch kriegerische Einwirkungen, durch Brand oder durch Erdbeben) und sie gaben Einblicke in das Bewässerungssystem der damaligen Stadt. Eine Untersuchung der Hafenanlagen erlaubte eine verfeinerte Chronologie der Wasserstände des Sees in der Antike. 2015 wurde die Ausgrabungsstätte gesichert und für Besucher zugänglich gemacht.

Das nördliche Grundstück wurde 2006-09 von der Gemeinschaft der Legionäre Christi erworben mit dem Ziel, dort ein Pilgerzentrum zu schaffen. Bevor Ende 2009 mit dem Bau begonnen werden konnte, nahm man archäologische Ausgrabungen vor. Danach blieb dieser Teil der Stadt beim Wiederaufbau nach 70 n.Chr. außerhalb der nun verkleinerten Stadt. Man entdeckte eine Synagoge aus dem 1.Jh. n.Chr. Sie ist damit eine der wenigen Synagogen aus der Zeit, als in Jerusalem der Tempel noch stand. Im Gegensatz zu späteren Synagogen hat sie Steinbänke auf allen vier Seiten und lässt keine Ausrichtung auf Jerusalem hin erkennen. Ein einzigartiges Fundstück aus dieser Synagoge ist ein Steinblock, in welchen mehrere jüdische Symbole, die auf den Tempel hinweisen, eingemeißelt sind, darunter eine Menora, ein siebenarmiger Leuchter. Man nimmt an, der Stein diente als Pult für die Toralesung. Um die Synagoge herum lag der Fischmarkt mit mehreren Becken. Weiter südlich wurden Häuser wohlhabender Bewohner und drei gut erhaltene Mikwen ausgegraben.

Die geräumige Kirche wurde 2014 geweiht. Der runde Vorraum erinnert, in Anlehnung an Maria von Magdala, an Frauen, die schon in der Zeit der Evangelien Säulen der Kirche waren. Originell und gelungen ist der Altarraum der Kirche. Die Nachbildung eines Schiffes dient als Altar, Ambo und Tabernakel; der Mast symbolisiert gleichzeitig ein Kreuz. Die Form greift das Schiffsmosaik auf, das im Nachbargrundstück der Franziskaner gefunden wurde. Der grüne Marmorfußboden im Altarraum – er stammt aus Norwegen – greift die Farbe des Sees auf, den man durch ein Glasfenster sieht, so dass Kirche und See optisch zu einer Einheit verschmelzen. In der Krypta ist das originale Steinpflaster – wohl ein offener Platz – aus biblischer Zeit erhalten.

Auf der Höhe von Magdala zweigt links ein tief eingeschnittenes Tal ab, das *Wadi al-Hamam,* „Tauben-Tal". Seine südliche Begrenzung bilden die bizarren Felsen von Arbel (siehe S.150). Nördlich von Magdala beginnt die Ebene *Gennesaret* oder *Ginnosar,* die Flavius Josephus einen „Garten unvergleichlicher Fruchtbarkeit" nennt. Sie ist 6 km lang und 4 km breit. Von ihr hat der Kibbuz *Nof Ginnosar,* „Ginnosar-Blick", seinen Namen, der direkt am See liegt. Die besondere Attraktion des Kibbuz ist ein Boot aus dem 1.Jh. n.Chr., 8,20 m lang, 2,30 m breit, 1,20 m hoch, das dort 1986 bei sehr tiefem Wasserstand entdeckt wurde und nach jahrelangen Konservierungsmaßnahmen jetzt in einem eigenen Gebäude zur Besichtigung ausgestellt ist.

Kurz nach dem Kibbuz passiert man das meist trockene Bett eines Baches, der von den Abhängen des Meronberges, des höchsten Berges von Israel, herabkommt. Sein tief eingeschnittenes Tal, das *Wadi Amud,* „Säulen-Tal", weist bizarre säulenartige Felsformationen und zahlreiche Höhlen auf. In einer von ihnen fand man 1925 den Schädel einer Frau aus der Steinzeit („Homo Galilaeus").

Am Ende der Ebene, vor der modernen, eingezäunten Pumpstation, ist die Einfahrt zur Jugendherberge Kare Desche. In der ersten Rechtskurve der Zufahrt bemerkt man zur Rechten einen kleinen Hügel, *Chirbet al-Minje,* „Hafen-Ruine", wo sich der Omaijadenkalif Walid I. (675–715) einen Palast (65×73 m) gebaut hatte; er wurde 749 durch ein Erdbeben zerstört. Einige Reliefe und Architekturelemente sind im Pergamon-Museum in Berlin ausgestellt. Christliche Überlieferung wollte früher in diesem Hügel Kafarnaum oder Betsaida, die Heimat von Petrus, Andreas und Philippus, erkennen. Beide Orte wurden jedoch inzwischen am Nordufer des Sees identifiziert.

Die Ebene Gennesaret wird im Nordosten von einem langgestreckten Hügel, dem *Tell al-Oreme,* begrenzt. Auf ihm wurde das alte *Kinnéret* gefunden, das dem See seinen hebräischen Namen gegeben hat (Jos 11,2; 19,35). Kinneret war in der Späten Bronzezeit nicht unbedeutend; Ausgrabungen von 1928 brachten eine Siegessäule Tuthmosis' III. von 1478 v.Chr. ans Licht. Dennoch blieben die archäologischen Funde aus dieser Zeit spärlich. Die evangelische Fakultät der Universität Mainz und das Deutsche Evangelische Institut für Altertumswissenschaft des Heiligen Landes unternahmen 1982-85 und 1994-99 unter Leitung von Volkmar Fritz neue Ausgrabungen zur Erforschung der Geschichte von Kinneret, die seit 2003 zusammen mit den Universitäten Bern und Helsinki fortgesetzt werden. Danach wurde die Stadt im 10.Jh. v.Chr. (unter König Salomo?) wieder besiedelt und mit einer 11 m dicken Mauer umgeben. Eine eigene Mauer mit Zweikammertor grenzte den Burgberg ab. Mit der ersten assyrischen Eroberungskampagne 733 v.Chr. verschwand die Stadt aus der Geschichte und wurde in hellenistischer Zeit durch eine Neugründung ersetzt, die *Gennesaret* hieß und einen halben Kilometer weiter südlich beim oben genannten *Chirbet al-Minje* vermutet werden darf. Diese Stadt hat dem See seinen deutschen Namen gegeben.

Unter diesem Hügel direkt am See befindet sich eine Pumpstation; die fast militärische Absicherung ist der Bedeutung dieser Anlage für die Wasserversorgung des ganzen Landes geschuldet. Vom Kamm des Hügels kann man die ersten Erinnerungsstätten an das Wirken Jesu am See erblicken, oben am Berg die Kapelle der Seligpreisungen, am See unten Tabgha mit der Brotvermehrungskirche und, durch Bäume verdeckt, die Primatskapelle.

An der *Kfar Nakhum Junction* („Kafarnaum-Kreuzung") zweigt die Straße nach Kafarnaum und weiter um den See herum ab (Nr. 87). Geradeaus gewinnt man in einer Reihe von Kurven an Höhe. Rechts bleibt zwischen Eukalyptusbäumen die Kuppel der Kapelle der Seligpreisungen sichtbar. Nach 2 km führt rechts eine Straße zu dieser Kapelle (engl. *Beatitudes*).

Der Berg der Seligpreisungen

Die Bergpredigt gilt gemeinhin als Höhepunkt der Botschaft Jesu. Sie umfasst drei Kapitel des Matthäusevangeliums (Mt 5–7) und wird durch acht Seligpreisungen eingeleitet. Doch manches, was Matthäus im Rahmen der Bergpredigt notiert, findet sich bei Lukas in einem anderen Zusammenhang, wie z. B. das Vaterunser (Lk 11, 1-4). Und obwohl auch Lukas eine Art Bergpredigt in seinem Evangelium hat, die ebenfalls mit Seligpreisungen anfängt, steigt Jesus dort eigens *den Berg hinab* (Lk 6,17-23). So wird deutlich, dass der Evangelist Matthäus mit seiner Einleitung in die „Bergpredigt" Jesu nicht einen bestimmten Berg im Auge hat, sondern Jesus als „Lehrer des Gottesreiches" vorstellen will. Die „Bergpredigt" ist also eine Zusammenstellung von Kernworten Jesu, die von den Evangelisten verschieden gestaltet worden ist, für die aber Matthäus als idealen Ort den „Berg" gewählt hat, wo Jesus sitzend, das heißt „mit Vollmacht" (Mk 1,27), die Botschaft vom Reich Gottes verkündet.

> Denn das Gesetz wurde durch Mose (am Sinai) gegeben. Die Gnade und die Wahrheit kamen durch Jesus Christus … Der Einzige, der Gott ist und am Herzen des Vaters ruht, er hat Kunde gebracht (Joh 1,17-18).

Damit ist klar, dass man nach dem *Ort* der Bergpredigt und der Seligpreisungen nicht zu suchen braucht. So ist es nur richtig, dass die „Gesellschaft für die Unterstützung der italienischen Missionare" einfach einen schönen Platz über dem See Gennesaret ohne direkte historische Vorgabe ausgewählt hat, um hier 1938 die Kapelle der Seligpreisungen zu bauen. Es ist somit die einzige Erinnerungsstätte im Heiligen Land, die „auf der grünen Wiese" errichtet wurde. In der Antike verehrte man eine Grotte weiter unten, gegenüber von Tabgha, als Ort der Seligpreisungen (siehe S. 185). – Wir lesen im Matthäusevangelium:

> Als Jesus die vielen Menschen sah, stieg er *auf einen Berg*. Er setzte sich und seine Jünger traten zu ihm. Dann begann er zu reden und lehrte sie. Er sagte:

Selig, die arm sind vor Gott;
    denn ihnen gehört das Himmelreich.
Selig die Trauernden;
    denn sie werden getröstet werden.
Selig, die keine Gewalt anwenden;
    denn sie werden das Land erben.
Selig, die hungern und dürsten nach der Gerechtigkeit;
    denn sie werden satt werden.
Selig, die Barmherzigen;
    denn sie werden Erbarmen finden.
Selig, die ein reines Herz haben;
    denn sie werden Gott schauen.
Selig, die Frieden stiften;
    denn sie werden Söhne Gottes genannt werden.
Selig, die um der Gerechtigkeit willen verfolgt werden;
    denn ihnen gehört das Himmelreich.
Selig seid ihr, wenn ihr um meinetwillen beschimpft und ver-
folgt und auf alle mögliche Weise verleumdet werdet. Freut
euch und jubelt: Euer Lohn im Himmel wird groß sein (Mt
5,1-12).

Das Äußere der Kapelle mit ihrer Kuppel und ihrem Kolonnaden-
umgang ist ein Teil der Landschaft geworden. Im Inneren wirkt die
achteckige Kapelle einfach. In acht Fenstern ist der lateinische Text
der acht Seligpreisungen wiedergegeben, während darunter schmale
Fenster den Blick auf die galiläische Landschaft erlauben. Symbole
auf dem Fußboden stellen die Beziehung der acht Seligpreisungen
zu den drei göttlichen Tugenden Glaube, Hoffnung und Liebe und
zu den vier Kardinaltugenden Klugheit, Gerechtigkeit, Starkmut und
Mäßigung her.
Der Platz mit den Stufensitzen vor der Kapelle wurde 1983 mit
Steineinlegearbeiten verziert, die rechts die irdische Kirche nach
den acht Seligpreisungen darstellen, links die im Himmel vollendete
Kirche mit den bedeutendsten Gestalten des Alten Bundes sowie einer Auswahl von Heiligen des Neuen Bundes. Da die Pilgergruppen, die hierher kommen, immer zahlreicher werden, hat man im
Freien noch weitere Gottesdienst- und Gebetsplätze geschaffen.

Wer den Weg nach Tabgha, Richtung Seeufer, zu Fuß hinunterge-
hen will, muss etwas umständlich das gesamte Grundstück umrunden. Man folgt vom Parkplatz aus der Einfahrt bis zum Tor mit dem
Kassenhäuschen und wendet sich von dort nach links (nach unten).
Es gibt keine Beschilderung, man folgt einfach dem Feldweg auf
den See zu. Besonders am späten Nachmittag im Licht der unterge-
henden Sonne kann dieser halbstündige Spaziergang zu den ein-

drücklichsten Erfahrungen auf den Spuren Jesu werden. – Obwohl
die Entfernung (Luftlinie) nach Kafarnaum kaum größer ist als nach
Tabgha, gibt es keinen direkten Fußweg vom Berg der Seligpreisungen nach Kafarnaum, der nicht dazu zwänge, Hecken und Zäune zu
überwinden.

Auf dem Fußweg nach Tabgha kommt man vor dem letzten Teil des
Abstiegs zu einer Weggabelung. Zur Rechten sieht man einen Platz,
der zum Verweilen oder auch zu einem Gottesdienst in Gottes freier
Natur einlädt. Dort hat der Benediktiner Bargil Pixner einen Gedenkstein errichten lassen, der an den letzten Sendungsauftrag Jesu
erinnert:

> Die elf Jünger gingen *nach Galiläa auf den Berg,* den Jesus
> ihnen genannt hatte. Und als sie Jesus sahen, fielen sie vor ihm
> nieder. Einige aber hatten Zweifel. Da trat Jesus auf sie zu und
> sagte zu ihnen: Mir ist alle Macht gegeben im Himmel und auf
> der Erde. Darum geht zu allen Völkern und macht alle Men-
> schen zu meinen Jüngern; tauft sie auf den Namen des Vaters
> und des Sohnes und des Heiligen Geistes und lehrt sie, alles
> zu befolgen, was ich euch geboten habe. Seid gewiss: Ich bin
> bei euch alle Tage bis zum Ende der Welt (Mt 28,16-20).

Die eingemeißelten elf Striche, die von einem Kreuz ausgehen, stehen für die elf Jünger, die von Jesus in alle Welt gesandt wurden.
Die fünf C (römische Zahl 100) darunter symbolisieren die Erscheinung an 500 Brüder, die auch in Galiläa vermutet werden kann. Von
ihnen berichtet die älteste Osterüberlieferung, die wir haben:

> Christus ist für unsere Sünden gestorben, gemäß der Schrift,
> und ist begraben worden. Er ist am dritten Tag auferweckt
> worden, gemäß der Schrift, und erschien dem Kephas, dann
> den Zwölf. Danach erschien er mehr als fünfhundert Brüdern
> zugleich; die meisten von ihnen sind noch am Leben, einige
> sind entschlafen (1 Kor 15,3-6).

Unterhalb dieses Platzes wird der Pfad steil und steinig (man kann
dieses Stück umgehen, indem man vom Gottesdienstplatz zur Weggabelung zurückgeht und dem Feldweg folgt, der den Höhenunterschied in einer weiten Kurve leichter überwindet). Der Pfad führt
an einer kleinen Grotte vorbei, für welche Bargil Pixner den Namen *Eremoshöhle* vorgeschlagen hat. Diese moderne Bezeichnung
lehnt sich an den *Eremos Topos,* den „einsamen Ort", an – das Wort
„Eremit" kommt von diesem griechischen Wort –, wohin sich Jesus
zum Gebet zurückgezogen hat (Mk 1,35); auch die Gegend der
Brotvermehrung wird in den Evangelien als *eremos,* als „einsam",
bezeichnet (z.B. Mt 14,13). Bereits die Pilgerin Aetheria kennt den
Berg der Seligpreisungen unter dem Namen *Berg Eremos.*

Tabgha

Auf der Straße Nr. 87 passiert man 200 m nach der *Kfar Nakhum Junction* in einer Linkskurve die Einfahrt zum Pilgerhaus des Deutschen Vereins vom Heiligen Lande. Bald darauf erreicht man *Tabgha*. Das arabische Wort ist eine Verstümmelung vom griechischen *Heptapegon* und bedeutet „Sieben-Quell". In der Tat ist das kleine Fleckchen Land reich an Quellen, die schon in der Römerzeit zur Bewässerung der Ebene von Ginnosar genutzt wurden. Ob es sich dabei tatsächlich um sieben Quellen handelte, von denen einige nicht mehr existieren, ob in der Antike das Wasser der Quellen auf sieben Teiche oder Brunnen verteilt war, oder ob die Zahl Sieben symbolisch die Fülle des Wassers beschreibt, ist nicht mit Sicherheit festzustellen.

Heute gibt es in Tabgha drei reichlich fließende Quellen, die die Grundstücke der Benediktiner (bei der Brotvermehrungskirche), der Franziskaner (bei der Primatskapelle) und das dazwischen liegende (*Living Water,* „lebendiges Wasser") in blühende Oasen verwandeln. Die *Nur-Quelle* („Ofen-Quelle") entspringt im überdachten Wasserbecken auf dem Gelände *Living Water*. Dieses achteckige Becken, 20 m im Durchmesser, 8 m tief, stammt aus der Römerzeit. Es wurde mehrfach restauriert und ist heute noch in Verwendung. Das Wasser aus der Quelle ist ungefähr 30° warm, ist leicht salzig (Salzgehalt: 0,3 %; zum Vergleich: Meerwasser hat 3,5 %), und hat eine Schüttung von ca. 2000 m^3 in der Stunde. Das Wasser wird, zusammen mit dem anderer salzhaltiger Quellen, in einem Kanal um den See Gennesaret herumgeleitet, um eine Versalzung des Sees zu verhindern. Eine Besonderheit der Nur-Quelle ist der *Somit ha-Galil* („Galiläa-Blindling"), ein blinder Krebs, der, an das Salzwasser angepasst, ausschließlich in diesen Quellhöhlen vorkommt. Die *Scheva-Quelle* („Sieben-Quell") trägt den alten Namen des Quellgebiets. Sie entspringt im Grundstück der Franziskaner und ist kleiner, kühler (ca. 25°) und weniger salzig als die Nur-Quelle. Über Kanäle fließt ihr Wasser bis zur Begegnungsstätte bei den Benediktinern und dann in den See. Die dritte Quelle entspringt ebenfalls auf dem Grundstück der Franziskaner und fließt an dessen Südostecke (beim „Hiobsbrunnen") in einem Wasserfall in den See.

Die erste Einfahrt führt in den Hof der *Brotvermehrungskirche,* die dem Deutschen Verein vom Heiligen Lande alle Ehre macht. Dieser verdankt sein Eigentum in Tabgha vor allem der schwäbischen Zähigkeit des Maurermeisters Franz Keller, der 1879 nach Palästina kam und mit Hilfe des damaligen Palästinavereins in Aachen acht Jahre später von den Beduinen hier am See endlich ein Stückchen Land erwerben konnte. In derselben Zeit waren die Franziskaner un-

ter ähnlichen Schwierigkeiten um den Mensa-Christi-Felsen nebenan und um das vermutete Kafarnaum bemüht. Die heutigen Besu-
cherscharen machen sich keine Vorstellung mehr davon, welche
endlosen Verhandlungen und wie viele Behördenbesuche notwendig
waren, um selbst ein Stück wenig genutztes, malariaverseuchtes
Land zu erwerben, das Beduinen als Freiraum ihrer nomadischen
Lebensweise betrachteten.

Im Jahr 1900 hielt sich hier der Schriftsteller Karl May auf und
schenkte dem Haus seine Bücher. Von 1907 bis 1939 betreuten
deutsche Lazaristen den Ort, die in dieser Zeit Pionierarbeit leisteten – nicht nur in Tabgha, sondern auch, indem sie in Galiläa und im
angrenzenden südlichen Libanon über zwanzig Schulen aufbauten.
Mit Ausbruch des Zweiten Weltkrieges mussten die deutschen Lazaristen den Ort und das Land verlassen. Zunächst als Notlösung –
die sich aber bald als dauerhaft und segensreich erweisen sollte – wurde Tabgha den Benediktinern von der Dormitioabtei aus Jerusalem anvertraut. Diese war zwar auch ein deutsches Kloster, aber
einige der Mönche waren keine reichsdeutschen Staatsbürger; vier
von ihnen wurden nach Tabgha gesandt. Fast von Anfang an war P.
Hieronymus Brizič († 2014) dabei, ein Kroate, der mit wenigen Un-
terbrechungen in Tabgha lebte und unzählige Pilger hier begrüßt
hat. Seine Erinnerungen an die lange Zeit, vor allem an die verschiedenen Kriegszeiten, sind ein eindrucksvolles Zeugnis von den
Schwierigkeiten und vom zähen Fleiß, mit dem es den Mönchen gelang, diesen Ort der Kirche und den christlichen Pilgern zu erhalten.
Seit 1994 stehen philippinische Benediktinerinnen den deutschen
Mönchen zur Seite. 2007-12 bauten die Benediktiner ein neues,
schmuckes Kloster an der Südseite der Kirche, da das bisherige
Klostergebäude auf der anderen Seite der Kirche baufällig geworden
war. Zum Komplex gehört außerdem ein Gästehaus und die Begegnungsstätte „Beit Noah"; sie ermöglicht Begegnungen zwischen
Einheimischen und Gästen, zwischen Israelis und Arabern, zwischen Menschen mit und ohne Behinderungen.

Die *Brotvermehrungskirche*: Von einer wunderbaren Brotvermehrung ist in den Evangelien nicht weniger als sechsmal die Rede: Mk
6,30-44, Mt 14,13-21, Lk 9,10-17, Joh 6,1-13, Mk 8,1-10, Mt 15,32-
39. Trotz deutlicher Differenzen in Einzelheiten und besonders in
den Zahlenangaben glauben viele Fachleute, dass es sich immer um
die gleiche Grundgeschichte handelt, die nur in verschiedenen Gemeinden und damit von den verschiedenen Evangelisten verschieden erzählt wurden (vgl. S. 203). Die Zahlenangaben lassen die beiden Hauptströmungen der frühen christlichen Gemeinden erkennen,
die Judenchristen und die Heidenchristen: 5 Brote, 2 Fische, 5000
Männer, 12 Körbe voll übrig; vgl. die 5 Bücher der Tora und die

beiden weiteren Teile der jüdischen Bibel (Propheten und Schriften), 12 Stämme Israels und 12 Apostel – 7 Brote, einige Fische,
4000 Männer, 7 Körbe voll übrig; vgl. die 70 Heidenvölker, 72
(oder 70?) Jünger, 7 Diakone zum Dienst an den Hellenisten (griechischsprachigen Gläubigen). Dem entsprechen auch die (freilich
unklaren) Lokalisierungen der beiden Speisungen: die der 5000 am
(jüdischen) Nord- (oder West-?) Ufer, die der 4000 am (heidnischen) Ostufer. Nur Markus und Matthäus haben zwei Berichte aufgenommen, während sich Lukas und Johannes mit einem begnügen.
Der erste Bericht bei Markus lautet:

> Sie fuhren also mit dem Boot *in eine einsame Gegend,* um al-
> lein zu sein. Aber man sah sie abfahren und viele erfuhren da-
> von; sie liefen zu Fuß aus allen Städten dorthin und kamen
> noch vor ihnen an. Als er ausstieg und die vielen Menschen
> sah, hatte er Mitleid mit ihnen; denn sie waren wie Schafe, die
> keinen Hirten haben. Und er lehrte sie lange. Gegen Abend
> kamen seine Jünger zu ihm und sagten: Der Ort ist abgelegen
> und es ist schon spät. Schick sie weg, damit sie in die umlie-
> genden Gehöfte und Dörfer gehen und sich etwas zu essen
> kaufen können. Er erwiderte: Gebt ihr ihnen zu essen! Sie sag-
> ten zu ihm: Sollen wir weggehen, für zweihundert Denare
> Brot kaufen und es ihnen geben, damit sie zu essen haben? Er
> sagte zu ihnen: Wie viele Brote habt ihr? Geht und seht nach!
> Sie sahen nach und berichteten: Fünf Brote und außerdem
> zwei Fische. Dann befahl er ihnen, den Leuten zu sagen, sie
> sollten sich in Gruppen ins grüne Gras setzen. Und sie setzten
> sich in Gruppen zu hundert und zu fünfzig. Darauf nahm er
> die fünf Brote und die zwei Fische, blickte zum Himmel auf,
> sprach den Lobpreis, brach die Brote und gab sie den Jüngern,
> damit sie sie an die Leute austeilten. Auch die zwei Fische
> ließ er unter allen verteilen. Und alle aßen und wurden satt.
> Als die Jünger die Reste der Brote und auch der Fische ein-
> sammelten, wurden zwölf Körbe voll. Es waren fünftausend
> Männer, die von den Broten gegessen hatten (Mk 6,32-44).

Einfach von „Brotvermehrung" zu sprechen, ist eine eingebürgerte,
freilich zu sehr am Vordergründigen hängende Redeweise, welche
die Absicht Jesu nicht recht trifft. „Speisung des Volkes" bringt den
weiten Horizont der Erzählung sicher besser zum Ausdruck. Im Johannesevangelium sagt nämlich Jesus:

> Amen, amen, ich sage euch: Ihr sucht mich nicht, weil ihr Zei-
> chen gesehen habt, sondern weil ihr von den Broten gegessen
> habt und satt geworden seid. Müht euch nicht ab für die Spei-
> se, die verdirbt, sondern für die Speise, die für das ewige Le-
> ben bleibt und die der Menschensohn euch geben wird. Denn

ihn hat Gott, der Vater, mit seinem Siegel beglaubigt (Joh 6, 26-27).

Der Ort, an dem diese Geschichte sich zugetragen haben mag, kann nach den Evangelien nicht eindeutig festgelegt werden. Nach Markus und Matthäus „fuhr Jesus *in eine einsame Gegend,* um allein zu sein" (Mk 6,31, Mt 14,13), was für das östliche Ufer spricht, das viel weniger besiedelt war. Lukas nennt die Stadt Betsaida (siehe S. 199): „Dann nahm er sie beiseite und zog sich *in die Nähe der Stadt Betsaida* zurück, um mit ihnen allein zu sein" (Lk 9,10). Markus aber sagt *nach* dem Speisungswunder, Jesus habe seine Jünger vorausgeschickt *ans andere Ufer nach Betsaida* (Mk 6,45), und war damit die Ursache, dass man Betsaida lange auf der westlichen Seite des Sees zu lokalisieren suchte. Sein Text könnte aber so verstanden werden, dass Jesus seinen Jüngern von der Ostseite des Sees die Vorausfahrt nach Betsaida am nördlichen Ufer befahl.

Die zweiten Berichte von der Speisung der Viertausend bei Markus und Matthäus tragen zur Klärung wenig bei, da sie zwei andere, nicht sicher lokalisierte Zielorte der Überfahrt nennen: Bei Markus landen die Jünger *nach* dieser Speisung *im Gebiet von Dalmanuta* (Mk 8,10; siehe S. 202), bei Matthäus *in der Gegend von Magadan* (Mt 15,39) – letzteres mag eine andere Namensform von *Magdala* sein. Eindeutig ist hier aber Jesus vorher *im Gebiet der Dekapolis,* also am Ostufer, wo er einen Taubstummen heilte (Mk 7,31-37).

1911 und 1932 unternahm der Deutsche Verein vom Heiligen Lande auf seinem Grundstück Ausgrabungen. Man fand die Überreste von zwei byzantinischen Kirchen übereinander. Die ältere ($18 \times 9{,}5$ m) war in der zweiten Hälfte des 4. Jh. gebaut worden und fiel wohl dem Erdbeben des Jahres 419 zum Opfer. Ihr folgte gegen 480 ein zweiter Kirchenbau, der im 7. Jh. (614 von den Persern?) zerstört wurde. Er war wesentlich größer (30×20 m), etwas anders ausgerichtet und vor allem mit prächtigen Mosaiken geschmückt. Unter dem Altar war ein Steinblock, der schon in der ersten Kirche Verwendung gefunden hatte – bereits die Pilgerin Aetheria erwähnt ihn. Die Mosaike und der Altarstein wurden 1932 durch P. Johann Evarist Mader gefunden und 1936 durch einen einfachen Notüberbau gesichert. 1969 führte ein Erdbeben zu Aufwerfungen; die kostbaren Mosaike mussten abgenommen und auf Beton gesichert werden. 1980/82 hat der Deutsche Verein vom Heiligen Lande nach Plänen der Architekten A. Goergen und F. Baumann eine harmonische neue Kirche erbaut, welche der zweiten byzantinischen Kirche folgt.

Bemerkenswert ist das *Bronzeportal* von Elmar Hillebrandt, Köln, am Mitteleingang der Kirche. Die breiteren Felder in der Mitte zeigen oben die Heilung des Gelähmten in Kafarnaum (Mk 2,1-12) und die des Blinden von Betsaida (Mk 8,22-26), in der Mitte die Speisung der Fünftausend und Jesu Predigt vom Boot aus (Lk 5,1-3). In den unteren Feldern sind andere Krankenheilungen und das Gespräch Jesu mit der Samariterin am Jakobsbrunnen (Joh 4,1-42) dargestellt; so ergänzt die Rede vom lebendigen Wasser die vom lebendigen Brot. Die achteckigen Medaillons an den vier Ecken vertiefen das Thema von Brot und Wasser in alttestamentlichen Vorausbildern: Links oben: Josef in Ägypten verteilt Brot (Gen 41,53-57); links unten: Der Engel zeigt der verdurstenden Hagar den Brunnen in der Wüste (Gen 21,9-21); rechts oben: die Gabe des Manna in der Wüste (Ex 16,2-35); rechts unten: Mose schlägt Wasser aus dem Felsen (Ex 17,1-6). Die mittleren Medaillons in den Seitenleisten handeln wieder von Jesus selbst: Links die Versuchung Jesu: „Wenn du Gottes Sohn bist, so befiehl, dass aus diesen Steinen Brot wird" (Mt 4,3), rechts Jesus in der Kelter, ein verbreitetes Symbol für Jesu Leiden in Verbindung mit der Gabe des eucharistischen Weines.

In der rechten Ecke der Eingangsfront der Kirche dokumentiert eine Jesajafigur vom Kölner Dom die enge Beziehung zwischen Köln und Tabgha. Die Worte des Jesajaprophetie, „das Volk, das im Dunkel lebt, sieht ein helles Licht", beziehen sich ja gerade auf diesen Landstrich im Gebiet *von Sebulon und Naftali,* auf die *Straße am Meer* (Jes 8,23–9,1).

Beherrschendes Zentrum der Kirche ist der Altarraum mit dem weltberühmten Mosaik, dem Korb mit vier Broten und zwei Fischen (Abbildung: Tafel Xa). Es dokumentiert, dass hier des besonderen Zeichens der Speisung der Menge durch Jesus gedacht wurde. Eine kleine Änderung im liturgischen Sinn und im Interesse der Gottesdienstteilnehmer ist vorgenommen worden, indem man das Brot-und-Fische-Mosaik *vor* den Altar gelegt hat, während es ursprünglich dahinter war. Verwunderung wird bei aufmerksamen Betrachtern erregen, dass der Künstler neben den zwei Fischen nur *vier* Brote abgebildet hat, obwohl in den Evangelien von *fünf* Broten die Rede ist. Manche antworten, das fünfte Brot sei unter den vier sichtbaren zu denken; doch überzeugt das kaum. So darf eine theologische Erklärung versucht werden: Der Künstler denkt sich das fünfte Brot *auf* dem Altar und stellt damit den offenkundigen Bezug von der „Speisung des Volkes in der Wüste" zur Eucharistie her. Wenn man diese Beziehung zur Eucharistie für das Wichtigere nimmt, ist es auch weniger verwunderlich, diese Erinnerungsstätte hier am Nordwestufer des Sees, im bewohnten Gebiet, zu finden. Freilich glaubten schon Aetheria und der Pilger Theodosius (vor 530), die Speisung der 5000 habe *hier* stattgefunden.

Vor dem Altarraum stehen zwei zeitgenössische Ikonen der Benediktinerin Marie Paul vom Ölberg in Jerusalem; die Bilder von Christus und der Gottesmutter rechts und links deuten eine Ikonostase an. Auf ihrer Rückseite wird in byzantinischer Tradition der vermutlichen Stifter gedacht. Als vermuteter Erbauer der ersten Kirche wird der Konvertit Graf Joseph von Tiberias dargestellt. Etwas sicherer ist man mit Patriarch Martyrius (478–486) bei der zweiten Kirche; seine Beziehung mit der Kirche wird durch eine beschädigte Mosaikinschrift links vom Altar bezeugt.

Die Mosaike, die in den Seitenschiffen erhalten sind, stellen die am See vorkommende Tier- und Pflanzenwelt dar (Kormorane, Reiher, Flamingos, Störche, Enten, Schreitvögel, Nattern, Klippdachse usw.), sie inspirieren sich aber auch an der ägyptischen Nilfauna und -flora (z. B. Lotusblüten). Ob auch das *Nilometer* (ein Wasserstandsmesser zur Messung des Nilhochwassers) auf äyptischen Einfluss hindeutet, ist umstritten. Es ist wahrscheinlich, dass es auch in der Gegend von Tabgha eine Art Nilometer gab, um die Wasserhöhe der Quellen zu messen. Darauf deuten griechische Buchstaben hin, die man in Basaltringen – Teilen von Wasserleitungen – eingeritzt gefunden hat. Die Darstellungen von Bewässerungsanlagen im Mosaik sind ein Hinweis darauf, dass diese Anlagen von den Erbauern der Basilika in Auftrag gegeben wurden, die sie ausdrücklich und stolz in diesem Mosaik zur Schau stellen wollten.

Für die Kapitelle der Kirche diente ein Kapitell als Modell, das bei Ausgrabungen in Hippos auf der anderen Seite des Sees (siehe S. 206) aufgefunden wurde; es ist in der Eingangshalle des Kreuzgangs ausgestellt. Die Ausführung der Kapitelle war dem arabischen Bildhauer F. Nastas aus Bet Dschala bei Betlehem anvertraut. Jeweils zum Seitenschiff hin sind in die Kapitelle statt der sonstigen Akanthusblüten die Köpfe der am Neubau der Kirche beteiligten Personen eingefügt.

Ein interessantes Detail findet man in der nördlichen Seitenkapelle, der Sakramentskapelle der Kirche: Die nördliche Außenwand verläuft nicht rechtwinklig, sondern etwas schräg im Vergleich zu den anderen Mauern – wahrscheinlich bedingt durch den antiken Straßenverlauf. Dies weckt die Erinnerung an die Berufung des Levi an der Zollstätte. Der Evangelist macht keine genaue Ortsangabe, außer dass Jesus von Kafarnaum aus *hinaus an den See* ging – Tabgha wird in antiken Quellen immer wieder zum Gebiet von Kafarnaum gerechnet:

> Jesus ging wieder hinaus an den See. Da kamen Scharen von Menschen zu ihm und er lehrte sie. Als er weiterging, sah er Levi, den Sohn des Alphäus, am Zoll sitzen und sagte zu ihm: Folge mir nach! Da stand Levi auf und folgte ihm. Und als Jesus in seinem Haus beim Essen war, aßen viele Zöllner und Sünder zusammen mit ihm und seinen Jüngern; denn es folgten ihm schon viele. Als die Schriftgelehrten, die zur Partei

der Pharisäer gehörten, sahen, dass er mit Zöllnern und Sündern aß, sagten sie zu seinen Jüngern: Wie kann er zusammen mit Zöllnern und Sündern essen? Jesus hörte es und sagte zu ihnen: Nicht die Gesunden brauchen den Arzt, sondern die Kranken. Ich bin gekommen, um die Sünder zu rufen, nicht die Gerechten (Mk 2,13-17).

Freilich konnte diese Zollstätte archäologisch nicht identifiziert werden. Es ist nicht einmal geklärt, ob sie an einer Straße oder am Hafen lag, ob also der Verkehr vom Nordufer des Sees nach Osten über eine Uferstraße lief (die Gegend um die Jordanmündung war damals sumpfig und nur schwer passierbar) oder auf dem Seeweg.

Da die Brotvermehrungskirche von Besuchern sehr überlaufen ist, wurden für die Eucharistiefeier direkt am See drei Gottesdienstplätze eingerichtet, die von Pilgergruppen gern genutzt werden. Der erste wird auf Anregung des aus Südtirol stammenden Benediktiners Bargil Pixner (1921–2002) *Dalmanuta* genannt, in Anlehnung an das Markusevangelium (Mk 8,10), während die wirkliche Lage von Dalmanuta, wie gesagt, bis heute unbekannt ist.

Die *Primatskapelle* (Abbildung: Tafel Xb): Wenige hundert Meter vom benediktinischen Tabgha entfernt betreuen die Franziskaner einen baumreichen Garten, in welchem mehrere der *Sieben Quellen* anzutreffen sind. Betritt man das Grundstück von der Straße her, sieht man zur Rechten die Ruine einer antiken Zisterne, in einheimischer Tradition *Tannur Ajjub,* „Hiobs-Ofen", genannt. Zur Linken strömt eine der Quellen, deren Wasser früher über einen Kanal (darunter befinden sich heute die sanitären Anlagen) zu einem Mühlrad geleitet wurde. In der alten Mühle befindet sich heute der Konvent der Franziskaner (hinter der Kirche).

Auch diese heilige Stätte geht auf das christliche Altertum zurück. Die Pilgerin Aetheria spricht hier nicht von einer Kirche. Sie nennt aber *nicht weit* von Kafarnaum, bevor sie auf die Brotvermehrung zu sprechen kommt, „die steinernen Stufen, auf denen der Herr stand" – sie sind heute außerhalb der Kapelle zu sehen – und dazu, nur noch selten im Wasser, sechs herzförmige Sockel von Doppelsäulen, in frühmittelalterlicher Tradition als *Throne der Apostel* bezeichnet. Der hier gemeinte Text des Johannesevangeliums lautet:

Danach offenbarte sich Jesus den Jüngern noch einmal. Es war am See von Tiberias und er offenbarte sich in folgender Weise. Simon Petrus, Thomas, genannt Didymus (Zwilling), Natanaël aus Kana in Galiläa, die Söhne des Zebedäus und zwei andere von seinen Jüngern waren zusammen. Simon Petrus sagte zu ihnen: Ich gehe fischen. Sie sagten zu ihm: Wir kommen auch mit. Sie gingen hinaus und stiegen in das Boot.

Aber in dieser Nacht fingen sie nichts. Als es schon Morgen
wurde, stand Jesus am Ufer. Doch die Jünger wussten nicht,
dass es Jesus war. Jesus sagte zu ihnen: Meine Kinder, habt
ihr nicht etwas zu essen? Sie antworteten ihm: Nein. Er aber
sagte zu ihnen: Werft das Netz auf der rechten Seite des Bootes aus und ihr werdet etwas fangen. Sie warfen das Netz aus
und konnten es nicht wieder einholen, so voller Fische war es.
Da sagte der Jünger, den Jesus liebte, zu Petrus: Es ist der
Herr! Als Simon Petrus hörte, dass es der Herr sei, gürtete er
sich das Obergewand um, weil er nackt war, und sprang in den
See. Dann kamen die anderen Jünger mit dem Boot – sie waren nämlich nicht weit vom Land entfernt, nur etwa zweihun-
dert Ellen – und zogen das Netz mit den Fischen hinter sich
her. Als sie an Land gingen, sahen sie am Boden ein Kohlen-
feuer und darauf Fisch und Brot. Jesus sagte zu ihnen: Bringt
von den Fischen, die ihr gerade gefangen habt. Da ging Simon
Petrus und zog das Netz an Land. Es war mit hundertdreiund-
fünfzig großen Fischen gefüllt, und obwohl es so viele waren,
zerriss das Netz nicht. Jesus sagte zu ihnen: Kommt her und
esst! Keiner von den Jüngern wagte ihn zu fragen: Wer bist
du? Denn sie wussten, dass es der Herr war. Jesus trat heran,
nahm das Brot und gab es ihnen, ebenso den Fisch. Dies war
schon das dritte Mal, dass Jesus sich den Jüngern offenbarte,
seit er von den Toten auferstanden war.
Als sie gegessen hatten, sagte Jesus zu Simon Petrus: Simon,
Sohn des Johannes, liebst du mich mehr als diese? Er antwortete ihm: Ja, Herr, du weißt, dass ich dich liebe. Jesus sagte zu
ihm: Weide meine Lämmer! Zum zweiten Mal fragte er ihn:
Simon, Sohn des Johannes, liebst du mich? Er antwortete ihm:
Ja, Herr, du weißt, dass ich dich liebe. Jesus sagte zu ihm:
Weide meine Schafe! Zum dritten Mal fragte er ihn: Simon,
Sohn des Johannes, liebst du mich? Da wurde Petrus traurig,
weil Jesus ihn zum dritten Mal gefragt hatte: Hast du mich
lieb? Er gab ihm zu Antwort: Herr, du weißt alles; du weißt,
dass ich dich lieb habe. Jesus sagte zu ihm: Weide meine
Schafe! (Joh 21,1-17).

Bei der archäologischen Untersuchung des Geländes ergab sich,
dass der Ort wegen vieler Felsplatten für die Landwirtschaft ungeeignet war, aber als Steinbruch genutzt wurde; Schnittstellen sind
noch erkenntlich und auch zwei Metallkeile wurden gefunden. Im
4.Jh. entstand hier ein verputztes Gebäude, an der Wende vom 4.
zum 5.Jh. wurde ein größeres gebaut (6,5 × 12 m). Von einigen wird
es als einschiffige Kapelle angesehen, es fehlt aber die für eine Kapelle typische Apsis nach Osten. Ein markanter Felsen, der latei-

nisch *Mensa Christi,* „Tisch Christi", genannt wird, im Mittelpunkt des Gebäudes und ein Bericht der Pilgerin Aetheria über ein rituelles Mahl in Erinnerung an die Speisung der Menge legen eine andere Deutung nahe: Es war zwar keine Kapelle im herkömmlichen Sinn, aber auch nicht einfach ein Speisesaal, sondern ein sakraler Raum, in dem Pilger solche rituellen Mähler abhielten.

Die Franziskaner erbauten 1934 am Ufer des Sees auf den Ruinen eine schlichte Kapelle, die der Erscheinung des Auferstandenen und der Übertragung des Hirtenamts (Primats) an Petrus geweiht ist. 1982 wurde die Kapelle renoviert, in den folgenden Jahren schuf man davor drei weitere Gebets- und Gottesdienstplätze. Der runde Gottesdienstplatz dem Eingang der Kapelle gegenüber wird von der Skulptur „Christus überträgt Petrus das Hirtenamt" dominiert; sie stammt vom römischen Franziskaner Andrea Martini (1917–1996). Die beiden anderen, überdachten Gottesdienstplätze erinnern an die Besuche der Päpste Paul VI. (1964) und Johannes Paul II. (2000), die als Nachfolger Petri hierher, an den Ursprungsort des Petrusamtes, zurückkehrten.

Die *Grotte der Seligpreisungen*: Weniger beachtet wird heute eine dritte altchristliche Gedenkstätte von Tabgha, eine kleine Kapelle ($7,20 \times 4,50$ m) über einer Grotte, die 1935 am Hang direkt oberhalb der Straße aufgefunden und vom Franziskaner Bellarmino Bagatti erforscht wurde. Leider wurde bei der Verbreiterung der Straße trotz Protest der Archäologen zu wenig Rücksicht darauf genommen. Sie gehörte zu einem kleinen Kloster und darf als älteste Gedächtnisstätte der Seligpreisungen gelten, da sie ebenfalls bereits von der Pilgerin Aetheria erwähnt wird:

> Dort auf dem Berg in der Nähe liegt die Höhle, zu der der Erlöser hinaufstieg und wo er die Seligpreisungen sprach.

Fährt man auf der Straße Richtung Osten (Richtung Kafarnaum), kommt man am Ende des umzäunten Grundstücks der Franziskaner zu Stufen, die hinunter zum Seeufer führen, eine der wenigen Stellen am Nordufer, wo der See frei zugänglich ist. Dort befindet sich die Ruine eines oberirdischen Wasserbeckens, ein Teil der antiken Bewässerungsanlagen. Im Volksmund wird es *Hammam Ajjub,* „Hiobs-Bad" genannt. Einer arabischen Sage nach sei der leidende Ijob hier von seinen Krankheiten (vgl. Ijob 2,7) geheilt worden.

Auf der anderen Straßenseite überbrücken einige Metallstufen einen kleinen Hang. Dort beginnt (oder endet) der Fußweg hinauf zum Berg der Seligpreisungen (siehe S. 176).

Von Tabgha sind es nur 2 km bis Kafarnaum. Ein gepflasterter Weg entlang der Straße lädt ein, diese Strecke in einer knappen halben

Stunde zu Fuß zurückzulegen. Eukalyptusbäume spenden unterwegs immer wieder Schatten.

Kafarnaum

Gesäumt von einer Eukalyptusallee erreicht man zunächst den Hof des Franziskanerklosters (Übersichtsplan und historische Luftaufnahme: Tafeln XI und XIIb). Zur Linken steht eine Franziskusstatue des römischen Franziskaners Andrea Martini (1917–1996). Von dort erreicht man die Ausgrabungen von *Kafarnaum* (hebr. *Kfar Nachum,* „Nahum-Dorf"; die Lutherbibel schreibt *Kapernaum*). Der Ort wird im Alten Testament nicht erwähnt, obwohl erste Siedlungsspuren bis in die Mittlere Bronzezeit zurückreichen. Dagegen nimmt die Stadt im Neuen Testament eine herausragende Stellung ein. Jesus ist mit Kafarnaum so verbunden, dass der Evangelist Matthäus es *seine Stadt* nennt (Mt 9,1). Er schlug hier seinen Wohnsitz auf:

> Als Jesus hörte, dass man Johannes ins Gefängnis geworfen hatte, zog er sich nach Galiläa zurück. Er verließ Nazaret, um *in Kafarnaum zu wohnen,* das am See liegt, im Gebiet von Sebulon und Naftali. Denn es sollte sich erfüllen, was durch den Propheten Jesaja gesagt worden ist:
> Das Land Sebulon und das Land Naftali, die Straße am Meer, das Gebiet jenseits des Jordan, das heidnische Galiläa: das Volk, das im Dunkel lebte, hat ein helles Licht gesehen; denen, die im Schattenreich des Todes wohnten, ist ein Licht erschienen.
> Von da an begann Jesus zu verkünden: Kehrt um! Denn das Himmelreich ist nahe (Mt 4,12-17).

Nach einer Blüte in byzantinischer Zeit wurde Kafarnaum im 8. oder 9.Jh. aufgegeben und nie mehr besiedelt. Die wenigen Pilger aus dem Mittelalter, die bis hierher vorgedrungen waren, beschreiben die Stadt als Ruinen oder als Wohnort einzelner Beduinen; so notiert der Dominikaner Burkard vom Berg Zion am Ende der Kreuzfahrerperiode: „Es ist ganz ärmlich; kaum sieben Hütten von armen Fischern stehen dort." Mehrere Besucher des Mittelalters sehen daher das Drohwort Jesu gegen die Stadt, „in die Unterwelt wirst du hinabgeworfen" (Mt 11,23, s.u.), in Erfüllung gegangen. Im 17.Jh. war die Erinnerung an den Ort ganz verloren gegangen, man suchte ihn weiter westlich, z.B. in *Chirbet al-Minje* (siehe S.173). Erst im 19.Jh. gab es erste Versuche, die Ruinen – die Araber nannten sie *Tell Hum,* was als Kurzform von Kafarnaum erklärbar ist – als Kafarnaum zu identifizieren. Dem 20.Jh. war es vorbehalten, die Überreste, die so deutlich an das Leben Jesu und der ers-

ten Jünger erinnern, wieder ans Licht zu bringen und dem Besucher
zugänglich zu machen. Im Nachhinein war es ein Glücksfall, dass
die Stadt Jesu als Stadt zu existieren aufgehört hatte. Die Ruinen
wurden nie überbaut oder als Steinbruch genutzt und blieben so über
anderthalb Jahrtausende überraschend gut erhalten.

Der *Sabbat von Kafarnaum* (Mk 1,21-39), der durch die Berufung
der ersten Jünger am See Gennesaret eingeleitet wird (Mk 1,16-20),
ist eine der schlichtesten und eindrucksvollsten Erzählungen aus der
Frühzeit des Evangeliums, die gut und gerne auf Kreise um Petrus
zurückgehen mag – beispielsweise wird Petrus hier noch mit seinem
ursprünglichen Namen Simon bezeichnet. Dieser Bericht lautet:

> Als Jesus am See von Galiläa entlangging, sah er Simon und
> Andreas, den Bruder des Simon, die auf dem See ihr Netz aus-
> warfen; sie waren nämlich Fischer. Da sagte er zu ihnen:
> Kommt her, folgt mir nach! Ich werde euch zu Menschenfi-
> schern machen. Sogleich ließen sie ihre Netze liegen und folg-
> ten ihm. Als er ein Stück weiterging, sah er Jakobus, den Sohn
> des Zebedäus, und seinen Bruder Johannes; sie waren im Boot
> und richteten ihre Netze her. Sofort rief er sie und sie ließen
> ihren Vater Zebedäus mit seinen Tagelöhnern im Boot zurück
> und folgten Jesus nach.
> Sie kamen nach *Kafarnaum*. Am folgenden Sabbat ging er in
> die Synagoge und lehrte. Und die Menschen waren sehr be-
> troffen von seiner Lehre; denn er lehrte sie wie einer, der
> (göttliche) Vollmacht hat, nicht wie die Schriftgelehrten.
> In ihrer Synagoge saß ein Mann, der von einem unreinen Geist
> besessen war. Der begann zu schreien: Was haben wir mit dir
> zu tun, Jesus von Nazaret? Bist du gekommen, um uns ins
> Verderben zu stürzen? Ich weiß, wer du bist: der Heilige Got-
> tes. Da befahl ihm Jesus: Schweig und verlass ihn! Der unrei-
> ne Geist zerrte den Mann hin und her und verließ ihn mit lau-
> tem Geschrei. Da erschraken alle und einer fragte den andern:
> Was hat das zu bedeuten? Hier wird mit Vollmacht eine ganz
> neue Lehre verkündet. Sogar die unreinen Geister gehorchen
> seinem Befehl. Und sein Ruf verbreitete sich rasch im ganzen
> Gebiet von Galiläa.
> Sie verließen die Synagoge und gingen zusammen mit Jako-
> bus und Johannes gleich in das Haus des Simon und Andreas.
> Die Schwiegermutter des Simon lag mit Fieber im Bett. Sie
> sprachen mit Jesus über sie und er ging zu ihr, fasste sie an der
> Hand und richtete sie auf. Da wich das Fieber von ihr und sie
> sorgte für sie.

Am Abend, als die Sonne untergegangen war, brachte man alle Kranken und Besessenen zu Jesus. Die ganze Stadt war vor der Haustür versammelt und er heilte viele, die an allen möglichen Krankheiten litten, und trieb viele Dämonen aus. Und er verbot den Dämonen zu reden; denn sie wussten, wer er war. In aller Frühe, als es noch dunkel war, stand er auf und ging an einen einsamen Ort, um zu beten. Simon und seine Begleiter eilten ihm nach, und als sie ihn fanden, sagten sie zu ihm: Alle suchen dich. Er antwortete: Lasst uns anderswohin gehen, in die benachbarten Dörfer, damit ich auch dort predige; denn dazu bin ich gekommen. Und er zog durch ganz Galiläa, predigte in den Synagogen und trieb die Dämonen aus (Mk 1, 16-39).

Kafarnaum musste aber auch die ernste Drohung Jesu anhören:

Dann begann er den Städten, in denen er die meisten Wunder getan hatte, Vorwürfe zu machen, weil sie sich nicht bekehrt hatten: Weh dir, Chorazin! Weh dir, Betsaida! Wenn einst in Tyrus und Sidon die Wunder geschehen wären, die bei euch geschehen sind – man hätte dort in Sack und Asche Buße getan. Ja, das sage ich euch: Tyrus und Sidon wird es am Tag des Gerichts nicht so schlimm ergehen wie euch. Und du, *Kafarnaum,* meinst du etwa, du wirst bis zum Himmel erhoben? Nein, in die Unterwelt wirst du hinabgeworfen. Wenn in Sodom die Wunder geschehen wären, die bei dir geschehen sind, dann stünde es noch heute. Ja das sage ich euch: Dem Gebiet von Sodom wird es am Tag des Gerichts nicht so schlimm ergehen wie dir (Mt 11,20-24).

Die *Synagoge*: Bereits 1838 vermutete der amerikanische Orientreisende E. Robinson in diesen Ruinen eine Synagoge. Dies bewog die Franziskaner, in siebenjährigen Verhandlungen mit vielen Rückschlägen 1886-93 das Grundstück zu erwerben – in der Hoffnung, dort Kafarnaum zu finden. Noch vor dem Ersten Weltkrieg bemühte sich der deutsche Franziskanerbruder Wendelin Hinterkeuser, einige Ordnung in die vielen Ruinenteile zu bringen. In den Jahren 1921-26 unternahm der aus Nazaret stammende Franziskaner Gaudenzio Orfali eine teilweise Wiederherstellung des monumentalen Gebäudes. Diese Rekonstruktion wurde mit dem Enthusiasmus und den archäologischen Methoden der damaligen Zeit vorgenommen; sie macht leider nicht kenntlich, welche Bauelemente tatsächlich vorgefunden und welche ergänzt wurden. Vor allem die angedeutete Rekonstruktion einer Empore nach dem Vorbild mittelalterlicher europäischer Synagogen lässt sich heute nicht mehr aufrecht erhalten.

Die Pionierarchäologen bis zum beginnenden 20.Jh. waren zumeist überzeugt, die Synagoge aus der Zeit Jesu gefunden zu haben. Die deutschen Archäologen Heinrich Kohl und Carl Watzinger erforschten 1905-16 die Ruinen und datierten sie auf die Zeit um 200 n.Chr. Da also die Synagoge nicht die Synagoge aus der Zeit Jesu sein konnte, bemühten sich die Franziskaner 1968-90 mit der gebotenen Vorsicht darum herauszufinden, ob sich nicht unter der heute sichtbaren Synagoge eine frühere befände. Eine erste Überraschung war dabei, dass man im Fußboden der jetzigen Synagoge mehr als 30000 (!) Münzen aus der Zeit von 383–395 n.Chr. fand. Solche Münzschätze sind inzwischen auch bei anderen Synagogen gefunden worden – wohl die Kasse der betreffenden Synagoge.

Tatsächlich fand man andersartige Grundmauern unter der sichtbaren Synagoge. Das Ergebnis der beiden Franziskaner Virgilio Corbo († 1991, hier begraben) und Stanislao Loffreda, das im Detail noch diskutiert wird, ist folgendes: Die weiße Synagoge ist weit jünger, als man vor hundert Jahren angenommen hatte; sie dürfte aus dem ausgehenden 5.Jh. n.Chr. stammen. Darunter fand man Reste mehrerer Vorgängerbauten: zuunterst einfache Häuser vom 13.Jh. v.Chr. bis in die letzten vorchristlichen Jahrhunderte; darüber ein öffentliches Gebäude aus der Zeit Jesu, das wahrscheinlich – einen archäologischen Beweis gibt es dafür nicht – die Synagoge aus der Zeit Jesu war.

Ein interessantes und auch für den Laien sichtbares Detail ist die Baufuge zwischen den Basaltgrundmauern des Vorgängerbaus und der weißen Kalksteinsynagoge. Betrachtet man die westliche Außenmauer (von der baumbestandenen Sitzgruppe aus), erkennt man, dass die oberste Schicht von Basaltsteinen leicht geneigt ist; beim Neubau der Synagoge hat man sie nicht eingeebnet, sondern man hat die Kalksteine sorgfältig auf diese Neigung hin behauen. Außerdem ist an der Eingangstreppe eine der Kalksteinstufen so behauen, dass sie eine alte Basaltstufe überwölbt, ohne sie zu zerstören. Es gibt dafür keine architektonische Erklärung. War der Vorgängerbau erhaltungs- weil verehrungswürdig? Als Synagoge Jesu? Dies wirft freilich eine weitere Frage auf: Warum sollten Juden im 5.Jh. die Spuren Jesu verehrt haben? Hier findet sich eine aufschlussreiche Parallele in der jüdischen Gemeinde – oder sollte man sie judenchristlich nennen? – von Nazaret (siehe S.112): dort rühmten sich zumindest die Jüd*innen* der Verwandtschaft Mariens. Sollten die Juden von Kafarnaum noch einen Schritt weitergegangen sein und die Erinnerung an Jesus in Ehren gehalten haben?

Auf jeden Fall gilt die zum Teil wieder aufgerichtete Synagoge von Kafarnaum (23 × 17 m) als eine der schönsten, die im Land anzutreffen sind. Schon dass sie nicht aus dem örtlichen schwarzen Basalt wie ihre Vorgängerinnen und viele andere Synagogen in Galiläa er-

baut worden ist, sondern aus Kalkstein, der von auswärts beige-
bracht werden musste, zeigt ihren besonderen Rang. Wie bei den
Synagogen in Galiläa üblich, ist ihre Fassade nach Süden, nach Jerusalem hin, ausgerichtet.

Wenn die Synagoge also heute in die byzantinische Zeit datiert wird
und 30 m entfernt ein erstrangiges christliches Heiligtum stand (siehe im Folgenden), werden auch bisherige Vorstellungen über die
Religionspolitik des byzantinischen Reiches brüchig. Es fragt sich
ja: Wie war es möglich, dass unmittelbar neben einer Kirche eine so
stattliche, geradezu prächtige jüdische Synagoge neu errichtet werden konnte? Die jüdische Gemeinde von Kafarnaum muss über beträchtlichen Einfluss verfügt haben, anscheinend konnte das byzantinische Regime durchaus tolerant sein. Selbst wenn die Christen von
Kafarnaum Judenchristen waren, bleibt der Befund bemerkenswert;
wir wissen anderswo von scharfen Spannungen gerade zwischen ju-
den- und heidenchristlichen Gemeinden bis in die byzantinische Zeit
hinein. Wie immer es gewesen sein mag, das enge Gegenüber von
Kirche und Synagoge in Kafarnaum wirkt bis heute wie ein Symbol
für ein Nebeneinander unterschiedlicher religiöser Gruppen.

Ältestes Zeugnis für dieses erstaunliche Gegenüber ist der Reisebericht der Aetheria aus dem Jahr 383 n.Chr. Darin heißt es:

> In Kafarnaum ist aus dem Haus des Apostelfürsten eine Kir-
> che geworden; die Wände stehen bis heute so, wie sie waren.
> Dort heilte der Herr den Gelähmten. Dort steht auch die Syn-
> agoge, in der der Herr den Besessenen heilte, zu der man über
> viele Stufen hinaufsteigt. Die Synagoge ist aus quadratischen
> Steinen errichtet.

Mehrere Erzählungen aus den Evangelien sind mit der Synagoge
von Kafarnaum verbunden, siehe z.B. den oben erwähnten „Sabbat von Kafarnaum" (Mk 1,21-39) oder die folgende Heilungsge-
schichte:

> Als Jesus diese Rede vor dem Volk beendet hatte, ging er
> nach *Kafarnaum* hinein. Ein Hauptmann hatte einen Diener,
> der todkrank war und den er sehr schätzte. Als der Hauptmann
> von Jesus hörte, schickte er einige von den jüdischen Ältesten
> zu ihm mit der Bitte, zu kommen und seinen Diener zu retten.
> Sie gingen zu Jesus und baten ihn inständig. Sie sagten: Er
> verdient es, dass du seine Bitte erfüllst; denn er liebt unser
> Volk und hat uns *die Synagoge* gebaut. Da ging Jesus mit
> ihnen. Als er nicht mehr weit von dem Haus entfernt war,
> schickte der Hauptmann Freunde und ließ ihm sagen: Herr,
> bemüh dich nicht! Denn ich bin es nicht wert, dass du mein
> Haus betrittst. Deshalb habe ich mich auch nicht für würdig
> gehalten, selbst zu dir zu kommen. Sprich nur ein Wort, dann

muss mein Diener gesund werden. Auch ich muss Befehlen gehorchen und ich habe selber Soldaten unter mir; sage ich nun zu einem: Geh!, so geht er, und zu einem andern: Komm!, so kommt er, und zu meinem Diener: Tu das!, so tut er es. Jesus war erstaunt über ihn, als er das hörte. Und er wandte sich um und sagte zu den Leuten, die ihm folgten: Ich sage euch: Nicht einmal in Israel habe ich einen solchen Glauben gefunden. Und als die Männer, die der Hauptmann geschickt hatte, in das Haus zurückkehrten, stellten sie fest, dass der Diener gesund war (Lk 7,1-10).

Dem entspricht das Kafarnaum des Johannesevangeliums in eigener Weise. Johannes bringt von den Taten Jesu nur eine kleine Auswahl und räumt dafür der Verkündigung umso mehr Platz ein. Gerade darin aber kommt die Synagoge von Kafarnaum zu der besonderen Auszeichnung als Ort der großen Brotrede nach der Speisung der Menge in der Wüste. Diese Rede wird zu einem Höhepunkt der Predigt Jesu in Galiläa. Ihr erster Teil spricht unter dem Bild des Brotes allgemein von der Heilsbedeutung des Glaubens an Jesus. Erst der letzte Teil der Rede ist eindeutig eucharistisch zu verstehen. So kommt es zu einer Scheidung unter den Anhängern Jesu. Diese *Brotrede* in der Synagoge von Kafarnaum lautet:

Von Tiberias her kamen andere Boote in die Nähe des Ortes, wo sie nach dem Dankgebet des Herrn das Brot gegessen hatten. Als die Leute sahen, dass weder Jesus noch seine Jünger dort waren, stiegen sie in die Boote, fuhren *nach Kafarnaum* und suchten Jesus. Als sie ihn am anderen Ufer des Sees fanden, fragten sie ihn: Rabbi, wann bist du hierher gekommen? Jesus antwortete ihnen: Amen, amen, ich sage euch: Ihr sucht mich nicht, weil ihr Zeichen gesehen habt, sondern weil ihr von den Broten gegessen habt und satt geworden seid. Müht euch nicht ab für die Speise, die verdirbt, sondern für die Speise, die für das ewige Leben bleibt und die der Menschensohn euch geben wird. Denn ihn hat Gott, der Vater, mit seinem Siegel beglaubigt. Da fragten sie ihn: Was müssen wir tun, um die Werke Gottes zu vollbringen? Jesus antwortete ihnen: Das ist das Werk Gottes, dass ihr an den glaubt, den er gesandt hat. Sie entgegneten ihm: Welches Zeichen tust du, damit wir es sehen und dir glauben? Was tust du? Unsere Väter haben das Manna in der Wüste gegessen, wie es in der Schrift heißt: Brot vom Himmel gab er ihnen zu essen. Jesus sagte zu ihnen: Amen, amen, ich sage euch: Nicht Mose hat euch das Brot vom Himmel gegeben, sondern mein Vater gibt euch das wahre Brot vom Himmel. Denn das Brot, das Gott gibt, kommt vom Himmel herab und gibt der Welt das Leben. Da baten sie

ihn: Herr, gib uns immer dieses Brot! Jesus antwortete ihnen:
Ich bin das Brot des Lebens; wer zu mir kommt, wird nie
mehr hungern, und wer an mich glaubt, wird nie mehr Durst
haben. Aber ich habe euch gesagt: Ihr habt (mich) gesehen
und doch glaubt ihr nicht. Alles, was der Vater mir gibt, wird
zu mir kommen, und wer zu mir kommt, den werde ich nicht
abweisen; denn ich bin nicht vom Himmel herabgekommen,
um meinen Willen zu tun, sondern den Willen dessen, der
mich gesandt hat. Es ist aber der Wille dessen, der mich gesandt hat, dass ich keinen von denen, die er mir gegeben hat,
zugrunde gehen lasse, sondern dass ich sie auferwecke am
Letzten Tag. Denn es ist der Wille meines Vaters, dass alle,
die den Sohn sehen und an ihn glauben, das ewige Leben haben und dass ich sie auferwecke am Letzten Tag.
Da murrten die Juden gegen ihn, weil er gesagt hatte: Ich bin
das Brot, das vom Himmel herabgekommen ist. Und sie sagten: Ist das nicht Jesus, der Sohn Josefs, dessen Vater und
Mutter wir kennen? Wie kann er jetzt sagen: Ich bin vom
Himmel herabgekommen? Jesus sagte zu ihnen: Murrt nicht!
Niemand kann zu mir kommen, wenn nicht der Vater, der
mich gesandt hat, ihn zu mir führt; und ich werde ihn auferwecken am Letzten Tag. Bei den Propheten heißt es: Und alle
werden Schüler Gottes sein. Jeder, der auf den Vater hört und
seine Lehre annimmt, wird zu mir kommen. Niemand hat den
Vater gesehen außer dem, der von Gott ist; nur er hat den Vater gesehen. Amen, amen, ich sage euch: Wer glaubt, hat das
ewige Leben. Ich bin das Brot des Lebens. Eure Väter haben
in der Wüste das Manna gegessen und sind gestorben. So aber
ist es mit dem Brot, das vom Himmel herabkommt: Wenn jemand davon isst, wird er nicht sterben. Ich bin das lebendige
Brot, das vom Himmel herabgekommen ist. Wer von diesem
Brot isst, wird in Ewigkeit leben. Das Brot, das ich geben werde, ist mein Fleisch, (ich gebe es hin) für das Leben der Welt.
Da stritten sich die Juden und sagten: Wie kann er uns sein
Fleisch zu essen geben? Jesus sagte zu ihnen: Amen, amen,
das sage ich euch: Wenn ihr das Fleisch des Menschensohnes
nicht esst und sein Blut nicht trinkt, habt ihr das Leben nicht
in euch. Wer mein Fleisch isst und mein Blut trinkt, hat das
ewige Leben und ich werde ihn auferwecken am Letzten Tag.
Denn mein Fleisch ist wirklich eine Speise und mein Blut
ist wirklich ein Trank. Wer mein Fleisch isst und mein Blut
trinkt, der bleibt in mir und ich bleibe in ihm. Wie mich der lebendige Vater gesandt hat und wie ich durch den Vater lebe,
so wird jeder, der mich isst, durch mich leben. Dies ist das
Brot, das vom Himmel herabgekommen ist. Mit ihm ist es

nicht wie mit dem Brot, das die Väter gegessen haben; sie sind
gestorben. Wer aber dieses Brot isst, wird leben in Ewigkeit.
Diese Worte sprach Jesus, als er *in der Synagoge von Kafarnaum* lehrte.
Viele seiner Jünger, die ihm zuhörten, sagten: Was er sagt, ist
unerträglich. Wer kann das anhören? Jesus erkannte, dass seine Jünger darüber murrten, und fragte sie: Daran nehmt ihr
Anstoß? Was werdet ihr sagen, wenn ihr den Menschensohn
hinaufsteigen seht, dorthin, wo er vorher war? Der Geist ist es,
der lebendig macht; das Fleisch nützt nichts. Die Worte, die
ich zu euch gesprochen habe, sind Geist und sind Leben. Aber
es gibt unter euch einige, die nicht glauben. Jesus wusste nämlich von Anfang an, welche es waren, die nicht glaubten, und
wer ihn verraten würde. Und er sagte: Deshalb habe ich zu
euch gesagt: Niemand kann zu mir kommen, wenn es ihm
nicht vom Vater gegeben ist. Daraufhin zogen sich viele Jünger zurück und wanderten nicht mehr mit ihm umher. Da fragte Jesus die Zwölf: Wollt auch ihr weggehen? Simon Petrus
antwortete ihm: Herr, zu wem sollen wir gehen? Du hast Worte des ewigen Lebens. Wir sind zum Glauben gekommen und
haben erkannt: Du bist der Heilige Gottes (Joh 6,23-69).

Auf einer Säule an der Nordwand der Synagoge befindet sich eine
antike griechische Inschrift: „Herodes, Sohn des Monimos, und Jus-
tus, sein Sohn, zusammen mit ihren Kindern stifteten diese Säule".
Auf einer weiteren Säule wurde in der Neuzeit eine lateinische Inschrift angebracht. Sie erinnert an den Franziskaner Gaudenzio
Orfali († 1926 bei einem Autounfall) und seine Synagogenrekon-
struktion.

Das *Petrushaus* (Rekonstruktion: Tafel XIIa): Schon in den 1920er-
Jahren hatte man näher zum See hin ein Achteck bemerkt, ihm aber
keine größere Beachtung geschenkt, weil man es für eine byzantinische Taufkapelle hielt. Erst als 1968-84 die Franziskaner das ganze
Areal gründlich erforschten, wurde es zur Gewissheit, dass es sich
um drei Perioden einer christlichen Gottesdienststätte handelt, von
denen die älteste in das Jahrhundert Jesu zurückreicht und in einem
ganz normalen Haus eingerichtet war – ähnlich den zahlreichen weiteren Häusern der unmittelbaren Umgebung.
Gegen Ende des 1.Jh. n.Chr. wurde einer der Räume des Hauses
umgestaltet, indem man die Wände verputzte und einen Kalkfußbo-
den einbrachte. Dieser Raum hatte die bescheidenen Ausmaße von
5,80 × 6,50 m. Man fand Gefäßbruchstücke, die mit einem Kreuz
verziert waren, und entdeckte *Graffiti,* „Kritzeleien", in Griechisch,
Lateinisch, Aramäisch und Syrisch – die letzten beiden ein Hinweis

auf judenchristlichen Hintergrund –, u. a. mit den liturgischen Worten *Kyrie eleison* und *Amen,* in denen neben dem *Herrn* und dem *Allerhöchsten* auch *Christus* angerufen wird. Die meisten von ihnen sind auf das 3. oder 4. Jh. datierbar. Im 4. Jh. wurde der ganze Bereich umgestaltet. Einige der Nachbargebäude wurden abgebrochen, man schuf einen ummauerten heiligen Bezirk (27 × 30 m). Dagegen blieb der kleine verehrte Raum unverändert, man zog nur einen Steinbogen ein, um eine stabilere Decke tragen zu können. Davon berichtet die Pilgerin Aetheria:

> In Kafarnaum wurde aus dem Haus des Apostelfürsten eine Kirche gemacht. Seine Mauern sind geblieben, wie sie einst waren.

Im 5. Jh. wurde dieses Gebäude zum großen Teil abgetragen, man errichtete an seiner Stelle eine achteckige Kirche – in der byzantinischen Zeit war das Achteck eine typische Form für ein Gotteshaus, das an einem heiligen Ort errichtet war (vgl. z. B. die Himmelfahrtskirche oder der Felsendom in Jerusalem).

So ist der Schluss nahezu unausweichlich, dass diese aus bescheidensten Anfängen entstandene Hauskirche von Kafarnaum im Haus des Simon Petrus und seiner Familie eingerichtet worden sein muss. Papst Paul VI. ließ es sich nicht nehmen, diese sensationelle Entdeckung höchstpersönlich der Kirche und der Weltöffentlichkeit mitzuteilen.

Es war klar, dass dieses einzigartige Zeugnis der Anfänge des Christentums am See Gennesaret besonderer Sorgfalt bedurfte: Es sollte bewahrt und geschützt werden, aber auch sichtbar bleiben und die Eucharistiefeier ermöglichen. Zudem sollte die Konstruktion die nahe Synagoge nicht mehr als nötig beeinträchtigen. Gemäß diesen Erfordernissen wurde nach den Plänen des italienischen Architekten Ildo Avetta von einer israelischen Firma mit Spezialisten der Technischen Universität Haifa eine kühne, flache, moderne Konstruktion errichtet. Die Grundsteinlegung erfolgte 1982 mit einem Marmorstück aus der Umgebung des Petrusgrabes im Vatikan, die Weihe der Kirche am Fest Peter-und-Paul (29. Juni) 1990.

Diese neue Kirche überwölbt auf Stelzen wie eine umgestürzte Barke (nach anderen: wie ein UFO) die Reste des Petrushauses. Sie nimmt mit ihren schwarzen und weißen Steinplatten die Materialien der nahen Synagogen und mit ihrer achteckigen Form das byzantinische Achteck des Untergrunds auf. Dabei ist sie mit Rücksicht auf die nahe Synagoge extrem flach: Den etwa 32 m Länge und Breite steht eine Höhe von nur 7 m gegenüber! Das überraschend geräumige Innere bezieht durch große Glasflächen die ganze Landschaft des Sees von Gennesaret ein. Acht Flachreliefs aus Lindenholz an den

acht Stützpfeilern illustrieren das Wirken Jesu. Sie zeigen, links
vom Eingang beginnend:
Den Auftrag an Petrus, die Herde Christi zu weiden (Joh 21,15-18),
und die Werke der geistlichen Barmherzigkeit; – die Heilung der
Schwiegermutter des Petrus und anderer Kranker (Mk 1,29-34); –
die Berufung des Apostels Matthäus und das Zöllnergastmahl (Mt
9,9-13); – die Kreuzigung (sie stellt die Beziehung zum Altar her); –
„Wer so klein sein kann wie dieses Kind, der ist im Himmelreich
der Größte" (Mt 18,4) als Inbegriff der Bergpredigt; – die Heilung
des Gelähmten, der vom Dach hinabgelassen wird (Mk 2,1-12); –
die Erweckung der Tochter des Jaïrus und die Heilung der blutflüssigen Frau (Mk 5,21-24.35-43); – Maria als Tochter Israels und die
Werke der leiblichen Barmherzigkeit.
Die beiden mehr theologischen Darstellungen beim Eingang stammen von Raul Vistoli, die beiden entgegengesetzten hinter dem Altar von Giovanni Dragoncsi; sie wurden schon 1990 angebracht.
1996 kamen die vier mehr szenischen Begebenheiten an den Seiten hinzu, die der deutsche Franziskaner Laurentius Englisch (Vos-
senack/Eifel) zusammen mit Burkard Gehrmann (Iserlohn) geschaffen hat. Das Altarmosaik von Enzo Rossi nimmt mit dem alttestamentlichen Manna in der Wüste und der Speisung der Menge in der
Einöde durch Jesus die Eucharistie in den Blick. Ein Mittelfenster
im Boden (6×6 m) stellt den Kontakt mit den darunter liegenden
ehrwürdigen Resten des Petrushauses her, das zum Haus des Herrn
und der Urchristengemeinde wurde.
Der oben erwähnte „Sabbat von Kafarnaum" hat sich zum Teil im
Haus des Petrus zugetragen. Er wird ergänzt durch ein anderes
Stück von großem theologischen Gewicht, das ebenfalls in Kafarnaum spielt. Es handelt von der Vollmacht der Kirche, auf Erden Sünden zu vergeben, und lautet:

> Als er einige Tage später nach *Kafarnaum* zurückkam, wurde
> bekannt, dass er (wieder) *zu Hause* war. Und es versammelten
> sich so viele Menschen, dass nicht einmal mehr vor der Tür
> Platz war; und er verkündete ihnen das Wort. Da brachte man
> einen Gelähmten zu ihm; er wurde von vier Männern getra-
> gen. Weil sie ihn aber wegen der vielen Leute nicht bis zu Je-
> sus bringen konnten, deckten sie dort, wo Jesus war, das Dach
> ab, schlugen (die Decke) durch und ließen den Gelähmten auf
> seiner Tragbahre durch die Öffnung hinab. Als Jesus ihren
> Glauben sah, sagte er zu dem Gelähmten: Mein Sohn, deine
> Sünden sind dir vergeben! Einige Schriftgelehrte aber, die dort
> saßen, dachten im stillen: Wie kann dieser Mensch so reden?
> Er lästert Gott. Wer kann Sünden vergeben außer dem einen
> Gott? Jesus erkannte sofort, was sie dachten, und sagte zu ih-

nen: Was für Gedanken habt ihr im Herzen? Ist es leichter, zu
dem Gelähmten zu sagen: Deine Sünden sind dir vergeben!,
oder zu sagen: Steh auf, nimm deine Tragbahre und geh umher? Ihr sollt aber erkennen, dass der Menschensohn die Vollmacht hat, hier auf der Erde Sünden zu vergeben. Und er sagte
zu dem Gelähmten: Ich sage dir: Steh auf, nimm deine Tragbahre und geh nach Hause! Der Mann stand sofort auf, nahm
seine Tragbahre und ging vor aller Augen weg. Da gerieten alle außer sich; sie priesen Gott und sagten: So etwas haben wir
noch nie gesehen (Mk 2,1-12).

Die *übrigen Ausgrabungen und Fundstücke*: Die Franziskaner haben 2001 die Ausgrabungen wieder aufgenommen. Anstoß für die
neuen Ausgrabungen war eine Aufforderung Johannes Pauls II. bei
seinem Besuch in Kafarnaum, die er an den Franziskanerarchäologen Stanislao Loffreda richtete, als dieser den Papst durch die Ruinen begleitete: *Continuate gli scavi!* – „Macht weiter mit den Ausgrabungen!"
Den weitaus größten Teil des Ausgrabungsareals nehmen Privathäu-
ser ein. Diese sind aus unbehauenen Basaltsteinen errichtet, wie sie
an Ort und Stelle zuhauf zu finden sind. Die Häuser bestehen normalerweise aus drei Räumen, die sich um einen offenen Innenhof
gruppieren. Diese Räume waren sowohl Wohn- und Arbeitsräume
als auch Ställe für die Haustiere. Die Mauern sind nicht sehr dick,
woraus man schließen kann, dass es kein zweites Geschoss und keine schwere Dachkonstruktion gab. Die Dächer waren mit einem Ge-
misch von Zweigen, Stroh und Erde gedeckt, wovon nichts erhalten
ist. So wird die eben zitierte Stelle aus dem Markusevangelium (Mk
2,4) deutlich:

… deckten sie dort, wo Jesus war, das Dach ab, schlugen (die
Decke) durch und ließen den Gelähmten auf seiner Tragbahre
durch die Öffnung hinab.

Der große Platz nach dem Eingangskiosk, westlich von Kirche und
Synagoge, wurde 2013 von einer Südtiroler Firma neugestaltet. So
konnte dem steigenden Besucheransturm Rechnung getragen werden: Auch wenn eine größere Zahl von Gruppen im Areal sind, finden sie Platz, ohne sich gegenseitig zu stören. Unter den links vom
Eingang ausgestellten Bauteilen verdienen einige besondere Beachtung. Interessant sind Dekorationselemente: Zweige und Früchte,
wie sie beim Laubhüttenfest getragen werden; zwei siebenarmige
Leuchter (*Menorot*); der sechszackige „Davidstern", der später zum
Symbol für Israel schlechthin wurde; der fünfzackige „Salomo-
stern", dem manchmal magische Bedeutung zugeschrieben wird; ein
geschlossener Wagen, der gewöhnlich als beweglicher *Toraschrein*

für die Aufnahme der Handschriften der Heilige Schrift angesehen wird – nach anderen könnte es sich dabei auch um eine Darstellung der Bundeslade im Jerusalemer Tempel handeln. Eine aramäische Inschrift auf einer Säule (5. Jh.) lautet: „Alphäus, der Sohn des Zebedäus, des Sohnes des Johannes, stiftete diese Säule. Möge sie ihm zum Segen sein" und bezeugt somit, wie sich die Namen der Apostel hier am See durch Jahrhunderte gehalten haben (vgl. Mt 10,2). An der Ecke steht ein römischer Meilenstein von der Via Maris, dessen Inschrift den Kaiser Hadrian (117–138), den Sohn des Kaisers Trajan und Enkel des „göttlichen" Nerva rühmt. Er wurde 1975 nordöstlich der Ruinen entdeckt. Darüber hinaus sind vielerlei haus- und landwirtschaftliche Geräte, wie Olivenpressen, Mühlsteine und Mörser, ausgestellt.

Auf dem Platz vor der Kirche liegt eine Kopie des Mosaiks der achteckigen byzantinischen Petruskirche mit einem Pfau, einem alten Symbol für die Auferstehung. Vom Seeufer her grüßt eine monumentale Petrusstatue der amerikanischen Künstler T. und C. I. Madden. Auf dem erhöhten Ufer wurden mehrere schattige Plätze geschaffen, die dazu einladen, die Ruinen der Stadt Jesu nicht nur als Reste der Vergangenheit zu betrachten, sondern die Ereignisse aus dem Leben Jesu zu meditieren oder im Gottesdienst zu feiern.

200 m nördlich der Synagoge wurde ein römisches *Mausoleum* entdeckt, das aus den ersten Jahrhunderten nach Christus stammen dürfte und fünf weiße Sarkophage enthielt, aber schon im Altertum geplündert wurde. Dieses Mausoleum war Teil des Friedhofs, der immer außerhalb der Stadt liegen musste.

Eine ganze Reihe weiterer Episoden aus dem Leben Jesu, v. a. aus dem Markus- und Matthäusevangelium, sind in Kafarnaum angesiedelt, so der Besuch der erzürnten Verwandten Jesu (Mk 3,21.31-35), der Rangstreit der Jünger und einige Mahnungen Jesu (Mk 9,33-50), die Diskussion über die Tempelsteuer (Mt 17,24-27) oder auch die Fernheilung des Sohnes des königlichen Beamten von Kana aus (Joh 4,46-54; Text: S. 147). Sie können hier aus Platzgründen nicht wiedergegeben werden.

Zurück auf der Straße Nr. 87 kommt man nach ca. 1 km zu einer weiteren Einfahrt. Sie führt zum Nationalpark Kafarnaum und zur griechisch-orthodoxen Kirche. Der Nationalpark besteht hauptsächlich aus einer Bootsanlegestelle, die aber nur bei ausreichendem Wasserstand angefahren werden kann.

Die griechisch-orthodoxe Kirche hat Ende des 19. Jh. den östlichen Teil der Ruinen von Kafarnaum erworben. 1978-84 sind auch auf diesem Gelände Ausgrabungen vorgenommen worden, die aber nicht zugänglich sind. Sie haben ergeben, dass etwa ein Drittel des alten Kafarnaums auf diesem Grundstück lag.

Das Herzstück der gepflegten Anlage ist die Kirche, deren rote Kuppeln weithin zu sehen sind. Sie wurde 1925 erbaut, lag 1948-67 im unzugänglichen Grenzgebiet zu Syrien und wurde 1995–2000 renoviert. Beachtenswert ist vor allem die Innenausmalung; die Wände werden fast völlig von Darstellungen aus dem Wirken Jesu in dieser Gegend eingenommen. Im südlichen (rechten) Arm des Querschiffs findet sich in der unteren Reihe: Jesus gebietet dem Wind (Mt 8,23-27), heilt einen besessenen Stummen (Mt 9,32-34), heilt einen Mann mit einer verdorrten Hand (Mt 12,9-14), heilt einen Blinden (Mk 8,22-26). In der oberen Reihe: Jesus heilt einen Aussätzigen (Lk 5,12-16), heilt die Schwiegermutter des Petrus (Mk 1,29-31), heilt die blutflüssige Frau (Mk 5,24-34), heilt zwei Blinde (Mt 9,27-31). Im nördlichen (linken) Querschiff, untere Reihe: Jesus erweckt die Tochter des Jaïrus (Mk 5,21-24.35-43), Jesus gibt das Vierdrachmenstück als Tempelsteuer (Mt 17,24-27), der wunderbare Fischfang (Lk 5,1-11, Joh 21,1-8), das Mahl nach dem Fischfang (Joh 21,9-14). Obere Reihe: Jesus segnet die Kinder (Mk 10,13-16), heilt den mondsüchtigen Knaben (Mt 17,14-20), befiehlt dem unreinen Geist zu schweigen (Mk 1,23-28), heilt den Knecht des königlichen Beamten (Mt 8,5-13).

Chorazin

Gut 3 km nach (dem franziskanischen) Kafarnaum zweigt nach links die Straße Nr. 8277 ab, die an Almagor vorbei hinauf nach *Chorazin* führt. Chorazin ist auch von der anderen Seite zu erreichen: Man biegt an der *Korazim Junction* von der Straße Nr. 90 auf die Nr. 8277 ab.

Chorazin gehört zusammen mit Betsaida und Kafarnaum zu den unbußfertigen Städten Galiläas, denen Jesus ein strenges Gericht ankündigte (Mt 11,20-24; siehe S. 188): Jesus spricht von Wundern, die in Chorazin, Betsaida und Kafarnaum geschehen sind. Von seinen Wundern in Kafarnaum ist in den Evangelien ausgiebig die Rede; von Betsaida wird wenigstens eine Wundertat berichtet (Mk 8,22-26; siehe S. 200), doch von Chorazin ist überhaupt nichts Konkretes überliefert. Das könnte damit zu tun haben, dass in Chorazin keine Christengemeinde entstand und damit auch eine örtliche Überlieferung verloren ging.

Chorazin scheint zur Zeit Jesu sehr klein gewesen zu sein. Nach dem archäologischen Befund wurde es erst im Jahrhundert Jesu gegründet. Die Stadt wuchs von Norden nach Süden, um 300 n. Chr. erreichte sie ihre größte Ausdehnung. Die stattlichen Überreste des Stadtzentrums und seiner Synagoge – alle aus dem schwarzen Basalt der Gegend – stammen aus dieser Zeit. Nach dem Kirchenhisto-

riker Eusebius von Cäsarea (4. Jh. n. Chr.) sei die Stadt zu seiner
Zeit in Ruinen gelegen, worin er das Gericht Jesu erfüllt sah. Die
Archäologie konnte seine Beschreibung nicht bestätigen. Im 8. Jh.
wurden die Synagoge und offenbar auch das ganze Dorf aufgegeben. Nach der Kreuzfahrerzeit siedelten sich hier einige Beduinenfamilien an, der Ortsname wurde so in der arabischen Form *Chirbet*
(„Ruine") *Karraza* überliefert. Das Dorf verschwand 1948, einzige
Erinnerung daran ist das Grab von Scheich Ramadan, einem Gefährten von Saladin, links vom Eingang zum Nationalpark.

Die Synagoge (23 × 17 m) hatte auf der Südseite (Richtung Jerusalem) die Fassade mit drei Portalen, die über einen monumentalen
Aufgang erreicht wurden. Diese Bauform ist typisch für galiläische
Synagogen, z. B. die in Kafarnaum. Aus den vorhandenen Gebäude-
resten konnte der Giebel der Hauptfassade zusammengefügt werden.
Im Innern der Synagoge bildeten zwölf Säulen einen Umgang mit
Sitzbänken auf drei Seiten. Die am besten erhaltenen Elemente befinden sich heute in der archäologischen Abteilung (Raum 6) des Israel-Museums, Jerusalem, unter anderem ein Sitz des Synagogen-
vorstehers (*Stuhl des Mose*, vgl. Mt 23,1) mit einer Segenswidmung
für den Gründer der Synagoge, einen *Judan, Sohn des Jischmael*. Er
wurde schon 1920 entdeckt, eine Nachbildung steht an Ort und Stelle, an der Südmauer der Synagoge. Es ist anzunehmen, dass sich der
Schrein für die Torarolle auf der Südseite zwischen dem Haupteingang und einem der Nebenportale befand. Von ihm ist eine reich dekorierte Säule erhalten (hier in Nachbildung); vielleicht gehörte
auch die muschelförmige Nische dazu, die man bei der Rekonstruktion in der Nordwand anbrachte. Bei den vielen dekorativen Elementen der Synagoge fällt auf, dass sie nicht nur die üblichen bo-
tanischen Motive, wie Akanthusblätter, Weintrauben und Früchte,
benutzen, sondern auch Tier- und Menschendarstellungen, ja sogar
mythologische Themen, wie eine Medusa, eine griechische Göttin.
Solche klar heidnischen Motive sind in jüdischem Kontext schwer
zu erklären (siehe dazu S. 242).

Betsaida

Auf der neuen Arik-Brücke überquert die Straße Nr. 87 den Jordan,
die Grenze zwischen dem israelischen Kernland und dem Golan, also bis 1967 die Grenze zwischen Israel und Syrien. Vom danach folgenden schnurgeraden Straßenabschnitt aus sieht man im Tal genau
vor sich den höckerförmigen Hügel, auf dem die Ruinenstadt Gamla
(siehe S. 224) liegt. Die an der *Beit Tseida Junction* links abzwei-
gende Straße Nr. 888 verläuft auf der Ostseite des Jordans nach Norden. Zwischen Plantagen gewinnt sie rasch an Höhe, um nach 13 km

auf die Straße Nr. 91 Rosch Pinna – Quneitra zu treffen. Folgt man dieser Straße, kommt man nach 1,5 km zum Eingang des *Jordan Parks.* Dieser Park besteht hauptsächlich aus Freizeit- und Wassersportanlagen, auf dem Gelände liegt aber auch ein umfänglicher Basaltsteinhügel (arab. *at-Tell,* „der Hügel"). Er wurde als die lange gesuchte Stadt *Betsaida,* „Haus des Fischfangs", identifiziert, die Heimat der Apostel Petrus, Andreas und Philippus (Joh 1,44) und Schauplatz einer Blindenheilung durch Jesus:

> Sie kamen nach *Betsaida.* Da brachte man einen Blinden zu Jesus und bat ihn, er möge ihn berühren. Er nahm den Blinden bei der Hand, führte ihn vor das Dorf hinaus, bestrich seine Augen mit Speichel, legte ihm die Hände auf und fragte ihn: Siehst du etwas? Der Mann blickte auf und sagte: Ich sehe Menschen; denn ich sehe etwas, das wie Bäume aussieht und umhergeht. Da legte er ihm nochmals die Hände auf die Augen; nun sah der Mann deutlich. Er war geheilt und konnte alles ganz genau sehen. Jesus schickte ihn nach Hause und sagte: Geh aber nicht in das Dorf hinein! (Mk 8,22-26)

Betsaida wird im Evangelium aber auch als eine der Städte dargestellt, *in denen Jesus die meisten Wunder getan hatte,* die sich aber *nicht bekehrt hatte* (Mt 11,20-21; s.o., S. 188).

Der Herodessohn Philippus erhob Betsaida im Jahr 30 n. Chr. zur Stadt und gab ihr den Beinamen *Julias.* Damit ehrte er Livia Julia, die einflussreiche Gattin des Kaisers Augustus und Mutter des Kaisers Tiberius, die im Jahr zuvor verstorben war. *Julias* war also eine Art Gegenstück zu *Tiberias,* das Herodes Antipas nach Tiberius selbst benannt hatte.

Der imposante Hügel von Betsaida/Julias ist nach einem verwunderlich langen Dornröschenschlaf gut erforscht. 1987-90 wurden von der Universität München und dem israelischen Archäologen R. Arav Ausgrabungen durchgeführt. Überraschenderweise fanden sich dort keine Reste von Kirchen oder anderen christlichen Gebäuden. Auch herodianische Prachtbauten fehlen, nur ein kleiner Tempel wurde entdeckt – vielleicht für die namensgebende Livia Julia.

Die Apostelheimat scheint schon bald in Vergessenheit geraten zu sein und blieb es bis ins 19. Jh., als der Amerikaner Edward Robinson vorschlug, *at-Tell* könnte das neutestamentliche Betsaida sein. Dieser Vorschlag stieß zunächst auf Kritik, weil es für ein Fischerdorf viel zu weit vom See entfernt liege. Untersuchungen, die die Universität Nebraska (USA) ab 1987 durchführte, berechtigen dagegen zu der Annahme, dass der See früher näher an die Stadt heranreichte und vermutlich durch ein Erdbeben im 4. Jh. zurückgedrängt wurde. Der kleine Ruinenhügel *al-Aradsch* am heutigen Seeufer, der manchmal als Betsaida in Erwägung gezogen wurde, war

nur zur byzantinischen Zeit (4.–6. Jh.) besiedelt und hat mit der Zeit
Jesu und der Apostel nichts zu tun. Die Kirche, die der hl. Willibald
von Eichstätt bei seiner Pilgerreise um 724 in Betsaida angetroffen
hat, wurde bisher weder hier noch dort gefunden.

Vom *Jordan Park* aus betritt man den Ruinenhügel von Norden her
über die Reste der Stadtbefestigung, deren westlicher Abschnitt bis
1967 von Syrien als Grenzbefestigung wiederverwendet wurde. Beachtung verdient zunächst das „Winzerhaus"; dort wurden in einem
Keller vier große Krüge gefunden, im Haus selbst Gerätschaften, die
zum Rebenschneiden dienen mochten. Für die Identifizierung als
Betsaida/Julias noch wichtiger wurde das „Fischerhaus" weiter südlich, in dem Fischerutensilien, z.B. steinerne Netzbeschwerer, entdeckt wurden, was den erwähnten Einwand der weiten Entfernung
vom See entkräftete. Die für die christliche Geschichte wichtigste
Entdeckung dürfte aber eine Tonscherbe mit einem eingeritzten
Kreuz sein, die vielleicht schon aus dem 1. Jh. n. Chr. stammt. Wenn
diese Datierung und die Deutung als christliches Symbol richtig
sind, ist diese Tonscherbe der älteste Fund eines Kreuzes. Bisher
war das älteste Zeugnis (um 200 n. Chr.) ein Spottkruzifix vom römischen Palatinhügel, bei dem ein Esel am Kreuz mit der Inschrift
versehen war: „Alexamenos verehrt seinen Gott". Weiter südlich
kommt man zu einem Aussichtspunkt, der dem Gedächtnis an den
Benediktiner Bargil Pixner (†2002) gewidmet ist, mit Hinweisen
auf andere christliche/neutestamentliche Stätten um den See.

Unter den römischen Ruinen wurden Reste der Späten Bronze- und
der Eisenzeit entdeckt. Man kann darin die Stadt *Zer* an der Nordgrenze des alten Israel vermuten (Jos 19,35), möglicherweise auch
Geschur, ein Kleinstaat, der in der Geschichte des Hauses David
eine nicht unbedeutende Rolle spielt. Die Tochter des Königs von
Geschur, Maacha, wurde nämlich die dritte Frau von König David
(2 Sam 3,3); ihr Sohn war Abschalom, der zunächst die Vergewaltigung seiner Schwester Tamar durch ihren Halbbruder Amnon
rächte und deswegen nach Geschur in die Heimat seiner Mutter floh.
Nach drei Jahren begnadigt, zettelte er eine Rebellion gegen seinen
Vater an, die David beinahe Thron und Leben gekostet hätte (2 Sam
13–16).

Die ausgegrabenen Teile einer mächtigen Stadtmauer und ein brei-
tes Stadttor mit gepflastertem Toreingang werden ins 10. Jh. v. Chr.
datiert, also kurz nach der Zeit von König David. Den heidnischen
Hintergrund beleuchtet eine Kulthöhe am Tor mit zwei Stelen (Kult-
pfählen) innen am Tor und drei weiteren außen. Eine davon zeigt eine Mondgottheit mit gehörntem Stierkopf und Schwert, eine andere
einen ägyptischen Fruchtbarkeitsgott. Kaum sonst kann der biblisch
Interessierte besser eine der Kulthöhen aus der israelitischen Kö-

nigszeit betrachten, die im Alten Testament immer wieder – häufig kritisch – erwähnt werden (z.B. 1 Sam 9,11-25, 2 Kön 12,1-4).

Bei der *Yehudiya Junction* führt die Straße Nr. 87 geradeaus auf die Golanhöhen. Man biegt nach rechts ab (Nr. 92), um weiterhin den See zu umrunden. Die Straße ist hier einige Kilometer vom Seeufer entfernt. Zwischen ihr und dem See liegt fruchtbares Schwemmland, das intensiv landwirtschaftlich genutzt wird. Das flache Seeufer ist hier sumpfig und mit dichter Vegetation bewachsen, daher kaum zugänglich. Ein kleiner Teil dieses als Naturschutzgebiet ausgewiesenen Bereichs ist in den Nationalpark *ha-Beticha* integriert und lädt zu einem schattigen Spaziergang ein. Einer der Wanderwege verläuft in einem Bachlauf, bietet also in den heißen Sommermonaten eine willkommene Abkühlung. Die Einfahrt zum Park ist an der *Maale Gamla Junction*. Dort zweigt gegenüber, nach Osten, die Straße Nr. 869 ab. Sie führt südlich an den Ruinen von Gamla (siehe S. 224) vorbei und heißt hebräisch *Maale Gamla*, „Gamla-Steige".
Nach weiteren 3 km liegt zur Rechten, zwischen Straße und Seeufer, der Freizeitpark *Dugit Beach* (ausgeschildert). Dort befindet sich der Ruinenhügel *Tel Hadar*: In der Einfahrt zu den Anlagen des Freizeitparks fährt man nach rechts. Nach 100 m kommt man zu einem Parkplatz mit einem großen Stein in der Mitte, auf dem die verblasste Inschrift *Tel Hadar* zu lesen ist. Von dort kann man auf einem Pfad den kleinen Hügel hinaufsteigen. Ausgrabungen in den Jahren 1987-97 haben eine Besiedlung von der Mittleren Bronzezeit bis zur Eisenzeit nachgewiesen. Es ist aber nicht gelungen, die Ruinen mit einem aus der Bibel bekannten Ort zu identifizieren.
Der Benediktiner Bargil Pixner nahm Tel Hadar als Ort der „zweiten Brotvermehrung" an, wie sie Mk 8,1-10 (und parallel in Mt 15,32-39) erzählt wird:

> In jenen Tagen waren wieder einmal viele Menschen um Jesus versammelt. Da sie nichts zu essen hatten, rief er die Jünger zu sich und sagte: Ich habe Mitleid mit diesen Menschen; sie sind schon drei Tage bei mir und haben nichts mehr zu essen. Wenn ich sie hungrig nach Hause schicke, werden sie unterwegs zusammenbrechen; denn einige von ihnen sind von weither gekommen. Seine Jünger antworteten ihm: Woher soll man in dieser unbewohnten Gegend Brot bekommen, um sie alle satt zu machen? Er fragte sie: Wie viele Brote habt ihr? Sie antworteten: Sieben. Da forderte er die Leute auf, sich auf den Boden zu setzen. Dann nahm er die sieben Brote, sprach das Dankgebet, brach die Brote und gab sie seinen Jüngern zum Verteilen; und die Jünger teilten sie an die Leute aus. Sie hatten auch noch ein paar Fische bei sich. Jesus segnete sie

und ließ auch sie austeilen. Die Leute aßen und wurden satt. Dann sammelte man die übrig gebliebenen Brotstücke ein, sieben Körbe voll. Es waren etwa viertausend Menschen beisammen. Danach schickte er sie nach Hause. Gleich darauf stieg er mit seinen Jüngern ins Boot und fuhr in das Gebiet von Dalmanuta.

Wer die beiden Erzählungen der Brotvermehrung für Dubletten ein und derselben Begebenheit im Leben Jesu hält (vgl. S. 178), hat natürlich keinen Anlass, einen zweiten Ort ausfindig zu machen. Aber es ist nicht verwunderlich, dass dies schon im Altertum versucht wurde. Zwei Texte sprechen von einem *Dodekathronon* (griech. „Zwölf-Thron"), wobei der eine ausdrücklich hinzufügt: „wo Christus, unser Gott, saß und lehrte, die sieben Brote vermehrte und die 4000 speiste", also mit den Zahlenangaben dieser zweiten Brotvermehrungserzählung. Allerdings sind beide Berichte recht späte Bezeugungen. Der ausführlichere gehört zu einer Lebensbeschreibung (ca. 1000 n. Chr.) der hl. Helena und ihres Sohnes, Kaiser Konstantins, der kürzere zu einem Überblick über die heiligen Orte, der um 808 für Karl den Großen gefertigt wurde. Beide Male müsste es sich um einen Ort am Ostufer des Sees handeln.

P. Bargil hat hier auf dem Hügel einen Gedenkstein errichten lassen. Man sieht ihn vom Ufer aus, auf der Höhe des letzten (nördlichen) Baumes in der Palmenreihe. Zu erreichen ist er besser von der anderen Seite, über den Tell hinweg. Er greift den biblischen Bericht auf: Farbige Mosaike stellen die sieben Brote, die Fische und die sieben Körbe dar. Auf zwei kleineren Steinen findet sich ein lateinisches Zitat aus Mk 8,2 (*misereor super turbam*, „Ich habe Mitleid mit der Menge") und eine englische Anspielung an die Speisung der Menge („hier gaben Heiden dem Gott Israels die Ehre"). Ein Kreis von zwölf Steinen symbolisiert den Dodekathronon.

Kursi

An der *Samakh Junction* liegen die Ruinen von *Kursi*. Man sieht östlich der Straße im Bergabhang Höhlen und davor ein ummauertes großes Grundstück (145 × 123 m) mit den prächtigen Ruinen, die 1970 beim Bau der neuen Straße entdeckt, anschließend ausgegraben und weitgehend wiederhergestellt worden sind. Es ist eine der schönsten Klosteranlagen des Landes; heute ist sie als Nationalpark für Besucher zugänglich. Es handelt sich um ein Kloster mit Eingang von Westen her; der erste Bereich könnte eine Art Pilgerhospiz gewesen sein. Nach dem Vorhof mit Zisterne und Vorhalle betritt man die geräumige Kirche, in der 2 × 8 Säulen drei Schiffe bildeten.

Eine Linie aus Beton zeigt an, welche Teile der Mauer tatsächlich
erhalten sind und wo die Rekonstruktion der modernen Archäologie
beginnt. Die beiden Seitenschiffe sind reich mit Pflanzen und Tiermotiven dekoriert, Kreuze im Fußbodenmosaik deuten auf dessen
hohes Alter (vor 427 n.Chr.) hin. Typisch für frühe byzantinische
Kirchen ist auch, dass sich nur an das Hauptschiff eine Apsis anschließt, während die Seitenschiffe rechtwinklig abschließen. Im
Chorraum sind die Sitzbank für die Zelebranten sowie die Säulen
der Chorschranke gut zu erkennen. Im Raum vorne rechts wurde im
Jahr 585 ein Baptisterium eingerichtet, welches in einer griechischen Mosaikinschrift als *Photisterion* (griech. *Phos*, „Licht") genannt wird. An die beiden Seitenschiffe schloss sich noch je ein
Außenflügel an. Im linken fand sich eine Olivenpresse, im rechten
eine Krypta mit sechs Grablegen. Die Kirche entstand gegen Ende
des 5.Jh., wurde beim Persereinfall 614 beschädigt, aber nicht völlig
zerstört und existierte noch nach der arabischen Eroberung, wenn
auch der Pilgerzustrom nun spärlich wurde. Im 8.Jh. verfielen die
Anlagen, möglicherweise beschädigt durch das Erdbeben von 741
n.Chr. Immerhin ist es interessant zu beobachten, dass die Bilder-
stürmer des 8.Jh. oder aber strenggläubige Muslime hier am Werk
waren und die meisten Tierdarstellungen auskratzten.
Der Name des Ortes *Kursi* (arabisch und aramäisch „Thron") steht
wohl in nicht vollständig geklärter Beziehung zu der antiken Stadt
Gerasa in Jordanien (siehe S.728), in deren Gebiet nach den Evangelisten Markus und Lukas (Mk 5,1, Lk 8,26) Jesus einen von Dämonen besessenen Mann heilte. Die Erzählung lautet bei Markus:

Sie kamen an das andere Ufer des Sees, in das Gebiet von *Gerasa*. Als er aus dem Boot stieg, lief ihm ein Mann entgegen,
der von einem unreinen Geist besessen war. Er kam von den
Grabhöhlen, in denen er lebte. Man konnte ihn nicht bändigen,
nicht einmal mit Fesseln. Schon oft hatte man ihn an Händen
und Füßen gefesselt, aber er hatte die Ketten gesprengt und
die Fesseln zerrissen; niemand konnte ihn bezwingen. Bei Tag
und Nacht schrie er unaufhörlich in den Grabhöhlen und auf
den Bergen und schlug sich mit Steinen. Als er Jesus von weitem sah, lief er zu ihm hin, warf sich vor ihm nieder und
schrie laut: Was habe ich mit dir zu tun, Jesus, Sohn des
höchsten Gottes? Ich beschwöre dich bei Gott, quäle mich
nicht! Jesus hatte nämlich zu ihm gesagt: Verlass diesen
Mann, du unreiner Geist! Jesus fragte ihn: Wie heißt du? Er
antwortete: Mein Name ist Legion; denn wir sind viele. Und
er flehte Jesus an, sie nicht aus dieser Gegend zu verbannen.
Nun weidete dort an einem Berghang gerade eine große
Schweineherde. Da baten ihn die Dämonen: Lass uns doch in

die Schweine hineinfahren! Jesus erlaubte es ihnen. Darauf
verließen die unreinen Geister den Menschen und fuhren in
die Schweine und die Herde stürzte sich den Abhang hinab in
den See. Es waren etwa zweitausend Tiere und alle ertranken.
Die Hirten flohen und erzählten alles in der Stadt und in den
Dörfern. Darauf eilten die Leute herbei, um zu sehen, was geschehen war. Sie kamen zu Jesus und sahen bei ihm den
Mann, der von der Legion Dämonen besessen gewesen war.
Er saß ordentlich gekleidet da und war wieder bei Verstand.
Da fürchteten sie sich. Die, die alles gesehen hatten, berichte-
ten ihnen, was mit dem Besessenen und mit den Schweinen
geschehen war. Darauf baten die Leute Jesus, ihr Gebiet zu
verlassen. Als er ins Boot stieg, bat ihn der Mann, der zuvor
von den Dämonen besessen war, bei ihm bleiben zu dürfen
(Mk 5,1-18).

Matthäus setzt als Ortsnamen Gadara ein (Mt 8,28), wohl deshalb,
weil ihm Gerasa denn doch als zu weit vom See entfernt vorkam;
Gadara lag nur 17 km weiter südlich, im heutigen Jordanien (siehe
S.733), Gerasa etwa 70 km weiter. Möglicherweise wollten aber
beide Evangelisten ihren Lesern eine einigermaßen bekannte Stadt
als Anhaltspunkt nennen. Wie immer die unterschiedlichen Ortsangaben der Evangelisten bewertet werden mögen, die Örtlichkeit
hier in Kursi entspricht ausgezeichnet den Voraussetzungen der biblischen Erzählung: Das Ostufer des Sees gehörte zur heidnischen
Dekapolis (Zehnstädtebund), so dass hier auch die Schweineherde
nicht aus dem Rahmen fällt, die es in jüdischem Gebiet nicht gegeben hätte. So ist es fast gewiss, dass die Kirche von Kursi und die
dazugehörigen Gebäude der Erinnerung an Jesu wundermächtiges
Wirken hier im heidnischen Ostjordanland gewidmet waren. Bereits
zu Origenes' Zeiten (3.Jh. n.Chr.) wurde der Abhang gezeigt, den
sich die Schweine hinunterstürzten.
Am Abhang südöstlich dieses Komplexes wurde, über Stufen er-
reichbar, eine Kapelle gefunden, die in der gleichen Zeit wie der
Klosterkomplex entstand. Sie ist geostet in den Hang hineingebaut,
was einige Anstrengung erforderte – man beachte den aufwendigen Unterbau, dessen hintere Hälfte weggebrochen ist. In ihr wurde
wohl die Wohnhöhle des geheilten Besessenen gesehen. Drei Mo-
saikschichten übereinander weisen auf Renovierungen hin.

2 km südlich von Kursi, an der höchsten Stelle der Straße, liegt der
Aussichtspunkt *Mizpe Nuqeib*. Hier verlief bis 1967 die Grenze zwischen Israel und Syrien. Der strategisch wichtige Aussichtspunkt
wurde 1962 von Israel erobert, da von hier aus immer wieder das
unterhalb liegende israelische Gebiet beschossen wurde.

Weitere 3 km südlich liegt am Seeufer der Kibbuz *Ein Gev* (auch *En Gev*), der 1937 hauptsächlich von österreichischen Juden gegründet wurde; der langjährige Jerusalemer Bürgermeister Teddy Kollek (1911–2007) war Mitglied dieses Kibbuz. Der Kibbuz bietet in seinem Restaurant als Spezialität den sogenannten *Petrusfisch* an. Sein Hafen wird gerne als Ausgangs- oder Zielpunkt für Bootsfahrten über den See genutzt. 1948-67 war der Kibbuz die letzte Spitze israelischen Gebietes und stieß im Norden und Osten an das syrische Golangebiet, von wo aus er mehrfach angegriffen wurde; der Zugang war längere Zeit nur über den See möglich. 1961 und 1990 wurden Ausgrabungen an einem Hügel nahe dem Kibbuz gemacht. Außerdem wurden in der Nähe des Kibbuz vier prähistorische Stätten (etwa 15 000 v. Chr.) entdeckt.

Hippos

Östlich oberhalb von Ein Gev, auf einem vom übrigen Bergland abgesetzten Plateau, lag 350 m über dem See die antike Stadt *Hippos* (aramäisch: *Susita,* beide Namen bedeuten „Pferd"). Wenige Meter südlich der Einfahrt des Kibbuz (kein Schild!) führt ein Fahrweg (derzeit gesperrt) in Serpentinen hinauf zu den Ruinen mit sehenswertem Ausblick; die letzten 500 m muss man zu Fuß zurücklegen. 1948 gelang es den Israelis vom Kibbuz Ein Gev aus, die Kontrolle über den Hügel zu erlangen. Beim Bau von militärischen Anlagen legte man die ersten Ruinen frei. Anfang der 50er-Jahre wurden Ausgrabungen vorgenommen, 1968 untersuchten und beschrieben die Franziskanerarchäologen Bellarmino Bagatti und Stanislao Loffreda die Ruinen, 2000 wurden die Ausgrabungen von der Universität Haifa wieder aufgenommen.

Hippos wurde vom Seleukiden Antiochus IV. (175–164 v. Chr.) gegründet und gehörte ab 63 v. Chr. zum Zehn-Städte-Bund der Dekapolis. Die Bevölkerung war heidnisch; es ist umstritten, ob es auch eine jüdische Gemeinde gab. In der byzantinischen Zeit war die Stadt Bischofssitz, bis das Erdbeben von 749 sie zerstörte. Die gleichmäßig umgefallenen Granitsäulen der Kathedrale legen Zeugnis von der Katastrophe ab, die das Gebäude wie ein Kartenhaus einstürzen ließ. Erst 1880 wurden die Ruinen wiederentdeckt. Abgesehen von der militärischen Nutzung im 20. Jh. war der Ort nie wieder besiedelt.

Rechts vom Fußweg, der die Stadt von Südosten her erreicht, sieht man Steinsarkophage und in den Fels gehauene Gräber, die antike Nekropole. Auffälliger sind kurz vor dem Gipfel die Überreste der jüngeren Geschichte: Tunnel, Bunker und Soldatenunterkünfte, die alle aus dem lokalen schwarzen Basalt errichtet wurden. Zur Linken (südlich) des Hauptweges erreicht man nach der modernen Ruine die erwähnte Kathedrale (20×40 m). Mit ihr war ein Baptisterium (591 geweiht) verbunden, dessen Apsis nach einer Inschrift den hl. Kosmas und Damianus geweiht war. Von hier stammt das Kapitell, das als Vorlage für die Säulenkapitelle der Brotvermehrungskirche in Tabgha diente. Auf dem Hauptweg weiter kommt man zu einem großen säulenumstandenen Platz, dem Forum der römischen Stadt. Die eindrucksvollen Reste lassen noch heute die Größe und Pracht der einzelnen Bauten erahnen, deren Deutung im einzelnen noch diskutiert wird. Eine Inschrift aus dem Jahr 239 n.Chr. weist auf eine Neugestaltung in jenem Jahr hin. Rechts (nördlich) vom Forum sind die Reste des Cardos, über den man gut erhaltene Reste mehrerer weiterer Kirchen erreicht.

Hammat Gader

10 km südlich von Ein Gev zweigt die Straße Nr. 98 nach *Hammat Gader* und weiter auf den Golan ab. *Hammat Gader,* direkt am Jarmukfluss an der Grenze zu Jordanien gelegen, bedeutet „Thermen von Gader" – hier waren die Thermen der antiken Stadt *Gadara* (auch *Gader*). Das antike *Gadara* liegt auf dem südlichen, jordanischen Steilufer des Jarmuktales, heute *Umm Qais* (siehe S. 733). Hammat Gader mit seinen heißen Quellen war in römischer Zeit der berühmteste Badeort des Orients. Alles, was Rang und Namen hatte, kam hierher, auch die bedeutenden jüdischen Gelehrten und Schulhäupter von Tiberias. Diese erörterten beispielsweise die Frage der Sabbatgrenzen zwischen Gadara oben und dem Bad unten; wohnten doch die Wohlhabenden oben auf der Frische des Gebirges, konnten aber die Annehmlichkeiten der Thermen genießen. Seine größte Blüte erreichte der Ort mit seinen prächtigen Bauten in der späteren byzantinischen Zeit. Unter den Arabern scheint zunächst ein Stillstand eingetreten zu sein. Doch der erste Omaijadenkalif Muawija in Damaskus sorgte für Restaurierung; eine Inschrift aus dem Jahr 662 in griechischer (!) Sprache berichtet davon. Das katastrophale Erdbeben von 749, das Bet-Schean zerstörte, scheint auch Hammat Gader zum Verhängnis geworden zu sein. Der Badebetrieb ging zwar weiter, aber nicht mehr im großen Stil von einst. Auch heute wieder ermöglicht ein modernes Thermalbad, im heißen Wasser zu baden. Eindrucksvoll sind auch heute noch die Überreste der römischen Badeanlagen, die bis zu beträchtlicher Höhe erhalten sind, am besten die ovale Halle (12×24 m). Ihre Mauern erreichen die Höhe von 8 m, die Deckenwölbung mag 10 m hoch gewesen sein. Dazu kommen noch die Überreste eines kleinen römischen Theaters und einer Synagoge aus dem 5. oder 6.Jh., der schon zwei andere vorausge-

gangen waren. Die Mosaikdekoration zeigte keine Menschendarstellungen, wohl aber im Hauptstreifen oben zwei Löwen und zwei Zypressen neben einer Inschrift. Zu den Stifterfamilien gehörten Leute von weither, z.B. „Sisiphus (?) aus Sepphoris, Dositheus aus Kafarnaum, Judan der Architekt (?) von Emmaus".

An der *Tsemakh Junction* erreicht man die Straße Nr. 90. Nach Süden führt sie durch das Jordantal (siehe S. 304) und die Arava bis nach Elat, nach Norden über Tiberias bis nach Metulla, im äußersten Norden des Landes. Hier liegt Deganja, der erste Kibbuz des Landes (aus dem Jahr 1910), sozusagen der Prototyp für solche landwirtschaftlichen Gemeinschaftssiedlungen.

1 km westlich dieser Kreuzung sieht man rechts den Jordanausfluss aus dem See Gennesaret, den man wenig später überquert. Unmittelbar danach liegt links, am westlichen Jordanufer, eine *Taufstelle* (*Jardenit,* „Jordänchen"), die vom Kibbuz Kinneret eingerichtet wurde und vor allem von amerikanischen und afrikanischen Baptisten für Taufzeremonien genutzt wird. Solange die traditionelle biblische Taufstelle des Johannes am unteren Jordan bei Jericho (siehe S. 318) nicht zu besuchen war, weil sie in der Sicherheitszone der israelisch-jordanischen Grenze lag, besuchten auch Pilgergruppen anderer Konfessionen gerne diese Taufstelle. Man mag zurecht sagen, der Jordan sei schließlich derselbe. Freilich ist auch das nur die halbe Wahrheit: Da die meiste Zeit des Jahres der Wasserspiegel des Sees Gennesaret tiefer liegt als der Ausfluss aus dem See, wird etwas Wasser aus dem See gepumpt und dadurch der Jordan an dieser Stelle sozusagen künstlich erhalten. – Plant man eine Tauf- oder Tauferinnerungszeremonie oder möchte man Jordanwasser für eine Taufe mit nach Hause nehmen, empfiehlt sich aus praktischen Gründen eventuell doch diese nördliche Taufstelle, da hier die Wasserqualität bei Weitem besser ist als im Unterlauf des Flusses.

Nach einem weiteren Kilometer passiert die Straße eine kleine Anhöhe, auf deren rechter Seite der Tell von *Bet Jerach* liegt. Ausgrabungen haben ergeben, dass hier schon in der Frühen Bronzezeit, also vor rund 5000 Jahren, eine Stadt bestand, welche die Hauptstadt der ganzen Region gewesen sein muss. *Bet Jerach* heißt „Haus (Tempel) des Mondes", derselben Gottheit, von der auch der Name des noch älteren *Jericho* herkommt. Dass der Mond kultisch verehrt wurde, darf nicht überraschen, da er ja mit den Mondmonaten das Maß für die Zeit abgab. Der Ort blühte noch einmal von der hellenistischen bis zur byzantinischen Periode. Ob er als das *Philoteria* angesehen werden darf, das Ptolemäus II. (285–246 v.Chr.) erbaut hat, wird noch diskutiert. Im Nordteil des Tells wurde ein römisches Badehaus (oberhalb des modernen Friedhofs), eine Synagoge und eine Kirche mit Christusanrufung auf einem Mosaikfußboden gefunden. Der Kirchenkomplex mit Vorhof stammt aus der ersten Hälfte des 5.Jh. und wurde nach einer Inschrift durch Zufügung einer Taufkapelle 528 n.Chr. vollendet.

Wenig weiter, an der *Kinneret Junction,* zweigt die Straße Nr.767, die in Richtung Berg Tabor führt, westwärts ab. Nach 6 km erreicht man die Thermen von Tiberias (*Hammat Tverja,* s.o., S.169) und bald darauf die Stadt Tiberias.

11. VOM SEE GENNESARET NACH NORDEN (HULE-EBENE)

Der schmale Streifen Land, der sich vom See Gennesaret nach Norden zieht – von Israelis zuweilen als „Pfannenstiel" bezeichnet – ist 45 km lang, in der nördlichen Hälfte aber nur 12 km breit. Im Westen und Norden verläuft die libanesische Grenze, im Osten bildet der Jordan die Grenze zum Golangebiet. Die Straße Nr. 90 durchzieht den ganzen Pfannenstiel. An der *Kfar Nakhum Junction* verlässt sie den See Gennesaret und passiert zunächst die Abzweigungen zum Berg der Seligpreisungen und nach Chorazin (siehe S. 174 und 198). An der *Ami'ad Junction* biegt man, um auf der Nr. 90 zu bleiben, nach rechts.

Einen Kilometer nach dieser Kreuzung liegt links *Dschub Jusuf,* „Josefs-Zisterne", nach örtlicher muslimischer Tradition die Zisterne, in die Josef von seinen Brüdern geworfen wurde (Gen 37,23-36; vgl. aber S. 249). Um dorthin zu kommen, fährt man in den Kibbuz Amiad hinein und biegt gleich nach der Einfahrt zweimal links ab. Nach einer Rechtskurve kommt man bald zu einem Tor, das nach links aus dem Kibbuz herausführt (am Sabbat geschlossen). Nach 700 m kommt man zu den Ruinen eines Chans (Karawanserei). Vor allem der Eingangsbereich der quadratischen Anlage ist gut erhalten. Auf dem Hügel östlich davon sieht man eine kleine Kuppel, die sich über der verehrten Zisterne erhebt.

An der *Elifelet Interchange* zweigt in westlicher Richtung (von Süden kommend nach rechts und dann über ein Brücke) die Straße Nr. 89 ab, die über Safed und die nördlichen Abhänge des Meronberges nach Naharija am Mittelmeer führt (siehe S. 154).

Wenig später erreicht man *Rosch Pinna,* die älteste jüdische Neugründung in Galiläa aus dem fernen Jahr 1878. Der Name bedeutet *Eckstein* und ist aus Ps 118,22 entlehnt: „Der Stein, den die Bauleute verwarfen, er ist zum Eckstein geworden". Das Land ist hier überaus „steinreich". In der schwierigen Anfangsphase wurden die ersten Siedler durch die Barone Rothschild unterstützt. Heute ist die gut erhaltene Siedlung aus der Gründerzeit stilvoll restauriert.

An der *Makhanayim Junction* zweigt die Straße Nr. 91 nach rechts ab. Sie überquert bei der *Brücke der Töchter Jakobs* den Jordan, führt auf die Golanhöhen hinauf und erreichte früher über Quneitra die syrische Hauptstadt Damaskus. Die Bezeichnung der Brücke nach den Töchtern Jakobs ist zunächst schwer verständlich, da Jakob nach biblischen Zeugnis zwar zwölf Söhne, aber nur *eine* Tochter hatte (Dina, vgl. Gen 30,21; 34,1-5). Ursprünglich hing der Name damit zusammen, dass in der Kreuzfahrerzeit der Brückenzoll

den Schwestern vom Jakobskloster in Safed („Töchter Jakobs", siehe S.158) als Lebensunterhalt zur Verfügung stand. Nachdem die
Erinnerung daran erloschen war, brachte man diesen Namen mit der
Begegnung von Jakob und seinem Bruder Esau (Gen 33) in Verbindung. In der Vergangenheit war hier der einfachste Übergang über
den Jordangraben für Handelskarawanen und Heere, der über die
Via Maris („Meeres-Straße") von der Küste nach Osten weiterführ-
te. Der erste Kreuzfahrerkönig Balduin kämpfte um diesen Übergang ebenso wie Saladin und später Napoleon. Auch in den beiden
Weltkriegen sowie im israelischen Unabhängigkeitskrieg und im
Sechs-Tage-Krieg war es nicht anders. Solange es keinen Frieden in
dieser Region gibt, bleibt diese uralte internationale Straße nach Damaskus nur ein Traum.

Hazor

2 km nördlich von der *Makhanayim Junction* teilt sich die Schnellstraße Nr.90 in zwei Arme. Auf dem östlichen Arm (nach rechts ab-
biegend) erreicht man *Hazor,* eine kanaanäische „Großstadt".
Hazor wird schon in ägyptischen Texten des 19.Jh. v.Chr. und in
den Mari-Briefen aus Mesopotamien (18.Jh. v.Chr.) erwähnt. Ausgrabungsfunde reichen gar bis ins 3. Jahrtausend v.Chr. zurück. Die
Stadt war die Hauptstadt eines bedeutenden regionalen Reiches und
kontrollierte wichtige Handelswege. Ihre Eroberung durch Josua
(Jos 11,1-14) sicherte den Israeliten den Besitz von Obergaliläa. Im
3. Jahrtausend v.Chr. beschränkte sich Hazor auf den Südhügel; ab
dem 18.Jh. kam die ausgedehnte Unterstadt auf dem niedrigeren
Nordhügel dazu. König Salomo und mehrere Könige des Nordreiches Israel bauten Hazor, besonders die Befestigungsanlagen, aus.
Das israelitische Hazor hatte aber längst nicht mehr die Macht und
Größe des kanaanäischen; es beschränkte sich wieder auf den südlichen Hügel. Mit der assyrischen Eroberung 732 v.Chr. (2 Kön 15,
29) hörte Hazor für immer auf zu existieren.
Der heutige Nationalpark beschränkt sich auf den Südhügel. Die
lange Geschichte der Stadt – es ist die Rede von über 20 Bauschich-
ten – führte zu reichhaltigen archäologischen Funden, macht aber
das Ruinengelände unübersichtlich. Die vereinzelten Ausgrabungen
der Unterstadt wurden wieder bedeckt, das Terrain wird heute landwirtschaftlich genutzt.
Vom Parkplatz aus kommt man zunächst zu einer Toranlage aus der
Zeit Salomos (1 Kön 9,15), einer für jene Zeit typischen Anlage mit
drei Kammern zu beiden Seiten des Eingangs. Folgt man dem beschilderten Rundgang, erreicht man einen kanaanäischen Palast. In
dessen Vorhof sieht man eine erhöhte Plattform, die wahrscheinlich

kultischen Zwecken diente, auch wenn die genaue Bedeutung ungeklärt ist. Die Mauern des großen Thronsaales im Zentrum des Palastes bestehen aus Lehmziegeln; ursprünglich waren sie unten mit Ba-
saltsteinplatten, oben mit Zedernholz verkleidet. Die ganze Anlage
wurde im 13. Jh. v. Chr. durch einen Brand vernichtet. Neben dem
Vorhof befindet sich, tiefer liegend, ein Kultplatz aus der Mittleren
Bronzezeit. Man sieht aufrecht stehende Steinsäulen, die Gottheiten
darstellten. Solche Kultstelen, einzeln oder in Gruppen, wurden an
mehreren Stellen in der Stadt entdeckt. Vom Palast aus erreicht man
das eindrucksvolle Wassersystem, das im 9. Jh. v. Chr. angelegt wurde, wohl zur Zeit von König Ahab (874–853). Über Treppen konnte
man und kann heute wieder 45 m in die Tiefe steigen. Unten erreicht
man einen 25 m langen Tunnel, der zu einem Becken führt, wo sich
Grundwasser sammelte. Durch die Wasserpolitik dieser Gegend hat
sich allerdings der Grundwasserspiegel so weit abgesenkt, dass das
Becken heute trocken ist. Auf dem höchsten Punkt des Hügels, an
dessen westlichem Ende, liegt die Zitadelle, ebenfalls aus der Zeit
von König Ahab. Vor ihr, auf einem tieferen Niveau, befindet sich
ein Kultplatz aus dem 11. Jh. v. Chr. mit einem eindrucksvollen einzelnen Kultpfahl. Nördlich der Zitadelle steht ein zum Teil rekon-
struierter Turm, der unmittelbar vor der assyrischen Eroberung
(732) errichtet wurde. Von hier aus hat man einen guten Überblick
über das ganze Ausgrabungsgelände und über den weiten Nordhügel. Auf dem Rückweg kommt man zu einigen öffentlichen und
privaten Gebäuden aus dem 9. Jh. v. Chr. Diese befanden sich ursprünglich über dem kanaanäischen Palast und wurden hierher verbracht, um den tiefer liegenden Palast ausgraben zu können.
Auf der gegenüber liegenden Straßenseite liegt im Talgrund der
Kibbuz *Ajjélet ha-Schachar* („Hinde der Morgenröte", vgl. Ps 22,1).
Er unterhält gleich am Eingang ein kleines Museum, das die Geschichte und die Funde von Hazor anschaulich macht. Die Original-
funde befinden sich heute dagegen in der archäologischen Abteilung
(Raum 2) des Israel-Museums.

Im weiteren Verlauf der Straße Nr. 90 sieht man zur Rechten das
fruchtbare Huletal. Dieses Gebiet war früher zum großen Teil sumpfig, in der Mitte des Tales befand sich der *Hulesee,* der kleinste der
drei Seen im Jordangraben (neben dem See Gennesaret und dem Toten Meer). Dieser See mit etwa 5 km Durchmesser, nur wenige Meter tief, war durch Verwerfungen und davon herrührenden Aufstau-
ungen entstanden. Schon in den 30er-Jahren hatte man das sumpfi-
ge, malariaverseuchte Gebiet trocken legen wollen. In den Jahren
1955-57 wurde das Vorhaben endlich verwirklicht, indem man
durch zwei Kanäle für einen besseren Abfluss des Wassers sorgte.
Dies hatte aber seinen Preis: Dadurch ging ein wichtiges Biotop ver-

loren, vor allem aber verschlechterte sich die Wasserqualität im See
Gennesaret; die stehenden Wasser des Hule-Beckens wirkten wie eine natürliche Kläranlage. Seit den 70er-Jahren wurde daher ein Teil
des Hulesees wieder renaturiert. Ein Teil davon ist im Nationalpark
Hula Lake zugänglich. Im Frühjahr und Herbst kann man hier riesige Schwärme von Zugvögeln, z.B. Störche, auf ihrem Weg von und
nach Afrika beobachten. Aufgrund des guten Nahrungsangebotes
des Hulesees und der benachbarten Landwirtschaft verzichten inzwischen viele Vögel, vor allem Kraniche, auf einen Weiterflug in
den Süden und überwintern hier.

An der *Koakh Junction* zweigt links die Straße Nr.899 ab, die auf
die Höhe hinauf- und dann immer an der Südgrenze des Libanon
entlangführt; nach 62 km endet sie bei Rosch ha-Nikra am Mittelmeer (siehe S.152). Auf dieser Straße erreicht man nach 5 km die
Yesha Junction. Rechts (nördlich) der Straße liegt *Mezudat Jischa,*
eine Militärstation aus der britischen Mandatszeit, die 1948 heftig
umkämpft war. Auf der südlichen Straßenseite liegen etwas tiefer
die Ruinen von *an-Nabi Juscha,* „Prophet Josua". Bei der Aufteilung des Osmanischen Reiches nach dem Ersten Weltkrieg wurde
das kleine, von schiitischen Muslimen bewohnte Dorf dem Libanon
zugeschlagen, nach einer Grenzkorrektur 1924 kam es zum britisch
verwalteten Palästina. 1948 mussten die etwa 80 Einwohner ihre
Heimat verlassen. Der Name des Dorfes geht auf ein Heiligtum zurück, das relativ gut erhalten ist. In einer Moschee mit zwei Kuppeln, errichtet im 18.Jh., verehrte man nach einer örtlichen Tradition das Grab von Josua. Freilich gibt es mehrere Orte, die ein solches
Grab für sich beanspruchen (siehe z.B. S.273).

2 km westlich davon (weiter auf der Straße Nr.899), nur 500 m von
der libanesischen Grenze entfernt, liegt *Kedesch.* In alttestamentlicher Zeit war es eine der größten und bedeutendsten Städte der Gegend, nach der Bibel eine der sechs Asylstädte:

> Damals sagte der Herr zu Josua: Sag den Israeliten: Bestimmt
> die Asylstädte bei euch, von denen ich zu euch durch Mose
> gesprochen habe. Dorthin kann jeder fliehen, der getötet hat,
> das heißt, der versehentlich, ohne Vorsatz, einen Menschen er-
> schlagen hat. Die Städte sollen euch als Asyl vor dem Bluträ-
> cher dienen … Man wählte also *Kedesch in Galiläa, im Gebir-
> ge Naftali,* aus (Jos 20,1-3.7).

Um die Stadt von mehreren anderen Orten mit gleichem oder ähnlichem Namen zu unterscheiden (z.B. Kadesch-Barnea, vgl. S.710),
wird sie bisweilen auch *Kedesch-Naftali* genannt (Ri 4,6). Sie lag in
vorbiblischen und biblischen Zeiten auf zwei langgezogenen Hügeln
südlich (links) der Straße. Heute wieder völlig überwucherte Ausgrabungen brachten ein kanaanäisches Heiligtum zum Vorschein,

das schon seit Ende des 3. Jahrtausends existierte. Im 1.Jh. v.Chr. wurde auf dem Osthügel (nördlich der Straße) eine befestigte Stadt errichtet, die den alten Namen in der Form *Cadasa* oder *Cadisos* weitertrug. Dort liegen die eindrucksvollen Ruinen eines Tempels mit schönen Schmuckelementen. Er wurde 117 n.Chr. errichtet und 363 durch ein Erdbeben zerstört. Nach zwei Inschriften war er dem *Gott des Himmels* geweiht, worin man ohne Schwierigkeit den phönizisch-syrischen *Baal Schamin*, den „Herrn des Himmels", erkennt. Man erreicht die Ruinen auf einem Pfad (etwa 250 m) von einem Parkplatz rechts der Straße aus.

Aus dieser Gegend stammten Tobit und Tobias, die Hauptpersonen des biblischen Büchleins Tobit. In dessen Einleitung heißt es:

> Tobit war der Sohn Tobiëls, des Sohnes Hananels ... Zur Zeit des assyrischen Königs Salmanassar wurde er als Gefangener aus Tisbe verschleppt, *einem Ort südlich von Kadesch-Naftali, oberhalb Hazor* (Tob 1,1-2).

Tisbe (nicht zu verwechseln mit *Tischbe in Gilead,* der Heimat des Propheten Elija) ist bis heute unbekannt.

Weiter auf der Nr. 90 erreicht man *Kirjat Schmona.* Der Name der Stadt, „Stadt der acht", erinnert an acht Juden, die im Jahr 1920 bei Überfällen durch Araber getötet wurden und hier begraben sind. 500 m westlich oberhalb Kirjat Schmona lag in den Ruinen von Hunin (bei Margalijot) die Kreuzfahrerburg *Castrum Novum* (lat. „Neue Burg"). Von den Kreuzfahrergebäuden ist wenig erhalten, Mitte des 18. Jh. wurde auf ihren Resten eine Festung errichtet.

Die Straße Nr. 90 führt in nördlicher Richtung noch 7 km weiter in den Grenzort *Metulla,* der schon 1896 als jüdischen Siedlung gegründet wurde. Der Bach, der die Stadt östlich in einer Schlucht umfließt, ist der *Ijon* (arab. *Ajun*), ein Nebenfluss des Jordans. Von einem Parkplatz südlich der Stadt aus (beschildert *Nahal 'Iyyon*) kann man in der Schlucht dem Bach entlang wandern, der in vier Wasserfällen hinabstürzt. Für den ganzen Weg braucht man 90 Minuten (und muss sich am oberen Ausgang abholen lassen oder den gleichen Weg wieder zurückgehen). In einem einfachen, 15-minütigen Spaziergang kann man dagegen den untersten der Wasserfälle erreichen. Er ist 30 m hoch und heißt *Tannur* (hebr. und arab. „Ofen"), da das Wasser einen Schacht ausgewaschen hat, dessen Form einem traditionellen Holzofen ähnelt. Auf der anderen Seite des Baches, etwas südlich (rechts), liegt ein langgestreckter Ruinenhügel, *Abel-Bet-Maacha.* Bis hierher hatte sich Scheba aus dem Stamm Benjamin, ein Parteigänger des Hauses Saul und Rebell gegen König David, geflüchtet, war aber in dieser Stadt umgebracht und an Davids Kommandeur Joab ausgeliefert worden (2 Sam 20,1-22).

Dan

Dan liegt 10 km östlich von Kirjat Schmona. Von dort auf der Straße Nr. 99 kommend, nimmt man nicht die erste Einfahrt nach Dan – sie führt in den gleichnamigen Kibbuz –, sondern die zweite und kommt zum Nationalpark *Tel Dan*. Dieser hat viel zu bieten, egal ob man an der Bibel, der Archäologie oder der Natur interessiert ist.

Dan hieß in kanaanäischer Zeit *Lajisch* (Ri 18,29) und wird neben Hazor schon in ägyptischen und mesopotamischen Texten aus dem 19. und 18. Jh. v. Chr. erwähnt. Bei der Landverteilung unter Josua war dem Stamm Dan das Gebiet im Hügelland westlich des Jerusalemer Gebirges bis hinunter an die Küste bei Jaffa zugefallen (Jos 19,40-46). Mindestens Teile des Stammes Dan sind aber in den Norden des Landes abgewandert (Jos 19,47). Zur Entstehung des Heiligtums von Dan weiß das Buch der Richter eine nicht gerade rühmliche Geschichte zu berichten (Ri 17 – 18), die wohl von der späteren Ablehnung des Heiligtums von Dan durch die biblischen Propheten beeinflusst ist. Als nämlich König Jerobeam I. nach der Spaltung des salomonischen Reiches in Dan ein goldenes Kalb aufstellte (1 Kön 12,26-31), ließ er einen alten Stierkult wieder aufleben, an den auch die Erzählung vom Goldenen Kalb am Sinai erinnert (Ex 32,1-6; Text: S. 697). Dieses Heiligtum war, wie das von Bet-El (siehe S. 280), eine politische Entscheidung. So sollte verhindert werden, dass die Bewohner des Nordreiches weiterhin nach Jerusalem, ins Südreich, pilgerten.

Dan ist in der Bibel sprichwörtlich der nördlichste Punkt Israels:

> Juda und Israel lebten in Sicherheit *von Dan bis Beerscheba*; ein jeder saß unter seinem Weinstock und seinem Feigenbaum (1 Kön 5,5).

Die Stadt bestand bis in die byzantinische Zeit fort; Bischof Eusebius von Cäsarea († 339 n. Chr.) kannte sie noch. Arabisch heißt der Ruinenhügel *Tell al-Qadi* („Richter-Hügel"; der Ausdruck *Kadi* ist ja auch im Deutschen geläufig), was nichts anderes ist als die Übersetzung von *Tel Dan* (hebr. *Dan* heißt ebenfalls „Richter"). Aber eine hübsche arabische Legende hat dafür eine andere Erklärung:

> Einstmals gab es noch keinen Jordan, nur drei Flüsse, die in verschiedene Richtung flossen und fortwährend miteinander stritten, wer von ihnen der größte sei. Da baten sie Gott den Streit zu schlichten. Gott stieg herab, setzte sich auf einen kleinen Hügel zwischen den Flüssen und sagte: Ihr Flüsse, ich habe euch alle drei lieb. Hört auf meinen Rat. Vereinigt euch und ihr werdet wirklich der größte Fluss. Die Flüsse nahmen den Rat an; sie verbanden sich und so entstand der *Jordan*.

Der Berg, auf dem Gott beim Urteil saß, heißt *Richterhügel* bis zum heutigen Tag.

Die Ausgrabungen seit 1967 waren ertragreich. Befestigungen und Torbauten, Tempel, Altäre und ein Götterbild, bemalte Keramik und hellenistische Münzen kamen zutage. In den 90er-Jahren wurden mehrere Fragmente einer Gedenksäule aus dem 9. Jh. v. Chr. gefunden, deren Inschrift von Kämpfen *gegen Israel* und *den König des Hauses David* spricht. Diese Stele ist die älteste bekannte Erwähnung des *Hauses David* außerhalb der Bibel. Sie befindet sich heute im Israel-Museum (siehe S. 546). Die Säule passt in die Periode von 885 bis 855 v. Chr., als Dan viermal die Oberherrschaft wechselte, oder in die Zeit Hasaels von Damaskus, der um 815/810 Israel demütigte (2 Kön 10,32; 13,3).

Gleich unterhalb des Tells entspringen die *Danquellen,* die den stärksten der drei Jordanquellflüsse hervorbringen (siehe S. 304). Die Beschreibung des Heiligen Landes von Theodosius (um 530) leitet in volkstümlicher Weise den Namen des Jordans von hier ab; nach ihm habe es nämlich zwei Flüsse gegeben, *Dan* und *Jor,* die sich dann zu einem, zum *Jordan,* vereinigten.

Der Nationalpark lädt zu mehreren unterschiedlich langen Rundwanderungen ein, die an Wasserbächen entlang und durch dichte Vegetation führen. Der Tell liegt im östlichen, also im am weitesten vom Parkplatz entfernten Teil des Parks. Auf dem vorgeschlagenen archäologischen Rundweg kommt man zunächst zu einer israelitischen Toranlage (man sieht sie schon auf der Zufahrt zum Nationalpark, rechts der Straße, hinter einem Zaun). Die Ausgrabungen sind unübersichtlich, da die Anlage mehrfach neugestaltet wurde. Interessant ist an der unteren Durchfahrt des Tores die Basis eines Richterstuhles, der sich in israelitischen Städten am Tor befand (vgl. Rut 4,1-2 oder 2 Sam 19,9). Daneben befanden sich mehrere Kultstelen. Eine weitere Toranlage befand sich weiter östlich (ohne durch das israelitische Tor hineinzugehen, geht man außen der Stadtmauer entlang) und ist heute durch ein Dach geschützt. Dieses Tor ist älter – es stammt aus der kanaanäischen Zeit (18. Jh. v. Chr.) – und besteht aus einem Gewölbe aus Lehmziegeln. Es ist eines der ältesten bekannten gemauerten Gewölbe der Welt – und es ist noch intakt!

Steigt man durch das israelitische Tor zur Stadt hinauf und durchquert sie nach Norden, kommt man zur Tempelanlage aus der Zeit Jerobeams I. (9. Jh. v. Chr.). Ob sich das Heiligtum aus der Richterzeit an derselben Stelle befand, ist ungeklärt. Diese Tempelanlage dürfte ähnlich ausgesehen haben wie der salomonische Tempel von Jerusalem und ist damit eine wichtige Quelle für unser Wissen um dessen Aussehen. Dem relativ kleinen Tempel war ein Hof vorgelagert, in dem sich der Brandopferaltar befand – eine Metallkonstruktion gibt seine Ausmaße wieder. Vergleicht man den Altar mit Altären in christlichen Kirchen, ist man ob seiner Größe überrascht. Die Größe erklärt sich dadurch, dass die Priester auf einer Treppe oder einer Rampe auf den Altar hinaufstiegen, um auf ihm die Opfertiere zu schlachten. Er entspricht den Ausmaßen, die die Bibel für den Brandopferaltar vorschreibt:

> Dann mach aus Akazienholz den Altar, fünf Ellen lang und fünf Ellen breit – der Altar soll also quadratisch sein – und drei Ellen hoch. Mach ihm Hörner an seinen vier Ecken – seine Hörner sollen mit ihm ein Ganzes bilden – und überzieh ihn mit Kupfer! (Ex 27,1-2)

12. DER GOLAN

Der im Deutschen übliche Begriff *Golanhöhen* ist nur teilweise passend. Zwar ist der östliche Teil des Golans eine Hochebene von ca. 1000 m ü. d. M. und im Norden steigt das Hermongebirge bis auf 2224 m (der eigentliche Gipfel, 2814 m, liegt weiter nordöstlich im entmilitarisierten Grenzgebiet zwischen Syrien und dem Libanon), aber im Westen reicht das Golangebiet bis an den Jordan und den See Gennesaret, also bis weit unter den Meeresspiegel.

Geologisch sind auf dem Golan viele Spuren einstiger, heute erloschener vulkanischer Aktivität zu beobachten. Birkat Ram (siehe S. 223) ist ein See in einem Vulkankrater. Ungefähr parallel zur Ostgrenze des Golans erheben sich ein Dutzend Hügel 100–200 m über die Hochebene – allesamt ehemalige Vulkane, einige von ihnen lassen noch Krater erkennen. Der auf vulkanische Aktivität zurückgehende schwarze Basalt prägt die Landschaft bis weit in das westlich sich anschließende Tiefland hinein (siehe z. B. Kafarnaum).

In der Bibel ist *Golan* der Name einer Stadt:

> Damals hat Mose jenseits des Jordan, nach Osten hin, drei Städten eine Sonderstellung zugewiesen. Dorthin soll jeder, der einen Menschen getötet hat, fliehen können, falls er den andern ohne Vorsatz getötet hat und nicht schon früher mit ihm verfeindet gewesen ist. Wenn er in eine dieser Städte flieht, darf er am Leben bleiben. Es sind Bezer im Wüstengebiet der Hochebene für die Rubeniter, Ramot in Gilead für die Gaditer und *Golan im Baschan* für die Manassiter (Deut 4,41-43; vgl. 1 Chr 6,56).

Diese Stadt Golan ist nicht sicher identifiziert, der Name überlebt wahrscheinlich im Dorf *Sahm al-Dschulan* in Syrien, knapp 30 km östlich von Ein Gev, 10 km östlich der Waffenstillstandslinie. Von der einstmaligen Stadt ging der Name auf die umgebende Landschaft über. Diese ist ein Teil der Baschanhochebene. Der Baschan war schon zur biblischen Zeit sehr gutes Weideland: Der Psalmendichter bekundet Angst: „Büffel von *Baschan* umringen mich" (Ps 22,13), der Prophet Amos vergleicht die verwöhnten Frauen von Samaria mit „Baschankühen" (Am 4,1). So ist es auch kein Zufall, dass in Banjas, am Fuß des Golan, der Hirtengott Pan verehrt wurde. Bei der Aufteilung des Osmanischen Reiches nach dem Ersten Weltkrieg wurde der Golan französisches Mandatsgebiet und gehörte ab 1946 zum neugegründeten Syrien. Im Sechs-Tage-Krieg 1967 eroberte Israel den Golan, der Großteil der Bevölkerung floh nach Syrien, allein Drusen blieben in vier Dörfern im nördlichen Golan, Alawiten in einem Dorf im Nordwesten, an der Grenze zum Libanon. Nach dem Jom-Kippur-Krieg 1973 wurde eine Pufferzone zwi-

schen Syrien und dem Golan eingerichtet, die von UNO-Truppen
kontrolliert wird. 1981 annektierte Israel den Golan, was international auf scharfe Kritik stieß. Heute leben dort ca. 34 000 Menschen,
die Hälfte davon Drusen, die andere Hälfte Israelis in 33 Siedlungen. Die Gegend ist landwirtschaftlich geprägt. Neben Weiden und
Ackerland gibt es viel Obst und den bekannten Golanwein. Aufgrund der Nähe zur syrischen Grenze ist das Militär sehr präsent.
Beachtlich ist auch die Wildfauna: Es gibt Hasen und Füchse, Gazellen und Steinböcke, Stachelschweine und Wildschweine, Schaka-
le, Wölfe und Hyänen, Geier und Adler.
Im folgenden eine Beschreibung der interessanten Stätten von Norden nach Süden. Die Orte in der Gegend des Sees Gennesaret (zwischen Betsaida und Kursi) sind aus praktischen Gründen in Kap. 10
(„Um den See Gennesaret") eingefügt.

Banjas

Von Westen (von Dan, siehe S. 215) kommend, überquert man den
östlichen Quellfluss des Jordans, den *Hermon*- oder *Banjas-Fluss*.
Innerhalb des Nationalparks Banjas befindet sich die einstmalige
Stadt *Cäsarea Philippi,* deren religiöses Zentrum bei der Panhöhle
lag. Selbst im Herbst, wenn das Wasser weniger wird, ist man von
den Quellen überrascht, die in einer Stärke hervortreten, die sofort
mehrere Becken füllt – ein Segen für die ganze Gegend. Oberhalb
der Bassins ist eine Höhle, aus der früher die Hauptmasse des Wassers hervortrat. Durch einen Erdrutsch teilweise verschüttet, suchte
sich das Wasser neue Wege an die Oberfläche, lässt Platanen, Pap-
peln und Weiden gedeihen und hat sich weiter unten mit seinem
starken Gefälle eine tiefe Klamm ausgewaschen. Kein Wunder, dass
man an diesem Platz besondere Verehrung für die Götter empfand,
vor allem für den Hirtengott Pan, der im Namen des Ortes *Paneas* erhalten ist. Daraus ist im Arabischen (das kein *p* kennt) *Banjas*
entstanden. *Panflöte* und *Panik* (schreckhafte Massenreaktion, ursprünglich von Tieren) sind bis heute gebräuchliche Begriffe, die
vom Hirtengott Pan abgeleitet sind.

Geschichte: 198 v. Chr. fand hier die entscheidende Schlacht statt,
durch die das Heilige Land endgültig aus dem Herrschaftsbereich
der toleranten Ptolemäer in Ägypten in den der Seleukiden von Antiochia überging. Deren Versuche, Judäa zu hellenisieren (d. h., griechische Lebensart einzuführen), führten 30 Jahre später zum Mak-
kabäeraufstand.
Herodes der Große errichtete hier einen Augustus-Tempel, sein
Sohn Philippus machte Paneas (ungefähr im Jahr 2 v. Chr.) zur

Hauptstadt seiner sich über das heutige nördliche Jordanien er-
streckenden Herrschaft und benannte es zu Ehren des Kaisers *Cäsarea* (wie sein Vater dessen Hauptstadt *Cäsarea am Meer*). Um die
beiden Städte zu unterscheiden, fügte man hier *Philippi* („des Philippus") hinzu.
Auch Jesus kam in diese Gegend an der Nordgrenze des von Juden
besiedelten Gebietes. Der Aufenthalt bei Cäsarea Philippi sollte zu
einem Höhepunkt der Jüngerbelehrung werden:

> Als Jesus in das Gebiet von *Cäsarea Philippi* kam, fragte er
> seine Jünger: Für wen halten die Leute den Menschensohn?
> Sie sagten: Die einen für Johannes den Täufer, andere für Eli-
> ja, wieder andere für Jeremia oder sonst einen Propheten. Da
> sagte er zu ihnen: Ihr aber, für wen haltet ihr mich? Simon Pe-
> trus antwortete: Du bist der Messias, der Sohn des lebendigen
> Gottes! Jesus sagte zu ihm: Selig bist du, Simon Barjona; denn
> nicht Fleisch und Blut haben dir das offenbart, sondern mein
> Vater im Himmel. Ich aber sage dir: Du bist Petrus und auf
> diesen Felsen werde ich meine Kirche bauen und die Mächte
> der Unterwelt werden sie nicht überwältigen. Ich werde dir die
> Schlüssel des Himmelreichs geben; was du auf Erden binden
> wirst, das wird auch im Himmel gebunden sein, und was du
> auf Erden lösen wirst, das wird auch im Himmel gelöst sein.
> Dann befahl er den Jüngern, niemand zu sagen, dass er der
> Messias sei (Mt 16,13-20).

Die Umbenennung in Cäsarea Philippi hatte bis ins 4. Jh. n. Chr. Bestand, dann setzte sich wieder *Paneas/Banjas* durch. Während die
Geschichte der Stadt in römisch-byzantinischer Zeit erst jetzt durch
die Ausgrabungen deutlich wird, sind wir über ihr Schicksal in der
Kreuzfahrerepoche schon länger gut informiert. Zwischen 1129 und
1164 wechselten sich Muslime und Christen des Öfteren im Besitz
ab. Von da an schlugen alle Versuche der Kreuzfahrer fehl, sich der
Stadt wieder zu bemächtigen. Mit der Eroberung durch die Mongolen und deren Vertreibung durch die Mamluken 1260 begann der
unaufhaltsame Niedergang des einstmals berühmten Ortes. Zwischen 1948 und 1967 lag Banjas auf syrischer Seite unmittelbar an
der Grenze zu Israel. Die Ruinen des Dorfes, darunter eine moderne
maronitische Kirche, sieht man, wenn man auf der Straße Nr. 99
weiter Richtung Golanhöhen fährt.
Seit 1988 ist man dabei, durch Ausgrabungen die römische und byzantinische Stadt wieder freizulegen und die Überreste innerhalb eines Nationalparks für Besucher zugänglich zu machen.

Besichtigung: An der Einfahrt zum Parkplatz (hinter dem Kassenhäuschen) liegt die Ruine der Basilika aus dem 4.–6. Jh., die der

Heilung der blutflüssigen Frau geweiht war. Die Evangelien (Mk 5,24-34, Lk 8,43-48) machen für diese Heilung keine Ortsangabe, aber nach dem Kontext muss sie in der Nähe des Sees Gennesaret stattgefunden haben. Der Kirchenhistoriker Eusebius von Cäsarea versucht den Widerspruch zu beseitigen, indem er eine Jesusstatue neben dieser Kirche als Stiftung jener geheilten Frau erklärt. Im 9. Jh. wurde die Kirche zerstört.

Betritt man, am Kiosk vorbei, das innere Nationalparksgelände und wendet sich nach rechts (flussaufwärts), erreicht man über Stufen die Panhöhle, das einstige religiöse Zentrum der Stadt. Der von Herodes dem Großen im Jahr 19 v.Chr. errichtete *Augustustempel* stand wohl links der Höhle (vgl. aber *Chorvat Omrit,* siehe nächste Seite). Er ist auf einer Münze der Stadt abgebildet. Rechts der Höhle lehnte sich unmittelbar an die Felswand der *Pantempel* aus dem 1.Jh. n.Chr. an; die Hauptnische trug eine Statue des Hirtengottes. Nach den Inschriften wurden 148 n.Chr. zwei weitere Nischen hinzugefügt, eine für die Bergnymphe Echo – diese verschmähte den Pan, er ließ sie sterben, nur ihre Stimme blieb; daher der uns geläufige Begriff Echo –, die andere für Hermes, den Vater Pans. Rechts dahinter und etwas höher schloss sich der *Nemesis-Hof* mit einer weiteren Nische an. Die Inschrift aus dem Jahr 178 n.Chr. nennt den Namen der Rachegöttin Nemesis und den des Stifters. Noch weiter rechts und erneut höher war der *Grabtempel der heiligen Ziege,* etwa 220 n.Chr. unter Kaiser Elagabal errichtet; in den rechteckigen Nischen rechts und links im Fundament wurden Ziegenknochen gefunden, die hier bestattet waren.

Eine gewisse Verbindung zum Mittelalter stellt das kleine Drusenheiligtum mit weißer Kuppel links oberhalb der Höhle her, das die Stelle einer Georgskapelle der Kreuzfahrer einnimmt (außerhalb vom Nationalpark; die ausgeschilderte Zufahrt ist vor, d.h. westlich vom Nationalpark). Sein Name *Nabi al-Chader* ist eine geläufige Bezeichnung für eine wundertätige Figur, in der mit unterschiedlicher Betonung Züge des Propheten Elija, des christlichen Märtyrers Georg sowie des Propheten Mohammed zusammenfließen (ähnlich wie am Karmel bei Haifa).

Der heutige Naturpark bietet neben den Ausgrabungen noch einiges mehr für den Besucher, der etwas Zeit hat. Flussabwärts kann man in einem 90-minütigen Spaziergang zu einem über 10 m hohen Wasserfall und einer sehenswerten Klamm kommen. Unterwegs kommt man unterhalb der modernen Straßenbrücke an einer erhaltenen Brücke aus der Römerzeit vorbei. Später kann man eine alte Wassermühle sehen, die einzige im Land, die noch in Betrieb ist, daneben eine Schaubäckerei. Wer nicht den ganzen Weg machen will, kann nach der Mühle abbiegen und kommt an den Ruinen des

Agrippaspalasts und der Kreuzfahrerstadt vorbei wieder zum Parkplatz zurück.

Chorvat Omrit (4 km südwestlich von Banjas): An der Stelle eines
kleinen Heiligtums aus dem 2. Jh. v. Chr. ließ Herodes der Große
kurz vor der Zeitenwende einen römischen Tempel errichten, der zu
Beginn des 2. Jh. n. Chr. erheblich erweitert wurde (18 × 25 m). Nach
manchen Forschern handelt es sich hierbei um den Augustustempel
von Banjas, den man gemeinhin bei den Banjasquellen vermutet
(s. o.). Der Tempel wurde im Jahr 363 durch ein Erdbeben zerstört,
danach gibt es nur noch zwei kurze Siedlungsperioden: in byzantinischer Zeit ein kleines Kloster (?) sowie im 13. Jh. einige Hütten.
Amerikanisch-israelische Ausgrabungen haben ab 1999 die imposanten Reste des Tempels zutage gebracht. Man erreicht die Anlage
von der Straße Nr. 918, die westlich von Dan von der Nr. 99 nach
Süden abbiegt. Nach gut einem Kilometer nimmt man die zweite
Asphaltstraße nach links, die zum Drusenheiligtum *Nabi Huda*
(auch *Nebi Yehuda*) führt, nach drusischer Tradition das Grab von
Juda, dem vierten Sohn von Jakob (Gen 29,35). An diesem angekommen, biegt man nach rechts. Ein Stück des Weges ist noch befahrbar; an einer (meist offenen) Schranke nimmt man für die letzten 300 m einen Feldweg nach links, diesen allerdings nur zu Fuß
(oder im geländegängigen Fahrzeug). Man sieht die Anlage links
oberhalb (nordöstlich) des Feldwegs.

Nimrod: Von der Straße Nr. 99 zweigt kurz nach dem im Sommer
trockenen *Saar*-Wasserfall die Straße Nr. 989 ab. Auf ihr kommt
man nach 4 km zur Festung Nimrod. *Nimrod* ist eine legendäre Gestalt der israelitischen Überlieferung, die auf mesopotamische Vor-
bilder zurückgeht. In der Bibel galt er als Urenkel des Noach, als
Erfinder der Kriegskunst („der erste Held auf der Erde") und der
(Großwild-)Jagd sowie als Reichsgründer von Babylonien und Assyrien (Gen 10,8-12). Eine jüdische Sage über den stolzen Nimrod
versucht zugleich den zweiten Namen der Burg Nimrod, *Subeibe,* zu
erklären: Nimrod brüstete sich, seine Pfeile bis in den Himmel hinauf zu schießen. Gott aber schickte ihm eine Fliege (hebr. *Zebub*,
vgl. *Beel-Zebub*), die durch die Nase eindrang und sein Gehirn zer-
fraß, so dass er elend sterben musste.
Die ausgedehnten Ruinen (430 m lang) von *Nimrod/Subeibe* gehören zu einem Nationalpark und können besichtigt werden. Die Festung stammt aus der Kreuzfahrerzeit (frühes 12. Jh.). Sie wurde aber
nicht von den Kreuzfahrern, sondern gegen sie von einem Neffen
Saladins gebaut und wechselte öfter den Besitzer. Im 13. Jh. wurde
sie mehrfach instand gesetzt und verstärkt, verfiel dann aber, als mit

dem Wegfall des Kreuzfahrerstaates keine Bedrohung mehr bestand. Wegen ihrer abgelegenen Lage ist sie gut erhalten geblieben.

Berg Hermon: Man erreicht den Berg vom Drusendorf *Madschdel asch-Schams* („Sonnen-Turm") aus. Kommt man auf der Straße Nr. 989 von Westen (von Nimrod), biegt man am Ortseingang am Kreisverkehr scharf nach links. Kommt man auf der Nr. 98 von Süden (von Masade), hält man sich an zwei größeren Kreuzungen links, an einer Gabelung am Ortsausgang nimmt man die rechte Straße (keine Wegweiser!). Auf eine gewisse Höhe des Hermons führt ein Sessellift. Im Winter liegt dort Schnee, auch Wintersport ist möglich; das 1971 errichtete Wintersportgebiet (*Nevé Ativ*) kann sich freilich mit den Alpen nicht messen. Von der Bergstation kann man einige Schritte weiter nach oben gehen, danach beginnt das für Besucher gesperrtes Militärgebiet, noch weiter oben dann die entmilitarisierte neutrale Zone.

Birkat Ram: Vom Drusendorf Masade fährt man auf der Straße Nr. 98 in Richtung Madschdel asch-Schams; nach ca. 1 km biegt die Straße nach links, man nimmt den Weg, der geradeaus weiterführt. Nach weiteren 300 m sieht man rechts oben, ca. 100 m von der Straße entfernt, ein schön gelegenes Rasthaus mit dem Namen *Birkat Ram* („Höhen-See", nur hebräisch angeschrieben). Von dort hat man einen schönen Blick auf den gleichnamigen Kratersee; wer die vielen Stufen nicht scheut, kann zu ihm hinabsteigen.

Quneitra: 14 km südlich von Masade biegt die Straße Nr. 98 vor einem Steinwall nach rechts ab. Geradeaus käme man an einer UN-Stellung vorbei in die syrische Stadt Quneitra, die in der entmilitarisierten Zone liegt. Nach weiteren 3 km auf der Nr. 98 erhebt sich zur Rechten (westlich) ein erloschener Vulkan, der Har Avital, der wegen seiner dominierenden Höhe (1204 m) militärisches Sperrgebiet ist. An seiner Flanke genießt man einen guten Überblick nach Osten über die Stadt Quneitra hinweg bis weit nach Syrien hinein. Quneitra war hauptsächlich von muslimischen Tscherkessen besiedelt, die von den Osmanen hier angesiedelt worden waren.

Kazrin: Man erreicht Kazrin auf der Straße Nr. 9088, entweder von Nordwesten, von der *Nashut Junction* (von der Nr. 91) oder von Südosten, von der *Katsrin South Junction* (von der Nr. 87). Im modernen Kazrin werden in der Golanweinkellerei (*Golan Heights Winery*) die Golanweine gekeltert. Hier wurde 1983-90 ein jüdisches Dorf aus der byzantinischen Zeit ausgegraben, dessen antiken Namen wir nicht kennen – Kazrin ist die hebraisierte Form des arabischen Namens *Kisrin*, dessen Alter unbekannt ist. Die Ausgrabungen sind in einem Park zugänglich gemacht. Nach seinem Motto *Talmudic Experience* („Talmudische Erfahrung") lädt der Park ein, alltägliches Leben in den gut erhaltenen Ruinen eines jüdischen Dorfes aus der talmudischen Zeit (3.–7. Jh. n. Chr.) zu erleben. Ein antikes Schaustück ist die weitgehend erhaltene Synagoge vom Ende des 4. Jh. Typisch für Synagogen aus dem Golangebiet ist die Eingangsfassade im Norden, so dass man beim Betreten der Synagoge den nach Jerusalem (Süden) ausgerichteten Toraschrein vor sich hatte. Dagegen war bei den galiläischen Synagogen (z. B. in Kafarnaum) die Fassade gen Jerusalem ausgerichtet.

Im Museum von Kazrin sind archäologische Fundstücke aus dem ganzen Golangebiet ausgestellt. Ein etwas pathetischer Film gibt Auskunft über die Geschichte der Eroberung, der Wiederentdeckung und der Erforschung Gamlas (s. u.). Man sollte nicht versäumen, die zahlreichen Fundstücke zu besichtigen, die im Garten hinter dem Museum ausgestellt sind. Die reich dekorierten Schmuck- und Architekturelemente legen beredtes Zeugnis von der jüdischen und der christlichen Vergangenheit jener Gegend ab.

Gamla

Von der Straße Nr. 808 zweigt nach rechts (Westen) ein Fahrweg ab, der an Dolmenfeldern vorbei zum Nationalpark *Gamla* führt (beschildert). Dieser umfasst die Ruinen der antiken Stadt Gamla und eines byzantinischen Klosters, aber auch zwei Wadis, in denen ganzjährig Bäche mit mehreren Wasserfällen fließen. Naturliebhaber können die Landschaft mit reicher Fauna und Flora erkunden. An kaum an einem anderen Ort kann man so gut Geier beobachten, die hier geschützt brüten.

Vom Parkplatz aus kommt man zunächst zu den gut erhaltenen Ruinen von *Der Keruh,* einem Kloster (25×60 m) aus dem 6. Jh., das 1982 erforscht wurde. Die Kirche (10×16 m) ähnelt stilistisch anderen syrischen Kirchen und war dem hl. Gregor geweiht, denn eine griechische Inschrift über dem Eingang zu einer seitlich angefügten Kapelle lautet: „O Gott des heiligen Gregor, rette und erbarme dich derer, die auf dich hoffen. Amen".

Um zu den Ruinen von Gamla zu kommen, muss man einen Pfad (ca. 1 km) mit einem steilen Abstieg hinabsteigen. *Gamla* war auf einem schmalen Felsgrat gebaut, der die Form eines Kamelhöckers hat, daher der Name (aramäisch *Gamla*: „Kamel"). Der Hasmonäer Alexander Jannai eroberte die Stadt gegen 80 v. Chr. und machte sie dann zu einem Zentrum jüdischer Besiedlung im Nordosten des Sees Gennesaret, während die Gegend weiter südlich heidnisch blieb und sich zur Dekapolis verband. Zur Zeit der Steuerveranlagung unter Quirinius im Jahr 6 v.Chr. (vgl. Lk 2,1-2) unternahmen ein Judas von Gamla und ein Pharisäer Zadok, einer der Gründer der Zeloten, einen Aufstand, der allerdings nur von kurzer Dauer war (Apg 5,37). Im Ersten Jüdischen Krieg (66–70) trat Gamla erst nach Zögern dem Aufstand bei, hielt einer siebenmonatigen Belagerung durch König Agrippa II. stand, wurde dann aber von den römischen Truppen des Vespasian erobert und zerstört. Gut erhalten ist die Synagoge (25×17m) mit umlaufenden Säulen und steinernen Sitzbänken. Sie stammt aus der zweiten Hälfte des 1.Jh. v.Chr. und ist eine der ältesten bekannten Synagogen überhaupt. An der Stadtmauer kann man die Stelle erkennen, die von den Römern unterhöhlt wurde. Dadurch zum Einsturz gebracht, konnten die römischen Soldaten in die Stadt eindringen und sie erobern.

Rudschm al-Hiri (arab. „Steinhaufen der Wildkatze") ist ein beeindruckendes Zeugnis aus einer fernen Vergangenheit, zwar nicht ganz wie Stonehenge in England, aber in der Struktur damit vergleichbar und wohl auch in der Entstehungszeit. Man erreicht es in einem etwa einstündigen Fußmarsch entlang des blau-grün-weiß markierten Golanwanderwegs (östlich von der Straße Nr.808, 2km südlich der Abzweigung nach Gamla, 200m nördlich der *Daliot Junction*; einen Teil des Weges kann man mit einem geländegängigen Fahrzeug abkürzen). Die Anlage ist in der flachen Umgebung nicht zu übersehen. Der einzige Hinweis auf seine Bedeutung ist freilich ein (hebräisches) Schild, das darauf hinweist, dass es sich hierbei um Altertümer handelt und dass Schüsse und militärischer Verkehr hier verboten sind. Die Einschusslöcher im Schild geben einen Hinweis darauf, wie angebracht solche Verbote sind – und wie wenig sie beachtet werden.

Vier ineinander liegende Kreise aus großen, meist unbehauenen Basaltblöcken, deren äußerer 157m Durchmesser hat, umgeben einen künstlichen, 6m hohen Steinhügel mit einer Grabkammer. Wir wissen kaum etwas darüber, wer die Anlage errichtet hat oder wer hier bestattet wurde. Sie dürfte ca.5000 Jahre alt sein, also zur gleichen Zeit entstanden sein wie die zahlreichen Dolmengräber, die es auf dem Golan gibt. Aus jener Zeit gibt es in dieser Gegend keine Spuren fester Siedlungen, so dass es wahrscheinlich ist, dass eine nomadisch lebende Bevölkerung diese Anlagen errichtete. Wenigstens im Tod wollte man sich so eine feste Bleibe schaffen. In *Rudschm al-Hiri* ist das nur zum Teil gelungen – die Grabkammer wurde schon in der Antike geplündert. Die heute leere, runde Grabkammer von gut 2m Durchmessern ist zugänglich und beeindruckt schon dadurch, dass das Gebäude fünf Jahrtausende überstanden hat.

13. VON NAZARET NACH SÜDEN
(JESREEL-EBENE)

Die *Jesreel-Ebene* ist eine ungefähr dreieckige fruchtbare Ebene. Nach Norden wird sie von den Bergen von Nazaret und dem Berg Tabor begrenzt, nach Süden vom Karmel und den Gilboabergen, nach Osten fällt sie zum Jordan hin ab. Ihren Namen hat die Ebene von der Stadt *Jesreel* (siehe S.238). Zu biblischen Zeiten war die Ebene dicht besiedelt und immer wieder umkämpft (siehe z.B. Ri 7). Nach den verheerenden Ereignissen des Ersten Jüdischen Krieges (66–70 n.Chr.) versumpfte die Gegend allmählich. Bis ins ausgehende 19. Jh. war sie malariaverseucht und deshalb nur an den Rändern besiedelt. Nach Trockenlegung der Sümpfe vornehmlich durch jüdische Siedler ist sie das größte zusammenhängende landwirtschaftlich nutzbare Gebiet von Israel geworden.

Afula: Aus einer wichtigen Straßenkreuzung der Jesreel-Ebene entstand seit 1925 die Stadt Afula. In den letzten Jahrzehnten ist die Stadt durch Zuwanderer aus Osteuropa stark gewachsen.

Nordöstlich von Afula erreicht man nach 4 km auf der Straße Nr.65 eine Anhöhe, auf der der Stadtteil *Afula Illit,* „Ober-Afula", liegt. Dort wird der Blick gefangen von der breiten Kuppe des Berges Tabor, der sich völlig ebenmäßig etwa 450 m über die Ebene erhebt; ein wenig rechts von der Mitte sieht man bereits die mächtige Basilika. Die Anhöhe selbst ist ein Ausläufer des Berges *Moré* (517 m ü.d.M.), den die Pilgerfrömmigkeit des Altertums den *Kleinen Hermon* nannte. Denn in Psalm 89 wird das Herrschertum Gottes dichterisch besungen: „*Tabor* und *Hermon* jauchzen bei deinem Namen" (Ps 89,13). Da aber der wirkliche Hermon doch etwas zu weit entfernt schien, hielt man sich an diesen Nachbarberg und nannte ihn den *Kleinen Hermon*. Der Hügel More wird bereits im Richterbuch als Ort des Lagers der Midianiter genannt (Ri 7,1).

Naïn

Nach weiteren 2 km sieht man rechts, etwa 1 km von der Straße entfernt, am Nordhang des Moreberges das Dorf *Naïn,* von welchem Lukas in einer der rührendsten Geschichten des Evangeliums berichtet, die sowohl die Menschlichkeit als auch die messianische Vollmacht Jesu unterstreicht:

Jesus ging *in eine Stadt namens Naïn*; seine Jünger und eine große Menschenmenge folgten ihm. Als er in die Nähe des Stadttores kam, trug man gerade einen Toten heraus. Er war der einzige Sohn seiner Mutter, einer Witwe. Und viele Leute aus der Stadt begleiteten sie. Als der Herr die Frau sah, hatte er Mitleid mit ihr und sagte zu ihr: Weine nicht! Dann ging er zu der Bahre hin und fasste sie an. Die Träger blieben stehen und er sagte: Ich befehle dir, junger Mann: Steh auf! Da richtete sich der Tote auf und begann zu sprechen und Jesus gab ihn seiner Mutter zurück. Alle wurden von Furcht ergriffen; und sie priesen Gott und sagten: Ein großer Prophet ist unter uns aufgetreten: Gott hat sich seines Volkes angenommen (Lk 7,11-16).

Das Dorf (ca. 1700 Einw.) ist muslimisch, doch erinnert eine Kapelle an seinem Ostrand an das biblische Wunder. Da kaum Pilger hierher kommen, ist Naïn fast ein Geheimtipp; auch viele Busfahrer kennen den Weg nicht: Fährt man von der Straße Nr. 65 ins Dorf, biegt man unmittelbar am Dorfeingang nach links. Diese Straße endet an einer T-Kreuzung, man fährt nach rechts. Wo der Weg steiler wird, sieht man rechts das Kirchlein und dahinter eine Moschee.

Die Franziskaner konnten 1878 die Fundamente einer alten Kapelle erwerben und in den Folgejahren eine Gedächtniskapelle errichten. 2013 wurde die das schlichte Kirchlein renoviert. Gegenwärtig gibt es Bestrebungen, eine italienische Ordensgemeinschaft anzusiedeln; einstweilen muss man den Kirchenschlüssel bei den Franziskanern auf dem Berg Tabor erbitten.

Im Zuge des Neubaus des kleinen Klosters wurden Ausgrabungen durchgeführt. Sie brachten Reste aus byzantinischer Zeit zum Vorschein, aber leider nicht das im Evangelium erwähnte Stadttor aus der Zeit Jesu. Hinter der Kirche, noch auf dem Grundstück der Franziskaner, befand sich bis in die jüngere Vergangenheit ein Friedhof, auf dem die (muslimische) Dorfbevölkerung verstorbene Kinder bestattete. So hat sich bis in die Neuzeit hinein die Erinnerung an die Auferweckung des Jünglings auch unter den einheimischen Muslimen bewahrt.

Es wird übrigens kein Zufall sein, dass die alttestamentliche Totenerweckung durch Elischa in Schunem nicht nur viele Parallelen zu dieser Erzählung aus dem Evangelium aufweist, sondern dass sie sich auch nur wenige Kilometer von dieser entfernt zugetragen hat (2 Kön 4,8-37; siehe S. 236).

En-Dor: Nach weiteren 3 km zweigt rechts eine kleine Straße (Nr. 716; Richtung Bet-Schean) ab. Auf ihr erreicht man nach 1,5 km den Hügel, an dessen Hang das arabische Dorf *Ain Dur* lag, das im

Krieg 1948 zerstört wurde. Kaum etwas ist von diesem Dorf noch
zu sehen, nur noch die Feigenkaktusse, wie so oft die einzigen Zeugen verschwundener arabischer Ortschaften. Der Name überliefert
den Namen der kanaanäischen Stadt *En-Dor,* die ca. 1 km nördlich
davon in der Ebene lag (von der Nr. 716 aus, nach der Einfahrt zu
einem Speicherbecken nördlich/links der Straße führt ein Feldweg
bis in die Nähe von Ruinen und Quelle). Der kleine Ruinenhügel,
hebr. *Chorvat Zafzafot,* ist mit Basaltsteinen übersät; an seinem Fuß
fließt bis heute die Quelle (der Namensbestandteil *Ain* oder *En* bedeutet „Quelle") unter mächtigen Eukalyptusbäumen, Palmen und
Schilf. Der Ort verbindet sich in der Bibel mit der traurigen Szene,
als König Saul vor seinem letzten Kampf gegen die Philister auf den
nahen Gilboabergen durch die Totenbeschwörerin von En-Dor bei
dem bereits verstorbenen Propheten Samuel Rat suchte, aber nur eine Bestätigung seiner Befürchtungen erhielt. Dieser bewegende
Text lautet:

> Samuel war gestorben und ganz Israel hatte die Totenklage für
> ihn gehalten und ihn in seiner Stadt Rama begraben. Saul aber
> hatte die Totenbeschwörer und die Wahrsager aus dem Land
> vertrieben. Als sich die Philister gesammelt hatten, rückten sie
> heran und schlugen bei Schunem ihr Lager auf. Saul versam-
> melte ganz Israel und sie schlugen ihr Lager im (Bergland
> von) Gilboa auf. Als Saul das Lager der Philister sah, bekam
> er große Angst und sein Herz begann zu zittern. Da befragte
> Saul den HERRN, aber der HERR gab ihm keine Antwort, weder
> durch Träume, noch durch die Losorakel, noch durch die Pro-
> pheten. Daher sagte Saul zu seinen Dienern: Sucht mir eine
> Frau, die Gewalt über einen Totengeist hat; ich will zu ihr ge-
> hen und sie befragen. Seine Diener antworteten ihm: In *En-
> Dor* gibt es eine Frau, die über einen Totengeist Gewalt hat.
> Da machte sich Saul unkenntlich, zog andere Kleider an und
> ging mit zwei Männern zu der Frau. Sie kamen in der Nacht
> bei der Frau an und er sagte zu ihr: Wahrsage mir durch den
> Totengeist! Lass für mich den heraufsteigen, den ich dir nen-
> ne. Die Frau antwortete ihm: Du weißt doch selbst, was Saul
> getan hat: Er hat die Totenbeschwörer und die Wahrsager im
> Land ausgerottet. Warum stellst du mir eine Falle, um mich zu
> töten? Saul aber schwor ihr beim HERRN und sagte: So wahr
> der HERR lebt: Es soll dich in dieser Sache keine Schuld tref-
> fen. Die Frau sagte: Wen soll ich für dich heraufsteigen las-
> sen? Er antwortete: Lass Samuel für mich heraufsteigen! Als
> die Frau Samuel erblickte, schrie sie laut auf und sagte zu
> Saul: Warum hast du mich getäuscht? Du bist ja Saul! Der
> König sagte zu ihr: Hab keine Angst! Was siehst du denn? Die

Frau antwortete Saul: Ich sehe einen Geist aus der Erde heraufsteigen. Er fragte sie: Wie sieht er aus? Sie antwortete: Ein alter Mann steigt herauf; er ist in einen Mantel gehüllt. Da erkannte Saul, dass es Samuel war. Er verneigte sich mit dem Gesicht zur Erde und warf sich zu Boden. Und Samuel sagte zu Saul: Warum hast du mich aufgestört und mich heraufsteigen lassen? Saul antwortete: Ich bin in großer Bedrängnis. Die Philister führen Krieg gegen mich und Gott ist von mir gewichen und hat mir keine Antwort mehr gegeben, weder durch die Propheten noch durch die Träume. Darum habe ich dich gerufen, damit du mir sagst, was ich tun soll. Samuel erwiderte: Warum fragst du mich? Der HERR ist doch von dir gewichen und ist dein Feind geworden. Er hat getan, was er durch mich angekündigt hatte: Der HERR hat dir das Königtum aus der Hand gerissen und hat es einem anderen, nämlich David, gegeben. Weil du nicht auf die Stimme des HERRN gehört und seinen glühenden Zorn an Amalek nicht vollstreckt hast, darum hat dir der HERR heute das getan. Der HERR wird auch Israel zusammen mit dir in die Gewalt der Philister geben und morgen wirst du samt deinen Söhnen bei mir sein; auch das Heerlager Israels wird der HERR in die Gewalt der Philister geben. Da fiel Saul der Länge nach jäh zu Boden; so sehr war er über die Worte Samuels erschrocken. Es war auch keine Kraft mehr in ihm, weil er den ganzen Tag und die ganze Nacht keinen Bissen gegessen hatte. Die Frau ging zu Saul hin und sah, dass er ganz verstört war; sie sagte zu ihm: Deine Magd hat auf deine Stimme gehört; ich habe mein Leben aufs Spiel gesetzt, als ich auf das hörte, was du zu mir gesagt hast. Jetzt aber höre auch du auf die Stimme deiner Magd! Ich will dir ein Stück Brot zum Essen geben. Dann wirst du wieder zu Kräften kommen und kannst deines Weges gehen. Er aber weigerte sich und sagte: Ich esse nichts. Doch seine Diener und die Frau drängten ihn, bis er auf ihre Stimme hörte. Er erhob sich vom Boden und setzte sich aufs Bett. Die Frau hatte ein Mastkalb im Haus. Sie schlachtete es in aller Eile, nahm Mehl, knetete Teig und backte ungesäuerte Brote. Das alles setzte sie Saul und seinen Knechten vor; sie aßen, standen auf und gingen noch in der gleichen Nacht zurück (1 Sam 28,3-25).

Der moderne Kibbuz *Ein Dor* ist nicht an der Stelle des biblischen Ortes errichtet, sondern einige Kilometer nordöstlich davon, zu erreichen über die Straße Nr. 7276. In einem kleinen archäologischen Museum sind Funde aus der Umgebung ausgestellt.

Der Berg Tabor

Der *Berg Tabor* erhebt sich, abgesetzt vom galiläischen Bergland, bis 588 m über die Meereshöhe, also etwa 450 m über die umgebende Ebene. Schon seine herausragende ebenmäßige Form macht ihn zu einem besonderen Berg (historische Abbildung: Tafel IXa).

Der Berg Tabor liegt östlich von Nazaret, in der Luftlinie nur etwa 8 km entfernt; auf der Straße ist die Entfernung das Mehrfache. Von Westen (Afula) kommend, erreicht man ihn über die Straße Nr. 7266, die an der *Tavor Junction* von der Straße Nr. 65 abbiegt. Man durchquert das arabische Dorf *Dabburije,* im Dorf ist die Straße durch einen stilisierten Kirchturm ausgeschildert. Am Ortsende kommt man zu einer Abzweigung, die Straße nach rechts oben führt auf den Berg. Diese steile Straße (4 km, 13 Spitzkehren) ist zwar neu gebaut und nicht mehr so atemberaubend wie früher, für Busse aber nach wie vor zu schmal, so dass Gruppen auf Taxis (Kleinbusse) umsteigen müssen. Um zum Parkplatz zu kommen, von dem die Taxis abfahren, fährt man bei der erwähnten Abzweigung geradeaus weiter und erreicht ihn nach 200 m.

Vom nahen Nazaret gibt es keine direkte befahrbare Straße. Man nimmt die Straße Nr. 60 nach Afula und fährt wie beschrieben. Für Ortskundige (oder Abenteuerlustige) gibt es einen Schleichweg (nur für PKWs): an der *Iksal Interchange* (nach dem Tunnel) biegt man zum Dorf Iksal ab, durchquert dieses (keinerlei Beschilderung) und kommt über eine Nebenstraße nach Dabburije. Man kann auch von Nazaret Illit (Stadtteil *Har Yona,* „Jona-Berg") in einem zweistündigen Spaziergang dem *Israelpfad* folgen und kommt über den *Har Dvora* („Debora-Berg") zum selben Parkplatz.

Von Norden (der *Golani Junction*) kommend, verlässt man die Nr. 65 bei der *Gazit-Kreuzung,* nachdem man zuvor das moderne *Kfar Tavor* („Tabor-Dorf") durchquert hat. Man passiert das arabische Dorf *Schibli* und erreicht nach 3 km den erwähnten Parkplatz.

Bereits vom Parkplatz aus kann man die griechisch-orthodoxe Taborkirche auf der Nordseite des Berges erblicken. Wer den anstrengenden, ungefähr einstündigen Aufstieg zu Fuß nicht scheut, muss dafür nicht die kurvenreiche Asphaltstraße nehmen. Es gibt zwei markierte Pfade (Abschnitte des *Israelpfads*). Der nördliche Aufstieg beginnt am erwähnten Parkplatz zwischen *Dabburije* und *Schibli* (gegenüber vom Kiosk; der Beginn der weiß-blau-roten Wegmarkierung ist etwas versteckt an der Stützmauer des Parkplatzes). Der südliche Pfad zweigt am Ortseingang von *Schibli* (von der *Gazit-Kreuzung* kommend) von der Straße ab.

Das genannte Dorf *Dabburije* bewahrt in Verbindung mit dem Tabor eine eigene Erinnerung. Sein Name könnte vom Namen des
Berges abgeleitet sein, vielleicht aber auch das hebräische *Daberat*
wiedergeben, eine der Grenzstädte Sebulons (Jos 19,12). Den christlichen Pilgern galt Dabburije als der Ort, wo Jesus den besessenen
Knaben geheilt hat, weil die Evangelisten diese Geschichte unmittelbar nach dem Abstieg vom Berg der Verklärung erzählen. Wir eilen also damit der Reihenfolge des Evangeliums voraus, wenn wir
hier lesen:

> Als sie (Jesus und die drei Jünger) zu den anderen Jüngern zu
> rückkamen, sahen sie eine große Menschenmenge um sie ver
> sammelt und Schriftgelehrte, die mit ihnen stritten. Sobald die
> Leute Jesus sahen, liefen sie in großer Erregung auf ihn zu
> und begrüßten ihn. Er fragte sie: Warum streitet ihr mit ihnen?
> Einer aus der Menge antwortete ihm: Meister, ich habe mei
> nen Sohn zu dir gebracht. Er ist von einem stummen Geist be
> sessen; immer wenn der Geist ihn überfällt, wirft er ihn zu Bo
> den und meinem Sohn tritt Schaum vor den Mund, er knirscht
> mit den Zähnen und wird starr. Ich habe schon deine Jünger
> gebeten, den Geist auszutreiben, aber sie hatten nicht die Kraft
> dazu. Da sagte er zu ihnen: O du ungläubige Generation! Wie
> lange muss ich noch bei euch sein? Wie lange muss ich euch
> noch ertragen? Bringt ihn zu mir! Und man führte ihn herbei.
> Sobald der Geist Jesus sah, zerrte er den Jungen hin und her,
> so dass er hinfiel und sich mit Schaum vor dem Mund auf dem
> Boden wälzte. Jesus fragte den Vater: Wie lange hat er das
> schon? Der Vater antwortete: Von Kind auf; oft hat er ihn so
> gar ins Feuer oder ins Wasser geworfen um ihn umzubringen.
> Doch wenn du kannst, hilf uns; hab Mitleid mit uns! Jesus
> sagte zu ihm: Wenn du kannst? Alles kann, wer glaubt. Da rief
> der Vater des Jungen: Ich glaube; hilf meinem Unglauben! Als
> Jesus sah, dass die Leute zusammenliefen, drohte er dem un
> reinen Geist und sagte: Ich befehle dir, du stummer und tauber
> Geist: Verlass ihn und kehr nicht mehr in ihn zurück! Da zerr
> te der Geist den Jungen hin und her und verließ ihn mit lautem
> Geschrei. Der Junge lag da wie tot, so dass alle Leute sagten:
> Er ist gestorben. Jesus aber fasste ihn an der Hand und richtete
> ihn auf, und der Junge erhob sich. Als Jesus nach Hause kam
> und sie allein waren, fragten ihn seine Jünger: Warum konnten
> denn wir den Dämon nicht austreiben? Er antwortete ihnen:
> Diese Art kann nur durch Gebet ausgetrieben werden (Mk 9,
> 14-29).

Im Dorf hat man die Reste einer byzantinischen Kirche (22 × 10 m)
entdeckt, die wohl dem Gedenken an dieses Wunder Jesu geweiht

war. Merkwürdigerweise verbindet Epiphanius Monachus, ein
Mönch des 9.Jh., mit dem Ort, an dem Jesus die anderen Jünger
zurückließ, auch die Erinnerung an den Priester Melchisedek, der
hier Abraham gesegnet habe – die Nonne Aetheria beschreibt dies in
Änon bei Salim sehr ausführlich (siehe S.313). In der mittelalterli-
chen Tradition wanderte dann diese Melchisedekerinnerung auf den
Tabor selbst und führte dazu, dass vor der griechisch-orthodoxen
Taborkirche eine Melchisedekgrotte gezeigt wird.

Geschichte: Der Tabor trug in kanaanäischen Zeiten ein Baalheilig-
tum, dessen Verehrung sogar exportiert wurde: Auf Rhodos gab es
ein Heiligtum des *Zeus Atabyrios*; unter dem Namen *Zeus* wurde der
kanaanäische Hauptgott Baal vereinnahmt, während *Atabyrios* die
Verbindung zum Tabor herstellte (griech. *Atabyrion*).
Die religiöse und politische Bedeutung des Berges war erst recht im
alten Israel groß. Zur Zeit der Richter leitete hier die Prophetin De-
bora die Israeliten zum Kampf an, worauf Barak in der Jesreel-Ebe-
ne über Jabin und Sisera einen großen Sieg errang (Ri 4 und 5).
In Kriegszeiten war der Tabor Zufluchtsstätte für die ganze Gegend.
Man umgab die Höhe mit einer Ringmauer, so zur Zeit des Flavius
Josephus im Kampf gegen die Römer und später wieder zur Zeit der
Kreuzfahrer. Die Spuren dieser Befestigungen sind heute noch zu
sehen.
Zum christlichen Wallfahrtsort mit Symbolcharakter aber wurde der
Tabor durch die Verklärung Christi, von der wir beispielsweise im
Lukasevangelium lesen:

> Jesus nahm Petrus, Johannes und Jakobus beiseite und stieg
> mit ihnen *auf einen Berg,* um zu beten. Und während er be-
> tete, veränderte sich das Aussehen seines Gesichtes und sein
> Gewand wurde leuchtend weiß. Und plötzlich redeten zwei
> Männer mit ihm. Es waren Mose und Elija; sie erschienen im
> strahlendem Licht und sprachen von seinem Ende, das sich in
> Jerusalem erfüllen sollte. Petrus und seine Begleiter aber wa-
> ren eingeschlafen, wurden jedoch wach und sahen Jesus in
> strahlendem Licht und die zwei Männer, die bei ihm standen.
> Als die beiden sich von ihm trennen wollten, sagte Petrus zu
> Jesus: Meister, es ist gut, dass wir hier sind. Wir wollen drei
> Hütten bauen, eine für dich, eine für Mose und eine für Elija.
> Er wusste aber nicht, was er sagte. Während er noch redete,
> kam eine Wolke und warf ihren Schatten auf sie. Sie gerieten
> in die Wolke hinein und bekamen Angst. Da rief eine Stimme
> aus der Wolke: Das ist mein auserwählter Sohn, auf ihn sollt
> ihr hören. Als aber die Stimme erklang, war Jesus wieder al-
> lein. Die Jünger schwiegen jedoch über das, was sie gesehen

hatten, und erzählten in jenen Tagen niemand davon (Lk 9,28-36; vgl. Mt 17,1-9 und Mk 9,2-10).

Keiner der Evangelisten hat den Berg der Verklärung namentlich bezeichnet, so dass an sich verschiedene Deutungen möglich sind. Markus und Matthäus kommen in gewisser Weise dem Berg Tabor entgegen; in der Einleitung zur Erzählung, „Jesus nahm Petrus, Jakobus und dessen Bruder Johannes beiseite und führte sie auf einen hohen Berg" (Mt 17,1 = Mk 9,2), kann das Wort *beiseite* auch *abseits* bedeuten und sich auf *Berg* beziehen, also: „... und führte sie auf einen hohen Berg abseits"; das trifft auf den vom galiläischen Bergland abgesetzten Tabor besonders gut zu. Auch die Zeitangabe *sechs Tage danach* (d.h. nach dem Messiasbekenntnis und der Leidensankündigung in *Cäsarea Philippi,* siehe S. 220), die zwei der Evangelien überliefern (Mt 17,1 und Mk 9,2), kann als Entfernungsangabe und damit als Hinweis auf den Berg Tabor gedeutet werden. Der erste, der die Tradition vom Berg Tabor ausdrücklich bezeugt, ist Bischof Cyrill von Jerusalem im Jahr 348. Möglicherweise geschah das auch schon früher durch einen Psalmenkommentar, dessen Herkunft von Origenes († 253/4 zu Cäsarea am Meer) umstritten ist. Ja, das judenchristliche Hebräerevangelium bringt bereits in der ersten Hälfte des 2. Jh. den Tabor mit Jesus in Verbindung; allerdings scheint es, dass damit eher der „hohe Berg" der Versuchung Jesu gemeint war. Vor allem aber hat man im zweiten Petrusbrief den Eindruck, dass der Berg der Verklärung eine allgemein bekannte Größe war, wenn es heißt:

Diese Stimme, die vom Himmel kam, haben wir gehört, als wir mit ihm auf *dem* (nicht: *einem*) heiligen Berg waren (2 Petr 1,18).

Gegen den Tabor wird gelegentlich angeführt, Bischof Eusebius von Cäsarea († 339 n.Chr.) habe den Hermon als den Berg der Verklärung Christi angesehen; doch ist das nicht einmal eine halbe Wahrheit: Eusebius kannte natürlich auch den Psalmvers „*Tabor* und *Hermon* jauchzen bei deinem Namen" (Ps 89,13; s.o., S. 226) und meint, die Verklärung Christi sei *auf diesen Bergen* (in der Mehrzahl) geschehen. Es käme also höchstens der sogenannte *Kleine Hermon* in der Nachbarschaft in Frage.

Nach der Aussage des Pilgers von Piacenza gab es um 570 auf dem Tabor bereits drei Basiliken für die drei im Evangelium genannten Hütten. Nach einem Dokument aus der Zeit Karls des Großen versahen 18 Mönche den Dienst an vier Kirchen. Die Kreuzfahrer befestigten und dotierten den Tabor reichlich und vertrauten ihn im Jahr 1101 den Benediktinern an. Nach der unglücklichen Schlacht von Hittim 1187 war der Tabor, den Saladin vorher geplündert hatte, eigentlich schon verloren. Zwar konnten in der Zeit des Vertragsfriedens, den Friedrich II. ausgehandelt hatte (1229-39), wieder Mönche auf den Tabor zurückkehren, aber zu einer allgemeinen Wiederherstellung reichte es nicht, ja, der grimmige Sultan Baibars zerstörte 1263 die Kirchen auf dem Tabor gänzlich. Seitdem wagten die Pilger nur selten, den einsamen heiligen Berg zu besuchen. Sobald sich aber die Franziskaner 1620 in Nazaret niedergelassen hatten, bestiegen sie alljährlich zur Feier der Verklärung Christi (6. August) den Berg und warteten auf eine gute Gelegenheit, den Tabor wieder zu besiedeln. Sie bot sich unter dem wohlgesonnenen Drusen-Emir Fachr ad-Din, der ihnen 1631 erlaubte, sich auf dem Berg niederzulassen. Wenig später gelang dies auch den orthodoxen Griechen.

Besichtigung (Übersichtsplan: Tafel IXb): Auf der Höhe des Berges angekommen, verzweigt sich die Straße. Nach links geht es in das Taborheiligtum der Griechen, nach rechts betritt man durch das *Tor der Winde* das Gelände der Franziskaner und kommt zunächst am kleinen Friedhof (zur Linken) und an der Kapelle *Descendentibus* vorbei. Die fensterlose, schlichte Kapelle im byzantinischen Stil wurde 1923 wieder aufgebaut und erinnert an die Unterweisung der Jünger:

> Während sie den Berg hinabstiegen (lat. *descendentibus*), verbot er ihnen, irgendjemand zu erzählen, was sie gesehen hatten, bis der Menschensohn von den Toten auferstanden sei. Dieses Wort beschäftigte sie und sie fragten einander, was das sei: von den Toten auferstehen. Da fragten sie ihn: Warum sagen die Schriftgelehrten, zuerst müsse Elija kommen? Er antwortete: Ja, Elija kommt zuerst und stellt alles wieder her. Aber warum heißt es dann vom Menschensohn in der Schrift, er werde viel leiden müssen und verachtet werden? Ich sage euch: Elija ist schon gekommen, doch sie haben mit ihm gemacht, was sie wollten, wie es in der Schrift steht (Mk 9, 9-13).

Nachdem schon im 19. Jh. Ausgrabungen vorgenommen worden waren, wurde von den Franziskanern 1921-24 die jetzige Basilika nach syrisch-römischen Vorbildern erbaut – das erste Werk von Antonio Barluzzi, der viele Jahrzehnte im Dienst der Franziskaner arbeitete. Die Bauleitung hatte der westfälische Franziskaner Johannes Schoppen. Die Basilika umfasst das seit der byzantinischer Zeit verehrte Gelände. Die beiden Türme stehen auf alten Oratorien des Mose und des Elija, die beiden Kapellen darin sind heute wieder diesen alttestamentlichen Persönlichkeiten geweiht. Das Innere der Kirche gliedert sich in drei Schiffe. Von den Seitenschiffen führen Treppen zum hochgelegenen Hauptaltar, der von einem Mosaik der Verklärung Christi überstrahlt wird. Eine Treppe in der ganzen Breite des Mittelschiffes führt hinunter zur offenen Krypta, wo die alte Apsis noch erhalten ist. Die dort angebrachten Mosaike sind Ausdeutungen des lateinischen Wortes für Verklärung, *Transfiguratio*, „Umgestaltung". Eine Transfiguratio vollzog sich an Christus in seiner irdischen Geburt, in der Gabe der Eucharistie, in seinem Opfertod und in seiner Auferstehung.

Nördlich (links) der Basilika sind Ruinen des mittelalterlichen Benediktinerklosters erhalten. Man sieht eine Kapelle, dahinter den Kapitels- und Speisesaal. Der Befestigungsturm im Süden (rechts) der Kirche stammt von den Sarazenen, während die Reste der tiefer gelegenen Umfassungsmauern auf die Römerzeit zurückgehen.

Die Terrassen an beiden Seiten der Verklärungsbasilika gewähren dem Besucher ein herrliches Panorama, das schon den hl. Hieronymus und die vornehmen Römerinnen in seinem Gefolge beeindruckt hat. Im Osten sieht man jenseits der Jordansenke und des Sees Gennesaret das Hochland von Golan und Baschan und das durch das Jarmuktal davon getrennte jordanische Hochland von Gilead. Im Süden streift der Blick die Berge von Samaria und den nach Norden vorspringenden Gilboa sowie den Kleinen Hermon, an dessen Nordhängen Naïn sichtbar ist. Westlich in der Ferne erstreckt sich der lange Höhenzug des Karmel und ihm vorgelagert das Bergland von Untergaliläa mit Nazaret, von dem allerdings nur Nazaret Illit (das moderne „Ober-Nazaret") sichtbar ist. Im Norden erheben sich die Berge von Obergaliläa mit der Stadt Zefat und – bei guter Sicht – alles überragend der bis in den Frühsommer schneebedeckte „richtige" Hermon.

Im Vorhof des Heiligtums steht das 1873-75 erbaute Franziskanerkloster, dem eine Pilgerherberge („Casa Nova") angegliedert ist. In der Pilgerbetreuung und der Pflege der weitläufigen Anlage leistet seit 2006 eine Gruppe von *Mondo X* wertvolle Dienste. Mondo (ital. „Welt") X, 1961 in Italien entstanden, ist eine Gemeinschaft ehemaliger Drogenabhängiger, mit inzwischen ungefähr 40 Gruppen, die meisten davon in Italien. Nach einer Therapie, die sie von der körperlichen Abhängigkeit befreit, arbeiten sie daran, sich durch einen geregelten Tagesablauf, körperliche Arbeit und geistiges Leben wieder in ein drogenfreies Leben einzuüben.

Das Gelände der orthodoxen Griechen, in welches man nur eingelassen wird, wenn man orthodoxer Pilger ist, nimmt die Nordhälfte des Berges ein. Die *Elija-Kirche* wurde 1911 auf den Fundamenten einer Kreuzfahrerkirche errichtet und ruht ebenfalls auf byzantinischen Fundamenten, wie der Mosaikfußboden erkennen lässt. Westlich davon (vor dem *Tor der Winde* links auf einem Pfad zu erreichen) befindet sich eine Grotte, in der die Pilger des Mittelalters das Verweilen des berühmten Melchisedek verehrten, der Abraham segnete und dafür von diesem den Zehnten erhielt (Gen 14,18-20). Sie wurde im Jahr 2009 hergerichtet, ist aber meistens verschlossen.

Im Dorf *Kfar Tavor,* östlich vom Berg Tabor gelegen, zweigt nach rechts (Osten) die Straße Nr. 767 ab, die landschaftlich reizvoll zum See Gennesaret führt. Auf ihr erreicht man nach 4 km *Kafr Kama,* ein muslimisches Dorf, in dem sich 1876 Tscherkessen aus dem Kaukasus ansiedelten, als deren Heimat an Russland gefallen war. Heute leben in Israel ca. 4000 Tscherkessen, hier und in *Rihanja* (in Obergaliläa, nahe der libanesischen Grenze). Sie sind heute in die israelische Gesellschaft integriert – im Gegensatz zu den arabischen Muslimen sind sie wehrpflichtig! –, halten aber an einigen Tradition und vor allem an ihrer Sprache fest; man beachte die viersprachigen Beschilderungen im Dorf: hebräisch, arabisch, englisch und tscherkessisch, mit kyrillischen (russischen) Buchstaben geschrieben. Auch das Minarett fällt auf, dessen Baustil sich von den arabischen Minaretten unterscheidet. Ein kleines Museum im Dorf bringt dem Besucher tscherkessische Traditionen nahe. – Finnische Archäologen haben hier anfangs der 60er-Jahre eine Kapelle und ein Baptisterium entdeckt (6. Jh.), in dem zwei Mosaikfußböden mit Tier- und Pflanzenmotiven übereinander lagen. In zwei Inschriften wird die hl. Thekla angerufen.

Weiter auf der Straße Nr. 65 passiert man an der Abzweigung zum Kibbuz *Bet Keschet* beiderseits der Straße die Ruinen des *Chan at-Tawadschir* („Händler-Karawanserei"). Er war in der zweiten Hälfte des 18. Jh. ein bedeutender Marktflecken für die Beduinen und die Dorfbewohner der Gegend um den Berg Tabor. Nach weiteren 6 km erreicht die Straße die *Golani Junction* (S. 149).

Verlässt man Afula Richtung Südosten auf der Straße Nr. 71, kommt man kurz nach dem Stadtrand zum Kibbuz und zum Dorf *Merchavja.* Der Kibbuz liegt an der Stelle einer Kreuzfahrerburg, von der fast nichts mehr erhalten ist. Hier war der Schauplatz der Taborschlacht von Napoleon Bonaparte (1799). Im Zentrum des Kibbuz gewährt ein Hof, umschlossen von Gebäuden aus der Gründungszeit der Gemeinschaftssiedlung, einen guten Einblick in das Leben der Pionierzeit vor und während des Ersten Weltkriegs.

2 km weiter östlich kommt man in das arabische Dorf *Sulam,* das biblische *Schunem,* die Heimat von „einem schönen Mädchen, Abischag aus Schunem" – man hatte sie dem hochbetagten David als Altenpflegerin zugesellt (1 Kön 1,1-4). Hier wird eine Totenerweckung durch den Propheten Elischa berichtet:

> Eines Tages ging Elischa nach *Schunem.* Dort lebte eine vornehme Frau, die ihn dringend bat, bei ihr zu essen. Seither kehrte er zum Essen bei ihr ein, sooft er vorbeikam. Sie aber

sagte zu ihrem Mann: Ich weiß, dass dieser Mann, der ständig bei uns vorbeikommt, ein heiliger Gottesmann ist. Wir wollen ein kleines, gemauertes Obergemach herrichten und dort ein Bett, einen Tisch, einen Stuhl und einen Leuchter für ihn bereitstellen. Wenn er dann zu uns kommt, kann er sich dorthin zurückziehen. Als Elischa eines Tages wieder hinkam, ging er in das Obergemach, um dort zu schlafen. Dann befahl er seinem Diener Gehasi: Ruf diese Schunemiterin! Er rief sie, und als sie vor ihm stand, befahl er dem Diener: Sag zu ihr: Du hast dir so viel Mühe um uns gemacht. Was können wir für dich tun? Sollen wir beim König oder beim Obersten des Heeres ein Wort für dich einlegen? Doch sie entgegnete: Ich wohne inmitten meiner Verwandten. Und als er weiter fragte, was man für sie tun könne, sagte Gehasi: Nun, sie hat keinen Sohn und ihr Mann ist alt. Da befahl er: Ruf sie herein! Er rief sie und sie blieb in der Tür stehen. Darauf versicherte ihr Elischa: Im nächsten Jahr um diese Zeit wirst du einen Sohn liebkosen. Sie aber entgegnete: Ach nein, Herr, Mann Gottes, täusche doch deiner Magd nichts vor! Doch die Frau wurde schwanger und im nächsten Jahr, um die Zeit, die Elischa genannt hatte, gebar sie einen Sohn.

Als das Kind herangewachsen war, ging es eines Tages zu seinem Vater hinaus zu den Schnittern. Dort klagte es ihm: Mein Kopf, mein Kopf! Der Vater befahl seinem Knecht: Trag das Kind heim zu seiner Mutter! Der Knecht nahm es und brachte es zu ihr. Es saß noch bis zum Mittag auf ihren Knien; dann starb es. Sie stieg nun in das obere Gemach hinauf, legte das Kind auf das Bett des Gottesmannes und schloss die Tür hinter ihm ab. Dann verließ sie das Haus, rief ihren Mann und bat ihn: Schick mir einen von den Knechten und einen Esel! Ich will zum Gottesmann eilen und komme bald zurück. Er wandte ein: Warum gehst du heute zu ihm? Es ist doch nicht Neumond und nicht Sabbat. Doch sie sagte nur: Friede mit dir!, sattelte den Esel und befahl dem Knecht: Treib tüchtig an und halte mich beim Reiten nicht auf, es sei denn, dass ich es dir sage. So reiste sie ab und kam zum Gottesmann auf den Karmel. Als er sie von ferne sah, sagte er zu seinem Diener Gehasi: Da kommt die Schunemiterin. Lauf ihr entgegen und frag sie: Geht es dir gut? Geht es auch deinem Mann und dem Kind gut? Sie antwortete: Es geht gut. Sobald sie aber zum Gottesmann auf den Berg kam, umfasste sie seine Füße. Gehasi trat hinzu, um sie wegzudrängen; aber der Gottesmann wehrte ab: Lass sie; denn ihre Seele ist betrübt. Doch der HERR hat mir den Grund verborgen und mir nicht mitgeteilt. Darauf sagte sie: Habe ich denn meinen Herrn um einen Sohn gebeten? Habe ich nicht gesagt: Mach mir keine falschen Hoffnungen? Elischa befahl nun Gehasi: Gürte dich, nimm meinen Stab in die Hand und mach dich auf den Weg! Wenn du jemand begegnest, so grüß ihn nicht; und wenn dich jemand grüßt, so antworte ihm nicht! Leg meinen Stab auf das Gesicht des Kindes! Aber die Mutter des Kindes sagte: So wahr der HERR lebt und so wahr du lebst: Ich lasse nicht von dir ab. Da stand er auf und folgte ihr. Gehasi war vorausgeeilt und hatte den Stab auf das Gesicht des Kindes gelegt; doch es kam kein Laut und kein Lebenszeichen. Daher lief er zum Gottesmann zurück und berichtete: Das Kind ist nicht aufgewacht. Als Elischa in das Haus kam, lag das Kind tot auf seinem Bett. Er ging in das Gemach, schloss die Tür hinter sich und dem Kind und betete zum HERRN. Dann trat er an das Bett und warf sich über das Kind; er legte seinen Mund auf dessen Mund, seine Augen auf dessen Augen, seine Hände auf dessen Hände. Als er sich so über das Kind hinstreckte, kam Wärme in dessen Leib. Dann stand er auf, ging im Haus einmal hin und her, trat wieder an das Bett und warf sich über das Kind. Da nieste es siebenmal und öffnete die Augen. Nun rief Elischa seinen Diener Gehasi und befahl ihm, die Schunemiterin zu rufen. Er rief sie, und als sie kam, sagte der Gottesmann zu ihr: Nimm deinen Sohn! Sie trat hinzu, fiel Elischa zu Füßen und verneigte sich bis zur Erde. Dann nahm sie ihren Sohn und ging hinaus (2 Kön 4,8-37).

Jesreel

Biegt man an der *Navot Junction,* südöstlich von Afula, nach rechts auf die Straße Nr. 675, erreicht man nach 3 km die spärlichen Überreste der einst bedeutenden Stadt *Jesreel* (ausgeschildert). Das biblische Jesreel war die zweite Residenz von König Ahab von Samaria. Hier trug sich die Geschichte von Nabots Weinberg zu, welche das hohe soziale Ethos des alten Israel widerspiegelt:

Danach trug sich folgendes zu. Nabot aus Jesreel hatte einen Weinberg *in Jesreel* neben dem Palast Ahabs, des Königs von Samarien. Ahab verhandelte mit Nabot und schlug ihm vor: Gib mir deinen Weinberg! Er soll mir als Gemüsegarten dienen; denn er liegt nahe bei meinem Haus. Ich will dir dafür einen besseren Weinberg geben. Wenn es dir aber lieber ist, bezahle ich dir den Kaufpreis in Geld. Doch Nabot erwiderte: Der HERR bewahre mich davor, dass ich dir das Erbe meiner Väter überlasse. Darauf kehrte Ahab in sein Haus zurück. Er war missmutig und verdrossen, weil Nabot aus Jesreel zu ihm gesagt hatte: Ich werde dir das Erbe meiner Väter nicht überlassen. Er legte sich auf sein Bett, wandte das Gesicht zur Wand und wollte nicht essen. Seine Frau Isebel kam zu ihm herein und fragte: Warum bist du missmutig und willst nicht essen? Er erzählte ihr: Ich habe mit Nabot aus Jesreel verhandelt und ihm gesagt: Verkauf mir deinen Weinberg für Geld, oder wenn es dir lieber ist, gebe ich dir einen anderen dafür. Doch er hat geantwortet: Ich werde dir meinen Weinberg nicht geben. Da sagte seine Frau Isebel zu ihm: Du bist doch jetzt König in Israel. Steh auf, iss und sei guter Dinge! Ich werde dir den Weinberg Nabots aus Jesreel verschaffen.

Sie schrieb Briefe im Namen Ahabs, versah sie mit seinem Siegel und schickte sie an die Ältesten und Vornehmen, die mit Nabot zusammen in der Stadt wohnten. In den Briefen schrieb sie: Ruft ein Fasten aus und lasst Nabot oben vor allem Volk Platz nehmen! Setzt ihm aber zwei nichtswürdige Männer gegenüber! Sie sollen gegen ihn als Zeugen auftreten und sagen: Du hast Gott und den König gelästert. Führt ihn dann hinaus und steinigt ihn zu Tode! Die Männer der Stadt, die Ältesten und Vornehmen, die mit ihm zusammen in der Stadt wohnten, taten, was Isebel ihnen geboten hatte, was in den Briefen stand, die sie ihnen gesandt hatte. Sie riefen ein Fasten aus und ließen Nabot oben vor allem Volk Platz nehmen. Es kamen aber auch die beiden nichtswürdigen Männer und setzten sich ihm gegenüber. Sie standen vor dem Volk als Zeugen gegen Nabot auf und sagten: Nabot hat Gott und den König gelästert. Sogleich führte man ihn aus der Stadt hinaus und steinigte ihn zu Tode.

Darauf ließen sie Isebel melden: Nabot wurde gesteinigt und ist tot. Sobald sie hörte, dass Nabot gesteinigt wurde und tot war, sagte sie zu Ahab: Auf, nimm den Weinberg Nabots aus Jesreel in Besitz, den er dir für Geld nicht verkaufen wollte; denn Nabot lebt nicht mehr; er ist tot. Als Ahab hörte, dass Nabot tot war, stand er auf und ging zum Weinberg Nabots aus Jesreel hinab, um von ihm Besitz zu ergreifen.

Da erging das Wort des HERRN an Elija aus Tischbe: Mach dich auf und geh Ahab, dem König von Israel, entgegen, der in Samaria seinen Wohnsitz hat. Er ist zum Weinberg Nabots hinabgegangen, um von ihm Besitz zu ergreifen. Sag ihm: So spricht der HERR: Durch einen Mord bist du Erbe geworden? Weiter sag ihm: So spricht der HERR: An der Stelle, wo die Hunde das Blut Nabots geleckt haben, werden Hunde auch dein Blut lecken (1 Kön 21,1-19).

Ein Teil des flachen, weitläufigen Tells ist heute erschlossen, allerdings eher als Picknickplatz und Aussichtspunkt denn als archäologische Stätte. Auf dem Hügel wurden nur an wenigen Stellen Ausgrabungen durchgeführt.

Weiter auf der Straße Nr. 71 liegt rechts der Straße, am Fuß der Gilboaberge, *Ein Harod,* die „Harod-Quelle". Hier musterte der Richter Gideon seine Krieger zum Kampf gegen die Midianiter (Ri 7,1-8). 1260 stoppte das Mamlukenheer hier die einfallenden Mongolen. Die ergiebigen Quellen speisen den Harodbach und mehrere Fischteiche, die ostwärts angelegt sind. Im Nationalpark sind die lauwarmen Quellen aufgestaut und laden zum Bade ein.

Die *Gilboaberge* (bis 475 m hoch), die die Straße rechts (südlich) begleiten, sind in der Bibel verknüpft mit dem tragischen Untergang des Königs Saul und seines Sohnes Jonatan im Kampf gegen die Philister (1 Sam 31), die Erfüllung der Weissagung von En-Dor (siehe S. 228):

Als die Philister gegen Israel kämpften, flohen die Israeliten vor ihnen; viele waren gefallen und lagen erschlagen auf dem *Gebirge von Gilboa.* Die Philister verfolgten Saul und seine Söhne und erschlugen Sauls Söhne Jonatan, Abinadab und Malkischua. Um Saul selbst entstand ein schwerer Kampf. Die Bogenschützen hatten ihn getroffen und er war sehr schwer verwundet. Da sagte Saul zu seinem Waffenträger: Zieh dein Schwert und durchbohre mich damit! Sonst kommen diese Unbeschnittenen, durchbohren mich und treiben ihren Mutwillen mit mir. Der Waffenträger wollte es nicht tun; denn er hatte große Angst. Da nahm Saul selbst das Schwert und stürzte sich hinein. Als der Waffenträger sah, dass Saul tot war, stürzte auch er sich in sein Schwert und starb zusammen mit Saul. So kamen Saul, seine drei Söhne, sein Waffenträger und alle seine Männer an jenem Tag gemeinsam ums Leben. Als die Israeliten auf der anderen Seite der Ebene und jenseits des Jordan sahen, dass die Israeliten geflohen und dass Saul und seine Söhne tot waren, verließen sie ihre Städte und flohen. Dann kamen die Philister und besetzten die Städte. Als am nächsten Tag die Philister kamen, um die Erschlagenen auszuplündern, fanden sie Saul und seine drei Söhne, die auf dem *Gebirge von Gilboa* gefallen waren. Sie schlugen ihm den Kopf ab, zogen ihm die Rüstung aus und schickten beides im Land der Philister umher, um ihrem Götzentempel und dem Volk die Siegesnachricht zu übermitteln. Die Rüstung Sauls legten sie im Astartetempel nieder; seinen Leichnam aber hefteten sie an die Mauer von Bet-Schean (1 Sam 31,1-10; Fortsetzung: S. 717).

Die kahlen Höhen des Gilboa werden in Davids Totenklage auf die beiden als immer während Trauerboten verstanden:

> Israel, dein Stolz liegt erschlagen auf deinen Höhen. Ach, die Helden sind gefallen! Meldet es nicht in Gat, verkündet es nicht auf Aschkelons Straßen, damit die Töchter der Philister sich nicht freuen, damit die Töchter der Unbeschnittenen nicht jauchzen. *Ihr Berge in Gilboa,* kein Tau und kein Regen falle auf euch, ihr trügerischen Gefilde (2 Sam 1,19-21).

Bet Alfa

An der *ha-Shita Junction,* nach dem großen Gefängnis Bet ha-Schita, zweigt die Straße Nr. 669 von der Nr. 71 nach rechts zu den Kibbuzim Chefzi-ba und Bet Alfa. Im letzteren liegt in einem Nationalpark die aufsehenerregende Synagoge von Bet Alfa. Sie wurde 1928 entdeckt und war damals wegen ihrer unerwarteten, mit dem alttestamentlichen Bilderverbot nicht vereinbaren Mosaikdarstellungen eine Sensation. Der gut erhaltene Mosaikfußboden wird durch eine griechisch-aramäische Inschrift (mit schwacher griechischer Rechtschreibung!) einem Marianus und seinem Sohn Haninas zugeschrieben und in die Regierungszeit des Kaisers Justinus (518–527) datiert. Im oberen Feld des Mosaiks sind Gegenstände des jüdischen Tempelkultes dargestellt: die Bundeslade, zwei *Menorot* (siebenarmige Leuchter), der Schaubrottisch (1 Kön 7,48), Weihrauchgefäße (sogenannte Räucherpfannen, vgl. Offb 8,3-5) sowie ein *Lulav* (Palmzweig), der bei der Feier des Laubhüttenfestes eine Rolle spielt. Die jüdische Synagoge war zwar immer nur ein Versammlungsraum – die griechische Bezeichnung *Synagoge* wie auch die hebräische, *Beit ha-Knesset,* bedeuten beide „(Haus der) Versammlung" – und konnte den Tempel als „Gotteshaus" nie ersetzen. Aber in jener Zeit, als der Jerusalemer Tempel schon seit Jahrhunderten nicht mehr existierte, wurde die Synagoge immer mehr zu einer Metapher für diesen.

Im mittleren Feld ist eine Frau auf einem Wagen als Symbol der Sonne, umgeben von den Tierkreiszeichen, zu sehen. Ganz unten ist in sympathisch naiver Weise Abraham dargestellt, wie er seinen Sohn Isaak zum Opfer darbringen will (Gen 22,1-19). Als dieses Mosaik entdeckt wurde, wehrten sich jüdisch-orthodoxe Gelehrte entschieden gegen die Ansicht, es handle sich um eine Synagoge. Doch irgendwelche Anzeichen, die auf christlichen Hintergrund deuten könnten, sind nicht vorhanden. Die Apsis, die an ein Kirchengebäude denken lassen können, ist nicht, wie in byzantinischen Kirchen üblich, nach Osten gerichtet, sondern nach Süden, Richtung

Jerusalem. Mehr noch als die eigentlich verbotenen Bilder überrascht der heidnische Tierkreiszeichen und vor allem in der Mitte
die Darstellung des Sonnengotts. Die Darstellung heidnischer Gottheiten ist für das gesetzestreue Judentum eigentlich streng verboten.
Dieses und mehrere inzwischen entdeckte ähnliche Synagogen-
mosaike (z.B. Tiberias, S.169, und Sepphoris, S.138) deuten darauf
hin, dass zur Zeit ihrer Entstehung das Heidentum und die Verehrung von Sonne und Sternen als Götter nicht mehr lebendig waren
und somit keine Versuchung zum Glaubensabfall mehr bedeuteten.
Es scheint, die heidnischen Symbole wurden als schmückende Ornamente verstanden, als Zeichen für Kultur oder auch als allgemeine
Symbole für den Jahreslauf, der im jüdischen Festkalender eine große Rolle spielt (vgl. Lev 23).

Megiddo

Knapp 10 km westlich von Afula kommt man auf der Autobahn Nr.
65 zur *Megiddo Junction.* Von dort biegt man nach rechts auf die
Straße Nr. 66 und erreicht nach 2 km *Megiddo,* heute ein Nationalpark mit den ausgedehnten Ausgrabungen einer geschichtsträchtigen
Stadt.
Die Ruinenstätte *Tell al-Mutesellim* (arab. „Hügel des Überneh-
mers") ist ein bis zu 60 m hoher Hügel, der schon im Mittelalter als
das alte *Megiddo* erkannt wurde. Diese Stadt beherrschte die Jesreel-Ebene und kontrollierte den Übergang durch das Wadi Ara zum
Mittelmeer. Nach den Archäologen geht die Geschichte von Megiddo bis in die Jungsteinzeit (6000 v.Chr.) zurück. Die Blütezeit der
Stadt war die Frühe Bronzezeit. Damals hatte sie ihre größte Ausdehnung, allerdings keine Befestigungen, was auf eine friedliche
Epoche hindeutet – auch so etwas gab es im Heiligen Land bisweilen. Dagegen wird Megiddo erst im 15.Jh. v.Chr. schriftlich erwähnt: Der Pharao Thutmosis III. rühmt sich, hier nach siebenmo-
natiger Belagerung 924 Kriegswagen einer Koalition von kanaanäischen Königen unter Führung Megiddos erbeutet zu haben. In den
antiken Texten wird es öfter zusammen mit dem benachbarten Taanach genannt (siehe S.246), so auch im Buch der Richter – dort
wird der Sieg des Barak gegen Sisera, den kanaanäischen Heerführer von Hazor (Ri 4,1-16), in einem der ältesten Texte der Bibel,
dem Deboralied, folgendermaßen besungen:

> Könige kamen und kämpften, damals kämpften Kanaans Kö-
> nige in Taanach, an den Wassern *Megiddos,* doch Beute an
> Silber machten sie nicht. Vom Himmel her kämpften die Ster-
> ne, von ihren Bahnen aus kämpften sie gegen Sisera. Der

> Bach Kischon schwemmte sie fort, der altberühmte Bach, der
> Bach Kischon. Meine Seele soll auftreten mit Macht (Ri 5,
> 19-21).

In 1 Kön 9,15 wird erwähnt, dass König Salomo Megiddo befestigen
ließ. Man glaubte zunächst, die Ställe gefunden zu haben, die Salomo für seinen Pferdehandel brauchte (1 Kön 10,25), und bildete sie
in vielen Büchern ab; doch das erwies sich als voreilig. Ausgrabungen der 90er- und 2000er-Jahren unter Beteiligung der Universitäten
Rostock und Bern haben dagegen gezeigt, dass die gefundenen Anlagen nicht aus der Zeit König Salomos stammen, sondern aus der
Zeit von König Ahab (9. Jh. v. Chr.) oder Jerobeam II. (8. Jh.).

609 v. Chr. stellte sich König Joschija bei Megiddo dem Pharao
Necho entgegen und fiel in der Schlacht (2 Chr 35,20-25). Diese
Schlacht sollte den Untergang Judäas und Jerusalems einleiten, der
sich wenige Jahre später in der Zerstörung Jerusalems und dem Beginn des Babylonischen Exils (587) vollzog. Im 4. Jh. v. Chr. wurde
die Stadt aufgegeben. Ein Nachleben hat sie in der neutestamentlichen Tradition: In der Offenbarung des Johannes wird *Harmagedon* – hebräisch *Har* ist „Berg", *Harmagedon* kann also als *Berg
von Megiddo* gedeutet werden – aufgrund der erwähnten Schlacht
zum Symbol, und zwar für den Ort des endzeitlichen Kampfes:

> Dann sah ich (Johannes) aus dem Maul des Drachen und aus
> dem Maul des Tieres und aus dem Maul des falschen Prophe-
> ten drei unreine Geister hervorkommen, die wie Frösche aus-
> sahen. Es sind Dämonengeister, die Wunderzeichen tun; sie
> schwärmten aus zu den Königen der ganzen Erde, um sie zu-
> sammenzuholen für den Krieg am großen Tag Gottes, des
> Herrschers über die ganze Schöpfung. Siehe, ich komme wie
> ein Dieb. Selig, wer wach bleibt und sein Gewand anbehält,
> damit er nicht nackt gehen muss und man seine Blöße sieht.
> Die Geister führten die Könige an dem Ort zusammen, der auf
> hebräisch *Harmagedon* heißt (Offb 16,13-16).

Megiddo genießt einen hervorragenden Ruf als Schaustück einer
mustergültigen Ausgrabung. Den Anfang machte 1903-05 der deutsche Templer Gottlieb Schuhmacher. 1925 nahmen amerikanische
Forscher das Renommierprojekt wieder auf, bis sie durch den Zweiten Weltkrieg gestoppt wurden. Seit den 60er-Jahren machten sich
dann Israelis daran. Man hat mindestens 20 Schichten freigelegt –
die älteste, unterste Schicht wird daher als „Schicht XX" bezeichnet.
Das heißt, es finden sich ebenso viele übereinander liegende, teils
ineinander verschlungene Siedlungsperioden, die nicht selten durch
gewaltsame Zerstörung voneinander abgehoben sind. Dadurch sind
die Ausgrabungen sehr unübersichtlich; durch eine gute Beschilderung konnte etwas Abhilfe geschaffen werden.

Man betritt die Ruinen von Nordwesten über einen Aufgang mit zwei Toranlagen, einer älteren kanaanäischen und einer jüngeren israelitischen; die letztere wurde im Zuge der Ausgrabungen zur Hälfte abgetragen. Auf der Höhe des Hügels angekommen, sieht man zur Linken die erwähnten Ställe aus nach-salomonischer Zeit: eng nebeneinander liegende gleichmäßige Räume, in denen teilweise noch die Steinpfeiler stehen, welche die Boxen trennten. Im Osten befand sich eine kanaanäische Tempelanlage. Sie bestand vom 4. bis zum Ende des 2. Jahrtausends v. Chr.; wahrscheinlich wurde sie zu Beginn der israelitischen Zeit aufgegeben, um nicht in Konkurrenz zum Tempel in Jerusalem zu stehen. In der langen Zeit ihres Bestehens wurde die Anlage nicht weniger als 17 Mal umgebaut. Im Graben, den die Archäologen von Osten durch den Hügel geschnitten haben, liegt, auch für den Laien gut erkennbar, ein Rundaltar. Er hat einen Durchmesser von 8 m, sieben steinerne Stufen führten auf den Opferaltar hinauf. Im Zentrum des Hügels befindet sich ein mit Steinen ausgemauertes Getreidesilo, das erst aus der Zeit stammt, als die Assyrer nach 732 v. Chr. Megiddo zur Provinzhauptstadt gemacht hatten. Spektakulär ist das Wasserversorgungssystem aus der Zeit Ahabs (875–854). Man schützte die außerhalb der Stadt liegende Quelle mit einer Mauer und führte das Wasser durch einen 70 m langen Tunnel in die Stadt. Zu diesem führte ein 36 m tiefer Schacht mit einer Treppe hinab; heute kann man durch den Tunnel die Ausgrabungsstätte verlassen.

Als Papst Paul VI. 1964 das Heilige Land besuchte, wurde er hier bei Megiddo von der israelischen Regierung begrüßt. Man sollte freilich der Wahl dieses Ortes keine allzu große symbolische Bedeutung zumessen, schließlich handelte es sich bei diesem Besuch nicht um einen Endkampf, sondern um einen wichtigen Schritt auf der damals zaghaften Annäherung zwischen dem Heiligen Stuhl und dem Staat Israel. Der Ort dieses Empfanges wurde aus praktischen Gründen gewählt: Der Papst kam über Jenin aus dem jordanischen Ost-Jerusalem und passierte hier die israelische Grenze auf seinem Weg von Jerusalem nach Nazaret.

Gleich südlich der *Megiddo Junction* liegt ein israelisches Gefängnis (*Megiddo Penitentiary*). Bei einer Erweiterung der Anlage wurde 2005 ein Mosaik mit christlichen Symbolen gefunden, das auf das frühe 4. oder gar das 3. Jh. zu datieren ist. Sollte die Deutung der Symbole und die Datierung zutreffen – beides ist freilich umstritten – würde es sich dabei um eine der ältesten Kirchen der Christenheit handeln, die noch vor dem Jahr 313, dem Ende der römischen Christenverfolgungen, entstanden wäre.

In der fruchtbaren Ebene südöstlich von Megiddo liegt der *Tel Kedesch* (arab. *Tell Abu Kudeis*). Man sieht den Tell von der Autobahn Nr. 65 aus (von Afula kommend kurz vor der *Megiddo Junction* links): Auf einem Hügel liegt das palästinensische Dorf Zubube mit einem Minarett, davor erkennt man den nur etwa 6 m hohen Hügel. Zu erreichen ist der völlig überwucherte Tell von der Straße Nr. 66 (südlich dieser Kreuzung) aus: Er liegt 2 km östlich dieser Straße hinter einem Pinienwäldchen; man muss diese Strecke zu Fuß (oder in einem geländegängigen Fahrzeug) zurücklegen.

Ausgrabungen im Jahr 1968 ergaben, dass die Identifizierung des Tells mit *Kedesch,* dem Wohnort des Keniters Heber (Ri 4,6-24), gut möglich ist: Er liegt (bis heute) an einer guten Quelle und war ab dem 12. Jh. v. Chr. besiedelt; man fand sogar einen Kalksteinaltar mit vier Hörnern. Dieser Ort entspricht weitaus besser der im Richterbuch anzutreffenden Situation als das namensgleiche Kedesch-Naftali bei Hazor in Obergaliläa (siehe S. 213): der Zug auf den Tabor, die Schlacht am Bach Kischon (Ri 4,12-16) und der Kampf „in Taanach, an den Wassern von Megiddo" (Ri 5,19). Andererseits ist verständlich, dass der Verfasser des Büchleins Tobit (und mit ihm die traditionelle Bibelwissenschaft) Kedesch mit jenem Kedesch-Naftali gleichsetzte (Tob 1,2); denn das Kedesch in der Jesreel-Ebene war untergegangen und bis in die hellenistische Zeit nicht besiedelt.

14. DAS NÖRDLICHE SAMARIEN

Der direkte Weg vom zentralen Galiläa (z. B. von Nazaret) nach Jerusalem führt über Samarien. Zur Zeit Jesu war das Verhältnis zwischen Juden und Samaritern nicht gut (vgl. Joh 4,9: „Die Juden verkehren nämlich nicht mit den Samaritern"), ja, es artete öfter in Feindseligkeiten aus. Jesus, der keine Berührungsängste mit Randgruppen der Gesellschaft hatte – man erinnere sich an seine Begegnung mit der Samariterin, siehe S. 261 –, wählte mindestens einmal diesen Weg. Trotzdem sind die Spannungen auch in den Evangelien zu spüren. So lesen wir im Lukasevangelium:

> Jesus entschloss sich, nach Jerusalem zu gehen. Und er schickte Boten vor sich her. Diese kamen in *ein samaritisches Dorf* und wollten eine Unterkunft für ihn besorgen. Aber man nahm ihn nicht auf, weil er auf dem Weg nach Jerusalem war. Als die Jünger Jakobus und Johannes das sahen, sagten sie: Herr, sollen wir befehlen, dass Feuer vom Himmel fällt und sie vernichtet? Da wandte er sich um und wies sie zurecht. Und sie gingen zusammen in ein anderes Dorf (Lk 9,51-55).

Wer heute den Weg über Samarien nimmt, fühlt sich womöglich an die Spannungen aus der biblischen Zeit erinnert, heute freilich nicht mehr zwischen Juden und Samaritern, von denen nur wenige hundert die Fährnisse der Zeit überdauert haben (siehe S. 267). Das biblische Samarien bildet heute den nördlichen Teil des Westjordanlandes (*West Bank*). Um von Israel dorthin zu kommen, muss man einen schwerbewachten Checkpoint überqueren und auch im Palästinensergebiet ist in der Umgebung der israelischen Siedlungen die Spannung zu spüren. Trotzdem ist der Weg – wenn es die tagespolitische Situation erlaubt – sowohl landschaftlich reizvoll als auch reich an biblischen Erinnerungen.

Man kann von Afula aus die Straße Nr. 60 nach Süden nehmen und überquert vor dem Dorf *Dschalame* den Checkpoint, oder man nimmt weiter westlich von Megiddo aus die Straße Nr. 66.

Auf der westlichen Route liegt 2 km nach dem Checkpoint westlich (rechts) der Straße der Ruinenhügel von *Taanach,* früher eine bedeutende Festung, die mehrfach zusammen mit Megiddo genannt wird (siehe S. 242). Ausgrabungen, begonnen 1902 von dem Deutschen Ernst Sellin und wiederaufgenommen in den 60er-Jahren von Amerikanern, hatten das überraschende Resultat, dass der große Tell wohl Befestigungsmauern aufwies, aber keine nennenswerten größeren Gebäude. Der bedeutendste Fund sind einige Keilschrifttäfelchen, Briefe und Verwaltungslisten aus der Zeit von etwa 1450 v. Chr. Aufschlussreich ist auch eine Kultstele aus dem 10. Jh. mit einer geflügelten Sonnenscheibe als Götterbild oben und Menschen-

und Tierfratzen an den Seiten, die wohl als Dämonen die Gottheit schützen sollten. Dies zeigt, dass Taanach heidnisch war, was mit Ri 1,27 übereinstimmt, wonach der Stamm Manasse Taanach ebenso wie einige andere Orte dieser Gegend nicht einnehmen konnte.

Dschenin (meist *Jenin* geschrieben), am Südrand der Jesreel-Ebene gelegen, ist eine lebhafte arabische Stadt. Der Name *Jenin* entspricht *En-Gannim* (hebr. „Gärten-Quelle") an der Grenzlinie des Stammes Issachar (Jos 19,21) und *Bet Gan* (hebr. „Garten-Haus") im Bericht vom Tod des Jerusalemer Königs Ahasja (2 Kön 9,27). Im Zentrum von Jenin befindet sich ein Denkmal für die Gefallenen der deutschen Fliegerstaffel, die im Ersten Weltkrieg hier die osmanischen Truppen im Kampf gegen die Briten unterstützte.
Südlich der Stadt, westlich oberhalb der Straße, liegt das in 2 Kön 9,27 ebenfalls genannte *Jibleam,* dessen Name in der arabischen Bezeichnung *Chirbet Balame* bewahrt ist. Jibleam markierte das Grenzgebiet des Stammes Manasse und konnte ebenfalls von den Israeliten nicht erobert werden (Jos 17,11, Ri 1,27).
Nach einer Überlieferung, deren Alter nicht festzustellen ist, spielt in dieser Gegend auch die Heilung der zehn Aussätzigen:

> Auf dem Weg nach Jerusalem zog Jesus *durch das Grenzgebiet von Samarien und Galiläa.* Als er in ein Dorf hineingehen wollte, kamen ihm zehn Aussätzige entgegen. Sie blieben in der Ferne stehen und riefen: Jesus, Meister, hab Erbarmen mit uns! Als er sie sah, sagte er zu ihnen: Geht, zeigt euch den Priestern! Und während sie zu den Priestern gingen, wurden sie rein. Einer von ihnen aber kehrte um, als er sah, dass er geheilt war; und er lobte Gott mit lauter Stimme. Er warf sich vor den Füßen Jesu zu Boden und dankte ihm. Dieser Mann war aus Samarien. Da sagte Jesus: Es sind doch alle zehn rein geworden. Wo sind die übrigen neun? Ist denn keiner umgekehrt, um Gott zu ehren, außer diesem Fremden? Und er sagte zu ihm: Steh auf und geh! Dein Glaube hat dir geholfen (Lk 17,11-19).

Örtliche Überlieferung nennt als Ort dieses Wunders *Burkin,* ein Dorf 4 km westlich von Jenin. Es liegt über einer Schlucht, die als Grenzgebiet zwischen Samarien und Galiläa gut passen würde. Im Dorf befindet sich eine liebevoll restaurierte byzantinische Kirche (am Ortseingang links nach oben; ausgeschildert). In dieser Kirche wird die Höhle gezeigt, in der die zehn Aussätzigen gehaust haben sollen. Beachtenswert sind eine mittelalterliche Ikonostase und ein eventuell byzantinischer steinerner Bischofssitz.

Von Jenin aus nach Süden hat man zwei Möglichkeiten. Die westliche Route (ab der *Dotan Junction* die Straße Nr. 60) führt an Samaria/Sebaste vorbei (siehe S. 251), die östliche durch das weite *Sanurtal*, ein intensiv landwirtschaftlich genutztes Gebiet, eingebettet zwischen olivenbestandenen Hügeln.

Auf der östlichen Strecke erreicht man 13 km nach Jenin *Sababde*. Dieses Dorf wurde Mitte des 19. Jh. (wieder-)gegründet, als sich Christen aus Taybe (siehe S. 280) hier niederließen; bis heute gibt es eine ansehnliche römisch-katholische, eine griechisch-orthodoxe und eine evangelische Pfarrei. Im Vorhof des Konventes der Rosenkranzschwestern (gegenüber der modernen katholischen Kirche; diese ist erkennbar am auffallenden roten Ziegeldach) sind Kapitelle und Mosaikfußböden einer byzantinischen Kirche zu sehen.

Das Dorf *Tubas* entspricht dem biblischen *Tebez,* bei dessen Belagerung in der Richterzeit der skrupellose König Abimelech von Sichem den Tod fand (Ri 9,50-57).

5 km nach Tubas liegt rechts (nördlich) der Straße am Hang das Flüchtlingslager *Muchajjam* (arab. „Zeltlager") *Fara.* Auf der linken Straßenseite sieht man, etwa 500 m von der Straße entfernt, einen antiken Turm, zwischen Ölbäumen, neben einem kleinen muslimischen Friedhof: *Burdsch al-Fara.* Er wurde von den Kreuzfahrern (oder von Saladin gegen die Kreuzfahrer) errichtet.

Nachdem man das flache Tal durchquert hat, liegt rechts oberhalb (westlich) der Straße der Ruinenhügel *Tell al-Fara,* die kanaanäische Stadt *Tirza,* die von Josua eingenommen wurde (Jos 12,24) und die später Hauptstadt des Nordreiches wurde (1 Kön 15,33; 16,6-18), bis König Omri seine Residenz nach Samaria verlegte. Am Fuß des Hügels fließt die ergiebige Quelle, welche Tirza zu sprichwörtlicher Schönheit verholfen hat: „Schön wie Tirza bist du, meine Freundin" (Hld 6,4). Ausgrabungen nach dem Zweiten Weltkrieg ergaben, dass der Ort schon in der Kupfersteinzeit besiedelt und in der Bronzezeit stark befestigt war. Das heute wieder völlig überwachsene Ruinenfeld lässt freilich von der früheren Bedeutung und Schönheit des Ortes nichts mehr erahnen.

Nach 3 km erreicht man an einen Kreisverkehr. Nach links (Osten) kommt man durch das *Tirza/al-Fara-Tal* ins Jordantal hinab, nach rechts führt die Straße Richtung Nablus. Auf dieser erreicht man nach 2 km die Quelle von *Ain al-Baida,* die „weiße Quelle", die gerade an heißen Tagen zur schattigen Rast einlädt. Die Straße führt weiter aufwärts durch ein enges Tal zwischen *Ebal* (940 m) rechts und *Dschebel al-Kabir* (767 m) links.

Dotan: Verlässt man Jenin auf der westlichen Route, liegt östlich der *Dotan Junction* am Rand der Ebene der Ruinenhügel *Tel Dotan*, dessen Ausgrabungen (1953-65) nur ungenügend dokumentiert sind. Wenig südlich davon, am Fuß des Hügels, zeigt die Ruine einer Pumpstation die Stelle einer Quelle an, die aus der Umgebung eine fruchtbare, gut bewässerte Zone macht.

Dotan ist in den Patriarchengeschichten der Bibel ein Dreh- und Angelpunkt, der die Söhne Israels nach Ägypten bringt. Hier findet Josef, der zweitjüngste Sohn des Patriarchen Jakob, seine eifersüchtigen Brüder bei ihren Herden. Diese wollen ihn aus dem Weg räumen, scheuen aber doch vor einem Mord zurück. Diese zunächst tragische Erzählung wird mehrere Kapitel später eine glückliche Wendung nehmen: Jakob (der auch Israel genannt wird) und seine Söhne finden in Ägypten Asyl und werden von einer Hungersnot errettet. Der Beginn der Josefsgeschichte (Gen 37–50) lautet:

Israel liebte Josef unter allen seinen Söhnen am meisten, weil er ihm noch in hohem Alter geboren worden war. Er ließ ihm einen Ärmelrock machen. Als seine Brüder sahen, dass ihr Vater ihn mehr liebte als alle seine Brüder, hassten sie ihn und konnten mit ihm kein gutes Wort mehr reden.

Einst hatte Josef einen Traum. Als er ihn seinen Brüdern erzählte, hassten sie ihn noch mehr. Er sagte zu ihnen: Hört, was ich geträumt habe. Wir banden Garben mitten auf dem Feld. Meine Garbe richtete sich auf und blieb auch stehen. Eure Garben umringten sie und neigten sich tief vor meiner Garbe. Da sagten seine Brüder zu ihm: Willst du etwa König über uns werden oder dich als Herr über uns aufspielen? Und sie hassten ihn noch mehr wegen seiner Träume und seiner Worte.

Er hatte noch einen anderen Traum. Er erzählte ihn seinen Brüdern und sagte: Ich träumte noch einmal: Die Sonne, der Mond und elf Sterne verneigten sich tief vor mir. Als er davon seinem Vater und seinen Brüdern erzählte, schalt ihn sein Vater und sagte zu ihm: Was soll das, was du da geträumt hast? Sollen wir vielleicht, ich, deine Mutter und deine Brüder, kommen und uns vor dir zur Erde niederwerfen? Seine Brüder waren eifersüchtig auf ihn, sein Vater aber vergaß die Sache nicht.

Als seine Brüder fortgezogen waren, um das Vieh ihres Vaters bei Sichem zu weiden, sagte Israel zu Josef: Deine Brüder weiden bei Sichem das Vieh. Geh, ich will dich zu ihnen schicken. Er antwortete: Ich bin bereit. Da sagte der Vater zu ihm: Geh doch hin und sieh, wie es deinen Brüdern und dem Vieh geht, und berichte mir! So schickte er ihn aus dem Tal von Hebron fort und Josef kam nach Sichem.

Ein Mann traf ihn, wie er auf dem Feld umherirrte; er fragte
ihn: Was suchst du? Josef antwortete: Meine Brüder suche
ich. Sag mir doch, wo sie das Vieh weiden. Der Mann antwortete: Sie sind von hier weitergezogen. Ich habe nämlich gehört, wie sie sagten: Gehen wir *nach Dotan*. Da ging Josef seinen Brüdern nach und fand sie *in Dotan*.

Sie sahen ihn von weitem. Bevor er jedoch nahe an sie heran-
gekommen war, fassten sie den Plan, ihn umzubringen. Sie
sagten zueinander: Dort kommt ja dieser Träumer. Jetzt aber
auf, erschlagen wir ihn und werfen wir ihn in eine der Zisternen. Sagen wir, ein wildes Tier habe ihn gefressen. Dann werden wir ja sehen, was aus seinen Träumen wird. Ruben hörte
das und wollte ihn aus ihrer Hand retten. Er sagte: Begehen
wir doch keinen Mord. Und Ruben sagte zu ihnen: Vergießt
kein Blut! Werft ihn in die Zisterne da in der Steppe, aber legt
nicht Hand an ihn! Er wollte ihn nämlich aus ihrer Hand retten
und zu seinem Vater zurückbringen.

Als Josef bei seinen Brüdern angekommen war, zogen sie ihm
sein Gewand aus, den Ärmelrock, den er anhatte, packten ihn
und warfen ihn in die Zisterne. Die Zisterne war leer; es war
kein Wasser darin. Als sie dann beim Essen saßen und aufblickten, sahen sie, dass gerade eine Karawane von Ismaelitern aus Gilead kam. Ihre Kamele waren mit Tragakant, Mas-
tix und Ladanum beladen. Sie waren unterwegs nach Ägypten.
Da schlug Juda seinen Brüdern vor: Was haben wir davon,
wenn wir unseren Bruder erschlagen und sein Blut zudecken?
Kommt, verkaufen wir ihn den Ismaelitern. Wir wollen aber
nicht Hand an ihn legen, denn er ist doch unser Bruder und
unser Verwandter. Seine Brüder waren einverstanden. Midia-
nitische Kaufleute kamen vorbei. Da zogen sie Josef aus der
Zisterne heraus und verkauften ihn für zwanzig Silberstücke
an die Ismaeliter. Diese brachten Josef nach Ägypten.

Als Ruben zur Zisterne zurückkam, war Josef nicht mehr dort.
Er zerriss seine Kleider, wandte sich an seine Brüder und sagte: Der Kleine ist ja nicht mehr da. Und ich, was soll ich jetzt
anfangen? Da nahmen sie Josefs Gewand, schlachteten einen
Ziegenbock und tauchten das Gewand in das Blut. Dann
schickten sie den Ärmelrock zu ihrem Vater und ließen ihm
sagen: Das haben wir gefunden. Sieh doch, ob das der Rock
deines Sohnes ist oder nicht. Als er ihn angesehen hatte, sagte
er: Der Rock meines Sohnes! Ein wildes Tier hat ihn gefressen. Zerrissen, zerrissen ist Josef. Jakob zerriss seine Kleider,
legte Trauerkleider an und trauerte um seinen Sohn viele Tage. Alle seine Söhne und Töchter machten sich auf, um ihn
zu trösten. Er aber ließ sich nicht trösten und sagte: Ich will

dauernd zu meinem Sohn in die Unterwelt hinabsteigen. So
beweinte ihn sein Vater. Die Midianiter aber verkauften Josef
nach Ägypten an Potifar, einen Hofbeamten des Pharao, den
Obersten der Leibwache (Gen 37,3-36).

Samaria/Sebaste

Die einstmalige Hauptstadt des israelitischen Nordreichs lag auf einem beherrschenden Bergkegel (463 m hoch) und gab dem ganzen
umgebenden Bergland den Namen. An der Ostflanke des Hügels
liegt das arabische Dorf *Sebastíje,* das den Namen *Sebaste* aufbewahrt, den Herodes der Stadt zu Ehren des Kaisers Augustus verliehen hat (griechisch *sebastos,* „anbetungswürdig", entspricht dem la-
teinischem *augustus,* „ehrwürdig, erhaben").

Geschichte: Nachdem Jerobeam zunächst die Hauptstadt des Nordreiches von Sichem nach Tirza verlegt hatte (vgl. S. 248), kaufte
Omri, der fünfte König von Israel (882–871 v. Chr.), von einem
Mann mit Namen *Schemer* ein geeignetes Terrain und erbaute darauf seine neue Hauptstadt, die nach dem Vorbesitzer *Schomron*
(griechisch wiedergegeben als *Samaria*) genannt wurde (1 Kön
16,23-24). Sein Sohn Ahab (871–852) errichtete dort unter dem
Einfluss seiner Frau Isebel aus dem phönizischen Tyrus einen Tempel für Baal (1 Kön 16,31-32). In den Aramäerkriegen zwischen Samaria und Damaskus gehörte es zu den Friedensbedingungen, dass
die eine Seite jeweils Handelsniederlassungen im Basar der anderen
Hauptstadt errichten durfte (1 Kön 20,34). Man sieht, die Könige
von Israel spielten eine nicht unbedeutende Rolle in der internationalen Politik der Zeit.
Im Jahre 722 v. Chr. aber kam das Ende für das stolze Samaria.
Nach dreijähriger Belagerung eroberten und zerstörten es die Assyrer. Seine Zerstörung besiegelte das Ende des Nordreiches Israel
(2 Kön 17,5-6). Propheten wie Amos und Micha hatten angesichts
des inneren Niedergangs den Untergang angekündigt (Am 3,9-15,
Mi 1,6). Für den heutigen Besucher besonders aufschlussreich ist
ein Drohwort des Propheten Jesaja, das den Hochmut und das üppige Leben der Bewohner Samarias geißelt und dabei auf das schöne
Umland Bezug nimmt:

> Weh der stolzen Krone der betrunkenen Efraimiter, ihrem ver-
> welkten Kranz von prächtigen Blumen auf dem Gipfel, über
> dem fruchtbaren Tal derer, die der Wein überwältigt hat. Seht,
> der HERR schickt einen gewaltigen Helden: Wie ein Hagel-
> schlag, wie ein verheerender Sturm, wie ein Wolkenbruch mit

seinen mächtigen Fluten wirft er alles mit Macht zu Boden.
Mit seinen Füßen zertritt er die stolze Krone der betrunkenen
Efraimiter. Dann geht es dem verwelkten Kranz von prächtigen Blumen, auf dem Gipfel über dem fruchtbaren Tal, wie einer frühreifen Feige vor der Ernte: Wer sie erblickt, der ver-
schlingt sie, kaum dass er sie in der Hand hat (Jes 28,1-4).

Die angesprochenen Efraimiter sind die Bewohner Samarias, denn
der Stamm Efraim (Efraim war einer der zwei Söhne Josefs, Gen
41,52) war die Hauptmacht des israelitischen Nordreiches.
Die Assyrer errichteten hier eine Provinzhauptstadt, die Perser übernahmen später diese Verwaltung. Nach der Rückkehr der Judäer aus
dem Babylonischen Exil unterstand zunächst auch Judäa dieser Provinz. Man sah im wieder aufstrebenden Jerusalem eine unliebsame
Konkurrenz und versuchte, den Wiederaufbau des Jerusalemer Tempels und der Stadtmauer zu verhindern:

Als Sanballat hörte, dass wir (die Juden in Jerusalem) die
Mauer aufbauten, wurde er zornig und ärgerte sich sehr. Er
spottete über die Juden und sagte vor seinen Brüdern und dem
Heer von *Samarien*: Was machen diese elenden Juden da?
Wollen sie Jerusalem wieder für sich befestigen? Wollen sie
Opfer darbringen? Wollen sie es an einem Tag vollenden?
Können sie die Steine, die doch ausgeglüht sind, aus den
Schutthaufen zu neuem Leben aufrichten? (Neh 3,33-34)

In hellenistischer Zeit wurde die Stadt zweimal wieder aufgebaut
und wieder zerstört. Kaiser Augustus schenkte sie Herodes dem
Großen. Samaria gewann sein Vertrauen, indem es ihm in der kritischen Anfangsphase seiner Regierung Getreide, Wein, Öl und
Schlachtvieh lieferte, so dass er dorthin sogar seine aus Massada
befreiten Verwandten brachte, die Stadt fortan sehr förderte, mit
Prachtbauten ausstattete und zu Ehren des Kaisers Augustus *Sebaste*
nannte.
Samaria zeigte sich dem jungen Christentum gegenüber aufgeschlossen. Schon Jesus wirft in seinem Gespräch mit der Samariterin am Jakobsbrunnen (siehe S. 261) einen positiven Blick voraus:

Blickt umher und seht, dass die Felder weiß sind, reif zur Ern-
te. Schon empfängt der Schnitter seinen Lohn und sammelt
Frucht für das ewige Leben, so dass sich der Sämann und der
Schnitter gemeinsam freuen (Joh 4,35-36).

In der Apostelgeschichte ist Samaria der erste bedeutende Ort außerhalb Jerusalems, in dem Christus gepredigt wird. In der Hauptstadt Samariens verkündete der Diakon Philippus „das Evangelium
vom Reich Gottes und vom Namen Jesu Christi" so erfolgreich,
dass Petrus und Johannes nachkamen: Sie vermittelten durch Gebet

und Handauflegung den gläubig Gewordenen den Hl. Geist und ver-
kündeten auf dem Rückweg in weiteren Dörfern der Samariter das
Evangelium (Apg 8,4-25). So erfüllte sich die erstaunliche Hervor-
hebung Samariens im Abschiedswort Jesu vor seiner Himmelfahrt:

> Ihr werdet meine Zeugen sein in Jerusalem und ganz Judäa
> und *Samarien* und bis an die Grenzen der Erde (Apg 1,8).

Im 4. Jh. war Samaria Bischofssitz. Sein Bischof konnte sich auf
dem Konzil von Nizäa (im Jahr 325) rühmen, das Grab von Johannes dem Täufer zu besitzen. Unter der Araberherrschaft verfiel die
Stadt, gewann aber in der Kreuzfahrerzeit noch einmal an Bedeutung, weil König Balduin III. seiner herrschsüchtigen Mutter Meli-
sende diese Stadt als Witwengut zuwies.
Auch für die Geschichte der modernen Archäologie sind die Ausgrabungen von Samaria wichtig. Gleich zweimal wurden hier inno-
vative Methoden zum ersten Mal im Heiligen Land angewandt. Die
Amerikaner G. A. Reisner und C. S. Fisher rekonstruierten während
der Ausgrabungen 1908-10 anhand der gefundenen Schichten eine
Chronologie des Ortes. Die Engländerin K. M. Kenyon verfeinerte
nach dem Zweiten Weltkrieg diese Methoden weiter. Typisch für ihre Ausgrabungen sind Gräben, die senkrecht in die Schichten hin-
eingegraben sind.

Die Ruinen: Man kann die Ruinen Sebastes entweder durch das
Dorf *Sebastije* erreichen (Abzweigung von der Straße Nr. 60, beschildert) oder man nimmt zuvor den asphaltierten Weg, der direkt
auf den Hügel hinaufführt. Wählt man diese zweite Variante, erblickt man schon bei der Zufahrt das Westtor der hellenistisch-römi-
schen Stadt mit zwei monumentalen Türmen von 14 m Durchmesser. Dahinter beginnt die 800 m lange und 12,5 m breite Kolonnadenstraße mit über hundert Säulen (ähnlich dem Cardo Maximus
von Jerusalem), die bis ins heutige Dorf führte. Der moderne Weg
ist zum großen Teil parallel der alten Straße, man sieht die freigelegten Säulen, an einigen Stellen auch die ausgegrabene Straße. Einige der Säulen sind nicht ausgegraben, man sieht deren obere Teile
neben Ölbäumen aus dem Boden ragen. Das ist ein Hinweis darauf,
dass die Säulen nicht von den modernen Ausgräbern wieder aufgerichtet worden sind, sondern dass viele von ihnen die Zeit aufrecht
überstanden haben. Die Straße führt an der Oberstadt vorbei auf einen großen Parkplatz, zwischen dem heutigen Dorf und dem Gipfel
des Hügels. Dort liegt das riesige *Forum* („Marktplatz"), mit 128 ×
72,5 m größer als ein Fußballfeld (es wird bis heute von der Dorfju-
gend als solches genutzt). Den Abschluss bildet eine noch als Ruine
eindrucksvolle römische Basilika (68 × 33 m), ein ziviler Bau für
Geschäfte und öffentliche Angelegenheiten, von der als Bauform

sich die christliche Basilika ableitet. Während christliche Basiliken in der Regel nach Osten weisen (der Begriff „Orientierung" leitet sich davon ab; er meint eigentlich: „zum Orient", also nach Osten, gerichtet), sind zivile Basiliken in dieser Hinsicht nicht festgelegt; hier ist die Apsis nach Norden gerichtet.

Geht man an dieser Apsis vorbei, sieht man oben, am Fuß des Burgbergs, das Theater, das von Herodes dem Großen nach griechisch-römischem Vorbild an den Hang gebaut wurde. Gleich darüber ist ein Rundturm zu sehen, der jedoch eigentlich nicht über dem Theater steht, sondern unter dessen nicht erhaltenen oberen Rängen. Der Turm ist nämlich älter als das Theater. Er gehörte zur hellenistischen Zitadelle aus der Ptolemäerzeit (3. Jh. v. Chr.), die von Johannes Hyrkanus (Ende 2. Jh. v. Chr.) zerstört wurde. Seine Reste wurden beim Bau des Theaters als Unterbau benutzt. Von oberhalb des Theaters sieht man unten (nördlich) im Tal zwischen Bäumen die Umrisse und acht Säulen des Stadions (230 × 60 m). Es wurde von Herodes erbaut und von Kaiser Septimius Severus, ebenso wie andere Bauten der Stadt, um 200 n. Chr. erneuert.

Die Zitadelle, welche die Akropolis, den Burgberg Omris und Ahabs schützte, ist zum großen Teil nicht ausgegraben. Dieser Burgberg ist der unübersichtlichste, auch für die Fachleute schwierige Teil, weil sich hier die Jahrhunderte überschneiden. Auch für den Laien erkenntlich sind die Reste des *Augusteums* mit Terrasse und Freitreppe. Die künstlich erhöhte Terrasse maß 83 × 72 m, der wesentlich kleinere Augustustempel dahinter stand noch einmal 4,5 m höher. Während Kaiser Augustus selbst gegen göttliche Ehrenerweisungen noch zurückhaltend war, ging man im Orient mit solchen Huldigungen freigebiger um; im heidnischen Sebaste war diese Schmeichelei des Herodes für seinen Gönner in Rom kein großes Wagnis. Nördlich unterhalb des Augusteums wurden die Grundmauern eines heidnischen Tempels entdeckt, der in frühhellenistischer Zeit Isis geweiht war und nach einer Zerstörung (wohl durch Johannes Hyrkanus, der sein Reich wieder ganz jüdisch machen wollte) für Kore, die Getreidegöttin, umgewidmet wurde. Unterhalb und östlich (links) des Augusteums erstreckte sich der Palast der israelitischen Könige Omri und Ahab. Hier erwiesen sich die Ausgrabungen als besonders ertragreich: Einen einzigartigen Schatz stellen an die 200 geschnitzte Elfenbeinplatten und -fragmente aus einem Gebäudeteil dar, der wohl das „Elfenbeinhaus" des Ahab gewesen ist (1 Kön 22,39; vgl. Am 3,15). Etwa 75 beschriftete Tonscherben (*Ostraka* genannt) aus derselben Zeit geben über Naturalabgaben wie Wein und Öl Auskunft und nennen eine Vielzahl von Namen. Es ist das sozusagen der Hintergrund zu dem, was wir im Gleichnis vom gerissenen Verwalter lesen:

Und er ließ die Schuldner seines Herrn, einen nach dem andern, zu sich kommen und fragte den ersten: Wieviel bist du meinem Herrn schuldig? Er antwortete: Hundert Fass Öl. Da sagte er zu ihm: Nimm deinen Schuldschein, setz dich gleich hin und schreib „fünfzig" (Lk 16,5-6).

Unter den vorkommenden Namen sind, wie üblich, viele mit dem Gottesnamen, nicht wenige aber auch mit der Bezeichnung Baal zusammengesetzt und dokumentieren so die religiöse Unentschiedenheit der Bevölkerung, die einen Propheten wie Elija erbitterte.

Südlich nach unten gehend trifft man auf eine kleine Johanneskirche aus der Kreuzfahrerzeit. Vor allem an den in den Pfeilern verbauten Säulen kann man erkennen, wie die Kreuzfahrer alte Bauelemente wiederverwendeten. Diese Kirche war der Auffindung des Hauptes von Johannes dem Täufer geweiht. Die Krypta diente den Mönchen als Grabstätte, heute wird sie wieder als Kapelle genutzt. Hier wurden in den 30er-Jahren Fresken gefunden, die aber bald von muslimischen Bilderstürmern zerstört wurden. Vor der Kirchenruine ist ein winziger christlicher Friedhof, dessen Größe (genauer gesagt, dessen Kleinheit) Rückschlüsse auf die Größe der christlichen Gemeinde des Dorfes zulässt.

Im Dorf: Außerhalb der Stadt Sebaste befanden sich Grabstätten, darunter das Grab Johannes' des Täufers (seines Leibes; als Ruhestätte seines Hauptes gilt die Omaijadenmoschee in Damaskus). Dieses Grab entwickelte sich bald zum Wallfahrtsort, ringsum entstand und besteht bis heute das Dorf *Sebastije*.

Die Johanneskirche wurde im Jahre 1165 auf den Resten einer byzantinischen Kirche aus der Zeit um ca. 400 erbaut, deren Weihetag (29. August) zum Datum für das Fest der Enthauptung Johannes' des Täufers wurde. Von dem großen Bau sieht man die Außenmauern (54×26 m) und einen Teil des Schiffes mit verschiedenen Säulenbündeln. Im Jahr 1187, nach Saladins Sieg, wurde die Kirche in eine Moschee verwandelt, der Bereich des Presbyteriums ist es bis heute (arab. *Nabi Jahja*, „Prophet Johannes"). Pietro della Valle, der Anfang des 17. Jh. den Ort besuchte, bemerkte, er hätte „Zeichen des alten Glanzes" gesehen. Daran hat sich nicht viel geändert.

In der unterirdischen Krypta wird das Grab Johannes' des Täufers verehrt. Der Zugang ist vom Hof her, meistens findet sich in der Moschee jemand, der den Schlüssel dafür hat. Über dem Grab erhebt sich eine kleine Moschee, wohl aus der Zeit Saladins.

Die Evangelien berichten nichts über den Ort der Hinrichtung und des Grabes des Johannes. Nach dem Zeugnis von Flavius Josephus wurde er in Machärus (östlich des Toten Meers, S. 755) hingerichtet. Das Begräbnis muss nicht unbedingt dort gewesen sein:

Als die Jünger des Johannes das (seinen Tod) hörten, kamen sie, holten seinen Leichnam und legten ihn in ein Grab (Mk 6,29).

Möglicherweise haben Johannesjünger den Ort dieses Grabes bis in die byzantinische Zeit hinein überliefert. Steigt man die steile Treppe in die Krypta hinein, steht man in einem kleinen quadratischen Raum mit vier Bankbogengräbern sowie einigen verschlossenen Loculi (Grabschächten). Wo genau der Leichnam des Johannes geruht haben könnte, ist nicht mehr feststellbar. Nach einer jüngeren Lokaltradition sollen hier auch die Propheten Elischa und Obadja begraben sein.

Südlich der Kirche sind einige Altertümer des Dorfes restauriert und konserviert, darunter ein Turm und eine Kapelle aus der Kreuzfahrerzeit mit einigen Architekturelementen aus früheren Epochen.

Wenige Schritte entfernt liegen in einer Grube die Reste eines römischen Mausoleums. Fünf von ursprünglich 13 Sarkophagen liegen noch dort, das eigentliche Mausoleum ist dagegen ganz verschwunden. 1979 wurden Ausgrabungen durchgeführt, aber unsachgemäßes Vorgehen oder politische Zwistigkeiten, die schwer zu durchschauen sind, haben zur fast völligen Zerstörung des Monuments geführt. Wundert sich der Laie manchmal, wie undurchschaubar die Geschichte vergangener Jahrtausende ist, so mag er sich noch mehr wundern, wie undurchschaubar die Geschichte vergangener Jahrzehnte sein kann.

15. SICHEM/NABLUS

Nablus hat rund 130 000 Einwohner und ist eine bedeutende und stolze Palästinenserstadt. Besonders in der Zweiten Intifada (2000-05) war die Stadt ein Zentrum des Widerstandes gegen die israelische Besatzung. Ob religiöser Fundamentalismus der Grund dafür oder die Folge davon war, mag dahingestellt bleiben. Abgesehen von den Samaritanern und einigen hundert Christen sind die Einwohner von Nablus Muslime. Im Gegensatz zu den ausufernden Neubauvierteln, die sich die Hänge der umgebenden Berge hinaufziehen, hat die Altstadt ihren orientalischen Charakter erhalten, so dass sich die Stadt heute als die orientalischste der Städte des Heiligen Landes zeigt, vor allem wenn man sich in den belebten Gassen des *Suqs* (Basars) bewegt. Ausländer sind seltene, freilich gern gesehene Gäste.

Geschichte: Die frühisraelitische Stadt *Sichem* (hebr. *Schchem*) lag 2 km östlich vom Zentrum des modernen *Nablus*, östlich des flachen Passüberganges zwischen den Bergen *Ebal* im Norden und *Garizim* im Süden. Es ist dieser Übergang (579 m ü.d.M.), der die Bedeutung dieser Orte ausmachte. Schon der Name *Sichem* zeigt das an; denn hebräisch *Schchem* heißt „Nacken" oder „Schulter".
Schon bevor Abraham nach Sichem kam, bereits im 19. Jh. v. Chr., wird die Stadt in ägyptischen Texten genannt. Später begegnet sie zusammen mit anderen kanaanäischen Städten in den Siegesmeldungen des Tuthmosis III. um 1468 v. Chr. und in den Amarnabriefen des 14. Jh. v. Chr. In der Bibel ist Sichem der erste Ort, bei dem Abraham auf seinem Weg von Mesopotamien nach Kanaan Halt machte:

> Abram zog durch das Land bis zur Stätte von *Sichem,* bis zur Orakeleiche. Die Kanaaniter waren damals im Land. Der HERR erschien Abram und sprach: Deinen Nachkommen gebe ich dieses Land. Dort baute er dem HERRN, der ihm erschienen war, einen Altar (Gen 12,6-7).

Die Nennung einer Orakeleiche lässt erkennen, dass Sichem schon in kanaanäischer Zeit religiöse Bedeutung besaß und Abraham diese anerkannte. Ähnliches berichtet die Bibel dann von Abrahams Enkel Jakob nach seiner Rückkehr aus Haran:

> Jakob gelangte, als er aus Paddan-Aram kam, wohlbehalten bis *Sichem* in Kanaan und schlug vor der Stadt sein Lager auf. Das Grundstück, auf dem er sein Zelt aufspannte, erwarb er von den Söhnen Hamors, des Vaters von Sichem, für hundert

Kesita. Dort errichtete er einen Altar und nannte ihn: Gott, der
Gott Israels (Gen 33,18-20).

Damit wird Jakob in Sichem ähnlich wie Abraham in Hebron (siehe
S. 610) erstmals Grundeigentümer und sesshaft. Dass es dabei nicht
immer ganz hasenrein zuging, zeigt die wenig erbauliche Geschichte von der gewalttätigen Rache der Jakobssöhne an den Einwohnern
von Sichem (Gen 34); ihr Betrug passt genau zu dem Betrug ihres
Vaters wegen des Erstgeburtsrechtes des Esau (Gen 27). Aber es
bleibt Gott, der die Geschicke der Patriarchen lenkt und ihnen zu
dem Land verhilft, das er ihnen zugedacht hat. Die Bibel fährt fort:

> Gott erschien Jakob noch einmal nach seiner Rückkehr aus
> Paddan-Aram und segnete ihn. Gott sprach zu ihm: Dein Na-
> me ist Jakob. Dein Name soll jedoch nicht mehr Jakob lauten,
> sondern Israel soll dein Name sein. Er gab ihm also den Na-
> men Israel. Und Gott sprach zu ihm: Ich bin Gott, der All-
> mächtige. Sei fruchtbar und vermehre dich! Ein Volk, eine
> Schar von Völkern soll aus dir hervorgehen, Könige sollen
> deinen Lenden entstammen. Das Land, das ich Abraham und
> Isaak gegeben habe, will ich dir geben und auch deinen Nach-
> kommen will ich es geben. Dann fuhr Gott von dem Ort, an
> dem er mit ihm geredet hatte, zum Himmel auf (Gen 35,9-13).

Durch die Gleichsetzung von Jakob mit Israel werden die Jakobssöhne zu Söhnen Israels oder Israeliten. Die Geschichte der Patriarchen ist trotz vieler persönlicher Einzelheiten nicht Privatgeschich-
te, sondern wesentlich Stammesgeschichte. Durch den Willen und
den Segen Gottes werden die Israeliten zu Besitzern des Gelobten
Landes.

Die Landnahme der Israeliten geschah in Samarien wohl zu einem
guten Teil im 14. und 13. Jh. v. Chr. durch Infiltration von halbno-
madischen Stämmen aus Transjordanien mit unterschiedlichen Traditionen. Streitigkeiten mit der angestammten Bevölkerung des Landes und seiner Städte wird es auch gegeben haben, doch es fällt auf,
dass die Bibel von keiner Eroberung Sichems durch Josua berichtet.
Die Stadt wurde wie selbstverständlich erstes Zentrum der israelitischen Stämme, bei dem Josua den sogenannten Landtag von Sichem
durchführte (Jos 24,1-28).

Mit der Einigkeit der Stämme war es aber nicht weit her, wie das
Buch der Richter deutlich macht, indem es resignierend feststellt:
„In jenen Tagen gab es in Israel noch keinen König, jeder tat, was
ihm gefiel" (Ri 17,6). Dem Richter Gideon aus dem Stamm Manasse wurde zwar nach seinem Sieg über die Midianiter das Königtum
angetragen (Ri 8,22-23), aber Gideon schätzte die Situation wohl
richtig ein: Die Efraimiter, Nachkommen Josefs (Gen 41,50-52),

waren neidisch auf den Erfolg Gideons (Ri 8,1-3) und später auf den Jiftachs (Ri 12,1-7).

Abimelech, Sohn einer sichemitischen Mutter, strebte in Sichem das Königtum an, doch die Skrupellosigkeit, mit der er seine Brüder aus dem Weg räumte, wurde ihm zum Verhängnis. In deutlichen Worten lehnten seine Zeitgenossen dieses Ansinnen Abimelechs und überhaupt die Institution Königtum ab, wie die folgende ironische Erzählung zeigt:

> Da versammelten sich alle Bürger von *Sichem* und Bet-Millo, zogen zu der Eiche, die *bei Sichem* steht, und machten Abimelech zum König. Als man das Jotam meldete, stellte er sich auf den Gipfel *des Berges Garizim* und rief ihnen mit erhobener Stimme zu: Hört auf mich, ihr Bürger von *Sichem,* damit Gott auf euch hört. Einst machten sich die Bäume auf, um sich einen König zu salben, und sie sagten zum Ölbaum: Sei du unser König! Der Ölbaum sagte zu ihnen: Soll ich mein Fett aufgeben, mit dem man Götter und Menschen ehrt, und hingehen, um über den anderen Bäumen zu schwanken? Da sagten die Bäume zum Feigenbaum: Komm, sei du unser König! Der Feigenbaum sagte zu ihnen: Soll ich meine Süßigkeit aufgeben und meine guten Früchte und hingehen, um über den anderen Bäumen zu schwanken? Da sagten die Bäume zum Weinstock: Komm, sei du unser König! Der Weinstock sagte zu ihnen: Soll ich meinen Most aufgeben, der Götter und Menschen erfreut, und hingehen, um über den anderen Bäumen zu schwanken? Da sagten alle Bäume zum Dornenstrauch: Komm, sei du unser König! Der Dornenstrauch sagte zu den Bäumen: Wollt ihr mich wirklich zu eurem König salben? Kommt, findet Schutz in meinem Schatten! Wenn aber nicht, dann soll vom Dornenstrauch Feuer ausgehen und die Zedern des Libanon fressen. Wenn ihr also treu und redlich gehandelt habt, als ihr Abimelech ..., den Sohn einer Sklavin, zum König über die Bürger von Sichem gemacht habt, weil er euer Bruder ist ..., dann sollt ihr eure Freude haben an Abimelech und er soll seine Freude an euch haben. Wenn aber nicht, dann soll Feuer von Abimelech ausgehen und die Bürger *Sichems* und Bet-Millos fressen. Und von den Bürgern *Sichems* und von Bet-Millo soll Feuer ausgehen und Abimelech fressen. Dann machte sich Jotam davon und floh vor seinem Bruder Abimelech (Ri 9,6-21).

Jerusalem spielte damals bei den Israeliten noch keine Rolle; es wurde von König David erst um das Jahr 1000 v. Chr. erobert und zur neuen gemeinsamen Hauptstadt gemacht. Nach dem Tode Salomos (um 930 v. Chr.) formierte sich die Opposition gegen das Jeru-

salemer Königtum wieder in Sichem. Dort holte sich der Sohn Salomos, Rehabeam, in grandioser Selbstüberschätzung die Absage
der Nordstämme an sein Königtum und verursachte damit die Teilung des Reiches (1 Kön 12,1-19). Der erste König der israelitischen
Nordstämme, Jerobeam I., machte Sichem zur Residenz und befestigte es (1 Kön 12,25), seine Nachfolger residierten aber weiter nördlich, zunächst in Tirza (1 Kön 15,33; vgl. S. 248). Nach der Gründung von Samaria (siehe S. 251) durch König Omri geriet Sichem
immer mehr in den Schatten Samarias und verlor an Bedeutung. Der
Hasmonäerkönig Johannes Hyrkanus zerstörte es 128 v. Chr.
Hier befand sich wohl der „Ort in Samarien, der Sychar hieß und
nahe bei dem Grundstück lag, das Jakob seinem Sohn Josef ver-
macht hatte. Dort befand sich der Jakobsbrunnen" (Joh 4,5-6; der
ganze Text findet sich auf den folgenden Seiten).
Mit der Zerstörung Sichems durch Johannes Hyrkanus hört die Geschichte des alten Sichem auf, es beginnt die Geschichte einer neuen
Stadt, die nicht von ungefähr den Namen Neapolis bekam. Griechisch *Neapolis* heißt „Neu-Stadt", und *Nablus* ist nichts anderes als
die arabische Zusammenziehung dieses Namens, der uns auch im
italienischen Neapel begegnet. Nablus als Stadt wurde nach dem
siegreichen Ende des Ersten Jüdischen Krieges im Jahre 72 n. Chr.
vom römischen Feldherrn und nachmaligen Kaiser Titus gegründet
und zu Ehren seines Vaters, des Kaisers Vespasian aus dem Geschlecht der Flavier, *Flavia Neapolis Samariae*, „Flavische Neustadt
von Samarien", benannt. Die eigentliche Verlagerung der Siedlung
begann aber schon früher. Grund dafür mag die größere Nähe zum
Berg Garizim gewesen sein, der trotz der Zerstörung des dortigen
Tempels weiterhin im Mittelpunkt des Interesses der Samaritaner
und Römer stand. Kaiserliche Förderung bewirkte, dass die Stadt
rasch aufblühte und in der Folge mit Theater und Rennbahn ausgestattet wurde.
Flavia Neapolis war die Heimat des hl. Justinus, der als römischer
Bürger und philosophischer Wahrheitssucher Christ wurde, in Rom
zwei Verteidigungsschriften für das Christentum verfasste und sein
Bekenntnis im Jahr 166 n. Chr. mit dem Märtyrertod besiegelte. Bei
seiner Schrift „Dialog mit dem Juden Tryphon" hat wohl seine palästinensische Herkunft Pate gestanden.
Neapolis wurde im 4. Jh. Bischofssitz. In den folgenden zwei Jahrhunderten kam es zu mehreren Aufständen der Samaritaner gegen
die (christliche) byzantinische Herrschaft (s. u., S. 268). In der Zeit
der Kreuzfahrer wurden mehrere Kirchen neu oder wieder errichtet,
1187 eroberte Saladin die Stadt. Vom 19. Jh. bis in die Gegenwart
war Nablus immer wieder Zentrum des Widerstandes gegen die jeweiligen (osmanischen, britischen, jordanischen, israelischen und
palästinensischen) Machthaber.

Der Jakobsbrunnen

Christliche Besucher zieht vor allem der *Jakobsbrunnen* (arab. *Bir Jaqub*) an. Er befindet sich in der Krypta einer orthodoxen Kirche. Die Kirche mit den zwei Türmen und der roten Kuppel ist weithin sichtbar: Kommt man von Süden (aus Richtung Jerusalem) nach Nablus, liegt sie in einer langgezogenen Linkskurve auf der rechten Seite; an einer Ampel biegt man nach rechts ab. Der Jakobsbrunnen liegt nur 250 m vom historischen Sichem entfernt und entspricht damit fast buchstäblich der biblischen Angabe von Gen 33,18: „Jakob gelangte … bis Sichem in Kanaan und schlug vor der Stadt sein Lager auf." Zwar erwähnen die alttestamentlichen Bücher nichts von einem Jakobs-*Brunnen*, doch ist eine Wasserstelle für einen sesshaft werdenden Herdenbesitzer eine Selbstverständlichkeit.

Natürlich ist heute nicht mehr feststellbar, wessen Hände den Brunnen gegraben haben. Dem Gespräch Jesu mit der Samariterin aus dem Johannesevangelium kann man jedoch entnehmen, dass dieser Brunnen schon zur Zeit Jesu mit Jakob in Verbindung gebracht wurde:

> So kam er (Jesus) *zu einem Ort in Samarien, der Sychar hieß und nahe bei dem Grundstück lag, das Jakob seinem Sohn Josef vermacht hatte. Dort befand sich der Jakobsbrunnen.* Jesus war müde von der Reise und setzte sich daher an den Brunnen; es war um die sechste Stunde. Da kam eine samaritische Frau, um Wasser zu schöpfen. Jesus sagte zu ihr: Gib mir zu trinken! Seine Jünger waren nämlich in den Ort gegangen, um etwas zum Essen zu kaufen. Die samaritische Frau sagte zu ihm: Wie kannst du als Jude mich, eine Samariterin, um Wasser bitten? Die Juden verkehren nämlich nicht mit den Samaritern. Jesus antwortete ihr: Wenn du wüsstest, worin die Gabe Gottes besteht und wer es ist, der zu dir sagt: Gib mir zu trinken!, dann hättest du ihn gebeten und er hätte dir lebendiges Wasser gegeben. Sie sagte zu ihm: Herr, du hast kein Schöpfgefäß und der Brunnen ist tief; woher hast du also das lebendige Wasser? Bist du etwa größer als *unser Vater Jakob, der uns den Brunnen gegeben* und selbst daraus getrunken hat, wie seine Söhne und seine Herden? Jesus antwortete ihr: Wer von diesem Wasser trinkt, wird wieder Durst bekommen; wer aber von dem Wasser trinkt, das ich ihm geben werde, wird niemals mehr Durst haben; vielmehr wird das Wasser, das ich ihm gebe, in ihm zur sprudelnden Quelle werden, deren Wasser ewiges Leben schenkt. Da sagte die Frau zu ihm: Herr, gib mir dieses Wasser, damit ich keinen Durst mehr habe und nicht mehr hierher kommen muss, um Wasser zu schöpfen. Er

sagte zu ihr: Geh, ruf deinen Mann und komm wieder her! Die
Frau antwortete: Ich habe keinen Mann. Jesus sagte zu ihr: Du
hast richtig gesagt: Ich habe keinen Mann. Denn fünf Männer
hast du gehabt, und der, den du jetzt hast, ist nicht dein Mann.
Damit hast du die Wahrheit gesagt. Die Frau sagte zu ihm:
Herr, ich sehe, dass du ein Prophet bist. Unsere Väter haben
auf diesem Berg Gott angebetet; ihr aber sagt, in Jerusalem sei
die Stätte, wo man anbeten muss. Jesus sprach zu ihr: Glaube
mir, Frau, die Stunde kommt, zu der ihr weder auf diesem
Berg noch in Jerusalem den Vater anbeten werdet. Ihr betet
an, was ihr nicht kennt, wir beten an, was wir kennen; denn
das Heil kommt von den Juden. Aber die Stunde kommt und
sie ist schon da, zu der die wahren Beter den Vater anbeten
werden im Geist und in der Wahrheit; denn so will der Vater
angebetet werden. Gott ist Geist und alle, die ihn anbeten,
müssen im Geist und in der Wahrheit anbeten. Die Frau sagte
zu ihm: Ich weiß, dass der Messias kommt, das ist: der Ge-
salbte (Christus). Wenn er kommt, wird er uns alles verkünden. Da sagte Jesus zu ihr: Ich bin es, ich, der mit dir spricht.
Inzwischen waren seine Jünger zurückgekommen. Sie wun-
derten sich, dass er mit einer Frau sprach, aber keiner sagte:
Was willst du?, oder: Was redest du mit ihr? Da ließ die Frau
ihren Wasserkrug stehen, eilte in den Ort und sagte zu den
Leuten: Kommt her, seht, da ist ein Mann, der mir alles gesagt
hat, was ich getan habe: Ist er vielleicht der Messias? Da liefen sie hinaus aus dem Ort und gingen zu Jesus. Währenddes-
sen drängten ihn seine Jünger: Rabbi, iss! Er aber sagte zu ihnen: Ich lebe von einer Speise, die ihr nicht kennt. Da sagten
die Jünger zueinander: Hat ihm jemand etwas zu essen gebracht? Jesus sprach zu ihnen: Meine Speise ist es, den Willen
dessen zu tun, der mich gesandt hat, und sein Werk zu Ende
zu führen. Sagt ihr nicht: Noch vier Monate dauert es bis zur
Ernte? Ich aber sage euch: Blickt umher und seht, dass die
Felder weiß sind, reif zur Ernte. Schon empfängt der Schnitter
seinen Lohn und sammelt Frucht für das ewige Leben, so dass
sich der Sämann und der Schnitter gemeinsam freuen. Denn
hier hat das Sprichwort recht: Einer sät und ein anderer erntet.
Ich habe euch gesandt, zu ernten, wofür ihr nicht gearbeitet
habt; andere haben gearbeitet und ihr erntet die Frucht ihrer
Arbeit.
Viele Samariter aus jenem Ort kamen zum Glauben an Jesus
auf das Wort der Frau hin, die bezeugt hatte: Er hat mir alles
gesagt, was ich getan habe. Als die Samariter zu ihm kamen,
baten sie ihn, bei ihnen zu bleiben; und er blieb dort zwei Tage. Und noch viel mehr Leute kamen zum Glauben an ihn auf-

grund seiner eigenen Worte. Und zu der Frau sagten sie: Nicht mehr aufgrund deiner Aussage glauben wir, sondern weil wir ihn selbst gehört haben und nun wissen: Er ist wirklich der Retter der Welt (Joh 4,5-42).

Der Name *Sychar,* in dem sich der alte Name *Schchem* erhalten hat, lebt bis in die jüngere Zeit im Dorf *Askar* fort, das inzwischen in der Stadt Nablus aufgegangen ist. Schon zur Zeit des hl. Hieronymus wird hier eine Kirche erwähnt, in deren Krypta sich der Brunnen befand. Von den Samaritanern zerstört, wurde die Kirche von Justinian wieder aufgebaut. Da die Kreuzfahrer keine Kirche mehr vorfanden, bauten sie eine neue, die aber das Schicksal ihrer Vorgängerinnen teilte. Im Jahr 1860 konnte die griechisch-orthodoxe Kirche das Grundstück erwerben. 1863 wurden die Krypta und der Brunnen restauriert, 1908 begann man mit dem Bau einer großen Kirche auf den Fundamenten des Kreuzfahrerbaus. Die Kirche konnte aber nicht vollendet werden, da nach dem Ersten Weltkrieg und der Oktoberrevolution mit dem Zaren von Russland der wichtigste Geldgeber ausgefallen war. In der Bauruine führten Experten der beiden wichtigsten christlichen archäologischen Institute des Heiligen Landes, P. Abel von der École Biblique der Dominikaner und P. Bagatti vom Studium Biblicum Franciscanum, Untersuchungen durch.

Im Jahr 1998 wurden die Bauarbeiten wieder aufgenommen. Auch wenn der gleiche Stein verwendet wurde, ist die Baufuge erkennbar, da Wind, Regen, Sonne und Luftverschmutzung den Stein während fast eines Jahrhunderts dunkler verfärbt haben. In den folgenden Jahren, während Nablus, eines der Zentren der Zweiten Intifada, immer wieder Schauplatz blutiger Kampfhandlungen war, gelang es P. Justinos, dem verantwortlichen orthodoxen Mönch, sowohl die Genehmigungen der zuständigen palästinensischen Behörden als auch die nötigen finanziellen Mittel aus verschiedenen orthodoxen Ländern zu erhalten und den Bau zu vollenden. Beträchtliche Teile des Kirchenbaus hat er buchstäblich mit eigenen Händen geschaffen, so beispielsweise die gesamte Innenausmalung, die modernen Mosaike oder die Glasmalereien. Genau 100 Jahre nach Baubeginn, im Jahr 2008, wurde die neue Kirche geweiht.

Die geschmackvolle Kirche verbindet moderne Elemente mit byzantinischer und orientalischer Tradition. Hoch oben in der linken Wand des Hauptschiffes wird eine Amphore gezeigt. Diese Reliquie wird seit alter Zeit mit der Samariterin in Verbindung gebracht, die dem Messias das Wasser reichte. Sie wurde von den Kreuzfahrern nach Rom gebracht und anlässlich des Neubaus der Kirche wieder an ihren Ursprungsort zurückgegeben. Vor der Ikonostase werden in einem Schrein Reliquien (Teile des Schädels) der Samariterin aufbewahrt, die nach einer lokalen Tradition den Namen *Photine,* griech.

„Lichtträgerin", hatte. Der linke Seitenaltar erinnert an den aus Nablus stammenden Justin den Märtyrer. Der rechte Seitenaltar bewahrt das Gedächtnis an einen Märtyrer der jüngeren Geschichte: Dort ruhen in einem Glassarg die sterblichen Überreste von Philoumenos, einem aus Zypern stammenden Mönch, der 1979 von einem orthodoxen Juden mit einer Axt erschlagen wurde. Dieser warf Handgranaten auf den Kirchenbau, und als er sah, dass der Mönch nicht zu Schaden gekommen war, drang er in die Kapelle ein, verletzte eine Nonne und tötete Philoumenos. Er selbst brach sich das Bein, als er über die Kirchenmauer kletterte. Nachdem ihm der Prozess gemacht wurde, wurde er in eine geschlossene psychiatrische Klinik eingeliefert.

Von der Kuppel herab hängt ein großer Leuchter, er erinnert an „die heilige Stadt, das neue Jerusalem", das von Gott her aus dem Himmel herabkommt. „Die Mauer der Stadt hat zwölf Grundsteine; auf ihnen stehen die zwölf Namen der zwölf Apostel" (Offb 21,2.14). Diese zwölf Apostel hat P. Justinos in Glasmalerei dargestellt, einer in orientalischen Kirchen seltenen Kunstform.

Vor der Ikonostase sind die beiden Zugänge zur Krypta mit dem 32 m tiefen Brunnen, aus dem man heute noch mit kräftigen Armen frisches Trinkwasser schöpfen kann. Auch ein skeptischer Besucher wird sich der Faszination dieses Ortes von einzigartiger Tradition kaum entziehen können. Der Pilger steht hier an einem der biblischen Orte, die kaum einen Zweifel an der Identifizierung lassen. Liegt auch der Ursprung des Brunnens im Dunkeln, so kann man es als sicher ansehen, dass die neutestamentliche Begegnung Jesu mit der Samariterin *hier* stattgefunden hat. Denn bei Gebäuden, selbst bei Städten, ist immer mit der Möglichkeit zu rechnen, dass sie nach einer Zerstörung an einem anderen Ort wieder aufgebaut wurden. Bei Brunnen ist das schwerlich möglich. Brunnen wandern nicht. Brunnen können höchstens mit anderen Brunnen verwechselt werden, wir kennen aber keinen anderen Brunnen in der Gegend. Zwar steht der Brunnen heute nicht mehr unter freiem Himmel und man kann bei den Worten der Samariterin „unsere Väter haben auf diesem Berg Gott angebetet" nicht mehr auf den Berg Garizim schauen. Aber davon abgesehen ist der Brunnen intakt.

Geht man außen um die Kirche herum, sieht man an der rechten (südlichen) Außenwand einen Steinsarkophag. Ursprünglich heidnisch und mit Amazonenreliefs verziert, wurde er in christlicher Zeit wiederverwendet, wie eingemeißelte Kreuze zeigen. Gegenwärtig hat er als Blumentrog eine Verwendung gefunden, die durchaus mit der Auferstehungshoffnung eines christlichen Todes vereinbar sein dürfte. Außerhalb der Apsis kann man nachholen, was am Brunnen nicht möglich war, und mit der Samariterin den Blick auf den Berg Garizim und gegenüber auf den Ebal erheben.

Tell Balata

Es dauerte bis zum Beginn des 20. Jh., bis das alte Sichem beim *Tell Balata* am Südhang des Ebal wieder aufgefunden und erforscht werden konnte. Der Name des Ruinenhügels stellt dabei die Verbindung zu der *Orakeleiche* her, die bereits Abraham aufgesucht hat und die vier Jahrhunderte später beim „Landtag" Josuas in Sichem wieder im Mittelpunkt stand (Jos 24,26): Aramäisch *Ballut* (das Wort lebt in unserer *Platane* weiter) heißt *Eiche*. Die ersten Grabungen am *Tell Balata* (damals noch außerhalb der Stadt gelegen) wurden vom deutschen Archäologen und Theologen Ernst Sellin 1913/14 unternommen und 1926/27 weitergeführt; seine Unterlagen gingen aber bei der Bombardierung von Berlin im Zweiten Weltkrieg vor der Veröffentlichung zugrunde. Ab 1956 nahmen sich amerikanische, deutsche und israelische Teams der Erforschung des geschichtsträchtigen Ortes an. 2011 wurden die Ausgrabungen von einer holländisch-palästinensischen Forschergruppe wieder aufgenommen.

Inzwischen sind das moderne Nablus und das Flüchtlingslager *Balata,* das den Namen des *Tells* trägt, um den Ruinenhügel herum zusammengewachsen. Man erreicht den *Tell,* indem man von der Hauptstraße (aus Richtung Jerusalem kommend) nicht zum Jakobsbrunnen, sondern ca. 300 m danach rechts und dann bald noch einmal rechts abbiegt (die zweite Abzweigung ist beschildert). Vom Josefsgrab kommend, muss man zweimal links abbiegen.

Beeindruckend ist eine Zyklopenmauer der Mittleren Bronzezeit (17.–15. Jh. v. Chr.). Nirgends im Land findet sich eine ähnlich gut erhaltene Stadtmauer in diesen Ausmaßen; auf ca. 100 m Länge ist die aus enormen unbehauenen Steinen errichtete Mauer, die zum Teil bis zu einer Höhe von 10 m erhalten ist, freigelegt. Eine interessante dreifache Toranlage unterbricht sie. Diese Ruinen gehören zur sogenannten Hyksoszeit, als Ägypten von Fremdherrschern kontrolliert wurde. Gegen Ende dieser Zeit erstarkte das pharaonische Ägypten wieder und erweiterte seinen Einfluss bis nach Kanaan. Briefe des Königs von Sichem im Amarna-Archiv (Ägypten, 14. Jh. v. Chr.) legen Zeugnis davon ab, dass dieser die ägyptische Oberherrschaft anerkannte und mit anderen Stätten Kanaans (v. a. Megiddo, Bet-Schean und Hazor) rivalisierte. Man kann einen Tempel sehen, der in ägyptischem Stil errichtet wurde. Der riesige Tempelvorhof wurde zum großen Teil abgetragen, um tiefer liegende Schichten erforschen zu können. Auf einem kleineren Teil des Hofes, der wie eine Terrasse in die Ausgrabung ragt, wurde der untere Teil einer *Mazebá* (Kultstele), der dort gefunden wurde, wieder aufgerichtet. Im Besucherzentrum (Schlüssel beim Wärter) ist ein kleines Museum. Dort sind Funde aus Tell Balata und Nablus sowie historische Fotos der Geschichte der Ausgrabungen zu sehen.

Das Josefsgrab

Nach der Bibel wurden Josefs Gebeine auf dem Grundstück bei Sichem beigesetzt:

> Die Gebeine Josefs, die die Israeliten aus Ägypten mitge-
> bracht hatten, begrub man *in Sichem* auf dem Grundstück, das
> Jakob von den Söhnen Hamors, des Vaters Sichems, für hun-
> dert Kesita erworben hatte; es war den Nachkommen Josefs
> als Erbbesitz zuteil geworden. (Jos 24,32; vgl. Gen 33,18-20;
> 50,24-25)

Vom Jakobsbrunnen kommt man zum Josefsgrab, indem man sich
links (nach unten) wendet und dreimal links abbiegt. Das Grab liegt
wenige hundert Meter vom Jakobsbrunnen entfernt; es ist also möglich, dass es sich dabei in biblischer Zeit um *ein* Grundstück gehandelt hat. Das Grab ist ein Kenotaph (leeres Grabmal über dem eigentlichen Grab), von einer kleinen Kuppel überwölbt. Ursprünglich
ein Heiligtum für Samaritaner, Juden und Muslime, war es in den
letzten Jahrzehnten heftig umstritten und umkämpft. In den 80er-
Jahren ließ sich eine kleine Gruppe fanatischer Siedler nieder, die
hier eine Jeschiva (jüdische Talmudschule) unterhielten. Diese wurde im Jahr 2000, zu Beginn der Zweiten Intifada, von Palästinensern
angegriffen und erobert. Während der Kampfhandlungen ging das
Heiligtum in Flammen auf. Einige Jahre später wurde die kleine Anlage instand gesetzt, man kann sie heute wieder besuchen.

Die Altstadt

Von den palästinensischen Städten ist Nablus wohl die orientalischste. Nablus ist für seine Süßwaren berühmt, vor allem für *Knäfe,* mit
Zucker überbackener Schafskäse, der eine Kostprobe wert ist. Bis
heute gibt es in Nablus mehrere Seifensiedereien, in denen Olivenöl
zu Seife verarbeitet wird. Zwei der alten *Hamams* (türkische Bäder)
sind noch in Betrieb und laden zu einem Besuch ein. Drei der Moscheen der Altstadt sind umgebaute und umgewidmete Kreuzfahrer-
kirchen. Sie wurden beim Erdbeben 1927 schwer beschädigt und
wurden teils verändert wieder aufgebaut. In allen dreien ist aber die
Struktur der ursprünglich nach Osten gerichteten Kirchen erhalten,
man betet quer zum Kirchenschiff, da Mekka von hier aus südlich
liegt: Die große Moschee (*al-Kebir*) ist die alte Johannes- oder Auferstehungskirche, auf den Trümmern einer byzantinischen Kirche
errichtet. Die „Siegesmoschee" (*an-Nasr*) beim Uhrturm (*al-Mana-
ra*) ist eine byzantinische Kirche, die in der Kreuzfahrerzeit wiederhergestellt wurde. Die „Grüne Moschee" (*al-Chadrá*) war ebenfalls

eine Kreuzfahrerkirche. Vom alten Samaritanerviertel im Westteil der Altstadt ist nicht mehr viel übrig, da sich die Samaritaner inzwischen auf dem Berg Garizim niedergelassen haben (s.u.). Die alte Samaritanersynagoge wurde zwar nach dem Erdbeben 1927 wieder aufgebaut, wird aber heute nicht mehr benutzt.

Am Südhang des Berges Ebal wurden einige Mausoleen und in den Stein gehauene Gräber aufgespürt. Zwei davon kann man besichtigen. Das „westliche Mausoleum" nördlich der Altstadt, unweit der Hauptstraße (ausgeschildert) besteht aus drei in den Felsen gehauenen Grabkammern. Sowohl in den Kammern als auch auf dem heute freien Platz davor befinden sich zum Teil gut erhaltene Sarkophage. Besonders beachtenswert sind die drei zentnerschweren Steintüren. Alle drei drehen sich noch in den Angeln. Das „östliche Mausoleum" in der Nähe des Josefsgrabs (ebenfalls ausgeschildert) ist weniger gut erhalten; einige Sarkophage, darunter ein gut erhaltener samaritanischer, sind zu sehen.

Westlich der Altstadt, an den Hängen des Garizims, liegt das ehemalige Dorf und der heutige Stadtteil *Rafidja,* wo die meisten der Christen von Nablus leben. Südöstlich oberhalb der Altstadt wurde in den 70er-Jahren das römische Theater entdeckt, das auch auf der Mosaikkarte von Madaba (560 n.Chr.) dargestellt ist. Die Reste der einst stattlichen Anlage (110 m Durchmesser, 12 000 Plätze) sind heute zwischen Neubauten eingekeilt und zu einer Müllkippe verkommen.

Der Berg Garizim und die Samaritaner

Der *Berg Garizim* (arab. *Dschebel at-Tur,* das arabische *Dschebel* und das ursprünglich aramäische *Tur* bedeuten beide nichts anderes als Berg) ist der heilige Berg der Samaritaner. Erst im 20.Jh., infolge des Erdbebens 1927, später auch aufgrund des wachsenden islamischen Fundamentalismus in Nablus, ließen sie sich auf dem Berg nieder, während sie zuvor in der Altstadt von Nablus wohnten. Der Garizim ist mit seinen 881 m zwar niedriger als der nördlich von Nablus liegende *Ebal* (940 m), aber durch seine Heiligtümer und seine Geschichte weitaus bedeutender. – Das „tempelartige" Gebäude auf dem Garizim, das heute den Berg dominiert, ist übrigens weder alt noch ein Tempel; es ist das Haus eines reichen Privatmannes, dessen Geschmack man nicht zu kommentieren braucht.

Geschichte: Zur Geschichte der *Samaritaner* (*Samariter* ist dasselbe, betont aber mehr die geistige Haltung, die Jesus mit seinem Beispiel loben wollte) siehe S.60. Das Schisma der Samaritaner (d.h. ihre endgültige Trennung vom Judentum) betraf in erster Linie den

Berg Garizim, worin sie ihren heiligen Berg sahen (und sehen). Die
Bezeichnung *Samaritaner* geht von der Landschaft um die Stadt Samaria (siehe S.251) aus. Die Samaritaner selbst leiten ihren Namen
(hebr. *Schomronim*) dagegen nicht von dieser Stadt ab, sondern erklären ihn mit der Bedeutung des Wortes: hebr. *Schomrim,* „Hüter
(des Bundes)".

Ursprung dieses Schismas war die Tatsache, dass die Samaritaner
nach der Rückkehr der Jerusalemer Juden aus dem Exil von diesen
nicht mehr als Juden im Vollsinn anerkannt wurden, da sie sich mit
der heidnischen Bevölkerung vermischt hätten. Deshalb sabotierten
sie den Wiederaufbau des jüdischen Tempels in Jerusalem (Esra
4,4-6, Neh 3,33–4,3; 6,1-9) und schafften es, von Alexander dem
Großen die Erlaubnis zum Bau eines eigenen Tempels auf dem Berg
Garizim zu erwirken. Im Zuge seiner Judaisierungspolitik zerstörte
der Jerusalemer Hasmonäerkönig Johannes Hyrkanus zuerst die
Stadt Sichem und 107 v.Chr. auch den Tempel auf dem Garizim.
Eine Befriedung der Samaritaner war damit aber nicht zu erreichen,
im Gegenteil: Sie wurden den Juden gegenüber erst recht feindselig
(vgl. Joh 4,9: „Die Juden verkehren nämlich nicht mit den Samaritern").

Um den religiösen Bestrebungen der unruhigen Samaritaner zu begegnen, gründeten die Römer 72 n.Chr. mit Flavia Neapolis eine
heidnische Stadt und errichteten auf dem Garizim einen Tempel zu
Ehren des Zeus, der mit seinen Stufen auch auf Münzen abgebildet
wurde. Der Pilger von Bordeaux, der bezüglich Neapolis und dem
Berg Garizim ziemlich ausführlich ist, erwähnt im Jahr 333 noch die
Stufen, aber nichts mehr von einem Tempel. Kaiser Julian „der Abtrünnige" (361–363) setzte den Tempel noch einmal instand.

In byzantinischer Zeit entwickelte sich das Verhältnis der Christen
zu den Samaritanern bald zum Schlechteren. Anfangs genossen die
Samaritaner auf dem Garizim Kultfreiheit, vielleicht ein Fortwirken
der guten Beziehungen, wie sie aus dem Gespräch Jesu mit der Samariterin im Johannesevangelium zu entnehmen sind (siehe S.261),
nach Manchen auch, weil die Samaritaner den Berg als solchen verehrten und keinen Tempel mehr beanspruchten. Es ist ungeklärt,
warum die Beziehungen zwischen der byzantinischen Staatsmacht
und den Samaritanern immer schlechter wurden. 484 metzelten die
Samaritaner die in der Kathedrale von Nablus versammelten Christen nieder. Im selben Jahr beschloss Kaiser Zeno (474–491), der
Gottesmutter Maria auf dem Garizim eine Kirche zu bauen, ähnlich
wie 300 Jahre früher die Römer den Zeustempel. Er ließ die Kirche sogleich befestigen und ordnete zur Bewachung Soldaten ab.
Nach samaritanischen Quellen hätte Zeno ihre Synagoge in eine
Kirche verwandelt, was sie als Entweihung ihres heiligen Berges betrachteten.

Unter dem nächsten Kaiser Anastasius (491–518) wurden die by-
zantinischen Wachsoldaten ermordet und die Kirche zumindest be-
schädigt. 527 brach dann der große Samaritaneraufstand aus; die
Rebellen ermordeten den Bischof und zerstörten viele Kirchen im
Land, vor allem aber die Marienkirche auf dem Garizim – auf der
Madabakarte (560 n.Chr.) ist der Garizim verzeichnet, aber ohne
Kirche. Den Samaritanern gelang es zunächst, das Ohr des Kaisers
Justinian (527–565) zu gewinnen. Als dieser jedoch merkte, dass er
falsch informiert worden war, schlug er den Aufstand mit aller Här-
te nieder und ließ 20000 Samaritaner als Sklaven verkaufen. Aber
schon beim Persereinfall 614 waren sie an der Seite der neuen Herren wieder an der Ermordung vieler Christen beteiligt.

In der Folgezeit schwand die Zahl der Samaritaner immer weiter,
teils durch Kriege und Gewalt, teils durch nicht immer freiwillige
Konversionen zum Islam, teils durch Auswanderung – aufgrund der
engen Bindung der Samaritaner zu ihrem geistigen Zentrum, dem
Berg Garizim, konnte sich keine dauerhafte samaritanische Diaspora
bilden, im Gegensatz zu Judentum. Aufwind bekamen die Samaritaner noch einmal nach der osmanischen Eroberung des Heiligen Landes im 16.Jh.; sie ließen sich in der neuen Stadt Ramle nieder und
gründeten sogar in benachbarten Ländern Gemeinden. Heute sind
sie nur mehr etwa 750 Personen: die Hälfte auf dem Garizim, die
andere Hälfte in Holon bei Tel Aviv.

Die Samaritaner sprechen Arabisch und eine eigene, altertümliche
Form des Hebräischen; die meisten von ihnen können freilich heute
auch modernes Hebräisch. Sie haben ihre Riten und ihre Heilige
Schrift bewahrt, die bei ihnen einzig und allein aus der *Tora* (den
Fünf Büchern Moses) besteht. Sie spiegeln damit ein frühes Stadium
des Judentums wieder, bei dem die Bücher der Propheten noch nicht
zur Heiligen Schrift gehörten. Die samaritanische Tora unterscheidet sich von der jüdischen in mehreren Tausend Einzelheiten, von
denen allerdings die allermeisten Unterschiede in der Rechtschreibung sind, die allenfalls für einen Sprachwissenschaftler interessant
sind. Nur an wenigen Stellen gibt es Unterschiede im Text, die auch
geschichtlich oder theologisch von Bedeutung sind, z.B. in Deut
27,4; dort heißt es in der samaritanischen Tora:

> Wenn ihr über den Jordan zieht, sollt ihr diese Steine, die zu
> errichten ich euch heute befehle, *auf dem Berg Garizim* auf-
> richten.

Dagegen steht in der Bibel in der jüdischen Tradition *auf dem Berg
Ebal*. – Die deutsche Einheitsübersetzung folgt hier übrigens der samaritanischen Überlieferung, während die Lutherbibel sich an den
jüdischen Wortlaut hält.

Für den Glauben der Samaritaner sind also vier Säulen zentral: *ein* Gott, *ein* Prophet (Mose), *eine* Heilige Schrift (die Tora), *ein* heiliger Ort (der Berg Garizim).

Das *Samaritanerdorf* ist keine historische Sehenswürdigkeit. Bis vor einigen Jahrzehnten kamen die Samaritaner nur zu den Festtagen auf den Berg und schlugen hier ihre Zelte auf. Die Häuser wie auch die Synagoge sind daher jüngeren Datums. Trotzdem wird sich der Besucher kaum der Ausstrahlung diese winzigen Volkes mit seiner jahrtausendealten Kultur entziehen können, vor allem am Sabbat, wenn die Samaritaner ihre traditionelle Kleidung (weißer Kaftan und roter Fes) tragen.

Über den Türen der Häuser fallen Steintafeln mit altertümlichen Schriftzeichen auf. Es ist die samaritanische Form der *Mezuza,* des *Schemá Jisrael,* „Höre Israel" (Deut 6,4-9; siehe S.424), das sie nach biblischer Weisung (Deut 6,9) an die Türpfosten ihrer Häuser schreiben. Die Schrift ist die alte Form der hebräischen Schrift, während die Juden diese Schrift nach ihrer Rückkehr aus dem Babylonischen Exil durch die aramäische (die heutige hebräische Schrift) ersetzt haben.

Im Dorf gibt es ein kleines Museum, in dem die Samaritaner die traditionelle Sichtweise ihrer Geschichte vorstellen. Meistens ist dort einer der Priester – ein Angehöriger des biblischen priesterlichen Geschlechts, ein *Kohen* – anwesend, der dem Besucher gern und voller Stolz die Geschichte und Gegenwart der Samaritaner darlegt.

Ebenfalls im Dorf ist der Platz, wo die Pascha-(Oster-)Feier stattfindet, ein freier Platz mit mehreren Gruben zur Bereitung der Paschalämmer, an dessen Rand eine Tribüne ist, wo Besucher dieser urtümlichen Feier beiwohnen können. Für den biblisch interessierten Besucher (auch für viele Juden) ist diese Feier ein einzigartiges (freilich blutiges) Erlebnis. Seit der Zerstörung des Jerusalemer Tempels gibt es ja bei den Juden nur mehr ein rituelles Erinnerungsmahl (das *Seder,* hebr. „Ordnung, Ritus", genannt wird) ohne Opferlamm, weil dieses im Tempel geschlachtet werden musste (Deut 12, 10-14). Die Samaritaner aber haben die Schlachtung der Paschalämmer nach der biblischen Weisung (Ex 12) bewahrt: Am Nachmittag vor der Paschanacht trägt der Hohepriester nach den traditionellen Gebeten den Exodusbericht vor, die Lämmer werden geschächtet. Man fühlt sich an das Lied vom Gottesknecht aus dem Buch Jesaja erinnert, das uns aus der Passionsliturgie geläufig ist:

> Wie ein Lamm, das man zum Schlachten führt, und wie ein Schaf angesichts seiner Scherer, so tat auch er seinen Mund nicht auf (Jes 53,7).

Nicht nur die Türpfosten werden mit dem Blut der Lämmer zum Schutz gegen den Würgeengel bestrichen, sondern die Teilnehmer betupfen sich damit auch die Stirn. Nachdem die Lämmer abgehäutet und ausgenommen sind, werden sie gesalzen und auf Holzspießen in den bereits vorgeheizten Erdgruben gebraten. Es werden ungesäuerte Brote, *Mazzen,* mit Bitterkräutern gereicht und gegessen. Beim eigentlichen Paschamahl spät in der Nacht in den Häusern sind Besucher nicht mehr zugelassen (Ex 12,43).

Die *Ausgrabungen*: Auf dem höchsten Punkt des Garizim wurden vom deutschen Archäologen A.M. Schneider in den 30er-Jahren Ausgrabungen vorgenommen, die 1982–2000 vom israelischen Archäologen Jitzchak Magen weitergeführt wurden. Sie brachten mehrere Schichten zutage, die im Wesentlichen das bestätigten, was wir aus schriftlichen Quellen wissen. Zuunterst liegen die spärlichen und unsicheren Reste der samaritanischen Tempelanlage: Es ist ungeklärt, ob dieser Tempel südlich der römischen Tempelanlage stand, an der Stelle der gegenwärtigen samaritanischen Opferplattform, oder genau dort, wo der spätere Tempel errichtet wurde. 72 n.Chr. wurde der römische Zeustempel errichtet: ein großer Tempelbezirk, umgeben von Pilgerquartieren, öffentlichen Gebäuden und Wohnvierteln. An derselben Stelle erhob sich schließlich die Marienkirche des Kaisers Zeno (Ende 5.Jh. n.Chr.): ein achteckiger Raum mit Ostapsis ($37,5 \times 30$ m), innerhalb dessen ein weiteres Säulenachteck wohl eine Kuppel trug. Entlang der Außenmauern waren vier Seitenkapellen eingebaut, jede mit einer eigenen Apsis, die nur ungefähr nach Osten orientiert waren. Diese Kirche war wie eine Festung angelegt. Starke Mauern mit Ecktürmen sicherten die Anlage (71×56 m), ein Zeichen, wie sehr man mit samaritanischem Widerstand rechnete. Kaiser Justinian ließ im folgenden Jahrhundert noch weitere Anbauten mit einem Wasserbecken, die nördlich vorgelagert sind, hinzufügen. Diese Befestigungen auf dem Garizim wurden in der arabischen und der Kreuzfahrerperiode weiterverwendet, der arabische Name für diese Ruinen ist bis heute *al-Qala,* „die Festung". Im nordöstlichen Turm befindet sich das Grab von Scheich Abu Ghanam, einem Kampfgefährten Saladins.
Das ganze Ausgrabungsgelände ist heute ein israelischer Nationalpark; die Plätze, die den Samaritanern heilig sind und welche sie zu den Feiertagen besuchen, sind eigens eingezäunt. Oberhalb des Parkplatzes liegt ein Felsen, den sie als den Ort verehren, wo Abraham seinen Sohn Isaak opfern sollte (Gen 22). Folgt man dem markierten Rundgang, sieht man bald zur Linken die erwähnte Opferplattform, „Hügel" oder „Altar der Ewigkeit" genannt. Der Rundweg geht zunächst außen an der Umfassungsmauer der römischen Tempelanlage entlang. Zwischen dieser Mauer und der Festungs-

mauer der Kirchenanlage liegen die „Zwölf Steine", die nach samaritanischer Überlieferung Josua hier hat errichten lassen (Deut 27,4;
s.o., S.269; vgl. Jos 4,1-9). Über den Südwestturm der Festungsmauer betritt man den Kirchenbereich, dessen Zentrum die achteckige Marienkirche ist. Auch als Ruine ist diese Anlage noch beeindruckend. Von einer Aussichtsterrasse in der östlichen Festungsmauer
sieht man zu Füßen des Berges das Flüchtlingslager Balata, weiter
links ist die rote Kuppel der Kirche über dem Jakobsbrunnen zu sehen, noch weiter links kann man gerade noch Tell Balata, das antike
Sichem, erkennen.

16. ZWISCHEN NABLUS UND RAMALLAH

Verlässt man Nablus/Sichem nach Süden, fährt man durch einen fruchtbaren Talgrund, der Jesus beim Gespräch mit der Samariterin und den Jüngern das Bild von den „Feldern, reif zur Ernte" in den Mund gelegt haben könnte (Joh 4,35-38).

An der *ha-Maskit Junction* kann man nach rechts zum Berg Garizim hinauffahren (siehe S. 267). Links (östlich der Straße) liegt 2 km entfernt am Berghang das arabische Dorf *Awarta*. An dessen westlichem Ortsrand liegt auf einem Hügel (hinter der modernen Schule) der *Walij* („Heiliger") *Uzeir*. Nach samaritanischer Tradition sind dort die Priester Eleasar (Num 17,1-5) und sein Sohn Pinhas (Num 25, 1-18) bestattet (Jos 24,33). – Beim Besuch des Dorfes sollte man zu verstehen geben, dass man keiner der Siedler aus einer benachbarten israelischen Siedlung ist, da es hier immer wieder zu Konflikten kommt.

Der (sehr schlechten) Straße Nr. 5077 in östlicher Richtung folgend (als Alternative kann man von Süden, von *Akraba,* fahren), gelangt man nach 9 km zum Weiler *Janun*. Dort wurden Mitte des 19. Jh. von der osmanischen Regierung muslimische Bosnier angesiedelt (ähnlich wie in Cäsarea am Meer), die ihre Häuser im Stil ihrer Heimat mit roten Ziegeldächern errichteten; es ist allerdings nur ein einziges davon erhalten. 300 m östlich davon befindet sich auf einem Hügel *Nabi* („Prophet") *Nun,* die Ruine einer Moschee und ein leerer Raum über einer Höhle, umgeben von mächtigen Johannesbrotbäumen. Nach einer örtlichen Tradition ist es das Grab von Nun, dem Vater Josuas (Jos 1,1). Von hier aus hat man nach Südosten einen schönen Blick auf *Alexandreion* (siehe S. 317). Wenn es das Wetter, die Sicherheitskräfte und die eigene Kondition erlauben, kann man von *Ein Janun* (2 km nördlich von *Janun*) auf den Gipfel des 866 m hohen Berges hinaufsteigen, von dem aus man bei klarer Luft einen Drei-Meeres-Blick hat: westlich das Mittelmeer, nordöstlich das „Galiläische Meer" (See Gennesaret), südöstlich das Tote Meer.

Folgt man der Hauptstraße nach Süden (Nr. 57, später Nr. 60), kreuzt kurz vor dem Scheitelpunkt (600 m ü. d. M.) an der *Tapuakh Junction* die Samarienquerstraße Nr. 505. Nach Westen führt sie durch ölbaumbestandene Hügel nördlich unterhalb von *Ariël* entlang, mit ca. 18 000 Einwohnern eine der größten israelischen Siedlungen im Westjordanland. Auf dieser Straße erreicht man nach ca. 10 km das arabische Dorf *Kifil Harit*. Am Dorfplatz, neben der Moschee am höchsten Punkt des Ortes, befindet sich das kleine Heiligtum *Nabi Juscha* (blaue Kuppel). Dort gibt samaritanisch-muslimische Tradi-

tion das Grab des Josua und des Kaleb an (Jos 24,29-30). Josua war
der große Führer, der das Erbe des Mose antrat und Israel ins Gelobte Land führte (Jos 1,1-3). Kaleb war aus dem Stamm Juda und
zeichnete sich nach dem Buch Numeri unter den Kundschaftern aus,
die Mose von Süden her nach Kanaan hineinschickte (Num 13,30-
31; 14,6-9.23-24). Er wird fortan mehrfach zusammen mit Josua genannt; die beiden sind nach den biblischen Berichten die einzigen
der Wüstengeneration, die das Gelobte Land betreten und in Besitz
nehmen durften (Num 14,30.38; 26,65). Bei der Landverteilung erhielt Kaleb die Gegend von Hebron (Jos 14,6-15; 15,13-19). Bei der
Verbindung Kalebs mit dem Süden des Landes ist es zwar unwahrscheinlich, dass sein Grab in Samarien sein soll. Aber da Kaleb oft
zusammen mit Josua genannt wird, wollte man offensichtlich beide
Gräber beieinander haben.

Schilo

Schilo (arab. *Chirbet Seilun*) war in der Richterzeit einer der bedeutendsten Orte Israels. Bald nach der Eroberung des Landes durch Josua wurde die Bundeslade hierher gebracht, wo sie für etwa 350
Jahre blieb:

> Die ganze Gemeinde der Israeliten versammelte sich *in Schilo*.
> *Dort* schlugen sie das Offenbarungszelt auf; das ganze Land
> lag unterworfen vor ihnen (Jos 18,1).

Mit Schilo verbindet sich die Kindheitsgeschichte des Propheten Samuel, um den seine Mutter Hanna bei der jährlichen Wallfahrt nach
Schilo gebetet hatte (1 Sam 1), und insbesondere die liebevoll gestaltete Erzählung von der Berufung des jungen Samuel zum Propheten:

> Der junge Samuel versah den Dienst des HERRN unter der Auf-
> sicht Elis. In jenen Tagen waren Worte des HERRN selten; Vi-
> sionen waren nicht häufig. Eines Tages geschah es: Eli schlief
> auf seinem Platz; seine Augen waren schwach geworden und
> er konnte nicht mehr sehen. Die Lampe Gottes war noch nicht
> erloschen und Samuel schlief im Tempel des HERRN, wo die
> Lade Gottes stand. Da rief der HERR den Samuel und Samuel
> antwortete: Hier bin ich. Dann lief er zu Eli und sagte: Hier
> bin ich, du hast mich gerufen. Eli erwiderte: Ich habe dich
> nicht gerufen. Geh wieder schlafen! Da ging er und legte sich
> wieder schlafen. Der HERR rief noch einmal: Samuel! Samu-
> el stand auf und ging zu Eli und sagte: Hier bin ich, du hast
> mich gerufen. Eli erwiderte: Ich habe dich nicht gerufen, mein
> Sohn. Geh wieder schlafen!

Samuel kannte den HERRN noch nicht und das Wort des HERRN
war ihm noch nicht offenbart worden. Da rief der HERR den
Samuel wieder, zum dritten Mal. Er stand auf und ging zu Eli
und sagte: Hier bin ich, du hast mich gerufen. Da merkte Eli,
dass der HERR den Knaben gerufen hatte. Eli sagte zu Samuel:
Geh, leg dich schlafen! Wenn er dich (wieder) ruft, dann antworte: Rede, HERR; denn dein Diener hört. Samuel ging und
legte sich an seinem Platz nieder. Da kam der HERR, trat (zu
ihm) heran und rief wie die vorigen Male: Samuel, Samuel!
Und Samuel antwortete: Rede, denn dein Diener hört. Der
HERR sagte zu Samuel: Fürwahr, ich werde in Israel etwas tun,
so dass jedem, der davon hört, beide Ohren gellen. An jenem
Tag werde ich an Eli vom Anfang bis zum Ende alles verwirklichen, was ich seinem Haus angedroht habe. Ich habe ihm angekündigt, dass ich über sein Haus für immer das Urteil gesprochen habe wegen seiner Schuld; denn er wusste, wie seine
Söhne Gott lästern, und gebot ihnen nicht Einhalt. Darum habe ich dem Haus Eli geschworen: Die Schuld des Hauses Eli
kann durch Opfer und durch Gaben in Ewigkeit nicht gesühnt
werden. Samuel blieb bis zum Morgen liegen, dann öffnete er
die Türen zum Haus des HERRN. Er fürchtete sich aber, Eli von
der Vision zu berichten. Da rief Eli Samuel und sagte: Samuel, mein Sohn! Er antwortete: Hier bin ich. Eli fragte: Was war
es, das er zu dir gesagt hat? Verheimliche mir nichts! Gott
möge dir dies und das antun, wenn du mir auch nur eines von
all den Worten verheimlichst, die er zu dir gesprochen hat.
Da teilte ihm Samuel alle Worte mit und verheimlichte ihm
nichts. Darauf sagte Eli: Es ist der HERR. Er tue, was ihm gefällt.

Samuel wuchs heran und der HERR war mit ihm und ließ kei-
nes von all seinen Worten unerfüllt. Ganz Israel von Dan bis
Beerscheba erkannte, dass Samuel als Prophet des HERRN beglaubigt war. Auch weiterhin erschien der HERR *in Schilo*:
Der HERR offenbarte sich Samuel *in Schilo* durch sein Wort
(1 Sam 3,1-21).

In den folgenden verlustreichen Philisterkämpfen wollte man eine
Wende herbeiführen und holte die Bundeslade ins Schlachtengetüm-
mel. Doch vergeblich: Die Bundeslade ging verloren. Zwar wurde
sie von den Philistern zurückgegeben, weil sie von allerlei merkwür-
digem Unglück heimgesucht wurden (1 Sam 6,1-16; siehe S.629),
aber die Lade kam nicht mehr nach Schilo zurück, sondern nach
Kirjat-Jearim (siehe S.624).

Zur Zeit des Propheten Jeremia lag der Ort schon längst in Ruinen.
Den Besuchern des Tempels, die sich wegen der Wohnstatt Gottes
in Jerusalem sicher fühlten, gab Jeremia den klarsichtigen Rat:

> Geht doch zu meiner Stätte *in Schilo,* wo ich früher meinen
> Namen wohnen ließ, und schaut, was ich ihr angetan habe we-
> gen des Bösen, das mein Volk Israel verübt hat. Nun denn, ihr
> habt genau das gleiche getan – Spruch des HERRN. Als ich im-
> mer wieder zu euch redete, habt ihr nicht gehört; als ich euch
> rief, habt ihr nicht geantwortet. Deshalb werde ich mit dem
> Haus, über dem mein Name ausgerufen ist und auf das ihr
> euch verlasst, und mit der Stätte, die ich euch und euren Vä-
> tern gegeben habe, so verfahren, wie ich mit *Schilo* verfuhr.
> Verstoßen werde ich euch von meinem Angesicht, wie ich alle
> eure Brüder, alle Nachkommen Efraims, verstoßen habe (Jer
> 7,12-15).

Erst in hellenistischer Zeit lebte der Ort wieder auf. In byzantinischer Zeit gab es hier mehrere Kirchen und mindestens eine Synagoge. Nach der Kreuzfahrerzeit wurde Schilo verlassen und verfiel.
In den 30er- und 60er-Jahren fanden zwei dänische Ausgrabungskampagnen statt, in den 80er-Jahren und seit 2007 haben sich verschiedene israelische Institutionen der Ruinen angenommen. 1978
wurde eine religiöse Siedlung mit dem biblischen Namen *Schilo* östlich oberhalb der Ruinen gegründet, der inzwischen mehrere Toch-
tergründungen in der Umgebung folgten.

Oberhalb des Parkplatzes, noch außerhalb des Ausgrabungsareals,
liegen die Ruinen eines befestigten Gebäudes. Es besteht aus zwei
Räumen, beide mit einer nach Süden gerichteten Nische. Es scheint,
der westliche, größere Raum diente als nach Jerusalem orientierte
Synagoge, der östliche als nach Mekka orientierte Moschee. Wahrscheinlich handelt es sich dabei um die von muslimischen Pilgern
aus der Kreuzfahrerzeit erwähnte Moschee *as-Sekina.* Dieser Name
greift das hebräische Wort *Schechina,* „Wohnen", auf – jüdische
Theologie bezeichnet mit diesem Begriff das *Wohnen,* die Gegenwart Gottes im Jerusalemer Tempel, was gut zu Schilo passt,
„wohnte" doch hier die Bundeslade, lange bevor sie nach Jerusalem
kam. In späterer Zeit wurde das Gebäude als Festung ausgebaut.

Im Eingangsbereich zum Ausgrabungsgelände sieht man eine offene
Zisterne (ca. 5 × 7 m). Das benachbarte „zweischiffige" neue Gebäude steht auf den Fundamenten zweier byzantinischer Kapellen, die
wohl zu einem Kloster gehörten, und verdeckt sie.

Auf halbem Weg zwischen dem Eingangsbereich und dem Ruinenhügel steht zur Rechten ein modernes, langgestrecktes Gebäude. Es
ist auf den Ruinen einer byzantinischen Kirche errichtet. Das teilweise gut erhaltene Mosaik zeigt Spuren ikonoklastischer „Repara-

turen". Da der Ikonoklasmus, die Ausmerzung menschlicher Darstellungen, eine Erscheinung des 8. Jh. n. Chr. war, ist anzunehmen, dass die Kirche zur selben Zeit benutzt war, in der in Schilo auch die Moschee und die Synagoge aktiv waren. Einen weiteren Hinweis auf die Koexistenz der verschiedenen Gemeinden kann man in der griechischen Inschrift am Eingang zur Basilika entdecken, die aramäischen Einfluss aufweist. Das schlichte Gebäude greift die Basilikaform auf, ist aber kürzer als die antike Kirche (die Apsis bleibt außerhalb). Es wurde vom dänischen Archäologen Aage Schmidt in Eigeninitiative errichtet, der nach Beendigung der Ausgrabungen in Schilo blieb. Seine Versuche, aus dem Bau eine Kirche zu machen und sie den Griechisch-Orthodoxen oder den Franziskanern anzuvertrauen, scheiterten am Ausbruch des Zweiten Weltkrieges. Gegenwärtig macht das Gebäude einen vernachlässigten Eindruck.

Nördlich davon steht eine aus Steinquadern errichtete Moschee, die heute völlig verwahrlost ist. Um diese herum brachten Ausgrabungen einen byzantinischen Komplex mit einer Kapelle zum Vorschein. Die schlichten, geometrischen Mosaike sind hervorragend erhalten.

Von hier aus betritt man den eigentlichen Ruinenhügel mit Wohnquartieren, Vorratsgewölben und einer Stadtmauer. Die weiträumig freigelegten Ruinen machen es dem Laien schwer, sich ein klares Bild der Gebäude aus verschiedenen Epochen zu machen. Leider ist nur eine (spärliche) hebräische Beschilderung vorhanden, die dabei helfen könnte. Umso besser kann man sich den Zustand der Verödung vergegenwärtigen, den schon Jeremia beschrieb. Am höchsten Punkt des Hügels wurde eine Aussichtsplattform errichtet, in deren Untergeschoss sich eine kleine Ausstellung über die Geschichte des Ortes befindet.

Der „Tempel des HERRN", in dem Samuel schlief (1 Sam 3,3, s. o.) wurde bei den Ausgrabungen nicht gefunden. Das ist kein Wunder, war doch das Heiligtum von Schilo ein Zeltheiligtum – erst König Salomo sollte mehrere Jahrhunderte später für den HERRN ein „Haus", den Jerusalemer Tempel, errichten (1 Kön 6,1-38; siehe S. 437). Heute wird ein freier Platz am nördlichen Abhang des Hügels als Ort dieses Heiligtums gezeigt. Diese Identifizierung ist zwar nicht zu beweisen, für sie spricht aber, dass die Ausmaße des Platzes und seine Ausrichtung in West-Ost-Richtung zu den biblischen Berichten über das Zeltheiligtum passen.

Wir wissen zwar nichts darüber, wie das Zusammenleben der Angehörigen der drei monotheistischen Religionen in der frühen arabischen Zeit aussah. Die benachbarten Kultstätten wirken aber wie ein Symbol für eine Toleranz, die man sich für die Bewohner der Siedlung und die Verantwortlichen für die hiesigen Altertümer auch wünschen würde.

4 km südlich von Schilo liegt westlich der Hauptstraße in beherrschender Lage das arabische Dorf *Sindschil*. In dem Ortsnamen
steckt der Name des mittelalterlichen Grafen Raymond Saint-Gilles.
Über die nächsten 4 km senkt sich die Straße talwärts. Dieses mit
Ölbäumen bewachsene einsame Tal, wie geschaffen für Überfälle,
trägt den Namen *Wadi al-Haramije* (arab. „Räuber-Tal").

Danach zweigt nach rechts (Westen) die Straße Nr. 465 ab, an der
einige Orte liegen, die von einer christlichen Vergangenheit oder
Gegenwart zeugen. Nach etwa 6 km führt diese Straße unter einer
hohen Brücke hindurch. Um dort hinauf zu kommen, biegt man,
nachdem man die Brücke unterquert hat, nach links. Nach Norden
(also über die Brücke) erreicht man nach etwa 1 km *al-Qatrawani,*
ein malerisches islamisches Heiligtum eines ansonsten unbekannten
muslimischen Heiligen, das über den noch sichtbaren Resten einer
byzantinischen Kirche errichtet ist. Der Leib von al-Qatrawani sei
von Engeln hierher gebracht worden. Diese Legende sowie die Namensähnlichkeit deuten auf eine frühere christliche Verehrung der
hl. Katharina hin, deren Leib ebenfalls von Engeln zu ihrer letzten
Ruhe auf den Katharinenberg gebracht wurde (siehe S. 708).

Südlich der erwähnten Brücke kommt man bald nach *Bir Zeit* (arab.
Ölbaum-Brunnen). Etwa 60 % der 4500 Einwohner des Dorfs sind
Christen (lateinisch, griechisch-orthodox und anglikanisch). Die
1975 gebaute katholische Pfarrkirche ist der Muttergottes von Gua-
dalupe, dem mexikanischen Nationalheiligtum, geweiht. Südlich
von Bir Zeit besteht die gleichnamige Universität. Ursprünglich aus
einer anglikanischen Mädchenschule hervorgegangen, hat sie heute
sieben Fakultäten und etwa 9000 Studenten, darunter überraschend
viele (60 %) Frauen.

Südöstlich von Bir Zeit liegt das Dorf *Dschifna* (meist *Jifna* geschrieben). Gut die Hälfte der etwa 1400 Einwohner sind Christen
(lateinisch und griechisch-orthodox). Gegenüber (östlich) der lateinischen Pfarrkirche wurde eine byzantinischen Kirche entdeckt, die
im Mittelalter, auf ein Schiff verkleinert, wieder aufgebaut wurde
und dem hl. Georg geweiht war. Nördlich daran war ein Raum angebaut, der seinerseits in eine antike Grabkammer führte. Wer dort
bestattet war, ist unbekannt. Eine weitere byzantinische Kirche dürfte im Tal südlich des Dorfkerns gestanden haben. Dort wurde 1858
eine griechisch-orthodoxe Kirche errichtet. In ihrem Eingangsbereich steht ein gut erhaltenes byzantinisches Baptisterium. Nach einer örtlichen Tradition sei die Heilige Familie auf ihrem Weg nach
Jerusalem und zurück (Lk 2,41-50) hier vorbeigekommen. Nach
Flavius Josephus war der Ort – damals hieß er *Gophna* – Sitz einer
Toparchie, eines regionalen Verwaltungszentrums. Nach dem Talmud war Gophna zur Zeit des Jerusalemer Tempels von Priestern
bewohnt, die dort Dienst taten.

Etwa 8 km nach der erwähnten Brücke liegt nördlich der Straße Nr. 465 *Nabi Saleh,* nach lokaler Tradition das Grab von *Saleh,* einem von fünf arabischen Propheten, die im Koran erwähnt werden. Das Heiligtum liegt am Ortseingang rechts und ist durch eine blaue Kuppel erkennbar. Es wurde 2004 renoviert, ist aber schon wieder arg verwahrlost.

4 km südlich davon liegt *Dschammala.* Aufgrund des ähnlichen Namens wird es bisweilen als das *Kefargamala* betrachtet, wo der Priester Lucianus im Jahr 415 nach einer Vision das Grab des Erzmärtyrers Stephanus und des Rabbi Gamaliel der Apostelgeschichte (Apg 5,34) entdeckt haben will (vgl. S. 631). Untersuchungen in den 1920er-Jahren haben zwar eine byzantinische Kirche entdeckt, aber keine passende Grabanlage.

Der Straße Nr. 465 weiter folgend, liegt bei einem kleinen Pass (3 km westlich von Nabi Saleh) rechts (nördlich) der Straße *Chirbet Tibna,* in dem man eventuell das *Timnat-Serach* der Bibel sehen darf, das Josua bei der Landnahme als Erbbesitz bekam (Jos 19,49-50) und wo er auch begraben wurde (Jos 24,29-30). Der ausgedehnte Ruinenhügel weist viele archäologische Reste auf, die aber nie systematisch ausgegraben wurden. Südöstlich gegenüber von Chirbet Timna, auf der anderen Seite der Straße, liegen etliche, zum Teil mit Schaufassaden versehene Gräber.

Nach weiteren 3 km kommt das Dorf *Abud* (2200 Einwohner, halb muslimisch, halb christlich – griechisch-orthodox und römisch-katholisch). Die griechisch-orthodoxe Kirche *Sitti Miriam,* „Herrin Maria", ist eine mehrfach umgebaute byzantinische Kirche. Oben im Gewölbe des rechten Seitenschiffes befindet sich ein Stein mit einer syrischen Inschrift, die beginnt: „Im Jahr 450 der Herrschaft der Beduinen (= 1058 n. Chr.), ... durch die Bemühungen unseres heiligen Vaters, Patriarch Theodosius ..." Die erstaunliche Existenz syrischsprachiger Christen in jener Zeit und Gegend wird durch eine syrische Evangelienhandschrift bestätigt, die ein „Elias, Mönch von Abud" 1030 angefertigt hat und die sich heute in der Vatikanischen Bibliothek befindet. Westlich vom Dorf liegt auf einem Hügel ein kleines Barbaraheiligtum, dessen Grundmauern aus der byzantinischen Zeit stammen. Der heutige kleine Bau wurde neu errichtet, nachdem 2002 das bisherige Heiligtum von der israelischen Armee zerstört wurde.

5 km nordwestlich von Abud liegt, am Rand der Küstenebene, das Dorf *Rantis.* Die Namensähnlichkeit und die Lage auf einem Doppelhügel machen eine Identifizierung mit dem biblischen *Rama,* hebr. „Höhe", bzw. *Ramatajim,* hebr. „Doppel-Höhe", möglich, dem Geburts-, Wirkungs- und Sterbeort des Propheten Samuel (1 Sam 1,19; 7,17; 25,1) und der Heimat von Josef von *Arimathäa,* der sein Grab für Jesus zur Verfügung stellte (Mk 15,43-46, Joh 19,38-39).

Am Beginn des ersten Buches Samuel gebraucht die Bibel die volle-
re Form *Ramatajim* (1 Sam 1,1), um sich dann mit der Kurzform *Rama* zu begnügen. Der Name *Rama,* „Höhe", kommt naturgemäß
häufiger vor. Hier handelt es sich um Rama in Efraim (Ri 4,5), während das aus der Erzählung vom betlehemitischen Kindermord bekannte Rama in Benjamin (siehe S. 300) liegt. Eusebius von Cäsarea
gibt im 4. Jh. n. Chr. den Namen des Ortes als *Remphis* wieder. Von
einer byzantinischen Kirche am Rand des Dorfes ist fast nichts erhalten und gar nichts zu sehen.

Bei der Siedlung *Ofra* zweigt von der Hauptstraße Nr. 60 die Straße
Nr. 449 nach links (Osten) ab, die durch eine beeindruckende gebir-
gige Wüstenlandschaft nach Jericho hinabführt.
Auf ihr erreicht man nach etwa 5 km *at-Taybe* (arab. „die Gute/
Schöne"), ein christliches Dorf mit einer griechisch-orthodoxen, einer griechisch-katholischen und einer römisch-katholischen Gemeinde – die Dorfbewohner sind stolz darauf, das einzige ganz
christliche Dorf im Heiligen Land zu sein. *Taybe* gilt nach örtlicher
Tradition als das „Efraim in der Gegend nahe der Wüste", wohin
sich Jesus kurz vor seinem Tod zeitweilig zurückgezogen hatte (Joh
11,54). Im Dorf sind Überreste einer Kreuzfahrerburg, am südöstlichen Dorfrand eine mittelalterliche Georgskirche auf byzantinischen
Resten erhalten. Im Hof der lateinischen Pfarrkirche wurde das
„Haus der Gleichnisse" eingerichtet. Da das dörfliche Leben bis zu
Beginn der Neuzeit viel von den Verhältnissen der Zeit Jesu wi-
derspiegelte, ermöglicht dieses alte Haus, das gleichzeitig Wohnhaus, Stall und Werkstatt war, Einblicke in die bäuerliche Welt, aus
der Jesus viele seiner Gleichnisse schöpfte. – In *Taybe* befindet sich
die einzige Brauerei Palästinas. Das Bier heißt wie das Dorf und
wird nach dem deutschen Reinheitsgebot gebraut.
3 km nördlich von Taybe erreicht das nördliche zentralpalästinensische Bergland mit 1016 m ü. d. M. seinen höchsten Punkt. Hier ist
das biblische *Baal-Hazor* zu suchen, wohin Abschalom seine Brüder zur Schafschur einlud und beim Festgelage seinen Bruder Amnon ermorden ließ (2 Sam 13,23-37). Heute ist die Höhe militärisch
genutzt.

Bet-El

Das alte *Bet-El,* „Gottes-Haus", liegt an der Stelle des hochgelegenen arabischen Dorfes *Beitin,* das den alten Namen noch erkennen
lässt. Dagegen liegt die moderne israelische Siedlung Bet-El, die
den biblischen Namen aufgreift, etwa 2 km nordwestlich davon.
Beitin liegt direkt westlich der Hauptstraße Nr. 60, ist von dieser aus

aber nur zu Fuß zu erreichen. Archäologische Untersuchungen am nördlichen Dorfausgang wurden nach dem Zweiten Weltkrieg vorgenommen, sind aber wieder bedeckt. Einige antike Bauelemente sind in den Gebäuden des Dorfes wiederverwendet. Große Teile der einstmaligen Stadt liegen unter dem heutigen Dorf und konnten deshalb nicht erforscht werden. Immerhin weiß man, dass der Ort in der Mittleren Bronzezeit mit einer dicken Mauer gesichert war.

Die biblischen Erinnerungen beginnen mit den Patriarchen. Bei seinem Zug in das Land Kanaan „schlug Abraham sein Zelt so auf, dass er Bet-El im Westen und Ai im Osten hatte. Dort baute er dem Herrn einen Altar" (Gen 12,8). Auf der Flucht vor seinem Bruder Esau wurde dort Jakob im Traum durch die Vision von einer zum Himmel reichenden Treppe ermutigt:

> Jakob zog aus Beerscheba weg und ging nach Haran. Er kam an einen bestimmten Ort, wo er übernachtete, denn die Sonne war untergegangen. Er nahm einen von den Steinen dieses Ortes, legte ihn unter seinen Kopf und schlief dort ein. Da hatte er einen Traum: Er sah eine Treppe, die auf der Erde stand und bis zum Himmel reichte. Auf ihr stiegen Engel Gottes auf und nieder. Und siehe, der Herr stand oben und sprach: Ich bin der Herr, der Gott deines Vaters Abraham und der Gott Isaaks. Das Land, auf dem du liegst, will ich dir und deinen Nachkommen geben. Deine Nachkommen werden zahlreich sein wie der Staub auf der Erde. Du wirst dich unaufhaltsam ausbreiten nach Westen und Osten, nach Norden und Süden und durch dich und deine Nachkommen werden alle Geschlechter der Erde Segen erlangen. Ich bin mit dir, ich behüte dich, wohin du auch gehst, und bringe dich zurück in dieses Land. Denn ich verlasse dich nicht, bis ich vollbringe, was ich dir versprochen habe. Jakob erwachte aus seinem Schlaf und sagte: Wirklich, der Herr ist an diesem Ort und ich wusste es nicht. Furcht überkam ihn und er sagte: Wie ehrfurchtgebietend ist doch dieser Ort. Hier ist nichts anderes als das Haus Gottes und das Tor des Himmels. Jakob stand früh am Morgen auf, nahm den Stein, den er unter seinen Kopf gelegt hatte, stellte ihn als Steinmal auf und goss Öl darauf. Dann gab er dem Ort den Namen *Bet-El* (Haus Gottes). Früher hieß die Stadt Lus. Jakob machte das Gelübde: Wenn Gott mit mir ist und mich auf diesem Weg, den ich eingeschlagen habe, behütet, wenn er mir Brot zum Essen und Kleider zum Anziehen gibt, wenn ich wohlbehalten heimkehre in das Haus meines Vaters und der Herr sich mir als Gott erweist, dann soll der Stein, den ich als Steinmal aufgestellt habe, ein Gotteshaus

werden und von allem, was du mir schenkst, will ich dir den
zehnten Teil geben (Gen 28,10-22).

Bet-El wurde für die Israeliten ein religiöses Zentrum (Ri 1,22-25;
20,26-27). Damals war Bet-El ein Ort der Rechtsprechung, aber
doch nur einer unter mehreren (1 Sam 7,15-16). Bewusst aufgewertet wurde Bet-El um 925 v. Chr. durch König Jerobeam, den ersten
König des Nordreiches, der Bet-El (und Dan, siehe S. 215) als Kon-
kurrenzheiligtum zum nahen Jerusalem sehr förderte (1 Kön 12,26-
33). Doch noch für den Propheten Elija, der ja gewiss ein Eiferer für
den Gott Israels war, ist Bet-El ein anerkanntes Heiligtum, das er
zusammen mit Elischa vor seinem Tod aufsuchte (2 Kön 2,1-3). Der
Prophet Amos kündigte Bet-El zwar die Zerstörung an (Am 3,14;
4,4-5), aber er wirkte, obwohl Judäer, an diesem Heiligtum, bis er
von dort ausgewiesen wurde (Am 7,12-15). Nach der Unterwerfung
des Nordreiches durch die Assyrer 722 v. Chr. erlebte Bet-El eine
gewisse Wiederherstellung (2 Kön 17,26-28), doch wurde es jetzt
als Konkurrenz zu Jerusalem zunehmend verfemt und von Joschija,
dem König des überlebenden Südreiches, zerstört. Das Gottessym-
bol von Bet-El ist den Berichten nach ein Stierbild gewesen, das in
der Polemik der Judäer als Kalb verspottet wurde (vgl. das „goldene
Kalb" am Sinai, Ex 32,1-6).

Neuen Aufschwung brachte die hellenistische, römische und byzantinische Zeit; die Stadt dehnte sich nach Osten aus, auch der Hügel
südöstlich wurde miteinbezogen. Dort sind neben einem mittelalterlichen Turm (*Burdsch Beitin*; das Grundstück gehört den Benediktinern von der Dormitioabtei in Jerusalem) bescheidene Überreste einer vermuteten Kirche zu sehen, während auf einer großen byzantinischen und einer kleineren Kreuzfahrerkirche im Dorf die Moschee
erbaut ist. Die Ruine eines weiteren byzantinischen Klosters mit einer Kirche liegt auf dem Hügel südöstlich des Dorfes (auf der anderen Seite der Straße Nr. 60).

Aus schriftlichen Quellen der byzantinischen Zeit wissen wir von
Orten, die den biblischen Stammvätern Abraham und Jakob geweiht
waren, sowie vom Grab des namenlosen Gottesmannes, der scharf
gegen den Kult von Bet-El protestierte (1 Kön 13). Ob es sich dabei
um eine oder mehrere Kirchen handelte, ist unklar, so dass eine
Identifizierung der einzelnen byzantinischen Kirchen unmöglich ist.
In einer diese Kirchen wurde im 5. Jh. der Stein gezeigt, auf dem Jakob sein Haupt bettete und den er als Gedenkstein aufstellen ließ
(Gen 28,10-22, s. o.). Während der Kreuzfahrerzeit wurde dieser
Stein nach England gebracht; heute wird er in Edinburg (Schottland)
aufbewahrt. Jeweils zur Königskrönung wird er nach London gebracht und unter den Krönungsstuhl in der Westminster Abbey gelegt, um den englischen Monarchen der Nähe Gottes zu versichern.

Eindrucksvoller sind die Überreste der in der Bibel öfter mit Bet-El zusammen genannten Stadt *Ai* (Gen 12,8; 13,3, Jos 7,2). Sie wurde im Hügel *at-Tell*, „der Hügel", nordwestlich von *Der Dibwan,* 2 km südöstlich von Bet-El identifiziert. Dort wurde eine Zitadelle und zwei Tempel, große Wohnhäuser und eine imponierende dreifache Stadtmauer aufgefunden. Noch mehr als Bet-El hat Ai seine große Zeit längst vor der israelitischen Eroberung erlebt. In der Richterzeit war es nur mehr ein unbefestigtes Dorf, das später ganz aufgegeben wurde.

17. RAMALLAH UND UMGEBUNG

Ramallah (870 m ü. M.) war bis vor wenigen Jahrzehnten ein Erholungszentrum mit grünen Gärten, einladenden Restaurants und orientalischen Cafés, das von den Jerusalemer Arabern an Sommerabenden gern aufgesucht wurde. Dies hat sich einerseits durch das städtebaulich nicht immer geglückte Wachstum der Stadt, andererseits durch die Abriegelung von Jerusalem durch Mauer und Checkpoint geändert. Genaue Einwohnerzahlen sind nicht zu ermitteln, man geht von bald 300 000 Menschen aus, die in der Stadt und den mit ihr zusammengebauten Nachbargemeinden und Flüchtlingslagern leben.

Infolge des ungeklärten Status von Jerusalem ist Ramallah de facto Hauptstadt des autonomen Palästinensergebietes geworden. Daher ist die Stadt heute auch von vielen Ausländern geprägt, beispielsweise den Angehörigen zahlreicher Botschaften/Vertretungen und NGOs.

Mit den biblischen Orten *Rama in Benjamin* und *Rama in Efraim* hat Ramallah trotz der Namensähnlichkeit nichts zu tun (siehe S. 279 und 300). Die Stadt – der arabische Name heißt „Gottes-Hügel" – wurde erst im 14. Jh. n. Chr. von Christen gegründet, die aus Schaubaq im heutigen Jordanien vertrieben worden waren. Bis heute hat Ramallah eine stattliche lateinische und mehrere andere christliche Gemeinden.

Mit Ramallah zusammengebaut, aber älter ist *al-Bire* (von arab. *Bir,* „Brunnen") mit etwa 40 000 Einwohnern, das östlich davon liegt. Die Ruinen einer dreischiffigen byzantinischen Kirche werden in örtlicher Tradition als erste Haltestation der galiläischen Jerusalempilger angesehen, an der Maria und Josef den zurückgebliebenen zwölfjährigen Jesus vermissten. Die Erzählung des Evangelisten Lukas lautet:

> Die Eltern Jesu gingen jedes Jahr zum Paschafest nach Jerusalem. Als er zwölf Jahre alt geworden war, zogen sie wieder hinauf, wie es dem Festbrauch entsprach. Nachdem die Festtage zu Ende waren, machten sie sich auf den Heimweg. Der junge Jesus aber blieb in Jerusalem, ohne dass seine Eltern es merkten. Sie meinten, er sei irgendwo in der Pilgergruppe, und reisten eine Tagesstrecke weit; dann suchten sie ihn bei den Verwandten und Bekannten. Als sie ihn nicht fanden, kehrten sie nach Jerusalem zurück und suchten ihn dort. Nach drei Tagen fanden sie ihn im Tempel; er saß mitten unter den Lehrern, hörte ihnen zu und stellte Fragen. Alle, die ihn hörten, waren erstaunt über sein Verständnis und über seine Antworten. Als seine Eltern ihn sahen, waren sie sehr betroffen

und seine Mutter sagte zu ihm: Kind, wie konntest du uns das antun? Dein Vater und ich haben dich voll Angst gesucht. Da sagte er zu ihnen: Warum habt ihr mich gesucht? Wusstet ihr nicht, dass ich in dem sein muss, was meinem Vater gehört? Doch sie verstanden nicht, was er damit sagen wollte (Lk 2, 41-52).

An der südlichen Ausfallstraße von Ramallah (Richtung Jerusalem) liegt westlich der Straße ein Hügel, *Tell an-Nasbe,* der in der alttestamentlichen Zeit *Mizpa* (oder *Mizpe*) hieß. Hier war schon in der Richterzeit ein Zentrum des Stammes Benjamin und ganz Israels (Ri 20,1) mit einer Kultstätte:

> Samuel sagte: Versammelt ganz Israel in *Mizpa*; ich will für euch zum HERRN beten. Da versammelten sie sich in *Mizpa,* sie schöpften Wasser und gossen es vor dem HERRN aus. Dort fasteten sie an diesem Tag und sagten: Wir haben uns gegen den HERRN versündigt. Samuel sprach den Israeliten Recht in *Mizpa* (1 Sam 7,5-6).

In Mizpa wurde Saul aus dem Stamm Benjamin zum ersten König von Israel erwählt (1 Sam 10,17-27). Nach der Zerstörung Jerusalems durch die Babylonier wurde der Ort Verwaltungssitz des Statthalters Gedalja (Jer 40,6-12) und auch die makkabäischen Rebellen erinnerten sich noch des früher bedeutenden Ortes:

> Sie versammelten sich also und gingen nach *Mizpa*. Das ist ein Ort, der Jerusalem gegenüber liegt und an dem die Israeliten früher eine Gebetsstätte hatten. Sie fasteten an jenem Tag, zogen Bußkleider an, streuten sich Staub auf das Haupt und zerrissen ihre Gewänder. Sie breiteten die Gesetzesrolle aus, um eine Entscheidung zu erhalten, so wie die fremden Völker ihre Götterbilder befragen (1 Makk 3,46-48).

In Tell an-Nasbe wurden die Stadtmauer mit zweifachem Tor und eine große Zisterne gefunden; es war eine der am stärksten befestigten Städte der frühen Monarchie, wahrscheinlich König Asa (908–867 v.Chr.) zuzuschreiben (1 Kön 15,22). Die Ausgrabungen wurden zur Gänze wieder bedeckt, der Hügel wird teils landwirtschaftlich genutzt, teils liegt er brach. Man hat von hier aus einen guten Überblick über den Südteil der schnell wachsenden Stadt Ramallah. An wenigen Stellen sind die alten Befestigungsmauern als Fundamente von Stützmauern landwirtschaftlicher Terrassen zu erkennen.

Gibeon

Südwestlich von Ramallah liegt das Dorf *al-Dschib,* auch *(al-)Jib*
geschrieben. Gleich oberhalb dieses Dorfes wurde das alttestamentliche *Gibeon* ausgemacht und erforscht, eine nicht unbedeutende kanaanäische Stadt. Sie wurde von Josua bei der Landnahme nicht erobert und mit dem Bann bestraft. Zusammen mit einigen Orten in
der Nachbarschaft war sie frühzeitig mit Israel verbündet. Die Bibel
bietet dafür folgende Erklärung:

> Als die Einwohner von *Gibeon* erfuhren, was Josua mit Jeri-
> cho und Ai gemacht hatte, griffen sie zu einer List. Sie versa-
> hen sich mit Verpflegung, packten alte Säcke und alte, brüchi-
> ge und geflickte Weinschläuche auf ihre Esel und machten
> sich damit auf den Weg. Sie zogen alte, geflickte Schuhe und
> alte Mäntel an. Das ganze Brot in ihrem Vorrat war trocken
> und krümelig. So zogen sie zu Josua ins Lager nach Gilgal
> und sagten zu ihm und zu den Israeliten: Wir kommen aus ei-
> nem fernen Land. Schließt doch einen Vertrag mit uns! Da
> antworteten die Israeliten den Hiwitern: Vielleicht wohnt ihr
> mitten in unserem Gebiet. Wie können wir da einen Vertrag
> mit euch schließen? Sie aber sagten zu Josua: Wir sind deine
> Knechte. Josua fragte sie: Wer seid ihr und woher kommt ihr?
> Sie antworteten ihm: Deine Knechte kommen aus einem weit
> entfernten Land, angezogen vom Ruhm des HERRN, deines
> Gottes. Wir haben von seinem Ruhm und von allem gehört,
> was er in Ägypten getan hat, und auch von allem, was er mit
> den beiden Königen der Amoriter jenseits des Jordan gemacht
> hat, mit Sihon, dem König von Heschbon, und mit Og, dem
> König des Baschan in Aschtarot. Da sagten unsere Ältesten
> und alle Bewohner des Landes zu uns: Nehmt Verpflegung für
> unterwegs mit, zieht ihnen entgegen und sagt zu ihnen: Wir
> sind eure Knechte. Nun schließt mit uns einen Vertrag! Unser
> Brot hier war noch warm, als wir es aus unseren Häusern als
> Vorrat mitnahmen an dem Tag, als wir uns auf den Weg zu
> euch machten. Jetzt aber, seht her: Es ist trocken und krüme-
> lig. Auch diese Weinschläuche waren neu, als wir sie füllten;
> und jetzt, seht her: Sie sind brüchig. Und hier, unsere Mäntel
> und unsere Schuhe, sie sind durch den weiten Weg ganz abge-
> nützt. Da nahmen die Israeliten etwas von der Verpflegung;
> aber den Mund des HERRN befragten sie nicht. So gewährte ih-
> nen Josua Frieden und schloss mit ihnen einen Vertrag, sie am
> Leben zu lassen. Auch die Vorsteher der Gemeinde leisteten
> ihnen einen Eid.

Drei Tage aber, nachdem sie mit ihnen den Vertrag geschlossen hatten, erfuhren sie, dass die Männer aus der Nähe waren und mitten in ihrem Gebiet wohnten. Die Israeliten brachen auf und kamen am dritten Tag zu ihren Städten: nach *Gibeon,* Kefira, Beerot und Kirjat-Jearim. Aber die Israeliten erschlugen die Einwohner nicht, weil die Vorsteher der Gemeinde ihnen beim HERRN, dem Gott Israels, einen Eid geleistet hatten. Doch die ganze Gemeinde war empört über die Vorsteher. Da sagten alle Vorsteher zu der Gemeinde: Wir haben ihnen beim HERRN, dem Gott Israels, einen Eid geleistet. Darum können wir ihnen nichts tun. Wir wollen es so mit ihnen machen: Wir werden sie am Leben lassen, damit nicht wegen des Eides, den wir ihnen geschworen haben, ein Zorngericht über uns kommt. Die Vorsteher sagten also zu ihnen: Sie sollen am Leben bleiben. So wurden sie Holzfäller und Wasserträger für die ganze Gemeinde, wie es ihnen die Vorsteher sagten.

Darauf rief Josua *die Gibeoniter* und sagte zu ihnen: Warum habt ihr uns getäuscht und gesagt: Wir wohnen sehr weit entfernt von euch, obwohl ihr mitten in unserem Gebiet wohnt? Nun seid ihr verflucht; ihr müsst für immer Sklaven, Holzfäller und Wasserträger für das Haus meines Gottes sein. Sie antworteten Josua: Deinen Knechten wurde genau berichtet, was der HERR, dein Gott, seinem Knecht Mose befohlen hat: euch das ganze Land zu geben und alle Bewohner des Landes vor euren Augen zu vernichten. Darum hatten wir große Angst vor euch und fürchteten um unser Leben. Deshalb haben wir das getan. Jetzt sind wir in deiner Hand. Mach mit uns, was dir gut und recht erscheint. Daraufhin tat er folgendes: Er rettete sie zwar aus der Gewalt der Israeliten, so dass sie sie nicht töteten; doch er machte sie an jenem Tag zu Holzfällern und Wasserträgern für die Gemeinde und für den Altar des HERRN an dem Ort, den er erwählen würde. Das sind sie bis zum heutigen Tag geblieben (Jos 9,3-27).

Bei Ausgrabungen in den 50er-Jahren entdeckte man eine mächtige Stadtmauer mit Türmen, eine 17 m tiefe offene Zisterne, in die man über 93 Stufen hinuntersteigen kann, mit einem heute noch begehbaren unterirdischen Zugang zur nahen Quelle. Die Ausgrabungsstätte ist zwar etwas verwahrlost, aber sie legt ein beeindruckendes Zeugnis ab, welche Anstrengungen nötig waren, um die Wasserversorgung einer antiken Stadt zu sichern.

Diese Zisterne wurde Zeuge einer grausamen Szene innerhalb des Kampfes um die Nachfolge von König Saul:

Abner, der Sohn Ners, zog mit den Knechten Ischbaals, des Sohnes Sauls, von Mahanajim nach *Gibeon.* Auch Joab, der

Sohn der Zeruja, und die Knechte Davids waren ausgezogen;
sie trafen mit ihnen *am Teich von Gibeon* zusammen. Die einen blieben diesseits, die anderen jenseits des Teiches. Da
sagte Abner zu Joab: Die jungen Männer könnten doch zu einem Kampfspiel vor uns antreten. Joab erwiderte: Sie sollen
antreten. Sie stellten sich also auf und es wurde abgezählt:
zwölf für Benjamin und Ischbaal, den Sohn Sauls, und zwölf
von den Leuten Davids. Jeder fasste seinen Gegner am Kopf
und stieß ihm das Schwert in die Seite, so dass alle miteinander fielen (1 Sam 2,12-16).

Nabi Samuil

Das muslimische und jüdische Heiligtum *Nabi Samuil* (arab.)/*Nevi
Samuel* (hebr.), „Prophet Samuel", erhaben auf einem Berg (890 m
ü. d. M.) 8 km nordwestlich von Jerusalem gelegen, verehrt das Grab
des biblischen Propheten Samuel. Die antiken schriftlichen Quellen
über seine Grabstätte geben kein klares Bild über die Lokalisierung
dieses Grabes. Die archäologischen Untersuchungen des Ortes ver-
mehren sogar die Unklarheiten anstatt sie zu lösen.

Samuel starb und ganz Israel versammelte sich und hielt für
ihn die Totenklage. Man begrub ihn in seinem Haus in Rama
(1 Sam 25,1).

Schon diese biblische Angabe ist zweideutig: Handelt es sich dabei
um Rama/Ramatajim in Efraim, die Heimat des Propheten (1 Sam
1,1; vgl. S. 279), oder um Rama in Benjamin (siehe S. 300)? Für
letzteres spricht Samuels Begegnung mit dem Benjaminiter Saul,
den er zum König salbte (1 Sam 9 – 10).
Aus byzantinischen Chroniken wissen wir von einer Überführung
der Reliquien Samuels nach Konstantinopel im Jahr 406 n. Chr., wobei der Ausgangspunkt nicht klar ist. Prokopius von Cäsarea (Mitte
des 6. Jh.) erwähnt ein Kloster St. Samuel, dessen Lage aber ebenfalls unklar ist.
Der jüdische Pilger Benjamin von Tudela (1171) berichtet von einer
weiteren Übertragung der Reliquien: Die Kreuzfahrer hätten sie aus
Samuels Heimat Rama in die hiesige Samuelsbasilika gebracht.
Seitdem ist die Identifizierung des Ortes mit dem Grab Samuels Allgemeingut bei Juden, Christen und Muslimen.
Die Archäologie ergibt folgendes Bild: Aus der alttestamentlichen
Zeit (Eisenzeit) gibt es vereinzelte Funde, allerdings keine Gebäude,
sondern nur Kleinfunde im Füllmaterial der späteren Überbauung.
In hellenistischer Zeit (2. Jh. v. Chr.) wurde hier ein Dorf errichtet,
das im folgenden Jahrhundert wieder aufgegeben wurde. Viele sei-

ner Häuser sind gut erhalten, man hat sie beim Betreten des Ausgrabungsgeländes links vor sich.

Aus der byzantinischen Zeit gibt es nur spärliche Funde. Es fehlt jede Spur einer Kirche oder eines Klosters, entweder weil es hier nie eines gegeben hat oder weil es ganz unter den Kreuzfahrerbauten verschwunden ist.

Die meisten der heute sichtbaren Gebäude und Ruinen stammen aus der Kreuzfahrerzeit. Die Kreuzfahrer nannten den Berg *Mons Gaudii*, „Freuden-Berg", weil sie von hier aus zum ersten Mal Jerusalem erblickten. 1157 errichteten Prämonstratenser eine Kirche mit Krypta, die dem Propheten Samuel geweiht war. Ob das Grabmahl in der Krypta tatsächlich auf die Kreuzfahrerzeit zurückgeht, ist unklar. Die Befestigungsmauer, die den Kirchenkomplex umgab, ist noch gut zu erkennen. Um sie herum war ein Burggraben angelegt, der gleichzeitig als Steinbruch diente. An der Westseite des Komplexes – hier war ursprünglich der Eingang der Kirche – ist die Steinbruchtätigkeit noch gut zu erkennen, da sie hier nicht vollendet wurde. Nördlich der Kirche ist der Graben zu einem Platz geweitet, auf dessen gegenüberliegender Seite noch Ställe und Pilgerunterkünfte zu erkennen sind.

1730 wurde in den Ruinen der Kreuzfahrerkirche eine Moschee errichtet. Diese wurde während des Ersten Weltkriegs schwer beschädigt und in den folgenden Jahren in der heutigen Gestalt wieder aufgebaut. Aus dieser Zeit stammen auch die jüngsten Ruinen, die zum Dorf *Nabi Samuil* gehörten – geht man vom Eingangsbereich des Ausgrabungsgeländes in Richtung Kirche/Moschee, hat man sie zur Rechten. Ein Teil des arabischen Dorfes (220 Einwohner) besteht bis heute (östlich der archäologischen Zone und des Heiligtums).

Nachdem 1967 diese Gegend israelisch besetzt wurde, wurde die Krypta in eine Synagoge umgestaltet, der Zugang muslimischer Beter zur Moschee eingeschränkt. Manche der jüdischen Beter, die in den letzten Jahren vermehrt diesen Ort aufsuchen, sehen den Besuch der heiligen Stätte durch Andersgläubige (auch christliche Pilger oder Touristen) ungern. Leider ist dieses eigentlich ökumenische Heiligtum ein Beispiel für das problematische Nebeneinander unterschiedlicher Religionen und Völker im Heiligen Land.

Ist das Samuelsgrab mit zahlreichen Fragezeichen behaftet, so befindet man sich hier bei anderen biblischen Ereignissen auf sichererem Boden. In der Vergangenheit wurde für den Ort die Identifizierung mit dem biblischen Mizpa vorgeschlagen (siehe S. 285), was aufgrund der fehlenden Bebauung aus jener Zeit unwahrscheinlich ist. Dagegen darf man hier die Kulthöhe des nahen Gibeon (s. o., S. 286) annehmen, Schauplatz mehrerer biblischer Erzählungen. Die grausige Episode 2 Sam 21,1-14 berichtet von der Hinrichtung von sieben Söhnen König Sauls. Rizpa, die Mutter zweier dieser Söhne, harrte monatelang bei deren Leichen aus und verscheuchte Raubtiere, bevor König David sie bestatten ließ. Positiver ist eine weitere biblische Erinnerung, die berühmte Bitte König Salomos um Weisheit:

> Salomo, der Sohn Davids, gewann Macht in seinem König
> tum, der HERR, sein Gott, war mit ihm und ließ ihn überaus
> stark werden. Er sprach mit ganz Israel, den Obersten der Tau
> send- und Hundertschaften, den Richtern, mit allen Fürsten
> aus ganz Israel und mit den Häuptern der Großfamilien. Dann
> ging er mit der ganzen Versammlung, die bei ihm war, *zur*
> *Kulthöhe von Gibeon*; denn hier war das Offenbarungszelt
> Gottes, das Mose, der Knecht des HERRN, in der Wüste ange
> fertigt hatte. Die Lade Gottes jedoch hatte David aus Kirjat-
> Jearim an den Ort bringen lassen, den er für sie hergerichtet
> hatte. Er hatte nämlich in Jerusalem ein Zelt für sie aufgestellt.
> Der bronzene Altar, den Bezalel, der Sohn Uris und Enkel
> Hurs, gemacht hatte, stand *in Gibeon vor der Wohnstätte des*
> *HERRN*. Ihn suchten Salomo und die ganze Versammlung Is
> raels auf. Salomo stieg dort auf den bronzenen Altar vor dem
> HERRN beim Offenbarungszelt und brachte auf ihm tausend
> Brandopfer dar.
> In jener Nacht erschien Gott dem Salomo und forderte ihn auf:
> Sprich eine Bitte aus, die ich dir gewähren soll. Salomo ant
> wortete Gott: Du hast meinem Vater David große Huld erwie
> sen und mich an seiner Stelle zum König gemacht. So möge
> sich nun, mein HERR und Gott, dein Wort an meinen Vater Da
> vid als wahr erweisen; denn du hast mich zum König gemacht
> über ein Volk, das zahlreich ist wie der Staub der Erde. Ver
> leih mir daher Weisheit und Einsicht, damit ich weiß, wie ich
> mich vor diesem Volk verhalten soll. Denn wer könnte sonst
> dieses mächtige Volk regieren? Gott antwortete Salomo: Weil
> dir das am Herzen liegt, weil du nicht um Reichtum, Vermö
> gen, Ehre oder um den Tod deiner Feinde, auch nicht um
> langes Leben gebeten hast, sondern weil du um Weisheit und
> Einsicht gebeten hast, um mein Volk zu regieren, zu dessen
> König ich dich bestellt habe, sollen dir Weisheit und Einsicht
> zuteil werden. Aber auch Reichtum, Vermögen und Ehre will
> ich dir geben, wie sie kein König vor dir erlangt hat und auch
> nach dir keiner haben wird. Darauf ging Salomo *von der Kult*
> *höhe in Gibeon,* vom Offenbarungszelt, weg nach Jerusalem
> und herrschte über Israel (2 Chr 1,1-13).

Emmaus/Qubeibe – die Diskussion um das biblische Emmaus

Es gibt mindestens drei Orte, die für die Lage des biblischen *Emmaus* in Anspruch genommen werden: *Emmaus/Qubeibe* der Franziskaner, die mittelalterliche Benediktinerkirche bei *Abu Gosch* (siehe S.623) und die Ruinenstätte von *Amwas* (*Nikopolis*) bei Latrun (siehe S.624). Basis der wissenschaftlichen Diskussion wie der religiösen Sehnsucht des Pilgers ist der Bericht des Lukasevangeliums über den einzigartigen Pilgerweg der enttäuschten Jünger Jesu am Abend des Ostertags, bei dem ihnen die Augen aufgingen und sie den auferstandenen Herrn erkannten. Lukas (nicht aber die anderen Evangelien) hat diese Ostererfahrung der zwei Jünger ausführlich erzählt und liebevoll gestaltet:

Am gleichen Tag waren zwei von den Jüngern *auf dem Weg in ein Dorf namens Emmaus, das sechzig Stadien von Jerusalem entfernt ist*. Sie sprachen miteinander über all das, was sich ereignet hatte. Während sie redeten und ihre Gedanken austauschten, kam Jesus hinzu und ging mit ihnen. Doch sie waren wie mit Blindheit geschlagen, so dass sie ihn nicht erkannten. Er fragte sie: Was sind das für Dinge, über die ihr auf eurem Weg miteinander redet? Da blieben sie traurig stehen und der eine von ihnen – er hieß Kleopas – antwortete ihm: Bist du so fremd in Jerusalem, dass du als einziger nicht weißt, was in diesen Tagen dort geschehen ist? Er fragte sie: Was denn? Sie antworteten ihm: Das mit Jesus aus Nazaret. Er war ein Prophet, mächtig in Wort und Tat vor Gott und dem ganzen Volk. Doch unsere Hohenpriester und Führer haben ihn zum Tod verurteilen und ans Kreuz schlagen lassen. Wir aber hatten gehofft, dass er der sei, der Israel erlösen werde. Und dazu ist heute schon der dritte Tag, seitdem das alles geschehen ist. Aber nicht nur das: Auch einige Frauen aus unserem Kreis haben uns in große Aufregung versetzt. Sie waren in der Frühe beim Grab, fanden aber seinen Leichnam nicht. Als sie zurückkamen, erzählten sie, es seien ihnen Engel erschienen und hätten gesagt, er lebe. Einige von uns gingen dann zum Grab und fanden alles so, wie die Frauen gesagt hatten; ihn selbst aber sahen sie nicht. Da sagte er zu ihnen: Begreift ihr denn nicht? Wie schwer fällt es euch, alles zu glauben, was die Propheten gesagt haben. Musste nicht der Messias all das erleiden, um so in seine Herrlichkeit zu gelangen? Und er legte ihnen dar, ausgehend von Mose und allen Propheten, was in der gesamten Schrift über ihn geschrieben steht.
So erreichten sie *das Dorf,* zu dem sie unterwegs waren. Jesus tat, als wolle er weitergehen, aber sie drängten ihn und sagten:

Bleib doch bei uns; denn es wird bald Abend, der Tag hat sich schon geneigt. Da ging er mit hinein, um bei ihnen zu bleiben. Und als er mit ihnen bei Tisch war, nahm er das Brot, sprach den Lobpreis, brach das Brot und gab es ihnen. Da gingen ihnen die Augen auf und sie erkannten ihn; dann sahen sie ihn nicht mehr. Und sie sagten zueinander: Brannte uns nicht das Herz in der Brust, als er unterwegs mit uns redete und uns den Sinn der Schrift erschloss?

Noch in derselben Stunde brachen sie auf und kehrten nach Jerusalem zurück und sie fanden die Elf und die anderen Jünger versammelt. Diese sagten: Der Herr ist wirklich auferstanden und ist dem Simon erschienen. Da erzählten auch sie, was sie unterwegs erlebt und wie sie ihn erkannt hatten, als er das Brot brach (Lk 24,13-35).

Alle zur Diskussion stehenden „Emmäuse" liegen nordwestlich von Jerusalem, auf dem Weg von Jerusalem in Richtung Küstenebene. Man kann sich durchaus vorstellen, dass sich die beiden Jünger nach dem Tod Jesu, seinem vorgeblichen Scheitern, auf diesem Weg zurück in ihre Heimat Galiläa aufgemacht haben, eventuell in Anlehnung an den Auftrag Jesu, den er vor seiner Festnahme gegeben hatte: „Aber nach meiner Auferstehung werde ich euch nach Galiläa vorausgehen" (Mt 26,32 = Mk 14,28; allerdings fehlt diese Aufforderung im Lukasevangelium).

Der Name: Das griechische Original des Lukasevangeliums hat die Form, die dem uns geläufigen *Emmaus* entspricht. Das alttestamentliche Erste Makkabäerbuch, das ebenfalls griechisch geschrieben ist, kennt einen Ort namens *Ammaus* (z.B. 1 Makk 3,40; die deutsche Einheitsübersetzung gibt auch dies mit Emmaus wieder). Es ist klar, dass diese griechischen Texte einen ursprünglich hebräischen Namen wiedergeben, aber welchen? Zwei Ableitungen werden diskutiert: Zum einen von der Wortwurzel *h-m-m*: Diese Wurzel bedeutet „heiße Quelle" oder auch einfach „Quelle"; sie findet sich häufig in hebräischen Ortsnamen (z.B. *Hammat Tiberias,* die heißen Quellen bei Tiberias), auch das arabische Wort *Hammam* (das türkische Bad) ist davon abgeleitet. Da es den *h*-Laut (er ist kehliger als das deutsche *h,* aber weniger als das deutsche *ch*) im Griechischen sowenig wie im Deutschen gibt, verwundert es nicht, dass er in der griechischen Bibel einfach weggelassen wurde. Die zweite Möglichkeit ist *Moza*: Dieses Wort bedeutet „Ausgang"; als Ortsname kann es sowohl den Ausgang aus einem Tal bezeichnen als auch den Ausgang von Wasser, also ebenfalls eine Quelle. Mithin hilft der Name bei der Identifizierung einer konkreten Ortslage kaum weiter.

Die Entfernung: Lukas schreibt „sechzig Stadien von Jerusalem entfernt" (24,13); ein *Stadion* war etwa 180 m, 60 Stadien sind also rund 11 km (die Lutherbibel übersetzt entsprechend „etwa zwei Wegstunden"). Lukas scheint genaue Vorstellungen gehabt zu haben, da er nicht „etwa" hinzufügt, wir er es sonst gern bei Zahlen tut (z.B. Lk 1,56). Allerdings: Es gibt einige alte Bibelhandschriften (nicht die meisten, aber auch nicht die schlechtesten), die statt *60 Stadien* schreiben: *160 Stadien* (29 km). Die meisten Bibelfachleute sind überzeugt, dass der Urtext des Lukas *60 Stadien* gelautet hat, und zwar aus drei Gründen: 1. Mehr Handschriften haben die Zahl 60. 2. Die Zahl *160 Stadien* kann als Versuch erklärt werden, den Lukastext anzupassen an das, was man in byzantinischer Zeit wusste und kannte: Emmaus/Nikopolis (es gibt den Parallelfall „Betanien auf der anderen Seite des Jordan, wo Johannes taufte", Joh 1,28, wo ebenfalls der Ort verschwunden war und deshalb in den Handschriften Korrekturen versucht wurden, siehe S. 320). 3. Bei unterschiedlicher Textüberlieferung ist häufig der kürzere Text der ältere, da die Abschreiber in der Regel den Bibeltext eher ergänzten als von der Heiligen Schrift etwas wegzulassen. Schließlich gibt es noch das praktische Argument: Der Evangelist endet seinen Bericht: „Noch in derselben (Abend-)Stunde brachen sie auf und kehrten nach Jerusalem zurück". Für die fast 30 km (und die beträchtliche Steigung) von Nikopolis nach Jerusalem braucht man wohl sechs Stunden. Selbst wenn man davon ausgeht, dass die Frohe Botschaft sprichwörtlich Flügel verleiht, ist es schwer vorstellbar, dass die beiden Jünger den Weg noch am selben Abend zurücklegten und noch „die Elf und die anderen Jünger versammelt" fanden.

Das Problem der 60 Stadien wurde auch im Mittelalter empfunden. Johannes Mauropus, ein Gelehrter aus Konstantinopel, brachte um 1050 die Zweifel zur Sprache und bemerkt zu den 60 Stadien: „Die einen dehnen sie viel weiter aus, während andere sie im Gegenteil auf 30 zusammendrängen". Er selbst bleibt unschlüssig, aber die Verkürzung auf 30 Stadien ist ein überraschendes, neues Element. Diese neue Entfernungsangabe hat ihren Ursprung in einer Nachricht des Geschichtsschreibers Flavius Josephus, in der es heißt:

> Der Kaiser (Vespasian) gab 800 entlassenen Soldaten ein Gebiet zum Siedeln, das *Ammaus* heißt und *30 Stadien* von Jerusalem entfernt ist.

Daraus ist zu entnehmen, dass es auch ein *Ammaus* näher bei Jerusalem gegeben hat. Die Entfernungsangabe mit 30 Stadien (5,5 km) stimmt freilich mit dem Osterevangelium auch nicht überein.

Emmaus/Nikopolis (zur Besichtigung siehe S. 624): Emmaus war eine Bezirkshauptstadt, etwa auf halbem Weg von Jaffa nach Jerusalem, das Eingangstor von der Ebene zum Aufstieg ins Gebirge. Es wird erstmals erwähnt im Ersten Makkabäerbuch: Judas der Makkabäer errang dort einen überraschenden Sieg über die Syrer unter Gorgias (1 Makk 3,38–4,25). Weil bei diesem Emmaus nationalistische jüdische Banden einen Verband römischer Soldaten angegriffen hatten, ließ der römische Feldherr Varus zur Strafe die Stadt in Flammen aufgehen (derselbe Varus, der im Jahr 9 n.Chr. von den Germanen in der Schlacht im Teutoburger Wald geschlagen wurde und daraufhin Selbstmord beging). Sie erholte sich aber bald wieder und bekam später (um 220 n.Chr.) den Namen *Nikopolis,* „Sieges-Stadt". Christliche Gelehrte wie Origenes und Eusebius aus dem nahen Cäsarea, sowie Hieronymus, der Klausner von Betlehem, betrachteten dieses Emmaus/Nikopolis als das Emmaus des Evangeliums, offensichtlich weil sie kein anderes Emmaus kannten.

Andere Ungereimtheiten neben der Entfernung muss man nicht überbewerten, seien aber doch genannt: Lukas spricht von einem *Dorf* Emmaus, während Nikopolis eine nicht unbedeutende Stadt war. Die byzantinische Kirche von Emmaus/Nikopolis zählt nicht zu den älteren (5.Jh.); man zeigte also keine Eile, das Brotbrechen von Emmaus dort zu feiern. Es kann auch zu denken geben, dass vom christlichen Gelehrten Julius Africanus (ca.160–240), der in Nikopolis zuhause war, keinerlei Äußerung bekannt ist, die seine Heimat mit der österlichen Jüngerbegegnung in Verbindung bringen würde.

In der byzantinischen Zeit war Nikopolis Bischofssitz (der gegenwärtige Weihbischof in Nazaret, Giacinto-Boulos Marcuzzo, ist Titularbischof von Emmaus). Die Bevölkerung war teilweise samaritanisch, wie eine zweisprachige Inschrift zeigt, in der es auf Griechisch heißt „Gott ist einer" (Deut 6,4) und auf Samaritanisch: „Gepriesen sei sein Name für immer". Nach der arabischen Eroberung war *Amwas,* wie Emmaus inzwischen auf Arabisch genannt wurde, zunächst Provinzhauptstadt. Wenige Jahre später, 639, raffte eine Epidemie fast die gesamte Bevölkerung hinweg, die Residenz wurde nach Lod und wenig später ins neu gebaute Ramle (siehe S.71) verlegt.

Die Kreuzfahrer bauten zwar die byzantinische Kirche in verkleinerter Form wieder auf, verehrten den Ort aber nicht mehr als das Emmaus des Evangeliums. Das arabische Dorf *Amwas* (auch *Imwas* geschrieben), das vom späten Mittelalter bis 1967 nördlich der Ruinen des antiken Nikopolis lag, bewahrte den biblischen Namen. Der Amerikaner Edward Robinson schlug Mitte des 19.Jh. erneut eine Identifizierung mit dem Emmaus des Evangeliums vor. Dieser Vorschlag erhielt 1878 durch eine Vision der seligen Mirjam Baouardy von Ibellin Auftrieb. In den 1880er-, 1930er- und 70er-Jahren wurden Ausgrabungen durchgeführt, die in den 90er-Jahren vom deutsch-palästinensischen Archäologenehepaar Karl-Heinz und Louisa Fleckenstein unter der Leitung des Studium Biblicum Franciscanum in Jerusalem wieder aufgenommen wurden. Dabei wurden südlich der Kirche Räume von römischen Thermen ausgegraben, die über drei Kanäle von einer Quelle weiter östlich (*Ein Eqed*) gespeist wurden.

So wird erklärlich, dass die christlichen Pilger sich in Nikopolis nicht nur des Brotbrechens mit den Emmausjüngern erinnerten, sondern „vor der Stadt bei der Wegabzweigung eine heilkräftige Quelle" kannten, bei der Jesus sich von seinen Jüngern verabschieden wollte und diese ihn baten: „Bleib doch bei uns; denn es wird bald Abend" (Lk 24,29). Dort habe sich Jesus einmal mit den Jüngern die Füße gewaschen, behaupten weiter die Pilgerberichte; deshalb stelle dieses Wasser bei allen möglichen Krankheiten die Gesundheit von Mensch und Tier wieder her (so der Pilger Willibald im Jahr 724, ähnlich schon Sozomenos in der ersten Hälfte des 5.Jh.). Damit sollten wohl die heilkräftigen Wasser der römischen Thermen von Emmaus auf Jesus zurückgeführt werden. Mit solcher Vermehrung der als heilbringend angesehenen Stätten muss man rechnen; es gehörte zu den Höhepunkten einer Pilgerfahrt, aus einem Brunnen zu trinken, aus dem Jesus getrunken habe, oder sich dort die Füße zu waschen, wo Jesus dies getan habe. Dass man hier eine frühere Gelegenheit voraussetzte, obwohl in den Evangelien davon nichts zu finden ist, erklärt sich daraus, dass man ja nicht so gern annehmen wollte, der Auferstandene habe noch des Fußwaschens bedurft.

Emmaus/Abu Gosch (zur Besichtigung siehe S.623): In der Kreuzfahrerzeit tauchen neue Orte für die österliche Begegnung mit den Jüngern auf. Wohl sind viele Pilgerberichte des Mittelalters zu allgemein, als dass man sicher entscheiden könnte, was sie mit ihrem Emmaus meinen. Aber der rheinische Pilger Theoderich des Jahres 1172 identifiziert Emmaus klar mit *Fontenoid,* wo die Johanniter 1145 ein Kastell und eine Kirche gebaut hatten – und das war beim heutigen *Abu Gosch.* Die Auswahl gerade dieses Ortes mag erleichtert haben, dass auch er über reiche Quellen verfügte. In einem Bericht des Jahres 1187 ist sogar von einem Emmausbrunnen die Rede, „der von Jerusalem drei Doppelmeilen entfernt ist", was auf Abu Gosch zutrifft. Derselbe Emmausbrunnen begegnet in Berichten vom Feldzug des englischen Königs Richard Löwenherz im Jahr 1191. Mit der Zeit verliert sich Abu Gosch als Emmaus wieder und wurde erst in der Neuzeit wieder als solches angesehen.

Wenig südlich von Abu Gosch, im Bereich des modernen *Mevasséret Zion* (südlich der Autobahn Nr.1) lag bis 1948 das arabische Dorf *Qalonja,* in dem vielleicht ein lateinisches *Colonia,* „Ansiedlung", zu erkennen ist. Dann liegt der Schluss nahe, dieses Colonia gehe auf die 800 Veteranen zurück, die nach Flavius Josephus Kaiser Vespasian *im Gebiet von Ammaus* angesiedelt hat. Ganz gesichert ist diese Ableitung aus dem Lateinischen freilich deshalb nicht, weil es im Grenzgebiet mit dem Stamm Juda auch einen Ort *Kulon* gab (Jos 15,59), der ebenfalls *Qalonja* ergeben haben könnte.

Emmaus/Qubeibe: Gegen Ende der Kreuzfahrerzeit tritt *Qubeibe* (auch *al-Qubeibeh* geschrieben, heute ein fast ganz muslimisches Dorf mit 3500 Einwohnern) als neuer Konkurrent auf und setzte sich rasch durch. Die erste sichere Bezeugung ist ein anonymer Pilgerbericht von 1280, nach dem die Begegnung mit Kleopas „zwei Doppelmeilen vom Freudenberg, wo der Prophet Samuel begraben ist", stattgefunden habe. Zwei Doppelmeilen, das wären etwa 7 km, während Qubeibe 5 km vom mutmaßlichen Samuelgrab entfernt ist. Diese kleine Differenz beeinträchtigt das Argument kaum, und die Bezugnahme auf das Samuelsgrab spricht für Qubeibe, weil es in derselben Richtung am Weg liegt. Qubeibe hatte bereits vor 1150 eine Kirche und gehörte zum Besitz der Domherren vom Heiligen Grab.

Was den Sinneswandel bewirkt hat, ist bis heute nur zu vermuten. Ausgangspunkt war sicher die Entfernungsangabe des Evangeliums. Aber es kann nicht *nur* die richtige Entfernung an einer viel begangenen Straße gewesen sein, die Qubeibe nach vorn brachte. Einen etablierten Ort gibt man nicht zugunsten eines anderen auf, der nur errechnet ist. Eine wiederbelebte Ortserinnerung ist nicht auszuschließen, auch wenn es keine eindeutigen Beweise, sondern allenfalls Anzeichen dafür gibt: Bemerkenswert ist vor allem, dass die Kreuzfahrer ein Haus in den Kirchenbau miteinbezogen (im hinteren Bereich des linken Seitenschiffes), obgleich es die Harmonie des Baues stört. Vermutlich sah man darin das Haus des Kleopas, in das Jesus mit den Jüngern einkehrte.

Qubeibe lag an einer römischen Straße, wie Ausgrabungen italienischer Franziskaner, die im Zweiten Weltkrieg hier interniert waren, ergaben. Um das Emmausheiligtum hat sich die Gräfin Pauline de Nicolay sehr verdient gemacht. Sie erwarb 1861 das Kirchengelände und schenkte es den Franziskanern. Die Gräfin verbrachte ihren Lebensabend in Emmaus und wurde in „ihrer Kirche" bestattet. Die Franziskaner nahmen schon damals Ausgrabungen vor, freilich mit den noch sehr unvollkommenen Methoden jener Zeit. Die Kirche der Kreuzfahrer wurde dann im Jahr 1900 nach den Plänen des deutschen Franziskanerbruders Wendelin Hinterkeuser neu errichtet. Alte Mauerreste, so die Apsiden, alte Pfeiler und die Grundmauern des genannten Hauses, wurden pietätvoll erhalten.

Rechts von der Kirche befindet sich das Kloster der Franziskaner, links davon die ausgegrabene Römerstraße. Im gegenüberliegenden

Gebäude unterhielten die Franziskaner bis zum Ausbruch der Ersten Intifada ein Internat. Danach wurde das Gebäude für junge Männer, die sich für ein Ordensleben als Franziskaner interessierten, benutzt. Seit Qubeibe nach dem Ausbruch der Zweiten Intifada immer schwerer zu erreichen ist, wurde auch das unmöglich. Ein Teil des Gebäudes dient heute als Kindergarten, der Rest des Hauses harrt gegenwärtig einer Nutzung.

Im Westen des Dorfes erhebt sich auf einem bewaldeten Hügel das ehemalige Deutsche Hospiz. Das Gelände wurde 1876 von dem Franziskaner Ladislaus Schneider angekauft und 1883 dem Deutschen Verein vom Heiligen Lande (damals: „Deutscher Palästinaverein") überlassen, der es den Lazaristenpatres anvertraute. Mit viel Mühe und Geduld wurde von ihnen der ganze Hügel aufgeforstet und ein Hospiz für Pilger gebaut. Doch die beträchtliche Entfernung nach Jerusalem erwies sich für die Pilger zunehmend als schwer zu überwindendes Hindernis. So hat der Deutsche Verein vom Heiligen Lande ein Heim für pflegebedürftige Frauen daraus gemacht. Deutschsprachige Salvatorianerinnen leisten seit 1973 dort unschätzbare Dienste. 2007 gründeten sie auf dem Gelände eine Krankenpflegeschule, die der Betlehem-Universität angegliedert ist. Deutschsprachige Borromäerinnen, früher im Hospiz tätig, unterhalten am Eingang des Dorfes (im Osten) eine Armenapotheke.

Wie kommt man nach Qubeibe? Am biblischsten ist natürlich ein *Emmausgang* zu Fuß, auf den Spuren der Jünger und Jesu. Egal ob zu Fuß oder mit dem Wagen, irgendwann steht man vor der israelischen Sperranlage, die Qubeibe zusammen mit einem halben Dutzend palästinensischer Dörfer völlig umschließt. Es gibt aus dieser palästinensisch verwalteten Zone einen Tunnel unter der israelisch kontrollierten Straße Nr. 436 hindurch nach Ramallah sowie verschiedene Checkpoints. Die Checkpoints sind für Ausländer nicht oder nur mit Spezialgenehmigung zu benutzen. Welchen Weg auch immer man nimmt, es gibt keine Wegweiser. Man sollte sich also mit ortskundiger Begleitung auf den Weg machen. Wer mutiger ist, kann sich durchfragen; das kleine Qubeibe ist in Ramallah weitgehend unbekannt, man erkundige sich nach dem größeren Nachbardorf *Biddu*. Im Zentrum Biddus gibt es einen Kreisverkehr, an dem man nach Westen (von Ramallah kommend nach rechts) abbiegt.

Moza: Im Buch Josua wird bei der Landverteilung unter den Orten des Stammes Benjamin ein *Moza* genannt (Jos 18,26), das in der griechischen Bibel mit *Amosa* wiedergegeben wird. Dieses *Amosa* der griechischen Übersetzung könnte durchaus zu dem *Ammaus* des Flavius Josephus wie auch dem *Emmaus* des Lukasevangeliums abgewandelt worden sein. Der Talmud kannte noch dieses Moza, auch

wenn wir nicht wissen, ob es ohne Unterbrechung bestanden hat
oder irgendwann wiedererstanden ist.

Damit entsteht die weitere Frage, wo dieses *Moza/Amosa* lag, das
im 1.Jh. n.Chr. zu *Ammaus* bzw. *Emmaus* geworden wäre. In der
Aufzählung des Buches Josua folgt *Moza* unmittelbar auf „Gibeon,
Rama, Beerot, Mizpe, Kefira" (Jos 18,25-26), also auf Orte, die man
nördlich oder nordwestlich von Jerusalem kennt. Man glaubt das
Ruinenfeld von Kefira 3 km südwestlich Qubeibe gefunden zu haben. Von da aus lägen auch *Abu Gosch* und *Qubeibe* in der Nachbarschaft der genannten benjaminitischen Orte.

Für *Moza* spricht zwar die genannte Entfernungsangabe von 30 Stadien des Flavius Josephus, für eine Identifizierung von diesem Moza
mit dem Emmaus des Evangeliums gibt es aber weder in der Tradition noch in der Archäologie Hinweise.

Zusammenfassung: Emmaus/Nikopolis hat Lukas mit seiner Em-
mauserzählung kaum gemeint. Es hat ein Emmaus viel näher bei Jerusalem gegeben, das wohl in einem der jüdischen Aufstände gegen
die Römer zerstört worden ist und deshalb lange Zeit seinen Ruhm
an Nikopolis abtreten musste. Für seine Lage kommt das Gebiet
nordwestlich und westlich von Jerusalem in Frage, in dem sowohl
Qubeibe als auch Abu Gosch liegen, beide nur 4,5 km voneinander
entfernt, aber durch die Sperranlage voneinander getrennt. Erst
wenn den Archäologen einmal ein glücklicher Zufall zu Hilfe
kommt, wird eine eindeutige Entscheidung möglich sein. Einstweilen darf man sich darüber freuen, dass man an drei Orten des österlichen „Brotbrechens" nicht nur gedenken, sondern es auch eucharistisch feiern kann.

Modeïn

Etwa 10 km östlich Lod, auf der Nordseite der Straße Nr.443, lag
das biblische *Modeïn* (arab. *al-Midíje*), die Heimat der Makkabäer.
Felsgräber und Reste eines Mausoleums erinnern an Mattatias und
seine Söhne, die Führer des Makkabäeraufstandes vom Jahr 167
v.Chr. und Gründer der Hasmonäerdynastie. Von ihrer Rebellion
gegen die Einführung griechischer Lebensart und Religion berichtet
die Bibel:

> Damals trat ein Priester auf aus dem Geschlecht des Jojarib
> namens Mattatias; sein Vater war Johanan, der Sohn Simeons.
> Er stammte aus Jerusalem, hatte sich aber in *Modeïn* nieder-
> gelassen. Er hatte fünf Söhne: Johanan, den man auch Gaddi
> nannte, Simeon mit dem Beinamen Tassi, Judas, der als der

Makkabäer bekannt wurde, Eleasar, dem man den Namen Awaran gab, und Jonatan, der auch Apphus hieß. Als er das gotteslästerliche Treiben in Judäa und in Jerusalem sah, sagte er:

Ach, warum bin ich geboren, dass ich erleben muss, wie man mein Volk vernichtet und die heilige Stadt zerstört? Ohnmächtig musste man zusehen, wie sie in die Gewalt ihrer Feinde geriet, wie die heilige Stätte Fremden in die Hände fiel. Ihr Tempel wurde wie ein ehrloser Mann, ihre Kostbarkeiten schleppte man als Beute fort. Auf den Plätzen erschlug man ihre kleinen Kinder; ihre jungen Männer fielen unter dem Schwert des Feindes. Welches Volk hat nicht ein Stück des Reiches erhalten, hat sich nicht seinen Anteil an der Beute errafft? Ihren ganzen Schmuck nahm man ihr weg. Die Freie wurde zur Sklavin. Seht, unser Heiligtum, unsere Zierde und unser Ruhm, liegt verödet; fremde Völker haben es entweiht. Wozu leben wir noch?

Und Mattatias und seine Söhne zerrissen ihre Gewänder, zogen Bußkleider an und gaben sich tiefer Trauer hin.

Da kamen die Beamten, die vom König den Auftrag hatten, die Einwohner zum Abfall von Gott zu zwingen, in die Stadt *Modeïn,* um die Opfer durchzuführen. Viele Männer aus Israel kamen zu ihnen; auch Mattatias und seine Söhne mussten erscheinen. Da wandten sich die Leute des Königs an Mattatias und sagten: Du besitzt in dieser Stadt Macht, Ansehen und Einfluss und hast die Unterstützung deiner Söhne und Verwandten.

Tritt also als erster vor und tu, was der König angeordnet hat. So haben es alle Völker getan, auch die Männer in Judäa und alle, die in Jerusalem geblieben sind. Dann wirst du mit deinen Söhnen zu den Freunden des Königs gehören; auch wird man dich und deine Söhne mit Silber, Gold und vielen Geschenken überhäufen. Mattatias aber antwortete mit lauter Stimme: Auch wenn alle Völker im Reich des Königs ihm gehorchen und jedes von der Religion seiner Väter abfällt und sich für seine Anordnungen entscheidet – ich, meine Söhne und meine Verwandten bleiben beim Bund unserer Väter. Der Himmel bewahre uns davor, das Gesetz und seine Vorschriften zu verlassen. Wir gehorchen den Befehlen des Königs nicht und wir weichen weder nach rechts noch nach links von unserer Religion ab.

Kaum hatte er das gesagt, da trat vor aller Augen ein Jude vor und wollte auf dem Altar von *Modeïn* opfern, wie es der König angeordnet hatte. Als Mattatias das sah, packte ihn leidenschaftlicher Eifer; er bebte vor Erregung und ließ seinem ge-

rechten Zorn freien Lauf: Er sprang vor und erstach den Abtrünnigen über dem Altar. Zusammen mit ihm erschlug er
auch den königlichen Beamten, der sie zum Opfer zwingen
wollte, und riss den Altar nieder; der leidenschaftliche Eifer
für das Gesetz hatte ihn gepackt und er tat, was einst Pinhas
mit Simri, dem Sohn des Salu, gemacht hatte. Dann ging Mattatias durch die Stadt und rief laut: Wer sich für das Gesetz er-
eifert und zum Bund steht, der soll mir folgen. Und er floh mit
seinen Söhnen in die Berge; ihren ganzen Besitz ließen sie in
der Stadt zurück (1 Makk 2,1-28).

Die moderne Stadt *Modiín* (83 000 Einw., 1996 gegründet) greift
den alten Namen auf, liegt aber weiter südlich. Die schnell wachsende Stadt breitet sich über mehrere Hügel aus. Ihr Ostteil (*Modiin Illit*, „Ober-Modeïn") liegt östlich der „Grünen Linie", der Waffenstillstandslinie von 1948, ist also eigentlich eine Siedlung. In den
90er-Jahren wurden in Notgrabungen 20 archäologische Stätten untersucht. Sie umfassen Reste von der Kupfersteinzeit (4. Jahrtausend
v. Chr.) bis zu fünf arabischen Dörfern aus der jüngeren Vergangenheit. Freilich ist von all dem kaum mehr etwas zu sehen.

Zwischen Ramallah und Jerusalem

Südöstlich von Ramallah, in der Nähe vom Checkpoint *Qalandija,*
liegt *ar-Ram,* „die Höhe". Dieser Allerweltsname kommt schon in
der Bibel öfter vor, z. B. wohnte der Prophet Samuel in einem Rama, das im Gebiet von Efraim liegt (siehe S. 279). *Rama* (*ar-Ram*)
liegt jedoch in Benjamin (Jos 18,21.26).
Rama lag im Grenzgebiet zwischen Israel und Juda. Der König des
Nordreiches Bascha baute es als Festung gegen Juda aus; doch gelang es König Asa von Juda sich durch eine Allianz mit Damaskus
von dem Druck Baschas zu befreien und mit dem in *Rama* vorge-
fundenen Material seinerseits das vorgenannte Mizpa zu befestigen
(1 Kön 15,16-22).
Dies ist das Rama, das aus der Weihnachtsgeschichte des Evangelisten Matthäus geläufig ist (Mt 2,18; siehe S. 588) – ein Text, der den
aus dem nahen Anatot (s. u.) stammenden Propheten Jeremia zitiert
(Jer 31,15). Anknüpfungspunkt war für Matthäus die Tradition des
Rahelgrabes in Betlehem (nach Gen 35,19-20; vgl. S. 587). Jedoch
hatte das Rama nördlich von Jerusalem wohl eine eigene Tradition
vom Rahelgrab. Zum einen weist Jeremia mit Rama nach Norden
und meinte ursprünglich die Trauer Rahels um ihre Kinder nach
dem Untergang des Nordreiches Israel (722 v. Chr.); zum anderen
heißt es im ersten Buch Samuel: „beim *Grab der Rahel* in Zelzach

im Gebiet *von Benjamin*" (1 Sam 10,2). Manche identifizieren dieses ursprüngliche Rahelgrab mit der Grabanlage *Qubur Bani Israïl,* „Gräber der Söhne Israels" (auch *Qubur Umm Bani Israïl,* „Gräber der Mutter der Söhne Israels"), 3 km östlich von ar-Ram, östlich der Ostumgehung von Ramallah. Wann und wie die Tradition des Rahelgrabes – und vielleicht auch tatsächlich ihre Gebeine – nach Betlehem gelangten, ist ungewiss.

Westlich der Straße von Ramallah/Qalandija nach Jerusalem (Nr. 60) liegt das ehemalige Dorf *Bet Hanina,* das diesem nördlichen Vorort von Jerusalem den Namen gegeben hat. Hier hat die römisch-katholische Pfarrei von Jerusalem eine von den Franziskanern betreute Filialkirche, die dem hl. Jakobus dem Älteren, dem ersten Bischof von Jerusalem, geweiht ist.

Direkt westlich über der Straße Nr. 60 liegt auf einer Anhöhe *Tell al-Ful.* Er ist mit *Gibea in Benjamin* (Ri 20,4.10) zu identifizieren, der Residenz von Saul, dem ersten König von Israel (1 Sam 10,26), daher auch der Name *Gibea Sauls* (2 Sam 21,6). Archäologisch ließ sich feststellen, dass der Ort nur in der Zeit der Richter und Könige bewohnt war und erst viel später wieder, zur Makkabäerzeit. Ein befestigter Palast darf als einstmalige Residenz von König Saul angesehen werden. Die einzigen Ruinen, die heute zu sehen sind, stammen zwar auch von einem Königspalast, aber aus einer ganz anderen Epoche. Vor 1967, als diese Gegend zu Jordanien gehörte, begann König Hussein hier mit dem Bau einer Residenz. Durch die veränderten politischen Umstände blieb es bei einer Bauruine.

3 km südöstlich von Bet Hanina liegt das arabische Dorf *Anáta,* das den biblischen Namen *Anatot* weiterträgt. Von hier stammte der Prophet „Jeremia, der Sohn Hilkijas, aus der Priesterschaft *zu Anatot* im Lande Benjamin" (Jer 1,1). Die Ruinen des biblischen Ortes lagen 1 km nordöstlich unterhalb des heutigen Dorfes (*Chirbet Alamit*). Bereits in byzantinischer Zeit war das Dorf auf den heutigen Hügel verlegt worden. Es gibt (spärliche) Reste einer byzantinischen Basilika, in der das Grab des Propheten Jeremia verehrt wurde. Ein Versuch der russisch-orthodoxen Kirche, die Basilika im 19. Jh. wieder aufzubauen, scheiterte.

Unterhalb der israelischen Siedlung Almon/Anatot (4 km nordöstlich von Anata) senkt sich das *Wadi Fara* (hebr. *Nachal Prat*) Richtung Jordantal hinab, das im weiteren Verlauf den bekannteren Namen *Wadi Kelt* trägt. Wadi Fara ist in einen israelischen Nationalpark integriert – Zufahrt durch die Siedlung, der Weg ist beschildert. An der Quelle Ain Fara/Ein Prat begann um 330 der Einsiedler Chariton, Schüler um sich zu sammeln und wurde so zum Begründer des palästinensischen Mönchtums, wie ungefähr gleichzeitig der Mönchsvater Antonius in Ägypten. Chariton suchte mehrfach neue Einöden in der Wüste Juda (Dok, S. 332; St. Chariton, S. 600). Wo er gestorben ist und begraben wurde, ist nicht mit Sicherheit zu klären, aber eine Zeit lang wurde hier sein Grab verehrt und heute zeigt man wieder eine Vertiefung, in welcher die Reliquien des Heiligen ruhten. Um 405 kam der hl. Euthymius hierher und verhalf als Asket und Einsiedler der Laura zu noch größerem Ruhm. In den steilen Felswänden auf beiden Seiten des Wadis sind Höhlen, in denen Einsiedler wohnten. Eine erbauliche Beschreibung des Mönchslebens aus dem 6. Jh. erzählt, wie sich die Mönche in den Höhlen zu beiden Seiten des Tales im Psalmengesang abwechselten, begleitet vom Rauschen des Baches und dem Zwitschern der Vögel. Das Kloster ist seit Ende des vorigen Jahrhunderts wieder von orthodoxen Mönchen besiedelt. Man wird allerdings nicht gerne eingelassen, wenn man kein orthodoxer Pilger ist.

Die Gegend ist in der Bibel erwähnt. Die Stadt Para, in Jos 18,23 als eine der Städte des Stammes Benjamin genannt (Para und Prat sind zwei Formen desselben Namens), lag auf dem Ruinenhügel Tel Fara: Fährt man die Serpentinenstraße von Almon ins Wadi hinab, hat man ihn auf der gegenüberliegenden Talseite vor sich. Ausgrabungen wurden bisher nicht durchgeführt. – Eine weitere anschauliche Erwähnung findet sich beim Propheten Jeremia:

> So hat der HERR zu mir gesagt: Geh, kauf dir einen leinenen Gürtel und leg ihn dir um die Hüften, aber tauch ihn nicht ins Wasser! Da kaufte ich, wie der HERR mir aufgetragen hatte, den Gürtel und legte ihn mir um die Hüften. Nun erging das Wort des HERRN zum zweiten Mal an mich; er sagte: Nimm den gekauften Gürtel, den du um die Hüften trägst, mach dich auf den Weg nach *Prat* und verbirg ihn dort in einer Felsspalte! Ich ging hin und verbarg ihn in *Prat,* wie mir der HERR befohlen hatte. Nach längerer Zeit sprach der HERR zu mir: Mach dich auf den Weg nach *Prat* und hol den Gürtel zurück, den du dort auf meinen Befehl hin verborgen hast. Da ging ich nach *Prat,* suchte den Gürtel und holte ihn von der Stelle, wo ich ihn verborgen hatte. Doch der Gürtel war verdorben, zu nichts mehr zu gebrauchen. Nun erging das Wort des HERRN an mich: So spricht der HERR: Ebenso verderbe ich die stolze Pracht Judas und Jerusalems, wie groß sie auch sei. Dieses böse Volk weigert sich, auf meine Worte zu hören, es folgt dem Trieb seines Herzens und läuft anderen Göttern nach, um ihnen zu dienen und sie anzubeten; es soll daher wie dieser Gürtel werden, der zu nichts mehr zu gebrauchen ist. Denn wie sich der Gürtel den Hüften des Mannes anschmiegt, so wollte

ich, dass sich das ganze Haus Juda mir anschmiegte – Spruch des Herrn –, damit es mein Volk und mein Ruhm, mein Preis und mein Schmuck wäre. Sie aber haben nicht gehorcht (Jer 13,1-11).

Weder in der katholischen Einheitsübersetzung noch in der Lutherbibel steht allerdings *Prat,* beide schreiben *Euphrat.* Nun heißt der Fluß Euphrat im Zweistromland auf hebräisch tatsächlich *Prat* und schon die *Septuaginta,* die griechische Übersetzung des Alten Testamentes, die im 3.Jh. v.Chr. in Alexandrien (Ägypten) entstand und die für die junge christliche Kirche bald wichtiger wurde als das hebräische Original, übersetzt hier *Euphrat.* Woher sollte man in Ägypten auch wissen, dass es wenige Kilometer von Jeremias Heimat Anatot entfernt ein Tal gibt, das im hebräischen den gleichen Namen trägt wie der weit entfernte Strom (fast 1000 km!)? Und woher sollte Martin Luther dies wissen, als er auf der Wartburg das Alte Testament aus dem Hebräischen ins Deutsche übertrug? Es ist freilich kaum anzunehmen, dass der Prophet den Weg zum fernen Euphrat gleich zweimal gemacht habe, ohne dass er diese weite Reise eigens erwähnt hätte. Nimmt man dagegen an, Jeremia habe einen ungefähr einstündigen Weg zurückgelegt, wird die symbolische Bedeutung dieser Handlung umso zentraler: „wie sich der Gürtel den Hüften des Mannes anschmiegt, so wollte ich, dass sich das ganze Haus Juda mir anschmiegte".

Wer gut zu Fuß ist, kann bei entsprechender Witterung das ganze *Wadi Fara* und das anschließende *Wadi Kelt* bis nach Jericho hinunterwandern (etwa 22 km). Es ist nicht nur eine Wüstenwanderung, sondern auch eine nicht minder eindrucksvolle Klosterwanderung. Immer wieder trifft man auf Einsiedlerhöhlen, auf verfallene Mönchsbauten und auf wiederbelebte Klöster, wie das Georgskloster im Unterlauf des Wadis (siehe S.337).

18. DURCH DAS JORDANTAL

Um von Galiläa nach Jerusalem zu kommen, hat man drei Möglichkeiten: Die westliche Route führt durch die Küstenebene (siehe S. 80), die zentrale durch das Bergland von Samarien (siehe S. 246), die östliche durch das Jordantal.

Das Jordantal (westliche Seite)

Der *Jordan,* der „Hinabströmende", entspringt aus drei Quellflüssen, die alle von Wassern des Hermongebirges gespeist werden: dem Senir- oder Hasbani-Bach, dem Dan-Bach und dem Banjas-Bach. Der Lauf des Jordans bis zum Toten Meer umfasst 330 km, die Entfernung in der Luftlinie ist aber nur 170 km, das heißt, die Länge des Jordans mit seinen vielen Windungen ist fast das Doppelte seines Weges. Die Verdunstung ist dabei infolge der großen Hitze sehr hoch. Mehr Wasser verliert der Fluss aber durch die Wasserentnahme auf beiden Seiten, so dass im Toten Meer nur mehr wenig davon ankommt. Der Jordangraben ist mit einer Breite von 10 bis 25 km der tiefste Einbruch in die Erdkruste, der nicht mit Wasser gefüllt ist. In der Eiszeit (vor 100 000 Jahren) war die Senke ein Gewässer, das bei Bet-Schean mit dem Mittelmeer in Verbindung stand. Heute sind nur noch zwei Seen übrig geblieben: der See Gennesaret (212 m unter dem Meeresspiegel) und das Tote Meer (426 m u. d. M.). Insgesamt aber ist der Jordangraben nur ein Teil des viel größeren Einbruchs in der Erdrinde, der im Orontestal in Nordsyrien beginnt und sich über den Golf von Aqaba und das Rote Meer bis nach Afrika erstreckt.

Jesus scheint den Weg durch das Jordantal mit seinen Jüngern mindestens einmal genommen haben, und zwar auf seinem letzten Weg, der ihn von Cäsarea Philippi im äußersten Norden bis zu seinem Leiden nach Jerusalem führte (Mk 8,27 – 11,11). Allerdings verliefen die damaligen Verkehrswege auf der östlichen, der heute jordanischen Seite des Tals (siehe S. 714).

An der *Tsemakh Junction* am Südende des Sees Gennesaret verlässt die Straße Nr. 90 das Seeufer und zweigt nach Süden ab. Nach 6 km – der Jordan mäandert weiter westlich durch landwirtschaftlich genutztes Gebiet – überquert die Straße auf einer Brücke den Fluss. Kurz nach der Brücke nimmt der Jordan von links (Osten) seinen größten Nebenfluss, den *Jarmuk,* auf. Hier lag von 1932 bis 1948 ein Stausee mit dem einzigen Wasserkraftwerk des Landes; es fiel dem Unabhängigkeitskrieg und der anschließenden Grenzziehung zum Opfer. Der Grenzverlauf ist hier sehr unübersichtlich: Zwischen Jarmuk und Jordan schlängelt sich ein schmaler Streifen jordanischen Gebiets weit in israelisches Territorium hinein. Seit 1994 nutzt man diesen Umstand für das Projekt der *I ha-Schalom*, „Friedens-Insel": Israel und Jordanien bewirtschaften das fruchtbare Land gemeinsam. Trotz Rückschlägen – 1997 schoss ein Amok laufender jordanischer Soldat in eine israelische Schulklasse und tötete sieben Mädchen – besteht das Projekt weiter; von der Straße Nr. 90 aus ist die nahe jordanische Flagge auf der Friedensinsel zu sehen.

Der Jarmuk ist nur etwa 40 km lang. Er führt dem Jordan fast so viel Wasser zu wie der Jordanoberlauf, im Frühjahr ist er sogar wasserreicher. Ein Großteil seines Wassers wird von Jordanien über eine 107 km lange Leitung zur Bewässerung abgeleitet, so wie Israel Wasser aus dem See Gennesaret entnimmt und bis in den Negev pumpt. Bei vielen internationalen Verhandlungen in der Region spielen die Wasserrechte eine wichtige Rolle, die über Wohl und Wehe ganzer Zonen entscheiden.

Vom Jarmuk stammt der (moderne) Name der Jarmuk-Kultur (engl. *Yarmukian Culture*). An seinem rechten Unterlauf fand man 1941 beim Bau von Fischteichen nahe des Kibbuz *Scháar ha-Golan*, „Golan-Tor", Reste einer Siedlung aus der Jungsteinzeit. In den folgenden Jahrzehnten wurde diese als wichtigste einer Reihe von ähnlichen Siedlungen aus derselben Periode in Israel und Jordanien identifiziert. Diese Epoche, ca. 6400–5800 v. Chr., war eine Zeit großer Umwälzungen: Der beginnende Ackerbau führte dazu, dass größere Bevölkerungsgruppen sesshaft wurden. In diese Zeit fällt die Einführung von Keramik aus gebranntem Ton, vor allem für Gefäße, aber auch für Statuen und andere Kultgegenstände. Die Funde sind in einem kleinen Museum im Kibbuz *Schaar ha-Golan* ausgestellt, einige finden sich im Israel-Museum in Jerusalem.

Belvoir

An der *Kokhav ha-Yarden Junction* zweigt die Straße Nr. 717 nach rechts (Westen) ab und führt in mehreren Kehren hinauf nach *Belvoir* (franz. „Schönblick"), einer exponierten Basaltbastion 297 m ü. d. M. (gute 500 m über dem Jordantal). Es war wohl der Grundriss der mächtigen Burganlage, der dem Bauwerk im Arabischen die Bezeichnung *Kaukab al-Hawa* („Wind-Stern") und im Hebräischen den Namen *Kochav ha-Jardén* („Jordan-Stern") eingetragen hat.

An dieser Stelle gab es schon in biblischer Zeit einen Beobachtungsposten: Vom Alexandreion her (siehe S. 317) konnten Nachrichten per Lichtzeichen aufgenommen und weitervermittelt werden – die nächste Station nach Norden war Safed in Obergaliläa. Dies war vor

allem für die Festlegung des Monatsanfangs wichtig, von dem der
jüdische Kalender (und damit die jüdischen Feste) abhängt. Wenn in
Jerusalem der Neumond und damit der neue Monat beobachtet wurde, wurde dies möglichst schnell an die Gemeinden in der Diaspora
weitergegeben. Im 1.Jh. n.Chr. bestand hier kurze Zeit das Städtchen Agrippina; es war zu Ehren der Gemahlin von Kaiser Claudius
benannt und wurde von den Römern im Ersten Jüdischen Krieg 66
n.Chr. erobert und zerstört. Die Kreuzfahrer errichteten 1140 eine
kleinere Burg. 1168 erwarben die Johanniter, die in Akko ihren
Hauptsitz hatten, das Gelände, und bauten es zur stärksten Burg im
Lande aus. Dies wurde nicht zuletzt dadurch deutlich, dass die Burg
nach der verheerenden Niederlage der Christen bei Hittim 1187
noch weitere zwei Jahre standhielt und Saladin schließlich den Ver-
teidigern freien Abzug einräumte – vielleicht nicht ganz uneigennüt-
zig: Er brauchte die starke Burg nicht erst zu zerstören und konnte
sie sofort für sich verwenden. Ab dem 18.Jh. wurde auf den Ruinen
das arabische Dorf *Kaukab al-Hawa* errichtet, von dem noch Reste
oberhalb der Kreuzfahrerbauten zu erkennen sind. 1948 wurde es
von israelischen Truppen eingenommen.
Belvoir wurde Ende der 60er-Jahre systematisch ausgegraben und
gesichert. Auf drei Seiten durch Gräben geschützt, lag der Eingang
auf der nur schwer zugänglichen Jordanseite, wo der Angreifer sich
vor mehreren Tordurchgängen immer wieder den Geschossen der
Verteidiger ausgesetzt sah. Innerhalb des doppelten Mauergevierts,
in dem Wohnräume und Arbeitsräume untergebracht waren, gab es
dann noch einmal eine eigene Innenburg, in deren Obergeschoss die
Ritter wohnten. Der Weg durch die Anlage und ihre einzelnen Räume ist gut beschildert.
Belvoir ist ein eindrucksvolles Zeugnis der Kreuzfahrerarchitektur
und -kultur (eine gotische Engelsskulptur aus einer Kirche befindet
sich heute in der archäologischen Abteilung, Raum 7, des Israel-
Museums) und bietet überdies ein wunderbares Panorama über das
Jordantal auf die Berge von Transjordanien. Belvoir gegenüber liegt
Gadara (Umm Qais, siehe S.733). Bei sehr klarer Sicht kann man
weit hinter dem See Gennesaret den Hermon erkennen. Im Nordwesten ist der feierlich aufragende Tabor zu sehen.

Auf der Weiterfahrt nach Süden sieht man rechts (westlich) der
Straße immer wieder die alte Eisenbahntrasse. Sie verband einst
Haifa über Bet-Schean und das Jarmuktal mit der Strecke Istanbul–
Damaskus–Mekka. 12 km nach der *Kokhav ha-Yarden Junction* er-
reicht man die *Shean Junction*. Dort kreuzt die Nord-Süd-Verbin-
dung Nr.90 die Ost-West-Verbindung Nr.71. Auf ihr kommt man in
westlicher Richtung in die Jesreel-Ebene (siehe S.226). In östlicher
Richtung erreicht man nach 10 km die jordanische Grenze. Dieser

Grenzübergang ist auch für Touristen passierbar. Auf israelischer Seite heißt er *Jordan River* (oder hebr. *Nehar ha-Yarden*) *Border Crossing,* auf jordanischer Seite *Sheikh Hussein Bridge*.

Bet-Schean

Bet-Schean (hebr. „Haus der Ruhe") liegt verkehrsgünstig in einer überaus fruchtbaren, heißen, aber wasserreichen Gegend (115 m unter dem Meeresspiegel!), so dass es im Talmud heißt:

> Wenn das Paradies sich im Land Israel befindet, dann ist Bet-Schean das Tor dazu.

Geschichte: Schon früh war Bet-Schean eine blühende Stadt, die regelmäßig in den Kriegsberichten der Pharaonen vorkommt. Die ganze Zeit des Neuen Reichs der Pharaonen bis Ramses III. (gegen 1150 v.Chr.) war es ägyptischer Besitz, was sich auch in seiner Kultur niederschlug. Zur Zeit des Königs Saul war Bet-Schean in den Händen der Philister, die Israel in zwei Teile zu zerschneiden drohten, ein Pfahl im Fleisch der Israeliten, der König Saul und seinen drei Söhnen das Leben kostete (1 Sam 31; Text: S. 240). Erst zur Zeit König Salomos scheint die Stadt israelitisch geworden zu sein. In hellenistischer Zeit hieß der Ort *Skythopolis* („Skythen-Stadt"), nach einem iranischen Volk, das kurz vor der babylonischen Eroberung um 625 v.Chr. bis nach Palästina vorgedrungen war, aber wenig Bleibendes hinterlassen hat. Bei den Griechen galten sie als die Barbaren schlechthin (vgl. Kol 3,11). Manchmal nannte man die Stadt auch *Nysa,* nach der sagenhaften Amme des Gottes Dionysos, die hier begraben sein soll. Unter den Römern gehörte Skythopolis zur *Dekapolis* („Zehnstädtebund"), als einzige Stadt westlich des Jordans. Schon früh christianisiert, wurde sie Sitz eines Metropoliten als Hauptstadt der Provinz *Palaestina Secunda* („zweite Provinz Palästina") und wurde an Bedeutung nur von Cäsarea am Meer übertroffen. Skythopolis hatte auch eine bemerkenswerte Zahl von Heiligen in seinen Mauern, beispielsweise den hochverehrten „Großmärtyrer" Prokopius, einen gelehrten und zugleich asketisch lebenden Sekretär und Übersetzer ins Syrische, der am 7. Juni 303 in Cäsarea seines Glaubens wegen enthauptet wurde, oder die aus Italien verbannten Bischöfe Eusebius von Vercelli und Gaudentius von Novara. Dem gelehrten Mönch Cyrill von Skythopolis, der 543 n.Chr. in die Laura des Euthymius eingetreten war und später in der Sabaslaura lebte, verdanken wir unser Wissen über die palästinensischen Wüstenväter.

So bedeutend und wohlhabend aber die Stadt einstmals war, sie ist zugleich ein Musterbeispiel der Vergänglichkeit irdischer Prachtent-

faltung. Am 18.1.749 wurde die ganze Stadt durch ein schreckliches Erdbeben zu einem einzigen Trümmerhaufen. Zwar wurden
vor allem im Zentrum auf den Trümmern später wieder Häuser errichtet, aber Bet-Schean, bei den Arabern *Beisan* geheißen, existierte durch das ganze Mittelalter nur mehr als bescheidenes Dorf. Die
Ruinen eines Kreuzfahrerforts und einer kleinen Moschee am Rand
der heutigen Stadt bezeugen den Wandel von einst. Im Unabhängigkeitskrieg Israels 1948 floh die arabische Bevölkerung. Israelis nahmen ihren Platz ein, gaben der Stadt wieder ihren alten hebräischen
Namen Bet-Schean und entwickelten sie zu einer Kleinstadt von etwa 25 000 Einwohnern.

Schon seit den 1920er-Jahren hatte Bet-Schean bei den Archäologen
einen klangvollen Namen. Bei den Ausgrabungen der 20 Schichten
auf dem hoch aufragenden *Tell al-Hosn* (arab. „Burg-Hügel") konnte man die Stadt- und Religionsgeschichte von der Steinzeit bis in
die arabische Epoche verfolgen. Vier ägyptische Tempel übereinander gehören den Schichten des 15. bis 12. Jh. v. Chr. an. Die eine
Hälfte des Doppeltempels (11. Jh. v. Chr.?) mag der kanaanäischen
Göttin Astarte geweiht gewesen sein, wie 1 Sam 31,10 vermuten
lässt:

> Die Rüstung Sauls legten sie im Astartetempel nieder; seinen
> Leichnam aber hefteten sie an die Mauer von Bet-Schean.

Die Bedeutung Bet-Scheans als ägyptisches Zentrum unterstreichen
eine lebensgroße Sitzstatue Ramses' III. und eine Reihe von Stelen
(Kultsäulen). Über diesen Tempelresten fanden sich ein hellenistisch-römischer Dionysostempel, die byzantinische Rundkirche St.
Prokopius von 39 m Durchmesser und schließlich, zuoberst, eine um
1400 gebaute kleine Moschee. Leider wurden, wie nach den damaligen Ausgrabungsmethoden üblich, die oberen Schichten völlig abgetragen und damit für immer zerstört.

In der nördlich des Tells gelegenen Begräbnisstätte wurden mehr als
50 Sarkophage oder Sarkophagteile aus Ton mit menschenförmigen
Umrissen gefunden, die sehr an Mumiensärge erinnern. Bei einigen
von ihnen findet man die typische Haartracht der „Seevölker", zu
denen die Philister gehören. So stellen diese „Philistersärge" ebenfalls eine Illustration zum biblischen Bericht dar, nach dem zu Sauls
Zeiten die Philister in Bet-Schean herrschten. Die bedeutendsten
Fundstücke aus diesen Ausgrabungen befinden sich in Jerusalem,
wie die Philistersärge (Israel-Museum) und die große Stele Setis I.,
(Rockefellermuseum).

Seit Mitte der achtziger Jahre ist man dabei, die eigentliche Größe
und den luxuriösen Reichtum des römischen und byzantinischen
Nysa/Skythopolis wieder ans Licht zu holen. Wo bis damals nur
Sand, Steine und dürres Gebüsch waren, sind jetzt wieder die frü-

heren Prachtstraßen und -bauten der Stadt zu erkennen und zum Teil wiedererstanden. Die Objekte sind so zahlreich, dass hier nur ein summarischer Überblick gegeben werden kann.

Alles in allem gibt das jetzt wieder vom Schutt der Jahrhunderte befreite Bet-Schean einen ausgezeichneten Eindruck von der Kultur und dem Wohlstand römischer Städte im Orient. Zur Zeit ihrer höchsten Blüte bedeckte sie etwa 150 Hektar und zählte 35 000 bis 40 000 Einwohner.

Besichtigung: Die Zufahrt zum ausgedehnten Nationalpark ist ausgeschildert. Zu Stoßzeiten werden Besucherbusse zu einem weiteren, 2010 neu angelegten Eingang gelotst. Von dort fährt man in einem etwas touristisch anmutenden „Bähnle" vorbei am fast rechteckigen *römischen Amphitheater* (67 × 102 m). Es liegt außerhalb der eigentlichen archäologischen Zone; vom Bähnle aus sieht man es zur Linken, von der Zufahrtsstraße zum Nationalpark durch die Stadt zur Rechten.

Am Eingang der archäologischen Zone sieht man zur Rechten die monumentalen Reste eines weiteren römischen Theaters. Von den einstmals etwa 7000 Plätzen sind im untersten Rang rund 2000 im Original erhalten. Auch der anschließende zweite Rang ist noch ziemlich gut zu erkennen; bei den obersten Reihen ist man auf Vermutungen angewiesen. Besonders imposant ist die vielfach gegliederte Bühne mit ihren Figurennischen und dem verschiedenfarbigen Marmor und Granit aus Kleinasien, Griechenland und Nordafrika – alles was gut und teuer war, wurde hier verwendet. Das Theater stammt aus der Zeit des Septimius Severus (um 200 n. Chr.), doch gibt es Anzeichen für einen kleineren Vorgängerbau.

Dem Theater links gegenüber erstrecken sich römische *Thermen,* eine ausgedehnte Badeanlage mit den entsprechenden Unterhaltungsräumen für Geschäftsleute und Müßiggänger. In der christlichen Zeit wurden diese Thermen in ein Hospital umgewandelt. Im Bereich der Thermen wurden nicht weniger als 15 Inschriften gefunden, die alle in die erste Hälfte des 6. Jh. n. Chr. weisen.

Den Thermen schließt sich nach unten ein großes Halbrund an, griechisch *Exedra* oder auch *Odeon* genannt, das für Konzerte und kleinere Theateraufführungen dienen mochte. In einem Raum hinter der Exedra fand sich ein Mosaik der Glücksgöttin Tyche.

Zwischen Theater und Thermen bzw. Exedra führt eine 7 m breite Prachtstraße nach Norden ins Tal, die von einem nochmals 7 m breiten Portikus (Säulengang) mit Läden dahinter gesäumt ist. Auffällig ist die regelmäßige Basaltpflasterung der Straße im Fischgrätenmuster. Man pflegt diese Straße *Palladiusstraße* zu nennen; nach einer Inschrift hat sie ein Flavius Palladius, Sohn des Gouverneurs Porphyrius, anlegen lassen (um 350 n. Chr.).

In beherrschender Position am Zusammentreffen mit der anderen, von links oben (Westen) kommenden Prachtstraße, gegenüber einem Torbau in Richtung Burgstadt am *Tell al-Hosn,* befand sich ein *römischer Tempel.* Er war nicht sehr groß, hatte eine Apsis und mag dem Stadtgott Dionysos geweiht gewesen sein. Da er auf einem künstlich erhöhten Platz stand, wirkte er vor allem mit seiner 15 m hohen Giebelfassade. Von den vier mächtigen Frontsäulen liegen Schäfte und Kapitelle vor und neben dem Tempel. Auf dem Platz davor fand sich ein rundes Postament für eine Statue. Eine Inschrift besagt, dass es sich um eine Statue des Kaisers Mark Aurel gehandelt hat, der von 161 bis 180 n.Chr. in Rom regierte.

Von hier aus kann man zum *Tell al-Hosn* emporsteigen. Dieser Aufstieg lohnt sich vor allem wegen der Aussicht, denn wie es in Ausgrabungen der 30er-Jahre üblich war, hat man auf dem Tell Schicht um Schicht abgetragen. So konnten zwar die unteren, älteren Schichten erforscht werden, aber die oberen Schichten wurden dabei unwiederbringlich zerstört, darunter auch die Prokopiusbasilika. Der vertrocknete Baum auf dem Tell ist Teil der jüngeren Geschichte: Im Filmmusical „Jesus Christ Superstar" hat sich an ihm der Verräter Judas erhängt.

Biegt man dagegen rechts (nach Osten) ab, ist man in einer weiteren Prachtstraße. Sie war ebenfalls im Fischgrätenmuster gepflastert, war noch breiter als die Palladiusstraße und maß mit Seitenportikus 23 m. Sie trägt aufgrund einer Stifterinschrift den Namen *Silvanusstraße,* nach Silvanus, dem Leiter der samaritanischen Gemeinde von Bet-Schean. Im Samaritaneraufstand 529 wollte er vermitteln, wurde aber daraufhin von den Samaritanern als Verräter betrachtet und hingerichtet. Entlang dieser Straße fallen die Säulen auf, die alle in dieselbe Richtung umgestürzt sind, ein untrügliches Zeichen für eine Zerstörung durch ein Erdbeben (749 n.Chr.).

An den Dionysostempel schloss sich ein prächtiger, halbkreisförmiger Bau mit Säulenordnungen in zwei Stockwerken an; bis in 3 m Höhe ist er im Original erhalten. Eine Inschrift gibt Auskunft, dass hier ein Flavius Artemidorus, einer der Stadtoberen, ein *Nymphäum* errichtet oder eine ältere Anlage neu gestaltet hatte. Nymphäen waren in vielen Städten monumentale Brunnenbauten, die als krönende Abschlüsse eines Aquädukts den weiblich vorgestellten Quellgottheiten, den Nymphen, gewidmet waren.

Weniger gut Bescheid weiß man über das nächste Gebäude auf derselben Seite. Auf einer 4 m hohen Plattform, die auf drei Seiten mit runden und viereckigen Nischen geziert war, stand ein prächtiger Säulenbau, für den grünlicher Marmor von der griechischen Insel Euböa verwendet worden war. Da man sich über die Funktion nicht klar werden konnte, sprechen die Archäologen einfach vom *Säulen-* oder *Zentralmonument.*

Hinter dem Zentralmonument schloss sich eine *Basilika* an, womit
in diesem Zusammenhang eine große von Säulenreihen getragene
öffentliche Halle gemeint ist. Sie war 28 m breit, mindestens 65 m
lang; vier Säulenreihen ergaben eine fünfschiffige Halle. In der Basilika fand man einen Altar, der nach einer Inschrift im Jahr 142
n.Chr. von einem Seleucus, Sohn des Ariston, dem Stadtgründergott
Dionysos und dem Hirtengott Pan geweiht war.

An der Basilika entlang führte eine kleinere Straße durch einen noch
erkennbaren *Tetrapylon* („Vier-Säulen"), eine monumental überbauten Straßenkreuzung, hinauf zum Theater. In frühislamischer Zeit
wurde der Tetrapylon abgeteilt und zu handwerklichen Zwecken
umfunktioniert.

Die Hauptstraße lief als Kolonnadenstraße mit mindestens 18 Säulen und Läden an der einen Seite geradeaus weiter in Richtung der
heutigen Stadt. Die Säulen waren monolithisch, also aus einem einzigen Stück gehauen, und spiegelten sich in einem reich dekorierten
Wasserbecken auf der anderen Straßenseite.

Gegenüber dem Zentralmonument biegt die sogenannte *Talstraße*
nach links (Norden) ab, in den nördlichen Teil der Stadt, die sich bis
auf die andere Seite des Harodbaches erstreckte und zum großen
Teil noch der Ausgrabung harrt. Dieser Teil der Stadt wird zu Unrecht stiefmütterlich behandelt, die Besucherströme dringen hierher
nicht vor. Man kommt zunächst zu den Ruinen einer römischen
Brücke, die den Harodbach überwölbte. Ihr arabischer Name *al-
Dschisr al-Maqtua* („beschränkte Brücke") beschreibt ihren Zustand
nach der Zerstörung. Man kann den Bach auf einem Steg neben dieser Brücke überqueren oder auf einem zweiten Steg, 200 m weiter
oben (links). Die alte Stadt reichte bis zum Scheitelpunkt des Nordhügels hinauf. Dort fanden die Ausgräber drei Kirchenkomplexe.
Das *Kloster der Herrin Maria* findet sich unter einer verrosteten
Dachkonstruktion, die es schützt, die aber auch den Zugang zu ihm
verwehrt. Es wurde schon anfangs der 30er-Jahre entdeckt. Unter
„Herrin Maria" ist dabei nicht die Gottesmutter zu verstehen, sondern eine wohlhabende Dame, die im Jahr 567 die Kirche gestiftet
hat, wie eine der Inschriften vor dem Kircheneingang berichtet:
„Christus, Gott, Retter der Welt, sei der Christus liebenden Herrin
Maria und ihrem Sohn Maximus gnädig und gewähre ihren Vorfahren Ruhe auf die Fürbitte aller Heiligen." Die Kirche selbst ist klein.
Ein Mosaik zeigt zwei Pfauen, Symbole der Unsterblichkeit, ein anderes Mosaik stellt farbenprächtig zwölf fröhliche Szenen des damaligen Landlebens dar; ein Mosaik im Hauptraum zeigt neben Pflanzen und Tieren oben einen Jäger, während in der Mitte Helios und
Selene (Sonne und Mond) von den zwölf Monaten (in symbolischen
Figuren mit den Monatsnamen) umrahmt werden. Diese Mosaike
gelten als die besten aus byzantinischer Zeit, die sich im Land fin-

den. Die anderen beiden Kirchenruinen liegen auf dem höchsten
Punkt des Nordhügels. Der größeren von beiden haben die Ausgräber den Namen *Märtyrerkirche* gegeben. Ihre drei Apsiden sind
gut zu erkennen, sie sind kleeblattförmig angeordnet (wie in der Geburtskirche in Betlehem). Man sieht Teile einer marmornen Chorschranke und einfache geometrische Mosaike in den Nebenräumen.
Die parallel umgefallenen Säulen sind wieder ein Hinweis auf eine
Zerstörung durch ein Erdbeben (749?). Nördlich der Märtyrerkirche,
schon außerhalb der antiken Stadtmauer, liegen die Überreste der
kleineren Andreaskirche.

Noch 250 m weiter nordöstlich hat man eine *samaritanische Synagoge* gefunden, ohne Menschen- oder Tierdarstellung, nur mit den
üblichen Kultgegenständen: Toraschrein, Menorot (siebenarmige
Leuchter), Schofarhörnern und Weihrauchschäufelchen. Diese Synagoge ist nicht wie die jüdischen Synagogen nach Jerusalem gerichtet. Am merkwürdigsten ist eine der vier Inschriften: In samaritanischen Buchstaben, aber griechischer Sprache erfährt man, dass dieses Werk Marianus und sein Sohn Haninas geschaffen haben –
dieselben Künstler, die auch das Mosaik im benachbarten Bet Alfa
signierten. Das Mosaik stammt aus der ersten Hälfte des 6. Jh. und
befindet sich heute im Israel-Museum in Jerusalem (archäologische
Abteilung, Raum 6).

Eine weitere Synagoge war mit dem *Haus des Leontius* verbunden,
das in einiger Entfernung weiter westlich liegt. Ein kleiner Raum
(7 × 7 m) in einer Hofecke weist ein mit Weinranken geziertes Mosaik auf; eine Menora mit dem Wort *Schalom* darüber bildet die Mitte.
Von vier Inschriften sind zwei aramäisch und zwei griechisch. Eine
der griechischen Inschriften erwähnt rühmend „Joses, den Gast-
wirt", der offensichtlich etwas für die Synagoge getan hat. Ein Mosaik in einem anderen Raum zeigt oben Odysseus bei den Sirenen.
In der Mitte sind zwischen Vögeln die Stifter des Mosaiks, „Leontius und sein Bruder Jonatan", verewigt; unten sieht man einen bärti-
gen Nilgott und eine Darstellung der Stadt Alexandria.

Zwischen Bet-Schean und Jericho

Dieser mittlere Abschnitt im heißen Jordantal ist eintönig, da er
durch früher wie heute nur schwach besiedeltes Gebiet führt. Wo
nicht Felder angelegt sind und bewässert wird, wirkt die Gegend
öde und ausgebrannt; nur im Winter, wenn es geregnet hat, kann
auch dieser trostlose Landstrich überraschend grün werden. Man
fühlt sich an ein Wallfahrtslied der Psalmen erinnert, das diese Erfahrung in die Worte fasst:

Wohl den Menschen, die Kraft finden in dir, wenn sie sich zur Wallfahrt rüsten. Ziehen sie durch das trostlose Tal, wird es für sie zum Quellgrund und Frühregen hüllt es in Segen (Ps 84,6-7).

Rechov: Verlässt man Bet-Schean auf der Straße Nr. 90 nach Süden, erreicht man nach ca. 6 km Rechov. Östlich vor dem Ortseingang des modernen Rechov liegt der *Tell Rechov,* ein ausgedehnter Ruinenhügel (über 10 ha) in den Feldern, der vom 3. Jahrtausend bis zum 8. Jh. v. Chr. besiedelt war. In römisch-byzantinischer Zeit war der Ort in die Ebene nördlich vom Tell gewandert. Dort wurde 1974-80 eine Synagoge (11 × 19 m) mit Mosaikfußboden (Ende des 5. Jh. n. Chr.) ausgegraben, der die längste bekannte Synagogeninschrift enthält: 365 hebräische Worte in 29 Zeilen handeln vom Zehnten und vom Sabbatjahr. Der Text war vor dem Eingang der Synagoge angebracht und sogar noch einmal auf einer Säule wiederholt. Das Mosaik befindet sich heute im Israel-Museum, Jerusalem.

Nach weiteren 9 km erreicht man den Checkpoint, der sich ungefähr auf der bis 1967 bestehenden Grenze zwischen Israel und Jordanien befindet. Die alte Römerstraße verlief weiter unten im Tal, die höher liegende moderne Straße gewährt dafür mehr Überblick. Man sieht östlich der Straße zunächst die israelischen Grenzsicherungsanlagen mit doppeltem Zaun und dazwischen eine Piste für die Kontrollfahrten des Militärs, darunter dann im Talgrund nochmals tiefer eingeschnitten den eigentlichen Jordanlauf mit unendlich vielen Windungen zwischen Kreidebänken. Er bildet bis hinunter zum Toten Meer die heutige Grenze zwischen dem israelisch kontrollierten Gebiet und Jordanien.

Änon bei Salim: Auf der Höhe des Checkpoints, unten auf den Jordan zu, am südlichsten der Fischteiche, befindet sich *Tel Schalem.* Der Tell, schwer zugänglich mitten im landwirtschaftlich genutzten Gebiet gelegen, bietet keine sichtbaren archäologischen Überreste, abgesehen von militärischen Anlagen aus der jüngeren Vergangenheit. 1978 wurden hier Reste einer monumentalen Inschrift gefunden, die als Teil eines Triumphbogens interpretiert wird, der 136 n. Chr. (nach dem Bar-Kochba-Aufstand) zu Ehren von Kaiser Hadrian errichtet wurde. Hier ist das *Änon bei Salim* des Johannesevangeliums anzunehmen. Änon bei Salim ist der zweite Ort, von dem der Evangelist Johannes eine Wirksamkeit Johannes' des Täufers zu berichten weiß:

> Darauf ging Jesus mit seinen Jüngern nach Judäa. Dort hielt er sich mit ihnen auf und taufte. Aber auch Johannes taufte da-

mals, und zwar in *Änon bei Salim,* weil dort viel Wasser war; und die Leute kamen und ließen sich taufen (Joh 3,22-23).

Schon der Name des Ortes Änon weist auf mehrere Quellen hin, denn *Ain* heißt in den semitischen Sprachen „Quelle". Die Pilgerin Aetheria besuchte den Ort und gibt davon folgenden Bericht:

> In diesem Tal lag ein großes Dorf, das jetzt Sedima heißt. In diesem Dorf, das mitten in der Ebene liegt, erhebt sich inmitten ein mäßiger Hügel, geformt wie die Grabhügel zu sein pflegen, aber die großen: Auf seiner Höhe steht eine Kirche und unten im Kreis um den Hügel sind große alte Grundmauern sichtbar: Auch jetzt noch sind im Dorf selbst einige Trümmerhaufen vorhanden.
>
> Als ich diesen hübschen Ort sah, fragte ich, was denn das für ein lieblicher Ort sei. Dann wurde mir gesagt, das ist die Stadt des Melchisedek, die früher *Salem* hieß, wonach das Dorf jetzt in verdorbener Sprechweise Sedima genannt wird.

Sedima kann aus Selima sowohl durch schlechte Aussprache wie durch undeutliche Schrift entstanden sein; denn der griechische Buchstabe Δ (*D*) sieht dem griechischen Λ (*L*) sehr ähnlich.

> Das Gebäude auf dem Hügel inmitten des Dorfes, das du dort siehst, ist eine Kirche, die jetzt auf griechisch Ort des Melchisedek heißt. Denn hier ist der Ort, wo Melchisedek Gott reine Opfer darbrachte, das heißt: Wein und Brot, wie es von ihm geschrieben steht (Gen 14,18). Sofort als ich dies hörte, stiegen wir von den Tieren, und siehe da, uns entgegenzukommen geruhten der heilige Priester dieses Ortes und die Kleriker; sie empfingen uns sofort und führten uns zur Kirche empor. Als wir dort ankamen, wurde sogleich nach unserer Gewohnheit ein Gebet gesprochen, dann die Stelle aus dem Buch des heiligen Mose vorgelesen, auch ein Psalm gesungen, passend für den Ort (wohl Ps 110), und dann wieder ein Gebet gesprochen; hierauf stiegen wir herab.

Aetheria bezieht sich hier auf die symbolträchtige Begegnung von Abraham mit dem Stadtkönig und Priester Melchisedek von Salem, wie sie im Buch Genesis geschildert ist:

> Als er (Abraham) nach dem Sieg über Kedor-Laomer und die mit ihm verbündeten Könige zurückkam, zog ihm der König von Sodom ins Schawetal entgegen, das jetzt Königstal heißt. Melchisedek, der König von *Salem,* brachte Brot und Wein heraus. Er war Priester des Höchsten Gottes. Er segnete Abram und sagte: Gesegnet sei Abram vom Höchsten Gott, dem Schöpfer des Himmels und der Erde, und gepriesen sei der

höchste Gott, der deine Feinde an dich ausgeliefert hat. Darauf gab ihm Abram den Zehnten von allem (Gen 14,17-20).

Aetheria aber erzählt weiter:

> Weil ich in Erinnerung hatte, dass geschrieben stehe, der hl. Johannes habe in *Änon bei Salim* getauft, fragte ich ihn, wie weit dieser Ort entfernt sei. Da sagte jener heilige Priester: „Siehe, hier ist es, 200 Schritte entfernt. Wenn du willst, führe ich dich sofort zu Fuß hin. Denn dieses mächtige und klare Wasser, das ihr in diesem Dorf seht, kommt eben von dieser Quelle".

> Da begann ich zu danken und ihn zu bitten, uns dorthin zu führen, so wie es auch geschehen ist. Sofort begannen wir mit ihm zu Fuß zu gehen immerdar durch das lieblichste Tal, bis wir zu einem sehr schönen Obstgarten kamen, wo er uns eine Quelle besten und reinsten Wassers zeigte, die auf einmal einen richtigen Fluss entstehen ließ. Vor sich hatte die Quelle einen kleinen See, wo offensichtlich der hl. Johannes die Taufe vorgenommen hat.

> Nun sprach zu mir der heilige Priester: „Bis heute wird dieser Garten nicht anders genannt in der griechischen Sprache als *Kepos tu hagiu Ioanni,* was ihr lateinisch nennt „Garten des heiligen Johannes". Auch viele Brüder, heilige Mönche, kommen aus verschiedenen Gegenden und wollen sich hier baden."

> Von neuem wurde auch an dieser Quelle, wie an allen Orten, ein Gebet gesprochen und die Lesung abgehalten, gesungen auch ein passender Psalm, und alles, was zu tun unsere Gewohnheit war, wo immer wir an heilige Orte kamen, das taten wir auch dort.

> Auch das sagte uns der heilige Priester, dass bis zum heutigen Tag immer zu Ostern alle, die in diesem Dorf zu taufen sind, das heißt, in der Kirche, die Ort des Melchisedek heißt, in dieser Quelle getauft werden; dann kämen sie frühmorgens mit Leuchtern in Begleitung der Kleriker und Mönche zurück, unter Gesang von Psalmen und Antiphonen; und so werden von der Quelle bis zur Kirche des hl. Melchisedek in der Frühe alle geführt, die getauft wurden.

Man merkt dem Bericht an, mit welcher Begeisterung die antike Pilgerin diesen Ort besucht hat, wie genau sie alles notierte, welches Interesse sie für die Liturgie hatte und wie damals die Andachten an den einzelnen Orten gestaltet waren. Aetheria interessiert sich dabei nicht nur für die Orte des Evangeliums, sie bemüht sich in gleicher Weise um die Orte des Alten Testaments. Eine ganz außerordentliche Frau, der man nicht genug dankbar sein kann für ihren frommen Eifer!

Überraschend ist, dass Aetheria in Sedima/Salim sogar als Erstes eine *Melchisedekkirche* gezeigt wurde; denn jüdische Überlieferung pflegt ja (erstmals dokumentiert in den Qumranhandschriften, oder schon Ps 76,3?) die Melchisedekbegegnung Abrahams mit *Jeru-Salem* in Verbindung zu bringen. Soll man annehmen, der Name des Ortes Salim am Jordan habe den Samaritanern die Möglichkeit geboten, von Jerusalem abzusehen und die Melchisedekbegegnung in ihr Territorium zu verlegen? Oder ist mehr daran? Auch Eusebius und Hieronymus kannten diese Tradition. Solange die Vorgeschichte des Ortes nicht durch Ausgrabungen erhellt ist, lässt sich darüber nichts Bestimmteres sagen. Von der Route her wäre dieses Salim sicherlich ebenso passend wie Jerusalem; denn Abraham kehrte ja von Damaskus zurück (Gen 14,15).

Auch die Tel Schalem gegenüberliegende Seite des Jordans ist gut bebaut dank eines Kanals, der Jarmukwasser ableitet. Dahinter erheben sich, 1200 bis 1400 m hoch über dem Jordantal, die Berge von Gilead, in denen der Prophet Elija zuhause war (1 Kön 17,1). Dem Tel Schalem fast genau gegenüber mündet von Osten her das Wadi Jabis in den Jordan, in dem einst *Jabesch-Gilead* lag. Es waren die Männer von Jabesch-Gilead gewesen, die den zum Gespött ausgestellten Leichnam König Sauls von den Mauern von Bet-Schean holten und ehrenvoll bestatteten (1 Sam 31,11-13; siehe S. 717).

An der *Mekhola Junction* zweigt die Straße Nr. 578 ab. Wenn man von ihr nach 6 km westlich auf die Straße Nr. 5799 abbiegt, kann man, weiter dem *Wadi al-Malih* folgend, über *Tubas* hinauf nach Nablus gelangen. Es ist in etwa die Route einer alten Römerstraße vom Jordantal nach Nablus/Sichem. *Burdsch al-Malih* auf einem Hügel in vulkanischer Umgebung rechts über einer Kurve war wohl eine Kreuzfahrerfestung, die von den Mamluken weiterverwendet wurde. In dem Dorf *Tajasir* finden sich römische Überreste, darunter Meilensteine und ein Mausoleum.

Der Name der modernen Siedlung *Mechola* ist inspiriert vom biblischen *Abel-Mehola,* der Heimat des Propheten Elischa (1 Kön 19, 16). Die Lage dieses Ortes ist unbekannt, aber die Berufung Elischas durch den Propheten Elija (1 Kön 19,19-21) dürfte in dieser Gegend stattgefunden haben. Vielleicht hat sich dieser Name im erwähnten nahe gelegenen *Wadi Malih* erhalten.

An der *Adam Junction* kann man nach Westen durch das *Wadi Fara* (hebr. *Nachal Tirza*) über die Straße Nr. 57 hinauf nach Tirza (vgl. S. 248) und Nablus/Sichem gelangen. Die Straße nach Osten führt an die *Damije-/Adam-Brücke,* einen für Ausländer nicht passierbaren Grenzübergang nach Jordanien.

Oberhalb dieser Brücke ist der Jordanlauf besonders gewunden. Zuweilen rutschen die seitlichen Kreidebänke ab und versperren dem Jordan für Stunden und Tage den Weg, wie aus der Geschichte mehrfach bezeugt ist. In einen solchen Zusammenhang darf man auch die Erzählung vom Jordanübergang Josuas stellen, bei dem die Israeliten mit der Bundeslade trockenen Fußes bis vor Jericho gelangten (Jos 3,14-17; siehe S.717).

Alexandreion (hebr. *Sartaba,* arab. *Qarn Sartabe*): Fährt man auf der Straße Nr.90 weiter nach Süden, sieht man bald zur Rechten einen Gipfel (377 m ü.d.M., das heißt 600 m über dem Jordantal), dessen ebenmäßige Form besonders von Süden in der Rückschau auffällt. Bis auf halbe Höhe des Berges führt ein befahrbarer Feldweg. Die Zufahrt ist unmittelbar vor (nördlich) der Siedlung *Aravot ha-Jarden* (eine Beschilderung „Sartaba" verweist auf einen Weg *durch* die Siedlung. Dieser ist aber nicht benutzbar, da die Ausfahrt aus der Siedlung in der Regel verschlossen ist). Den oberen Teil muss man in einem ungefähr einstündigen Aufstieg zu Fuß zurücklegen.

Alexandreion ist ein befestigter Palast, den der Hasmonäerkönig Alexander Jannai (103–76 v.Chr.) erbauen ließ; möglicherweise wurde er auf dem Berg auch begraben. Das Problem der Wasserversorgung wurde durch einen heute noch sichtbaren Kanal gelöst, von dem aus die 14 Zisternen beim Winterregen gefüllt werden konnten. Herodes der Große bediente sich der Festung ebenfalls: zuerst um seinen römischen Gönner Marcus Agrippa hier zu bewirten, zuletzt, um zwei seiner Söhne, Alexander und Aristobul, hier einzusperren und umzubringen, die zu früh an ihr Erbe gedacht hatten. Der Gipfel war nach dem Talmud die zweite Station zur Übermittlung der Monats- und Festanfänge des jüdischen Kalenders mittels Lichtzeichen, die vom Ölberg aus über Belvoir und weiter bis nach Babylonien erfolgte. Auf Alexandreion wurden kaum Ausgrabungen durchgeführt. Die sichtbaren Ruinen sind entsprechend bescheiden, dagegen lohnt sich der anstrengende Aufstieg wegen der Aussicht. Das Wetter ist allerdings nur selten so klar, dass man tatsächlich im Süden den Ölberg und im Norden Belvoir erkennen kann.

Rechts (nördlich) vor dem arabischen Dorf *Fasaïl,* nur mit Mühe auszumachen, liegen die Ruinen von *Phasaëlis* mit römischem Bad und Aquädukt. Diese Stadt gründete Herodes der Große und gab ihr den Namen seines Bruders Phasaël. Auch die wenig nördlich davon liegende israelische Siedlung trägt diesen Namen, in der hebräischen Form *Fatsael* (auch *Petsael* geschrieben).

Wenig südlich der Einfahrt zur Siedlung *Niran* liegt östlich der Straße *Chirbet al-Bajudat,* wo man 1986 eine dreischiffige byzantinische Kirche mit Ostapsis entdeckt hat. Sie misst 23×15,5 m. Der
Mosaikfußboden ist mit geometrischen Mustern geziert und hatte
drei Schichten übereinander; die Kirche ist also mehrmals erneuert
worden. Auf fünf griechischen Inschriften finden sich neben den allgemein christlichen Namen Stephanos, Lukas und Georgios eine
Reihe typisch semitischer Namen (darunter ein *Eliseos,* = hebr. *Elischa*), die auf eine aramäisch-syrische Bevölkerungsschicht mit ara-
bischem Einschlag schließen lassen. Auffällig auch die hohe Titula-
tur „unseres heiligsten und gottgefälligsten Bischofs Porphyrius".
Die späteste Inschrift betrifft den Altarraum und ist auf den 12.
November 570 datiert. Die Kirche könnte 614 beim Persereinfall in
Flammen aufgegangen sein.

Diese Kirche gehörte wohl zu *Archelaïs,* das man bei dem arabischen Dorf *Audscha at-Tahta* („Unter-Audscha", benannt nach dem
Audscha-Bach), 2 km südlich davon, vermutet. Auf der Madabakarte ist es mit drei Türmen, also befestigt, dargestellt. Der Sohn des
Herodes Archelaus (vgl. Mt 2,22) hatte sich damit selbst ein Denkmal gesetzt. Er hatte es notwendig; denn schon im Jahre 6 n.Chr.
wurde er von den Römern als untragbar abgesetzt und sein Gebiet
einem römischen Beamten unterstellt.

6 km nach *Audscha at-Tahta* zweigt nach rechts eine Straße ab, über
die man von Norden nach Jericho hineinfahren kann. Die Straße
Nr. 90 dagegen umgeht die Stadt im Osten. Diese Umgehungsstraße
wurde neu gebaut, nachdem 1994 Jericho und Gaza als erste palästinensische Städte eine gewisse Autonomie erhielten. Man wollte dadurch vermeiden, dass Israelis dieses Gebiet durchfahren müssen,
wenn sie die Jordantalstraße benutzen wollen.

Die Taufstelle (westliche Seite)

Östlich von Jericho liegt der Zugang zur Stätte, die an die Taufe Jesu im Jordan durch Johannes den Täufer erinnert. Der Jordan, der
die traditionelle Taufstätte durchfließt, trennt sie heute in zwei
Bereiche. Er bildet die Grenze zwischen dem israelisch verwalteten/
besetzten Gebiet auf der Westseite und Jordanien im Osten. Beide
Hälften der Taufstätte sind heute zugänglich, aber natürlich nur in
zwei getrennten Besuchen. Der antike Gebäudekomplex, der dem
Gedächtnis der Taufe Jesu geweiht war, erstreckte sich um ein
Quellgebiet am Ostufer des Jordans (siehe S. 720), während die Gebäude auf der Westseite jüngeren Datums sind.

Von Westen her ist die Taufstelle von der Ostumfahrung Jerichos
(Nr. 90) aus zu erreichen; sie ist beschildert mit dem arabischen Na-

men *Qasr al-Jahud* („Juden-Burg"), der wohl auf die Erinnerung an den Durchzug der Juden durch den Jordan (Jos 3,14-17; siehe S. 717) zurückgeht. Wenige hundert Meter von der Hauptstraße entfernt kommt man zu einem Kontrollpunkt des Militärs, durch den man das Sperrgebiet entlang der Grenze betreten kann. Nach 1967 war zunächst das ganze Gebiet abgeriegelt, die verschiedenen christlichen Konfessionen konnten die Taufstätte nur einmal im Jahr besuchen (die Katholiken am letzten Donnerstag im Oktober). Im Jahr 2000 wurde die Taufstätte geöffnet, aber nach Ausbruch der Zweiten Intifada erneut geschlossen. Seit 2011 ist sie wieder allgemein zugänglich. Nach ca. 1 km erreicht man die imposanten Ruinen des griechisch-orthodoxen *Prodromosklosters,* dessen Krypta aus byzantinischer Zeit stammt. *Prodromos* (griech. „Vorläufer") meint Johannes den Täufer. Kaiser Manuel Komnenos (1143–1180) ließ es im Mittelalter wieder instand setzen und befestigen; danach verfiel es erneut. 1882 erwarb es das griechisch-orthodoxe Patriarchat und belebte es neu. Sehr altertümlich ist die aramäisch-syrische Bezeichnung des Klosters, die sich im Arabischen erhalten hat: *Mar Juhanna* heißt wörtlich übersetzt „Herr Johannes" (vergleiche den urchristlichen Ruf: *Mar-ana tha,* „Unser Herr, komm", 1 Kor 16, 22). Hier jedoch heißt *Mar Juhanna* soviel wie: *St. Johannes*; die Heiligen wurden und werden in der Aramäisch sprechenden Kirche als *Herr* und *Herrin* betitelt (vgl. im Deutschen: *Unsere liebe Frau,* d. h. „Herrin" Maria).

Von dort ab führt die Straße zum Jordan hinab (ca. 1 km). Beiderseits der Straße sieht man die Ruinen weiterer Kapellen, alle unzugänglich im Sperr- und Minengebiet, zur Linken das Grundstück der Armenier, rechts neben der Straße die 1935 gebaute und nach dem Erdbeben von 1956 renovierte Kapelle der Franziskaner, südlich davon (von der Straße aus nicht erkennbar) die Kapellen der Syrer, der Kopten, der Russisch-Orthodoxen, der Äthiopier und der Rumänisch-Orthodoxen.

Direkt am Jordan liegt der Ort, der arabisch *al-Maghtas,* „Taufort" heißt, da hier nachweislich seit dem 6. Jh. (nach der Darstellung auf der Madabakarte) die Erinnerung an die Taufe Jesu gepflegt wurde. Möglicherweise wurde damals die Tauferinnerungsstätte auf diese Seite des Jordans verlegt, weil sie leichter als die Ostseite zu erreichen war. Hier gibt es heute einen Gottesdienstplatz, der von den Griechisch-Orthodoxen benutzt wird, und den kleinen überdachten Freialtar der Franziskaner. Wer sich den Jordan als „Fluss" vorstellt und ihn mit europäischen Flüssen vergleicht, wird enttäuscht sein. Man würde dieses Gewässer im Deutschen eher als Bach bezeichnen, zumal in den trockenen Monaten. Wäre es erlaubt, könnte man das kaum 5 m breite Gewässer problemlos durchwaten. Zu dieser Enttäuschung kommt die schlechte Wasserqualität hinzu, da der Jor-

dan die oft nur unzureichend geklärten Abwässer der gesamten
Jordansenke enthält. Etwas besser ist es in den regenreicheren Win-
termonaten. Dann führt der Fluss zwar mehr Wasser, dieses ist aber
braun durch die Erde, die er mit sich schwemmt. – Wir lesen bei
Matthäus:

> Zu dieser Zeit kam Jesus von Galiläa an den Jordan zu Johan-
> nes, um sich von ihm taufen zu lassen. Johannes aber wollte es
> nicht zulassen und sagte zu ihm: Ich müsste von dir getauft
> werden und du kommst zu mir? Jesus antwortete ihm: Lass es
> nur zu! Denn nur so können wir die Gerechtigkeit (die Gott
> fordert) ganz erfüllen. Da gab Johannes nach. Kaum war Jesus
> getauft und aus dem Wasser gestiegen, da öffnete sich der
> Himmel und er sah den Geist Gottes wie eine Taube auf sich
> herabkommen. Und eine Stimme aus dem Himmel sprach:
> Das ist mein geliebter Sohn, an dem ich Gefallen gefunden ha-
> be (Mt 3,13-17).

Als Problem wird in der Christenheit bis heute empfunden, warum
überhaupt Jesus, der Messias, die Taufe von dem Wegbereiter Johannes empfangen wollte. Die Antwort kann nur in einer beispiello-
sen Solidarität gefunden werden: Er will die Gerechtigkeit, die Gott
fordert, ganz und für alle Menschen erfüllen; er ist „das Lamm Gottes, das die Sünde der Welt hinwegnimmt" (Joh 1,29).
Aus dem Johannesevangelium ist noch ein anderer Taufort bekannt:
Änon bei Salim (vgl. S. 313). Es ist aber bei allen vier Evangelisten
klar, dass die Taufe Jesu nicht dort erfolgte, sondern *in der Wüste*
(Mk 1,4, Lk 3,2), bei Matthäus sogar ausdrücklich *in der Wüste von
Judäa* (Mt 3,1). Der vierte Evangelist nennt auch einen Ort dafür:
„Betanien, auf der anderen Seite des Jordan, wo Johannes taufte"
(Joh 1,28), nur wusste man bis in die jüngste Zeit mit dieser Ortsangabe nichts Rechtes mehr anzufangen, weil man nur das *Betanien*
bei Jerusalem hinter dem Ölberg kannte. Die altchristliche Tradition, beginnend mit Origenes (um 240) und Eusebius, meinte, der Ort
müsse *Bethabara* geheißen haben, wie in manchen Evangelienhandschriften zu lesen ist. Wenn man aber Betanien von *Bet Ainon*
(„Haus der Quellen", vgl. das *Änon bei Salim*) ableitet, wird ein ehe-
maliges Betanien hier unten verständlich. Die Mosaikkarte von Madaba gibt eine Stütze für diese Ableitung her; denn sie verzeichnet
auf der Westseite des Jordan „Bethabara, wo die Taufe des hl. Johannes stattfand", und auf der Ostseite ein „Ainon, wo jetzt die
Weide ist".
So ist es nur logisch, die Ortsangabe aus den besten Evangelienhandschriften wieder ganz ernst zu nehmen und die Wirksamkeit
des Bußpredigers Johannes *auf der anderen Seite des Jordan* zu lokalisieren, von wo nach dem biblischen Bericht Elija in den Himmel

entrückt wurde. In der Ankündigung der Geburt des Johannes heißt
es ja ausdrücklich: „Er wird mit dem Geist und der Kraft des Elija
dem Herrn vorangehen" (Lk 1,17). Weil dieses zu erschließende *Bet
Ainon* nicht mehr bekannt war, entschieden sich die Historiker der
alten Kirche für die Leseweise *Bethabara* und wurden so zur Ursache dafür, dass die Erinnerung der Taufe Jesu ganz auf die Westseite des Jordan gezogen wurde. Die eigentliche Taufe geschah aber
offenbar im Fluss und gehört somit keiner Seite an.

Irgendwo zwischen der Taufstelle und Jericho muss Gilgal gelegen
haben, die erste Station der Israeliten nach dem Jordanübergang:

> Das Volk zog am zehnten Tag des ersten Monats durch den
> Jordan und schlug in Gilgal, am Ostrand des Gebietes von Je-
> richo, sein Lager auf. In Gilgal stellte Josua die zwölf Steine
> auf, die man aus dem Jordan mitgenommen hatte (Jos 4,19-
> 20).

Der Ort war für den biblischen Erzähler ein tiefer Einschnitt in der
Geschichte der Israeliten. Er erwähnt eigens das erste Pascha im Gelobten Land und eine Vision des Josua, in der ihm das Land Kanaan,
wie früher dem Mose am Sinai, als „Heiliges Land" eröffnet wird:

> Als die Israeliten in Gilgal ihr Lager hatten, feierten sie am
> Abend des vierzehnten Tages jenes Monats in den Steppen
> von Jericho das Pascha. Am Tag nach dem Pascha, genau an
> diesem Tag, aßen sie ungesäuerte Brote und geröstetes Getrei-
> de aus den Erträgen des Landes. Vom folgenden Tag an, nach-
> dem sie von den Erträgen des Landes gegessen hatten, blieb
> das Manna aus; von da an hatten die Israeliten kein Manna
> mehr, denn sie aßen in jenem Jahr von der Ernte des Landes
> Kanaan.
> Als Josua bei Jericho war und Ausschau hielt, sah er plötzlich
> einen Mann mit einem gezückten Schwert in der Hand vor
> sich stehen. Josua ging auf ihn zu und fragte ihn: Gehörst du
> zu uns oder zu unseren Feinden? Er antwortete: Nein, ich bin
> der Anführer des Heeres des HERRN. Ich bin soeben gekom-
> men. Da warf sich Josua vor ihm zu Boden, um ihm zu huldi-
> gen, und fragte ihn: Was befiehlt mein Herr seinem Knecht?
> Der Anführer des Heeres des HERRN antwortete Josua: Zieh
> deine Schuhe aus; denn der Ort, wo du stehst, ist heilig. Und
> Josua tat es (Jos 5,10-15).

Wo das Gilgal der Josuazeit lag, weiß bis heute niemand. Der Name
bedeutet wohl „Steinhaufen", und an solchen gibt es in der Gegend
wahrlich keinen Mangel. Auch nach den zwölf Steinen, die Josua

aufstellte, hat man in der Antike wie in der Neuzeit emsig gesucht,
ohne wirklichen Erfolg.

Von der byzantinischen Zeit bis in die Kreuzfahrerepoche gibt es
mehrere Beschreibungen von Kirchen, in denen die zwölf Steine
ausgestellt waren, doch stimmen die Beschreibungen der Kirchen,
der Anordnung der Steine und der Lokalisierung des Ortes nicht
überein. Bereits dem Pilger von Bordeaux (um 333) zeigte man
„zwölf Steine, die die Israeliten aus dem Jordan genommen hatten".
Der Pilger von Piacenza (um 570) und Bischof Arkulf (um 680) sahen eine Basilika mit den zwölf Steinen. Die Mosaikkarte von Madaba verzeichnet den Ort als „Galgala, das auch Zwölfstein heißt",
und bildet es mit den zwölf Steinen ab. Der hl. Willibald, später
Bischof von Eichstätt, spricht 724 von einer Kirche „von Holz und
nicht sehr groß". Die letzte Erwähnung findet sich beim russischen
Abt Daniel (1106/08) als große Kirche, 1 km östlich von Jericho.
Möglicherweise hat es also nacheinander, vielleicht sogar gleichzeitig, mehrere Kirchen gegeben, die an dieses alttestamentliche Ereignis erinnerten – bis heute kommen ja mehrfache Lokalisierungen
vor, wie die beiden Orte der Verkündigung an Maria in Nazaret.
Manche der byzantinischen Lokalisierungen deuten auf einen Ort in
der Umgebung vom Hischamspalast nördlich von Jericho (siehe
S. 334). Beim Bau seiner Höfe sind Säulen verwendet worden, denen ein Kreuz eingemeißelt war, die also aus einer Gilgalkirche in
der Nähe stammen könnten. Aber selbst wenn dem so ist, über die
Lage des biblischen Gilgals (fast zwei Jahrtausende vor der byzantinischen Zeit) lässt sich keine Klarheit gewinnen.

Etwa 4 km südwestlich der Taufstelle liegt das *Gerasimuskloster,* eines der Wüstenklöster. Der arabische Name *Der* („Kloster") *Hodschla* überliefert den biblischen Namen En-Eglajim (Ez 47,10; siehe
S. 660). Das Kloster wurde in den 90er-Jahren mit dem Bau der modernen Umgehungsstraße von Jericho aus seiner Wüsteneinsamkeit
gerissen. Hier lebte um 475 der hl. Gerasimus „der Jordanite" und
wurde mit seiner Laura (Eremitensiedlung) zum Mittelpunkt von 70
Einsiedlermönchen. Die Legende berichtet, dass ein Löwe, dem er
eine verletzte Pfote geheilt hatte, ihn überallhin begleitete.

19. JERICHO

Die heutige Stadt Jericho, etwa 250 m unter dem Meeresspiegel gelegen, ist im Sommer ein gemiedener Glutofen, im Winter aber ein gern aufgesuchter Erholungsort. Jericho (arab. *Ariha*), das an der Stelle der byzantinischen Stadt steht, hat sich erst im vorigen Jahrhundert wieder zu einer Stadt von heute etwa 20 000 Einwohnern entwickelt. Nach 1948 kam es aufgrund der vielen palästinensischen Flüchtlinge sogar auf 80 000 Einwohner. Die Flüchtlingslager wurden aber seit dem Sechs-Tage-Krieg 1967 allmählich aufgelöst, viele Flüchtlinge sind nach Jordanien und in den Libanon weitergezogen. In einem ersten Schritt zu einer palästinensischen Selbstverwaltung erhielt Jericho 1994 zusammen mit dem Gazastreifen eine gewisse Autonomie. Mit seinen üppigen Gärten und Palmenhainen, Zitrusfrucht- und Bananenplantagen und seiner Blumenpracht erfreut die Stadt das Auge der Besucher. Heute wie in biblischen Zeiten ist Jericho eine beliebte Winterresidenz.

Obwohl Jericho nicht am direkten Weg von Galiläa nach Jerusalem liegt, trat Jesus seinen letzten Weg nach Jerusalem von Jericho aus an:

> Sie kamen *nach Jericho*. Als er (Jesus) mit seinen Jüngern und einer großen Menschenmenge *Jericho* wieder verließ, saß an der Straße ein blinder Bettler, Bartimäus, der Sohn des Timäus. Sobald er hörte, dass es Jesus von Nazaret war, rief er laut: Sohn Davids, Jesus, hab Erbarmen mit mir! Viele wurden ärgerlich und befahlen ihm zu schweigen. Er aber schrie noch viel lauter: Sohn Davids, hab Erbarmen mit mir! Jesus blieb stehen und sagte:. Ruft ihn her! Sie riefen den Blinden und sagten zu ihm: Hab nur Mut, steh auf, er ruft dich. Da warf er seinen Mantel weg, sprang auf und lief auf Jesus zu. Und Jesus fragte ihn: Was soll ich dir tun? Der Blinde antwortete: Rabbuni, ich möchte wieder sehen können. Da sagte Jesus zu ihm: Geh! Dein Glaube hat dir geholfen. Im gleichen Augenblick konnte er wieder sehen und er folgte Jesus auf seinem Weg (Mk 10,46-52).

Der Evangelist Lukas weiß eine weitere, wirklich *frohe Botschaft* zu berichten:

> Dann kam er *nach Jericho* und ging durch die Stadt. Dort wohnte ein Mann namens Zachäus; er war der oberste Zollpächter und war sehr reich. Er wollte gern sehen, wer dieser Jesus sei, doch die Menschenmenge versperrte ihm die Sicht; denn er war klein. Darum lief er voraus und stieg auf einen Maulbeerfeigenbaum, um Jesus zu sehen, der dort vorbeikom-

men musste. Als Jesus an die Stelle kam, schaute er hinauf
und sagte zu ihm: Zachäus, komm schnell herunter! Denn ich
muss heute in deinem Haus zu Gast sein. Da stieg er schnell
herunter und nahm Jesus freudig bei sich auf.
Als die Leute das sahen, empörten sie sich und sagten: Er ist
bei einem Sünder eingekehrt. Zachäus aber wandte sich an
den Herrn und sagte: Herr, die Hälfte meines Vermögens will
ich den Armen geben, und wenn ich von jemand zu viel gefor-
dert habe, gebe ich ihm das Vierfache zurück. Da sagte Jesus
zu ihm: Heute ist diesem Haus das Heil geschenkt worden,
weil auch dieser Mann ein Sohn Abrahams ist. Denn der Menschensohn ist gekommen, um zu suchen und zu retten, was
verloren ist (Lk 19,1-10).

Obwohl mehrheitlich muslimisch geprägt, gibt es mehrere christliche Gemeinden und Kirchen. Die kleine lateinische Pfarrkirche der
Franziskaner liegt westlich vom Zentrum und ist dem Guten Hirten
geweiht. Vor der Kirche stehen mächtige Maulbeerfeigenbäume
(Sykomoren), die den Evangelientext illustrieren können; denn trotz
ihrer Größe zeichnen sich diese Bäume dadurch aus, dass ihre Äste
sehr niedrig ansetzen. Die Franziskaner unterhalten eine Schule, die
mit Hilfe von Spenden aus Europa neu gebaut wurde. Daneben leiten franziskanische Schwestern eine Mädchenschule. Ihr gegenüber
steht eine griechisch-orthodoxe Kirche. Sie wurde 1973 erbaut und
2008-13 sehr lebendig ausgemalt. Vor der Kirche findet sich der
Baumstumpf einer Maulbeerfeige, der als der Baum des Zachäus
verehrt wird; solche Bäume finden sich freilich auch anderswo in
der Stadt. Die rumänisch-orthodoxe Kirche hat 1999 in der Nähe
des alttestamentlichen Tells eine reich bemalte Kirche inmitten eines Pilgerzentrums gebaut.
Die zahlreichen, aber meist wenig spektakulären Reste der wohl
zehntausendjährigen Geschichte Jerichos liegen weit verstreut über
das ganze Oasengebiet. Oft war Jericho keine geschlossene Stadt.

Das alttestamentliche Jericho

Das älteste Jericho lag am *Tell as-Sultan* („Sultans-Hügel"), 2 km
nordwestlich des heutigen Stadtzentrums. Der ausgedehnte und
21,5 m hohe Tell as-Sultan gilt sogar als die älteste bekannte Stadt
der Erde (was freilich davon abhängt, wie man den Begriff „Stadt"
definiert). Sie geht bis ins 9. Jahrtausend v.Chr., in die Mittlere
Steinzeit, zurück, ist also mehr als 10 000 Jahre alt; die Berechnungen nach der Radiokarbonmethode ergaben für einige Fundstücke
die Zeit zwischen 10 000 und 8000 v.Chr.

Der Tell wurde nie zur Gänze ausgegraben. Vor allem die englische Archäologin Kathleen Kenyon wandte bei den Ausgrabungen in den 50er-Jahren die damals neuartige Methode an, nicht den ganzen Ruinenhügel abzutragen, sondern sich mit Durchstichen zu begnügen. Das hat zum einen den Vorteil, dass man die einzelnen Schichten nicht völlig zerstören muss, sondern auch der Nachwelt noch etwas zu erforschen lässt. Zum anderen kann man an den einzelnen Sektoren die Abfolge der Schichten und manchmal die Art ihrer Zerstörung, z.B. durch Feuer, noch direkt ablesen. Dabei von einer Stadt zu reden, ist nicht übertrieben, wie neben aufgefundenen massiven Mauern vor allem der Turm aus der Jungsteinzeit beweist (um 7000 v.Chr.). Er ist 8,25 m hoch und konnte innen über 20 Stufen erstiegen werden. Über die Funktion dieses Turms ist man sich nicht im Klaren. Für Verteidigungszwecke scheint er ungeeignet. Manche helfen sich mit der These, die Archäologen gerne anwenden, wenn sie nicht wissen, wofür ein Gebäude diente: Es könnte sich um eine Kultstätte handeln. Da der Name Jericho mit dem Mondgott zusammenhängt (hebr. *Jareach*, „Mond"), der bei den Semiten bis heute das Maß der Zeiten ist, legt sich ein Mondheiligtum nahe. Interessant ist ferner, dass im Jericho der Steinzeit die Toten unter den Häusern selbst bestattet waren, also im Lebensbereich gehalten und wohl verehrt wurden.

In der Bibel ist Jericho die erste Stadt, die die Israeliten nach der Überschreitung des Jordans auf Befehl Gottes und mit seiner Hilfe erobern:

> *Jericho* hielt wegen der Israeliten die Tore fest verschlossen. Niemand konnte heraus und niemand konnte hinein. Da sagte der HERR zu Josua: Sieh her, ich gebe *Jericho* und seinen König samt seinen Kriegern in deine Gewalt. Ihr sollt mit allen Kriegern um die Stadt herumziehen und sie einmal umkreisen. Das sollst du sechs Tage lang tun. Sieben Priester sollen sieben Widderhörner vor der Lade hertragen. Am siebten Tag sollt ihr siebenmal um die Stadt herumziehen und die Priester sollen die Hörner blasen. Wenn das Widderhorn geblasen wird und ihr den Hörnerschall hört, soll das ganze Volk in lautes Kriegsgeschrei ausbrechen. Darauf wird die Mauer der Stadt in sich zusammenstürzen; dann soll das Volk hinübersteigen, jeder an der nächstbesten Stelle. Da rief Josua, der Sohn Nuns, die Priester und sagte: Nehmt die Bundeslade und lasst sieben Priester sieben Widderhörner vor der Lade des HERRN hertragen. Und zum Volk sagte er: Zieht rings um die Stadt herum und lasst die bewaffneten Männer vor der Lade des HERRN herziehen!

Und es geschah so, wie Josua es dem Volk gesagt hatte: Sieben Priester trugen die sieben Widderhörner vor dem HERRN her und bliesen im Gehen die Hörner und die Bundeslade des HERRN zog hinter ihnen her. Die bewaffneten Männer gingen vor den Priestern her, die die Hörner bliesen, die Nachhut folgte der Lade und man blies ständig die Hörner. Dem Volk aber befahl Josua: Erhebt kein Kriegsgeschrei und lasst eure Stimmen nicht hören! Kein Wort komme aus eurem Mund bis zu dem Tag, an dem ich zu euch sage: Erhebt das Kriegsgeschrei! Dann sollt ihr losschreien.

Darauf ließ er die Lade des HERRN um die Stadt herumziehen und sie einmal umkreisen. Dann kam man zum Lager zurück und übernachtete im Lager. Früh am anderen Morgen brach Josua auf und die Priester trugen die Lade des HERRN. Sieben Priester trugen die sieben Widderhörner der Lade des HERRN voraus und bliesen ständig die Hörner. Die bewaffneten Männer zogen vor ihnen her und die Nachhut folgte der Lade des HERRN. Man blies ständig die Hörner. So zogen sie auch am zweiten Tag einmal um die Stadt herum und kehrten wieder ins Lager zurück. Das machten sie sechs Tage lang.

Am siebten Tag aber brachen sie beim Anbruch der Morgenröte auf und zogen, wie gewohnt, um die Stadt, siebenmal; nur an diesem Tag zogen sie siebenmal um die Stadt. Als die Priester beim siebten Mal die Hörner bliesen, sagte Josua zum Volk: Erhebt das Kriegsgeschrei! Denn der HERR hat die Stadt in eure Gewalt gegeben. Die Stadt mit allem, was in ihr ist, soll zu Ehren des HERRN dem Untergang geweiht sein. Nur die Dirne Rahab und alle, die bei ihr im Haus sind, sollen am Leben bleiben, weil sie die Boten versteckt hat, die wir ausgeschickt hatten. Hütet euch aber davor, von dem, was dem Untergang geweiht ist, etwas zu begehren und wegzunehmen; sonst weiht ihr das Lager Israels dem Untergang und stürzt es ins Unglück. Alles Gold und Silber und die Geräte aus Bronze und Eisen sollen dem HERRN geweiht sein und in den Schatz des HERRN kommen. Darauf erhob das Volk das Kriegsgeschrei und die Widderhörner wurden geblasen. Als das Volk den Hörnerschall hörte, brach es in lautes Kriegsgeschrei aus. Die Stadtmauer stürzte in sich zusammen und das Volk stieg in die Stadt hinein, jeder an der nächstbesten Stelle. So eroberten sie die Stadt (Jos 6,1-20).

Ein Rätsel ist bis heute, dass nach den archäologischen Funden ausgerechnet in der Schicht, die man der Zeit Josuas zuschreibt, die Stadt nicht besiedelt war und somit auch durch Josua nicht zerstört werden konnte. Die Schuttmassen mögen noch manches bergen, was bisherige Meinungen wieder in Frage stellt. Sollte aber die bisherige Besiedlungslücke in der Josuazeit bestätigt werden, könnte man bei der biblischen Eroberung Jerichos an eine andere Stadt denken. Man hat nämlich auch beobachtet, dass der biblische Bericht nur ganz am Anfang den Namen Jericho nennt, dann aber nur mehr allgemein von einer Stadt spricht. Oder aber die Generationen nach Josua fanden die Stadt in Ruinen vor und erklärten sich diese Zerstörung rückwirkend als göttliches Eingreifen.

Der Grund für die urzeitliche Gründung einer Stadt an dieser Stelle lag in der reichlich sprudelnden Quelle am Ostfuß des Tells, auf der gegenüberliegenden Seite der Hauptstraße, arabisch *Ain as-Sultan,* „Sultans-Quelle". Die Christen pflegten sie *Elischaquelle* zu nennen; denn nach der Bibel war die erste Tat des Propheten Elischa, dass er die Quelle „gesund" gemacht hat:

> Die Männer der Stadt sagten zu Elischa: Unser Herr sieht, dass man in dieser Stadt gut wohnen kann; nur das Wasser ist ungesund und in der Gegend gibt es viele Fehlgeburten. Elischa befahl: Bringt mir eine neue Schüssel und schüttet Salz hinein! Man brachte sie ihm und er ging *zur Wasserquelle* und warf das Salz hinein mit den Worten: So spricht der HERR: Ich mache dieses Wasser gesund. Es wird keinen Tod und keine Fehlgeburt mehr verursachen. Daher ist das Wasser bis zum heutigen Tag gesund, wie es Elischa vorausgesagt hatte (2 Kön 2,19-22).

Das herodianische Jericho

Manchmal wird behauptet, das Jericho der Zeit Jesu sei weiter südwestlich gelegen, nahe am Gebirge, wo das *Wadi Kelt* aus den Bergen heraustritt. Daran ist zwar richtig, dass das *herodianische Jericho* dort lag und ausgegraben wurde, aber das waren nur die Palastanlagen des Herodes und seines Sohnes Archelaus sowie die Villen der Wohlhabenden und Reichen. Die gewöhnliche Stadt blieb wohl immer in der Ebene. Man kann also nicht einfach das Jericho der Zeit Jesu hierher verlegen. Das Haus des „sehr reichen Oberzöllners Zachäus" (Lk 19,1-10; siehe S.323) mag aber durchaus in der Siedlung der Reichen in der Nachbarschaft der Paläste gelegen haben. Bei der Heilung des blinden Bartimäus sagt Markus ausdrücklich: „Als er (Jesus) mit seinen Jüngern Jericho wieder verließ" (Mk 10, 46). Dem scheint zwar Lukas zu widersprechen, wenn er seine Blindenheilung einleitet: „Als Jesus in die Nähe von Jericho kam" (Lk 18,35). Doch wählt Lukas diese allgemeine Formulierung wohl, um

seine Zachäusgeschichte zum Höhepunkt des Jerichoaufenthalts zu
machen, und setzt deshalb die Heilung des Blinden vorher an.

Man kann sich das Jericho der Römerzeit als eine weit ausgreifende Stadt ohne Mauern vorstellen. Seine mit Kanälen und Aquäduk-
ten gut organisierte Wasserversorgung von der *Elischaquelle*, vom
Wadi Kelt, von *Ain ad-Dujuk* und *Ain Audscha* nördlich von Jericho
machte es möglich. Nicht umsonst schwärmen die antiken Geogra-
phen und Geschichtsschreiber von Jericho. Die Sicherheit der Gar-
tenstadt Jericho waren die Festungen, welche die Hasmonäer und
danach Herodes im Jordantal unterhielten und dadurch ihren eigenen Feudalbesitz schützten.

Um zum herodianischen Jericho zu kommen, nimmt man am Süd-
ausgang von Jericho gleich nach der Brücke über das Wadi Kelt die
kleine Straße rechts und folgt dem Wadi auf der Südseite. Auf dieser einstmaligen Römerstraße gelangt man an das Ausgrabungsge-
biet von *Tulul Abu Alajik* diesseits und jenseits des Wadi. Hier befand sich das *herodianische Jericho*. Selbst als Ruinenfeld erweist
es sich mit seinen großzügig geplanten Palästen, Wasserteichen und
Badeanlagen als das Werk des einzigartigen Bauherren: Herodes
dehnte seine Palastbauten aus und besetzte damit beide Seiten des
Wadi Kelt. Er ließ wohl Architekten und Vorarbeiter von Rom kommen, um die aufwendigen Mauern im eleganten Opus reticulatum
(netzartig gestaltetes Mauerwerk) aufführen zu lassen. Auf der
Nordseite des Wadis befand sich der *Öffentliche Palast* des Herodes, der dem Empfang wichtiger Gäste diente. Von Westen her
kommend, betritt man zunächst eine Säulenhalle, dann einen Hof
mit einer Apsis und nach zwei kleinen Vorzimmern einen weiteren
Hof. Von dort aus nach links betritt man den am besten erhaltenen
Teil des Palasts, die Thermen, die in keinem der zahlreichen Hero-
despaläste fehlten. Dieser öffentliche Palast ist freilich nur die Hälfte der Anlage. Die noch spärlicheren Reste der anderen Hälfte liegen auf der anderen Seite des Wadis. Der kleine Hügel bedeckt die
Reste eines befestigten Turms, dessen Bestimmung nicht genau bekannt ist. Der Turm und der öffentliche Palast waren miteinander
durch ein Brücke verbunden, die das Wadi überspannte, die allerdings völlig verschwunden ist. Herodes ließ diesen Komplex als
Winterresidenz bauen. Wer im Winter aus dem nasskalten Jerusalem hierher kommt, wird die Gründe für diese Wahl verstehen! Wir
wissen nicht, wie lange sich Herodes tatsächlich in Jericho aufgehalten hat. Belegt ist aber, dass er seine letzten Lebenstage in Jericho
verbrachte. Nach dem vergeblichen Versuch, bei den heißen Quellen von Kallirrhoe auf der anderen Seite des Toten Meeres Heilung
zu finden, kehrte er schwer leidend nach Jericho zurück, raffte sich
aber zu einigen absonderlichen Leistungen auf. Nach Flavius Jo-

sephus sann er darauf, auf eine üble Weise die Staatstrauer nach seinem Tod zu organisieren:

> Er ließ nämlich die angesehensten Persönlichkeiten aus ganz
> Judäa im sogenannten Hippodrom versammeln und ordnete
> an, sie dort unter Arrest zu halten. Dann rief er seine Schwes-
> ter Salome und deren Gatten Alexas herbei und sagte: Ich
> weiß, die Juden werden meinen Tod mit einem Freudenfest
> feiern … Sobald mein Tod eingetreten ist, lasst die in Haft be-
> findlichen Männer von Soldaten umzingeln und schnellstens
> töten, dann wird ganz Judäa und jede Familie wider ihren Wil-
> len über meinen Tod weinen!

Einem solchen Herrscher ist durchaus auch ein Betlehemitischer
Kindermord (Mt 2,16-18) zuzutrauen! Fünf Tage vor seinem Tod
ordnete Herodes die Hinrichtung seines Sohnes Antipater an, der
ihm in der Herrschaft hätte nachfolgen sollen. Er änderte sein Testament, indem er nun seinen älteren Sohn Archelaus zum Nachfolger
bestimmte. Der Auftrag, nach dem Tod des Herodes die verhafteten
Geiseln umzubringen, wurde schließlich nicht ausgeführt, sondern
man ließ sie frei. Herodes wurde mit großem Pomp auf Herodion
bei Betlehem (siehe S. 598) bestattet.

Das genannte Hippodrom ist heute noch sichtbar, es liegt am Westrand der heutigen Stadt, am *Tell as-Samrat*. Der Tell ist unspektaku-
lär, besser kann man die Umrisse der ovalen Pferderennbahn aus der
Ferne von oben (z.B. vom Berg der Versuchung aus) erkennen.

Der konische Berg südlich über dem Wadi Kelt, *Tell al-Akabe*, trug
eine Burg, die Herodes nach seiner Mutter *Kypros* benannt hatte.
Ursprünglich befand sich dort die seleukidische Festung Tauros
(2. Jh. v. Chr.). Herodes ließ sie wieder aufbauen, um seine Winterresidenz zu schützen. Sie wurde von den Römern auf ihrem Weg
nach Jerusalem vor 70 n. Chr. zerstört.

Östlich vom Herodespalast wurde 1998 vom israelischen Archäologen Ehud Netzer eine hasmonäische Synagoge aus dem 1. Jh. v. Chr.
entdeckt. Sie ist damit eine der ältesten bekannten Synagogen überhaupt (eine noch ältere kennt man nur noch von der griechischen Insel Delos).

Das byzantinische Jericho

Aus byzantinischer Zeit sind einige, freilich eher bescheidene Kirchenbauten in Jericho entdeckt worden, beispielsweise eine Andreaskirche mit einem einfachen Mosaikfußboden. An ihrer Stelle steht
heute die koptische Kirche – am Rand des heutigen Stadtgebietes,
nördlich vom Wadi Kelt (man nimmt die Gasse links vom Franzis-

kanerkloster, dann die erste Straße links und folgt der kurvigen Straße; es ist die zweite von zwei koptischen Kirchen, beide auf der linken Straßenseite).
Weitere byzantinische Reste hat man auf einem russischen Gelände
ausgegraben. Am Rand dieses Grundstücks im nördlichen Teil der
Stadt steht ein mächtiger Maulbeerfeigenbaum (ausgeschildert auf
Englisch: *Sycamore*). Einige Funde aus der byzantinischen Zeit sowie interessante Fotos aus der Pionierzeit der Archäologie sind in
einem 2010 eröffneten Museum ausgestellt.
3 km südöstlich vom Stadtzentrum liegt der Ausgrabungsort *Chirbet
an-Nitla*, „Tamarisken-Ruine". Der Ort, der zuweilen als *Gilgal*
(siehe S. 321) angesehen wurde, ist heute von Neubauten umgeben
und kaum mehr zu erkennen. Man fand die Überreste von fünf Kirchen übereinander, die ein Spiegelbild der widrigen Schicksale der
Christen vom 5. bis zum 9. Jh. darstellen. Die erste und stattlichste
Kirche (um 500 erbaut) muss 529 im Samaritaneraufstand zerstört
worden sein. Eine zweite umfasste nur noch das südliche Seitenschiff der ersten und fiel dem Persereinfall 614 zum Opfer. Die dritte, nur mehr eine Kapelle mit Vorhalle, ging wahrscheinlich bei dem
großen Erdbeben von 749 zugrunde. Die vierte war eine aus Back-
steinen gebaute Kapelle, die zu einem Kloster gehörte. Die letzte
Kirche wurde über die vorhergehende gebaut, die sozusagen als
Krypta weiterbestand. Man datiert sie in die Zeit von Karl dem Großen um 800, von dem man weiß, dass er diplomatisch und mit Stiftungen auf das Heilige Land Einfluss nahm.
Ebenfalls der byzantinischen Zeit gehören zwei *Synagogen* an. Eine
von ihnen (um 600 errichtet, 10 × 13 m), wurde 1936 aufgefunden
(etwa 1 km nordöstlich vom Tell as-Sultan). Das Mosaik zeigt nur
Girlanden und Blätter, aber keine Menschen oder Tiere, im Gegensatz zu den meisten anderen erhaltenen Synagogenmosaiken. Diese
sind freilich zumeist ein bis zwei Jahrhunderte früher entstanden; es
scheint, dass sich hier eine orthodoxere Richtung des Judentums
durchgesetzt hat. Die aramäische Stifterinschrift nennt auffälligerweise keine Namen, sondern nur ganz demütig „die heilige Gemeinde, die Kleinen und die Großen, denen der König der Welt geholfen
hat und die sich verdient gemacht und gestiftet haben". Die Inschrift
bezieht sich offensichtlich auf Ps 115,13: „Der HERR wird alle segnen, die ihn fürchten, segnen Kleine und Große". In einem Kreis mit
Menora, Lulav (Büschel zum Laubhüttenfest) und Schofarhorn stehen die Worte: *Schalom al Jisrael*, „Friede über Israel". Die Apsis
wies nach Südwesten, also etwa nach Jerusalem. Eine Besichtigung
der in ein modernes Gebäude integrierten Synagoge ist schwierig.
Da die Wächter verhindern wollen, dass radikale Siedler von ihr Besitz ergreifen, weisen sie alle Besucher ab, selbst wenn sie eindeutig
als Christen zu erkennen ist.

Die zweite Synagoge, *Chirbet Naaran,* liegt im *Wadi Nueime,* 4 km vom Tell as-Sultan an der Straße Richtung Ramallah (westlich am Tell vorbei). Sie liegt neben einem Naherholungsgebiet (*Banana Land*) bei der hübschen Quelle *Ain ad-Dujuk* (der Name hat mit dem Berg der Versuchung *Dok* zu tun). 1918 verhalf eine Granate zur Entdeckung der Synagoge, deren Mosaik heute von einem Wellblechdach mehr schlecht als recht geschützt ist. Vom Eingang des *Banana Lands* geht man außen weiter bis zum Rand des Wadis; von dort sieht man rechts das Schutzdach unter einer einzelnen Palme. Teile der Synagoge sind ins Wadi abgerutscht, so dass die Länge der Synagoge nur geschätzt werden kann; die Breite beträgt 15 m. Auch diese Synagoge, die ins 6. Jh. datiert wird, hatte in der Haupthalle einen Mosaikfußboden mit vielen Stifterinschriften, mit Pflanzen und Tieren, Toraschrein und Menorot, dazu in der Mitte um den Sonnenwagen herum die Tierkreiszeichen und die vier Jahreszeiten in den Ecken. Im oberen Bereich des Mosaiks war Daniel in der Löwengrube dargestellt, leider wie fast alle Menschen- und Tierdarstellungen ausgekratzt und nur mehr mit Mühe erkennbar. Der Bildersturm hat auch in Synagogen stattgefunden! Eigenartig war die Menora in der Vorhalle gestaltet. Es ist eigentlich ein neunarmiger Leuchter, welcher die Basis für zehn oder noch mehr Öllämpchen trug. Die Synagoge gehörte wohl zum Ort *Naaran.* Ob dieser identisch ist mit *Naara,* einem Grenzort des Stammes Efraim (Jos 16,7), ist umstritten. In byzantinischer Zeit war der Ort ein jüdisches Dorf, das öfters Auseinandersetzungen mit den Mönchen vom Berg Dok (s. u.) hatte.

Der Berg der Versuchung

Vom Tell as-Sultan führt eine Seilbahn auf die halbe Höhe des *Dschebel Qarantal* (301 m ü. d. M.), dessen Name sich vom spätlateinisch-italienischen *quaranta,* „vierzig", ableitet – gemeint sind die vierzig Tage der Versuchung Jesu nach seiner Taufe im Jordan; im Deutschen nennt man ihn *Berg der Versuchung.* Eine Alternative zur Seilbahn ist die Straße, die ebenfalls vom Tell as-Sultan aus an den Fuß des Berges führt.

Eine ausführliche Versuchungsgeschichte Jesu haben nur die Evangelisten Matthäus und Lukas. Beide beginnen mit der Versuchung in der Wüste; dann gehen sie verschiedene Wege: Bei Matthäus folgt zunächst die Zumutung, sich von der Ecke des Tempelbezirks hinabzustürzen, und dann die Versuchung auf einem *sehr hohen Berg* (ohne Namen) mit dem Angebot der Weltherrschaft (Mt 4,1-11); die Versuchungen steigern sich also. Bei Lukas schließt sich die Versuchung auf dem Berg unmittelbar an die Wüste an, um mit der dritten

Versuchung in der Heiligen Stadt Jerusalem zu enden, wie es dem
Lebensweg Jesu entspricht. Wir lesen bei Lukas:

> Erfüllt vom Heiligen Geist, verließ Jesus die Jordangegend.
> Darauf führte ihn der Geist vierzig Tage lang in der Wüste
> umher und dabei wurde Jesus vom Teufel in Versuchung ge-
> führt. Die ganze Zeit über aß er nichts; als aber die vierzig Ta-
> ge vorüber waren, hatte er Hunger. Da sagte der Teufel zu
> ihm: Wenn du Gottes Sohn bist, so befiehl diesem Stein, zu
> Brot zu werden. Jesus antwortete ihm: In der Schrift heißt es:
> „Der Mensch lebt nicht nur von Brot".
> Da führte ihn der Teufel (auf einen Berg) hinauf und zeigte
> ihm in einem einzigen Augenblick alle Reiche der Erde. Und
> er sagte zu ihm: All die Macht und Herrlichkeit dieser Reiche
> will ich dir geben; denn sie sind mir überlassen und ich gebe
> sie, wem ich will. Wenn du dich vor mir niederwirfst und
> mich anbetest, wird dir alles gehören. Jesus antwortete ihm: In
> der Schrift steht: „Vor dem Herrn, deinem Gott, sollst du dich
> niederwerfen und ihm allein dienen".
> Darauf führte ihn der Teufel nach Jerusalem, stellte ihn oben
> auf den Tempel und sagte zu ihm: Wenn du Gottes Sohn bist,
> so stürz dich von hier hinab; denn es heißt in der Schrift: „Sei-
> nen Engeln befiehlt er, dich zu behüten"; und: „Sie werden
> dich auf ihren Händen tragen, damit dein Fuß nicht an einen
> Stein stößt". Da antwortete ihm Jesus: Die Schrift sagt: „Du
> sollst den Herrn, deinen Gott, nicht auf die Probe stellen".
> Nach diesen Versuchungen ließ der Teufel für eine gewisse
> Zeit von ihm ab (Lk 4,1-13).

Schon der hl. Chariton, der Urvater des palästinensischen Mönchtums (siehe S.600), kam hierher und errichtete in den Höhlen des
steilen Berges seine zweite Laura. Als ihm der Zustrom von Mönchen zu viel wurde, zog er weiter und überließ die Leitung der Laura dem Mönch Elpidius, dessen Namen sie bekam. Nach dem Per-
serüberfall von 614 lebten nur noch einzelne Einsiedler in den Höhlen. Bei den Kreuzfahrern stand die Erinnerung an Jesus im Vordergrund; man betrachtete diesen Berg als Berg der Versuchung und
des 40-tägigen Fastens Jesu. 1895 wurden die Höhlen mit ihren
zwei Kirchen vom griechisch-orthodoxen Patriarchat zu einem neu-
en Kloster (170 m über dem Tal) ausgebaut und besiedelt. Eine kleine Kapelle oberhalb der Klosterkirche wird als Ort der ersten Versuchung Jesu verehrt.
In einem längeren Fußmarsch kann man auf das Bergplateau gelangen. Der alte Name des Berges war *Duka*, manche leiten ihn vom
aramäischen *Doka*, „Beobachtungspunkt" ab, andere denken an den
Namen des kanaanäischen Getreidegottes *Dagon*. Auf diesem Berg

spielt die Geschichte vom Tod des Letzten der Makkabäer, des Hohenpriesters Simeon, die sich im Ersten Makkabäerbuch so darstellt:

> Ptolemäus, der Sohn Abubs, war Befehlshaber in der Ebene von Jericho. Er besaß viel Silber und Gold; denn er war der Schwiegersohn des Hohenpriesters. Da wurde er stolz; er wollte die Herrschaft über das Land an sich reißen und plante einen heimtückischen Anschlag, um Simeon und seine Söhne aus dem Weg zu räumen. Als Simeon die Städte in jener Gegend besuchte, um dort nach dem Rechten zu sehen, kam er mit seinen Söhnen Judas und Mattatias im elften Monat, das ist der Schebat, des Jahres 177 (umgerechnet 134 v.Chr.) nach Jericho. Der Sohn Abubs hatte *eine kleine Festung namens Dok* erbaut. Dort nahm er sie voll Hinterlist auf. Er veranstaltete für sie ein großes Gelage, hielt aber im Hintergrund einige Männer versteckt. Als Simeon und seine Söhne betrunken waren, sprangen Ptolemäus und seine Leute auf, griffen zu ihren Waffen, drangen zu Simeon in den Speisesaal ein und erschlugen ihn und seine beiden Söhne und einige aus seinem Gefolge. So beging Ptolemäus einen gemeinen Verrat und vergalt Gutes mit Bösem (1 Makk 16,11-17).

Der ruchlose Plan des Ptolemäus ging aber nicht auf. Johannes, mit dem Beinamen Hyrkanus, ein weiterer Sohn des Hohenpriesters, entkam den Nachstellungen und übernahm die Regierung (134–104 v.Chr.). Er ist der Begründer der Hasmonäerdynastie (aus *ha-Schimoni*, „dem Geschlecht des Sim[e]on zugehörig").

Möglicherweise ist hier auch der Ort zu suchen, an welchen am großen Versöhnungstag, dem *Jom Kippur,* der „Sündenbock", in die Wüste geschickt wurde:

> Aaron soll seine beiden Hände auf den Kopf des lebenden Bockes legen und über ihm alle Sünden der Israeliten, alle ihre Frevel und alle ihre Fehler bekennen. Nachdem er sie so auf den Kopf des Bockes geladen hat, soll er ihn durch einen bereitstehenden Mann *in die Wüste* treiben lassen und der Bock soll alle ihre Sünden mit sich in die Einöde tragen (Lev 16,21-22).

Die Bibel macht nur die allgemeine Ortsangabe „in der Wüste". In der Mischna (Joma 6,5) wird dafür ein Ort *Zoq* genannt, zwölf Meilen von Jerusalem entfernt. Im Gegensatz zum biblischen Bericht ist in der Mischna nicht nur die Rede davon, dass der Bock in die Wüste geschickt wurde, sondern auch, dass er rücklings einen Abhang hinabgestoßen wurde. Der steile Abhang und die passende Entfernungsangabe ermöglichten dann diese Identifizierung, die freilich nicht sicher und auch nicht allgemein anerkannt ist. Ein weiterer

Berührungspunkt sei noch erwähnt: Der Sündenbock wurde zu *Aza-zel*, dem Anführer der Dämonen, geschickt (Lev 16,8-10), während Jesus vom Teufel, dem Herrn der Dämonen, in Versuchung geführt wurde.

In byzantinischer Zeit stand hier eine Kirche. Eine geplante neue russisch-orthodoxe Kirche mit drei Apsiden in Kleeblattform ist in den Anfängen stecken geblieben, da die Oktoberrevolution in Russland 1917 die Pilger-(und Geld-)Ströme zum Erliegen brachte. Aus dieser Zeit stammt die von weither sichtbare Umfassungsmauer um das Gipfelgrundstück. Ausgrabungen wurden nie durchgeführt, man sieht nur wenige antike Reste; dafür bietet der Gipfel bei klarem Wetter gute Fernsicht.

Der *Hischamspalast* (arab. *Chirbet al-Mafdschar,* „Frevel-Hügel"), ein Winterpalast aus der Zeit des Omaijadenkalifen Hischam von Damaskus (724–743), liegt ca. 3 km nördlich von Jericho, an der alten Hauptstraße, die die Stadt nach Norden verlässt. Diesem Hischam verdankt auch die jordanische Wüste einige ihrer „Wüstenschlösser". Aus den Mauer- und Dekorationselementen des Ruinenfeldes konnte der großzügig geplante Palast mit seinen prunkvollen Badeanlagen und einem Zierteich mit Springbrunnen weitgehend wiederhergestellt werden. In der Mitte des ersten Hofes ist ein Fenster in orientalischem Maßwerk aufgestellt, das eigentlich zum oberen Stockwerk des Palastes gehörte. Es lässt etwas von dem Aufwand erkennen, der hier getrieben wurde. Der Palast umfasste neben einer kleinen, sozusagen privaten Moschee zwischen den Wohngemächern des ersten Hofes noch eine größere, öffentliche an der Ostseite des zweiten Hofes, die aber im Gegensatz zu den Badeanlagen nicht vollendet wurde. Der Erbauer geht mit dem islamischen Bilderverbot großzügig um, das im Jahr 720 von Kalif Jazid II. verbindlich gemacht worden war. Im Fußbodenmosaik des luxuriösen Bades sind Gazellen abgebildet, die von einem Löwen angefallen werden. Ferner fand man Krieger- und Frauenstatuen und eine Statue, die wohl den Kalifen selbst darstellte (heute im Rockefeller-Museum in Jerusalem). Nach dem Tod Hischams gingen die Arbeiten am Palast weiter, unter seinem leichtlebigen Neffen und Nachfolger Walid II. Dieser wurde schon nach einjähriger Regierung 744 ermordet, die Bauarbeiten scheinen dadurch zum Erliegen gekommen sein, der Palast wurde nie vollendet. Die Anlage wurde durch ein Erdbeben zerstört, wohl dasselbe schlimme Beben, das 749 auch Bet-Schean in Schutt und Asche legte.

20. VON JERICHO NACH JERUSALEM

Für den christlichen Pilger ist der Weg zwischen Jericho und Jerusalem besonders geheiligt. Es ist dies der Weg Jesu zu seiner *Liebe bis zur Vollendung* (vgl. Joh 13,1). Keine andere Wegstrecke ist vom Evangelisten Lukas so reich ausgestaltet wie diese. Und schon der Evangelist Markus hebt das Besondere dieses Weges folgendermaßen hervor:

> Während sie auf dem Weg *hinauf nach Jerusalem* waren, ging Jesus voraus. Die Leute wunderten sich über ihn, die Jünger aber hatten Angst. Da versammelte er die Zwölf wieder um sich und kündigte ihnen an, was ihm bevorstand. Er sagte: Wir gehen jetzt *nach Jerusalem hinauf*; dort wird der Menschensohn den Hohenpriestern und den Schriftgelehrten ausgeliefert; sie werden ihn zum Tod verurteilen und den Heiden übergeben; sie werden ihn verspotten, anspucken, geißeln und töten. Aber nach drei Tagen wird er auferstehen (Mk 10,32-34).

Der Weg hinauf nach Jerusalem hat einen Höhenunterschied von 1000 m zu überwinden, denn Jericho liegt 250 m unter, Jerusalem aber rund 750 m über dem Meeresspiegel. Jesus und seine Jünger sind sicherlich die alte Römerstraße gegangen, die am *herodianischen Jericho* vorbei den tiefen Einschnitt des *Wadi Kelt* benutzt; die moderne Autobahn (Nr. 1) ist dagegen neu trassiert und tritt weiter südlich ins Gebirge ein.

Auf dem Weg von Jericho nach Jerusalem befindet man sich in der Wüste Juda, die die meiste Zeit des Jahres öde und unfruchtbar erscheint, sich aber in den Winter- und Frühlingsmonaten mit frischem Gras und bunten Blumen schmückt. Allem Anschein zum Trotz: Die Wüste lebt. Das beweisen auch die Schaf- und Ziegenherden, die auf den Berghängen ein kümmerliches Leben fristen und dabei dennoch die Lebensgrundlage hier lebender Beduinen sind. Von Zeit zu Zeit tauchen seitlich der Straße Beduinenzelte, einzeln oder in Gruppen, zwischen den Berghalden auf. Heute noch leben nicht wenige Beduinen wie zu Abrahams Zeiten in diesen ärmlichen Zelten, obwohl auch bei ihnen die Moderne Einzug hält. Oft findet man statt traditioneller Ziegenfellzelte Wellblechhütten, statt Kamelen Autos oder Traktoren. Die vermeintliche Wüstenromantik täusche nicht über die Probleme dieser Menschen hinweg. Durch den Bau von Straßen, Siedlungen und Zäunen sind sie in ihrer Bewegungsfreiheit eingeschränkt und damit ihrer Lebensgrundlage beraubt. Von israelischer Seite droht ihnen die Vertreibung von ihren angestammten Lagerplätzen. Viele Palästinenser betrachten diese buchstäblich am Rande der Gesellschaft lebenden Menschen als rückständig oder gar als asozial. Konflikte und Reibungen zwischen

sesshafter und nicht-sesshafter Bevölkerung reichen bis in die biblischen Zeiten zurück. Dass die Frohe Botschaft von der Geburt des
Erlösers ausgerechnet Hirten auf dem Felde verkündet wird (Lk
2,8-20), ist durchaus auch als Sozialkritik zu verstehen.

Wadi Kelt

Das *Wadi Kelt* (auch *Wadi al-Qelt*) ist wohl eines der bekanntesten
Wadis der Judäischen Wüste. Es beginnt nordöstlich von Jerusalem
und windet sich auf einer Länge von ca. 25 km bis nach Jericho.
Man kann es auf längeren oder kürzeren Wanderungen erkunden,
aber schon der Blick ins Wadi von einem der Aussichtspunkte ist
atemberaubend. Alter und Bedeutung des Namens *Wadi Kelt* sind
ungeklärt. In der Bibel (Jos 15,7) wird es einmal als „das Tal" (Einheitsübersetzung: „Bachtal") bezeichnet.
Drei Quellen (Ain Fara, Ain Fawwar/Ein Mabbua und Ain Kelt)
sorgen dafür, dass ein Bach das Wadi auf dem größeren Teil seiner
Länge durchfließt und für üppige Vegetation sorgt. Ein großer Teil
des Wassers wird zwar heute zur Wasserversorgung abgeleitet, aber
im regenreichen Frühjahr füllt sich das ganze Tal. Dem Wanderer
mag Psalm 23 in den Sinn kommen, vielleicht auch schon dem Pilger zur Zeit Jesu, da der Weg durch Räuber gefährdet war:

> Der HERR ist mein Hirte, nichts wird mir fehlen.
> Er lässt mich lagern auf grünen Auen
> und führt mich zum Ruheplatz am Wasser.
> Er stillt mein Verlangen;
> er leitet mich auf rechten Pfaden, treu seinem Namen.
> Muss ich auch wandern *in finsterer Schlucht,*
> ich fürchte kein Unheil; denn du bist bei mir,
> dein Stock und dein Stab geben mir Zuversicht.
> Du deckst mir den Tisch vor den Augen meiner Feinde.
> Du salbst mein Haupt mit Öl,
> du füllst mir reichlich den Becher.
> Lauter Güte und Huld werden mir folgen mein Leben lang,
> und im Haus des HERRN darf ich wohnen für lange Zeit.

Die Straße, die Jericho zur Zeit Jesu mit Jerusalem verband, verläuft
von Jericho aus am Herodespalast vorbei auf der Südseite des Wadis
und ist bis heute befahrbar (sofern sie nicht vom Militär gesperrt
ist). Sie führt bis zum Parkplatz gegenüber vom Georgskloster, fährt
dann fort (2010 erneuert) zum Aussichtspunkt über Ain Kelt. Im
weiteren Verlauf verlief sie parallel zur modernen Autobahn (Nr. 1),
meistens nördlich von ihr.

Die Wüstenklöster

Die ganze Judäische Wüste war zur byzantinischen Zeit und bis weit danach ein Zentrum blühenden Mönchslebens. Die typische Form der Wüstenklöster in Palästina und Ägypten war die *Laura*. Dieses griechische Wort bedeutet eigentlich „Gasse" und bezeichnet das Zentrum einer Einsiedlerkolonie (bis heute tragen einige russische und griechische Klöster den Titel „Lawra"). Das heißt, Einsiedler lebten meistens in Höhlen, die in der Judäischen Wüste – bis heute – zahlreich sind, und trafen sich nur zur Zelebration der Sonn- und Feiertage in der zentralen Laura. Zur Blütezeit im 5. und 6. Jh. war die Judäische Wüste von Zehntausenden von Mönchen besiedelt, die sich um Dutzende von Lauren gruppierten. Einige von ihnen bestehen bis heute oder wurden wiederbelebt, von vielen sind eindrucksvolle Ruinen erhalten, oft in damals wie heute schwer zugänglichen Gebieten. Einige werden an anderer Stelle beschrieben (Versuchungskloster S. 331, Wadi Fara S. 301, Kastellion S. 341, Mar Saba S. 595, Theodosiuskloster S. 594, St. Chariton S. 600), vier liegen mehr oder weniger in der Nähe der modernen Straße von Jericho nach Jerusalem.

Georgskloster: Um zum griechisch-orthodoxen Kloster *St. Georg Koziba* zu kommen, nimmt man entweder von Jericho aus die alte Römerstraße entlang des Wadi Kelt – sofern sie nicht gerade vom Militär gesperrt ist – oder man biegt an der Siedlung Mizpé Jerichó von der Hauptstraße Nr. 1 Jerusalem – Totes Meer ab, fährt am Eingang des Siedlung links und bei der nächsten Gabelung nach rechts. Den Weg vom Parkplatz gegenüber des Klosters ins Wadi hinab muss man jedoch zu Fuß (oder auf dem Rücken eines Esels) zurücklegen. Bald nach dem Parkplatz kann man wundervolle Blicke auf dieses Schaustück von Kloster genießen, das sich auf der anderen Talseite an den Fels schmiegt.
Das Kloster hat eine reiche Tradition. Im frühen 5. Jh. sollen syrische Einsiedler hier bei einer Stephanuskapelle gelebt haben. Um 480 gründete ein Johannes von Theben (Ägypten) eine Laura, deren Kirche der Patriarch Elija von Jerusalem im Jahr 501 der Gottesmutter weihte. Im späteren 6. Jh. kam dann ein Mönch *Georg* von Zypern (nicht zu verwechseln mit dem gleichnamigen Märtyrer Georg, dem „Drachentöter", dessen Grab in Lod, unweit vom Flughafen Tel Aviv, verehrt wird). 614 wurde das Kloster von den Persern zerstört; die meisten Mönche wurden umgebracht. Einige Jahre später konnten die restlichen Mönche wieder ins Kloster zurückkehren, bald darauf starb Georg im Kloster, das seitdem seinen Namen trägt. Während der arabisch-islamischen Zeit bestand das Kloster weiter, in der Kreuzfahrerzeit erlebte es noch einmal eine Blüte, wurde aber

danach verlassen. Erst 1878 wurde es von griechischen Mönchen wieder dauernd besiedelt.

Nach der Tradition habe sich der Prophet Elija hier drei Jahre lang in einer Grotte aufgehalten, die später in eine Kapelle umgestaltet wurde. Diese Tradition bezieht sich auf den biblischen Bericht 1 Kön 17,1-7 (Text: S.716). Wir kennen die genaue Lage des *Baches Kerit* nicht, aber die (unklare) Ortsangabe *gegenüber des Jordans* (die Einheitsübersetzung schreibt verdeutlichend *östlich des Jordans*) und das Tätigkeitsfeld des Propheten (weiter im Norden) deuten auf das nördliche Transjordanien hin. Vielleicht hat die Ähnlichkeit der Namen *Kerit* und *Kelt,* vielleicht auch das Grab des gleichnamigen Patriarchen Elias I. (494–516) in derselben Kapelle diese Gleichsetzung begünstigt. Interessanterweise bedeutet das Wort *Koziba* in späterem Hebräisch eine zeitweilig aussetzende Quelle, die also nicht dauernd Wasser liefert, wie im biblischen Bericht angedeutet. Im Übrigen findet sich *Koziba* auch als Ortsname in der rätselhaften Kupferrolle (einer Liste von Verstecken des Tempelschatzes) aus Qumran:

> Am Wasserausfluss von *Koziba* grabe drei Ellen in Richtung der Brüstung: sechzig Talente (Silber), zwei Talente Gold.

Fromme Überlieferung will überdies wissen, dass Joachim, der Gemahl der hl. Anna, sich hierher zurückgezogen habe, um seine Kinderlosigkeit zu betrauern und nach 40-tägigem Fasten die Verheißung einer Tochter, der Gottesmutter Maria, zu erlangen. Diese Überlieferung ist zwar erst anfangs der Kreuzfahrerzeit beim russischen Abt Daniel (1106/07) bezeugt, doch könnte auch die Weihe der Kirche an die Gottesmutter in byzantinischer Zeit schon damit zu tun haben.

Im Kloster kann man drei Kapellen besuchen. Von dem zentralen Raum, in dem Pilger und Wanderer gastlich empfangen werden, gelangt man zur Kirche der Gottesmutter (12×5 m). Die Wandmalereien stammen von einem russischen Maler nach der Wiederbesiedlung; nur die Malereien der Nordwand sind älter. Ein schwarz-weiß-roter Adler am Boden des Kirchenschiffes ist dagegen byzantinisch. In der Kapelle sind die Reliquien des Georg von Zypern, dem das Kloster seinen Namen verdankt, und die sterblichen Überreste von Joannikos ausgestellt. Joannikos war ein rumänischer Mönch, der aus seiner Heimat floh und bis 1979 im Georgskloster lebte, wo er im Rufe der Heiligkeit starb. Eine zweite, schlichte Kapelle, hinter der Marienkirche, wurde 2014 renoviert. In ihr werden die Reliquien der Märtyrer der Perserzeit verehrt. Die dritte Kapelle, vom Zentralraum über eine Treppe zugänglich, ist die bereits erwähnte Eliasgrotte.

Das *Theoktistkloster* im Wadi Mukellik (hebr.: *Nachal Og*) ist nur in einem längeren Fußmarsch zu erreichen, entweder von der Herberge des Barmherzigen Samariters aus oder – kürzer, aber schwieriger – von unten, von Nabi Musa aus (siehe S. 341). Die beiden Gefährten Euthymius und Theoktist begannen hier im Jahr 411 ein Einsiedlerleben. Euthymius zog später weiter und wurde zum Gründer zweier weiterer Klöster, des Euthymiusklosters (s. u.) und des Klosters Caparbaricha, 7 km südöstlich von Hebron am Rand der Wüste. Um die Einsiedlerhöhle des Theoktist herum siedelten sich andere Mönche an. Die Ruinen liegen am steilen Felsen über einer tiefen Schlucht. Die Höhle des Theoktist ist nur für geübte Kletterer mit entsprechender Ausrüstung zu erreichen. Da die Höhle so schwer zugänglich ist, haben sich in ihr antike Fresken gut erhalten.

Die Ruine des *Euthymiusklosters,* einstmals eines der berühmtesten in der Wüste Juda, liegt in der modernen Industriesiedlung Mischor Adumim, 1,5 km westlich von der Hauptstraße. Der bis heute gebräuchliche arabische Name der Ruine ist *Chirbet Chan al-Ahmar,* „Ruine der roten Karawanserei". St. Euthymius (379–473) stammte aus Kleinasien und entschied sich auf einer Pilgerreise ins Heilige Land zu einem Einsiedlerleben. Er gründete mehrere Klöster und starb in der Einsiedelei, die bald darauf zur Keimzelle des großen Klosters wurde, welches seinen Namen trägt. Ihm gelang es, die einheimischen Nomaden zum Christentum zu bekehren, ihr Stammesfürst wurde „Bischof der Zelte" und nahm als solcher an mehreren Konzilien teil. 428 wurde die Kirche des Euthymiusklosters durch Bischof Juvenal von Jerusalem geweiht. Hier lebte bis zu seinem Tod (545) Cyrill von Skythopolis (Bet-Schean), der hier die berühmte *Vita,* eine Lebensbeschreibung der großen Mönchsväter der Judäischen Wüste, verfasste.

Das Euthymiuskloster war das erste der Wüstenklöster, in welchem systematische archäologische Ausgrabungen durchgeführt wurden (Ende des 1920er-Jahre). In den 70er-Jahren wurden die Ausgrabungen von griechischen Archäologen wieder aufgenommen und in den 80er-Jahren von der Hebräischen Universität Jerusalem weitergeführt. Die heute sichtbaren Ruinen mit Ausnahme der Krypta und der Zisterne nördlich der Kirche stammen aus der zweiten Hälfte des 7. Jh., also aus der Zeit nach der arabischen Eroberung, als das Kloster nach einem Erdbeben von 659 wiederaufgebaut wurde. Es existierte unter erheblichen Schwierigkeiten bis ins 12. Jh. Heute ist es ein Nationalpark, der allerdings meistens geschlossen ist.

Die Ruine des *Martyriusklosters* liegt mitten in der modernen Siedlung *Maale Adumim,* „rote Steige", der größten aller israelischen Siedlungen. Der ganze gut erhaltene Komplex, heute von Neubauten

umgeben, ist als Nationalpark der Allgemeinheit zugänglich gemacht worden, allerdings derzeit meistens geschlossen. Man findet
ihn am besten, indem man in der Siedlung den durchnummerierten
Kreisverkehren folgt; er liegt am Kreisel Nr. 8.
Die Ruinen waren eigentlich schon seit dem 19. Jh. bekannt, hatten
aber wenig Beachtung gefunden. Als die moderne Stadt gebaut werden sollte, nahm man sich der Ruinen an und legte sie in einer archäologischen Notgrabung 1983/84 frei. Der Gründer des Klosters,
Martyrius, stammte aus Kappadozien und war zusammen mit dem
Araber Elias zuerst Schüler beim hl. Euthymius. Um das Jahr 465
unternahm Martyrius hier in einer Höhle einen Neuanfang als Einsiedler, ein Gleiches tat Elija bei Jericho. 474 wurde Martyrius
Priester und wenig später Patriarch von Jerusalem (478–486). Als
solcher konnte er sich erst recht seiner Gründung annehmen. Im
Jahr 614 wurde das Kloster von den Persern angezündet und zerstört. Das Kloster umfasst ungefähr einen Hektar und war das größte
in der Region. Es hatte zwei Teile: das eigentliche Klostergeviert,
das von einer hohen Mauer umgeben war (etwa 80 × 70 m), und die
Herberge mit Stallungen an der Nordostecke außerhalb des Klosters,
in alter Zeit ein notwendiger Dienst an den Pilgern. Die Ostmauer
des Klosterkomplexes wird ziemlich in der Mitte von der Apsis der
Kirche berührt (25,5 × 6,5 m). Nahe der Nordmauer war in der Mitte
wohl die Höhle, in der Martyrius zuerst als Einsiedler lebte und in
der später drei Priester begraben worden sind, deren Namen sich in
Inschriften finden: „Georgios, Johannes und Elpidius". In der Nordwestecke liegt der sehr geräumige Speisesaal (26,5 × 12 m) mit einem bestens erhaltenen Mosaikfußboden und ehemals 2 × 7 Säulen.
An der Westseite des Komplexes hat man sogar eine Badeanlage gefunden.

Nabi Musa und die Buqea

Kurz nachdem die Autobahn aus der Ebene von Jericho zu steigen
beginnt, kann man links für wenige Augenblicke den muslimischen
Wallfahrtsort *Nabi Musa* (arab. „Prophet Mose") mit vielen Kuppeln sehen. Alsbald führt eine Abzweigung zu diesem ehemaligen
Derwischkloster. Die Moschee wurde 1269 unter Sultan Baibars erbaut, die festungsartigen Bauten stammen hauptsächlich aus dem
späten 15. Jh. und wurden um das Jahr 1820 neugestaltet. Zwar starb
Mose nach der Bibel am Berg Nebo und wurde an seinem Fuß begraben, ohne dass man sein Grab kennt (Deut 34,1-6; siehe S. 745),
aber Saladin soll einen Traum gehabt haben, dass Allah dem Mose
wenigstens nach seinem Tod mit einem Grab diesseits des Jordan
Anteil am Gelobten Land gewährt habe. Herz der sehenswerten und

nicht überlaufenen Anlage ist die Moschee mit dem Grabmal des Mose.

Die seit der Zeit Saladins belegte und von der britischen Mandatsregierung abgeschaffte Wallfahrtswoche im Frühling begann am christlichen (orthodoxen) Karfreitag und bildete damit einen Kontrastpunkt zum christlichen Osterfest. Möglicherweise erklärt sich das muslimische Fest ursprünglich als Feier des Auszugs aus Ägypten unter Führung des Nabi Musa, der jüdischen Paschanacht entsprechend. In den letzten Jahrzehnten gab es immer wieder Versuche dieses Wallfahrtsfest wiederzubeleben, was aber von der jeweiligen Regierung nicht gern gesehen war, da man befürchtete, aus dem religiösen Fest könnte eine politische Demonstration werden.

Fährt man die kleine Straße an Nabi Musa vorbei, durchquert man zunächst das Wadi Mukellik, in dessen wildromantischem Oberlauf die Ruinen des Theoktistklosters liegen (siehe S. 339). Danach öffnet sich die Landschaft und man befindet sich in einer Ebene, die militärisch genutzt wird. Diese Ebene heißt auf arabisch *Buqea* („kleine Ebene"). Bei den spärlichen Resten von drei Festungen in dieser Ebene (alle links, d.h. östlich der Straße) handelt es sich vielleicht um die „Türme und viele Zisternen", die König Usija in der Steppe hat bauen lassen (2 Chr 26,10). Bald nach der dritten Festung, *Chirbet al-Maqarri*, durchquert die Straße das hier sehr flache Kidrontal und ist von hier ab nur noch mit geländegängigen Fahrzeugen zu befahren. Gegenwärtig gibt es Überlegungen, in dieser Ebene einen neuen internationalen Flughafen Jerusalem zu bauen. Dann wäre es hier vorbei mit der Wüstenstille.

Auf einem Hügel rechts (westlich) der Straße, auf der Höhe der zweiten der Festungsruinen (*Chirbet as-Samra*), liegen die Ruinen von *Hyrkania* (auch *Hyrkanion*; in einem einstündigen Fußmarsch zu erreichen). Diese Festung wurde Mitte des 1. Jh. v. Chr. von Alexander Jannai errichtet, der sie nach seinem Vater Johannes Hyrkanus benannte. Herodes der Große ließ sie vergrößern und luxuriös ausbauen. Sie hatte wohl nie eine militärische Bedeutung, sondern diente hauptsächlich dazu, unliebsamen Familienangehörigen ein luxuriöses, aber abgelegenes Exil zu bieten. Aufgrund der mangelnden strategischen Bedeutung wurde sie nie zerstört, sondern verfiel und geriet einschließlich ihres Namens in Vergessenheit – der bis heute gebräuchliche arabische Name *Chirbet al-Mird* leitet sich vom aramäischen Wort *Marda* ab, das nichts anderes als „Festung" bedeutet. In späterer, byzantinischer Zeit diente der Ort als Kloster mit demselben Namen, aber auf lateinisch: *Castellium* oder, in griechischer Form, *Kastellion*. Der größte Teil der Ruinen, die dort heute noch zu sehen sind, stammen aus dieser letzten Phase der Nutzung des Ortes.

3 km nordwestlich von *Chirbet al-Mird* liegt der *Dschebel Muntar* (arab. „bewachter Berg"), die höchste Erhebung dieser Gegend. Vom Turm aus byzantinischer Zeit, den Kaiserin Eudokia 455 n. Chr. hier hat errichten lassen, ist nur wenig erhalten, aber der Aussicht wegen lohnt sich der anstrengende Aufstieg zu Fuß. Die volkstümliche Identifizierung vom *Dschebel Muntar* mit dem Ort, von wo aus am *Jom Kippur* der Sündenbock in die Wüste geschickt wurde (siehe S. 333), stammt dagegen erst aus dem 19. Jh. und hat weder in der biblischen noch in der späteren Überlieferung eine Grundlage.

Die Herberge des Barmherzigen Samariters

An einer Straßenkuppe auf dem halben Weg zwischen Jericho und Jerusalem steht die *Herberge des Barmherzigen Samariters* (arab. *Chan Hatrur*):

> Da stand ein Gesetzeslehrer auf, und um Jesus auf die Probe zu stellen, fragte er ihn: Meister, was muss ich tun, um das ewige Leben zu gewinnen? Jesus sagte zu ihm: Was steht im Gesetz? Was liest du dort? Er antwortete: Du sollst den Herrn, deinen Gott, lieben mit ganzem Herzen und ganzer Seele, mit all deiner Kraft und all deinen Gedanken, und: Deinen Nächsten sollst du lieben wie dich selbst. Jesus sagte zu ihm: Du hast richtig geantwortet. Handle danach und du wirst leben. Der Gesetzeslehrer wollte seine Frage rechtfertigen und sagte zu Jesus: Und wer ist mein Nächster? Darauf antwortete ihm Jesus:
> *Ein Mann ging von Jerusalem nach Jericho hinab* und wurde von Räubern überfallen. Sie plünderten ihn aus und schlugen ihn nieder; dann gingen sie weg und ließen ihn halbtot liegen. Zufällig kam ein Priester denselben Weg herab; er sah ihn und ging weiter. Auch ein Levit kam zu der Stelle; er sah ihn und ging weiter. Dann kam ein Mann aus Samarien, der auf der Reise war. Als er ihn sah, hatte er Mitleid, ging zu ihm hin, goss Öl und Wein auf seine Wunden und verband sie. Dann hob er ihn auf sein Reittier, brachte ihn zu einer Herberge und sorgte für ihn. Am andern Morgen holte er zwei Denare hervor, gab sie dem Wirt und sagte: Sorge für ihn, und wenn du mehr für ihn brauchst, werde ich es dir bezahlen, wenn ich wiederkomme. Was meinst du: Wer von diesen dreien hat sich als der Nächste dessen erwiesen, der von den Räubern überfallen wurde? Der Gesetzeslehrer antwortete: Der, der barmherzig an ihm gehandelt hat. Da sagte Jesus zu ihm: Dann geh und handle genauso! (Lk 10,25-37).

Es ist klar, dass es sich hierbei um ein Gleichnis handelt, das heißt, die Frage nach dem Ort des Überfalls oder der „Herberge" stellt sich eigentlich gar nicht. Die Raststation (Karawanserei) war früher eine pure Notwendigkeit für die Reisenden von oder nach Jerusalem; die moderne Straße folgt hier dem Verlauf ihrer antiken Vorgänger. Deshalb erinnerten (und erinnern) sich die Pilger hier gerne der unsterblich gewordenen Hauptfigur der Beispielerzählung Jesu.

Die erste bekannte „Herberge" wurde hier im 6.Jh. an der Stelle älterer, wohl militärischer Bauten errichtet. Mehrere Räume gruppierten sich um einen quadratischen Innenhof, darunter eine 21,3 × 11,6 m große Kirche, ein Hinweis auf das blühende christliche Pilgerwesen. Die Kreuzfahrer erneuerten die Raststation. Sie blieb, mehrfach umgebaut und verkleinert, bis ins vergangene Jahrhundert in Betrieb. Heute gilt sie als Nationalpark und enthält ein Museum, das einige sehr schöne Mosaike aus dem Westjordanland ausstellt. Im Eingangsraum werden Mosaike aus alten Synagogen gezeigt, in den Räumen zur Linken sind Funde aus Kirchen zu sehen, der Raum zur Rechten ist den Samaritanern gewidmet.

Gegenüber der Herberge fallen Felsen durch ihre rote Färbung auf. Sie heißen schon in der Bibel (Jos 15,7) und heute wieder *Maalé Adumim* (hebr. „Rote Steige"; die Einheitsübersetzung schreibt „Steige von Adummim"). Bereits der hl. Hieronymus leitete den Namen von den häufigen blutigen Räuberüberfällen ab. Im Mittelalter kannte man hier eine *Rote Zisterne* und in ihrer Nähe oberhalb des Chans – heute auf der anderen Seite der Autobahn – ein Templerfort mit Namen *Turris Rubea*, „Roter Turm", von dem noch Mauern und Gewölbe erhalten sind. Bibelkundig, aber ohne genauere geographische Kenntnisse, hielt man die *Rote Zisterne* zuweilen für die Zisterne, in die der junge Josef von seinen neidischen Brüdern geworfen wurde, bevor er nach Ägypten verkauft wurde (Gen 37,23-36; siehe S.249), so der rheinländische Pilger Theoderich im Jahr 1172.

Wenig später kann man erstmals den Jerusalemer Ölberg erblicken. Er hat drei Gipfel mit drei Türmen: den eigentlichen Ölberg links mit dem Turm der russisch-orthodoxen Himmelfahrtskirche, in der Mitte der Turm der evangelischen Auguste-Viktoria-Kirche und rechts den Skopusberg mit dem Turm der Hebräischen Universität. Bis in die letzten Jahre des vorigen Jahrhunderts führte die Hauptstraße nach Jerusalem südlich (links) am Ölberg vorbei durch Betanien (siehe S.511). In den 90er-Jahren wurde weiter nördlich eine neue Straße und in den Folgejahren ein Tunnel unter dem Berg hindurch (auf der Höhe der Hebräischen Universität) gebaut. Dadurch wurde die alte Straße zunächst zu einer Nebenstraße degradiert, seit dem Bau der Mauer ist diese völlig blockiert. Heute erreicht man Je-

rusalem durch die nordöstlichen Neubauviertel, bis sich überraschend von der Höhe aus der Blick auf die Altstadt und den alles beherrschenden goldenen Felsendom bietet.

21. JERUSALEM

Einer der Höhepunkte einer Reise ins Land des Herrn dürfte der erste Blick auf die Heilige Stadt Jerusalem sein. Auch der heutige Pilger wird bei der Ankunft in Jerusalem gern einstimmen in den biblischen Wallfahrtspsalm:

Ich freute mich, als man mir sagte:
„Zum Haus des HERRN wollen wir pilgern."
Schon stehen wir *in deinen Toren, Jerusalem*:
Jerusalem, du starke Stadt, dicht gebaut und fest gefügt.
Dorthin ziehen die Stämme hinauf, die Stämme des HERRN,
wie es Israel geboten ist, den Namen des HERRN zu preisen.
Denn *dort* stehen Throne bereit für das Gericht,
die Throne des Hauses David.
Erbittet für *Jerusalem* Frieden!
Wer dich liebt, sei in dir geborgen.
Friede wohne in deinen Mauern,
in deinen Häusern Geborgenheit.
Wegen meiner Brüder und Freunde
will ich sagen: In dir sei Friede.
Wegen des Hauses des HERRN, unseres Gottes,
will ich dir Glück erflehen (Ps 122).

Den besten Blick auf Jerusalem und besonders auf die Altstadt hat man vom Ölberg aus, entweder vom Aussichtspunkt vor dem *Seven Arches Hotel,* oberhalb der Friedhöfe, oder vom Garten der Kirche *Dominus Flevit.* Auch im Garten der Paternosterkirche und unterhalb der Hebräischen Universität gibt es Aussichtspunkte, die zur Hochsaison weniger überlaufen sind.

Man blickt über das Kidrontal und sieht die Altstadt vor sich liegen. Der Blick wird gefangen vom islamischen Heiligtum des Felsendoms, der sich an der Stelle des alttestamentlichen jüdischen Tempels erhebt. Das geistliche Zentrum der Christenheit, die Grabeskirche mit ihren beiden Kuppeln, liegt fast versteckt dahinter, im Gewirr der Gassen. Und auch das Judentum hat eine weithin sichtbare Kuppel, die wiederaufgebaute Hurva-Synagoge. Weitere herausragende Gebäude sind die Dormitiokirche links (südlich) am Horizont, die evangelische Erlöserkirche mit ihrem vierkantigen Turm oder die Franziskanerkirche St. Salvator mit dem schlanken Turm mit schwarzer Spitze (der höchste Kirchturm der Stadt).

Die Altstadt Jerusalems (Stadtplan: Tafel XVI) bildet mit den Stadtmauern ungefähr ein Viereck von einem knappen Kilometer Seitenlänge. Die heutige Stadtmauer stammt aus der Zeit Suleimans des Prächtigen (1520–1566) und folgt weitgehend dem Verlauf der Mauer aus der Kreuzfahrerzeit, während die Stadt in biblischen Zei-

ten etwas weiter südlich lag. Man kann die Altstadt auf einem Spaziergang umrunden, sowohl außen der Mauer entlang als auch auf der Mauer (siehe die Beschreibung bei den jeweiligen Stadtvierteln). Von den Stadttoren kann man von hier aus nur das zugemauerte Goldene Tor und rechts (nördlich) davon das Stefans- oder Löwentor sehen.
Die Altstadt wird traditionell in vier Viertel unterteilt, jeweils benannt nach der Mehrheit ihrer Bewohner. Das größte Viertel ist das moslemische Viertel im Nordosten, im Nordwesten schließt sich das christliche Viertel an, im Südosten liegt das jüdische Viertel, im Südwesten schließlich das kleinste der Stadtviertel, das armenische Viertel. Vom Ölberg aus sieht man rechts im Vordergrund das muslimische Viertel. Links im Vordergrund, hinter der schwarzen Kuppel der *al-Aqsa-Moschee* und der von hier aus nicht sichtbaren Klagemauer liegen die meist modernen Gebäude des jüdischen Viertels. Freilich darf man die traditionellen Bezeichnungen der Stadtviertel Jerusalems nicht allzu wörtlich nehmen. Die Christen waren immer an ihren heiligen Stätten auch in anderen Vierteln interessiert und ließen sich daneben nieder. In allen Vierteln gab es, im christlichen Viertel gibt es bis heute Moscheen (z.B. zwei große direkt neben der Grabeskirche) sowie muslimische Bewohner oder Geschäfte. Außerdem ist es kein Geheimnis, dass sich jüdische Siedler auch in anderen Vierteln der Altstadt eingekauft haben. Lediglich im jüdischen Viertel legt man Wert auf eine einigermaßen religiös einheitliche Bevölkerung.
Die Keimzelle der Stadt – die Stadt, die König David eroberte – lag südlich (links) der Altstadt, also außerhalb der heutigen Stadtmauern. Zur Zeit Jesu war Jerusalem ungefähr so groß wie die heutige Jerusalemer Altstadt, allerdings um die Hälfte ihrer Größe nach links (Süden) versetzt. Die heutige Dormitiokirche mit dem benachbarten Abendmahlssaal und die unterhalb liegende Kirche St. Peter beim Hahnenschrei (*in Gallicantu*) lagen innerhalb der damaligen Stadt, während die rechte, die nördliche Hälfte der heutigen Stadt mit der Grabeskirche damals nicht zum Stadtgebiet gehörte.
Jerusalem ist das geistige Zentrum, in dem sich die drei monotheistischen Religionen der Welt berühren. Das Judentum ist zwar in den Wüsten des Sinai entstanden, aber die Heilige Stadt, der *Wohnsitz Gottes* inmitten seines Volkes, das wurde Jerusalem. Dort „will der HERR ihr Gott sein und sie sollen sein Volk sein" (Jer 7,23 und öfter). Für Jesus, den Juden aus Galiläa, war der Tempel „ein Haus des Gebetes für alle Völker" (Mk 11,17, im Anschluss an Jes 56,7), Jerusalem die Stadt, um die er weinte, weil sie nicht erkannte, was ihr Frieden bringt (Lk 19,41-44). „Dort sollte sich alles erfüllen, was bei den Propheten über den Menschensohn steht" (Lk 18,31). Dort „musste der Messias all das erleiden, um so in seine Herrlichkeit zu

gelangen" (Lk 24,26). Golgota und das Heilige Grab sind so stein-gewordene Zeichen der vollendeten Liebe Jesu, die alle an sich zieht (vgl. Joh 12,32). Für die Muslime ist Jerusalem neben Mekka und Medina *die Heilige (Stadt)* geworden, arab. *al-Quds,* aufgrund einer legendären nächtlichen Reise des Propheten Mohammed. So haben alle drei großen monotheistischen Religionen höchstes Interesse an dieser Stadt – mit der Versuchung, sie für sich allein haben zu wol-len. Immer wieder ist Jerusalem zum Zankapfel geworden. Dabei hat man aus dem Namen *Jeru-Salem* seit alters her das Wort für *Frieden,* hebräisch *Schalom,* arabisch *Salam,* als wesentlichen Be-standteil herausgelesen. Der wahre Friede kommt aber nur von Gott, er ist für die zum Frieden Bereiten eine Frucht der Gerechtigkeit (vgl. Jak 3,18). Wo nicht Gerechtigkeit herrscht, da wird auch kein Friede!

Die Anfänge Jerusalems gehen bis über 3000 v.Chr. zurück; der Name *Jeru-Salem* wird gewöhnlich als *Gründung des (Gottes) Sa-lem* gedeutet, womit eine vor-israelitische Gottheit gemeint war. Es ist nicht auszuschließen, dass die in der Abrahamsgeschichte auf-scheinende Priesterherrschaft des „Melchisedek, der König von Sa-lem" war (Gen 14,18), mit *Jeru-Salem* zu verbinden ist, obgleich auch andere *Salem*-Orte bekannt sind, etwa im Jordantal (vgl. S.314). Jerusalem war besonders in der Amarnazeit (14.Jh. v.Chr.) eine zuverlässige Stütze der ägyptischen Oberherrschaft; sechs der in Ägypten gefundenen Amarnabriefe stammen vom Stadtvogt von Jerusalem, der über die Unzuverlässigkeit anderer Städte und Trup-penteile klagt.

Jerusalem wurde erst durch König David (um 1000 v.Chr.) erobert und dem israelitischen Stämmeverband einverleibt und wird so zum Zentrum der weiteren biblischen Geschichte. Bis dahin wohnten Je-busiter dort (2 Sam 5,6-9), in denen man einen Überrest der Hetiter (ein antikes Volk in der heutigen Türkei) vermutet. Batseba, die Mutter von König Salomo, des Sohnes und Nachfolgers von König David, war die Frau des Hetiters Urija (2 Sam 11,3) gewesen. Noch der Prophet Ezechiel (zur Zeit des Babylonischen Exils, 6.Jh. v.Chr.) hält Jerusalem vor:

> Deiner Herkunft und deiner Geburt nach stammst du aus dem Land der Kanaaniter. Dein Vater war ein Amoriter, deine Mutter eine *Hetiterin* (Ez 16,3).

Die weitere Geschichte der Stadt ist im einleitenden Kapitel über die Geschichte des Heiligen Landes mitbeschrieben, dessen Hauptstadt oder zumindest dessen geistliches Zentrum sie stets war.

Jerusalem liegt auf rund 700–800 m ü.d.M. Höchster Punkt der früheren Stadt ist die Zitadelle am Jaffator (773 m). Der Ölberg erreicht an der Himmelfahrtskirche eine Höhe von 809 m, weiter nördlich erhebt sich die Hügelkette bis auf 827 m. Jerusalem zählt rund 800 000 Einwohner; 500 000 (knapp zwei Drittel) sind Juden, knapp 300 000 Muslime, ca. 15 000 Christen.

Tobit preist am Ende seiner abenteuerlichen Reise, von der das nach ihm benannte biblische Büchlein erzählt, Gott und seine Heilige Stadt mit zeitlosen, auch heute noch aktuellen Worten:

> Alle, die *in Jerusalem* wohnen, sollen sich zu ihm bekennen und sagen: *Jerusalem, du heilige Stadt*! Der Herr bestraft die Taten deiner Kinder, doch er hat wieder Erbarmen mit den Söhnen der Gerechten.
>
> Bekenne dich zum Herrn in rechter Weise, preise den ewigen König, damit sein Zelt von neuem errichtet wird, dir zur großen Freude.
>
> Er mache in dir die Gefangenen wieder froh und schenke denen, die im Elend leben, seine Liebe, für alle Zeiten bis in Ewigkeit.
>
> Von weither werden die Völker kommen, um den Namen des Herrn, unseres Gottes, zu preisen. Sie tragen Geschenke herbei, Geschenke für den himmlischen König. Alle Menschen jubeln dir zu.
>
> Halleluja ruft man in all seinen Gassen und stimmt in den Lobpreis ein: Gepriesen sei Gott; er hat uns groß gemacht für alle Zeiten (Tob 13,10-13.18).

22. DIE GRABES- UND AUFERSTEHUNGSKIRCHE

Die Grabeskirche (Übersichtsplan: Tafel XVIII) ist der Mittelpunkt Jerusalems für die Christen und der Mittelpunkt des christlichen Viertels in Jerusalem. Manche sehen sie sogar als Mittelpunkt der Welt an. Dass man in den westlichen Sprachen meistens von der Grabeskirche oder von der „Basilika vom Heiligen Grab" spricht, ist eigentlich nur die halbe Wahrheit. Jesu Grab ist ja nicht ein Endpunkt wie ein beliebiges anderes Grab, sondern das Zeichen göttlichen Lebens, Symbol der Auferstehung, *Anastasis,* wie die Griechen sagen. Deshalb ziehen die östlichen Christen die Bezeichnung *Auferstehungskirche* oder eben *Anastasis* vor.

Der Pilger und wohl auch der weniger gläubige Besucher, der zum ersten Mal der Grabeskirche gegenübersteht, ist wahrscheinlich enttäuscht, vielleicht sogar entsetzt, vor allem wenn er sie mit prächtige Kirchenbauten der Christenheit wie dem Petersdom oder dem Kölner Dom vergleicht und – zurecht – davon ausgeht, diesem zentralen Heiligtum der Christenheit sei ein ebenso bedeutender Kirchenbau durchaus angemessen. Zum einen spiegelt die bescheidene Kirche die lange und komplexe, oft auch leidvolle Geschichte der christlichen Kirchen wider. Zum anderen ist diese Kirche die Heimat nicht nur der Christen *einer* Konfession oder *einer* Kultur, sondern mehrerer christlicher Gemeinschaften; fünf an der Zahl finden sich unter dem einen Dach wieder. Und schließlich ist mancher Besucher verwirrt, wenn er hört, dass in derselben Kirche auch noch Kalvaria, der Golgotafelsen, sein soll. Er stellt sich den *Kalvarienberg* als einen wirklichen Berg vor und nicht als eine Seitenkapelle innerhalb der Grabeskirche.

Eine entscheidende Frage ist für den modernen, kritischen Menschen: Müssen wir einfach glauben, dass das, was heute als das Grab Jesu verehrt wird, der Ort der Auferstehung ist? Hatte man zur Zeit des Kaisers Konstantin und seiner Mutter Helena, der Initiatoren des ersten Baus der Grabeskirche, noch eine richtige Erinnerung? Oder können wir bereits vorher etwas über das Grab Christi in Erfahrung bringen?

Die Geschichte der Grabeskirche

Die Zeit vor Kaiser Konstantin: Basis unseres Wissens über diesen Ort als Ort der Auferstehung sind natürlich die Evangelien. Sie können nicht leichthin damit abgetan werden, dass sie *nur* Glaubenszeugnisse sind. Jesu Lehre und Leiden wären nie aufgeschrieben worden, wenn man nicht seine Auferstehung verkündigt hätte. Die Auferstehung Jesu ist also die eigentliche Ursache der Evangelien und des ganzen Neuen Testaments.

Das Markusevangelium, in seiner endgültigen Form um 70 n.Chr. abgefasst, überliefert den frühesten Bericht davon, der aber im Wesentlichen schon viel früher vorhanden war und weitergegeben wurde. Dieser Bericht fährt nach der Kreuzigung Jesu fort, bevor die Bestattung Jesu erzählt wird:

> Auch einige Frauen sahen von weitem zu, darunter Maria aus Magdala, Maria, die Mutter von Jakobus dem Kleinen und Joses, sowie Salome; sie waren Jesus schon in Galiläa nachgefolgt und hatten ihm gedient. Noch viele andere Frauen waren dabei, die mit ihm nach Jerusalem hinaufgezogen waren. Da es Rüsttag war, der Tag vor dem Sabbat, und es schon Abend wurde, ging Josef von Arimathäa, ein vornehmer Ratsherr, der auch auf das Reich Gottes wartete, zu Pilatus und wagte es, um den Leichnam Jesu zu bitten. Pilatus war überrascht, als er hörte, dass Jesus schon tot sei. Er ließ den Hauptmann kommen und fragte ihn, ob Jesus bereits gestorben sei. Als der Hauptmann ihm das bestätigte, überließ er Josef den Leichnam. Josef kaufte ein Leinentuch, nahm Jesus vom Kreuz, wickelte ihn in das Tuch und legte ihn *in ein Grab,* das in einen Felsen gehauen war. Dann wälzte er einen Stein vor den Eingang *des Grabes.* Maria aus Magdala aber und Maria, die Mutter des Joses, beobachteten, *wohin* der Leichnam gelegt wurde (Mk 15,40-47).

Über das Grab selbst ist hier wenig zu lesen; man erfährt nur, dass es *in einen Felsen gehauen* und mit einem *Stein vor dem Eingang* verschlossen worden war. Die Geschichtlichkeit dieser Notizen kann dagegen nicht leicht bezweifelt werden, denn sie sind ungewöhnlich: Im Judentum waren Frauen keine beweiskräftigen Zeugen. Hätte man eine solche Nachricht erfunden, hätte man als Zeugen Männer, wohl die Apostel, genannt. Frauen aber sind es, die von Weitem bei der Bestattung zugesehen hatten und nach dem Sabbat als Erste wieder zum Grab kamen. Das Evangelium fährt fort:

> Als der Sabbat vorüber war, kauften Maria aus Magdala, Maria, die Mutter des Jakobus, und Salome wohlriechende Öle, um damit *zum Grab* zu gehen und Jesus zu salben. Am ersten Tag der Woche kamen sie in aller Frühe zum Grab, als eben die Sonne aufging. Sie sagten zueinander: Wer könnte uns den Stein *vom Eingang des Grabes* wegwälzen? Doch als sie hinblickten, sahen sie, dass der Stein schon weggewälzt war; er war sehr groß. Sie gingen *in das Grab* hinein und sahen auf

der rechten Seite einen jungen Mann sitzen, der mit einem weißen Gewand bekleidet war; da erschraken sie sehr. Er aber sagte zu ihnen: Erschreckt nicht! Ihr sucht Jesus von Nazaret, den Gekreuzigten. Er ist auferstanden; er ist nicht hier. *Seht, da ist die Stelle,* wo man ihn hingelegt hatte. Nun aber geht und sagt seinen Jüngern, vor allem Petrus: Er geht euch voraus nach Galiläa; dort werdet ihr ihn sehen, wie er es euch gesagt hat (Mk 16,1-7).

Der alte Bericht des Markusevangeliums konnte auf Einzelheiten weitgehend verzichten, weil man zu seiner Zeit das Grab Jesu nicht nur kannte, sondern auch zeigte. Wie anders wären die Worte des jungen Mannes bzw. Engels zu erklären: „Seht, da ist die Stelle, wo man ihn hingelegt hatte"? Ein solch drastischer Hinweis auf den Ort war gar nicht nötig und Christen an anderen Orten half er auch wenig. Lukas und Johannes kommen ohne ihn aus. Doch bei diesem frühen Text dürfte diese Aufforderung heißen, dass das Grab Jesu gezeigt wurde. Auch Matthäus behielt diese Aufforderung noch als bedeutungsvoll bei. An eine Kirche oder Kapelle darf man in dieser Zeit nicht denken. Es ist aber vorstellbar, dass der Ort des „Heiligen Grabes" als Privatbesitz des Josef von Arimathäa geschützt war, obwohl wir von diesem verdienten Mann später nichts mehr hören.

Im 19. Jh. wurde dagegen heftig diskutiert, ob der Ort der jetzigen Grabeskirche überhaupt der Ort des Begräbnisses Jesu sein *könne*. Denn innerhalb einer jüdischen Stadt konnten keine Gräber angelegt werden. Wenn es sich also zeigen ließe, dass der Ort der Grabeskirche *innerhalb* der damaligen Stadtmauern lag, könnte man das „Heilige Grab" als historische heilige Stätte vergessen.

Zwar ist der Verlauf der sogenannten Zweiten Mauer aus der Zeit von Herodes, welche die Stadt in der Zeit Jesu umschloss, auch heute noch nicht vollständig geklärt. Aber es gibt keine Anzeichen dafür, dass diese Mauer die heutige Grabeskirche eingeschlossen hätte. Umgekehrt zeigen die jüdischen Gräber am Westrand der Rotunde des Heiligen Grabes, dass dort im ersten christlichen Jahrhundert weitere Gräber waren, der Ort also außerhalb der Stadt gelegen sein muss. Die Behauptung, das Heilige Grab könne aus archäologischen Gründen nicht echt sein, wird heute nicht mehr erhoben.

Nach den Untersuchungen der Archäologen war die Umgegend des Golgotafelsens seit dem 9. Jh. v. Chr. ein Steinbruch. Diese Steinbrüche im höher gelegenen Norden der Stadt waren beliebt, weil der Transport von oben nach unten viel leichter vonstatten ging als von anderswo. Der Golgotafelsen war stehen geblieben, vielleicht weil die Qualität des Felsens hier schlechter war. Die durch Entnahme der Steinblöcke entstandenen Vertiefungen füllten sich mit der Zeit wieder auf. Das zerklüftete Gelände eignete sich als Begräbnisplatz, dazwischen dürfte auch Platz für Pflanzen gewesen sein. So wird verständlich, wie der Evangelist Johannes den Ort beschreibt:

> An dem Ort, wo man ihn gekreuzigt hatte, war *ein Garten,*
> und in dem Garten war *ein neues Grab,* in dem noch niemand
> bestattet worden war. Wegen des Rüsttages der Juden und
> weil das Grab in der Nähe lag, setzten sie Jesus dort bei (Joh
> 19,41-42).

Das Grab Jesu lag nach archäologischem Befund etwas tiefer als der Boden der heutigen Basilika; dies ergibt in etwa auch der Vergleich mit den anderen jüdischen Gräbern außerhalb der Rotunde, die von der Kapelle der Syrer aus sichtbar sind. Sonst aber wird zwischen beiden ein Unterschied bestanden haben: Diese jüdischen Gräber sind Schiebegräber (hebr. *Kochim*), in die der Leichnam der Länge nach hineingeschoben wurde. Beim Grab des vornehmen Ratsherrn Josef denkt man eher an ein Bankgrab. Wie in den römischen Katakomben wäre dort der Leichnam auf eine Bank an der Steinwand gelegt worden.

Die Stadt entwickelte sich schnell weiter nach Norden; bereits 44 n.Chr. wurde die Gegend um das „Heilige Grab" beim Bau der „Dritten Mauer" in die Stadt einbezogen. Wir haben allerdings keine Nachrichten, weder literarische noch archäologische, wie dieser Bereich genutzt wurde und ob er bebaut war. Auch von der Zerstörung Jerusalems 70 n.Chr. gibt es hier keine Spuren.

Dagegen hatte der Zweite Jüdische Krieg schlimme Folgen. Denn Kaiser Hadrian vertrieb nach der Niederschlagung des Aufstandes 135 n.Chr. die Juden aus Jerusalem und gründete eine völlig neue heidnische Stadt, die er *Colonia Aelia Capitolina* nannte: „Aelia" nach dem Geschlecht, dem er entstammte, „Capitolina" mit Verneigung vor den Göttern des römischen Kapitols. Das Gelände mit dem Grab Jesu wurde eingeebnet und auf der darüber angelegten Terrasse ein Aphroditeheiligtum errichtet. Nach einem Brief des Kirchenvaters Hieronymus aus Betlehem befand sich auf dem Golgotafelsen eine Venusstatue und am Ort der Auferstehung ein Jupiterbild – die griechische Göttin Aphrodite entspricht ja der römischen Göttin Venus.

Der archäologische Befund ergibt, dass in Hadrians Neugründung von der Prachtstraße des Cardo Maximus (heute der *Suq* oder Basar) eine Freitreppe zu einem Forum hinaufführte (dort, wo man jetzt beim Kreuzweg zur 9. Station hinaufsteigt), dem sich westlich ein Tempel anschloss. Das Grab Jesu wurde also profaniert und das Gelände einem heidnischen Kult zugeführt. Dass dabei eine bereits vorhandene Verehrung von Golgota und Jesu Grab ausgemerzt werden sollte, war für die alten Kirchenschriftsteller keine Frage. Aber auch ein anderer Gesichtspunkt mag beim Bau dieses Tempels dort eine Rolle gespielt haben, nämlich der der Kultkontinuität, ähnlich wie beim Bau des Tempels an der Stelle des jüdischen Tempels oder auch bei manchem Kirchenbau unserer Vorfahren an heidnischen Kultplätzen. Gerade im Orient kommt es ja häufig vor, dass eine Religion heilige Orte von einer Vorgängerreligion übernimmt. Wie auch immer man diesen Bau beurteilen mochte, der Ort des Heiligen Grabes blieb dadurch bekannt. Der historisch interessierte Bischof von Sardes aus Kleinasien suchte um 160 n.Chr., also etwa 25 Jahre nach der Profanierung durch Hadrian, nach seinen eigenen Worten (in einer Osterpredigt) den Ort auf, „an dem das Evangelium verkündet und vollbracht worden war"; er bezeugt mehrmals, dass Jesu Leiden *mitten in Jerusalem, mitten in der Stadt* geschah. Das ist ja, wie wir gesehen haben, nur scheinbar ein Widerspruch zu der Beschreibung der Evangelien, dass das Grab Christi sich ursprünglich außerhalb der Mauern befand.

Die Bauten Konstantins: 325 n.Chr. fand das Konzil von Nizäa, nicht weit von Konstantinopel, statt. Bei dieser Gelegenheit inspirierte Bischof Makarius von Jerusalem den Kaiser Konstantin oder zuerst dessen Mutter Helena, die Konstantin zur Mitregentin und Kaiserin gemacht hatte, den heidnischen Kultstätten in Jerusalem ein Ende zu machen, die Urheiligtümer des christlichen Glaubens freizulegen und für eine würdige Verehrung zu sorgen. So ließ 326 n.Chr. Konstantin die heidnischen Bauten niederreißen und alle Auffüllungen bis auf den natürlichen Felsen wegräumen. Bischof Eusebius von Cäsarea vermerkt dabei, dass „unverhofft das ehrwürdige und hochheilige Monument der rettenden Auferstehung wieder zum Vorschein gekommen ist".

Der Name *Schädelhöhe* lässt auf einen Felskopf schließen, der nicht gar so schmal war. Nach dem Franziskanerarchäologen Virgilio Corbo sieht es so aus, als ob die Architekten Konstantins den Sporn des Golgota, auf dem die erwähnte Venusstatue stand, schmaler geschnitten hätten, um möglichst viel von der Grotte an der Hinter- oder Ostseite zu zerstören, in der nach Eusebius ein ausschweifender Venuskult praktiziert wurde. Ganz konnte man die Grotte aber nicht beseitigen, ohne den Zusammenbruch des Golgotafelsens zu riskieren; denn sie lag gute 5 m unter der Spitze. Deshalb ist sie teilweise erhalten geblieben, leider nicht zugänglich, sondern hinter einer verschlossenen Tür abgeschirmt.

Nach der Legende wurde von Helena auch das Kreuz Christi wieder aufgefunden. Dabei sei das Problem, das wahre Kreuz Christi von den Kreuzen der beiden Schächer zu unterscheiden (Mk 15,27), durch ein Wunder gelöst worden: Man berührte den Leichnam eines eben erst verstorbenen jungen Mannes nacheinander mit den drei Kreuzen. Als beim dritten Kreuz der junge Mann wieder zum Leben erwachte, wusste man, dass man das Kreuz Christi vor sich hatte. Diese Legende soll die lebensspendende Kraft des Kreuzes Christi zeigen. Bischof Cyrill von Jerusalem weiß keine 15 Jahre später schon von der Verbreitung von Partikeln in alle Welt. Vielleicht ist aber schon Bischof Melito von Sardes (160 n. Chr.) wie für das Heilige Grab auch ein früher Zeuge für das *Holz des Kreuzes*. Er sagt nämlich in seiner Osterpredigt: „Er wurde Mensch in der Jungfrau, ans Holz gehängt, in das Grab der Erde gesenkt … Am Holz zerbrach man ihn nicht und im Grab verweste er nicht". In diesem Zusammenhang darf daran erinnert werden, dass die Karfreitagsliturgie bis heute diese einfachere Erinnerung an das *Holz* bewahrt, indem sie singt: „Seht das Holz des Kreuzes, daran das Heil der Welt gehangen".

Als erster der konstantinischen Bauten entstand die *Basilika des Martyrions* mit ihren fünf Schiffen. Der Plan dafür ist nicht ganz symmetrisch; die Eingangsfront stand nicht im rechten Winkel zur Achse der Basilika. Man kann dies durch natürliche Gegebenheiten erklären oder dadurch, dass man nicht von Anfang an einen Gesamtplan hatte. Dass man damals die Apsis nicht nach Osten ausrichtete, ist dagegen verständlich. Sie wies nach Westen in den nicht ganz rechteckigen *Hof,* in dessen Südostecke unter freiem Himmel der *Golgotafelsen* aufragte. Die Benennung der Basilika als *Martyrion* geschah mit Bezug auf den Martertod Christi auf diesem Golgotafelsen. Die Weihe der Kirche erfolgte am 13. September 335.

Das eigentliche Grab Christi, heute die sogenannte *Ädikula* (lat. „Tempelchen"), eine in den Felsen geschnittene rechteckige Grabkammer, wurde von den übrigen umgebenden Felsen isoliert und bekam außen eine mit kleinen Säulen umgebene zylindrische Form, die schon in byzantinischer Zeit von einer kleinen Kuppel auf freistehenden Säulen bekrönt war. Der Eingang dazu war auf der Ostseite, an der sich der Felsen absenkte; er wurde dekorativ zu einer Art Vorhalle ausgestaltet.

Um dem Monument des Grabes Christi den entsprechenden Rang und Rahmen zu geben, wählten die kaiserlichen Baumeister gemäß römischer Sitte den Rundbau (vgl. die Engelsburg in Rom, die ursprünglich das Grabmal des Kaisers Hadrian gewesen war). Für die Grundsteinlegung der Grabeskirche wird aufgrund einer Bauuntersuchung aus dem Jahr 2012 der Ostersonntag des Jahres 326 angegeben. Die kuppelbekrönte *Rotunde des Heiligen Grabes* war bei der Einweihung des Martyrions 335 und selbst beim Tod des Kaisers 337 wahrscheinlich noch nicht fertig, sondern das kleine Heiligtum des Heiligen Grabes stand ebenso wie der Golgotafelsen noch isoliert im Freien. Die Rotunde wäre also der jüngste Teil der konstantinischen Bauten. Das würde es verständlicher machen, dass auf der Ostseite der Rotunde, wo sich jetzt das Katholikon der Griechen anschließt, die äußere Rundung der Rotunde nicht weitergeführt ist. Durch teilweise noch erhaltene sechs Tordurchlässe gelangte man in den Hof, der auf den anderen drei Seiten von Säulenhallen eingefasst war.

Nur dieser vielleicht schon nachkonstantinische Prachtbau ist durch die Jahrhunderte einigermaßen erhalten geblieben und konnte in den letzten Jahrzehnten nach und nach in seinem weitgehend ursprünglichen Zustand zurückgewonnen werden. Er heißt griechisch *Anastasis,* „Auferstehung". Da dieser Teil der Kirche architektonisch wie geistig das Herz des Gebäudes ist, bezeichnet man auch gerne die ganze Grabeskirche als *Anastasis.* Sehr zeitnah berichten davon Bischof Cyrill von Jerusalem in seinen „Mystagogischen Katechesen" (um 350 n.Chr.) und die fleißige Nonne Aetheria, die während ihres einjährigen Aufenthalts in Jerusalem (um 383) die Liturgien recht genau beschrieben hat. Die Anlage ist in groben Zügen auch auf der berühmten Madabakarte (siehe Tafel XVIIa) dargestellt.

Der Glanz der konstantinischen Anlage dauerte rund 280 Jahre, bis 614 die Perser Jerusalem erstürmten und Anastasis und Martyrion, Himmelfahrts- und Zionskirche verbrannten. Bald aber besannen sich die neuen Herren eines Besseren und erlaubten die Wiederherstellung der Kirchen. Der Abt Modestus des Theodosiusklosters bei Betlehem war ab 620 um die Wiederherstellung des Heiligen Grabes bemüht und wurde bald zum Patriarchen gewählt. Seine Restaurierung war eine weitgehende Wiederherstellung des Früheren, damals schon wurde aber über dem bisher frei stehenden Golgotafelsen ein von vier Säulen getragenes Gewölbe errichtet.

Innere Wirren in Persien erleichterten es Kaiser Heraklius (610–641), im Jahr 628 die Perser zu schlagen und zur Herausgabe der kostbaren Reliquie des Heiligen Kreuzes zu bewegen. Er konnte sich seines Sieges über die Perser aber nur kurz erfreuen. Bereits 635–638 eroberten die arabischen Heerscharen des islamischen Propheten Mohammed das Heilige Land. Sie respektierten im allgemeinen die christlichen heiligen Stätten, da sie Jesus als Propheten vor Mohammed anerkannten und sich für ihren Felsendom den in Ruinen liegenden Tempelplatz aussuchten. Freilich war die christliche Kirche im Heiligen Land jetzt ärmer und auf Unterstützung aus dem Westen angewiesen.

Karl der Große, Weihnachten 800 von Papst Leo III. zum Kaiser und Schutzherrn der Kirche gekrönt, war seit 797 mit Harun al-Raschid, dem Kalifen von Bagdad, befreundet und erhielt einen Schlüssel zur Kirche des Heiligen Grabes; er zeigte sich erkenntlich mit der Stiftung von zwei Klöstern nahe am Heiligen Grab und einem weiteren auf dem Ölberg.

Die Veränderungen des Mittelalters: Im 10.Jh. wurde die Lage im Heiligen Land instabil. 969 rissen die nordafrikanischen Fatimiden in Kairo die Macht an sich, ihre Truppen steckten die Anastasis in Brand, die Kuppel stürzte ein. Bis 984 war sie notdürftig wiederhergestellt. Der Strom der christlichen Pilger versiegte auch da nicht völlig, wurde aber immer dünner. Ganz schlimm wurde es 1009 unter dem Kalifen al-Hakim (996–1021). Der Sohn einer Christin ließ viele Kirchen im Land zerstören, vielleicht um seine nicht „astreine" Abstammung auszugleichen. Die Martyrionbasilika Konstantins ging in Flammen auf, das Felsengrab Christi verschwand unter dem Schutt der Kuppel. Bereits 1012 konnte man aber mit der Wiederherstellung beginnen und gerade Maria, die christliche Mutter des Kalifen, hatte daran nicht geringen Anteil. Der byzantinische Kaiser übernahm die Kosten der Wiederherstellung des Heiligen Grabes. Nach dem Historiker Wilhelm von Tyrus (12.Jh.) wäre dies Konstantin IX. Monomachos (1042–1055) gewesen, nach byzantinischen Quellen könnte es aber auch schon der Vorgänger Michael IV. (1034–1041) gewesen sein. Dagegen konnte die Basilika des Martyriums und der monumentale Aufgang nicht mehr aufgebaut werden; sie waren und blieben verloren.

Im Jahr 1071 drangen seldschukische Türken bis Jerusalem vor und besetzten es kampflos. Sie verhielten sich feindselig gegen Christen und Juden; der Besuch der heiligen Stätten wurde beinahe unmöglich. Der Patriarch Symeon II. sah sich 1084 gezwungen, seinen Sitz nach Zypern zu verlegen. Die sich häufenden Überfälle und Zerstörungen wurden zum Nährboden der Kreuzzugsidee, die in ganz Europa begeisterte Zustimmung fand. Es steht auf einem anderen Blatt, dass die Kreuzfahrer 1099 bei der Eroberung Jerusalems ein furchtbares Blutbad anrichteten und ihre Anführer nur anfangs dem byzantinischen Kaiser den Treueeid leisteten und ein lateinisches Königtum in Jerusalem begründeten.

Natürlich begann die Wiederherstellung der Kirchen am Heiligen Grab. Eine Vorstellung, wie die Ädikula des Grabes Christi um 1160 ausgesehen haben mag, gibt das Heilige Grab in der Heilig-Kreuz-Kirche (Passionisten-, ehemals Kapuzinerkirche) von Eichstätt. Hier mussten die Kreuzfahrer wenig ändern, doch haben sie das Innere über und über mit Mosaik geschmückt. Dagegen brachten sie an der Rotunde wesentliche Neuerungen an: An sie wurde im ehemaligen Golgotahof das große Presbyterium (heute das Katholikon der Griechen) angebaut und mit einer Mosaikdecke versehen. Man nannte es *Chorus Dominorum*, „Chor der (Dom-)Herren", weil es für die neu gegründeten Chorherren vom Heiligen Grab gedacht war. Um dieses Presbyterium herum wurde ein Kapellenkranz angelegt, in dem man weitere Einzelheiten der Leidensgeschichte verehren konnte. Indem man die Anlage nach Norden und Süden mit einem doppelten Querschiff versah, wurde der Golgotafelsen in den Kirchenbau einbezogen, so dass Golgota nun eine höher gelegene Seitenkapelle der Kirche des Heiligen Grabes ist. Dabei wurde auf der Nord-, der dem Golgota gegenüberliegenden Seite des Umganges, der erhaltene Rest der Säulenhalle des früheren konstantinischen Hofes stehen gelassen.

Golgota wurde dadurch aufgewertet, dass man seine Plattform auf das Doppelte vergrößerte und ihm über eine Außentreppe einen eigenen Zugang verschaffte. Unter Golgota fanden der Eroberer von Jerusalem, Gottfried von Bouillon († 1100), und sein Bruder Balduin I. († 1118), der erste lateinische König von Jerusalem, ihre letzte Ruhestätte.

Zur Vollständigkeit im westlichen Sinn, vielleicht auch zur Verteidigung, wurde ein mächtiger Glockenturm angebaut. Ebenso nutzte man den Platz vor dem tiefen Schacht der Kreuzauffindung zu einer eigenen Helenakapelle, die durch eine Treppe mit dem Kapellenkranz verbunden wurde.

Anstelle der dreigliedrigen konstantinischen Anlage mit Anastasis, Golgotahof und Basilika gab es also jetzt nur mehr ein einziges Gebäude. Finanzielle Engpässe werden gerade am Anfang mitgespielt haben, vielleicht war aber das Motiv der Sicherheit ebenso bedeutsam, das für eine „fränkische" Bevölkerungsminderheit großes Gewicht hatte. Zum 50. Jahrestag der Eroberung Jerusalems, am 15. Juli 1149, wurde die Grabeskirche in ihrer Kreuzfahrerform eingeweiht. Über dem Hauptaltar im neuen Chorus Dominorum standen, wie der Pilger Theoderich im Jahr 1172 überliefert, in Latein die Worte geschrieben:

> Den im Fleisch Gekreuzigten lobt,
> den für uns Begrabenen verherrlicht,
> den vom Tod Erstandenen betet an.

Aber schon nach dem Sieg Saladins über die Kreuzfahrer im Jahr 1187 waren die Kirchen wieder unter muslimischer Herrschaft, soweit sie nicht wie St. Anna ganz den Christen weggenommen wurden. In dieser Zeit scheinen die Muslime die Vorhalle des eigentlichen Grabes Christi zur leichteren Kontrolle nördlich und südlich vermauert zu haben, so dass daraus die Engelskapelle mit dem einzigen Zugang von Osten her wurde. Bereits im Mittelalter wurde auch auf der Rückseite der Ädikula eine Kapelle angefügt, die später die Kopten übernahmen.

Der Waffenstillstand, den Kaiser Friedrich II. 1229 aushandelte, gewährte den Christen noch einmal zehn Jahre (und nach einem Vertrag 1241 weitere drei Jahre) freie Religionsausübung, die 1244 beim Einfall der Tataren mit Brutalität beendet wurde. Der fromme König Ludwig IX. von Frankreich versuchte 1248 mit einem Kreuzzug noch einmal das Unmögliche, geriet aber vor Kairo gegen den Mamlukensultan Baibars in Gefangenschaft. Um gutes Geld konnte er sich und das Land Jesu noch einmal befreien, aber nach seiner Rückkehr 1254 nach Frankreich war das Kreuzfahrerreich schutzloser denn je. Als Sultan dezimierte der Usurpator Baibars von 1260 bis 1277 den Kreuzfahrerstaat. Dies war das endgültige Ende der christlichen Herrschaft in Jerusalem.

Während der Kreuzfahrerzeit waren neben den Benediktinern auch andere lateinische Ordensleute ins Land gekommen, die aber beim Ende des Kreuzfahrerstaates in der zweiten Hälfte des 13.Jh. teils weggegangen sind, teils ermordet wurden. Nachdem die Waffen gescheitert waren, erlosch aber das Interesse der lateinischen Kirche an den heiligen Stätten des Glaubens keineswegs. Die Kreuzzüge waren entgegen verbreiteter Meinung nicht allein machtpolitische und wirtschaftliche Expansionsunternehmungen. Als erster bemühte sich 1320 König Jakob II. von Aragon erfolgreich am Mamlukenhof in Kairo, Dominikaner ans Heilige Grab zu bringen. 1323 begaben sich auch zwölf Dominikaner dorthin. Warum sie nicht blieben oder bleiben konnten, ist unbekannt.

Kurz vor seinem Tod 1327 versuchte es Jakob II. erneut, jetzt mit Franziskanern; doch sein Nachfolger Alfons IV. verfolgte die Sache nicht weiter. Dafür nahmen sich 1333 König Robert von Neapel und seine aragonesische Gattin Sancha der Sache an und erlangten mit beträchtlichen Zahlungen an den Sultan die Erlaubnis, dass die Franziskaner ab 1342 den Dienst am Heiligen Grab übernahmen. Die Aufgabe war für die Franziskaner alles andere als einfach. Sie mussten als Bettelorden ohne eigenen Besitz die Mittel für die notwendigen Reparaturen beibringen und für die Pilger sorgen, die mittellos waren, krank wurden oder mit dem Gesetz in Konflikt gekommen waren.

Rivalitäten mit den orientalischen Gemeinschaften fehlten nicht, waren aber doch eher die Ausnahme. 1347 erzählt der Franziskaner Niccolò da Poggibonsi von der Grabeskirche:

> Von den Altären, die es drinnen gibt, kann ich insgesamt 20 aufzählen; jede Völkerschaft von Christen hat ihren eigenen Altar. Am Olivensonntag (Palmsonntag) und am heiligen Osterfest geht jede Völkerschaft zu ihrem Priester; jeder Priester feiert die Liturgie für sein Volk, in seiner eigenen Sprache.

Über die Kapelle des Heiligen Grabes verfügte damals ein

> Sarazene (Moslem), der die Kapelle des Heiligen Grabes aufmacht, die Personen drei Vaterunser lang drinnen lässt, sie dann hinausjagt und schließt.

Der russische Archimandrit Gretenius, der die Kirche anfangs des 15. Jh. besuchte, wusste zu berichten, dass die Basilika das ganze Jahr geschlossen sei, mit Ausnahme der österlichen Feiertage und wenn Pilgergruppen da seien. Es stünden dauernd ein griechischer, ein georgischer, ein fränkischer (lateinischer), ein armenischer, ein jakobitischer (syrischer) und ein abessinischer Priester zur Verfügung. Golgota hatten damals die Franziskaner und die Armenier in gemeinsamem Besitz.

Unter den Osmanen, die 1516 die Herrschaft über Syrien, Palästina und Ägypten an sich rissen, wurde das Leben in mancherlei Hinsicht schwieriger. Es gab Ereignisse, die sich tief einprägten. Infolge eines Erdbebens stürzten 1545 der Helm und die oberen beiden Stockwerke des Glockenturmes ein; ein Wiederaufbau war nicht mehr möglich. Die Jahre 1537-40 hatten die Franziskaner im Gefängnis verbracht, 1551 wurden sie durch Befehl des Sultans aus ihrem Kloster beim Abendmahlssaal endgültig vertrieben. Weil sie nicht bezahlen konnten, wurden um 1555 die Georgier von den Osmanen von den heiligen Stätten ganz vertrieben. Dennoch konnte im selben Jahr der Obere der Franziskaner, Bonifatius von Ragusa, mit Geld Kaiser Karls V. und Billigung des Papstes Julius III. die baufällig gewordene Kapelle des Heiligen Grabes von Grund auf erneuern. Bonifatius beschreibt den denkwürdigen Vorgang:

> Als notgedrungen eine der Alabasterplatten entfernt war, mit denen von der hl. Helena das Grab bedeckt worden war, damit darauf das hochheilige Geheimnis der Messe gefeiert werde, erschien uns offen jene unaussprechliche Stelle, an der der Menschensohn drei Tage geruht hat.

Nach 1600 wurden die Beziehungen vor allem zwischen Franziskanern und Griechen kritisch. Patriarch Germanos verpflichtete 1622 alle Kleriker aus Griechenland zum Eintritt in die Bruderschaft vom Heiligen Grab und erreichte damit die hellenische Vorherrschaft über die Einheimischen. Die Regierung Sultan Murads IV. (1623–1640) war für jede Art von Bestechung offen; sie brauchte Geld für ihre Kriege. Es begann ein Wettlauf um die Eigentumsrechte in Betlehem und Jerusalem, bei dem auch die Franziskaner einige Erfolge verzeichnen konnten, die Griechen als Untertanen des Sultans aber die besseren Karten hatten. 1632 erhielten die Griechen erstmals das Eigentumsrecht über Betlehem und Golgota, das in kurzer Zeit nicht weniger als sechsmal wechselte. 1675 wurden die Griechen nicht nur als Eigentümer des ganzen Heiligen Grabes eingesetzt, sondern die Franziskaner auch noch dem griechischen Patriarchen Dositheos (1669–1707) tributpflichtig gemacht. Der polnische König Johann III. Sobieski wollte sich 1677 bei seinem Friedensschluss mit den Osmanen für die Franziskaner einsetzen, wurde aber durch den grie-

chischen Dolmetscher des Sultans bei der Ausfertigung der Dokumente hintergangen. Erst nach der Niederlage der Türken bei Wien
gegen die „Heilige Liga" erreichte Frankreich 1689 die Wiederherstellung der Rechte der Franziskaner wie vor 1630. Diese bemühten
sich sofort um die Restaurierung der gefährdeten Kuppel des Heiligen Grabes, erhielten aber erst 1719 die Erlaubnis dazu. 1740 bestätigte Sultan Mahmud I. dem französischen König Ludwig XV.
nochmals die Rechte der Franziskaner zum Dank für die Vermittlung zwischen dem Osmanischen Reich und Österreich im Frieden
von Belgrad. Von da ab schlug das Pendel wieder nach der anderen
Seite aus. 1757 gab Sultan Mustafa III. gleich nach seinem Regie-
rungsantritt die Geburtskirche in Betlehem und das Mariengrab ganz
den Griechen und machte sie an der Grabeskirche wie an der Geburtsgrotte zu Mitbesitzern. Den Gegenvorstellungen des französischen Botschafters antwortete der Großwesir lapidar:

> Diese Stätten gehören meinem Herrn, dem Sultan; er gibt sie,
> wem er will. Mag sein, dass sie immer im Besitz der Franzis-
> kaner waren, aber jetzt will seine Hoheit, dass sie den Grie-
> chen gehören.

1774 erkannte überdies die osmanische Regierung den russischen
Zaren als Protektor der orthodoxen Christen an, während Frankreich
nach der Französischen Revolution 1789 als Schutzmacht der Katholiken zunächst völlig ausfiel.

Ein folgenreiches Unglück war der Brand von 1808 in der Grabeskirche, auch wegen der Auswirkungen auf die Besitzverhältnisse.
Über den Brand berichtet ein Augenzeuge:

> Das Feuer brach während der Nacht vom 11. auf den 12. Ok-
> tober 1808 in der Kapelle der Armenier auf einer Galerie der
> Kirche aus. Der Sakristan der Franziskaner, welcher während
> der Nacht die Lampen zu besorgen hatte, bemerkte es zuerst
> und rief um Hilfe. Aber das Feuer war schon so weit fortge-
> schritten, dass man gleich im Anfang die Hoffnung aufgeben
> musste, das Gebäude zu retten. Nach zwei Stunden stürzte die
> Kuppel über dem Heiligen Grab ein, riss die Galerien und ei-
> nen Teil der Mauern mit fort und zerschmetterte die Säulen
> und Kapellen, welches es umgaben. Man wurde erst nach lan-
> ger Zeit Herr des Brandes.

Die Wiederherstellung war schwierig und kostspielig. Gerade damals erstarkte Russland und entdeckte immer mehr seinen Drang
zum Mittelmeer. Mit der Wiederherstellung des Heiligen Grabes
beauftragte der Sultan die Griechen; sie wurde 1809/10 innerhalb
eines Jahres durchgeführt; das russische Zwiebeltürmchen zeigt
an, woher die Mittel kamen. Die Kreuzfahrergräber Gottfrieds von

Bouillon und Balduins I. unter Golgota wurden entfernt, die Golgo-
takapelle erhielt die steilen Treppen von heute. Noch folgenschwe-
rer: Der Kanonikerchor wurde, durch Mauern völlig abgetrennt,
zum alleinigen Chor der Griechen. Dennoch ging die Restaurierung
nicht weit genug, wie sich schon bald zeigen sollte.

Die Kirche des Heiligen Grabes unter dem Status quo: In den folgenden Jahrzehnten wurde mit Hilfe westlicher Staaten viel versucht, diese griechische Machterweiterung rückgängig zu machen,
aber vergeblich. 1852 verkündete die osmanische Regierung als
Provisorium einen *Status quo* (lat. wörtlich: „Zustand, in welchem"), der nichts regelte, sondern verlangte, einstweilen alles zu
belassen, wie es ist. Nichts ist dauerhafter als Provisorien! Der Status quo ist, über den Ersten Weltkrieg, das britische Mandat, den
Zweiten Weltkrieg und die jordanische Zeit hinweg, bis heute in
Geltung und damit seit bald 150 Jahren *die* Rechtsgrundlage für das
Verhältnis der Konfessionen am Heiligen Grab und an andern heiligen Stätten. Und auch als Israel mit dem Heiligen Stuhl am 30. Dezember 1993 einen völkerrechtlichen Vertrag schloss, wurde der Status quo als Rechtsgrundlage bestätigt.
Da der Status quo nie schriftlich fixiert war, musste er fast notwendig die Ursache weiterer Konflikte werden. Wohl gibt es Aufzeich-
nungen dazu, aber diese helfen nur weiter, wenn die andere Seite
gutwillig ist; sie sind privater Natur und haben keine offizielle Geltung. Daher kam die Angst, auch nur das Geringste zu ändern, weil
die Gegenseite sofort sagen konnte: „Voriges Jahr war es anders."
Heute gibt es immerhin eine Kommission aus Vertretern der einzelnen Konfessionen, die sich regelmäßig trifft, um anstehende Dinge
zu besprechen, wie nötige Reparaturen, besondere Ereignisse (z.B.
einen Papstbesuch) oder auch die Renovierung der ganzen Kirche,
die sich freilich nur schleppend dahinzieht. Der Status quo regelt
übrigens nicht nur die Besitzverhältnisse, sondern sorgt auch für ein
mehr oder weniger geordnetes Nacheinander (oder Nebeneinander)
der Gottesdienste. Es ist festgelegt, welche Konfession wann wo
wie lange Gottesdienst feiert, welchen Weg Prozessionen nehmen,
oder auch bei welchen Gottesdiensten gesungen werden darf. Zum
einen kann so jede Konfession ihren Traditionen und Bedürfnissen
entsprechend Gottesdienste feiern, zum anderen stört man sich so
wenig als möglich. Grundregel ist, die Konfession hat „Vorfahrt",
die gerade den höchsten Festtag feiert. Fallen Festtage zusammen,
feiert man nacheinander oder auch nebeneinander. Wenn man als
unbedarfter Besucher in die Kirche kommt, in der gerade mehrere
Gottesdienste gefeiert werden – vor allem wenn man sich zwischen
diesen befindet –, mutet das durchaus eigenartig an. Bedenkt man
dagegen, die andere Gemeinde betet auch gerade zum selben Gott –

in anderer Sprache, anderem Ritus, anderer Tonart –, so stört das weniger als eine Touristengruppe mit Fotoapparaten und lautstarkem Führer.

Der Status quo gilt nicht nur für die Grabeskirche, sondern auch für einige andere gemischt-konfessionelle oder gemischt-religiöse heilige Stätten: die Geburtskirche in Betlehem, das Mariengrab im Kidrontal, die Himmelfahrtskapelle auf dem Ölberg, die Klagemauer und das Rahelgrab am Ortseingang von Betlehem. Mit der Begründung, die jordanische Regierung habe den Status quo für die Klagemauer und das Rahelgrab außer Kraft gesetzt, fühlt sich Israel bei diesen beiden Stätten nicht mehr daran gebunden. An den anderen vieren bildet der Status quo weiterhin die Grundlage für das Zusammenleben der Konfessionen bzw. Religionen. Ähnliche Regelungen gibt es schließlich noch für den Abendmahlssaal und das Lazarusgrab in Betanien.

In der Grabeskirche sind die christlichen Konfessionen fünf: die Griechisch-Orthodoxen, die Katholiken („Lateiner") – vertreten durch die Franziskaner –, die orthodoxen Armenier, die Kopten und die Syrisch-Orthodoxen; dazu kommen als sechste Konfession die Äthiopier mit der Kapelle im Hof der Grabeskirche und ihrem Kloster auf dem Dach der Krypta. Besucher aus Europa werden verwundert das Fehlen der evangelischen Christen feststellen. Eine oberflächliche Antwort wäre es zu sagen, zur Reformationszeit sei die Kirche eben schon besetzt gewesen. Der Grund liegt eher in der lutherischen Spiritualität. Das Prinzip *Sola Scriptura,* „nur die Schrift", lässt keinen Raum für *heilige Stätten,* so wie es ja auch in Deutschland in evangelisch geprägten Gegenden keine Wallfahrtsorte im herkömmlichen Sinn gibt.

Zwischen 1863 und 1869 wurde die einsturzgefährdete Kuppel der Grabeskirche mit einer Eisenkonstruktion neu gebaut und die Mittelöffnung der Kuppel mit einem Schutz versehen, so dass es nicht mehr hereinregnete. Der Status quo wurde nicht angerührt, die Mächte des Krimkrieges, Frankreich, Russland und das Osmanische Reich, übernahmen die Kosten. In Folge des Erdbebens von 1927 mussten von englischen Pionieren Eisenstützen an die Kirche und 1947 auch an das Heilige Grab selbst angesetzt werden. Sie verunstalteten die Fassade 40 Jahre lang, die Kuppel bis 1996, das Heilige Grab noch immer. 1939 erwog man in katholischen Kreisen sogar die Idee eines völligen Neubaus der Grabeskirche – in der Hoffnung, damit das Durcheinander der verschiedenen Konfessionen und ihrer Gottesdienste zu entwirren. Der franziskanische Architekt Antonio Barluzzi legte dafür einen Plan vor, der mehr als gigantisch war. Betrachtet man diese Pläne mit den Augen eines Mitteleuropäers aus dem 21. Jh., so wird man erleichtert feststellen, dass der Geschichte des Kirchenbaus ein Irrweg erspart geblieben ist.

Inzwischen hat sich das Verhältnis der christlichen Gemeinschaften in der Grabeskirche wesentlich gebessert und ist teilweise schon freundschaftlich. Die am 3. Juli 1961 begonnene gemeinsame Restaurierung der Grabeskirche ist das sichtbarste Zeichen dafür. Der delikateste Teil der Restaurierung, die der eigentlichen Kapelle des Heiligen Grabes, steht noch aus, muss aber in Angriff genommen werden, wenn man die hässlichen Eisenstützen endlich loswerden will. Die Verhandlungen dazu sind besonders schwierig, weil sie sozusagen das „Allerheiligste" betreffen. Soll auch da gelten: Alles, wie es bisher war?

Letztlich passt die Verheißung und die Mahnung Jesu, die er den Seinen nach der Fußwaschung gegeben hat, nirgends besser als hier:

> Euer Herz lasse sich nicht verwirren. Glaubt an Gott und glaubt an mich! Im Haus meines Vaters gibt es viele Wohnungen (Joh 14,1-2).

Das Äußere der Basilika

Vor der Basilika breitet sich ein gepflasterter Hof aus. Im 12. Jh. besaß dieser an der Südseite einen Säulengang, von dem noch die Stümpfe zu sehen sind. Auf der Westseite erblickt man die Apsiden dreier griechischer Kapellen: 1. die des hl. Jakobus des Jüngeren, die griechisch-orthodoxe Pfarrkirche von Jerusalem (Jakobus gilt als der erste Bischof von Jerusalem), 2. die Kapelle des hl. Johannes des Täufers mit byzantinischem und mittelalterlichem Baptisterium, 3. die Kapelle der Vierzig Märtyrer, über der der massive Glockenturm aufragt, der nach dem Einsturz von 1545 nicht wiederhergestellt werden konnte; ihm fehlen von den ursprünglichen 48 Metern zwei Obergeschosse und der Helm.

Die entgegengesetzte *Ostseite* beginnt mit dem griechisch-orthodoxen Abrahamskloster; es folgen die armenische Kapelle des Apostels und Evangelisten Johannes und die äthiopische Kapelle des hl. Michael. Durch sie führt eine Treppe zum äthiopischen Kloster auf dem Dach der Helenakapelle hinauf. Einige Meter vor dem zugemauerten rechten Portal befindet sich im Boden unter einer Holzplatte die Grabplatte des Ritters Philippe d'Aubigny, der am Kreuzzug Friedrichs II. 1228 teilgenommen hatte. Bei der Sanierung der Kanalisierung der Kirche entdeckte man, dass das konstantinische Pflaster sich einen halben Meter unter der heutigen Pflasterung befand und dabei eine große Zisterne bedeckte.

Die elegante *romanische Fassade* stammt von den Kreuzfahrern. Sie wird durch ein Doppelportal mit zierlichen Säulchen gegliedert. Die Skulpturen im Tympanon sind verloren gegangen, die darunter angebrachten Friese wurden während der britischen Mandatszeit, um sie zu schützen, abgenommen. Diese gut erhaltenen Reliefe sind heute im Rockefeller-Museum (siehe S.538) zu bewundern. Ein Doppelfenster über dem reich dekorierten Quergesims wiederholt die Linien des Doppelportals. Vom Doppelportal wurde auf Befehl Saladins die rechte Hälfte zugemauert.

Der Schlüssel des linken (des einzigen) Portals ist seit dem 13.Jh. zwei muslimischen Familien anvertraut. Saladin beließ die Grabeskirche zwar den Christen, wollte aber die Oberaufsicht über die Kirche in Händen muslimischer Untertanen wissen. Deshalb ließ er alle Eingänge zumauern bis auf diesen einen und übergab den Schlüssel dafür eben diesen Familien, die ihn seitdem von Generation zu Generation weitergeben. Dass es bis heute für sie eine Ehre ist, den Schlüssel für dieses wichtigste christliche Heiligtum zu besitzen, bedeutet freilich nicht, dass sie diesen Dienst ehrenamtlich verrichten. 600 Jahre lang wurde die Kirche nur an wenigen Festtagen geöffnet, ansonsten musste jede Person an die muslimischen Türhüter für den Zugang zum Heiligen Grab bezahlen. 1831 einigten sich die christlichen Kommunitäten auf eine bis heute jährlich zu zahlende Summe, damit die Basilika künftig täglich geöffnet wird. So ist bis heute das Öffnen und Schließen (Sommer: 5.00–21.00, Winter 4.00–19.00) eine „Zeremonie", die, unter Beteiligung der Sakristane der drei Besitzerkommunitäten (Griechen, Franziskaner und Armenier), dem Status quo unterliegt. Die drei Klostergemeinschaften leben im Kirchenkomplex, die Brüder sind also nachts eingeschlossen. Auch Pilger können sich für eine Nacht des Gebets einschließen lassen, nach vorheriger Absprache mit dem Sakristan der jeweiligen Konfession.

Rechts vom Eingang schufen die Kreuzfahrer einen eigenen Aufgang nach Golgota von außen her, der seit Saladin ebenfalls geschlossen ist. Im schön geschmückten, überbauten Vorraum dieses Eingangs wurde eine der Schmerzensmutter geweihte Kapelle eingerichtet. Sie ist im Besitz der Franziskaner und wird *Frankenkapelle* genannt, weil sie eine „fränkische" Neuerung war – seit der Kreuzfahrerzeit, vielleicht schon seit Karl dem Großen, ist „fränkisch" die arabische Bezeichnung für Westeuropäer. Das 2014 restaurierte Altargemälde im Nazarenerstil stammt vom bayerischen Maler Johann Schraudolph (1808–1879). Es zeigt Maria, Magdalena und Johannes, die zuschauen müssen, wie Jesus ans Kreuz geschlagen wird. Die griechische (stets verschlossene) Kapelle unter der Frankenkapelle ist der hl. Maria von Ägypten geweiht, die 373 n.Chr. beim Versuch, die Grabeskirche zu betreten, ihre Bekehrung erlebte.

Die Kirche des Heiligen Grabes hat *zwei Kuppeln.* Die größere überwölbt den konstantinischen Rundbau. Sie ist in gemeinsamer Anstrengung restauriert und gesichert worden, im Januar 1997 konnte ihr neuer Innenschmuck der Öffentlichkeit übergeben werden. Dagegen ist die kleinere Kuppel über dem Katholikon in griechisch-orthodoxem Besitz. Sie ist durch eine Firma aus Deutschland neu gefestigt und überdacht worden. Das krönende Kreuz (4,50 × 3,30 m) wurde vom deutschen Künstler Paul Nagel nach dem Vorbild eines antiken Gemmenkreuzes, wie es in den Mosaiken der Geburtskirche in Betlehem dargestellt ist, entworfen. Es ist aus hellem Onyxstein, mit Bleiglas und Bergkristallen verziert. Wenn man im richtigen Winkel zur Sonne steht, kann man aus der Ferne Lichtreflexionen in allen Farben des Regenbogens beobachten.

Der Zugang zur Kirche erfolgt einzig und allein durch das Doppelportal, das in Wirklichkeit einen Seiteneingang darstellt; denn der folgende *Vorraum* ist gegenüber der Hauptachse der Kirche eigentlich ein Querschiff. Betritt man die Kirche, findet man sich zunächst nicht in einem erhabenen Kirchenraum, sondern steht vor einer Mauer, einer der nachträglich eingezogenen Trennungsmauern. Vielleicht ist ja dieser zunächst ernüchternde Raumeindruck ein Grund dafür, dass Besucher, Besuchergruppen und vor allem deren Führer oft kein Benehmen an den Tag legen, wie man es in einem Gotteshaus erwarten würde. Mit einiger Anstrengung kann es dem Pilger trotzdem gelingen, hier bis zum Kern des Glaubens vorzudringen.

Die Beschreibung des Inneren der Kirche folgt der nachmittäglichen Prozession der Franziskaner (im Winter um 16.00 Uhr, im Sommer um 17.00 Uhr). Diese Prozession ist seit 1336 bezeugt und wird seitdem täglich gehalten. Sie verbindet praktische Erwägungen mit der Logik der Evangelien. Vor allem Einzelpilger oder kleine Gruppen feiern diese Prozession mit. Sie wird auf Lateinisch gehalten, es gibt Texthefte mit Übersetzungen in mehrere moderne Sprachen, auch auf Deutsch. Praktische Gründe, wie etwa der Andrang von Gruppen, legen oft eine andere Reihenfolge des Besuches nahe.

Die Erscheinungskapelle

Im nördlichen Bereich der Rotunde – also wenn man in die Kirche kommt, am Heiligen Grab vorbei – ist der Bereich der Lateiner, der Franziskaner. Dort ist der Eingang zur *Sakramentskapelle,* auch *Kapelle der Erscheinung* genannt. Diese Kapelle ist der Feier von Gottesdiensten oder dem stillen Gebet vorbehalten. Hier beginnt und endet die nachmittägliche Prozession.

Betritt man die Kapelle, sieht man zur Rechten den Stumpf einer Porphyrsäule. Sie ist eine von drei Säulenstümpfen, die in Jerusalem als Geißelungssäule verehrt werden. (Die zweite befindet sich ebenfalls in der Grabeskirche, in der griechischen Kapelle der *Imprope-*

rien, im Chorumgang. Die dritte steht an der Rückseite des Getsemanigrundstücks, auf dem Weg nach Dominus Flevit, siehe S. 499.) Bei dieser Porphyrsäule dürfte es sich um die Geißelungssäule handeln, von der mittelalterliche Pilger berichten, sie hätte sich auf dem Berg Zion, im Bereich des Abendmahlssaales, befunden. Man nimmt an, die Franziskaner hätten sie von dort bei ihrer Vertreibung 1551 mitgenommen.

Die Erscheinungskapelle wurde in den 80er-Jahren neugestaltet. Sie hat ihren Namen von einer im Evangelium nicht bezeugten Erscheinung des Auferstandenen an seine Mutter. Links der Apsis zeigt ein Flachrelief diese Begebenheit. An der Seitenwand beeindruckt ein Kreuzweg des Franziskaners Andrea Martini, der die einzelnen Stationen zu einer großen Prozession zusammenfügt. An der Rückwand hängt ein in Silber getriebenes kostbares Flachrelief der Auferstehung Christi (aus Neapel 1736). Die Breite (1,95 m) und die Form lassen erkennen, dass es ursprünglich für den inneren Raum des heiligen Grabes angefertigt wurde. Ob es jemals dort angebracht war, ist unbekannt.

An die Kapelle schließt sich hinten, leicht erhöht, der Betchor der Franziskaner für das tägliche Stundengebet an. Noch weiter hinten ist eine alte Zisterne aus der Zeit Helenas. Schon der Pilger von Bordeaux erwähnt sie im Zusammenhang mit Taufliturgien: In der Osternacht zogen die Neugetauften von hier in einer Prozession zum Martyrion, wo die Festgemeinde sie erwartete. Hier befand sich ehemals die Residenz des Patriarchen von Jerusalem, die einen direkten Zugang von der oberhalb liegenden heutigen Christian Quarter Road hatte. Seit dem Mittelalter sind diese früheren Zugänge vermauert.

Unmittelbar neben der Sakramentskapelle ist der Eingang zur *Sakristei* der Franziskaner. Die Sakristei dient der Vorbereitung aller Gottesdienste der Lateiner in der Grabeskirche, besonders am Heiligen Grab selbst. Die Sakristane haben eine schwierige Aufgabe: Sie sind die unmittelbar Verantwortlichen für das reibungslose Funktionieren des Status quo in den Feiern der verschiedenen Kommunitäten. Und da für die Zelebrationen am Heiligen Grab nur der beschränkte Platz vor dem Eingang zum Grab als Presbyterium genutzt werden kann, muss alles Nötige jeweils eigens herbeigeschafft und sofort nach der Feier wieder weggeräumt werden, damit der Platz wieder der Allgemeinheit oder den anderen Konfessionen zur Verfügung steht.

Durch die Sakristei erreicht man die sogenannte Kreuzfahrerkapelle, die freilich zur Zeit der Kreuzfahrer keine Kapelle war, sondern ein unterirdisches Gewölbe unbekannter Nutzung. Darin wurde eine moderne Kapelle eingerichtet, in der Pilgergruppen Gottesdienste feiern können. Bei großen Feiern, vor allem in der Karwoche, dient dieser Raum als Erweiterung der Sakristei.

Der Chorumgang

Wenn man den Bereich der Lateiner Richtung Osten verlässt, gelangt man in einen durch Säulen geteilten Gang. Verwirrend ist der Blick nach oben: Zweierlei Säulen laufen scheinbar beziehungslos nebeneinander her. Ein Teil der Säulen und die Nordwand gehören noch zum Säulengang am Golgotahof der konstantinischen Zeit. Sie laufen, vielleicht um den Eindruck größerer Weite zu erzielen, nicht genau parallel. Die Kreuzfahrer haben diesen noch bestehenden Teil der konstantinischen Anlage erhalten. Mittelalterliche Frömmigkeit gab ihm den Namen „Bögen der heiligen Jungfrau". Das nördliche Querschiff des Kreuzfahrerbaus mit seinen mächtigen Pfeilern und Säulen ist unmittelbar daran angebaut.

Von diesem Säulengang führt eine Tür in einen kleinen Hof, der in alten Beschreibungen etwas schönfärberisch „Gärtchen" genannt wird. Rechtzeitig zum Papstbesuch 2009 wurde dieser Bereich renoviert.

Der Gang wird nach Osten hin durch eine tiefer liegende kleine griechische Kapelle abgeschlossen, die 2013-15 restauriert wurde. Sie wird *Gefängnis Christi* genannt, obwohl es keinerlei Hinweise darauf gibt, dass Jesus hier vor seiner Hinrichtung eingeschlossen gewesen wäre. Diese dunkle Kapelle stellt eher einen Erinnerungsort dar, ebenso wie die erwähnte Geißelungssäule. Hier konnte (und kann) man der Gefangenschaft Jesu gedenken, auch zu Zeiten, als christliche Prozessionen außerhalb der Kirchengebäude nicht möglich waren.

Der Umgang um das Katholikon erfährt Erweiterungen durch drei Kapellen, in denen Einzelheiten des Kreuzigungsberichts der Evangelien hervorgehoben werden: Die erste Kapelle heißt *Longinuskapelle* und gehört den Griechen. Die Überlieferung glaubt zu wissen, der Soldat, der die Seite Jesu mit der Lanze durchbohrte (Joh 19,34), habe *Longinus* geheißen. Eine zweite, von den Armeniern betreute Kapelle erinnert an die *Verteilung der Kleider Jesu* (Joh 19,23-24). Die dritte Kapelle ist wiederum im Besitz der Griechen. In ihr wird ein Stück einer Geißelungssäule verehrt. Die Katholiken gedenken hier der *Verhöhnungen* (lat. *Improperien*), welche Jesus am Kreuz erdulden musste:

> Die Leute, die vorbeikamen, verhöhnten ihn, schüttelten den Kopf und riefen: Ach, du willst den Tempel niederreißen und in drei Tagen wieder aufbauen? Hilf dir doch selbst und steig herab vom Kreuz! Auch die Hohenpriester und die Schriftgelehrten verhöhnten ihn und sagten zueinander: Anderen hat er geholfen, sich selbst kann er nicht helfen. Der Messias, der König von Israel! Er soll doch jetzt vom Kreuz herabsteigen,

damit wir sehen und glauben. Auch die beiden Männer, die
mit ihm zusammen gekreuzigt wurden, beschimpften ihn (Mk
15,29-32).

Die Helenakapelle

Zwischen den Kapellen der Kleiderverteilung und der Verhöhnung
führen 29 Stufen 5 m tiefer in die *Kapelle der hl. Helena*. An den
Seiten der Treppe sieht man Pilgerkreuze. Sie sind so gleichartig,
dass man nicht annehmen kann, einzelne Pilger hätten sie angebracht, um sich am heiligen Ort in Erinnerung zu bringen. Es gab
wohl vielmehr spezialisierte Steinmetze, die die Kreuze als Auf-
tragsarbeit ausführten.
Die Helenakapelle erhielt in der Kreuzfahrerzeit ihre heutige Form
und gehört heute den Armeniern, die sie *Kapelle des hl. Krikor* nennen. Gemeint ist damit Gregor der Erleuchter, der schon vor der Zeit
des Kaisers Konstantin das Christentum in Armenien begründete.
Die Kapelle (25 × 13 m) erhält natürliches Licht aus einer Kuppel,
die man von oben im Kloster der Äthiopier sehen kann. In der Kapelle sind byzantinische Elemente wiederverwendet worden, z. B.
die vier Säulen, welche die Decke und die Kuppel tragen.
Im Treppenbereich sind vier armenische Heilige dargestellt, oben
rechts Housig, links Nerses, unten rechts Aviadages, links Vartan.
In der Kapelle angekommen sieht man zwei weitere Heiligenbilder,
rechts Thaddäus († 66), links Bartholomäus († 68), zwei Apostel, die
der Überlieferung nach in Armenien gewirkt haben. Am Boden sind
in einem Mosaik von 1978 eine Reihe armenischer Heiligtümer abgebildet. Einige davon existieren nicht mehr: Sie sind während des
armenischen Genozids im Ersten Weltkrieg in der heutigen Türkei
zugrunde gegangen. Nahe beim Beschauer in der Mitte ist der heilige Berg der Armenier zu erkennen, der Berg Ararat in der heutigen
Türkei, wo nach der Überlieferung die Arche Noachs nach der Sintflut wieder festen Boden berührte (vgl. Gen 8,4). Darüber ist das
geistige Zentrum der armenischen Kirche, Etschmiadsin, abgebildet.
Der Hauptaltar ist dem hl. Gregor dem Erleuchter geweiht, der linke
Seitenaltar erinnert an die Taufe Jesu. Die großen Bilder an den Seitenwänden wurden nach einem Brand 1980 erneuert. Sie stellen
links Szenen aus dem Leben des hl. Gregor dar. In der Mitte ist die
Taufe von König Trdat III. und in seinem Gefolge vom ganzen armenischen Volk durch Gregor abgebildet – die Armenier sind bis
heute stolz darauf, das erste Volk zu sein, welches sich als Ganzes
zum Christentum bekehrte – zwei Jahrzehnte vor der Christianisierung von Byzanz. Eine weitere wichtige Szene, nicht nur für die armenische Kirchengeschichte, ist auf der rechten Wand dargestellt:

Armenische Mönche begleiten das Kreuz, das, von den Persern geraubt, durch armenische Vermittlung wieder nach Jerusalem zurückgebracht wurde. Im Hintergrund ist die charakteristische Doppelspitze des Bergs Ararat zu sehen, die beiden Mönche davor lassen erkennen, dass der bis heute charakteristische spitze Hut der armenischen Mönche seine Form diesem Berg verdankt. Darunter steht das Datum: 14. September 629. Wer sich im liturgischen Kalender der katholischen Kirche auskennt, wird sich erinnern, dass am 14. September das Fest Kreuzerhöhung gefeiert wird, eben dieses Ereignis: Die Kreuzreliquie kehrt nach Jerusalem zurück und wird in der Grabeskirche, auf Golgota, *erhöht.*

In der katholischen Tradition erinnert diese Kapelle an die hl. Helena, die Mutter des Kaisers Konstantin. Sie kam im Jahr 326 nach Jerusalem, beseitigte mit Billigung ihres Sohnes die heidnischen Statuen und Bauwerke, welche Golgota und das Grab Christi verdecktten, und fand nach der Überlieferung auch das Kreuz Christi. Zusammen mit Makarius, dem damaligen Bischof von Jerusalem, sorgte sie für den Bau der Martyrionbasilika und der Rotunde über dem Heiligen Grab sowie der Geburtsbasilika in Betlehem und der Eleonakirche auf dem Ölberg. Der Altar in der Apsis zur Linken erinnert die Katholiken an *Dismas,* wie der reumütige Schächer geheißen haben soll (Lk 23,39-43; Text auf der folgenden Seite).

Hinter dieser Apsis wurden weitere Fundamente des konstantinischen Martyrions entdeckt, zu denen auch die linke Mauer der Helenakapelle gehört. Um diese Ausgrabungen zu besuchen, muss man sich den Schlüssel in der armenischen Sakristei erbitten. Dort wurde in den 60er-Jahren die Zeichnung eines Schiffes mit einer lateinischen Inschrift gefunden. Zeichnung und Inschrift können sehr verschieden gedeutet werden. Ihre Datierungen schwanken vom 1. Jh. n. Chr. (also vor dem Bau des hadrianischen Tempels) bis zum 4. Jh. (also in die Bauzeit der Grabeskirche). Der Mast des Segelschiffes ist entweder gebrochen oder niedergelegt, also entweder ein Zeichen für Seenot (auf der Reise ins Heilige Land?) oder für die Ankunft am Ziel (der Pilgerreise?). Die schwer lesbare Inschrift wird von einigen als *Isis Mirionimus,* „zehntausendnamige Isis" gelesen, welches der (heidnische) Name des Schiffes gewesen sein könnte. Die franziskanischen Archäologen Bellarmino Bagatti und Emanuele Testa schlugen in den 60er-Jahren eine andere Deutung vor: *Domine ivimus,* „Herr, wir sind gekommen" – eine Anspielung an Ps 122,1 („zum Haus des Herrn wollen wir pilgern") oder an Joh 6,68 („Herr, zu wem sollen wir gehen?"). Testa war mit der Reinigung und Restaurierung der Zeichnung betraut und hat dabei die Inschrift (seiner Deutung entsprechend) nachgezogen – ein Vorgehen, welches heute unter Archäologen nicht mehr akzeptabel wäre. Deshalb ist *heute* klar *Domine ivimus* zu lesen.

Die Kapelle der Kreuzauffindung

Steigt man von der Helenakapelle weiter hinunter, kommt man in die *Kapelle der Auffindung des Heiligen Kreuzes,* die den Franziskanern anvertraut ist. Auf dem Altar steht eine Statue, die 1857 Erzherzog Ferdinand Maximilian von Österreich gestiftet hat, der zehn Jahre später als Kaiser von Mexiko von seinen Gegnern erschossen wurde.

In dieser Kapelle ist der ehemalige Steinbruch, der bis weit in die Zeit des Alten Testaments zurückgeht, am eindrucksvollsten zu sehen. Dieser unterste Teil diente in römischer Zeit als Zisterne. Unten sieht man auf drei Seiten natürlichen Fels, die Nordseite (links) ist gemauert; weiter oben besteht auch die vordere Wand aus Mauerwerk.

Auf der Ostwand sieht man fragmentarische Malereien (aus dem 12. Jh.?), mit der Darstellung eines Christus am Kreuz (über der Brust verstümmelt). Zwischen den Händen Mariens und Johannes ist eine noch ältere Malerei zu erkennen. Auch an der Südwand finden sich Spuren von Malereien, die 2010 restauriert und mit Glas bedeckt wurden. Freilich ist von dem Heiligen mit Bart und dem Erzengel mit Flügel und Inschrift ...HAEL (*Michael* oder *Raphael*), wie es noch vor wenigen Jahrzehnten erkennbar war, kaum mehr etwas zu erahnen.

Golgota

Über zwei steile Treppen gelangt man hinauf auf *Golgota* oder *Kalvaria*; Kalvaria ist nichts anderes als die lateinische Übersetzung dessen, was das aramäische Wort *Golgota* bedeutet: „Schädel". Der Golgotafelsen ist einer der beiden Herzpunkte der Grabeskirche: Ort der Erlösung, der Liebe des Erlösers bis zur Vollendung (Joh 13,1).

Die Evangelisten verkünden das, was unter Pontius Pilatus geschehen ist und was es bedeutet. Sie berichten grundsätzlich das Gleiche, aber jeder versucht auf seine Weise, die Herzen zu bewegen und zum Glauben zu führen. So kommt bei Lukas besonders ein Messias ganz anderer Art, seine grenzenlose Liebe zu den Sündern, zum Ausdruck, wenn er berichtet:

> Sie kamen zur *Schädelhöhe*; dort kreuzigten sie ihn und die Verbrecher, den einen rechts von ihm, den andern links. Jesus aber betete: Vater, vergib ihnen, denn sie wissen nicht, was sie tun. Dann warfen sie das Los und verteilten seine Kleider unter sich. Die Leute standen dabei und schauten zu; auch die führenden Männer des Volkes verlachten ihn und sagten: An-

deren hat er geholfen, nun soll er sich selbst helfen, wenn er der erwählte Messias Gottes ist. Auch die Soldaten verspotteten ihn; sie traten vor ihn hin, reichten ihm Essig und sagten: Wenn du der König der Juden bist, dann hilf dir selbst! Über ihm war eine Tafel angebracht; auf ihr stand: Das ist der König der Juden. Einer der Verbrecher, die neben ihm hingen, verhöhnte ihn: Bist du denn nicht der Messias? Dann hilf dir selbst und auch uns! Der andere aber wies ihn zurecht und sagte: Nicht einmal du fürchtest Gott? Dich hat doch das gleiche Urteil getroffen. Uns geschieht recht, wir erhalten den Lohn für unsere Taten; dieser aber hat nichts Unrechtes getan. Dann sagte er: Jesus, denk an mich, wenn du in dein Reich kommst. Jesus antwortete ihm: Amen, ich sage dir: Heute noch wirst du mit mir im Paradies sein.

Es war etwa um die sechste Stunde, als eine Finsternis über das ganze Land hereinbrach. Sie dauerte bis zur neunten Stunde. Die Sonne verdunkelte sich. Der Vorhang im Tempel riss mitten entzwei und Jesus rief laut: Vater, in deine Hände lege ich meinen Geist. Nach diesen Worten hauchte er den Geist aus. Als der Hauptmann sah, was geschehen war, pries er Gott und sagte: Das war wirklich ein gerechter Mensch. Und alle, die zu diesem Schauspiel herbeigeströmt waren und sahen, was sich ereignet hatte, schlugen sich an die Brust und gingen betroffen weg (Lk 23,33-48).

Beim Evangelisten Johannes wird mit der Kreuzigung das Wort Jesu wahr: „Wenn ich über die Erde erhöht bin, werde ich alle zu mir ziehen" (Joh 12,32). Es geschieht ihm kein Leid mehr; stattdessen fängt sein Tod an, eine umfassende Wandlung hervorzubringen:

Da lieferte er (Pilatus) ihnen Jesus aus, damit er gekreuzigt würde. Sie übernahmen Jesus. Er trug sein Kreuz und ging hinaus zur sogenannten *Schädelhöhe,* die auf hebräisch *Golgota* heißt. Dort kreuzigten sie ihn und mit ihm zwei andere, auf jeder Seite einen, in der Mitte Jesus. Pilatus ließ auch ein Schild anfertigen und oben am Kreuz befestigen; die Inschrift lautete: Jesus von Nazaret, der König der Juden. Dieses Schild lasen viele Juden, weil der Platz, wo Jesus gekreuzigt wurde, nahe bei der Stadt lag. Die Inschrift war hebräisch, lateinisch und griechisch abgefasst. Die Hohenpriester der Juden sagten zu Pilatus: Schreib nicht: Der König der Juden, sondern dass er gesagt hat: Ich bin der König der Juden. Pilatus antwortete: Was ich geschrieben habe, habe ich geschrieben.

Nachdem die Soldaten Jesus ans Kreuz geschlagen hatten, nahmen sie seine Kleider und machten vier Teile daraus, für jeden Soldaten einen. Sie nahmen auch sein Untergewand, das von oben her ganz durchgewebt und ohne Naht war. Sie sagten zueinander: Wir wollen es nicht zerteilen, sondern darum losen, wem es gehören soll. So sollte sich das Schriftwort erfüllen: Sie verteilten meine Kleider unter sich und warfen das Los um mein Gewand. Dies führten die Soldaten aus.

Bei dem Kreuz Jesu standen seine Mutter und die Schwester seiner Mutter, Maria, die Frau des Klopas, und Maria von Magdala. Als Jesus seine Mutter sah und bei ihr den Jünger, den er liebte, sagte er zu seiner Mutter: Frau, siehe, dein Sohn! Dann sagte er zu dem Jünger: Siehe, deine Mutter! Und von jener Stunde an nahm sie der Jünger zu sich. Danach, als Jesus wusste, dass nun alles vollbracht war, sagte er, damit sich die Schrift erfüllte: Mich dürstet. Ein Gefäß mit Essig stand da. Sie steckten einen Schwamm mit Essig auf einen Ysopzweig und hielten ihn an seinen Mund. Als Jesus von dem Essig genommen hatte, sprach er: Es ist vollbracht! Und er neigte das Haupt und gab seinen Geist auf.

Weil Rüsttag war und die Körper während des Sabbats nicht am Kreuz bleiben sollten, baten die Juden Pilatus, man möge den Gekreuzigten die Beine zerschlagen und ihre Leichen dann abnehmen; denn dieser Sabbat war ein großer Feiertag. Also kamen die Soldaten und zerschlugen dem ersten die Beine, dann dem andern, der mit ihm gekreuzigt worden war. Als sie aber zu Jesus kamen und sahen, dass er schon tot war, zerschlugen sie ihm die Beine nicht, sondern einer der Soldaten stieß mit der Lanze in seine Seite und sogleich floss Blut und Wasser heraus. Und der, der es gesehen hat, hat es bezeugt und sein Zeugnis ist wahr. Und er weiß, dass er Wahres berichtet, damit auch ihr glaubt. Denn das ist geschehen, damit sich das Schriftwort erfüllte: Man soll an ihm kein Gebein zerbrechen. Und ein anderes Schriftwort sagt: Sie werden auf den blicken, den sie durchbohrt haben (Joh 19,16-37).

Die Plattform von Golgota (11,5×9,25 m, etwa 5,5 m über dem Boden der Basilika) ist künstlich geschaffen, um wenigstens bescheidene Feiern des Kreuzesopfers Christi am Ort des ursprünglichen Geschehens zu ermöglichen. Wie die Soldaten die Kleider Christi unter sich verteilten, so sind hier die Hälften von Golgota verteilt: Die linke Hälfte mit dem Altar der Kreuzigung Jesu, unter dem der eigentliche Golgotafelsen aufragt, ist im Besitz der orthodoxen Griechen, die rechte Hälfte, den Altar der schmerzhaften Gottesmutter mit eingeschlossen, gehört den Lateinern, vertreten durch die Franziskaner. Doch genießt die jeweils andere Kommunität ebenso wie die anderen in der Grabeskirche vertretenen Gemeinschaften bestimmte überlieferte Rechte der Verehrung, z.B. in liturgischer Prozession hier zu singen und zu inzensieren. Außerdem legt der Status quo fest, dass sich orthodoxe und katholische Gottesdienste an den nahe beieinander liegenden Altären nicht überschneiden.

Vornehm zurückhaltend sind die italienischen Mosaikdekorationen aus dem Jahr 1937 in der rechten, der lateinischen Hälfte: Rechts sieht man Isaak als Vorbild Christi auf dem Opferstein, wie es bereits Melito von Sardes um 160 n.Chr. besungen hat. Über dem Altar ist vor seiner in Schmerz versunkenen Mutter Jesus dargestellt, bereits ans Kreuz genagelt. Die Freunde geben ihrem Schmerz Ausdruck, während andere an der Seite Zeugen des Unfasslichen werden. Das Christusoval an der Decke ist der einzige Rest der Mosaike, mit denen die Kreuzfahrer vor 1149 die Kirche ausgeschmückt haben. Es zeigt Christus auf einem Regenbogen, die linke Hand auf ein Evangelienbuch gestützt, die rechte Hand gebieterisch ausgestreckt. Nach der Inschrift ist die *Himmelfahrt* Christi gemeint.

Der Altar der Annagelung ist eine Stiftung des Großherzogs der Toskana, Ferdinando de' Medici. Beachtung verdienen die fein gearbeiteten winzigen Bronzereliefs. Seine Maße (220×76 cm) verraten, dass er ursprünglich über dem Salbungsstein angebracht werden sollte. Die Schmerzensmutter links daneben ist ein Geschenk der Königin von Portugal aus dem Jahr 1778. Das Schwert in der Brust ist die bildliche Darstellung der prophetischen Worte Simeons aus der Kindheitsgeschichte:

> Dieser (Jesus) wird ein Zeichen sein, dem widersprochen wird
> … Dir selbst aber wird ein Schwert durch die Seele dringen
> (Lk 2,34-35).

Voller Ernst und Würde ist die griechische Hälfte von Golgota: Hinter dem Altartisch beherrschend in der Mitte Christus in seinem Kreuzestod; neben ihm, gemäß dem Evangelium nach Johannes, die Mutter und der bevorzugte Jünger als Menschen, die sein Vermächtnis empfangen. Tausendfach wurde diese biblische Szene in den gotischen Kirchen des Mittelalters in Fresken und Skulpturen wiederholt. Ganz orientalisch sind die vielen Kerzen und Lampen, welche den Raum schmücken, ebenso die Art, die Figuren ganz in Silber zu kleiden, so dass nur die unbedeckten Körperteile in Farbe erscheinen. Die Silberplatte unter dem Altar hat eine runde Öffnung, durch die man den abgegriffenen Golgotafelsen berühren kann; rechts und links vom Altar kann man unter Glas den freigelegten Fels sehen. Hinter dem Altar ist das Loch zu erkennen, in welchem in byzantinischer Zeit, vielleicht auch schon zur Zeit Jesu, das Kreuz befestigt war.

Die lateinischen Christen beten auf Golgota vier Stationen des Kreuzwegs (zu den Stationen 1 bis 9 siehe S. 399-406), nämlich in der Mitte der lateinischen (rechten) Hälfte die 10., am dortigen Altar der Kreuzannagelung die 11. und vor dem Altar der Griechen die 12. Station. An dem kleinen Altar der Schmerzhaften Gottesmutter zwischen den beiden größeren folgt dann die 13. Station.

10. Station: Jesus wird seiner Kleider beraubt.
Er wird der Schande preisgegeben, er wird noch ärmer als er im Stall von Betlehem schon war.

> Sie gaffen und weiden sich an mir. Sie verteilen unter sich meine Kleider und werfen das Los um mein Gewand (Ps 22, 18-19).

> Ihr wisst, was Jesus Christus, unser Herr, in seiner Liebe getan hat: Er, der reich war, wurde euretwegen arm, um euch durch seine Armut reich zu machen (2 Kor 8,9).

11. Station: Jesus wird an das Kreuz genagelt.
Jesus muss einen Sklaventod sterben, der so entsetzlich war, dass ein gebildeter Römer davon nicht einmal hören wollte.

> Eine Rotte von Bösen umkreist mich. Sie durchbohren mir Hände und Füße (Ps 22,17).

> Das Wort vom Kreuz ist denen, die verlorengehen, Torheit; uns aber, die gerettet werden, ist es Gottes Kraft (1 Kor 1,18).

12. Station: Jesus stirbt am Kreuz.
Jesu Tod ist kein gewöhnlicher Tod Er ist vor allem kein Ende, sondern ein unendlicher Anfang, der Beginn einer neuen Schöpfung.

> Was soll ich sagen: Vater, rette mich aus dieser Stunde? Aber deshalb bin ich in diese Stunde gekommen. Vater, verherrliche deinen Namen! Da kam eine Stimme vom Himmel: Ich habe ihn schon verherrlicht und werde ihn wieder verherrlichen (Joh 12,27-28).

> Ich bitte nicht nur für diese hier, sondern auch für alle, die durch ihr Wort an mich glauben (Joh 17,20).

13. Station: Jesus wird vom Kreuz abgenommen und in den Schoß seiner Mutter gelegt.
Erst nachdem Jesu Werk vollbracht ist, bekommt die Mutter ihren Sohn zurück.

> Ihr alle, die ihr des Weges zieht, schaut doch und seht, ob ein Schmerz ist wie mein Schmerz (Klgl 1,12).

> Wenn wir mit Christus gestorben sind, werden wir auch mit ihm leben (2 Tim 2,11).

Direkt unter dem griechischen Teil von Golgota befindet sich die *Adamskapelle*. Der Golgotahügel wurde nämlich auch als Grab

Adams angesehen. Oftmals ist deshalb von den Malern der Kreuzigung Christi am Fuß des Kreuzes ein Schädel dargestellt, manchmal sogar in eine Höhle eingebettet. Ob dabei die Erinnerung an die Venushöhle mitgewirkt hat, sei dahingestellt. Es ist dies einfach anschaulich gemachte paulinische Theologie, dass Christus als der neue Adam die Schuld des ersten Adam ausgelöscht, in seinem Tod „den Tod bezwungen und das Leben neu geschaffen" hat (1 Kor 15,22, Röm 5,12-21; viertes eucharistisches Hochgebet).

Hinter Glas kann man den Golgotafelsen sehen, durch den ein Riss von oben nach unten verläuft, der wohl gemeint ist, wenn es im Matthäusevangelium beim Tod Jesu heißt: „Die Erde bebte und die Felsen spalteten sich" (Mt 27,51).

In der Adamskapelle unterhalb von Golgota befanden sich bis zur Restaurierung nach dem Brand von 1808 die Grabdenkmäler Gottfrieds von Bouillon († 1100), des Kommandanten der Kreuzfahrer bei der Eroberung Jerusalems im Jahr 1099, und seines Bruders Balduin, des ersten Königs von Jerusalem (1100–1118).

Der Salbungsstein

Von Golgota die Treppe herabsteigend (oder vom Kircheneingang einfach geradeaus), sieht man eine rötliche Steinplatte im Boden, den *Salbungsstein* (212 × 67 cm). Gerade hier kann man mediterrane, orientalische oder auch afrikanische Frömmigkeit mit ihren uns fremden Ausdrucksformen beobachten. Gläubige verehren den Stein, knien vor ihm nieder, berühren und küssen ihn, benetzen ihn mit duftendem Öl, oder legen Gegenstände auf ihm nieder, damit sie auf diese Weise etwas von der Heiligkeit des Ortes mitnehmen können. Dieser Stein erinnert an die Kreuzabnahme durch Josef von Arimathäa und Nikodemus:

> Sie nahmen den Leichnam Jesu und umwickelten ihn mit Leinenbinden, zusammen mit den wohlriechenden Salben, wie es beim jüdischen Begräbnis Sitte ist (Joh 19,40).

Der jetzige Stein wurde erst 1810 nach dem Brand gelegt. Die acht Lampen, die über dem Stein hängen, sind ein Überrest der Zeit, als neben den fünf Konfessionen, die sich heute die Kirche teilen, noch drei weitere vertreten waren: die Äthiopier, die Georgier und die Nestorianer. Sie sind im Laufe der Geschichte aus der Kirche gedrängt worden. Die Mauer, hinter der sich das Hauptschiff bzw. der alte Kanonikerchor befindet, ist mit einem großen modernen Mosaik dekoriert. Es stellt rechts (Golgota gegenüber) die Kreuzabnahme, in der Mitte die Salbung, links die Grablegung dar.

Einige Schritte weiter Richtung Rotunde durchschreitet man einen hohen Bogen. Er gehörte zur ehemaligen Fassade der Anastasis und bildete einen Eingang vom früheren Hof her. Dahinter steht ein turmartiger Kerzenständer über einer runden Steinplatte. Im Hintergrund ist an der Wand eine armenische Mosaikdarstellung der Kreuzigung Jesu zu sehen; dieser Abschnitt der Grabeskirche gehört den Armeniern. Fromme Überlieferung sieht hier den Ort der Frauen, von denen es im Evangelium heißt:

> Auch einige Frauen *sahen von weitem zu,* darunter Maria aus Magdala, Maria, die Mutter von Jakobus dem Kleinen und Joses, sowie Salome; sie waren Jesus schon in Galiläa nachgefolgt und hatten ihm gedient (Mk 15,40-41).

Die Rotunde (Anastasis) und das Heilige Grab

Unmittelbar danach tritt man in den Rundbau, die Rotunde des Heiligen Grabes. Aus der äußeren Rotunde Konstantins (33,7 m Durchmesser) gelangt man zwischen kräftigen Säulen (7,15 m hoch) aus rötlichem Marmor hindurch in die innere Rotunde, welche die Ädikula („Tempelchen") des eigentlichen Heiligen Grabes umschließt. Sie trägt auf sechs Pfeilern, zwölf großen Säulen und vier kleineren Doppelsäulen über zwei Galerien die Kuppel von 1868. Diese hat einen Durchmesser von 20 m und eine Höhe von 35 m und erhielt nach Sanierungsarbeiten 1997 eine neue Ausmalung: Von der Sonne, Symbol der Auferstehung Christi, gehen zwölf goldene Strahlen aus und erhellen den sternenübersäten Himmel; die indirekt angeleuchteten Strahlen versinnbildlichen die Ausstrahlung der Kirche in die ganze Welt. Der von allen Eigentümerkommunitäten gebilligte Entwurf stammt von Ara F. Normart; seine Ausführung wurde ganz allein von einem ungenannt bleiben wollenden US-Amerikaner, einem Ritter des Ordens vom Heiligen Grab, bezahlt.
Dem Eingang der Kapelle des Heiligen Grabes gegenüber haben die Kreuzfahrer den Triumphbogen beibehalten, der von der Wiederherstellung unter Konstantin Monomachos (1042–1055) stammt und damals den Mitteleingang vom Hof her bildete.
In der Mitte steht, in unangemessener Bescheidenheit, umgeben von Leuchtern und Lampen der christlichen Kommunitäten, die Kapelle des Heiligen Grabes (8,30 × 5,90 m, auch 5,90 m hoch): Sehnsucht und Ziel aller christlichen Jerusalempilger (Abbildung: Tafel I). Wie viel von dem ursprünglichen Felsen, der das Grab Christi barg, darin aufbewahrt ist, lässt sich derzeit nicht einmal vermuten. Rücksichtslose Unterdrückung wie wohlmeinende Frömmigkeit haben in unterschiedlicher Weise dazu beigetragen, dass das Grab Jesu im Lauf der Jahrhunderte mehrfach umgestaltet wurde. Sicher ist, dass Kai-

ser Konstantin es vom umgebenden Fels isolieren ließ und den freien Raum ringsherum geschaffen hat. Altchristliche Darstellungen des Grabes Christi auf Sarkophagen zeigen ein fast turmartiges Gebäude mit einer Höhle, die nach vorne offen und leer ist. Danach ist nicht zu entscheiden, ob die Architekten Konstantins einzig und allein das aufgefundene Grab Christi bewahrt und schon die Vorkammer haben wegfallen lassen. Auch was der Pilger von Bordeaux im Jahr 333 aufgezeichnet hat, lässt keine eindeutige Entscheidung zu:

> Auf der linken Seite ist der kleine Hügel Golgota, wo der Herr gekreuzigt wurde. Ungefähr einen Steinwurf davon entfernt befindet sich *die Höhle,* wo der Herr bestattet war und am dritten Tag auferstand. Dort ist auf Befehl des Kaisers Konstantin eine Basilika von wunderbarer Schönheit errichtet worden.

Zu seiner Zeit scheint also die Basilika, noch nicht die Rotunde, fertig gewesen zu sein. Es wird interessant sein, welche Überreste zum Vorschein kommen, wenn man sich im Zuge der Restaurierung der Grabeskirche auch einmal des Heiligen Grabes selbst annimmt.

Was man heute sieht und verehrt, ist eine Nachbildung der Bestandteile eines jüdischen Grabes mit Vorkammer und eigentlicher Grabkammer. Der Eingang ist reich dekoriert und mit großen Kerzenleuchtern umstellt, die ebenso wie die drei Darstellungen des Auferstandenen über dem Eingang (von oben nach unten: lateinisch, griechisch, armenisch) dem Status quo gemäß die drei Haupteigentümerkirchen (Griechen, Lateiner, Armenier) repräsentieren.

Die fast quadratische Vorkammer (3,40 × 3,90 m) heißt *Engelskapelle* und wird beherrscht von einem Reststück des seit alters her verehrten *Auferstehungssteines,* der in das Mittelpostament eingemauert ist. Bereits Cyrill von Jerusalem bezeugt im Jahr 348 die Verehrung des Steines, den der Engel vom Eingang des Grabes weggewälzt hatte. Eine griechische Inschrift wiederholt die Worte des Evangeliums:

> Ein Engel des Herrn kam vom Himmel herab, trat an das Grab, wälzte den Stein weg und setzte sich darauf. Seine Gestalt leuchtete wie ein Blitz und sein Gewand war weiß wie Schnee (Mt 28,2-3).

Durch einen sehr niedrigen Durchgang, nur 1,33 m hoch, gelangt man in die eigentliche *Grabkammer Jesu,* die 2,07 m lang und 1,93 m breit ist. Rechts unter der Marmorplatte, die heute als Altarstein dient, ist der Fels verborgen, der vom Abend des Karfreitags bis zur Osternacht die irdische Ruhestatt des Herrn war. Drei Bilder an der Wand verkünden in je verschiedenem Stil seine Auferstehung. 43 Öllämpchen (je 13 der Griechen, Lateiner und Armenier, vier der Kopten) sind eine schweigende Ehrenwache.

Vor der Kapelle des Heiligen Grabes wird die letzte Station des Kreuzweges gebetet:

14. Station: Der heilige Leichnam Jesu wird in das Grab gelegt.
Es ist der Abschluss des irdischen Weges Jesu.

> Christus ist für unsere Sünden gestorben, gemäß der Schrift, und ist begraben worden. Er ist am dritten Tag auferweckt worden, gemäß der Schrift (1 Kor 15,3-4).

> Darum freut sich mein Herz und frohlockt meine Seele; auch mein Leib wird wohnen in Sicherheit.
> Denn du gibst mich nicht der Unterwelt preis; du lässt deinen Frommen das Grab nicht schauen.
> Du zeigst mir den Pfad zum Leben (Ps 16,9-11).

Der traditionelle Jerusalemer Kreuzweg lässt es aber dabei nicht bewenden:

Der Herr ist aus dem Grab erstanden. Halleluja.

> Da ging auch der andere Jünger, der zuerst an das Grab gekommen war, hinein; er sah und glaubte. Denn sie wussten noch nicht aus der Schrift, dass er von den Toten auferstehen musste (Joh 20,8-9).

> Deinen Tod, o Herr, verkünden wir und deine Auferstehung preisen wir, bis du kommst in Herrlichkeit.

Von dieser in die Ewigkeit weisenden unerschütterlichen Hoffnung zeugen insbesondere die nächtlichen Liturgien der Mönchsgemeinschaften, zu deren Mitfeier sich bis heute Pilger die ganze Nacht in der Grabeskirche einschließen lassen. Kurz vor Mitternacht beten die einzelnen Kommunitäten jeweils in ihrem Bereich das nächtliche Stundengebet. Dann eröffnen die Griechen den Reigen der nächtlichen Gottesdienste am Heilgen Grab, normalerweise gegen 1 Uhr. Ihnen folgen nach 3 Uhr die Armenier, die Zeit ab 4.30 Uhr steht den Lateinern zur Verfügung, die werktags mit einem Choralamt um 6.30 Uhr abschließen. An Sonn- und vielen Feiertagen gelten Sonderregelungen. Dabei ist zu beachten, dass es im Heiligen Grab keinerlei Zeitverschiebung durch die Sommerzeit gibt. Ähnlich wie sich der Muezzin in der Moschee nur nach dem Sonnenstand richtet, lässt man sich auch in der Kirche des Grabes Christi nicht von Zeitumstellungen, die Menschenwerk sind, beirren.

Die Kopten haben ihren Altar an der Rückwand der Kapelle des Heiligen Grabes im Jahr 1537 erlangt, als die Franziskaner von den Osmanen eingesperrt waren. Gegenüber diesem Altar befindet sich in der Westapsis hinter der Rundung die ärmliche Kapelle der *Syrischen-Orthodoxen*. Diese Kapelle, deren Renovierung nur schleppend vorangeht, ist deswegen bemerkenswert, weil man darin eine jüdische Grabanlage sehen kann, die aus dem ersten nachchristlichen Jahrhundert stammt; eine Taschenlampe oder Kerze ist dabei hilfreich. In der Pilgerfrömmigkeit hat die Grabanlage den Namen *Grab des Josef von Arimathäa* angenommen. Sie zeigt auf jeden Fall, dass das Grab Jesu in dieser Zone nicht das einzige war.

Der Bereich im Norden der Rotunde ist der *lateinische Bereich* und gehört den Franziskanern. Schon der Altar der Maria von Magdala, der bevorzugten Auferstehungszeugin, zählt dazu. Eine Bronzeskulptur des Franziskaners Andrea Martini (1917–1996) versucht den Zusammenstoß zweier Welten in Maria Magdalenas Begegnung mit dem auferstandenen Herrn deutlich zu machen:

> Maria aber stand *draußen vor dem Grab* und weinte. Während sie weinte, beugte sie sich in die Grabkammer hinein. Da sah sie zwei Engel in weißen Gewändern sitzen, den einen dort, wo der Kopf, den anderen dort, wo die Füße des Leichnams Jesu gelegen hatten. Die Engel sagten zu ihr: Frau, warum weinst du? Sie antwortete ihnen: Man hat meinen Herrn weggenommen und ich weiß nicht, wohin man ihn gelegt hat. Als sie das gesagt hatte, wandte sie sich um und sah Jesus dastehen, wusste aber nicht, dass es Jesus war. Jesus sagte zu ihr: Frau, warum weinst du? Wen suchst du? Sie meinte, es sei der Gärtner, und sagte zu ihm: Herr, wenn du ihn weggebracht hast, sag mir, wohin du ihn gelegt hast. Dann will ich ihn holen. Jesus sagte zu ihr: Maria! Da wandte sie sich ihm zu und sagte auf hebräisch zu ihm: Rabbuni!, das heißt: Meister. Jesus sagte zu ihr: Halte mich nicht fest; denn ich bin noch nicht zum Vater hinaufgegangen. Geh aber zu meinen Brüdern und sag ihnen: Ich gehe hinauf zu meinem Vater und zu eurem Vater, zu meinem Gott und zu eurem Gott. Maria von Magdala ging zu den Jüngern und verkündete ihnen: Ich habe den Herrn gesehen. Und sie richtete aus, was er ihr gesagt hatte (Joh 20,11-18).

Gegenüber vom Magdalenenaltar wurde 2014 von der Vorarlberger Orgelbaufirma Rieger eine Orgel angebracht. Sie ergänzt die Orgel weit oben in der Rotunde – kaum sichtbar, aber umso besser hörbar –, die 1982 vom selben Orgelbauer aufgebaut wurde. Beide Orgeln begleiten das tägliche Choralamt am Morgen, an manchen Tagen auch die Prozession am Nachmittag sowie die Gottesdienste an Feiertagen.

Das Presbyterium (Katholikon)

Gegenüber dem Eingang des Heiligen Grabes öffnet sich die durchbrochene Eingangswand zum Presbyterium (Chorraum), das von den Kreuzfahrern im ehemaligen Hof an die große Rotunde angebaut wurde und damals *Chorus Dominorum,* „Chor der (Dom-)Herren" hieß. Der Durchgang enthält oben noch Elemente der Fassade der Anastasis, wie sie Kaiser Konstantin Monomachos 1048 nach den Zerstörungen des Kalifen Hakim wiederhergestellt hat. Dieser Bereich ging im Lauf der Zeit in den ausschließlichen Besitz der orthodoxen Griechen über, die es *Katholikon* nennen. Katholikon – das griechische Wort bedeutet „das Allgemeine", so wie die *katholische* Kirche die „allgemeine" Kirche sein will – ist die Bezeichnung für die Hauptkirche in orthodoxen Klöstern. Es besteht aus zwei Jochen, die auf mittelalterlichen Säulen ruhen, und ist von einer mosaizierten Kuppel überwölbt. Eine kleine Halbkugel aus Marmor in der Mitte des Katholikons heißt herkömmlich *Nabel der Welt* – eine Vorstellung, die auch in alten Landkarten zum Ausdruck kam: Die Erde wurde als Scheibe betrachtet, als deren Mittelpunkt Jerusalem galt. Die Apsis ist wie üblich nach Osten gerichtet. Eine prächtige, unvollendete Ikonostase teilt den Altarraum vom Kirchenschiff ab.

Unter dem Katholikon wurden bei der Renovierung in den 70er-Jahren Ausgrabungen vorgenommen, die das griechisch-orthodoxe Patriarchat dem Franziskanerarchäologen Virgilio Corbo anvertraut hatte. Unter der Apsis wurden Reste des Altars und des mittelalterlichen Marmorfußbodens gefunden und tiefer darunter Teile der Apsis des konstantinischen Martyrions. Dieses begann nahe dem Basar unterhalb der 9. Kreuzwegstation. Sie war – ganz ungewöhnlich, aber in diesem Fall sehr verständlich – nach Westen, auf die Anastasis hin, orientiert.

Die vielen Details dieser Kirche am Ursprungsort der christlichen Geschichte helfen, vieles in den Evangelien neu zu sehen und besser zu verstehen. Das Eigentliche wird aber immer das *Geheimnis des Glaubens* bleiben, das hier und in aller Welt von den Gläubigen in jeder Eucharistie gefeiert wird. Zum stillen Gebet des Pilgers eignen sich am besten die Abendstunden, wenn der Andrang der Massen abebbt und die Besucher hauptsächlich kommen um zu beten. Und *ein* Detail hat alle Veränderungen und Umgestaltungen dieses Ortes unverändert überstanden – das Detail, welches *die* Botschaft des Heiligen Grabes ist: Das Grab ist leer!

> Ihr sucht Jesus, den Gekreuzigten. Er ist nicht hier, denn er ist auferstanden, wie er gesagt hat. Kommt her und seht euch die Stelle an, wo er lag (Mt 28,5-6).

23. DAS MOSLEMISCHE VIERTEL
UND DIE VIA DOLOROSA

Das moslemische Viertel ist das größte der vier Viertel der Jerusalemer Altstadt. Es ist hauptsächlich von Muslimen bewohnt und geprägt, aber auch christliche Kirchen und Erinnerungsstätten fehlen nicht. So beginnt *der* christliche Pilgerweg Jerusalems im moslemischen Viertel und durchquert es: die *Via Dolorosa,* der „Schmerzens-Weg", im Deutschen gewöhnlich *Kreuzweg* genannt.

Das Stefans- oder Löwentor

Das einzige offene Stadttor im Osten trägt bei den Christen den Namen *Stefanstor.* Bei den Muslimen heißt das Tor *Bab Sitti Marjam,* „Tor meiner Herrin Maria"; sie bewahren hierbei die Tradition der Geburt Mariens, woran auch die St.-Anna-Kirche erinnert. Religiös neutraler ist der Name *Löwentor,* wegen der vier Löwen (eigentlich Panther), mit denen das Tor auf der Außenseite geschmückt ist. Der Panther war das Symbol des Mamlukenfürsten Baibars, der 1244 die Kreuzfahrer besiegt hat.

Die Bezeichnung *Stefanstor* erinnert an die Steinigung des Erstlingsmärtyrers Stephanus. Der Ort dieses Martyriums ist nicht genau zu bestimmen. Es gibt dafür zwei Traditionen, eine sucht den Ort des Martyriums östlich der Stadt, also außerhalb des Stefanstores, die andere nördlich, wo sich heute die Stefanskirche der Dominikaner (St. Étienne, siehe S.536) erhebt. Im Lauf der Geschichte trat mal die eine, mal die andere Tradition in den Vordergrund. Gegenwärtig scheint das Pendel wieder zugunsten dieser östlichen Tradition auszuschlagen, die wohl auf eine alte judenchristliche Tradition zurückgeht. Für sie spricht, neben dem Alter, die Nähe zum Tempel („diesen heiligen Ort"). Der Bericht darüber in der Apostelgeschichte lautet:

> Stephanus aber, voll Gnade und Kraft, tat Wunder und große Zeichen unter dem Volk. Doch einige von der sogenannten Synagoge der Libertiner und Zyrenäer und Alexandriner und Leute aus Zilizien und der Provinz Asien erhoben sich, um mit Stephanus zu streiten; aber sie konnten der Weisheit und dem Geist, mit dem er sprach, nicht widerstehen. Da stifteten sie Männer zu der Aussage an: Wir haben gehört, wie er gegen Mose und Gott lästerte. Sie hetzten das Volk, die Ältesten und die Schriftgelehrten auf, drangen auf ihn ein, packten ihn und schleppten ihn vor den Hohen Rat. Und sie brachten falsche

Zeugen bei, die sagten: Dieser Mensch hört nicht auf, *gegen diesen heiligen Ort* und das Gesetz zu reden. Wir haben ihn nämlich sagen hören: Dieser Jesus, der Nazoräer, wird *diesen Ort* zerstören und die Bräuche ändern, die uns Mose überliefert hat. Und als alle, die im Hohen Rat saßen, auf ihn blickten, erschien ihnen sein Gesicht wie das Gesicht eines Engels. Der Hohepriester aber fragte: Ist das wahr? Stephanus antwortete:

Brüder und Väter, hört mich an! ... Unsere Väter hatten in der Wüste das Bundeszelt. So hat Gott es angeordnet; er hat dem Mose befohlen, es nach dem Vorbild zu errichten, das er geschaut hatte. Und unsere Väter haben es übernommen und mitgebracht, als sie unter Josua das Land der Heidenvölker besetzten, die Gott vor den Augen unserer Väter vertrieb, bis zu den Tagen Davids. Dieser fand Gnade vor Gott und bat für das Haus Jakob um ein Zeltheiligtum. Salomo aber baute ihm *ein Haus.* Doch der Höchste wohnt nicht in dem, was von Menschenhand gemacht ist, wie der Prophet sagt: Der Himmel ist mein Thron und die Erde der Schemel für meine Füße. Was für ein Haus könnt ihr mir bauen?, spricht der Herr. Oder welcher Ort kann mir als Ruhestätte dienen? Hat nicht meine Hand dies alles gemacht? Ihr Halsstarrigen, ihr, die ihr euch mit Herz und Ohr immerzu dem Heiligen Geist widersetzt, eure Väter schon und nun auch ihr. Welchen der Propheten haben eure Väter nicht verfolgt? Sie haben die getötet, die die Ankunft des Gerechten geweissagt haben, dessen Verräter und Mörder ihr jetzt geworden seid, ihr, die ihr durch die Anordnung von Engeln das Gesetz empfangen, es aber nicht gehalten habt.

Als sie das hörten, waren sie aufs äußerste über ihn empört und knirschten mit den Zähnen. Er aber, erfüllt vom Heiligen Geist, blickte zum Himmel empor, sah die Herrlichkeit Gottes und Jesus zur Rechten Gottes stehen und rief: Ich sehe den Himmel offen und den Menschensohn zur Rechten Gottes stehen. Da erhoben sie ein lautes Geschrei, hielten sich die Ohren zu, stürmten gemeinsam auf ihn los, trieben ihn *zur Stadt hinaus* und steinigten ihn. Die Zeugen legten ihre Kleider zu Füßen eines jungen Mannes nieder, der Saulus hieß. So steinigten sie Stephanus; er aber betete und rief: Herr Jesus, nimm meinen Geist auf! Dann sank er in die Knie und schrie laut: Herr, rechne ihnen diese Sünde nicht an! Nach diesen Worten starb er (Apg 6,8–7,2.44-60).

Der Betesdateich und die St.-Anna-Kirche

Innerhalb der Altstadt, nach dem Stefanstor das erste Gebäude rechts, liegt das griechisch-orthodoxe Kloster der Geburt Mariens. Ihm folgt auf derselben Seite die Niederlassung der Weißen Väter. Wenn man in deren Hof eintritt, sieht man rechts die *St.-Anna-Kirche,* weiter hinten eine Ausgrabungszone mit den Überresten des *Betesdateiches* und einer weiteren Kirche.

Seit 1878 ist der gesamte Komplex unter der Obhut der katholischen Ordensgemeinschaft der *Weißen Väter.* Nachdem die Franzosen den Osmanen im Krimkrieg (1854-56) Beistand gegen Russland geleistet hatten, schenkte Sultan Abd ul-Medschid Kaiser Napoleon III. die St.-Anna-Kirche als königliches Bakschisch. Heute noch weist eine französische Flagge vor der Kirche darauf hin, dass man sich hier unter dem Schutz Frankreichs befindet. Die Weißen Väter sind eine 1868 in Lyon gegründete Gemeinschaft, deren Ziel die Mission zunächst in den französischen Kolonien Afrikas war. Frankreich wollte „seine" Kirchen in Händen französischer Gemeinschaften wissen, ähnlich wie einige Jahre später Kaiser Wilhelm deutsche Benediktiner an die Dormitiokirche kommen ließ. *Weiße Väter* heißen sie nicht nur wegen ihres weißen Ordensgewandes, sondern weil sie in Afrika durch ihre weiße Hautfarbe auffielen (heute sind übrigens fast die Hälfte der ca. 20 Mitglieder der Gemeinschaft in Jerusalem schwarzer Hautfarbe!). Da eine Bezeichnung nach der Hautfarbe nicht mehr *politically correct* ist, lautet der offizielle Name der Gemeinschaft heute *Missionare Afrikas.* Da aber eine Bezeichnung als *Missionar* in Israel nicht *politically correct* ist, ist man hier bei der hergebrachten Bezeichnung geblieben. Bald nach der Gründung der Jerusalemer Niederlassung errichteten die Weißen Väter hier ein Priesterseminar für die melkitische (griechisch-katholische) Kirche. Seit 1967 können allerdings Melkiten aus den arabischen Nachbarländern nur mehr unter großen Schwierigkeiten nach Jerusalem kommen, so dass der Seminarbetrieb eingestellt werden musste. Heute ist die Gemeinschaft Ausbildungshaus für Mitbrüder aus Afrika, organisiert biblische Fortbildungskurse und betreut das Heiligtum.

Der *Betesdateich*: Eines der sieben „Zeichen" (Wunder) des Johannesevangeliums ist genau lokalisiert und lautet:

> In Jerusalem gibt es beim Schaftor *einen Teich,* zu dem fünf Säulenhallen gehören; dieser Teich heißt auf hebräisch *Betesda.* In diesen Hallen lagen viele Kranke, darunter Blinde, Lahme und Verkrüppelte. Dort lag auch ein Mann, der schon achtunddreißig Jahre krank war. Als Jesus ihn dort liegen sah

und erkannte, dass er schon lange krank war, fragte er ihn: Willst du gesund werden? Der Kranke antwortete ihm: Herr, ich habe keinen Menschen, der mich, sobald das Wasser aufwallt, in den Teich trägt. Während ich mich hinschleppe, steigt schon ein anderer vor mir hinein. Da sagte Jesus zu ihm: Steh auf, nimm deine Bahre und geh! Sofort wurde der Mann gesund, nahm seine Bahre und ging (Joh 5,2-9).

Die einleitende Ortsangabe kann im griechischen Originaltext auch anders verstanden werden, nämlich dass beim Schaf-*Teich* der *Betesdateich* gelegen habe. Nach dieser Deutung wäre also von zwei Teichen die Rede. Ein *Schaftor* ist schon im Alten Testament bezeugt (Neh 3,1). In byzantinischer Zeit kannte man jedoch nur einen Teich und meinte, dass er sowohl *Betesdateich* wie *Schafteich* geheißen habe. Tatsächlich hat es aber hier zwei große Teichanlagen gegeben – der Wasserbedarf des Tempels war riesig und erforderte gewaltige Vorräte. Außer dem Betesdateich mit seinen 95 × 50-60 m und einer Tiefe von 17 m gab es auf der anderen Seite der Straße, entlang der Nordmauer des Tempelbezirks, einen weiteren großen Teich (110 × 38 m und 20 m tief), der bei den Arabern *Birket Bani Israïl* („Teich der Söhne Israels") hieß. Ihn hielt man im Mittelalter für den *Schaf- oder Betesdateich*. Er lehnte sich auf der Westseite an gewachsenen Fels, alles Übrige war aus Steinblöcken gebaut; der Damm zum Kidrontal war 14 m dick, ein gewaltiges Bauwerk. Er geht wohl auf die Zeit des Hohenpriesters Simeon II. zurück (218–192 v.Chr.), denn im Buch Jesus Sirach heißt es: „In seinen Tagen wurde der Teich gegraben, ein Becken, groß wie ein Meer" (Sir 50,3). Sowohl der (richtige) *Betesdateich* mit seinen Badeanlagen wie dieser *Teich der Söhne Israels* befanden sich in einem kleinen Seitental des Kidrontals, das heute aufgefüllt ist. Seit 1966 ist dieser südliche Teich zugeschüttet, an seiner Stelle wurde ein Parkplatz angelegt. Er kann als der *Schafteich* angesehen werden, in dessen Nähe eben der *Betesdateich* gelegen war.

Lange Zeit hatte man Schwierigkeiten, sich die Anordnung der im Evangelium erwähnten fünf Säulenhallen am Betesdateich vorzustellen. Durch die Ausgrabungen von C. Mauß und den Weißen Vätern (1862–77), die den eigentlichen Betesdateich wieder zum Vorschein brachten, ergab sich eine Lösung: Vier Hallen umgaben die Teichanlage, eine fünfte war auf einem Mitteldamm, der die nördliche Teichhälfte von der südlichen trennte. Man nimmt an, die nördliche Hälfte ist die ältere, die durch einen Dammbau in der Zeit des Königs Hiskija (721–693 v.Chr.) geschaffen wurde. Zu einem späteren Zeitpunkt kam die zweite Hälfte des Doppelteiches dazu.

Dagegen bereiten die *Säulen*-Hallen – so die wörtliche Übersetzung des griechischen Wortes *Stoa* – nach wie vor Schwierigkeiten; denn auf den Teichrändern wurden keine Säulen gefunden. Die Vermutung ist statthaft, diese Säulen seien im hadrianischen Jerusalem anderswo gebraucht worden. Vielleicht meint Johannes aber einfach gedeckte Gänge, wie sie dem antiken Heilungsbetrieb gut entsprechen. Einen solchen Gang, der wahrscheinlich sogar bemalt war, glaubt man unter der byzantinischen Kirche entdeckt zu haben.

Wie auch immer, hier ist der Ort des Evangeliums, wo der Kranke, der schon 38 Jahre darniederlag, von Jesus geheilt wurde, freilich nicht ohne die Vorleistung wenigstens des Vertrauens, dass Jesus ihn heilen könne. Von Seiten Jesu aber ist der Vorgang eine Selbstoffenbarung, weil die Heilung gerade an einem Sabbat stattfand. Dies wird im Fortgang des Johannesevangelium in lebhafter Diskussion entfaltet (Joh 5,19-30). So ist die Erinnerung an dieses Heilungswunder Jesu ein Musterbeispiel dafür, wie sich bei dem „Theologen" Johannes erstaunliche historische Detailinformation mit tiefer theologischer Durchdringung verbindet.

Einige Bibelhandschriften (v. a. lateinische) fügen in den Text eine erklärende Bemerkung ein:

> (… und Verkrüppelte), die auf die Bewegung des Wassers warteten. Ein Engel des Herrn aber stieg zu bestimmter Zeit in den Teich hinab und brachte das Wasser zum Aufwallen. Wer dann als Erster hinabstieg, wurde gesund, an welcher Krankheit er auch litt (Joh 5,3-4).

Dies war eine volkstümliche Erklärung für das an sich Unerklärliche, dass nämlich nur von Zeit zu Zeit, wenn das Wasser in Bewegung kam, heilende Wirkung von ihm ausging. Im früheren Weltbild wurden gute Ereignisse mit Engeln, böse Erfahrungen mit Dämonen erklärt. Freilich blieb das Problem der Ungerechtigkeit, dass vom Engel ausgerechnet derjenige profitierte, der die Ellenbogen am besten gebrauchen oder sich kräftige Helfer leisten konnte. Heute stellt man sich die Wunderkraft des Ortes so vor, dass frisches, heilkräftiges Wasser nur von Zeit zu Zeit in den Teich einfloss oder eingelassen wurde, vielleicht im Zusammenhang mit den Wasserbedürfnissen im Tempelbezirk, zu dem ein Kanal hinführte. Wenn so das Wasser in Bewegung kam, war die wohltuende Wirkung des Wassers im Teich am größten. Wer später hineinkam, hatte entsprechend weniger davon. Der ältere und nicht nachgebesserte Text sagt jedenfalls nicht, dass jeweils nur ein einziger Mensch geheilt wurde. Auch im hadrianischen, heidnischen Jerusalem nach dem Zweiten Jüdischen Krieg ging der Badebetrieb hier weiter, wobei der griechische Arztgott Asklepios (Äskulap) verehrt wurde. Das ergab sich aus Votivgaben, die unter der byzantinischen Kirche gefunden wurden. Auf einer dieser Votivgaben ist eine Schlange, das Symbol des

Äskulap (und heute der Apotheker), abgebildet. Auch der Pilger von Bordeaux berichtet im Jahr 333:

> Dort wurden langjährig Kranke geheilt. Das Wasser dieser Teiche aber rötet sich, wenn es aufgewirbelt wird.

Es ist schwer, sich das heute vorzustellen, aber allein die Erdmassen, welche die Teiche aufgefüllt haben, so dass bis heute nur ein kleiner Teil freigelegt ist, geben eine Vorstellung davon, welche Veränderungen hier seit dem Altertum stattgefunden haben.

Besichtigung: Man wird die Ausgrabungsstätte zunächst für unübersichtlich halten, da sich, wie bei vielen archäologischen Stätten, verschiedene Epochen und Bauphasen überlappen. Den besten Überblick über das Ruinenfeld hat man gleich zu Beginn (vom Vorplatz der Annakirche). Die am höchsten aufragende Ruine ist eine Kreuzfahrerkapelle, dem „Wunder Jesu" geweiht, entstanden um 1130. Ihre Außenmauern sind bis in eine beträchtliche Höhe erhalten, vor allem die Apsis und die ihr gegenüberliegende Fassade. Darunter lag eine Krypta, die man heute noch besuchen kann – heute unter freiem Himmel, da es die Decke zur eigentlichen Kirche nicht mehr gibt. Von dort kann man über 26 steile Stufen bis tief in den Betesdateich hinabsteigen, je nach Jahreszeit ist auch heute noch Wasser darin.

Die Kreufahrerkapelle stand an der Stelle einer byzantinischen Basilika, hatte aber nur ungefähr ein Viertel ihrer Größe, sie nahm ihr hinteres, linkes (nordwestliches) Viertel ein. Diese Basilika existierte schon zur Zeit des Bischofs Juvenal (422–458) und weist im Fußboden das Kreuzmotiv auf, was seit 427 verboten war. Man sieht Teile des nördlichen Seitenschiffs mit Mosaikresten, dazu schöne Säulenbasen und -stümpfe. Das Hauptschiff der Kirche lag auf dem Mitteldamm des einstmaligen Betesdadoppelteiches. Beim Persereinfall 614 wurde die Kirche beschädigt, aber nicht völlig zerstört, wie ein Text des Patriarchen Sophronius (634–638) erkennen lässt. Nach einem für Karl den Großen verfassten Bericht des Jahres 808 betreuten fünf Priester und 25 Nonnen diese Kirche. Sie wurde zerstört, als der fanatische Fatimidenkalif al-Hakim im Jahr 1009 gegen das Christentum wütete. Der vordere Teil der Kirche mit drei Apsiden, deren Grundmauern man noch erkennt, erhob sich über dem heidnischen Heiligtum des *Äskulap* (griech.: *Asklepios*), auch der Kult des hellenistisch-ägyptischen Fruchtbarkeitsgottes *Serapis* wurde hier gepflegt. Von diesem Tempel ist nichts mehr zu sehen, man erkennt aber noch einige Heilbäder im Ruinengelände.

Zuunterst, südlich (links) der Kirchenruinen wurde ein Teil des eigentlichen Betesdateiches bis in seine ursprüngliche Tiefe freigelegt. Es ist der Teil des südlichen Beckens, der an den Mitteldamm anschloss. Wir haben heute eine ungefähre Vorstellung von der Größe zumindest des Südbeckens, da im Eingangsbereich des Komplexes (neben dem Konventgebäude des Weißen Väter) ein weiterer Teil des Beckens freigelegt wurde; man kann auch dort in einem Schacht in die Tiefe blicken.

Die Marien- und spätere St.-Anna-Kirche: Erstaunlich ist, dass sich gerade an diesem unzweifelhaft durch Jesu Wirken geheiligten Platz die Nachricht vom Haus der Großeltern Jesu, Joachim und Anna, und der Geburt Mariens festgesetzt und in einer Kirche der Gottesmutter konkretisiert hat. Das würde ja bedeuten, dass Jesus den Kranken in unmittelbarer Nachbarschaft des Hauses seiner Großeltern geheilt hätte. Der Evangelist lässt davon nicht das Geringste verlauten. Doch kann man in Betracht ziehen, dass nach den Evangelien die Blutsverwandtschaft wenig zählte, man beachte etwa die scheinbare Zurückweisung Mariens bei der Hochzeit zu Kana (Joh 2,4).

Diese Tradition kommt offensichtlich vom *Protoevangelium* („Vorevangelium") *des Jakobus* her, einer legendenhaften Schrift aus der Zeit um 150 n.Chr., die von der Kirche nicht als Heilige Schrift anerkannt wird, in der Frömmigkeits- und Kunstgeschichte aber dennoch eine sehr große Rolle spielt. Diese Schrift legt Wohnort und Haus von Joachim und Anna, den Eltern Mariens, zwar auch nicht fest, setzt aber die Nähe des Tempels voraus. Und da nach dieser Erzählung Joachim ein wohlhabender Herdenbesitzer war, lag der Bezug zum *Schafteich* nahe. Man erklärte sich den Namen des Teiches damit, dass hier die Schafe gewaschen wurden, die für die Opfer im Tempel bestimmt waren. Auch theologische Erwägungen mögen eine Rolle gespielt haben, da ja Maria, die den Gottessohn Jesus unter ihrem Herzen trug, so zu einem Tempel Gottes geworden war, so dass die Nähe zum (jüdischen) Tempel Gottes nahelag.

Historisch fassbare Zeugnisse über die Herkunft Mariens haben wir nicht – in den biblischen Evangelien werden nicht einmal die Namen ihrer Eltern erwähnt. Eine konkurrierende Tradition gibt es in Sepphoris, wenige Kilometer von Nazaret entfernt. Und vielleicht stammte sie ja auch aus Nazaret selbst, die Verkündigung könnte im Elternhaus der noch unverheirateten Maria stattgefunden haben. Die Kreuzfahrer jedenfalls störten sich nicht an der Doppeltradition, sie errichteten sowohl in Sepphoris (siehe S. 136) als auch hier Kirchen, die der hl. Anna geweiht waren.

Die St.-Anna-Kirche besticht durch ihre monumentale Schlichtheit: 34 × 20 m – die Kuppel, 18 m hoch, ist für diese Zeit ein erstaunliches Unternehmen. Sie war der Geburt der Gottesmutter, die man in der Krypta verehrte, und damit der hl. Anna geweiht. Sie ist von den vielen Kirchen des Mittelalters im Heiligen Land eine der wenigen, die unversehrt erhalten blieb, und von ihnen wohl – zumindest für den nüchternen mitteleuropäischen Geschmack – die schönste. Daneben bestand ein Benediktinerinnenkloster, in das sich Königinnen und Prinzessinnen zurückzogen, aber nur die Kirche überdauerte die Zeiten. Ihre Erhaltung verdankt sie einem Dekret Saladins von 1192 nach der Einnahme Jerusalems. Es ist über dem Mittelportal angebracht und macht die Kirche zu einer muslimischen Koranschule. Seit dem Mittelalter war die Kirche somit für Christen unzugänglich.

In der osmanischen Zeit schafften es die Franziskaner, wenigstens am Fest Mariä Geburt (8. September) gegen ein gutes Bakschisch in die Krypta der St.-Anna-Kirche zu gelangen und dort eine Messe zu feiern. Freilich blieb ihnen dabei der normale Weg durch die ehemalige Kirche – jetzt Koranschule – verwehrt, sie mussten sich durch ein schmales Fenster an der Südseite in die Krypta hinunterzwängen. (Man sieht dieses Fenster noch: wenn man in die Krypta hinabsteigt, rechts oben.) Ein aus heutiger Sicht positiver Nebeneffekt dieser muslimischen Nutzung ist, dass der Kirche Umgestaltungen des Barocks und der Romantik erspart geblieben sind. Nach der Schenkung an Frankreich (1856) und der Berufung der Weißen Väter wurde sie durch den Architekten C. Mauß mustergültig restauriert und ihrer ursprünglichen Bestimmung als Kirche zurückgegeben. 1967, bei der Eroberung der Altstadt durch Israel, wurde die Kirche beschädigt, konnte aber 1971 neueröffnet werden.

Durch das Mittelportal von extremer, mönchischer Einfachheit tritt man in einen Raum ein, der beste Romanik mit Anklängen an die Gotik verbindet. Verzierungen fehlen zwar nicht ganz, sind aber so sparsam eingesetzt, dass man sie suchen muss. So ist die Kirche trotz ihrer drei Schiffe und der Kuppel von äußerster Schlichtheit – ein stilles Zeugnis dafür, wie unter den Kreuzfahrern das mönchische Armutsideal sehr wohl gepflegt wurde. Dazu passt der moderne Altar des französischen Bildhauers Philippe Kaeppelin (1954) gut. Er zeigt Szenen aus dem Marienleben: an der Vorderfront zwischen der Verkündigung (rechts) und der Geburt Jesu (links) den toten Jesus im Schoß seiner Mutter; an der rechten Seite die Darbringung Mariens im Tempel, Maria mit ihrer Mutter Anna auf der linken Seite. Neben der Optik, vielleicht noch mehr als diese, beeindruckt die Akustik der Kirche mit einem Nachhall von mehreren Sekunden. Aus einer Pilgergruppe wird im Nu ein Chor, und hat man das Glück, dort einen richtigen Chor singen zu hören, kann man sich kaum der Macht des gesungenen Gotteslobes entziehen.

Im rechten Seitenschiff führen Treppen hinab in die Krypta. Diese, teils gemauert, teils aus natürlichem Fels, gilt mindestens seit Kreuzfahrerzeiten als Ort der Geburt Mariens.

Nach St. Anna beginnt der Weg zu steigen. Eine Gasse rechts führt zum *Herodestor* (siehe S.410). Zur Rechten des Weges liegt ein dicht gedrängtes Wohnviertel mit meist muslimischer Bevölkerung, in dem aber auch christliche Kapellen und Klöster nicht fehlen. An muslimischen Häusern kann man öfters den Eingang mit einfachen Zeichnungen dekoriert finden, in denen regelmäßig der schwarze Heilige Stein von Mekka, die *Kaaba,* und der Jerusalemer Felsendom vorkommen. Diese Dekoration heißt den Mekkapilger daheim in Jerusalem willkommen.

Die Burg Antonia (Prätorium?)

Kurz bevor die Straße den höchsten Punkt erreicht, lag ehemals die *Burg Antonia.* Möglicherweise stand hier schon die Burg der syrischen Seleukiden, die von den Makkabäern belagert und zur Aufgabe gezwungen wurde (1 Makk 4,41; 13,49-51). Doch die Lage dieser Burg, griechisch *Akra* genannt, ist bis heute umstritten (vgl. S.430). Jedenfalls hat Herodes der Große an diesem den Tempelplatz überragenden Felsmassiv eine neue Burg gebaut und ihr den Namen *Antonia* gegeben, um damit seinen damaligen Freund, den Römer Marcus Antonius zu ehren (bevor er notgedrungen zu dessen erfolgreicherem Widersacher Octavianus Augustus überwechseln musste). Die Burg wurde 66 n.Chr., am Anfang des Ersten Jüdischen Kriegs, von Zeloten besetzt und dann mit viel Mühe von den Römern zurückerobert und von Grund auf zerstört. Deshalb ist archäologisch so gut wie nichts mehr von ihr übrig.

Die Burg Antonia war und ist für Christen von größtem Interesse, gilt sie doch der christlichen Tradition seit vielen Jahrhunderten als *Prätorium des Pilatus* und damit als Ort des Verhörs Jesu, der Geißelung und seiner Verurteilung zum Kreuzestod, mithin als Beginn des Kreuzweges. Es ist der Evangelist Johannes, der am eindringlichsten und detailliertesten davon berichtet:

> Von Kajaphas brachten sie Jesus *zum Prätorium;* es war früh am Morgen. Sie selbst gingen nicht in das Gebäude hinein, um nicht unrein zu werden, sondern das Paschalamm essen zu können. Deshalb kam Pilatus zu ihnen heraus und fragte: Welche Anklage erhebt ihr gegen diesen Menschen? Sie antworteten ihm: Wenn er kein Übeltäter wäre, hätten wir ihn dir nicht ausgeliefert. Pilatus sagte zu ihnen: Nehmt ihr ihn doch und richtet ihn nach eurem Gesetz! Die Juden antworteten ihm: Uns ist es nicht gestattet, jemand hinzurichten. So sollte sich das Wort Jesu erfüllen, mit dem er angedeutet hatte, auf welche Weise er sterben werde.

Pilatus ging wieder *in das Prätorium hinein,* ließ Jesus rufen und fragte ihn: Bist du der König der Juden? Jesus antwortete: Sagst du das von dir aus, oder haben es dir andere über mich gesagt? Pilatus entgegnete: Bin ich denn ein Jude? Dein eigenes Volk und die Hohenpriester haben dich an mich ausgeliefert. Was hast du getan? Jesus antwortete: Mein Königtum ist nicht von dieser Welt. Wenn es von dieser Welt wäre, würden meine Leute kämpfen, damit ich den Juden nicht ausgeliefert würde. Aber mein Königtum ist nicht von hier. Pilatus sagte zu ihm: Also bist du doch ein König? Jesus antwortete: Du sagst es, ich bin ein König. Ich bin dazu geboren und dazu in die Welt gekommen, dass ich für die Wahrheit Zeugnis ablege. Jeder, der aus der Wahrheit ist, hört auf meine Stimme. Pilatus sagte zu ihm: Was ist Wahrheit?

Nachdem er das gesagt hatte, ging er wieder zu den Juden hinaus und sagte zu ihnen: Ich finde keinen Grund, ihn zu verurteilen. Ihr seid gewohnt, dass ich euch am Paschafest einen Gefangenen freilasse. Wollt ihr also, dass ich euch den König der Juden freilasse? Da schrien sie wieder: Nicht diesen, sondern Barabbas! Barabbas aber war ein Straßenräuber. Darauf ließ Pilatus Jesus geißeln. Die Soldaten flochten einen Kranz aus Dornen; den setzten sie ihm auf und legten ihm einen purpurroten Mantel um. Sie stellten sich vor ihn hin und sagten: Heil dir, König der Juden! Und sie schlugen ihm ins Gesicht.

Pilatus ging wieder hinaus und sagte zu ihnen: Seht, ich bringe ihn zu euch heraus; ihr sollt wissen, dass ich keinen Grund finde, ihn zu verurteilen. Jesus kam heraus; er trug die Dornenkrone und den purpurroten Mantel. Pilatus sagte zu ihnen: Seht, da ist der Mensch! Als die Hohenpriester und ihre Diener ihn sahen, schrien sie: Ans Kreuz mit ihm, ans Kreuz mit ihm! Pilatus sagte zu ihnen: Nehmt ihr ihn und kreuzigt ihn! Denn ich finde keinen Grund, ihn zu verurteilen. Die Juden entgegneten ihm: Wir haben ein Gesetz und nach diesem Gesetz muss er sterben, weil er sich als Sohn Gottes ausgegeben hat. Als Pilatus das hörte, wurde er noch ängstlicher.

Er ging wieder *in das Prätorium hinein* und fragte Jesus: Woher stammst du? Jesus aber gab ihm keine Antwort. Da sagte Pilatus zu ihm: Du sprichst nicht mit mir? Weißt du nicht, dass ich Macht habe, dich freizulassen, und Macht, dich zu kreuzigen? Jesus antwortete: Du hättest keine Macht über mich, wenn es dir nicht von oben gegeben wäre; darum liegt größere Schuld bei dem, der mich dir ausgeliefert hat. Daraufhin wollte Pilatus ihn freilassen, aber die Juden schrien: Wenn du ihn freilässt, bist du kein Freund des Kaisers; jeder, der sich als König ausgibt, lehnt sich gegen den Kaiser auf.

Auf diese Worte hin ließ Pilatus Jesus herausführen und er setzte sich auf den Richterstuhl an dem Platz, der *Lithostrotos,* auf hebräisch *Gabbata,* heißt. Es war am Rüsttag des Paschafestes, ungefähr um die sechste Stunde. Pilatus sagte zu den Juden: Da ist euer König! Sie aber schrien: Weg mit ihm, kreuzige ihn! Pilatus aber sagte zu ihnen: Euren König soll ich kreuzigen? Die Hohenpriester antworteten: Wir haben keinen König außer dem Kaiser. Da lieferte er ihnen Jesus aus, damit er gekreuzigt würde (Joh 18,28 – 19,16).

Wo das Prätorium des Pilatus war, sagt keiner der Evangelisten. Dagegen schien es für das erwähnte *Lithostrotos,* wörtlich „Steinpflaster", eine überraschende archäologische Bestätigung zu geben, als man in den 1860er-Jahren auf dem Gelände der Zionsschwestern und der Franziskaner ein altes Pflaster aus mächtigen Steinplatten entdeckte (siehe S. 400). Mehr als hundert Jahre lang war man dank dieser Entdeckung gewiss, den Ort der Verurteilung Jesu durch Pontius Pilatus zu kennen. Von der vollmundigen Beschreibung der Burg Antonia durch Flavius Josephus verführt, überschätzte man nämlich die Ausmaße der Herodesburg Antonia; man glaubte, sie habe neben der höher gelegenen arabischen Omarijeschule links (südlich) der Straße auch die Grundstücke der Franziskaner und der Zionsschwestern rechts der Straße umfasst, und fühlte sich darin weiterhin dadurch bestärkt, dass man unter dem Kloster der Zionsschwestern neben dem erwähnten Lithostrotos auch den von Flavius Josephus beschriebenen *Teich Struthion* gefunden hatte.

Doch hatte man Mitte des 19. Jh. in der Datierung archäologischer Funde noch nicht die heutigen Kenntnisse und Methoden. Wie so oft passte man die archäologischen Funde zu schnell dem an, was man aus antiken Texten, allen voran der Bibel, zu wissen glaubte. Inzwischen aber weiß man, dass Kaiser Hadrian beim Neubau der Stadt, nun Aelia Capitolina genannt, 135 n. Chr. Jerusalem ein ganz neues Gesicht gab. Heute hat sich die Meinung durchgesetzt, dass die Burg Antonia nicht viel mehr als das Felsmassiv unter der arabischen Schule links der Straße umfasste. Der *Ecce-Homo-Bogen,* der sich über die Via Dolorosa wölbt (siehe S. 399), war also nicht, wie man meinte, der Eingang zur Antonia. Ebenso gilt heute als gesichert, dass das eindrucksvolle Lithostrotospflaster erst in der Zeit Hadrians gelegt wurde und mit Jesus nichts zu tun haben kann.

Damit muss die Frage nach dem Prätorium des Pilatus und dem Anfang des Kreuzweges Jesu neu gestellt werden. Viele gehen von der nachweislichen Gepflogenheit der römischen Prokuratoren aus, im Herodespalast (siehe S. 458) Wohnung zu nehmen, wenn sie von der Hauptstadt Cäsarea nach Jerusalem heraufkamen. Demgemäß wäre das Prätorium des Pilatus bei der heutigen Zitadelle am Jaffator anzunehmen und der Kreuzweg würde von dort aus zum Ort der Kreuzigung und des Heiligen Grabes führen. Doch kommt auch dieser andere Kreuzweg von der Zitadelle aus über ein „wahrscheinlich" nicht hinaus. Auch wenn die Prokuratoren bei ihren Besuchen in Jerusalem für gewöhnlich im neuen Herodespalast Wohnung nahmen, kann nicht ausgeschlossen werden, dass sie sich nicht aus besonderem Anlass in der alten Herodesburg Antonia einquartiert hätten, die immerhin zwölf Jahre als Residenz des Herodes gedient hatte; von dort aus war der Unruheherd Tempelplatz direkt zu überschauen. Ein erster Hinweis darauf findet sich in der Lebensbeschreibung Petrus' des Iberers (um 500): Nach ihm steigt man von der Kirche des Heiligen Grabes *hinab zur nach Pilatus benannten Kirche* und geht weiter zur *Kirche des Gelähmten* und von da nach *Getsemani*. Nach dieser Wegbeschreibung läge die nach Pilatus benannte Kirche zwischen der Grabeskirche und der Kirche des Gelähmten am Betesdateich, also möglicherweise an der Stelle der Antonia.

Die Diskussion verkompliziert sich dadurch, dass es weitere Überlieferungen gibt, die das Prätorium des Pilatus an anderen Orten annehmen. So berichtet der Pilger von Bordeaux (333 n.Chr.):

> Wenn du ... den Zion verlässt, in Richtung auf das Nablustor (heute: Damaskustor), ist auf der rechten Seite unten im Tale das Gemäuer, wo das Haus bzw. *Prätorium des Pilatus* war; dort wurde der Herr vor seinem Leiden verhört. Auf der linken Seite aber ist der kleine Hügel Golgota, wo der Herr gekreuzigt wurde. Ungefähr einen Steinwurf davon entfernt befindet sich die Höhle, wo sein Leib bestattet war und am dritten Tage auferstand.

Diese erste christliche Beschreibung hält sehr einfach Anfang und Endpunkt des Leidensweges Jesu fest. Das Prätorium des Pilatus müsste danach irgendwo im oder am Stadttal (*Tyropoiontal*) gewesen sein, jedenfalls rechts, vom Zion in nördlicher Richtung gesehen. Da es anscheinend in Ruinen lag, könnte man annehmen, dass es in der Nähe des zerstörten Tempels lag. Bischof Cyrill von Jerusalem (vor 350) nennt es ausdrücklich verwüstet, macht aber keine näheren Angaben über den Ort. Manche suchen daher das Prätorium in der Gegend der heutigen Klagemauer, wo man auch die hohepriesterliche Residenz vermutet, über die es freilich auch keine gesicherten Angaben gibt.

Im frühen Mittelalter brachte man das Prätorium des Pilatus auch mit dem christlichen Zion in Verbindung. Dies ist leicht dadurch zu erklären, dass in der Zionskirche die traditionelle *Geißelungssäule Jesu* aufgestellt war. So berichtet Johannes von Würzburg im Jahr 1165 vom Prätorium des Pilatus auf dem Zion, während 1172 ein anderer Deutscher, Theoderich, das Pilatushaus in der Nähe der St.-Anna-Kirche gezeigt bekam.

Zusammenfassend darf man feststellen, dass der Ort des Prätoriums des Pilatus und damit der Anfang des Kreuzwegs nicht mit Sicherheit festgelegt werden kann. Mit Gewissheit vom Herodespalast bei der Zitadelle zu sprechen, ist übertrieben, aber die vorige Gewissheit, es habe sich um die Burg Antonia gehandelt, besteht auch nicht mehr. Eine präzise Nachricht, wo sich Pontius Pilatus am Pesachfest des Todesjahres Jesu aufgehalten hat, gibt es leider nicht.

Es ist sicherlich ein bewegender Gedanke, den letzten Weg Jesu Schritt für Schritt nachzugehen. Doch muss man sich erinnern, dass das Eigentliche des Kreuzwegs der geradlinige Gehorsam Jesu gegenüber dem Willen seines Vaters war, nicht das Gehen dieser oder jener Wegstrecke. Der Mangel an historischer Sicherheit verweist umso mehr darauf, dass die Kreuzwegandacht in erster Linie ein geistlicher Weg ist; deswegen gehen Christen überall in der Welt den Kreuzweg. Ein Weiteres kommt hinzu: Geht man den hergebrachten Kreuzweg, ist zwar keine Sicherheit zu gewinnen, ob man tatsächlich buchstäblich in den Fußspuren Jesu wandelt, aber man folgt doch den Spuren abertausender Beter seit mindestens der Kreuzfahrerzeit. Man geht und betet in der Gemeinschaft Unzähliger, die mit ihrem Kreuz, mit ihren Gebeten, Jesus nachgefolgt sind.

Die Flagellatio

Als Anfang der Via Dolorosa wird herkömmlich die *Geißelungskapelle* (lat. *Flagellatio*) betrachtet, die in einem ummauerten Hof rechts der Straße liegt. Ihr Türmchen ist schon von der Straße aus gut zu erkennen. 1836, in einer Periode der Schwäche der osmanischen Zentralregierung, als Ibrahim Pascha, der Gouverneur von Ägypten, auch Palästina beherrschte, gelang es den Franziskanern, auf dem angenommenen Gebiet der Burg Antonia Fuß zu fassen. Mit dem Ertrag der ersten bayerischen Palmsonntagskollekte für das Heilige Land, den Herzog Maximilian 1838 persönlich überbrachte, wurde an der Stelle der verfallenen mittelalterlichen eine neue Geißelungskapelle erbaut. Eine Gedenktafel, welche der Katholische Arbeiterverein von Bayern anlässlich einer Pilgerfahrt im Jahr 1900 anbringen ließ, erinnert daran. Die Kapelle wurde 1927-29 vom Franziskanerarchitekten Antonio Barluzzi in mittelalterlichem Stil erneuert. Die drei Glasfenster stellen die Geißelung, das Händewaschen des Pilatus und den Triumph des Barabbas dar. In der Kuppel über dem Altarraum ist eine Dornenkrone dargestellt, die von Glasrosen durchsetzt ist. Durch sie fällt gedämpftes Licht in die Kirche – selbst im Todesleiden hat der Gläubige Hoffnung auf Licht.

1903 wurde mit der *Verurteilungskapelle* an der Westseite des Hofes eine weitere Kapelle unter Leitung des deutschen Franziskanerbruders Wendelin Hinterkeuser in byzantinischem Stil errichtet. Die Altäre sind Produkte der späten Nazarenerzeit. Das eigentlich Interessante an der Kirche ist der hintere Teil des Fußbodens mit seinen großflächigen rötlichen Steinplatten, die sich als *Lithostrotos* im Nachbargrundstück Ecce Homo fortsetzen.

Der Hof oder eine der beide Kapellen sind ein guter Platz, sich den Anfang der Passion Jesu vor dem Richterstuhl des Pilatus zu vergegenwärtigen, wie sie in der Leidensgeschichte aufgezeichnet ist:

> Als Jesus vor dem Statthalter stand, fragte ihn dieser: Bist du der König der Juden? Jesus antwortete: Du sagst es. Als aber die Hohenpriester und die Ältesten ihn anklagten, gab er keine Antwort. Da sagte Pilatus zu ihm: Hörst du nicht, was sie dir alles vorwerfen? Er aber antwortete ihm auf keine einzige Frage, so dass der Statthalter sehr verwundert war.
>
> Jeweils zum Fest pflegte der Statthalter einen Gefangenen freizulassen, den sich das Volk auswählen konnte. Damals war gerade ein berüchtigter Mann namens Barabbas im Gefängnis. Pilatus fragte nun die Menge, die zusammengekommen war: Was wollt ihr? Wen soll ich freilassen, Barabbas oder Jesus, den man den Messias nennt? Er wusste nämlich, dass man Jesus nur aus Neid an ihn ausgeliefert hatte.
>
> Während Pilatus auf dem Richterstuhl saß, ließ ihm seine Frau sagen: Lass die Hände von diesem Mann, er ist unschuldig. Ich hatte seinetwegen heute nacht einen schrecklichen Traum. Inzwischen überredeten die Hohenpriester und die Ältesten die Menge, die Freilassung des Barabbas zu fordern, Jesus aber hinrichten zu lassen. Der Statthalter fragte sie: Wen von beiden soll ich freilassen? Sie riefen: Barabbas! Pilatus sagte zu ihnen: Was soll ich dann mit Jesus tun, den man den Messias nennt? Da schrien sie alle: Ans Kreuz mit ihm!
>
> Er erwiderte: Was für ein Verbrechen hat er denn begangen? Da schrien sie noch lauter: Ans Kreuz mit ihm! Als Pilatus sah, dass er nichts erreichte, sondern dass der Tumult immer größer wurde, ließ er Wasser bringen, wusch sich vor allen Leuten die Hände und sagte: Ich bin unschuldig am Blut dieses Menschen. Das ist eure Sache! Da rief das ganze Volk: Sein Blut komme über uns und unsere Kinder! Darauf ließ er Barabbas frei und gab den Befehl, Jesus zu geißeln und zu kreuzigen (Mt 27,11-26).

An den langen Trakt des Klostergebäudes neben beiden Kapellen schließt sich das *Studium Biblicum Franciscanum,* das „Franziskanische Bibelstudium", an. Eigentlich gehören akademische Institutionen nicht zu den Schwerpunkten des Franziskanerordens, wenigstens nicht (mehr) im deutschen Sprachraum. Dieses Studium wurde 1924 gegründet, zunächst um die von den Franziskanern betreuten heiligen Stätten wissenschaftlich zu untersuchen. Daraus hat sich eine angesehene Hochschule entwickelt, anfangs mit den Schwerpunkten Archäologie sowie biblischer und christlicher Geographie, später kamen die klassischen Fächer der Bibelwissenschaft, alt- und neutestamentliche Exegese und Theologie sowie die biblischen Sprachen Hebräisch und Griechisch, hinzu. Schon bald wurde das Studium an die römische Franziskanerhochschule *Antonianum* angegliedert. Diese wurde 2005 eine kirchliche Universität, das Jerusalemer Bibelstudium deren *Fakultät für Biblische Wissenschaften und Archäologie*. Dadurch können die Studenten – derzeit knapp 100 – akademische Abschlüsse machen (bis zum Doktorat), die auch in Europa anerkannt sind.

Zur Fakultät gehören eine umfangreiche Fachbibliothek und ein archäologisches Museum im Parterre des Gebäudes. Dort können die wichtigsten Funde der franziskanischen Ausgrabungen besichtigt werden, einige größere Fundstücke zieren den Hof davor. Jeweils eine Abteilung des Museums ist Nazaret, Kafarnaum, Dominus Flevit, weiterer Ausgrabungen auf dem Ölberg, den Herodesfestungen Herodion und Machärus sowie dem Berg Nebo gewidmet. Drei weitere Abteilungen sind thematisch: die Geschichte der Keramik (4. Jahrtausend v.Chr. bis 13.Jh. n.Chr.), das Mönchtum in der Judäischen Wüste (mit einem georgischen Mosaik aus dem 6.Jh. n.Chr., eines der weltweit ältesten Zeugnisse in georgischer Sprache und Schrift) und eine ägyptische Sammlung. Der größte Raum enthält neben archäologischen Kleinfunden (Siegel, Münzen, Keilschrifttafeln, Gewichte) mittelalterliche und frühneuzeitliche Gegenstände: ein Grabeskirchenmodell aus Olivenholz und Perlmutt aus dem 17.Jh.; sieben gotische Gemälde von Friedrich Pacher (1435–1508) mit Szenen aus dem Leben von Petrus und Paulus (ursprünglich die Seitenflügel des Peter-Paul-Altars in Sterzing, Südtirol – das Mittelstück befindet sich heute im Tiroler Landesmuseum in Innsbruck; sie waren ein Geschenk für die Renovierung der Peterskirche in Tiberias 1870); eine große Sammlung von Porzellangefäßen aus der Apotheke von St. Salvator (die meisten aus dem 17. und 18.Jh.) sowie der „Schatz von Betlehem": liturgische Gegenstände aus der Kreuzfahrerzeit, die 1863 unter dem Kreuzgang der Katharinenkirche in Betlehem entdeckt wurden. Kurz vor der arabischen Eroberung wurde dieser Schatz so sorgsam verborgen, dass sein Erhaltungszustand bis heute einzigartig ist. Er enthält unter anderem zwei Kupferbecken mit Zeichnungen und Inschriften, die die Thomaslegende darstellen, zwei silberne und zwei bronzene Kerzenleuchter, die Krümmung eines Bischofsstabes mit wundervoller Emailleverzierung, 13 Glocken und etwa 300 Orgelpfeifen.

Genau gegenüber dem Eingang zum Grundstück der Franziskaner ist der Endpunkt eines Tunnelganges aus herodianischer Zeit (siehe S.420), dessen Eröffnung im Herbst 1996 zu blutigen Unruhen geführt hat. Der Ausgang wird seither von israelischen Sicherheitskräften eigens bewacht, der Eingang ist bei der Klagemauer.
Daneben führt eine Rampe zur arabischen *Omarijeschule* hinauf. Sie steht am Ort der *Burg Antonia* (s.o., S.389). In der Mamlukenzeit nach den Kreuzfahrern war hier eine Koranschule, danach Sitz des Gouverneurs von Jerusalem. In der Mitte der Südfront erlauben Fenster den Blick auf den Tempelplatz. In der Römerzeit gab es hier Treppen direkt hinunter auf den Tempelplatz, so dass die Soldaten die Möglichkeit hatten schnell einzugreifen, wenn Unruhen ausbrachen. So berichtet beispielsweise die Apostelgeschichte:

> Schon wollten sie ihn (Paulus) umbringen, da brachte man dem Obersten der Kohorte die Meldung hinauf: Ganz Jerusalem ist in Aufruhr! Er eilte sofort mit Soldaten und Hauptleuten zu ihnen hinunter (Apg 21,31-32).

Rechts neben den Aussichtsfenstern befand sich mit der *Dornenkrönungskapelle* aus der Zeit der Kreuzfahrer eine dritte Kapelle auf dem vermuteten Gelände der Burg Antonia. Sie wurde beim Erdbeben von 1927 weitgehend zerstört; der erhaltene Chorraum dient heute als Lehrerzimmer der Schule und ist nicht öffentlich zugänglich. Wie die beiden genannten Geißelungs- und Verurteilungskapellen ist auch diese Kapelle nicht als historische Festlegung zu verstehen. Es handelt sich vielmehr um Devotionalkapellen, welche an einzelne Momente der Leidensgeschichte erinnern.

Der Kreuzweg

Jeden Freitagnachmittag um 15 Uhr (während der Sommerzeit um 16 Uhr) machen sich die Jerusalemer Franziskaner auf den Weg der *Via Dolorosa* durch die Altstadtgassen, begleitet je nach Jahreszeit von einer kleineren oder größeren Anzahl von Pilgern, Ordensleuten und einheimischen Gläubigen. An 14 Haltepunkten (Übersichtsplan: Tafel XXIIa), *Stationen* genannt, erinnert man sich betend und betrachtend an Einzelheiten des Leidensweges Jesu, wie sie sich im Lauf der Jahrhunderte herausgebildet haben. Sie sind zum Teil den Evangelien entnommen, teilweise sind sie naheliegende fromme Vermutungen. Die äußeren Umstände dieses Weges, der lautsprecherverstärkte Gesang des Muezzins vom Minarett, Belästigungen

durch die Händler an der Straße oder spielende Kinder und Jugendliche sind zwar dem Gebet alles andere als förderlich, aber das ist
schon so, seit es den Jerusalemer Kreuzweg gibt, und war bei Jesus
selbst nicht anders: Der erste Kreuzträger genoss keinen Schutz und
keine Privilegien. Während der Fastenzeit schwillt die Zahl der Betenden merklich an, bis hin zum großen Kreuzweg am Karfreitag. –
Über die Problematik seines Beginns, d.h. seines Verlaufes, s.o.,
S. 391, über den Endpunkt, Golgota sind dagegen kaum mehr Zweifel möglich (siehe S. 349).

Geschichte: Der Jerusalemer Kreuzweg ist aus dem heiligen Rundgang entstanden, wie er schon in byzantinischer Zeit geübt wurde
(z.B. der Weg vom Heiligen Grab über das Pilatushaus und Betesda
nach Getsemani in der Lebensbeschreibung Petrus des Iberers, s.o.,
S. 392). Diesen Brauch führten die Franziskaner fort, als sie im
14.Jh. die Betreuung der abendländischen Pilger übernahmen. Es
wurden dabei möglichst alle Orte aufgesucht, die wirklich oder ver-
meintlich mit dem Leben Jesu, Mariens und der Apostel in Beziehung standen, wie das *Haus des Pharisäers Simon*, das *Haus des
reichen Prassers*, der *Ort der Ohnmacht Mariens* oder das *Haus der
Veronika*. Im Jerusalembericht des Dominikaners Felix Fabri aus
dem Jahr 1483 findet sich sogar eine „Taverne, bei der gottesfürchti-
ge Männer den zur Hinrichtung Geführten einen starken Wein ge-
zahlt haben".
Der eigentliche Kreuzweg ist aber in Europa entwickelt worden, indem religiöse Schriftsteller Jerusalemer Pilgerberichte mit frommen
Erwägungen und Gebeten anreicherten. Die „Geistliche Wallfahrt"
des flämischen Karmeliten Johannes Pascha (1563) umfasste sogar
ein ganzes Jahr und begann am 260. Tag mit dem Kreuzweg. Auf
ihm fußend entwickelte der holländische Priester Christian van An-
drich 1584 einen Kreuzweg, bei dem alles weggelassen wurde, was
nichts mit Jesu Leiden zu tun hatte.
Auch in Jerusalem trat ab dem 15.Jh. neben den heiligen Rundgang
ein *Kreuzweg*, indem man als Ausgangspunkt nicht mehr die Kirche
des Heiligen Grabes, sondern das Prätorium des Pilatus wählte
(Luftlinie etwa 600m). Der flämische Franziskaner Bernardin Suri-
us fand 1646 in der Stadt (also außerhalb der Kirche des Heiligen
Grabes) acht Stationen statt der heutigen neun. Es fehlen die drei
Fußfälle; statt des ersten findet sich das *Haus des Pharisäers,* statt
des zweiten kommt man zum *Richt- oder Hinrichtungstor,* das damals den Abschluss bildete. Die fünf Stationen innerhalb der Grabeskirche wurden damals noch nicht zum Kreuzweg gerechnet. Dabei setzt jede dieser Stationen eine noch irgendwie erkennbare Kapelle voraus, sie wurden also nicht neu geschaffen, nicht „erfunden". Nach einer Nachricht von 1632 wurde diese Art Kreuzweg

schon jeden Freitag gehalten, und zwar barfuß. Es war der deutsche Franziskaner Elzear Horn (1724-44 in Jerusalem), der dem Jerusalemer Kreuzweg die heutige Form mit 14 Stationen gab; nur die Orte der Stationen 3–5 sind noch etwas gewandert.

Freilich gefiel den muslimischen Einheimischen dieser christliche Umzug in Jerusalem nicht immer; ein Kreuz konnte ohnedies nicht vorausgetragen werden. Zeitweise musste der Gang früh vor dem Morgengrauen gemacht werden, um Ärger zu vermeiden. Im 19. Jh. wurde der Kreuzweg in der Stadt immer schwieriger und musste sogar ganz aufgegeben werden. Erst seit 1880 ist er wieder zur festen Tradition der Jerusalemer Christen geworden.

Die Gebete des „Jerusalemer Kreuzwegs" wurden von da an fast zu einer Norm und in allen Teilen der Welt nachgebetet; ja, es wurde bei der Errichtung von einigen Kreuzwegen im Freien sogar darauf geachtet, auch die Wegstrecken zwischen den Stationen möglichst den Jerusalemer Verhältnissen anzupassen. Doch jedes Volk und jede Generation hat ihre eigene Art, die Geheimnisse des Glaubens zu verinnerlichen. So wurden inzwischen die Gebete des „Jerusalemer Kreuzwegs" auch in Jerusalem selbst abgeändert. Eine allen entsprechende Form ist nicht zu finden. Am meisten Anklang findet es wohl, wenn Worte der Heiligen Schrift in den Mittelpunkt der einzelnen Stationen gestellt werden. Heute wird der wöchentliche Kreuzweg auf Italienisch und Englisch vorgebetet, wenn Pilgergruppen aus anderen Ländern dabei sind, auch in deren Sprachen, in der Fastenzeit schließlich auch auf Arabisch. Das Vaterunser pflegt man lateinisch zu singen.

Der Freitagskreuzweg der Franziskaner hat seinen Anfang im Hof der arabischen Omarijeschule. Dies mag erstaunen, denn eine der Kapellen im Hof der Franziskaner schien dafür viel geeigneter als eine arabische Schule. Der Grund ist aber einfach: Der Kreuzweg war längst eingeführt und begann, wo man den Aufenthalt des Pilatus vermutete (also die Burg Antonia), bevor die Franziskaner hier Fuß fassen konnten und die Geißelungskirche wiedererrichteten. Inzwischen kann es als glückliche Fügung gelten, dass der Jerusalemer Kreuzweg da anfängt, wo nach neueren Erkenntnissen wenigstens die eigentliche Burg Antonia war.

Viele Pilgergruppen halten einen eigenen Kreuzweg. Das ist in der Regel ohne Probleme möglich, selbst lautes Beten oder Singen erregt keinen Anstoß. Nur der Schulhof (der Beginn) bleibt außerhalb des offiziellen Kreuzwegs für betende Gruppen verschlossen. Um in den engen Gassen nicht zu stören – und nicht gestört zu werden –, empfiehlt es sich, beim Halt an den Stationen eine Gasse für den normalen Fußgängerverkehr frei zu halten. Trotzdem wird es an der 5. und besonders an der 7. Station oft eng. Von den (muslimischen!) Händlern an den ersten beiden Stationen kann man sich gegen Entgelt ein Kreuz ausleihen und dieses mittragen, freilich entspricht diese Frömmigkeitsform eher südlicher (oder auch amerikanischer oder fernöstlicher) Mentalität. Wer für den Kreuzweg eine ruhigere Atmosphäre sucht, für den sind die frühen Morgenstunden oder der frühe Abend zu empfehlen. Allerdings ist gerade ein Kreuzweg durch die vollen Gassen in gewisser Weise realistisch, gehörte es doch zur Strafe der zum Kreuz Verurteilten dazu, diesen letzten Gang durch die belebte Stadt zu gehen.

Im Folgenden werden im Verlauf des Kreuzweges nicht nur die einzelnen Stationen beschrieben, sondern auch anderes erwähnt, was an Wissenswertem am Wege liegt. Umgekehrt soll auch dem Rechnung getragen werden, dass es für manche enttäuschend wäre, den Leidensweg Jesu nur *erklärt* zu bekommen. Ausgewählte Schriftstellen sollen als geistliche Anregung dienen.

Im Hof der Omarijeschule:
1. Station: Jesus wird zum Tode verurteilt.

> Pilatus ließ den Mann frei, der wegen Aufruhr und Mord im Gefängnis saß und den sie gefordert hatten. Jesus aber lieferte er ihnen aus, wie sie es verlangten (Lk 23,25).

> Wegen unserer Verfehlungen wurde er hingegeben (Röm 4,25).

> Die Könige der Erde stehen auf, die Großen haben sich verbündet gegen den HERRN und seinen Gesalbten (Ps 2,2).

An der Verurteilungskapelle:
2. Station: Jesus nimmt das Kreuz auf seine Schultern.

> Er trug sein Kreuz und ging hinaus zur sogenannten Schädelhöhe, die auf hebräisch Golgota heißt (Joh 19,17).

> Er hat unsere Krankheit getragen und unsere Schmerzen auf sich geladen (Jes 53,4).

Nach der 2. Station durchquert die Straße einen Bogen, rechts davon ist das Gebäude der Zionsschwestern mit der *Ecce-Homo-Basilika*. Man hielt diesen Bogen vom späten Mittelalter bis ins 19. Jh. für den Eingang zur Antoniafestung und stellte sich vor, hier habe Pilatus der Volksmenge den gegeißelten und mit Dornen gekrönten Messiaskönig gezeigt: „Seht, da ist der Mensch!", lateinisch: *Ecce homo* (Joh 19,5; vgl. S.390). Daher kaufte 1856 der aus Straßburg stammende jüdische Konvertit Marie-Alphonse Ratisbonne das Gelände für die Schwesterngemeinschaft *Notre Dame de Sion*, „unsere liebe Frau vom Zion", die er wenige Jahre zuvor gegründet hatte. Ratisbonne war zunächst antichristlich eingestellt gewesen, konvertierte aber nach einer Marienerscheinung 1842 in Rom zum Christentum und wurde später Priester. Ziel seiner Initiativen, für die er auch seinen Bruder Theodor gewinnen konnte, war schon damals ein tieferes Verständnis des Judentums und der besonderen Rolle der Gottesmutter Maria in einem ersehnten Aussöhnungsprozess, ausgehend von den Worten des Magnificat:

> Er nimmt sich seines Knechtes Israel an und denkt an sein Erbarmen, das er unseren Vätern verheißen hat, Abraham und seinen Nachkommen auf ewig (Lk 1,54-55).

Inzwischen ist freilich die Deutung des Bogens als Eingang zur Antoniafestung nicht mehr haltbar; erstens taugt seine Form nicht zur Verteidigung einer Festung, zweitens reichte wohl die Festung nicht bis hierher. Am wahrscheinlichsten ist die These, dass es sich bei dem Bogen um einen römischen Triumphbogen handelt, der beim Wiederaufbau der Stadt nach dem Zweiten Jüdischen Krieg (132–135 n.Chr.) zu Ehren von Kaiser Hadrian errichtet wurde (wie der ebenfalls hadrianische Triumphbogen in Gerasa, siehe S.729). Der Bogen hatte drei Durchgänge. Der mittlere, höhere überwölbt heute die Via Dolorosa, der nördliche wurde in die *Ecce-Homo-Kirche* integriert, der südliche befindet sich in einem Privathaus; es ist unbekannt, was davon erhalten ist. Die Kirche wurde in den Jahren 1857-64 errichtet und bezieht geschickt den nördlichen Seitendurchgang als Altarraum mit ein. Infolge der höher liegenden heutigen Kirche erscheint der Bogen zwar niedriger als ursprünglich. Aber ohne Zweifel ist den französischen Architekten Mauß und Daumet hier ein Meisterstück gelungen, das die düstere Rolle der römischen Staatsmacht in der Leidensgeschichte Jesu eindrucksvoll vor Augen stellt. In der Apsiswölbung zeigt ein byzantinisches Kreuz mit Dornenkrone und den Symbolen der vier Evangelisten den Sieg Christi für alle Welt an. Man kommt in die Basilika durch das Gästehaus der Zionsschwestern, das eine geräumigen Dachterrasse hat. Von der Via Dolorosa aus kann man den ehemaligen Haupteingang der Kirche betreten, der heute durch eine Glaswand von ihr abgetrennt ist. Von diesem Vorraum aus kann man in eine tiefer gelegene Felsenkammer blicken, die wohl zunächst ein Grab war, in römischer Zeit ein Lagerraum, in byzantinischer Zeit eine Zisterne.

Unterhalb des Gästehauses haben Ausgrabungen zwei weitere historisch bedeutsame Orte zu Tage gebracht: den *Struthionteich* und das *Lithostrotos* (Eingang von der Gasse zwischen Flagellatio und Ecce-Homo-Kirche). Der Struthionteich – das griechische Wort *Struthion* bedeutet „Spatz" – stammt ursprünglich aus der Hasmonäerzeit und war Teil des Bewässerungssystems für den Tempel. Beim Bau der Antonia (ca.30 v.Chr.) wurde er nach Süden hin erweitert (52× 14m) und bildete eine Art Burggraben. Beim Wiederaufbau der Stadt nach 135 n.Chr., als der Triumphbogen errichtet wurde, wurde das Becken mit zwei Gewölben abgedeckt, die den Teich zweiteilen. Die Mauer an der Südostseite (dem Besucher der Zisterne gegenüber) wurde erst 1870 eingezogen und trennt etwa ein Drittel des Beckens ab – den dahinterliegenden Teil kann man vom Klagemauertunnel aus besuchen (siehe S. 420).

Das *Lithostrotos* (griech. „„Stein-Pflaster"") verdankt seinen biblischen Namen (Joh 19,13), wie der Ecce-Homo-Bogen, der Annahme, Pilatus habe hier Jesus zum Tode verurteilt. Besonders war man von den Gravuren auf dem Steinpflaster angetan, vergleichbar unserem „Mühlespiel", da man sich vorstellte, hier haben Soldaten zum Zeitvertreib ihren Spott mit den Gefangenen getrieben: Sie „warfen das Los und verteilten seine Kleider unter sich" (Mt 27,35). Allerdings weiß man heute, dass auch dieses Steinpflaster jünger ist und wohl zur hadrianischen Neugründung von Jerusalem gehörte. Freilich, man kann durchaus annehmen, dass sich das Verhalten der römischen Soldaten in 100 Jahren nicht nennenswert geändert hat. Jesus war nicht der einzige Gefangene, mit dem Soldaten, gleich welcher Herrschaft und Epoche, ihr grausames Spiel treiben!

An die Ecce-Homo-Kirche schließt sich ein griechisch-orthodoxes Gebäude an, das in Anlehnung an die benachbarten katholischen Traditionen die Bezeichnung *Gefängnis Christi* trägt. Dort zeigt man drei unterirdische, übereinander liegende Felskammern. Die obere war ursprünglich ein Grab, die unteren beiden Ställe oder Lagerräume. Die orthodoxen Griechen erbauten 1905 das bestehende Gebäude und deuten die obere Kammer als *Gefängnis Christi*, die untere als Gefängnis des Barabbas (vgl. Mk 15,7). Der Neubau einer Kirche im Hof oberhalb des Gebäudes blieb in den Anfängen stecken.

Hat man die Talsohle erreicht, ragt rechts das *Österreichische Hospiz* zur Heiligen Familie hoch auf. Es wurde 1863 als „Österreichisch-Ungarisches Pilgerhaus" eingeweiht und war das erste der nationalen Pilgerhäuser, die bald in Jerusalem entstanden, mit dem Ziel, den Gästen eine „Heimstatt am Grabe des Erlösers" zu sein. Bis 1918 war es auch Sitz des österreichischen Konsuls in Jerusalem, der eine Schutzfunktion für die Katholiken und für die aschkenasischen Juden aus dem östlichen Europa wahrnahm. 1939 wurde es von den Briten als Feindeigentum beschlagnahmt, die hier deutsche, österreichische und italienische Priester und Ordensleute internierten. 1948 richtete die jordanischen Regierung ein Hospital ein. Erst 1985 wurde es zurückgegeben und dient seit 1988 wieder seiner ursprünglichen Bestimmung als ein Stück gastliches Österreich mitten in Jerusalem.

Die Kapelle ist der Heiligen Familie geweiht. Im Apsismosaik aus dem Jahr 1908 sind Heilige aus Österreich-Ungarn dargestellt, darunter (in der Mitte) der hl. Hieronymus, *347 in Dalmatien, †420 in Betlehem (siehe S. 585), der ganz unbescheiden Österreich-Ungarn zugerechnet wird. Zahlreiche Gedenktafeln erinnern an österreichisch-ungarische Pilger und Besucher des Heiligen Landes, darunter (neben dem Hochaltar) der Tiroler Franziskaner Engelbert Kolland aus Ramsau, Zillertal (1860 in Damaskus mit sieben Mitbrüdern von Drusen ermordet, 1926 von Pius XI. seliggesprochen) und der kroatische Franziskaner Nikolaus Tavelić (1341 mit drei Mitbrüdern am Jaffator gemartert). Gegenwärtig werden auf dem Gelände Ausgrabungen durchgeführt.

Die Via Dolorosa biegt hier nach links in das kaum mehr als solches erkennbare Tal ein, das die Altstadt von Norden nach Süden durchquert. Heute wird es meist einfach *Stadttal* genannt, der klassische (griechische) Name ist *Tyropoiontal*, „Käsemacher-Tal". Die großen Steinplatten, die hier auf der „Talstraße" auffallen, sind zwar antik, lagen aber in römischer Zeit 2 m tiefer; nicht beseitigter Schutt der Jahrhunderte hat zur Auffüllung des Talgrunds geführt.

An der Kapelle gegenüber dem Österreichischen Hospiz:
3. Station: Jesus fällt zum ersten Mal unter dem Kreuz.

> Wir hatten uns alle verirrt wie Schafe, jeder ging für sich seinen Weg. Doch der HERR lud auf ihn die Schuld von uns allen. Er wurde misshandelt und niedergedrückt, aber er tat seinen Mund nicht auf, wie ein Lamm, das man zum Schlachten führt (Jes 53,6-7).

Von einem Sturz Jesu ist in den Evangelien nichts erwähnt, wie überhaupt der Kreuzweg von keinem der Evangelisten näher beschrieben wird. Doch die berichtete Begebenheit von Simon von Zyrene (5. Station) legt etwas Derartiges nahe. Überhaupt wurde dem betrachtenden christlichen Gebet der fallende und sich wieder aufraffende Gottmensch Jesus so wichtig, dass ihn gleich drei Stationen (auch die 7. und 9.) zum Thema haben.

Die Kapelle gehört den katholischen Armeniern, die daneben ihr Patriarchat haben. Ein Relief von A. Minghetti über dem Eingang der Kapelle zeigt Jesus gefallen unter dem Kreuz. Die Ausgestaltung der Kapelle durch T. Zielinski wurde 1947 von polnischen Soldaten gestiftet, die auf Seiten der Alliierten gekämpft hatten.

Daneben, am Eingang zum Patriarchat der katholischen Armenier:
4. Station: Jesus begegnet seiner Mutter.

> Die Kelter trat der Herr gegen die Jungfrau, Tochter Juda. Darüber muss ich weinen, von Tränen fließt mein Auge. Fern sind alle Tröster, mich zu erquicken (Klgl 1,15-16).

> Für den Leib Christi, die Kirche, ergänze ich das, was an den Leiden Christi noch fehlt (Kol 1,24).

Zwar findet die Mutter Jesu nur im Johannesevangelium und erst unter dem Kreuz Jesu Erwähnung (Joh 19,25-27), aber christliche Frömmigkeit konnte sich nicht vorstellen, dass Maria nicht früher herbeigeeilt sei, und fügte diese leidvolle Begegnung in den Kreuzweg ein. Auch die großen Passionen der Barockzeit, etwa eines Johann Sebastian Bach, sind voll solcher betrachtender Ergänzungen. Über der Türe hat wiederum T. Zielinski dies in Stein dargestellt.
Bis 2008, als die 3. Station und das armenisch katholische Patriarchat renoviert wurden, wurde die 4. Station einige Schritte weiter, bei einer winzigen Kapelle verehrt, die inzwischen aufgegeben wurde.
Die Kirche, Sitz des Patriarchalvikars der katholischen Armenier, erhebt sich erhöht in einem Hof und stammt aus dem Jahr 1881. Sie heißt, beeinflusst von der hier verehrten 4. Kreuzwegstation, Kirche von der *Ohnmacht Unserer Lieben Frau*. Pilger stellten sich vor, Maria sei ohnmächtig geworden, als sie ihren Sohn mit dem Kreuz sah. Mosaikreste unter der Kirche bezeugen eine römische Villa und eine byzantinische Kirche, die vielleicht der *Sophia* („Weisheit") geweiht war. Dann wäre dies der Ort, an dem man in byzantinischer Zeit das Haus des Pilatus vermutete. Bereits vor 614 n.Chr. zeigte man im Mosaikboden zwei Sandalen (als Ort, an dem Jesus – oder aber Maria – stand?). Diese Sandalendarstellung wurde zwar damals als Argument für die Richtigkeit des Kreuzweges benutzt, beweist aber genau genommen gar nichts; solche Mosaike wurden verschiedentlich im Eingangsbereich römischer Villen gefunden (z.B. in Madaba/Jordanien) und bedeuteten wohl nichts anderes als die Aufforderung an die Gäste: „Schuhe ausziehen!" In der Krypta der Kirche wurde 2009 ein moderner Altar errichtet, der tagsüber zur eucharistischen Anbetung einlädt. Der vom polnischen Künstler Mariusz Drapikowski gestaltete Altar wurde durch die Brigittenkirche in Danzig inspiriert. Diese, im Zweiten Weltkrieg zerstört und 1975 wieder aufgebaut und modern ausgestattet, war die Kirche der Danziger Werftarbeiter und damit das Zentrum des polnischen Widerstandes gegen den Kommunismus.

Wenige Schritte weiter verlässt die Via Dolorosa die Talstraße:

5. Station: Simon von Zyrene hilft Jesus das Kreuz zu tragen.
Dies ist eine Begebenheit, die aus der biblischen Leidensgeschichte
stammt. Der Gemeinde, aus der das Markusevangelium kommt,
muss dieser Simon eine bekannte Persönlichkeit gewesen sein, denn
auch die Namen seiner beiden Söhne werden genannt:

> Dann führten sie Jesus hinaus, um ihn zu kreuzigen. Einen
> Mann, der gerade vom Feld kam, Simon von Zyrene, den Va-
> ter des Alexander und des Rufus, zwangen sie, sein Kreuz zu
> tragen (Mk 15,20-21).

> Ihm luden sie das Kreuz auf, damit er es hinter Jesus hertrage
> (Lk 23,26).

> Amen, ich sage euch: Was ihr für einen meiner geringsten
> Brüder getan habt, das habt ihr mir getan (Mt 25,40).

Bereits der italienische Dominikaner Ricoldus de Monte Crucis (bei
Florenz) nennt in seinem Pilgerbericht von 1294 diese Station und
erwähnt dabei: „Dort gleich in der Nähe ist der Ort, der den Minderen Brüdern (den Franziskanern) gehörte." Dies ist die erste Bezeugung der Franziskaner in Jerusalem. Freilich wissen wir bis heute nicht, wo sich diese Niederlassung der Franziskaner zur Kreuzfahrerzeit genau befand. Erst 1889 gelang es den Franziskanern, die
5. Station zu erwerben und die Kapelle zu erneuern.

Der Kreuzweg verlässt an der 5. Station die Talstraße und wendet
sich nach rechts aufwärts. Geradeaus, der Talstraße entlang, kann
man parallel zur westlichen Umfassungsmauer des Tempelbezirks
bis zur Klagemauer gehen (siehe S.418). Nach links (Osten) zweigen drei Gassen zu Toren ab, die in den Tempelbezirk/*Haram asch-
Scharif* führen – sie können allerdings von Nicht-Muslimen nur als
Ausgänge benutzt werden. Die dritte, ganz überwölbte Gasse ist der
Suq al-Qattanin, der „Baumwollhändler-Markt". Von diesem aus
erreicht man, rechts durch den Hof vom *Center for Jerusalem Studies* der *al-Quds University,* der (arabischen) Jerusalem-Universität,
den *Hammam al-Ain,* „Quell-Bad", ein altes türkisches Bad, das
2010 renoviert wurde. Es dient leider nicht mehr dem ursprünglichen Zweck, kann aber immerhin besichtigt werden kann.
In dieser Gegend der Stadt haben sich eine Reihe (etwa 80) mamlu-
kischer Bauten mit typischen, mehrfarbigen überwölbten Eingängen
erhalten. Dies waren religiöse Einrichtungen und Stiftungen, mit denen die neuen Herrscher nach der Kreuzfahrerzeit diesem Teil der
Stadt sein muslimisches Gepräge zurückgeben wollten.

Weiter auf dem Kreuzweg folgt der charakteristischste Teil der Via Dolorosa, ein Treppenweg, der von Bögen überwölbt ist. Etwa in der Mitte des Aufstiegs zwischen Talstraße und Basarstraße:

6. Station: Veronika reicht Jesus das Schweißtuch.

> Er hatte keine schöne und edle Gestalt, so dass wir ihn anschauen mochten. Er sah nicht so aus, dass wir Gefallen fanden an ihm. Er wurde verachtet und von den Menschen gemieden, ein Mann voller Schmerzen (Jes 53,2-3).

> Erbarmt, erbarmt euch meiner, ihr, meine Freunde! Denn Gottes Hand hat mich getroffen (Ijob 19,21).

Die Begegnung mit Veronika ist in keinem der Evangelien enthalten, findet jedoch in der biblischen Zwiesprache Jesu mit den weinenden Frauen (s.u., 8. Station) einen Anhaltspunkt. Man erklärt den Namen *Veronika* als Bezeichnung des Abdrucks des Antlitzes Jesu, der sich nach der Legende dem Schweißtuch der Veronika wunderbar eingeprägt habe: *Vera* (lat.) *Eikon* (griech), „wahres Bild". Dieses Antlitz Christi auf dem Tuch der Veronika war im späteren Mittelalter sehr verbreitet. Überzeugender, ohne diese Erklärung völlig auszuschließen, ist die Deutung, *Veronika* sei eine Latinisierung des griechischen Frauennamens *Berenike*; die Schwester des Königs Herodes Agrippa II. (Apg 25,13) hieß beispielsweise so. Schon seit Ende der Antike begegnet die Gestalt der *Berenike/Veronika* in legendenhaften christlichen Schriften.

Das Haus der Veronika gehört der griechisch-katholischen Kirche. Die geschmackvolle Kapelle wird von den Kleinen Schwestern Jesu des seligen Charles de Foucauld betreut.

An der belebten Kreuzung mit der Basarstraße:

7. Station: Jesus fällt zum zweiten Mal unter dem Kreuz.

> Meine Kehle ist trocken wie eine Scherbe, die Zunge klebt mir am Gaumen, du legst mich in den Staub des Todes (Ps 22,16).

> Was ist meine Kraft, dass ich aushalten könnte, Ist meine Kraft denn Felsenkraft, ist mein Fleisch denn aus Erz? (Ijob 6,11-12).

Die heutige Basarstraße entspricht dem Cardo Maximus von Aelia Capitolina. Eine Säule an der gegenüberliegenden Seite des Basars neben der Kapelle der Franziskaner ist ein Hinweis darauf, in der Kapelle selbst wurde eine weitere Säule des Cardos freigelegt. Das Altarbild der winzigen Kapelle, die 2013 renoviert wurde, stammt von François Lafon (1899) und stellt den Fall Jesu dar. Neben dieser Kapelle wurde in den 90er-Jahren ein Gottesdienstraum eingerichtet, der Pilgergruppen die Möglichkeit gibt, abseits des Trubels der Basargasse einen ruhigeren Platz zu finden. Über der Kapelle befindet sich eine geräumige Kirche, die vor allem von Gebetsgruppen der katholischen Pfarrei genutzt wird.

An dieser Stelle endete der Teilkreuzweg des späten Mittelalters, der die Stationen innerhalb der Grabeskirche als eigene Andacht beiseite ließ. Man zeigte hier die *Porta Iudiciaria* (das „Richt-Tor").

Auf der anderen Seite des Basars steigt die Via Dolorosa weiter an. Nach wenigen Stufen ist links in der Wand ein kleines Kreuz zu sehen mit der griechischen Umschrift: *IC XC NIKA,* „J(esu)s Ch(ristu)s siegt". Es ist das Zeichen der

8. Station: Jesus begegnet den weinenden Frauen.

Diese Begebenheit entstammt dem Lukasevangelium:

> Es folgte eine große Menschenmenge, darunter auch Frauen, die um ihn klagten und weinten. Jesus wandte sich zu ihnen um und sagte: Ihr Frauen von Jerusalem, weint nicht über mich; weint über euch und eure Kinder! Denn es kommen Tage, da wird man sagen: Wohl den Frauen, die unfruchtbar sind, die nicht geboren und nicht gestillt haben. Dann wird man zu den Bergen sagen: Fallt auf uns!, und zu den Hügeln: Deckt uns zu! Denn wenn das mit dem grünen Holz geschieht, was wird dann erst mit dem dürren werden? (Lk 23,27-31)

> Jerusalem, Jerusalem, du tötest die Propheten und steinigst die Boten, die zu dir gesandt sind. Wie oft wollte ich deine Kinder um mich sammeln, so wie eine Henne ihre Küken unter ihre Flügel nimmt; aber ihr habt nicht gewollt (Lk 13,34).

Wenig unterhalb der 8. Station führt eine Treppe hinauf zum *Johanniterhospiz.* Die Johanniter wurden 1813 durch Friedrich Wilhelm III. von Preußen als evangelischer Zweig des Malteserordens (ursprünglich: Johanniterorden) neu gegründet. Die Johanniter errichteten 1858 mit Hilfe des preußischen Staates dieses Hospiz – der Name „Hospiz" bedeutet ursprünglich nichts anderes als Gästehaus. Zu Beginn des Zweiten Weltkriegs musste das Hospiz schließen, erst 1986 konnte es wieder eröffnet werden. Seit 1994 betreut die Jesus-Gemeinschaft aus Marburg die kleine, familiäre Pilgerunterkunft, die auch zu regelmäßigen Gebetstreffen und Vorträgen einlädt.

Da der frühere direkte Weg nicht mehr existiert, macht der Kreuzweg einen Umweg; man kehrt auf die Basarstraße zurück und geht ein Stück südlicher die nächste Treppe rechts aufwärts zum koptisch-orthodoxen Patriarchat. Davor markiert links eine Säule die

9. Station: Jesus fällt zum dritten Mal unter dem Kreuz.

> Ich aber bin ein Wurm und kein Mensch, der Leute Spott, vom Volk verachtet. Alle, die mich sehen, verlachen mich, verzie-

hen die Lippen, schütteln den Kopf: „Er wälze die Last auf den Herrn, der soll ihn befreien! Der reiße ihn heraus, wenn er an ihm Gefallen hat" (Ps 22,7-9).

Die offiziellen Kreuzwegsprozessionen kehren noch einmal auf die Basarstraße zurück und erreichen um das russische Alexanderhospiz (siehe S.412) herum die Heilig-Grab-Basilika, in der die übrigen fünf Kreuzwegstationen gebetet werden. Man kann aber auch abkürzen und bei der Säule der 9. Station in den Hof über der Helenakapelle eintreten, deren kleine Kuppel in der Mitte sichtbar ist.

Der Hof gehörte zum Kloster der Augustiner-Chorherren, die während der Kreuzfahrerzeit den Dienst am Heiligen Grab versahen. Auf der Südseite ist das Refektorium noch teilweise erhalten. Heute sind über diesen Hof die winzigen Zellen des äthiopisch-orthodoxen Klosters verstreut. Ein besonderes Erlebnis ist die farbenfrohe Osterprozession der Äthiopier am Karsamstag Abend.

Die äthiopischen Mönche haben nichts dagegen, wenn man durch ihre Kapelle und die darunter liegende Michaelskapelle auf kürzestem Weg die Kirche des Heiligen Grabes erreicht – zumal sie für ein kleines Almosen dankbar sind. Denn von der 8. zur 10. Station ist der heutige Kreuzweg nur ein Notbehelf; der einstmalige Weg an der 9. Station vorbei ist durch spätere Bauten versperrt.

In der *Kapelle der orthodoxen Äthiopier* zeigen zwei große Wandgemälde die Heiligste Dreifaltigkeit in der ungewohnten Darstellung von drei völlig gleichen Männern (vgl. Gen 18,2) sowie den Besuch der Königin von Saba bei König Salomo (1 Kön 10,1-13). Die früheren Herrscher (Negus) von Äthiopien leiteten ja ihren biblischen Ehrentitel „Löwe aus dem Stamme Juda" (Gen 49,9-10) von einer vermuteten Verbindung der Königin von Saba mit König Salomo her. In der tiefer gelegenen, ebenfalls äthiopischen, *Michaelskapelle* verdient die in kostbarem Holz eingelegte Ikonostase besondere Beachtung.

Zur Fortsetzung des Kreuzwegs innerhalb der Grabeskirche siehe S.374.

Vom Damaskustor zum Stefanstor

Das *Damaskustor* gilt als das schönste der Stadttore. Ausgrabungen ergaben, dass es schon seit römischer (hadrianischer) Zeit bestand, aber damals auf einem tieferen Niveau lag. Zur Kreuzfahrerzeit wurde das Tor erweitert und mit einem Knick versehen, um es leichter verteidigen zu können. Seine heutige Gestalt mit den vielen Zinnen verdankt das Tor Suleiman dem Prächtigen, der es 1538 fertigstellte.

In der Antike hieß das Tor *Galiläator* oder *Stefanstor* (siehe S. 381).
Heute heißt es in den europäischen Sprachen *Damaskustor*, auf Hebräisch *Scháar Schchem*, „Nablus-Tor", nach zwei Städten, die in
dieser Richtung liegen. Im Arabischen hat sich ein alter Name erhalten (seit dem 10. Jh. belegt): *Bab al-Amúd*, „Säulen-Tor" – auf der
Madabakarte aus dem 7. Jh. (siehe Tafel XVIIa) ist auf dem Platz innerhalb des Tores tatsächlich eine freistehende Säule zu sehen.

Die Plätze außerhalb und innerhalb des Tores vermitteln bis heute
etwas von der Zentrums- und Marktfunktion, welche die Stadttore
schon in biblischer Zeit hatten – vgl. 2 Kön 7,1, wo der Prophet Elischa das Ende der Not folgendermaßen ankündigt: „Morgen um diese Zeit kostet am Tor … ein Sea Feinmehl nur noch einen Schekel".

Am Damaskustor fing der *Cardo Maximus* der hadrianischen Stadt
Aelia Capitolina an, der heute eingeengt als *Basar* der Altstadt wei-
terlebt (innerhalb des Tores nach den abwärts führenden Stufen
halbrechts). Die zweite repräsentative Jerusalemer Nord-Süd-Straße
beginnt gleichfalls beim Damaskustor; sie hält sich innerhalb des
Tores halblinks und folgt dem Stadttal. Nach der Madabakarte (siehe Tafel XVIIa) war auch diese Straße, ähnlich dem Cardo, wenigstens auf einer Seite mit Säulen prächtig ausgestattet. Diese *Talstraße*
stößt bei der 3. Station auf die Via Dolorosa, die an der 5. Station
wieder von ihr abbiegt, und führt westlich am Tempelberg/*Haram
asch-Scharif* entlang zur Klagemauer. Diese beiden Hauptgassen
sind ein willkommene Orientierungshilfe im Gewirr der Gassen und
Gässchen. Sie durchziehen die Stadt in der Form eines auf den Kopf
gestellten Y.

Am Damaskustor und in der Talstraße stoßen – vor allem freitags –,
wie kaum anderswo, die Welten zusammen, die das Jerusalemer Leben kennzeichnen. Hier ist der kürzeste Weg vom ultra-orthodoxen
Stadtteil Mea Schearim und anderen nördlichen Vierteln zur Klagemauer. So wird dieser Weg von frommen Juden besonders am Vorabend von Sabbaten und Festen eilends benutzt – zur Festesfreude
muss man eilen, auf dem Heimweg dagegen sich Zeit lassen und die
Feier nachklingen lassen. Für viele Muslime, die außerhalb der Altstadt oder außerhalb Jerusalems wohnen, ist dies ebenfalls der be-
quemste Weg in die Altstadt und zum Freitagsgebet in der al-Aqsa-
Moschee. In Zeiten politischer Spannungen errichtet hier das Militär
Kontrollpunkte und schließt eventuelle Provokateure vom Moschee-
besuch aus; das sind nach gängiger Meinung alle Männer zwischen
16 und 45 Jahren (in Mitteleuropa würden deutlich weniger Gottes-
dienstbesucher in dieses Raster fallen). Für Christen hat das Damaskustor keine religiöse Bedeutung; weiter unten kreuzt aber der
Kreuzweg die Wege der Juden und Muslime, die zum Gebet gehen
oder von diesem kommen. Und schließlich ist das Tor für viele Besucher ein malerischer Platz mit orientalischem Flair.

Zur Zeit Jesu verlief die nördliche Stadtmauer weiter südlich, die
Gegend um Golgota und das Grab Jesu lag ja damals außerhalb der
Stadt. Freilich wissen wir wenig Gesichertes über den damaligen
Verlauf der Nordmauer, der sogenannten „Zweiten Mauer" aus der
Zeit Herodes' des Großen. Agrippas I. (40–44 n.Chr.) ließ das um-
mauerte Stadtgebiet erneut nach Norden hin erweitern und die
„Dritte Mauer" errichten. Auch deren Verlauf ist nicht gesichert, es
gibt zwei Haupthypothesen: entweder längs der heutigen nördlichen
Stadtmauer oder aber (das gilt heute als wahrscheinlicher) ein ganzes Stück weiter im Norden (siehe S.537). Nach der Zerstörung Jerusalems 70 n.Chr. blieb die Stadt zunächst ohne schützende Mauern. Erst gegen Ende des 3.Jh. wurde die Stadt wieder mit einem
Mauerring befestigt. Die Nordmauer verlief dort, wo bis heute die
Stadtmauer ist. Die Nordflanke Jerusalems war die am schwersten
zu verteidigende, da die Stadt hier nicht durch tiefe Täler geschützt
war. So wurde dieser Teil der Mauer in den folgenden Jahrhunderten mehrfach zerstört und wiederaufgebaut, aber stets an derselben
Stelle. Ihr heutige Gestalt verdankt sie, wie das Damaskustor, Suleiman dem Prächtigen (1540).

Teile des römischen Stadttors und der Kreuzfahreranlagen wurden
ausgegraben und können besichtigt werden. Man erreicht die Ausgrabungen, indem man zunächst durch das Damaskustor aus der
Altstadt hinausgeht. Nach wenigen Schritten, wo die Stufen nach
oben beginnen, wendet man sich nach links (ohne die Stufen hinauf-
zugehen). Bald zweigen nach links unten Stufen ab, die zu einem
Gang führen, der unter dem Vorplatz des Tores hindurchführt. Nach
diesem Durchgang sieht man zur Rechten das östliche Seitentor der
einst dreitorigen römischen Anlage. Dieses Tor, wahrscheinlich aus
der Zeit Kaiser Hadrians (um 135 n.Chr.), war zunächst nicht Teil
der Stadtbefestigung – ein solche gab es zu jener Zeit nicht –, sondern ein Triumphtor, das die römische Herrschaft über die Stadt
sichtbar machen sollten. Durch das Tor kommt man zum römischen
Platz (*Roman Plaza,* heute unterirdisch) innerhalb des Stadttores.

Von den Ausgrabungen aus kann man auf die Mauerkrone hinaufsteigen. Nach Westen gelangt man auf der Mauer, um das christliche Viertel herum, zum Jaffator (siehe S.416). Geht man Richtung
Osten, hat man interessante Einblicke in das verwinkelte moslemische Viertel, aus fast indiskreter Nähe kann man in Höfe und Häuser
blicken. Trotz der dichten Besiedlung gibt es auch offene Plätze,
selbst Sportplätze fehlen nicht.

Die Straße, die außerhalb der Stadtmauer entlangführt, folgt dem
Graben, den die Kreuzfahrer zur Sicherung dieses Mauerabschnittes
anlegten. Von dieser Straße aus sind durch eine Tür unter der Stadtmauer die *Steinbrüche Salomos* zugänglich, eine 230 m tiefe künstliche Höhle unterhalb des Nordosthügels der Altstadt. Der Name geht

auf die jüdische und arabische Legende zurück, wonach König Salomo hier die Steine für den Tempel gebrochen hätte. Die Höhle wird auch Zidkijahöhle genannt, aufgrund der mittelalterlichen jüdischen Legende, König Zidkija sei von hier aus Richtung Jericho geflohen (vgl. 2 Kön 25,1-7). Beide Traditionen sind jedoch nicht vor dem 15. Jh. nachzuweisen. Die Höhle hat mit den biblischen Königen nichts zu tun, sondern war ein Steinbruch, der jahrhundertelang für die Monumentalbauten Jerusalems ausgebeutet wurde. Man holte die Steine gern vom höher gelegenen Norden der Stadt, weil der Transport so leichter zu bewerkstelligen war. Der Steinbruch wurde bis zur Kreuzfahrerzeit benutzt. Dir Höhle wurde wahrscheinlich durch den Mauerbau Suleimans des Prächtigen verschlossen und geriet in Vergessenheit, bis sie Mitte des 19. Jh. wiederentdeckt wurde.

Eine weitere Legende, die sich in der jüngeren Vergangenheit um die Höhle gebildet hat, sieht in ihr einen Versammlungsort der Freimaurer, die sich hier in Erinnerung an den weisen Baumeister Salomo getroffen hätten.

Östlich vom Damaskustor erreicht man das bescheidenere *Herodestor*. Arabisch bzw. hebräisch heißt es *Bab as-Sáhira/Scháar ha-Prachím*, „Blumen-Tor", nach dem im Stein angebrachten Blumenschmuck. In jüngerer Zeit nennen die Araber das Tor auch *Bab al-Baríd*, „Post-Tor", da ihm gegenüber die Ost-Jerusalemer Hauptpost liegt. Der hergebrachte Name *Herodestor* rührt davon her, dass man im späten Mittelalter zwischen diesem Tor und der Burg Antonia die Residenz des Herodes Antipas vermutete, des Landesherrn Jesu, zu dem Jesus nach dem Verhör bei Pilatus geschickt wurde (Lk 23, 6-12; siehe S. 458)

Auf dem Weiterweg längs der Stadtmauer erreicht man über den an der Nordostecke der Altstadt liegenden *Storchenturm* das Stefans-/Löwentor (siehe S. 381).

24. DAS CHRISTLICHE VIERTEL

Geistlicher, wenn auch nicht räumlicher Mittelpunkt des christlichen Viertels ist die Basilika des Heiligen Grabes (siehe Kapitel 22). Hauptstraße des Viertels ist die teils überwölbte *Christian Quarter Road*, die „Straße des christlichen Viertels", die oberhalb der Grabeskirche vorbeiführt.

Das christliche Viertel wird im Norden und Westen von der Stadtmauer umschlossen. Die östliche Abgrenzung ist die Basarstraße auf der Linie des antiken *Cardo Maximus,* während die *Davidstraße* vom Jaffator aus die Querstraße (*Decumanus*) der römischen Stadtanlage war und heute als Südrand des christlichen Viertels gilt.

Im dicht besiedelten Viertel – allein die Kustodie des Heiligen Landes unterhält hier 450 Wohnungen für christliche Familien – ist der Sitz mehrerer der wichtigsten christlichen Institutionen des Heiligen Landes. Aber auch kleine, versteckte Kirchen und Klöster, Moscheen und – in jüngerer Zeit – jüdische Siedlungen fehlen nicht.

Der *Muristan*: Von der südöstlichen Ecke des Hofes der Grabeskirche (aus der Kirche kommend nach links) führt ein kleines Tor in das *Muristanviertel,* an dessen Rand die evangelische *Erlöserkirche* ins Auge fällt. Der Muristan war bis zum Ende der Kreuzfahrerzeit die repräsentativste Zone Jerusalems. Zwischen dem Basar im Osten und der *Christian Quarter Road* im Westen erstreckte sich in der hadrianischen Stadt Aelia Capitolina der Stadtplatz, das *Forum.* Dieses schloss sich südlich an den monumentalen Aphroditetempel an, der an der Stelle der späteren Grabeskirche stand. Im 5. Jh. stiftete Kaiserin Eudokia hier, in der Nachbarschaft der Grabeskirche, ein Hospital, das im 8. Jh. unter dem Kalifen al-Mansur zerstört wurde. Unter Harun ar-Raschid wurde hier ein Benediktinerkloster und die Kirche *Sancta Maria Latina* errichtet (s. u.). Italienische Kaufleute aus Amalfi unterhielten hier ein Handelskontor und gründeten um 1073 wieder ein Hospital. Namensgebend für das Hospital war die *Kirche Johannes' des Täufers* in der Südwestecke des Muristan (heute griechisch-orthodox, mit silberner Kuppel). Sie hat eine bemerkenswerte Krypta in Form eines Kleeblattes aus dem 5. Jh., während die Oberkirche mittelalterlich ist. Nach der Ankunft der Kreuzfahrer gewann dieses *Hospital zum hl. Johannes* immer mehr an Bedeutung und wurde zur namensgebenden Wiege des *Johanniterordens* (1113 offiziell errichtet), ursprünglich ein Krankenpflegeorden, der bald auch militärische Aufgaben übernahm und zu einem der bedeutendsten Machtfaktoren des Mittelalters wurde. Nach der Niederlage gegen Saladin wurde sein Sitz nach Akko verlegt und trug dieser Stadt den Namen *St. Jean d'Acre* (franz. „St. Johannes von

Akko") ein. Später musste sich der Orden nach Rhodos und schließlich nach Malta zurückziehen – daher sein heutiger Name *Malteser.*
Von dieser Hospitaltradition her, die unter den Mamluken weiter-
ging, bürgerte sich für diesen Stadtteil die Bezeichnung *Muristan*
(vom persischen *Bimaristan,* „Hospital") ein. Die westliche Hälfte
des Muristan überließ die osmanische Regierung dem griechisch-orthodoxen Patriarchat, das hier einen großzügig angelegten Basar errichten ließ. Darunter befand sich im Mittelalter eine weitere Kirche, von der heute nichts mehr sichtbar ist, *Sancta Maria Maior,* die
„große Marienkirche", mit einem Nonnenkloster.

Nördlich vom Muristan steht das *Alexanderhospiz,* ein russisches
Nonnenkloster mit Kirche, das heute der russisch-orthodoxen Aus-
landskirche gehört. Das Hospiz wurde 1887 von Zar Alexander III.
zu Ehren des als Heiligen verehrten Großfürsten *Alexander Newski*
(1220–1263) erbaut. Es birgt bedeutende, aber unübersichtliche
Überreste aus der Zeit der Kaiser Hadrian und Konstantin. Man
sieht zunächst die Reste eines Bogens, der auf das hadrianische Forum führte. Geht man zu diesem Bogen hinab und wendet sich nach
links, steht man auf antikem (hadrianischem?) Steinpflaster. Die
Stufen, die von dort aus nach links oben führen, sind jüngeren Datums. Geradeaus sieht man eine verehrte Torschwelle. Diese wurde
von den ersten Ausgräbern (und wird von den russisch-orthodoxen
Besitzern bis heute) für das „Richttor" und damit für einen Teil der
Zweiten Mauer gehalten. Diese Deutung ist freilich heute weitgehend aufgegeben. Im Raum hinter dieser Schwelle sieht man zur
Linken monumentales Mauerwerk, ein Stück der Terrasse, auf der
entweder der hadrianische Tempel oder die Grabeskirche Konstantins (oder beide) standen. Eine Fortsetzung dieser Terrassenmauer
hat man in der Backstube eines Bäckerladens am Aufgang zur 9.
Kreuzwegstation gefunden.

Die *evangelische Erlöserkirche* steht auf den Grundmauern der
frühmittelalterlichen Kirche *Sancta Maria Latina,* allerdings ist das
heutige Fußbodenniveau der Kirche 2,10 m höher als das des Vorgängerbaus. Diese war, wie der Name andeutet, die Kirche der lateinischen Christen. Sie wurde 1009 ebenso wie die Grabeskirche vom
blindwütigen Kalifen al-Hakim zerstört, konnte aber wieder aufgebaut werden. 1869 schenkte Sultan Abdulaziz diesen Teil des herun-
tergekommenen Muristans mit dem, was von Sancta Maria Latina
noch übrig war, dem preußischen Kronprinzen Friedrich Wilhelm
(auf dessen Weg zur Einweihung des Suezkanals). Damit erhielten
die deutschen Protestanten den Vorzug, in unmittelbarer Nachbarschaft der Grabeskirche ansässig zu werden. Nach den Plänen des
Berliner Architekten Friedrich Adler entstand ab 1893 die Erlöser-

kirche als neoromanische Basilika mit drei Apsiden. Den Plan für den Turm lieferte Kaiser Wilhelm II. persönlich nach einem romanischen Vorbild aus Tivoli bei Rom. Ein noch vorhandenes altes Portal, das alte Hauptportal in Richtung Grabeskirche, wurde in die Nordseite der Kirche einbezogen. Anlässlich des Staatsbesuchs 1898 im Osmanischen Reich konnte die Kirche am Reformationstag im Beisein des Kaiserpaares eingeweiht werden.

Bei der Renovierung der Kirche 1970-74 wurde der Untergrund durch Ute Wagner-Lux vom Deutschen Evangelischen Institut für Altertumswissenschaft des Heiligen Landes bis in eine Tiefe von 14 m untersucht. Die Ausgrabungen, die seit 2012 unter der Kirche zugänglich sind, brachten folgende Ergebnisse: Zuunterst fand sich ein Steinbruchgelände, das bis in die Zeit von Herodes dem Großen (37 – 4 v.Chr.) genutzt wurde, wohl für seine Monumentalbauten. Dieses Gelände wurde in den folgenden Jahren mit Müll und Erde aufgefüllt und landwirtschaftlich genutzt, was dem ähnlichen Befund unter der Grabeskirche entspricht und deren Lokalisierung bestätigt (vgl. Joh 19,41: „An dem Ort, wo man ihn gekreuzigt hatte, war ein Garten"). Dagegen konnte die Meinung der Pionierarchäologen aus dem 19.Jh. nicht bestätigt werden, sie hätten hier die „Zweite Mauer" gefunden. Diese ebenfalls von Herodes dem Großen errichtete Mauer war Teil seiner Stadterweiterung und damit der Stadtmauer zur Zeit Jesu. Ihr Verlauf konnte bis heute nicht sicher geklärt werden. Der Bereich der heutigen Erlöserkirche erwies sich aber als außerhalb der Stadtmauer liegend – ein wichtiges Argument für die Echtheit Golgotas und des Grabes Christi. Die aus großen, grob behauenen Steinen errichtete Mauer unter der Kirche, die man zunächst für die Zweite Mauer gehalten hatte, war die Stützmauer einer Terrasse, die unter Kaiser Hadrian über dem zerklüfteten Gelände aufgeschüttet wurde, um dort den großen Aphroditetempel zu errichten. Des Weiteren kann man im Ausgrabungsareal ein byzantinisches Straßenpflaster, ein einfaches Mosaik aus der Kreuzfahrerzeit sowie den Grundstein der heutigen Erlöserkirche sehen. Von der Kirche aus kann man über 178 Stufen auf den 45,5 m hohen Turm steigen, der einen lohnenden Rundblick auf das Gassengewirr der Jerusalemer Altstadt und weit darüber hinaus bietet.

Südlich an die Kirche schließt sich ein stimmungsvoller zweigeschossiger Kreuzgang an, der auf das Mittelalter zurückgeht und später als Karawanserei genutzt wurde. Im Untergeschoss befindet sich eine Ausstellung über die Geschichte und die Archäologie des Ortes. Im ersten Stock liegen zwei mittelalterliche Säle; einer von beiden dient heute als Kapelle. Um den Kreuzgang herum gruppieren sich die Räume der evangelischen Propstei – der Propst ist der Vorsteher der deutschsprachigen evangelischen Kirche des Heiligen Landes. Zur Propstei gehören außerdem die Martin-Luther-Schule und ein Pilgerhaus, das „Lutherische Hospiz".

Verlässt man den Hof der Grabeskirche von der Kirche kommend nach rechts oben (nach Westen), befindet man sich zunächst in der *St.-Helena-Straße,* einer Stufengasse. In einem Knick dieser Gasse ist links der Eingang zur *Omarijemoschee* mit ihrem hohen viereckigem Minarett. Sie wurde im 13. Jh. in Erinnerung an den Kalifen Omar gebaut. Eine Legende erzählt folgenden Ursprung: Als im Jahr 638 Patriarch Sophronius die Heilige Stadt mit der Grabeskirche dem Eroberer Jerusalems hatte übergeben müssen, war für Omar gerade die Gebetszeit gekommen und der Patriarch lud den Kalifen freundlich ein, gleich hier in der Grabeskirche zu beten. Der kluge Kalif verrichtete sein Gebet aber außerhalb der Kirche, weil er, wohl nicht zu Unrecht, vermutete: „Sonst sagen die Muslime: Hier hat Omar gebetet und sie nehmen euch die Kirche weg!" Diese Legende stellt beiden Kontrahenten ein gutes Zeugnis aus. Sie wird schon durch den alexandrinischen Patriarchen Eutychius († 940 n. Chr.) bezeugt und hatte eine erstaunliche Wirkung für das friedliche Nebeneinander der Religionen. Die muslimischen Eroberer beanspruchten nämlich die Anastasiskirche des „Propheten" Jesus nicht für sich, sondern gaben sich zufrieden mit einer Gebetsstätte im Hof daneben.

Auf der westlichen Seite der *Christian Quarter Street* gibt es hinter den Geschäften ein großes Becken (73 × 44 m), genannt *Hiskijateich* oder auch *Patriarchenteich.* Er stand durch einen unterirdischen Kanal mit dem *Mamillateich* außerhalb der Stadtmauer in Verbindung und bildete den Endpunkt der Wasserleitung von den Quellen bei Betlehem nach Jerusalem. Wahrscheinlich wurde er durch Kaiser Hadrian angelegt. Volkstümlich wird er König Hiskija zugeschrieben, der wegen seiner Kanalbauten in der Bibel gerühmt wird (2 Kön 20,20, Sir 48,17). Heute ist das Becken leider zu einer Müllkippe verkommen.

Oberhalb (westlich) der *Christian Quarter Street* liegt das *griechisch-orthodoxe Patriarchat.* Man erreicht es über die stufige *Greek Orthodox Patriarchate Street.* Der weitläufige Komplex zu beiden Seiten der Gasse ist nicht nur der Sitz des griechisch-orthodoxen Patriarchen und der *Mönchsbruderschaft des Heiligen Grabes,* sondern auch weiterer Institutionen, die zum Patriarchat gehören: Schulen, eine Druckerei, eine Klinik, ein (derzeit geschlossenes) Museum und eine Bibliothek mit einigen tausend wertvollen Handschriften.

Am oberen Ende der *Greek Orthodox Patriarchate Street* führt die Straße nach links zum griechisch-katholischen Patriarchalvikariat. Die erste griechisch-katholische (melkitische) Kirche wurde 1848 eingeweiht und 1959 tiefgreifend erneuert. 1974/75 erfolgte die Ausmalung der Verkündigungskirche mit 518 Figuren durch die orthodoxen rumänischen Brüder Michael und Gabriel Morosan, die auch in der Gabrielskirche von Nazaret und im Ostkirchlichen Institut von Regensburg gearbeitet haben. Vom griechisch-katholischen Patriarchalvikariat kommt man nach wenigen Schritten zum Jaffator.

Nimmt man am oberen Ende der *Greek Orthodox Patriarchate Street* die schmale Stufengasse nach rechts, kommt man zur *Casa Nova* der Franziskaner (zum Namen siehe S. 124). Von hier aus erreicht man über die Gasse nach rechts unten Kloster und Kirche *St. Salvator* („zum heiligen Erlöser"). Der Eingang liegt etwas versteckt unter einem Bogen, der die Gasse überwölbt. Die Kirche, 1885 in neubarockem Stil neu gebaut, ist Pfarrkirche der ca. 6000 lateinischen Christen von Jerusalem. Sehens- (oder vielmehr hörens-) wert ist die 2008 errichtete Orgel der Vorarlberger Orgelbaufirma Rieger. Das verschachtelte Kloster mit seinen vielen Nebengebäuden und Höfen ist Sitz des *Custos Terrae Sanctae* („Hüter des Heiligen Landes") und Hauptkloster der Franziskaner für die zahlreichen Niederlassungen im Heiligen Land und im ganzen östlichen Mittelmeerraum. Die Franziskaner erwarben es mit venezianischer Unterstützung 1559 von den Georgiern, nachdem sie 1551, zu Beginn der osmanischen Herrschaft, von ihrem Stammsitz beim Abendmahlssaal vertrieben worden waren. Mit dem Kloster verbunden sind verschiedene Einrichtungen: Im *Studium Theologicum Jerosolymitanum* („Jerusalemer Theologiestudium") studieren junge Franziskaner (derzeit ca. 40) und einige andere Studenten Theologie. Die Bibliothek, deren Anfänge bis in den Konvent beim Abendmahlssaal zurückreichen, ist die älteste noch funktionierende Bibliothek im Heiligen Land; ihre Sammlung von Inkunabeln (sogenannte „Wiegendrucke", d.h. Bücher, die vor 1500 gedruckt wurden) ist die zweitgrößte im Land (nach der Jüdischen Nationalbibliothek in Jerusalem). Außerdem befindet sich im Komplex eine Schule (Terra Sancta College) und die 1995 gegründete Musikschule „Magnificat" mit ungefähr 200 Schülern (Christen, Muslime und Juden). Von den Anfängen des Klosters bis 1913 befand sich hier eine Apotheke, die als eine der besten der christlichen Welt bekannt war. Berühmt war bis nach Europa eine Salbe, der sogenannte „Balsam von Jerusalem". Eine reiche Sammlung von Gefäßen aus dem 17. und 18. Jh., hauptsächlich aus Genua und Venedig, aber auch aus verschiedenen deutschen Werkstätten, befindet sich heute im Museum der Franziskaner. Ein Museum ist im Aufbau, um liturgische Geräte und Gewänder sowie andere Kunstgegenstände einem breiteren Publikum zugänglich zu machen.

Von St. Salvator aus führt die *St. Francis Road,* die „St.-Franziskus-Straße", abwärts. Von ihr zweigt rechts (südlich) die *Christian Quarter Street* ab, über die man zur Grabeskirche gehen kann. Geht man stattdessen geradeaus abwärts weiter (jetzt heißt die Gasse *Khanka Street*), sieht man rechts an der Ecke den Eingang zur *Chanqamoschee.* Saladin ließ sie nach seinem Sieg über die Kreuzfahrer im Jahr 1187 neben der Heilig-Grab-Basilika erbauen, dort, wo bis damals der lateinische Patriarch seinen Sitz hatte. Weiter nach unten kommt man zur 8. Kreuzwegstation (siehe S.406).

Das *Jaffator* ist so erhalten, wie Suleiman der Prächtige es im 16.Jh. gestalten ließ. Das Gerücht, es sei anlässlich des kaiserlichen Einzugs von Wilhelm II. abgerissen worden, stimmt nur zum Teil. Damals wurde nämlich der Graben, der die Zitadelle vom Jaffator trennte, aufgefüllt und so das Tor umgangen – ein Eingriff, den Kaiser Wilhelm selbst als „Barbarei" bezeichnete.
Bei Ausgrabungen anlässlich von Bauarbeiten 2009 hat man 4,5 m unter dem heutigen Straßenniveau Reste des Decumanus aus byzantinischer Zeit entdeckt, der alten Hauptstraße in West-Ost-Richtung, die schon auf der Madabakarte dargestellt ist. Sie war mit großen Steinplatten gepflastert und auf mindestens einer Seite von einer Säulenreihe begrenzt.
Zu den Gebäuden südlich des belebten Platzes innerhalb des Jaffators (Zitadelle und *Christian Information Center*) siehe S.455. Nimmt man vom Jaffator aus die erste Gasse nach links (Norden), kommt man zum *lateinischen Patriarchat.* Eigentliche Kathedrale des lateinischen Patriarchen ist die Grabeskirche, die sich die lateinische Kirche freilich mit anderen Konfessionen teilt und deren katholischer Anteil von den Franziskanern betreut wird. Zum Patriarchat gehört deshalb eine *Kon-* oder *Nebenkathedrale.* Sie ist dem heiligen Namen Jesu geweiht und wurde Ende des 19.Jh. in neugotischem Stil erbaut. Ihr Schmuck sind zahlreiche Medaillons von Heiligen, die mit dem Heiligen Land in Beziehung stehen.

Geht man auf der Stadtmauer vom Jaffator aus nach Norden, sieht man mehrere kirchliche Institutionen im christlichen Viertel aus nächster Nähe, zunächst das lateinische Patriarchat, dann eine diesem angegliederte Pilgerherberge (*Knights' Palace,* „Ritter-Palast"), die Schule der *Christlichen Schulbrüder vom hl. Johann Baptist de la Salle,* und, in der nordwestlichen Mauerecke, die *al-Qaimari-Moschee.* Das Neue Tor wurde erst 1887 errichtet, um das christliche

Das Grab Jesu: während der traditionellen Grablegungsprozession
am Karfreitagabend

Karte des Heiligen Landes: der Norden

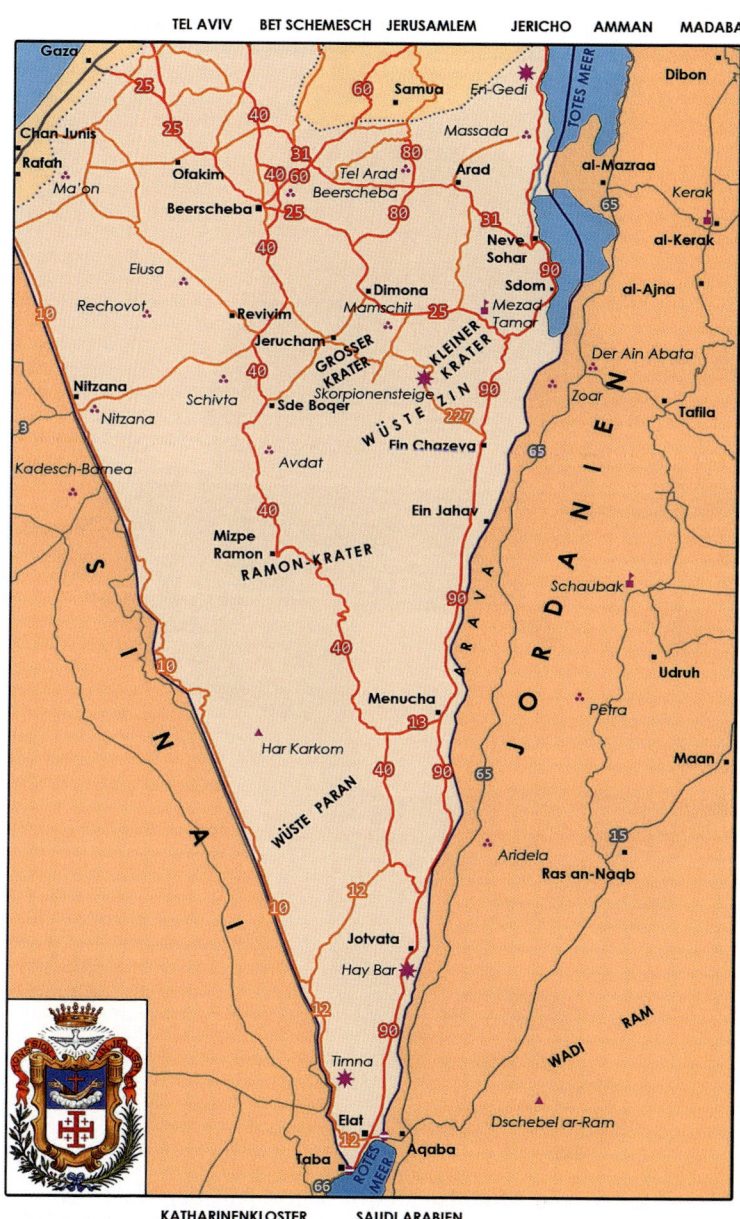

Karte des Heiligen Landes: der Süden

Mosaikkarte von Madaba (560 n. Chr.): Auf der Karte ist, wie damals üblich, Osten oben (hier ist sie um 90° gedreht). Sie reicht von Änon bei Salem am Jordan bis zum Nildelta, von Kerak in Transjordanien bis zum Mittelmeer.

Karte von Galiläa

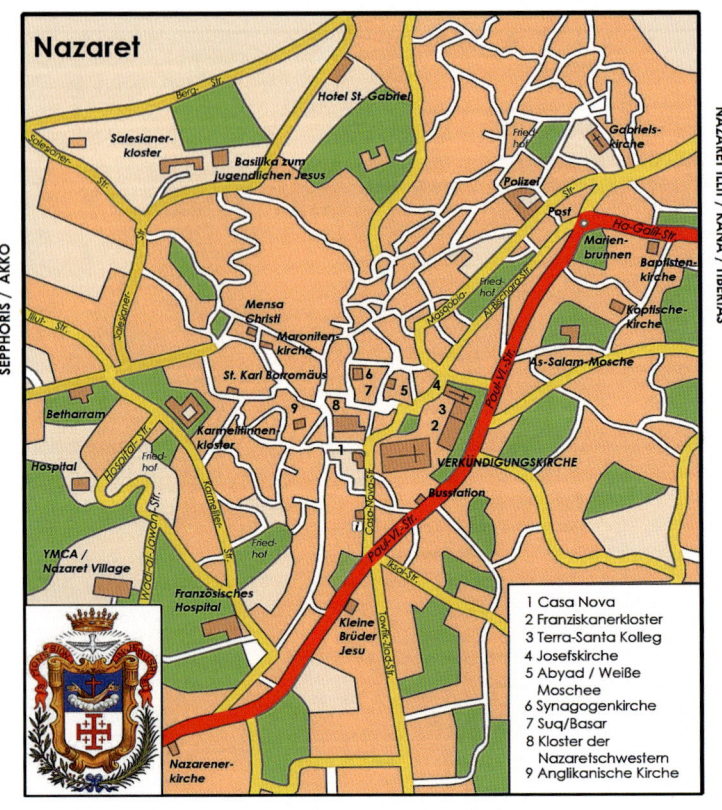

Nazaret: Stadtplan

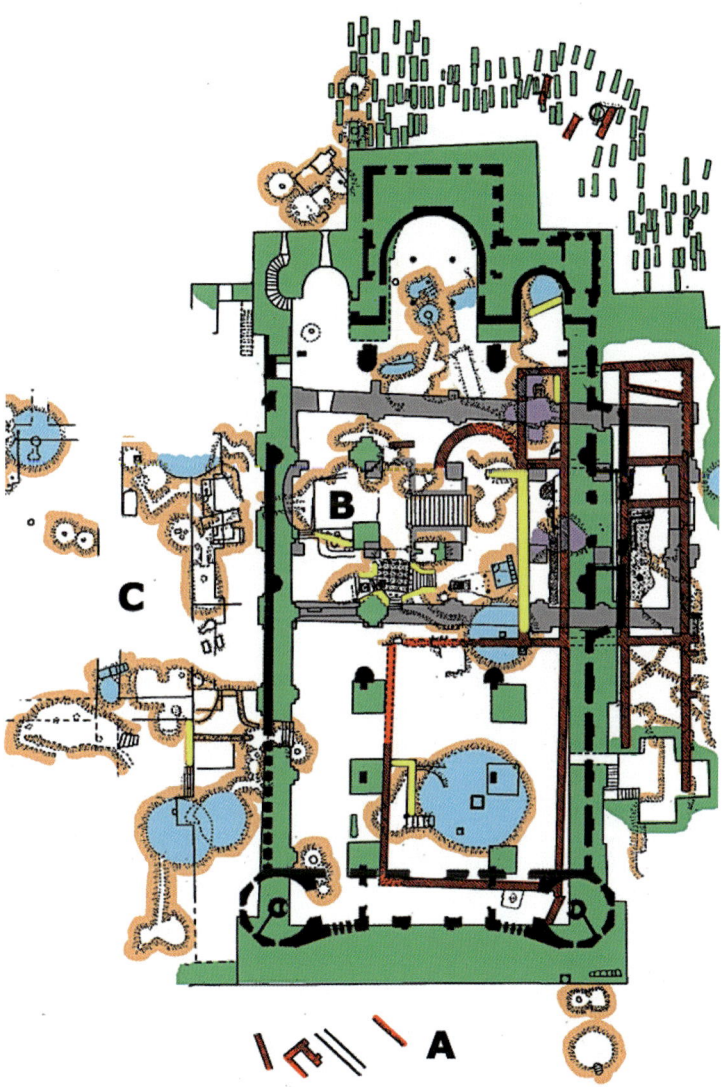

Nazaret – Übersichtsplan Verkündigungskirche: schwarz: heutige Basilika (1969); grau: Franziskanerkirche (1730 – 1880); grün: Kreuzfahrerkirche und -friedhof (12. Jh.); rot: byzantinische Kirche (5. Jh.); gelb: vorbyzantinisches Gebäude (4. Jh., Synagogenkirche?); blau: Zisternen und Bäder (ab 1. Jh. v. Chr.); orange: Wohnhöhlen (ab 8. Jh. v. Chr.), violett: Gräber (2. Jahrtausend v. Chr.); A: Vorplatz; B: Verkündigungsgrotte; C: Ausgrabungsareal

Nazaret: deutsche Mariendarstellung (Egon Lichte, 1989)

Berg Tabor: Gemälde von David Roberts (1839)

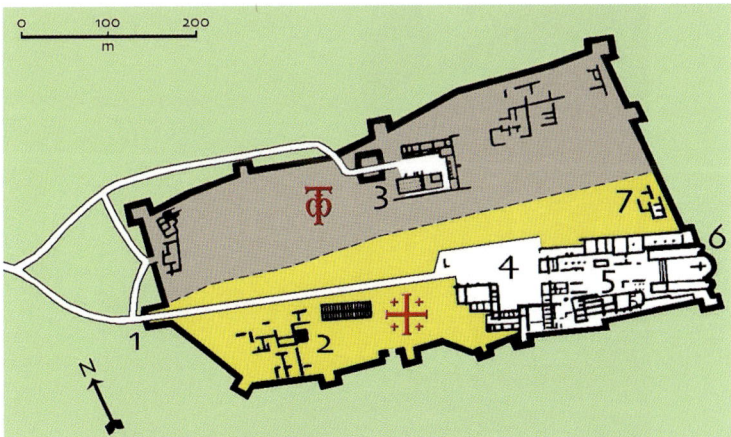

Berg Tabor – Übersichtsplan: 1. Tor der Winde; 2. Kapelle „De-scendentibus"; 3. Griechisch-orthodoxe Kirche; 4. Franziskaner-konvent und Casa Nova; 5. Ruinen des Benediktinerklosters aus der Kreuzfahrerzeit; 6. Verklärungsbasilika; 7. Kapitelsaal und Refekto-rium des Benediktinerklosters

Tabgha: Mosaik der Brotvermehrungskirche

Tabgha: Primatskapelle

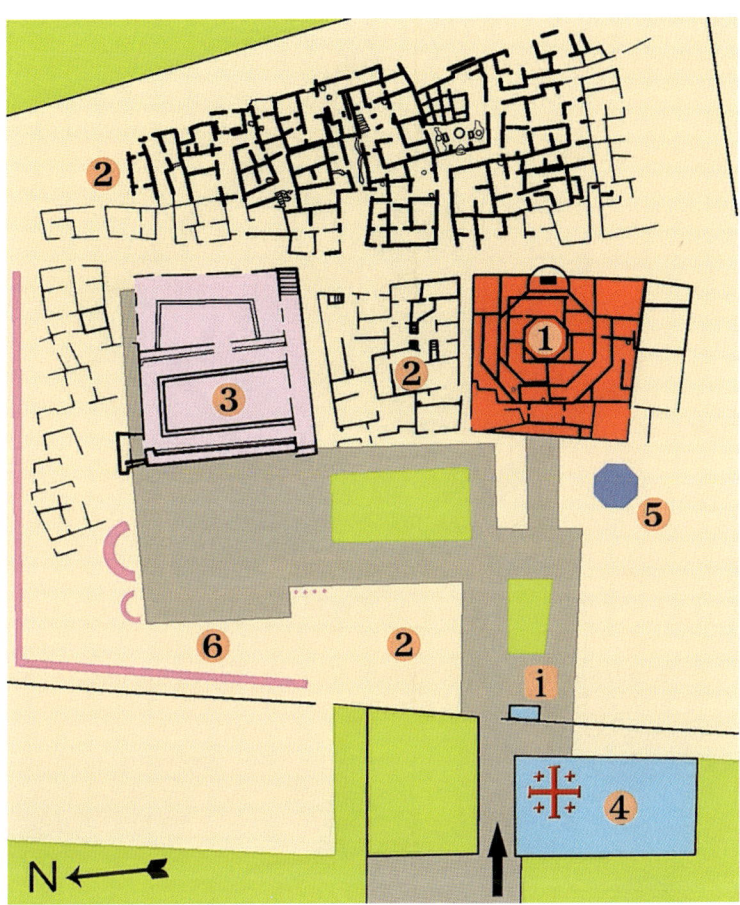

Kafarnaum – Übersichtsplan: 1. Petrushaus und byzantinische Kirche; 2. Wohnhäuser; 3. Synagoge; 4. Heutiger Franziskanerkonvent; 5. Mosaik der byzantinischen Kirche; 6. Architekturelemente, großteils von der Synagoge

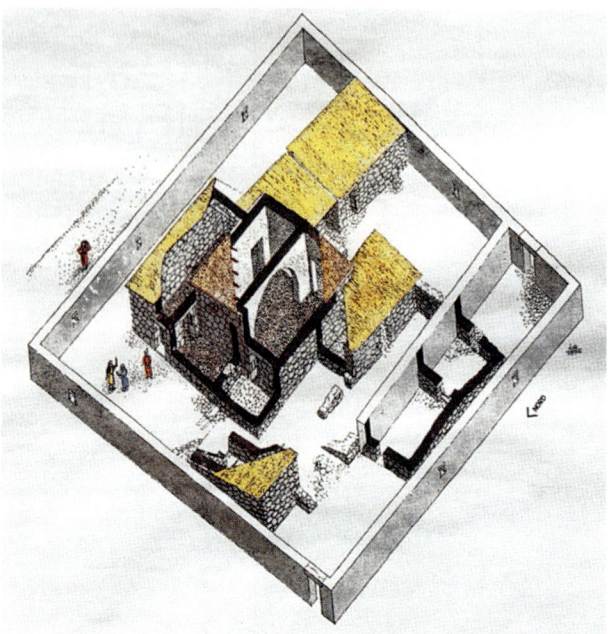

Kafarnaum: Rekonstruktion des Petrushauses und der ersten „Hauskirche"

Kafarnaum: historische Luftaufnahme
(vor dem Bau der Petruskirche 1982-90)

Kafarnaum: Prozession durch die Ruinen

Akko – Stadtplan Altstadt: 1. Katholische Pfarrkirche St. Johannes; 2. Chan al-Umdan; 3. Leuchtturm; 4. Chan al-Afrandschi (Franziskanerschule); 5. Chan asch-Schawarda; 6. Hauptmoschee (al-Dschazzar); 7. Johanniterordensburg (Kreuzfahrerzitadelle); 8. Hammam (türkisches Bad); 9. Griechisch-orthodoxe Kirche St. Georg; 10. Templertunnel

Jerusalem: Stadtplan Westen

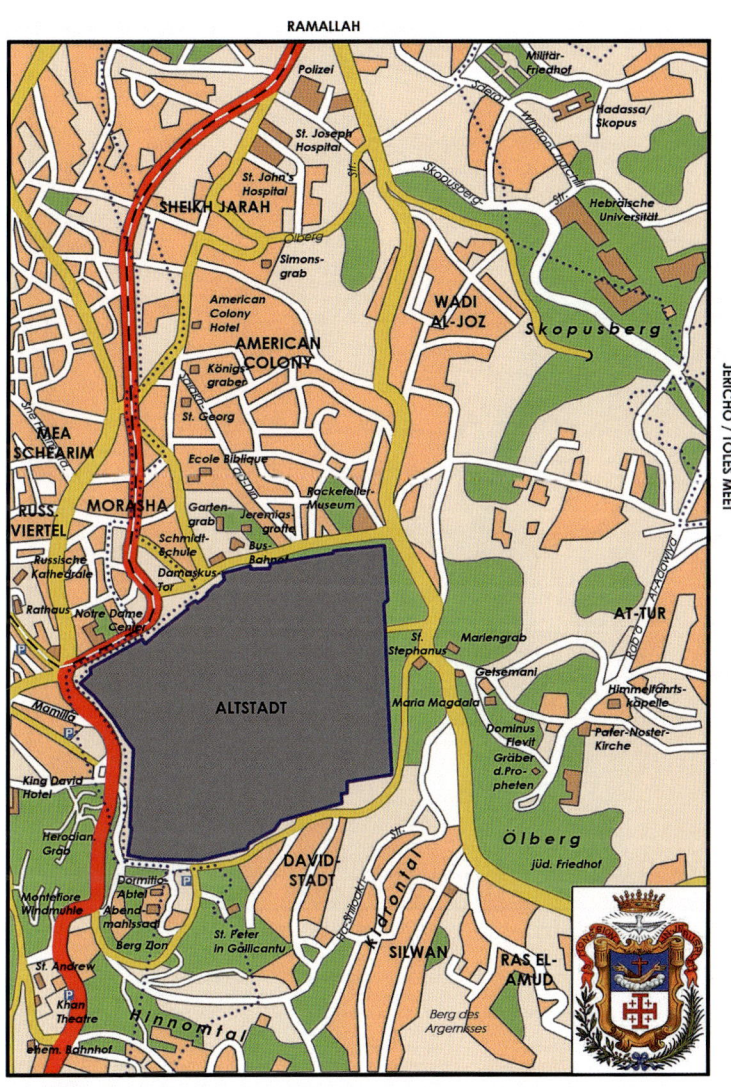

Jerusalem: Stadtplan Osten

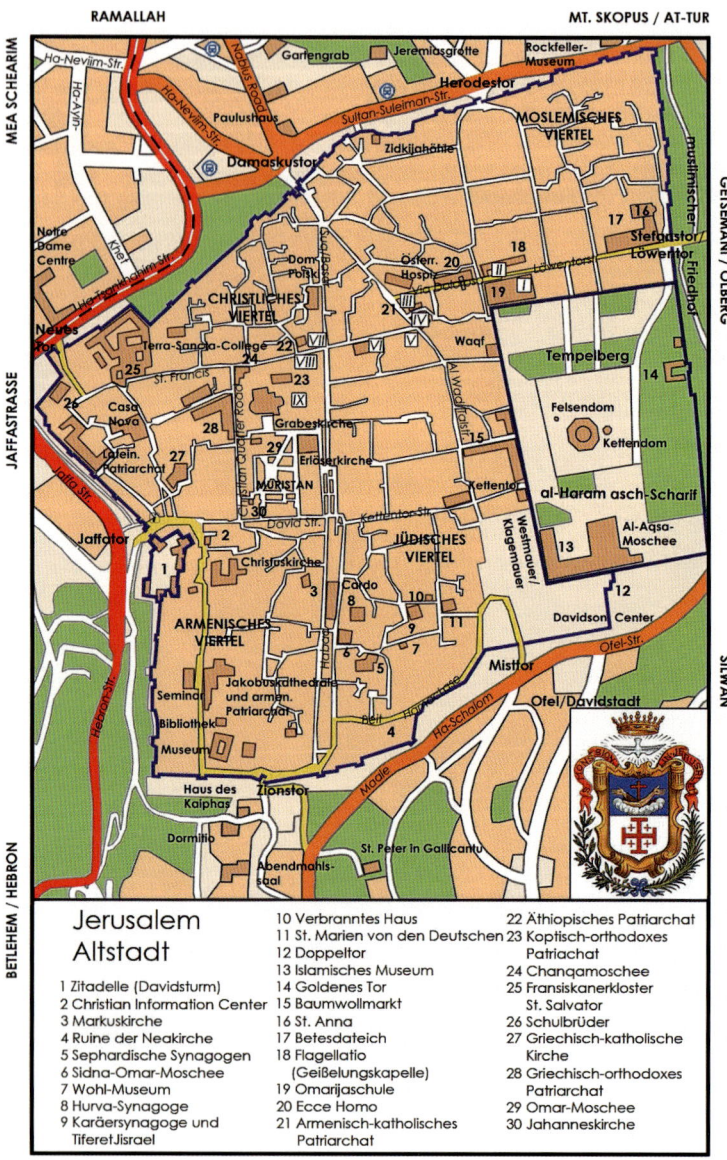

Jerusalem: Stadtplan Altstadt

Jerusalem: die Mosaikkarte von Madaba (560 n. Chr.); auf der Karte ist, wie damals üblich, Osten oben.

Jerusalem: Blick vom Ölberg (Dominus Flevit)

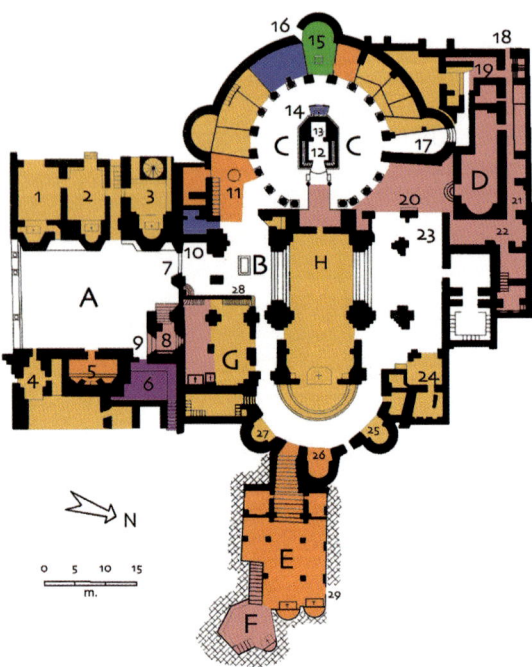

Jerusalem – Übersichtsplan Grabeskirche: Die Farben geben die Eigentums- und Nutzungsverhältnisse wieder: ocker – griechisch-orthodox; rosa – römisch-katholisch (Franziskaner); orange – armenisch; blau – koptisch; grün – syrisch-orthodox; violett – äthiopisch; A Vorhof; B Salbungsstein; C Rotunde/Anastasis; D Erscheinungs-/Sakramentskapelle; E Helenakapelle; F Kreuzauffindungskrypta; G Golgota/Kalvarienberg (Kreuzwegstationen 10 – 13); H Katholikon; 1. Jakobuskapelle; 2. Kapelle Johannes' des Täufers; 3. Kapelle der vierzig Märtyrer und Glockenturm; 4. Abrahamskloster; 5. Kapelle des Evangelisten Johannes; 6. Michaelskapelle; 7. Eingang; 8. Frankenkapelle (Obergeschoss); 9. Kapelle der hl. Maria von Ägypten; 10. „Diwan" (Bereich der muslimischen Türhüter); 11. Ort der „drei Marien"; 12. Engelskapelle (Vorraum des Grabes Jesu); 13. Das leere Grab Jesu (14. Kreuzwegstation); 14. Koptische Kapelle; 15. Syrische Kapelle; 16. Antike Grabanlage; 17. Orgelempore; 18. Kreuzfahrerkapelle; 19. Zisterne; 20. Magdalenenaltar; 21. Eingang zum Franziskanerkonvent; 22. Sakristei der Franziskaner; 23. „Bögen der Jungfrau Maria"; 24. Gefängnis Christi; 25. Longinuskapelle; 26. Kapelle der Kleiderberaubung; 27. Kapelle der Verspottung Jesu; 28. Adamskapelle (unter Golgota); 29. Fundamente der konstantinischen Basilika

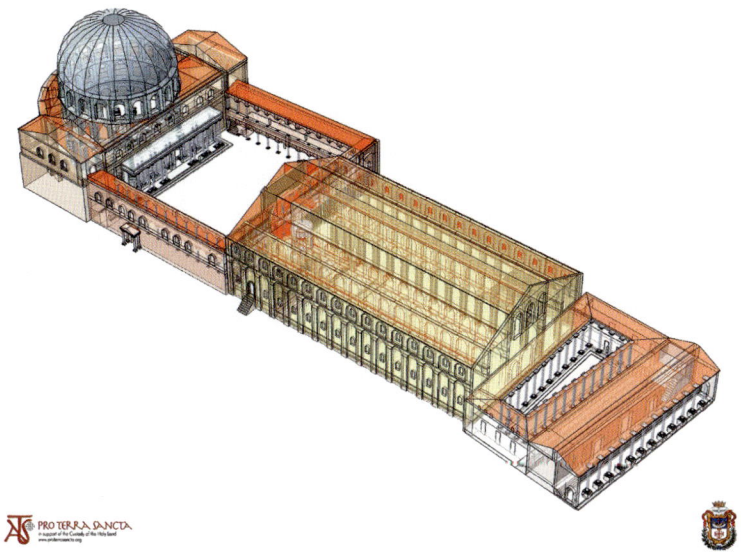

Grabeskirche: Rekonstruktion der konstantinischen Basilika

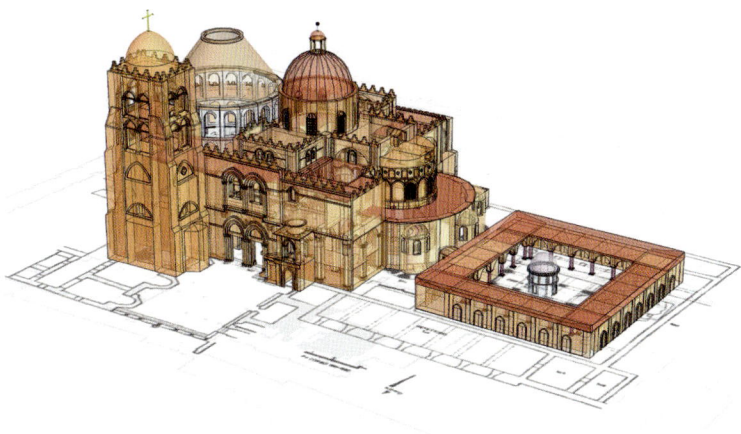

Grabeskirche: Rekonstruktion der Kreuzfahrerkirche

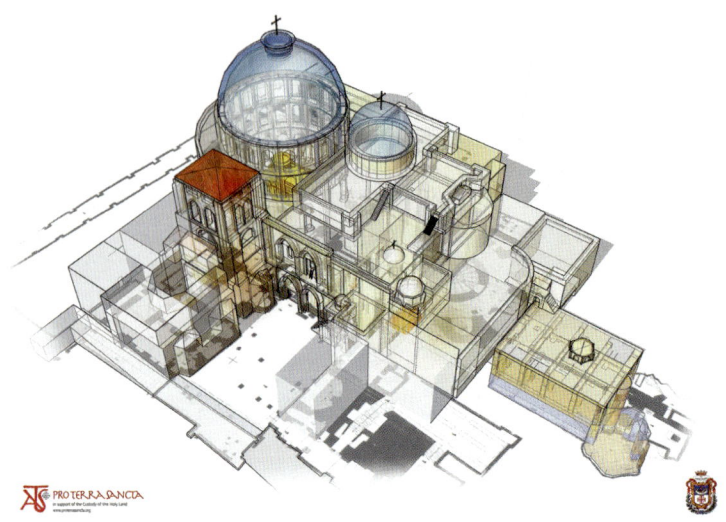

Grabeskirche: der heutige Bau

Grabeskirche: Osterfeuer am (orthodoxen) Karsamstag

Grabeskirche: Prozession am (katholischen) Gründonnerstag

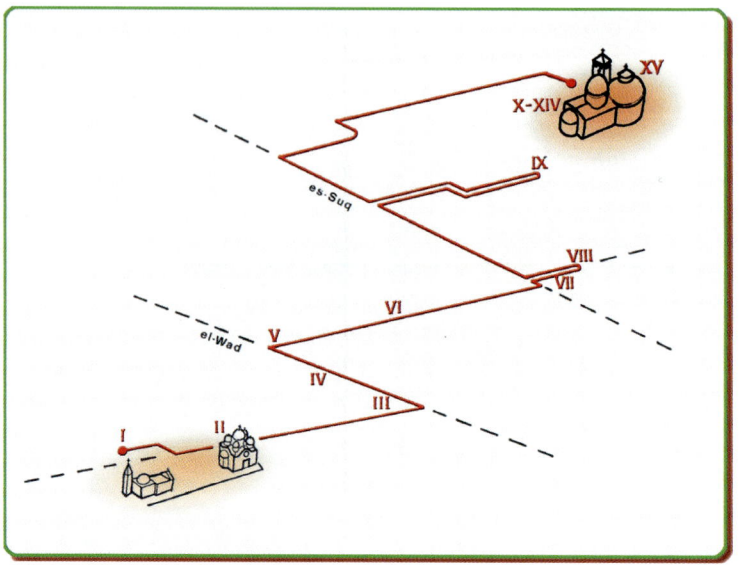

Kreuzweg: Schematische Darstellung

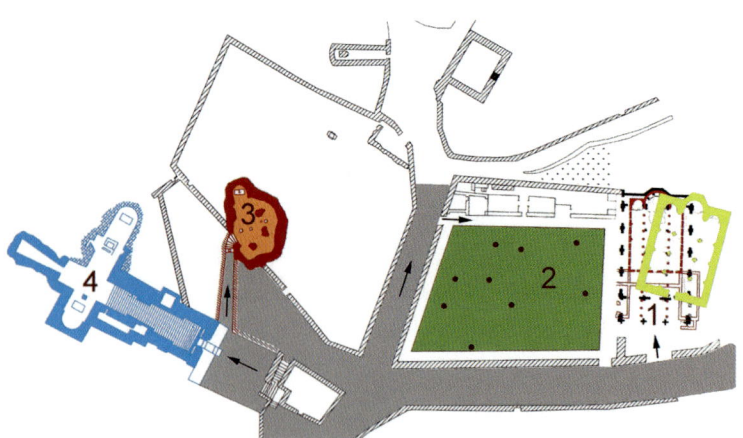

Oberes Kidrontal – Übersichtsplan: 1. Basilika: rot – byzantinische Kirche, gelb – Kreuzfahrerkirche, schwarz – heutige Todesangstbasilika; 2. Garten Getsemani; 3. Verratsgrotte; 4. Mariengrab

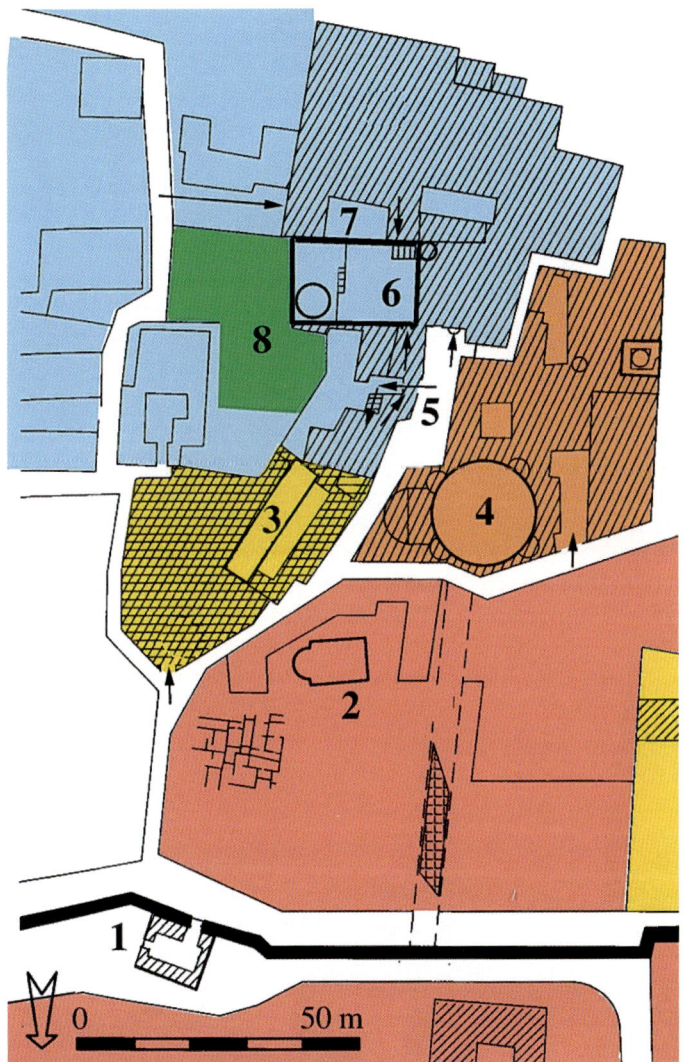

Berg Zion – Übersichtsplan: Die Farben geben die Eigentums-verhältnisse wieder: gelb – Franziskaner; orange – Benedikti-ner; rosa – Armenier; grün – Muslime; blau – israelisch verwaltet. 1. Zionstor; 2. Kajaphaspalast (St. Salvator); 3. Franziskanerkloster „Cenacolino"; 4. Dormitioabtei; 5. Eingang zum Abendmahlssaal; 6. Abendmahlssaal (Obergeschoss), Davidsgrab (Untergeschoss); 7. Kreuzgang des mittelalterlichen Franziskanerkonvents; 8. Musli-mischer Friedhof

Abendmahlssaal: Der Kustos der Franziskaner, P. Pierbattista Pizzaballa ofm, empfängt Papst Benedikt XVI. (12. Mai 2009).

Jerusalem: Blick auf die Stadt während der Palmsonntags-prozession

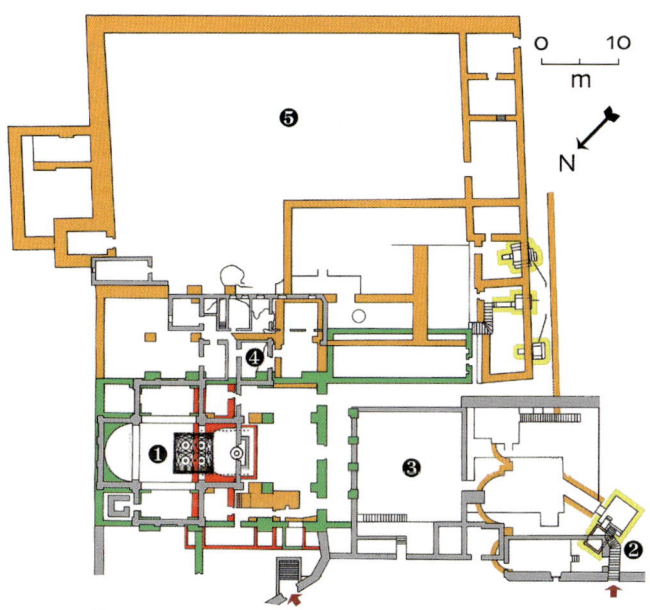

Betanien – Übersichtsplan: gelb – älteste Besiedlungsspuren (Gräber); rot – erste byzantinische Kirche (4. Jh.); grün – zweite byzantinische Kirche (5. Jh.); orange – Kreuzfahrerkirche und -abtei; grau
– aktuelle Bebauung; 1. Heutige Kirche; 2. Lazarusgrab; 3. Moschee
(16. Jh.); 4. Franziskanerkonvent; 5. Reste der Benediktinerabtei

Himmelfahrtskapelle/-moschee: Feier vom Fest Christi
Himmelfahrt

Betlehem: Stadtplan

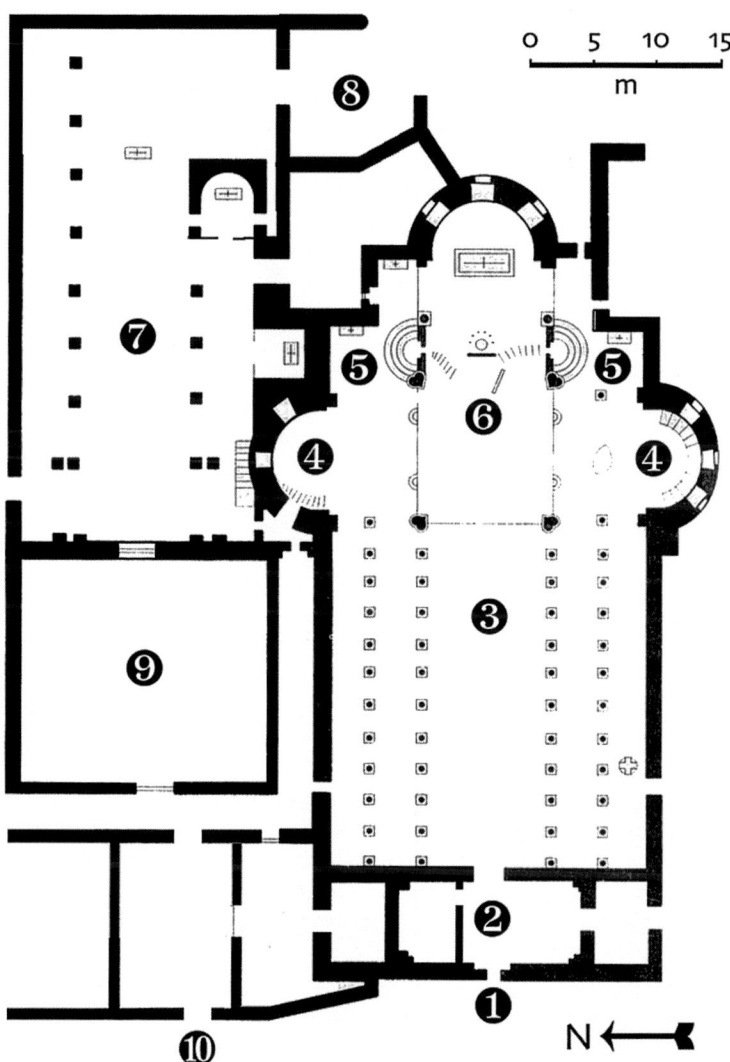

Betlehem – Übersichtsplan Geburtskirche: 1. Eingang; 2. Narthex (Vorhalle); 3. Hauptschiff; 4. Querschiff und Seitenapsiden; 5. Eingänge zur Geburtsgrotte; 6. Geburtsgrotte (unter der Kirche); 7. Katholische Pfarrkirche St. Katharina; 8. Sakristei; 9. Mittelalterlicher Kreuzgang; 10. Eingang zum Franziskanerkloster

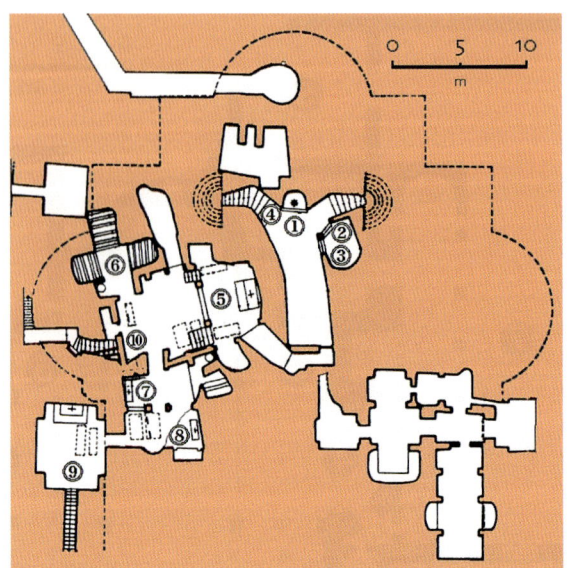

Betlehem – Grotten unter der Geburtskirche: 1. Geburtsgrotte;
2. Altar der Weisen aus dem Morgenland; 3. Krippe; 4. Eingang
zur Grotte; 5. Josefskapelle; 6. Kapelle der Unschuldigen Kinder;
7. Grab des Eusebius von Cremona; 8. Früheres Grab des hl. Hieronymus; 9. Zelle des hl. Hieronymus; 10. Eingang von der Katharinenkirche

Betlehem: Die Geburtsgrotte

Betlehem: Einzug des lateinischen Patriarchen an Weihnachten

Betlehem: Ökumene am Eingang der Geburtskirche

Jaffa – Stadtplan Altstadt: 1. Peterskirche (römisch-katholisch); 2. Michaelskirche (griechisch-orthodox); 3. Haus Simons des Gerbers; 4. Andromedafelsen; 5. Armenische Kirche; 6. Archäologisches Museum; 7. Große Moschee; 8. Uhrturm; 9. Französisches Krankenhaus; 10. Georgskirche (anglikanisch); 11. Georgskirche (griechisch-katholisch); 12. Antoniuskirche (römisch-katholisch); 13. Koptische Kirche; 14. Maronitische Kirche

Sinai: Blick über die Wüstenlandschaft

Sinai: das Katharinenkloster

Negev: die Wüste Paran

Machärus (Jordanien): Rekonstruktion der herodianischen
Festung

Viertel und die im Entstehen begriffene Neustadt besser miteinander zu verbinden. Neben dem Neuen Tor liegt das ausgedehnte Kloster St. Salvator, das Hauptkloster der Franziskaner von der Kustodie des Heiligen Landes, und die Schule der Franziskaner, das Terra Sancta College; schließlich erreicht man das Damaskustor (siehe S.407).

25. DAS JÜDISCHE VIERTEL

Die Westmauer (Klagemauer)

Zwar nicht geographisches, aber geistiges Zentrum des Jüdischen Viertels ist die Westmauer/Klagemauer. Die Westmauer des Tempelbezirks ist gegenwärtig bis zur Südwestecke auf einer Länge von 170 m sichtbar, das ist etwas mehr als ein Drittel der Gesamtlänge. Als *Klagemauer* werden aber nur die 48 m bis zum *Maghrebinertor*, dem hoch gelegenen Eingang zum Tempelplatz, bezeichnet.

Geschichte: Die Westmauer des Tempelbezirks (zu seiner Geschichte s.u., S.436) ist der einzige und heiligste Ort, der dem Judentum nach der Zerstörung des Tempels im Jahr 70 n.Chr. geblieben ist. Beim Wiederaufbau Jerusalems durch Kaiser Hadrian als heidnische Stadt Aelia Capitolina im Jahr 135 n.Chr. wurde an der Stelle des jüdischen Tempels ein heidnischer, römischer errichtet. Eine kurze Änderung brachte die Regierungszeit Kaiser Julians (361–363 n.Chr.), eines Cousins von Kaiser Konstantin. Er versuchte, die vorchristlichen heidnischen Kulte wiederherzustellen und ermutigte auch die Juden, ihren Tempel wiederaufzubauen. Christliche Geschichtsschreibung gab ihm daher den Beinamen *Apostata*, „der Abtrünnige". Als im Zuge dieser Bauarbeiten die Reste des jüdischen Tempels abgetragen wurden, ging nach jüdischer Vorstellung die *Gegenwart Gottes* auf die Westmauer über, weshalb sie eine einzigartige religiöse Bedeutung hat.
Zur Zeit der Samaritaneraufstände und dann bei der persischen Eroberung 614 wurde die Lage für Juden wieder kurzzeitig besser. Aus diesen Jahren fand man in Wohnhäusern südlich des Tempelbezirks gezeichnete jüdische Symbole wie eine *Menora* und einen Feststrauß für das Laubhüttenfest. In einem Fall scheint die Schicht unter diesem Verputz ein Kreuz aufzuweisen, es ist also anzunehmen, dass sich hier nach 614 wieder Juden angesiedelt haben. Nachdem aber der Islam auf dem Tempelplatz seine heiligen Stätten errichtet hatte, war Juden (wie Christen) der Zutritt erneut versagt. 1099 wurden zwar mit den Kreuzfahrern noch einmal Christen Herren des Tempelplatzes und richteten dort Kirchen ein. Doch schon 1187 war dieses Zwischenspiel zu Ende. Die Juden mussten sich weiterhin damit begnügen, außerhalb des Tempelplatzes zu beten.
Die Aussperrung vom Tempelplatz wurde dann vom Judentum selber vollzogen und auch religiös begründet: Es wäre unverzeihlich, man würde zutiefst „unrein", wenn man auf dem Tempelplatz auf einen Stein träte, der ehemals zum *Allerheiligsten* des Tempels ge-

hört hatte, das selbst der Hohepriester nur einmal im Jahr betreten durfte. So verbietet heute das Großrabbinat selbst streng, den Tempelplatz zu betreten; freilich sehen nicht alle dieses Verbot als gültig an.

Gegenwart: Die Bezeichnung *Klagemauer* stammt aus dem christlichen Westen. Sie wird von vielen Juden nicht gern gehört, da sie der religiösen Bedeutung des Ortes nur zum Teil gerecht wird. Zwar weiß bereits der Pilger von Bordeaux (333 n.Chr.) vom „Klagen mit Seufzern und dem Zerreißen der Kleider" der Juden zu berichten. Aber die Klage über die Zerstörung des Heiligtums ist nur ein Teil der religiösen Bedeutung des Ortes für das Judentum. Diese Bezeichnung ist wohl auch dadurch beeinflusst, dass man im Westen die wippenden Körperbewegungen betender Juden und die orientalischen Melodien des Synagogengottesdienstes als Ausdruck der Klage missverstanden hat. Deshalb bezeichnet man in Israel die „Klagemauer" lieber als *Westmauer* (hebr. *ha-Kótel ha-maaraví*) oder einfach nur als *ha-Kotel* („die Mauer").

Der Platz vor der Klagemauer wurde nach 1967 durch Beseitigung des Mughrabiviertels vergrößert. Jassir Arafat soll nach einer modernen Legende, die wohl von ihm selbst stammte, 1929 in diesem Viertel geboren sein. Durch diese Erweiterung entstand ein repräsentativer Platz für religiöse Feste und öffentliche Manifestationen. Die Mauer selbst zeigt bis zum oberen, bescheidenen Mauerdrittel die hervorragende Baukunst der herodianischen Zeit. Sieben Lagen von zum Teil gewaltigen Quadern erheben sich über dem Niveau des Platzes (unten an der Südwestecke sind es sogar 15). Dieselbe Mauer reicht noch 18 m in die Tiefe, weil das Stadttal sich im Lauf der Zeit durch Schutt aufgefüllt hat. Die einen guten Meter hohen Quader wiegen jeweils zwei bis fünf Tonnen. Besonders mächtig sind die Quader, welche die Südwestecke bilden; diese *Ecksteine* sind bis zu 10 m lang und sollen mit ihrem großen Gewicht von bis zu 50 Tonnen den Zusammenhalt der beiden Mauern sichern. Man hat hier eine treffende Illustration zu Ps 118,22, den Jesus im Matthäusevangelium wie folgt auslegt:

> Habt ihr nie in der Schrift gelesen: Der Stein, den die Bauleute verworfen haben, er ist *zum Eckstein* geworden; das hat der Herr vollbracht, vor unseren Augen geschah dieses Wunder? Und wer auf diesen Stein fällt, der wird zerschellen; auf wen der Stein aber fällt, den wird er zermalmen (Mt 21,42-43).

Das Gewölbe nördlich (links) der Klagemauer wird vom *Wilsonbogen* überspannt. Er ist nach dem Engländer Charles Wilson benannt, der ihn 1867 erstmals untersuchte. Der Bogen gehörte zu einer Brücke, welche die Weststadt mit dem Tempel verband und auch das

Wasser einer Wasserleitung von Betlehem in den Tempelplatz hin-
einleitete. Über das Alter des Bogens ist man sich nicht einig. Einige sind geneigt, die Unterteile der Herodeszeit oder sogar der Zeit
davor zuzuordnen. Das Gewölbe dagegen wurde erst in islamischer
Zeit (wieder-)errichtet. Im Jahre 2005/06 wurde der Raum unter
dem Wilsonbogen, der dem Gebet und religiösem Studium dient, renoviert. Dabei wurde eine Frauenempore eingerichtet und ein großer
Toraschrein, der 100 Rollen aufnehmen kann, aufgestellt. Seit Juli
2010 gibt es dort, wie in jeder Synagoge, auch ein „Ewiges Licht"
(hebr. *Ner Tamid*), das an den siebenarmigen Leuchter im Tempel
erinnern soll.

Nördlich der Klagemauer befindet sich der *Kotel-Tunnel* („Mauer-
Tunnel"), der entlang der Westmauer des Tempelberges bis in die
Via Dolorosa führt. Die Tunneltour beginnt unter den Wilsonbögen
(der Eingang ist vom Zugang zur Klagemauer von der Talstraße
her), über denen die Straße zum Kettentor verläuft. Darunter sind
unübersichtliche Reste aus verschiedenen Bauepochen freigelegt.
Von hier gelangt man an der Stelle an die Westmauer, wo sich die
mächtigsten Steinblöcke der herodianischen Umfassungsmauer befinden. Der größte (13,7 m lang, 3,5 m hoch, ca. 4,5 m dick) hat ein
geschätztes Gewicht von 500 Tonnen! Von hier geht man etwa
250 m weit an der herodianischen Mauer mit ihren sorgfältig behauenen, aber unterschiedlich großen Steinquadern entlang. Der schmale Tunnel durchquert mehrere antike Räume aus unterschiedlichen
Epochen. Für das Judentum ist der Ort, der dem Allerheiligsten des
Tempels am nächsten liegt, von besonderer Bedeutung und als solcher gekennzeichnet. Der weitere Weg führt durch einen bis zu 10 m
hohen aus dem Felsen geschlagenen Wasserkanal aus der Hasmonäerzeit und kommt schließlich zum südlichen Teil des Struthion-
beckens (siehe S. 400) und von dort zum Ausgang gegenüber der
Flagellatio in der Via Dolorosa. Der Gang wurde 1867 entdeckt und
1987 ausgegraben, und zwar vom israelischen Religionsministeri-
um, ohne Beteiligung von Archäologen. Seine offizielle Eröffnung
im September 1996 führte zu schweren Auseinandersetzungen mit
zahlreichen Toten (elf israelische Soldaten, 57 palästinensische Zi-
vilisten), weil die Palästinenser darin einen Übergriff der Israelis auf
ihren Tempelbezirk sahen. Der Tunnel ermöglicht dem Besucher interessante Einblicke in die Geschichte der Stadt und des Tempelbezirks, er ist aber auch ein Mahnmal an den immer wieder blutig geführten Konflikt um die heiligen Stätten.

Der Zugang zum höher gelegenen Tempelplatz erfolgt über eine
Holzbrücke rechts von der Klagemauer durch das *Maghrebinertor*;
es hat seinen Namen von den früher davor wohnenden Marokkanern
(*Maghreb* sind die arabischen Länder im Westen, der Name *Marokko* leitet sich davon ab). Bis 2004 war dieses Tor über ein Rampe zu

erreichen, die infolge eines Unwetters einstürzte. Die darauf folgenden Aufräumungsarbeiten wurden von israelischen Behörden selbstverständlich auch genutzt, um Ausgrabungen vorzunehmen, was zu
Vorwürfen von der muslimischen Seite führte, man nähme Ge-
schichtsfälschungen vor oder bohre gar den Tempelberg von unten
an. Solche Vorwürfe mögen unbegründet sein. Es bleibt aber das
Problem, dass gerade in Jerusalem mit Hilfe der Archäologie Politik
gemacht wird. Ob es dabei immer korrekt zugeht?

Das Stadttor im Süden hat seit langem den unschönen Namen *Misttor* (engl. *Dung Gate*). Er verrät, dass aus dem Tempelbezirk mit
seinem blutigen Opferdienst und den vielen herbeiströmenden Menschen gewaltige Mengen Abfall und Unrat hinausbefördert werden
mussten, was am leichtesten durch das Misttor im Stadttal geschah.
Möglicherweise darf schon das *Schallechettor* („Tor des Fortschaf-
fens", 1 Chr 26,16) so verstanden werden.

Steht man vor der Westmauer, hat man ein Ausgrabungsareal im
Rücken (kommt man vom Stadttal, d.h. von der Via Dolorosa her,
hat man, sobald man die Mauer zur Linken sieht, dieses Gelände direkt vor sich). Dort wurde in den Jahren 2011-12 unter der Leitung
der israelischen Archäologin Shlomit Weksler-Bdolach ein Teil des
östlichen Arms des Cardos freigelegt. Diese Ausgrabungen helfen,
Licht in die archäologisch schwer fassbare Zeit Jerusalems zwischen
den beiden jüdischen Aufständen gegen die Römer (66–70 und
132–135 n.Chr.) zu bringen. Der Cardo stammt aus der Zeit um
den Zweiten Aufstand, evtl. sogar aus den Jahren unmittelbar davor.
Die darüber führende Brücke, ein Teil des Decumanus, könnte älter
sein. Aus früheren Zeiten (ab dem 7.Jh. v.Chr.) gibt es hier hauptsächlich Kleinfunde (z.B. Siegel), da das Terrain für die Anlage des
Cardos fast völlig abgetragen wurde. Der Cardo war 8 m breit, dazu
kamen zwei Gehsteige von je 1,5 m Breite. Er wurde bis in die byzantinische Zeit benutzt und ist zum Teil bis auf eine Höhe von 5 m
erhalten. Das darunterliegende römische Wassersystem war gar bis
1967 (!) in Verwendung. Im 8.Jh., der Abbasidenzeit, wurde der
Cardo auf die Hälfte seiner Breite reduziert und als Markt benutzt.
Dieser wurde in der Mitte des 9.Jh. durch ein Erdbeben zerstört und
auf höherem Niveau und noch schmäler wieder aufgebaut.

Religiöse Ausdrucksformen der Juden

Der Platz vor der Westmauer bietet eine gute Gelegenheit, einige
Ausdrucksformen der jüdischen Religion zu erleben; auch anderswo
im Heiligen Land wird der Besucher immer wieder auf Formen jüdischer Religionsausübung stoßen, die fremdartig wirken können. An
dieser Stelle sollen einige vorgestellt werden.

Nähert man sich der Mauer, sieht man, dass der vor ihr abgegrenz-
te Bereich die Funktion einer Synagoge unter freiem Himmel hat,
die auch die anschließenden Gewölbe umfasst. Zunächst muss jeder
Mann und jede verheiratete Frau, die diesen Bereich betreten möch-
ten, eine Kopfbedeckung tragen. Der Platz ist durch eine Trennwand
(hebr. *Mechiza*) nach orthodoxem Brauch in einen Männer- und einen Frauenbereich geteilt: Zwei Drittel der Klagemauer sind den
Männern reserviert, ein Drittel den Frauen (in den meisten Synagogen ist dagegen die Empore den Frauen vorbehalten). Diese unterschiedliche Größe rührt daher, dass nach jüdischem Brauch der gemeinsame Gottesdienst Männersache ist, während die Frau bei den
häuslichen Gebeten in der Familie die wichtigere Rolle hat. An der
Westmauer werden die täglichen Gebetszeiten gehalten, man begeht
den Sabbat, ebenso die Feste des jüdischen Jahreslaufes oder Bar-
Mizwa-Feiern. Am Sabbat und an jüdischen Feiertagen ist entsprechend der jüdischen Gesetze das Fotografieren, das Telefonieren
und das Schreiben (auch von Gebetszettelchen!) verboten.
Wenn man einen Blick auf die Besucher der Mauer wirft, fallen eine
Anzahl orthodoxer Juden durch ihre äußere Erscheinung auf. Die
Männer tragen einen schwarzen Anzug, manche auch einen Kaftan,
dazu ein weißes Hemd ohne Krawatte, der Kopf ist mit einem Hut,
einem Käppchen (hebr. *Kippa,* jiddisch *Jarmulke*) oder (am Sabbat)
dem *Streimel,* einem Pelzhut, bedeckt. Diese Art sich zu kleiden hat
mehr mit Tradition als mit Religion zu tun. Die orthodoxen Juden
haben sie aus ihren Herkunftsländern, meist Osteuropa, nach Israel
mitgebracht. Die Kopfbedeckung, die von Juden bei Gebet und religiösem Studium, oft auch im Alltag, getragen wird, ist Ausdruck der
Gottesfurcht. Diese Sitte geht nicht auf das Alte Testament zurück,
ist aber schon im Talmud bezeugt, wo es heißt:

> Rav Huna, der Sohn von Rabbi Joschua, ging niemals vier El-
> len mit unbedecktem Haupt. Er sagte, weil die Gegenwart
> Gottes immer über meinem Haupt ist (Kidduschin 32 a).

Interessanterweise ist die christliche Tradition hier andere Wege gegangen. Aus demselben Grund, der Gottesfurcht, nimmt der Mann
in einer katholischen Kirche die Kopfbedeckung ab. Dies stützt sich
auf eine Aussage des Apostels Paulus:

> Wenn ein Mann betet oder prophetisch redet und dabei sein
> Haupt bedeckt hat, entehrt er sein Haupt (d.h. Christus) (1 Kor
> 11,4).

In talmudischer Zeit (ab dem 3.Jh. n.Chr.) ist auch das Tragen eines
Bartes, der zum Erscheinungsbild jedes frommen Juden gehört, Sitte
geworden. Fremd erscheinen uns die Schläfenlocken (hebr. *Peot,*
jiddisch *Pejes*), die schon an kleinen Jungen zu sehen sind. Sie ge-

hen auf das Buch Levitikus zurück, wo geboten wird: „Ihr sollt euer
Kopfhaar nicht rundum abschneiden" (Lev 19,27), was möglicherweise ein heidnischer Kultbrauch war.

Orthodoxe Frauen tragen allgemein Kleidung, die nicht zu farbig
oder eng anliegend ist, mit Ärmeln, welche die Ellbogen bedecken,
dazu Röcke, die über die Knie gehen. Bei verheirateten Frauen ist es
üblich, dass sie den Kopf bedecken, wozu oft ein Tuch oder ein
Schleier dient, manchmal auch eine Perücke (jiddisch *Schajtl*). Da
eine Frau keine Männerkleidung tragen soll (Deut 22,5), sieht man
orthodoxe Frauen nicht in Hosen.

Neben der alltäglichen Kleidung gibt es im Judentum noch besondere „Kleidungsstücke", die nur von Männern und nur zum Gebet angelegt werden. Es sind dies der Gebetsmantel (*Tallit*) und die Gebetsriemen (*Tefillin*). Frauen sind im Judentum von allem religiösen
Übungen, die zu bestimmten Zeiten ausgeführt werden müssen, befreit. Dies geschieht mit Rücksicht auf ihre Stellung in der Familie,
besonders hinsichtlich der Sorge für die Kinder. Im Laufe der Zeit
wurde aus der Befreiung dann ein Verbot. Dass Frauen Tallit und
Tefillin anlegen, wie es in manchen progressiven („reformierten")
jüdischen Gemeinden praktiziert wird, stößt bei den Orthodoxen auf
strikte Ablehnung.

Der Tallit ist ein großes viereckiges weißes Tuch, das blaue oder
schwarze Streifen hat. Es sind jedoch die Quasten (*Tzitzit*), die dem
Tallit religiöse Bedeutung verleihen, wie das biblische Gebot sagt:

> Der HERR sprach zu Mose: Rede zu den Israeliten und sag zu
> ihnen, sie sollen sich *Quasten* an ihre Kleiderzipfel nähen, von
> Generation zu Generation, und sollen an den Quasten eine
> violette Purpurschnur anbringen; sie soll bei euch zur Quaste
> gehören. Wenn ihr sie seht, werdet ihr euch an alle Gebote des
> HERRN erinnern, ihr werdet sie halten und eurem Herzen und
> euren Augen nicht nachgeben, wenn sie euch zur Untreue ver-
> leiten wollen. Ihr sollt so an alle meine Gebote denken und
> sie halten; dann werdet ihr eurem Gott heilig sein (Num 15,
> 37-40).

Die Tzitzit, die in biblischer Zeit dem Gebot folgend blaue Fäden
enthielten, sind seit dem 2. Jh. n. Chr. nur noch weiß. Eine Begründung dafür ist, dass man den genauen Ton der blauen Farbe nicht
mehr kennt. Da die Tzitzit sichtbar sein müssen („wenn ihr sie
seht"), wird der Tallit nur bei Tageslicht angelegt, d. h. in der Regel
nur beim Morgengebet an Werktagen. Fromme Juden tragen unter
der gewöhnlichen Kleidung einen „kleinen Tallit" (*Tallit katan* oder
arba Kanfot, „vier Ecken") als eine Art Unterhemd mit Tzitzit, das
Brust und Rücken bedeckt. Die Tzitzit ragen oft über die Oberklei-
dung, ebenfalls in Anlehnung an das erwähnte biblische Gebot.

Tzitzit (meist mit Quasten oder, weniger zutreffend, mit Saum übersetzt) werden auch im Neuen Testament mehrfach erwähnt (Mt 9, 20; 14,36; 23,5). Dabei geht aus den Texten hervor, dass die Quasten an den alltäglichen Obergewändern angebracht waren.

Mit dem Tallit tragen die Männer ab ihrer Bar Mizwa beim Morgengebet an den Wochentagen die Gebetsriemen (hebr. *Tefillin*). Auch die Tefillin gehen auf ein biblisches Gebot zurück. Dieses Gebot ist Teil vom *Schemá Jisrael*, hebr. „Höre, Israel", sozusagen des Glaubensbekenntnisses Israels – auch Jesus hat das Schemá als *erstes von allen* Geboten sich voll zu eigen gemacht und gelehrt (Mk 12, 28-30); es lautet:

> *Höre, Israel!* Der HERR, unser Gott, der HERR ist einzig. Darum sollst du den HERRN, deinen Gott, lieben mit ganzem Herzen, mit ganzer Seele und mit ganzer Kraft. Diese Worte, auf die ich dich heute verpflichte, sollen auf deinem Herzen geschrieben stehen. Du sollst sie deinen Söhnen wiederholen. Du sollst von ihnen reden, wenn du zu Hause sitzt und wenn du auf der Straße gehst, wenn du dich schlafen legst und wenn du aufstehst. Du sollst sie als Zeichen um das Handgelenk binden. Sie sollen zum Schmuck auf deiner Stirn werden. Du sollst sie auf die Türpfosten deines Hauses und in deine Stadttore schreiben (Deut 6,4-9).

Die Tefillin bestehen aus zwei Lederkästchen, die mit Lederriemen auf der Innenseite des linken Oberarms und am Kopf befestigt werden, und zwar so, dass das Kästchen über den Augen auf der Stirn sitzt. Kästchen und Riemen, für deren Anfertigung es genaue Vorschriften gibt, sind schwarz. Jedes Kästchen enthält vier kleine Pergamentstreifen mit den folgenden Texten: Ex 13,1-10.11-16, Deut 6,4-9; 11,13-21. Nachdem der Beter sich mit dem Tallit angetan hat, werden die Tefillin „gelegt". Man beginnt mit dem Riemen am Arm und legt dann den Riemen am Kopf an. Nach dem Gebet werden die Tefillin in umgekehrter Reihenfolge abgelegt.

Man hat in Qumran (also aus der Zeit Jesu) Tefillin gefunden, die fast identisch sind mit den bis heute gebräuchlichen. Wir dürfen also durchaus annehmen, dass auch Jesus zum Gebet Tefillin getragen hat. Allerdings werden die Tefillin im Matthäusevangelium im Zusammenhang mit einer zur Schau gestellter Frömmigkeit genannt, die Jesus anprangert:

> Alles, was sie tun, tun sie nur, damit die Menschen es sehen: Sie machen ihre *Gebetsriemen* breit und die *Quasten* an ihren Gewändern lang (Mt 23,5).

Das oben angeführte Schemá Jisrael weist noch auf ein weiteres Gebot hin, dessen Beobachtung man in Israel häufig begegnet, dem des

Anbringens einer *Mezuza* („Türpfosten"). Das Gebot wird in der Form beobachtet, dass man an den Türen eine Mezuza befestigt. Das ist ein länglicher schmaler Behälter, oft aus Metall oder Holz. Er enthält eine Pergamentrolle mit den Texten Deut 6,4-9 und 11,13-21. Auf der Pergamentrolle steht außen das Wort *Schaddaj*, ein alttestamentlicher (z. B. Num 24,4) und vor-biblischer Gottesname, dessen Herleitung nicht geklärt ist (viele Übersetzungen geben ihn mit „Allmächtiger", griech. *Pantokrator,* wieder). Im Hebräischen besteht er aus drei Buchstaben (Mitlauten), die auch als Abkürzung für *Scho*mer *D*elatot *J*israel („Wächter der Türen Israels") gedeutet werden. Den Anfangsbuchstaben *Schin* oder das Wort *Schaddaj* findet man meist auch außen auf der Mezuza. Die Mezuza wird am rechten Türpfosten (von außen gesehen) angebracht. Nach aschkenasischen (mittel- und osteuropäischen) Brauch wird sie schräg befestigt, d. h. ihr oberes Ende ist nach innen geneigt, die Sepharden bringen sie senkrecht an. Beim Anbringen der Mezuza spricht man einen Segen, da sie den Raum unter den Schutz und Segen Gottes stellt. Wenn fromme Juden einen Raum mit einer Mezuza betreten oder verlassen, führen sie die Finger der rechten Hand an die Lippen und berühren dann die Mezuza. Mezuzot (Plural) sieht man an Haustüren, an den Türen israelischer Hotelzimmer, oder auch an den Toren der Jerusalemer Altstadt.

Wer vormittags zur Westmauer kommt, kann an manchen Tagen (montags und donnerstags) Zeuge einer *Bar Mizwa* (aramäisch „Sohn des Gebotes") werden. Das ist ein Gottesdienst, in dessen Rahmen ein Junge, der 13 Jahre und einen Tag alt sein muss, in religiöser Hinsicht für volljährig erklärt wird. In dieser Feier legt der Junge erstmals die Tefillin an und erhält seinen ersten Aufruf zur Toralesung. Die Bedeutung des Tages kommt in einem Segen zum Ausdruck, den der Vater nach der Toralesung spricht:

> Gelobt seist du, der mich befreit hat von der Verantwortung für meinen Sohn.

Damit erklärt der Vater vor Gott und der Gemeinde, dass er seine Erziehungspflicht erfüllt hat und sein Sohn nun in die religiöse Selbstverantwortung entlassen ist. Die Bar-Mizwa-Feiern werden gerne in der Nähe der Trennwand gehalten, damit auch die Frauen die Möglichkeit haben sie mitzuverfolgen. – Wir wissen zwar nichts über Bar-Mizwa-Feiern zur Zeit Jesu, aber der christliche Pilger wird beim Alter „13 Jahre" an die Altersangabe des Evangelisten Lukas denken:

> Die Eltern Jesu gingen jedes Jahr zum Paschafest nach Jerusalem. Als er zwölf Jahre alt geworden war, zogen sie wieder hinauf (Lk 2,41-42).

Trotz seiner Jugend – er war noch nicht „Sohn des Gesetzes" – konnte sich Jesus schon mit den Lehrern im Tempel messen.

Auf zwei Dinge, die man an der Westmauer beobachten kann, soll noch eingegangen werden, nämlich auf die Bewegung der Juden beim Beten und auf die kleinen Zettel, welche von den Besuchern in die Mauerritzen gesteckt werden. Für die ständige Bewegung des Oberkörpers, die die Juden während des Betens vollführen, gibt es weder einen besonderen Ausdruck noch eine schlüssige Erklärung. Es ist eine Tradition, bei der Ursprung und Sinn gleichermaßen im Dunkeln liegen. Sie mag daran erinnern, dass sich das Gebet des Menschen nicht nur auf den Lippen oder im Kopf abspielt; der ganze Mensch soll ein Betender sein: „Mit Leib und Seele will ich sagen: HERR, wer ist wie du?" (Ps 35,10).

Die kleinen Zettel, auf die meist Gebete und Wünsche geschrieben sind, werden jiddisch *Kwittel* genannt. Diese haben ihren Ursprung wohl in der Volksfrömmigkeit des osteuropäischen Chassidismus. Da nach jüdischem Glauben alle Gebete über den Tempelberg in den Himmel aufsteigen, ist dieser Ort besonders geeignet, um Gott die Anliegen der Menschen zu übermitteln. Unter vielen prominenten Schreibern eines Zettels waren auch der selige Papst Johannes Paul II. und seine Nachfolger, Benedikt XVI und Franziskus, welcher hier sein Gebet in die Worte fasste, die Jesus seine Jünger zu beten gelehrt hat. Mehr als eine Million Kwittel werden jährlich der Mauer anvertraut. Das kann man persönlich tun, es ist heute aber auch mittels Brief, Fax oder E-Mail möglich. Zweimal im Jahr werden die Kwittel aus der Mauer entfernt und unter Aufsicht des „Rabbiners der Mauer" auf dem Ölberg begraben.

Im Zugangsbereich kann man Wasserspender mit Bechern mit einem doppelten Henkel sehen; solchen Bechern begegnet man auch in koscheren Restaurants. Sie dienen dazu, sich die Hände rituell abzuspülen.

Eine weitere jüdische Eigenheit, auf die man zwar nicht an der Mauer, aber sonst in Israel sehr häufig trifft, soll an dieser Stelle beschrieben werden: die *Kaschrut* („Koscherheit"). Das hebräische Wort *kaschér* (jiddisch: *kóscher*) bedeutet zunächst einfach „tauglich". Daraus ist im nachbiblischen Hebräisch die Bedeutung „(religiös) erlaubt" erwachsen. Koscherem Essen und koscherer Küche wird man in Israel häufig begegnen: beim Besuch von jüdischen Familien, aber auch in Restaurants oder Hotels. Die Kaschrutregeln sind sehr kompliziert, sie füllen ganze Traktate und können hier nicht im Einzelnen erörtert werden. Aber einige Grundregeln seien erwähnt, schon um Missverständnisse oder Fettnäpfchen zu vermeiden.

Beim Fleisch sind schon in der Bibel reine und unreine Tiere zu unterscheiden:

> Der HERR sprach zu Mose und Aaron: Sagt den Israeliten: Das sind die Tiere, die ihr von allem Vieh auf der Erde essen dürft: Alle Tiere, die gespaltene Klauen haben, Paarzeher sind und wiederkäuen, dürft ihr essen … Von allen Tieren die im Wasser leben, dürft ihr essen: Alle Tiere mit Flossen und Schuppen, die im Wasser, in Meeren und Flüssen leben, dürft ihr essen (Lev 11,1-9).

Es folgen Aufzählungen von reinen und unreinen Vögeln, Insekten (fast alle unkoscher, mit der Ausnahme von Heuschrecken!) und Kriechtieren (alle unkoscher). Schweinefleisch ist also tabu, aber auch z.B. Meeresfrüchte. Grundtendenz ist, dass fleischfressende Tiere nicht koscher sind. Damit Fleisch koscher ist, genügt es aber nicht, dass es von reinen Tieren stammt, es muss auch koscher geschächtet sein. Dieses Schächten, das rituelle Schlachten von Tieren, geschieht nach komplexen Regeln. Sie sollen vor allem zweierlei sicherstellen: Das Tier soll so wenig wie möglich leiden und es darf kein Blut im Fleisch zurückbleiben, denn es heißt:

> Jeder unter den Israeliten oder der Fremde in eurer Mitte, der Wild oder für den Genuss erlaubte Vögel erlegt, muss das Blut ausfließen lassen … Das Blut irgendeines Wesens aus Fleisch dürft ihr nicht genießen; denn das Leben aller Wesen aus Fleisch ist ihr Blut. Jeder, der es genießt, soll ausgemerzt werden (Lev 17,13-15).

Deshalb bekommt man koscheres Fleisch nur bei einem Metzger, dem ein Rabbiner bescheinigt, dass er imstande ist, diese Regeln zu befolgen.

Ein weiterer wichtiger Punkt ist die Trennung von Fleisch- und Milchspeisen. Sie geht zurück auf das biblische Verbot:

> Das Junge einer Ziege sollst du nicht in der Milch seiner Mutter kochen (Ex 23,19).

Man nimmt an, dass es sich dabei um einen heidnischen Fruchtbarkeitsritus handelte, der, weil heidnisch, verboten war. In nachbiblischer Zeit wurde dieses Gebot ausgeweitet, Fleisch- und Milchprodukte sind allgemein zu trennen. Sie werden nicht zur selben Mahlzeit gegessen (keine Sahnesoße zum Fleisch, keine Pizza mit Käse und Salami!), man verwendet sogar verschiedenes Geschirr. Daher ist es in Speisesälen koscherer Hotels auch streng verboten, Speisen mitzubringen, da man so Fleischiges und Milchiges durcheinander bringen könnte. Bei weniger formellen Anlässen hilft man sich häufig durch Einweggeschirr.

Weniger kompliziert sind Pflanzenprodukte. Hier gibt es beim Anbau einige Dinge zu beachten, z.B. das Sabbatjahr:

In jedem siebten Jahr sollst du die Ackerbrache einhalten
(Deut 15,1).

Diese Ackerbaugesetze gelten nur für das Gelobte Land, und zwar
im rabbinischen Sinn, welches nicht mit dem modernen Staat Israel
deckungsgleich ist (der südliche Negev und Teile der Küstenebene
werden nicht dazu gezählt):

> Und das ist das Gebot, das sind die Gesetze und Rechtsvor-
> schriften, die ich (Mose) euch im Auftrag des HERRN, eures
> Gottes, lehren soll und die ihr halten sollt *in dem Land,* in das
> ihr hinüberzieht, um es in Besitz zu nehmen (Deut 6,1).

Kompliziert wird es noch einmal beim Wein. Hier soll vermieden
werden, dass ein Jude, womöglich ohne es zu merken, heidnischen
Götzenopferwein trinkt – als solcher gilt nach manchen auch christlicher Messwein. Um das zu vermeiden, darf kein *Goj* (hebr.
„Volk"), also kein Nicht-Jude, den Wein berühren oder irgendwie
manipulieren, er darf nicht einmal eine Weinflasche entkorken oder
aus ihr einschenken. Ist man daher in einer jüdischen Familie eingeladen, ist eine Weinflasche als Gastgeschenk nicht angebracht, und
man braucht sich nicht zu schämen, wenn man das Nachschenken
getrost dem Gastgeber überlässt.

Die komplizierten Regeln für Fleisch und Wein finden auch im Neu-
en Testament ihren Widerhall. Paulus schreibt:

> Alle Dinge sind rein; schlecht ist es jedoch, wenn ein Mensch
> durch sein Essen dem Bruder Anstoß gibt. Es ist nicht gut,
> Fleisch zu essen oder Wein zu trinken oder sonst etwas zu tun,
> wenn dein Bruder daran Anstoß nimmt (Röm 14,20-21).

Es geht dabei nicht um Vegetarier oder Abstinenzler, sondern um
Judenchristen, die an den überkommenen Gesetzen festhalten wollten. Koscheres Fleisch und koscheren Wein konnte und kann man
nur bei Juden bekommen, sie waren also den zum Christentum be-
kehrten Juden verwehrt. Besser als bei diesen Brüdern Anstoß zu erregen, sei der Verzicht darauf.

Spezielle Regeln gelten für das einwöchige *Pessach*-Fest im Frühjahr. Pessachlämmer werden zwar seit der Zerstörung des Tempels
im Jahr 70 n.Chr. nicht mehr geschlachtet, aber die Regel „nichts
Gesäuertes soll man essen" (Ex 13,3) bleibt gültig. Man isst ungesäuerte Brote, hebr. *Mazzot,* im Deutschen als „Mazzen" wiedergegeben. Alles „Gesäuerte", d.h. mit Hefe Gebackenes, aber beispielsweise auch Bier, wird aus den Häusern, aus Restaurants, selbst aus
Geschäften entfernt – in manchen Geschäften greift man zu einer
pragmatischeren Lösung: man bedeckt die entsprechenden Regale
mit einer Plane. Dieses „Zelt" gilt dann als außerhalb des Geschäfts,
das Geschäft bleibt *kascher le-Fessach,* „koscher für Pessach".

Viele dieser Vorschriften mögen uns fremd erscheinen. Man hüte sich aber auch hier vor vorschnellen oder gar überheblichen Urteilen. – Jesus hat sich übrigens nicht gegen diese Gesetze gewandt, wir lesen im Gegenteil in der Bergpredigt:

> Denkt nicht, ich sei gekommen, um das Gesetz und die Propheten aufzuheben. Ich bin nicht gekommen, um aufzuheben, sondern um zu erfüllen. Amen, das sage ich euch: Bis Himmel und Erde vergehen, wird auch nicht der kleinste Buchstabe des Gesetzes vergehen (Mt 5,17-18).

Was Jesus freilich kritisierte, war eine nur äußerliche Erfüllung des biblischen Gesetzes:

> O ihr Pharisäer! Ihr haltet zwar Becher und Teller außen sauber, innen aber seid ihr voll Raubgier und Bosheit. Ihr Unverständigen! Hat nicht der, der das Äußere schuf, auch das Innere geschaffen? Gebt lieber, was in den Schüsseln ist, den Armen, dann ist für euch alles rein (Lk 11,39-41).

Die Befolgung dieser Speiseregeln wurde dagegen, neben der Frage der Beschneidung, in der jungen Kirche diskutiert, um die Einheit zwischen Judenchristen und Heidenchristen zu wahren, was über Jahrhunderte eine Herausforderung blieb. Noch geraume Zeit nach der Auferstehung Jesu konnte Petrus von sich sagen „Noch nie habe ich etwas Unheiliges und Unreines gegessen" (Apg 10,14), als er in Joppe (Jaffa) in einer Vision dazu aufgefordert wurde, eben dieses zu tun (der ganze Text findet sich auf S. 81). Die Frage wurde auf dem sogenannten „Apostelkonzil" in Jerusalem geklärt und in einem Schreiben den anderen Gemeinden mitgeteilt:

> Der Heilige Geist und wir haben beschlossen, euch keine weitere Last aufzuerlegen als diese notwendigen Dinge: Götzenopferfleisch, Blut, Ersticktes und Unzucht zu meiden. Wenn ihr euch davor hütet, handelt ihr richtig. Lebt wohl! (Apg 15, 28-29).

Das Ausgrabungsareal (Davidson Center)

Südlich der Klagemauer und des Tempelbezirks liegt ein großes Ausgrabungsareal, benannt nach einem Wohltäter – der Eingang ist unter der Straße vom Misttor zur Klagemauer. Im Eingangsbereich befindet sich eine Ausstellung über die Geschichte des Ortes und der Ausgrabungen. Wege und Stege ermöglichen einen Rundgang durch die Ausgrabungen mit einem Schwerpunkt auf den jüdischen Epochen. Das Gelände erstreckt sich innerhalb und außerhalb der heutigen Stadtmauer.

Ob diese Gegend bereits zur Stadt gehörte, die König David eroberte, ist umstritten. Möglicherweise gab es zu jener Zeit hier ein Stadttor (außerhalb der heutigen Stadtmauer, in der Nähe der modernen Straße, die um sie herumführt). König Salomo baute nördlich davon den Tempel. Aus fast dem ganzen ersten vorchristlichen Jahrtausend gibt es jedoch hier nur spärliche Bebauungsspuren, manche weisen das erwähnte Stadttor der Zeit Salomos zu. Aus literarischen Quellen, allen voran Flavius Josephus, wissen wir, dass hier, südlich des Tempels, die Seleukiden eine Burg, *Akra* genannt, errichtet hatten (167–141 v.Chr.). Archäologisch ist diese Burg nicht sicher nachzuweisen, entweder weil sie weiter nördlich lag (unter der heutigen al-Aqsa-Moschee) oder weil sie völlig durch die herodianischen Neubauten beseitigt wurde.

Herodes nämlich ließ den Tempelbezirk erweitern, indem er die noch heute erhaltenen Stützmauern errichtete. Mehrere Zugänge zum herodianischen Tempelbezirk sind noch zu erkennen. Nahe der Südwestecke des Tempelbezirks ist in der Höhe der Ansatz von einem Bogen sichtbar, der nach dem Forscher *Robinson* benannt ist. Über ihn führte eine monumentale Treppe von einer 10 m breiten Straße im rechten Winkel in den Tempelbezirk. Unter dem *Robinsonbogen* (an einem Stein sechs Lagen unter dem Bogen) ist eine hebräische Inschrift zu sehen: „Wenn ihr das seht, wird euer Herz sich freuen und ihr werdet aufblühen wie frisches Gras" (Jes 66,14). Sie könnte aus der Zeit von Kaiser Julian (dem „Abtrünnigen") stammen und die jüdische Hoffnung auf eine baldige Wiederherstellung des Tempels ausdrücken.

Südlich des Tempelbezirks, noch innerhalb der heutigen Stadtmauer, lag ein omaijadischer Palast (7./8.Jh. n.Chr.), die größte (84 × 69 m) von vier ähnlichen Anlagen. Die Südmauer dieses Palastes diente später als Fundament für die Stadtmauer.

Durchquert man durch einen (modernen) Durchgang die heutige Stadtmauer, sieht man zwei weitere Toranlagen zum herodianischen Tempelbezirk: ein Doppeltor (Huldator), zum großen Teil verbaut durch die Anbauten der al-Aqsa-Moschee, unmittelbar außerhalb der heutigen Stadtmauer, sowie ein Dreiertor, weiter östlich. Zu beiden Toren führte eine heute wieder freigelegte, monumentale Freitreppe.

Die Ruinen in der Umgebung dieser Freitreppe sind großteils byzantinisch, darunter (längs der modernen Straße) ein Teil der Stadtmauer und (in der Nähe des Dreiertors) ein Frauenkloster. Von diesem berichtet der Pilger Theodosius (um 520), die Nonnen hätten hier, unterhalb der Tempelzinne, in besonders strenger Klausur gelebt. Die Ruinen eines weiteren omaijadischen Palasts, der über den byzantinischen Gebäuden errichtet war, wurden während der Ausgrabungen zum großen Teil abgetragen.

Unterhalb des Robinsonbogens sieht man enorme Steinquader, die vom oberen Teil der herodianischen Umfassungsmauer herabgestürzt sind, wahrscheinlich während des Zweiten Jüdischen Krieges (132–135 n.Chr.). Sie liegen auf einer gepflasterten Straße, unter der ein teilweise mehr als mannshoher Abwasserkanal nach Süden verlief, der begehbar ist (allerdings nur in umgekehrter Richtung, siehe S.530).

Das jüdische Viertel

Von 70. n.Chr. bis zum Ende des 19.Jh. waren die Juden in Jerusalem eine Minderheit. Teils war diese sehr klein; in einigen Epochen sind keine Angaben möglich; einige Male war den Juden der Zugang zu ihrem geistigen Zentrum ganz verwehrt; immer wieder gab es kleine, aber blühende jüdische Gemeinden mit einem reichen geistlichen Leben. Die Wohnbereiche der Juden waren nicht immer die gleichen, aber ihr geistiges Zentrum war immer die Westmauer (Klagemauer), in deren Nähe sie sich anzusiedeln suchten.
Seit dem 14.Jh. scheint sich das jüdische Leben in Jerusalem in der Gegend zu konzentrieren, wo sich auch heute das jüdische Viertel befindet. Im 16.Jh. zogen viele, auch gelehrte und wohlhabende Juden in die Stadt, die wenige Jahre zuvor (1492) aus Spanien vertrieben worden waren. Deshalb waren bis ins 19.Jh. die jüdischen Gemeinden sephardisch (orientalisch) geprägt, während die aschkenasischen (mittel- und osteuropäischen) Gemeinden klein (und arm) waren. Erst nach dem Ersten Weltkrieg wuchsen sie stark an.
Im arabisch-israelischen Krieg 1948 wurde das jüdische Viertel fast ganz zerstört. Die jüdische Bevölkerung wurde aus dem jetzt jordanisch gewordenen Teil der Stadt verbannt, der Zugang zu ihrer heiligsten Stätte war ihnen verwehrt. Das Viertel wurde nur notdürftig wiederaufgebaut und von arabischen Flüchtlingen bewohnt. Nach 1967, nach der Eroberung der Altstadt durch Israel, wurde es fast völlig neu gebaut. Heute beherbergt das jüdische Viertel wieder mehrere Dutzend Synagogen und religiöse Schulen und ist damit wieder zu einem Zentrum jüdischer Geistigkeit und Gelehrsamkeit geworden. Die moderne Architektur des Viertels greift die hergebrachte kleinräumige Bebauung der Altstadt auf. Bevor man die neuen Gebäude errichtete, wurden 1969-83 an vielen Stellen Ausgrabungen durchgeführt, unter der Leitung des israelischen Archäologen Nahman Avigad und unter Beteiligung mehrerer, meist israelischer Institutionen. Sie ermöglichen wichtige Einblicke in die Geschichte der Stadt; einige davon können besichtigt werden.

Um das verwinkelte und unübersichtliche, aber gut beschilderte
Viertel zu besichtigen, sei hier einen Weg vorgeschlagen, der von
der Klagemauer nach Südwesten geht (von dieser aus blickend, die
Stufen nach links oben).

Die Stufen (*Ma'alot Rabbi Yehuda ha-Levi*) nach oben gehend, sieht
man bald zur Rechten einen siebenarmigen goldenen Leuchter (*Menora*), der nach biblischen Angaben gefertigt wurde und für einen
künftigen jüdischen Tempel bereitsteht.

Hinter der Menora liegen die Ruinen der mittelalterlichen Kirche
und des Hospizes *St. Marien von den Deutschen,* der Gründungszel-
le des Deutschen Ordens. Die hier sichtbaren Bögen gehörten zu einem Gewölbe, das als Lagerraum diente. Die Kirche (21 × 12 m), das
sich nördlich anschließende Hospiz für die Pilger und das Dormito-
rium (*Schlafsaal*) der Ordensbrüder liegen oberhalb davon, sind
aber gegenwärtig nicht zugänglich. Der Deutschritter-/Deutschher-
ren-Orden (oder einfach Deutsche Orden) spielte im späten Mittelalter in Europa und besonders in Deutschland eine wichtige Rolle, bis
heute werden Hospitäler und Pfarreien von ihm getragen.

Am oberen Ende der Stufen angekommen, befindet sich zur Linken
der Eingang zum *Temple Institute* mit einer Ausstellung von liturgischen Geräten und Gewändern, die für einen Dritten Tempel bereit-
stehen (auch die erwähnte Menora gehört dazu) – dass freilich der
Platz des jüdischen Tempels auch anderen heilig ist, ist in der Ausstellung kein Thema. Es sei hier die Hinweis statthaft, dass die
Mehrheit der heutigen Israelis, gerade auch der religiösen Juden, eine Wiederherstellung des jüdischen Tempels dem Messias überlassen wollen.

Geht man vom oberen Ende der Stufen halbrechts unter die Arkaden (*Tiferet Israel Street*), kommt man bald (rechts) zum *Burnt
House* (das „verbrannte Haus"). Hier fand man unter der unberühr-
ten Asche Münzen und viele Hausgerätschaften aus der Zeit von 70
n. Chr. Nach einem in ein Gewicht eingeritzten Namen könnte das
Haus der priesterlichen Katrosfamilie gehört haben, die man aus
dem Talmud kennt.

Nach den Arkaden liegt links die Ruine der einst prächtigen Synagoge *Tiféret Jisrael,* „Zierde Israels". Sie wurde 1872 erbaut und
während des arabisch-israelischen Krieges 1948 fast völlig zerstört.
Gegenwärtig gibt es Bestrebungen, sie wieder aufzubauen.

Steigt man die Stufen zur Ruine Tiferet Jisrael hinauf, liegt, dieser
gegenüber, die Synagoge der jüdischen Gemeinschaft der *Karäer.*
Dieser heute unterirdische Raum stammt aus dem 8. Jh. n. Chr. und
ist somit die älteste Synagoge Jerusalems, die noch benutzt wird.
Der Name *Karäer* leitet sich vom hebräischen Wort *kara,* „lesen",
ab (vgl. das arabische Wort *Koran*). Die Karäer erkennen nämlich
nur die Heilige Schrift als religiös verbindlich an, nicht aber die spä-

teren rabbinischen Traditionen, vor allem den Talmud – vergleichbar dem lutherischen Prinzip *Sola Scriptura*, „allein die Schrift". Sie trennten sich ab dem 8. Jh. n. Chr. vom rabbinischen Judentum. Im späten Mittelalter verlagerte sich der Schwerpunkt der Karäer aus den arabischen Ländern, v. a. aus Ägypten, nach Osteuropa, insbesondere auf die Halbinsel Krim (Ukraine). Da fast alle Karäer während des Zweiten Weltkrieges in von Nazis kontrollierten Gebieten lebten, wurde das karaitische Judentum fast ganz ausgelöscht. Heute gibt es etwa 45 000 Karäer, die meisten von ihnen leben in Ramle (unweit vom Flughafen Tel Aviv).

Geht man die *Tiferet Israel Street* weiter, kommt man zu einem Platz (*ha-Hurva Square*), auf dessen gegenüberliegender Seite die *Hurva-Synagoge* („Ruinen-Synagoge") steht. Ihr Gründer, Rabbi Jehuda ha-Chassid, wanderte um 1700 voller messianischer Hoffnungen mit 1300 Anhängern aus Polen in die Heilige Stadt ein, starb aber bald und hinterließ nicht nur eine gescheiterte Bewegung, sondern auch eine halbfertige Synagoge, die erst 1864 fertiggebaut wurde – daher der Name *Ruinen-Synagoge*. Nach der Zerstörung 1948 erhielt dieser Name durch den belassenen freistehenden Bogen eine neue Aktualität. 2005-10 wurde das prächtige Gebäude wieder aufgebaut.

Südlich davon liegt, halb im Boden, die älteste orthodoxe Synagoge Jerusalems, die *Ramban-Synagoge*; sie geht auf *R*abbi *M*osche *B*en *N*achman zurück (um 1267, die Kurzbezeichnung *Ramban* ist aus den Anfangsbuchstaben des Namens gebildet; im Westen ist er eher unter dem latinisierten Namen *Nachmanides* bekannt). Daran schließt sich die kleine *Sidna-Omar-Moschee* an, die eine Jüdin im 15. Jh. für ihren zum Islam übergetretenen Sohn errichtet haben soll. Südöstlich vom Hurva-Platz (von der *Tiferet Israel Street* kommend zweimal nach links) zweigt die *Karaim Street* („Karäer-Straße") ab. Gleich rechts befindet sich der Eingang zum *Herodian Quarter,* zum „Herodianischen Viertel", auch *Wohl-Museum* genannt. Drei Meter unter dem heutigen Bebauungsniveau sieht man sich in 2000 Jahre alte Luxuswohnungen mit allem, was den Wohlhabenden der Herodeszeit zur Verfügung stand, zurückversetzt. Die sechs unterschiedlich gut erhaltenen Komplexe enthalten zahlreiche Mikwen (rituelle Bäder); es fällt jedoch das Fehlen figürlichen Schmuckes auf, entsprechend dem biblischen Bilderverbot. Es ist anzunehmen, dass die wohlhabenden, religiösen Bewohner dieser in der Nähe des Tempels gelegenen Häuser jüdische Priesterfamilien waren. An einigen Stellen ist die Zerstörung durch Feuer zu erkennen, ein Zeugnis für die Zerstörung Jerusalems 70 n. Chr. durch die Römer.

Nordwestlich vom Hurva-Platz erreicht man durch eine schräg einmündende Gasse (die Verlängerung der *Tiferet Israel Street*) die freigelegten Reste der „Breiten Mauer" (engl. *Broad Wall,* 7 m

breit), einer Ecke der Stadtmauer aus dem späten 8. Jh. v. Chr.
Wahrscheinlich wurde sie von König Hiskija im Angesicht der Assyrergefahr (701 v. Chr.) über bestehenden Häusern errichtet – vgl.
die Kritik des Propheten Jesaja an diesem Vertrauen allein auf die
eigene Stärke:

> (Ihr) habt Jerusalems Häuser gezählt; ihr habt die Häuser ab-
> gerissen und die Mauer befestigt (Jes 22,10).

Die (moderne) Bezeichnung „Breite Mauer" lehnt sich dagegen an
eine spätere biblische Epoche an: Im Buch Nehemia (3,8 und 12,38)
wird ein Teil der nach dem Babylonischem Exil wiedererrichteten
Mauer (5. Jh. v. Chr.) so genannt.
Wenige Schritte westlich der Breiten Mauer erreicht man den *Cardo
Maximus,* die Prachtstraße, die die römische Stadt in Nord-Süd-
Richtung durchzog und die in der byzantinischen Zeit umgestaltet
wurde. Sie ist auf einer Länge von 180 m freigelegt und teilweise rekonstruiert. Die eigentliche Straße (12 m breit) war von Säulen eingerahmt, hinter denen Läden untergebracht waren; die Breite der
ganzen Anlage maß 22,5 m.
Die Gasse, die dem Cardo westlich oberhalb entlangläuft, heißt
Chabad Street (*Chabad* ist die Abkürzung für *Ch*ochma – *B*ina –
*D*áat, „Weisheit – Erkenntnis – Wissen", und bezeichnet eine jüdische, chassidische Gruppierung, die auch *Lubawitscher* genannt
wird – nach ihrem Ursprungsort in Russland). Geht man auf dieser
Gasse nach Norden (rechts), kommt man, wo die Gasse in Stufen
nach unten führt, zu einer Metalltreppe, die rechts auf die Dächer
steigt. Von hier aus – man befindet sich ungefähr am Schnittpunkt
der vier Altstadtviertel – kann man einen interessanten Spaziergang
auf den Dächern Jerusalems machen, vor allem nach Norden, wo
man bis zum russisch-orthodoxen Alexanderhospiz kommt.
Folgt man dagegen dem Cardo in die entgegengesetzte Richtung,
nach Süden, erreicht man die armseligen Überreste des krönenden
südlichen Abschlusses des Cardo: die *Neue* (griech. *Nea*) *Marienkirche* des Kaisers Justinian, die im Madabamosaik (siehe Tafel
XVIIa) abgebildet ist. Der Weihetag dieser Kirche, der 21. November (543), ist bis heute Teil des katholischen Festkalenders: als „Ge-
denktag Unserer Lieben Frau in Jerusalem", früher „Mariä Opferung". Die Nea umfasste eine weiträumige Klosteranlage mit Zugang vom Cardo; allein die Kirche maß etwa 100 × 52 m. Beim Persereinfall 614 wurde die Kirche nicht zerstört, aber wir wissen aus
einer zeitgenössischen Chronik, dass darin die Leichen von mehreren hundert Ermordeten aufgehäuft waren. Nach der arabischen
Eroberung (638) wurde die Nea weiter benutzt, zu Beginn des 9. Jh.
wird sie dagegen als Erdbebenruine bezeichnet. Leider ist von diesem kaiserlichen Monument nur wenig erhalten und noch weniger

sichtbar; das meiste ist unter dem großen Parkplatz und den sich östlich anschließenden Gebäuden begraben. Nur die bescheidene südliche Seitenapsis ist freigelegt. Man findet sie, wo die Fahrstraße (*Batei Makhase Road,* „Unterkunfts-Häuser-Straße") an die Stadtmauer
stößt. Steigt man auf die hier von innen niedrige Stadtmauer, sieht
man außerhalb der Stadtmauer weit unten die Fundamente der Südostecke der Nea.

Westlich davon, zwischen der Straße und der Stadtmauer, wurde der
Gan ha-Tequma, der Wiedererrichtungs-Garten, angelegt – gemeint
ist die Wiedererrichtung des jüdischen Viertels. Diese kleine Parkanlage enthält, neben einem Sportplatz, archäologische Reste, und
zwar, von Osten (von der Seitenapsis der Nea) kommend: eine überwölbte Zisterne, die zur Nea gehörte (eine hier entdeckte Inschrift
rühmt den Ehrgeiz des „gottesfürchtigen Königs Flavius Justinianus"), Kreuzfahrerräume, die in die byzantinischen Ruinen hineingebaut waren, sowie ein ayyubidischer Torturm aus der Zeit kurz
nach der Kreuzfahrerherrschaft.

26. DER TEMPELBERG/
AL-HARAM ASCH-SCHARIF

Dieser Berg, so berühmt er ist und so eifersüchtig er gehütet wird, tritt relativ spät, erst um das Jahr 1000 v.Chr., in die Geschichte ein. Juden und Muslimen ist der Berg ein Heiligtum ersten Ranges. Die Juden nennen ihn *Har ha-Bajt,* „Berg des Hauses (Gottes)", die Muslime *Harám asch-Scharíf,* „der Ehrwürdige Bezirk" – *Haram* bedeutet eigentlich „privater, d.h. verbotener Bereich", was sich sowohl auf einen religiösen heiligen, abgegrenzten Bereich als auch auf den privaten *Harem* beziehen kann. Auch für die Christenheit ist der Tempel mit Erinnerungen verbunden, ist Jesus doch von Kindheit an (Lk 2,41-50) hier ein- und ausgegangen (Joh 10,22), hat gelehrt (Joh 7,14) und seine Heiligkeit verteidigt (Joh 2,13-22). Aber sie hat sich auch frühzeitig davon gelöst und gelernt, dass die wahre Anbetung Gottes nicht an diesem oder jenem Ort geschieht, sondern „im Geist und in der Wahrheit" (Joh 4,20-24).

Geschichte

Der *Erste Tempel*: Bereits König David hatte die Absicht, für die Bundeslade in seiner Hauptstadt statt des Zeltes aus der Zeit der Wanderungen einen festen Tempel zu bauen (2 Sam 7,1-2). Er hatte von dem Jebusiter Arauna, in dem man vielleicht den letzten kanaanäischen Herrscher von Jerusalem sehen darf, einen geeigneten Platz erworben und dort bereits „Brandopfer und Heilsopfer dargebracht" (2 Sam 24,18-25). Die *Tenne des Jebusiters Arauna,* auf der Salomo den Tempel baute, hielt man sogar für den *Berg Morija* (2 Chr 3,1), auf dem Abraham seinen Sohn Isaak als Opfer darbringen sollte (Gen 22,2). Das heißt also: Nicht nur David hätte auf dem späteren Tempelplatz geopfert, sondern schon Abraham! Dieser hohe Anspruch könnte durch die Begegnung Abrahams mit Melchisedek gestützt werden, denn „Melchisedek war König von *Salem* und Priester des Höchsten Gottes" (Gen 14,18).

Archäologisch kann man darüber kaum etwas sagen, weil der *Ehrwürdige Bezirk* für Muslime wie für strenggläubige Juden unantastbar ist und keine Ausgrabungen zugelassen werden. Den Angaben des jüdischen Historikers Flavius Josephus über den Ersten Tempel wird man keine zu große Bedeutung beimessen wollen; schreibt er doch 650 Jahre nach der Zerstörung dieses Tempels. Anders ist es mit der Bibel, deren Texte zwar oft Früheres mit Späterem vermischen, aber doch einen alten Grundbestand erkennen lassen.

Nach der Bibel begann der Tempelbau im vierten Jahr der Regierung Salomos (1 Kön 6,1); das wäre etwa 960 v. Chr. Freilich widerspricht das der ebenfalls biblischen Aussage, schon König David habe im „Haus der HERRN" gebetet (2 Sam 12,20). Für den salomonischen Tempelbau wurde nicht nur Stein verwendet, sondern auch reichlich Holz aus dem Libanon, das der König von Tyrus lieferte (1 Kön 5,15-25). Da ein Architekt aus Tyrus (1 Kön 7,13-14) und *Gebaliter* (Handwerker aus *Gebal,* heute: *Byblos* im Libanon) herbeigeholt wurden, werden phönizische Vorstellungen und Muster, wie man sie aus Ausgrabungen kennt, keine geringe Rolle gespielt haben. Bei den Beschreibungen (1 Kön 6,1-38; 7,13-51) bleibt manches im Dunkeln; gerade bei den Details muss man damit rechnen, dass sie teilweise spätere Veränderungen widerspiegeln. Mit großer Wahrscheinlichkeit war das Gebäude ein Langhaustempel mit einer Bodenfläche von 27 × 9 m und einer Höhe von 13,5 m. Davor gab es noch eine offene Vorhalle. Die überraschende Höhe des Bauwerks wird dadurch bestätigt, dass die Anbauten mit der Zeit dreistöckig wurden. Die verhältnismäßig geringe Bodenfläche erklärt sich daraus, dass ein Tempel nicht Versammlungsraum einer Gemeinde, sondern nur Wohnung des Götterbildes oder, wie in Jerusalem, der Bundeslade war. Die Bundeslade stand im innersten, völlig fensterlosen Raum, dem *Allerheiligsten,* was die Unanschaubarkeit Gottes, ein Grunddogma der Religion Israels, besonders unterstrich. Salomo sagte:

> Der HERR hat die Sonne an den Himmel gesetzt; er selbst wollte im Dunkel wohnen (1 Kön 8,12).

An das Allerheiligste schloss sich der doppelt so lange Hauptraum an; beide Räume waren ganz mit Zedernholz getäfelt. Ob alles von Anfang an so überreich vergoldet war, wie die Bibel berichtet – sogar der Fußboden (1 Kön 6,30) – ist ungeklärt. Es fällt nämlich auf, dass zuerst nur von Zedernholz die Rede ist; die Nachricht von der reichen Vergoldung wirkt nachgetragen. Nach siebenjähriger Bauzeit war jedenfalls der Tempel vollendet und konnte eingeweiht werden. Er bestand bis zur Eroberung Jerusalems durch die Babylonier im Jahr 586 v. Chr.

Die wichtigste und immer noch nicht endgültig entschiedene Frage aber ist, wo der Tempel eigentlich genau stand. Man möchte annehmen, dass der Tempel bzw. das Allerheiligste sich am höchsten Punkt des Geländes befand, dort wo heute der heilige Felsen vom „Felsendom" überwölbt ist. Man hat aber auch vermutet, dass dort der Brandopferaltar gewesen sei, der Tempel ein wenig westlich davon.

Der *Zweite Tempel*: Nachdem die deportierten Juden im Jahr 538
v.Chr. vom Perserkönig Kyros die Erlaubnis erhalten hatten, in ihr
Land zurückzukehren und den Tempel in Jerusalem wiederaufzubauen (Esra 1,1-4), kehrten sie in mehreren Schüben zurück und errichteten zunächst den Brandopferaltar (Esra 3,2-3). Der Neubau des
Tempels kam aber nicht voran, noch im Jahr 520 v.Chr. war der
Platz ein Trümmerhaufen (Hag 1,2-15). Auf Betreiben der Propheten Haggai und Sacharja nahm man unter dem Statthalter Serubba-
bel und dem Hohenpriester Jeschua einen neuen Anlauf (Esra
5,1-2); im Jahr 515 konnte der Tempel eingeweiht werden (Esra 6,
14-22).

Der Zweite Tempel erhob sich wieder am selben Platz, auf denselben Grundmauern, und hatte wohl dieselben Ausmaße (Esra 6,3.7);
dass freilich die Höhe doppelt so groß gewesen sein soll als früher,
nämlich 27 m bei nur 9 m Breite (!), ist wenig wahrscheinlich. So
verwundert es nicht, dass die Überlieferungen bei diesen Zahlenangaben auseinandergehen. Auch die goldenen und silbernen Geräte
des Tempels sollten nach persischem Befehl zurückerstattet werden
(Esra 6,5). Die Bundeslade freilich gab es nicht mehr, sie war und
blieb verschollen. Die wesentlichen Kultgegenstände im Hauptraum
waren wie früher der Schaubrottisch und ein Räucheraltar. Neu war
im Tempel des Serubabbel der goldene Leuchter (hebr. *Menora*) mit
sieben Lampen (vgl. Sach 4,1-2). Zwar sei schon der Leuchter, den
Mose auf Gottes Anordnung für das Offenbarungszelt fertigen ließ,
siebenarmig gewesen (Ex 25,31-39), doch sind die Einzelheiten des
ideellen Offenbarungszeltes in der Wüste offensichtlich nach dem
Muster des nachexilischen Tempels beschrieben. Der salomonische
Tempel hatte einfach zu beiden Seiten je fünf goldene Leuchter
(1 Kön 7,49). Antiochus IV. Epiphanes raubte im Jahr 169 v.Chr.
die goldene *Menora* (1 Makk 1,21), Judas der Makkabäer ersetzte
sie durch eine neue (1 Makk 4,49). Sie wurde fortan zu einem Symbol des Judentums.

Durch die mehrfachen Herrschaftswechsel im 2./1.Jh. v.Chr. – in
den Makkabäer- und Hasmonäerkriegen wie auch wieder bei den
Eroberungen Jerusalems durch Pompeius und durch Herodes – muss
auch der Tempel sehr in Mitleidenschaft gezogen worden sein. Der
große Bauherr Herodes, der selbst kein Jude, sondern ein Idumäer
(südliches Nachbarvolk Israels) war, fasste den Plan, den Tempel
großzügig neu zu bauen. Er sah darin eine Gelegenheit, sich bei den
Juden Anerkennung zu verschaffen. Diese hätten sich kaum darauf
eingelassen, wenn keine Notwendigkeit bestanden hätte. Sie stellten
jedoch zwei Bedingungen, nämlich dass vorher ausreichendes Baumaterial herbeigeschafft werden müsse und dass nur Priester am
Tempel bauen dürften. Herodes schaffte das Baumaterial bei; nach
Flavius Josephus wurden 1000 Priester in den notwendigen hand-

werklichen Fertigkeiten ausgebildet. Diese Nachricht erfährt eine
überraschende Bestätigung durch ein Grab aus herodianischer Zeit
in einer nördlichen Vorstadt von Jerusalem (*Givat ha-Mivtar*), in
dem ein Ossuarium die aramäische Inschrift „Simeon, der Tempel-
bauer" trägt. Es muss sich um einen Toten handeln, der am Neubau
des Tempels durch Herodes beteiligt war und dessen Angehörige
ihm diesen Ruhmestitel mit ins Grab gaben. Herodes begann mit
dem Tempelbau im Jahr 19 v.Chr. Es dauerte etwa neun Jahre, bis
man den Tempel im Beisein des Königs einweihen konnte; für das
Tempelhaus hatte man eineinhalb Jahre gebraucht. Die Herausforde-
rungen des Neubaus waren aber so vielfältig und umfassend, dass
sie noch Jahrzehnte in Anspruch nahmen. Auf diese Situation bezieht sich das Wort der Juden im Johannesevangelium:

> Sechsundvierzig Jahre wurde an diesem Tempel gebaut und
> du willst ihn in drei Tagen wieder aufrichten? (Joh 2,20).

Damit käme man in das Jahr 28 n.Chr. für diese Auseinandersetzung Jesu mit den Juden. Nach Flavius Josephus wurden die Arbeiten am Tempel erst unter dem Prokurator Albinus (62–64 n.Chr.)
abgeschlossen, also wenige Jahre vor der Zerstörung durch Titus im
Jahr 70.
Christliche Geschichtsschreiber pflegten früher drei Tempel zu unterscheiden, den salomonischen, den nachexilischen und den herodianischen Tempel. Bei den Juden ist es üblich geworden, nur von
einem Ersten und einem Zweiten Tempel zu sprechen, vielleicht
weil man dem Nicht-Juden Herodes nicht so viel Ehre antun will.
Eine gewisse sachliche Rechtfertigung ist, dass vor Herodes ja keine
Zerstörung eingetreten war und der Neubau sich weitgehend am
Bisherigen orientierte. Die Maße des eigentlichen Tempels blieben
die gleichen, nur die Vorhalle, also die Fassade, durfte Herodes auf
45 m Breite und ebensolche Höhe vergrößern, wenn man Flavius Josephus glauben darf.
Vor allem aber ließ Herodes den Tempel*platz* sowohl nach Norden
wie nach Süden bedeutend erweitern. So bildet er bis heute ungefähr
ein Rechteck mit ungleichen Seitenlängen: Die Westmauer ist 485 m
lang, die Ostmauer 470 m; während die Nordmauer 315 m misst,
sind es im Süden nur 280 m. Insgesamt umschließt der Tempelplatz
144 000 m^2. Damit ragt der Jerusalemer Tempelplatz weit aus den
Heiligtumsbezirken der Antike heraus. Das erforderte in der gebirgi-
gen Landschaft gewaltige Stützbauten, die an der Südseite bis über
50 m hoch sind. Die legendären *Pferdeställe Salomos* unter der Südostecke des Tempelplatzes (42 m hoch über dem Felsgrund) sind ein
besonders eindrucksvolles Beispiel dafür. Sie haben mit Salomo
nichts zu tun, sondern sind zwölf Reihen von Stützbogen, mit denen Herodes das Plateau des Tempelplatzes nach Süden ausdehnte.

Im Mittelalter wurden hier tatsächlich Pferdeställe eingerichtet; die
Löcher in den Pfeilern dienten zum Anbinden der Pferde des Temp-
lerordens. Gewaltig war auch der Wasserbedarf des Tempels; im
19. Jh., als manche Forschungen noch leichter möglich waren, hat
man 37 Zisternen im Bereich des Tempelplatzes gezählt!
Alle vier Seiten des riesigen Platzes waren mit Säulenhallen umgeben; die *Königliche Halle* lag auf der Südseite, die *Halle Salomos*
auf der Ostseite, so dass sie Schutz vor kalten Wüstenwinden bot
(Joh 10,23); sie scheint ein bevorzugter Platz der ersten Christen gewesen zu sein:

> Alle kamen einmütig in der Halle Salomos zusammen. Von
> den übrigen wagte niemand, sich ihnen anzuschließen; aber
> das Volk schätzte sie hoch (Apg 5,12; vgl. 3,11).

Überhaupt spielte sich vieles, was wir im Deutschen ungenau dem
Tempel zuschreiben, in den *Höfen* des Tempels ab. Die Bibel macht
einen Unterschied zwischen dem Tempel*haus,* der Wohnung Gottes,
und dem *Heiligen Bezirk* mit seinen *Höfen.* Die Israeliten werden
aufgefordert:

> Tretet mit Dank durch seine Tore ein! Kommt mit Lobgesang
> *in die Vorhöfe seines Tempels*! (Ps 100,4)

Die Unzuträglichkeiten mit den „Verkäufern von Rindern, Schafen
und Tauben und den Geldwechslern" konnten sich nur in diesen Höfen abspielen:

> Das Paschafest der Juden war nahe und Jesus zog nach Jerusa-
> lem hinauf. *Im Tempel* fand er die Verkäufer von Rindern,
> Schafen und Tauben und die Geldwechsler, die dort saßen. Er
> machte eine Geißel aus Stricken und trieb sie alle *aus dem
> Tempel hinaus,* dazu die Schafe und Rinder; das Geld der
> Wechsler schüttete er aus und ihre Tische stieß er um. Zu den
> Taubenhändlern sagte er: Schafft das hier weg, macht *das
> Haus meines Vaters* nicht zu einer Markthalle! Seine Jünger
> erinnerten sich an das Wort der Schrift: Der Eifer für dein
> Haus verzehrt mich. Da stellten ihn die Juden zur Rede: Wel-
> ches Zeichen lässt du uns sehen als Beweis, dass du dies tun
> darfst? Jesus antwortete ihnen: Reißt *diesen Tempel* nieder, in
> drei Tagen werde ich ihn wieder aufrichten. Da sagten die Ju-
> den: Sechsundvierzig Jahre wurde *an diesem Tempel* gebaut
> und du willst ihn in drei Tagen wieder aufrichten? Er aber
> meinte den Tempel seines Leibes. Als er von den Toten aufer-
> standen war, erinnerten sich seine Jünger, dass er dies gesagt
> hatte, und sie glaubten der Schrift und dem Wort, das Jesus
> gesprochen hatte (Joh 2,13-22).

Diese Höfe waren unterteilt. So gab es einen abgegrenzten Bezirk, den nur Juden betreten durften. Der *innere Hof,* den es schon am Ersten Tempel gab (1 Kön 6,36; 7,12) und der nach Ezechiel acht Stufen höher lag (Ez 40,37), machte im herodianischen Tempel nur ein Achtel des ganzen Areals aus. Bereits 1870 wurde eine Warntafel in der allen verständlichen Verkehrssprache Griechisch entdeckt, 1935 kam das Fragment einer zweiten hinzu, nach der bei Todesstrafe „kein Fremder die Abgrenzung und Umzäunung um den Tempel herum betreten darf". Das war auch das Delikt, das dem Apostel Paulus vorgeworfen und das zum Anlass seiner Verhaftung wurde:

> Das ist der Mensch, der in aller Welt Lehren verbreitet, die sich gegen das Volk und das Gesetz und gegen diesen Ort richten; er hat sogar Griechen *in den Tempel* mitgenommen und diesen heiligen Ort entweiht. Sie hatten nämlich kurz zuvor den Epheser Trophimus mit ihm zusammen in der Stadt gesehen und meinten, Paulus habe ihn *in den Tempel* mitgenommen (Apg 21,28-29).

Frauen durften nur den vom Tempel entfernteren östlichen Teil dieses Hofes betreten, so dass etwa die Darstellung des Jesuskindes *im Tempel* (Lk 2,22-38) oder Jesu Milde gegenüber der Ehebrecherin (Joh 8,2-11) nicht näher am Tempel als in diesem *Frauenvorhof* denkbar sind. Den Gelähmten, der die Apostel um ein Almosen anhielt, setzte man an die *Schöne Pforte* (Apg 3,2), die in den Hof der Frauen heraufführte, weil dort seine Chancen weitaus besser waren, als wenn er nur bei den Männern gebettelt hätte. Die Männer konnten durch das prächtige *Nikanortor* näher an den Tempel herantreten in den *Vorhof der Israeliten.* So betet der Psalmist:

> Ich umschreite, HERR, deinen Altar, um laut dein Lob zu verkünden und all deine Wunder zu erzählen. HERR, ich liebe den Ort, wo *dein Tempel* steht, die Stätte, wo deine Herrlichkeit wohnt (Ps 26,6-8).

In der Spätzeit des Alten Testaments gibt es um den Tempel und den Brandopferaltar herum einen eigenen *Hof der Priester* (2 Chr 4,9), der einen zusätzlichen Schutz für den eigentlichen Tempel bildete. Auch die Priester konnten nicht beliebig den Tempel betreten. Wir lesen im Lukasevangelium, dass dem Priester Zacharias, dem Vater Johannes' des Täufers,

> als seine Priesterklasse an der Reihe war und er beim Gottesdienst mitzuwirken hatte, durch das Los die Aufgabe zufiel, *im Tempel* des Herrn das Rauchopfer darzubringen (Lk 1,8-9).

Das *Allerheiligste* durfte sogar der Hohepriester nur einmal im Jahr betreten (Lev 16,2; vgl. Hebr 9,6-7), und zwar am Versöhnungstag (hebr. *Jom Kippur*). Wenn also nach der berühmten Lehrerzählung

Jesu „ein Pharisäer und ein Zöllner zum Tempel hinaufgingen, um zu beten" (Lk 18,10), konnten sie das nur in einem der Höfe tun:

> Der Zöllner aber blieb ganz hinten stehen und wagte nicht einmal, seine Augen zum Himmel zu erheben, sondern schlug sich an die Brust und betete: Gott, sei mir Sünder gnädig! (Lk 18,13).

Wo ehemals der Tempel stand, der am Ende des Ersten Jüdischen Krieges im Jahr 70 n.Chr. eingeäschert wurde, errichteten die Architekten Hadrians 135 einen Tempel zu Ehren der römischen Götter Jupiter, Juno und Minerva. Von ihm weiß man nicht viel, außer dass in seiner Nähe zwei Kaiserstatuen errichtet waren. Im christlich gewordenen byzantinischen Reich ließ man den heidnischen Tempel zerfallen, er diente nur noch zum Abbau von Baumaterial. Christen brauchten diesen Kultort nicht mehr und ließen ihn unbebaut, da an die Stelle der alten Opfer das Opfer Christi getreten ist:

> Wir sind durch die Opfergabe des Leibes Jesu Christi ein für alle Mal geheiligt. Jeder Priester steht Tag für Tag da, versieht seinen Dienst und bringt viele Male die gleichen Opfer dar, die doch niemals Sünden wegnehmen können. Dieser aber hat nur ein einziges Opfer für die Sünden dargebracht und sich dann für immer zur Rechten Gottes gesetzt (Hebr 10,10-12).

Im Islam: Neues Interesse an dem Berg zeigten erst wieder die Muslime. Bereits Omar, der 638 n.Chr. Jerusalem einnahm, dürfte hier eine Art Moschee errichtet haben, vielleicht indem er die *Halle Salomos* restaurierte. Dies wurde der Grund, dass man ihm später die *al-Aqsa-Moschee* zuschrieb und sie fälschlich *Omarmoschee* nannte. Der *Felsendom* (arab. *Qubbat as-Sahra*) wurde 50 Jahr später, 687–691, von Kalif Abd al-Malik gebaut. Al-Muqaddasi, ein arabischer Geograph des 10.Jh., erklärt das so:

> Als Abd al-Malik die riesige und imposante Kuppel der Grabeskirche sah, fürchtete er, dass sie die Herzen der Muslime in ihren Bann ziehen werde. Deshalb errichtete er *die Kuppel,* die wir auf dem Felsen sehen.

Auch politische Erwägungen mögen mitgespielt haben. So berichtet der schiitische Geschichtsschreiber *al-Jaqubi* im Jahr 874, Abd al-Malik hätte ein Gegengewicht zu Mekka und Medina schaffen wollen. Diese These wird verschiedentlich bis heute aufgegriffen, häufig in anti-muslimischer Polemik. Wie auch immer, Abd al-Malik nahm die jüdisch-christliche Heiligkeit Jerusalems bewusst für den Islam in Anspruch. Er ließ über dem heiligen Felsen Abrahams ein prächtiges Kuppelheiligtum bauen. Es versteht sich von selbst, dass die zumeist einheimischen Architekten, Künstler und Handwerker byzantinische Bauformen aufgriffen. Der Felsendom ist in seinen vollkommenen Formen und Proportionen ein Höhepunkt sakraler Architektur, und er ist nicht zuletzt weltweit der älteste erhaltene islamische Sakralbau. Abd al-Malik vergaß freilich nicht, die christliche Lehre deutlich zu korrigieren und die Christen zurechtzuweisen. In einer dem Koran (Sure 4) entsprechenden Inschrift heißt es:

> Ihr Leute des Buches: Übertretet nicht die Schranken euerer Religion und sagt bezüglich Gott nichts als die Wahrheit. Der Messias Jesus, der Sohn der Maria, ist nur der Gesandte Gottes und sein Wort, das er der Maria entboten hat, und Geist von ihm … Darum glaubt an Gott und seine Gesandten und sagt nicht: Drei. Hört auf! Das ist besser für euch. Gott ist nur ein einziger Gott. Gepriesen sei er. Er ist darüber erhaben, ein Kind zu haben.

Jerusalem erhält den Ehrentitel *al-Quds,* „die Heilige", obwohl es genau genommen im Koran nicht erwähnt wird. Abd al-Maliks Sohn und tatkräftiger Nachfolger Walid I. verfolgte die Linie seines Vaters weiter. Er bereicherte 709 bis 715 Jerusalem mit der noch größeren *al-Aqsa-Moschee.* Diese (*al-Aqsa* heißt „das/die Entfernteste") dagegen hat ihren Namen tatsächlich aus dem Koran. In Sure 17 wird nämlich eine nächtliche Reise (Vision) des Propheten Mohammed geschildert:

> Lobpreis sei Gott, der seinen Diener von der heiligen Moschee (Mekka) zu der fernsten Moschee (*al-Masdschid al-Aqsa*) führte.

Manche Koranausleger sahen diese *fernste Moschee* im Himmel, es setzte sich aber die Auslegung auf *Jerusalem* durch. Vom heiligen Felsen in Jerusalem habe das Pferd des Propheten ihn dann in den Himmel hinaufgetragen. Jerusalem wird die dritte heilige (*al-Quds*) Stadt des Islams (nach Mekka und Medina).

Sowohl der Felsendom als auch die *al-Aqsa-Moschee* wurden schon bald durch die Erdbeben von 747 oder 749 und 765 betroffen; die größeren Schäden erlitt dabei immer die *al-Aqsa-Moschee* wegen ihrer „luftigen" Substrukturen. Nach der Restaurierung durch den Kalifen al-Mahdi 780 (bereits aus der Abbasidendynastie von Bagdad) hatte sie 15 Schiffe. Bei der Wiederherstellung 1035 nach dem besonders schlimmen Beben von 1033 stellte der Kalif az-Zahir vermutlich die ursprünglichen sieben Schiffe wieder her. Auch am *Felsendom* wurden im 9. und im 11.Jh. Restaurierungsarbeiten durchgeführt. Der Kalif al-Mamun (813–833) ließ dabei in der großen Inschrift den Namen des Gründers Abd al-Malik durch seinen eigenen Namen ersetzen; der Betrug zum Ruhm des Herrschers und der

Dynastie von Bagdad ist bis heute dadurch erkennbar, dass er übersah, auch die Jahreszahl zu korrigieren!

Als 1099 die Kreuzfahrer kamen, nannten sie den *Felsendom* in Erinnerung an den salomonischen Tempel *Templum Domini*, „Tempel des Herrn", und machten ihn zur Kirche, indem sie auf dem heiligen Felsen einen Altar errichteten. In der Zeit der Kreuzfahrer war der Felsendom bis auf halbe Höhe mit Mosaiken geschmückt, die oben in Marmorplatten übergingen (so in der Beschreibung des Heiligen Landes von Johannes von Würzburg, 12.Jh.).

Südlich davon war für die Kreuzfahrer der Palast Salomos. Dort nahmen die Könige von Jerusalem ihre Residenz, wenigstens vorläufig, bis 1128 die neue Residenz beim ehemaligen Herodespalast fertiggestellt war. Danach überließen sie die Bauten dem 1118 entstandenen Ritterorden, der von diesem Ort her den Namen *Templer* bekam. Wie die *al-Aqsa-Moschee* in dieser Periode ausgesehen hat, ist nicht recht klar. Bis vor einiger Zeit hielt man sie für die wiederhergestellte Muttergotteskirche *Nea* (griech. „die Neue") des Kaisers Justinian, die scheinbar spurlos verschwunden war. Seit man deren wirkliche Lage im heutigen jüdischen Viertel kennt (siehe S.434), ist man etwas ratlos. Johannes von Würzburg spricht von einem „Stall von so wunderbarer Größe, dass er mehr als 2000 Pferde oder 1500 Kamele fassen konnte", meint damit aber sicherlich die unterirdischen *Pferdeställe Salomos*. Denn er bemerkt auch, dass die „neue und große Kirche" der Templer noch nicht fertig sei, worunter man die *al-Aqsa-Moschee* verstehen kann. In einer wenig späteren Beschreibung wird vom *Tempel des Herrn* südlich davon ein *Tempel Salomos* unterschieden; man hat also zwei Kirchen. Der verwirrende Name *Tempel Salomos* erklärt sich am besten so, dass die zum *Palast Salomos* gehörige Kirche (der Templer) jetzt *Tempel Salomos* genannt wird. In einer für Philipp von Burgund gemalten prächtigen Karte von Jerusalem (1455), die auf Burkard vom Berg Sion (1283) zurückgeht, sieht man die *al-Aqsa-Moschee* mit Giebeldach und goldener Kuppel, drei hohen Schiffen und niedrigeren Anbauten. Die Templer müssen also die *al-Aqsa-Moschee* zum Teil neu gebaut haben.

Die Eingriffe der Kreuzfahrer waren nicht von langer Dauer, denn 1187 wurden die Muslime wieder Herren Jerusalems und damit des Tempelplatzes, des Ehrwürdigen Bezirks, und machten sich an die Restaurierung ihrer Heiligtümer. Beim Felsendom war das nicht schwierig: Sie mussten nicht viel mehr tun, als den christlichen Altar wieder zu entfernen. Die Mitte der Fassade der *al-Aqsa-Moschee* stammt vom Jahr 1227, zeigt aber bei genauem Hinsehen Elemente im Kreuzfahrerstil. Die meisten der sonstigen Bauten auf und um den Platz wurden in den folgenden Jahrhunderten von den Mamluken errichtet. Die Bauwerke des Ehrwürdigen Bezirks blieben auch weiterhin von Beschädigungen durch Kriege, Brände und Erdbeben nicht verschont. Bedeutende Restaurierungen und Umbauten wurden besonders vom osmanischen Sultan Suleiman dem Prächtigen (1522-60) und wieder im 20. und 21. Jh. unter Mithilfe verschiedener muslimischer Herrscher vorgenommen.

Besichtigung

Der Zutritt zum Tempelberg, zum Ehrwürdigen Bezirk, ist Nicht-Muslimen gegenwärtig nur von der Klagemauer her durch das Maghrebinertor gestattet, und zwar nur außerhalb der muslimischen Gebetszeiten und nicht am Freitag und Samstag. In die Moscheen selbst ist Nicht-Muslimen, „Ungläubigen", der Zutritt verwehrt. Die Heiligkeit des Ortes erfordert überall ehrfurchtsvolles, gesetztes Benehmen. Auf angemessene Kleidung wird großen Wert gelegt, kurze Hosen gelten generell als unschicklich, Frauen müssen Arme und Beine bedecken, notfalls kann man eine Art Überrock leihen. Lautes Gelächter erregt Unmut; man hüte sich, Menschen, die ihre religiösen Pflichten erfüllen, zu nahe zu treten. Auch der Besuch entfernter Winkel wird meist nicht geduldet. Vor allem aber soll man alles vermeiden, was nach christlichem oder jüdischem Gottesdienst aussieht, da dies als Provokation angesehen wird: Bibellesen, Singen oder das sichtbare Tragen von Kreuzen ist verpönt. Zeitraubende Kontrollen am Eingang dienen der Sicherheit, sollen aber auch vermeiden, dass Besucher Kultgegenstände – dazu zählen Bibeln oder Gebetsbücher, Kerzen, aber auch Musikinstrumente – mitbringen, die für solche Provokationen missbraucht werden könnten.

Betritt man das Plateau, sieht man gleich rechts Säulen, Kapitelle und andere Überreste früherer Bauten. Sie leiten hin zum (gegenwärtig meist geschlossenen) *Islamischen Museum,* das diesen Teil des Platzes westlich und südlich L-förmig begrenzt. Es zeigt wertvolle Dokumente, volkskundlich interessante Objekte und dazu Gegenstände aus den beiden Moscheen, die bei Renovierungen ersetzt wurden. Im 12. Jh. erstreckten sich hier die Bauten der Templer, die Saladin zum größeren Teil beseitigen ließ. Die *Frauenmoschee,* die entlang der Südmauer an das Islamische Museum anschließt und in die *al-Aqsa-Moschee* übergeht, gilt als das Refektorium, der Speisesaal der Templer.

Die al-Aqsa-Moschee

Die breite Fassade der *al-Aqsa-Moschee* wird durch eine Vorhalle mit sieben Bögen gebildet; dementsprechend führen sieben Tore in die Moschee hinein. Die drei mittleren Bögen der Vorhalle könnten teilweise von den Templern stammen; bei genauem Hinsehen erkennt man am mittleren Bogen christliche und abendländische Elemente. Die beiden äußeren Bögen rechts und links und die zugehörigen Schiffe sind Zufügungen der Mamluken (1345-50); nur rechts sind diese Bögen noch mittelalterlich; links wurden sie bei der Restaurierung 1938-42 vollständig erneuert.

Vor der Fassade führen 16 Stufen in den Untergrund, der heute normalerweise nicht mehr zugänglich ist. Dort unten liegen die als gewölbte Tunnels geführten Monumentaleingänge, durch die man in herodianischer Zeit von Süden durch die von außen sichtbaren Tore – das *Huldator* (*Doppeltor*) und das *Dreifach-Tor* – auf den Tempelplatz gelangen konnte.

In der Moschee ist man sofort beeindruckt von dem riesigen hellen Raum mit seinen dicken Teppichen: Die Moschee ist innen 75 m lang und 53 m breit, durch Pfeiler und Säulen aufgeteilt in sieben Schiffe von unterschiedlicher Breite, gegliedert in sieben Joche; sie bietet Platz für 5000 Beter. In den rechten Schiffen stehen noch die früheren Pfeiler, während das Mittelschiff und die linken Schiffe durch neue Säulen aus poliertem Carraramarmor begrenzt werden. Nach der Zerstörung durch das Erdbeben 1927 hat Mussolini sie im Zug seiner Orientpolitik gestiftet; außerdem erhoffte er, im Gegenzug den Abendmahlssaal für die Christen zurückzubekommen (genauer gesagt, für die italienischen Franziskaner – die Rückgabe wurde durch den Ausbruch des Zweiten Weltkrieges vereitelt). Für die moderne Kasettendecke sorgte der ägyptische König Faruk. Sehr alt sind dagegen die Mosaike am Triumphbogen und am Tambour unter der Kuppel; nach einer Inschrift gehen sie auf ein Restaurierung von 1035 zurück. Die einander zugeneigten Palmwedel sollen das Paradies symbolisieren. Darüber erhebt sich die Kuppel, die seit der letzten Restaurierung (1966) statt mit Blei mit Aluminiumplatten gedeckt ist und mit ihrem silbrigem Glanz dem golden schimmernden Felsendom den Vortritt lässt. An der Südwand stammen einige Elemente von der Restaurierung durch Saladin (1188), besonders die säulen- und mosaikgeschmückte Gebetsnische, der *Mihrab*. Dazu gehörte auch eine 1169-73 in Aleppo geschnitzte Kanzel aus Zedernholz und Elfenbein. Sie wurde bei einer Brandstiftung durch einen geistesgestörten australischen Juden (1969) schwer beschädigt; ihre Reste befinden sich heute im benachbarten Islamischen Museum. Rechts beim Eingang soll sich das Grab der Mörder des hl. Thomas Becket (Erzbischof von Canterbury, † 1170) befinden – sie mussten zur Buße nach Jerusalem pilgern und sollen hier gestorben sein; für die Muslime ist es das *Grab der Söhne Aarons*. In der linken Seitenkapelle sieht man eine Rosette, die evtl. aus der Kreuzfahrerzeit stammt.

Beim Betreten der Moschee fiel 1951 der erste König von Jordanien, Abdallah I., einem Attentat von oppositionellen Palästinensern zum Opfer. Während der beiden Intifadas kam es hier immer wieder zu Ausschreitungen, deren Höhepunkt der sogenannte „Schwarze Montag" (8. Oktober 1990) mit über 20 arabischen Toten war.

Nördlich ist der al-Aqsa-Moschee ein großer *Brunnen* vorgelagert. An ihm nehmen die Muslime die vor dem Besuch der Moschee vorgeschriebenen Waschungen von Kopf, Händen und Füßen vor. Auch im Judentum und Christentum sind rituelle Waschungen vor dem Gebet nicht unbekannt. Das Weihwasser, das man beim Betreten einer Kirche nimmt, ist eine Erinnerung daran.
Im Südosten des Plateaus liegt der Zugang zu den (für Nicht-Muslime nicht zugänglichen) „Pferdeställen Salomos" (s.o.). In den letzten Jahren wurde in diesen Gewölben eine unterirdische Moschee errichtet. Diese Baumaßnahmen stießen in Israel und darüber hinaus auf scharfe Kritik, da keinerlei kontrollierte archäologische Ausgrabungen vorgenommen werden konnten: Aus jüdischer Sicht hätte man gehofft, aus muslimischer befürchtet, dass man dabei Überreste des jüdischen Tempels gefunden hätte.
Dahinter erhebt sich die *Tempelzinne*, in christlicher Tradition der Ort, auf den Jesus bei seiner Versuchung in der Wüste vom Teufel geführt wurde (Lk 4,1-13; siehe S. 332).

Über eine Reihe Stufen steigt man zu einem erhöhten Platz empor, der auf allen Seiten durch Arkadenbögen eingerahmt ist. Links des südlichen Aufgangs steht die *Kanzel* für große Gebetsversammlungen im Freien. Sie stammt aus dem Jahr 1235; auch hier wurden Kreuzfahrersäulchen (eines Baptisteriums?) einer neuen Verwendung zugeführt.

Der Felsendom

In der Mitte einer trapezförmige Terrasse erhebt sich majestätisch der *Felsendom* mit seiner vergoldeten Kuppel, gerühmt als das vollkommenste Bauwerk das Nahen Ostens. Der Name „Felsendom" ist die eingebürgerte Übersetzung des arabischen Namens *Qubbat as-Sahra*; bei *Dom* schlägt die englische Sprache durch (engl. *Dome*: „Kuppel").
Die Kuppel ist 35 m hoch (dazu kommt der Halbmond an der Spitze mit noch einmal 3,60 m Höhe), hat einen Durchmesser von knapp 21 m und ruht auf vier massiven Pfeilern, zwischen denen jeweils drei Säulen stehen. Sie erhebt sich über einem doppelten Achteck, das durch acht Pfeiler und sechzehn Säulen in einen inneren und ei-

nen äußeren Umgang geteilt wird. Die Seitenlängen des Achtecks sind jeweils 20,4 m, also in etwa der Durchmesser der Kuppel. Die Grundidee muss gewesen sein, den Rundbau des Heiligen Grabes und seiner Kuppel mit der achteckigen Himmelfahrtskirche zu verbinden und damit zugleich beide zu übertreffen.

Das heutige Äußere des Felsendoms verdankt viel dem großen osmanischen Bauherrn, Suleiman II., dem Prächtigen. Während der untere Teil mit verschiedenfarbigem Marmor verkleidet ist, ließ Suleiman 1552 in den oberen zwei Dritteln der Wände verschiedenfarbige Kacheln aus persischen und türkischen Manufakturen anbringen, die zusammen mit den farbigen Fenstern in abwechslungsreicher Zeichnung dem Bauwerk bis heute das Gepräge geben. Bei Erneuerungen Ende des 19. Jh. (zum Kaiserbesuch 1898) holte man armenische Künstler herbei, die sich daraufhin in der Stadt ansiedelten und deren typische armenische Keramik bis heute ein beliebtes Souvenir ist. Bei der Restaurierung 1959-63 wurde die bisherige Kuppel, eine Holzkonstruktion mit Bleiüberdachung, durch eine vergoldete Aluminiumschale ersetzt, 1992-94 wurde die Vergoldung erneuert; beide Restaurierungen geschahen auf Initiative des jordanischen Königs Hussein.

Vier Portale führen von den vier Himmelsrichtungen in das Innere; am reichsten gestaltet ist das Südportal, das die Verbindung zur al-Aqsa-Moschee herstellt und nach Mekka schaut. Die kostbaren Teppiche, mit denen der Fußboden belegt ist, wurden bei der Renovierung von 1964 von König Mohammed V. von Marokko gestiftet. Die farbigen, immer wieder anders gezeichneten Fenster lassen das Licht nur gedämpft ein und vermitteln eine der Sammlung und Andacht dienliche Atmosphäre. Die geschnitzte und farbig gefasste Kassettendecke wurde 1776 eingebracht. Schlanke Säulen aus ehemaligen römischen und byzantinischen Bauten unterbrechen im doppelten Umgang die marmorverkleideten Pfeiler, bei denen man (ebenso wie an den Mauerflächen) darauf achtete, die gemaserten Platten spiegelbildlich nebeneinander anzuordnen. Die Pfeiler und Säulen sind durch reich verzierte Balken (*Architrave*) miteinander verbunden, vielleicht um der erdbebengefährdeten Konstruktion zusätzlichen Halt zu geben. Die Arkaden über den Säulenbalken zeigen phantasievolle, immer wieder andere Mosaikdekorationen, die besonders im inneren Umgang unmittelbar an die byzantinischen Mosaike anschließen. Krone und Blattwerk sind das bevorzugte Thema. Darüber verläuft am äußeren und inneren Rand der Arkaden ein 140 m langes arabisches Schriftband. Da sich der Islam das jüdische Abbildungsverbot von Menschen und Tieren zu eigen gemacht hat, wurde die Phantasie der Künstler auf die realistische und stilisierte Abbildung von Pflanzen (*Arabesken*), auf lineare Ornamente und Zierschriften verwiesen und hat darin Außerordentliches hervorgebracht. Die Künstler dafür wurden wohl von Madaba jenseits des Jordans geholt.

Im Zentralraum weisen die Arkaden über den Säulen Marmorintarsien auf. In der Kuppel darüber entwickeln sich die Arabesken zu ihrer ganzen Pracht: Es beginnt mit einem Wald von verschlungenen Ranken. Zwischen den Fenstern folgen andere Ranken, die aus den unterschiedlichsten Vasen hervorwachsen. In der Kuppel, beginnend mit einer umlaufenden hölzernen Galerie, finden sich weitere Schrifttexte zwischen farbig gemalten und stuckierten, sich nach oben verjüngenden Zeichnungen.

Die Kuppel beschützt und verherrlicht den heiligen Felsen, der im Zentrum der Moschee bis zu 2 m aufragt. Im Judentum wurde der Fels als der Berg Morija verehrt, auf dem Abraham seinen Sohn Isaak hätte opfern sollen. Der Islam ist hier andere Wege gegangen: Als Ort, an dem Abraham seinen Sohn (in islamischer Tradition: Ismael) opfern sollte, gilt jetzt Mekka. Dagegen gilt der Fels nun als der geheiligte Ort, von wo aus Mohammed auf seinem Pferd zu einer nächtlichen Himmelsreise aufgebrochen ist – manche erkennen im Felsen auch noch den Hufabdruck des Pferdes; es hieß *Burak*, „Gesegnet".

Bis 1963 wurde der Fels noch von dem schmiedeeisernen „fränkischen" Gitter der Kreuzfahrer umrahmt, das jetzt im Museum aufbewahrt wird. Hier könnte einstmals das Allerheiligste des Tempels gewesen sein. Andere sehen den Felsen als Ort des Brandopferaltars an und betrachten das Loch, das im Nordosten in die Höhle hinabführt, ganz realistisch als eine Ableitung des von den Fleischstücken ablaufenden Blutes und Fettes. Der vergitterte Schrein an der Südostecke des Felsens soll einige Barthaare des Propheten Mohammed enthalten.

Die Höhle unter dem Felsen gilt den Muslimen als besonders heilig und heißt *Brunnen der Seelen*; man soll die Stimmen der Seelen vermischt mit dem Rauschen der Paradiesflüsse hören können. Hier habe Mohammed zusammen mit den wichtigsten Propheten gebetet, mit *Ibrahim* (Abraham), *Musa* (Mose) und *Isa* (Jesus).

Im Ehrwürdigen Bezirk gibt es noch eine Reihe anderer Monumente zu bewundern. Nur die wichtigsten sollen genannt werden. Vor dem Ostportal des Felsendoms steht der kleine *Kettendom*, erstmals bezeugt im 9. Jh. Seine siebzehn Säulen können von allen Seiten gesehen werden, weil sie im Elfeck um ein Sechseck angelegt sind. Nach einer Legende hatte der weise Salomo in der Mitte der Kuppel eine *Kette* angebracht, der die Kraft zugetraut wurde, Meineidige zu entlarven. Wer einen Meineid geschworen hatte und diese Kette in Händen hielt, wurde vom Blitz erschlagen. Die Bedeutung des *Kettendoms* ist bis heute rätselhaft. Die geläufigsten Deutungen, es

handle sich um ein Modell für den Felsendom (zu unähnlich) oder
um ein Schatzhaus (ohne Mauern!), überzeugen nicht so recht. Da
die Kuppel genau im Mittelpunkt des Plateaus steht, könnte sie den
Muslimen den Mittelpunkt der Erde markiert haben, so wie den
Christen die Kirche des Heiligen Grabes. Die Kreuzfahrer hatten
den Kettendom dem hl. Jakobus dem Jüngeren geweiht, der 62
n.Chr. von der *Tempelzinne* hinabgestürzt wurde (siehe S.460).
Von der Plattform hat man einen schönen Blick über die östlichen
Arkaden hinweg auf den Ölberg. An diesen Arkaden werden nach
muslimischer Vorstellung die Waagschalen für das Jüngste Gericht
aufgehängt.
Nordwestlich des Felsendoms steht ein weiterer, diesmal achteckiger Kuppelbau. Die kleinen schlanken Säulen erinnern an die Kapelle der Himmelfahrt auf dem Ölberg, tatsächlich heißt er *Himmel-
fahrtsdom* (*Dom* auch hier englisch verstanden als „Kuppel"). Er
will die nächtliche Reise in den Himmel feiern, in der der Engel Gabriel den Propheten Mohammed vor Allah führte. Daneben ist die
Stätte des Gebets Mohammeds vor seiner Himmelsreise (*Mihrab
an-Nabi*, von 1538).

Das Goldene Tor

Weiter nördlich kann man an der tiefer liegenden östlichen Stadtmauer ein Doppeltor mit Kuppeln und kleinem Vorplatz sehen. Es
ist das vermauerte *Goldene Tor*. Sein Name kann mehr schlecht als
recht mit einer griechisch-lateinischen Verwechslung erklärt werden. Das von Osten in den Frauenvorhof hineinführende Tor hieß
Schöne Pforte (Apg 3,10); spätlateinisch wurde aus dieser *Schönen
Pforte* ein *Goldenes Tor*. Es war das einzige Tor des Tempelplatzes
auf der Ostseite, das bevorzugte von allen Tempeltoren. Beim Propheten Ezechiel verlässt die Herrlichkeit des Herrn den Tempel
nach Osten (Ez 10,18-19; 11,23) und kehrt durch das Osttor in den
neuen Tempel zurück (Ez 43,4).
Ob der Tempelberg in neutestamentlicher Zeit ein Tor nach Osten
hatte, ist umstritten. Sicher gab es ein solches wieder in byzantinischer Zeit, an der Stelle des heutigen Goldenen Tores. Mit ihm wurde der messianische Einzug Jesu in Jerusalem (am Palmsonntag) in
Verbindung gebracht. Dieser geschah ja von Osten (vom Ölberg)
her, und wir finden Jesus unmittelbar danach im Tempel: „Und er
zog nach Jerusalem hinein, in den Tempel" (Mk 11,11; siehe S.509)
– die Evangelisten Matthäus und Lukas erzählen unmittelbar im Anschluss an diesen Einzug die Austreibung der Händler aus dem
Tempel (siehe S.440).

In der Legende, wie Kaiser Heraklius das von den Persern geraubte Kreuz nach Jerusalem zurückbrachte (628), heißt es:

> Als der Kaiser vom Ölberg herab mit Diadem und kaiserlichem Prunk geschmückt und auf dem Pferd sitzend durch das Tor einziehen wollte, durch das der Herr zu seinem Leiden einzog, da kamen plötzlich die Steine des Tores von oben herab und schlossen sich zu einer einzigen Mauer zusammen. Erstaunt und von gewaltigem Schrecken gepackt, schauten sie nach oben und sahen das Zeichen des Heiligen Kreuzes in feurigem Schein am Himmel. Ein Engel des Herrn über dem Tor hielt es in Händen und sagte: Als der König des Himmels und Herr der ganzen Welt hier einzog, um die Geheimnisse seines Leidens zu vollenden, zeigte er sich nicht im Glanz von Purpur und Diadem, noch ließ er sich ein starkes Pferd als Reittier bringen, sondern demütig auf Eselsrücken sitzend hinterließ er seinen Verehrern das Beispiel der Demut. Da legte der Kaiser, im Herrn erfreut über die himmlische Vision, die Zeichen kaiserlicher Würde ab und umfasste sogleich barfuß und nur mit einem Leinengewand bekleidet das Kreuz des Herrn mit seinen Händen und trug es unter Tränen, die Augen zum Himmel gewandt, hin zum Tor. Sobald er sich demütig nahte, spürten die harten Steine den himmlischen Befehl. Sogleich hoben sie sich und gewährten den Eintretenden freien Durchgang.

Im verwunderlichen Herabkommen und Erheben der Steine erkennt man unschwer die Verwendung des Psalms 24 bei dieser Feier:

> Ihr Tore, hebt euch nach oben, hebt euch, ihr uralten Pforten; denn es kommt der König der Herrlichkeit (Ps 24,7).

Nach Johannes von Würzburg war das Goldene Tor in allen Kriegen und Zerstörungen stets erhalten geblieben. Man hat schon die Vermutung ausgesprochen, der nachmalige Patriarch Modestus habe es eigens neu errichten lassen – einen Tempel gab es ja nicht –, und zwar für die Rückkehr der Kreuzesreliquie unter Heraklius im Jahr 628. Jedenfalls blieb es mit diesem Ereignis fortan verbunden. Das Tor blieb das ganze Jahr über geschlossen und wurde nur für die Prozession am Palmsonntag sowie am Fest Kreuzerhöhung geöffnet. Der Dominikaner Felix Fabri berichtet 1480, den Armeniern sei es auch nach Vertreibung der Lateiner noch viele Jahre möglich gewesen, das Tor zu liturgischen Prozessionen zu nutzen.

Auch die muslimische Tradition griff die jüdischen und christlichen Überlieferungen auf. Schon bei dem Perser Nasir-i Chusrau, der um 1045 das Heilige Land besuchte, hat die rechte Hälfte des Doppeltores den Namen *Tor der Barmherzigkeit*, die linke den Namen *Tor der Buße* – wohl eine Ausdeutung der eschatologischen Erwartung,

Gott bzw. Jesus werde durch dieses Tor zum Gericht einziehen. So wird es leicht verständlich, dass das Goldene Tor, sonst nicht gebraucht, nach muslimischer Tradition erst zum Weltgericht wieder geöffnet werden wird und zum Mittelpunkt von allerlei Legenden wurde.

Bis heute wird dieses zugemauerte Tor immer wieder als antijüdische Handlung seitens der Muslime interpretiert. Da nämlich der jüdische Messias durch das Goldene Tor nach Jerusalem einzöge, hätten die Muslime, um ebendies zu verhindern, dasselbe zugemauert und darüber hinaus davor einen Friedhof angelegt. Der Messias betrete nämlich keinen Friedhof, um sich nicht unrein zu machen. Einerseits ist solch eine Deutung überzogen, schließlich ist für das Judentum die Messiaserwartung viel weniger zentral als für das Christentum – man kann nicht einfach christliche Messiashoffnungen, welche die Christen in Jesus Christus erfüllt sehen, auf das Judentum zurückübertragen. Andererseits, angesichts der komplexen und konfliktgeladenen Beziehungen der Religionen in Jerusalem – bis heute – ist eine solche Interpretation auch nicht ganz unrealistisch.

Scheinbar unregelmäßig angeordnet und so weit auseinander, dass sie gar nicht zusammen wahrgenommen werden, gehören vier *Minarette* zum Ehrwürdigen Bezirk. Sie dienen dazu, die Gläubigen zum Gebet zu rufen. Eines (errichtet 1345) steht ganz im Südwesten, das zweite (1329) nicht weit vom *Kettentor* (*Bab as-Silsile*), das dritte im äußersten Nordwesten (*Ghawanima*-Minarett, 1297), das vierte – das einzige in der späteren runden Form – im Nordosten, nicht weit vom Stefanstor (1937).

Die wichtigsten Zugänge hatte der biblische Tempel von Süden her; dort lag die Davidstadt, dort begann auch der Wiederaufbau nach der Rückkehr aus dem Babylonischen Exil (538 n.Chr.). Schon vor der Katastrophe von 586 und wieder in der Hasmonäerzeit hatte sich aber die Stadt auf den Westhügel ausgebreitet und erforderte Zugänge zum Tempel auch von Westen her. Der herodianische Tempel hatte von Westen her sogar vier Tore.

Heute gewähren mehrere, zum Teil schön gestaltete Tore auf der West- und Nordseite des Plateaus Einlass in den Bereich – gegenwärtig können Nicht-Muslime durch diese Tore das Heiligtum nur verlassen, für sie ist der einzige erlaubte Zugang das hochgelegene *Maghrebinertor* (unweit der Klagemauer). Etwas nördlich von diesem Tor beginnt eine Säulenhalle aus der mamlukischen Zeit (14.–15.Jh.), die das Plateau westlich begrenzt. Die Tore sind (von Süden nach Norden): Das „Ketten-Tor", *Bab as-Silsile,* ein Doppeltor, das hier schon zur herodianischen Zeit bestand. Seine heutige Gestalt erhielt es 1187–1228, unter Verwendung von Architekturelementen der Kreuzfahrer. Ein kleines schmuckloses Tor heißt *Bab al-Mathara,* „Reinigungs-Tor". Ihm gegenüber (etwas südöstlich) liegt der *Sabil Qaitbai,* ein 1482 errichteter Brunnen. Die Zisterne, die sich darunter befindet, war einer der antiken Eingänge zum Tempelplatz. Das nächste Tor ist das prächtige *Bab al-Qattanin,* das „Baumwollhändler-Tor", gegenüber der westlichen Treppe vom Felsendom herunter. Nicht-Muslime dürfen zwar durch dieses Tor nicht auf das Plateau, aber können immerhin hindurchblicken – man hat von hier aus den besten Blick auf den Felsendom. Neben diesem Tor liegen mehrere Gräber, darunter das von *König Hussein I. ibn Ali* (1853–1931), der sich als Abkömmling einer vom Propheten Mohammed abstammenden Familie 1916 vom Osmanischen Reich lossagte und an die Spitze des arabischen Nationalismus stellte. Seine Söhne waren Abdallah (1882–1951), erster König von Jordanien, und Faisal I. (1883–1933), der erste König des Irak. Dann kommen zwei einfache Tore, das *Bab al-Hadid,* „Eisen-Tor", und das *Bab an-Nazir,* „Intendanten-Tor". Außerhalb des ersteren ist ein Stück der herodianischen Umfassungsmauer zu sehen, das auch als „kleine Klagemauer" (*ha-Kotel ha-katan*) bezeichnet wird. An das letztere schließt sich die *Madrasa* („Lehrhaus") von Mandschak al-Jusufi mit zwei verzierten Rundbogenfenstern an. Sie wurde um 1361 vollendet und war eine juristisch-theologische Hochschule. Seit 1923 ist hier der Sitz der Verwaltung der islamischen heiligen Stätten (*al-Waqf*). In der Nordwestecke des Plateaus befindet sich das *Ghawanima*-Tor. Es trägt, ebenso wie das benachbarte Minarett, den Namen einer Familie, die sich als Mitstreiter von Saladin einen Namen gemacht hatte.

Ganz im Nordwesten des Platzes bekommt man das Felsplateau zu Gesicht – heute durch Bäume teilweise verdeckt –, auf dem einst die *Burg Antonia* (vgl. S. 389) stand. Von ihr berichtet Flavius Josephus:

> Wo aber *die Antonia eine Verbindung mit den Säulengängen des Tempelhofs* hatte, dort konnten die Wachen auf Stufen zu den zwei Hallen hinuntergelangen ... Der *Tempel* ragte als eine Burg über die Stadt, die *Antonia* aber erhob sich noch über den Tempel, und die Truppen, die dort lagen, hatten die Stadt, den Tempel und die Antonia zu bewachen.

Von dort aus griffen die römischen Soldaten ein, als wegen Paulus und Trophimus (s. o., S. 441) der Tumult auf dem Tempelplatz entstanden war:

> Da geriet die ganze Stadt in Aufregung und das Volk lief zusammen. Sie ergriffen Paulus und zerrten ihn *aus dem Tempel* und sofort wurden die Tore geschlossen. Schon wollten sie ihn umbringen, da brachte man dem Obersten der Kohorte die

Meldung hinauf: Ganz Jerusalem ist in Aufruhr! Er eilte sofort mit Soldaten und Hauptleuten zu ihnen *hinunter*. Als sie den Obersten und die Soldaten sahen, hörten sie auf, Paulus zu schlagen. Der Oberst trat hinzu, verhaftete ihn, ließ ihn mit zwei Ketten fesseln und fragte, wer er sei und was er getan habe. In der Menge schrien die einen dies, die andern das. Da er bei dem Lärm nichts Sicheres ermitteln konnte, befahl er, ihn in die Kaserne zu führen. Als Paulus *an die Freitreppe* kam, mussten ihn die Soldaten wegen des Andrangs der Menge tragen. Denn das Volk lief hinterher und schrie: Weg mit ihm! (Apg 21,30-36).

27. DAS ARMENISCHE VIERTEL

Das armenische Viertel ist das kleinste der Jerusalemer Altstadtviertel. Es besteht aus zwei Bereichen. Der innere, eigens ummauerte Teil ist der verwinkelte Komplex des armenischen Patriarchats rings um die Jakobuskathedrale mit armenischen Kirchen und Institutionen, auch zahlreiche armenische Familien wohnen hier. Der äußere Bereich des armenischen Viertels geht nach Norden übergangslos in das christliche Viertel über, nach Osten ins jüdische Viertel. Gemeinhin gilt die vom Jaffator ausgehende Davidstraße als nördliche Begrenzung, der Cardo als östliche. Hier ist die Bevölkerung gemischt, es gibt auch Einrichtungen anderer christlicher Konfessionen und jüdische Institutionen.

Viele Besucher Jerusalems fragen sich, wieso ausgerechnet die Armenier, ein relativ kleines Volk aus dem relativ weit entfernten Kaukasus, in Jerusalem ein eigenes Viertel haben. Wie aber zahlreiche armenische Mosaikfunde aus der byzantinischen Zeit belegen, gab es in Jerusalem schon damals eine blühende armenische Kirche, die bis heute ohne Unterbrechung besteht. Die armenische Kirche von Jerusalem (siehe S. 45) hat seit 1311 den Rang eines Patriarchates. An der Grabeskirche ist sie eine der drei Haupteigentümer. Den Armeniern gelang es besser als vielen anderen Minderheiten, durch die Fährnisse der Jahrhunderte ihre religiöse, ethnische und sprachliche Identität zu wahren. Die Armenier – kenntlich an den auf -ian endenden armenischen Nachnamen – sind bis heute als leistungsfähige Handwerker bekannt. Berühmt ist beispielsweise die armenische Keramik. Auch die ersten Fotografen Jerusalems waren Armenier, einige ihrer Studios bestehen bis in die Gegenwart.

Die Zitadelle (Herodesburg oder Davidsturm)

Zur Zeit Jesu war die *Herodesburg* mit 773 m ü.d.M. der höchste Punkt der Stadt. Deren nördlicher, befestigter Teil, der einzige, von dem nennenswerte Reste erhalten sind, wird heute meist *Zitadelle* oder *Davidsturm* genannt. Die Burg geht auf Herodes den Großen zurück, der bei seinen vielen Bauten sowohl auf seine Sicherheit als auch auf luxuriösen Lebensstil bedacht war. Die ganze Anlage zog sich weit nach Süden, wahrscheinlich bis etwa zur südöstlichen Ecke der heutigen Stadtmauer. Im Norden war die Burg mit drei mächtigen Türmen bewehrt, die Herodes nach drei ihm nahestehenden Personen benannte: einen nach seinem Bruder *Phasaël,* einen nach seinem Freund *Hippikus,* der im Kampf für Herodes sein Leben gelassen hatte, und einen nach der Hasmonäerprinzessin *Ma-*

riamne, seiner ersten Frau, die er allerdings später ermorden ließ. Über die Anordnung der Türme und ihre Namensverteilung besteht keine Klarheit. Einige Forscher meinen, die Türme hätten ein Dreieck gebildet, andere neigen zu einer linearen Anordnung innerhalb der heutigen Zitadelle, eine dritte Variante ist eine ebenfalls lineare Anordnung im Verlauf der nördlichen Stadtmauer. Einer der drei Türme, wahrscheinlich *Phasaël,* ist an der Nordostecke der Zitadelle mit seinem typisch herodianischen Unterbau bis zu einer Höhe von 26 m erhalten geblieben (ursprünglich war er 40 m hoch). Die Burg war Teil der herodianischen Stadtbefestigung und wurde deshalb so stark ausgebaut, weil die Stadt hier, an der flachen Nordwestflanke, besonders leicht Angriffen ausgesetzt war. Zu Beginn des Aufstandes gegen die Römer, 66 n. Chr., verschanzten sich in der Burg die „Königlichen", die mit Rom Verbündeten. Die Aufständischen konnten sie erobern und brannten sie zum Teil nieder. Bei der fast völligen Zerstörung Jerusalems 70 n. Chr. schleiften die Römer die Ruinen nicht, sondern ließen sie stehen – zum einen als Mahnmal für die einstige Stärke Jerusalems, das den Römern nicht zu trotzen vermochte, zum anderen als Lager für die römische Legion.

In christlicher Zeit trat ihr Erbauer Herodes in den Hintergrund, in welchem man hauptsächlich den Kindermörder sah. Man nannte den größten der Türme jetzt *Turm Davids* – in der Meinung, hier habe David seine Burg gehabt und die Psalmen gedichtet (so der Pilger von Piacenza um 570, vielleicht schon der von Bordeaux im Jahr 333). Die Kreuzfahrer bauten die Burg wieder auf. Ihre heutige Gestalt erhielt die Zitadelle 1532 durch Suleiman II., den Prächtigen, 1635 kam über dem südlichen Turm noch ein Minarett hinzu. In der frühen Neuzeit ging die bis heute übliche Bezeichnung *David's Tower,* „Davids-Turm", auf diesen höchsten Turm über.

Im Inneren ist heute ein instruktives Museum zur Stadtgeschichte eingerichtet, in dem auch die christliche Geschichte eingehend berücksichtigt ist. Es werden drei Rundgänge vorgeschlagen: durch die Ausstellungsräume (rot ausgeschildert), durch die Ausgrabungen (grün) und ein Panoramarundweg (blau).

Südlich der Zitadelle liegt der *Kischle*-Komplex (türk. *kışla:* „Kaserne"). Er diente während der britischen und jordanischen Zeit und dient bis heute als Polizeistation. Man wird diese höchstens besuchen, wenn man Opfer eines Diebstahls oder Unfalls geworden ist. In dem Trakt, der direkt an die Stadtmauer angebaut ist und der früher als Gefängnis diente, wurden 1999–2002 vom israelischen Archäologen Amit Reém Ausgrabungen vorgenommen.

Unter den osmanischen Fundamenten fand man Reste einer Färberei aus der Kreuzfahrerzeit. Diese erinnern an einen Bericht von Benjamin von Tudela (um 1170), nach welchem Juden vom Kreuzfahrerkönig die Färberei gepachtet hatten. Darunter wurden mächtige, parallele Stützmauern ausgegraben, die wahrscheinlich dazu dienten, eine enorme Plattform zu schaffen (deren genaue Ausmaße sind unbekannt, man geht von 300 × 150 m aus). Diese Plattform diente als Unterbau für die herodianischen Palastanlagen, die im Stadtbild einen Gegenpol zum ebenfalls herodianischen Tempelplatz bildeten – die Palastanlage war zwar etwas kleiner als der Tempelplatz, lag aber höher. Vom Herodespalast ist außer den erwähnten Befestigungsanlagen (den drei Türmen, s.o. S. 455) weiter im Norden nichts erhalten. Dies mag zum einen daran liegen, dass im Bereich der Polizeistation und im daran anschließenden Komplex des armenischen Patriarchats kaum Ausgrabungen vorgenommen wurden. Zum anderen ist aber damit zu rechnen, dass der Herodespalast völlig zerstört wurde. Nach der Zerstörung Jerusalems 70 n.Chr. dürfte hier die 10. römische Legion ihr Hauptquartier gehabt haben; zahlreiche Stempelabdrücke, die hier gefunden wurden, deuten darauf hin. In der Kreuzfahrerzeit, so nimmt man an, residierten hier die Könige von Jerusalem und später der Deutsche Orden.

Hier kann man sich die Begegnung der Weisen aus dem Morgenland mit König Herodes vorstellen, von der der Evangelist Matthäus erzählt:

> Als Jesus zur Zeit des Königs Herodes in Betlehem in Judäa geboren worden war, kamen Sterndeuter aus dem Osten nach Jerusalem und fragten: Wo ist der neugeborene König der Juden? Wir haben seinen Stern aufgehen sehen und sind gekommen, um ihm zu huldigen. Als König Herodes das hörte, erschrak er und mit ihm ganz Jerusalem. Er ließ alle Hohenpriester und Schriftgelehrten des Volkes zusammenkommen und erkundigte sich bei ihnen, wo der Messias geboren werden solle. Sie antworteten ihm: In Betlehem in Judäa; denn so steht es bei dem Propheten:
> Du, Betlehem im Gebiet von Juda, bist keineswegs die unbedeutendste unter den führenden Städten von Juda; denn aus dir wird ein Fürst hervorgehen, der Hirt meines Volkes Israel.
> Danach rief Herodes die Sterndeuter heimlich zu sich und ließ sich von ihnen genau sagen, wann der Stern erschienen war. Dann schickte er sie nach Betlehem und sagte: Geht und forscht sorgfältig nach, wo das Kind ist; und wenn ihr es gefunden habt, berichtet mir, damit auch ich hingehe und ihm huldige (Mt 2,1-8).

Später, als die Römer die Herrschaft direkt ausübten, diente der Palast wahrscheinlich den römischen Statthaltern als Residenz, wenn sie von der Hauptstadt Cäsarea nach Jerusalem kamen. Deswegen wird hier von manchen der Anfang des Kreuzwegs gesehen (vgl.

S. 391). Auch wenn man diese Deutung ablehnt, gibt es womöglich
eine Verbindung dieses Ortes zur Passionsgeschichte, da man annehmen kann, Herodes Antipas, ein Sohn Herodes' des Großen und
Tetrarch von Galiläa, sei hier, im Palast seines Vater abgestiegen.
Der Evangelist Lukas berichtet:

> Pilatus fragte, ob der Mann (Jesus) ein Galiläer sei. Und als
> er erfuhr, dass Jesus aus dem Gebiet des Herodes (Antipas)
> komme, ließ er ihn zu Herodes bringen, der in jenen Tagen
> ebenfalls in Jerusalem war. Herodes freute sich sehr, als er
> Jesus sah; schon lange hatte er sich gewünscht, mit ihm zu-
> sammenzutreffen, denn er hatte von ihm gehört. Nun hoffte
> er, ein Wunder von ihm zu sehen. Er stellte ihm viele Fra-
> gen, doch Jesus gab ihm keine Antwort. Die Hohenpriester
> und die Schriftgelehrten, die dabeistanden, erhoben schwere
> Beschuldigungen gegen ihn. Herodes und seine Soldaten zeig-
> ten ihm offen ihre Verachtung. Er trieb seinen Spott mit Jesus,
> ließ ihm ein Prunkgewand umhängen und schickte ihn so zu
> Pilatus zurück. An diesem Tag wurden Herodes und Pilatus
> Freunde; vorher waren sie Feinde gewesen (Lk 23,6-12).

Unter den herodianischen Stützmauern fand man die Fundamente
der hasmonäischen Stadtmauer, die dem Bau der herodianischen
Anlage weichen musste. Daneben kam eine weitere mächtige Mauer
zum Vorschein, die nach dem Ausgräber Reém zur Stadtbefestigung
aus der Zeit des Königs Hiskija (721–693 v. Chr.) gehört haben
könnte (siehe S. 433). Sollte sich diese Hypothese bestätigen, wäre
die Stadt damals viel größer gewesen, als man bisher angenommen
hat.

Gegenüber der Zitadelle ist ein Haus, in dem von 1857 bis 1917 die
Österreichische Post untergebracht war. 1964 konnten die Franziskaner das Gebäude erwerben und errichteten darin das *Christian Information Center,* in dem Pilger Informationen über christliche Einrichtungen erhalten können, wie Gottesdienst- oder Öffnungszeiten
(vgl. die Listen im Anhang dieses Buches, die von dort erstellt wurden). Ihm ist das *Pilgrims Office,* das „Pilger-Büro", angegliedert.
Hier können Organisatoren von Pilgerreisen Gottesdienste an allen
von den Franziskanern betreuten heiligen Stätten (mit Ausnahme
von Nazaret) reservieren lassen. Auch die (kostenlosen) Eintrittskar-
ten für die großen Gottesdienste an Ostern (Grabeskirche) und
Weihnachten (Geburtskirche Betlehem) sind hier erhältlich – aufgrund des großen Andrangs und des begrenzten Platzes ist es nur so
möglich, den enormen Pilgerstrom zu steuern. Außerdem wird hier
die Filmerlaubnis für die heiligen Stätten vermittelt, die bei kom-
merzieller Verwendung der Filme nötig ist.

Im südlichen Nachbargrundstück steht, von der Straße zurückge-
setzt, die *Christuskirche (Christ Church)*, die älteste anglikanische
Kirche in Jerusalem (1849). Heute ist sie Heimat einer messianischen Gemeinde, die an den jüdischen Wurzeln ihres Glaubens fest-
hält und an Jesus als Messias glaubt.

Die syrisch-orthodoxe Markuskirche

Nimmt man vom Jaffator die Straße nach Süden, zweigt am Beginn
der ersten Unterführung die *St. James Street* nach links ab. Von dieser nördlich (nach links) abknickend (*Ararat Road*), ist es nicht weit
zur syrisch-orthodoxen *Markuskirche*.
Durch ein reich geschmücktes mittelalterliches Portal gelangt man
in einen säulengesäumten Hof und anschließend in die Kirche. Sehenswert sind der reich geschnitzte Thron des Erzbischofs, die vergoldete Ikonostase, ein versilbertes Taufbecken und eine Marieniko-
ne, die dem Evangelisten Lukas zugeschrieben wird. Eine bei Restaurierungsarbeiten 1940 gefundene Inschrift belegt, dass der Ort
wohl schon seit dem 6. Jh. als das Haus des *Johannes Markus* galt.
Nach der Apostelgeschichte war das *Haus der Maria*, seiner Mutter,
ein Versammlungsort der Jerusalemer Urkirche. Dorthin begab sich
der Apostel Petrus nach seiner wunderbaren Befreiung aus der Gefangenschaft:

> Sie gingen an der ersten und an der zweiten Wache vorbei und
> kamen an das eiserne Tor, das in die Stadt führt; es öffnete
> sich ihnen von selbst. Sie traten hinaus und gingen eine Gasse
> weit; und auf einmal verließ ihn der Engel. Da kam Petrus zu
> sich und sagte: Nun weiß ich wahrhaftig, dass der Herr seinen
> Engel gesandt und mich der Hand des Herodes entrissen hat
> und all dem, was das Volk der Juden erhofft hat. Als er sich
> darüber klar geworden war, ging er *zum Haus der Maria, der*
> *Mutter des Johannes mit dem Beinamen Markus,* wo nicht we-
> nige versammelt waren und beteten (Apg 12,10-12).

Die Syrisch-Orthodoxen gehen einen Schritt weiter und identifizieren diesen Ort, genauer gesagt die Krypta der heutigen Kirche,
mit einem weiteren Versammlungsort der Gemeinde, dem *Oberge-*
mach (Abendmahlssaal, siehe S. 464). Diese Annahme ist aber keineswegs zwingend, trägt doch Petrus den im Haus der Maria versammelten Leuten auf: „Berichtet das dem Jakobus und den Brüdern" (Apg 12,17), die somit an einem anderen Ort zu denken sind.

Die Jakobuskathedrale und das armenische Patriarchat

Anschließend kommt man nach einem überdachten Straßenstück in das innere armenische Viertel. Rechts der Straße liegt das neu gebaute armenische Priesterseminar, links ist der Eingang zum *armenisch-orthodoxen Patriarchat*. Man gelangt durch einen kleinen Hof zur *Jakobuskathedrale* der Armenier – nur dieser Bereich des inneren armenischen Viertels ist öffentlich zugänglich. Die Kirche hat ihren Namen von zwei neutestamentlichen Personen gleichen Namens. Diese Namensgleichheit sowie weitere Personen mit Namen *Jakobus* im Neuen Testament hat zu erheblicher Verwirrung geführt. Folgendes lässt sich aus der Bibel und aus späteren Quellen ableiten:

1. *Jakobus* und dessen Bruder Johannes, die *Söhne des Zebedäus,* gehörten zu den ersten vier Jüngern, die Jesus am Ufer des Sees Gennesaret berufen hat (Mk 1,19-20; Text: S. 187). Jesus gab ihnen „den Beinamen *Boanerges,* das heißt Donnersöhne" (Mk 3,17). Nach der unbescheidenen Bitte, „lass in deinem Reich einen von uns rechts und den andern links neben dir sitzen!", und einer kurzen Diskussion mit Jesus weissagt dieser ihnen: „Ihr werdet den Kelch trinken, den ich trinke, und die Taufe empfangen, mit der ich getauft werde" (Mk 10,35-40). In der Tat, Jakobus ist dann der erste Märtyrer aus dem Kreis der Apostel. Seine Hinrichtung durch Herodes Agrippa I. 44 n. Chr. wird in der Apostelgeschichte berichtet:

> Um jene Zeit ließ der König Herodes einige aus der Gemeinde verhaften und misshandeln. Jakobus, den Bruder des Johannes, ließ er mit dem Schwert hinrichten (Apg 12,1-2).

Dieser Jakobus wurde bald, um ihn von seinem/n Namensvetter(n) zu unterscheiden, *Jakobus der Ältere* genannt. Seit dem 7. Jh. ist die Tradition zu fassen, er habe in Spanien missioniert. Sein Grab sei dort im 9. Jh. durch ein Wunder wiederentdeckt worden. Bald entstand dort die Stadt, die den spanischen Namen des Apostels trägt, *Santiago (Sant' Iago,* aus *Sanctus Iacobus* entstanden) *de Compostela.* Sein Grab entwickelte sich rasch, neben den Gräbern der Apostelfürsten in Rom, zu einem der bedeutendsten christlichen Wallfahrtsorte, vor allem seitdem nach dem Ende der Kreuzfahrerzeit das Heilige Land nur mehr sehr schwer zugänglich war.

2. *Jakobus, der „Bruder des Herrn",* ist in der Bibel des Öfteren erwähnt. Ob es sich dabei um einen leiblichen Bruder Jesu gehandelt hat, um einen Sohn Josefs aus erster Ehe, wie es spätere Tradition wissen will, oder um einen nahen Verwandten, lässt sich wissenschaftlich nicht klären. Nachdem er zunächst, wie seine Verwandten, Jesus ablehnend gegenübergestanden war (vgl. S. 112), hatte der Herrenbruder später in der christlichen Urgemeinde eine bedeutende

Stellung inne und wird als eine der „Säulen der Gemeinde" bezeichnet (Gal 2,9; Text: S.113). Daher wird er später – der älteste Beleg ist bei Eusebius von Cäsarea, um 325 – „erster Bischof Jerusalems" genannt. Flavius Josephus berichtet von seiner Hinrichtung auf dem Tempelplatz (um 62 n.Chr.; vgl. S.517). Nach armenischer Tradition sei hier sein Haus gewesen, hier habe das „Apostelkonzil" (Apg 15,1-21) stattgefunden, hierher sei später sein Leib überführt worden.

3. In den neutestamentlichen Apostellisten findet sich ein *Jakobus, der Sohn des Alphäus* (z.B. Apg 1,13), der aber außerhalb dieser Listen nirgends in Erscheinung tritt.

4. *Jakobus der Kleine/Jüngere* wird in Mk 15,40 als Sohn einer der Marien, die der Kreuzigung Jesu zusahen, erwähnt. Spätere Tradition identifiziert ihn mit dem Sohn des Alphäus oder dem Herrenbruder. Aus der letzteren Identifizierung wurde dann der Beiname *der Jüngere* auf den Herrenbruder übertragen.

5. Ein „Jakobus, Knecht Gottes und Jesu Christi, des Herrn" (Jak 1,1) ist der Verfasser des biblischen Jakobusbriefes. Judenchristlicher Einfluss auf diesen Brief stimmt gut mit dem überein, was wir aus der Apostelgeschichte und den Paulusbriefen über den Herrenbruder wissen. Daher wurden beide oft miteinander identifiziert – die moderne Bibelwissenschaft ist da freilich vorsichtig.

Wie auch immer, nach der örtlichen Tradition erinnert die Kirche sowohl an Jakobus den Älteren, den Sohn des Zebedäus, als auch an Jakobus den Jüngeren, den Herrenbruder.

Die Vorhalle der Kirche stammt aus dem 17. und 18.Jh. Die Kirche (17 × 24 m) wurde nach dem Besuch des armenischen Fürsten Thoros II. um 1163 erbaut, wobei in manchen architektonischen Details westlicher, gotischer Einfluss zu spüren ist. Die Kirche beeindruckt dadurch, dass es bis heute keine elektrische Beleuchtung gibt. Licht fällt nur durch Fenster weit oben in den Raum, ansonsten ist er von unzähligen Kerzen und Öllampen erhellt, was der Kirche eine düstere, aber zugleich feierliche Atmosphäre verleiht.

Eine Seitenkapelle (links, die dritte von hinten) gilt als der traditionelle Ort des Martyriums Jakobus' des Älteren, des Zebedäussohnes; hier soll auch sein Haupt ruhen. Unter dem Hauptaltar dagegen wird das Haupt des Jakobus des Jüngeren, des Herrenbruders, verehrt. Ein Thronsitz (im Hauptschiff links vorne) wird als Bischofsstuhl des hl. Jakobus angesehen. In der rechten Seitenkapelle, der Etschmiadsinkapelle (der Vorhalle der Kirche aus der Kreuzfahrerzeit), werden drei Steine gezeigt: vom Berg Sinai, von der Taufstelle am Jordan und vom Berg Tabor, den Orten, an denen die Stimme Gottes erscholl. Die Kacheln an den Wänden zeigen Szenen des Lebens Jesu und Bilder von Heiligen, sie verraten chinesischen Einfluss und wurden 1729 in Katahia in der heutigen Türkei hergestellt.

Rechts der Kirche ist das armenische Kloster mit dem Aufgang zur
Residenz des Patriarchen. Hinter dem Kloster folgen die Bibliothek
des Patriarchats mit Tausenden wertvoller Handschriften und ein
reichhaltiges Museum (gegenwärtig geschlossen) mit liturgischen
Gewändern und Geräten, Votivgaben und Dokumenten, u.a. vom
armenischen Völkermord im Osmanischen Reich zu Beginn des
20.Jh.

Ganz im Südosten des armenischen Viertels, nahe bei der Stadtmauer, liegt die *Kapelle von den Engeln* sowie das *Der az-Zeituni,* das
„Ölbaum-Kloster". An den alten Ölbaum, nach dem es benannt ist,
sei Jesus nach seiner Gefangennahme angebunden gewesen. Die
Franziskaner behalten diesen Ort in dankbarer Erinnerung, denn hier
nahmen die Armenier sie auf, als sie 1551 aus ihrem Kloster beim
Abendmahlssaal vertrieben wurden, bis sie einige Jahre später von
den Georgiern das spätere Salvatorkloster erwerben konnten. – Als
besondere Reliquien werden hier die Steine aus der Palmsonntagser-
zählung gezeigt, die *nicht* geschrien haben:

> Da riefen ihm einige Pharisäer aus der Menge zu: Meister,
> bring deine Jünger zum Schweigen! Er erwiderte: Ich sage
> euch: Wenn sie schweigen, werden *die Steine* schreien (Lk
> 19,39-40).

Man kann von biblischen Reliquien halten, was man will; es kann
aber als gesichert gelten, dass diese Steine vor 2000 Jahren *nicht* geschrien haben.

Um auf der Stadtmauer das armenische Viertel zu umrunden, ver-
lässt man durch das Jaffator die Altstadt und geht nach links der
Stadtmauer entlang, die hier gleichzeitig die Mauer der Zitadelle ist.
Am Südende der Zitadelle findet man eine Tür, die in deren südli-
chen Burggraben führt. Darin sieht man Reste antiker Wasserbe-
cken, die zur herodianischen Anlage gehörten. Von dort führt eine
Wendeltreppe auf die Mauer empor, die zunächst längs des *Kischle*-
Komplexes (siehe S.456) verläuft.

Der weitere Verlauf des Mauerrundgangs führt um das armenische
Viertel herum zur Südwestecke der Stadtmauer und weiter zum Zionstor. Man kann hier durch eine Drehtüre von der Mauer hinabsteigen, nicht aber umgekehrt auf sie hinauf. Auf der Mauer weitergehend, kommt man zum jüdischen Viertel.

28. DER BERG ZION

Mehrere heilige Stätten der Evangelien liegen heute, im Gegensatz zur Zeit Jesu, außerhalb der Stadtmauern, im Süden von Jerusalem: der *Abendmahlssaal*, die Kirche der Entschlafung Mariens (*Dormitio*) und der *Kajaphaspalast* auf dem Berg Zion; dazu kommt weiter unten die Kirche *St. Peter beim Hahnenschrei* (*in Gallicantu*).

Der Berg, den man in christlicher Tradition *Zion* nennt (Übersichtsplan: Tafel XXIII), ist der Südwesthügel der Stadt, ein Plateau, das im Osten durch das Stadttal (Tyropoiontal) von der Davidstadt getrennt wird, während es im Westen und Süden ins Hinnomtal abfällt. Der nördliche Teil des Plateaus liegt innerhalb, der südliche außerhalb der heutigen Stadtmauer, die Verbindung stellt das *Zionstor* her. Dieser Südwesthügel, ab dem 8. Jh. v. Chr. allmählich besiedelt und in die Stadt einbezogen, wurde in der Hasmonäerzeit wegen seiner erhöhten, freien Lage zum bevorzugten Bezirk der Vornehmen und Wohlhabenden.

In biblischer Zeit dagegen bezeichnete man als *Berg Zion* die Erhebung nördlich der ursprünglichen Stadt (der „Davidstadt"), auf der sich die „Tenne des Arauna" befand, die David kaufte und auf der Salomo das Heiligtum für die Bundeslade errichtete, also den Tempelberg (siehe S. 436). Christliche Theologie übertrug diesen Namen, da das christliche Hauptheiligtum nicht mehr der Tempel, die Wohnung Gottes auf Erden, ist: Gott ist in seinem Volk auf neue Art gegenwärtig, in der Eucharistie und im Hl. Geist – beides hat auf dem „Neuen Zion" seinen Ursprung. Dieser theologischen folgte bald auch die geographische Übertragung des Namens, die heute Allgemeingut geworden ist, auch auf israelischen Landkarten.

Das *Haus des Kajaphas*: Gleich außerhalb des Zionstores sieht man, diesem gegenüber, ein ummauertes Grundstück mit der Bauruine einer armenisch-orthodoxen Kirche. Christliche Überlieferung sieht hier seit der Kreuzfahrerzeit den Ort des Kajaphaspalastes, wohin Jesus nach seiner Gefangennahme geführt und wo er noch in der Nacht verhört wurde. Ein altes Mosaik in diesem Areal könnte als zusätzliche Stütze dieser Annahme gewertet werden. Die Kreuzfahrer hatten hier ein kleine Kirche, seit 1335 gehört der Ort den Armeniern. Nach dem Unabhängigkeits- und dem Sechs-Tage-Krieg, durch die das Grundstück schwer in Mitleidenschaft gezogen wurde, begannen die Armenier mit dem Bau einer neuen, dem Erlöser (Salvator) geweihten Kirche. Der Bau wurde nach einiger Zeit gestoppt, angeblich weil die nötigen Baugenehmigungen nicht vorlagen.

Geht man außerhalb der Stadtmauer nach rechts (Westen) weiter,
kommt man bald darauf an ein Tor. Dahinter befindet sich ein Friedhof, der bis ins 19.Jh. der Friedhof des lateinischen Gemeinde war.
Heute noch dient er als letzte Ruhestätte der Franziskaner.

Lässt man stattdessen das armenische Gelände zur Rechten und geht
vom Zionstor aus nach Süden (von der Altstadt weg), kommt man
nach wenigen Schritten zu einer Weggabelung und hat zwischen
beiden Wegen ein graues Metalltor vor sich. Dahinter verbirgt sich
das Franziskanerkloster *Cenacolino* (ital. „Abendmahlssälchen").
Die Franziskaner waren zwar und sind immer noch bemüht, den
Abendmahlssaal wieder seiner eigentlichen Bestimmung zurückzuführen, nämlich als Ort der Eucharistiefeier, begnügen sich aber
einstweilen mit einer kleinen Niederlassung wenige Meter davor,
die sie 1936 erwerben konnten. Dieses Klösterchen geriet 1948-67
in die Verödung des Niemandslands zwischen den Grenzen. 1981
wurden darin zwei Kapellen eingerichtet. Die größere von beiden
liegt, wie der Abendmahlssaal, im Obergeschoss und ist mit einer
Abendmahlsgruppe und einer Statue der Gottesmutter des römischen Franziskaners Andrea Martini (1917−1996) ausgestattet.
2013/14 wurde der Konvent renoviert und die beiden Kapellen von
den italienischen Künstlern Michele Canzoni und Rossella Leone
neu gestaltet. Sie stehen Pilgergruppen für Gottesdienste offen.

Nimmt man an der Weggabelung den rechten Weg, zweigt kurz danach noch einmal rechts die Gasse ab, die zum Eingang der Dormitio führt. Lässt man diese zur Rechten, sieht man bald eine überle-
bensgroße Statue des Königs David von einem Moskauer Künstler.
Ihr gegenüber ist der (heutige) Eingang zum Abendmahlssaal.

Der Abendmahlssaal

„Wo ist der Raum, in dem ich mit meinen Jüngern das Paschalamm
essen kann?" Mit dieser Frage schickte Jesus zwei seiner Jünger in
die Stadt. Der Evangelist Markus berichtet:

> Am ersten Tag des Festes der Ungesäuerten Brote, an dem
> man das Paschalamm schlachtete, sagten die Jünger zu Jesus:
> Wo sollen wir das Paschamahl für dich vorbereiten? Da
> schickte er zwei seiner Jünger voraus und sagte zu ihnen: Geht
> in die Stadt; dort wird euch ein Mann begegnen, der einen
> Wasserkrug trägt. Folgt ihm, bis er in ein Haus hineingeht;
> dann sagt zu dem Herrn des Hauses: Der Meister lässt dich
> fragen: *Wo ist der Raum, in dem ich mit meinen Jüngern das*
> *Paschalamm essen kann?*

> Und der Hausherr wird euch *einen großen Raum im Oberge-schoss* zeigen, der schon für das Festmahl hergerichtet und mit Polstern ausgestattet ist. *Dort* bereitet alles für uns vor! Die Jünger machten sich auf den Weg und kamen in die Stadt. Sie fanden alles so, wie er es ihnen gesagt hatte, und bereiteten das Paschamahl vor (Mk 14,12-16).

Über die Lage des Hauses, in dem sich die Ereignisse des Abends vollziehen sollten, enthalten die Evangelien leider keine genaueren Angaben. Vielleicht spricht aber gerade das dafür, dass das Haus zur Zeit des Evangelisten nur zu bekannt war. Weiter darf man anneh-men, dass Jesus mit dem Besitzer des Saales bekannt war, da er mit so großer Selbstverständlichkeit anfragen ließ. Die einzige konkrete Einzelheit ist somit die Tatsache, dass es in einem *Raum im Oberge-schoss* war, in dem Jesus mit seinen Jüngern das Abendmahl feierte, wohl bei einer begüterten Familie.

Die Jünger waren „am Abend des ersten Tages der Woche" versam-melt, Jesus trat zu ihnen und zeigte sich ihnen als der Auferstandene in Vollmacht (Joh 20,19-23). „Acht Tage darauf waren seine Jünger wieder versammelt und Thomas dabei" (Joh 20,26). Das ist eigent-lich nirgends sonst vorstellbar als eben in dem *Obergemach,* wo sie vor seinem Leiden zusammen waren. So spricht der Evangelist Lu-kas in seiner Apostelgeschichte wie selbstverständlich wieder von *dem Obergemach,* in dem die Urgemeinde nach der Himmelfahrt des Herrn ihr festes Zuhause hat:

> Dann kehrten sie vom Ölberg, der nur einen Sabbatweg von Jerusalem entfernt ist, nach Jerusalem zurück. Als sie in die Stadt kamen, gingen sie *in das Obergemach hinauf, wo sie nun ständig blieben*: Petrus und Johannes, Jakobus und Andre-as, Philippus und Thomas, Bartholomäus und Matthäus, Jako-bus, der Sohn des Alphäus, und Simon, der Zelot, sowie Judas, der Sohn des Jakobus. Sie alle verharrten *dort* einmütig im Gebet, zusammen mit den Frauen und mit Maria, der Mut-ter Jesu, und mit seinen Brüdern (Apg 1,12-14).

Somit schließt sich der Kreis. Ein bekanntes *Obergemach* war nicht nur der Ort des Letzten Abendmahles, sondern auch die erste Ver-sammlungsstätte der Christen in Jerusalem, die Urkirche. – Zur Par-alleltradition in der syrisch-orthodoxen Markuskirche siehe S. 459.

Es seien hier die wichtigsten der neutestamentlichen Texte ange-führt, zunächst der vom Letzten Abendmahl. Es ist die unmittelbare Fortsetzung des oben zitierten Markustextes von der Vorbereitung dieses Mahls:

> Als es Abend wurde, kam Jesus mit den Zwölf. Während sie nun bei Tisch waren und aßen, sagte er: Amen, ich sage euch:

Einer von euch wird mich verraten und ausliefern, einer von
denen, die zusammen mit mir essen. Da wurden sie traurig
und einer nach dem andern fragte ihn: Doch nicht etwa ich? Er
sagte zu ihnen: Einer von euch Zwölf, der mit mir aus derselben Schüssel isst. Der Menschensohn muss zwar seinen Weg
gehen, wie die Schrift über ihn sagt. Doch weh dem Menschen, durch den der Menschensohn verraten wird. Für ihn
wäre es besser, wenn er nie geboren wäre.

Während des Mahls nahm er das Brot und sprach den Lobpreis; dann brach er das Brot, reichte es ihnen und sagte:
Nehmt, das ist mein Leib. Dann nahm er den Kelch, sprach
das Dankgebet, reichte ihn den Jüngern und sie tranken alle
daraus. Und er sagte zu ihnen: Das ist mein Blut, das Blut des
Bundes, das für viele vergossen wird. Amen, ich sage euch:
Ich werde nicht mehr von der Frucht des Weinstocks trinken
bis zu dem Tag, an dem ich von neuem davon trinke im Reich
Gottes.

Nach dem Lobgesang gingen sie zum Ölberg hinaus (Mk 14,
17-26; Fortsetzung: S. 499).

Im Johannesevangelium ist von Jesu letztem Mahl nicht die Rede,
es wird offensichtlich als bekannt vorausgesetzt. Doch stellt dieser
Evangelist die Fußwaschung in einer Weise dar, dass sie zu einem
weiteren Höhepunkt des Abschieds Jesu wird, in dem die Liebe Jesu
bis zur Vollendung deutlich und zum unüberbietbaren Beispiel für
seine zum Mahl versammelten Jünger wird:

Es war vor dem Paschafest. Jesus wusste, dass seine Stunde
gekommen war, um aus dieser Welt zum Vater hinüberzuge-
hen. Da er die Seinen, die in der Welt waren, liebte, erwies er
ihnen seine Liebe bis zur Vollendung.

Es fand ein Mahl statt und der Teufel hatte Judas, dem Sohn
des Simon Iskariot, schon ins Herz gegeben, ihn zu verraten
und auszuliefern. Jesus, der wusste, dass ihm der Vater alles in
die Hand gegeben hatte und dass er von Gott gekommen war
und zu Gott zurückkehrte, stand vom Mahl auf, legte sein Gewand ab und umgürtete sich mit einem Leinentuch. Dann goss
er Wasser in eine Schüssel und begann, den Jüngern die Füße
zu waschen und mit dem Leinentuch abzutrocknen, mit dem
er umgürtet war. Als er zu Simon Petrus kam, sagte dieser zu
ihm: Du, Herr, willst mir die Füße waschen? Jesus antwortete
ihm: Was ich tue, verstehst du jetzt noch nicht; doch später
wirst du es begreifen. Petrus entgegnete ihm: Niemals sollst
du mir die Füße waschen! Jesus erwiderte ihm: Wenn ich dich
nicht wasche, hast du keinen Anteil an mir. Da sagte Simon
Petrus zu ihm: Herr, dann nicht nur meine Füße, sondern auch

die Hände und das Haupt. Jesus sagte zu ihm: Wer vom Bad
kommt, ist ganz rein und braucht sich nur noch die Füße zu
waschen. Auch ihr seid rein, aber nicht alle. Er wusste nämlich, wer ihn verraten würde; darum sagte er: Ihr seid nicht alle rein.

Als er ihnen die Füße gewaschen, sein Gewand wieder angelegt und Platz genommen hatte, sagte er zu ihnen: Begreift ihr,
was ich an euch getan habe? Ihr sagt zu mir Meister und Herr
und ihr nennt mich mit Recht so; denn ich bin es. Wenn nun
ich, der Herr und Meister, euch die Füße gewaschen habe,
dann müsst auch ihr einander die Füße waschen. Ich habe
euch ein Beispiel gegeben, damit auch ihr so handelt, wie ich
an euch gehandelt habe. Amen, amen, ich sage euch: Der
Sklave ist nicht größer als sein Herr und der Abgesandte ist
nicht größer als der, der ihn gesandt hat. Selig seid ihr, wenn
ihr das wisst und danach handelt. Ich sage das nicht von euch
allen. Ich weiß wohl, welche ich erwählt habe, aber das
Schriftwort muss sich erfüllen: Einer, der mein Brot aß, hat
mich hintergangen. Ich sage es euch schon jetzt, ehe es geschieht, damit ihr, wenn es geschehen ist, glaubt: Ich bin es
(Joh 13,1-19).

Die erste Ostererscheinung des Auferstandenen vor den versammelten Aposteln ist bei Johannes mit einer Wiederholung acht Tage
später verbunden, die auch den „ungläubigen" Thomas zum Glauben bewegt:

Am Abend dieses ersten Tages der Woche, als die Jünger aus
Furcht vor den Juden die Türen verschlossen hatten, kam Jesus, trat in ihre Mitte und sagte zu ihnen: Friede sei mit euch!
Nach diesen Worten zeigte er ihnen seine Hände und seine
Seite. Da freuten sich die Jünger, dass sie den Herrn sahen. Jesus sagte noch einmal zu ihnen: Friede sei mit euch! Wie mich
der Vater gesandt hat, so sende ich euch. Nachdem er das gesagt hatte, hauchte er sie an und sprach zu ihnen: Empfangt
den Heiligen Geist! Wem ihr die Sünden vergebt, dem sind sie
vergeben; wem ihr die Vergebung verweigert, dem ist sie
verweigert.

Thomas, genannt Didymus (Zwilling), einer der Zwölf, war
nicht bei ihnen, als Jesus kam. Die anderen Jünger sagten zu
ihm: Wir haben den Herrn gesehen. Er entgegnete ihnen:
Wenn ich nicht die Male der Nägel an seinen Händen sehe
und wenn ich meinen Finger nicht in die Male der Nägel und
meine Hand nicht in seine Seite lege, glaube ich nicht.

Acht Tage darauf waren seine Jünger wieder versammelt und
Thomas war dabei. Die Türen waren verschlossen. Da kam Je-

sus, trat in ihre Mitte und sagte: Friede sei mit euch! Dann
sagte er zu Thomas: Streck deinen Finger aus – hier sind meine Hände! Streck deine Hand aus und leg sie in meine Seite
und sei nicht ungläubig, sondern gläubig! Thomas antwortete
ihm: Mein Herr und mein Gott! Jesus sagte zu ihm: Weil du
mich gesehen hast, glaubst du. Selig sind, die nicht sehen und
doch glauben (Joh 20,19-29).

Die Vollendung des österlichen Geschehens durch die Herabkunft
des Hl. Geistes und die Geburtsstunde der Kirche zeichnet Lukas
am Beginn seiner Apostelgeschichte:

Als der Pfingsttag gekommen war, befanden sich alle am gleichen Ort. Da kam plötzlich vom Himmel her ein Brausen, wie
wenn ein heftiger Sturm daherfährt, und erfüllte das ganze
Haus, in dem sie waren. Und es erschienen ihnen Zungen wie
von Feuer, die sich verteilten; auf jeden von ihnen ließ sich eine nieder. Alle wurden mit dem Heiligen Geist erfüllt und begannen, in fremden Sprachen zu reden, wie es der Geist ihnen
eingab. In Jerusalem aber wohnten Juden, fromme Männer aus
allen Völkern unter dem Himmel. Als sich das Getöse erhob,
strömte die Menge zusammen und war ganz bestürzt; denn jeder hörte sie in seiner Sprache reden. Sie gerieten außer sich
vor Staunen und sagten: Sind das nicht alles Galiläer, die hier
reden? Wieso kann sie jeder von uns in seiner Muttersprache
hören: Parther, Meder und Elamiter, Bewohner von Mesopotamien, Judäa und Kappadozien, von Pontus und der Provinz
Asien, von Phrygien und Pamphylien, von Ägypten und dem
Gebiet Libyens nach Zyrene hin, auch die Römer, die sich hier
aufhalten, Juden und Proselyten, Kreter und Araber, wir hören
sie in unseren Sprachen Gottes große Taten verkünden (Apg
2,1-11).

Geschichte: Ob und wie das *Obergemach* die Zerstörung Jerusalems
im Ersten Jüdischen Krieg 70 n.Chr. überstanden hat, ist nicht zu
sagen. Der Pilger von Bordeaux (333 n.Chr.) ist der erste, von dem
wir wissen, dass er als Pilger auf den Zion kommt. Er kennt die
Stelle des *Kajaphaspalastes* mit der *Geißelungssäule* wie auch (innerhalb der heutigen Mauer) die des *Davidspalastes*. Er spricht weiter von *sieben Synagogen* auf dem Zion, von denen aber nur eine
übrig geblieben sei. Man kann das mit einer weiteren Nachricht des
Bischofs Epiphanius von Salamis auf Zypern, einem geborenen Juden, aus dem Jahr 392 kombinieren. Danach habe Kaiser Hadrian
im Jahre 132 Jerusalem noch so verwüstet vorgefunden, wie es Titus zerstört hatte, „mit Ausnahme einiger Häuser und einer kleinen
Kirche Gottes, die sich dort erhob, wo nach der Himmelfahrt des Er-

lösers die Jünger in den *Obersaal* hinaufstiegen." Es sieht also so
aus, als ob der Ort des *Obersaals* noch bekannt war und dort „eine
kleine Kirche", vielleicht eine *Synagogenkirche,* bestanden hätte. Da
diese kleine Kirche als judenchristlich betrachtet werden kann, dürfte sie mit der einzigen erhalten gebliebenen *Synagoge* gleichzusetzen sein, die der Pilger aus Bordeaux antraf, der Heidenchrist war.
Bischof Cyrill von Jerusalem spricht um 350 von einer *oberen Kirche der Apostel* als Ort der Geistausgießung. Nach dem Zeugnis des
hl. Hieronymus war die vom Pilger von Bordeaux erwähnte Geißelungssäule im Jahr 385 in die Vorhalle einer Kirche eingefügt. Anscheinend war also auf dem Zion schon eine größere Kirche gebaut
worden. Es ist ungeklärt, ob diese Kirche bereits die fünfschiffige
Basilika war, die Bischof Johannes II. im Jahr 394 weihte, oder ob
es einen Vorgängerbau gab. Reste der Basilika wurden beim Neubau der Dormitiokirche gefunden; sie war mit Mosaiken auch an
den Wänden geziert. Über die genaue Lage der Kirche sind wir im
Unklaren, es gibt zwei Hypothesen: Entweder sie lag an genau derselben Stelle wie die spätere Kreuzfahrerkirche oder sie war etwas
nach Norden versetzt.
Neu war die Bezeichnung der Basilika als *Hagia Sion* (griech. „Heiliges Zion"). Eigenartigerweise spielt damals die Abendmahlstradi-
tion noch keine Rolle, sie ist erst ab dem 5. Jh. in diesem Obergemach nachzuweisen. Ebenso wie viele andere Kirchen wurde diese
Basilika von den Persern 614 schwer beschädigt, bestand aber in der
ersten arabischen Periode noch. Vom gallischen Bischof Arkulf, der
um 680 Jerusalem besuchte, ist sogar eine Zeichnung dieser Kirche
überliefert. In jener Zeit wurde das ummauerte Stadtgebiet Jerusalems verkleinert, so dass seit damals der Zion außerhalb der Stadtmauern liegt. Die Zionskirche fiel zwar 1009 der Zerstörungswut
des Kalifen al-Hakim zum Opfer, aber die Kreuzfahrer konnten
1099 in den Ruinen einen Bittgottesdienst vor dem Sturm auf die
Stadt feiern. Die Kreuzfahrer ersetzten die Ruine durch einen Neubau, über den wir durch Ausgrabungen 1898 und 1983/84 auf dem
Gelände der Dormitio besser unterrichtet sind. Er war wie der Vorgängerbau fünfschiffig und nach hinten (Westen) länger als die byzantinische Kirche (72×36m); der Abendmahlssaal befand sich erhöht im vorderen Teil der rechten Seitenschiffe. Man vermutet, eine
Kapelle im Nordschiff der Kreuzfahrerkirche sei dem Heimgang
Mariens geweiht gewesen. Aufgrund der großen Marienfrömmigkeit
jener Zeit trat nun diese Tradition in den Vordergrund, so dass die
Kirche jetzt *Sancta Maria in Monte Sion,* „St. Maria vom Berg Zion", hieß. Diese Kirche wurde 1219 zerstört.
Im Jahre 1333 erwarb das Königspaar Robert von Neapel und seine
aragonesische Gemahlin Sancia vom Sultan von Ägypten die Überreste und vertraute sie mit Einwilligung des Papstes den Franziska-

nern an. Der Teil mit dem *Abendmahlssaal im Obergeschoss* wurde
von den Franziskanern restauriert, neben dem Abendmahlssaal wurde ein Klösterchen errichtet, dessen kleiner Kreuzgang südlich davon bis heute zu sehen ist. Mehr als 200 Jahre hüteten die Franziskaner unter großen Opfern dieses Heiligtum und hatten hier ihren
Hauptsitz. Der Obere führte (und führt bis heute) den Titel „Guardian vom Berg Zion und Hüter (Kustos) der heiligen Stätten".
Bereits 1523 fasste die neue osmanische Regierung den Beschluss
die Franziskaner zu vertreiben, konnte aber durch diplomatische
Aktivitäten daran gehindert werden, den Beschluss durchzuführen.
Doch 1551 wurde der Räumungsbefehl endgültig. Es wurde nämlich
damals allgemein geglaubt, unter dem Abendmahlssaal befinde sich
das Grab des Königs David (s.u.), und die osmanische Regierung
war der Meinung, es sei untragbar, dass *Ungläubige* (die Christen
im Abendmahlssaal) *über den Köpfen der Gläubigen* (der Muslime beim Grab des *Propheten David*) *herumtrampeln*. Dies war der
schmerzlichste Verlust seit dem Mittelalter, nicht nur der Franziskaner, sondern der Christenheit überhaupt. Die christliche Präsenz auf
dem christlichen Zion, bei der *Mutter aller Kirchen,* war fast ausgelöscht. Bis zu den Neuerwerbungen seit dem ausgehenden 19.Jh. in
der Umgebung des Abendmahlssaales blieben davon nur die Friedhöfe der verschiedenen christlichen Konfessionen, die den Zionsberg bis heute umgeben.
Der Abendmahlssaal war zwar eine Moschee, trotzdem blieb er in
Privatbesitz, nämlich (schon seit der Vertreibung der Franziskaner)
der Familie *Dadschani,* ebenso wie der ganze Komplex. Seit jedoch
im Unabhängigkeitskrieg 1948 die muslimische Bevölkerung (einschließlich der Familie Dadschani) floh bzw. vertrieben wurde und
der Abendmahlssaal ganz hart an der Demarkationslinie israelisch
wurde, ist der Abendmahlssaal kein offizieller Gottesdienstraum
mehr. Er steht zwar Besuchern offen, aber die Eucharistie, die hier
ihren Ursprung hat, kann nicht gefeiert werden.

Besichtigung: Nachdem man über eine Treppe im Innenhof auf die
Höhe des Obergemachs gestiegen ist, durchquert man einen (modernen) Vorraum, kommt danach noch einmal ins Freie und hat
schließlich den Eingang zum Abendmahlssaal vor sich. Rechts vom
Eingang sieht man eine mächtige Säule, die einzige noch sichtbare
aus der Kreuzfahrerkirche.
Der Saal ist leer, als ob er auf die Jünger wartete, die ihn für das
Abendmahl herrichten sollten (vgl. Mk 14,15; s.o., S.464). Er ist
ein spätgotischer Raum (15×9m). Sein Gewölbe wird von drei Säulen (eine davon ist mit der westlichen Wand verbunden) mit unterschiedlichen Kapitellen aus dem 12. Jh. getragen. Die Pfeiler mit

vorgesetzten Säulen der Kreuzfahrerkirche konnten weiterverwendet werden.

Die genaue Datierung des Saales ist umstritten, es gibt drei Möglichkeiten: Entweder entging er der Zerstörung der restlichen Kirche 1219 und wurde später umgestaltet, „modernisiert"; oder (diese These gilt als die wahrscheinlichste) er wurde 1229-44, als die Kreuzfahrer noch einmal nach Jerusalem zurückkehrten, wiedererrichtet; oder er geht auf die Franziskaner ab 1335 zurück, die ältere Bauelemente verwendet hätten.

Gleich am Eingang sieht man rechts am Wandpfeiler, unterhalb vom Kapitell, eine farbige Wappenzeichnung: Es ist das Wappen von Regensburg mit den gekreuzten Schlüsseln des hl. Petrus; auf alten Fotos ist darunter auch noch der Name *Regenspurg* zu lesen, heute leider sehr verblasst.

Im Kapitell der kleinen Säule, die den Baldachin über der Treppe trägt, die in das Untergeschoss – zum Davidsgrab – führt, ist das einzige christliche, eucharistische Symbol des Saales erhalten: ein Pelikan. Nach antiker Legende hätte nämlich der Pelikan, um seine Jungen vor dem Verhungern zu bewahren, mit seinem Schnabel seine Brust geöffnet, um seine Jungen mit seinem eigenen Blut zu nähren. Diese Legende steht im Zusammenhang mit der lateinischen Übersetzung von Ps 102,7: „Ich gleiche einem Pelikan in der Wüste" – die genaue Bedeutung der hebräischen Vorlage ist ungeklärt, die Einheitsübersetzung übersetzt mit „Dohle", Luther mit „Eule". Dies wurde als Symbol für Jesus gedeutet, der die Seinen mit seinem Blute tränkt. So heißt es in einem Fronleichnamshymnus des hl. Thomas von Aquin:

> Gleich dem Pelikane starbst du, Jesu mein;
> wasch in deinem Blute mich von Sünden rein.
> Schon ein kleiner Tropfen sühnet alle Schuld,
> bringt der ganzen Erde Gottes Heil und Huld.

Der *Mihrab* (Gebetsnische) an der Südseite, Richtung Mekka, ist ein Hinweis auf die Verwendung des Raumes als Moschee, ebenso die farbigen Glasfenster und die Keramikinschrift rechts oberhalb vom Mihrab mit der arabischen Formel, mit der die Koransuren, muslimische Gebete sowie religiöse Inschriften beginnen: „Im Namen Allahs, des Gnädigen, des Barmherzigen".

An der Ostseite führt eine Treppe in zwei erhöhte Räume. Dort, also genau über dem Davidsgrab, befand sich zunächst eine Terrasse, die spätestens seit der Ankunft der Franziskaner als Ort des Pfingstereignisses verehrt wurde (vgl. Apg 2,29). Das Vorhaben der Franziskaner (um 1450), dort eine Pfingstkapelle zu errichten, scheiterte. Nach der Vertreibung der Franziskaner wurden dort die beiden heute noch existierenden Räume gebaut. Eine weitere Treppe in der

Nordostecke des Raumes führt zu einem weiteren Eingang des Saales aus unbekannter Zeit; der dahinter liegende (stets verschlossene)
Raum ist heute eine Rumpelkammer.

Verlässt man den Abendmahlssaal auf der dem Eingang gegenüberliegenden Seite, kommt man auf eine Terrasse. Man kann von hier
aus, vorbei am Minarett der Moschee, auf das Dach des Saales steigen und hat von hier aus eine gute Aussicht: Nach Norden sieht
man, alles überragend, die Dormitiokirche der Benediktiner, rechts
daneben das benachbarte Franziskanerkloster *Cenacolino* (s. o.,
S. 464), dahinter die Altstadt mit der armenischen Jakobuskirche,
rechts davon die weiße Kuppel der Hurva-Synagoge und, teilweise
durch Bäume verdeckt, den Felsendom und die al-Aqsa-Moschee
sowie dahinter den Ölberg. Im Osten erkennt man die arabischen
Stadtteile Silwan und (hinter der Mauer) Abu Dis, bei klarem Wetter auch die jordanischen Berge. Direkt nördlich und östlich schließt
sich an den Abendmahlssaal der muslimische Friedhof der Dadschanifamilie an, südlich der spätmittelalterliche Kreuzgang des Franziskanerklosters. Im Westen liegt, teilweise durch das Benediktinerkloster und den Glockenturm verdeckt, die West-Jerusalemer Neustadt
mit dem auffälligen King-David-Hotel.
Steigt man von dieser Terrasse aus hinab, kommt man in den alten
Franziskanerkreuzgang. Von diesem aus betritt man den Raum unter
dem Abendmahlssaal, in dem das *Grab Davids* verehrt wird.

Das Davidsgrab

Ein Davidsgrab an diesem Ort widerspricht klar dem alttestamentlichen Zeugnis: „David entschlief zu seinen Vätern und wurde in der
Davidstadt begraben" (1 Kön 2,10). Heute weiß man, dass die Davidstadt den Westhügel der römischen und byzantinischen Stadt,
den heutigen Zion, nicht mit einschloss (siehe S. 526). Freilich hatte
man dieses Wissen im Mittelalter nicht, so ist ab dem 10. Jh. hier
von einem Davidsgrab die Rede, und zwar in einem Raum rechts
der Apsis der byzantinischen Kirche. Der Grund für diese Lokalisierung dürfte die – hier gehaltene – Pfingstpredigt des Petrus sein:

> Brüder, ich darf freimütig zu euch über den Patriarchen David
> reden: Er starb und wurde begraben und *sein Grabmal ist bei*
> *uns* erhalten bis auf den heutigen Tag (Apg 2,29).

Es ist freilich schwer vorstellbar, dass das Grab von König David im
1. Jh. n. Chr. direkt neben einem Gebäude lag, dessen Obergeschoss
ein, wenn auch wohlhabender, Privatmann Jesus und seinen Jüngern
zum Paschamahl zur Verfügung stellen konnte. „Bei uns" sollte

wohl eher als „in unserer Stadt" verstanden werden und nicht als Hinweis auf eine unmittelbare Nähe.

Ein Teil des Gemäuers des Davidsgrabes kann in die Römerzeit datiert werden. Ein interessantes Detail ist die Apsis (heute hinter dem Kenotaph). Ihr Zweck ist rätselhaft; sie liegt 1,90 m über dem gepflasterten Boden (60 cm tiefer als der heutige Fußboden). Sie kann also keine Altarapsis sein und nur schwerlich ein Toraschrein. Sie weist nach Norden, während der Tempel, die Ausrichtung, die in einer Synagoge zu erwarten wäre, nordöstlich liegt. Nördlich von hier liegen Golgota und das Grab Christi. Handelt es sich also um einen christlichen (judenchristlichen?) Bau? Um die Synagoge (Synagogenkirche?) des Pilgers von Bordeaux? Griechische Wandgraffiti, die von den Franziskanern B. Bagatti und E. Testa untersucht wurden, könnten dafür eine Bestätigung liefern; sie können interpretiert werden als: „O Je(sus, ich möge) leben, Herr des Herrschers". Vielleicht liegt hier eine Anspielung an Ps 110,1-2 vor:

> Ein Psalm Davids. So spricht der HERR zu meinem Herrn: Setze dich mir zur Rechten und ich lege dir deine Feinde als Schemel unter die Füße. Vom Zion strecke der HERR das Zepter deiner Macht aus: „Herrsche inmitten deiner Feinde!"

Dieser alttestamentliche Text wurde in der christlichen Theologie messianisch auf Jesus Christus gedeutet, und zwar schon im Neuen Testament (z. B. Mt 22,41-46).

Aus der byzantinischen Zeit gibt es mehrere Autoren (z. B. Eusebius von Cäsarea und der Pilger von Bordeaux), die ein Davidsgrab in Betlehem (!) kennen. Diese Lokalisierung ist klar gegen das alt- und neutestamentliche Zeugnis, sie ist wohl beeinflusst von Betlehem als Herkunftsort Davids (1 Sam 16,1-13).

Ab dem 10. Jh. taucht wieder Jerusalem, und zwar jetzt der Zion, als Ort des Davidsgrabes auf – in jüdischen, christlichen und muslimischen Quellen. Diese Tradition fanden die Kreuzfahrer vor, ihnen verdankt der Raum des Davidsgrabes in etwa seine heutige Gestalt. Aus dieser Zeit stammt auch das Kenotaph Davids vor der Nische.

Ungeachtet der mit vielen Fragezeichen behafteten Geschichte der Grabstätte von König David steht also fest, dass Juden, Christen und Muslime seit über 1000 Jahren hier sein Grab verehren, die Juden das von König David, die Christen das von David, dem Psalmendichter und Vorfahren Jesu, die Muslime das des Propheten David (*Nabi Da'ud*), der auch im Koran erwähnt wird. Das Davidsgrab ist ein heiliger Ort der drei großen Religionen des Heiligen Landes, ein wahrlich ökumenisches Heiligtum! Dass dabei Konflikte nicht ausbleiben, bedarf keiner Erklärung.

Vielleicht sind auf diesem Hintergrund die Konflikte besser zu verstehen, die in den letzten Jahrzehnten und besonders in den letzten

Jahren um diesen Ort neu entfacht sind. Mit den Ereignissen von
1948 hat sich die äußere Situation völlig verändert. Die muslimischen Eigentümer und fast die gesamte muslimische Bevölkerung
West-Jerusalems waren nicht mehr hier. Dagegen hat sich das jüdische Interesse auf diesen heiligen Ort konzentriert, denn die meisten
anderen heiligen Orte waren für Juden unerreichbar, allen voran die
Klagemauer und der Tempelberg im jordanischen Ostteil der Stadt,
aber auch die Gräber weiterer biblischer Personen, wie die Patriarchengräber in Hebron oder das Rahelgrab am Ortseingang von Betlehem. Hinzukommt, dass für manche Israelis das biblische Groß-
reich von König David durchaus ein Vorbild für den wiedererstan-
denen Staat Israel war. Die Situation änderte sich zwar 1967 von
Neuem, da Muslime aus Ost-Jerusalem und den besetzten Gebieten
wieder hierher kommen, Juden die Klagemauer und andere heilige
Stätten in diesen Gebieten wieder besuchen konnten. Dennoch blieb
eine starke emotionale Bindung jüdischer Israelis – nicht nur religiöser – an diesen Ort bestehen. Während beider Intifadas kamen viele Israelis hierher, denen es in der Altstadt zu unsicher war, um vom
Dach des Gebäudes den Tempelberg wenigstens aus nicht allzu großes Entfernung zu sehen. Trotzdem überraschte es, als es im Zuge
des Papstbesuches 2014 zu heftigen Auseinandersetzungen um diesen Ort kam. Von radikalen Gruppen wurde das Gerücht gestreut,
die israelische Regierung wolle dem Papst als Gastgeschenk den
Abendmahlssaal überlassen und das Davidsgrab gleich mit. Entsprechende Reaktionen blieben nicht aus. Eine Lösung? Momentan
scheint es nur eine zu geben, das ewige Provisorium, den Status
quo. Man lässt erst einmal alles, wie es ist. Dass dies für die Christen schmerzvoll ist, braucht nicht betont zu werden.

Vom ehemaligen Franziskanerkreuzgang aus kommt man nach Osten (vom Davidsgrab kommend nach links) durch ein Gewölbe zur
„Synagoge für die Märtyrer des Holocausts", einer Gedenkstätte mit
einer Ausstellung. Die zahlreichen geschändeten Torarollen legen
ein trauriges Zeugnis davon ab, dass den Nazis weder Mensch noch
Gott heilig waren.
Verlässt man den Kreuzgang nach Westen, wendet sich nach links
und durchquert den ausgedehnten Komplex des früheren Franziskanerklosters und der Anbauten der Dadschanifamilie, kommt man in
einen offenen Bereich. Bald sieht man zur Linken ein Betondach
über der „Eremitage": Im 5.Jh. lebten hier Einsiedler in ehemaligen
Zisternen.
Weiter südlich, am südlichen Abhang vom Berg Zion, liegt der anglikanische und evangelische Friedhof, das letzte Überbleibsel des
gemeinsamen anglikanisch-lutherischen Bistums im 19.Jh. (siehe
S.53). Hier ruhen einige der Pioniere der Heilig-Land-Archäologie

und -Architektur. Der Friedhof ist durch das amerikanische *Institute of Holy Land Studies* am südwestlichen Hang des Zions zugänglich (nur nach Voranmeldung).

Im Friedhofsgelände wurde ein Stück der Stadtmauer von der hasmonäischen bis zur byzantinischen Zeit mit einem Stadttor ausgegraben, wohl das Essenertor, das Flavius Josephus in dieser Gegend erwähnt. Ob das Tor so hieß, weil sich dahinter ein Stadtviertel befand, in dem Essener gewohnt hätten, oder ob dieses Tor zu essenischen Siedlungen außerhalb der Stadt führte, ist umstritten. Vor allem der Benediktiner Bargil Pixner von der nahen Dormitioabtei vertrat die erste der beiden Thesen und leitete daraus eine viel größere Nähe der ersten Jerusalemer Christengemeinde zu den Essenern ab, als es nach dem Neuen Testament auf den ersten Blick scheinen mag. Beispielsweise sei der Wasser tragende Mann vor dem Abendmahlssaal (Mk 14,13; siehe S. 464) ein Hinweis auf eine zölibatär lebende Männergemeinschaft, da Wasserholen sonst Frauenarbeit war. Auf diese Weise gelingt es ihm auch, die beiden unterschiedlichen Datierungen der Evangelien in Einklang zu bringen (in den ersten drei Evangelien: das Abendmahl als Paschamahl am Vorabend des Festes, der Tod Jesu am Festtag – im Johannesevangelium: der Tod Jesu am Vorabend des Paschafestes), da die Essener einen anderen Kalender hatten als das restliche Judentum.

Die Dormitio (Entschlafung Mariens)

Unter dem Kreuze wurde die Mutter Jesu dem Jünger, den Jesus liebte, anvertraut: „Siehe, deine Mutter! Und von jener Stunde an nahm sie der Jünger zu sich" (Joh 19,27). Wo der Jünger Maria zu sich genommen hat, wird nicht gesagt. Alte Jerusalemer Tradition überliefert dagegen, dass Maria in Jerusalem heimgegangen und in Getsemani begraben worden sei. In der auf dem Zion errichteten byzantinischen Basilika und der Kreuzfahrerkirche wurde der *Heimgang Mariens* (lat. *Dormitio,* „Entschlafung") im nordwestlichen Teil der Kirche lokalisiert, während die Abendmahlskapelle im südöstlichen Teil der fünfschiffigen Kirche lag. Über dem Eingang zur Marienkapelle stand: „Erhoben wurde die heilige Gottesgebärerin über die Chöre der Engel." – Zur Paralleltradition in Ephesus siehe S. 503.

Als im Jahre 1898 Kaiser Wilhelm II. die längst zur Ruine gewordene heilige Stätte auf dem Zion besuchte, ließ er sich das Grundstück von dem befreundeten Sultan Abd ul-Hamid II. schenken und übergab es dem Erzbischöflichen Stuhl von Köln, damit dieser mit Hilfe des Deutschen Vereins vom Heiligen Lande für die Katholiken eine dem Ort entsprechende repräsentative Kirche baue. Der Kölner

Dombaumeister Heinrich Renard entwarf alsdann eine Rundkirche in Anlehnung an die von Karl dem Großen erbaute Pfalzkapelle von Aachen. Am 7. Oktober 1900 wurde der Grundstein gelegt, am 10. April 1910 erfolgte die Weihe.

Die Innenausstattung der Kirche zog sich aufgrund der Wirren der Geschichte über Jahrzehnte hin. In den 30er-Jahren machte der Maria-Laacher Benediktiner Br. Radbod Commandeur einen Entwurf für eine Neugestaltung des Raumes. Teile davon wurden ausgeführt und zieren noch heute die Kirche, andere Teile konnten nach Ausbruch des Zweiten Weltkriegs nicht mehr von Deutschland ins britische Mandatsgebiet transportiert werden. Sie waren in Köln gelagert und wurden bei der Bombardierung der Stadt zerstört.

Die Kirche hat nicht nur durch die kriegerischen Ereignisse 1948 und 1967 Schäden davon getragen, sondern ebenso in den Jahren dazwischen, in denen sie im Niemandsland zwischen Israel und Jordanien lag und zeitweise geräumt werden musste. Diese Schäden sind wieder behoben, so dass die Dormitio heute wieder der benediktinischen Mönchsgemeinschaft, unzähligen Pilgern und der katholischen deutschsprachigen Gemeinde von Jerusalem als Ort des Gotteslobes dient.

Die Dormitio ist von Anfang an Heimat einer benediktinischen Gemeinschaft. 1906 kamen die ersten Benediktiner an, und zwar von Beuron, das damals in der liturgischen Kunst führend war und der künstlerischen Ausstattung ihren Stempel aufdrückte. Gegen Ende des Ersten Weltkriegs wurden die Deutschen vertrieben, belgische Benediktiner konnten die Stellung halten. Zwischen den Weltkriegen blühte die Abtei auf. Während des Zweiten Weltkriegs wurden im britischen Mandatsgebiet deutsche Staatsangehörige interniert, die Leitung der Abtei wurde dem Prior Joseph Henninger, einem Tschechen, übertragen. 1939 wurde den Benediktinern vom Zion auch das Heiligtum von Tabgha (siehe S. 177) anvertraut, das sie bis heute betreuen. Während des arabisch-israelischen Krieges 1948 lagen Kirche und Kloster an der Frontlinie, die Mönche mussten den Ort verlassen. 1950 konnten sie zurückkehren und die schwer beschädigten Gebäude wieder instand setzen.

1973 hat der damalige Abt Laurentius Klein durch die Errichtung eines Ökumenischen Studienjahres für deutsche Theologiestudenten einen wichtigen Akzent gesetzt. 1998 gab sich die Abtei in Anlehnung an die ruhmvolle Frühzeit den Namen *Abtei Hagia Maria Sion*; da sie aber weithin als *Dormitioabtei* bekannt war, setzte sich die neue Bezeichnung nicht durch; man kehrte stillschweigend zum alten Namen zurück. Im Juli 2011 wurde der Ire Gregory Collins zum Abt gewählt. Gegenwärtig gehören zur Abtei (einschließlich Tabgha) 22 Mönche.

Seit mehreren Jahrzehnten ist die Abtei sehr aktiv in der Ökumene und im interreligiösen Dialog. Die Lage an der Schnittstelle zwischen West- und Ost-Jerusalem und die Tatsache, ein deutsches Kloster in Jerusalem zu sein, wird dabei als Herausforderung, aber auch als Chance betrachtet.

Besichtigung: Beim Betreten der Kirche wird man gebannt von dem feierlichen Raum. Aus der Apsis leuchtet auf goldenem Mosaikgrund die Gottesmutter Maria mit dem Christuskind. „Ich bin das Licht der Welt" (Joh 8,12) steht im aufgeschlagenen Evangelienbuch, das Jesus dem Eintretenden entgegenhält, während unterhalb die Jesajaprophetie zu lesen ist: „Seht, die Jungfrau wird ein Kind empfangen, sie wird einen Sohn gebären und sie wird ihm den Namen Immanuel (Gott mit uns) geben" (Jes 7,14). Wie bei orientalischen Ikonen üblich, ist das Mosaik mit der griechischen Abkürzung beschriftet: MP ΘY (*Meter Theú*, „Mutter Gottes"). Auf Höhe der Chorfenster sind je zwei Propheten dargestellt, die auf den Messias hinweisen: Micha und Jesaja, Jeremia und Ezechiel, Daniel und Haggai, Sacharja und Maleachi. Darunter, in den Lünetten des Chores, schließen sich die *Verkündigung an Maria* und deren Gehorsam als *Magd des Herrn* an. Das ganze Apsismosaik stammt von dem Maria-Laacher Mönch Br. Radbod Commandeur (1939).

Das Bodenmosaik stellt mit drei ineinander verschlungenen Ringen den dreifaltigen Gott in die Mitte, der Licht und Leben ist. Die folgenden Kreise nennen die Namen der Propheten und der Apostel, die ihn wie Fackeln in den vier Evangelien durch Raum und Zeit (Tierkreiszeichen und Monatsnamen) tragen. Das Mosaik wurde von P. Mauritius Gisler entworfen (1932). Freilich muss man auf die Gesamtwirkung des Mosaiks wegen der Bestuhlung meist verzichten.

Den Rundbau der Kirche umkränzen Kapellen: Rechts vorne ist die *Kapelle der Heiligen Drei Könige,* eine Stiftung der Stadt Köln 1910 aus Anlass der Weihe der Kirche. Im Apsismosaik steht das Lamm Gottes zwischen dem Apostel Petrus und dem ersten Bischof von Köln, Maternus, sowie weiteren Heiligen der Kölner Kirchen. Das in Bronze gegossene Altarrelief zeigt neben den Heiligen Drei Königen, deren Reliquien im Kölner Dom verehrt werden, die Stadtpatrone Gereon und Ursula; in der lateinischen Inschrift hinter dem Relief rühmt sich die Stadt: „Das heilige Köln, durch Gottes Gnade treue Tochter der römischen Kirche".

Es folgt die *Kapelle der Bayerischen Diözesen* mit deren Patronen: im Zentrum die *Patrona Bavariae* (Maria, die Patronin Bayerns); links die Bischöfe Wolfgang von Regensburg, Ulrich von Augsburg, Valentin von Passau und Korbinian von München und Freising;

rechts Willibald von Eichstätt (724–727 als Pilger im Heiligen Land), Kilian von Würzburg und Kaiser Heinrich von Bamberg.

Die dritte Kapelle rechts ist eine *Benediktskapelle,* ebenfalls ein Werk von Br. Radbod Commandeur. Die Statue des hl. Benedikts hält ein aufgeschlagenes Buch mit einem Zitat der benediktinischen Ordensregel: „Siehe das Gesetz, unter dem du dienen willst." Um das Kreuz im Apsisgewölbe herum stellen 14 Reliefszenen Begebenheiten und Wunder aus dem Leben Benedikts dar. Den Saum des Gewölbes bilden Benediktinerheilige.

Auf der linken Seite: Die hintere Kapelle ehrt den *hl. Bonifatius,* den „Apostel der Deutschen", die hl. Lioba und den hl. Mauritius.

Die zweite Kapelle ist *Johannes dem Täufer* geweiht. In der Apsiswölbung ist der Täufer mit einem Spruchband dargestellt: „Seht, das Lamm Gottes" (Joh 1,29), darüber ist auf Lateinisch zu lesen: „Stimme eines Rufers in der Wüste: Bereitet dem Herrn den Weg!" (Mk 1,3, ein Zitat aus Jes 40,3). Der Rand der Wölbung ist mit den acht Seligpreisungen der Bergpredigt geschmückt.

Die vordere Kapelle ehrt den hl. Josef. Da die davidische Abstammung Jesu in den Evangelien über den hl. Josef nachgewiesen wird (Mt 1,1-17, Lk 3,23-38), ist hier der Stammbaum Jesu dargestellt unter dem Titel: *Spross aus der Wurzel Jesse.* Das dreiteilige Altarrelief zeigt die Geburt Jesu, die Flucht nach Ägypten und den Tod des hl. Josef.

Die Krypta: Zentrales Thema der Krypta ist der Heimgang Mariens. In der Mitte des Raumes findet sich in liegender Haltung die Statue der entschlafenen Gottesmutter (von Br. Radbod). Die Kuppel darüber zeigt im Mosaik den Herrn, der seine Mutter mit den Worten des Hohenlieds heimruft: „Steh auf, meine Freundin, meine Schöne, so komm doch!" (Hld 2,13). Sechs Medaillons ringsum stellen Frauen aus dem Alten Testament als Vorausbilder Mariens dar: Eva, Mirjam, Jaël, Rut, Judit und Ester.

Der vordere Teil der Krypta, der in Richtung Abendmahlssaal weist, ist die Kapelle des Hl. Geistes und zugleich des Heiligsten Sakramentes, ein Raum des stillen Gebetes und der Anbetung. Das Apsisgemälde zeigt Maria betend inmitten der Apostel bei der Herabkunft des Hl. Geistes am Pfingstfest: „Da kam plötzlich vom Himmel her ein Brausen, wie wenn ein heftiger Sturm daherfährt, und erfüllte das ganze Haus" (Apg 2,2).

Die Kapellen ringsum sind Stiftungen verschiedener Nationen und sind alle der Gottesmutter gewidmet. Bei jedem Altar wird die Gemeinschaft Mariens mit den Aposteln bei der Herabkunft des Hl. Geistes aufgegriffen.

Die vorderste Kapelle in der Runde rechts ist die der Ungarn, in der die Gottesmutter von den heiligen Königen Emmerich, Stephan und

Ladislaus (ungarisch: László) sowie der heiligen Landgräfin Elisabeth von Thüringen umgeben ist, die eine gebürtige Ungarin war. Am Altar sind die Apostel Simon und Judas Thaddäus dargestellt, flankiert vom Erstlingsmärtyrer Stephanus und dem Emmausjünger Kl(e)opas.

Am zweiten Altar huldigt Österreich der in den Himmel aufgenommenen Maria. Neben dem Kreuz stehen Simon, der zweite Bischof von Jerusalem, die Apostel Philippus und Jakobus und der von den Toten erweckte Lazarus von Betanien. Darüber sind neben der Muttergottes von Mariazell die heiligen Petrus Canisius und Markgraf Leopold von Österreich (oben), Notburga (von Maurach in Tirol) und Ehrentrudis (vom Nonnberg bei Salzburg), Erzbischof Rupert von Salzburg und der Redemptorist Clemens Maria Hofbauer zu sehen.

Die dritte Kapelle ist eine Stiftung der Elfenbeinküste. Das Altarrelief stellt links die Berufung des Natanael aus Kana in Galiläa dar, in der Mitte die Hochzeit von Kana, rechts den brennenden Dornbusch, der schon von den Kirchenvätern als Symbol der jungfräulichen Gottesmutter verstanden wurde. Die schlichten Elfenbeinschnitzereien auf Ebenholz zeigen in der Mitte Maria und Johannes unter dem Kreuz und darüber ihre Aufnahme in den Himmel, daneben links die Geburt Jesu und rechts die Herabkunft des Hl. Geistes. Die Medaillons ganz außen haben die Vertreibung aus dem Paradies (Gen 3,24) und Maria als die Frau, welche der Schlange den Kopf zertritt (vgl. Gen 3,15), zum Thema.

Der anschließende Mittelaltar zu Füßen der liegenden Gottesmutter stellt auf einer modernen griechischen Ikone die Entschlafung Mariens (griech. *Koímesis*) gemäß orientalischer Ikonographie dar. Den Vordergrund bilden die Apostel und Verwandte des Herrn am Totenbett der Muttergottes. Darüber hält Jesus im Lichtglanz des Himmels den zur Bestattung eingebundenen Leib seiner Mutter auf dem Arm, Symbol der Aufnahme Mariens in den Himmel.

Der hintere Altar auf der linken Seite (USA) wird von einem Stück Säule der Hagia Sion getragen. Auf dem Relief ist der Abstieg Christi, des Siegers, in das Reich des Todes dargestellt, ein in den orientalischen Kirchen sehr beliebtes Motiv. Links sieht man die Wahl des Matthias zum Apostel anstelle des Judas Iskariot, rechts die beiden Zebedäussöhne Jakobus (der Ältere) und Johannes, in der Wölbung *Mariä Heimsuchung,* den Besuch Mariens bei ihrer Verwandten Elisabet.

Die mittlere Kapelle (Brasilien) ehrt die Apostel Thomas und Andreas. Zwischen der Berufung des Andreas und dem Apostel Thomas, der die Wunden des Auferstandenen berührt, zeigt das Relief die Kreuzigung Christi, das Gemälde der Wölbung die Verkündigung an Maria.

Die vordere, linke Kapelle ist die der Polen. In der Mitte hängt eine
Nachbildung der Schwarzen Madonna von Tschenstochau. Rechts
davon sind der hl. Adalbert, der Apostel der Slawen, und die hl. Jad-
wiga (Hedwig), Königin von Polen, dargestellt; links Bischof
Stanislaus von Krakau und der hl. Albert Chmielowski (1845–
1916), der sich besonders der Armen annahm, die Ordensgemeinschaft der „Diener der Armen im Dritten Orden des Heiligen Franziskus" gründete und von Papst Johannes Paul II. 1989 heiliggesprochen wurde. Auch dieser Altar wird von einem Stück Säule der byzantinischen Zionskirche getragen.

Im Eingangsbereich des Klosters, zwischen dem Laden und der Ca-
feteria, führt eine Treppe ins Untergeschoss. Dort sind Reste der
Fundamente sowohl der byzantinischen als auch der Kreuzfahrerkirche zu sehen, die 1898 beim Bau der Kirche freigelegt und untersucht wurden.

St. Peter beim Hahnenschrei (in Gallicantu)

Zu den menschlich bittersten Geschehnissen der Passion Jesu gehört
sicherlich, wie Simon Petrus, der ein Fels sein sollte, seinen Meister
verleugnete. Diese Geschichte von der Verleugnung des Petrus ist in
allen vier Evangelien mit einem nächtlichen Verhör im Haus des
Hohenpriesters Kajaphas verknüpft. Sie lautet beim Evangelisten
Matthäus:

> Nach der Verhaftung führte man Jesus zum Hohenpriester Ka-
> japhas, bei dem sich die Schriftgelehrten und die Ältesten ver-
> sammelt hatten. Petrus folgte Jesus von weitem bis zum Hof
> des hohepriesterlichen Palastes; er ging in den Hof hinein und
> setzte sich zu den Dienern, um zu sehen, wie alles ausgehen
> würde. Die Hohenpriester und der ganze Hohe Rat bemühten
> sich um falsche Zeugenaussagen gegen Jesus, um ihn zum
> Tod verurteilen zu können. Sie erreichten aber nichts, obwohl
> viele falsche Zeugen auftraten. Zuletzt kamen zwei Männer
> und behaupteten: Er hat gesagt: Ich kann den Tempel Gottes
> niederreißen und in drei Tagen wieder aufbauen.
> Da stand der Hohepriester auf und fragte Jesus: Willst du
> nichts sagen zu dem, was diese Leute gegen dich vorbringen?
> Jesus aber schwieg. Darauf sagte der Hohepriester zu ihm: Ich
> beschwöre dich bei dem lebendigen Gott, sag uns: Bist du der
> Messias, der Sohn Gottes? Jesus antwortete: Du hast es ge-
> sagt. Doch ich erkläre euch: Von nun an werdet ihr den Men-
> schensohn zur Rechten der Macht sitzen und auf den Wolken

des Himmels kommen sehen. Da zerriss der Hohepriester sein
Gewand und rief: Er hat Gott gelästert! Wozu brauchen wir
noch Zeugen? Jetzt habt ihr die Gotteslästerung selbst gehört.
Was ist eure Meinung? Sie antworteten: Er ist schuldig und
muss sterben. Dann spuckten sie ihm ins Gesicht und schlugen
ihn. Andere ohrfeigten ihn und riefen: Messias, du bist doch
ein Prophet! Sag uns: Wer hat dich geschlagen?
Petrus aber saß draußen im Hof. Da trat eine Magd zu ihm und
sagte: Auch du warst mit diesem Jesus aus Galiläa zusammen.
Doch er leugnete es vor allen Leuten und sagte: Ich weiß
nicht, wovon du redest. Und als er zum Tor hinausgehen wollte, sah ihn eine andere Magd und sagte zu denen, die dort
standen: Der war mit Jesus aus Nazaret zusammen. Wieder
leugnete er und schwor: Ich kenne den Menschen nicht. Kurz
darauf kamen die Leute, die dort standen, zu Petrus und sagten: Wirklich, auch du gehörst zu ihnen, deine Mundart verrät
dich. Da fing er an, sich zu verfluchen und schwor: Ich kenne
den Menschen nicht. Gleich darauf krähte ein Hahn und Petrus erinnerte sich an das, was Jesus gesagt hatte: Ehe der
Hahn kräht, wirst du mich dreimal verleugnen. Und er ging hinaus und weinte bitterlich (Mt 26,57-75).

Französische Assumptionisten unternahmen 1889 hier, am westlichen Hang des Stadttals, Ausgrabungen und kamen zu der Ansicht,
dort den Kajaphaspalastes gefunden zu haben. Sie fanden die Reste
einer byzantinischen Kirche (20 × 14 m), die über mehreren Höhlen
an den Hang gebaut war. Der Zugang war von Norden her, Räume
neben der Kirche lassen auf ein Kloster schließen. Eine Inschrift auf
deren Fußboden zitiert den Psalmvers: „Der HERR behüte dich, wenn
du fortgehst und wiederkommst" (Ps 121,8), während eine Stifterinschrift lautet: „Für das Heil Marias".
Nach dem Vorbild dieser Kirche erbauten die Assumptionisten
1924-31 eine neue Kirche, die sie mittelalterlichen Pilgerberichten
entsprechend *St. Petrus in Gallicantu* nannten, „St. Peter beim Hahnenschrei". Die Kirche wurde 1994-97 von Grund auf renoviert. Sie
hat die Form eines griechischen Kreuzes mit kleineren Nischen zwischen den Kreuzarmen. Kuppel und Wände sind mit Mosaiken bedeckt. Über dem Hauptaltar steht Jesus als Angeklagter vor dem
Hohen Rat, der Hohepriester zerreißt wegen der vermeintlichen
Gotteslästerung sein Gewand. Im rechten Kreuzesarm sieht man
oben das Letzte Abendmahl Jesu, darunter den Apostel und Evangelisten Johannes. Gegenüber links blickt Petrus seinen Herrn an, den
er eben verleugnet hat; darunter thront er als Papst, der krasseste
Gegensatz, den einzig das Erbarmen Jesu zu überwinden vermochte.
Der rückwärtige Kreuzesarm ist der mit-leidenden Muttergottes ge-

weiht, die die Leidenswerkzeuge ihres Sohnes in ihrem Schoß hält. Die vorderen Zwischenapsiden sind Heiligen gewidmet, die in die Spuren des reumütigen Petrus traten und im Heiligen Lande Buße taten: Links wird der „Gute Schächer" Dismas von den heiligen Wilhelm und Dositheus flankiert. Wilhelm verfolgte als Herzog die Kirche und starb nach neunjähriger Buße in Jerusalem in einem Kloster Unteritaliens. Dositheus war ein junger Mann im 6. Jh., der in Getsemani zum Glauben fand und in Gaza ein Mönchsleben führte. Darunter eine Ikone mit der sich selbst beantwortenden Frage des Petrus: „Herr, zu wem sollen wir gehen?" (Joh 6,68). Den drei Männern stehen in der rechten Zwischenapsis über dem Tabernakel drei Frauen gegenüber, die sich durch Reue und Buße auszeichneten: in der Mitte die aus den Evangelien bekannte Maria von Magdala (vgl. freilich S. 170); links Pelagia, Schauspielerin und Kurtisane in Antiochien, die im Jahr 460 n. Chr. nach vierjähriger Buße auf dem Ölberg starb (siehe S. 491); rechts Maria von Ägypten, die nach einem lasterhaften Leben ihr Bekehrungserlebnis vor der Kirche des Heiligen Grabes in Jerusalem hatte und 47 Jahre in der arabischen Wüste Buße tat. Der Kirchenraum wird an der durchbrochenen Decke von einem Kreuz aus Glas überwölbt mit der Inschrift: „Dieses Zeichen des Kreuzes wird am Himmel erscheinen, wenn der Herr zum Gericht kommt" (vgl. Mt 24,30). Darunter sind die zwölf Apostel zu sehen mit der Verheißung: „Ihr werdet auf zwölf Thronen sitzen und die zwölf Stämme Israels richten" (Mt 19,28). Die Glasfenster des Daches wurden von der Kölner Dombauhütte ausgeführt.

In der *Unterkirche* ist der Fels sichtbar, auf dem das Gebäude steht, ein Hinweis auf die Berufung und den Namen *Petrus,* der Fels (Mt 16,18). Hinter dem Hauptaltar ist ein Bild des reuevollen Petrus: „Und er ging hinaus und weinte bitterlich" (Mt 26,75). Links ist er in seinem Versagen dargestellt: „Ich kenne den Menschen nicht" (Mt 26,74), rechts mit seinem Gebet des Vertrauens: „Herr, du weißt alles, du weißt auch, dass ich dich lieb habe" (Joh 21,17). Die erhöhte Sakramentskapelle lädt zum Gebet ein.

Noch ein Stockwerk tiefer befinden sich unterirdische Räume, wohl der Ort, der seit der byzantinischen Zeit als das Gefängnis Christi verehrt wurde. Schon dem Pilger von Bordeaux im Jahr 333 zeigte man das Haus des Kajaphas auf dem Weg vom Tempelplatz zum Zion, den Siloachteich zur Linken lassend. Der Pilger Theodosius schreibt vor 530: „Vom heiligen Zion bis zum Haus des Kajaphas, das jetzt eine Kirche des hl. Petrus ist, sind es etwa 50 Schritte". In der Kreuzfahrerzeit oder kurz davor wanderte die Tradition des Kajaphashauses nach oben, näher zur Zionskirche hin (s. o., armenisches Haus des Kajaphas), oder genauer gesagt: Die Tradition spaltete sich auf. Man suchte jetzt das Haus des Kajaphas, den Ort des Verhörs Jesu und des Verrats Petri, weiter oben, während man die unterirdischen Räume als den Ort ansah, an den sich Petrus nach dem Verrat und dem Hahnenschrei (*Gallicantu*) zurückgezogen hatte: „Und er ging hinaus und weinte bitterlich" (Mt 26,75). Allerdings hat man hier von der Kirche, die zur Kreuzfahrerzeit und noch im 14. Jh. über dieser (?) Grotte bezeugt ist, keine Spuren gefunden. Die umfänglichen Räume und Mosaike lassen auf begüterte Eigentümer von einst schließen. Man betritt zunächst Räume – die Betondecke ist modern, diese Räume sind nicht unterirdisch! – mit Pfeilern, die wohl dazu dienten, Tiere anzubinden. Schon in byzantinischer Zeit stellte man sich vor, Jesus sei an eine dieser Säulen angebunden und ausgepeitscht worden. Von einer Geißelung hier ist aber in den Evangelien nicht die Rede, und sie ist im Haus des Hohenpriesters auch kaum denkbar. Nur wenig wahrscheinlicher ist eine Gefangenschaft Jesu im tiefsten der Räume. Er weist zwar klare Spuren antiker Verehrung auf, wie an die Wand gemalte farbige Kreuze (heute völlig verblasst) aus (vor?-)byzantinischer Zeit. Der Raum scheint aber ursprünglich eine rituelles jüdisches Bad (eine Mikwe) gewesen zu sein; später wurde er ausgetieft und als Zisterne genutzt. Freilich hat dieser Raum die fromme Phantasie schon in der Antike beflügelt, vielleicht auf dem Hintergrund der Gefangenschaft des Propheten Jeremia in einer Zisterne (Jer 38,1-13).

Trotz der Verehrung des Ortes, die mindestens ins 4. Jh. zurückreicht, bleibt festzustellen: Wir wissen nicht, wo Jesus in der Nacht vor seinem Tod gefangen gehalten wurde. Ja, wir wissen nicht einmal, *ob* er in dieser Nacht überhaupt gefangen war, ob für eine Gefangenschaft Zeit war. Betrachtet man die Chronologie der Ereignisse nach dem Markusevangelium (14,26-72), stellt sich diese Nacht wie folgt dar: Das Letzte Abendmahl, das Paschamahl, dauert bis weit in die Nacht. Danach geht Jesus mit den Jüngern nach Getsemani und zieht sich zum Gebet zurück, das lange genug ist, dass die Jünger zweimal einschlafen. Nach der Gefangennahme in Getsemani wird Jesus zum Haus des Hohenpriesters geführt und verhört. Der Hahnenschrei kündigt den Morgen an. Schließlich,

> gleich in der Frühe, fassten die Hohenpriester, die Ältesten und die Schriftgelehrten, also der ganze Hohe Rat, über Jesus einen Beschluss: Sie ließen ihn fesseln und abführen und lieferten ihn Pilatus aus (Mk 15,1).

Viel Zeit blieb nicht, Jesus gefangen zu halten!

Neben der Kirche befinden sich weitere freigelegte Ruinen. Aufgrund der Hanglage ist von der früheren Bebauung kaum etwas erhalten. Was man sieht, sind hauptsächlich Höhlen, Zisternen und Keller. Inmitten dieser Ruinen hat man einen alten *Stufenweg* freigelegt, der vom Zionsberg in die Nähe des Schiloachteiches hinabführte. Man kann annehmen, Jesus habe mit seinen Jüngern in der Ölbergnacht seinen Weg nach Getsemani über diese Treppen gemacht und sei auf denselben Stufen gefesselt zum Haus des Kajaphas wieder hinaufgeführt worden (Mk 14,26.53). Auch hierüber ist freilich keine Sicherheit zu gewinnen.

Auf dem Weg neben der Kirche zurück nach oben stellt eine markante Bronzeplastik mit Petrus, Soldat, Magd und Hahn auf einer Steinsäule den Bezug auf die Reue des Petrus her. Zwei Tonreliefs zeigen den Weg Jesu und seiner Jünger nach unten in Richtung Ölberg und denselben Weg des gefangenen Jesus wieder hinauf.

Von einer Aussichtsplattform (gleich nach dem Kassenhäuschen) genießt man einen schönen Blick auf das südliche Umfeld des älteren Jerusalem: links unten die einstmalige *Davidstadt,* direkt gegenüber das arabische Dorf *Silwan* am *Berg des Ärgernisses,* im Süden das untere *Hinnomtal* und darüber der *Berg des Bösen Rates,* jetzt Sitz der Waffenstillstandskommission der Vereinten Nationen.

Oberhalb der Kirche, unter einem ziegelgedeckten Schutzdach, wurde ein Modell Jerusalems zur byzantinischen Zeit angebracht, also mehrere Jahrhunderte später als das bekannte Jerusalemmodell im Israel-Museum. Man erkennt gut die zahlreichen Kirchengebäude, die die Stadt damals zierten: Alles überragend im Zentrum die Grabes- und Auferstehungskirche mit dem Rundbau über dem Ort der Auferstehung, dem daran anschließenden Hof mit Golgota und der enormen Basilika, die die Fährnisse der Zeit nicht überdauert hat. Fast genauso groß ist die *Nea,* die „Neue Marienkirche", deren Reste im heutigen jüdischen Viertel ausgegraben wurden. Auf dem Zion sieht man die byzantinische Zionskirche und die Kirche über dem Palast des Hohenpriesters (also an der Stelle der heutigen Hahnenschreikirche), weiter unten die Kirche über dem Schiloachteich. Der Tempelplatz ist leer. Nördlich davon sieht man die Ruinen der Antoniafestung, den Triumphbogen Kaiser Hadrians (heute: Ecce-Homo-Bogen) und die Kirche über dem Betesdateich.

Oberhalb der Hahnenschreikirche (zurück auf der Straße), nimmt man die Straße nach links und kommt alsbald zum lateinischen Friedhof (links der Straße). Die prominenteste Person, die hier begraben wurde, ist *Oskar Schindler* (1908 – 1974), der während der Naziherrschaft etwa 1200 Juden vor dem Tod gerettet hat – der Film „Schindlers Liste" von Steven Spielberg (1993) machte ihn einer breiten Öffentlichkeit bekannt. Auf seinen Wunsch hin wurde er nach seinem Tod nach Jerusalem überführt und fand hier auf dem katholischen Friedhof seine letzte Ruhe.

Westlich und südlich von diesem Friedhof brachten israelische Ausgrabungen 2007/08 und 2013 Teile der byzantinischen Stadtmauer zum Vorschein.

29. DER ÖLBERG UND DAS OBERE KIDRONTAL

Der Ölberg, „der im Osten gegenüber von Jerusalem liegt" (Sach 14,4), „der nur einen Sabbatweg (knapp 900 m) von Jerusalem entfernt ist" (Apg 1,12), hat eigentlich drei Gipfel, die heute alle drei mit Türmen markiert sind. Dagegen meint die christliche Erinnerung mit *Ölberg* meist die südlichste der drei Erhebungen. Der Ölberg ist reich an neutestamentlichen Traditionen. In byzantinischer Zeit beherbergte der Berg, wo Jerusalem in die Judäische Wüste übergeht, eine Vielzahl von Kirchen, Mönchs- und Nonnenklöstern; der Pilgerbericht von Theodosius (520 n.Chr.) zählt 24 Kirchen auf! Die heutige Situation ist ähnlich, abgesehen davon, dass sich Jerusalem und die östlichen Vororte weit in die Wüste hinein ausgedehnt haben. Eine Reihe von Kirchen erinnern an Orte aus dem Leben Jesu, besonders seiner letzten Tage und der Zeit nach der Auferstehung. Dazu kommt eine Anzahl von Klöstern, teils kontemplativ, teils aktiv, die auf dem Ölberg entstanden sind. Nur noch an wenigen Stellen – meist hinter Klostermauern – sieht man Ölbäume, die dem Berg den Namen gegeben haben. Man mag das bedauern, aber das schnelle Wachstum Jerusalems macht vor einem heiligen Berg nicht halt!

Die drei Ölberggipfel

Der *nördliche* Gipfel trägt den griechisch-lateinischen Namen *Mons Skopus,* „Späher-Berg". Von hier aus organisierte der römische Feldherr Titus 70 n.Chr. die Belagerung Jerusalems. Auf dieser Anhöhe des Ölbergs befand sich die erste Hadassaklinik von Jerusalem und die Hebräische Universität. Sie waren allerdings von 1948 bis 1967 in einer von den Vereinten Nationen geschützten Enklave vom israelischen Teil Stadt völlig abgeschnitten, so dass Israel im Westen ein neues Klinikum (bei Ain Karim) und einen neuen Universitätscampus (in Givat Ram, in der Nähe des Regierungsviertels) baute. Nach 1967 konnte die Klinik als Bezirkskrankenhaus wiedereröffnet werden. Auch die Universität wurde wieder in Betrieb genommen. Während die Naturwissenschaften in Givat Ram blieben, sind die Geisteswissenschaften wieder auf den Skopusberg umgezogen. Durch die Neubauten vieler Institute der Hebräischen Universität, darunter der weithin sichtbare Wasserturm, hat der Skopusberg ein völlig neues Aussehen bekommen.

Von hier aus sahen viele Pilger zum ersten Mal die Heilige Stadt. So berichtet der hl. Ignatius von Loyola, der spätere Gründer des Jesuitenordens, von seiner Ankunft (1523):

> Kurz bevor sie (die Pilgergruppe) zu dem Punkt kamen, von wo die Stadt zu sehen ist, saßen sie ab, da sie eine Gruppe von Mönchen mit einem Kreuz sahen, die sie erwarteten. Beim Anblick der Stadt empfand der Pilger (Ignatius) eine große Tröstung. Und das war nach Aussage der anderen Pilger bei allen der Fall. Dazu kam eine innere Freude, die ihm nicht mehr rein natürlich erschien. Die gleiche Ergriffenheit verspürte er, sooft er die heiligen Stätten besuchte.

Auf der *mittleren* Erhebung des Ölbergs befindet sich die *Auguste-Viktoria-Stiftung* (arab. *al-Maqassed*) der evangelischen Kirche Deutschlands. Sie geht zurück auf den Besuch des deutschen Kaiserpaares in Jerusalem im Jahr 1898. Kaiserin Auguste Viktoria stiftete damals dieses Haus den deutschen Protestanten, 1910 konnte die dazugehörige Himmelfahrtskirche ihrer Bestimmung übergeben werden. Schon im Ersten Weltkrieg war das Pilgerhospiz Lazarett. Im Zweiten Weltkrieg von den Briten als Feindvermögen beschlagnahmt, wurde es wiederum Lazarett und behielt diese Funktion bei, als 1948 die Vereinten Nationen ein Hospital für arabische Flüchtlinge brauchten. Besitzer wurde nun der 1947 gegründete Lutherische Weltbund.

Die Kirche zeichnet sich durch handwerklich exakt ausgeführte Architektur aus – wilhelminisch-deutscher Einfluss ist unverkennbar! Man beachte beispielsweise die Kapitelle, die alle unterschiedlich sind, aber trotzdem einheitlich wirken. Die Mosaike stammen von der Berliner Firma Puhl & Wagner. Sie zeichnen sich aus durch eine klare Differenzierung von Vordergrund und Hintergrund und die Gesichter mit individuellem Charakter. Während die Deckenmosaike Kaiser Wilhelms Ritterideale betonen, ist in der Apsis die Himmelfahrt Christi dargestellt. Die Orgel stammt von der Firma Sauer, dem „kgl. preußischen Hoforgelbaumeister" aus Frankfurt/Oder. Sie wurde im Jahr 1910 gebaut und ist komplett erhalten und funktionstüchtig. Der 45 m hohe Turm war ursprünglich noch einige Meter höher. Nach Beschädigungen durch das Erdbeben von 1927 wurde die Turmspitze flacher wiederaufgebaut. Von hier aus genießt man einen umfassenden Rundblick über Jerusalem und in den Jordangraben bis nach Jordanien.

An die Rückwand der Kirche schließt sich der Kaisersaal/Festsaal an, geplant als Zentrum einer Wohnung für den Kaiser. Von der Innenausstattung ist fast nichts erhalten (nur der mittlere der drei Deckenleuchter), dagegen ist die Decke im Originalzustand. Ihre Holzbalken sind nur Dekoration, in Wirklichkeit hängt sie an Eisenbahnschienen, die aufgrund des abflauenden Eisenbahnbooms im Überfluss zur Verfügung standen. Die Wände wurden mehrfach umgestaltet, der heutige Zustand gibt ungefähr die ursprüngliche Planung wieder, die aber damals nicht ausgeführt wurde. 1922 wurde in diesem Festsaal der Mandatsvertrag unterzeichnet.

Zwischen Hebräischer Universität und Auguste-Viktoria, zur Stadt hin gewendet, liegt das moderne Gebäude der Brigham Young University der *Mormonen*. Darin befindet sich ein Konzertsaal, der sich akustisch durch eine große moderne Orgel (vom dänischen Orgelbauer Marcussen), optisch durch einen atemberaubenden Blick auf die Jerusalemer Altstadt auszeichnet.

Unterhalb der Auguste-Viktoria und der Mormonenuniversität liegt das *Zurim*-Tal, Teil eines grünen Ringes um die Altstadt, der allmählich entstehen soll (siehe S. 516). Bis 2004 wurde hierher der Bauschutt vom Tempelberg gebracht, der in den Folgejahren systematisch untersucht wurde. Von hier stammte angeblich auch die sogenannte Joaschstele. Diese soll der untere Teil einer hebräischen Inschrift sein, von der 15 Zeilen erhalten sind; ihr Text ist ähnlich dem biblischen Text von 2 Kön 12,7-17. Zunächst hat ein Expertenteam sie als Fälschung eingestuft, 2012 jedoch entschied ein israelisches Gericht (!), dass weder die Fälschung noch die Echtheit der Stele zu beweisen sei.

Südlich der Auguste-Viktoria kommt man zu einer Kreuzung. Nach links (Osten) führt die frühere Hauptstraße über den Ölberg Richtung Jericho. Durch den Bau der Mauer mit wenigen Durchlässen ist ihre Benutzung umständlich geworden. Nach rechts kommt man durch das obere Kidrontal, das hier arabisch *Wadi al-Dschoz* heißt, „Nuss-(Baum-)Tal", zur Altstadt. Auf dieser Straße kommt man zur Rechten an der *vatikanischen Delegation* vorbei, dem Konsulat des Hl. Stuhls in Ost-Jerusalem (die Botschaft des Hl. Stuhles beim Staat Israel befindet sich in Jaffa). Weiter auf der Kammstraße des Ölbergs kommt man in das Dorf *at-Tur*. Das Wort *Tur* bedeutet im Syrischen (Syrisch ist ein aramäischer Dialekt, nicht zu verwechseln mit dem arabischen Dialekt, der heute in Syrien gesprochen wird) nichts anderes als „Berg". Als nach der arabischen Eroberung das Syrische in Vergessenheit geriet, verstand man das Wort als Eigennamen, versah ihn mit dem arabischen Artikel und bezeichnete den Berg also einfach als *at-Tur,* „der Berg". Vom Berg ist der Name auf das Dorf übergegangen, das seit dem 16. Jh. hier entstanden ist. Heute ist es, wenigstens offiziell, ein Stadtteil Jerusalems (18 000 Einwohner, großteils muslimische Araber).

Rechts (westlich) der Hauptstraße von *at-Tur* trägt ein Grundstück seit dem 16. Jh. den lateinischen Namen *Viri Galilaei* („Galiläische Männer", nach den Engelsworten im Himmelfahrtsbericht, Apg 1,11). 1881 wurde hier die Residenz des griechisch-orthodoxen Patriarchen von Jerusalem gebaut. Hier fand die Begegnung zwischen dem ökumenischen Patriarchen Athenagoras von Konstantinopel und Papst Paul VI. statt, als beide im Januar 1964 das Heilige Land besuchten. Anlässlich des 50-jährigen Jubiläums dieser historischen Begegnung kam es zu einer Neuauflage, als sich im Mai 2014 der ökumenische Patriarch Bartholomeos hier mit Papst Franziskus traf. Am höchsten Punkt des Grundstücks steht die Kirche mit einer Krypta; sie stammt aus der Mitte des vorigen Jahrhunderts. Links (südlich) der Kirche erinnern zwei Säulen in der „Säulenkapelle" an die „zwei Männer in weißen Gewändern", die die Apostel mit dem erwähnten *Viri Galilaei* angesprochen haben. Links an der Säulenkapelle vorbei kommt man zu einer Kapelle in der Südwestecke des Grundstücks, wo nach einer lokalen Tradition der Erzengel Gabriel der Muttergottes ihr Hinscheiden angekündigt habe. Man fand dort Säulen- und Mosaikreste sowie antike christliche Gräber.

Der *südliche* Ölberggipfel: Der beherrschende 60 m hohe Turm gehört zu einem russischen Nonnenkloster, das die Zaren nach 1880 in einem Pinienwäldchen errichten ließen. Die Kirche wurde durch das Erdbeben 1927 und den Krieg 1967 in Mitleidenschaft gezogen, erst 2009 wurde die Restaurierung der Kirche, 2014 die des Turmes abgeschlossen.

Das Innere der Kirche ist durch eine reich vergoldete Ikonostase geschmückt. Sie stammt ursprünglich aus dem 17. Jh. aus Russland, wurde aber durch verschiedene Restaurierungen stark verändert. Die Deckengemälde stellen Szenen dar, die auf dem Ölberg angesiedelt sind: in der Kuppel Christi Himmelfahrt, in der vorderen Nische die Ölbergsszene, links Jesu Einzug am Palmsonntag von Betfage am Ölberg aus, hinten die Auferweckung des Lazarus in Betanien, rechts Jesu Endzeitrede. Der Fußboden stammt zum Teil aus der byzantinischen Kirche. Fromme Überlieferung findet darauf noch Blutflecken aus der Zeit der persischen Verfolgung. An der südlichen Außenwand der Kirche wird ein Stein mit einem Fußabdruck Mariens, als sie der Himmelfahrt Jesu zugesehen habe, verehrt.

Hinter der Kirche steht eine Kapelle an dem Ort, wo nach der Tradition das Haupt Johannes' des Täufers gefunden wurde; die Stelle ist durch eine Vertiefung im Mosaikfußboden kenntlich gemacht. Noch weiter hinten, in einem gewöhnlich nicht zugänglichen Gebäude, befindet sich ein 1890 entdecktes byzantinisches Mosaik mit schönen Tierdarstellungen und der armenischen Inschrift „Grabstätte der seligen Susanna, Mutter des Artavan".

Das Heiligtum der Himmelfahrt Christi

Der Evangelist Lukas macht die Erzählung von der Himmelfahrt
Christi zum Ausgangspunkt seiner Apostelgeschichte; sie bildet den
Abschluss der österlichen Erscheinungen Jesu:

> Beim gemeinsamen Mahl gebot er ihnen: Geht nicht weg von
> Jerusalem, sondern wartet auf die Verheißung des Vaters, die
> ihr von mir vernommen habt. Johannes hat mit Wasser ge-
> tauft, ihr aber werdet schon in wenigen Tagen mit dem Heili-
> gen Geist getauft. Als sie nun beisammen waren, fragten sie
> ihn: Herr, stellst du in dieser Zeit das Reich für Israel wieder
> her? Er sagte zu ihnen: Euch steht es nicht zu, Zeiten und Fris-
> ten zu erfahren, die der Vater in seiner Macht festgesetzt hat.
> Aber ihr werdet die Kraft des Heiligen Geistes empfangen, der
> auf euch herabkommen wird; und ihr werdet meine Zeugen
> sein in Jerusalem und in ganz Judäa und Samarien und bis an
> die Grenzen der Erde. Als er das gesagt hatte, wurde er vor ih-
> ren Augen emporgehoben und eine Wolke nahm ihn auf und
> entzog ihn ihren Blicken. Während sie unverwandt ihm nach
> zum Himmel emporschauten, standen plötzlich zwei Männer
> in weißen Gewändern bei ihnen und sagten: Ihr Männer von
> Galiläa, was steht ihr da und schaut zum Himmel empor? Die-
> ser Jesus, der von euch ging und in den Himmel aufgenom-
> men wurde, wird ebenso wiederkommen, wie ihr ihn habt zum
> Himmel hingehen sehen. Dann kehrten sie *vom Ölberg,* der
> nur einen Sabbatweg von Jerusalem entfernt ist, nach Jerusa-
> lem zurück (Apg 1,4-12).

Auf dem Gipfel des Ölbergs gab es schon in alttestamentlicher Zeit
ein Heiligtum:

> David stieg … den Ölberg hinauf. Als David auf den Gipfel
> des Berges kam, auf dem man sich vor Gott (andere Überset-
> zungsmöglichkeit: vor Göttern) niederwirft (2 Sam 15,30.32).

Hierbei handelte es sich um ein Höhenheiligtum, eine der Kulthöhen, die im Gegensatz zum Monotheismus und zum einzigen Heiligtum des HERRN, dem Tempel, standen und deshalb immer wieder
von den Propheten scharf kritisiert wurden.

In die Heilsgeschichte tritt der Ölberggipfel jedoch erst mit Christi
Himmelfahrt ein. Auf Lateinisch trägt das Heiligtum den schwer
erklärbaren Namen *Imbomon;* am wahrscheinlichsten ist eine Ableitung aus dem griechischen *en Bomo,* „auf dem Hügel", was der
Ortslage einigermaßen gerecht wird.

Die vornehme Römerin Poimenia erbaute um das Jahr 378 auf diesem südlichen Ölberggipfel (808 m ü.d.M.) die erste Kirche. Nach

dem Apsismosaik der Kirche Santa Pudenziana in Rom, das bald
nach dem Bau des Jerusalemer Heiligtums entstand (um 390), war
dieses ein Bau, der in der Mitte zum Himmel hin offen war. Man
wollte damit den Worten des Engels ganz buchstäblich gerecht werden: „Ihr Männer von Galiläa, was steht ihr da und schaut zum Himmel empor?" (Apg 1,11).

Als die Kreuzfahrer die zerstörte Kirche wieder aufbauten, hielten
sie sich grundsätzlich an dieses Vorbild. In die Mitte eines Achtecks
stellten sie die kleine Mittelkapelle, die bis heute am Ort zu sehen
ist; auch bei ihnen war die darüber liegende Kuppel der Kirche in
der Mitte offen. Nach dem Sieg Saladins 1187 nahmen die Muslime
das Heiligtum für sich in Beschlag und schlossen das Kreuzfahrer-
kapellchen in ihrer Weise mit einer Kuppel ab, während sich nebenan, im früheren Augustinerkloster, Derwische niederließen.

In der Kapelle ist am Boden ein kleines Viereck abgegrenzt, in dem
man mit etwas Phantasie die *Fußabdrücke Jesu* sehen kann. Es sieht
so aus, als ob man einen allzu materiellen Bezug hergestellt hätte zu
dem in den Himmel erhobenen auferstandenen Herrn, ähnlich dem
Hufabdruck des Pferdes Mohammeds im Felsendom bei seinem Ritt
in den Himmel. Aber die Verehrung geht viel weiter zurück: Bereits
in einem Brief des Paulinus von Nola vom Jahr 403 findet sich der
Eindruck der Füße Christi erwähnt, allerdings nicht in Marmor, sondern in Rasen und Sand; nach Paulinus ist das „der einzige grüne Fleck in der ganzen Basilika", was ihn einen Psalmvers zitieren
lässt, der in der abweichenden lateinischen Übersetzung lautet: *Ad-*
oravimus ubi steterunt pedes eius, „Wir beten an, wo seine Füße gestanden haben!" (Ps 132,7). Bereits beim Bau der Kirche muss wohl
Poimenia einen klar bestimmten Ort vor Augen gehabt haben, der
nicht überbaut wurde, so dass dem offenen Himmel ein Stückchen
Erde entsprach. Wahrscheinlich hatte man ein Prophetenwort auf
Jesus und seine Himmelfahrt bezogen, heißt es doch bei Sacharja
am Tag des endzeitlichen Kampfes: „Seine Füße werden an jenem
Tag auf dem Ölberg stehen, der im Osten gegenüber von Jerusalem
liegt" (Sach 14,4; vgl. auch Ez 11,23).

Der hl. Ignatius von Loyola, dem romantische Frömmelei fernliegt,
war von diesem Fußabdruck mehr ergriffen als von jeder anderen
heiligen Stätte. Dreimal besuchte er diesen Ort, das dritte Mal ganz
allein, weil er sich die Lage der Füße, der letzten Spuren Jesu auf
Erden, genau einprägen wollte. Den Zugang zur Moschee „erkaufte"
er sich von den Wächtern mit einem Taschenmesser und einer Sche-
re. Dies trug ihm den Zorn der Franziskaner ein, denn diese waren
für die Sicherheit der europäischen Pilger verantwortlich, und die
konnte für solche Alleingänge nicht gewährleistet werden. Bis ins
vergangene Jahrhundert zeigte man in St. Salvator, nicht ohne eine
gewisse Schadenfreude, die Zelle, in welcher der Jesuitengründer

daraufhin von den Franziskanern eingesperrt worden sei. Historisch ist das freilich nicht, da die Franziskaner erst vier Jahrzehnte später das Salvatorkloster erwarben. Dagegen ist von Ignatius selbst verbürgt, dass ihn daraufhin der Guardian der Franziskaner zur überstürzten Abreise drängte.

Für das Fest Christi Himmelfahrt konnten sich die christlichen Kirchen das Recht sichern, hier auf dem Ölberg ihre Gottesdienste zu feiern, je nach den Osterterminen eventuell gemeinsam nach dem Status quo. Die Mönchsgemeinden begehen in Zelten – die Ringe in den Wänden dienen zur Befestigung der Zeltbahnen – mit feierlichem Stundengebet, Prozession und Hochamt den Festtag (siehe Abbildung, Tafel XXVb).

Bei archäologischen Untersuchungen anfangs der 60er-Jahre stellte der Franziskaner Virgilio Corbo vor allem auf der Westseite im Boden Strukturen fest, die zu dem Männerkloster gehören könnten, das Melania die Jüngere 438 n. Chr. der Poimeniakirche beigefügt hatte. Der natürliche Boden war längst nicht so eben, wie es heute aussieht, sondern wurde teilweise erst in 8 m Tiefe erreicht. Von der heutigen Umfassungsmauer ist nur der Nord- und der Südabschnitt Teil der Kreuzfahrerkirche, alles Übrige gehört späteren Zeiten an.

Südwestlich vom Himmelfahrtsheiligtum liegt eine antike unterirdische Zelle – der Eingang befindet sich links (nördlich) vom Souvenirladen an der Ecke gegenüber dem Eingang zur Paternosterkirche, wo man auch den Schlüssel dazu erbitten kann. Der Ort wird von allen drei großen Religionen als Ort einer ungewöhnlichen Frauengestalt verehrt, allerdings jeweils einer anderen. Die älteste dieser Traditionen ist die christliche: die *Grotte der hl. Pelagia*. Eigentlich hieß sie Margarita und war im 5. Jh. in Antiochien eine gefeierte Tänzerin. Durch den hl. Nonnus, Bischof von Edessa, bekehrt, führte sie als Mönch und Eunuch (!) unter dem Namen *Pelagius* in dieser Zelle ein strenges Büßerleben. Nach ihrem Tod erkannte man seine/ihre wahre Identität und begrub sie hier. Die islamische Überlieferung (seit dem 14. Jh. belegt) verehrt hier das Grab von *Rabia al-Adawije,* einer muslimischen Mystikerin aus dem 7. Jh. Jüdische Tradition (ebenfalls seit dem 14. Jh. belegt) sieht schließlich hier das Grab der alttestamentlichen Prophetin *Hulda* aus der Zeit von König Joschija (640–609 v. Chr., 2 Kön 22,14-20).

Die Eleona (Paternosterkirche)

Vom Himmelfahrtsheiligtum nach Süden (nach unten) gehend, trifft man nach wenigen Schritten auf die Straße, die vom Kidrontal über den Ölberg nach Betfage führt, und stößt auf die *Paternosterkirche.*

Sie gehört zu einem französischen Karmelitinnenkloster und ist mit
der früheren *Eleonakirche* verbunden. Hier war 1868 von Fürstin
Aurélie Bossi de la Tour d'Auvergne auf den Ruinen eines mittelalterlichen Klosters ein Karmelitinnenkloster gegründet worden; die
Stifterin ist in einer Seitenkapelle der 1875 geweihten Kirche beigesetzt. 1910 wurden bei Ausgrabungen vor der Kirche die Überreste
einer Kirche der byzantinischen Zeit entdeckt. Sie war über einer
Grotte errichtet und konnte so als die von Kaiserin Helena auf dem
Ölberg erbaute *Eleonakirche* (griech. *Elaion* heißt „Olivenhain", also in etwa „Ölbergs-Kirche") identifiziert werden.

Diese Grotte war in frühchristlicher Zeit, vor Kaiser Konstantin und
seiner Mutter Helena, eine der bedeutendsten christlichen Erinnerungsstätten. Man erinnerte sich hier und erinnert sich bis heute an
die Lehrtätigkeit Jesu; freilich hat sich der Inhalt dessen, was Jesus
hier gelehrt habe, im Laufe der Zeit verschoben. Schon die Apostelgeschichte erwähnt eine letzte Weisung Jesu, unmittelbar vor seiner
Himmelfahrt (Apg 1,4-9; s.o., S.489). Bald weitete sich die Lehre
aus, die man Jesus hier in den Mund legte, vor allem auf Endzeit-
lehren, wie wir aus frühchristlichen und gnostischen Schriften wissen (Gnostiker – von griech. *Gnosis*, „Wissen" – waren Anhänger
von Geheimlehren, die christliche und andere Elemente vermisch-
ten). Die Grotte hat dabei durchaus auch symbolische Bedeutung:
Durch die Lehre Jesu kommt man aus dem Dunkel der Unwissenheit heraus. Der kaiserliche Hoftheologe Eusebius berichtet:

> Bei der *dort gezeigten Höhle* betete (der Herr) und führte auf
> dem Berggipfel seine Jünger ein in die Geheimnisse vom En-
> de (der Welt); von dort fuhr er auch zum Himmel auf, wie Lu-
> kas in seiner Apostelgeschichte lehrt.

Mit den „Geheimnissen vom Ende" ist die eschatologische Rede gemeint, die in den Evangelien auf Jesu Einzug in Jerusalem folgt, so
nach dem Markusevangelium:

> Als Jesus den Tempel verließ, sagte einer von seinen Jüngern
> zu ihm: Meister, sieh, was für Steine und was für Bauten! Je-
> sus sagte zu ihm: Siehst du diese großen Bauten? Kein Stein
> wird auf dem andern bleiben, alles wird niedergerissen.
> Und als er *auf dem Ölberg* saß, *dem Tempel gegenüber,* frag-
> ten ihn Petrus, Jakobus, Johannes und Andreas, die mit ihm al-
> lein waren: Sag uns, wann wird das geschehen und an wel-
> chem Zeichen wird man erkennen, dass das Ende von all dem
> bevorsteht?
> Jesus sagte zu ihnen: Gebt acht, dass euch niemand irreführt!
> Viele werden unter meinem Namen auftreten und sagen: Ich
> bin es! Und sie werden viele irreführen. Wenn ihr dann von
> Kriegen hört und Nachrichten über Kriege euch beunruhigen,

lasst euch nicht erschrecken! Das muss geschehen. Es ist aber noch nicht das Ende. Denn ein Volk wird sich gegen das andere erheben und ein Reich gegen das andere. Und an vielen Orten wird es Erdbeben und Hungersnöte geben. Doch das ist erst der Anfang der Wehen (Mk 13,1-8).

Helenas Eleonakirche hatte also eine doppelte Sinngebung: Jesu Lehre vom Ende und die Erinnerung an die Himmelfahrt Jesu – die Himmelfahrtskirche gab es noch nicht. Die Himmelfahrt leitet die Zeit der Kirche ein, weist aber zugleich auf Jesu Wiederkunft voraus (Apg 1,11). Bis nach der arabischen Eroberung war die Eleona eine der wichtigsten Kirchen Jerusalems und der Begräbnisplatz der Patriarchen, deren Gräber bis heute freilich nicht entdeckt wurden. Ab dem 9.Jh. verfiel die Kirche allmählich. Die Kreuzfahrer bauten hier wieder eine Kirche mit mehreren Kapellen. In den folgenden Jahrhunderten verfiel der Komplex völlig. Wir wissen nur sehr wenig darüber, wie er aussah; beim Bau des Karmelklosters (1873-75) wurden die Funde nur unzureichend dokumentiert und wieder zugedeckt.

Schon Eusebius erwähnte, der Herr habe bei dieser Höhle gebetet. Seit Beginn der Kreuzfahrerzeit sah man hier den Ort, an dem Jesus seinen Jünger das *Vaterunser* gelehrt habe. Dieses Gebet hat im Lukasevangelium nach dem Gleichnis vom barmherzigen Samariter (auf dem Weg von Jericho herauf) und nach Jesu Besuch bei den Schwestern Maria und Marta im nahen Betanien (Lk 10,29-42) seinen Platz gefunden, während die längere Form im Matthäusevangelium im großen Rahmen der Bergpredigt steht (Mt 6,9-13). Der Matthäustext hat in die christliche Frömmigkeit und Liturgie Eingang gefunden, der etwas kürzere Lukastext lautet:

> Jesus betete einmal an einem Ort; und als er das Gebet beendet hatte, sagte einer seiner Jünger zu ihm: Herr, lehre uns beten, wie schon Johannes seine Jünger beten gelehrt hat. Da sagte er zu ihnen: Wenn ihr betet, so sprecht: Vater, dein Name werde geheiligt. Dein Reich komme. Gib uns täglich das Brot, das wir brauchen. Und erlass uns unsere Sünden; denn auch wir erlassen jedem, was er uns schuldig ist. Und führe uns nicht in Versuchung (Lk 11,1-4).

Bei den Ausgrabungen 1910/11 wurden vor dem Paternosterkreuzgang (westlich davon) neben der besagten Höhle auch die darüber errichtete dreischiffige Kirche (29,5 × 18 m) entdeckt. Während des Ersten Weltkriegs wurde die Grotte von hier stationierten deutschen und türkischen Soldaten fast völlig zerstört. 1920 begann man, auf den byzantinischen Grundmauern eine neue Kirche zu errichten, die man dem Zeitgeschmack entsprechend als Herz-Jesu-Kirche weihen wollte. Der Bau kam aber nur stockend voran und wurde nach dem

Erdbeben 1927 aufgegeben. Auch der erneute Versuch in den 70er-und 80er-Jahren kam nicht viel weiter. Der große Innenhof vor dem Kreuzgang ist also eigentliche eine Bauruine. Die Grotte wurde in Teilen rekonstruiert, die moderne Betondecke lässt wenigstens den Eindruck entstehen, sich in einer Grotte zu befinden.

Man hat die mittelalterliche Tradition aufgegriffen und in der Kirche, im Kreuzgang und im Vorhof auf Kacheln den Text des Vaterunsers in verschiedenen Sprachen angebracht. Als Ausgangspunkt beachte man das hebräische und aramäische Vaterunser an der Wand links vom Eingang in den Hof. Beide sind Rückübersetzungen des griechischen Textes (nach Matthäus); der hebräische oder aramäische Text Jesu selbst ist uns leider nicht überliefert. Das Vaterunser ist inzwischen in über 170 Sprachen und Dialekten angebracht, die deutsche Version befindet sich im Südarm des Kreuzgangs und ein weiteres Mal in Blindenschrift rechts im Vorraum der Kirche. Aus dem deutschen Sprachraum finden sich folgende weitere Versionen: Helgoländer Friesisch (gegenüber vom südlichen Eingang der Grotte), Plattdeutsch (gegenüber von Helgoland), Obersorbisch („Serbsce"; zwischen den beiden letztgenannten), Elsässisch (an der südlichen Außenwand des Innenhofs, nach dem Durchgang rechts), Luxemburgisch (am Eingang der Kirche rechts oben), Ladinisch (am Eingang zum Souvenirladen im Ausgangsbereich) und Friesisch (am Ausgang links unten).

Südlich an den Innenhof schließt sich ein großes, mit Ölbäumen bepflanztes Grundstück an. Man hat von hier aus, zwischen den Bäumen hindurch, einen schönen Blick auf die Jerusalemer Altstadt; gerade zur Hochsaison ist dieser Olivenhain viel weniger von Pilgern und Touristen überlaufen als die anderen Aussichtspunkte.

Verlässt man das Grundstück der Vaterunserkirche und geht nach links, passiert man zur Rechten zunächst ein Benediktinerinnenkloster. Danach öffnet sich zur Rechten der Blick auf Jerusalem, für viele Pilger der erste Blick, den sie auf die Heilige Stadt werfen. Geradeaus kommt man zu einem Aussichtspunkt (gegenüber vom *Seven Arches Hotel,* das links der Straße liegt); schon zuvor biegt nach rechts der steile Weg ab, der durch das Kidrontal in die Stadt führt.

Die jüdischen Friedhöfe und das Tal Joschafat

Die Abhänge des Kidrontals zwischen Stadt und Ölberg sind mit jüdischen Gräbern übersät, wofür wohlhabende Juden aus aller Welt ein kleines Vermögen ausgeben. Abgesehen von der Faszination, welche Jerusalem für Juden im Allgemeinen ausübt, hat der Wunsch nach einem Grab am Ölberg mit der Überlieferung zu tun, das Weltgericht werde im Osten Jerusalems am Ölberg stattfinden, genauer genommen im *Tal Joschafat*. Diese Tradition hat ihren Grund in einer Weissagung des Propheten Joël:

> Die Völker sollen aufbrechen und heraufziehen *zum Tal Joschafat*. Denn dort will ich zu Gericht sitzen über alle Völker ringsum. Schwingt die Sichel; denn die Ernte ist reif. Kommt, tretet die Kelter; denn sie ist voll, die Tröge fließen über. Denn ihre Bosheit ist groß. Getöse und Getümmel herrscht im Tal der Entscheidung; denn der Tag des HERRN ist nahe im Tal der Entscheidung. Sonne und Mond verfinstern sich, die Sterne halten ihr Licht zurück. Der HERR brüllt vom Zion her, aus Jerusalem dröhnt seine Stimme, so dass Himmel und Erde erbeben. Doch für sein Volk ist der HERR eine Zuflucht, er ist eine Burg für Israels Söhne (Joël 4,12-16).

Übersetzt heißt *Joschafat* (oder die latinisierte Form *Josaphat*) „der HERR hält Gericht". Für Joël ist das ein symbolischer Name, er spricht nämlich auch vom *Tal der Entscheidung*. Wenn man dieses Tal in der Geographie suchen will, kommt nur das *Kidrontal* infrage. Es ist auf der Ostseite des Tempels zur Wüste hin, dass Gott den Tempel verlässt (Ez 10,18-19) und von dort zurückkehrt (Ez 43,1-2).

Von Eusebius und dem Pilger von Bordeaux an (4. Jh.) spricht auch die christliche Überlieferung kaum mehr vom *Kidrontal,* sondern durchwegs vom *Tal Josaphat*. Jesus ist zwar bei seinem messianischen Einzug (Palmsonntag) vom Ölberg nach Jerusalem durch dieses Tal hindurchgezogen (siehe S. 509). Aber christlicher Tradition ist es eher fremd, für das Endgericht einen konkreten Ort zu nennen:

> Wenn dann jemand zu euch sagt: Seht, hier ist der Messias!, oder: Da ist er!, so glaubt es nicht! Denn es wird mancher falsche Messias und mancher falsche Prophet auftreten und sie werden große Zeichen und Wunder tun, um, wenn möglich, auch die Auserwählten irrezuführen. Denkt daran: Ich habe es euch vorausgesagt. Wenn sie also zu euch sagen: Seht, er ist draußen in der Wüste!, so geht nicht hinaus; und wenn sie sagen: Seht, er ist im Haus!, so glaubt es nicht. Denn wie der Blitz bis zum Westen hin leuchtet, wenn er im Osten aufflammt, so wird es bei der Ankunft des Menschensohnes sein (Mt 24,23-27).

Dagegen hat die muslimische Tradition die örtlichen jüdischen Überlieferungen aufgegriffen und einen reichen Kranz von Legenden um das hiesige Endgericht gebildet.

Die Gräber der Propheten: Beim Abstieg ins Tal kommt man gleich
links an den „Gräbern der Propheten Haggai, Sacharja und Maleachi" vorbei. Es ist eine Grabanlage mit 36 Gräbern in zwei konzen-
trischen Halbkreisen. Da man darin christliche griechische Inschriften fand, wird es eine Begräbnisstätte gewesen sein, in der christliche Pilger des Altertums bestattet wurden, die während einer Jerusa-
lemwallfahrt gestorben sind. Die Benennung nach diesen Propheten
kam erst im 17. Jh. auf.

Haggai und Sacharja setzten sich für den Wiederaufbau des nahen
Tempels nach dem Babylonischen Exil ein, der jüngere Maleachi
schlägt eine Brücke zur späteren Heilsgeschichte, die im Neuen Testament ihre Fortsetzung findet:

> Wäre doch jemand bei euch, der die Tore (des Tempels) ver-
> schließt, damit ihr kein nutzloses Feuer mehr entfacht auf mei-
> nem Altar. Ich habe kein Gefallen an euch, spricht der HERR
> der Heere, und ich mag kein Opfer aus eurer Hand. Denn vom
> Aufgang der Sonne bis zu ihrem Untergang steht mein Name
> groß da bei den Völkern und an jedem Ort wird meinem Na-
> men ein Rauchopfer dargebracht und eine reine Opfergabe; ja,
> mein Name steht groß da bei den Völkern, spricht der HERR
> der Heere (Mal 1,10-11).

> Bevor aber der Tag des HERRN kommt, der große und furcht-
> bare Tag, seht, da sende ich zu euch den Propheten Elija. Er
> wird das Herz der Väter wieder den Söhnen zuwenden und
> das Herz der Söhne ihren Vätern, damit ich nicht kommen und
> das Land dem Untergang weihen muss (Mal 3,23-24).

Dominus Flevit

Wo sich, wenn man zur Stadt hinabgeht, links der große jüdische
Friedhof erstreckt, liegt rechts hinter einem Tor das hübsche Heilig-
tum *Dominus Flevit* (lat. „Der Herr weinte") mit seinem berühmten
Panorama.

Auf dem Gelände wurde 1953 bei Ausgrabungen der Franziskaner
Lemaire und Bagatti ein Grab des 14. Jh. v. Chr. (also bevor die Israeliten ins Land kamen) mit Waffen und Skarabäen (Siegel in Kä-
ferform) als Grabbeigaben gefunden, vor allem aber ein römisch-byzantinischer Friedhof (ab dem 1. Jh. n. Chr.), der größte geschlossene Friedhof aus jener Epoche. In gut 20 Arkosolien-(Bankbogen-)
Gräbern und knapp 40 Schachtgräbern waren die Toten zum Teil
original bestattet, zum Teil in etwa 120 Graburnen wiederbestattet.
Die Christen kannten ebenso wie die Juden keine Leichenverbren-
nung. Wohl aber wurden, um wieder Platz zu schaffen, die Gebeine

aus den Gräbern gesammelt und in *Ossuarien* („Knochenkästchen") neu beigesetzt. Solche Ossuarien mit einfachen Ornamenten, teils auch mit kurzen aramäischen, hebräischen oder griechischen Beschriftungen sind in einer offen gelassenen Grabanlage gleich am Eingang zum Grundstück rechts ausgestellt. Die wertvollsten wurden ins Museum des Studium Biblicum Franciscanum in der Via Dolorosa gebracht. Die Namen sind meistens hebräische Namen, unter den Frauen trägt eine den Namen *Martha* und zwei den Namen *Salome*. Auch der *Simon Kyrenaios* (*von Zyrene*) der Leidensgeschichte (Mk 15,21) ist nicht so singulär wie man denken könnte: Unter den Toten von *Dominus Flevit* war ein *Philon Kyrenaios* (in einem Grab südlich des Dorfes *Silwan* gab es sogar einen *Alexander von Zyrene*; ihn mit dem Sohn *Alexander* des *Simon von Zyrene,* Mk 15,21, gleichzusetzen, wäre aber zu voreilig). Schließlich fand sich auf einem Ossuarium das Monogramm XP, die griechischen Anfangsbuchstaben des Namens *Christus,* so dass man an einen Christen denken darf.

Dieses scheinbar unbedeutende Detail ist ein wichtiger Hinweis darauf, dass es in den ersten nachchristlichen Jahrhunderten in Jerusalem Christen gab – in einer Zeit, die an archäologischen und literarischen Zeugnissen arm ist. Solch eine christliche Gemeinde ist ein wichtiges Argument dafür, dass sich in Jerusalem örtliche christliche Überlieferung erhalten konnten. Eine solche spricht für die Geschichtlichkeit mancher bedeutender biblischer Stätten, nicht zuletzt des Grabes Jesu oder des Abendmahlssaales.

Auf diesem Grundstück im Anblick Jerusalems hatten die Franziskaner schon 1891 eine kleine Kapelle gebaut und *Dominus Flevit* genannt, zur Erinnerung an die Trauer Jesu beim Anblick Jerusalems, wovon Lukas beim Einzug Jesu in Jerusalem spricht:

> Als er *näher kam und die Stadt sah, weinte er* über sie und sagte: Wenn doch auch du an diesem Tag erkannt hättest, was dir Frieden bringt. Jetzt aber bleibt es vor deinen Augen verborgen. Es wird eine Zeit für dich kommen, in der deine Feinde rings um dich einen Wall aufwerfen, dich einschließen und von allen Seiten bedrängen. Sie werden dich und deine Kinder zerschmettern und keinen Stein auf dem andern lassen; denn du hast die Zeit der Gnade nicht erkannt (Lk 19,41-44).

Dazu kommt noch ein anderes Wort Jesu über Jerusalem, das Lukas schon früher erwähnt hatte, nämlich:

> *Jerusalem, Jerusalem,* du tötest die Propheten und steinigst die Boten, die zu dir gesandt sind. Wie oft wollte ich deine Kinder um mich sammeln, so wie eine Henne ihre Küken unter ihre Flügel nimmt; aber ihr habt nicht gewollt. Darum wird euer Haus (von Gott) verlassen. Ich sage euch: Ihr werdet

mich nicht mehr sehen, bis die Zeit kommt, in der ihr ruft: Gesegnet sei er, der kommt im Namen des Herrn! (Lk 13,34-35)

Als man 1953 die Kapelle erneuern wollte, kamen die Reste einer byzantinischen Kapelle mit einem Kloster aus dem 6. oder 7.Jh. n.Chr. zum Vorschein. Nach einer Inschrift scheint sie der *Prophetin Hanna* geweiht gewesen zu sein, die in der Kindheitsgeschichte Jesu zum greisen Simeon hinzutritt (Lk 2,36). Die Kapelle hatte die übliche nach Osten, gegen den Berg gerichtete Apsis, deren Mosaikfußboden zum Teil erhalten ist. Auch außerhalb, links vom Eingang der Kapelle, sind Teile schöner Mosaike konserviert (7.Jh.).

Der Architekt der Franziskaner A. Barluzzi hat die neue Kapelle der Thematik wegen umgedreht, so dass man über den Altar hinweg auf die Stadt Jerusalem schaut, durch ein Fenster mit dem Opferkelch Christi. Der Grundriss ist ein griechisches Kreuzes, während das Kuppeldach einer Träne nachgestaltet ist. Der Besucher wird so mit hineingenommen in das Weinen Jesu und darf die Mahnung Jesu auch auf sich beziehen: „Wenn doch auch du an diesem Tag erkannt hättest, was dir Frieden bringt" (Lk 19,42).

Die russisch-orthodoxe Magdalenenkirche

Das russische Nonnenkloster mit seinen sieben vergoldeten Zwiebeltürmchen wurde 1888 von Zar Alexander III. zum Andenken an seine Mutter Maria Alexandrowna, einer hessischen Prinzessin, erbaut. Der Architekt war ein gewisser David Iwanowitsch Grimm, ein Verwandter der Gebrüder Grimm, der Bauleiter Conrad Schick. Seit dem Jahr 2000 erstrahlen die Kuppeln in neuem Glanz; für die 300 m^2 Fläche war ungefähr ein Kilogramm Gold nötig.

Die Gemälde in der Kirche erzählen von wichtigen Momenten im Leben der hl. Maria Magdalena, der Namenspatronin der Zarenmutter: ihre Heilung von der Besessenheit (Lk 8,2), ihre Anwesenheit unter dem Kreuz (Mk 15,40) und ihre Begegnung mit dem Auferstandenen (Joh 20,1-2.11-18). Das Gemälde über der kunstvollen Ikonostase zeigt eine legendarische Szene: Maria Magdalena versucht dem Kaiser Tiberius die Auferstehung zu erklären, und zwar mithilfe eines Eis, eines Symbols für beginnendes Lebens (von dieser Legende mag unser Osterei stammen). Neben der Ikonostase ruhen die Reliquien zweier „neuer Märtyrer" der russischen Kirche, beide wurden 1917 ermordet: links Barbara, eine Schwester des Zaren, rechts Großfürstin Elisabeth, eine Schwägerin des Zaren; sie war eine hessische Prinzessin und wurde nach dem Tod ihres Gatten Nonne. Die Krypta birgt seit 1988 das Grab von Prinzessin Alice

von Battenberg aus Griechenland († 1969), der Mutter von Prinz
Philip von England.
Bevor man das Grundstück verlässt, kann man sich vor dem Ausgang nach rechts wenden und erkennt jenseits eines kleinen Hofs alte Treppenstufen. Sie gehörten zu dem Weg über den Ölberg, möglicherweise der Weg, den auch Jesus bei seinem Einzug in die Stadt
am Palmsonntag nahm.

Dem Eingang der Magdalenenkirche gegenüber sieht man, in eine
Mauernische des Getsemanigrundstücks der Franziskaner eingelassen, eine Säule. Sie ist eine von mehreren Säulen, die Jerusalemer
Lokaltradition als Geißelungssäule Jesu verehrt. Bis zum Neubau
der Getsemanikirche befand sie sich innerhalb der Kirchenruine.
Die Orthodoxen protestierten gegen den Neubau dieser Kirche, weil
sie diese Säule nicht innerhalb einer katholischen Kirche verehren
wollten. Daher wurde sie hier, allen zugänglich, aufgestellt.

Der Garten Getsemani und die Getsemanibasilika

Vor dem Talgrund des Kidrontales trifft man links auf den ehrwürdigen *Getsemanigarten* mit der *Getsemanibasilika* (Übersichtsplan:
Tafel XXIIb). Nirgends ist der Erlöser den Menschen so nahe, wird
sein Menschsein so greifbar, wie in der Ölbergnacht von Getsemani.
Auch das Kernstück der Eucharistiefeier, der Einsetzungsbericht,
greift auf diese Nacht zurück: „Denn in der Nacht, da er verraten
wurde, nahm er das Brot und sagte Dank" (Drittes Hochgebet der
Messe, vgl. 1 Kor 11,23-24). Als Beginn jener Nacht nennen die
Evangelisten den Gang nach Getsemani. Bei Markus lautet dieser
Bericht:

> Nach dem Lobgesang (am Ende des Abendmahles gingen sie
> zum Ölberg hinaus. Da sagte Jesus zu ihnen: Ihr werdet alle
> (an mir) Anstoß nehmen und zu Fall kommen; denn in der
> Schrift steht: Ich werde den Hirten erschlagen, dann werden
> sich die Schafe zerstreuen. Aber nach meiner Auferstehung
> werde ich euch nach Galiläa vorausgehen. Da sagte Petrus zu
> ihm: Auch wenn alle (an dir) Anstoß nehmen – ich nicht! Je-
> sus antwortete ihm: Amen, ich sage dir: Noch heute nacht, ehe
> der Hahn zweimal kräht, wirst du mich dreimal verleugnen.
> Petrus aber beteuerte: Und wenn ich mit dir sterben müsste –
> ich werde dich nie verleugnen. Das gleiche sagten auch alle
> anderen.
> Sie kamen zu einem *Grundstück, das Getsemani heißt,* und er
> sagte zu seinen Jüngern: Setzt euch und wartet hier, während

ich bete. Und er nahm Petrus, Jakobus und Johannes mit sich.
Da ergriff ihn Furcht und Angst und er sagte zu ihnen: Meine
Seele ist zu Tode betrübt. Bleibt hier und wacht! Und er ging
ein Stück weiter, warf sich auf die Erde nieder und betete,
dass die Stunde, wenn möglich, an ihm vorübergehe. Er
sprach: Abba, Vater, alles ist dir möglich. Nimm diesen Kelch
von mir! Aber nicht, was ich will, sondern was du willst (soll
geschehen). Und er ging zurück und fand sie schlafend. Da
sagte er zu Petrus: Simon, du schläfst? Konntest du nicht einmal eine Stunde wach bleiben? Wacht und betet, damit ihr
nicht in Versuchung geratet. Der Geist ist willig, aber das
Fleisch ist schwach. Und er ging wieder weg und betete mit
den gleichen Worten. Als er zurückkkam, fand er sie wieder
schlafend, denn die Augen waren ihnen zugefallen; und sie
wussten nicht, was sie ihm antworten sollten. Und er kam zum
dritten Mal und sagte zu ihnen: Schlaft ihr immer noch und
ruht euch aus? Es ist genug. Die Stunde ist gekommen; jetzt
wird der Menschensohn den Sündern ausgeliefert. Steht auf,
wir wollen gehen! Seht, der Verräter, der mich ausliefert, ist
da (Mk 14,26-42).

Gat Schmanim heißt hebräisch „Öl-Kelter". Schon der Ortsname
weist also auf die Olivenbäume hin; offensichtlich gab es dazu eine
Ölkelter, wie sie in den Felsen geschnitten häufig gefunden wurden.

Der Garten Getsemani: Bereits im Jahre 1666 gelang es den Franziskanern, ein größeres Stück von Getsemani zu erwerben und durch
eine Mauer zu sichern. Die Pilger, die den Ort aufsuchten, pflegten
ihn *Blumengarten* zu nennen. Beeindruckende Zeugen der Vergangenheit sind acht uralte Ölbäume im Garten neben der Getsemanikirche. 2009-12 wurden diese Bäume von einer Gruppe von Biologen
und Agronomen aus Florenz eingehend untersucht, mit Unterstützung der Universitäten Lecce und Wien, mit folgenden Ergebnissen:
1. Die Bäume sind überraschend gesund. Sie sind weder von Parasi-
ten oder Krankheiten befallen, wie es bei ihrem Alter zu befürchten
wäre, noch scheint sich die Schadstoffbelastung im Boden negativ
bemerkbar zu machen. Diese Belastung wird hauptsächlich durch
die viel befahrene Straße in der Nachbarschaft des Getsemanigrundstücks verursacht – jeder, der tagsüber Getsemani besucht, wird verstehen, wovon die Rede ist. *2*. Das genetische Profil aller acht Bäume, einschließlich der Wurzeln, ist identisch. Die Bäume sind also
nicht aus Samen gezogen und auch nicht veredelt, wie es bei Ölbäumen häufig der Fall ist (vgl. Röm 11,16-19), sondern sie sind entweder Ausschläge aus derselben Wurzel oder sie sind Ableger eines
einzigen Baumes. *3*. Ein auf den ersten Blick enttäuschendes Ergeb-

nis hat dagegen die Altersbestimmung ergeben. Das Alter der Baumstämme lässt sich auf ungefähr 800 Jahre bestimmen. Damit gehören sie zwar zu den ältesten Ölbäumen, die weltweit bekannt sind, aber sie reichen eben nicht in die Zeit Jesu zurück. Eine interessante Möglichkeit ergibt sich aus dem genetischen Profil: Da wohl alle Bäume Ableger einer einzigen Pflanze sind, die vor 800 Jahren, also in der Kreuzfahrerzeit, gepflanzt wurden, ist vorstellbar, dass sie von einem Baum abgezweigt wurden, der damals schon als Zeuge der Todesangst Christi verehrt wurde. So hätte man immerhin indirekte Zeugen des Abends vor seinem Leiden. Wir auch immer, der Garten ist eine eindrucksvolle Kulisse, die es auch uns heutigen ermöglicht, uns die Ereignisse im Garten Getsemani zu vergegenwärtigen, vielleicht mehr noch, als dies ein Kirchenbau tun kann.

Die Getsemanibasilika: Man gedachte die neue Kirche auf den Fundamenten der mittelalterlichen Salvatorkirche zu errichten, die bei archäologischen Forschungen 1891 und 1901 gefunden wurden. Der Verehrung der Todesangst Christi, dem Anfang des Leidens des Erlösers, sollte wieder ein würdiger Ort bereitet werden, in dem auch das Vermächtnis Jesu aus jener Nacht, die Eucharistie, gefeiert werden konnte. Aber erst nach dem Ersten Weltkrieg konnte die Absicht durch den Architekten der Franziskaner, Antonio Barluzzi, verwirklicht werden. Da dafür Spenden aus aller Welt gesammelt wurden, nannte man die 1924 geweihte Kirche auch *Basilika aller Nationen,* ein eigentlich nichtssagender Name, der auf viele Kirchen des Heiligen Landes zuträfe. Trotzdem ist der Name weit verbreitet, er findet sich auch auf israelischen Stadtplänen, vielleicht weil er religiös neutraler ist als die passenderen Bezeichnungen *Getsemani-* oder *Todesangstkirche/-Basilika.*
Bei den Ausschachtungsarbeiten war man auf die Überreste der Kirche ($16,5 \times 22,5$ m) gestoßen, die bereits Kaiser Theodosius I. um 385 n.Chr. dem Erlöser geweiht hatte. Demgemäß wurde die Achse der Kirche um 13° nach Norden gedreht, so dass der schon in der Antike hochverehrte *Todesangst-Christi-Felsen* wieder unmittelbar vor dem Altar zu liegen kam.
Wegen ihrer violetten Alabasterfenster ist die Kirche in Halbdunkel gehüllt, um die Nacht zum Ausdruck zu bringen, in die Judas nach dem letzten Abendmahl hinaustrat (Joh 13,30) und die Jesus für uns zu bestehen hatte: „Vater, ... nicht mein, sondern dein Wille soll geschehen" (Lk 22,42). In der Mosaikdecke leuchten Sterne zwischen Palmzweigen und Olivenästen. Neben dem Hauptmosaik der Todesangst Christi sind in den Seitenschiffen der Judaskuss und die Verhaftung Jesu dargestellt. Die drei Apsiden und zwölf Kuppeln wurden von Christen je einer Nation gestiftet (die deutsche Kuppel ist im rechten Seitenschiff die zweite von hinten).

Die *Getsemanigrotte*: Ein paar Schritte nördlich von Getsemani liegt tiefer im alten Talgrund das Mariengrab. Rechts vom Eingang zur Kirche zweigt ein Gang ab, der zum heutigen Eingang der Getsemanigrotte führt. Diese Grotte darf als ältester Bestandteil und als Ursache für die anderen heiligen Stätten von Getsemani betrachtet werden. Der Evangelist Johannes berichtet, wie öfter in der Leidensgeschichte, ein paar aufschlussreiche Details:

> Nach diesen Worten (der Abschiedsreden) ging Jesus mit seinen Jüngern hinaus, *auf die andere Seite des Baches Kidron. Dort war ein Garten*; in den ging er mit seinen Jüngern hinein. Auch Judas, der Verräter, der ihn auslieferte, *kannte den Ort, weil Jesus dort oft mit seinen Jüngern zusammengekommen war*. Judas holte die Soldaten und die Gerichtsdiener der Hohenpriester und der Pharisäer und sie kamen dorthin mit Fackeln, Laternen und Waffen. Jesus, der alles wusste, was mit ihm geschehen sollte, ging hinaus und fragte sie: Wen sucht ihr? Sie antworteten ihm: Jesus von Nazaret. Er sagte zu ihnen: Ich bin es. Auch Judas, der Verräter, stand bei ihnen. Als er zu ihnen sagte: Ich bin es!, wichen sie zurück und stürzten zu Boden. Er fragte sie noch einmal: Wen sucht ihr? Sie sagten: Jesus von Nazaret. Jesus antwortete: Ich habe euch gesagt, dass ich es bin. Wenn ihr mich sucht, dann lasst diese gehen! So sollte sich das Wort erfüllen, das er gesagt hatte: Ich habe keinen von denen verloren, die du mir gegeben hast. Simon Petrus aber, der ein Schwert bei sich hatte, zog es, schlug nach dem Diener des Hohenpriesters und hieb ihm das rechte Ohr ab; der Diener hieß Malchus. Da sagte Jesus zu Petrus: Steck das Schwert in die Scheide! Der Kelch, den mir der Vater gegeben hat – soll ich ihn nicht trinken? (Joh 18,1-11).

Bezüglich des Ortes präzisiert Johannes zunächst einmal, dass der Garten Getsemani „auf der anderen Seite des Baches Kidron" war. Noch beachtlicher ist die andere Feststellung, dass Judas „den Ort kannte, weil Jesus dort oft mit seinen Jüngern zusammengekommen war". Man darf sich vorstellen, dass Jesus mit seinen Jüngern beim Besuch in Jerusalem dort in einer Höhle nächtigte, wenn zum Fest viele Pilger nach Jerusalem kamen; sie konnten unmöglich alle in der Stadt Unterkunft finden. Davon sprechen denn auch nicht wenige der alten Berichte. Jesus wäre also mit seinen Jüngern wieder hinausgegangen zum Grundstück *Getsemani,* das möglicherweise einer befreundeten Familie gehörte. Jedenfalls kann der Ort *Getsemani* kein gerade zufälliger Ort gewesen sein, sondern einer, mit dem Judas schon vertraut war. Die Örtlichkeit bei der Getsemani-*Grotte* darf also als *Ort der Gefangennahme* Jesu angesehen werden, der Ort der Todesangst Jesu ist davon abhängig. Lukas beschreibt ihn als *ungefähr einen Steinwurf weit* entfernt (Lk 22,41), was der späteren Basilika ausgezeichnet entspricht.

Schon seit 1392 gehört die *Getsemanigrotte* den Franziskanern. Die unregelmäßige Naturhöhle misst etwa 17×9 m und ist bis zu 3,5 m hoch. Ein Unwetter des Jahres 1955 spülte so viel Unrat herein, dass eine gründliche Renovierung nötig wurde. Bei dieser Gelegenheit wurde die Grotte eingehender untersucht. An den Wänden zeigten sich Spuren mittelalterlicher Malereien, unter dem Boden aus weißen Mosaiksteinen fand man eine Anzahl Gräber, für die der Mosaikboden aufgebrochen worden war. Auch eine ursprüngliche Zisterne im Westteil der Grotte war zu Gräbern gemacht worden.

Das Mariengrab

Auch das *Mariengrab* trägt dazu bei, die Getsemanigrotte in den Schatten zu stellen. Dabei gehören diese beiden Stätten in der Logik der Jerusalemer Überlieferung eng zusammen. Wenn nach den bisherigen Erwägungen das Gartengrundstück von *Getsemani* einer mit Jesus befreundeten Familie gehörte, wird es gut vorstellbar, dass Maria, die nach der Himmelfahrt Jesu in der Urgemeinde einen Ehrenplatz einnahm (Apg 1,13-14), auf dem Grund und Boden dieser Familie ihre Grabstätte fand. Nicht zu verwechseln ist dabei: Als Ort des Todes Mariens, der *Dormitio*, des „Entschlafens", gilt der Zionsberg, das *Grab* Mariens wird hier außerhalb der Stadt im Kidrontal unweit des Ortes der Todesangst Jesu verehrt.

Für nicht wenige Pilger erheben sich hier Fragezeichen. Wird nicht das Grab der Muttergottes in der Nähe von Ephesus (heute Selçuk/ Türkei) in Meryem Ana verehrt? Und kann es überhaupt ein Mariengrab geben, wo doch Maria nach der feierlichen Definition von Papst Pius XII. im Jahr 1950 „mit Leib und Seele in den Himmel aufgenommen wurde"?

Sehr leicht ist die zweite Frage zu beantworten: Wenn es ein Grab Christi gibt, warum soll es dann nicht auch ein Mariengrab geben? Wenn der Erlöser Christus selbst durch Tod und Grab gegangen ist, wie kann dies für Maria als der ersten der Erlösten als abwegig gelten? Die vollkommene Gemeinschaft mit ihrem Sohn erfordert geradezu die Teilnahme an Tod und Begräbnis.

Komplizierter ist die Frage nach dem Ort ihres Hinscheidens und ihres Begräbnisses. Die Tradition von Jerusalem kennt seit etwa 450 n. Chr. das Mariengrab im Tale Josaphat (= Kidrontal). Mindestens von da an und durch das ganze Mittelalter bis heute pilgern die Menschen ans *Mariengrab im Tale Josaphat*. Demgegenüber ist die Annahme des Mariengrabes bei Ephesus sehr jungen Datums. Sie beruht vor allem auf zwei Argumenten: Das eine sind die Privatof-

fenbarungen der Mystikerin Anna Katharina Emmerick († 1824).
Sie wurde 2004 seliggesprochen, aber dabei wurde betont, dass dies
aufgrund ihres heiligmäßigen Lebens geschah und keine Anerkennung ihrer Visionen bedeute, die zudem nur in den dichterisch aus-
gestalteten Schriften von Clemens Brentano überliefert sind. Das
andere sind die Worte des Evangeliums nach der Kreuzigung: „Von
jener Stunde an nahm sie (die Mutter Jesu) der Jünger (Johannes) zu
sich" (Joh 19,27). Von Johannes gibt es die Nachricht, dass er in
späteren Jahren in Ephesus gewirkt habe; dort wurde ihm zu Ehren
eine prächtige Basilika errichtet. In Ephesus führt man als weiteres
Argument für eine dortige Tradition noch die Existenz einer großen
Marienkirche an. Abgesehen davon, dass es solche Kirchen in byzantinischer Zeit allenthalben gab (z.B. die große Marienkirche, die
„Nea", in Jerusalem), besagt dies wenig. Schließlich war Ephesus
der Ort des dritten ökumenischen Konzils (431 n.Chr., siehe S.44),
auf dem Maria die Bezeichnung „Gottesgebärerin" (*Theotokos*) zu-
gebilligt wurde. Manche gehen sogar soweit, in der starken Marien-
verehrung in Ephesus eine Fortsetzung der Verehrung der Artemis,
einer jungfräulichen Göttin, zu sehen (vgl. Apg 19,23-40).
Soll man aber das Gewicht einer mindestens eineinhalbtausendjäh-
rigen Tradition zugunsten einer privaten Vision der Neuzeit ohne
kirchliche Anerkennung aufgeben? Zwar wurden in Meryem Ana
1891 Ruinen einer byzantinischen Kapelle gefunden; wem sie geweiht war, ist aber unbekannt. Hinzu kommt eine andere Erwägung:
Der Apostel Johannes dürfte frühestens kurz vor 60 n.Chr. nach
Ephesus gekommen sein. Denn 54–57 n.Chr. befand sich Paulus
dort und dieser hatte den Grundsatz: „Dabei habe ich darauf geachtet, das Evangelium nicht dort zu verkündigen, wo der Name Christi
schon bekannt gemacht war" (Röm 15,20). Tatsächlich kannte man,
als Paulus nach Ephesus kam, dort erst die Taufe von Johannes dem
Täufer (Apg 19,1-7). Um 60 n.Chr. wäre die Muttergottes aber an
die 80 Jahre alt gewesen (Volksmeinung schreibt ihr 72 Lebensjahre
zu, die Seherin A.K. Emmerick gar nur 64!). Wer möchte annehmen,
men, dass sie in so späten Jahren noch nach Ephesus übergesiedelt
wäre, wo sie in der Jerusalemer Christengemeinde „zusammen mit
den Frauen … und mit seinen (Jesu) Brüdern" (Apg 1,14) eine gute
Bleibe hatte? Im übrigen beruft sich Pius XII. in seiner Definition der Aufnahme Mariens in den Himmel gerade auf Jerusalemer Theologen wie den Patriarchen Sophronius und den hl. Johannes von Damaskus, die vom *Entschlafen* Mariens in Jerusalem
ausgehen.

Geschichte des Mariengrabes: Eine Marienkirche im Tal Josaphat
wird erstmals in den letzten Jahren des Patriarchen Juvenal (vor
458) erwähnt. Wenig später rühmt der syrische Kirchenschriftsteller

Jakob von Sarug (451–521) am Ölberg „die steinerne Grabhöhle
der reinen Mutter des Sohnes Gottes" als dem Grab des Erlösers
ganz ähnlich. Der Archidiakon Theodosius (vor 530 n.Chr.) ist dann
der erste Pilger, der davon spricht. Das scheint erstaunlich spät. Ja,
noch mehr: Es wird behauptet, der im Heiligen Land geborene Bischof Epiphanius von Salamis habe zu seiner Zeit, im Jahr 377
n.Chr., von einem Mariengrab noch nichts gewusst. Doch wenn
man sein Zeugnis genauer liest, ergibt sich etwas anderes. Er
schreibt nämlich:

> Sie mögen nur den Spuren der Schrift nachgehen. Sie werden
> da keinen Tod Mariens finden, weder dass sie gestorben ist
> noch dass sie nicht gestorben ist, weder dass sie begraben
> noch dass sie nicht begraben worden ist. Obgleich doch
> Johannes sich auf die Reise nach Asien begeben hatte, heißt
> es nirgends, dass er die heilige Jungfrau mit sich führte.
> Die Schrift schweigt einfach angesichts des überwältigenden
> Wunders, um das menschliche Denken nicht zu verwirren. Ich
> wage es nicht, darüber Aussagen zu machen, ich mache mir
> nur meine Gedanken und übe mich im Schweigen.

Er kommt dann auf die Stelle der Johannesoffenbarung (Offb 12,13-
14) zu sprechen, in der es von der „Frau, die den Sohn geboren hat",
heißt: „Aber der Frau wurden die Flügel des großen Adlers gegeben,
damit sie in die Wüste an ihren Ort fliegen konnte. Dort ist sie vor
der Schlange sicher." Dazu Epiphanius:

> Das kann wohl an ihr erfüllt sein. Ich möchte mich aber darauf
> nicht versteifen und sage nicht, dass sie ohne Tod geblieben
> ist. Aber ich behaupte auch nicht, dass sie gestorben ist. Die
> Schrift geht über das menschliche Denken hinaus und bleibt in
> der Schwebe bezüglich dieses kostbaren und ganz außeror-
> dentlichen Gefäßes.

Es ist also nicht so, dass Epiphanius von ihrem Grab rundweg nichts
weiß. Vielmehr verraten seine Ausführungen, dass es mit dem irdischen Ende Mariens eine besondere Bewandtnis hat. Er weiß etwas,
das er nicht sagen will, und beschränkt sich in der Auseinandersetzung mit bestimmten Gegnern bewusst auf die Heilige Schrift. Die
Heranziehung der in die Wüste entrückten apokalyptischen Frau ist
ein Hinweis auf die Richtung, in die es geht. Insgesamt ist es nicht
viel anders, als wenn Johannes von Damaskus später sagt: „Ich weigere mich, ihren Heimgang Tod zu nennen."
Was Epiphanius gemeint haben wird, können wir einigermaßen aus
apokryphen, nicht offiziellen Schriften der alten Kirche entnehmen.
Vielleicht kannte er die Schrift *Transitus Mariae* („Heimgang Mari-

ens"), die unter dem Namen des angesehenen Bischofs Melito von Sardes (um 160 n.Chr.) umlief und in der zu lesen ist:

> Es sahen die Apostel ihre Seele in einer solchen Reinheit, dass keine Zunge eines Sterblichen sie würdig beschreiben kann; sie war viel weißer als Schnee und jegliche Art von Silbermetall, strahlend mit dem Glanz eines großen Lichts.
>
> Dann vertraute der Erlöser die Seele der hl. Maria dem Erzengel Michael an, der der Hüter der Paradieses war und der Fürst des jüdischen Volkes. Und er sagte den Aposteln: „Petrus, behüte den Leib Mariens und tragt ihn auf die rechte Seite der Stadt *gegen Osten; dort findet ihr ein neues Grab, in dem noch niemand bestattet worden war, und begrabt sie dort.* Wartet drei Tage auf mich, bis ich zu euch zurückkomme." Und nachdem er das gesagt hatte, ging er mit der Seele seiner Mutter und den heiligen Engeln in großer Herrlichkeit weg.

Also wird der Leib Mariens, ebenso wie Jesus selbst, in ein *neues Grab* gelegt, „in dem noch niemand bestattet worden war" (vgl. Joh 19,41). Dort soll er drei Tage ruhen, bis Jesus zurückkommt und ihn ebenfalls zu sich holt.

Leider wurden solche Schriften vielfach verändert und erweitert, so dass ihre Erstfassung und ihr Alter nur schwer zu ermitteln sind. In einer anderen Fassung des *Transitus Mariae* ist das *Tal Josaphat* ausdrücklich genannt, während eine syrische Version durch andere Einzelheiten Vertrautheit mit dem überlieferten Mariengrab verrät. Dort erhalten die Apostel den Befehl:

> Nehmt morgen die Herrin Maria und bringt sie *außerhalb Jerusalems an den Weg, der vom Talanfang auf den Ölberg führt.* Dort sind drei Grotten: eine große äußere, eine andere weiter drinnen und eine kleine innere mit einer erhöhten Bank aus Lehm auf der Ostseite. Geht und legt die Gesegnete auf jene Bank.

Fromme Phantasie hatte sich also des Lebensendes der Muttergottes Maria bemächtigt und es ausgestaltet. Der Tod Mariens und das Mariengrab gehören aber fest dazu. Da eine Verbindung mit den apokryphen „Johannesakten" besteht, die ins 2.Jh. n.Chr. datiert werden können, wird auch die Marientradition nicht jünger sein. Wem eine so frühe Verehrung der Aufnahme Mariens in den Himmel verwegen vorkommt, erinnere sich an den alttestamentlichen Henoch, dem aufgrund der biblischen Andeutungen (Gen 5,24, Hebr 11,5) in der rabbinischen Literatur Ähnliches zugeschrieben wird. Die Welt der Alten hatte nicht die festen Konturen, wie wir sie uns angeeignet haben. Die Alten waren offener für ein besonderes Eingreifen Gottes, freilich damit oft auch sehr unkritisch. Es gab aber in der Kirche genügend kritische Geister, die Spreu und Weizen zu unterscheiden wussten.

Wahrscheinlich gab es noch einen weiteren Grund, dass sich die offizielle Kirche erst relativ spät (um 450) mit dem Mariengrab im Tal Josaphat befasste: Das Mariengrab war nicht in ihrem Besitz, ähnlich der Kirchen in Nazaret. Dort ist es gar erst der Pilger von Piacenza (um 570), der eine Kirche bezeugt. Trotzdem ergab die archäologische Forschung, dass es in Nazaret längst Kirchen gab, und zwar judenchristliche (vgl. S. 112). Erst im 6. Jh., als die Feindseligkeiten zwischen Juden- und Heidenchristen überwunden waren, besuchten die Pilger dort die heiligen Stätten der Judenchristen. Wenn auch das Mariengrab im Besitz von Judenchristen war, erklärt sich die Nichterwähnung durch die früheren Pilger wie das Fehlen einer größeren Kirche. Zudem fällt auf, dass die Krypta des Mariengrabes wie eine Synagoge eine Apsis in Richtung des Jerusalemer Tempels, also nach Westen, besitzt.

Doch spätestens im 5. Jh. ist die offizielle Kirche im Tal Josaphat präsent. Kaiser Mauritius (582–602) ließ hier eine neue Rundkirche bauen. Sie dürfte schon während der Perserwirren 614 n. Chr. sehr gelitten haben, wurde im 8. Jh. durch Erdbeben schwer beschädigt und erst recht, als der wahnwitzige Kalif al-Hakim im Jahr 1009 über die christlichen Kirchen herfiel. So ergab sich für die Kreuzfahrer eine dankbare Aufgabe, die sie nach dem wenigen, das erhalten ist, hervorragend lösten. Gottfried von Bouillon vertraute das Mariengrab Benediktinern an. Die Oberkirche wurde 1112 neugebaut. Westlich davon schloss sich die *Abtei St. Marien im Tal Josaphat* an. Die viel gerühmte Kirche mit ihrem Dekor in Marmor und Edelmetall fiel 1187 den Soldaten Saladins zum Opfer, doch die Krypta mit ihrem monumentalen Eingang wurde aus Respekt vor der Mutter Jesu geschont und blieb so bis heute erhalten; die heutige Kirche ist nichts anderes als diese Krypta. Im 14. Jh. war sie gemeinsames Eigentum verschiedener christlicher Konfessionen, wurde aber 1757 von der osmanischen Regierung den orthodoxen Griechen und Armeniern übertragen; orthodoxe Syrer und Kopten haben kleine Kapellen. Den Franziskanern blieb seither nur die benachbarte Getsemanigrotte, von wo sie einmal im Jahr, am Nachmittag des 15. August (Mariä Aufnahme in den Himmel), eine Prozession zum Grab Mariens halten.

Besichtigung: Das elegante Kreuzfahrerportal führt über eine breite Treppe mit 47 Stufen hinab in die Marienkrypta. In halber Höhe auf der rechten Seite besorgte sich schon 1126 Melisenda, die zweite lateinische Königin von Jerusalem, ihre Grabstätte (†1161). In der frommen Überlieferung wäre dies das Grab der heiligen Joachim und Anna, der Eltern Mariens. Ebenso ist auf der gegenüberliegen-

den Seite die Kapelle des hl. Josef in Wirklichkeit die Grabstätte
von Maria, der Gemahlin Balduins III., und von Konstanze, der
Mutter Bohemunds III., des Fürsten von Antiochien.
Die Krypta ist teils Fels, teils gemauert, die Wölbung mittelalterlich.
Sie hat die Form eines lateinischen Kreuzes mit dem längeren
Schaft nach Osten; in seiner Mitte befindet sich das eigentliche Mariengrab. Ebenso wie das Grab Christi ist es ein Felswürfel, der vom
umgebenden Fels völlig isoliert ist. Jedoch hat das Mariengrab zwei
Öffnungen, so dass man von vorn zu der Grabbank im Inneren hin-
eingehen und nach links wieder herausgehen kann.
Bei archäologischen Untersuchungen 1972 durch den Franziskanerarchäologen Bagatti zeigte es sich, dass das Mariengrab zu einem
größeren Gräberkomplex gehörte. Das Mariengrab wurde mindestens viermal erneuert, zweimal farbig, einmal mit Mosaiksteinchen.
Eine armenische Inschrift ist etwa auf das Jahr 1300 zu datieren. Es
war früher von 16 mittelalterlichen Säulchen umgeben, die wohl
zum Ziborium (Kuppelkapelle) über der Grabkammer gehörten, das
bis 1347 erwähnt wird. Am 21. Juni 1972 wurde nach langem Zau-
dern die Altarbank geöffnet. Es gab keine Sarkophagaushöhlung,
sondern es kam der gewachsene Stein mit Löchern zum Vorschein.
Nicht von ungefähr enthalten alte Reliquienverzeichnisse öfter die
Notiz: „Stein aus dem Grab der Jungfrau Maria".

Geht man vom Mariengrab in Richtung Stadt, sieht man alsbald auf
der gegenüberliegenden Straßenseite ein modernes Gebäude: die
griechisch-orthodoxe *Stephanuskirche*. Mittelalterliche Pilger berichten von Steinstufen, die Reste des Weges waren, der vom Tempelbezirk herunterführte, und die Erinnerung an den Ort der Steinigung des Stephanus weitertrugen (zum Ort des Stephanusmartyriums siehe S. 381). Dort errichteten die orthodoxen Griechen nach
1967 eine neue Kirche und ein Schutzdach über diesen Steinstufen.
Die Betonwände, die dieses Schutzdach tragen, sind mit modernen
Wandmalereien verziert, die in der Tradition byzantinischer Ikonen
stehen. Links vom Eingang finden sich vier Bilder, die mit der Ste-
phanustradition zusammenhängen: Die Einsetzung der sieben Diakone durch Handauflegung, deren erstgenannter Stephanus war
(Apg 6,1-6), die Verteidigungsrede des Stephanus und seine Steinigung sowie die Auffindung seiner Reliquien im Jahr 415 durch einen gewissen Lukian (siehe S. 631). Die restlichen Bilder haben
zwei andere Heiligtümer zum Thema, die sich in der Nachbarschaft
befinden: Getsemani mit der Todesangst Jesu und seiner Festnahme
sowie das Grab Mariens. Die Decke trägt das Bild des Pantokrators,
auch dies ein Hinweis auf das Martyrium des Stephanus, der „den
Himmel offen und den Menschensohn zur Rechten Gottes" sah.

Das große, mit Olivenbäumen bestandene Grundstück südlich der Stephanuskirche, im Talgrund des Kidrontales, gehört den Franziskanern. In den Jahren 1948-67, als aufgrund der Teilung der Stadt die Friedhöfe auf dem Zion von Ost-Jerusalem aus nicht zugänglich waren, befand sich hier der Friedhof der lateinischen Pfarrei Jerusalem. Als Papst Benedikt 2009 Jerusalem besuchte, feierte er hier einen großen Freiluftgottesdienst. Seitdem steht das Areal vor allem sehr großen Pilgergruppen (wie Diözesan- oder Nationalwallfahrten) für Gottesdienste zur Verfügung, die anderswo kaum Platz finden.

Betfage

Auf der Rückseite des Ölbergs liegt der kleine Ort *Betfage,* „Feigen-Haus" (von der Paternosterkirche nimmt man die Straße abwärts nach Osten). Betfage liegt an der alten Straße, die von Betanien über den Ölberg nach Jerusalem führte, also nicht, wie bis in die jüngere Vergangenheit, südlich um den Ölberg herum. Von Betfage ist in den Berichten vom Einzug Jesu in Jerusalem, wie sie am Palmsonntag gelesen werden, die Rede:

> Als sie in die Nähe von Jerusalem kamen, nach *Betfage und Betanien am Ölberg,* schickte er zwei seiner Jünger voraus. Er sagte zu ihnen: Geht in das Dorf, das vor euch liegt; gleich wenn ihr hineinkommt, werdet ihr einen jungen Esel angebunden finden, auf dem noch nie ein Mensch gesessen hat. Bindet ihn los und bringt ihn her! Und wenn jemand zu euch sagt: Was tut ihr da?, dann antwortet: Der Herr braucht ihn; er lässt ihn bald wieder zurückbringen. Da machten sie sich auf den Weg und fanden außen an einer Tür an der Straße einen jungen Esel angebunden und sie banden ihn los. Einige, die dabeistanden, sagten zu ihnen: Wie kommt ihr dazu, den Esel loszubinden? Sie gaben ihnen zur Antwort, was Jesus gesagt hatte, und man ließ sie gewähren. Sie brachten den jungen Esel zu Jesus, legten ihre Kleider auf das Tier und er setzte sich darauf. Und viele breiteten ihre Kleider auf der Straße aus; andere rissen auf den Feldern Zweige (von den Büschen) ab und streuten sie auf den Weg. Die Leute, die vor ihm hergingen und die ihm folgten, riefen: Hosanna! Gesegnet sei er, der kommt im Namen des Herrn! Gesegnet sei das Reich unseres Vaters David, das nun kommt. Hosanna in der Höhe! Und er zog nach Jerusalem hinein, in den Tempel; nachdem er sich alles angesehen hatte, ging er spät am Abend mit den Zwölf nach Betanien hinaus (Mk 11,1-11).

Die Doppelung der Ortsnamen *Betfage und Betanien* bei Markus und Lukas lässt verschiedene Deutungen zu. Lagen sie ganz nahe beieinander? Einfach nach dem Text könnte *Betfage* auch *vor Betanien* liegen; Matthäus beseitigt den Zwiespalt, indem er nur von *Betfage am Ölberg* spricht (Mt 21,1). So wird man den Ort doch mehr am Ölberg selbst suchen müssen.

Die Franziskaner erwarben hier 1883 ein Grundstück und erbauten darauf ein Kirchlein, nachdem man 1870 durch Zufall einen großen bemalten würfelförmigen Stein von gut einem Meter Seitenlänge aus der Kreuzfahrerzeit gefunden hatte. Auf dem Stein sieht man auf der Südseite, nach Betanien zu, *Marta und Maria und den auferweckten Lazarus.* Die Ostseite zeigt *Männer mit Palmzweigen* in den Händen, auf der Nordseite schauen Dorfbewohner dem *Losbinden der Eselin* und ihres Fohlens zu, während auf der Westseite unten verstümmelt der Name *Betfage* zu erkennen ist. 1950 hat der Italiener C. Vagarini die fehlenden Teile der Malerei behutsam ergänzt und die Kirche in ähnlichem Stil mit dem Einzug Jesu in Jerusalem bemalt. 2014 wurde die Kirche renoviert und der Altarraum neu gestaltet.

Schon in byzantinischer Zeit gab es in Betfage eine Kirche. Die Kreuzfahrer pflegten von hier ihre Palmprozession nach Jerusalem zu machen. Die Franziskaner führten diese Tradition weiter, bis sie im Jahr 1563 verboten wurde. Erst 1933 konnte der alte Brauch wieder aufgenommen werden. In Betfage beginnt um 14.30 Uhr die Jerusalemer Palmprozession und zieht über den Ölberg nach Jerusalem. Es ist die größte öffentliche Veranstaltung der katholischen Kirche im Heiligen Land, eine der wenigen Gelegenheiten, zu welcher einheimische Christen aus dem ganzen Land, zahlreiche Gastarbeitergemeinden und Pilger aus aller Welt gemeinsam ihren Glauben feiern. Der „richtige" Endpunkt wäre nach dem Vorbild Jesu der Tempelplatz. Dagegen sprechen nicht nur praktische Gründe – der Tempelplatz ist heute ein muslimisches Heiligtum –, sondern auch älteste kirchliche Tradition: Schon die Pilgerin Aetheria berichtet Ende des 4. Jh., dass die Palmprozession in der Grabeskirche endete. Heute zieht die Prozession durch das einzige offene Stadttor im Osten, durch das Stefanstor, und schließt mit dem Segen des Patriarchen im geräumigen Hof der St.-Anna-Kirche.

Im Grundstück hinter der Betfagekirche wurde ab 2000 eine Wohnanlage für christliche Familien errichtet. Zwischen den Häusern und im daran anschließenden Olivenhain liegen eine Reihe von Grabanlagen, die zur Zeit Jesu in Benutzung waren. An manchen von ihnen ist noch der Rollstein zu erkennen, mit dem sie ursprünglich verschlossen waren. Wer keine Angst vor engen Räumen oder staubiger Kleidung hat, kann in einige davon hineinkriechen. Sie geben einen guten Eindruck davon, wie Gräber damals aussahen – nicht zu-

letzt das Grab Jesu, von welchem man sich ja in der Grabeskirche
nur noch schwer ein Bild machen kann.

Geht man von der Betfagekirche aus wieder auf die Straße, wendet
sich nach links und folgt dem Verlauf der Klostermauer zur Linken,
sieht man rechts auf dem Hügel eine moderne griechisch-orthodoxe
Kirche, die ebenfalls an das Palmsonntagsgeschehen erinnert. Auf
diesem Weg konnte man bis vor wenigen Jahren in einem etwa 15-
minütigen Spaziergang Betanien erreichen. Heute steht man bald
vor der acht Meter hohen Betonmauer, die trennt, was eigentlich zu-
sammengehört.

Betanien

Die Straße von Jerusalem nach Osten führte bis vor Kurzem südlich
um den Ölberg herum über Betanien und hinab in Richtung Jericho
und Totes Meer. Heute ist sie durch den Bau der Mauer blockiert,
man muss einen weiten Umweg machen. Um von Jerusalem nach
Betanien zu kommen, verlässt man Jerusalem auf der Autobahn
Nr. 1 Richtung Osten. Nach einem langen und steilen Gefälle verlässt man sie an der *Adumim Interchange* in Richtung Maale Adumim. Wieder auf der Höhe biegt man am Kreisverkehr rechts ab;
Schilder weisen darauf hin, dass man hier palästinensisches Autono-
miegebiet betritt.

Der alte Name von Betanien kann als *Bet Hananja* verstanden werden, d.h. *Haus* eines nicht näher bekannten *Hananias.* Arabisch
heißt der Ort heute *al-Ezaríje,* was dem schon von Aetheria bezeugten *Lazarium* entspricht und das Lazarusgrab als die Hauptsache
herausstellt. Heute ist Betanien bis an den erwähnten Kreisverkehr
herausgewachsen. Die Hauptstraße ist gesäumt von Läden und
Werkstätten; trotz israelischer Warnschilder lassen es sich auch
manche Israelis nicht nehmen, hier billiger einzukaufen oder ihre
Autos reparieren zu lassen. Nach ca. 4 km liegt in einer Linkskurve
rechts ein Busparkplatz, dahinter sieht man in einer Grünanlage die
moderne Lazaruskirche.

Kurz zuvor liegt an der linken Straßenseite eine neue griechisch-orthodoxe Kirche, hinter der sich ein kleineres, 1881 erbautes Kirchlein versteckt; leider ist das Grundstück meistens verschlossen. Hier
wird die erste Begegnung Jesu mit Marta vor der Auferweckung des
Lazarus lokalisiert (Joh 11,20-27). Tatsächlich kennt bereits die Pilgerin Aetheria (381–384) den Brauch, in einer Kirche an der Straße, 500 Schritt von Betanien, eine Art Statio zu begehen, der dann
am *Lazarium* die eigentliche Feier folgte.

Im Lukasevangelium ist zunächst von den Schwestern Marta und
Maria die Rede, die in Betanien wohnten und in deren gastfreundli-
chem Haus Jesus einkehrte:

> Sie zogen zusammen weiter und er kam *in ein Dorf.* Eine Frau
> namens Marta nahm ihn freundlich auf. Sie hatte eine Schwes-
> ter, die Maria hieß. Maria setzte sich dem Herrn zu Füßen und
> hörte seinen Worten zu. Marta aber war ganz davon in An-
> spruch genommen, für ihn zu sorgen. Sie kam zu ihm und sag-
> te: Herr, kümmert es dich nicht, dass meine Schwester die
> ganze Arbeit mir allein überlässt? Sag ihr doch, sie soll mir
> helfen! Der Herr antwortete: Marta, Marta, du machst dir viele
> Sorgen und Mühen. Aber nur eines ist notwendig. Maria hat
> das Bessere gewählt, das soll ihr nicht genommen werden (Lk
> 10,38-42).

Im Johannesevangelium hören wir zudem von Lazarus, dem Bruder
der beiden Schwestern, wie er erkrankte, starb und von Jesus auferweckt wurde:

> Ein Mann war krank, Lazarus aus *Betanien,* dem Dorf, in dem
> Maria und ihre Schwester Marta wohnten. Maria ist die, die
> den Herrn mit Öl gesalbt und seine Füße mit ihrem Haar abge-
> trocknet hat; deren Bruder Lazarus war krank. Daher sandten
> die Schwestern Jesus die Nachricht: Herr, dein Freund ist
> krank. Als Jesus das hörte, sagte er: Diese Krankheit wird
> nicht zum Tod führen, sondern dient der Verherrlichung Got-
> tes: Durch sie soll der Sohn Gottes verherrlicht werden. Denn
> Jesus liebte Marta, ihre Schwester und Lazarus. Als er hörte,
> dass Lazarus krank war, blieb er noch zwei Tage an dem Ort,
> wo er sich aufhielt …
> Als Jesus ankam, fand er Lazarus schon vier Tage im Grab
> liegen. *Betanien war nahe bei Jerusalem,* etwa fünfzehn Sta-
> dien entfernt. Viele Juden waren zu Marta und Maria gekom-
> men, um sie wegen ihres Bruders zu trösten. Als Marta hörte,
> dass Jesus komme, ging sie ihm entgegen, Maria aber blieb im
> Haus. Marta sagte zu Jesus: Herr, wärst du hier gewesen, dann
> wäre mein Bruder nicht gestorben. Aber auch jetzt weiß ich:
> Alles, worum du Gott bittest, wird Gott dir geben. Jesus sagte
> zu ihr: Dein Bruder wird auferstehen.
> Marta sagte zu ihm: Ich weiß, dass er auferstehen wird bei der
> Auferstehung am Letzten Tag. Jesus erwiderte ihr: Ich bin die
> Auferstehung und das Leben. Wer an mich glaubt, wird leben,
> auch wenn er stirbt, und jeder, der lebt und an mich glaubt,
> wird auf ewig nicht sterben. Glaubst du das? Marta antwortete
> ihm: Ja, Herr, ich glaube, dass du der Messias bist, der Sohn
> Gottes, der in die Welt kommen soll. Nach diesen Worten

ging sie weg, rief heimlich ihre Schwester Maria und sagte zu
ihr: Der Meister ist da und lässt dich rufen.
Als Maria das hörte, stand sie sofort auf und ging zu ihm.
Denn Jesus war noch nicht in das Dorf gekommen; er war
noch dort, wo ihn Marta getroffen hatte. Die Juden, die bei
Maria im Haus waren und sie trösteten, sahen, dass sie plötzlich aufstand und hinausging. Da folgten sie ihr, weil sie
meinten, sie gehe zum Grab, um dort zu weinen.
Als Maria dorthin kam, wo Jesus war, und ihn sah, fiel sie ihm
zu Füßen und sagte zu ihm: Herr, wärst du hier gewesen, dann
wäre mein Bruder nicht gestorben. Als Jesus sah, wie sie
weinte und wie auch die Juden weinten, die mit ihr gekommen
waren, war er im Innersten erregt und erschüttert. Er sagte:
Wo habt ihr ihn bestattet? Sie antworteten ihm: Herr, komm
und sieh! Da weinte Jesus. Die Juden sagten: Seht, wie lieb er
ihn hatte! Einige aber sagten: Wenn er dem Blinden die Augen geöffnet hat, hätte er dann nicht auch verhindern können,
dass dieser hier starb? Da wurde Jesus wiederum innerlich erregt und er ging zum Grab. Es war eine Höhle, die mit einem
Stein verschlossen war. Jesus sagte: Nehmt den Stein weg!
Marta, die Schwester des Verstorbenen, entgegnete ihm: Herr,
er riecht aber schon, denn es ist bereits der vierte Tag. Jesus
sagte zu ihr: Habe ich dir nicht gesagt: Wenn du glaubst, wirst
du die Herrlichkeit Gottes sehen? Da nahmen sie den Stein
weg. Jesus aber erhob seine Augen und sprach: Vater, ich danke dir, dass du mich erhört hast. Ich wusste, dass du mich immer erhörst; aber wegen der Menge, die um mich herum steht,
habe ich es gesagt; denn sie sollen glauben, dass du mich gesandt hast. Nachdem er dies gesagt hatte, rief er mit lauter
Stimme: Lazarus, komm heraus! Da kam der Verstorbene heraus; seine Füße und Hände waren mit Binden umwickelt und
sein Gesicht war mit einem Schweißtuch verhüllt. Jesus sagte
zu ihnen: Löst ihm die Binden und lasst ihn weggehen! Viele
der Juden, die zu Maria gekommen waren und gesehen hatten,
was Jesus getan hatte, kamen zum Glauben an ihn (Joh 11,1-6.
17-45).

Im Anschluss daran erzählt Johannes noch eine dritte Geschichte
von den drei Geschwistern, die auf Jesu eigenen nahen Tod voraus-
weist:

Sechs Tage vor dem Paschafest kam Jesus *nach Betanien,* wo
Lazarus war, den er von den Toten auferweckt hatte. Dort
bereiteten sie ihm ein Mahl; Marta bediente und Lazarus war
unter denen, die mit Jesus bei Tisch waren. Da nahm Maria
ein Pfund echtes, kostbares Nardenöl, salbte Jesus die Füße

und trocknete sie mit ihrem Haar. Das Haus wurde vom Duft
des Öls erfüllt. Doch einer von seinen Jüngern, Judas Iskariot,
der ihn später verriet, sagte: Warum hat man dieses Öl nicht
für dreihundert Denare verkauft und den Erlös den Armen gegeben? Das sagte er aber nicht, weil er ein Herz für die Armen
gehabt hätte, sondern weil er ein Dieb war; er hatte nämlich
die Kasse und veruntreute die Einkünfte. Jesus erwiderte: Lass
sie, damit sie es für den Tag meines Begräbnisses tue. Die Armen habt ihr immer bei euch, mich aber habt ihr nicht immer
bei euch (Joh 12,1-8).

In der Parallelüberlieferung dieser Erzählung bei den Evangelisten
Markus und Matthäus findet sich dafür noch eine genauere Angabe:
„Als Jesus *in Betanien* im Haus Simons des Aussätzigen bei Tisch
war" (Mk 14,3 = Mt 26,6).
Die Verehrung des Ortes (Übersichtsplan: Tafel XXVa) in der Antike ist bestens bezeugt. Schon der Pilger von Bordeaux (333 n.Chr.)
erwähnt die „Krypta, wo Lazarus bestattet war, den der Herr aufer-
weckte", und die aufmerksame Aetheria beschreibt die liturgischen
Feiern am Lazarium. Zu der auch von Hieronymus bezeugten ersten
Kirche gehören die wenigen, aber vorzüglich gearbeiteten Mosaikreste im Hof vor der heutigen lateinischen Lazaruskirche; ihre Apsis
(teilweise sichtbar gemacht) lag vor dem Eingang der heutigen Kirche. Der Kirche des 4.Jh. folgte (nach einem Erdbeben?) um 500 eine zweite Kirche. Deren Apsis war 13 m nach Osten verschoben und
entspricht dem Presbyterium der heutigen Kirche; sie bot somit
mehr Raum. Zu ihr gehören einige der Mauern, welche den Vorhof
der heutigen Kirche umrahmen, sowie die zwei Pfeilersockel im
Hof. Diese Kirche überstand die arabische Eroberung; Bischof Arkulf kennt dort um 680 sogar „ein großes Kloster und eine große
Basilika".
Die mittelalterliche Kirche entsprach weitgehend der byzantinischen. Melisenda, die Gemahlin des Königs Fulk von Jerusalem
(1131–1143) und später selbst Regentin für ihren minderjährigen
Sohn Balduin III., erwarb 1138 Betanien und stiftete dort mit könig-
licher Gebefreudigkeit ein Benediktinerinnenkloster, in das ihre jüngere Schwester eintrat, die dort Äbtissin wurde. Das Kloster war in
Terrassen an den Hang gebaut und hatte zwei Schutztürme für den
Notfall, einen unten im Grundstück der Franziskaner (oberhalb des
Eingangs), den anderen weiter oben, oberhalb der griechisch-orthodoxen Kirche. Reste des Klosters sind vor allem südwestlich der
modernen Kirche zu sehen (im Vorhof hinten rechts). Dort sind heute mehrere Kapellen für Pilgergruppen eingerichtet, einige ausges-
tellte landwirtschaftliche Geräte sind eine Erinnerung an das früher
bäuerlich geprägte Dorf.

Die heutige Lazaruskirche wurde unter Leitung des Architekten A. Barluzzi in den Jahren 1952-54 erbaut, nachdem das Gelände von den Franziskanern schon im 19. Jh. angekauft und nach dem Zweiten Weltkrieg gründlich erforscht worden war. Die neue Kirche hält sich an die Breite der zweiten byzantinischen Kirche, ist aber kürzer und lässt so Raum für einen schönen Vorhof. Die Form eines griechischen Kreuzes (mit gleichlangen Kreuzarmen), aber ganz ohne Fenster, ahmt ein Grabmonument nach. Nur durch die gläserne Kuppel kommt von oben Licht in die Kirche, ein architektonischer Hinweis auf die Auferstehung, sowohl die des Lazarus als auch die von Jesus, auf die er hier hinwies: „Ich bin die Auferstehung und das Leben" (Joh 11,25; siehe das Mosaik über dem Hauptaltar). Die Mosaike in den Kreuzarmen stammen vom italienischen Künstler Cesare Vagarini. In ihnen finden die drei Evangelienabschnitte, die Betanien betreffen, ihre Darstellung.

Um in das *Lazarusgrab* zu kommen, verlässt man das Grundstück der Franziskaner durch den oberen Eingang und wendet sich nach links oben. Das Felsengrab war im Mittelalter Teil einer heute als Moschee genutzten zweiten Kirche. Der ursprüngliche direkte Zugang von der Kirche aus wurde vermauert, stattdessen erreichten die Franziskaner 1613, eine steile Treppe mit 24 Stufen von der Straße aus anlegen zu dürfen, um ins Grab zu kommen, ohne die Moschee betreten zu müssen. Das Grab selbst wurde mehrfach umgestaltet. Es besteht aus einem Vorraum mit einem mittelalterlichen Spitzbogengewölbe und der Grabkammer, in welcher aber die *Loculi,* die Plätze für die Verstorbenen, vermauert sind.

Gegenüber dem Lazarusgrab hat man weitere Gräber gefunden. Oberhalb des Lazarusgrabes befindet sich die neue griechisch-orthodoxe Lazaruskirche (1965), die aus Ober- und Unterkirche besteht. Daneben liegt die Ruine einer der Wehrtürme, die die Königin Melisenda zur Sicherheit der Nonnen anlegen ließ. Archäologische Sondierungen ergaben, dass das Dorf Betanien ursprünglich oberhalb des Lazarusgrabes lag. Ein jüdisches Grab konnte ja nicht innerhalb eines Ortes liegen.

30. DAS UNTERE KIDRONTAL UND DIE DAVIDSTADT

Das Kidrontal (zum oberen Kidrontal siehe S.499) liegt östlich der Jerusalemer Altstadt und der sich südlich daran anschließenden Davidstadt, der Keimzelle Jerusalems. Südlich der Davidstadt mündet das von Westen kommende Hinnomtal in das Kidrontal. Beide Täler lagen zwar bis in die jüngere Vergangenheit außerhalb der Stadt, sind aber trotzdem reich an antiken Zeugnissen. In den Tälern und an den angrenzenden Hängen wurden in den letzten Jahren mehrere grüne und archäologische Zonen errichtet, weitere sind in Planung. Diese städtebaulich an sich zu begrüßende Entwicklung hat freilich eine Kehrseite: Sie befinden sich großteils auf Land, das den arabischen Bewohnern teils abgekauft, teils enteignet wurde. Sollten auf diese Weise die arabischen Stadtteile im Osten und Süden der Stadt von der Altstadt abgeschnitten werden, wäre dies ein Beispiel für eine unerfreuliche Allianz zwischen Politik und Archäologie.

Die antiken Grabmonumente

Im Kidrontal findet man gegenüber der Tempelzinne einige auffällige Grabmäler: die Gräber *Abschaloms, Joschafats,* der *Söhne des Hesir,* des *Zacharias* und das kleinere *Zadokgrab.* All diesen Gräbern ist gemeinsam, dass wir nicht wissen, für wen sie errichtet wurden. Die heute üblichen Bezeichnungen identifizieren sie als Grabstätten biblischer Persönlichkeiten; diese Identifizierungen wechselten freilich in der Geschichte mehrfach.

Das *Abschalomgrab* ist das auffallendste der Gräber: ein aus dem Felsen herausgeschnittenes Mausoleum aus der ersten Hälfte des 1.Jh. n.Chr., das von einem gemauerten Zylinderdach (insgesamt 20 m hoch) bekrönt wird. Ionische Säulen, ein dorisches Fries und ein ägyptisches Gesims ergeben eine eigenartige Stilmischung, die aber in hellenistischer Zeit nicht ungewöhnlich ist und im übrigen ein wenig an die Grabmonumente von Petra erinnert. In byzantinischer Zeit sah man darin teils das Grab von König Hiskija (2 Kön 18–20; so der Pilger von Bordeaux im Jahr 334), teils das des Jakobus (s.u.; so Theodosius um 520); auch andere biblische Personen wurden genannt. Ab dem 10.Jh. n.Chr. ist die jüdische Identifizierung als Abschalomgrab nachzuweisen, die seit dem 15.Jh. in jüdischen wie christlichen Quellen Allgemeingut geworden ist. In der Bibel heißt es vom Davidssohn Abschalom:

Abschalom hatte sich schon zu Lebzeiten den *Gedenkstein, der jetzt im Königstal steht,* herbeischaffen und für sich aufstellen lassen; denn er sagte sich: Ich habe keinen Sohn, der meinen Namen im Gedächtnis (der Menschen) halten würde. Er benannte den Stein nach seinem Namen, deshalb heißt er bis heute „*Abschaloms Hand*" (2 Sam 18,18).

Wo das Königstal war, ist unbekannt, aber es war ziemlich sicher weiter weg von Jerusalem. In diesem Grab wurde er dann auch gar nicht beigesetzt, er war nämlich bei einem gescheiterten Putschversuch gegen seinen Vater, König David, ums Leben gekommen.

Sie (Davids Krieger) nahmen Abschalom und warfen ihn im Wald in eine tiefe Grube und errichteten über ihm einen riesigen Steinhaufen (2 Sam 18,17).

Ab dem späten Mittelalter war es bei Christen wie Juden üblich, das Grab des ruchlosen Thronusurpators mit Steinen zu bewerfen. Daher war es bis in die 1920er-Jahre zur Hälfte unter Steinen und Schutt verborgen. Seit der Freilegung ist der hochgelegene Eingang nicht mehr ohne Hilfsmittel zu erreichen.

Das *Joschafatgrab* liegt unmittelbar dahinter. Es ist ein System von acht Grabhöhlen, die miteinander mehrfach verbunden sind, und ist wohl kurz nach dem Abschalomgrab entstanden. In der Antike fand es weniger Beachtung als jenes, vereinzelt sah man es als Grab von Josef von Nazaret, von Simeon oder von König Manasse an. Seit dem 15. Jh. setzte sich, aufgrund der Lage im *Tal Joschafat* (siehe S. 494), die Bezeichnung Joschafatgrab durch. König Joschafat wurde freilich nach biblischem Zeugnis (1 Kön 22,51) in der Davidstadt begraben.

Schlichter und etwas älter (um 100 v. Chr.) ist das höher gelegene *Grab der Söhne Hesirs.* Eine hebräische Inschrift an der dorischen Fassade – mit zwei Pfeilern außen und zwei Säulen in der Mitte – nennt verschiedene Namen aus der priesterlichen Familie *Hesirs,* die man aus der Bibel kennt (1 Chr 24,15). Die Kupferrolle aus Qumran sieht darin das Grab von Zadok (s. u.), ebenfalls ein Priester. Eine judenchristliche Tradition (um 180 n. Chr., bei Eusebius überliefert) sah darin das *Grab des Jakobus* (des Jüngeren, des Herrenbruders, siehe S. 460), der im Jahr 62 von der Zinne des Tempels (gegenüber) hinabgestürzt wurde. Bereits der jüdische Geschichtsschreiber Flavius Josephus berichtet von seiner Verurteilung durch den Hohen Rat und seiner Hinrichtung auf dem Tempelplatz. Der Beginn der Jakobustradition ist in Legenden gehüllt. Auch eine Verbindung zur Zadoktradition ist nicht auszuschließen, denn Jakobus trug, um ihn von anderen neutestamentlichen Trägern des gleichen Namens zu unterscheiden (vgl. S. 460), in frühchristlicher Zeit den Beinamen der „Gerechte", hebr. *Zadiq.*

Der sich daran anschließende aus dem Felsen ausgemeißelte Kubus mit seiner ebenmäßigen Pyramide stammt aus den letzten Jahrzehnten vor der Zeitenwende und wird heute als *Grab des Zacharias* bezeichnet. Im 1. Jahrtausend n.Chr. wechselten auch hier in jüdischen und christlichen Quellen die Bezeichnungen nach biblischen Personen (z.B. Jesaja, Simeon oder der Jebusiter Arauna). In der Antike hielt man zuweilen das (heutige) Abschalomgrab für das Grab des Zacharias, erst ab dem 15.Jh. scheint diese Bezeichnung auf das jetzige Zachariasgrab übergegangen zu sein. Das Ganze wird dadurch noch komplizierter, dass es in der Bibel mehrere Personen mit diesem Namen gibt – im Hebräischen tragen diese drei Personen denselben Namen, erst spätere Bibelübersetzungen, darunter die Einheitsübersetzung, unterscheiden sie.

Ein *Secharja,* Sohn des Jojada, wurde „auf Befehl des Königs im Hof des Hauses des HERRN" gesteinigt (2 Chr 24,20-22), was Jesus erwähnt:

> So wird all das unschuldige Blut über euch kommen, das auf Erden vergossen worden ist, vom Blut Abels, des Gerechten, bis zum Blut des Zacharias, Barachias' Sohn, den ihr im Vorhof zwischen dem Tempelgebäude und dem Altar ermordet habt (Mt 23,35).

Bei „Zacharias, Barachias' Sohn" – der Vatersname fehlt in einigen alten Evangelienhandschriften – handelt es sich dagegen um den Schriftpropheten *Sacharja* (griech. *Zacharias*), von dem das biblische Buch Sacharja überliefert ist (vgl. Sach 1,1.7). Über dessen Tod und Begräbnis wissen wir aus der Bibel nichts. Die *Vitae Prophetarum,* die „Leben der Propheten", eine jüdische Schrift aus der ersten Hälfte des 1.Jh. n.Chr., erwähnt sein Grab, zusammen mit dem des Propheten Haggai, und hat dabei wohl die Grabmonumente im Kidrontal vor Augen – die Tradition der Prophetengräber weiter oben am Ölberg ist viel jünger (17.Jh., siehe S.496). Überdies zog man auch noch den Priester *Zacharias,* den Vater Johannes' des Täufers, in Erwägung. Auch über dessen Lebensende schweigt die Bibel; christliche Legenden (seit Origenes, um 230) halten auch ihn für einen Märtyrer im Tempel.

Die Grabpyramide gehörte zum unscheinbaren und unvollendeten *Grab des Zadok,* das sich rechts davon anschließt. Dabei ist an den berühmten Priester Zadok aus der Zeit Davids zu denken, von dem sich die Partei der *Sadduzäer* ableitet (2 Sam 8,17, 1 Chr 5,38-41).

Diese antiken Grabmonumente im Kidrontal sind nicht so einzigartig, wie es scheint; es sind nur die vornehmsten, die allen sichtbar waren und die Phantasie angeregt haben. Dass Jesus mit seinem Weheruf diese Monumente vor Augen hatte, ist nicht auszuschließen, aber auch nicht sicher zu sagen:

Weh euch, ihr Schriftgelehrten und Pharisäer, ihr Heuchler! Ihr errichtet den Propheten *Grabstätten* und schmückt die Denkmäler der Gerechten und sagt dabei: Wenn wir in den Tagen unserer Väter gelebt hätten, wären wir nicht wie sie am Tod der Propheten schuldig geworden (Mt 23,29-30).

Silwan

Wenig talabwärts liegt beiderseits des Tales an den Hängen das ausgedehnte, dicht bevölkerte Dorf *Silwan,* heute ein arabischer Vorort von Jerusalem. Es hat seinen Namen vom Teich *Schiloach* (arab.: *Silwan*), der weiter unten liegt (siehe S. 527). Das Dorf ist ab dem 10. Jh. n. Chr. vereinzelt erwähnt. Vor allem arme arabische Familien siedelten sich in den Höhlen des östlichen Berghanges an, in denen einst christliche Mönche gelebt hatten. Ihnen schlossen sich in den 1880er-Jahren ebenfalls arme jüdische Familien aus dem Jemen an; während der Unruhen in den 30er-Jahren mussten sie jedoch das Viertel verlassen.

Den Berg am Osthang des Kidrontales, an dem sich dieses Dorf zunächst ausgebreitet hat, heißt traditionell *Berg des Ärgernisses.* Auch dieser Name ist biblisch begründet und meint die heidnischen Opferstätten, die König Salomo für seine ausländischen Frauen auf der anderen Seite des Kidrontales errichtet hat:

> Als Salomo älter wurde, verführten ihn seine Frauen zur Verehrung anderer Götter, so dass er dem HERRN, seinem Gott, nicht mehr ungeteilt ergeben war wie sein Vater David. Er verehrte Astarte, die Göttin der Sidonier, und Milkom, den Götzen der Ammoniter. Er tat, was dem HERRN missfiel, und war ihm nicht so vollkommen ergeben wie sein Vater David. Damals baute Salomo *auf dem Berg östlich von Jerusalem* eine Kulthöhe für Kemosch, den Götzen der Moabiter, und für Milkom, den Götzen der Ammoniter. Dasselbe tat er für alle seine ausländischen Frauen, die ihren Göttern Rauch- und Schlachtopfer darbrachten (1 Kön 11,4-8).

Wie die Felsen weiter oben am Fuß des Ölbergs als Gräber genutzt wurden, so auch hier in unmittelbarer Nachbarschaft zur Davidstadt. Das bekannteste antike Grab in Silwan ist das „Grab der Tochter Pharaos" (*Qabr Bint al-Firaun*). Es liegt im nördlichen Teil des Dorfes am felsigen oberen Rand des Steilhangs und sieht wie die umliegenden kleinen Häuser aus, hat aber nur eine einzige Öffnung. Bei genauerer Betrachtung erkennt man es als einen aus dem Fels herausgeschnittenen Block (5×4 m), der ehemals in eine Pyramide auslief und im Inneren eine Grabkammer aufwies, also in etwa dem

Zachariasgrab ähnelte. Von einer althebräischen Inschrift sind leider nur die letzten Buchstaben erhalten. Man datiert das Monumentalgrab in die Zeit der israelischen Monarchie, etwa 700 v. Chr.

Auf derselben Höhe liegt in einer felsigen Lücke zwischen den Häusern ein weiteres Grab, dessen althebräische Inschrift (nach 700 v. Chr., heute im Britischen Museum in London) lautet:

> Dies ist das Grab des ...-Jahu, der über dem Haus (steht). Hier ist kein Silber und kein Gold, sondern sind nur seine Gebeine und die Gebeine seiner Sklavin bei ihm. Verflucht sei, wer hier öffnet.

Dieses Grab illustriert trefflich das Prophetenwort des Jesaja an einen königlichen Minister:

> So spricht Gott, der HERR der Heere: Auf, geh zu dem Verwalter hier, zu Schebna, dem Palastvorsteher, und sag: Wie kommst du dazu und wer bist du denn, dass du dir hier ein Grab aushauen lässt? – Da lässt er sich hoch oben ein Grab aushauen, im Felsen sich eine Wohnung ausmeißeln! – Gib acht, der HERR wird dich in hohem Bogen wegschleudern ..., du Schandfleck im Haus deines HERRN (Jes 22,15-18).

Sogar die Amtsbezeichnung *ascher al ha-Bajt,* wörtlich „der über dem Haus (steht)", also *Palastvorsteher,* ist gleich. Man kann zwar nicht mit Sicherheit sagen, ob der Prophet bei seinem Spruch gerade diese Grabstätte vor Augen gehabt habe, aber Silwan war offensichtlich ein Platz für solche Noblengräber.

Die Davidstadt

Auf der westlichen Seite des Tales liegt, steil über dem Talgrund aufsteigend, der Südosthügel Jerusalems, die südliche Fortsetzung des Tempelberges. Er hieß *Ofel* (2 Chr 33,14) und trug das älteste Jerusalem, eine kanaanäische Stadt des Volkes der Jebusiter – also die Stadt, die David eroberte (2 Sam 5,6-9, s. u.), daher der moderne Name *Davidstadt.* Von hier aus wird die Charakterisierung Jerusalems aus den Psalmen gut nachvollziehbar:

> Ein Wallfahrtslied (wörtlich: Aufstiegsgesang). Wer auf den HERRN vertraut, steht fest wie der Zionsberg, der niemals wankt, der ewig bleibt. Wie Berge Jerusalem rings umgeben, so ist der HERR um sein Volk, von nun an auf ewig (Ps 125,1-2).

Von der Davidstadt wurden und werden durch Heerscharen von Archäologen viele Bereiche untersucht und freigelegt. Einerseits bringt man so aufschlussreiches Material zutage, das eine Fülle neuer Einblicke in die Geschichte dieses Ortes ermöglicht. Andererseits geschieht dies immer wieder zu Lasten der gegenwärtigen, meist arabischen Bewohner des Stadtteils. Das Problem archäologischer Ausgrabungen in bewohnten Gebieten ist nicht auf Jerusalem beschränkt. Es birgt aber enormen Zündstoff, wenn mithilfe von Funden aus vergangenen Jahrtausenden Besitzansprüche für die Gegenwart legitimiert werden sollen.

In der Zeit Jesu war die einstmalige Davidstadt ein Viertel mit bescheidenen Häusern, weil sich die Stadt längst nach Westen und Norden ausgedehnt hatte. Auch in byzantinischer Zeit hatte die Davidstadt eine eher unbedeutende Randposition. Durch den veränderten Verlauf der Stadtmauer ab der frühislamischen Zeit blieb dieser Bereich außerhalb der Stadt und wurde hauptsächlich landwirtschaftlich genutzt. Erst Ende des 19. Jh. breitete sich das Dorf Silwan hierher aus, sowohl arabische als auch jüdische Familien zogen hierher. Die Juden mussten in den 30er-Jahren diesen Stadtteil verlassen, seit den 90er-Jahren beleben Siedlungen das jüdische Leben in diesem arabischen Teil der Stadt wieder.

Die Ausgrabungen sind heute in einem Nationalpark erschlossen, der Zugang ist von der Straße unterhalb der Südostecke der Stadtmauer (der Tempelzinne), wenig östlich vom Misttor. Vom Eingangsbereich links erreicht man einen Aussichtspunkt und einen kleinen Saal, in dem ein Film über die Stadtgeschichte gezeigt wird. Dieser beschränkt sich allerdings auf die Zeit jüdischer Herrschaft über die Stadt; dass diese nicht durchgängig war, wird nur kurz erwähnt. Unter dem Eingangsbereich (einer hölzernen Terrasse) wurde 2005 von der israelischen Archäologin Eilat Mazar ein großes steinernes Gebäude ausgegraben, das sie als Palast Davids identifiziert (10. Jh. v. Chr., vgl. 2 Sam 5,9.11). Man kann aufgrund der bisherigen Funde freilich weder beweisen, dass sie Recht noch dass sie Unrecht hat.

Östlich unterhalb davon kommt der Besucher zu einer gestuften Rampe. Sie ist eine Stützmauer des darüber liegenden steinernen Gebäudes, vielleicht der *Millo* (hebr. „Aufschüttung"), der im Zusammenhang mit dem Palast Davids erwähnt ist (2 Sam 5,9). In der Zeit Hiskijas (Ende 8. Jh. v. Chr.) wurden über der Rampe Häuser gebaut, die 586 v. Chr. bei der babylonischen Eroberung durch Feuer zerstört wurden. Man fand das *Haus des Ahiel,* so genannt nach einem Mann, dessen Name auf dort gefundenen Tonscherben vorkommt. Dieses Haus war, wie damals üblich, ein „Vier-Raum-Haus": Drei überdachte Räume umgaben einen Innenhof, der als vierter Raum gilt. Ein interessantes Detail findet sich nördlich (von unten blickend rechts) dieses Hauses: ein steinerner Toilettensitz – nicht nur ein Hinweis darauf, dass auch vor 2700 Jahren Menschen menschliche Bedürfnisse hatten: Eine Toilette in der Nähe der Woh-

nung weist auf Wohlstand der Bewohner hin. Unterhalb dieses Hauses wurden im sogenannten *Siegelhaus* 51 Siegel gefunden. Man
lernt hier viele unbekannte Leute und, wenn nicht alles täuscht, auch
einen hohen Beamten aus der Bibel kennen: *Gemarja, den Sohn
Schafans,* der Staatsschreiber war und für den Propheten Jeremia
Partei ergriff, als König Jojakim mit der Mehrheit des Hofes am
Versöhnungstag wohl des Jahres 604 v.Chr. die Botschaft des Propheten im Feuer verbrannte (Jer 36,9-26).

Folgt man dem Weg von diesem Ausgrabungsareal nach unten (Süden), gelangt man zum *Warren Shaft* („-Schacht"). Er trägt den Namen seines Entdeckers, des Briten Charles Warren (1867). Dieser
steile felsige Tunnel von 41 m Länge ist wohl im 18.Jh. v.Chr. von
den kanaanäischen Bewohnern der Stadt gegraben worden, um ein
Problem zu lösen, dass die Einwohner und Herrscher Jerusalems
noch viele Jahrhunderte lang beschäftigen sollte: Das alte Jerusalem
lag zwar gut gesichert und fast uneinnehmbar auf einem Bergrücken, aber die einzige Wasserquelle, die Gihonquelle, lag östlich davon im Tal, außerhalb der Stadtmauern. Mehrfach hat man teils befestigte, teils versteckte Zugänge von der Stadt zur Quelle angelegt,
später auch Kanäle, um das Wasser in die Stadt zu leiten. Diese
Wassersysteme verschiedener Epochen sind nicht zur Gänze geklärt,
aber weite Teile der Anlagen stehen heute Besuchern offen und lassen erahnen, welche Anstrengungen man unternahm, um im Falle
einer Belagerung an das lebensnotwendige Wasser zu gelangen.

Der Warrenschacht führt zunächst zu einem 12 m tiefen senkrechten
natürlichen Karstschacht, der mit der Gihonquelle in Verbindung
steht. Von seiner Entdeckung 1867 bis zum Ende des vorigen Jahrhunderts hielt man ihn für die Fortsetzung des Warrenschachts. Freilich war man sich immer im Klaren darüber, dass der Karstschacht
zum Wasserschöpfen unpraktisch war: Da er nicht senkrecht zum
Wasser führt, konnte man nicht einfach durch ihn Wasser schöpfen;
um hier zum Wasser hinabzusteigen, wäre eine lange Leiter notwendig gewesen. 1995 wurde eine waagrechte Verlängerung des Warrenschachts freigelegt, durch die man zu einem befestigten Becken
gelangen konnte. Möglicherweise hatte der natürliche Karstschacht
ursprünglich gar keine Verbindung zum Warrenschacht, gehörte also nicht zur kanaanäischen Wasserversorgung. Wie auch immer, bei
irgendeinem dieser Tunnel handelt sich wohl um den *Zinnor* (hebr.
„Schacht"), durch den König David und seine Männer in die Stadt
eindrangen, indem sie diese Schwachstelle ausnützten:

> Der König (David) zog mit seinen Männern *nach Jerusalem*
> gegen die Jebusiter, die in dieser Gegend wohnten. Die Jebusi-
> ter aber sagten zu David: Du kommst hier nicht herein; die
> Blinden und Lahmen werden dich vertreiben. Das sollte besa-

gen: David wird hier nicht eindringen. Dennoch eroberte David die Burg Zion; sie wurde die Stadt Davids. David sagte an jenem Tag: Jeder, der *den Schacht* (hebr. *Zinnor*) erreicht, soll die Jebusiter erschlagen, auch die Lahmen und Blinden, die David in der Seele verhasst sind. Daher sagt man: Ein Blinder und ein Lahmer kommt nicht ins Haus. David ließ sich in der Burg nieder und nannte sie die *Stadt Davids*. Und David begann ringsum zu bauen, und zwar vom Millo an bis zur Burg (2 Sam 5,6-9).

Durch den kanaanäischen Gang gelangt man zu einem mit einer modernen Betonkonstruktion überdachten Ausgrabungsareal, wo über der Gihonquelle Befestigungsanlagen aus verschiedenen Epochen freigelegt sind, angefangen von den Kanaanäern (18. Jh. v. Chr.). Die Engländerin Kathleen Kenyon fand in den 60er-Jahren hier die ersten Reste der Stadtmauer. Neuere Ausgrabungen 1998 unter den israelischen Archäologen R. Reich und E. Shukrun schufen weitere Klarheit. Die Mauer bestand bis zum 6. Jh. v. Chr., bezog den Brunnenschacht mit ein und war der Gihonquelle so nah, dass sie auch diese sichern konnte. – Die hier eingerichtete Multi-Media-Show macht den Besuch zwar interessant, aber die Ruinen nicht übersichtlicher. Weiter nach unten kommt man von hier aus zur Gihonquelle.

Einen guten Überblick über die Davidstadt gewinnt man aus der Ferne, von der anderen Seite des Kidrontales her: Man biegt, von Getsemani kommend, von der Hauptstraße in den kleinen Weg rechts ein, der zu einem ummauerten Grundstück führt: das frühere syrisch-katholische Priesterseminar, jetzt eine Pilgerherberge (*Maison d'Abraham,* franz. „Abraham-Haus"). Von hier, aus der Höhe, ist der ganze Süden der Stadt Jerusalem bestens zu überblicken.

Die Gihonquelle

Die nie versiegende *Gihonquelle* (650 m ü. d. M.) entspringt am Fuß des Ofel im Kidrontal. Ihr Wasser kommt durch den karstigen Untergrund aus der Gegend nördlich der heutigen Altstadt, wie man durch einen Unfall in der Abwasserversorgung 2002 feststellen konnte. Ihr Wasser fließt also unter dem Bereich des alttestamentlichen Tempels hindurch, was an die Vision der Tempelquelle des Propheten Ezechiel (siehe S. 660) denken lässt. Bis vor einigen Jahrzehnten war sie eine intermittierende Quelle, das heißt, das Wasser ergoss sich in regelmäßigen Abständen mehrfach am Tag in einem mächtigen Schwall, während sie dazwischen nur ein Rinnsal war. Dieses geologische Phänomen wurde durch mehrere Hohlräume unterschiedlichen Niveaus verursacht, in denen sich das Wasser unterirdisch sammelte, bevor es an der Quelle austrat. Durch die starke Bau- und Ausgrabungstätigkeit in diesem Gebiet ist dieses Phänomen heute nicht mehr zu beobachten. Der Name der Quelle (von hebr. *gíach*, „aufbrechen") leitet sich davon ab.

Etwa 3100 v.Chr. war an der Quelle eine unbefestigte, wohl halbnomadische Ansiedlung entstanden, also lange bevor die Siedlung auf den Hügel wanderte und als Stadt Jerusalem in die bekannte Geschichte eintrat. In der christlichen Tradition heißt sie *Ain Sitti Marjam*, „Quelle meiner Herrin Maria" (nachzuweisen seit dem 4.Jh. n.Chr.), wohl weil man sich vorstellte, wie Maria dort das Wasser für ihre Mutter Anna im Haus beim Schaftor geholt hat, vielleicht auch aufgrund einer Legende aus dem 15.Jh., dass Maria dort zum Beweis ihrer Jungfräulichkeit habe Wasser trinken müssen (vgl. Num 5,11-31). Bei den muslimischen Arabern heißt die Quelle *Ain Umm ad-Deradsch*, „Quelle der Stufen-Mutter", wahrscheinlich aufgrund der 32 Stufen, die vom Kidrontal zur Quelle hinabführen.

Der Zugang zur Gihonquelle vom Kidrontal ist heute versperrt, man kann sie nur noch über den Warrenschacht vom archäologischen Park der Davidstadt aus erreichen. Das Gewölbe des Quellhauses stammt im inneren Bereich aus dem 1.Jh. n.Chr., im äußeren Bereich aus der mamlukischen Zeit (13.–15.Jh.). In der Südwand kann man einen Mihrab erkennen, eine Gebetsnische Richtung Mekka, ein Zeichen dafür, dass der Ort als Moschee genutzt wurde.

Davids Sohn Salomo wurde an der Gihonquelle zum König gesalbt, nachdem sein Konkurrent, sein Halbbruder Adonija sich an der Rogelquelle weiter unten (siehe S.530) eigenmächtig zum König hatte ausrufen lassen:

> Hierauf befahl König David: Ruft mir den Priester Zadok, den Propheten Natan und Benaja, den Sohn Jojadas! Sie erschienen vor dem König und dieser trug ihnen auf: Nehmt das Gefolge eures HERRN mit euch, setzt meinen Sohn Salomo auf mein eigenes Maultier und führt ihn zum *Gihon* hinab! Dort sollen ihn der Priester Zadok und der Prophet Natan zum König von Israel salben und ihr sollt in das Horn stoßen und rufen: Es lebe König Salomo! Dann zieht mit ihm herauf! Er soll kommen, sich auf meinen Thron setzen und König werden an meiner Stelle; denn ihn habe ich zum Fürsten von Israel und Juda bestimmt ... Der Priester Zadok, der Prophet Natan und Benaja, der Sohn Jojadas, zogen mit den Keretern und Peletern (hebr. *Kreti* und *Pleti*) hinab. Sie setzten Salomo auf das Maultier des Königs David und führten ihn zum *Gihon*. Der Priester Zadok hatte das Salbhorn aus dem Zelt mitgenommen

und salbte Salomo. Hierauf blies man das Widderhorn und alles Volk rief: Es lebe König Salomo! (1 Kön 1,32-39)

Diese Szene zeigt, welch außerordentlichen Stellenwert die Wasserquellen in der frühen Zeit Israels hatten. Zwar gab es den Tempel noch nicht, aber immerhin die Bundeslade und Höhenheiligtümer. Die Salbung Salomos an der Quelle ist also doch erstaunlich.

Während die Wasser der Gihonquelle zunächst durch einen heute begehbaren Kanal zum Königsgarten weiter unten flossen (vgl. Jes 7,3), unternahm König Hiskija angesichts der sich abzeichnenden Assyrergefahr eine glückliche Neuerung. Er ließ die Quelle im Kidrontal völlig zudecken und dafür unter der Stadt hindurch einen Tunnel graben und durch diesen das Wasser in den Schiloachteich leiten. Damit machte er die Wasserversorgung sicherer und versorgte gleichzeitig das neue Viertel am Südwesthügel mit Quellwasser (2 Kön 20,20, 2 Chr 32,3-4.30, Sir 48,17). Das Unternehmen war alles andere als einfach – um 700 v.Chr.! –, denn das Gefälle betrug nur 32 cm, und man war nicht in der Lage, eine geradlinige Verbindung herzustellen, sondern man nutzte natürliche Hohlräume im Karstgestein und umging harte Gesteinsportionen, wahrscheinlich auch – aus Respekt – die darüber liegenden Königsgräber. Von Süden her scheint man zu hoch begonnen zu haben. Der Tunnel ist nämlich am Südende recht hoch und musste wohl nachträglich vertieft werden. In der Mitte macht der Tunnel einige merkwürdige Kurven, die wohl dadurch bedingt sind, dass man den Anschluss von der anderen Seite her suchte. Die Freude über das Zusammentreffen und den fertigen Stollen (533 m lang) spricht aus einer althebräischen Inschrift, die im Ausgang des Tunnels am Schiloachteich angebracht war (heute im archäologischen Museum in Istanbul):

Das ist der Durchbruch, und das war das Ereignis des Durchbruchs: Die Hauer schlugen noch mit der Hacke, einer in Richtung des anderen, es waren noch drei Ellen zum Durchbruch, da wurde die Stimme dessen gehört, der seinem Gegenüber zurief, denn es war ein Riss von Süden nach oben (?). Und am Tag des Durchbruchs schlugen die Hauer, einer in Richtung des anderen, Hacke auf Hacke, und die Wasser flossen vom Ausgang (der Quelle) zum Teich, 1200 Ellen. 100 Ellen war die Höhe des Felsens über dem Kopf der Hauer.

Man kann den Hiskijatunnel durchwaten, man braucht aber eine Taschenlampe (es gibt keine Beleuchtung). Am Anfang ist das Wasser bis zu 70 cm tief, dann wird es flacher (meist gegen 20 cm). Nichts für kalte Tage und nichts für Menschen mit Platzangst: An den schmalsten Stellen ist er 60 cm breit, an den niedrigsten 1,60 m hoch; man braucht etwa eine halbe Stunde.

Wer nasse Füße vermeiden möchte, kann stattdessen den erwähnten Kanal entlanggehen. Er stammt wahrscheinlich aus dem 8. Jh. v. Chr. und führt ebenfalls zum Schiloachteich. Er liegt höher als der Hiskijatunnel, deshalb ist er heute trocken. Von den ursprünglich etwa 400 m Länge sind die ersten 115 m begehbar. An seinem Ausgang kommt man zunächst zu einer Mauer. Es ist unklar, ob es sich dabei um eine Erweiterung der Stadtmauer oder um eine Stützmauer für ein außerhalb der Mauer liegendes Stadtviertel handelte.

Auf dem weiteren Weg kommt man an den *Gräbern des Hauses Davids* vorbei. Diese monumentale Grabanlage stimmt mit den biblischen Zeugnissen über das Grab von König David überein:

> David entschlief zu seinen Vätern und wurde in der Davidstadt begraben (1 Kön 2,10).

Ein jüdisches Begräbnis innerhalb einer Stadt ist ungewöhnlich. Offenbar machte man für die Könige, die Gesalbten des HERRN, eine Ausnahme. Davids Nachfahren und Nachfolger wurden im selben Grab bestattet (z. B. Salomo, 1 Kön 11,43). Auch nach der Zerstörung Jerusalems durch die Babylonier waren diese Gräber noch bekannt:

> Nehemia, der Sohn des Asbuk … arbeitete bis zu der Stelle gegenüber *den Gräbern Davids* und weiter bis zum künstlichen Teich (Neh 3,16).

In späterer Zeit ging dieses Wissen jedoch verloren; man verehrte nun das Grab Davids in einem neueren Stadtteil weiter im Westen, im bis heute bekannten, verehrten (und umstrittenen) Davidsgrab (siehe S. 472). Könnten die Archäologen das Grab von König David in der Davidstadt sicher identifizieren, würde dies womöglich die Konflikte um jenes Davidsgrab entschärfen!

Unweit der Königsgräber wurde vor dem Ersten Weltkrieg eine griechische Inschrift aus dem Jahrhundert Jesu gefunden, die aus einer Synagoge stammt. Zwar wurde die Synagoge selbst nicht entdeckt, da die Gegend in der Folgezeit völlig umgestaltet wurde. Trotzdem war dies eine bedeutende Entdeckung, da es sich um den einzigen archäologischen Beweis handelt, dass es in Jerusalem zu der Zeit, als der Tempel bestand, tatsächlich Synagogen gab – bisher gab es dafür nur literarische Belege (Apg 6,9; 24,12 und mehrere jüdische Quellen). Die Inschrift lautet:

> Theodotus, Sohn des Vettenus, Priester und Synagogenvorsteher, Sohn eines Synagogenvorstehers, Enkel eines Synagogenvorstehers, baute diese Synagoge zum Lesen des Gesetzes und zum Lehren der Gebote und dazu die Herberge und Räume und Wasseranlagen für bedürftige Fremde. Die Synagoge

wurde von seinen Vorfahren, den Ältesten und Simonides gegründet.

Unverkennbar ist der Stolz des Stifters auf seine Abstammung: Er
ist Synagogenvorsteher in der dritten Generation. Man sieht überdies, dass eine Synagoge hauptsächlich dem Studium des Gesetzes
diente und oft mit sozialen Einrichtungen verbunden war. Sie kann
nicht als „Gotteshaus" gelten; das war (und ist) im jüdischen Denken einzig und allein der Tempel.

Der Schiloachteich

Der *Schiloachteich* war wegen der Heilung des Blindgeborenen dem
Jerusalemer Christentum lieb und teuer. Der Ort der Begegnung Jesu mit dem Blindgeborenen ist ungenannt; es sind aber die Wasser
dieses Teiches, die dem Glauben des Blinden die ersehnte Beloh-
nung bringen. Der Evangelist erzählt:

> Unterwegs sah Jesus einen Mann, der seit seiner Geburt blind
> war. Da fragten ihn seine Jünger: Rabbi, wer hat gesündigt?
> Er selbst? Ober haben seine Eltern gesündigt, so dass er blind
> geboren wurde? Jesus antwortete: Weder er noch seine Eltern
> haben gesündigt, sondern das Wirken Gottes soll an ihm of-
> fenbar werden. Wir müssen, solange es Tag ist, die Werke
> dessen vollbringen, der mich gesandt hat; es kommt die Nacht,
> in der niemand mehr etwas tun kann. Solange ich in der Welt
> bin, bin ich das Licht der Welt. Als er dies gesagt hatte, spuck-
> te er auf die Erde; dann machte er mit dem Speichel einen
> Teig, strich ihn dem Blinden auf die Augen und sagte zu ihm:
> Geh und wasch dich *in dem Teich Schiloach*! Schiloach heißt
> übersetzt: Der Gesandte. Der Mann ging fort und wusch sich.
> Und als er zurückkam, konnte er sehen (Joh 9,1-7).

Der Evangelist sieht sogar einen besonderen Sinn darin, dass der
Mann sich im *Schiloachteich* waschen sollte. Das hebräische Wort,
von dem der Name *Schiloach* abgeleitet ist, heißt „entsenden" –
durch einen Kanal wird Wasser „entsendet". Der Evangelist entdeckt dahinter einen verborgenen Hinweis auf Jesus, des *Gesandten*
Gottes. Er ist mit seiner uns fremdartigen Deutung keineswegs der
Einzige, der solches versucht. Ganz ähnlich wurde in Qumran und
im rabbinischen Judentum ein fast identisches Wort im Jakobssegen
(Gen 49,10; die Einheitsübersetzung schreibt „dem er gehört") auf
den Sohn Davids, den Messias, ausgelegt. Bei den Arabern heißt der
Ort *Ain Siloam*, was als „Quelle des Trostes" verstanden werden
kann. Eine Legende sagt:

Wer traurig ist und von diesem Wasser trinkt, erfährt Trö-
stung. Warum? Weil es von der *Gihonquelle* stammt, die einer
der vier Flüsse des Gartens Eden ist (vgl. Gen 2,10-14).

Überdies kann man einen Zusammenhang zwischen dem Ruf Jesu
im Johannesevangelium und dem *Schiloachteich* entdecken:

> Am letzten Tag des Festes, dem großen Tag, stellte sich Jesus
> hin und rief: Wer Durst hat, komme zu mir, und es trinke, wer
> an mich glaubt (Joh 7,37-38).

Nach dem Talmud gab es nämlich beim Laubhüttenfest, gerade „am
letzten Tag des Festes, dem großen Tag", wie der Evangelist hervor-
hebt, eine Wasserprozession, bei der man am Schiloachteich Wasser
schöpfte und in einer Prozession zum Tempel hinauftrug. Freilich
wurde beim Ritus der Tempelliturgie das Wasser vom Schiloachteich nicht getrunken, sondern um den Brandopferaltar herum ausgegossen.

Kommt man aus dem Hiskijatunnel wieder ans Tageslicht, steht
man an einem bescheidenen Wasserbecken (15,5×5,5 m) mit einigen Säulenresten, Teil einer einst größeren Anlage. Dieser ist einer
von zwei Teichen in dieser Gegend – zum anderen, tiefer gelegenen,
Birket al-Hamra, s. u. Welcher von beiden der biblische Schiloachteich ist, ist unklar, möglicherweise trugen sogar zu unterschiedlichen Zeiten beide diesen Namen.

Durch den Pilger von Bordeaux (334) weiß man, dass dieser obere Teich mit Säulenhallen umgeben war. Es ist wohl das *Tetra-
nymphon* („Vierer-Nymphäum"), das unter Hadrian errichtet wurde.
Zum Andenken an die Heilung des Blindgeborenen, die man inzwischen hier suchte, erbaute Kaiserin Eudokia um 450 n. Chr. eine
Kirche. Die Lage am Abhang bedingte eine ungewöhnliche, gestufte
Anlage: Von einem oberen Hof führte eine Vorhalle mit Treppen
3 m tiefer in die nach Osten gerichtete, also querliegende Kirche
(16×28 m). Durch einen gegenüber liegenden hinteren Seitenaus-
gang konnte man dann zum Teich hinuntersteigen; das rechte Seitenschiff der Kirche lag über dem nördlichen Säulengang des Teiches. Sein Wasser kam also unter dem Presbyterium der Kirche aus
dem Gihonkanal hervor. Da die Gihonquelle bis ins 16. Jh. verschüttet und unbekannt war, dachten die Pilger an eine Schiloach-*Quelle*.
Die Kirche wurde 614 von den Persern zerstört, wenigstens der Altarraum scheint aber wiederhergestellt worden zu sein. Die muslimische Verehrung bis in die Gegenwart dokumentiert die Moschee darüber. Die Basilika stand nördlich oberhalb davon (keine sichtbaren
Reste), dort, wo sich heute ein Parkplatz befindet.

Unterhalb des Teiches lag der *Königsgarten* (Neh 3,15), der vom
Wasser der Gihonquelle bewässert wurde, zuerst durch einen Kanal um die Davidstadt herum, dann vom Schiloachteich her. Später

(wann?) legte man dort einen zweiten Teich an. Die Araber nennen ihn *Birket al-Hamra,* „roter Teich". Ein Teil der Stufen, die in dieses große Becken hinabführten, wurde 2004 freigelegt. Die israelischen Ausgräber R. Reich und E. Shukron halten es für den biblischen Schiloachteich.

Es spricht einiges dafür, dass hier die denkwürdige Begegnung des Propheten Jesaja mit König Ahas vor dem syrisch-efraimitischen Krieg stattgefunden hat, die in das berühmte Immanuelwort des Jesaja einmündet:

> Als man dem Haus David meldete: Aram hat sich mit Efraim verbündet!, da zitterte das Herz des Königs und das Herz seines Volkes, wie die Bäume des Waldes im Wind zittern. Der HERR aber sagte zu Jesaja: Geh zur Walkerfeldstraße hinaus, zusammen mit deinem Sohn Schear-Jaschub (Ein Rest kehrt um), *an das Ende der Wasserleitung des oberen Teiches,* um Ahas zu treffen. Sag zu ihm: Bewahre die Ruhe, fürchte dich nicht! Dein Herz soll nicht verzagen wegen dieser beiden Holzscheite, dieser rauchenden Stummel, wegen des glühenden Zorns Rezins von Aram und des Sohnes Remaljas. Zwar planen Aram, Efraim und der Sohn Remaljas Böses gegen dich und sagen: Wir wollen gegen Juda ziehen, es an uns reißen und für uns erobern; dann wollen wir den Sohn Tabeals dort zum König machen. Doch so spricht Gott, der HERR: Das kommt nicht zustande, das wird nicht geschehen …
> Der HERR sprach noch einmal zu Ahas; er sagte: Erbitte dir vom HERRN, deinem Gott, ein Zeichen, sei es von unten, aus der Unterwelt, oder von oben, aus der Höhe. Ahas antwortete: Ich will um nichts bitten und den HERRN nicht auf die Probe stellen. Da sagte Jesaja: Hört her, ihr vom Haus David! Genügt es euch nicht, Menschen zu belästigen? Müsst ihr auch noch meinen Gott belästigen? Darum wird euch der HERR von sich aus ein Zeichen geben: Seht, die Jungfrau wird ein Kind empfangen, sie wird einen Sohn gebären und sie wird ihm den Namen Immanuel (Gott mit uns) geben. Er wird Butter und Honig essen bis zu der Zeit, in der er versteht, das Böse zu verwerfen und das Gute zu wählen. Denn noch bevor das Kind versteht, das Böse zu verwerfen und das Gute zu wählen, wird das Land verödet sein, vor dessen beiden Königen dich das Grauen packt (Jes 7,2-16).

Zwar bemerkt man zwischen den beiden Stücken einen Neuansatz in den Worten: „Der HERR sprach noch einmal zu Ahas". Aber das zweite Stück setzt das erste voraus, selbst wenn die äußeren Umstände nicht mehr dieselben sind. Zudem hat man immer schon be-

obachtet, dass eine andere denkwürdige Unterredung genauso lokalisiert wird:

> Doch der König von Assur sandte den Tartan, den Rabsaris
> und den Rabschake mit einer großen Streitmacht von Lachisch
> aus gegen König Hiskija. Sie zogen nach Jerusalem hinauf,
> stellten sich *an der Wasserleitung des oberen Teiches* auf, der
> an der Walkerfeldstraße liegt und ließen den König rufen. Der
> Palastvorsteher Eljakim, der Sohn Hilkijas, der Staatsschreiber
> Schebna und Joach, der Sohn Asafs, der Sprecher des Königs,
> gingen zu ihnen hinaus (2 Kön 18,17-18).

Diese Verdoppelung der Situation erregt bei den Auslegern Verdacht; denn zwischen der früheren Situation bei König Ahas und
dieser unter König Hiskija liegen etwa 33 Jahre. Doch spricht es erst
recht für die Bedeutsamkeit des Ortes, wenn man sich seiner so gut
erinnerte.

Folgt man dem Kidrontal weiter nach unten, gelangt man zur *Ro-
gelquelle,* die auf Arabisch *Bir Ajjub,* „Ijob-Quelle", genannt wird.
Hier wollte Davids Sohn und „Kronprinz" Adonija in der ungeklär-
ten Thronfolge vollendete Tatsachen schaffen, indem er ein großes
Fest mit vielen Einladungen veranstaltete und sich dabei zum König
ausrufen ließ (1 Kön 1,5-11). Er wurde aber durch den Propheten
Natan und andere Getreue dadurch ausmanövriert, dass der Priester
Zadok mit Zustimmung Davids den nachgeborenen Salomo an der
Gihonquelle zum König salbte (1 Kön 1,32-39; s.o., S.524).

Das untere Stadttal (Tyropoiontal)

Vom (unteren) Schiloachteich führt ein etwa 800 m langer Tunnel
nach oben. Wer keine Platzangst hat (etwa 60 cm breit; an mehreren
Stellen muss man gebückt gehen), für den ist dieser Aufstieg vor allem im Sommer eine willkommene, weil kühlere, Alternative zum
oberirdischen Rückweg. Der Tunnel folgt im unteren Bereich einer
byzantinischen Stufenstraße, die zum Schiloachteich führte, weiter
oben ist er ein antiker Abwasserkanal. Nach 600 m erreicht man die
Givati Area (s.u.), nach weiteren knapp 200 m das Ausgrabungsareal südlich der Klagemauer (siehe S.430). An diesem oberen Aus-
stieg sieht man aus nächster Nähe die unteren Steinlagen der herodianischen Umfassungsmauer des Tempelbereichs (der Verlängerung der Klagemauer), die hier auf dem Felsen aufliegen.
Südlich der Stadtmauer (gegenüber vom Misttor) und westlich vom
archäologischen Park der Davidstadt (siehe S.520) liegt ein 0,5 ha
großes Ausgrabungsgelände, dem man den vorläufigen Namen *Giv-*

ati Area gegeben hat (nach dem Betreiber des Parkplatzes, der zum großen Teil den Ausgrabungen zum Opfer gefallen ist). Hier führen seit 2007 die israelischen Archäologen D. Ben-Ami und Y. Tchekhanovets Ausgrabungen durch. Sie brachten zwölf Besiedlungsschichten zu Tage, vom 9.Jh. v.Chr. bis ins 10.Jh. n.Chr. Die dichte Bebauung und die zahlreichen Schichten machen die Ausgrabungen sehr unübersichtlich, aber es gibt nirgendwo sonst in der Stadt eine so große Fläche, die Untersuchungen der Stadtgeschichte über einen so langen Zeitraum ermöglicht. Die älteste Bebauung bestand aus einfachen Gebäuden, möglicherweise anfangs außerhalb der Stadtmauern. Nach dem Babylonischen Exil ist zunächst gar keine Bebauung nachzuweisen, dagegen finden sich hier ab der hellenistischen Zeit (2.Jh. v.Chr.) große Strukturen: zunächst ein Gebäudekomplex mit einer großen Stützmauer, dann zwei große Gebäudeeinheiten mit eleganten Sälen aus der frühen Römerzeit (1.Jh. v./ 1.Jh. n.Chr.), die gewaltsam zerstört wurden, wohl beim Fall Jerusalems 70 n.Chr. Nach einer Besiedlungslücke befand sich hier ein großer Gebäudekomplex aus dem 3.Jh. n.Chr., dessen Zweck unklar ist, der sich aber durch luxuriöse Ausstattung auszeichnet: Die Gebäude gruppieren sich um zwei säulenumstandene Höfe, es gibt Reste von Fresken und Mosaiken, von Stuck und Reliefs. Der Komplex dürfte durch das Erdbeben von 363 zerstört worden sein. Diese Funde belegen, dass dieser Bereich innerhalb der Mauern der römischen Stadt *Aelia Capitolina* lag. Spätere byzantinische Gebäude zeigen Spuren allmählichen Niedergangs, die Bauten und die Einrichtung wurden immer einfacher. Im 8.Jh. scheint die Gegend unbewohnt gewesen zu sein, aus dem 9.Jh. gibt es noch einmal größere Gebäude, die allmählich immer bescheidener werden und schließlich zerfallen. Vom Mittelalter bis in die Mitte des 20.Jh. wurde die Gegend als Abraumhalde genutzt.

Das untere Hinnomtal und der Berg des Bösen Rates

Unterhalb der Davidstadt vereinigen sich zunächst das Kidron- und das Stadttal (Tyropoiontal), wenig später kommt von Westen das Hinnomtal hinzu. Das *Hinnomtal,* auch *Ben-Hinnom-Tal* genannt, spielte für die alte Davidstadt zunächst keine Rolle, es war „auf dem Land". Der Name *Ben-Hinnom* bedeutet „Sohn Hinnoms" und kommt wohl von jebusitischen Besitzern her (Jos 15,8; 18,16). Vielleicht stammt der Kult des semitischen Gottes Moloch schon aus dieser kanaanäischen Zeit: Ihm wurden in diesem Tal Kinderopfer dargebracht. Jedenfalls geißelte der Prophet Jeremia in der späten Königszeit diesen heidnischen Kult in seiner Grausamkeit aufs Schärfste:

Auch haben sie die Kulthöhe des Tofet *im Tal Ben-Hinnom* gebaut, um ihre Söhne und Töchter im Feuer zu verbrennen, was ich nie befohlen habe und was mir niemals in den Sinn gekommen ist. Seht, darum kommen Tage – Spruch des HERRN –, da wird man nicht mehr vom Tofet reden oder vom *Tal Ben-Hinnom,* sondern vom Mordtal, und im Tofet wird man Tote begraben, weil anderswo kein Platz mehr ist (Jer 7, 31-32).

Was genau unter *Tofet* zu verstehen ist, weiß man nicht, aber das Hinnomtal wurde wegen dieser verabscheuten Praxis zum Symbolwort für Hölle: *Gehenna* (vom aramäischen *Ge Hinnam,* „Hinnom-Tal"). Nicht von ungefähr gibt die Überlieferung das verrufene *Hinnomtal* als den Ort des *Blutackers* an – die Apostelgeschichte überliefert uns auch seinen aramäischen Namen, *Hakeldamach,* „Blut-Acker" (Apg 1,19). Dort erhängte sich der Verräter Judas Iskariot und wurde auch dort begraben:

> Als nun Judas … sah, dass Jesus zum Tod verurteilt war, reute ihn seine Tat. Er brachte den Hohenpriestern und den Ältesten die dreißig Silberstücke zurück und sagte: Ich habe gesündigt, ich habe euch einen unschuldigen Menschen ausgeliefert. Sie antworteten: Was geht das uns an? Das ist deine Sache. Da warf er die Silberstücke in den Tempel; dann ging er weg und erhängte sich. Die Hohenpriester nahmen die Silberstücke und sagten: Man darf das Geld nicht in den Tempelschatz tun; denn es klebt Blut daran. Und sie beschlossen, von dem Geld den Töpferacker zu kaufen als Begräbnisplatz für die Fremden. Deshalb heißt dieser Acker bis heute *Blutacker* (Mt 27,3-8).

Das Hinnomtal eignete sich wegen seiner Höhlen besonders als Begräbnisplatz. Der Pilger von Piacenza erzählt um das Jahr 570, dass dort Pilger beerdigt wurden und zwischen den Gräbern christliche Einsiedler lebten. Das griechisch-orthodoxe *Onuphriuskloster,* nach einem dort lebenden Einsiedler benannt, erinnert bis heute daran. Im Mittelalter gehörte der *Töpfer-* bzw. *Blutacker* den Johannitern, die dort in ihren Hospizen verstorbene Pilger begruben. Ein 2011-12 restauriertes Kreuzfahrergewölbe über einer Grabanlage (westlich oberhalb vom Onuphriuskloster) zeugt bis heute davon.

31. JERUSALEM NÖRDLICH
DER ALTSTADT

Außerhalb des Neuen Tors

Das *Neue Tor* (*New Gate*) ist das jüngste und bescheidenste Tor der Altstadt. Als die Stadt in der zweiten Hälfte des 19.Jh. über die Mauern hinauswuchs und neue Stadtviertel vor der nördlichen Stadtmauer entstanden, ermöglichte Sultan Abd ul-Hamid II. 1889 durch ein *neues Tor* eine direkte Verbindung.

Das *Notre Dame of Jerusalem Center* gegenüber dem Neuen Tor war 1884 von der französischen Ordensgemeinschaft der Assumptionisten neben dem *Hôpital Saint Louis* („St.-Ludwigs-Krankenhaus", meist einfach *French Hospital* genannt; heute ist es ein Sterbehospiz) gegründet worden, um katholische Pilgerfahrten zu Schiff durchführen und ausreichende Unterkünfte in der Heiligen Stadt bereithalten zu können. 1904 wurde das Haus als eines der repräsentativsten Gebäude Jerusalems eingeweiht. Von 1948 ab unglücklich an der Waffenstillstandslinie zwischen Jordanien und Israel liegend, verfiel das Haus. 1967 sahen sich die Assumptionisten nicht mehr in der Lage, das Pilgerzentrum wiedererstehen zu lassen. Nach einigen Wirrnissen schaltete sich der Heilige Stuhl in Rom ein, so dass das Haus 1973 modernisiert wiedereröffnet werden konnte. 2004 wurde es den Legionären Christi anvertraut. Neben dem Pilgerhaus beherbergt der Komplex ein Konferenzzentrum, eine Ausbildungsstätte für Köche und Hoteliers sowie eine Ausstellung über das Grabtuch von Turin.

Gegenüber dem höchsten Punkt der Altstadtmauer beginnt die *Shivté Yisrael Street* („Straße der Stämme Israels"). Sie führt zunächst zwischen dem *Rathausbezirk* (links) und dem *French Hospital* (rechts) hindurch. Nach Überquerung der *ha-Neviim-* („Propheten-") *Straße* mit dem früheren äthiopischen Konsulat links fällt das ehemalige italienische Hospital und Kulturinstitut auf, das heute als israelisches Erziehungsministerium dient. Der italienische Architekt A. Barluzzi, später unermüdlich im Dienst der Franziskaner tätig, schuf hier 1919 sein Erstlingswerk – die Ähnlichkeit mit dem Palazzo Vecchio von Florenz ist unverkennbar.

Danach eröffnet links die *Mea-Schearim-Straße* den Zugang zu dem gleichnamigen Stadtviertel. Mea Schearím (hebr. „hundert Tore") entstand ab 1874 infolge der ersten jüdischen Einwanderungswelle

als ein neues jüdisches Viertel außerhalb der Mauern. Es wurde vom
deutschen Architekten Conrad Schick (1822–1901) erbaut. Zahlreiche Synagogen und Toraschulen sind hier anzutreffen, während die
durchwegs strenggläubigen Bewohner viele kleinen Geschäfte betreiben, sowohl für den religiösen Gebrauch als auch für den Alltag.
Sie haben weitgehend die Kleidung und die jiddische Sprache ihrer
osteuropäischen Herkunftsländer beibehalten. Beim Gang durch die
verwinkelten Gassen taucht man ein in die Welt des *Schtetls,* wie
die jüdischen Kleinstädte in Osteuropa auf Jiddisch hießen – eine
Welt, die in Europa durch die Greueltaten von Nazis und Stalinisten
ausgelöscht wurde. Autoverkehr am Sabbat wird nicht geduldet,
auch Rauchen, Telefonieren und Fotografieren fällt unter die am
Sabbat verbotenen „Arbeiten". Vor allem Frauen sollten beim Gang
durch dieses Viertel zu freie Kleidung (Shorts, entblößte Arme) vermeiden. Der Besuch des Viertels durch Gruppen wird nicht gerne
gesehen; man will vermeiden, aus religiösen Überzeugungen eine
Touristenattraktion zu machen.

In der Fortsetzung der *Schivte Yisrael Street* liegt rechts die rumänisch-orthodoxe Kirche. Dann gelangt man zu einem Platz (*Kikar
Piqqud ha-Merkaz,* „Platz des Zentral-Kommandos"), wo sich das
Mandelbaumtor befand, das zwischen 1948 und 1967 der einzige
Übergang zwischen Jordanien und Israel war. Auch vor 1967 war
weder ein Tor noch ein Mandelbaum zu sehen, der Grenzübergang
hatte seinen Namen vom Besitzer des Nachbarhauses, Simcha Mandelbaum. Im Nachbarhaus, dessen Fenster zu Schießscharten vermauert sind, wurde ein Museum eingerichtet, das *Museum on the
Seam,* „Museum an der Naht". Das Museum behandelt allerdings
nicht die Nahtstelle zwischen den beiden Teilen der geteilten Stadt,
sondern konfrontiert den Besucher eher mit der Nahtstelle zwischen
moderner Kunst und Banalität.
Die hier vorbeiführende vierspurige Straße, eine der Hauptausfall-
straßen nach Norden, folgt ungefähr dem Verlauf der Grenze (genauer gesagt: der Waffenstillstandslinie) der von 1948 bis 1967 geteilten Stadt. Es gibt kaum sichtbare Hinweise mehr auf die damalige Grenze, aber in den Herzen vieler Bewohner Jerusalems ist die
Grenze zwischen Ost und West noch sehr deutlich.

Außerhalb des Damaskustors

Gleich außerhalb des Damaskustores steht an der Ecke der *Nablus
Road* („Nablus-Straße", hebr. *Derech Schchem,* „Sichem-Straße")
das wuchtige *Paulushaus* des Deutschen Vereins vom Heiligen Lande (1902-08 wie die Dormitiokirche und -abtei vom Kölner Dom-

baumeister Renard erbaut). Der Name *Paulushaus* wurde gewählt mit Bezug auf die Stephanusbasilika, die gerade damals in der Nachbarschaft neu erbaut worden war (siehe im Folgenden), da ja die Bekehrung des Paulus sozusagen die Frucht des Stephanusmartyriums ist (Apg 7,58–8,3; 9,1-19). Das Haus bietet Pilgern eine günstig gelegene Unterkunft. Bekannter ist das Haus allerdings unter dem Namen *Schmidt-Schule* (*Schmidt's Girls College*). Die Schmidt-Schule, eine arabische Mädchenschule, wurde 1886 vom deutschen Lazaristenpater Wilhelm Schmidt gegründet und von der Schwesterngemeinschaft der Borromäerinnen (Mutterhaus früher in Trebnitz, Schlesien, heute in Grafschaft im Sauerland) geleitet. Sie befand sich ursprünglich in der einstmaligen „Neustadt" in West-Jerusalem (*Hillel Street,* im Gebäude befindet sich heute die italienische Synagoge, siehe S. 541). Nach der Teilung der Stadt 1948 wurde die Schule hierher verlegt, nachdem das Gebäude zur britischen Mandatszeit (1922-48) als Sitz der Mandatsregierung gedient hatte. 1967 wurde neben dem Paulushaus ein neues Schulgebäude errichtet, so dass das Paulushaus wieder seine ursprüngliche Funktion als Pilgerherberge erfüllen kann. 1989 zogen sich die Borromäerinnen aus der Schmidt-Schule und dem Paulushaus zurück. An ihre Stelle trat die internationale Gemeinschaft der *Congregatio Jesu* (bekannt auch unter ihren früheren Namen *Maria-Ward-Schwestern* oder *Englische Fräulein*). Seit 2008 wird die Schule als deutsche Auslandsschule geführt, so dass die etwa 540 Schülerinnen auch das deutsche Abitur machen können. Lohnenswert ist besonders die Aussicht von der Dachterrasse. Die moderne Schulkapelle wurde vom deutschen Künstler Herrmann Gottfried gestaltet. Im Keller des Hauses befindet sich ein kleines Museum, interessant ist vor allem ein Tempelmodell von Conrad Schick.

Auf dem Nachbargrundstück befindet sich das *Gartengrab,* der Eingang ist in einer Sackgasse, die von der *Nablus Road* rechts (nördlich) abzweigt. In einer Gartenanlage befindet sich an der Stirnwand eines niedrigen Hügels eine in den Felsen gehauene Grabanlage, die dem englischen General Charles G. Gordon 1883 als das wirkliche Grab Christi vorkam. Es lag außerhalb der Stadtmauer; der sich östlich anschließende Hügel (über der heutigen arabischen Busstation) konnte als *Schädel* (Golgota) angesehen werden. Gordon ging sogar noch weiter und wollte in einem Abwasserkanal die Speiseröhre und in den *Steinbrüchen Salomos* die Wirbelsäule eines im Fels dargestellten Menschen sehen. Gordon hatte freilich durchaus richtig beobachtet, dass die Grabeskirche innerhalb der Stadtmauer lag, was jüdischer Sitte und den Berichten der Evangelien widersprach. Da man aber heute weiß, dass der Stadtmauerverlauf zur Zeit Jesu anders war als der heutige, ist dieses Gegenargument gegen die Identi-

fizierung der Grabeskirche mit dem Ort der Hinrichtung und des
Begräbnisses Jesu gegenstandslos geworden. Es gibt jedoch ein
gewichtiges Argument gegen das Gartengrab als Grab Jesu (neben dem Fehlen einer lokalen Verehrungstradition): Die Grabanlage ist älter, sie stammt wohl aus der Zeit des ersten Tempels (vor
586 v.Chr.) und ist später wiederverwendet worden. Das widerspricht dem biblischen Zeugnis, denn Johannes sagt: „In dem Garten
war ein *neues* Grab, in dem noch niemand bestattet worden war"
(Joh 19,41). Nichtsdestotrotz, die gepflegte, von Anglikanern betreute Anlage des Gartengrabs erlaubt leichter als die Grabeskirche
mit ihrer ökumenischen Betriebsamkeit, sich eine Vorstellung zu
machen, wie das Grab Jesu ausgesehen haben könnte. Wem es nicht
so sehr auf historische Ortslagen ankommt, der findet hier einen ru-
higen Platz, um sich die Ereignisse um Tod, Bestattung und Auferstehung Jesu zu vergegenwärtigen.

Anschließend verbirgt sich rechts hinter einer Mauer die *École Biblique,* die Bibelschule der französischen Dominikaner, die die bekannte *Jerusalemer Bibel* hervorgebracht, vor allem aber in der archäologischen Erforschung des Landes Großes geleistet hat. Ihre
Kirche ist dem hl. Stephanus (franz. *St. Étienne*) geweiht, weil hier
die Basilika stand, die Kaiserin Eudokia um 444 n.Chr. für die Reliquien des Erstlingsmärtyrers Stephanus erbauen ließ (zur Auffindung dieser Reliquien siehe S.631) und als ihre Grabstätte bestimmte. In späterer Zeit wurde dann die Ruhestätte der Reliquien des ersten christlichen Märtyrers auch als der Ort seines Martyriums angesehen. Dies bezeugt als Erster der Archidiakon Theodosius (etwa
518–530):

> Der hl. Stephanus ist außerhalb des Galiläatores gesteinigt
> worden. Dort ist auch seine Kirche, die die Herrin Eudokia,
> Gattin des Kaisers Theodosius, errichtet hat.

Unter *Galiläator* ist das heutige Damaskustor zu verstehen, von dem
die Straße nach Galiläa ausgeht. Heute nehmen die meisten wieder
an, dass die Steinigung des Stephanus außerhalb des *Stefanstores*
stattgefunden hat. Dafür spricht sowohl eine alte judenchristliche
Tradition als auch die Nähe dieses Platzes zum Tempel, was den
Gegebenheiten der Apostelgeschichte besser entspricht (vgl. S.381).
Beim Bau der Basilika (20×33 m) durch Eudokia scheinen Säulen
von einem nahegelegenen Triumphbogen wiederverwendet worden
zu sein. Um die Kirche herum entstand ein ausgedehntes Mönchs-
kloster, von dem noch die Zisternenanlagen zeugen, die im Hof unter Metalldeckeln verborgen sind.
Auf dem Gelände der Dominikaner befinden sich mehrere Grabanlagen, die vor die Babylonische Gefangenschaft zurückreichen und zu

den vornehmsten Grabanlagen aus dieser Zeit zählen. Die Gräber wurden in byzantinischer Zeit wiederverwendet, ein Grabstein trägt die Inschrift: „Grab des Diakons Nonnus Onesimus vom Heiligen Grab und diesem Kloster". Die Dominikaner verwenden eines der Gräber auch heute wieder als letzte Ruhestätte ihrer Mitbrüder, mehrere der Pioniere der Heilig-Land-Archäologie und der Bibelforschung liegen hier begraben.

Auf der anderen Seite der *Nablus Road* wurden weitere christliche Kapellen entdeckt. Eine armenische Kapelle zeigt ein schönes Mosaik (3,9×6,3 m) aus dem 6. Jh. mit zwei Pfauen, Weinranken und den verschiedensten Vögeln auf den Verzweigungen der Ranken. Eine armenische Inschrift lautet: „Dem Andenken und der Rettung all der Armenier, deren Namen Gott allein kennt". Die Kapelle wurde bis ins 9. Jh. benutzt. Zur Besichtigung muss man sich an das armenische Patriarchat wenden.

Geht man die *Nablus Road* weiter, kommt man zu einem Kreisverkehr. Südlich (links) davon sieht man spärliche Mauerreste im Boden. Deren Deutung ist umstritten. Manche sehen hierin Reste der „Dritten Mauer", also der Stadterweiterung unter Agrippas I. (40–44 n. Chr.), die auch die Gegend um das Grab Jesu ins ummauerte Stadtgebiet brachte. Andere ziehen dagegen für die Dritte Mauer den Verlauf der heutigen nördlichen Stadtmauer vor, nach ihnen wären diese Mauerreste Teile der Mauer, die die Römer im Zuge der Belagerung Jerusalems (70 n. Chr.) errichteten. Neuere Funde, die man weiter südlich beim Bau der Straßenbahn in den ersten Jahren des gegenwärtigen Jahrhunderts machte, machen heute die erste der beiden Hypothesen wahrscheinlicher. Das ummauerte Jerusalem reichte also wohl in der Mitte des 1. Jh. n. Chr. bis hierher, freilich weiß man über eine damalige Bebauung des Gebietes nördlich der heutigen Altstadt so gut wie nichts.

Weiter draußen an der *Nablus Road* erhebt sich die anglikanische *St.-Georgs-Kathedrale* mit ihrem markanten Turm, dessen Spitze von vier kleineren Türmchen umgeben ist. Hier haben sich die Anglikaner in den Jahren 1895–1910 ein eigenes Zentrum mit Schule und Pilgerherberge geschaffen, nachdem das gemeinsame anglikanisch-protestantische Bistum 1886 auseinandergegangen war. Diese Kathedrale des anglikanischen Erzbischofs wurde im selben Jahr (1898) eingeweiht wie die evangelische Erlöserkirche.

Gleich danach kommt man, auf der anderen Seite der vom Herodestor herkommenden *Salah ad-Din Street*, „Saladin-Straße", zu einer antiken Grabanlage. Als man sie 1863 ausgrub, meinte man, es handle sich um Gräber der Könige von Juda und nannte sie deshalb *Königsgräber* (französisch: *Tombeaux des Rois*). Eine später entdeckte Inschrift erwies sie aber als „Grabstätte der Königin Helena von Adiabene", einem Landstrich östlich des Tigris im heutigen Irak. Diese Frau war 44 n.Chr. nach Jerusalem gekommen, war sehr wohltätig, trat zum Judentum über und ließ vor Jerusalem für ihre Familienmitglieder diese repräsentative Nekropole anlegen, ein Musterbeispiel für eine vornehme Grabstätte aus dem Jahrhundert Jesu. 26 breite Stufen führen hinunter und durch ein Felsentor in einen großen Hof. Beachtenswert sind die seitlichen Steinrinnen, mit deren Hilfe Wasser für die rituelle Reinigung nach dem Kontakt mit den Gräbern gesammelt werden konnte. Die heutige Grabfassade ist nur mehr ein Torso, es fehlen die tragenden Säulen ebenso wie die drei Pyramiden, mit denen nach Flavius Josephus die Fassade geschmückt war. Für den Pilger ist vor allem der Rollstein am Eingang zur eigentlichen Grabanlage sehenswert, der eine Vorstellung gibt, wie der „sehr große Stein" ausgesehen haben könnte, der den Frauen am Grab Christi Sorgen machte und den sie schon weggewälzt fanden (Mk 16,3-4). Im Inneren befinden sich neben einer Hauptkammer vier Begräbniskammern mit Arkosolien- („Bankbogen"-) und Schachtgräbern. Die Königsgräber sind in französischem Staatsbesitz – die darüber wehende Trikolore hilft, die Anlage zu finden – und gegenwärtig meistens verschlossen. Die Sarkophage befinden sich im Louvre von Paris.

Außerhalb des Herodestors

Gegenüber der Nordostecke der Altstadt wurde 1927 von der britischen Mandatsregierung das *Rockefeller-Museum* mit seinem auffälligen achteckigen Turm errichtet. Den Namen hat es vom amerikanischen Ölmagnaten John D. Rockefeller junior, der das Geld dafür stiftete. Nach der Teilung der Stadt 1948 wurde es in *Palästinensisches Archäologisches Museum* umbenannt. Dieses wurde rasch zu einem bedeutenden, aber elitären Forschungszentrum, da hierher fast die gesamten Funde von Qumran gebracht wurden. Sie lagerten über Jahrzehnte in den Kellerräumen und waren nur einem sehr kleinen Kreis von Forschern zugänglich. Dieser wurde erst in den 90er-Jahren erweitert, die weitere Veröffentlichung der Schriften ging nun zügig vonstatten. Als Mitte der 90er-Jahre im Zuge der Friedensverhandlungen die einen fürchteten, die anderen hofften, Ost-Jerusalem würde Hauptstadt eines Palästinenserstaates werden, wurden sämtliche Qumran-Schriften ins West-Jerusalemer Israel-Museum gebracht.

Das Museum beherbergt eine reiche Sammlung vor allem prähistorischer Funde des Landes, die leider für den Nicht-Fachmann nur spärlich erschlossen sind. Bemerkenswert sind außerdem: eine Basaltstele von Pharao Sethos I. (1293–1279 v.Chr.) aus Bet-Schean, geschnitzte Holztäfelungen aus der al-Aqsa-Moschee, reiche architektonische Schmuckelemente aus dem Hischamspalast bei Jericho, die gotischen Friese vom Portal der Grabeskirche sowie eine Venusstatue, die unter der Johanneskirche von Ain Karim entdeckt wurde.

32. DER WESTEN JERUSALEMS

Die *Jaffastraße* (*Jaffa Road*) durchzieht das westliche Jerusalem vom Jaffator bis zur Stadtgrenze, in Richtung Jaffa (Tel Aviv). Da die Altstadt für den modernen Verkehr nur schwer zu erschließen ist, entwickelte sich die Jaffastraße schon seit Beginn des 20. Jh. zum Zentrum des modernen Jerusalems. Diese Entwicklung wurde durch die Teilung der Stadt 1948-67 noch begünstigt. Seit dem Bau der Straßenbahn in den ersten Jahren des gegenwärtigen Jahrhunderts ist sie, von Geschäften und Restaurants gesäumt, auf fast der ganzen Länge allein dem Fußgänger- und Trambahnverkehr vorbehalten.

Das neue *Rathauszentrum,* gegenüber der Nordwestecke der Altstadt, wurde 1988-93 erbaut. Der damalige Bürgermeister der Stadt, Teddy Kollek, wählte diesen Platz mit Bedacht als Schnittstelle zwischen West- und Ost-Jerusalem. Um den 4500 m² großen, mit farbigem Granit gepflasterten *Safra-Platz* gruppieren sich 13 Gebäudeteile, in denen die meisten Behörden der Stadt untergebracht sind.

Wenn man in der Jaffastraße an der *Hauptpost* (links) vorbeigekommen ist, führt rechts eine Straße hinauf zum *Russian Compound* („Russisches Viertel"). Es wurde ab 1860 mit Hilfe der Zarenregierung errichtet. Damals kamen viele Tausende russischer Pilger nach Jerusalem, die untergebracht werden mussten. So ließ der Zar nicht nur die *russische Dreifaltigkeitskathedrale* mit ihren neun grünen Kuppeln in neugotischem Stil durch den deutschen Baumeister Martin Eppinger bauen (1872 geweiht), sondern auch Pilgerunterkünfte und ein Krankenhaus – alles umgeben mit einer Mauer und bewacht von Posten. Russland konnte damit seinen Einfluss auf die östliche Mittelmeergegend stärken. Zwar waren die Russisch-Orthodoxen an den christlichen Hauptheiligtümern, am Heiligen Grab und in Betlehem, nicht vertreten, aber sie waren gern gesehene Gäste der orthodoxen Griechen, die im Zaren ihre Schutzmacht fanden. Im vergangenen Jahrhundert wurden die meisten der Gebäude enteignet und dienten verschiedenen Behörden. Einige der Gebäude wurden in den letzten Jahren der russisch-orthodoxen Kirche zurückgegeben, eines dient weiterhin als Polizeipräsidium und Stadtgefängnis, ein weiteres als Gericht.

Gegenüber der Kirche liegt, halb im Boden, eine 12 m lange Steinsäule, im Volksmund „Ogs Finger" genannt – nach dem biblischen „Og, König von Baschan" (vgl. Deut 3,11, S. 724). Sie stammt aus der Zeit Herodes' des Großen und war wohl für den Tempelbau bestimmt.

In biblischen Zeiten wurde dieser höchste Punkt im unmittelbaren Umkreis der Altstadt strategisch genutzt. Sowohl die Assyrer Sanheribs 701 v.Chr. als auch der römische Feldherr Titus 70 n.Chr. hatten hier ihr Hauptquartier.

An der Jaffastraße folgt alsbald der *Kikar Zion* („Zions-Platz"). Am Ende dieses Platzes zweigt nach rechts oben die *ha-Rav Kook Street* ab. Folgt man ihr, kommt man auf halber Höhe zur Rechten zu einem niedrigen Gebäude, eingezwängt zwischen modernen Hochhäusern. Ursprünglich als italienisches Konsulat errichtet, hat die Kustodie des Heiligen Landes hier zu Beginn des gegenwärtigen Jahrhunderts eine Kapelle eingerichtet. Diese ist den heiligen Simeon und Hanna (Lk 2,22-38) geweiht und ist die Pfarrkirche der kleinen, aber sehr lebendigen hebräischsprachigen katholischen Gemeinde (hebr. *Kehilá*) Jerusalems. Zu ihr gehören sowohl Gläubige, die ihre Wurzeln im Judentum haben, als auch Ausländer, die in die israelische, hebräischsprachige Gesellschaft integriert sind. Seit 2011 ist hier auch der Sitz des Patriarchalvikars, der für die sechs hebräisch-sprachigen katholischen Gemeinden in Israel sowie für die großen Einwanderer- und Gastarbeitergemeinden (hauptsächlich Russen, Filipinos und Inder) zuständig ist.

Am Zions-Platz fängt die *Ben-Jehuda-Straße* an, eine beliebte und belebte Fußgängerzone, die bis hinauf zur *King George Street* reicht. Die beiden südlichen Parallelstraßen der Ben-Jehuda-Straße tragen die Namen von Hillel und Schammai, zwei Rabbinern aus dem ersten vorchristlichen Jahrhundert. In vielen Detailfragen über die Auslegung der Gesetze waren sie unterschiedlicher Meinung, Hillel war stets der mildere. Interessanterweise überliefert der Talmud oft die beiden gegensätzlichen Meinungen und lässt sie nebeneinander stehen.

In der Hillelstraße befindet sich in einem neugotischen Gebäude die italienische Synagoge. Das Gebäude wurde 1875 errichtet und war als Schmidt-Schule bekannt, benannt nach P. Wilhelm Schmidt, dem Gründer dieser katholischen Mädchenschule. Nach der Teilung der Stadt wurde die Schmidt-Schule ins Paulushaus (siehe S.534) verlegt, die italienische jüdische Gemeinde übernahm den Komplex. Die Synagogeneinrichtung aus dem 18.Jh. stammt aus Conegliano Veneto (bei Venedig), wurde in den 50er-Jahren nach Israel gebracht und 1989 hier wiedererrichtet.

Auf der *King George Street* nach links (Süden) weitergehend, kommt man rechts an der Yeschurun-Synagoge und der Jewish Agency vorbei, dem Sitz des Zionistischen Weltbundes. Ihnen folgt (ebenfalls rechts) ein hoch aufragendes modernes Gebäude mit flacher Kuppel: die größte Synagoge Jerusalems (errichtet 1983) und der Sitz des Oberrabbinats, manchmal als der „jüdische Vatikan" bezeichnet.

Am *Kikar Zarfat* („Frankreich-Platz") liegt das *Terra Sancta College* der Franziskaner, eines der ersten Werke (1927) des Franziskanerarchitekten Antonio Barluzzi. Das Gebäude wird von einer Muttergottesstatue überragt, einer Kopie der „Madonnina" auf dem Dom von Mailand. Bis 1948 war es ein angesehenes Knabengymnasium, durch die Teilung der Stadt verlor es seinen Einzugsbereich an arabischen Schülern, wurde bald darauf beschlagnahmt und beherbergte verschiedene israelische Institutionen, vor allem der Hebräischen Universität. Die Kapelle blieb in kirchlicher Hand und war die Filialkirche der katholischen Pfarrgemeinde von West-Jerusalem. In den 90er-Jahren konnten die Franziskaner das Gebäude zurückerwerben. Nach umfangreichen Renovierungen dient es seit 2004 wieder als Konvent, als Unterkunft für Studenten des Studium Biblicum Franciscanum sowie als Media-Center der Kustodie des Heiligen Landes.

Folgt man der *Agronstraße* nach unten (Nordosten), kommt zur Rechten das Kloster der Rosenkranzschwestern mit einer auffälligen kuppelüberwölbten Kirche. Diese einheimische Schwesterngemeinschaft zählt gut 150 Schwestern (fast alle Araberinnen, die meisten aus Jordanien) in 40 Konventen. Sie wurden 1880 von Marie-Alphonsine Ghattas (1843–1927) gegründet, einer geborenen Jerusalemerin, die 2015 heiliggesprochen wurde.

Der Park gegenüber den Rosenkranzschwestern heißt *Independence Park* („Unabhängigkeits-Park"). Er wurde anlässlich des zehnten Jahrestags des seit 1948 unabhängigen Staates Israel angelegt. Darin sind die Eingänge zu mehreren, miteinander verbundenen künstlichen Höhlen zu sehen, vielleicht ein Mithräum, ein Tempel des in den ersten nachchristlichen Jahrhunderten im Römischen Reich verbreiteten Mithraskults. Am nördlichen Rand des Parks ist ein *Museum of Tolerance* im Entstehen.

Im östlichen, ziemlich verwahrlosten Teil des Parks liegt ein großes Wasserbecken, der *Mamillateich*. Trotz seiner Größe (97×65 m) und seiner zentralen Lage ist er kaum erforscht, daher liegt sowohl sein Ursprung als auch die Bedeutung des Namens im Dunkeln. Beim Persereinfall (614) kam es hier zu einem Massaker; zeitgenössische Quellen sprechen von mehreren Tausenden hier ermordeter Christen. Dies fand eine Bestätigung, als man 1989 weiter östlich, in der Nähe des Jaffatores, ein Massengrab entdeckte, an das eine kleine Kapelle angebaut war.

Um den Mamillateich herum liegt ein Friedhof, im späten Mittelalter der wichtigste islamische Friedhof der Stadt. Hier befindet sich das Grab von Scheich Ahmad Dadschani, dem Suleiman der Prächtige seit 1523 den Komplex um den Abendmahlssaal versprochen hatte (siehe S. 470).

Das stattliche Gebäude gegenüber des Friedhofs diente in den 1920er-Jahren als oberster islamischer Gerichtshof Jerusalems. Das hinter der alten Fassade errichtete moderne Gebäude ist heute eine Wohnanlage der gehobenen Klasse.

Folgt man der Agronstraße weiter nach unten, sieht man, jenseits der König-Salomo-Straße (links) und der König-David-Straße (rechts), den Eingang zur *Mamilla Mall,* einem Einkaufszentrum. In diesem Bereich, der seit der Teilung der Stadt verödet war, wurde in den ersten Jahren des gegenwärtigen Jahrhunderts ein moderner Gebäudekomplex errichtet, der einige historische Gebäude geschickt integriert, vor allem das große Waisenhaus der Vinzentinerinnen und das Haus, in dem Theodor Herzl bei seinem Besuch in Jerusalem (1898) abstieg.

Folgt man der *König-David-Straße* nach Süden, sieht man zur Linken, nach einem modernen Hotel, das *Hebrew Union College,* das einzige reformierte Rabbinerseminar in Israel. Nach diesem liegt, links in einer Seitenstraße (*Emile-Botta-Straße*), das *Päpstliche Bibelinstitut* der Jesuiten. Danach liegt, ebenfalls links, das *King David Hotel,* die Jerusalemer Nobelherberge für gekrönte Häupter und Staatsmänner. Ihm gegenüber liegt das große *YMCA-Hotel* (*Young Men's Christian Association,* zu Deutsch *CVJM,* „Christlicher Verein Junger Menschen"), dessen hoher Turm gern für Rundblicke über Jerusalem benutzt wird.

Unmittelbar nach dem *King David Hotel* führt ein Weg links in eine kleine Parkanlage. Dort sieht man rechts eine 1892 aufgefundene jüdische Grabanlage mit einer zentralen und vier seitlichen Grabkammern. Ein dort gefundener fein dekorierter Sarkophag steht im Museum des griechisch-orthodoxen Patriarchats. Der Zugang wurde von einem 2 m messenden Rollstein verschlossen. Vielleicht gab es dereinst auch ein äußerlich sichtbares Monument in unmittelbarer Nähe. Man hält die stattliche Anlage – nicht ganz unbestritten – für die *Familiengruft des Herodes,* von der Flavius Josephus berichtet. Herodes selbst wurde freilich nicht in Jerusalem, sondern in *Herodion* südlich von Betlehem beigesetzt (siehe S. 598). Auf jeden Fall ist dieses Grab ein gutes Beispiel für eine vornehme jüdische Grabanlage und für den Rollstein, der den Frauen am Ostermorgen Sorge machte (Mk 16,3-4). Überdies genießt man von hier eine schöne Aussicht auf die Altstadt von Westen her.

Das Kreuzkloster

In einem Tal, anderthalb Kilometer westlich der Altstadt, liegt das festungsartige orthodoxe *Kloster des Heiligen Kreuzes.* Seinen Namen hat es von einer Legende, die besagt, dass der Baum, der für das Kreuz Jesu verwendet wurde, hier gewachsen sei. Lot habe diesen Baum gepflanzt als Sühne für die Sünde, mit seinen beiden

Töchtern zwei Söhne gezeugt zu haben (Gen 19,30-38; vgl. S.737).
Nach einer anderen mittelalterlichen Legende bekam Adam vor seinem Tod aus dem Paradies einen Zweig vom Baum der Erkenntnis. Im Moment seines Todes nahm er den Zweig in seinen Mund
und daraus wuchs der Baum für das Kreuz Jesu, das seine Ursünde
sühnte.
Wahrscheinlich ist das Kloster eine Gründung des 6.Jh. (durch Kaiser Justinian?). Bei Sanierungsarbeiten Mitte der 70er Jahre fand
man unter dem Mosaik aus dem 11.Jh. ein älteres, byzantinisches.
Das jüngere Mosaik mag unter Kaiser Konstantin IX. nach den Ver-
wüstungen al-Hakims auf Betreiben des georgischen Mönches Pro-
chorus (1038) gelegt worden sein. Im Mittelalter erlebte das Gebäude eine Blütezeit als *georgisches Kloster*. Reiche Spenden der georgischen Könige erlaubten im 13.Jh. die Bemalung der Wände mit
Aposteln und Heiligen wie auch mit griechischen Philosophen wie
Sokrates, Platon, Aristoteles, Plutarch u.a. Das Kloster war damals
eine Bildungsstätte hohen Ranges, wie seine jetzt im griechisch-
orthodoxen Patriarchat aufbewahrte Bibliothek ausweist. Unter den
Osmanen gab es die guten Beziehungen ins inzwischen vom zaristischen Russland kontrollierte Georgien nicht mehr. Das Kloster geriet in Schulden, die Georgier mussten ihren Besitz verkaufen, der
griechische Patriarch Dositheus (1669–1707) übernahm es. Als von
1841 ab die Russen begehrliche Augen auf das ehemals georgische
Kloster warfen, machten es die Griechen 1855 zum theologischen
Seminar, das aber 1908 geschlossen wurde.
In der Kirche kann man die gut erhaltenen mittelalterlichen Fresken
mit zweisprachigen Inschriften (georgisch und griechisch) bewundern. Hinter der Kirche findet man eine kleine Ausstellung orthodoxer liturgischer Gewänder sowie einen Freskenzyklus über die Legende des Kreuzbaumes. Teile der verwinkelten Klosteranlage können besichtigt werden. Interessant ist vor allem die alte Klosterkü-
che im Obergeschoss.

Das Israel-Museum

Das *Israel-Museum* ist eigentlich eine ganze Reihe von Museen. Eine der Hauptattraktionen ist der 2003 neu gestaltete *Schrein des Buches,* in dem Schriftrollen und andere Funde von Qumran ausgestellt
sind (nach dem Eingangsbereich rechts). Sehr charakteristisch ist
das Äußere: Der österreichisch-amerikanische Architekt F. Kiesler
gestaltete eine schwarze Wand und einen großen weißen Deckel,
wie sie zu den Tonkrügen der Schriftrollen in Qumran gehörten. Der
Deckel überwölbt das fast unterirdische Museum. Der Kontrast von
Schwarz und Weiß soll eine der typischen Schriften der Qumrange-

meinschaft symbolisieren, die den Titel trägt: „Krieg der Söhne des Lichtes gegen die Söhne der Finsternis".

In der Eingangshalle sieht man Schaubilder und Fotos der Höhlen, die die Geschichte ihrer Entdeckung und Erforschung darstellen. Im daran anschließenden höhlenartigen Zugang sind Fundstücke ausgestellt, die Licht auf das tägliche Leben der Qumrangemeinde werfen, auf ihre Landwirtschaft, ihren Kalender und ihr Gebetsleben. Man beachte die Gebetsriemen (hebr. *Tefillin*) zum Anbinden von Lederkästchen mit Worten der Bibel (siehe S.424). Zwei Tonkrüge, in denen einige der Qumranschriften aufbewahrt waren, bilden den Abschluss.

Die runde Haupthalle beherbergt dominierend in der Mitte ein Faksimile (Kopie) der am besten erhaltenen Qumranrolle, die den vollständigen Jesajatext enthält. Diese Abschrift stammt von etwa 100 v.Chr. und ist gut 7 m lang; sie zeigt, dass damals eine Gesamtausgabe der Bibel ein Ding der Unmöglichkeit war. In den kleineren Schaukästen ringsum sind originale Teilstücke anderer wichtiger Qumrantexte zu besichtigen, wie die Sektenregel, Psalmendichtungen, der „Krieg der Söhne des Lichtes gegen die Söhne der Finsternis", die sogenannte Tempelrolle, ein Kommentar (hebr. *Pescher*) zum biblischen Propheten Habakuk und ein Originalstück der genannten Jesajarolle. Das Untergeschoss zeigt die weitere Geschichte biblischer Handschriften. Ein besonderer Schatz ist der berühmte *Aleppokodex*. Dieser Kodex ist eine Handschrift des hebräischen Alten Testaments (Anfang 10.Jh. n.Chr.), die von der jüdischen Gemeinde in Aleppo (Syrien) gehütet wurde. Bei Ausschreitungen im Jahr 1947 wurde er auf abenteuerliche Weise gerettet und kam auf verschlungenen Wegen nach Jerusalem. Leider sind dabei 185 von den ursprünglich 480 Blättern verlorengegangen.

Wer mehr Zeit mitbringt: Empfehlenswert und höchst interessant sind auch das *Archäologische Museum* und das *Judaica-Museum,* deren Eingang sich am oberen Ende des Museumshügels befindet. Im Eingangsbereich zum Archäologischen Museum kann man einen israelitischen Altar mit den charakteristischen Hörnern bewundern, vgl. z.B.:

Mit Zweigen in den Händen schließt euch zusammen zum Reigen, bis zu *den Hörnern des Altars*! (Ps 118,27).

Adonija flüchtete sich vor Salomo. Er stand auf, eilte zum Altar und ergriff dessen Hörner. Man meldete Salomo: Adonija hat aus Furcht vor König Salomo *die Hörner des Altars* ergriffen und gesagt: König Salomo schwöre mir zuerst, dass er seinen Knecht nicht mit dem Schwert hinrichten lässt (1 Kön 1, 50-51).

Dieser Altar wurde aus Fragmenten – darunter immerhin ein ganzes Horn – rekonstruiert, die in Beerscheba gefunden wurden. Die weitere umfangreiche archäologische Sammlung hat sich zum Ziel gesetzt, dem Besucher die Kulturen der biblischen Völker, ihrer Vorgänger und Nachbarn näher zu bringen. Im Raum 3 ist beispielsweise die Stele von Dan ausgestellt. Diese in Stein gemeißelte Inschrift ist die älteste bekannte Erwähnung des *Hauses David*. Im selben Raum befinden sich Gegenstände des Kultes und des alltäglichen Lebens aus biblischer Zeit. Für den christlichen Besucher dürfte Raum 4 („Griechen, Römer und Juden") von besonderem Interesse sein. Dort ist das *Ossuarium,* die „Knochen-Urne" des Josef, Sohn des Kajaphas (vgl. Mt 26,57) ausgestellt, außerdem die lateinische Inschrift aus Cäsarea am Meer, die Pontius Pilatus erwähnt, das Ossuarium eines sonst unbekannten Jochanan ben Hagkol, in dessen Fußgelenk sich noch der Nagel der Kreuzigung befindet, sowie verschiedene Ossuarien von Personen, die Namen tragen, die uns auch aus dem Neuen Testament geläufig sind. Auch ein *Jesus, Sohn des Josef* ist darunter; beide Namen waren zu jener Zeit verbreitet. Raum 6 („das Heilige Land") vereint einträchtig nebeneinander architektonische Elemente, Mosaike und Kultgegenstände aus Synagogen, Kirchen und Moscheen. Raum 7 ist Gegenständen aus der Kreuzfahrer- und der islamischen Zeit gewidmet. Der Rundgang schließt mit einem Blick auf benachbarte antike Kulturen aus dem Mittelmeerraum, Ägypten und Mesopotamien.

Im *Judaica-Museum* (*Jewish Life,* „Jüdisches Leben") kann man viele Dinge sehen, die jüdische Religion, Frömmigkeit und Volksbräuche dokumentieren. Besondere Attraktionen sind drei hier wieder aufgebaute Synagogen, eine italienische aus Vittorio Veneto in Norditalien, eine aus Cochin in Südindien und, klein aber hübsch, eine aus Horb bei Lichtenfels (Oberfranken). Die Horber Synagoge wurde vom galizischen Synagogendekorateur Eliezer Sussmann 1735 ausgemalt. Sie hat die nationalsozialistische Barbarei überstanden, weil sie damals schon nicht mehr als Synagoge im Gebrauch war. Außerdem ist eine bemalte Sukka (Laubhütte für das Laubhüttenfest im Herbst) aus Fischach bei Augsburg ausgestellt.

Im Anschluss an das Judaica-Museum findet sich eine umfangreiche Sammlung von Volkskunst aus Amerika, Afrika, Ostasien und Ozeanien. Die nächste Abteilung ist bildender Kunst aus verschiedenen Epochen gewidmet, mit einer umfangreichen Sammlung französischer Impressionisten. Auch alte Meister wie Rembrandt oder Rubens fehlen nicht. Wer sich für moderne Kunst interessiert, kommt einen Stock höher auf seine Kosten.

2006 wurde das *Holyland-Modell* in den Park des Israel-Museums gebracht. Es ist nach dem Holyland-Hotel benannt, in dessen Garten es seit den 60er-Jahren ausgestellt war. Auf einer Fläche von mehr

als 1000 m² ist die Stadt Jerusalem so getreu wie möglich im Maß-
stab 1:50 dargestellt, wie sie bei Ausbruch des Ersten Jüdischen
Krieges im Jahr 66 n.Chr. aussah. Alle erreichbaren Quellen – Flavius Josephus, der Talmud, das Neue Testament und natürlich die
Ergebnisse der Archäologen – sind verwertet. Freilich, die Wissen-
schaft, besonders die Archäologie, macht in rasantem Tempo neue
Entdeckungen und manches bleibt Ansichtssache, z.B. ist der Verlauf der sogenannten Zweiten Mauer bis heute umstritten, weil in
der Jerusalemer Altstadt infolge dichter Bebauung großflächige
Ausgrabungen nicht möglich sind und damit die Zusammenhänge
einzelner Entdeckungen unklar bleiben.

Man beginnt die Besichtigung am besten an der Nord-West-Ecke
der Stadt, bei dem *Psephinus* genannten Eckturm der *Dritten Mauer,* die von König Agrippa I. (41–44 n.Chr.) begonnen, dann wieder gestoppt und erst zu Beginn des Ersten Jüdischen Krieges 67
n.Chr. vollendet wurde. Knapp außerhalb der *Zweiten Mauer* kann
man vor einem kleinen Tor das Hügelchen von *Golgota* in einem
Steinbruchgelände erkennen. Dort wurde später die Basilika des
Heiligen Grabes errichtet. Es folgen dann, wieder näher dem Rand
zu, das monumentale *Grab des Hasmonäerkönigs Johannes Hyrkanus* (135–104 v.Chr.) und die drei *Türme* des ausgedehnten *neuen
Herodespalastes.* Fast am südlichen Ende der *Oberstadt* denkt man
sich den Palast des Hohenpriesters Kajaphas und etwas östlicher davon wird das *Davidsgrab* angegeben – für das mehr als unsichere
Davidsgrab diente das „Zachariasgrab" im Kidrontal als Modell.
Christen erinnern sich, dass hier der *Abendmahlssaal* ist und daneben die *Dormitio Mariae,* also das erste christliche Zentrum von Jerusalem.

Unter der südlichen Hälfte der Westmauer des Tempelbezirks, dort
wo eine breite Treppe übers Eck in das Tal herunterführt, befindet
sich die heutige *Klagemauer.* An die Südmauer des Tempelbezirks,
in deren unteren Bereich Tore eingefügt waren, befand sich die Davidstadt, also das älteste Jerusalem, das König David von den Jebu-
sitern erobert hat. Die Lage erscheint auf den ersten Blick sehr un-
vorteilhaft, entscheidend dafür war aber die Gihonquelle unmittelbar
darunter am Ostfuß. Erst Davids Sohn Salomo schuf mit dem *Millo*
den Übergang zu dem höher gelegenen nördlichen Plateau, der *Tenne des Arauna,* und baute darauf den Tempel. In dem zur Zeit Jesu
nicht mehr vornehmem Quartier der Davidstadt nahm die zum Judentum konvertierte Königin *Helena von Adiabene* ihre trotzdem
komfortable Wohnung.

Auf der Ostseite der Stadt ist das Beherrschende zweifellos der große Tempelplatz, in dem der streng behütete Hof der Israeliten mit
seinen Nebenbauten auffällt. Der eigentliche Tempel ragt zwar hoch
auf, ist aber sonst überraschend klein. An der Nordwestecke des

Tempelplatzes liegt erhöht die Burg Antonia, die allerdings heute
nicht mehr so wuchtig rekonstruiert wird. Näher zur östlichen Stadtmauer hin sieht man den Doppelteich von Betesda, wo Jesus den
Gelähmten heilte, der schon 38 Jahre darniederlag (Joh 5,2-9; Text:
S. 383). Nördlich davon steht im weitläufigen Gelände der „Neustadt", wo es eine Vielzahl von Gräbern gab, das Grabmonument
des Hasmonäerkönigs Alexander Jannai (103–76 v.Chr.), dessen
Haube vom „Abschalomgrab" im Kidrontal entlehnt ist.
So viele Details bis heute umstritten sein mögen, dieses Modell gibt
eine zutreffende Vorstellung von Jerusalem zur Zeit Jesu.

Nordwestlich gegenüber dem Eingang zum Israel-Museum, wurde
das *Bible Lands Museum* eingerichtet, das „Museum der Länder der
Bibel". Hauptthema der Ausstellung ist das Volk des Bibel im Kontext der Nachbarvölker und -kulturen. Von der Jungsteinzeit ca.
6000 v.Chr. bis in die byzantinische Zeit ca. 600 n.Chr. stellt dieses
Museum die Kulturen der Länder der Bibel dar, von Persien bis zu
den Mittelmeerländern, vom Kaukasus bis nach Nubien.

Nördlich auf der anderen Seite der Ruppinstraße steht isoliert ein
großes flaches Gebäude mit umlaufenden Pfeilern, die *Knesset,*
hebr. „Versammlung", das israelische Parlament. Das Gebäude wurde 1966 eingeweiht und steht auf Land, das von der griechisch-orthodoxen Kirche gepachtet ist. Der funktional gehaltene schlichte
Bau ist mit mehreren Mosaiken und Wandteppichen des jüdischen
Künstlers Marc Chagall geschmückt.

Die Menora

Links der Zufahrt zur Knesset steht seit 1966 eine fast 5 m hohe freistehende *Menora* (siebenarmiger Leuchter), ein Geschenk des britischen Parlaments an das israelische. In 29 Bildtafeln zeigt der aus
Dortmund stammende jüdische Bildhauer Benno Elkan (1877–
1960) große Gestalten und wichtige Episoden der religiösen und nationalen Geschichte Israels.
Am Fuß der Menora ist der Aufbau des neuen Israels dargestellt, darüber das *Schemá,* „Höre", *Israel,* der Anfang des jüdischen „Glaubensbekenntnisses" (Deut 6,4; siehe S. 424). Darüber steht auf den
beiden untersten Armen der Menora das programmatische Wort des
Propheten Sacharja:

> Nicht durch Macht, nicht durch Kraft, allein durch meinen
> Geist! – spricht der HERR der Heere (Sach 4,6).

Die fünf Tafeln des Mittelpfeilers zeigen (von oben nach unten):
1. Mose betet, gestützt von Aaron und Hur, für sein Volk (Ex 17, 8-13).
2. Die beiden Tafeln der Zehn Gebote.
3. Zwei Frauen, in denen sich die Geschichte Israels verdichtet: Rahel, die Mutter des Zwölfstämmevolkes, weint um ihre untergegangenen Kinder; Rut wird die Ahnfrau der davidischen Monarchie.
4. Die Totenfeldvision des Ezechiel, Symbol der Auferstehung Israels (Ez 37,1-14).
5. Der Perserkönig Kyrus gestattet die Rückkehr und den Wiederaufbau von Zion, eine Hoffnung, die auch den Aufstand im Warschauer Ghetto beseelte.

Die Darstellungen der Seitenarme entsprechen sich links und rechts, sind also symmetrisch zu betrachten, jeweils von oben nach unten:

Ganz links:
1. Der Prophet Jesaja schaut den künftigen Frieden: „Kalb und Löwe weiden zusammen" (Jes 11,6).
2. Rabbi Jochanan ben Zakkai sammelt nach dem Untergang des Tempels im Jahr 70 in Javne wieder eine jüdische Gemeinde und gründet ein Torastudium.
3. Blütezeit des Judentums in Spanien unter islamischer Herrschaft.
4. Die Juden beweinen in der Babylonischen Gefangenschaft den Untergang Jerusalems.

Ganz rechts:
1. Jeremia, der als Verfasser der biblischen Klagelieder gilt, beweint den Untergang des Volkes.
2. Der Kampf der Makkabäer für die Tora, aus dem die hasmonäische Dynastie hervorgeht.
3. Die Chassiden (besonders im Osteuropa des 18.Jh.) lehren verinnerlichte Frömmigkeit.
4. Nehemia baut nach der Rückkehr aus Babylon die Mauern Jerusalems wieder auf.

Zweiter Arm von links:
1. Der Schriftgelehrte Esra verliest den nach Jerusalem Zurückgekehrten das Gesetz.
2. Ijob und seine drei Freunde: Die Frage nach dem Sinn des Leidens des Gerechten.
3. Mose übergibt den Ältesten die *Tora* und die „mündliche Tora", den *Talmud.*
4. Aus dem legendenhaft-erbaulichen Zweig der jüdischen Überlieferung (*Haggada*): Salomo lauscht den Vögeln, deren Sprache eine der 70 Sprachen ist, die er verstand.

Zweiter Arm von rechts:

1. Der Schriftgelehrte Hillel erklärt einem Fremden, solange dieser auf einem Bein stehen konnte, den Inhalt des Gesetzes mit drei hebräischen Worten: „Du sollst deinen Nächsten lieben wie dich selbst" (Lev 19,18).
2. Rabbi Hanina ben Teradion lehrt die Tora und wird in einer Torarolle verbrannt.
3. Die jüdische Mystik (*Kabbala*).
4. Der normative Zweig der jüdischen Tradition (*Halacha*): Was ist erlaubt und was ist verboten.

Dritter Arm von links:

1. David besiegt Goliat, oder: der Triumph des Glaubens über die physische Übermacht.
2. Die illegale Einwanderung der Juden unter der britischen Mandatsregierung.
3. Abraham erwirbt von einem Hethiter das erste Eigentum im Gelobten Land.

Dritter Arm von rechts:

1. Simon bar Kochba, von Rabbi Akiba als „Sternensohn" begrüßt (vgl. „ein Stern geht auf in Jakob", Num 24,17), der Führer des Zweiten Jüdischen Aufstandes (135 n.Chr.), enttäuscht die messianischen Hoffnungen.
2. Die Messiaserwartung durch alle Generationen.
3. Das nächtliche Ringen Jakobs mit dem Fremden, von dem er den Segen und den Namen Israel bekommt und den er im Nachhinein als Gott erkennt (Gen 32,23-33).

Nördlich von Knesset und Menora liegt der moderne Gebäudekomplex (1992 eröffnet) des Obersten Gerichtshofs von Israel. Das Architektenpaar Ada und Ram Karmi griff sowohl orientalische als auch westliche Elemente auf. Beiden Traditionen fühlt sich der moderne Staat Israel verpflichtet.

Westlich an das Regierungsviertel und das Israel-Museum schließt sich der ausgedehnte Campus *Givat Ram* der *Hebräischen Universität* an. Dieser Campus wurde notwendig, da nach der Teilung der Stadt 1948 die Hebräische Universität auf dem Skopusberg nicht mehr zugänglich war. Nach 1967 zogen die geisteswissenschaftlichen Fakultäten wieder dorthin um; die Universitätsleitung, die naturwissenschaftlichen Fakultäten, die jüdische Nationalbibliothek, die Akademie für Hebräische Sprache, die Musikakademie und mehrere andere Institutionen blieben hier.

Etwa 1,5 km Luftlinie westlich von Givat Ram liegt am *Sderot Herzl* („Herzl-Boulevard") der Herzlberg (*Mount/Har Herzl*) mit dem Grab Theodor Herzls und einem kleinen Museum. Theodor Herzl, 1860 in Budapest geboren und in Wien lebend, war der Gründer des

Zionismus und Visionär eines eigenen jüdischen Staates, der sozialistisch sein sollte. 1897 trug er auf einem Kongress in Basel seine Ideen vor. Mit 44 Jahren verstorben, wollte er neben seinen Eltern begraben sein „bis das jüdische Volk meine sterblichen Überreste nach Palästina überführt." Dies geschah am 17. August 1949. Auf dem Herzlberg befinden sich auch der militärische Ehrenfriedhof von Israel sowie die Gräber von einer Reihe bedeutender Politiker Israels, darunter beispielsweise der 1911 im habsburgischen Ungarn geborene Teddy Kollek, langjähriger Bürgermeister von Jerusalem (1965–1993), verstorben im Jahr 2007.

Yad Vashem

Auf dem westlichen Teil des Herzlberges, der als *Har ha-Zikaron,* „Berg der Erinnerung", bezeichnet wird, liegt die Holocaustgedenkstätte *Yad Vashem.* Der hebräische Ausdruck (auch *Jad wa-Schem*) bedeutet „Hand (d.h. Denkmal) und Name" und stammt aus dem Propheten Jesaja:

> Ihnen allen errichte ich in meinem Haus und in meinen Mauern *ein Denkmal* (wörtlich *Hand*), ich gebe ihnen *einen Namen,* der mehr wert ist als Söhne und Töchter: Einen ewigen Namen gebe ich ihnen, der niemals ausgetilgt wird (Jes 56,5).

Herz der Anlage ist das 2005 neu eröffnete Museum, das die Geschichte des Holocaust (hebr. *Schoa,* „Untergang, Katastrophe") mit Hilfe von Fotografien, Exponaten und Kunstwerken auf eindrucksvolle Weise darstellt – für die ältere Generation unheilvolle Erinnerung, die jüngere Generation wird sich schwer tun, zu begreifen, wie und warum solches möglich war.

Über die weiträumige Anlage verteilt finden sich mehrere weitere Gedenkstätten, nur einige seien hier genannt: Das *Denkmal für die Kinder* ist ein nur von fünf Kerzen erhellter Raum, deren Licht sich durch Spiegel unendlich ausbreitet. Dazu werden die Namen von Kindern verlesen, die Opfer des Naziterrors wurden. In der *Halle der Erinnerung* brennt eine *ewige Flamme* zum Gedenken all derer, die in den Konzentrationslagern umkamen. Die Namen von 22 Lagern sind in den Boden eingraviert – die Namen der Lager, die 1953, beim Bau der Halle, bekannt waren. Das *Tal der Gemeinden* ist ein Labyrinth von Steinquadern, in denen die Namen der jüdischen Gemeinden geschrieben sind, die infolge des Naziterrors ausgelöscht wurden. Besucher aus Deutschland oder Österreich werden viele bekannte Namen entdecken. Die in den Berg hineingegrabene Anlage erinnert an die Totenfeldvision des Propheten Ezechiel (Ez 37,1-14) und die darin ausgedrückte Auferstehungshoffnung:

> So spricht Gott, der HERR: Ich öffne eure Gräber und hole
> euch, mein Volk, aus euren Gräbern herauf. Ich bringe euch
> zurück in das Land Israel. Wenn ich eure Gräber öffne und
> euch, mein Volk, aus euren Gräbern heraufhole, dann werdet
> ihr erkennen, dass ich der HERR bin (Ez 37,12-13).

In einem Archiv und einer Bibliothek ist alles gesammelt, was die
Judenverfolgung im Dritten Reich und in Europa betrifft. Die *Allee
der Gerechten unter den Völkern* ist inzwischen zu einem *Wald* gewachsen. Bäume mit Namensschildern erinnern an die Menschen,
die sich, häufig unter Lebensgefahr, für die Rettung verfolgter Juden
eingesetzt haben.
Ein Ausschnitt aus der Rede von Papst Johannes Paul II. bei seinem
Besuch in Yad Vashem am 23. März 2000 mögen das in Worte fassen, was der Besucher hier empfindet:

> An dieser Stätte der Erinnerungen empfinden Verstand, Herz
> und Seele ein ganz starkes Bedürfnis nach Stille. Stille zum
> Erinnern. Stillschweigen, in dem wir versuchen, etwas Besin-
> nung in die Erinnerungen zu bringen, die uns überfluten. Stil-
> le, weil es keine Wort gibt, die stark genug wären, um die
> grauenhafte Tragödie der *Schoa* zu beklagen … Wir möchten
> uns erinnern. Wir möchten uns aber mit einer bestimmten
> Zielsetzung erinnern, nämlich um zu gewährleisten, dass das
> Böse nie mehr die Überhand gewinnen wird, so wie es damals
> für Millionen unschuldiger Opfer des Nazismus der Fall war.
> Wie konnte der Mensch eine solche Verachtung des Men-
> schen entwickeln?

Ain Karim/Ein Kerem

Hinter dem *Herzlberg* senkt sich die Straße (Abfahrt nach dem Her-
zlfriedhof, an der Einfahrt nach Yad Vashem) in den Talkessel von
Ain Kárim (arab.)/*Ein Kerem* (hebr.), das nach Jerusalem einge-
meindet ist. Es ist der Ort, in dem christliche Überlieferung die Heimat Johannes' des Täufers sieht.
Davon lesen wir im Lukasevangelium, das die Kindheitsgeschichte
Jesu mit der Kindheitsgeschichte Johannes' des Täufers verwebt:
Der Verheißung der Geburt Johannes des Täufers folgt die Verkündigung an Maria; der Erzählung von der Geburt und Namengebung
des Vorläufers folgt die Erzählung von der Geburt und Namengebung Jesu, des Retters aus Davids Geschlecht. In der Kindheitsgeschichte Jesu nennt Lukas Ortsnamen – Nazaret und Betlehem –,
in der Kindheitsgeschichte des Täufers nennt er keinen. Wusste er
sie selbst nicht? Wenn Maria nach der Engelsbotschaft zu ihrer Ver-

wandten Elisabet eilt, sagt Lukas nur: „Sie machte sich auf den Weg und eilte *in eine Stadt im Bergland von Judäa*" (Lk 1,39). Das kann jede Stadt in nicht zu großer Entfernung von Jerusalem sein, da Zacharias, der Vater des Johannes, Priester war und von Zeit zu Zeit nach der Priesterordnung beim Gottesdienst im Tempel mitzuwirken hatte (Lk 1,8-9). Man hat nach der Abstammung geordnete Priesterlisten gefunden, wie sie Lukas voraussetzt und alttestamentlichen Vorbildern entsprechen (vgl. 2 Chr 31,2, Neh 12,1-22), aber daraus ist über die Herkunft Johannes des Täufers nichts zu entnehmen. Der Pilger Theodosius (vor 530) ist der erste, der berichtet, dass Elisabet fünf Meilen von Jerusalem wohnte. In einem Jerusalemer Kalendarium (um 700), das auf Georgisch erhalten ist, wird ein Gedächtnis „der gerechten Elisabet im Dorf *Enqarim*" für den 28. August verzeichnet. Vom Geburtsort Johannes des Täufers spricht erstmals das Verzeichnis der Klöster, das 808 für Karl den Großen erstellt wurde. Bei den Kreuzfahrern trug der Ort den Namen *St. Johannes in Montana* („im Gebirge", d.h. im Bergland).

Die Geburtskirche Johannes' des Täufers

Im Dorf steigt man eine kleine Gasse hinan zur *Kirche des hl. Johannes*. Herkömmlich gilt sie als das Wohnhaus des Zacharias. Zwar wurde das immer wieder als schön beschriebene mittelalterliche Heiligtum von den Muslimen als Stall verwendet, doch 1485 war es den Franziskanern gegen Bezahlung gelungen, die Kapelle der Geburt des Täufers abzutrennen und an bestimmten Tagen das ganze 16. Jh. hindurch dort Gottesdienst zu feiern. 1621 erlangten sie beim Kadi von Jerusalem ein besiegeltes volles Eigentumsrecht auf die Kirche, aber wenige Monate später mussten sie, um Schlimmeres zu verhüten, wieder abziehen. Erst 1666 wurde auf Intervention des französischen Botschafters die Kirche dauerhaftes Eigentum der Franziskaner. In den Folgejahren nahm sich Spanien des Ortes an – Kirche und Kloster sind bis heute Eigentum der spanischen Krone.

Daher besitzt die Kirche bemerkenswert gute spanische Gemälde aus der Erbauungszeit (17. Jh.): an der linken Wand der „Johannesknabe in der Wüste" von Juan de Valdés Leal; am Hochaltar links das frühere Hochaltargemälde, „Zacharias mit dem Engel" aus der Schule Zurbarans; rechts gegenüber „der Täufer als Knabe" aus der Schule des Michelangelo Caravaggio. In der Kapelle vorn rechts schließt sich die „Heimsuchung Mariens bei Elisabet" aus dem Kreis des Kreters Theodopoulos an, bekannter unter dem Namen *El Greco*, „der Grieche". Der große Kandelaber in dieser Kapelle aus brasilianischem Ebenholz (1. Hälfte des 17. Jh.) ist ein Geschenk Jo-

hanns II. von Portugal. Über der Sakristeitür hängt eine vorzügli-
ches Bild der „Enthauptung des Johannes" von Francesc Ribalta
(1565–1628). Dazu kommen in der Sakristei ein eingelegtes Perl-
muttkreuz aus Palästina (1803) mit einem Alabasterchristus von
Alonso Cano (1601–1667), schöne Paramente und Choralbücher.
Am Seitenaltar rechts hinten sieht man einen hl. Antonius vom Mu-
rillo-Schüler Tomas García (1696). Die heutige Form mit valencia-
nischen Majolikakacheln erhielt die Kirche 1861. 1879 kamen die
Statuen der Immaculata sowie der hl. Klara und des hl. Franziskus
hinzu. Bis zum Massenexodus der arabischen Bevölkerung im Unabhängigkeitskrieg 1948 war die Kirche Pfarrkirche der lateinischen
Gemeinde.

Im linken Seitenschiff führt eine Treppe hinab zur *Geburtsgrotte
des hl. Johannes*. Die Wölbung ist noch nackter Fels; die Wände
und die Rundung unter dem Altar sind mit Flachreliefs aus Marmor
geschmückt, die das Leben des Wüstenpredigers darstellen. Das Altargemälde, ein Ölbild der Madrider Schule auf Kupfer (um 1600),
zeigt das Hauptthema der Kirche: die *Geburt Johannes' des Täufers*.
Davon lautet der Bericht des Lukas:

> Für Elisabet kam die Zeit der Niederkunft und sie brachte ei-
> nen Sohn zur Welt. Ihre Nachbarn und Verwandten hörten,
> welch großes Erbarmen der Herr ihr erwiesen hatte, und freu-
> ten sich mit ihr. Am achten Tag kamen sie zur Beschneidung
> des Kindes und wollten ihm den Namen seines Vaters Za-
> charias geben. Seine Mutter aber widersprach ihnen und sagte:
> Nein, er soll Johannes heißen. Sie antworteten ihr: Es gibt
> doch niemand in deiner Verwandtschaft, der so heißt. Da frag-
> ten sie seinen Vater durch Zeichen, welchen Namen das Kind
> haben solle. Er verlangte ein Schreibtäfelchen und schrieb
> zum Erstaunen aller darauf: Sein Name ist Johannes. Im glei-
> chen Augenblick konnte er Mund und Zunge wieder gebrau-
> chen und er redete und pries Gott. Und alle, die in jener Ge-
> gend wohnten, erschraken und man sprach von all diesen Din-
> gen im ganzen *Bergland von Judäa*. Alle, die davon hörten,
> machten sich Gedanken darüber und sagten: Was wird wohl
> aus diesem Kind werden? Denn es war deutlich, dass die Hand
> des Herrn mit ihm war.
> Sein Vater Zacharias wurde vom Heiligen Geist erfüllt und
> begann prophetisch zu reden:
> Gepriesen sei der Herr, der Gott Israels! Denn er hat sein Volk
> besucht und ihm Erlösung geschaffen;
> er hat uns einen starken Retter erweckt im Hause seines
> Knechtes David.

So hat er verheißen von alters her durch den Mund seiner heiligen Propheten.

Er hat uns errettet vor unseren Feinden und aus der Hand aller, die uns hassen;

er hat das Erbarmen mit den Vätern an uns vollendet und an seinen heiligen Bund gedacht, an den Eid, den er unserm Vater Abraham geschworen hat;

er hat uns geschenkt, dass wir, aus Feindeshand befreit, ihm furchtlos dienen in Heiligkeit und Gerechtigkeit vor seinem Angesicht all unsre Tage.

Und du, Kind, wirst Prophet des Höchsten heißen; denn du wirst dem Herrn vorangehen und ihm den Weg bereiten.

Du wirst sein Volk mit der Erfahrung des Heils beschenken in der Vergebung der Sünden.

Durch die barmherzige Liebe unseres Gottes wird uns besuchen das aufstrahlende Licht aus der Höhe,

um allen zu leuchten, die in Finsternis sitzen und im Schatten des Todes, und unsre Schritte zu lenken auf den Weg des Friedens (Lk 1,57-79).

Unter der Vorhalle der Johanneskirche fand man 1895 eine dreischiffige byzantinische Grabanlage. Die griechische Inschrift im schön dekorierten Mosaikboden, durch ein Gitter im Boden der Vorhalle sichtbar, lautet: „Seid gegrüßt, ihr Märtyrer Gottes!" Es kann sich um unbekannte Märtyrer handeln, die in den Grabhöhlen unter der rechteckigen Apsis begraben waren. Andere denken an die Unschuldigen Kinder des betlehemitischen Kindermordes und stellen damit eine Verbindung zur Jesus- und damit zur Johannestradition her.

1941 fand der Franziskanerarchäologe Sylvester Saller rechts neben dem byzantinischen Märtyrergrab eine Kapelle mit Mosaiken über einer römischen Ölpresse. Auch links davon kamen unter den Mauern eines byzantinischen Klosters römische Gebäudereste und sogar eine Venusstatue zum Vorschein (heute im Rockefeller-Museum in Jerusalem). In einer Grotte entdeckte Saller eine Sammlung von Vasen aus der herodianischen Epoche. Der Ort hatte also eine rege römisch-byzantinische Vorgeschichte und lässt den Schluss zu, dass der Ort zur Zeit der Evangelien bewohnt war.

An der Hofmauer gegenüber der Kirche ist der Lobgesang des Zacharias, das *Benedictus,* in verschiedenen Sprachen angebracht. Dieser Hymnus aus dem Lukasevangelium gehört zum festen Bestand des kirchlichen Morgenlobs. Tag für Tag wird der Gott Israels gepriesen, der das Erbarmen mit den Vätern an uns vollendet und den Bund bewahrt, den er unserm Vater Abraham geschworen hat.

Die Kirche Mariä Heimsuchung (Visitatio)

Wir gehen in der biblischen Geschichte einen Schritt zurück. Die
Verheißung der Geburt Johannes' des Täufers an Zacharias erfolgte
im Tempel zu Jerusalem beim abendlichen Rauchopfer (Lk 1,8-22).
Danach fährt der Evangelist fort:

> Als die Tage seines Dienstes (im Tempel) zu Ende waren,
> kehrte er *nach Hause* zurück. Bald darauf empfing seine Frau
> Elisabet einen Sohn und lebte fünf Monate lang zurückgezo-
> gen. Sie sagte: Der Herr hat mir geholfen; er hat in diesen Ta-
> gen gnädig auf mich geschaut und mich von der Schande be-
> freit, mit der ich in den Augen der Menschen beladen war (Lk
> 1,23-25).

Die mittelalterliche Tradition (ab 1330 belegt) nahm an, dass Zacharias außerhalb des Ortes am Berghang ein Landhaus besaß. Hierher habe sich Elisabet zurückgezogen, um die außerordentliche
Gnade ihrer Schwangerschaft noch im Alter in Dankbarkeit zu bedenken. Hier sei sie von Maria besucht worden, nachdem diese
durch den Engel von einer noch größeren Begnadung erfahren hatte und von Elisabet entsprechend gepriesen wird. Hier habe sie
schließlich den Knaben vor den Häschern des betlehemitischen Kin-
dermords verborgen.

Um diese von der mittelalterlichen Tradition angezeigte *Kirche Mariä Heimsuchung* (lat. *Visitatio*, „Besuch"; das deutsche Wort
„Heimsuchung" hatte im Mittelalter noch nicht unsere moderne, negativ gefärbte Bedeutung, sondern meinte nichts anderes als jeman-
den *daheim* zu besuchen) zu erreichen, verlässt man in der Ortsmitte
gegenüber der Zufahrt zur Johanneskirche die Hauptstraße und geht
zunächst leicht abwärts nach links. Die bald folgende Quelle heißt
Marienquelle; man stellte sich vor, dass Maria von dort für ihre al-
ternde Verwandte täglich Wasser geholt hat – ein Minarett bekundet
das Interesse auch der früheren muslimischen Bewohner daran;
denn auch der Koran spricht in Sure 19 von der wunderbaren Geburt
des Propheten Johannes. Der Weg wendet sich dann nach rechts und
steigt den Hang nach oben zur Heimsuchungskirche, die hinter einem kunstvollen schmiedeeisernen Gitter malerisch auf einem kleinen Felsplateau liegt. – Wir lesen, wieder bei Lukas:

> Nach einigen Tagen machte sich Maria auf den Weg und eilte
> in eine Stadt im Bergland von Judäa. Sie ging in das Haus des
> Zacharias und begrüßte Elisabet. Als Elisabet den Gruß Mari-
> as hörte, hüpfte das Kind in ihrem Leib. Da wurde Elisabet
> vom Heiligen Geist erfüllt und rief mit lauter Stimme: Geseg-
> net bist du mehr als alle anderen Frauen und gesegnet ist die

Frucht deines Leibes. Wer bin ich, dass die Mutter meines
Herrn zu mir kommt? In dem Augenblick, als ich deinen Gruß
hörte, hüpfte das Kind vor Freude in meinem Leib. Selig ist
die, die geglaubt hat, dass sich erfüllt, was der Herr ihr sagen
ließ. Da sagte Maria:
Meine Seele preist die Größe des Herrn, und mein Geist jubelt
über Gott, meinen Retter.
Denn auf die Niedrigkeit seiner Magd hat er geschaut. Siehe,
von nun an preisen mich selig alle Geschlechter.
Denn der Mächtige hat Großes an mir getan, und sein Name
ist heilig.
Er erbarmt sich von Geschlecht zu Geschlecht über alle, die
ihn fürchten.
Er vollbringt mit seinem Arm machtvolle Taten: Er zerstreut,
die im Herzen voll Hochmut sind;
er stürzt die Mächtigen vom Thron und erhöht die Niedrigen.
Die Hungernden beschenkt er mit seinen Gaben und lässt die
Reichen leer ausgehen.
Er nimmt sich seines Knechtes Israel an und denkt an sein
Erbarmen,
das er unsern Vätern verheißen hat, Abraham und seinen
Nachkommen auf ewig.
Und Maria blieb etwa drei Monate bei ihr; dann kehrte sie
nach Hause zurück (Lk 1,39-56).

Im Hof wurde seit dem Marianischen Jahr 1954 das *Magnificat*
(„Hochpreiset", nach dem lateinischen Anfangswort) auf Majoli-
kaplatten in vielen Sprachen angebracht, wie es in der Kirche nie
mehr verstummt ist und täglich in der Vesper, dem kirchlichen
Abendgebet, gebetet wird.
Die *Krypta* mit ihrem alten Ziehbrunnen erinnert an das Haus des
Zacharias, wo Maria Elisabet begrüßte. Drei Fresken im spätmittel-
alterlichen italienischen Stil von A. Della Torre illustrieren mehrere
Begebenheiten der Evangelien, die zu dem Ort in Beziehung stehen:
die *Engelserscheinung,* die Zacharias beim Rauchopfer im Tempel
hatte; die *Begegnung der beiden gesegneten Frauen* Maria und Elisabet; den *Kindermord* in Betlehem und der ganzen Umgebung (Mt
2,16), der auch den kleinen Johannes bedrohen musste. Ein Stein
mit leichter Aushöhlung in der rechten Wand ist nach allzu frommer
Tradition der Stein, hinter dem Elisabet ihren Sohn Johannes vor
den Häschern des Herodes versteckte.
Zur Zeit der Kreuzfahrer diente das turmartige Kloster neben der
Krypta zugleich der Verteidigung. Später ging die Kirche in den Besitz der Armenier über, die von den Muslimen um 1480 von hier
vertrieben wurden. 1679 konnten die Franziskaner das verfallene

Gemäuer erwerben und erlangten 1862 die Genehmigung, die Krypta zum Gottesdienst herzurichten. Erst 1939 wurde die Anlage in Nachahmung des mittelalterlichen Baus zweistöckig mit Krypta und Kirche darüber nach den Plänen des Architekten Antonio Barluzzi neugestaltet.

Die *Kirche,* über den Garten links zu erreichen, ist eine Illustration der sich schon im Magnificat abzeichnenden Verherrlichung Mariens. Das Fassadenmosaik zeigt den Weg Mariens über das Bergland, geführt von Engeln. Im Inneren ist die Apsisrundung noch byzantinisch. Auf dem Fresko darüber jubeln Himmel und Erde Maria, der Gottesträgerin, zu. Unter den kirchlichen Würdenträgern kann man den damaligen Patriarchen, den Franziskaner Alberto Gori, und den Kustos, Giacinto Faccio, erkennen. Die Fresken der rechten Seitenwand erläutern fünf Ehrentitel Mariens: Maria wird auf dem Konzil von Ephesus als *Gottesmutter* erklärt; Maria, die Zuflucht der Bedrängten (*Schutzmantelmadonna*); am Beispiel der Hochzeit zu Kana Maria als *Vermittlerin der Gnade*; Maria als *Hilfe der Christen* in der Seeschlacht bei Lepanto; Maria, *die Unbefleckt Empfangene,* nach der Lehre des mittelalterlichen Franziskanertheologen, des seligen Johannes Duns Skotus. Beachtenswert ist die Schönheit und Kostbarkeit des Altares, des Tabernakels, der Leuchter sowie der Tiere und Pflanzen in den Bodenmosaiken.

Oberhalb der Heimsuchungskirche liegt die weitläufige Anlage des russischen Klosters *Gorny* (auch *Gorinsky*; Zugang von oben, von der Hadassaklinik). Der Name (russisch/kirchenslawisch: „bergig") leitet sich vom *Bergland von Judäa* (Lk 1,39) ab. 1871 wurde hier eine Gemeinschaft russischer „Nonnen und Damen" gegründet. Jede der Damen sollte ihr eigenes Häuschen mit Garten haben. Diese Lebensform hat sich bis heute erhalten: Über 80 Schwestern leben hier, sie stammen aus Russland und den angrenzenden orthodoxen Ländern. Neben den Arbeiten in der großen, gepflegten Anlage widmen sich die Schwestern dem Religionsunterricht russischsprachiger Kinder sowie der Betreuung von Pilgern, vor allem aus Russland und der Ukraine. 1911 wurde mit dem Bau der großen, allen russischen Heiligen geweihten Kirche begonnen. Der Erste Weltkrieg und die Oktoberrevolution in Russland brachten den Bau zum Erliegen, bis er 2003 endlich wieder aufgenommen werden konnte. 2007 wurde die Kirche fertiggestellt und 2012 durch Patriarch Kyrill von Moskau feierlich konsekriert. Ihre fünf goldenen Kuppeln sind weithin sichtbar.

Beim Abstieg von der Heimsuchungskirche sieht man über das Tal hinweg eines der anmutigsten Panoramen des Landes: Zwischen Ölbäumen eingebettet steigt rechts das Dorf Ain Karim empor, mit der Johanneskirche in der Mitte. Etwas nach links vorgeschoben liegt auf der Hügelflanke der *Konvent der Zionsschwestern*, wo deren Gründer, P. Alfons Maria Ratisbonne, begraben ist. Dahinter weitet sich das *Sorektal* bis hinüber zu den Abhängen des *Nabi Samuil*.

Die Chagall-Fenster in der Synagoge der Hadassaklinik

Oberhalb von Ain Karim, aber von hier aus nur zu Fuß zu erreichen, liegt die weithin sichtbare *Hadassaklinik* der Hebräischen Universität. *Hadassa,* hebr. „Myrte" – zugleich der hebräische Name der Königin Ester (Est 2,7) – ist eine zionistische amerikanische Frauenorganisation (gegründet 1912 von Henrietta Szold), die es sich zur Aufgabe gemacht hat, das Gesundheits- und Unterrichtswesen sowie Jugendprogramme in Israel zu unterstützen. Das Hadassa-Universitätsklinikum von Ain Karim wurde 1962 zur 50-Jahr-Feier der Hadassa-Organisation eröffnet und hat über 1000 Betten.

Das Klinikum ist nicht zuletzt durch seine Synagoge bekannt. Der aus dem heutigen Weißrussland stammende französische jüdische Maler *Marc Chagall* (1887–1985) hat sie 1962 mit zwölf Glasfenstern ausgestattet. Jedes Fenster hat eine dominierende Farbe und ist einem der zwölf Stämme Israels gewidmet. Die Thematik der Bilder ist vorwiegend dem Jakobssegen für seine zwölf Söhne (Gen 49,1-28) und dem Mosesegen für die zwölf Stämme (Deut 33,6-25) entnommen. Chagall bildet keine Menschen ab (man beachte die symbolische Darstellung von Händen auf mehreren der Bilder – sie haben alle nur vier Finger), setzt aber reichlich Tiere dafür ein, obwohl auch deren Darstellung im orthodoxen Judentum verpönt ist. Die Fenster stellen, jeweils hebräisch beschriftet, die zwölf Stämme vor:

1. *Ruben* (über dem Eingang): Für den Erstgeborenen des Patriarchen Jakob wählte Chagall die Farbe Blau. „*Ruben,* mein Erster, ... übermütig an Kraft, brodelnd wie Wasser" (Gen 49,3-4). In der Morgensonne belebt sich die Fläche mit Fischen und Vögeln, es herrscht eine Stimmung wie am fünften Schöpfungstag.

2. *Simeon*: Aus Rache für die Vergewaltigung ihrer Schwester Dina haben *Simeon* und Levi die Männer von Sichem ermordet (Gen 34,25-31). Der Stier, die dunkle Farbe und blutige Farbflecken erinnern an die Gewalttat.

3. *Levi*: Die Leviten „lehren ... deine (Gottes) Weisung. Sie legen Weihrauch auf" (Deut 33,10). Dank dieses priesterlichen Handelns (ein Blumenkorb und zwei Leuchter symbolisieren den Kult) kommt Segen und Fruchtbarkeit über das Land.

4. *Juda*: „Ein junger Löwe ist *Juda,* ... nie weicht von Juda das Zepter, der Herrscherstab von seinen Füßen ... Er wäscht ... in Traubenblut sein Gewand" (Gen 49,9-11). Demgemäß wird die untere Bildhälfte von einem stilisierten Löwen eingenommen,

darüber weisen zwei Hände und eine Krone auf den königlichen Segen hin (aus dem Stamm Juda kommt König David). Eingebettet ist die Szene in ein kräftiges Weinrot, „Traubenblut".

5. „*Sebulon* wohnt nahe dem Strand, am Gestade der Schiffe" (Gen 49,13). *Sebulons* Siedlungsgebiet lag innerhalb der Bucht von Haifa. Das Fenster zeigt links unten ein Segelschiff und über die ganze Fläche verteilt mehrere Fische.

6. „*Issachar* ist ein knochiger Esel, lagernd in seinem Pferch. Er sieht, wie die Ruhe so schön ist und wie so freundlich das Land" (Gen 49,14-15). Der Stamm *Issachar* bewohnte das Gebiet um den Berg Tabor. Er wurde oft von feindlichen Großmächten unterjocht, blieb aber friedlich (wie der Esel im unteren Bildteil) und genoss die Schönheit und Fruchtbarkeit des Landes.

7. „*Dan* schafft Recht seinem Volk ... Zur Schlange am Weg wird *Dan*" (Gen 49,16-17). Das hebräische Wort *Dan* heißt „Richter" (vgl. Gen 30,6 und S. 215), daher ist im oberen Bildteil ein Richterschwert zu sehen. Um einen Leuchter windet sich eine Schlange, die mit der Entscheidung über Tod und Leben zu tun hat, die der Richter treffen muss. Das weiße Häuschen in der Bildmitte ist das Geburtshaus Chagalls – der Künstler strebt danach, in der Tradition gerechter Richter zu stehen.

8. „*Gad*, ins Gedränge drängen sie ihn, doch er bedrängt ihre Ferse" (Gen 49,19). Das Gedränge ist kriegerisch zu verstehen, denn der Stamm *Gad* war berühmt für seine Kämpfer. Auf dem Bild herrschen spitze und scharfe Formen vor, das Rot lässt an blutende Wunden denken. Der Schrecken wütet im grünen, fruchtbaren Land.

9. „*Ascher*, fett ist sein Brot, Königskost liefert er" (Gen 49,20). „Er bade seinen Fuß in Öl" (Deut 33,24). Der Stamm *Ascher* war berühmt für seine Weisheit, die Schönheit seiner Frauen und die Fruchtbarkeit seines Landes. Das Bild spricht vom Frieden (Friedenstaube oben), Scharfsinn und Weisheit (gekrönter Adler), Wohlstand und Gottesfurcht (siebenarmiger Leuchter).

10. „*Naftali*, die flüchtige Hirschkuh, versteht sich auf gefällige Rede" (Gen 49,21). Der Stamm siedelte um den See Gennesaret. Chagall greift das Bildwort von der Hirschkuh auf. Ein großer Vogel sitzt auf dem Lebensbaum und verkörpert die geistige Wachsamkeit.

11. *Josef*: „Ein junger Fruchtbaum ist *Josef*, ... ein junger Zweig an der Mauer ... Gott, der Allmächtige, er wird dich segnen" (Gen 49,22.25). In der linken Bildhälfte wächst ein Baum empor, in dessen Ästen ein gekrönter Vogel nistet. Vom Himmel her ertönt ein Horn (das *Schofar*), das den „Segen von oben" symbolisiert. Das goldene Fenster spricht eindrucksvoll von der Herr-

lichkeit und dem Heil, die mit Josef in Ägypten über Israel gekommen sind.

12. „*Benjamin* ist ein reißender Wolf: Am Morgen frisst er die Beute, am Abend teilt er den Fang" (Gen 49,27). Aus dem Stamm
Benjamin gingen Kriegshelden wie Saul und Jonatan hervor.
Der Stamm galt als gewalttätig, was Chagall durch das katzen-
artige Raubtier am linken unteren Bildrand ausdrückt. Nach dem
Mosesegen möge *Benjamin* als „Liebling des HERRN in Sicherheit wohnen" (vgl. Deut 33,12). Diese Sicherheit gewährt der
große himmlische Schutzschild, der das Zentrum des Bildes einnimmt.

St. Johannes in der Wüste

Westlich von der Hadassaklinik liegt am Rand des Moschaws Even
Sapir die franziskanische Einsiedelei *St. Johannes in der Wüste* (Zufahrt durch den Moschaw). Dieser Ort inspiriert sich am Evangelium, in dem es nach der Geburt Johannes' des Täufers heißt:

> Das Kind wuchs heran und sein Geist wurde stark. Und Johan-
> nes lebte *in der Wüste* bis zu dem Tag, an dem er den Auftrag
> erhielt, in Israel aufzutreten (Lk 1,80).

Während man heute bei *Wüste* eher an die Judäische Wüste oder
den Negev denkt, hat man ab dem späten 15. Jh. eine „Johannes-
Wüste" in der Nähe von Ain Karim gesucht und gefunden. Schon
die Kreuzfahrer errichteten hier ein Gebäude, über das wir wenig
wissen – eine Einsiedelei oder ein Landgut? Die heutige Anlage
wurde 1922 vom Franziskanerarchitekten Barluzzi errichtet. Zwischen Pinien- und Olivenhainen bildet eine Quelle, arab. *Ain al-
Habis,* „Eremiten-Quelle", den Mittelpunkt des Klösterchens. Oberhalb der Quelle liegt die seit dem Mittelalter verehrte Grotte, die in
eine Kapelle umgestaltet ist.

Im gleichen Grundstück, oberhalb des Franziskanerklosters, liegt
ein Kreuzfahrergebäude, das über einer antiken Grabanlage errichtet
ist. Diese wird, ebenfalls seit dem Mittelalter, als Grab Elisabets, der
Mutter des Johannes, verehrt. Bis 2014 betreuten Schwestern der
evangelischen *Communauté de Grandchamps* das kleine Heiligtum.
2015 hat die italienische Gemeinschaft *Coinonia,* die Johannes den
Täufer als ihren Patron verehrt, diese Aufgabe übernommen.

Beide Orte mögen nicht „historisch" im strengen Sinn sein. Da sie
aber abseits der Pilger- und Touristenströme liegen, bilden sie eine
ruhige Oase und laden zur Betrachtung ein – in einer Landschaft,
die sich seit den Zeiten von Johannes und Jesus kaum verändert hat.

Im Jahr 2003 hat es ein Fund in einer Höhle etwa 2 km nördlich von
St. Johannes in der Wüste bis in die Massenmedien geschafft, der
die Johannestradition in dieser Gegend bestätigen wollte: In der
Höhle, die viele Jahrhunderte lang als Zisterne benutzt wurde, entdeckte man Wandmalereien (eher Wandkritzeleien), von denen eine
mit viel Phantasie als Darstellung des Täufers angesehen werden
kann. Das ist freilich hochgradig spekulativ und wirft mehr Fragen
auf, als es beantwortet.

Am gegenüberliegenden Hang des Sorektales liegen die Ruinen des
arabischen Dorfes (bis 1948) *Sataf*. Siedlungsspuren gehen zurück
bis in die Kupfersteinzeit (ca. 4000 v. Chr.). Heute sind hauptsächlich zwei Quellen und landwirtschaftliche Terrassen erhalten und als
Park gestaltet – ein gern besuchtes Naherholungsgebiet für die Einwohner von Jerusalem. Wenn man auf den Terrassen unter Feigen-,
Granatapfel- und Mandelbäumen zu den Quellen hinabsteigt, wird
man sich gern an das „Weinbergslied" des Propheten Jesaja erinnern:

> Mein Freund hatte einen Weinberg auf einer fruchtbaren Hö-
> he. Er grub ihn um und entfernte die Steine und bepflanzte ihn
> mit den edelsten Reben. Er baute mitten darin einen Turm und
> hieb eine Kelter darin aus (Jes 5,1-2; vgl. Mt 21,33).

33. ZWISCHEN JERUSALEM UND BETLEHEM

Die Straße von Jerusalem nach Betlehem beginnt beim *Jaffator* und durchquert zunächst das obere *Hinnomtal*. Auf der gegenüberliegenden Seite des Tals sieht man flache Gebäude, die ersten Wohnungen für Juden außerhalb der Stadtmauern. Sie wurden 1860 von dem englischen Juden Moses Montefiore erbaut. Um den Einwanderern Arbeit und Brot zu geben, errichtete er darüber eine Windmühle, die später nach ihm benannt wurde und deren Flügel sich nach einer Renovierung 2013 wieder drehen. Heute ist es ein liebevoll restauriertes Wohnviertel, das inmitten der Großstadt seinen fast dörflichen Charakter bewahrt hat.

Die Straße durchquert das Hinnomtal auf einem Damm, der die südliche Begrenzung des *Sultansteiches* (170 × 67 m) bildete. Ursprünglich von Herodes errichtet, heißt er bei Flavius Josephus „Schlangenteich". Später wurde er mehrfach umgestaltet und vergrößert, zunächst von den Kreuzfahrern, dann von zwei Sultanen (daher der Name *Sultansteich*): Barquq (1389/99) und Suleiman dem Prächtigen (1536). Heute ist das Gelände für Freiluftkonzerte hergerichtet.

Danach folgt auf der rechten Talseite die schottische anglikanische *Andreaskirche* mit ihrem quadratischen Turm. In den 80er-Jahren wurden unterhalb davon Gräber aus vorexilischer Zeit mit zahlreichen, noch intakten Grabbeigaben erforscht, darunter zwei Silberplättchen, die Teile des *Aaronsegens* (Num 6,24-26) enthalten und damit als älteste erhaltene Handschriften eines Bibeltextes gelten (600 v. Chr.?):

> Der HERR segne dich und behüte dich. Der HERR lasse sein Angesicht über dich leuchten und sei dir gnädig. Der HERR wende sein Angesicht dir zu und schenke dir Heil.

Die Originale befinden sich heute in der archäologischen Abteilung (Raum 3) des Israel-Museums. – Dieser Segen war auch dem hl. Franziskus sehr ans Herz gewachsen; es existiert sogar eine eigenhändige Abschrift von ihm (im Sacro Convento in Assisi).
An der Zufahrt zur Andreaskirche fand man Ruinen einer byzantinischen Kirche, die wahrscheinlich dem hl. Georg geweiht war.

Die flache Hügelkuppe südlich der Andreaskirche trägt etwas hochtrabend den Namen *Bible Hill*, „Bibel-Hügel". Das einzig Biblische an ihm ist freilich, dass der Hügel zur biblischen Zeit wie heute unbebaut war. Immerhin, der Platz erlaubt eine Vorstellung, wie die

Gegend um Jerusalem vor Jahrtausenden ausgesehen haben mag,
abgesehen von den Kakteen – die stammen aus der Neuen Welt.

Westlich vom Bibel-Hügel liegt der ehemalige *Bahnhof* von Jerusalem. Die Bahnlinie durch die Stadt existiert heute nicht mehr, der
neue Bahnhof befindet sich im Stadtteil *Malcha,* weit im Südwesten
der Stadt. Von dort führt sie durch das gewundene *Refaïmtal* hinunter nach Tel Aviv. Sie spielt aber nur eine geringe Rolle, weil der
große Teil des Personenverkehrs durch Busse und Linientaxen abgewickelt wird. Eine neue Bahntrasse von Tel Aviv nach Jerusalem,
die weiter nördlich verläuft und auch den Flughafen Ben-Gurion
einbeziehen soll, ist in Bau. Nachdem der Bahnhof 20 Jahre lang
brach lag, wurde er 2013 renoviert und beherbergt heute Cafés und
Geschäfte.

Westlich der ehemaligen Bahntrasse liegt die *Rafaïter-Ebene,* die in
der Bibel mehrfach als Grenzort (zwischen den Stämmen Juda und
Benjamin) oder als Aufmarschplatz feindlicher Heere erwähnt wird
(z.B. Jos 15,8, 2 Sam 5,18). Es ist eine der wenigen Ebenen im
Hügelland um Jerusalem, daher ihr arabischer Name *al-Baqa,* „die
Ebene". Heute heißt der Stadtteil *German Colony,* „deutsche Kolonie", so genannt nach den deutschen (schwäbischen) protestantischen Templern, die sich ab 1873 hier ansiedelten. Nach der israelischen Staatsgründung mussten sie das Land verlassen, weil manche
der Templer in den Jahren zuvor allzu deutlich ihre Sympathie für
das Naziregime gezeigt hatten. Einige ihrer solide gebauten Häuser
sind erhalten. Die einzige deutsche Einrichtung, die hier bis heute
besteht, ist die katholische Schwesterngemeinschaft der Borromäerinnen, die hier seit 1893 ein Gästehaus unterhält, das *St. Charles
Hospice,* benannt nach dem Patron der Gemeinschaft, dem hl. Karl
(*Charles*) Borromäus.

An der Hauptstraße Richtung Süden, der *Hebron Road* (hebr. *Derech Chevron,* „Hebron-Straße"), etwa 1 km nach der Andreaskirche, sieht man links (östlich) der Straße ein von einer hohen Mauer
umgebenes Grundstück. Dahinter verbirgt sich das Kloster der Klarissen, des weiblichen Zweiges der franziskanischen Ordensfamilie,
gegründet von der hl. Klara von Assisi (1193/94 – 1253), einer Gefährtin des hl. Franziskus. Von ihrer Mutter Ortolana ist überliefert,
dass sie sich auf Pilgerfahrt ins Hl. Land begab und wohlbehalten
zurückkehrte – eine der wenigen Frauen jener Zeit, der Kreuzfahrerzeit, die eine solche Reise unternahmen. Im Gegensatz zu den Brüdern, die sich von Anfang an dem Apostolat und der Sorge um die
Armen widmeten, führen die Klarissenschwestern ein kontemplatives Leben in strenger Abgeschiedenheit. Das Jerusalemer Klarissen-

kloster wurde 1890 von der französischen Schwester Elisabeth du Calvaire gegründet, die wenige Jahre zuvor schon das Klarissenkloster in Nazaret aufgebaut hatte. 1898 hielt sich hier für ein halbes Jahr der selige Charles de Foucauld (siehe S. 129) auf. 1914 wurden die Klarissen nach Ägypten ausgewiesen, da sie als Französinnen Angehörige einer mit dem Osmanischen Reich verfeindeten Nation waren. Nach dem Ende des Weltkriegs kehrte ein Teil der Schwestern nach Jerusalem zurück, einige blieben in Alexandrien, wo sie inzwischen ein weiteres Kloster gegründet hatten. Eine bedeutende Mystikerin des Jerusalemer Klosters war Louisa Jacques, die 1901 in Pretoria (heute Südafrika) als Tochter eines calvinistischen Pastors aus der Schweiz geboren wurde. Nach langer Suche fand sie 1928 zum katholischen Glauben und schließlich, nach Versuchen in mehreren Ordensgemeinschaften, 1938 zu den Klarissen von Jerusalem, wo sie den Ordensnamen Sœur Marie de la Trinité, „Sr. Maria von der Dreifaltigkeit", annahm. Schon am 25. Juni 1942 verstarb sie. In den wenigen Jahren in Jerusalem beschrieb sie in einem geistlichen Tagebuch ihre mystischen Erfahrungen. Seit dem Ende des Zweiten Weltkrieges und der Gründung des Staates Israel ist den Schwestern der Dialog mit dem Judentum ein großes Anliegen. In den letzten Jahren des vorigen Jahrhunderts wurde der Nachwuchsmangel der bis dahin hauptsächlich französischen Gemeinschaft immer drängender, daher erhielten sie 2008 Verstärkung aus Umbrien. Seitdem ist das Jerusalemer Klarissenkloster zweisprachig (französisch und italienisch), gegenwärtig leben hier zehn Schwestern aus vier Nationen.

Vor oder nach dem Klarissenkloster kann man nach links abbiegen und erreicht zwei Parkanlagen, die *Scherover* und die *Haaz Promenade*. Beide gewähren schöne Blicke auf die Altstadt und den Ölberg. Weiter südöstlich vereinigen sie sich, und zwar auf dem *Berg des Bösen Rates*. Dieser eigenartige Name stammt von der christlichen Überlieferung, dort habe der Hohepriester Kajaphas auf seinem Landgut den Rat gegeben:

> Ihr bedenkt nicht, dass es besser für euch ist, wenn ein einziger Mensch für das Volk stirbt, als wenn das ganze Volk zugrunde geht (Joh 11,50).

Seit auf dem *Berg des Bösen Rates* die Waffenstillstandskommission der Vereinten Nationen ihr Hauptquartier aufgeschlagen hat, unterlegen manche dieser Bezeichnung einen aktuelleren Sinn, denn weder Israelis noch Araber sind mit den Resolutionen der Vereinten Nationen so recht zufrieden.

So legendenhaft die Lokalisierung des Kajaphaswortes auf dieser Anhöhe klingt, man hat 1990 westlich des UN-Sitzes eine Grabhöhle mit sechs gut erhaltenen Ossuarien gefunden, deren vornehmstes aus dem Jahrhundert Jesu stammt und zweimal die aramäische Beschriftung trägt: „Jehoseph, Sohn des Kajaphas", genauso wie der Hohepriester zur Zeit Jesu (18–36 n.Chr.) hieß. Die hohepriesterliche Familie hatte also dort tatsächlich Grundbesitz!

Zurück auf der Hebronstraße liegt nach weiteren 1,5 km, nach der Stadtgrenze, links auf einem Hügel der Kibbuz *Ramat Rahel*. Er wurde 1926 gegründet und wegen der exponierten Lage im jordanisch-israelischen Grenzgebiet mehrmals zerstört und wieder aufgebaut. Der Name lehnt sich an das in der Nähe befindliche Rahelgrab (siehe S. 587) an. 1954-62 und 2004-10 wurden Ausgrabungen mit bemerkenswerten Ergebnissen durchgeführt. Die etwas unübersichtlichen Ruinen können besichtigt werden (Zufahrt zum Kibbuz von Nordosten, im Kibbuz ausgeschildert). Am höchsten Punkt dient ein Wasserreservoir als Aussichtsplattform, von wo aus man auch einen schönen Blick auf Betlehem hat.

Im 8./7. Jh. v. Chr. wurde hier eine Festung errichtet. Diese wurde Ende des 7. Jh. (unter König Jojakim?) zu einem Palast mit den beachtlichen Ausmaßen von 75×50 m ausgebaut, der durch seine luxuriöse Ausstattung auffällt. Er war aus sorgfältig behauenen Quadersteinen errichtet und hatte eine aufwendige bewässerte Gartenanlage. Die Bedeutung des Palastes wird auch aus den gefundenen Architekturelementen deutlich: Zinnensteine, Fensterbalustraden und vor allem mehrere vollständig erhaltene vor-ionische Kapitelle. Solche Kapitelle finden sich meist in königlichen Bauten jener Zeit: in Hazor, Dan, Megiddo, Samaria und in der Davidstadt. Ein solches Kapitell ist übrigens auf der israelischen Fünf-Schekel-Münze dargestellt. Nach den Funden deutet man den Ort als Sommerresidenz der israelitischen Könige. Freilich berichtet die Bibel nichts von dieser Anlage. Man ist sich nicht einmal sicher, wie der Ort in biblischer Zeit hieß. Vielleicht handelt es sich um das in Neh 3,14 erwähnte *Bet-Kerem,* „Weinberg-Haus". Der Palast wurde gewaltsam zerstört, wohl im Zusammenhang mit der Zerstörung Jerusalems 587 durch die Babylonier. In der Perserzeit war der Ort ein lokales Verwaltungszentrum, in der Römerzeit befand sich hier eine landwirtschaftliche Siedlung. Später lag hier ein byzantinischer Klosterkomplex, der in engem Zusammenhang zum wenig unterhalb liegenden Kathisma (s. u.) steht. Die Kirche ist nicht groß und hat nur eine Apsis, sie war aber mit Mosaiken ausgestattet. Eine Besonderheit ist eine große Halle, die wohl als Refektorium (Speisesaal) des Klosters gedient hat (westlich der Kirche, nördlich der Aussichtsplattform).

Direkt an der Hauptstraße liegt, südwestlich vom Hügel mit dem Kibbuz Ramat Rahel, gleich nach einer Tankstelle, zwischen Ölbäumen ein unscheinbares Ruinengelände: *Kathisma* (griech. „Niedersitzen"). Der Ort war berühmt wegen eines verehrten Steines, auf dem nach alter Tradition die Muttergottes mit dem Jesuskind in ihrem Leib auf dem Weg nach Betlehem Rast gemacht habe. Diese volkstümliche Legende geht auf das *Protoevangelium* („Vorevangelium") *des Jakobus* (2.Jh. n.Chr.) zurück, in dem es heißt (17,1-2):

> Und er (Josef) sattelte die Eselin und ließ sie (Maria) aufsitzen. Sein Sohn führte die Eselin und Josef folgte. Als sie noch drei Meilen von Betlehem weg waren, wandte sich Josef ihr zu und sah, dass sie traurig war; da dachte er bei sich: Sicherlich quält sie die Schwangerschaft. Als er sich ihr abermals zuwandte, sah er sie lachend. Da sagte er zu ihr: Maria, was ist mit dir, dass ich dein Gesicht bald lachend, bald traurig sehe? Da antwortete sie ihm: Zwei Völker stehen mir vor Augen, eines weinend und wehklagend und eines voll Freude und Jubel (Anspielung auf die Schwangerschaft der Rebekka, Gen 25, 23, und an die Simeonweissagung: „Dieser ist dazu bestimmt, dass in Israel viele durch ihn zu Fall kommen und viele aufgerichtet werden", Lk 2,34). Und als sie den halben Weg hatten, sagte Maria zu ihm: Lass mich von der Eselin absteigen, denn das Kind drückt mich und will herauskommen. Da half er ihr von der Eselin herunter.

Für diese rührende Episode ließ eine wohlhabende Frau namens Hikelia um 450 eine prächtige Wallfahrtskirche bauen. Sie wurde im 8.Jh. umgebaut; ein Mihrab (muslimische Gebetsnische) zeigt an, dass sie (auch) als Moschee diente. Wann die Kirche/Moschee zerstört wurde, ist unbekannt. Die Tradition ist aber immer lebendig geblieben, sogar nach Europa strahlte ihr Ruhm aus: Es gibt da und dort eine Kirche *Maria Rast* (in Italien: *Madonna del Riposo*). Von hier ging der Name auf einen in der Nähe liegenden Brunnen, *Bir al-Kadismu* (arab. *Bir*: „Brunnen"), über und hat sich so in der Ortstradition erhalten. Das Heiligtum wurde in der Mitte des 19.Jh. identifiziert, 1992-97 wurden die Reste der Kirche freigelegt. Verehrtes Zentrum war ein Steinblock inmitten einer monumentalen achteckigen Kirche (43 m Durchmesser). In das doppelte Mauerachteck waren die Hauptapsis nach Osten sowie vier apsidierte Kapellen eingefügt. Von übereinanderliegenden Bodenmosaiken sind beträchtliche Reste erhalten geblieben (heute wieder zugedeckt): ein prächtiger Palmbaum (unter dem Maria nach einer arabischen Tradition rastete) sowie Rosetten und Zopfmuster. Das obere Mosaik stammt aus der frühen arabischen Zeit und nennt einen (Bischof?) Johannes.

Bald danach sieht man links an der Straße auf einem Bergrücken das griechisch-orthodoxe Kloster *Mar Elias* (St. Elija), das im 6. Jh. gegründet und durch Kaiser Emmanuel Komnenos 1166 restauriert wurde. Hiermit verband sich die fromme Annahme, der Prophet Elija habe hier auf seiner Flucht vor Isebel, der Frau des Königs Ahab, gerastet (1 Kön 19,1-3; vgl. S. 678).

Nach dem Elijaskloster öffnet sich der Blick nach links (Osten) und man sieht auf einem Hügel die israelische Siedlung *Har Choma*. Sie wurde 1997 errichtet und seitdem ständig ausgebaut. Auf dem Hügel entdeckte der Franziskanerarchäologe Virgilio Corbo 1951 eine byzantinische Einsiedelei, ein weitere im folgenden Jahr am Fuß des Hügels. Als die kontemplative Ordensgemeinschaft der Betlehemschwestern hier 1983 ein Kloster errichten wollten, wurde die Baugenehmigung dafür verweigert, weil es sich um einen „grünen Bereich" handelte, der nicht bebaut werden dürfte; die Schwestern fanden in Bet Dschemal einen geeigneten Platz für ihr Kloster (siehe S. 631). Wie viel von dem einst tatsächlich grünen Hügel heute übrig ist, zeigt ein flüchtiger Blick aus der Ferne.

Rechts der Straße liegt auf einer Kuppe das *Ökumenische Institut Tantur*. Es ist eine Stiftung von österreichischen Maltesern und wurde nach dem Besuch Pauls VI. im Heiligen Land (1964) vom Heiligen Stuhl für gemeinsame theologische Forschung der christlichen Konfessionen gegründet und 1972 eröffnet. Dort soll in byzantinischer Zeit ein großes Kloster mit dem Haus Jakobs gewesen sein, wo Rahel bei der Geburt Benjamins starb (so der Franziskaner Bonifaz von Ragusa um 1552).

Die Hauptstraße nach Betlehem führte bis vor wenigen Jahren immer geradeaus weiter. Folgt man ihr, steht man bald vor der Sperrmauer. Um nach Betlehem zu kommen, biegt man kurz vor der Mauer links ab und passiert den Checkpoint, was für Ausländer in der Regel unproblematisch ist.

34. BETLEHEM UND UMGEBUNG

Kaum ein Pilger wird es unterlassen, von Jerusalem aus das nahe Betlehem zu besuchen (Stadtplan: Tafel XXVI). Von der Altstadt Jerusalems ist Betlehem ca. 12 km entfernt, freilich scheint es durch die Mauer in weite Ferne gerückt. Der Name *Betlehem* ist zutiefst in das Herz eines jeden Christen eingegraben als *Stadt der Geburt des Erlösers*. Demgegenüber geht es fast unter, dass Betlehem auch *die Stadt Davids* war. Der Name der Stadt, *Bet* („Haus") *des Lachamu,* geht wohl auf eine heidnische Gottheit zurück. Diese kann entweder mit *Krieg* oder mit *Nahrung* in Verbindung gebracht werden, so wie der hebräische Name *Beit Lechem* als „Haus des Brotes", aber auch als „Haus des Kampfes" gedeutet werden kann – eine Erinnerung an Zeiten, in der Kriege oft geführt wurden, weil man um die Nahrungsgrundlage kämpfte. Dagegen bedeutet der arabische Name *Bet Lahm* „Haus des Fleisches".

Die arabische Stadt Betlehem war bis 1947 zum großen Teil christlich, heute sind von ihren 30 000 Bewohnern weniger als 40 % Christen. Das liegt zum einen an der schneller wachsenden muslimischen Bevölkerung und an der Auswanderung vieler Christen. Es liegt aber auch daran, dass sich im Stadtgebiet bis heute drei große palästinensische Flüchtlingslager befinden, deren Bewohner (etwa ein Drittel der Bevölkerung Betlehems) durchweg Muslime sind. Trotzdem ist das Stadtbild christlich geprägt, man sieht mehr Kirchtürme als Minarette. Vom Krippenplatz aus sieht man an der westlichen Seite eine Moschee aus den 50er-Jahren. Darüber sieht man die syrisch-orthodoxe Marienkirche. Oben am Kamm erhebt sich die 1890 erbaute evangelische Weihnachtskirche mit ihrem spitzen Turm, weiter nördlich eine neue griechisch-katholische Kirche. Nach Osten hin hat man, eingerahmt von Klöstern, die altehrwürdige *Geburtskirche des Erlösers* vor sich, die den Ruhm und den Stolz dieser Stadt ausmacht. Die christliche Prägung liegt natürlich daran, dass die Stadt für das Christentum eine so bedeutende Rolle spielt und sie damit Ziel ungezählter christlicher Besucher ist. Sie äußert sich aber auch beispielsweise in der Regelung, dass der Bürgermeister von Betlehem immer ein Christ ist. Seit 2012 übt übrigens erstmals in ganz Palästina eine Frau dieses Amt aus. Es gibt in Betlehem eine große römisch-katholische Pfarrei (5220 Personen). Die anderen Christen Betlehems sind mehrheitlich griechisch-orthodox; es gibt kleinere Gemeinden von Griechisch-Katholischen, Armeniern, Syrisch-Orthodoxen, Kopten und Lutheranern.

Das moderne Betlehem lebt vom Tourismus, der infolge der politischen Unwägbarkeiten immer wieder Einbrüche erleidet. Eine wichtige Einnahmequelle ist dabei ein reger Souvenirhandel, in erster Li-

nie mit Produkten aus dem heimischen Olivenholz. Die früher blühende Perlmuttverarbeitung, im 16. Jh. von den Franziskanern eingeführt, um den Christen eine Verdienstmöglichkeit zu geben, spielt
heute nur mehr eine geringe Rolle. Auf das Jahr 2000 und die zu
erwartenden Touristenströme hin wurden umfangreiche Sanierungen und Investitionen vorgenommen. Leider wurden die Ereignisse
durch die im selben Jahr ausgebrochene Zweite Intifada und der darauf folgenden Blockade von der Realität überholt. Inzwischen blüht
auch in Betlehem der Tourismus wieder, mit positiven Seiten (Lebensunterhalt für viele Betlehemiter), aber auch mit der Kehrseite
eines nicht immer glücklichen Städtebaus.

Es ist der Evangelist Lukas, der die rührend einfache Geschichte
von der Geburt des Retters in die Weltgeschichte eingeordnet hat
und damit die Ursache war, dass wir unsere Jahre und Jahrhunderte
nach diesem Ereignis zählen:

> In jenen Tagen erließ Kaiser Augustus den Befehl, alle Be-
> wohner des Reiches in Steuerlisten einzutragen. Dies geschah
> zum ersten Mal; damals war Quirinius Statthalter von Syrien.
> Da ging jeder in seine Stadt, um sich eintragen zu lassen. So
> zog auch Josef von der Stadt Nazaret in Galiläa hinauf nach
> Judäa *in die Stadt Davids, die Betlehem heißt*; denn er war aus
> dem Haus und Geschlecht Davids. Er wollte sich eintragen
> lassen mit Maria, seiner Verlobten, die ein Kind erwartete. Als
> sie dort waren, kam für Maria die Zeit ihrer Niederkunft und
> sie gebar ihren Sohn, den Erstgeborenen. Sie wickelte ihn in
> Windeln und legte ihn in eine Krippe, weil in der Herberge
> kein Platz für sie war (Lk 2,1-7).

Betlehem ist (wahrscheinlich) zum ersten Mal in den ägyptischen
Amarnabriefen erwähnt (um 1400 v. Chr.). In der Bibel gehörte Betlehem zum Stammesgebiet von Juda. Berühmt wurde es zunächst
durch König David, denn David, Sohn des Isai, stammte aus Betlehem (1 Sam 17,12) und wurde hier von den Herden weg zum Helden, Befreier und König berufen (1 Sam 16,1-13). Aus der Zeit der
Monarchie wurden in der Stadt da und dort Tonscherben (10.–6. Jh.
v. Chr.) gefunden. Unsterblichen Ruhm erlangte die „unbedeutends-
te unter den führenden Städten Judas" (Mt 2,6; vgl. Mi 5,1) durch
den „Stern, der aufgeht über Jakob" (Num 24,17), den Nachkommen Davids, den Messias, *Jesus Christus.*
Die davidische Abstammung Jesu wird von Matthäus wie von Lukas über einen im einzelnen nicht übereinstimmenden Stammbaum
Josefs, des Vaters Jesu vor dem Gesetz, geführt (Mt 1,1-17, Lk 3,
23-38). Es ist interessant, dass man im Norden Jerusalems, im Stadtteil *Givat ha-Mivtar,* in einer Grabhöhle Ossuarien aus der hero-

dianischen Zeit gefunden hat, auf denen die Bezeichnung *aus dem Haus Davids* vorkommt.

In der modernen Bibelwissenschaft wird immer wieder die Meinung vertreten, Jesus sei gar nicht in Betlehem geboren. Der Geburtsort Betlehem habe eine theologische Aussage, nämlich die der Verbindung zu König David; der historische Jesus dagegen stamme wohl aus Nazaret. Dazu Papst Benedikt XVI.:

> Ich sehe nicht, wie man diese Theorie wirklich quellengemäß begründen könnte. Denn über die Geburt Jesu haben wir nun einmal keine anderen Quellen als die Kindheitsgeschichten von Matthäus und Lukas … Die beiden unterschiedlichen Überlieferungsstränge stimmen in der Nachricht überein, dass der Geburtsort Jesu Betlehem war. Wenn wir uns an die Quellen halten, bleibt klar, dass Jesus in Betlehem geboren und in Nazareth aufgewachsen ist.

Die Geburtskirche

Geschichte: Der Ort der Geburt des Messias aus dem Hause Davids war eine Höhle, wahrscheinlich außerhalb (östlich) des damaligen Stadtgebiets. Schon Justin der Märtyrer, um 100 n.Chr. in Nablus geboren, berichtet um 150, dass Jesus in einer Höhle bei Betlehem geboren sei. In der Bibel ist freilich nicht von einer Höhle, sondern von einem Stall die Rede. Das ist aber nur scheinbar ein Widerspruch, denn häufig wurden Höhlen als Stall genutzt; der Wohnraum konnte direkt daran angebaut sein. An diesen Wohnraum, in dem bei Bedarf auch Gäste beherbergt wurden, hat wohl der Evangelist Lukas gedacht, wenn er schreibt, dass „in der Herberge kein Platz für sie war" (Lk 2,7). Maria konnte nach den damaligen (und heutigen orientalischen) Sitten nicht in einem Raum, in dem auch Männer anwesend waren, niederkommen, sondern zog sich in den hinteren Raum, den Stall zurück.

Diese Höhle wurde schon bald von den Christen verehrt. Kaiser Hadrian versuchte, die Verehrung zu unterdrücken, indem er dort einen Götterhain anpflanzen und ein Heiligtum des griechischen Gottes Adonis errichten ließ, scheint damit aber wenig Erfolg gehabt zu haben. Denn Origenes, der große Theologe von Cäsarea, bezeugt um 248 n.Chr., dass

> die Höhle, in der er geboren wurde, und in der Höhle die Krippe, wo er in Windeln gewickelt war, gezeigt wird und auch bei den Gegnern des Glaubens bekannt ist.

Über der Geburtsgrotte wurde eine fünfschiffige Basilika mit einem achteckigen Chor über der Geburtsgrotte errichtet. Über das Ausse-

hen dieser Kirche, besonders im Chorraum, wird bis heute diskutiert. Wie Ausgrabungen ergaben, hatte sie noch keine Vorhalle,
sondern nur einen Vorhof. Dass Kaiser Justinian die alte „Kirche,
die klein gewesen sei, abgerissen und eine neue große, weite und
schöne gebaut" habe, wie Patriarch Eutychius von Alexandrien 400
Jahre später behauptet, ist übertrieben. Die vorherige Kirche war nur
2,75 m kürzer und genauso breit wie die heutige. Aschenreste auf
dem tieferen Mosaikboden lassen auf einen Brand schließen (beim
Samaritaneraufstand 529 n.Chr.?), der Justinian veranlasst haben
wird, die Kirche zu erneuern. Die Perser, die bei ihrer Invasion ins
Heilige Land im Jahr 614 fast alle Kirchen zerstörten, verschonten
die Geburtsbasilika, weil sie, wie die Legende berichtet, an der Fassade ein Mosaik vorfanden, das die Weisen aus dem Morgenland in
persischer Nationaltracht darstellte. Auch dem Zerstörungswahn des
ägyptischen Kalifen al-Hakim entging sie im Jahre 1009, ohne dass
man weiß, warum.
1099 kamen die Kreuzfahrer unter Führung Tankreds noch vor der
Eroberung Jerusalems nach Betlehem. Die ersten Könige des lateinischen Königreiches, Balduin I. und Balduin II., ließen sich nicht
in Jerusalem, sondern in Betlehem krönen (1100 und 1118). Die
wahrscheinlichste Erklärung dafür ist die Herakliuslegende: Wo der
Messiaskönig Christus die Dornenkrone trug, scheute man sich, die
Königskrone zu tragen. Offensichtlich befand sich die Geburtskirche in gutem Zustand; die Kreuzfahrer kümmerten sich nur um neu-
en Schmuck. Den Dienst für die Pilger aus dem Westen hatten während jener Zeit Augustiner-Chorherren, die sich links (nördlich) der
Kirche ein Kloster errichteten.
Einige Jahrzehnte nach dem Abzug der Kreuzfahrer übernahmen die
Franziskaner den Dienst (um 1335). 1347 bekamen sie eine feste
Bleibe im ehemaligen Augustinerkloster, das im Lauf der Jahrhunderte eher den Charakter einer Festung annahm. Die öffentliche Sicherheit war gering, notgedrungen musste man versuchen, sich Räuber zu Beschützern und korrupte Beamte zu Freunden zu machen.
Im späten Mittelalter geriet die Kirche in einen beklagenswerten Zustand; nach dem Dominikaner Felix Fabri war sie 1480 „profaniert,
ohne eine einzige Lampe, wie eine Scheune ohne Getreide". Die Pilger beschränkten ihre Besuche auf die Grotten unter der Kirche. Mit
Erlaubnis des Sultans bemühte sich der Guardian der Franziskaner
um die Wiederherstellung, die Venezianer stifteten neue Dachbal-
ken, Philipp von Burgund bezahlte den Transport, Eduard IV. von
England steuerte das Blei für die Bedachung bei. 1626 scheint die
Kirche in gutem Zustand gewesen zu sein, als der Franziskaner
Franziskus Quaresmi eine Beschreibung sogar der Mosaiken und
der griechischen Inschriften bietet. Bis 1637 waren die Franziskaner
unbestritten Miteigentümer der Geburtsbasilika. Von da an gab es

immer mehr Auseinandersetzungen und 1757 ging die Kirche und
zum Teil auch die Geburtsgrotte in die Hände der orthodoxen Griechen über. 1828/29 war es für die Franziskaner in Betlehem so gefährlich geworden, dass sie ihr Kloster verlassen mussten. 1847 entfernten die Griechen den silbernen Stern mit der lateinischen Inschrift aus der Geburtsgrotte (später wurde der geraubte Stern ins
Kloster Mar Saba gebracht). Auf Druck Frankreichs wurde 1852 eine identische Kopie angebracht. Als Folge dieser Ereignisse verkündete einerseits im selben Jahr die osmanische Regierung den *Status
quo* (siehe dazu S. 361), der bis heute weiterbesteht und in Betlehem
die lateinische Kirche sehr benachteiligt. Auf der anderen Seite be-
anspruchte das zaristische Russland eine Rolle als Schutzmacht der
orthodoxen Kirche – ein Anspruch, der im folgenden Jahr zu einem
der Auslöser des Krimkrieges wurde.

2002 wurde die Geburtskirchenkomplex vierzig Tage lang vom israelischen Militär belagert, da sich in der Kirche fast 200 Palästinenser, darunter 13 gesuchte Terroristen, verschanzt hatten. Einige
Auszüge aus den Tagebuchaufzeichnungen des damaligen Guardi-
ans des Franziskanerklosters bei der Geburtskirche, P. Johannes Simon († 2009 in Dortmund), sollen von diesen dramatischen Ereignissen berichten:

Dienstag, 2. April (Osterdienstag): Die Israelis sind in der
Stadt und haben offensichtlich einen Ring gebildet. Sie treiben
so die Männer, die sich in der Stadt befanden, immer mehr auf
den Krippenplatz zu. Zwischen 14.00 und 15.00 Uhr dringen
knapp 200 teils bewaffnete Männer ein. Sie hatten sich den
Eingang durch die Glastür in unseren Innenhof mit ihren Ka-
laschnikows freigeschossen. Sie machen sich überall breit.
Dann gibt es Verhandlungen mit den Griechen und Armeniern, dass alle in der Basilika Platz nehmen sollten. Wir sprechen mit ihnen und sie erklären, dass sie unter keinen Umständen abziehen wollten. Die Stadt war voller Israelis, und wenn
sie herausgegangen wären, wären sie sofort verhaftet worden.
Wir geben ihnen Brot.

Sonnabend, 6. April: In der Nacht nächtigen wir im Vorratskeller der Küche. Die ständigen Schießereien, wir alle über-
müdet: es war schlimm. Dieser Vorratskeller ist relativ groß,
wir hatten Matratzen und Stühle hingeschafft. Richtig geschla-
fen hat natürlich keiner. Als einer der Brüder am Morgen in
sein Zimmer im dritten Stock geht und das Fenster öffnet,
wird auf ihn geschossen. – Der etwas verwirrte Glöckner der
Griechen, der wie gewohnt zum Glockenläuten gekommen
war, wird auf dem Krippenplatz erschossen. Seine Leiche
bleibt zwei Tage lang auf dem Krippenplatz liegen, im Regen,

dort, wo er verblutet ist. – Bei uns rufen immer wieder Offiziere an und fordern uns auf, unser Kloster zu verlassen. Unsere Antwort: Nein!

Sonntag, 7. April: der erste Sonntag während der Besatzung, der „Weiße Sonntag": kein Glockenläuten, keine Pfarrgottesdienste. An diesem Tag schalten sie uns den Strom ab. Was in den Kühlschränken ist, muss schnell verzehrt werden, so dass wir gegenwärtig genug zu essen haben.

Montag, 8. April: In dieser Nacht wird der Pfarrsaal in Brand geschossen. Ein Palästinenser, der den Mut hat, zum Pfarrsaal raufzugehen um zu löschen, wird dabei erschossen. Die Leiche des erschossenen Palästinensers wird zunächst in die Basilika, am Nachmittag dann in eines unserer Pfortenzimmer gebracht. Am folgenden Tag wurde sie aus unserem Konvent heraus- und in die griechische Grotte der Unschuldigen Kinder gebracht, die sehr tief ist und deshalb einigermaßen kühl bleibt. Aus den Verpackungen der Orgelpfeifen hat einer unserer Brüder, ein gelernter Schreiner, eine Kiste, einen notdürftigen Sarg zusammengezimmert und ihn mit Kerzenwachs abgedichtet, um so gegen den Verwesungsgeruch zu schützen. Wie sich zeigen sollte, gelang ihm das ziemlich gut, trotz der langen Zeit, die noch verging, bis der Leichnam aus dem Komplex gebracht und bestattet werden konnte. Die Teile der neuen Orgel, die noch nicht eingebaut waren und im Pfarrsaal lagerten, sind beim Brand verbrannt oder geschmolzen, ein enormer Schaden.

Wie leben wir in diesen Tagen? Es wird immer wieder gefragt, wie ist es den Brüdern gegangen: Bei aller Angst und Belastung sind die Brüder guten Mutes. Aufgrund der Übermüdung und der gestörten Nächte hat sich unser Lebensrhythmus völlig verändert. Die meisten Brüder schlafen am Vormittag, um 12.00 Uhr essen wir zu Mittag in der alten Hauskapelle, um 16.00 Uhr beten wir dort gemeinsam die Vesper, anschließend zelebrieren wir die Heilige Messe. Um 18.30 Uhr halten wir Abendbrot, ebenfalls dort. Wie es uns scheint, ist das der sicherste Ort im Haus. Die jungen Brüder sind für uns eine große Hilfe. Am Vormittag schöpfen sie Wasser aus der alten Zisterne nahe dem Schwesternkonvent, eine sehr schwere Arbeit, denn sie müssen das Wasser hinauftragen, und das immerhin für 24 Leute. Der normale Konventbetrieb fällt aus. Der Status quo ist in dieser Zeit völlig annulliert. Die Griechen feiern einigermaßen regelmäßig Gottesdienst, die Armenier nur am Anfang, später ist es für sie nicht mehr möglich, in die Basilika zu kommen.

Freitag, 12. April: Um 19.30 ist einer der Brüder beim Zähne-
putzen in seinem Zimmer, als es mehrere Einschüsse gibt, die
sein Bad völlig demolieren und Schäden in seinem Zimmer
anrichten. Wie durch ein Wunder bleibt er unverletzt.

Sonnabend, 13. April: In der Nacht von 1.45 bis 2.30 Uhr hören wir unerträglichen Lärm. Wir wissen selbst nicht genau,
ob es ein Tonband war oder sonst etwas, mit Geräuschen aus
einer Stahlfabrik: Bohren, Sägen, Feilen, aus einem enorm
starken Lautsprecher, wohl über dem Peace Center; ein
schreckliches Geräusch, das niemanden schlafen lässt. – Am
Abend wird ein Palästinenser durch Schüsse schwer verwundet auf dem Gelände des griechischen Konvents. Er stirbt bald
darauf, das Rote Kreuz darf ihn nicht abholen. Während der
ganzen Zeit darf das Internationale Rote Kreuz nicht den Bereich des belagerten Komplexes betreten. Sein Leichnam wird
ähnlich provisorisch eingesargt wie der andere einige Tage zuvor und ebenfalls in die griechisch-orthodoxe Grotte gebracht.

Montag, 15. April: Um 14.50 Uhr ruft der Heilige Vater, Papst
Johannes Paul II., über Handy an. Der lateinische Patriarch
aus Jerusalem, Michel Sabbah, befindet sich gerade bei ihm,
der hatte offenbar unsere Handynummer bei sich. Papst: „Wie
geht es euch? Geht es euch gut? Danke für euren Mut, für das,
was ihr für die heiligen Stätten tut. Seid stark und mutig!"
Dieser Anruf des Papstes hat uns alle sehr ermuntert und uns
große Freude gemacht. Wir haben gemerkt, dass der Papst
sich ständig informieren lässt über die Lage der Brüder in Betlehem. – In der Nacht gibt es wieder heftige Schießereien, die
Schreckgranaten und das Tonband. Einer der jungen Brüder
hat dafür einen passenden Namen gefunden: Er bezeichnet es
als die „Scharon-Symphonie". Wir hören heute Scharons 3.!

Mittwoch, 17. April: Um 10.30 Uhr machen wir einen Besuch
bei den Griechen. Wir gehen durch die Basilika, die Palästinenser verhalten sich uns gegenüber sehr freundlich, erbitten
da und dort eine Zigarette; es gibt keine Probleme mit ihnen.
Mit den Armeniern gibt es nur telefonischen Kontakt. – Die
Palästinenser waren Angehörige verschiedener Gruppen mit
jeweils einem eigenen Chef. Die waren untereinander oft nicht
einig, da es keinen Führer für alle zusammen gab. Neben vielen Lebensmitteln haben sie aus der Casa Nova und aus den
verschiedenen Konventen Decken, Matratzen, Geschirr und
Küchengeräte gestohlen, alles was sie brauchten, um in der
Basilika hausen zu können.

Donnerstag, 25. April: Die beiden Toten sollen herausge-
bracht werden. Wir bekommen von den Israelis Schutzmasken
und dann werden die beiden Kisten herausgetragen durch die

kleine Tür der Basilika, das war ziemlich schwierig! Wir gehen bis in die Mitte des Platzes, dort stellen wir die Särge ab
und gehen allein weiter. Dann werden die Särge in Autos ver-
laden. Das Ganze geschieht vor laufenden Fernsehkameras
und unter Aufsicht von Schützen, die an allen Ecken stehen
mit angelegtem Gewehr.

Samstag, 4. Mai (Karsamstag der Orthodoxen): Der Vikar des
griechischen Klosters hat die Erlaubnis erhalten, nach Jerusalem zu gehen, um das Osterlicht vom Heiligen Grab zu holen.
Bei seiner Rückkehr kontrolliert man ihn streng und nimmt
ihm alle Lebensmittel weg. Allerdings kann er unter seinem
Hut einige Zigaretten schmuggeln. Einige davon gibt er auch
uns. – Vom Büro Arafats wurde eine Liste aller Palästinenser
in der Basilika angefordert: Zur Zeit befinden sich in der Basilika 123 Personen; 75 Personen haben die Basilika verlassen:
7 Tote, 10 Verletzte, 8 Kranke, 10 haben sich ergeben, 35 sind
in zwei Übergabeaktionen herausgegangen, 5 sind geflohen.
Ursprünglich waren also in der Basilika 198 Palästinenser.

Freitag, 10. Mai: Gegen 7.00 Uhr beginnt der Auszug der 13
Hauptgesuchten in Richtung Zypern. Einzeln werden sie aus
der Basilika geführt und nach diversen Kontrollen zum bereit-
stehenden Bus gebracht. Anschließend werden, in schnellerem
Tempo, 26 Männer, die nach Gaza gehen sollen, in einen anderen Bus gebracht. Danach verlassen in Fünfergruppen die
84, die in Betlehem bleiben können, die Basilika. Um 15.30
Uhr kommen israelische Militärs mit Genehmigung des griechischen und des armenischen Patriarchen sowie des Kustos
zur Kontrolle in die Basilika. Einer der Soldaten bat sehr höf-
lich darum, in unsere Kirche kommen zu können und frug
nach dem Ort der Geburt Christi. Wir schickten ihn in die Geburtsgrotte und er bedankte sich freundlich. Um 17.30 Uhr
zieht der griechisch-orthodoxe Patriarch in die Basilika ein,
zusammen mit vielen Mönchen und anderen Begleitern. Nach
ihm hält der Vertreter des armenischen Patriarchen Einzug,
danach der Kustos, zusammen mit dem Generalminister aus
Rom und vielen Mitbrüdern aus Jerusalem. Wir halten singend
eine kurze Prozession zur Geburtsgrotte.

„Der Held trägt eine Rüstung, der Heilige ist nackt" (Simone
Weil, † 1943).

Betlehem, Juni 2002, P. Johannes Simon ofm

Soweit der – durchaus subjektive – Augenzeugenbericht eines der
belagerten Franziskaner. Während und nach der Belagerung haben
Politiker und Medien ihre jeweiligen Sichtweisen der Ereignisse
verbreitet, die einander oft genau entgegengesetzt sind. Ob man die

Ereignisse als Kirchenasyl oder als Geiselnahme, als Belagerung
oder als Terrorbekämpfung betrachtet, hängt wohl von der Grund-
einstellung des Einzelnen ab.
Gott sei Dank hat die Geburtskirche alle Fährnisse der Geschichte
einigermaßen unbeschadet überstanden. Als Ganzes gehört sie den
Griechisch-Orthodoxen, den Armeniern und den katholischen Franziskanern gemeinsam, wenigstens theoretisch. Praktisch ist fast die
ganze Kirche in Händen der griechisch-orthodoxen Kirche, das
nördliche Querschiff wird von den Armeniern betreut, die Katholiken haben in der Grotte den Altar der Weisen. Immerhin, auch in
Betlehem bessert sich, wenn auch zögernd, das „ökumenische" Klima. Die gegenseitige Unterstützung während der Belagerung ist ein
Beispiel dafür, ein weiteres war die gemeinsame Opposition gegen
eine politische Vereinnahmung der Geburtskirche anlässlich ihrer
Aufnahme in die Liste des Weltkulturerbes 2012.
2014 begann nach langen, zähen Verhandlungen die dringend nötige
Renovierung der Kirche in gemeinsamer Anstrengung. Am 26. August 2013 unterzeichneten die Vertreter der beteiligten Kirchen sowie der palästinensische Ministerpräsident die Verträge mit dem italienischen Baubüro Piacenti. In einem ersten Bauabschnitt wurden
das Dachgebälk und die Fenster erneuert. Kustos Pierbattista Pizzaballa dazu:

> Während der Nahe Osten brennt, während man mancherorts
> Kirchen anzündet und Moscheen zerstört, vollbringen wir hier
> das Gegenteil. Muslime und Christen handeln gemeinsam, um
> ein historisches Erbe, aber auch einen Ort des Glaubens für
> Milliarden von Gläubigen in dieser Welt zu erhalten.

Besichtigung (Übersichtspläne: Tafeln XXVII und XXVIIIa): Die
Geburtsbasilika ist von Klöstern umgeben, rechts am Krippenplatz
steht das Kloster der orthodoxen Armenier, es folgt das der orthodoxen Griechen, die linke Flanke bildet das Kloster der Franziskaner
mit der Pilgerherberge, der *Casa Nova*. Der Komplex macht fast den
Eindruck einer Festung, zumal auf der linken, der lateinischen Seite,
wo die byzantinische Kirchenfassade hinter wuchtigen Kreuzfahrer-
mauern mit Stützpfeilern geradezu versteckt ist. Zudem entdeckt
man fast kein Eingangstor. Das monumentale mittlere Portal Justi-
nians ist gut zu erkennen. Es wurde aber von den Kreuzfahrern zu
einem Spitzbogentor reduziert und schließlich wurde auch dieses
um 1500 bis auf eine kleine aus Steinblöcken gebildete Öffnung
(1,30 m hoch) zugemauert, um zu verhüten, dass die Kirche als Pfer-
de- oder Kamelstall missbraucht würde. So hat die Geburtskirche
heute den kleinsten Eingang aller Kirchen der ganzen Welt. So son-
derbar das ist, man kann es als göttliche Verfügung betrachten, dass

alle, groß und klein, Fürst oder Bettler, Papst oder Laie, sich tief bü-
cken müssen, wenn sie den Geburtsort Jesu betreten wollen.

Durch das Törchen gelangt man in eine dunkle Vorhalle und dann
durch ein größeres Portal in den Kirchenraum. Man wird überrascht
von der Weite und Harmonie des Raumes (54×26 m) in der Form
eines lateinischen Kreuzes, dessen drei vordere Arme jeweils in einer Apsis enden. Vier Reihen von je zehn freistehenden Monolith-
säulen aus rötlichem Stein teilen das Langhaus in fünf Schiffe; dazu
kommen noch einmal vier Säulen, die mit der Mauer des Querschiffs verbunden sind. Der Dachstuhl ist offen. Der Schmuck befindet sich an den Wänden und am Fußboden; von dem früheren Glanz
ist allerdings nur mehr wenig vorhanden. Vor allem war die Basilika
früher höher; denn die Säulen stehen auf Postamenten, die heute im
80 cm höher gelegten Fußboden verschwunden sind. An einigen
Stellen erlauben Falltüren den Blick auf den tieferen Boden und seine byzantinische Mosaikdekorationen.

Auf 28 der Säulen haben die Kreuzfahrer Heilige gemalt, die griechisch und lateinisch beschriftet sind. Alle Säulen am Mittelschiff
sind bemalt, beginnend an der Halbsäule links vorne, an der man eine Kreuzigung findet. Daran schließen sich an: der Evangelist Johannes, die Muttergottes mit dem Kind, der Ire Cataldus (nach einer
Heilig-Land-Fahrt um 671 Bischof des italienischen Taranto), die
Ärztezwillinge Kosmas und Damian, der Franke Leonhard von Li-
moges (6. Jh.), der hl. Georg im Soldatengewand, die Mönchsväter
Euthymius, Antonius und Makarius (Antonius aus Ägypten, die anderen beiden aus der Judäischen Wüste). Auf der rechten Seite finden sich, ebenfalls von vorne: an der Halbsäule die hl. Margarita (oder Marina), dann die jugendliche Märtyrerin Fuska (?), der
Ägypter Onuphrius, der Prophet Elija, dem zwei Raben Brote bringen, eines mit dem Kreuz bezeichnet, als ob es die Eucharistie symbolisieren sollte, Johannes der Täufer, der Spanier Vincent, die beiden „frischen" Heiligen König Olaf von Norwegen (gefallen im
Kampf gegen eine heidnische Partei in Norwegen 1030) und König
Knut von Dänemark (Märtyrer, † 1086), der erste christliche Mär-
tyrer Stephanus sowie die beiden lokalen Mönchsväter Sabas und
Theodosius. Von den äußeren Säulenreihen sind nur rechts sechs der
Säulen bemalt. Von hinten finden sich: die beiden Apostel Jakobus
und Bartholomäus, dann zwei unbemalte Säulen, danach auf einer
Säule Maria mit einer auf das Jahr 1130 datierten Anrufung sowie
Brasius (wohl der armenische Bischof Blasius, dessen Segen für
Halskrankheiten angerufen wird), auf einer weiteren Säule Anna,
die Mutter Mariens, mit ihrem Kind sowie Papst Leo, Margarita/
Marina (deren Bild sich auch in der benachbarten Säulenreihe ganz
vorne findet), dann wieder zwei unbemalte Säulen und schließlich
die Gottesmutter mit dem Kind. Es ist schwierig, die Auswahl oder

die Anordnung dieser Heiligen zu erklären. Es scheint, man habe auf ein weites Spektrum Wert gelegt: Es finden sich lokale Heilige, Heilige aus dem Orient und aus dem Westen; es gibt biblische und altkirchliche Personen, aber auch fast zeitgenössische; man findet Kleriker und Mönche, aber auch Laien, Frauen wie Männer.

Im unteren Teil der Säulen sind Besuchernamen, Wappen und Anrufungen zu finden. Ein byzantinischer Taufstein im rechten Seitenschiff stand ursprünglich wohl im Presbyterium links des Hauptaltars; er trägt die Stifterinschrift: „zur Erinnerung, (Seelen-)Ruhe und Nachlassung der Sünden derer, die allein der Herr kennt".

Die Wände waren einst über und über mit Mosaiken bedeckt, aber nur von den oberen ist einiges erhalten und gut zu erkennen. Das untere Mosaikband des Mittelschiffs zeigt die Ahnenreihe Jesu nach Matthäus (rechts: Josef ist fast völlig zerstört; man erkennt: Jakob, Mattan, Eleasar, Eliud, Achim, Zadok und Azor, vgl. Mt 1,14-15) und nach Lukas (links, völlig verschwunden). Darüber sind bzw. waren Konzilien und Synoden der alten Kirche dargestellt. Von den Texten der ersten sieben allgemeinen, ökumenischen Konzilien auf der rechten Seite ist nur der des ersten Konzils von Konstantinopel (381 n.Chr.) ganz erhalten, obwohl die Texte bis ins 17.Jh. noch gut erkennbar waren. Sie reichten bis zum *Zweiten Konzil von Nizäa* im Jahr 787, das nach der Bilderstürmerei die Verehrung Christi und der Heiligen in Bildern wieder gestattete. Von den ursprünglich sechs Synoden oder Teilkonzilien auf der linken Seite sind seit einer Reinigung im Jahr 1983 vier zu erkennen: Gangres, Sardica, Antiochia und Ancira (Ankara); vor allem die mittleren beiden sind gut erhalten. Auf dem Altar liegt jeweils das Evangelienbuch; darüber sind wesentliche Sätze der Konzilsentscheidung festgehalten. Die Synode von *Sardica* (heute: Sofia in Bulgarien) versuchte beispielsweise im Jahr 342 ohne Erfolg eine Beilegung der Auseinandersetzungen um Arius, der lehrte: „der einzige Sohn und das Wort Gottes wurde geschaffen" – im großen Credo von Konstantinopel (381) heißt es seinetwegen ausdrücklich: „gezeugt, nicht geschaffen, eines Wesens mit dem Vater". So veranschaulichte die Betlehembasilika nicht nur die Geburt Christi im menschlichen Fleische, sondern wollte auch die Glaubenslehre über Christus präzise vor Augen stellen und zugleich den Bruch heilen, der 1054 zwischen den Kirchen im Osten und der römischen im Westen eingetreten war. Zwischen den Darstellungen der Konzilien von Gangres und Sardica ist ein mit Edelsteinen geschmücktes Kreuz zu erkennen, das als Vorlage für das Kreuz auf der Kuppel der Grabeskirche diente. Über den Konzilsdarstellungen bilden Engel zwischen den Fenstern eine Prozession des Himmels hin zur Geburtsgrotte. Von den ursprünglich 24 sind nur noch sechs auf der linken Seitenwand erhalten. Beim dritten Engel von vorn hat der Künstler seinen Namen *Basilius*

verewigt. Im südlichen (rechten) Querschiff ist im Mosaik oben die
Verklärung Jesu (nur noch in Resten erhalten) und der Einzug Jesu
in Jerusalem dargestellt. Die Mosaike des *nördlichen Querschiffs*
zeigen den „ungläubigen" Thomas vor dem Auferstandenen und die
Himmelfahrt Christi.

Beeindruckend ist das Dachgebälk. Die ältesten Balken aus einhei-
mischem Zedernholz stammen noch aus der byzantinischen Zeit
(6./7.Jh.). Viele Balken wurden Anfang des 15.Jh. erneuert; sie bestehen aus Lärchenholz, kamen aus den Ostalpen und wurden von
der Republik Venedig geliefert.

Das erhöhte *Presbyterium* ist bis unter die Vierung vorgezogen.
Rechts steht der reich geschnitzte Thron des Patriarchen. Eine
prächtige *Ikonostase* in Rot und Gold, überragt von dem Gekreuzigten zwischen Maria und Johannes, trennt das Presbyterium vom eigentlichen Altarraum; sie wurde 1764 errichtet und 1853 vergoldet.
Von der Decke hängen Kandelaber mit den Kronen von Zar Nikolaus I. und seiner Gemahlin. Die zwei größten Kerzenleuchter sind
signiert: *Norimbergae* (Nürnberg) *1667*. Die Griechen hatten um
das Presbyterium eine Mauer gebaut, um ungestörter Liturgie feiern
zu können; „die übrige Kirche ist preisgegeben", bemerkt ein französischer Bericht von 1860. Erst der englische Militärgouverneur
von Jerusalem ließ 1918 kurzentschlossen diese Mauer beseitigen.

Im südlichen (rechten) Querschiff, das man durchquert (häufig in einer Schlange wartend), wenn man die Geburtsgrotte betritt, fallen
einige schöne Ikonen auf, die die Form eines unregelmäßigen halben Ovals haben. Dies ist die Form der Nische über dem Hauptaltar der Geburtsgrotte, wo sie an Festtagen angebracht werden. Vom
Querschiff führt eine Treppe hinauf in einen Hof, wo sich die (in der
Regel nicht zugängliche) tief gelegene griechisch-orthodoxe Kapelle
der Unschuldigen Kinder befindet. Im nördlichen Querschiff lehnen
die armenischen Altäre *der drei Weisen* und *der Muttergottes* an der
Wand. Von dort kann man in die benachbarte katholische Katharinenkirche gelangen.

Der gesamte alte Schmuck der Kirche bezeugt eine Zeit guten Ein-
vernehmens zwischen dem lateinischen Kreuzfahrerstaat und dem
griechischen Byzantinischen Reich. Das wird deutlich beim Thema
der Mosaike im Hauptschiff, den ökumenischen Konzilien, also der
Grundlage des christlichen Glaubens, welche Ost- und Westkirche
eint. Das wird ebenso deutlich bei der Auswahl der Heiligen, die
nicht ohne Grund sowohl lateinisch als auch griechisch beschriftet
wurden. Ein weiteres Beispiel: Eine griechische und eine lateinische
Inschrift, im Presbyterium teilweise sichtbar – dort, wo die Ikonostase rechts an die Wand stößt – nennen im Jahr 1169 als Mosaizisten den Mönch Ephrem sowie den byzantinischen Kaiser Manuel
Komnenos, den lateinischen König Amalrich I. und Bischof Raul

von Betlehem, einen gebürtigen Engländer, als Auftraggeber – ein eindrucksvolles Zeugnis der multikulturellen und ökumenischen Kirche des Heiligen Landes in der vielgeschmähten Kreuzfahrerzeit!

Die Geburtsgrotte (Abbildung: Tafel XXVIIIb): Das Herz der Geburtsbasilika ist die Geburtsgrotte. Sie liegt unter dem Altarraum und ist von beiden Seiten des Presbyteriums über eine Treppe zugänglich; die beiden Eingänge bewahren noch die Verzierungen, die ihnen die Kreuzfahrer gegeben haben. Der fensterlose Raum ist etwa 12 m lang, 3,5 m breit und 3 m hoch.

Im vordersten Teil der Grotte – wenn man sie vom südlichen Seitenschiff aus betritt, zur Rechten – sieht man unter dem Altar, in den weißen Marmorboden eingefügt, einen *Stern* aus Silber mit der lateinischen Inschrift:

Hic de Virgine Maria Iesus Christus natus est.
Hier wurde aus der Jungfrau Maria Jesus Christus geboren.

Tag und Nacht brennen hier Lampen. Aus aller Herren Länder kommen die Menschen in dankbarer Freude herbei, küssen gerührt den Boden und verehren das Unbegreifliche:

Er kommt aus seines Vaters Schoß
und wird ein Kindlein klein;
er liegt dort elend, nackt und bloß
in einem Krippelein.

Der Stern hat 14 Zacken. Diese Zahl hat in der biblischen Zahlensymbolik eine mehrfache Bedeutung. 14 ist das Doppelte von sieben, der Zahl der Vollkommenheit (vgl. die sieben Schöpfungstage). Nach dem Stammbaum Jesu am Anfang des Matthäusevangeliums

sind es also von Abraham bis David vierzehn Generationen, von David bis zur Babylonischen Gefangenschaft vierzehn Generationen und von der Babylonischen Gefangenschaft bis zu Christus vierzehn Generationen (Mt 1,17).

Außerdem ist 14 die Zahl Davids, nach den Zahlenwerten, die die Buchstaben des hebräischen Alphabets haben: Von David schreibt man im Hebräischen ja nur die Mitlaute *d-w-d*; *d* ist der vierte Buchstabe des hebräischen Alphabets, *w* der sechste, also 4+6+4=14.
Über diesem Stern befindet sich der *Altar der Geburt Christi,* der orthodoxen und armenischen Gottesdiensten vorbehalten ist. In der Nische über dem Altar sieht man die Reste eines mittelalterlichen Mosaiks (manchmal durch eine Ikone verdeckt), das die Geburt Christi, die Anbetung der Hirten und die Huldigung der Weisen darstellt. Darunter ist noch die lateinische Inschrift zu lesen, die den

Gesang der Engel wiedergibt, der auch Teil der Liturgie der Mess-
feier geworden ist:

> Gloria in excelsis Deo, et in terra pax hominibus.
> Ehre sei Gott in der Höhe,
> und Frieden auf Erden den Menschen.

Auf den kleinen Ikonen auf dem Altar sind die Verkündigung der
Geburt Jesu, seine Geburt, seine Taufe, die Kreuzigung, die Salbung
und die Auferstehung Jesu zu sehen, also das ganze Heilsmysterium
Christi, das hier seinen sichtbaren Anfang nahm:

> Geboren von der Jungfrau Maria, gelitten unter Pontius Pila-
> tus, gekreuzigt, gestorben und begraben, hinabgestiegen in das
> Reich des Todes, am dritten Tage auferstanden von den Toten.

Nur einige Schritte vom Silberstern entfernt befindet sich eine kleine, drei Stufen tiefer liegende Nische mit einer aus dem Fels gehauenen *Krippe,* die ebenfalls seit frühesten Zeiten (erstmals bei
Origenes im Jahr 248) erwähnt und heute mit Marmor verkleidet ist.
Der kleine Altar gegenüber wird für die katholischen Gottesdienste
genutzt. Er ist den Weisen, den *Sterndeutern aus dem Osten,* geweiht, von denen es im Evangelium des Matthäus heißt:

> Der Stern, den sie hatten aufgehen sehen, zog vor ihnen her
> bis *zu dem Ort, wo das Kind war*; dort blieb er stehen. Als sie
> den Stern sahen, wurden sie von sehr großer Freude erfüllt.
> Sie gingen in das Haus und sahen das Kind und Maria, seine
> Mutter; da fielen sie nieder und huldigten ihm. Dann holten sie
> ihre Schätze hervor und brachten ihm Gold, Weihrauch und
> Myrrhe als Gaben dar (Mt 2,9-11).

Dass es *drei* Weise waren, hat man aus den drei genannten Gaben
erschlossen. Ihre Namen *Caspar, Melchior* und *Balthasar* sind spätere Zutaten. Ihre Anfangsbuchstaben leiten sich von der Segensfor-
mel *C(hristus) M(ansionem) B(enedicat)* ab, „Christus segne dieses
Haus", mit der man traditionell zum Dreikönigsfest die Häuser bezeichnet.
An diesem Altar der Weisen können Pilgergruppen am Vormittag
Gottesdienste feiern (Anmeldung über das *Pilgrims Office* am Jaffator in Jerusalem). Zwar lassen laute Stimmen von Touristen und ihren Begleiter manchmal die gebotene Rücksicht vermissen, oder sie
bemerken den Gottesdienst gar nicht, der an diesem Nebenaltar
stattfindet, aber gerade für kleinere Gruppen bis zu ca. 20 Personen,
die sich in diesem tiefer liegenden Bereich und auf den Stufen zusammendrängen können, kann diese Feier ein tiefes Erlebnis werden. Für Gottesdienste größerer Gruppen stehen die Grotten unter
der Katharinenkirche oder die Kreuzfahrerkapelle beim Eingang des
Kreuzgangs zur Verfügung.

Die Felsenwände der Geburtsgrotte sind durch feuersichere Behänge verhüllt, die Frankreich nach dem Brand von 1869 gestiftet hat. Rußgeschwärzt und von anderen Bildern teilweise verdeckt, kann man darauf Episoden aus der Kindheit Jesu erkennen. Westeuropäischer Stil, lateinische Inschriften und mehrere Franziskanerwappen (die gekreuzten Arme von Jesus und Franziskus, beide mit den Wundmalen) machen deutlich, welcher Konfession die Unterstützung Frankreichs galt.

Am hinteren (westlichen) Ende der Geburtsgrotte führt eine Tür zu den Nebengrotten. Sie wird nur geöffnet, wenn die Franziskaner ihre tägliche Prozession zu den verschiedenen Altären und Gedenkstationen machen (täglich außer an Feiertagen, um 12.00 Uhr); durch einen kurzen Gang steht die Geburtsgrotte mit weiteren Grotten, die normalerweise von der Katharinenkirche aus zugänglich sind, in direkter Verbindung.

Die *Katharinenkirche* der Franziskaner ist nördlich an die Geburtskirche angebaut. Sie war ursprünglich die Hauskapelle des mittelalterlichen Augustinerklosters. Wie man auf dem Sinai die gebildete, von Legenden umrankte Märtyrerin Katharina aus Alexandria verehrte, so auch hier am Ort der Geburt Christi. Die Katharinenkirche ist die Pfarrkirche der lateinischen (katholischen) Pfarrei Betlehem, die seit ihren Anfängen von den Franziskanern betreut wird.

Die erste Notiz von der Franziskanerpfarrei in Betlehem stammt aus dem Jahr 1664 und nennt 128 Seelen. Die Pfarrei wuchs im 18. und 19. Jh. weiter an. Schon damals wurde von den orthodoxen Kirchen der Vorwurf erhoben, die Franziskaner zögen mit Geld orthodoxe Christen zu sich herüber. Ein wichtiger Faktor war aber sicher der Schulunterricht, welchen die Franziskaner gaben. 1692 hört man von etwa 50 Buben, gegenwärtig sind es um die 1100, die bis zur Hochschulreife gelangen können. Bereits in der ersten Hälfte des 19. Jh. gab es auch Unterricht für Mädchen; für den Unterricht musste man Frauen des Ortes gewinnen. Dass Männer heranwachsende Mädchen unterrichteten, war eine Unmöglichkeit; man hätte sich schlimmsten Verdächtigungen ausgesetzt. An Mädchenschulen in größerem Stil konnte man erst denken, als ab 1848 Ordensschwestern ins Land kamen. Heute betreuen Franziskanerinnen eine Schule für knapp 1000 Schülerinnen.

1882 baute man die Katharinenkirche neu. 1949 nahm man den östlichen Trakt des davor liegenden Kreuzganges hinzu, weil die Kirche für die Pfarrei zu klein geworden war – ganz zu schweigen vom Andrang am Weihnachtsfest. 1998 wurde sie vorne im Presbyterium erweitert. 2002 begann die Vorarlberger Orgelbaufirma Rieger mit der Errichtung einer neuen Orgel. Bei der Belagerung verbrannten große Teile der zwischenzeitlich im Pfarrsaal gelagerten Orgelpfei-

fen, so dass sie erst zwei Jahre später eingeweiht werden konnte. Im
Eingangsbereich rechts wurde 2009 ein vom polnischen Künstler
Czesław Dźwigaj geschaffenes Bronzerelief angebracht; es zeigt die
Erwählung Davids zum König (1 Sam 16,1-13) und den Stamm-
baum Jesu, also die *Wurzel Jesse* (Jesse ist die lateinische Form von
Isai, dem Vater von König David). Am rechten Seitenaltar wird ei-
ne Statue des Jesuskindes aus Zedernholz aufbewahrt, eine spani-
sche Arbeit (um 1920), die von Weihnachten bis Dreikönig in der
Krippe der Geburtsgrotte verehrt wird. An den Wänden hängen vier
Bilder des neapolitanischen Barockmalers Francesco de Mura mit
Szenen aus dem Leben Mariens. Vom linken Seitenschiff aus gelangt man in die schlichte Sakramentskapelle, die zu stillem Gebet
einlädt, auch wenn die Kirche und die anderen Kapellen voller Besucher sind.

Die Feier der *Christmette* von Betlehem findet in der Katharinenkirche statt und wird über Fernsehen und Internet in die ganze Welt
übertragen, bei passendem Wetter auch auf eine Leinwand auf dem
Krippenplatz. Nach dem Hochamt zieht der Patriarch zur Geburtsgrotte, dort wird noch einmal das Weihnachtsevangelium und das *Te
Deum* („Großer Gott") gesungen und dabei eine Statue des Jesuskindes auf dem Silberstern am Altar der Geburt niedergelegt, inzensiert
und anschließend in die Krippe gegenüber gelegt, wo sie die ganze
Weihnachtszeit hindurch bleibt. Danach sind während der ganzen
Nacht und bis zum späten Nachmittag des 25. Dezembers Gottesdienste am Dreikönigsaltar in der Geburtsgrotte. Die verschiedenen
christlichen Kommunitäten kommen sich übrigens aufgrund der unterschiedlichen Kalender bei den Weihnachtsfeierlichkeiten (siehe
Abbildungen, Tafeln XXIXa und b) nicht ins Gehege. Die orthodoxe Weihnachtsfeier mit Einzug ihres Patriarchen in die Geburtskirche am 6. Januar fängt erst an, wenn die Lateiner die weihnachtlichen Feste fast abgeschlossen haben. Die Armenier, welche eine
Feier der Geburt Christi am 25. Dezember im Kirchenkalender nicht
kennen, feiern überhaupt nur das Fest der Epiphanie (Erscheinung
des Herrn) am 19. Januar.

Die Grotten (Übersichtsplan: Tafel XXVIIIa): Im rechten Seitenschiff der Katharinenkirche führt eine Treppe zu mehreren Grotten.
Sie erinnern an Episoden und an Heilige, die mit der Weihnachtsgeschichte und Betlehem verbunden sind, und wurden 1962-64 vom
sizilianischen Franziskaner A. Farina neu gestaltet. Zuerst gelangt
man in ein vorkonstantinisches Grabgewölbe, das in eine Kapelle
umgewandelt wurde. An der linken Seite sieht man verschiedene
Grabhöhlen. Der linke Altar ist den Unschuldigen Kindern geweiht,
im Mittelalter wurden hier sogar deren Gräber verehrt. Der erhöhte
Hauptaltar erinnert an den hl. Josef, der Gang rechts daneben stellt

die Verbindung zur Geburtsgrotte her. Man erinnert sich hier wieder des Matthäusevangeliums, das nach der Huldigung der Sterndeuter fortfährt:

> Als die Sterndeuter wieder gegangen waren, erschien dem Josef im Traum ein Engel des Herrn und sagte: Steh auf, nimm das Kind und seine Mutter und flieh nach Ägypten; dort bleibe, bis ich dir etwas anderes auftrage; denn Herodes wird das Kind suchen, um es zu töten. Da stand Josef in der Nacht auf und floh mit dem Kind und dessen Mutter nach Ägypten. Dort blieb er bis zum Tod des Herodes. Denn es sollte sich erfüllen, was der Herr durch den Propheten gesagt hat: Aus Ägypten habe ich meinen Sohn gerufen. Als Herodes merkte, dass ihn die Sterndeuter getäuscht hatten, wurde er sehr zornig und er ließ in Betlehem und der ganzen Umgebung alle Knaben bis zum Alter von zwei Jahren töten, genau der Zeit entsprechend, die er von den Sterndeutern erfahren hatte (Mt 2,13-16).

Der jüdische Geschichtsschreiber Flavius Josephus berichtet ausgiebig über die Regierungszeit des Herodes und seine Grausamkeit; zuzutrauen wäre seinem despotischen Charakter ein solcher Mordbefehl, da er aus Misstrauen selbst Frau und Söhne ermorden ließ (vgl. S. 329). Doch einen historischen Beleg außerhalb der Evangelien für den Mordbefehl an den Kindern von Betlehem gibt es nicht.

Nach rechts gelangt man in eine weitere Höhle. Hier sind die Gräber des Hieronymus und einiger seiner Gefährten, die am Geburtsort des Herrn leben wollten. Rechts in einem Winkel ist das Grab des *Eusebius von Cremona* (†421/22), zur Linken das von *Paula* (†404) und *Eustochium* (†419), der römischen Patrizierin und ihrer Tochter, die nach einer Heilig-Land-Reise unter Führung des Hieronymus in Betlehem ein Kloster für Männer und ein anderes für Frauen errichteten. Der Römerin Paula schrieb Hieronymus folgenden Spruch in gewähltem Latein auf das Grab:

> Schaust du das Grab dir an, das schmal aus dem Felsen gehauen? Das ist Paulas Hospiz, die das Himmelreich nun besitzet. Bruder, Verwandte, Rom und die Heimat hat sie verlassen, Reichtum und Kinder auch; sie ruht nun in Betlehems Grotte. Hier, an deine Krippe, Herr Christ, brachten die Weisen mystische Gaben, um sie dem, der Mensch und Gott war, zu schenken.

In der Ecke links war das Grab von Hieronymus. Die Inschrift auf dem Grab wendet einen Psalmvers auf den Kirchenvater selbst an: „Das ist für immer der Ort meiner Ruhe; hier will ich wohnen, ich hab' ihn erkoren" (Ps 132,14). Er starb 419 oder 420, seine Gebeine wurden später nach S. Maria Maggiore in Rom übertragen.

Die letzte Kammer, in die eine Treppe vom oberen Kreuzgang herabführte, gilt als die *Zelle des hl. Hieronymus,* etwa das, was Al-
brecht Dürer mit seinem Kupferstich „St. Hieronymus im Gehäuse"
darstellen wollte. Hieronymus war ein temperamentvoller und streit-
barer Charakter. Zunächst war er Sekretär von Papst Damasus in
Rom, nach dessen Tod wurde er Einsiedler in Betlehem. Zugleich
war er ein sprachbegabter, unermüdlicher Gelehrter und Schriftsteller. Er machte es sich zur Aufgabe, die ganze Bibel aus dem Griechischen neu ins Lateinische, die damalige Volkssprache, zu übersetzen. Und da ihn das für das Alte Testament nicht befriedigte,
lernte er bei einem Rabbiner Hebräisch, um wirklich genau verstehen und übersetzen zu können. Er sagte: „Die Heilige Schrift nicht
kennen heißt Christus nicht kennen".

Der *Kreuzgang* ist der Katharinenkirche vorgelagert. Er war Teil des
mittelalterlichen Klosters, wurde 1948 renoviert und teilweise ergänzt. In der Mitte steht eine Statue des hl. Hieronymus, auf der
Fassade der Kirche eine der hl. Katharina. Unter dem links dahinter
liegenden Franziskanerkloster wurde 1863 ein Kirchenschatz der
Kreuzfahrer gefunden, der wahrscheinlich um 1244 beim Herannahen türkischer Horden versteckt worden war. Er befindet sich heute
im Museum der Franziskaner in Jerusalem (siehe S. 395).
Vom Kreuzgang aus gelangt man in die Helenakapelle (hinter der
lebensgroßen Georgsfigur im Eingangsbereich), die Pilgergruppen
für Gottesdienste nutzen können. Im Altarraum der Kapelle sind
Fresken aus der Kreuzfahrerzeit erhalten: Christus zwischen Maria
und Johannes dem Täufer, eine sogenannte *Déesis* (griech. *Fürbitte*), daneben weitere Heilige.
Gleich neben dem Ausgang des Klosters schließt sich die *Casa Nova* von Betlehem an. Sie wurde 1986 völlig neu gebaut. Zum Jahr
2000 wurde sie durch den *Casa Nova Palace* am Krippenplatz ergänzt. Unterhalb davon, auf der anderen Straßenseite, liegt die ebenfalls neu gebaute Schule der Franziskaner.

Die *Milchgrotte*: In der Gasse südlich der Geburtsbasilika gelangt
man nach 200 m zu einer kleinen Kapelle, der *Milchgrotte*. Die Araber nennen sie *Mugharet as-Sitti Marjam*, „Grotte der Herrin Maria". Nach einer Legende aus dem 6. Jh. versteckte sich hier Maria
mit dem Kind vor den Soldaten des Herodes, bevor sie nach Ägypten floh. Diese Legende wurde alsbald durch eine andere ergänzt,
welche den auffälligen weißen Stein folgendermaßen erklärt: Josef
habe Maria zur Eile gedrängt, die gerade ihr Kind stillte. Dabei sei
ein Tropfen ihrer Muttermilch auf die Erde gefallen und habe die
weiße Färbung des Steins bewirkt und ihm eine wundersame Kraft
gegeben. Blühende fromme Phantasie, gewiss, aber der Ort wird seit

vielen Jahrhunderten hochverehrt. Reliquien dieses Steins sind
schon im 7.Jh. nach Spanien gekommen; auch Karl der Große erhielt eine Reliquie davon und Bischof Gerhard III. soll bei der Belagerung von Aschkelon 1123 eine solche mitgeführt haben. Christin-
nen wie auch Muslimas besuchen und verehren den Ort und beten
um eine gute Niederkunft und reichlich Milch zum Stillen. Zahlreiche Votivgaben, auch aus der jüngsten Zeit, stammen von Paaren,
die zunächst keine Kinder bekommen konnten und sich in ihrer Not
hierher wandten.

Die Schnitzfiguren der Grotte stammen aus Tirol, der Perlmutter-
schrein um die Marienstatue über dem Altar der Grotte von einheimischen Handwerkern. 2006 renovierte der italienische Franziskaner Costantino Ruggeri die Grotte und das angebaute Kirchlein. Aus
dessen hinterem Teil führt ein unterirdischer Gang in eine moderne,
ebenfalls 2006 errichtete Krypta, die zur Anbetung einlädt. Von dort
kann man zu einer geräumigen Kapelle emporsteigen, die in einer
kleinen Grünanlage steht. Wer im geschäftigen Betlehem einen ru-
higen Platz zum Gebet oder zur Betrachtung der weihnachtlichen
Ereignisse sucht, wird hier fündig.

Das Rahelgrab

Bis vor wenigen Jahren lag das Grab Rahels, der Lieblingsfrau des
Patriarchen Jakob, die bei der Geburt ihres zweiten Sohnes Benjamin verstarb, am Ortseingang von Betlehem. Heute ist es, zusammen mit einem Militärposten und einem neu angelegten Parkplatz,
von der israelischen Sperrmauer eingeschlossen und nur von der israelisch kontrollierten Seite zu erreichen. Vom Tod Rahels erzählt
das Buch Genesis:

> Sie brachen von Bet-El auf. Nur ein kleines Stück Weg war es
> noch bis Efrata, als Rahel gebar. Sie hatte eine schwere Ge-
> burt. Als sie bei der Geburt schwer litt, redete ihr die Amme
> zu: Fürchte dich nicht, auch diesmal hast du einen Sohn. Wäh-
> rend ihr das Leben entfloh – sie musste nämlich sterben –, gab
> sie ihm den Namen Ben-Oni (Unheilskind); sein Vater aber
> nannte ihn Benjamin (Erfolgskind). Als Rahel gestorben war,
> begrub man sie an der Straße nach Efrata, das jetzt Betlehem
> heißt. Jakob errichtete ein Steinmal über ihrem Grab. Das ist
> das Grabmal Rahels bis auf den heutigen Tag (Gen 35,16-20).

Dieser biblische Abschnitt zeigt Spuren von Bearbeitungen, denn
der beschriebene Ort scheint ursprünglich weiter im Norden gelegen
zu haben, bei Bet-El (siehe S. 280). Aber schon in spät-alttestament-
licher Zeit suchte und verehrte man diesen Ort in der Nähe von

Betlehem. Indem der Evangelist Matthäus diese Raheltradition von Betlehem mit einem Wort des Propheten Jeremia verband, konnte er darin auch den Kindermord des Herodes angekündigt sehen. Er schreibt:

> Ein Geschrei war in Rama zu hören, lautes Weinen und Klagen: Rahel weinte um ihre Kinder und wollte sich nicht trösten lassen, denn sie sind dahin (Mt 2,18, ein Zitat aus Jer 31,15).

Rama liegt zwar ebenfalls im Norden von Jerusalem (siehe S.588), und Jeremia meinte zu seiner Zeit den Schmerz der Stamm-Mutter Rahel über die Toten der Assyrerkriege bis zur Eroberung Samarias im Jahre 722 v. Chr. Aber da der Tod und das Grab Rahels inzwischen bei Betlehem lokalisiert wurden (vgl. Mi 5,1 und 1 Chr 4,4), konnte Matthäus gut und gern den alten Jeremiatext in sein Evangelium einarbeiten.

Das Rahelgrab bekam seine charakteristische Form als Kuppelbau mit einem Kenotaph (Leergrab) im Jahr 1841 durch den britischen Juden Sir Moses Montefiore. Bis 1948 war das Rahelgrab ein von Juden und Muslimen gleichermaßen verehrtes Heiligtum, das dem Status quo unterlag. Vor allem Frauen aller Religionen suchten hier Zuflucht in den Nöten der Schwangerschaft. Nach der Teilung des Landes war Juden und Jüdinnen der Zugang zum Heiligtum verwehrt. Ab den 80er-Jahren wurde es durch eine vorgesetzte Mauer geschützt, jetzt wurde Arabern und Araberinnen der Zugang zunehmend verwehrt. Seit dem Mauerbau ist von der Betlehemer Seite der Zugang völlig versperrt; das Heiligtum – von dem Kuppelbau ist kaum mehr etwas zu sehen – ist rein jüdisch geworden.

Die Straße, die am Rahelgrab vorbeiführt, war bis zum Bau der Sperranlage die Hauptstraße von Jerusalem nach Betlehem. Durch den Bau eines Checkpoints wurde diese weiter nach Osten verlegt. Da der Status quo zu den Weihnachtsfeiern den Empfang der Patriarchen und des Kustos durch den Betlehemer Bürgermeister am Rahelgrab vorsieht, hat man – soll man es zynisch nennen? – entlang der alten Hauptstraße in die Mauer drei Tore eingebaut, die nur zu diesen Feiern geöffnet werden. So passieren wenige Male im Jahr die Wagenkolonnen der Kirchenoberen die Mauer, ohne durch den Checkpoint fahren zu müssen: Zunächst fahren sie in das heute in eine Randlage gedrängte Stadtviertel, das zum palästinensisch kontrollierten Teil der Stadt gehört, danach in das israelisch kontrollierte Gebiet um das Rahelgrab und verlassen dieses kurz nach dem Grab wieder, wo sie vom Bürgermeister von Betlehem und von den palästinensischen Sicherheitskräften empfangen werden.

Ausländische Pilger – Palästinenser und Israelis dagegen nur unter großen Schwierigkeiten – kommen heute von Jerusalem nach Betlehem durch den Checkpoint. Auf der Betlehemer Seite, wo die Mauer rechts an die neue „Hauptstraße" heranreicht, liegt links der Straße das *Caritas Baby Hospital.* Dieses wurde 1952 vom Schweizer Pater Ernst Schnydrig gegründet, der nach dem Unabhängigkeitskrieg und dem palästinensischen Flüchtlingsdrama der Not vor allem kranker Kinder Abhilfe zu schaffen suchte. Träger ist der Verein „Kinderhilfe Betlehem", der vor allem von Schweizer und deutschen Bistümern und Caritasverbänden unterstützt wird. Neben der modernen Klinik und einer Ambulanz ist das *Baby Caritas* bei der Begleitung von bedürftigen Kindern und Familien aktiv, auch bei den Dorfbewohnern und Beduinen in der Umgebung.

Bald nach der Kinderklinik erreicht die Straße die alte Hauptstraße; um ins Zentrum von Betlehem zu kommen, nimmt man sie nach links. Betlehem steigt terrassenförmig aus den umliegenden Tälern bis auf 790 m Meereshöhe an und liegt damit ein wenig höher als Jerusalem. Besonders die nach Osten ausgreifende Altstadt mit ihren Türmen bietet immer noch einen malerischen Anblick, der freilich durch die unvermeidlich größeren und höheren Neubauten zunehmend beeinträchtigt wird.

Den nördlichen Bergvorsprung rechts der Straße beherrscht die katholische Universität von Betlehem. Sie wurde 1973 auf Initiative von Papst Paul VI. gegründet, um jungen Menschen in Palästina durch Bildung eine Zukunftsperspektive zu geben. Etwa 30 % der Studenten sind Christen, 70 % Muslime.

Bet Sahur und die Hirtenfelder

Bet Sahúr („Haus der Magier") liegt östlich von Betlehem, mit dem das Dorf (14 000 Einw.) heute zusammengewachsen ist. Beachtenswert ist im Zentrum des Dorfes die lateinische Pfarrkirche *St. Theresia von Lisieux,* vor allem wegen ihres Hochaltars. Um 1860 haben die beiden arabischen Künstler Issa Zmeir aus Betlehem und Abdullah Harun aus Bet Sahur mit 15 Steinskulpturen aus der Kindheitsgeschichte Jesu ein herausragendes Werk geschaffen. Etwas weiter liegt auf der linken Seite die griechisch-katholische Peter-Nettekoven-Schule. Sie trägt den Namen ihres Förderers, des Kölner Generalvikars und designierten Weihbischofs Peter Nettekoven, der 1975 in Jerusalem wenige Tage vor seiner Bischofsweihe gestorben ist.

Wer die Hirten*felder* auf freiem Feld sucht, wird enttäuscht. Das moderne Städtchen ist inzwischen so weit gewachsen, dass die Felder am Rand des bebauten Gebietes liegen. Zu allem Überfluss gibt es zwei Hirtenfelder, das *lateinische,* nordöstlich vom Zentrum gele-

gen, und das *griechische Hirtenfeld,* südöstlich. Beide liegen auf
Resten byzantinischer Klosteranlagen, die ihrerseits ältere Reste in-
tegrieren. Der heutige Pilger wird gar nicht erst versuchen, anhand
der Bibel oder der antiken Pilgerberichte eine Entscheidung zu treffen, wo denn eigentlich die Hirten gelagert haben können. Vergleicht man die Ruhe dieser Orte mit der ökumenischen Betriebsamkeit der Geburtskirche, kann man es sogar als gute Fügung nehmen,
dass Griechen und Lateiner ihre eigenen, nur 500 m voneinander
entfernten Hirtenfelder haben.

Das lateinische Hirtenfeld: Von Betlehem kommend, erreicht man
am Ortseingang von Bet Sahur, wo Betlehem in Bet Sahur übergeht,
einen Kreisverkehr. Zu den Hirtenfeldern (ausgeschildert *Shep-
herds' Fields Western*) biegt nach links ab. Kurz danach kommt
man zu zwei weiteren Kreuzungen, an denen man nicht geradeaus
fahren kann; beide Male fährt man halblinks. Die Hirtenfelder liegen in einer Rechtskurve links der Straße; sie sind nicht zu übersehen, weil hier das einzige Grün in dieser Gegend ist.
Wo die fruchtbaren Äcker der Talmulde in felsiges Hügelland über-
gehen, entdeckte 1858 der französische Gesandtschaftsbeamte Carlo
Guarmani auf der kleinen Anhöhe von *Chirbet Sijar al-Ghanam*
("Schafpferchs-Ruine") die Ruinen eines Klosters und nahm Ausgrabungen vor, leider mit den noch geringen Kenntnissen und Erfahrungen des 19. Jh. Er glaubte, die drei Hirtengräber gefunden zu
haben, die der Pilger Bischof Arkulf um 680 n. Chr. bei der Kirche
am Hirtenfeld besucht hatte, und damit seinen Fund als das echte
Hirtenfeld gesichert zu haben. In den Jahren 1889–1906 gelang es
den Franziskanern, den Hügel zu erwerben und weiter zu erforschen, aber erst 1951/52 fanden durch Virgilio Corbo systematische
Ausgrabungen statt.
Die Ruinen gehörten zu einem Kloster, das um 400 n. Chr. entstand,
im 6. Jh. vergrößert und teilweise neu gebaut wurde und bis gegen
800 existierte. Die meisten Räume, insbesondere die Höhlen, waren
landwirtschaftlich genutzt. Ein kleiner Raum diente als Bäckerei, in
der sich zwei fromme Anrufungen und zwei Zeichnungen von Golgota befanden (leider nicht mehr erhalten). Die kleine Kirche des
Klosters wurde zweimal gebaut und befand sich auf der untersten
Terrasse der Anlage in der Nordostecke an einer baulich schwierigen Stelle. Diese Tatsache sowie Grotten, die von der Kirche aus
zugänglich waren, werfen Fragen auf, die nur mehr mit Vermutungen zu beantworten sind. Gewiss ist, dass der Hügel bereits im Jahrhundert Jesu bewohnt und genutzt war; es wurde in den Höhlen herodianische Keramik sowie Münzen aus der Zeit der ersten römischen Prokuratoren und des Ersten Jüdischen Kriegs gefunden.

Schon der hl. Hieronymus († 419 in Betlehem) äußert sich über den
Ort, wo die Hirten in der hl. Nacht gewacht haben mochten, und
nennt einen Ort namens *Migdal Eder* („Herden-Turm"). Dieser alttestamentliche Ort wird in Gen 35,21 im Zusammenhang mit dem
Begräbnis Rahels genannt (siehe S. 587); seine genaue Lage ist unbekannt. Die Identifikation des Hieronymus hat ihre Gründe wohl
hauptsächlich im folgenden Abschnitt aus dem Propheten Micha:

> Und du, Turm für die Herde (*Migdal Eder*), Felsenhöhe der
> Tochter Zion, du erhältst wieder die Herrschaft wie früher, das
> Königtum kommt wieder zur Tochter Jerusalem (Mi 4,8).

Die Berichte des Hieronymus lassen darauf schließen, dass schon im
4. Jh. an der Stelle der Hirtenfelder die Verkündigung an die Hirten
verehrt wurde. Die Reste eines Turms, der mit *Migdal Eder* identifiziert werden könnte, wurden oberhalb der modernen Kapelle gefunden. Freilich bleibt zu bedenken: Der nächtliche Aufenthalt der Hirten hinterließ keine Spuren, die Jahre oder gar Jahrtausende später
noch erkennbar wären.

Die Franziskaner errichteten 1954 mit Hilfe kanadischer Wohltäter
eine Kapelle *Sanctorum Angelorum ad Pastores* (Verkündigung
„der heiligen Engel an die Hirten"). Es ist ein hübscher kleiner Kuppelbau nach den Plänen von A. Barluzzi. Die schlichten Altargemälde illustrieren den zweiten Teil der lukanischen Weihnachtsgeschichte, der so lautet:

> In jener Gegend lagerten Hirten *auf freiem Feld* und hielten
> Nachtwache bei ihrer Herde. Da trat der Engel des Herrn zu
> ihnen und der Glanz des Herrn umstrahlte sie. Sie fürchteten
> sich sehr, der Engel aber sagte zu ihnen: Fürchtet euch nicht,
> denn ich verkünde euch eine große Freude, die dem ganzen
> Volk zuteil werden soll: Heute ist euch in der Stadt Davids der
> Retter geboren; er ist der Messias, der Herr. Und das soll euch
> als Zeichen dienen: Ihr werdet ein Kind finden, das, in Win-
> deln gewickelt, in einer Krippe liegt. Und plötzlich war bei
> dem Engel ein großes himmlisches Heer, das Gott lobte und
> sprach:
> Verherrlicht ist Gott in der Höhe und auf Erden ist Friede bei
> den Menschen seiner Gnade.
> Als die Engel sie verlassen hatten und in den Himmel zurück-
> gekehrt waren, sagten die Hirten zueinander: Kommt, wir ge-
> hen nach Betlehem, um das Ereignis zu sehen, das uns der
> Herr verkünden ließ. So eilten sie hin und fanden Maria und
> Josef und das Kind, das in der Krippe lag. Als sie es sahen, er-
> zählten sie, was ihnen über dieses Kind gesagt worden war.
> Und alle, die es hörten, staunten über die Worte der Hirten.
> Maria aber bewahrte alles, was geschehen war, in ihrem Her-

zen und dachte darüber nach. Die Hirten kehrten zurück, rühmten Gott und priesen ihn für das, was sie gehört und gesehen hatten; denn alles war so gewesen, wie es ihnen gesagt worden war (Lk 2,8-20).

Die neue Kapelle ließ allerdings die Grotte dahinter nicht überflüssig werden, welche man vorher zur Gottesdienstfeier hergerichtet hatte. Zwar sind in der Grotte keine Zeichen alter Verehrung vorhanden, aber sie spricht dennoch die Herzen so sehr an, dass weitere Grotten für den Gottesdienst hergerichtet wurden. Dass seit alter Zeit Hirten diese Grotten benutzt haben, steht außer Zweifel.

Das weitläufige Ruinengelände ist für Besucher zugänglich. An mehreren Stellen wurden Altäre und Gottesdienstplätze eingerichtet, so dass – vor allem in der Christnacht – mehrere Gruppen gleichzeitig in stilvollem Rahmen Gottesdienst feiern können.

Von den Hirtenfeldern aus geht der Blick nach unten über das Tal mit Feldern und Ölbäumen. Zur Linken (Nordwesten) sieht man einige moderne Wohnblocks, die die griechisch-orthodoxe Kirche für christliche Familien hat errichten lassen. Dahinter sieht man die sogenannte Sicherheitsbarriere, die an dieser Stelle keine Mauer ist, sondern eine Stacheldrahtanlage. Besser als der Zaun ist der Kontrollweg zu erkennen, der sich ihm entlang durch die Landschaft schlängelt und diese zerschneidet. Auf dem Hügel hinter dem griechisch-orthodoxen Viertel erhebt sich die israelische Siedlung *Har Choma,* mit deren Baubeginn 1997 der Friedensprozess zwischen Israelis und Palästinensern praktisch zum Erliegen kam. Noch weiter im Hintergrund sieht man den arabischen, Ost-Jerusalemer Stadtteil *Zur Baher.* Schaut man weiter nach links, nach Südwesten, genießt man einen Blick auf die moderne Silhouette der „Stadt Davids, die Betlehem heißt" (Lk 2,4). Das „Transeamus" wird bildhaft: „Kommt, lasst uns *nach Betlehem* gehen, um das Ereignis zu sehen, das uns der Herr verkünden ließ" (Lk 2,15), und weiter:

> Die Hirten kehrten zurück, rühmten Gott und priesen ihn für das, was sie gehört und gesehen hatten; denn alles war so gewesen, wie es ihnen gesagt worden war (Lk 2,20).

Die freien Felder sind immer mehr durch Neubauten zersiedelt. So sehr man der wachsenden einheimischen Bevölkerung die Verbesserung ihrer Lebensbedingungen gönnt, ist es doch schade, wie ein einmaliges freies Fleckchen Erde Stück für Stück verschwindet.

Das griechische Hirtenfeld: Nur 500 m südöstlich vom „lateinischen" liegt das „griechische Hirtenfeld" (griech. *Poimenion*). Eine Kirche, 3,5 m tief in der Erde, war dort immer bekannt, wie der arabische Name erkennen lässt: *Kaniset ar-Rawat* („Kirche der Hirten"). Als man 1972 den Entschluss fasste, auch auf dem griechi-

schen Hirtenfeld eine neue Kirche zu bauen, wurde zuvor die alte
Anlage ausgegraben und erforscht. Die Ergebnisse des griechischen
Archäologen Vassilios Tzaferis wurden in der wissenschaftlichen
Zeitschrift des Franziskanischen Bibelstudiums von Jerusalem veröffentlicht. Demgemäß folgten hier fünf Sakralbauten aufeinander:
1. eine heilige Höhle, ca. 350–400 n.Chr., mit Gräbern (der Hirten?); *2.* eine kleine Kirche mit Tonnenwölbung des 5.Jh. (11×
15 m), zu der man von Süden über 16 Stufen hinabstieg; *3.* eine dar-
übergebaute „Dachkapelle", ebenfalls aus dem 5.Jh., bezeugt durch
ein Fußbodenmosaik mit Weinranken und Inschrift, die einen „La-
za[rus] und seine Spenden" in Erinnerung bringt; *4.* eine dreischiffige Kirche des 6.Jh. (15×30 m), die (614?) durch Brand zerstört
wurde; *5.* ein Wiederaufbau in denselben Maßen, aber in einfacherer
Form. Diese letzte Kirche wurde bis ins 10.Jh. benutzt. Um diese
beträchtlichen Überreste zu schonen, entschloss man sich, die neue
Kirche daneben zu errichten.
Die Deutung der Überreste blieb nicht unbestritten. Der wichtigste
Einwand ist: Gab es die ursprüngliche heilige Höhle überhaupt,
wenn von ihr nur ein Fußbodenmosaik, sonst aber nichts vorhanden
ist? Sicher ist, dass die Anlagen des „lateinischen" und des „griechischen" Hirtenfeldes mehrere Jahrhunderte gleichzeitig existierten.
Die Frage ist somit: Was war mit den beiden Bauten ursprünglich
gemeint? Der „griechische" Bau überlebte das „lateinische" Kloster
und übernahm etwas von dessen Funktion. Denn in der Spätzeit kamen zu der Kirche ebenfalls Gräber und landwirtschaftliche Anlagen wie bei einem Kloster hinzu.
Die Höhle ist heute wieder in eine unterirdische orthodoxe Kapelle
integriert. In einem Nebenraum sind Ikonen und liturgische Geräte
ausgestellt. Über der Kapelle befinden sich die Reste von drei Kirchen und von einem Turm, der von manchen als *Migdal Eder* (s.o.,
S.591) betrachtet wird. Das Innere der modernen Kirche überrascht
durch seine farbenfrohen originellen Wandmalereien. Der Blick
wird dabei von der Erde schrittweise in den Himmel geführt. Im unteren Bereich der Wände sind Menschen dargestellt, die zur Heiligkeit gelangt sind (an der Rückwand die Hirten). Darüber, bis zur
Decke der Seitenschiffe, sind Szenen aus dem Leben Jesu und Mariens dargestellt. Die Decke des Hauptschiffes zeigt die Verherrlichung Jesu, seine Passion und Auferstehung. Der krönende Abschluss ist der Pantokrator, der Allherrscher, in der Kuppel. Der
Hauptaltar der Kirche ist der Gottesmutter geweiht; der rechte dem
heiligen Arzt Panteleimon (Pantaleon), der linke den Erzengeln Michael und Gabriel und allen himmlischen Geistern.

Um die Anlage herum findet man noch vereinzelte fruchtbare Ge-
treidefelder; die meisten sind heute Neubauten gewichen. Sie erin-

nern an die *Felder des Boas.* Hier spielt sich, nach einer Vorgeschichte *im Grünland Moabs* jenseits des Jordans (Rut 1,1-2; vgl.
S.761), die romantische Erzählung von der „ausländischen" Moabi-
terin Rut ab, die zur Ahnfrau Davids und damit Jesu werden sollte:
Im Frühjahr während der Gerstenernte schenkt der Grundbesitzer
Boas aus Betlehem der verwitweten armen Rut beim Ährenlesen
überraschende Beachtung. Ihre Schwiegermutter weiß die neue Liebe so zu arrangieren, dass Rut die Frau des Boas wird, aus dessen
Geschlecht David hervorgehen wird. Allbekannt sind die Worte
Ruts, die gern bei Hochzeiten gelesen werden – freilich sind diese
Worte im biblischen Original nicht Worte der Braut für ihren Mann,
sondern Ausdruck der Anhänglichkeit der jungen Moabiterin an ihre
judäische Schwiegermutter:

> Wohin du gehst, dahin gehe auch ich, und wo du bleibst, da
> bleibe auch ich. Dein Volk ist mein Volk und dein Gott ist
> mein Gott. Wo du stirbst, da sterbe auch ich, da will ich begra-
> ben sein (Rut 1,16-17).

Das Theodosiuskloster und Mar Saba

Östlich von Bet Sahur, am südlichen Steilhang des Kidrontals, das
hier auch *Wadi Nar,* arab. „Feuer-Tal", heißt, liegt das große Dorf
Ubeidije (ca. 12 000 Einw.). Das Dorf ist inzwischen um das ehemals in der Wüste liegende *Theodosiuskloster* herum gewachsen.
Auf Arabisch heißt das Kloster entweder *Der* („Kloster") *Dosi,* worin man eine Kurzform von *Theodosius* erkennen kann, oder *Der Ibn
Obed,* „Kloster des Sohnes des Dienerchens". Mit „Dienerchen",
arab. *Ubeid,* waren Diener des Klosters Mar Saba gemeint, wovon
zunächst der Beduinenstamm *Ubeidije* und später das gleichnamige
Dorf ihren Namen ableiten.
Das mit einer starken Mauer umfriedete *Theodosiuskloster* wurde
479 gegründet. Theodosius (424–529) kam aus Kappadozien (heutige Türkei) ins Heilige Land und lebte zuerst in Jerusalem beim
Davidsturm, später in der Nähe des Marienheiligtums *Kathisma* und
zog sich schließlich in die Wüste zurück, blieb aber immer für
Fremde, Arme und Kranke aufgeschlossen. Unter seiner Leitung
standen damals bis zu 400 Mönche verschiedener Riten und Nationen. Deswegen hatte die Kirche seiner Laura vier Kapellen für die
Feier der Liturgie nach verschiedenen Riten. Theodosius 494 wurde
zum Haupt aller zönobitischer (teilweise gemeinsam lebender)
Mönche der Region gewählt.
Aus dem Theodosiuskloster kamen zwei bedeutende Patriarchen
von Jerusalem: Modestus machte sich als Mönch und dann als Patri-

arch (632–634) nach der persischen Eroberung und Beschädigung um die Wiederherstellung der Kirche des Heiligen Grabes sehr verdient. Sein Nachfolger Sophronius (634–638) musste die Heilige Stadt dem muslimischen Eroberer Omar übergeben und starb wenig später. Von ihm stammt der Hymnenreigen, mit dem die orthodoxe Kirche das Weihnachtsfest feiert; am 24. Dezember heißt es beispielsweise ebenso volksnah wie theologisch tief:

> Betlehem, sei gerüstet! Vorbereitet werde die Krippe! Die Grotte erwarte die Ankunft! Gekommen ist die Wahrheit, versunken das Schattenreich; Gott selbst, aus einer Jungfrau geboren, ist den Menschen erschienen. Verwandelt, äußerlich wie wir, vergöttlicht er die angenommene Menschengestalt. Wieder, ganz neu, wird Adam mit Eva gemeinsam geschaffen, so dass beide ausrufen: Auf Erden erschien das Wohlgefallen, zu retten unser Geschlecht.

Das Kloster hatte durch das ganze Mittelalter Bestand und starb erst im 15. Jh. aus. Um 1900 kaufte das griechisch-orthodoxe Patriarchat das Gelände zurück und baute die neue stattliche Kirche. In einer Kapelle im Hof des Klosters befindet sich die geräumige Höhle, in der Theodosius 50 Jahre gelebt hat. Nach einer Nachricht, die zum ersten Mal Theodor, Bischof von Petra, überliefert, hätten die Weisen aus dem Morgenland nach ihrem Besuch in Betlehem in dieser Höhle eine Nacht verbracht, als sie auf Weisung des Engels „auf einem anderem Wege heim in ihr Land" zogen (Mt 2,12).

Durch das Dorf Ubeidije kommt man zum Kloster *Mar Saba*, „St. Sabas" (ausgeschildert), das, überragt vom sogenannten *Eudokiaturm*, aus wilder Bergschlucht mit seinen blauen Bedachungen aufleuchtet. Das Kloster hat zwei Kirchen: die ältere *Theoktistkirche*, die bei der Erneuerung des Klosters 1840 nach einem Erdbeben durch Zar Nikolaus I. in *Nikolauskirche* umbenannt wurde, und die Kirche der Muttergottes (*Theotokos*) in der Form eines griechischen Kreuzes. Sie weist eine schöne vergoldete Ikonostase und wertvolle byzantinische Gemälde auf. Einfacher, aber sehr lebendig sind die alttestamentlichen Szenen in der Vorhalle der Kirche. In der Kirche werden die Reliquien des hl. Sabas verehrt. Sein Grab war ursprünglich im Hof zwischen beiden Kirchen, heute erhebt sich dort eine sechseckige Kapelle, deren Bemalung das Leben des Heiligen darstellt. Die Gebeine des Heiligen waren von den Kreuzfahrern nach Venedig entführt worden, wurden aber von Papst Paul VI. 1965, anlässlich seines Besuches im Heiligen Land und seines Treffens mit dem Ökumenischen Patriarchen, zurückgegeben. Der Besuch des Klosters ist allein Männern möglich. Frauen können nur von außen einen Blick auf die kleine Klosterstadt und das Kidrontal tun. Der zu

diesem Zweck errichtete „Frauenturm" außerhalb der Mauern ist gewöhnlich verschlossen.

Der hl. Sabas (439–532) kam 456 aus Kappadozien ins Heilige
Land. Er „erlernte" das Mönchsleben bei den Mönchen Euthymius
und Theoktist. 483 zog er sich hierher ins Kidrontal zurück und war
mit seinem älteren Landsmann Theodosius in geistlicher Freundschaft verbunden. Er wurde hier der Gründer der *Großen Laura* mit
anachoretischer (eremitischer) Lebensweise. Mar Saba war das Zentrum von etwa 45 Eremitenhöhlen, die sich in beiden Richtungen
des Tales 2 km weit erstreckten. Eine gemeinsame Kirche brauchten
die Anachoreten für die sonntägliche Eucharistiefeier aber doch. Die
erste Kirche der Großen Laura war an eine Höhle angebaut, sie wurde im Jahr 490 eingeweiht, 501 kam die neue Kirche der Theotokos
hinzu. Im Jahr 487, also ganz am Anfang, drangen marodierende
Samaritaner nach Mar Saba ein und verstümmelten dem zelebrieren-
den Bischof die Hände. Zahlreiche Angriffe von Beduinen, Arabern
und Türken, waren der Grund dafür, dass sich das Kloster bis heute
festungsartig präsentiert.

Mar Saba ist der Ursprungsort vieler Hymnen der griechischen Kirche. Das in Mar Saba entwickelte *Horologion* („Stunden-Gebet")
wurde bestimmend für die spätere griechische Kirche. Großen Ver-
dienst daran hat der heilige Kirchenlehrer Johannes von Damaskus,
der aus einer der vornehmsten Familien von Damaskus stammte und
etwa 720–750 hier lebte; seine Wohnzelle wird ebenfalls in Mar
Saba verehrt.

Mar Saba in seiner abgeschiedenen Lage hat die Fährnisse der Jahrhunderte überstanden, wurde nach Zerstörungen immer wieder aufgebaut und ist damit das einzige Wüstenkloster des Heiligen Landes, das auf eine ununterbrochene Geschichte zurückblicken kann.

Die Teiche Salomos und der Hortus Conclusus

Verlässt man Betlehem auf der alten Hauptstraße Richtung Südwesten (Richtung Hebron), kommt man zunächst nach *Doha,* eine aus
einem Flüchtlingslager entstandene Gemeinde, die mit Betlehem zusammengewachsen ist, danach nach *al-Chader.* Dieser heute ebenfalls mit Betlehem zusammengewachsene, fast ganz muslimische
Ort verdankt seinen Namen einer Georgskirche, denn *al-Chader* ist
eine geläufige Bezeichnung für eine sagenhafte Figur, in der mit unterschiedlicher Betonung Züge des Propheten Elija, des Märtyrers
Georg sowie des Propheten Mohammed zusammenfließen.

Am südlichen Ortsausgang führt eine Straße links zu den *Teichen
Salomos.* Es handelt sich um drei Wasserreservoire, die das Quell-
und Regenwasser der umliegenden Berge für die Wasserversorgung

Jerusalems aufspeicherten. Der obere Teich ist 116 m lang, der mittlere 129 m und der untere 177 m. Über ihre Entstehungszeit wissen wir nichts Genaues. Der Volksmund nennt sie Teiche Salomos und bezieht sich dabei auf einen dem König Salomo zugeschriebenen biblischen Text:

> Ich vollbrachte meine großen Taten: Ich baute mir Häuser, ich pflanzte Weinberge. Ich legte mir Gärten und Parks an, darin pflanzte ich alle Arten von Bäumen. *Ich legte Wasserbecken an,* um aus ihnen den sprossenden Baumbestand zu bewässern (Koh 2,4-6).

Die Wasserleitung von hier nach Jerusalem, die schon die Hasmonäer oder Herodes angelegt hatten, ließ Pontius Pilatus mit Tempelgeldern restaurieren, wofür er von den Juden beim Kaiser verklagt wurde. Die Osmanen bauten im 17. Jh. zum Schutze der Teiche das Kastell *Qalaat al-Burak,* „Festung der Teiche". In der jüngeren Vergangenheit wurde es renoviert und ein kleines Museum darin eingerichtet, das allerdings meistens verschlossen ist.

Östlich der Teiche schließt sich ein enges Tal an, das von Bergen umschlossen liegt und von der Quelle *Ain Etan* bewässert wird, ein Garten von erstaunlicher Fruchtbarkeit. Im Talgrund liegt die Ortschaft *Artas* (auch *Urtas*). Dieser seit dem 15. Jh. n. Chr. belegte Name geht auf das lateinische *Hortus,* „Garten", zurück, denn man fand im biblischen Hohenlied eine Anspielung auf dieses Tal:

> *Ein verschlossener Garten* (lat. *hortus conclusus*) ist meine Schwester Braut, *ein verschlossener Garten,* ein versiegelter Quell (Hld 4,12).

1901 errichteten hier die „Schwestern Unserer Lieben Frau vom Hortus Conclusus" ein Kloster. Diese Gemeinschaft entstand in der ersten Hälfte des 19. Jh. in Uruguay und geht ihrerseits auf ein Gnadenbild aus dem 15. Jh. in Ligurien (Italien) zurück, zu welchem man dort in Pestzeiten pilgerte. Der verschlossene Garten aus dem Hohenlied, einem durchaus weltlichen Liebesgedicht aus der Bibel, wurde im Lauf der Frömmigkeitsgeschichte, der solch ein Liebesgedicht suspekt war, als Bild Mariens, der jungfräulichen Mutter Jesu, gedeutet. Ob man diese Deutung teilt oder nicht, der gepflegte *verschlossene Garten,* der das neugotische Kloster umschließt, lädt dazu ein, diesen oft stiefmütterlich behandelten biblischen Text zu betrachten, der so ganz unfromm anhebt:

> Das Hohelied Salomos. Mit Küssen seines Mundes bedecke er mich. Süßer als Wein ist deine Liebe. Köstlich ist der Duft deiner Salben, dein Name hingegossenes Salböl; darum lieben dich die Mädchen. Zieh mich her hinter dir! Lass uns eilen!

Der König führt mich in seine Gemächer. Jauchzen lasst uns,
deiner uns freuen, deine Liebe höher rühmen als Wein. Dich
liebt man zu Recht (Hld 1,1-4).

Herodion

Man erreicht *Herodion* (arab. *Dschebel al-Fureidis,* „Paradies-
Berg", wohl aus „Herodes-Berg" entstanden) südöstlich von Betlehem auf der Straße Nr.356. Man sieht den Berg (758 m ü.d.M.)
schon aus der Ferne, der abgeschnitten wie ein Vulkan aussieht. Seit
dem späten Mittelalter heißt der Berg auch *Dschebel al-Afrandsch*
(„Franken-Berg"), weil man die europäischen („fränkischen")
Kreuzfahrer als die Erbauer dieses Ortes betrachtete. Archäologisch
lässt sich allerdings keine Kreuzfahrerpräsenz nachweisen.
Schon Herodes der Große hatte Gefallen an dem einzelnen Berg gefunden, weil er hier mit einem Sieg 40 v.Chr. den Grundstein für
die Eroberung des Landes gelegt hatte. Er ließ den Berg zu einem
Luxuspalast ausbauen und bestimmte ihn als seine Grabstätte. Nach
dem Grab hat man lange gesucht, möglicherweise wurde der israelische Archäologe Ehud Netzer (gestorben 2010, infolge eines Stur-
zes auf Herodion) 2007 fündig: er identifizierte Reste eines prächtigen, aber stark zerstörten Marmormausoleums in der Nähe des ursprünglichen Eingangs, Richtung Nordosten, als Grab Herodes'.
Diese Identifizierung bleibt aufgrund der starken Zerstörung unsicher, aber gerade diese Zerstörung kann als Argument für eine solche Identifizierung gelten – man kann annehmen, das Grab des
schon zu seinen Lebzeiten verhassten Herrschers (siehe S.329) sei
bereits in der Antike mutwillig zerstört worden.
Der deutsche Architekt Conrad Schick erkannte schon 1879, dass
der obere Teil des Berges künstlich war und dass ein geheimer Gang
in den oberen Hof hinaufführte. Bei den Ausgrabungen 1962-67
durch den Franziskaner Virgilio Corbo wurden dann die zwei kon-
zentrischen Ringe der Umfassungsmauern (62 m Durchmesser) mit
drei halbrunden und einem voll ausgebauten Rundturm freigelegt.
Im Inneren der Anlage fand man einen von Säulenhallen eingesäum-
ten Hof, einen Speisesaal (10 × 15 m), Wohnräume, die farbig bemalt und mindestens zweistöckig waren, sowie eine kleine, aber luxuriöse Badeanlage, wie sie in keinem Herodespalast fehlte. Man
hat dort Wandkritzeleien entdeckt. Diese sind zwar fast 2000 Jahre
alt und auf Hebräisch, Aramäisch und Griechisch geschrieben, sie
unterscheiden sich aber ansonsten kaum von Kritzeleien, wie man
sie bis heute allenthalben in sanitären Anlagen findet. Wie im
gleichzeitig gebauten Massada wurden gewaltige Anstrengungen
unternommen, in Zisternen im Berg genügend Wasser für ein stan-

desgemäßes Wohlleben mit Bädern bereitzuhalten. Die Tunnels zu den Zisternen konnten z.T. auch als geheime Fluchtwege benutzt werden; es sind 300 m unterirdischer Gänge bekannt. Diese Funde bestätigen die Beschreibung, die Flavius Josephus bezüglich der Größe, der Stärke und des Luxus des Palastes gibt.

Die Burg wurde in den beiden Jüdischen Aufständen als Widerstandsnest genutzt. Über den Zweiten Aufstand (132–135 n.Chr.) haben wir zwar nur spärliche Quellen, man nimmt aber an, der Anführer des Aufstandes, Simon Bar Kochba, habe hier sein Hauptquartier gehabt. In einem der beiden Aufstände wurde der Speisesaal zur Synagoge umfunktioniert. Man sieht dort Wandbänke und fand in Räumen nebenan Münzen aus dem Jahr 70 n.Chr. und einen ganzen Schatz von 800 Bronzemünzen vom Aufstand Bar Kochbas. In byzantinischer Zeit ließen sich Mönche hier nieder, besonders in den Räumen der Bäder, deren Decken noch intakt waren. Ihre Kapelle mit Apsis befand sich im westlichen Teil der Anlage – steigt man die Rampe in die Anlage hinab, hat man sie zur Rechten.

Von Herodion aus genießt man eine interessante, gegensätzliche Aussicht: nach Westen auf das kultivierte Land, nach Osten auf die Judäische Wüste. Die Gegend um den Berg herum verdeutlicht soziologische Wandlungen: Zum einen geht der Beduinenstamm der Taamire (er wurde durch die Funde der Qumranschriften bekannt), der bis vor Jahrzehnten ein Nomadenleben in Zelten führte, allmählich zu einem sesshaften Leben über. Über die Berge und Täler zerstreut stehen statt der ärmlichen Ziegenfellzelte jetzt Häuser, die das Leben bequemer machen – auch diese machen freilich einen ärmlichen Eindruck. Zum anderen kann man von hier aus mehrere israelische Siedlungen sehen, deren moderne Architektur vom Wohlstand und vom westlichen Lebensstil der Bewohner Zeugnis ablegen soll.

Teile der unterirdischen Zisternen und Gänge sind zugänglich. Man kann vom Innenhof der Burg durch diese hinuntersteigen (vor allem bei großer Sommerhitze empfiehlt sich der umgekehrte Weg, nämlich in der schattigen Kühle auf den Berg hinaufzusteigen). Vom unteren Ausgang ist es nicht mehr weit zum wiederentdeckten Grab Herodes'. Die spärlichen Überreste der 10 × 10 m großen Grundfläche befinden sich über einem in den Berg hinein errichteten Theater, das der Grabanlage weichen musste. Das Grabmal selbst dürfte etwa 25 m hoch gewesen sein; ein Modell gibt eine Vorstellung davon, wie es ausgesehen haben könnte.

Zu Füßen Herodions setzten sich 110 m tiefer die herodianischen Prachtbauten in einem *Unter-Herodion* fort. Die Reste der Palastanlagen lassen ihre Pracht noch erahnen. In einer weitläufigen Gartenanlage (110 × 145 m) befand sich ein Wasserbecken von 45 × 70 m Ausdehnung und 3 m Tiefe mit einem Rundpavillon in der Mitte. Dazu kamen weitere Hallen und Höfe, vor allem eine große Bäder-

anlage, die größte, die Herodes besaß. Das Wasser wurde durch einen Aquädukt von den Quellen bei Betlehem (Artas) her gespeist.
In byzantinischer Zeit gab es hier ein blühendes christliches Leben.
Es sind drei dreischiffige Kirchen gefunden worden, jede mit einem
eigenen Baptisterium. Die *nördliche Kirche* (8,5 × 10,5 m), auf der
anderen Seite der Straße Betlehem – Tekoa, ist gegen das Jahr 500
n. Chr. entstanden. Ihr Mosaikfußboden ist einfach, aber gut erhalten. Eine Besonderheit ist, dass sie im Osten keine Apsiden, sondern
nur rechteckige Abschlüsse hat. Vor dem Eingang standen die
Psalmworte: „Das ist das Tor zum Herrn, nur Gerechte treten hier
ein" (Ps 118,20). Nach zwei anderen Inschriften war die Kirche dem
Erzengel Michael geweiht. Die Anrede Christi ist ungewöhnlich:
Herr, Sohn, Christus. Die Namen, die Christus und dem *hl. Michael*
empfohlen werden, sind durchwegs palästinensisch-orientalisch.
Eventuell stammt die Kirche von judenchristlichen Kreisen, die sich
hier auf dem Land länger gehalten haben könnten als in den Städten.
Die *mittlere Kirche* (10 × 14 m) ist von Lage und Stil her die interes-
santeste. Sie schließt östlich an den Teichkomplex an und wurde in
die vorhandenen Strukturen eines früheren Gebäudes eingefügt. Unterschiedliche Kapitelle zeigen die Herkunft von einem anderen Monument. Es gibt Spuren von geometrischer Bemalung und Weinranken an den Wänden. Die Mosaikteppiche der drei Schiffe sind zu einem großen Teil erhalten. Die Muster des mittleren fallen auf, sie
sind vielleicht erst nach der arabischen Eroberung geschaffen worden. So spricht einiges dafür, dass die Kirche erst im 7. Jh. errichtet
wurde. Die *östliche Kirche* (8 × 14 m) befindet sich genau nördlich
am Fuß der Herodionburg; sie wird gegen 600 n. Chr. gebaut worden sein. Ihr Mosaikboden enthielt Medaillons mit Tieren, von denen nur eine Löwin ganz erhalten ist. Ein südlicher Anbau über die
ganze Länge der Kirche enthält außer dem Baptisterium unter dem
Fußboden ein Grab.

St. Chariton und Tekoa

Südlich von Herodion schneidet sich das Wadi Chariton tief in die
Landschaft ein. Es gibt hier Spuren menschlichen Lebens, die bis in
die Altsteinzeit zurückreichen. In die bekannte Geschichte tritt das
Wadi aber erst mit dem hl. Chariton ein, dessen Namen es heute
trägt. Er gründete hier 345 n. Chr. die sogenannte „Alte Laura"
(griech. *Palaia Laura*), auch als *Charitonslaura* oder als *Suka* (aramäisch „Fels") bezeichnet. Chariton aus Ikonium (heute *Konya* in
der Türkei) gilt als der Begründer des palästinensischen Mönchtums. Er gründete zunächst um 330 n. Chr. die erste Laura in der Judäischen Wüste, im Wadi Fara (siehe S. 301). Nach ungefähr einem

Jahrzehnt floh er gleichsam von dort vor der Menge von Jüngern,
die seinem Lebensstil nachfolgen wollten, auf der Suche nach
größerer Einsamkeit, zunächst nach Dok bei Jericho (siehe S. 332).
Aber auch dorthin folgte ihm eine Schar von Jüngern, ein zweites
Mönchszentrum entstand. Nach einigen weiteren Jahren floh er erneut, dieses Mal hierher; das gleiche „Schicksal" hatte ihn erreicht.
Er lebte und starb 350 in einer schwer zugänglichen Höhle, der sogenannten „Hängenden Höhle", ca. 30 Minuten südlich des Klosters.
Die Legende berichtet, der Heilige habe, um einsamer leben zu können und nicht auf die Wasserversorgung des Klosters angewiesen zu
sein, eine Quelle aus dem Felsen geschlagen. Diese Quelle, *Ain Natuf,* „Tropfen-Quelle", tröpfelt noch heute unweit der Höhle aus dem
Felsen.
Die auch als Ruine noch beeindruckende Anlage ist nur in einem
einstündigen Fußmarsch zu erreichen. Schon von Weitem ist eine
hohe Turmruine zusehen. Sie war eine Art Burgfried, in den sich die
Mönche bei Angriffen der Nomaden der Umgebung flüchten konnten. In der Nähe der Laura liegt eine Zisterne, sie wird von den Beduinen „Ziegenbrunnen" genannt. Sie ist eines der besterhaltendsten
byzantinischen Gebäude im Heiligen Land und ist bis heute in Betrieb. Von hier aus führte ein Kanal Wasser in zwei kleinere Becken. An den Felswänden des Wadis kann man Trockenmauern erkennen, die zur Anlage „hängender Gärten" dienten. Das kultivierte
Land nahm eine Fläche von fast 2 ha ein. Das Kloster hatte bis in
die Kreuzfahrerzeit hinein Bestand. Zwischen der Klosterruine und
der Hängenden Höhle liegt die *Charitonshöhle,* ein ca. 500 m tiefes
Karsthöhlenlabyrinth, das aber offenbar mit dem Heiligen nichts zu
tun hat.

7 km südwestlich des Herodions kommt man nach der israelischen
Siedlung *Tkoa* zum arabischen Dorf *Tuqu* (9000 Einw.) mit den Ruinen des biblischen *Tekoa*. Aus Tekoa stammte der Prophet Amos
(Am 1,1), der früheste der Schriftpropheten (um 750 v. Chr.), der
von sich selbst sagte: „Ich bin kein Prophet und kein Prophetenschü-
ler, sondern ich bin ein Viehzüchter und ich ziehe Maulbeerfeigen"
(Am 7,14). 150 Jahre später kündigte der Prophet Jeremia Tekoa
Unheil durch die Babylonier an (Jer 6,1). Das Buch Nehemia lässt
nach der Babylonischen Gefangenschaft die Vornehmen von Tekoa
als hochmütig erscheinen (Neh 3,5). In der byzantinischen Zeit gab
es Kirchen und Klöster, wo sich heute nur mehr ein imposantes Ruinenfeld ausdehnt. Systematische Ausgrabungen haben noch nicht
stattgefunden, in Oberflächenuntersuchungen konnte man zwei Kirchen und eine Kapelle nachweisen, die eigenartigerweise dem Propheten Habakuk geweiht war. Im Ruinenfeld wurde ein schöner
Taufstein gefunden, der in der jüngeren Vergangenheit ins Dorf ge-

bracht wurde (bald nach dem Dorfeingang in einem Olivenhain
links unterhalb der Straße). Auch die Pilgerin Aetheria war hier. Sie
kam von Herodion und besuchte das *Grab des Propheten Amos,* das
schon seit dem 1. Jh. n. Chr. hier gezeigt wurde. Bis ins 17. Jh. gab
es hier ein kleines christliches Dorf, das aus unbekannten Gründen
aufgegeben wurde. Seit Ende des 19. Jh., vor allem aber nach dem
Zweiten Weltkrieg siedelten sich hier Beduinen vom Stamm der
Taamire an.

4 km südöstlich von Tekoa befand sich im *Wadi at-Tina* die soge-
nannte *Neue Laura,* wo im Jahr 507 sechzig Mönche, die es in der
Großen Laura nicht mehr ausgehalten hatten, eine neue Laura grün-
deten, die Sabas in seiner Güte billigte. Diese Neue Laura wurde ein
Hort des Widerstandes gegen die Entscheidungen des Konzils von
Konstantinopel 553. Da die Mönche sich nicht unterwerfen wollten,
wurden sie vertrieben, die Laura wurde 555 von rechtgläubigen
Mönchen neu besiedelt.

15 km südöstlich von Tekoa liegt im selben Wadi das ehemalige
Kloster *Chirbet ad-Der* („Kloster-Ruine"), dessen Kirche eine Höhle war (um 500 n. Chr.). Die Höhle ist 26 m breit und 13 m tief; der
eigentliche Kirchenraum misst 9 × 11 m. Es gibt zwar unendlich viele Höhlen, die von Mönchen bewohnt waren, aber Höhlen dieser
Größe, die zu Kirchen gemacht wurden, sind selten. Die Höhlenkir-
che weist schöne Mosaikteppiche auf; am Anfang des Hauptteppi-
pichs ist in großen griechischen Buchstaben aus einem Psalm zitiert:
„Denk an uns, HERR, aus Liebe zu deinem Volk; such uns auf mit
deinem Heil, damit wir das Glück deiner Erwählten schauen" (Ps
106,4-5). Westlich der Kirche war eine Grabkrypta, vor deren auf-
wendigem Eingang die Pauluswort zu lesen sind: „Dieses Vergäng-
liche muss sich mit Unvergänglichkeit bekleiden und dieses Sterbli-
che mit Unsterblichkeit. Die Posaune wird erschallen, die Toten
werden auferweckt" (1 Kor 15,53.52).

35. HEBRON UND UMGEBUNG

Der südliche Teil des Westjordanlandes entspricht ungefähr dem Gebiet des biblischen Stammes Juda (Judäa) mit der alten Hauptstadt Hebron. Hebron und Beerscheba weiter im Süden sind die bevorzugten Aufenthaltsorte Abrahams, während die damaligen nördlicheren Zentren, Sichem und Bet-El, Durchgangsstationen blieben (Gen 12,6-9).

Die Landschaft um Hebron wird nach Süden immer trockener und hat ihren eigenen Reiz. Dieses Gebiet und vor allem die Stadt Hebron selbst haben gegenwärtig unter dem Bau von Sperranlagen und Siedlungen besonders zu leiden.

Zwei Straßen führen von Jerusalem aus nach Süden: Die moderne Hauptstraße Nr. 60 umfährt Betlehem und die Nachbardörfer westlich; die Straße Nr. 356 zweigt am Stadtrand von Jerusalem, bei der Siedlung Har Choma, von jener ab und nimmt eine östlichere Route. Kurz vor Hebron treffen sich beide Straßen wieder und münden in eine östliche Umgehung der Stadt.

Ca. 2 km südlich von der *Gush Etsyon Junction* führt die Straße Nr. 60 hinab in ein Wadi. In geringer Entfernung links von der Brücke ist die Quelle *Ain al-Arrub,* die Pontius Pilatus nutzte, um die Wasserversorgung Jerusalems zu sichern. Mit gepflegten Obstgärten und Weinbergen legt die Landschaft Zeugnis vom Fleiß ihrer Bewohner ab. Der biblischen Erzählung folgend haben schon die antiken Pilger hier das *Traubental* gesucht. Die israelitischen Kundschafter brachten von dort dem von Ägypten heraufziehenden Volk zum Beweis der Fruchtbarkeit des Landes an einer Stange Riesentrauben, Feigen und Granatäpfel mit:

> Von dort (Hebron) kamen sie in das *Traubental.* Dort schnitten sie eine Rebe mit einer Weintraube ab und trugen sie zu zweit auf einer Stange, dazu auch einige Granatäpfel und Feigen. Den Ort nannte man später *Traubental* wegen der Traube, die die Israeliten dort abgeschnitten hatten (Num 13,22-24).

Der Philippusbrunnen

Nach weiteren 4 km zweigt von der Straße Nr. 60 eine Straße nach rechts (Südwesten) in Richtung Halhul ab, einem großen arabischen Dorf (ca. 26 000 muslimische Einwohner). Im Dorf erreicht das judäische Bergland mit 1030 m ü.d.M. seinen höchsten Punkt. Im Mittelalter verehrte man hier die Gräber der „Hauspropheten" Davids *Gad* (2 Sam 24,11-19) und *Natan* (2 Sam 7,2-17; 12,1-15, 1 Chr

29,29-30). Heute betrachten die Muslime das Grab bei der Moschee mit weithin sichtbarem Minarett für das Grab des Propheten Jona (*Nabi Junes*).

Am nördlichen Ortseingang sieht man links (östlich) der Straße eine moderne Moschee. Sie befindet sich über einer Quelle, *Ain ad-Dirwe* genannt, von der noch in den 90er-Jahren ein Wasserbecken zu sehen war. Die Modernisierung der letzten Jahre hat auch dieses verschwinden lassen. Diese Quelle wird von den Christen *Philippusquelle* genannt, weil bereits seit dem Pilger von Bordeaux (333 n.Chr.) hier die Taufe des Ministers der äthiopischen Königin Kandake durch den Diakon Philippus lokalisiert wird. In der Apostelgeschichte heißt es:

> Ein Engel des Herrn sagte zu Philippus: Steh auf und zieh nach Süden auf der Straße, die von Jerusalem nach Gaza hinabführt. Sie führt durch eine einsame Gegend. Und er brach auf. Nun war da ein Äthiopier, ein Kämmerer, Hofbeamter der Kandake, der Königin der Äthiopier, der ihren ganzen Schatz verwaltete. Dieser war nach Jerusalem gekommen, um Gott anzubeten, und fuhr jetzt heimwärts. Er saß auf seinem Wagen und las den Propheten Jesaja. Und der Geist sagte zu Philippus: Geh und folge diesem Wagen. Philippus lief hin und hörte ihn den Propheten Jesaja lesen. Da sagte er: Verstehst du auch, was du liest? Jener antwortete: Wie könnte ich es, wenn mich niemand anleitet? Und er bat den Philippus, einzusteigen und neben ihm Platz zu nehmen. Der Abschnitt der Schrift, den er las, lautete: Wie ein Schaf wurde er zum Schlachten geführt; und wie ein Lamm, das verstummt, wenn man es schert, so tat er seinen Mund nicht auf. In der Erniedrigung wurde seine Verurteilung aufgehoben. Seine Nachkommen, wer kann sie zählen? Denn sein Leben wurde von der Erde fortgenommen. Der Kämmerer wandte sich an Philippus und sagte: Ich bitte dich, von wem sagt der Prophet das? Von sich selbst oder von einem anderen? Da begann Philippus zu reden und ausgehend von diesem Schriftwort verkündete er ihm das Evangelium von Jesus. Als sie nun weiterzogen, kamen sie zu einer Wasserstelle. Da sagte der Kämmerer: Hier ist Wasser. Was steht meiner Taufe noch im Weg? Er ließ den Wagen halten und beide, Philippus und der Kämmerer, stiegen in das Wasser hinab und er taufte ihn. Als sie aber aus dem Wasser stiegen, entführte der Geist des Herrn den Philippus. Der Kämmerer sah ihn nicht mehr und er zog voll Freude weiter (Apg 8,26-39).

Westlich gegenüber im Dorf sieht man auf der Höhe die Ruinen von *Chirbet Burdsch az-Zur,* welches den Namen des biblischen Bet-Zur weiterträgt. Die Ruinen stammen aber von einer kleinen mittelalterlichen Festung. Das biblische Bet-Zur, eine befestigte Stadt der nach-salomonischen Zeit (2 Chr 11,6), die in den Makkabäerkriegen hart umkämpft war (z.B. 1 Makk 4,26-35), lag ca. 500 m weiter westlich auf einem anderen Hügel. Dort wurden in den 50er-Jahren Ausgrabungen durchgeführt, die aber nach den Untersuchungen zugeschüttet wurden, um den Hügel wieder landwirtschaftlich nutzen zu können.

Zurück auf der Straße Nr. 60 liegt nach 4 km links (nordöstlich) der Straße *Bet Anun,* das biblische *Bet-Anot* (Jos 15,59) – von der Hauptstraße aus derzeit nur zu Fuß zu erreichen. Bald nach den ersten Häusern des Dorfes folgt man einer kleinen Straße nach links oben und kommt nach wenigen Metern, dort wo das Dorf in Felder übergeht, zu den Ruinen einer byzantinischen Klosteranlage, Johannes dem Täufer geweiht. Wahrscheinlich hängt dieses Patrozinium mit der Ähnlichkeit der Namen zusammen: Bet Anun erinnerte an Änon, wo Johannes taufte (Joh 3,23). Interessant ist der Altartisch in der Apsis der Kirche. Er ist zwar umgestürzt und in zwei Teile zerbrochen, aber er lässt noch gut die damals übliche Form der Altäre erkennen. Eingemeißelte Rinnen deuten Blutrinnen vorchristlicher Altäre an, die man zwar beim unblutigen, eucharistischen Opfer nicht mehr braucht, die aber darauf hinweisen, dass dort, in verklärter Form, das Blut Christi dargebracht wird.

Bani Naïm

Fährt man auf der Straße Nr. 60 weiter nach Süden, kommt man nach etwa 4 km zur Abzweigung nach *Bani Naïm* (23 000 Einw.), 2 km östlich der Hauptstraße gelegen. Der frühere Name dieses Dorfes war *Kfar Barucha,* welches in den Qumranrollen und in byzantinischen Quellen erwähnt wird. Ungefähr am höchsten Punkt des Dorfes erhebt sich eine alte Moschee, *Nabi Lut* (arab. „Prophet Lot"), mit dem Grab des Propheten. Die Bibel berichtet nichts über Tod und Begräbnis des Lot. Das letzte, was sie vom Überlebenden der Katastrophe von Sodom und Gomorra erzählt, die Geburt seiner Söhne Moab und Ben-Ammi (Gen 19,30-38), weist auf das Bergland östlich des Toten Meeres und wurde in der christlichen Tradition dort verehrt (siehe S. 737). Seit dem Mittelalter verehrt die muslimische Tradition hier das Grab Lots, der im Islam als Prophet verehrt ist. Zwei arabische Inschriften, eine über dem Eingang des Gebäudes, die zweite über dem Grabmal, berichten von einer Stiftung für das Grabmal im Jahr 1022 n. Chr. Über einem verschlossenen Eingang neben dem jetzigen Eingang sind in einem mächtigen

Türsturz drei Rosetten, in deren mittlerer man erkennen kann, dass dort ein Kreuz abgeschlagen wurde. Entweder wurde der Türsturz hierher gebracht, oder es handelte sich bei diesem Eingang um die Tür zu einem älteren christlichen Gebäude. Ursprünglich ein überdachtes Grabmal innerhalb eines von einem Kreuzgang umgebenen Hofes, ist das Ganze jetzt von einer modernen, wenig malerischen Betonkonstruktion überdacht. Das Grabmal selbst ist in jämmerlichem Zustand, aber der Blick vom Dach des Komplexes ist lohnenswert. Er reicht, auf der Höhe von En-Gedi, über das Tote Meer hinweg bis ins jordanische Bergland.

Verlässt man das Dorf Richtung Süden, kommt man nach ca. 1 km zu einem weiteren Heiligtum, das mit der Geschichte Abrahams und Lots verbunden ist. Weithin sichtbar thront *Nabi Jaqin* auf einem Hügel, den es sich mit einem Wasserturm und einem modernen Wachturm teilt. Das gepflegte Heiligtum besteht aus einer einfachen Moschee und einem geräumigen Innenhof. In der Moschee befindet sich ein Stein, auf dem nach der islamischen Tradition die Fußabdrücke (und einst auch die Handabdrücke) Abrahams sichtbar sind, der, nach Mekka (!) gewandt, dort für die Bewohner von Sodom und Gomorra Fürsprache hielt:

> Die Männer wandten sich von dort (Mamre) ab und gingen auf Sodom zu. Abraham aber stand noch immer vor dem HERRN. Er trat näher und sagte: Willst du auch den Gerechten mit den Ruchlosen wegraffen? Vielleicht gibt es fünfzig Gerechte in der Stadt: Willst du auch sie wegraffen und nicht doch dem Ort vergeben wegen der fünfzig Gerechten dort? Das kannst du doch nicht tun, die Gerechten zusammen mit den Ruchlosen umbringen. Dann ginge es ja dem Gerechten genauso wie dem Ruchlosen. Das kannst du doch nicht tun. Sollte sich der Richter über die ganze Erde nicht an das Recht halten? Da sprach der HERR: Wenn ich in Sodom, in der Stadt, fünfzig Gerechte finde, werde ich ihretwegen dem ganzen Ort vergeben. Abraham antwortete und sprach: Ich habe es nun einmal unternommen, mit meinem Herrn zu reden, obwohl ich Staub und Asche bin. Vielleicht fehlen an den fünfzig Gerechten fünf. Wirst du wegen der fünf die ganze Stadt vernichten? Nein, sagte er, ich werde sie nicht vernichten, wenn ich dort fünfundvierzig finde. Er fuhr fort, zu ihm zu reden: Vielleicht finden sich dort nur vierzig. Da sprach er: Ich werde es der vierzig wegen nicht tun. Und weiter sagte er: Mein Herr zürne nicht, wenn ich weiterrede. Vielleicht finden sich dort nur dreißig. Er entgegnete: Ich werde es nicht tun, wenn ich dort dreißig finde. Darauf sagte er: Ich habe es nun einmal unternommen, mit meinem Herrn zu reden. Vielleicht finden sich

dort nur zwanzig. Er antwortete: Ich werde sie um der zwanzig willen nicht vernichten. Und nochmals sagte er: Mein Herr zürne nicht, wenn ich nur noch einmal das Wort ergreife. Vielleicht finden sich dort nur zehn. Und wiederum sprach er: Ich werde sie um der zehn willen nicht vernichten. Nachdem der HERR das Gespräch mit Abraham beendet hatte, ging er weg und Abraham kehrte heim (Gen 18,22-33).

Man mag über den Gedanken lächeln, diese Fürsprache Abrahams hätte jahrtausendealte Spuren in Stein hinterlassen. Die Wahl des Ortes ist jedoch günstig, um an dieses Geschehen zu erinnern. Geht man von Mamre aus in Richtung Totes Meer (arab. *Bahr Lut*, „Meer Lots"), so kann man dieses von hier aus sehen, so wie Abraham am folgenden Tag:

> Am frühen Morgen begab sich Abraham an den Ort, an dem er dem HERRN gegenübergestanden hatte. Er schaute *gegen Sodom und Gomorra* und auf das ganze Gebiet im Umkreis und sah: Qualm stieg von der Erde auf wie der Qualm aus einem Schmelzofen. Als Gott die Städte der Gegend vernichtete, dachte er an Abraham und ließ Lot mitten aus der Zerstörung fortgeleiten, während er die Städte, in denen Lot gewohnt hatte, von Grund auf zerstörte (Gen 19,27-29).

Oder, in muslimischer Tradition:

> Dort ist der Ort, wo Abraham angewurzelt stand, indem er in den Hügel beinah eine Elle tief versank. Man erzählt: Als Abraham die Stadt Lots in der Luft sah, blieb er dort angewurzelt stehen und sagte: Ich bezeuge, dass dies die gewisse Wahrheit ist.

So erklärt man auch volkstümlich den arabischen Namen *Nabi Jaqin*: Man sieht in *Jaqin* eine Anspielung auf „die gewisse Wahrheit" (arab. *al-Haqq al-jaqin*).

Zwei weitere Erinnerungsstätten finden sich auf dem Hügel. Wenige Meter nordöstlich der Moschee ist der ummauerte Zugang zu einer Höhle, die möglicherweise als die Höhle verehrt wurde, in der Lot und seine Töchter lebten (siehe aber S. 737). Rechts vom Zugangsweg (mit der Moschee vor sich) finden sich weitere Fußspuren in einer Steinplatte: die Abdrücke Lots.

Tell Sif: 2 km südlich der Abzweigung nach Bani Naïm biegt die Nr. 60 nach Westen, während die Nr. 356 weiter nach Süden führt. Diese macht ca. 1 km südlich der Abzweigung nach Pne Chever einen Bogen westlich um einen Hügel, den höchsten der Gegend (880 m ü. d. M.), Standort eines modernen Wachturms. Er heißt *Tell Sif* und überliefert den biblischen Namen *Sif*. David floh vor seinem

Verfolger Saul *in die Steppe Sif* (1 Sam 23,14-24). Die Stadt dürfte wohl ursprünglich auf diesem Hügel errichtet gewesen sein, irgendwann wurde sie auf den östlich davon gelegenen niedrigeren Hügel *Chirbet Sif* verlegt, näher an die Wasserquelle. Auf beiden Hügeln sind nur spärliche Reste der alten Siedlungen zu sehen.

Chirbet Istabul: Folgt man der Straße Nr. 356 weiter nach Süden, kommt man auf dem übernächsten Hügel links (östlich) der Straße nach *Chirbet Istabul* (Zufahrt an einem modernen Schulhaus vorbei), welches den alten Namen *Aristobulias* überliefert. Mehrere Angehörige der hasmonäischen und der herodianischen Familie trugen den Namen Aristobulos. Es ist aber nicht bekannt, nach wem dieser Ort benannt ist. Am höchsten Punkt wurde eine kleine Basilika ausgegraben, die wohl zu einem Kloster gehört hat, welches auf den Einsiedler Euthymius (377–473) zurückgeht.

Maon: Weiter auf derselben Straße (ab der Einfahrt zur Siedlung *Karmel* trägt sie die Nr. 317) passiert man nach knapp 10 km die Siedlung *Maon*. Diese ist nach dem biblischen *Maon* benannt, welches 2 km weiter westlich auf einem Hügel lag. Dieser Hügel ist der höchste der Umgebung und liegt unweit der Straße rechts (nordwestlich) von ihr. Er ist von der Straße gut zu erkennen, es gibt aber keine Zufahrt von dort, sondern man muss ihn von Norden anfahren, durch das Dorf *Jutta* (meist *Yata* geschrieben). *Maon* ist die Heimat Nabals (des „Toren", 1 Sam 25,25), des Mannes von Abigajil, die nach dessen frühem Tod Davids Frau wurde. Die spärlichen Reste auf dem Hügel stammen erst aus byzantinischer Zeit, aber man hat von hier aus eine gute Aussicht in das umgebende Hügelland, Schauplatz zahlreicher biblischer Ereignisse. Besonders lebendig wird hier die Verfolgung Davids durch Saul:

> Saul folgte ihm (David) in die Steppe *Maon*. Saul zog auf der einen Seite des Berges dahin, David und seine Männer auf der anderen Seite des Berges (1 Sam 23,25-26).

Susja: Wenige Kilometer nach Maon zweigt rechts von der Straße Nr. 317 ein Weg zum archäologischen Park von *Susja*. Hier befand sich zur byzantinischen Zeit und möglicherweise darüber hinaus ein jüdisches Dorf, dessen Namen wir nicht kennen. In der Mitte des 19. Jh. entstand hier das arabische Dorf Susja. Dessen Bewohner wurden in den 80er-Jahren vertrieben. Zentrum des ausgedehnten Ruinenfeldes ist eine Synagoge aus dem 4.–6. Jh., mit einem gut erhaltenen Mosaikfußboden mit Jagdszenen, einem Daniel in der Löwengrube, einem teilweise zerstörten Tierkreiszeichen, zwei Menorot (Leuchtern) und vier Inschriften. Interessant sind außerdem die ausgedehnten miteinander verbundenen Höhlen unter dem Dorf, die als Vorratsräume, zeitweise auch als Fluchthöhlen gedient haben mochten.

Eschtemoa: Nach weiteren 5 km zweigt rechts (nördlich) eine Straße zum arabischen Dorf *Samua* (23 000 Einw.) ab, welches den biblischen Namen *Eschtemoa* (1 Sam 30,28) weiterträgt. An der höchsten Stelle des Dorfes, neben einer modernen Moschee, befindet sich die Ruine einer Synagoge, wohl aus dem 4. Jh. n. Chr. An der Nordwand (also Richtung Jerusalem) kann man drei Nischen erkennen. Die größere, mittlere barg den Toraschrein, die beiden seitlichen waren wahrscheinlich Plätze für Leuchter. In der gegenüberliegenden Südwand zeigt eine nach Mekka gerichtete Gebetsnische, dass der Raum in einer späteren Zeit als Moschee benutzt wurde. Eine hier gefundene aramäische Stifterinschrift befindet sich heute im Museum bei der Herberge des Barmherzigen Samariters (S. 342).

Hebron

Die Stadt erstreckt sich in einem nach Süden geneigten Tal zwischen den Hängen des *Dschebel Rumeida* im Westen und dem *Haram al-Chalil* mit den Patriarchengräbern von *Machpela* im Osten. Das älteste Hebron lag an der Westseite des Tals auf dem *Tel Hebron*, einem Vorberg des *Dschebel Rumeida*. Erst nach der persischen Zeit breitete sich Hebron ins Tal aus und bezog in der Folge den Osthügel, die heutige Altstadt, mit ein. Nach dem Abzug der Kreuzfahrer ist Hebron eine arabische Stadt geworden. Die Altstadt mit ihren niedrigen Kuppeldächern, engen Gassen und überwölbten Basaren bezeugt das bis heute. Hebron ist eines der Handelszentren im Süden des Heiligen Landes, bekannt durch seine Ton- und Glasindustrie.

Auf Arabisch heißt Hebron *al-Chalil*. Dieser Name bedeutet „der Freund", gemeint ist damit der *Gottesfreund* Abraham, eine Bezeichnung, die bis ins Babylonische Exil zurückgeht (Jes 41,8) und auch Christen nicht fremd ist (Jak 2,23). Die Stadt hat knapp 200 000 arabische, durchweg muslimische Einwohner. Dazu kommen gegen 10 000 israelische Siedler – genaue Zahlen sind nicht zu ermitteln, die Angaben schwanken erheblich. Die meisten von ihnen leben in der Siedlung *Kirjat Arba* im Osten der Stadt, aber einige Hundert auch in mehreren Siedlungen in der Altstadt. Das Problem sind nicht so sehr die Zahlen, sondern dass es sich bei diesen Siedlern häufig um nationale oder religiöse (oder beides) Hardliner handelt, die nicht davor zurückschrecken, ihre Ansprüche auch mit Gewalt durchzusetzen, selbst gegenüber der eigenen (israelischen) Ar-

mee, die eigentlich zu ihrem Schutz dort ist. Spannungen sind an
der Tagesordnung, Ausschreitungen nicht selten, ganze Straßenzüge
sind für die arabische Bevölkerung gesperrt. Daher ist der Besuch
der eigentlich reizvollen Altstadt oft ein deprimierendes Erlebnis –
kaum sonst im Land sind die Spannungen zwischen den Bewohnern
so handgreiflich spürbar wie hier.

Das alttestamentliche Hebron: Nach der Bibel hieß Hebron früher
Kirjat-Arba („Stadt der Vier", Gen 23,2) und wäre „sieben Jahre vor
Zoan" (Tanis), der Hauptstadt Unterägyptens, erbaut (Num 13,22),
ohne dass man recht weiß, was genau damit gemeint ist. Neben den
göttlichen Verheißungen ist dem biblischen Erzähler wichtig, wie es
zugegangen ist, dass der umherziehende, wohlhabende Nomade Abraham zu Grundbesitz kam und damit die Verheißungen sich zu erfüllen begannen:

> Die Lebenszeit Saras betrug hundertsiebenundzwanzig Jahre;
> so lange lebte Sara. Sie starb *in Kirjat-Arba, das jetzt Hebron
> heißt*, in Kanaan. Abraham kam, um die Totenklage über sie
> zu halten und sie zu beweinen. Danach stand Abraham auf,
> ging von seiner Toten weg und redete mit den Hetitern. Er
> sagte: Fremder und Halbbürger bin ich unter euch. Gebt mir
> ein Grab bei euch als Eigentum, damit ich meine Tote hinaus-
> bringen und begraben kann. Die Hetiter antworteten Abraham:
> Hör uns an, Herr! Du bist ein Gottesfürst in unserer Mitte. In
> der vornehmsten unserer Grabstätten darfst du deine Tote be-
> graben. Keiner von uns wird dir seine Grabstätte versagen und
> deiner Toten das Begräbnis verweigern.
> Abraham aber stand auf, verneigte sich tief vor den Bürgern
> des Landes, den Hetitern, verhandelte mit ihnen und sagte:
> Wenn ihr damit einverstanden seid, dass ich meine Tote hin-
> ausbringe und begrabe, dann hört mich an und setzt euch für
> mich ein bei Efron, dem Sohn Zohars! Er soll mir die Höhle
> von Machpela überlassen, die ihm gehört, am Rand seines
> Grundstücks. Zum vollen Geldwert soll er sie mir überlassen
> als eigene Grabstätte mitten unter euch. Efron saß unter den
> Hetitern. Der Hetiter Efron antwortete Abraham, so dass es
> die Hetiter, alle, die zum Tor seiner Stadt Zutritt hatten, hören
> konnten: Nein, Herr, hör mich an: Das Grundstück überlasse
> ich dir und die Höhle darauf überlasse ich dir; in Gegenwart
> der Söhne meines Volkes überlasse ich sie dir. Begrab deine
> Tote!
> Da verneigte sich Abraham tief in Gegenwart der Bürger des
> Landes und sagte zu Efron, so dass es die Bürger des Landes
> hören konnten: Hör mich doch, bitte, an: Ich zahle das Geld

für das Grundstück. Nimm es von mir an, damit ich dort meine Tote begrabe. Efron antwortete Abraham: Herr, hör mich an! Land im Wert von vierhundert Silberstücken, was bedeutet das schon unter uns? Begrab nur deine Tote! Abraham hörte auf Efron und wog ihm den Geldbetrag ab, den er in Gegenwart der Hetiter genannt hatte, vierhundert Silberstücke zum üblichen Handelswert. So ging das Grundstück Efrons *in Machpela bei Mamre,* das Feld mit der Höhle darauf und mit allen Bäumen auf dem Grundstück in seiner ganzen Ausdehnung ringsum, in den Besitz Abrahams über, in Gegenwart der Hetiter, aller, die zum Tor seiner Stadt Zutritt hatten. Dann begrub Abraham seine Frau Sara in der Höhle des Grundstücks *von Machpela bei Mamre, das jetzt Hebron heißt,* in Kanaan. Das Grundstück samt der Höhle darauf war also von den Hetitern als Grabstätte in den Besitz Abrahams übergegangen (Gen 23,1 20).

In der Machpelahöhle – der Name kann als „Doppel-Höhle" gedeutet werden – wurden auch Abraham selbst und sein Sohn Isaak begraben (Gen 25,7-11; 35,27-29). Ausdrücklich verlangte der Patriarch Jakob auf seinem Sterbelager in Ägypten seine Bestattung in der Familiengruft, wo auch die Frauen der Patriarchen beerdigt waren (Gen 49,29-33), mit Ausnahme von Rahel, der Lieblingsfrau Jakobs (siehe zum Rahelgrab S. 587).

Beim Einzug der Israeliten aus Ägypten nach Kanaan soll Hebron vom Stamm Juda eingenommen worden sein (Ri 1,10), die ältere Nachricht wird aber sein, dass es vom vielleicht edomitischen Stamm Kaleb (Gen 36,42-43) in Besitz genommen wurde (Ri 1,20). Offensichtlich hat sich das mächtigere Juda den Stamm Kaleb einverleibt. Im Buch Josua werden die Ansprüche des selbstbewussten Stammvaters Kaleb auf Hebron ganz deutlich dokumentiert, nachdem er vorher oberflächlich unter die Judäer eingereiht worden war:

Damals traten die Judäer in Gilgal an Josua heran und Kaleb, der Sohn des Kenasiters Jefunne, sagte zu ihm: Du weißt, was der HERR zu Mose, dem Gottesmann, in Kadesch-Barnea über mich und dich gesagt hat. Ich war vierzig Jahre alt, als mich Mose, der Knecht des HERRN, in Kadesch-Barnea aussandte, damit ich das Land erkundete, und ich erstattete ihm Bericht, wie ich es mir vorgenommen hatte. Während meine Brüder, die mit mir hinaufgezogen waren, das Volk mutlos machten, hielt ich treu zum HERRN, meinem Gott. An jenem Tag schwor Mose: Das Land, das dein Fuß betreten hat, soll dir und deinen Söhnen für immer als Erbbesitz gehören, weil du treu zum HERRN, deinem Gott, gehalten hast.

Nun sieh her: Der HERR hat mich, wie er es versprochen hat,
am Leben gelassen. Fünfundvierzig Jahre ist es her, seit der
HERR dieses Wort zu Mose gesprochen hat, als Israel durch die
Wüste zog. Heute bin ich, wie du siehst, fünfundachtzig Jahre
alt. Ich bin immer noch so stark wie damals, als Mose mich
ausgesandt hat; wie meine Kraft damals war, so ist sie noch
heute, wenn es gilt, zu kämpfen, auszuziehen und heimzu-
kehren. Nun gib mir also dieses Bergland, von dem der HERR
an jenem Tag geredet hat. Denn du hast selbst an jenem Tag
gehört, dass Anakiter dort sind und große befestigte Städte.
Vielleicht ist der HERR mit mir, so dass ich sie vertreiben
kann, wie der HERR gesagt hat. Da segnete Josua Kaleb, den
Sohn Jefunnes, und gab ihm *Hebron* als Erbbesitz. Deshalb
gehört *Hebron* bis zum heutigen Tag dem Kenasiter Kaleb,
dem Sohn Jefunnes, weil er treu zum HERRN, dem Gott Israels,
gehalten hat (Jos 14,6-14).

Zur Zeit Davids gehörte Hebron fest zu Juda. König David, der aus
Betlehem stammte, war zuerst siebeneinhalb Jahre König in Hebron
(2 Sam 2,1-4; 5,4-5, 1 Kön 2,11). Dann erst verlegte er seine Residenz nach Jerusalem, das er selbst erobert hatte, so dass Hebron allmählich an Bedeutung verlor. Als nach der Zerstörung Jerusalems
durch die Babylonier (586 v. Chr.) der wiederaufgebaute Tempel
zum alleinigen Mittelpunkt des Judentums wurde, wirkte sich das in
Hebron dahin aus, dass das alte Heiligtum von Mamre (s. u.) zurückgedrängt wurde und die Patriarchengräber in den Vordergrund traten. Die politische Entmachtung Jerusalems führte aber auch dazu,
dass der ganze Süden des Stammesgebietes von Juda wieder edomi-
tisch wurde. Von Judas dem Makkabäer heißt es:

Judas und seine Brüder zogen auch zum Kampf gegen die
Nachkommen Esaus im Süden. Er schlug *Hebron* und seine
Tochterstädte, eroberte ihre Festungen und brannte ihre Türme
ringsum nieder (1 Makk 5,65).

Die von den Makkabäern abstammenden Hasmonäerherrscher wurden hundertzwanzig Jahre später von den Idumäern Antipater und
Herodes ausgespielt und beerbt. Herodes aber verhalf neben dem Jerusalemer Tempel auch Mamre und den Patriarchengräbern zu mo-
numentaler Würde, indem er sie mit einer Umfassungsmauer umgab, deren riesige Steinblöcke man noch heute bewundern kann.

Hebron in christlicher und islamischer Zeit: Von den Evangelien
(Lk 1,54-55; 1,72-73) und Paulus (Gal 3,6-9) belehrt, verstehen sich
auch Christen als Söhne Abrahams und Erben der Verheißung. Obwohl das Neue Testament in einer rätselhaften Stelle (Apg 7,16) Sichem als Grabstätte der Patriarchen angibt, griff die christliche Tra-

dition bald die alttestamentlich-jüdische Überlieferung auf. Schon der Pilger von Bordeaux kam nach Hebron und notierte „ein viereckiges Steindenkmal von wunderbarer Schönheit", der Pilgerin Aetheria zeigte man „das Haus des Jakob, wo eine Kirche ohne Dach errichtet worden ist, und 50 Schritte davon sogar das „Grab des hl. Kaleb". Schon das *Steindenkmal* beim Pilger von Bordeaux lässt an ein jüdisches Grabmonument denken, beim Grab des Kaleb wird die jüdische Herkunft offenkundig: Christen hätten kaum den „hl. Kaleb" einbezogen. Am meisten Aufschluss verdanken wir dem Pilger von Piacenza (um 570 n.Chr.):

> Da ist eine Basilika mit vier Säulenhallen errichtet, im mittleren Atrium ungedeckt (die Kirche ohne Dach der Aetheria!); mitten hindurch läuft eine Schranke und von der einen Seite treten die Christen ein, von der anderen die Juden, und bringen viel Weihrauch dar.

Es war also ein christliches und jüdisches Simultanheiligtum.

Über die erste arabische Periode (ab 639) sind wir nicht gut unterrichtet. Man kann annehmen, dass nun die Muslime die Oberhand hatten, ohne aber Juden und Christen ganz zu verdrängen. Auf den Fundamenten der byzantinischen Basilika errichteten die Kreuzfahrer eine neue Kirche, übertrugen sie den Augustiner-Chorherren und nannten den heiligen Bezirk *Kastell zum hl. Abraham*. Man erfährt durch Rabbi Benjamin von Tudela (um 1170), dass Juden über eine Treppe in die Höhle hinuntersteigen konnten und dass sich dort unten Körbe mit Knochen von Juden befanden, die bei den Patriarchen begraben sein wollten. Auch damals erlaubte man also noch anderen Abrahamssöhnen, das Heiligtum zu besuchen. Nach dem Sieg Saladins 1187 änderte sich die Situation. Die Kirche wurde Moschee und seit dem Mamlukensultan Baibars hüteten die Muslime eifersüchtig die Gruft der Patriarchen und ihrer Frauen als eine ihrer heiligsten Stätten. Hebron wurde für die Araber die Stadt des *Gottesfreundes Abraham* schlechthin und hieß nach ihm *al-Chalil* („der Freund").

Allen Nicht-Muslimen war seit dem Mittelalter der Zutritt verwehrt. Nach der Vertreibung der Juden aus Spanien ließen sich im 16.Jh. einige jüdische Familien in der Nähe der Patriarchengräber nieder. Hebron wurde neben Jerusalem, Tiberias (Redaktion des Talmud) und Safed (jüdische Mystik) eine der vier Heiligen Städte des Judentums. Infolge der jüdischen Einwanderung um 1900 erhielten sie Zuzug, was 1929 zu schweren Ausschreitungen führte, bei denen 67 Juden das Leben verloren. Um weiteren Unruhen vorzubeugen, verboten die Briten 1936 die Ansiedlung von Juden in Hebron. Seit dem Sechs-Tage-Krieg 1967 haben Juden wieder in der Stadt Fuß gefasst.

Haram al-Chalil ist der arabische Name des Heiligtums über den Patriarchen- und Matriarchengräbern – das Wort *Harám* (was nichts anderes ist als das eingedeutschte Wort *Harem*) bezeichnet keineswegs bloß die Frauengemächer, sondern den umfriedeten, unantastbaren Privatbereich, in diesem Fall *den heiligen Bereich des (Gottes-)Freundes,* Abrahams. Die konfliktgeladene Gegenwart täusche nicht darüber hinweg, dass es sich hierbei um einen der bedeutendsten Orte des Heiligen Landes handelt, sowohl historisch – es ist das mit Abstand am besten erhaltene Gebäude aus der herodianischen Zeit – als auch religiös: Seit über 2000 Jahren verehren Kinder Abrahams diesen Ort. Dass es unter Geschwistern zu Konflikten, ja zu Bruderkriegen kommt, bleibt traurige Realität (vgl. Gen 4,1-16).

In den letzten Jahrzehnten des vorigen Jahrhunderts beteten Juden und Muslime im gleichen Raum, nicht miteinander, aber immerhin nebeneinander. Das änderte sich am 25. Februar 1994, als der israelische Militärarzt Baruch Goldstein während des Morgengebets im Ramadan auf die Menge der betenden Muslime schoss, 29 Menschen tötete und viele verletzte. Er selbst wurde überwältigt und erschlagen. Die große Mehrheit der Israelis einschließlich der israelischen Regierung verurteilten die Tat, von einer kleinen radikalen Gruppe von Siedlern wird er bis heute als Märtyrer verehrt. Als Folge dieser Tat wurden die Bereiche des Komplexes, in denen Muslime und Juden beten, voneinander getrennt; sie sind heute durch zwei verschiedene Eingänge zu erreichen. Juden (mit Ausnahme israelischer Soldaten) ist der Zugang zu den muslimischen Teilen verwehrt, Muslimen der zu den jüdischen. Christliche Besucher (nicht aber christliche Araber) können beide Teile besuchen, nach umfangreichen Sicherheitskontrollen und nicht an Freitagen, an Samstagen und an Feiertagen einer der Religionen.

In den *muslimischen Teil* kommt man über eine Treppe an der Westecke des Komplexes, hinter einem militärischem Kontrollpunkt. Auf dieser Treppe sieht man die Steinquader des herodianischen Baues aus nächster Nähe und kann heute noch bestaunen, wie exakt die riesigen Steine bearbeitet sind. Vom Eingang an der Nordecke gelangt man in die mamlukische, von einer Kuppel gekrönte *Dschaulijemoschee* von 1320; sie dient heute hauptsächlich zum Gebet der Frauen. Ein Durchgang durch die herodianische Mauer führt in die *Abrahamsmoschee.* Die heutige Moschee (28×21 m) ist in ihrer Architektur ein Kreuzfahrerbau mit einem byzantinischen Vorläufer, der seinerseits in den herodianischen Bau eingefügt ist. Dieser ist nach Südosten gerichtet, was offenbar sowohl für eine christliche Kirche mit der Orientierung nach Osten als auch für eine Moschee mit der Orientierung nach Mekka (von hier aus südlich) durchgehen konnte. Die Ausgestaltung der Moschee besorgte der Mamlukensultan Nasir (um 1330). Der ehemalige Haupteingang in der Mitte der

Nordwestwand ist heute versperrt, dahinter befindet sich der jüdische Bereich. Gleich daneben ist im Fußboden eine vergitterte Öffnung, durch die man in die *Höhle Machpela* hinunterschauen kann. Wo der ursprüngliche Eingang der Höhle war, ist unbekannt; zur Kreuzfahrerzeit befand er sich vor der gegenüberliegenden Südostwand der Moschee, neben der Kanzel. Niemand darf die Höhle betreten. Dem Direktor der israelischen Altertumsbehörde Zeev Yevin gelang es 1981 aber doch hinabzusteigen. Er berichtet, er habe am Boden unter dem herodianischen Gewölbe eine Bodenplatte entdeckt, die den Zugang zu zwei tiefer gelegenen Höhlen verschließe. Darin seien Tonscherben, Reste eines Leuchters und ein unversehrter Weinkrug zu sehen. Die Nachricht von der Doppelhöhle von Machpela in der Bibel wird also bestätigt. Zwischen den Pfeilern der dreischiffigen Moschee stehen die Grabbauten (*Kenotaphe,* griech. „Leergräber") von Isaak (rechts) und seiner Frau Rebekka (links) aus dem Jahr 1332. Kunstvoll sind auch die Gebetsnische und die Kanzel, die Saladin 1191 gestiftet haben soll; über ihr wirkliches Alter gehen die Meinungen auseinander. Dem Eingang gegenüber, in der Ostecke des Raumes, sieht man in der Wand eine griechische Inschrift aus byzantinischer Zeit; sie lautet: „Heiliger Abraham, hilf deinem Diener Nilos, dem Marmor(-Arbeiter), und dem Agathemeros und der Hygia und dem Omabis und der Thomasia und dem Abdallah (!) und der Anastasia".

In den *jüdischen Teil* kommt man vom großen freien Platz südlich des Komplexes. Von hier aus hat man den besten Blick auf das ganze Gebäude und kann das Ebenmaß des riesigen, harmonischen Baus bewundern. An der südöstlichen Außenwand liegt der *Seventh Step Garden,* „Siebter-Stufen-Garten". Er erinnert an die *Siebte Stufe* der ehemaligen dortigen Eingangstreppe. Bis zu dieser Stufe war es in der osmanischen Zeit, vielleicht schon früher, den Juden erlaubt, sich den Patriarchengräbern zu nähern – sie liegt nahe am verschlossenen Eingang zur Machpelahöhle im Innern der Moschee. Bald nachdem Israel die Kontrolle über Hebron gewonnen hatte, 1969, wurde die Treppe mitsamt dieser Stufe als Symbol jüdischer Demütigung entfernt. An der Südwestwand des herodianischen Baus sieht man den Eingang zu einer Höhle, der eine Vorstellung gibt, wie die Grabhöhle zur Zeit der Patriarchen ausgesehen haben könnte.

Nach Sicherheitskontrollen gelangt man über Treppen ins Innere. Von einem Vorraum aus kommt man durch einen Durchgang in der herodianischen Mauer in einen Gang, der sich nach rechts wendet. Bald sieht man zur Rechten einen weiteren Durchgang, wahrscheinlich der ursprüngliche Haupteingang der herodianischen Anlage. Im Raum hinter diesem Durchgang steht ein Kenotaph, nach muslimischer Tradition das Grab Josefs. Josef ist nach der Bibel bei Si-

chem am Jakobsbrunnen begraben (Jos 24,32; siehe S.266). Doch
der alte biblische Name für Hebron, *Kirjat-Arba* (Gen 23,2), wörtlich „Stadt der Vier", scheint vier Stammväter zu erfordern. Man be-
half sich im Altertum mit einem Grab des Vaters der Menschheit,
Adam, der aber nach anderer jüdischer wie christlicher Legende in
Jerusalem begraben sein soll. Die Muslime teilten, gegen die biblische Überlieferung, ein zusätzliches viertes Grab dem Josef zu.
Nach links kommt man in einen Hof. Von diesem aus geht es nach
rechts in eine kleine Synagoge, die im früheren Vorraum der Moschee eingerichtet wurde. Von hier aus sieht man das Herz der ganzen Anlage, die Grabmäler Abrahams und seiner Frau Sara. Auf der
gegenüberliegenden Seite des Hofes schließlich befinden sich die
Kenotaphe von Jakob und Lea.
Der Besuch dieses wahrhaft ehrwürdigen Ortes lädt ein, davon zu
träumen und dafür zu beten, dass es den Kindern Abrahams irgendwie gelingen möge, religiöse (und politische!) Spannungen zu überwinden und zurückzufinden zu gegenseitiger Achtung und Toleranz,
die es im Verlauf der Geschichte durchaus auch gegeben hat.

Mamre gilt der Bibel als der eigentliche Aufenthaltsort Abrahams in
Kanaan und übertrifft somit die anderen Orte, die in der Patriarchen-
geschichte genannt werden. Abraham sollte zwar einmal das ganze
Land sehen, das seine Nachkommen besitzen würden, aber seinen
Wohnsitz hatte er hier:

> Nachdem sich Lot von Abram getrennt hatte, sprach der HERR
> zu Abram: Blick auf und schau von der Stelle, an der du
> stehst, nach Norden und Süden, nach Osten und Westen. Das
> ganze Land nämlich, das du siehst, will ich dir und deinen
> Nachkommen für immer geben. Ich mache deine Nachkom-
> men zahlreich wie den Staub auf der Erde. Nur wer den Staub
> auf der Erde zählen kann, wird auch deine Nachkommen zäh-
> len können. Mach dich auf, durchzieh das Land in seiner Län-
> ge und Breite; denn dir werde ich es geben. Da zog Abram mit
> seinen Zelten weiter und ließ sich *bei den Eichen von Mamre*
> *in Hebron* nieder. Dort baute er dem HERRN einen Altar (Gen
> 13,14-18).

Hier wurden Abraham in Gotteserscheinungen große Verheißungen
zuteil. In einer denkwürdigen Nacht wird Abraham von Gott aus
seinem Zelt unter das leuchtende Himmelszelt einer sternenklaren
orientalischen Nacht herausgerufen:

> Er führte ihn hinaus und sprach: Sieh doch zum Himmel hin-
> auf und zähl die Sterne, wenn du sie zählen kannst. Und er
> sprach zu ihm: So zahlreich werden deine Nachkommen sein.

Abram glaubte dem HERRN und der HERR rechnete es ihm als Gerechtigkeit an (Gen 15,5-6).

Der Glaubensgehorsam, den das Neue Testament an Abraham vor allem anderen rühmt (Röm 4,3, Jak 2,23), ist also mit *Mamre* verbunden. – Hinzu kommt die Verheißung seines Sohnes Isaaks in der großartigen Erzählung, wie Gott mit Abraham vertrauten Umgang pflegt und dieser für das verdorbene Sodom eintritt:

Der HERR erschien Abraham *bei den Eichen von Mamre.* Abraham saß zur Zeit der Mittagshitze am Zelteingang. Er blickte auf und sah vor sich drei Männer stehen. Als er sie sah, lief er ihnen vom Zelteingang aus entgegen, warf sich zur Erde nieder und sagte: Mein Herr, wenn ich dein Wohlwollen gefunden habe, geh doch an deinem Knecht nicht vorbei! Man wird etwas Wasser holen; dann könnt ihr euch die Füße waschen und euch unter dem Baum ausruhen. Ich will einen Bissen Brot holen und ihr könnt dann nach einer kleinen Stärkung weitergehen; denn deshalb seid ihr doch bei eurem Knecht vorbeigekommen. Sie erwiderten: Tu, wie du gesagt hast. Da lief Abraham eiligst ins Zelt zu Sara und rief: Schnell drei Sea feines Mehl! Rühr es an und backe Brotfladen! Er lief weiter zum Vieh, nahm ein zartes, prächtiges Kalb und übergab es dem Jungknecht, der es schnell zubereitete. Dann nahm Abraham Butter, Milch und das Kalb, das er hatte zubereiten lassen, und setzte es ihnen vor. Er wartete ihnen unter dem Baum auf, während sie aßen.
Sie fragten ihn: Wo ist deine Frau Sara? Dort im Zelt, sagte er. Da sprach der HERR: In einem Jahr komme ich wieder zu dir, dann wird deine Frau Sara einen Sohn haben. Sara hörte am Zelteingang hinter seinem Rücken zu. Abraham und Sara waren schon alt; sie waren in die Jahre gekommen. Sara erging es längst nicht mehr, wie es Frauen zu ergehen pflegt. Sara lachte daher still in sich hinein und dachte: Ich bin doch schon alt und verbraucht und soll noch das Glück der Liebe erfahren? Auch ist mein Herr doch schon ein alter Mann! Da sprach der HERR zu Abraham: Warum lacht Sara und sagt: Soll ich wirklich noch Kinder bekommen, obwohl ich so alt bin? Ist beim HERRN etwas unmöglich? Nächstes Jahr um diese Zeit werde ich wieder zu dir kommen; dann wird Sara einen Sohn haben. Sara leugnete: Ich habe nicht gelacht. Sie hatte nämlich Angst. Er aber sagte: Doch, du hast gelacht.
Die Männer erhoben sich von ihrem Platz und schauten gegen Sodom. Abraham wollte mitgehen, um sie zu verabschieden. Da sagte sich der HERR: Soll ich Abraham verheimlichen, was ich vorhabe? Abraham soll doch zu einem großen, mächtigen

Volk werden, durch ihn sollen alle Völker der Erde Segen erlangen. Denn ich habe ihn dazu auserwählt, dass er seinen
Söhnen und seinem Haus nach ihm aufträgt, den Weg des
HERRN einzuhalten und zu tun, was gut und recht ist, damit der
HERR seine Zusagen an Abraham erfüllen kann. Der HERR
sprach also: Das Klagegeschrei über Sodom und Gomorra, ja,
das ist laut geworden, und ihre Sünde, ja, die ist schwer. Ich
will hinabgehen und sehen, ob ihr Tun wirklich dem Klagegeschrei entspricht, das zu mir gedrungen ist. Ich will es wissen.
Die Männer wandten sich von dort ab und gingen auf Sodom
zu (Gen 18,1-22; Fortsetzung auf S. 606).

Wiewohl Jakob, Abrahams Enkel, nach seiner Rückkehr aus Mesopotamien mehr mit den nördlicheren Regionen von Sukkot, Sichem
und Bet-El verwoben ist (Gen 34,17-20; 35,1), schreibt ihm der biblische Erzähler auch einen Aufenthalt bei seinem Vater Isaak in
Mamre zu (Gen 35,27).

Jahrhunderte später, um 1000 v.Chr., wird in Hebron indirekt ein
Heiligtum des HERRN bezeugt, nämlich als Abschalom die Rebellion
gegen seinen Vater David inszenierte:

Nach vier Jahren sagte Abschalom zum König: Ich möchte
nach Hebron gehen, um ein Gelübde zu erfüllen, das ich dem
HERRN abgelegt habe. Denn dein Knecht hat bei seinem Aufenthalt in Geschur in Aram das Gelübde gemacht: Wenn der
HERR mich wirklich nach Jerusalem zurückkehren lässt, dann
will ich für den HERRN einen Gottesdienst feiern (2 Sam 15,
7-8).

Gerne wüsste man, welche Feiern damals in Hebron gepflegt wurden, aber wir wissen es nicht. Jedenfalls war es ein anerkanntes Heiligtum, bei dem David keinen Verdacht schöpfte. Man hat gegen
die Kontinuität der Verehrung des HERRN in Mamre/Hebron eingewandt, dass Propheten wie Hosea und Ezechiel Höhenheiligtümer
unter markanten Bäumen sehr kritisch sahen und sie verdammten –
in der Bibel wie bei Flavius Josephus und anderen jüdischen Quellen werden für Mamre jeweils Bäume erwähnt (Gen 13,18; 14,13),
die teilweise als *Eichen,* teilweise als *Terebinthen* verstanden wurden. Es heißt z.B. bei Hosea:

Der Opferwein raubt meinem Volk den Verstand: Es befragt
sein Götzenbild aus Holz, von seinem Stock erwartet es Auskunft. Ja, der Geist der Unzucht führt es irre. Es hat seinen
Gott verlassen und ist zur Dirne geworden. Sie feiern
Schlachtopfer auf den Höhen der Berge, auf den Hügeln bringen sie Rauchopfer dar, unter Eichen, Storaxbäumen und Terebinthen, deren Schatten so angenehm ist (Hos 4,11-13).

Aber ob durch solche generelle Verurteilungen auch Heiligtümer getroffen wurden, an denen der Überlieferung nach Abraham geopfert hat, ist nicht gesagt. Man kann sogar dagegen anführen, dass der Prophet Amos, ein Zeitgenosse des Hosea, an dem anderen Patriarchenheiligtum Bet-El wirkte, dort zwar Missstände geißelte, es aber nicht grundsätzlich in Frage stellte. Und es muss einen Grund gehabt haben, wenn man nach der Babylonischen Gefangenschaft, bei der Endredaktion der biblischen Bücher, die Erinnerung an diese besonderen Orten der Erzväter aufnahm und sie weiter überlieferte. So ist es trotz des riesigen zeitlichen Abstandes nicht von der Hand zu weisen, dass einzelne Heiligtümer, die von den Patriarchen geehrt wurden, trotz der Konzentration auf die Verehrung des HERRN in Jerusalem weiterhin in Ehren blieben und einigermaßen richtig überliefert wurden, ohne dass man sich für alle Details verbürgen könnte.

Die Ruinen von *Mamre* liegen einige hundert Meter westlich von der Hauptstraße Halhul – Hebron und heißen auf Arabisch *Ramat al-Chalil,* „Höhe des (Gottes-)Freundes". Ausgrabungen des deutschen Salvatorianerpaters Evarist Mader im Namen der Görresgesellschaft legten hier 1926-28 eindrucksvolle Ruinen frei. 1984-86 bemühten sich israelische Archäologen um deren weitere Klärung. Man fand eine mächtige *Umfassungsmauer* (50 × 65 m) aus großen Steinblöcken, die aber nicht einheitlich ist. Besonders auf der Nordseite waren in regelmäßigen Abständen Pfeiler eingefügt, ähnlich wie an der Umfassungsmauer des Jerusalemer Tempelplatzes. Diese Mauern grenzten den *Temenos* (griech. „Tempelbezirk") ein. In dessen Südwestecke, nicht weit vom Eingang entfernt, befinden sich eine alte Zisterne und ein Brunnen. Eine teilweise erhaltene Pflasterung dürfte erst byzantinisch sein. In der Pflasterung gibt es neben dem Brunnen eine Lücke, die man als Standort einer damals verehrten Abrahamseiche ansehen kann, wie sie auf der Madabakarte dargestellt ist. Im östlichen Drittel des Gevierts findet man schließlich die Grundmauern einer kleineren Kirche (9 × 13 m). Überraschend war der Fund einer Marmorstatue des Gottes Dionysos (in der Gegend von Hebron wird bis heute Wein angebaut!) und eines Altares unter freiem Himmel mit dem Namen des edomitischen Gottes Qos.

Man kann diese Funde so erklären, dass Herodes der Große, der selbst ein Idumäer war, für den Gott der Edomiter eine Verehrungsstätte erbaute. Die Edomiter und späteren Idumäer galten als Abkömmlinge Esaus (Gen 36,1-8) und verstanden sich somit ebenfalls als Söhne Abrahams. Die Anlage wurde beim Ersten Jüdischen Aufstand (66 – 70 n.Chr.) stark in Mitleidenschaft gezogen, Kaiser Hadrian ließ sie wieder aufbauen. Nach alten Kirchenschriftstellern gab es zu jener Zeit hier einen jährlichen großen Markt, um jüdische Gefangene in die Sklaverei zu verkaufen. Kaiser Hadrian wird also an der überlieferten Abrahamsgedenkstätte ein Dionysosheiligtum eingerichtet haben – wie am Geburtsort Christi in Betlehem einen Adonishain. Der Pilger von Bordeaux (333 n. Chr.) weiß aber bereits zu berichten:

> Wo Abraham wohnte, unter dem Terebinthenbaum einen Brunnen grub, mit den Engeln redete und Speise zu sich nahm, ist auf Befehl Konstantins eine Basilika von wunderbarer Schönheit errichtet worden.

Da diesem Pilger Übertreibungen fremd sind, muss die konstantinische Kirche verloren gegangen sein. Tatsächlich halten die Archäologen nur die Apsis für byzantinisch. Aufschlussreich ist auch der Bericht des Kirchengeschichtlers Sozomenos († um 450):

> Dort (in Mamre) begehen noch heute die Einheimischen und die weiter entfernt wohnenden Palästinenser, Phönizier und Araber alljährlich zur Sommerszeit ein prächtiges Fest … Allen ist das Fest sehr wichtig, den Juden, weil sie sich Abrahams als ihres Stammvaters rühmen, den Griechen wegen der Ankunft der Engel, den Christen, weil schon damals dem gottesfürchtigen Mann derselbe erschien, der viel später zur Erlösung des Menschengeschlechts sich selbst durch die Jungfrau offenbar werden ließ. Je nach den Religionen ehren sie diesen Platz.

Die literarische Überlieferung wie die archäologischen Funde zeigen also eine interessante Geschichte des Ortes seit Herodes auf, ohne damit die zweifellos vorhandene jüdische Erinnerung auszuschließen, die ursprünglich außer an dem Altar wohl an der Zisterne und einem Baum haftete. Der heilige Ort blieb, die Verehrung wandelte sich.

Beim Persereinfall (614) wurde die Kirche zerstört. Der russische Abt Daniel, der um 1115 das Heilige Land besucht hat, fand von ihr nur Ruinen vor, aber eine noch kräftige, grüne Eiche.

Nordwestlich der Altstadt liegt das russische Hospiz mit einer seit dem Mittelalter bekannten alten Eiche, die eine gewisse Konkurrenz zu *Ramat al-Chalil* darstellt. 1871 erwarben Russen das Grundstück und erbauten darauf eine Kirche – die einzige christliche Präsenz in Hebron – mit einer beachtenswerten Ikonostase. Die Kirche ist der Dreifaltigkeit geweiht, denn die drei Männer, die Abraham „zum Ausruhen unter dem Baum" eingeladen hat (Gen 18,4, s. o.), wurden in der christlichen Theologie weithin auf die heilige Dreifaltigkeit Gottes gedeutet (so der hl. Augustinus in klassischer Prägnanz: *tres vidit, unum adoravit*, „drei sah er, einen betete er an"). Die – inzwischen abgestorbene – Eiche, *Ruheeiche* genannt, soll auch der Heili-

gen Familie auf der Flucht nach Ägypten Schatten zum Ausruhen
gewährt haben. Doch hat *Ramat al-Chalil* die weitaus bessere und
ältere Bezeugung für sich.

Tel Hebron/Tell ar-Rumeida: Der Hügel, der der (heutigen) Altstadt
von Hebron gegenüberliegt, birgt die Reste vom kanaanäischen und
biblischen Hebron. Ein Besuch lohnt sich mehr wegen der Aussicht
als wegen der Altertümer: Man genießt einen hervorragenden Blick
auf das herodianische Abrahamsgrab und die in den Komplex hin-
eingebaute ehemalige Kirche. Andererseits kann man hier hautnah
die unerfreuliche Gegenwart erleben, da hier jüdische Siedler und
arabische Einwohner nahe und unversöhnlich nebeneinander leben.
Ob und wie weit man vorgelassen wird, hängt von der Situation und
den Launen der Sicherheitskräfte ab.
Die frühesten Siedlungsspuren am *Tell* oder *Dschebel ar-Rumeida,*
„Aschen-Hügel", stammen aus der Frühen Bronzezeit (um 3000
v.Chr.). Mitte des 3. Jahrtausends v.Chr. entstand erstmals eine ummauerte Stadt, deren Befestigung in der Mittleren Bronzezeit (ca.
1800 v.Chr.) mit zyklopischen Mauern ausgebaut wurden. In der
zweiten Hälfte jenes Jahrtausends verfiel die Stadt wieder, um in der
Zeit Davids (11./10.Jh.) ihre größte Ausdehnung zu erreichen. Auf
dem höchsten Punkt liegen die Ruinen eines Gebäudes (28×24 m),
das auf Arabisch *Der al-Arbaïn,* „Kloster der Vierzig", heißt. Für
diesen Namen werden verschiedene Erklärungen vorgeschlagen: Er
könnte aus dem alttestamentlichen Namen *Kirjat-Arba* hervorgegangen sein, aber auch an die vierzig christlichen Märtyrer von Sebaste
oder an die vierzig Mystiker der islamischen Tradition erinnern. Zur
byzantinischen Zeit scheint es hier ein befestigtes Gebäude (Kloster?) gegeben zu haben. Seit dem Mittelalter verehrt die jüdische,
später auch die christliche Tradition das Grab von Isai, dem Vater
von König David, später kam das Grab von Ruth dazu, Davids Ur-
urgroßmutter. Beide Gräber würde man eigentlich in Betlehem vermuten. Vielleicht hängt ihre hiesige Lokalisierung mit David zusammen, der nach biblischem Zeugnis in Hebron, evtl. sogar hier
oben, für sieben Jahre seine erste Residenz hatte (1 Kön 2,11).

36. VON JERUSALEM NACH TEL AVIV

Im Altertum gingen zwei Straßen von Jaffa nach Jerusalem. Die nördliche Route führte über die Steige von Bet Horon (nördlich der heutigen Straße Nr. 443), die südliche entspricht ungefähr der Autobahn Nr. 1.

Am Stadtrand von Jerusalem sieht man rechts auf einer Höhe die große, im Jahr 2000 eingeweihte Synagoge der *Belz-Chassidim.* Sie ist ein Nachbau der Synagoge in Belz (Galizien, heute Ukraine), die während des Holocausts zerstört wurde.

Die Autobahn durchquert das tief eingeschnittene *Sorektal,* das bei Bet Hanina, nördlich von Jerusalem, anfängt. Zur Linken liegen die Orte *Moza* und *Moza Illit,* „Ober-Moza", die den Namen eines alten *Amosa* in dieser Gegend aufgreifen, das eventuell mit dem österlichen *Emmaus* in Zusammenhang gebracht werden darf (siehe S. 295). Nachdem die Autobahn auf einer Brücke aus osmanischer Zeit den Sorekbach überquert hat, liegt rechts von ihr auf älteren Ruinen das *Haus des Jehoschua,* benannt nach Yehoshua Yellin, einem der ersten jüdischen Pioniere, der sich hier 1859 ansiedelte.

Rechts (nördlich) der Autobahn liegt am Berg an der Stelle des ehemaligen arabischen Dorfes *Qalonja* der Ort *Mevasséret Zion,* zu Deutsch: „Botin der Freude Zions" (Jes 40,9). Es mag bei dieser jüdischen Namensgebung der mittelalterliche *Mons Gaudii,* „Freuden-Berg", der Kreuzfahrername von Nabi Samuil (siehe S. 288), Pate gestanden haben. Der Kontext dieses Begriffes aus dem Propheten Jesaja lautet:

> Steig auf einen hohen Berg, *Zion, du Botin der Freude!* Erheb deine Stimme mit Macht, Jerusalem, du Botin der Freude!

In der christlichen Liturgie begegnet dieser Freudenruf als Adventsbotschaft, während im modernen Israel daraus die Freude über das wiedergewonnene Jerusalem spricht.

Mevasseret Zion gegenüber, auf der linken Seite der Autobahn, liegt das hochgelegene *Castel.* Es hatte schon zur Zeit der Römer (der Name geht auf das lateinische *Castellum,* „kleine Festung", zurück) die wichtige Funktion, die Straße nach Jerusalem zu überwachen. Dieselbe Funktion hatte sie in der Kreuzfahrerzeit und auch wieder im israelisch-arabischen Krieg 1948.

Die nächste Ausfahrt (*Khemed Interchange*) führt links nach *Aqua bella* (lat. „Schön-Wasser", hebr. *Ein Hemed*) mit Ruinen eines befestigten Gutshofes aus der Kreuzfahrerzeit. Nach rechts kommt man nach *Abu Gosch.*

Abu Gosch (Emmaus?)

Dem Tscherkessenscheich Isa Abu Gosch übertrug die osmanische
Regierung 1770 die Mauterhebung der Straße Jaffa – Jerusalem, bis
Ibrahim Pascha 1835 seiner skrupellosen Wegelagerei ein Ende
machte. Seine Nachkommenschaft füllte inzwischen schon ein gan-
zes Dorf, das seinen Namen trägt und ihm bis heute unverdienten
Ruhm beschert. In Erinnerung an diesen „Verwandten" stiftete die
Kaukasusrepublik Tschetschenien eine 2014 eingeweihte Moschee,
nach der al-Aqsa-Moschee die größte im Heiligen Land. Die vier
Minarette sollen für die drei monotheistischen Religionen sowie für
die übrigen Religionen der Welt stehen.
An diesem gut gelegenen wasserreichen Ort hatte die römische X.
Legion ein Lager an einer Quelle mit großem Wasserreservoir, aus
dem in der ersten arabischen Zeit eine Karawanserei wurde. Die
Kreuzfahrer sammelten sich hier 1099 zum Angriff auf Jerusalem.
1142 erwarben die Johanniter den Ort und errichteten eine sehr wür-
devolle Kirche, bei der Teile des Wasserreservoirs als Krypta wiederverwendet wurden. Die Wände der Kreuzfahrerkirche waren im
vorderen Teil mit Fresken bedeckt, die zum Teil gut erhalten sind
(im Jahr 2000 restauriert), viele der Gesichter wurden freilich von
Bilderstürmern abgerieben. Die gotisch-byzantinische Stilmischung
und die zweisprachigen, lateinischen und griechischen Inschriften
deuten (wie bei der Ausgestaltung der Geburtskirche in Betlehem)
auf ein gutes Einvernehmen der verschiedenen christlichen Traditionen hin – in einer Zeit, die sich nicht immer durch Toleranz aus-
zeichnete. Gut erhalten ist in der linken Seitenapsis eine *Déesis,*
griech. „Gebet, Fürsprache": Maria und Johannes der Täufer legen
bei Jesus Christus Fürsprache ein. An der linken Seitenwand ist eine
Entschlafung Mariens, an der rechten eine *Kreuzigung Christi* erhalten. Eine Inschrift an der Außenwand der Kirche, links vom Eingang zur Krypta, erinnert an die römische X. Legion.
Die Kirche wurde 1873 Eigentum des französischen Staates und
wird seit 1976 von französischen Benediktinern und Benediktinerinnen aus der olivetanischen Kongregation (weißer Ordenshabit)
betreut.
Im Mittelalter, seit 1172 nachzuweisen, wurde dieses Kastell und
seine Kirche teilweise für das *Emmaus* des Evangeliums in Anspruch genommen (zur Diskussion um das biblische Emmaus siehe
S.291). Die Emmausdeutung dieses Kastells konnte sich aber nicht
durchsetzen und verlor sich wieder. Im 16.Jh. wurde eine *Jeremia-
kirche* daraus, man hielt den Ort für *Anatot,* die Heimat das Propheten Jeremia (Jer 1,1; siehe S.301). Die heutige, 1907 geweihte Kirche trägt, in vorsichtiger Anlehnung an die Emmaustradition, den
Titel „Auferstehungskirche".

Eine weitere biblische, historisch eher fassbare Tradition betrachtet den Ort als *Kirjat-Jearim,* wohin die Bundeslade, das Zeichen der Gegenwart des HERRN, nach der Rückgabe durch die Philister gebracht wurde, wie im ersten Buch Samuel berichtet wird:

> Die Männer von Bet-Schemesch sagten: Wer kann vor dem HERRN, diesem heiligen Gott, bestehen? Und zu wem soll er von uns aus hinaufziehen? Sie schickten Boten zu den Einwohnern von *Kirjat-Jearim* und ließen sagen: Die Philister haben die Lade des HERRN zurückgebracht. Kommt herab und holt sie zu euch hinauf! Da kamen die Leute von *Kirjat-Jearim* und holten die Lade des HERRN zu sich hinauf. Sie brachten sie in das Haus Abinadabs auf der Anhöhe. Und seinen Sohn Eleasar weihten sie, dass er die Lade des HERRN bewache (1 Sam 6,20 – 7,1).

Nachdem auf der Anhöhe oberhalb des Dorfes 1905 eine dreischiffige byzantinische Basilika aus dem 5.Jh. entdeckt worden war, bauten die französischen St.-Josefs-Schwestern 1924 dort eine Kirche zu Ehren *Unserer Lieben Frau von der Bundeslade.* Schon antike christliche Tradition deutete die Bundeslade, die die Gesetzestafeln, das Wort Gottes, enthielt, als Symbol für Maria, die Jesus, das menschgewordene Wort Gottes, unter ihrem Herzen trug. Eine weithin sichtbare Marienstatue weist darauf hin.

Die Engstelle, durch welche die Autobahn Nr. 1 aus dem Gebirge ins Tiefland führt, heißt *Scháar ha-Gai* („Tal-Tor"). Hier zweigt die landschaftlich und historisch interessante Straße Nr. 38 nach Süden ab, an der Bet-Schemesch und andere wichtige Orte des Alten Testaments liegen (siehe S. 628). Bald darauf (um die *Latrun Interchange*) führt die Autobahn für ein kurzes Stück durch das Westjordanland.

Amwas (Emmaus/Nikopolis) und Latrun

Am äußersten Rand des Westjordanlands, schon im Tiefland, liegen einer der möglichen Emmausorte, Amwas (Emmaus/Nikopolis), und die Trappistenabtei Latrun. Amwas erreicht man, indem man an der *Latrun Interchange* von der Autobahn Jerusalem – Tel Aviv (Nr. 1) auf die Straße Nr. 3 nach Nordosten, Richtung Modeïn, biegt. Gleich rechts liegen die Ruinen von *Amwas,* bekannter unter dem Namen *Emmaus/Nikopolis.* Die gepflegte Ausgrabungsstätte wird seit 1993 von der 1973 gegründeten französischsprachigen „Gemeinschaft der Seligpreisungen" (*Béatitudes*) betreut. Zur Geschichte und zur Diskussion über das biblische Emmaus (Lk 24,13-35) siehe S. 291.

Herzstück der Ausgrabungsstätte sind die stattlichen Ruinen einer großen dreischiffigen Basilika aus dem 5.Jh. (46×24 m mit 2×13 Säulen) mit Nebenräumen und einem Baptisterium aus dem 6.Jh., die von den Templern im Mittelalter zu einer bescheideneren Kirche (23×10 m) verkleinert wurden. Zur älteren, der byzantinischen Kirchenanlage gehören die hübschen Mosaikreste mit verschlungenen Mustern sowie Tier- und Pflanzendarstellungen. Überraschend ist, dass diese Kirche über einer römischen Villa aus der Zeit Konstantins errichtet war, deren Überreste vor allem westlich des Kircheneingangs und vor den nördlich anschließenden Nebenräumen zu sehen sind (die Frühdatierung der Erstausgräber in die Zeit des Evangeliums sind nicht mehr haltbar).

Nördlich des Ausgrabungsareals liegen im Friedhof des verschwundenen Dorfes Amwas *römische Thermen,* die über drei Kanäle von einer Quelle weiter östlich (*Ein Eqed*) gespeist wurden. Vier gewölbte Räume und die Fußbodenheizung sind noch gut zu erkennen. Die Thermen wurden später als muslimisches Heiligtum umgestaltet, in welchem ein (nicht erhaltenes) Heiligengrab verehrt wurde. Das Quellgebiet liegt im benachbarten *Canada Park,* einer großen Parkanlage mit Picknickplätzen.

Latrun: südlich der Autobahn Nr.1 liegt die Trappistenabtei *Latrun* (1927 erbaut), die sich durch ihre Weine und Liköre einen Namen gemacht hat. Auf dem Hügel dahinter (östlich) erheben sich die Ruinen einer mittelalterlichen Templerburg. Aus dem Namen dieser Burg, *Toron des Chevaliers,* „Ritter-Turm", wurde zunächst arabisch *al-Torun.* Dieses wurde dann im späten Mittelalter als *Latron* verstanden, man nannte die Burg lateinisch *Castrum Boni Latronis* („Burg des Guten Schächers") und sah hier den Ort, aus dem der reuige Schächer stammte, der mit Jesus gekreuzigt wurde (Lk 23, 40-43). Aus dieser lateinischen Bezeichnung wurde der heutige Name *Latrun.*

In der Nähe von Latrun (1,5 km südlich) wurde vom jüdisch-stämmigen, in Ägypten geborenen Dominikaner Bruno Hussar (1912–1996) *Nevé Schalom* (hebr.)/*Wahat as-Salam* (arab.), die „Oase des Friedens", gegründet; der Name leitet sich aus Jes 32,18 ab. Hier wohnen jüdische und arabische Israelis zusammen, die sich für Gleichberechtigung und Verständigung zwischen beiden Völkern einsetzen, unter anderem durch die Einrichtung einer zweisprachigen (hebräisch-arabischen) Schule – der ersten des Landes, die inzwischen mehrere Nachahmer gefunden hat – und der „Friedensschule", einer Bildungseinrichtung.

Nordwestlich von Latrun (6 km entfernt) liegen die Ruinen von *Geser.* Man erreicht sie von der Straße Nr.44 durch das Dorf Karme

Josef. Im Dorf biegt man beim Kreisverkehr links ab und folgt dann
dem Straßenverlauf. Ab dem Dorfausgang (von hier ab wird die
Straße zur Schotterpiste) ist der Tell ausgeschildert. Der Ort war
schon um 3500 v.Chr. bewohnt, 26 Siedlungsschichten konnten
unterschieden werden. In ägyptischen Texten wird Geser ab dem
15.Jh. v.Chr. erwähnt, Ausgrabungsfunde bestätigten Kontakte
nach Ägypten. Nach der Bibel wurde Geser von Josua erobert (Jos
12,12) und dem Stamm Efraim zugeschlagen. „Die Efraimiter konnten aber die Kanaaniter, die *in Geser* wohnten, nicht vertreiben …
sie wurden aber zu Fronknechten gemacht" (Jos 16,10). Nachdem
die Ägypter die Stadt zerstört hatten, baute sie König Salomo wieder auf (1 Kön 9,15-17). In der Makkabäerzeit war die Stadt umkämpft (z.B. 1 Makk 13,43). Der Ort scheint um 100 n.Chr. aufgegeben worden zu sein. Vom byzantinischen Bischofssitz Geser/Ga-
zara konnten keine archäologischen Belege gefunden werden. 1177
besiegten hier die Kreuzfahrer das Heer Saladins. Vom Beginn des
19.Jh. bis 1948 lag an der Südwestflanke des Tells das arabische
Dorf Abu Schuscha. Auf dem Hügel befand sich das Grab von
Scheich *al-Dschasarli,* in dessen Namen der antike Name der Stadt
Geser erkennbar ist.

Geser war einer der ersten biblischen Orte, die ausgegraben wurden
(1871), freilich mit den Methoden der damaligen Zeit, die aus heutiger Sicht mehr Schaden anrichteten, als dass sie zur Klärung der Geschichte des Ortes beigetragen hätten. Modernere Ausgrabungen (in
den 60er-Jahren und seit 2006) haben Interessantes und Sehenswer-
tes zu Tage gebracht: einen bronzezeitlichen (ca.1550 v.Chr.) 40 m
langen Tunnel, der zu einem unterirdischen Wasserbecken führte;
ein kanaanäisches Stadttor aus Ziegelsteinen; ein Sechs-Kammer-
Tor aus dem 10.Jh. v.Chr., das wohl zu den Stadtbefestigungen
durch König Salomo gehörte (1 Kön 9,15) sowie einen Kultplatz mit
zehn monumentalen Kultstelen.

Zu Beginn des vorigen Jahrhunderts wurde hier der „Geser-Kalen-
der" entdeckt, einer der ältesten bekannten hebräischen Texte (heute
im Archäologischen Museum in Istanbul), eingeritzt auf einer kleinen Steinplatte (7 × 11 cm). Er beginnt, wie im jüdischen Jahr bis
heute üblich, im Herbst und lautet:

> Zwei Monate der Ernte, zwei Monate der Aussaat, zwei Mo-
> nate der Spätsaat, der Monat des Flachsziehens, der Monat der
> Gerstenernte, der Monat der Ernte und (ihres) Abschlusses,
> zwei Monate der Weinlese (oder: des Rebenschneidens), der
> Monat des Sommers. Abi(hu) (wohl der Name des Schrei-
> bers).

37. DIE SCHEFELA UND DAS PHILISTERLAND

Die *Schefela* (hebr. „Niederung") ist das niedrige Hügelland, das dem judäischen Bergland westlich vorgelagert ist (250–450 m ü.d.M.). In ihr spielte sich ein Großteil der Kämpfe zwischen den Israeliten und den Philistern ab, die in der Küstenebene wohnten. Aber schon Abraham und Isaak hielten sich „längere Zeit im Philisterland auf" (Gen 21,34; 26,1-14). Hier lagen die fünf bedeutenden Philisterstädte: Ekron und Gat im Landesinnern, Aschdod, Aschkelon und Gaza an der Küste. Von den Propheten Amos und Zefanja werden die Philisterstädte gemeinsam erwähnt und bedroht:

> So spricht der HERR: Wegen der drei Verbrechen, die *Gaza* beging, wegen der vier nehme ich es nicht zurück: Weil sie ganze Gebiete entvölkerten, um die Verschleppten an Edom auszuliefern, darum schicke ich Feuer in *Gazas* Mauern; es frisst seine Paläste. Ich vernichte den Herrscher von *Aschdod* und den Zepterträger von *Aschkelon*. Dann wende ich meine Hand gegen *Ekron* und der Rest der Philister wird verschwinden, spricht der HERR (Am 1,6-8).

> Ja, *Gaza* wird verlassen sein und *Aschkelon* wird eine Wüste, am hellen Mittag treibt man *Aschdods* Einwohner fort und *Ekron* ackert man um (Zef 2,4).

Es fällt auf, dass beide Male die fünfte Philisterstadt *Gat* ausgespart ist; sie war damals wohl zerstört, was man einer anderen Amosstelle entnehmen kann:

> Weh den Sorglosen auf dem Zion … Steigt hinunter nach *Gat,* ins Land der Philister! Seid ihr besser als diese Reiche? Ist euer Gebiet größer als ihr Gebiet? (Am 6,1-2)

Heute ist es eine Ironie der Geschichte, dass viele jüdische Israelis, Nachfolger der Judäer von einst, im ehemaligen Philisterland wohnen, während das altisraelitische Siedlungsgebiet der judäischen Berge hauptsächlich von Arabern bewohnt ist. Israelische Nationalisten („Siedler") wollen das ändern; viele blutige Konflikte der jüngsten Geschichte und der Gegenwart haben hier ihren Ursprung. Andererseits haben die *Palästinenser* den Namen der *Philister* geerbt; griechisch *Palaistine* heißt nichts anderes als *Philisterland*. Die Römer haben diesen Namen in der lateinischen Form *Palaestina* nach der Niederschlagung des Zweiten Jüdischen Aufstands (135 n.Chr.) auf das ganze Land bis zum Jordan ausgedehnt, um so die Erinnerung an Judäa und Israel auszulöschen. Ungeachtet der politischen Entwicklung der letzten hundert Jahre ist es also historisch verständlich, dass für Juden die Bezeichnung *Palästina* für das Heilige Land ein Stachel im Fleisch ist.

Heute ist diese Gegend dicht besiedelt. Entlang der Küste findet sich viel Industrie, das Landesinnere ist eher landwirtschaftlich geprägt. Nach Süden wird die Landschaft immer trockener und geht schließlich in den Negev über. Die Beschreibung in diesem Kapitel folgt zwei Nord-Süd-Routen, beginnend im Landesinneren.

Zora und Eschtaol

Von der Autobahn Nr. 1 (Jerusalem – Tel Aviv) zweigt an der *Sha-'ar ha-Gai Interchange* die Straße Nr. 38 nach Süden ab. Auf dieser erreicht man nach 5 km die *Shimshon Junction,* die „Simson-Kreuzung", die an den biblischen Simson erinnert. Nach dem Buch der Richter wurde Simson in *Zora* geboren und vom Geist des HERRN *zwischen Zora und Eschtaol* umhergetrieben (Ri 13,2.24-25).

Die genaue Lage des alten *Eschtaol* ist unbekannt. Der Name ist in dem des arabischen Dorfes *Ischwa* (in älteren Quellen auch *Aschtwail*) erhalten. An dessen Stelle wurde 1949 der Moschaw Eschtaol gegründet und mit dem biblischen Namen benannt. Man hat zwar hier menschliche Siedlungsspuren aus der Jungsteinzeit entdeckt, aber keine aus biblischen Epochen. Wahrscheinlich ist die biblische Ortslage auf einem der umgebenden Hügel zu suchen.

Zora dürfte auf dem *Tel Zora* (der Name ist modern) gelegen haben, 3 km westlich vom Moschaw Eschtaol. Man erreicht ihn, indem man an der *Shimshon Junction* von der Straße Nr. 38 nach rechts (Nordosten) auf die Nr. 44 abbiegt. Nach gut 2 km biegt eine kleine Asphaltstraße nach links ab, auf der man nach 3 km, vorbei an Picknickplätzen, den Tell erreicht. Hier befand sich bis 1948 das arabische Dorf *Sara,* das den biblischen Namen bewahrte. Ausgrabungen, die die Geschichte des Ortes klären könnten, hat es bisher nicht gegeben. Im arabischen Dorf wurde in der Moschee das Grab eines Nabi Samat verehrt, daneben zwei Gräber weiterer lokaler Heiliger. Seit dem 14. Jh. ist jüdischerseits eine Identifizierung des Nabi Samat mit Simson zu belegen. Die Moschee steht heute nicht mehr, manche sehen in den beiden anderen, noch erhaltenen Gräbern die von Simson und seinem Vater Manoach, freilich entgegen dem biblischen Zeugnis, wonach beide *zwischen Zora und Eschtaol* begraben seien (Ri 16,31; siehe S. 649). Der Kibbuz Zora, der den biblischen Namen trägt, liegt 2 km südwestlich von Tel Zora.

Zora und *Eschtaol* waren ursprünglich dem Stamm Dan zugewiesen worden (Jos 19,41), der aber von hier nach Dan (siehe S. 215) im äußersten Norden des Landes abwanderte (Ri 18). Daher bezeichnete man im 19. Jh. das fruchtbare Gebiet zwischen beiden Orten als

„Feld Dans". Aufgrund dieser Tradition versuchte man, eine antike Grabanlage in diesem Gebiet als das Grab von Dan zu identifizieren, allerdings entgegen der biblischen Überlieferung: Dan und seine Brüder, die Söhne Jakobs, sind in Ägypten gestorben (Ex 1,1-6). Über dem Grab wurde eine moderne Synagoge errichtet, die heute arg verwahrlost ist (an der Straße Nr. 44, wenig östlich der Abzweigung zum Tel Zora; ausgeschildert).

Der Rafat ist ein Marienwallfahrtsort, an dem Maria als „Königin des Heiligen Landes" (auch: „Königin Palästinas") verehrt wird. Sie ist die Hauptpatronin der katholischen Patriarchaldiözese Jerusalem (Fest: 25. Oktober). Die Kirche wurde 1927 errichtet, ihre Decke ist mit den Worten *Ave Maria* („Gegrüßet seist du, Maria", vgl. Lk 1, 28) in ca. 300 Sprachen geschmückt. Der Wallfahrtsort wird von den Betlehemschwestern (siehe S. 632) betreut. *Der Rafat* war eigentlich der Name des arabischen Dorfes, das bis 1948 östlich vom Kloster lag. Dort befindet sich heute *Givat Schemesch*, „Sonnen-Hügel" (benannt nach dem nahen Bet-Schemesch) mit dem Institut *Retorno* (lat. „ich kehre zurück"), eine jüdische Einrichtung für ehemalige Drogenabhängige. Man erreicht Der Rafat, indem man kurz nach der nördlichen Einfahrt von Bet-Schemesch von der Straße Nr. 38 nach Westen abbiegt (ausgeschildert).

Bet-Schemesch

Während das moderne Bet Schémesch (90 000 Einw.) östlich der Straße Nr. 38 liegt, lag das biblische *Bet-Schemesch*, „Haus (Tempel) der Sonne", auf dem gleichnamigen Tell direkt westlich dieser Straße. In der Richterzeit scheint die Stadt israelitisch gewesen zu sein, wie besonders in der Geschichte von der wundersamen Rückgabe der Bundeslade deutlich wird:

> Die Lade des HERRN war sieben Monate lang im Gebiet der Philister. Dann riefen die Philister ihre Priester und Wahrsager herbei und fragten sie: Was sollen wir mit der Lade des HERRN machen? Gebt uns Auskunft, auf welche Weise wir sie an den Ort zurückschicken sollen, an den sie gehört. Sie antworteten: Wenn ihr die Lade des Gottes Israels zurückschickt, dann schickt sie nicht ohne Gabe zurück! Ihr müsst vielmehr ein Sühnegeschenk entrichten. Dann werdet ihr Heilung finden und ihr werdet erkennen, warum seine Hand nicht von euch ablässt. Sie fragten weiter: Was für ein Sühnegeschenk sollen wir ihm entrichten? Sie antworteten: Fünf goldene Beulen und fünf goldene Mäuse, entsprechend der Zahl der Philisterfürs-

ten; denn alle hat die gleiche Plage getroffen, auch eure Fürsten. Macht also Abbilder eurer Pestbeulen und der Mäuse, die euer Land verwüsten, und gebt dem Gott Israels die Ehre! Vielleicht lässt er seine Hand leichter werden über euch, eurem Gott und eurem Land. Warum wollt ihr euer Herz verhärten, wie die Ägypter und der Pharao ihr Herz verhärtet haben? Sie mussten doch auch die Israeliten, nachdem sie sie übel behandelt hatten, entlassen und diese konnten fortgehen. Macht also jetzt einen neuen Wagen; holt zwei säugende Kühe, auf die noch kein Joch gelegt worden ist, und spannt die Kühe vor den Wagen; ihre Kälber aber nehmt ihnen weg und bringt sie nach Hause! Dann nehmt die Lade des HERRN und stellt sie auf den Wagen und legt daneben in einer Tasche die goldenen Gegenstände, die ihr ihm als Sühnegabe entrichten wollt; dann lasst sie fortziehen! Gebt aber acht: Wenn die Lade in Richtung *Bet-Schemesch,* also in ihr Gebiet hinaufzieht, dann war er es, der uns dieses große Unheil zugefügt hat; wenn nicht, dann wissen wir, dass nicht seine Hand uns getroffen hat, sondern dass es ein Zufall gewesen ist. Die Leute machten es so. Sie nahmen zwei säugende Kühe und spannten sie an den Wagen; ihre Kälber aber hielten sie zu Hause zurück. Sie stellten die Lade des HERRN auf den Wagen und auch die Tasche mit den goldenen Mäusen und den Abbildern ihrer Geschwüre. Die Kühe aber gingen geradewegs *in Richtung Bet-Schemesch*; sie folgten genau der Straße, wichen weder nach rechts noch nach links ab und brüllten immerzu. Die Fürsten der Philister folgten ihnen bis *zur Grenze von Bet-Schemesch.* Die Leute von *Bet-Schemesch* waren gerade im Tal bei der Weizenernte. Als sie aufblickten und die Lade sahen, freuten sie sich sehr darüber. Als der Wagen bis zum Feld Joschuas von *Bet-Schemesch* gekommen war, blieb er stehen. Dort lag ein großer Stein. Sie spalteten das Holz des Wagens und brachten die Kühe dem HERRN als Brandopfer dar. Die Leviten hatten die Lade des HERRN und die Tasche, die neben ihr stand und in der goldene Gegenstände waren, herabgehoben und auf den großen Stein gestellt. Die Männer von *Bet-Schemesch* brachten an jenem Tag dem HERRN Brandopfer und Schlachtopfer dar. Die fünf Fürsten der Philister sahen zu; dann kehrten sie am gleichen Tag nach Ekron zurück. Das sind die goldenen Geschwüre, die die Philister dem HERRN als Sühnegabe entrichtet haben: eines für Aschdod, eines für Gaza, eines für Aschkelon, eines für Gat, eines für Ekron (1 Sam 6,1-17).

Eine Reihe von Ausgrabungskampagnen seit Beginn des 20. Jh. legten Teile des schon in der Mittleren Bronzezeit entstandenen kanaanäischen Ortes frei: die Stadtmauern, zwei Stadttore und eine große, kreuzförmige Zisterne (begehbar, im Nordteil des Tells). Auf den Ruinen der 587 v. Chr. endgültig zerstörten Stadt entstand in byzantinischer Zeit ein Kloster (42×63 m), das man für das schriftlich bezeugte *Simsonkloster* hält; eine zugehörige Kirche wurde freilich nicht gefunden. Dem Tell gegenüber, östlich der Straße, liegen die Ruinen des arabischen Dorfes *Ain Schams,* das schon im 19. Jh. aufgegeben war. Reste eines kleinen muslimischen Heiligtums sind noch zu sehen, das wahrscheinlich an dem Ort errichtet wurde, an dem in byzantinischer Zeit der Aufenthalt der Bundeslade verehrt wurde.

Bet Dschemal

Etwa 2 km südlich von *Tel Bet Schemesch* biegt nach links (Osten) eine Nebenstraße nach *Bet Dschemal* (ausgeschildert *Beit Jimal*). Dort befindet sich seit 1868 ein Landgut der Salesianer, die 1916 auf die Ruinen einer byzantinischen Kirche mit einer Grabanlage stießen. Aufgrund der Namensähnlichkeit schlug man eine Identifizierung von *Bet Dschemal,* arabisch „Kamel-Haus", mit *Kefargamala,* aramäisch „Kamel-Dorf" vor.

In Kefargamala sollen nach einem zeitgenössischen Bericht im Jahr 415 durch einen gewissen Lukian Gräber gefunden worden sein: das von Stephanus, dem Erzmärtyrer, von Nikodemus, dem heimlichen Jünger Jesu (Joh 3,1-21), von Gamaliël, dem Lehrer des Paulus (Apg 22,3), und von Abibas, dem Sohn Gamaliëls. Wo immer die Gebeine des Erzmärtyrers aufgefunden sein mögen, der sehr legendarische und zudem schlecht erhaltene Bericht bleibt eine Erklärung schuldig, wie sie nach Kafargamala gekommen wären. Auf jeden Fall führten diese Stephanusreliquien zum Bau der Stephanusbasilika in Jerusalem (siehe S. 536) durch Kaiserin Eudokia. Dagegen lässt sich das angebliche Gamaliëlgrab leicht aus dem Namen des Ortes ableiten.

Zu dieser Unsicherheit kommt noch die unklare Identifizierung von Kefargamala dazu. Der byzantinische Bericht macht nur eine Entfernungsangabe (20 Meilen, also rund 30 km von Jerusalem). Ein Pilgerbericht aus dem 12. Jh. kennt dagegen ein Kefargamala in gleicher Entfernung, aber nördlich von Jerusalem, so dass man den Ort lange Zeit in *Dschammala* (Samarien) suchte (siehe S. 279). Gegenwärtig schlägt das Pendel wieder eher zugunsten von Bet Dschemal aus, denn 2003 wurde 1 km nördlich von *Bet Dschemal* eine Inschrift entdeckt, die den „Diakon und Protomärtyrer Stephanus" erwähnt. Möglicherweise befand sich also das verehrte Grab nicht innerhalb der Kirche, sondern war ein Mausoleum in ihrer Nähe.

Die Kirche wurde 1930 von dem Schweizer Mauritius Gisler, einem Benediktiner der Dormitioabtei in Jerusalem, erbaut. Die heutige Krypta integriert die Reste der byzantinische Kirche. Der Raum, in den man vom Eingangsbereich der Krypta blickt, ist kein Grab, sondern die Sakristei der antiken Kirche. Zwei Gräber, die älter als die Kirche sind, befinden sich in der Krypta. Eines ist von dieser aus zugänglich (mit einer Holztür bedeckt), eines von der antiken Sakristei aus; sie zeigen keine Spuren früherer Verehrung.

Neben dem Grundstück der Salesianer (links/südlich davon) liegt das Kloster der Betlehemschwestern, offiziell „Schwestern von Betlehem, der Aufnahme Mariens und des hl. Bruno". Diese Gemeinschaft wurde nach der Verkündigung des Dogmas von der leiblichen Aufnahme Mariens in den Himmel (1950) gegründet. Sie inspiriert sich an den Idealen des hl. Bruno (* um 1030 in Köln, † 1101 in La Torre, heute *Serra San Bruno,* Kalabrien/Süditalien), dem Begründer des Kartäuserordens, einem Reformzweig der benediktinischen Ordensfamilie. Die ungefähr 40 Schwestern führen ein kontemplatives Leben in strenger Abgeschiedenheit, das von der benediktinischen Lebensform *ora et labora,* „bete und arbeite" geprägt ist; bekannt ist die kunstvolle Keramik, die sie herstellen. Im Eingangsbereich des Klosters ist eine Ausstellung über das Leben der Gemeinschaft. Die Empore der in ihrer Schlichtheit beeindruckenden Kirche lädt zum Gebet ein. – Auf dem gegenüberliegenden Hügel wurde 2000 ein Kloster des männlichen Zweiges des Ordens gegründet.

2 km südlicher liegt auf einem Hügel *Jarmut,* die gut befestigte Residenz eines der Könige aus der Koalition, die aus den Königen von Jerusalem, Hebron, Jarmut, Lachisch und Eglon bestand (Jos 10,1-27; zu Lachisch siehe S. 643, die Lage von Eglon ist ungeklärt). Josua verfolgte sie bis in diese Gegend, „bis nach Aseka und Makkeda" (s. u.), und erschlug sie.

2 km südwestlich von Jarmut liegt *Chirbet Kejafa;* wie die Siedlung in biblischer Zeit hieß, ist ungeklärt. 2008 wurden hier Ausgrabungen durchgeführt. Ein sensationeller Fund war ein Ostrakon, eine beschriftete Tonscherbe, aus der Zeit um 1000 v. Chr. Viele Forscher halten es für das älteste bekannte hebräische Schriftzeugnis. Freilich ist die fünfzeilige Inschrift nur schlecht erhalten; der Inhalt, selbst die Sprache, in der das Dokument abgefasst ist, sind umstritten. Die Wissenschaftler sind sich nicht einmal einig, ob der Text von rechts nach links (wie bis heute im Hebräischen üblich) oder von links nach rechts zu lesen ist.

Ekron

Die nördlichste der fünf Philisterstädte ist *Tel Mikne,* 13 km nordwestlich von Bet-Schemesch. Nicht zu unrecht wird der Ort bisweilen als „unsichtbarer Tell" bezeichnet, da er sich nur wenig über die
umgebende Ebene erhebt und kaum etwas von seiner einstigen Bedeutung und Größe (20 ha) erahnen lässt. Man erreicht ihn am ein-
fachsten von Süden, von der Straße Nr. 383 (an der *Azeka Junction*
von der Nr. 38 nach Westen abbiegen). Einen guten Kilometer nach
der Abzweigung zum Kibbuz Gefen (links/südlich der Straße) biegt
nach rechts eine Asphaltstraße zu einer militärischen Einrichtung ab
(ein Schild mit einer hebräischen Abkürzung weist darauf hin). Unmittelbar vor der Militärbasis biegt ein rot-weiß markierter Fahrweg
nach links. Folgt man diesem etwa 4 km, sieht man rechts des Weges eine sehr flache, überwachsene Erhebung mit einigen verblass-
ten hebräischen Hinweisschildern. Eine weitere, allerdings nicht
einfach zu findende Zufahrt ist von Westen her, vom Kibbuz Revadim, wo einige Funde aus Ekron aufbewahrt werden. Der südliche
und der nördliche, leicht erhöhte Teil des Tells sind überwachsen,
der mittlere Teil wird landwirtschaftlich genutzt.
In den 80er- und 90er-Jahren wurden hier von israelischen und amerikanischen Archäologen Ausgrabungen durchgeführt; sie sind heute
fast ganz überwachsen. Eine phönizische Weiheinschrift für einen
Tempel (7. Jh.) nennt den Namen der Stadt *Ekron* und erbrachte damit einen selten klaren archäologischen Beweis, dass die Identifizierung des Tells richtig ist. Erste Siedlungsspuren reichen in die Kupfersteinzeit (4. Jahrtausend v. Chr.) zurück. Eine befestigte Stadt ist
ab dem 17. Jh. v. Chr. nachzuweisen. Diese wurde im 13. Jh. zerstört, wohl bei der Ankunft der „Seevölker" (zu denen die Philister
gehörten). Sie werden Seevölker genannt, weil sie über das Meer ins
Land kamen. Ekron wurde als Philisterstadt wiederaufgebaut und
wurde mächtig und wohlhabend. Dem entspricht der biblische Hinweis, dass die Israeliten die Stadt nicht erobern konnten (Ri 1,18).
Hier war die letzte Station der von den Philistern eroberten Bundeslade, bevor sie zurückgegeben wurde (1 Sam 5,10–6,18; siehe
S. 629). Zu Beginn des 10. Jh. wurde die Stadt zerstört; ob es eine
Verbindung zum Sieg Davids über den Philister Goliat (1 Sam
17,41-54) gibt, ist ungeklärt. Ekron wurde zunächst kleiner aufgebaut, erholte sich aber rasch und blieb eine philistäische Stadt (vgl.
2 Kön 1,2). Ein Hinweis auf den Wohlstand der Stadt ist der Fund
eines Diadems mit einer Schlange aus purem Gold (7. Jh.). Ekron
wurde im Jahr 603 v. Chr., also 17 Jahre vor Jerusalem, von den Ba-
byloniern völlig zerstört. Aus späteren Zeiten gibt es nur noch spärliche Siedlungsreste.

Aseka, Socho und Adullam

Südlich vom Moschaw Secharja überquert man das *Nachal/Wadi Ela,* das „Terebinthen-Tal". Westlich der Straße liegt markant der *Tel Aseka* (364 m ü.d.M.). Bis hierher verfolgte Josua nach der Schlacht bei Gibeon die feindliche Koalition (Jos 10,1-10). Aseka und Lachisch (s.u., S.643) waren die letzten Festungen, die dem König Zidkija bei der Belagerung Jerusalems durch Nebukadnezzar 587 v.Chr. noch übrig geblieben waren (Jer 34,7). Gegenwärtig werden hier von den Universitäten Tel Aviv und Heidelberg Ausgrabungen durchgeführt.

4 km östlich von Aseka, talaufwärts am Terebinthental, liegen die Ruinen von *Socho.* Sie sind von der Straße Nr.375 aus zu erreichen, etwa 500 m westlich der Abzweigung zum Moschaw Aderet (ausgeschildert). Die oberirdischen Ruinen sind spärlich und stammen wohl von den beiden Bauerndörfchen, die Eusebius von Cäsarea im 4.Jh. n.Chr. erwähnt. Es scheint, dass Socho nie eine befestigte Stadt war. Interessant sind die zahlreichen, zum Teil miteinander verbundenen Höhlen, die auf dem Hügel verteilt sind. Der „Geistliche Garten", eine erbauliche Schrift, die um 615 von einem Mönch aus der Judäischen Wüste verfasst wurde, erwähnt einen Mönch Johannes, der in einer Höhle in Socho als Einsiedler gelebt habe.

Socho und *Aseka* werden als Schauplatz des Kampfes des jungen David gegen den Philister Goliat genannt. Die genaue Lage der beiden feindlichen Lager kann zwar nicht mehr festgestellt werden, aber der Blick ins Terebinthental erlaubt durchaus, sich die bekannte Kampfszene bildlich vorzustellen:

> Die Philister zogen ihre Truppen zum Kampf zusammen. Sie versammelten sich bei *Socho,* das zu Juda gehört, und schlugen *zwischen Socho und Aseka* in Efes-Dammim ihr Lager auf. Auch Saul und die Männer Israels sammelten sich; sie schlugen ihr Lager *im Terebinthental* auf und traten zum Kampf gegen die Philister an. Die Philister standen an dem Berg auf der einen Seite, die Israeliten an dem Berg auf der anderen Seite; zwischen ihnen lag das Tal. Da trat aus dem Lager der Philister ein Vorkämpfer namens Goliat aus Gat hervor. Er war sechs Ellen und eine Spanne groß. Auf seinem Kopf hatte er einen Helm aus Bronze und er trug einen Schuppenpanzer aus Bronze, der fünftausend Schekel wog. Er hatte bronzene Schienen an den Beinen und zwischen seinen Schultern hing ein Sichelschwert aus Bronze. Der Schaft seines Speeres war (so dick) wie ein Weberbaum und die eiserne Speerspitze wog sechshundert Schekel. Sein Schildträger ging

vor ihm her. Goliat trat vor und rief zu den Reihen der Israeliten hinüber: Warum seid ihr ausgezogen und habt euch zum Kampf aufgestellt? Bin ich nicht ein Philister und seid ihr nicht die Knechte Sauls? Wählt euch doch einen Mann aus! Er soll zu mir herunterkommen. Wenn er mich im Kampf erschlagen kann, wollen wir eure Knechte sein. Wenn ich ihm aber überlegen bin und ihn erschlage, dann sollt ihr unsere Knechte sein und uns dienen. Und der Philister sagte weiter: Heute habe ich die Reihen Israels verhöhnt (und gesagt): Schickt mir doch einen Mann, damit wir gegeneinander kämpfen können. Als Saul und ganz Israel diese Worte des Philisters hörten, erschraken sie und hatten große Angst …

Der Philister kam jeden Morgen und Abend und stellte sich kampfbereit hin – vierzig Tage lang. Eines Tages sagte Isai zu seinem Sohn David: Nimm für deine Brüder ein Efa von diesem gerösteten Korn und diese zehn Brote und lauf damit zu ihnen ins Lager. Und diese zehn Käse bring dem Obersten der Tausendschaft! Sieh nach, ob es deinen Brüdern gut geht, und lass dir ein Pfand (als Lebenszeichen) von ihnen geben! Saul ist mit ihnen und all den anderen Israeliten im *Terebinthental* und sie kämpfen gegen die Philister. David brach früh am Morgen auf, überließ die Herde einem Wächter, lud die Sachen auf und ging, wie es ihm Isai befohlen hatte. Als er zur Wagenburg kam, rückte das Heer gerade in Schlachtordnung aus und ließ den Kampfruf erschallen. Israel und die Philister stellten sich, Reihe gegen Reihe, zum Kampf auf. David legte das Gepäck ab, überließ es dem Wächter des Trosses und lief zur Schlachtreihe. Er ging zu seinen Brüdern und fragte, wie es ihnen gehe. Während er noch mit ihnen redete, trat gerade aus den Reihen der Philister ihr Vorkämpfer, der Philister namens Goliat aus Gat, hervor; er rief die gewohnten Worte und David hörte es. Als die Israeliten den Mann sahen, hatten sie alle große Angst vor ihm und flohen. Sie sagten: Habt ihr gesehen, wie dieser Mann daherkommt? Er kommt doch nur, um Israel zu verhöhnen. Wer ihn erschlägt, den wird der König sehr reich machen; er wird ihm seine Tochter geben und seine Familie wird er von allen Steuern in Israel befreien. David fragte die Männer, die bei ihm standen: Was wird man für den Mann tun, der diesen Philister erschlägt und die Schande von Israel wegnimmt? Wer ist denn dieser unbeschnittene Philister, dass er die Schlachtreihen des lebendigen Gottes verhöhnen darf? …

Als bekannt wurde, was David gesagt hatte, berichtete man davon auch in Sauls Umgebung und Saul ließ ihn holen. David sagte zu Saul: Niemand soll wegen des Philisters den Mut

sinken lassen. Dein Knecht wird hingehen und mit diesem
Philister kämpfen. Saul erwiderte ihm: Du kannst nicht zu diesem Philister hingehen, um mit ihm zu kämpfen; du bist zu
jung, er aber ist ein Krieger seit seiner Jugend ...

Und David sagte weiter: Der HERR, der mich aus der Gewalt
des Löwen und des Bären gerettet hat, wird mich auch aus der
Gewalt dieses Philisters retten. Da antwortete Saul David:
Geh, der HERR sei mit dir. Und Saul zog David seine Rüstung
an; er setzte ihm einen bronzenen Helm auf den Kopf und legte ihm seinen Panzer an und über der Rüstung hängte er ihm
sein Schwert um. David versuchte (in der Rüstung) zu gehen,
aber er war es nicht gewohnt. Darum sagte er zu Saul: Ich
kann in diesen Sachen nicht gehen, ich bin nicht daran ge-
wöhnt. Und er legte sie wieder ab, nahm seinen Stock in die
Hand, suchte sich fünf glatte Steine aus dem Bach und legte
sie in die Hirtentasche, die er bei sich hatte (und) die (ihm als)
Schleudersteintasche (diente). Die Schleuder in der Hand,
ging er auf den Philister zu. Der Philister kam immer näher an
David heran; sein Schildträger schritt vor ihm her. Voll Ver-
achtung blickte der Philister David an, als er ihn sah; denn David war noch sehr jung, er war blond und von schöner Gestalt.
Der Philister sagte zu David: Bin ich denn ein Hund, dass du
mit einem Stock zu mir kommst? Und er verfluchte David bei
seinen Göttern. Er rief David zu: Komm nur her zu mir, ich
werde dein Fleisch den Vögeln des Himmels und den wilden
Tieren (zum Fraß) geben. David antwortete dem Philister: Du
kommst zu mir mit Schwert, Speer und Sichelschwert, ich
aber komme zu dir im Namen des HERRN der Heere, des Gottes der Schlachtreihen Israels, den du verhöhnt hast. Heute
wird dich der HERR mir ausliefern. Ich werde dich erschlagen
und dir den Kopf abhauen. Die Leichen des Heeres der Philister werde ich noch heute den Vögeln des Himmels und den
wilden Tieren (zum Fraß) geben. Alle Welt soll erkennen,
dass Israel einen Gott hat. Auch alle, die hier versammelt sind,
sollen erkennen, dass der HERR nicht durch Schwert und Speer
Rettung verschafft; denn es ist ein Krieg des HERRN und er
wird euch in unsere Gewalt geben. Als der Philister weiter
vorrückte und immer näher an David herankam, lief auch David von der Schlachtreihe (der Israeliten) aus schnell dem Philister entgegen. Er griff in seine Hirtentasche, nahm einen
Stein heraus, schleuderte ihn ab und traf den Philister an der
Stirn. Der Stein drang in die Stirn ein und der Philister fiel mit
dem Gesicht zu Boden. So besiegte David den Philister mit einer Schleuder und einem Stein; er traf den Philister und tötete
ihn, ohne ein Schwert in der Hand zu haben. Dann lief David

hin und trat neben den Philister. Er ergriff sein Schwert, zog
es aus der Scheide, schlug ihm den Kopf ab und tötete ihn. Als
die Philister sahen, dass ihr starker Mann tot war, flohen sie.
Die Männer von Israel und Juda aber griffen an, erhoben das
Kriegsgeschrei und verfolgten die Philister bis nach Gat und
bis vor die Tore von Ekron. Von Schaarajim bis nach Gat und
Ekron lagen die erschlagenen Philister am Weg. Nach der
Verfolgung kehrten die Israeliten zurück und plünderten das
Lager der Philister. David nahm den Kopf des Philisters und
brachte ihn nach Jerusalem. Goliats Waffen aber legte er in
sein Zelt (1 Sam 17,1-54).

Obwohl sich David seinen ersten Ruhm im Kampf gegen die Philister errungen hatte, hatte er doch wieder die Kühnheit und das Glück,
beim Philisterfürsten von *Gat* Zuflucht zu suchen und zu finden, als
er vom misstrauischen König Saul verfolgt wurde (1 Sam 27,1 –
28,2; Text: S. 638).

Adullam liegt etwa 2 km südöstlich von Socho und wird ebenfalls
mehrfach im Alten Testament erwähnt, unter anderem im Zusammenhang mit Davids Aufenthalt bei den Philistern:

> Darum ging David von dort (Gat) weg und brachte sich in der
> Höhle von *Adullam* in Sicherheit. Als seine Brüder und seine
> Familie davon hörten, kamen sie zu ihm hinab. Auch schlos-
> sen sich ihm viele Männer an, die unter Druck standen, so-
> wie alle möglichen Leute, die Schulden hatten oder verbittert
> waren, und er wurde ihr Anführer. So waren etwa vierhundert
> Mann um ihn (1 Sam 22,1-2).

Der arabische Name des Hügels, *Id al-Minje,* bedeutet wörtlich
„Hafen-Festtag" und ist nur als Verballhornung des biblischen Namens *Adullam* zu erklären. In der Bibel ist der Ort meistens innerhalb von Namenslisten erwähnt. Dies sowie die Tatsache, dass David sich hier versteckte, lassen darauf schließen, dass Adullam nie
bedeutend war. Entsprechend spärlich sind die archäologischen Reste, der Hügel bietet sich eher für einen biblischen Spaziergang an.
Man erreicht ihn über den Moschaw Aderet, von dort ist er nur hebräisch ausgeschildert. Das Symbol für Altertümer, ein stilisiertes
Kapitell, hilft bei der Orientierung. Mehrere Höhlen laden dazu ein,
sich die Zuflucht Davids zu vergegenwärtigen – oder die rätselhafte
Klage des Propheten Micha über sündhafte Städte:

> Wieder soll der Eroberer über euch herfallen, ihr Einwohner
> von Marescha; bis nach *Adullam* bringt man die Herrlichkeit
> Israels. Scher dich kahl, Tochter Zion, trauere über deine ge-
> liebten Kinder! Scher dir eine Glatze, so kahl wie die eines
> Geiers; denn man hat deine Kinder verschleppt (Mi 1,15-16).

Etwa 4 km südlich der *ha-Ela Junction* liegt, ca. 1 km östlich der Straße Nr. 38, *Chirbet Madras* (ausgeschildert: *Madras Ruin*). Dieser moderne hebräische Name greift den arabischen Namen der Ruinen auf, *Chorvat Madras,* „Schul-Ruine", oder *Chorvat Drusije,* welcher seinerseits wohl *Drusias* wiedergibt, ein Dorf, das in einer jüdischen Dorfliste aus dem 2. Jh. n. Chr. erwähnt wird. Es gibt hier Fluchthöhlen, Kolumbarien (Taubenschläge in Höhlen) und Grabanlagen, darunter ein Mausoleum in Pyramidenform (Grundfläche 10 × 10 m), das bis auf eine Höhe von 3,5 m erhalten ist; ursprünglich dürfte es 5 m hoch gewesen sein. Diese Form eines Mausoleums ist im Heiligen Land einzigartig; es ist nicht bekannt, für wen es errichtet wurde.

2010 wurde hier eine byzantinische Kirche mit einem hervorragend erhaltenen, fein gearbeiteten Mosaik ausgegraben. Diese Kirche war über einem älteren Gebäude, vielleicht einer Synagoge, errichtet. Im März des folgenden Jahres wurde das Mosaik in einem Akt von Vandalismus schwer beschädigt; ein fanatisch-religiöser Hintergrund der Tat ist wahrscheinlich. Daraufhin wurden die traurigen Reste der Kirche wieder zugedeckt. Unter der Kirche befindet sich eine Grabkammer. Wahrscheinlich ist hier der Ort, an dem in byzantinischer Zeit zu Ehren des ermordeten Priesterpropheten *Secharja,* des Sohnes Jojadas (2 Chr 24,21-22), eine Basilika stand, die auf der Madabakarte abgebildet ist. – Zur Verwechslung dieses Propheten mit anderen biblischen Personen gleichen Namens siehe S. 518.

Gat

Die Philisterstadt *Gat* konnte im *Tel Tsafit* identifiziert werden. Dieser ist über die Straße Nr. 383 zu erreichen, die an der *Azeka Junction* von der Nr. 38 abzweigt. Nach etwa 10 km biegt ein kleine Straße nach links ab (Schild: *Tsafit*). Der moderne hebräische Name greift den arabischen Namen *Tell as-Safi* auf. Er bedeutet „Rein-Hügel" und leitet sich wohl vom weißen, „reinen" Felsen des Hügels ab. Ein markierter Rundweg (ca. 3 km) führt durch die Ruinen.

Der Ort ist reich an alttestamentlichen Erinnerungen. Neben einem ersten episodenhaften Bericht vom Aufenthalt Davids in Gat (1 Sam 21,11-16) ist ein anderer sehr viel aufschlussreicher und voll tiefen Sinns, in dem es heißt:

> David überlegte: Eines Tages werde ich doch noch durch Saul umgebracht. Es bleibt nichts anderes übrig, als mich im Land der Philister in Sicherheit zu bringen. Dann wird Saul mich in Ruhe lassen und aufhören, mich weiter im ganzen Gebiet Israels zu suchen, und ich bin seiner Hand entkommen. David

machte sich also auf den Weg und ging mit den sechshundert
Männern, die bei ihm waren, zu Achisch hinüber, dem Sohn
Maochs, dem König von *Gat*. Und er blieb mit seinen Leuten
bei Achisch in *Gat*; alle hatten ihre Familien bei sich, David
seine beiden Frauen: Ahinoam, die Jesreeliterin, und Abigajil
aus Karmel, die (frühere) Frau Nabals. Als man Saul meldete,
dass David nach *Gat* geflohen war, suchte er nicht mehr weiter
nach ihm. David sagte zu Achisch: Wenn ich dein Wohlwollen gefunden habe, dann weise mir einen Platz in einer der
Städte des flachen Landes zu, wo ich mich niederlassen kann.
Warum soll dein Knecht bei dir in der Königsstadt wohnen?
Da gab ihm Achisch noch am gleichen Tag Ziklag. Deshalb
gehört Ziklag den Königen von Juda bis zum heutigen Tag.
Die Zeit, die David im Land der Philister verbrachte, betrug
ein Jahr und vier Monate.
David zog mit seinen Männern aus und sie unternahmen
Raubzüge bei den Geschuritern, den Geresitern und den Ama-
lekitern; diese bewohnen von jeher das Gebiet in Richtung
Schur und nach Ägypten zu. David verheerte das Land und
ließ weder Männer noch Frauen am Leben; Schafe und Rin-
der, Esel, Kamele und Kleider aber nahm er mit. Wenn er
dann zurückkehrte und zu Achisch kam und Achisch ihn fragte: Wohin habt ihr heute euren Raubzug gemacht?, antwortete
David: Ins Südland von Juda, oder: Ins Südland der Jerach-
meeliter, oder: Ins Südland der Keniter. Weder Männer noch
Frauen ließ er am Leben und er brachte niemand nach *Gat*;
denn er sagte sich: Niemand soll etwas über uns berichten und
sagen können: Das und das hat David gemacht. So hielt er es
die ganze Zeit über, solange er sich im Land der Philister aufhielt. Achisch aber schenkte David Vertrauen, denn er sagte
sich: Er hat sich bei seinem Volk, bei den Israeliten, so verhasst gemacht, dass er für immer mein Knecht bleiben muss.
In jenen Tagen sammelten die Philister ihre Truppen, um gegen Israel in den Kampf zu ziehen. Da sagte Achisch zu David: Du weißt sehr wohl, dass du samt deinen Männern mit
mir ins Feldlager ziehen musst. David antwortete Achisch:
Auf diese Weise wirst du selbst erfahren, was dein Knecht tun
wird. Achisch sagte zu David: Gut, ich mache dich für diese
ganze Zeit zu meinem Leibwächter (1 Sam 27,1–28,2).

Den anderen Philistern wurde es aber unheimlich, als sie sich gegen
König Saul zu einer entscheidenden Schlacht rüsteten; sie drangen
darauf, David und seine Kampfgefährten wegzuschicken:

Die Philister versammelten ihr ganzes Heer bei Afek, während die Israeliten ihr Lager an der Quelle bei Jesreel aufgeschlagen hatten. Als nun die Fürsten der Philister mit ihren Hundertschaften und Tausendschaften auf dem Marsch waren – David und seine Männer zogen mit Achisch am Schluss –, fragten die Obersten der Philister: Was sollen diese Hebräer hier? Achisch antwortete den Obersten der Philister: Das ist doch David, der Knecht Sauls, des Königs von Israel, der seit Jahr und Tag bei mir ist. Seit dem Tag, da er übergelaufen ist, bis heute fand ich bei ihm nichts Nachteiliges. Die Obersten der Philister aber wurden zornig auf ihn und sagten zu ihm: Schick den Mann zurück! Er soll an den Ort zurückkehren, den du ihm zugewiesen hast, und nicht mit uns in den Kampf ziehen. Dann kann er sich in der Schlacht nicht gegen uns wenden. Womit könnte er sich die Gunst seines Herrn besser erwerben als mit den Köpfen unserer Leute hier? Ist das nicht der gleiche David, von dem man beim Reigentanz gesungen hat: Saul hat Tausend erschlagen, David aber Zehntausend?
Da rief Achisch David zu sich und sagte zu ihm: So wahr der HERR lebt, du bist ein aufrechter Mann und es wäre in meinen Augen gut, wenn du mit mir ins Feld ziehen und wieder zurückkommen würdest; denn ich habe an dir nichts Unrechtes entdeckt seit dem Tag, an dem du zu mir gekommen bist, bis heute. Aber den Fürsten bist du nicht genehm. Darum kehr jetzt um und zieh in Frieden; so wirst du nichts tun, was den Fürsten der Philister missfällt. David sagte zu Achisch: Was habe ich denn getan? Was hast du an deinem Knecht auszusetzen gehabt von dem Tag an, an dem ich in deinen Dienst getreten bin, bis heute? Warum darf ich nicht mitkommen und gegen die Feinde meines Herrn, des Königs, kämpfen? Achisch antwortete David: Gewiss, mir bist du teuer wie ein Engel Gottes; aber die Obersten der Philister haben gesagt: Er soll nicht mit uns in den Kampf ziehen. Darum brich morgen früh auf, samt den Knechten deines Herrn, die mit dir gekommen sind. Brecht morgen früh auf, sobald es hell wird, und geht (nach Hause)! David machte sich also mit seinen Männern in aller Frühe auf den Weg; er zog noch am Morgen weg und kehrte ins Land der Philister zurück; die Philister aber zogen nach Jesreel hinauf (1 Sam 29,1-11).

Der Volksheld und -liebling hatte also eine mehr als bewegte Vergangenheit hinter sich, als er nach dem Tod König Sauls im Kampf mit den Philistern dessen Nachfolge antrat. Der Goliatbesieger David musste von einem Philister gegen den König von Israel beschützt werden, um selbst König von Israel zu werden!

Ausgrabungen der Bar-Ilan-Universität Ramat Gan (bei Tel Aviv) haben die größte der fünf Philisterstädte der Vergangenheit entrissen. Mehrere kriegerische Zerstörungen konnten archäologisch nachgewiesen werden, allerdings nicht die oben (S. 634) erwähnte durch David (1 Sam 17,52-54): Ende des 9. Jh. v. Chr., wohl die in 2 Kön 12,18 erwähnte durch König Hasaël von Aram; Ende des 8. Jh. durch die Assyrer; Ende des 7. Jh. durch Nebukadnezzar. Bis ins 2. Jh. v. Chr. hat man noch spärliche Besiedlungsspuren entdeckt, dann wurde der Ort für über ein Jahrtausend aufgegeben.

Die Kreuzfahrer haben auf dem Hügel eine Festung mit dem Namen *Blanche Garde* errichtet (franz. „Weiße Wache", vgl. den arabischen Namen „Rein-Hügel"). Bis 1948 befand sich hier das arabische Dorf *Tell as-Safi*. Von der Kreuzfahrerfestung und dem Dorf sind fast keine Spuren mehr zu sehen.

Bet Guvrin/Marescha

Bet Guvrin und *Marescha/Marissa* sind zwei Phasen ein und derselben Stadt, die man an der *Guvrin Junction* von der Straße Nr. 35 aus erreicht. *Bet Guvrin* liegt rechts (nördlich) der Straße, *Marescha* links, 2 km südlich davon.

Marescha bestand bereits in der kanaanäischen und israelitischen Zeit. Es erlebte seine Blüte in der hellenistischen Epoche, als es 259 v. Chr. Hauptstadt von Idumäa wurde – das ursprünglich südlicher angesiedelte alte Edom (griech. *Idumäa*) hatte sich inzwischen nach Norden ausgeweitet. Der berühmteste Idumäer war Herodes der Große. Während er sich nach dem Selbstmord seines ersten Gönners, des Marcus Antonius, in Rom bei Kaiser Augustus um die Königskrone bemühte, wurde 40 v. Chr. sein Stammland von den Parthern überrannt und das mächtige Marescha niedergebrannt.

Herodes musste sich sein Königreich erst erobern und verzichtete darauf, *Marescha* wieder aufzubauen, sondern förderte statt dessen *Bet Guvrin* (aramäisch: „Haus der Männer/Riesen" – die Kundschafter Israels erzählen bei ihrer Rückkehr nach Paran von *Riesen,* die sie gesehen haben: Num 13,31-33). So trat Bet Guvrin in römisch-byzantinischer Zeit das Erbe Mareschas an und erreichte ebenfalls Blüte und Macht. 200 n. Chr. besuchte Kaiser Septimius Severus die Stadt, beschenkte sie mit Ländereien bis nach En-Gedi am Toten Meer und verlieh ihr den Namen *Eleutheropolis,* „Frei-Stadt". Aus dieser Zeit stammt das runde Amphitheater (71×56 m) für Gladiatorenkämpfe auf der nördlichen Straßenseite; mit seinen acht Sitzreihen bot es für rund 3500 Zuschauer Unterhaltung.

Um 400 wurde Eleutheropolis Bischofssitz. 638 gab es hier die ersten christlichen Märtyrer unter der neuen arabischen Herrschaft: Un-

gefähr 50 Soldaten, die sich weigerten, dem Christentum abzu-
schwören, wurden hier enthauptet. Bis in die Omaijadenzeit (bis
750) blieb die Stadt eine Metropole. Die Kreuzfahrer schenkten ihr
aus strategischen Gründen erneute Aufmerksamkeit: Jerusalem und
das judäische Bergland mussten gegen Ägypten hin abgeschirmt
werden. Sie befestigten die Stadt, über dem Amphitheater wurde
1135 eine Burg errichtet. 1137 übergab König Fulk den Johannitern
Gibelin, wie Bet Guvrin jetzt genannt wurde. Nach der arabischen
Eroberung 1244 verfiel die Burg allmählich. Gut erhalten ist die Kapelle; byzantinische Säulen fanden darin Wiederverwendung. Ein
Mihrab (Gebetsnische in Richtung Mekka) im linken (nördlichen)
Seitenschiff weist darauf hin, dass dieses als Moschee weiterverwendet wurde. Bis 1948 befand sich hier ein arabisches Dorf, das
den alten Namen in der arabischen Form *Bet Dschibrin* weitertrug.

Die Ruinen von *Marescha* heißen auf Arabisch *Tell Sandahanna,*
worin noch gut das lateinische *Sancta Anna* zu erkennen ist. Der
Name rührt von einer St.-Anna-Kirche (37×46 m) aus dem Jahr
1136, deren gut erhaltene Hauptapsis 700 m östlich des Tells aufragt
und die auf den Ruinen einer byzantinischen Kirche errichtet war.
Eine Verehrung der hl. Anna, der Mutter Mariens, in dieser Gegend
ist schwer zu erklären. Möglicherweise hatten die Kreuzfahrer eine
alte Tradition missverstanden, die sich ursprünglich auf *Hananias*
bezog, welcher den Paulus in Damaskus taufte (Apg 9,10-19). Diesen verehrte nämlich die christliche Gemeinde von Eleutheropolis
als ihren Gründer.

Vom oberirdischen Marescha ist wenig zu sehen. Das Stadtzentrum
oben auf dem Tell wurde nach den Ausgrabungen wieder zugedeckt.
Der Besuch des Nationalparks lohnt sich aber um so mehr wegen
seiner unterirdischen Anlagen. Man hat etwa 60 Grabanlagen gefunden, christliche, jüdische und heidnische, mit Fresken und Mosaiken. Viele sind nicht zugänglich. Beachtenswert ist vor allem das
reich bemalte *Sidoniergrab,* ein Familiengrab aus dem 2.Jh. v.Chr.
Es wurde Anfang des vergangenen Jahrhunderts entdeckt, die Malereien wurden kopiert. 1993 wurde die Bemalung, deren Original
inzwischen durch Licht und Feuchtigkeit zerstört war, anhand dieser
Kopien rekonstruiert. Die Malereien geben einen guten Einblick in
die griechische Kultur jener Epoche, von der sonst nicht viel erhalten ist, da diese in der Makkabäerzeit bekämpft und zerstört wurde.
Interessant sind beispielsweise ein Hahn (der die Toten wecken soll)
oder ein dreiköpfiger Zerberus, der Höllenhund, der den Eingang
zur Unterwelt bewacht.

Um den Tell herum befand sich die „Industrie": unterirdische Anla-
gen zur Herstellung von Olivenöl, enorme Zisternen und zahlreiche
Kolumbarien (Taubenschläge). Hier wurde Taubenzucht in großem
Stil betrieben, zur Gewinnung von Fleisch, Federn und Dünger, aber

auch als Opfertiere im Jerusalemer Tempel – vgl. Lk 2,24: „Auch wollten sie (die Eltern Jesu) ihr Opfer darbringen, wie es das Gesetz des Herrn vorschreibt: ein Paar Turteltauben oder zwei junge Tauben." Eine Besonderheit eigener Art sind Hunderte von oben glockenförmig zulaufenden Höhlen in der Umgebung. Sie werden auf die Ausbeutung des weichen Kreideuntergrunds, der sich leicht zu Mörtel verarbeiten ließ, in byzantinischer und arabischer Zeit zurückgeführt; mehrere Kalkbrennöfen untermauern diese Theorie.

Lachisch

An der *Lakhish Junction* biegt man von der Straße Nr. 35 nach Süden und kommt nach 2 km zum Tell von *Lachisch* (258 m ü. d. M.), einer der wichtigsten kanaanäischen Festungen in Süden des Landes, ähnlich alt und umkämpft wie im Norden Megiddo.

In der Mittleren Bronzezeit war Lachisch mit einer Mauer aus großen unbehauenen Steinen befestigt. Das Buch Josua (10,31-33) berichtet von der Zerstörung der Stadt durch Josua, allerdings konnte diese archäologisch nicht nachgewiesen werden. Aus der frühen israelitischen Zeit wurde hier ein Tempel gefunden, älter als der in Jerusalem. Diese Anlage ist auch für unsere Kenntnis vom Jerusalemer Tempel wichtig; man fand Hinweise darauf, dass die Trennung zwischen heilig und profan immer mehr betont wurde.

König Amazja von Jerusalem (798–769 v. Chr.) fand hier durch eigene Leute den Tod (2 Kön 14,17-20). In der Zeit des Königs Hiskija und des Propheten Jesaja, im Jahr 701 v. Chr., betrieb der Assyrerkönig Sanherib von Lachisch aus die Belagerung Jerusalems; in der Bibel wird in ausführlicher Breite die Angst und die wunderbare Rettung Jerusalems geschildert (2 Kön 18,13–19,36). Umgekehrt ist aber die Eroberung von Lachisch auf einem Relief voller Dramatik im Palast Sanheribs zu Ninive dargestellt. Das Original dieses Reliefs befindet sich heute im Britischen Museum in London, eine Kopie kann man in der archäologischen Abteilung (Raum 3) des Israel-Museums bewundern.

Beim Feldzug Nebukadnezzars von Babel gegen Jerusalem (um 587 v. Chr.) gehörte Lachisch zu den letzten Festungen, die Widerstand wagten. Aus dieser Situation stammen 21 beschriebene Tonscherben, *Lachischbriefe* oder -*ostraka*, „(Ton-)Scherben", genannt; ein Offizier wendet sich mit kurzen Meldungen und Anfragen an seinen Vorgesetzten in Lachisch. Nach dem Babylonischen Exil lebte die Stadt noch einmal auf, es scheint sogar eine jüdische Gemeinde mit einem eigenen Tempel (!) gegeben zu haben. Unter Alexander dem Großen wurde Lachisch erneut zerstört, dieses Mal endgültig.

Auf dem großen Tell ist vor allem die Toranlage ausgegraben; auch die assyrische Belagerungsrampe ist gut zu erkennen.

10 km westlich von Lachisch liegt *Kirjat Gat* („Stadt Gat"). Diese 1956 gegründete Stadt (54 000 Einw.) verdankt ihren Namen einer voreiligen Identifizierung des *Tell Ejreni* (152 m ü. d. M., nordöstlich der Stadt und der Straße Nr. 35) mit der Philisterstadt *Gat*. Diese Identifizierung wurde von den Archäologen aber inzwischen zugunsten von *Tell Tsafit* (s. o., S. 638) aufgegeben. In Israel ist ein biblischer Name an einem von der biblischen Ortslage unterschiedlichen Platz nicht selten. Man gründete landauf, landab Siedlungen und gab ihnen mit der Gegend verbundene Namen – in vielen Fällen ohne genau zu wissen, wo der Ort wirklich gelegen hat. Man darf sich also den modernen israelischen Landkarten bei der Suche nach biblischen Orten nur mit großer Vorsicht anvertrauen.

Parallel zur Küste führt die Autobahn Nr. 4 vom Großraum Tel Aviv nach Süden. Auf ihr erreicht man zunächst Javne.

Javne

Antike Autoren schildern Javne sowohl als Stadt an der Küste als auch als Hafenstadt. Die Stadt selbst liegt im Landesinneren, sie hatte aber einen Hafen (*Javne Jam*, „Meer-Javne"), der ca. 8 km von ihr entfernt lag. Im Alten Testament wird Javne (teils in der längeren Form Jabneel oder, griechisch, Jamnia) einige Male als heidnischer Grenzort erwähnt (Jos 15,11, 2 Chr 26,6, 2 Makk 12,40).
Nach der Zerstörung Jerusalems und des Tempels (70 n. Chr.) wurde Javne zum Zentrum jüdischer Gelehrsamkeit und zum Sitz des Sanhedrins (Hoher Rat). Hier wurden richtungsweisende Entscheidungen in einer Zeit gefällt, die für das Judentum mit immensen Umwälzungen verbunden war. Zum einen musste sich das Judentum nach der Zerstörung des religiösen Zentrums, des Jerusalemer Tempels, neu orientieren, zum anderen war diese Epoche von Auseinandersetzungen mit dem Christentum geprägt, das sich in dieser Zeit endgültig von der Mutterreligion löste. Dies geschah wohl nicht in einem einzigen, historisch fassbaren Treffen – christliche Geschichtsschreiber sprechen zuweilen sogar von einem „Konzil von Javne". Die Entscheidungen wurden vielmehr im kontinuierlichen Lehrbetrieb und anhand von konkreten Fällen getroffen. Unter anderem betraf das die Festlegung der Bücher, die die jüdische, hebräische Bibel (das Alte Testament der Christen) bilden. Die Christen gingen dabei andere Wege: Die Grundlage ihres Alten Testamentes wurde die griechische Übersetzung der *Septuaginta* (siehe S. 23), sie

enthält einige Bücher mehr (z.B. die Makkabäerbücher). – Martin Luther, der wieder auf die hebräische Bibel zurückgriff, schied diese Bücher aus dem biblischen Kanon aus, die „so der Heiligen Schrift nicht gleich gehalten, und doch nützlich und gut zu lesen sind".

Die Ruinen des antiken Javne liegen am südöstlichen Rand des modernen Städtchens (ca. 33 000 Einw.), zwischen der Stadt und dem Bahnhof. Der weitläufige Hügel ist von dichter Vegetation bedeckt. An der höchsten Stelle liegen die spärlichen Überreste einer Kreuzfahrerfestung. Das einzige erhaltene Gebäude ist das Minarett einer Moschee, die Grundmauern der dazu gehörigen Moschee lassen noch erkennen, dass es sich dabei um eine ehemalige (Kreuzfahrer?-)Kirche handelte.

Im modernen Javne wird das Grab von Gamaliel II. verehrt, wahrscheinlich ein Enkel des im Neuen Testament (Apg 5,34-42; 22,3) erwähnten gleichnamigen Pharisäers und Lehrers des Paulus. Der kleine Kuppelbau wurde als Moschee errichtet, wie die nach Mekka gerichtete Gebetsnische noch erkennen lässt. Heute dient er als Synagoge.

Javne Jam, „Meer-Javne": Die Ruinen davon liegen am südlichen Ende des Strands *Palmah Beach,* einer der wenigen Badestrände Israels, der nicht mitten in einer Stadt liegt. Von der Mittleren Bronzezeit (ca. 2000 v. Chr.) bis zur Ankunft der Kreuzfahrer war hier der bedeutende Hafen der nahe gelegenen Stadt Javne (vgl. 2 Makk 12,1-9). Er wurde in den 90er-Jahren von der Universität Tel Aviv ausgegraben. Trotz der einstigen Bedeutung ist nur wenig erhalten, Meer und Sand ließen das meiste verschwinden. Landschaftlich schön ragen die Ruinen zwischen Sandstränden ins Meer. Das meiste, was von den Ruinen zu sehen ist, stammt aus der arabischen Zeit (7.–10. Jh.).

Aschdod (240 000 Einw.) ist heute der zweite große Hafen von Israel, der fast aus dem Nichts geschaffen wurde, um nicht einzig und allein von Haifa abhängig zu sein. Vom antiken Aschdod ist kaum etwas erhalten und noch weniger sichtbar. Es lag etwa 4 km landeinwärts, südöstlich der heutigen Stadt, westlich der Autobahn Nr. 4, an der nach ihm benannten *Tel Ashdod Junction.* Der flache, aber weitläufige Tell (36 ha) ist heute Weideland, das einzige noch sichtbare Gebäude ist die Ruine einer Moschee aus der jüngeren Vergangenheit. Aschdod war bereits in der Mittleren Bronzezeit eine bedeutende Stadt unter ägyptischer Kontrolle. Ende des 13. Jh. v. Chr., also ungefähr gleichzeitig zur Landnahme der israelitischen Stämme, eroberten die „Seevölker", zu denen die Philister gehörten, die Stadt, vgl. Am 9,7: „Wohl habe ich Israel aus Ägypten heraufgeführt, aber ebenso die Philister aus Kaftor (Kreta)". Während fast des ganzen

ersten vorchristlichen Jahrtausends gelang es Aschdod, eine gewisse
Unabhängigkeit zu wahren, teils als Vasall der benachbarten Groß-
mächte. Zeiten guter Beziehung zu den jüdäischen Nachbarn wechselten mit feindseligen. Jonatan eroberte Aschdod Mitte des 2.Jh.
v.Chr.:

> Jedes Mal, wenn Ptolemäus eine Stadt betreten hatte, ließ er
> eine Abteilung seiner Truppen als Besatzung dort. Als er *nach
> Aschdod* zog, zeigte man ihm den niedergebrannten Tempel
> Dagons und die durch das Feuer verwüstete Stadt und Umge-
> bung von *Aschdod.* Dazu häufte man an seinem Weg die Lei-
> chen der Erschlagenen und Verbrannten aus dem Krieg mit
> Jonatan auf. Man erzählte dem König, was Jonatan getan hat-
> te, um ihn in ein schlechtes Licht zu setzen, aber der König
> schwieg dazu (1 Makk 11,3-5).

Den ersten Kontakt mit dem Christentum hatte Aschdod schon
durch den Diakon Philippus (nach der Taufe des äthiopischen Kämmerers, siehe S.604):

> Den Philippus aber sah man *in Aschdod* wieder. Und er wan-
> derte durch alle Städte und verkündete das Evangelium, bis er
> nach Cäsarea kam (Apg 8,40).

In der Folgezeit wurde Aschdod von der Hafenstadt *Aschdod Jam*
(„Meer-Aschdod") überflügelt und sank zur Bedeutungslosigkeit
herab. Bis 1948 lag hier das kleine arabische Dorf *Isdud,* das den alten Namen der Stadt bewahrte. Vereinzelt wurden Ausgrabungen
durchgeführt, aber weder davon noch vom Dorf ist viel zu sehen, da
fast alle Bauten aus Lehmziegeln bestanden, die die Zeiten nicht
überdauert haben.

Das antike Aschdod hatte (zu unterschiedlichen Zeiten) zwei Hä-
fen, die beide im heutigen Stadtgebiet liegen. Der ältere, *Tel Mor*
(hebr.)/*Tell Murra* (arab.) – beides bedeutet „Myrrhen-Hügel" –, lag
an der Einfahrt zum modernen Hafen im Norden der Stadt. Seine Blütezeit war vom 16.Jh. v.Chr. bis zur Ankunft der Philister,
danach diente er hauptsächlich der Purpurgewinnung aus Purpurschnecken.

Der zweite Hafen lag am Strand im Süden des heutigen Stadtgebietes. Siedlungsspuren sind ab dem 8.Jh. nachzuweisen. Nach der Madabakarte (6.Jh. n.Chr.) war dieses „Meer-Aschdod" bedeutender
als die landeinwärts gelegene Stadt Aschdod. Der Großteil der Stadt
ist bis heute unter Sanddünen begraben oder von der schnell wachsenden modernen Stadt überbaut. Gut sichtbar ist dagegen *Qalaat
al-Minje,* „Hafen-Festung", oder *Minet al-Qala,* „Festungs-Hafen",
eine Burg aus der Fatimidenzeit (ab 969 n.Chr.). Die Kreuzfahrer
benutzten sie weiter und nannten sie *Château Béroard.*

Aschkelon

13 km südwestlich liegt *Aschkelon,* heute ebenfalls eine moderne Handels- und Industriestadt (120 000 Einw.) mit einem vielbesuchten Badestrand. Die antike Stadt war ein Halbrund entlang des Meeres mit einem Durchmesser von etwa 1,5 km. Schon die Kanaanäer umgaben die Stadt gegen 2000 v. Chr. mit einer enormen, gestuften Mauer, die später immer wieder als Fundament für neue Stadtbefestigungen verwendet wurde, zuletzt von den Kreuzfahrern.

Aschkelon, sogar älter als Jaffa und zunächst unter ägyptischem Einfluss, wusste in der Geschichte vielfach mit dem befreundeten Ägypten im Rücken seine Unabhängigkeit gegen Eroberer aus dem Norden (Phönizier, Assyrer, Babylonier und später auch die jüdischen Hasmonäer) zu wahren. In hellenistisch-römischer Zeit wurde es eine prachtvolle Stadt und legte sich sogar seine eigene Zeitrechnung zu; die Römer bestätigten seine Autonomie.

Nach christlichen Schriftstellern hätte die Familie des Herodes aus Aschkelon gestammt oder dieser wäre sogar dort geboren worden. Dies wird heute bezweifelt, weil Flavius Josephus nichts davon erwähnt. Vielleicht ist es nur ein Schluss aus der Tatsache, dass Herodes Aschkelon sehr förderte und es mit prächtigen Bauten ausstattete. Freilich wurde bisher von der antiken Pracht erst wenig ausgegraben. In der römischen Zeit war die Stadt sehr wohlhabend und berühmt für den Wein, der von hier aus ins ganze Römische Reich exportiert wurde.

Aschkelon wurde relativ spät (im 5. Jh.) christlich und Bischofssitz. Die Kreuzfahrer brauchten bis 1153, um es endlich zu erobern. 1187 verloren sie es wieder an Saladin, der es von Norden angriff, während die verbündeten Ägypter aus dem Süden anrückten. Schon wenige Jahre später ließ es aber Saladin selbst zerstören, um die Stadt nicht Richard Löwenherz in die Hände fallen zu lassen; das endgültige Aus brachte Sultan Baibars 1270.

Der Tell ist heute ein Nationalpark, viel bleibt noch auszugraben. Am Eingang zum Nationalpark liegt ein Stadttor aus Lehmziegeln, das in den 90er-Jahren ausgegraben wurde. Dessen Gewölbe (die zweite von vier übereinander liegenden Toranlagen), ist fast ganz erhalten; es ist das weltweit älteste bekannte Gewölbetor. Heute ist es mit einem modernen Dach geschützt, das vielleicht nicht schön, aber zweckmäßig ist. Noch außerhalb der Stadt, auf dem Weg zum Tor, sieht man eine Kulthöhe, gegen die die alttestamentlichen Propheten immer wieder energisch vorgingen (vgl. S. 201); heute ist sie durch ein Schild mit einem Stier kenntlich gemacht. In der Tat hat man hier zwar kein goldenes, aber immerhin ein silbernes Kalb entdeckt (ca. 12 cm hoch), eine Darstellung des Gottes Baal. Der freie Platz am Tor diente in den Städten der alttestamentlichen Zeit für öffentliche Aktivitäten, als Kultort, als Gericht, oder zum Empfang wichtiger Gäste – innerhalb der damaligen Städte gab es keine großen öffentlichen Plätze.

Am Parkplatz in der Mitte des Tells (*Basilica Parking*) liegt eine Basilika, allerdings keine christliche, sondern eine zivile, was man sowohl an der Bauzeit (3. Jh. n. Chr.) als auch an der Orientierung erkennen kann (sie hat die Apsis nach Süden).

Interessant sind die Befestigungsanlagen zum Meer hin. Kreuzfahrer haben hier byzantinische Granitsäulen wiederverwendet, um die Mauer gegen die Erosion vom Meer her zu stabilisieren, die, wie man sieht, heute noch aktiv ist.

An der östlichen Stadtmauer liegen die Reste eine Kirche aus der Kreuzfahrerzeit mit Freskenresten. Es ist umstritten, ob es sich hierbei um die *Basilika Maria Viridis,* die „grüne Marienbasilika", die man aus alten Chroniken kennt, handelt.

Gaza

Bis 1948 war Gaza eine Kleinstadt, dann stieg ihre Einwohnerzahl durch palästinensische Flüchtlinge immens an. Sie ist heute Hauptstadt des *Gazastreifens* (60×10 km, 360 km^2), der mit seinen über 1 700 000 Einwohnern als das größte Flüchtlingslager der Welt bezeichnet wird; die (schnell wachsende!) Einwohnerzahl von Gaza selbst wird mit 500 000 angegeben. 1948-67 war der Gazastreifen ägyptisch verwaltet (nach anderen: besetzt). Im Sechs-Tage-Krieg eroberte Israel das Gebiet zusammen mit der Sinaihalbinsel. Diese wurde nach dem Friedensvertrag 1979 zurückgegeben, Gaza blieb unter israelischer Herrschaft. 1994 waren Gaza und Jericho die ersten palästinensischen Städte, denen eine gewisse Autonomie gewährt wurde, in den folgenden Jahren wurde der Gazastreifen immer mehr abgeriegelt. Leider führte die Autonomie nicht zu einer Befriedung. Der schmale, dicht bevölkerte Streifen blieb und bleibt ein Pulverfass. Die Lage hat sich nur wenig entspannt, als 2005 die israelischen Siedlungen im Gazastreifen geräumt wurden. Immer wieder ist Gaza Herd gewaltsamen Kampfes gegen Israel, aber auch scharfer Opposition gegenüber der gemäßigteren Führung im Westjordanland. Ebenfalls gewaltsame Aktionen Israels gegen Gaza blieben nicht aus. Obwohl Gaza ganz stark muslimisch geprägt ist, gibt es eine kleine christliche Minderheit (ca. 1300 Gläubige), die meisten von ihnen griechisch-orthodox. Es gibt eine katholischen Gemeinde mit einer Niederlassung der arabischen Gemeinschaft der Rosenkranzschwestern und einer der Mutter-Teresa-Schwestern, fünf christliche Schulen und ein anglikanisches Krankenhaus (das

älteste Krankenhaus der Stadt). Ob man Gaza wird besuchen können
(oder wollen), hängt ganz von der tagespolitischen Situation ab.

Im Altertum bestand Gaza aus drei Teilen: der Hafen *Maimuna,* aramäisch „(Stadt) am Meer", das eigentliche *Gaza* – das alte Gaza lag
etwa 5 km vom Meer entfernt – und, nordöstlich davon, *Anthedon*
(heute: Flüchtlingslager *Schatte*). Dort führten Ende der 90er-Jahre
die palästinensische Altertumsbehörde und die École Biblique aus
Jerusalem Ausgrabungen durch.

Gaza, günstig gelegen an der *Via Maris* („Meeres-Straße"), der
Handelsstraße von Ägypten nach Syrien und Mesopotamien, und
zugleich Endpunkt der „Weihrauchstraße" von Arabien ans Mittelmeer, wird in der Geschichte der Pharaonen ab dem 15. Jh. v. Chr.,
unter Tuthmosis III., erwähnt. Es ist zwar das Tor nach Kanaan und
zum Norden, gehörte aber meist zu Ägypten selbst.

Die letzte der dem Simson mit seiner unbändigen Kraft nachgesag-
ten Heldentaten spielt in Gaza:

> Die Fürsten der Philister versammelten sich, um ihrem Gott
> Dagon ein großes Opfer darzubringen und ein Freudenfest zu
> feiern. Sie sagten: Unser Gott hat unseren Feind Simson in un-
> sere Gewalt gegeben. Als das Volk Simson sah, priesen sie ih-
> ren Gott und sagten: Unser Gott hat unseren Feind in unsere
> Gewalt gegeben, ihn, der unser Land verwüstet hat, der so vie-
> le von uns erschlagen hat.
>
> Als sie guter Dinge waren, sagten sie: Ruft Simson her, wir
> wollen unseren Spaß mit ihm treiben. Und sie ließen Simson
> aus dem Gefängnis holen, damit er ihr Spaßmacher sei. Sie
> stellten ihn zwischen die Säulen. Simson aber sagte zu dem
> Jungen, der ihn an der Hand führte: Lass mich los, ich will
> die Säulen betasten, von denen das Haus getragen wird, und
> mich daranlehnen. Das Haus war voll von Männern und Frau-
> en; alle Fürsten der Philister waren da und auf dem Flachdach
> saßen etwa dreitausend Männer und Frauen. Sie alle wollten
> Simson als Spaßmacher sehen. Simson aber rief zum HERRN
> und sagte: HERR und Gott, denk doch an mich und gib mir nur
> noch dieses eine Mal die Kraft, mein Gott, damit ich an den
> Philistern Rache nehmen kann, wenigstens für eines von mei-
> nen beiden Augen. Dann packte Simson die beiden Mittelsäu-
> len, von denen das Haus getragen wurde, und stemmte sich
> gegen sie, gegen die eine mit der rechten Hand und gegen die
> andere mit der linken. Er sagte: So mag ich denn zusammen
> mit den Philistern sterben. Er streckte sich mit aller Kraft und
> das Haus stürzte über den Fürsten und über allen Leuten, die
> darin waren, zusammen. So war die Zahl derer, die er bei sei-
> nem Tod tötete, größer als die, die er während seines Lebens

getötet hatte. Seine Brüder und die ganze Familie seines Vaters kamen herab; sie holten ihn, brachten ihn heim und begruben ihn zwischen Zora und Eschtaol im Grab seines Vaters Manoach. Simson war zwanzig Jahre lang Richter in Israel (Ri 16,23-31).

Es entbehrt nicht einer traurigen Ironie, dass das erste bekannte Selbstmordattentat der Geschichte ausgerechnet in Gaza und ausgerechnet von einem Israeliten verübt wurde!

Gaza wagte es 332 v.Chr., Alexander dem Großen Widerstand zu leisten, und konnte erst nach zweimonatiger Belagerung erobert werden. Der Schriftsteller Plutarch weiß davon eine interessante Geschichte zu berichten:

> Als Alexander *Gaza* erobert hatte, schickte er seinem ehemaligen Lehrer Leonidas 500 Talente Weihrauch und 100 Talente Myrrhe, um ihn an eine Jugendgeschichte zu erinnern, in der Leonidas Alexander getadelt hatte, weil er zu viel Räucherwerk auf den Opferaltar gelegt hatte. Jetzt ließ Alexander ihm sagen: „Wir haben dir Weihrauch und Myrrhe im Überfluss geschickt, damit du aufhörst, vor den Göttern geizig zu sein!"

Wer erinnert sich dabei nicht an die Gaben der Weisen aus dem Morgenland? Aus Arabien bezog auch Gaza seine exotischen Reichtümer. – Aus dieser Zeit stammt eine 1880 entdeckte monumentale Zeusstatue (3,20 m hoch, heute im archäologischen Museum in Istanbul).

Unter den Hasmonäern gelang es erst Alexander Jannai 96 v.Chr., Gaza zu erobern. 63 v.Chr. wurde Gaza römisch, 30 v.Chr. übereignete Kaiser Augustus die Stadt Herodes dem Großen aus der Erbmasse von Antonius und Kleopatra. Im Neuen Testament ist Gaza nur ein einziges Mal erwähnt, als Wegangabe im Zusammenhang mit der Taufe des äthiopischen Kämmerers (Apg 8,26; siehe S.604). Unter den christlichen Märtyrern von Palästina während der Verfolgung des Maximinus Daia (309/10) wird zwar von Eusebius bereits ein Bischof Silvanus aus der Umgebung von Gaza rühmend erwähnt, Gaza wurde aber nur allmählich eine christliche Stadt. Um 330 zog sich Hilarion, ein Schüler des Wüstenvaters Antonius, nach Gaza zurück und nahm Schüler an. Er ist auf Zypern gestorben, seine Gebeine wurden 371 nach Maiuma bei Gaza zurückgebracht, so dass seine Kirche zu einem angesehenen Heiligtum wurde. Von dort aus musste Bischof Porphyrius (379–395) gemäß kaiserlichem Befehl die Göttertempel schließen – eine Aufgabe, die ohne die kaiserlichen Soldaten kaum möglich gewesen wäre. Denn außer den üblichen hellenistischen Göttern erfreute sich besonders der Regen- und Fruchtbarkeitsgott, der früher *Dagon* geheißen hatte und nun griechisch *Marnas* hieß, einer eingewurzelten Verehrung und eines prächtigen Tempels. An seiner Stelle baute Kaiserin Eudokia eine Basilika, die als „größte Kirche des ganzen Orients" gerühmt wurde. 634 wurde Gaza muslimisch, doch die christliche Gemeinde existierte weiter. Der Bischof von Gaza, Suleiman al-Ghazzi, wurde im 11. Jh. sogar zu einem bedeutenden christlichen arabischen Dichter. Die Kreuzfahrer beherrschten Gaza lediglich von 1149 bis 1170. Sonst blieb es ein Vorposten der Sultane von Kairo.

Die *Große Moschee* von Gaza mit ihren Doppelsäulen ist die von Balduin III. erbaute frühgotische dreischiffige Kreuzfahrerbasilika, die Johannes dem Täufer geweiht war. Man nimmt an, dass an dieser Stelle auch die eudokianische Basilika stand. An einem Pfeiler der Moschee in luftiger Höhe befand sich (jetzt leider nicht mehr) die jüdische Stifterinschrift eines *Hananja, Sohn des Jakob*; möglicherweise stammte die Säule aus einer früheren Synagoge.

In *Maiuma,* dem Hafen des alten Gaza, fand man 300 m südlich des jetzigen Hafens die Überreste einer großen fünfschiffigen Synagoge (30 × 26 m), die von den Ägyptern bei einer Notgrabung 1965 für eine christliche Kirche gehalten wurde. Forschungen der Israelis nach 1967 ergaben aber, dass es eine Synagoge sein müsste, deren Mosaike ziemlich ungewöhnlich sind: Während sich im südlichen Seitenschiff inmitten von Ranken die verschiedensten Tiere tummeln, findet sich im hinteren Mittelschiff König David (hebräisch beschriftet), gekleidet wie ein byzantinischer Kaiser, aber mit der Leier und den Tieren des Orpheus in der Unterwelt! Höchst bemerkenswert sind auch die Namen der Widmungsinschrift: „Manaamos (= Menahem) und Isouos (= Josua/Jesus), Söhne des seligen Isses (= Jesse/Isai), Holzhändler (in Gaza!), haben dankbar dem heiligsten Ort auch dieses Mosaik gestiftet". Es folgt das Datum (508 n. Chr).

In *Der al-Balah* („Dattel-Kloster"), 19 km südlich von Gaza gelegen, wurden ägyptische Tonsärge in Menschenform entdeckt (13. Jh. v. Jh.). Sie befinden sich heute im Eingangsbereich der archäologischen Abteilung des Israel-Museums.

38. AM TOTEN MEER (WESTSEITE)

Das Tote Meer

Durch seine tiefe Lage in trostloser Wüste erregt das Tote Meer mit seinem meist kristallklaren Wasserspiegel die Neugier und die Bewunderung der Besucher. Das Tote Meer ist eigentlich ein See – das hebräische Wort *Jam* bedeutet sowohl See als auch Meer.

Das Tote Meer hat verschiedene Namen: Auf Hebräisch heißt es wegen seines hohen Salzgehaltes *Jam ha-Mélach,* „Salz-Meer". Arabisch nennt man es *al-Bahr al-majit,* „Totes Meer", oder auch *Bahr Lut,* „Lot-Meer", in Erinnerung an den Verwandten Abrahams, der in Sodom am Toten Meer wohnte (Gen 19,1; Text: S.671). In der römischen Antike sprach man vom *Lacus asphaltitis,* „Asphalt-See", weil an seinen Ufern Asphalt gefunden wurde. In der Bibel heißt es auch *Meer der Araba* (z.B. Deut 3,17) oder *östliches Meer* (z.B. Ez 47,18). Im 2.Jh. n.Chr. kam der Name *Totes Meer* auf, der das Fehlen allen Lebens in seinen Wassern zum Ausdruck bringt. Neuere Untersuchungen haben freilich selbst in dieser lebensfeindlichen Umgebung Mikroorganismen nachweisen können, die an den Salzgehalt angepasst sind.

Das Tote Meer misst heute nur mehr 68×18 km und hat gut $800\,km^2$ Oberfläche; es ist also ungefähr fünfmal so groß wie der See Gennesaret oder anderthalbmal so groß wie der Bodensee. Sein Wasserspiegel lag 2014 bei ca.428 m u.d.M. Jedes Jahr sinkt er um ungefähr einen Meter, da das Wasser seiner Zuflüsse, vor allem des Jordans, zum großen Teil abgeleitet wird. Aus diesem Grund hat sich eine Landzunge von Osten her, die früher nur eine Halbinsel bildete, auf der Höhe von Massada zu einer durchgehenden Landbrücke ausgeweitet, die das Tote Meer in zwei ungleiche Teile zertrennt. Der nördliche Teil ist sehr tief (bis zu ca.370 m), dagegen wird im flachen Südteil die Verlandung und Versalzung besonders deutlich. Dieser südliche Teil wird künstlich erhalten, indem Wasser aus dem Nordteil in Kanälen hochgepumpt wird. Dies geschieht nicht in erster Linie aufgrund von Landschaftsschutz oder Tourismus, sondern weil dort Mineralien in großen Mengen industriell abgebaut werden, vor allem Pottasche für Kunstdünger. Im Jahr 2013 unterzeichneten die Anrainerstaaten einen Vertrag über einen Kanal vom Roten zum Toten Meer. Über die ökologischen Konsequenzen eines solchen Vorhabens für beide Meere ist man sich freilich noch nicht im Klaren.

Der Salzgehalt des Toten Meeres ist extrem hoch: Er beträgt über 30%; zum Vergleich: In den Weltmeeren liegt der Salzgehalt bei nur 3,5 %! Allerdings besteht das Salz des Toten Meeres nicht nur aus Kochsalz (Natriumchlorid), sondern es enthält hauptsächlich Magnesiumchlorid (verantwortlich für den bitteren Geschmack), aber auch Kalium- und Calciumchlorid (macht das Wasser klebrig und ölig). Der hohe Salzgehalt kommt daher, dass das Tote Meer der vorgeschichtliche Überrest einer vom Meer jetzt abgetrennten Meeresbucht ist. Da durch salzige Zuflüsse (siehe z.B. S.177) weitere Salze in das Restmeer geschwemmt werden und andererseits die Verdunstung infolge der ständigen Hitze im Sommer sehr groß ist, steigt der Salzgehalt.

Ein Bad in den Fluten des Toten Meeres ist ein Erlebnis besonderer Art. Man muss nicht schwimmen können, das Wasser trägt und macht, sobald man nicht mehr auf den Füßen steht, das Wiedererreichen des Bodens schwierig. Allerdings sollte man beim Baden im Toten Meer keine Wunden auf der Haut haben und die Augen vor Spritzern schützen. Deshalb legt man sich besser auf den Rücken und vermeidet das Brustschwimmen. Es gibt mehrere Badestrände am Nordwestufer (Abfahrt von der Straße Nr.90, 2 km südlich von der *Qalya Junction*), in En-Gedi und in Ein Bokek.

Östlich vom Toten Meer erhebt sich bis zu einer Höhe von rund 1200 m wie eine riesige Mauer das Gebirge von Moab. Schaut man von der Nordspitze des Sees nach Osten, so nimmt man die Kuppe des Berges Nebo (802 m ü.d.M.) wahr, auf der Mose das Gelobte Land schauen durfte, bevor er starb (Deut 34,1-6; siehe S. 745).

Die Wüste

Für viele Besucher des Heiligen Landes ist der Besuch der Gegend westlich des Toten Meeres die erste Begegnung mit der Wüste. Erwartet man freilich eine Sandwüste, entsprechen die Wüsten in dieser Gegend nicht den Vorstellungen. Solche Sandwüsten finden sich in der Gegend um Beerscheba, in der Aravasenke zwischen dem Toten Meer und Elat oder im östlichen Jordanien, und auch diese bestehen nicht aus unendlich weiten Sanddünen wie in der Sahara.

Die Gegend zwischen dem Toten Meer und dem fruchtbareren Hügelland um Jerusalem, Betlehem und Hebron bezeichnet man nach dem biblischen Stamm Juda als *Judäische Wüste* (das Tote Meer war die Ostgrenze des Stammesgebietes von Juda, Jos 15,5). Südlich daran schließt sich übergangslos der *Negev* an, der ungefähr die südliche Hälfte Israels umfasst (siehe Kap.39). Beide Landschaften sind großteils felsig und gebirgig. Eine typische Landschaftsform ist das *Wadi*. Das arabische Wort *Wadi* bedeutet „Tal", seine hebräische Entsprechung *Nachal* „Bach" oder ebenfalls „Tal". Da fast alle diese Täler in der Regel trocken sind und sich nur wenige Male im

Jahr, bei starken Regenfällen, in reißende Bäche verwandeln, ist eine Übersetzung als „Trockental" nicht verkehrt.

Die Wüstenlandschaft ist in ihrer herben Schönheit beeindruckend, sie ist aber auch ein wichtiges Zeugnis für biblische Geschichte und Spiritualität. Weite Teile der *Tora,* aber auch einige wichtige Abschnitte aus dem restlichen Alten sowie dem Neuen Testament sind hier angesiedelt. Die lebensfeindliche Umgebung der Wüste ist zum einen ein Ort besonderer Gotteserfahrung und -nähe, sie kann aber auch zum Ort der Versuchung werden. Sowohl der 40-jährige Weg durch die Wüste nach dem Auszug der Israeliten aus Ägypten als auch der 40-tägige Aufenthalt Jesu in der Wüste (siehe S. 331) legen davon Zeugnis ab. In der byzantinischen Zeit wurde daher insbesondere die Judäische Wüste zu einem Ort, wohin sich Mönche – Einsiedler wie Klostergemeinschaften – zurückzogen. Vereinzelt haben solche Wüstenklöster bis heute überdauert (Mar Saba, S. 595), einige wurden in der jüngeren Vergangenheit wiederbelebt (z. B. das Georgskloster, S. 337).

Qumran

Die Ruinen von *Chirbet Qumran* („Qumran-Ruine") sind in einen Nationalpark integriert. Dort kann man die Ruinen der Siedlung besichtigen, die um die Zeitenwende bewohnt war. Dagegen sind die berühmten Qumranhöhlen nicht (oder nur unter Schwierigkeiten) zu besuchen; selbstverständlich sind sie heute leer.

Der Name *Qumran* gibt Rätsel auf. Er ist erst seit dem 19. Jh. belegt. Manche sehen eine Verbindung zu dem arabischen Wort *Qamar,* „Mond" (mit denselben Mitlauten *q-m-r*) und damit eine Verbindung zum nahe gelegenen Jericho, wo ebenfalls ein Mondheiligtum vermutet wird (siehe S. 325). Andere sehen ebenfalls eine Beziehung zum Mond, beziehen dies aber auf die „mond"-farbigen Mergelterassen der Umgebung. Vielleicht wollte aber auch einfach ein einheimischer Reisebegleiter bei den ersten europäischen Besuchern des Ortes im 19. Jh. Eindruck schinden und berichtete, man befände sich in *Gomorra* – viele Araber haben Probleme, den Laut *g* auszusprechen, den es im Arabischen nicht gibt. Diese letztere, etwas volkstümliche Erklärung ist gar nicht so unwahrscheinlich, zieht man ein häufiges Verhalten von Reiseführern in Betracht (bis heute!), die auf neugierige Fragen von Besuchern ungern antworten „das weiß ich nicht", sondern lieber eine wohlklingende Antwort erfinden. Der antike Name von Qumran ist nicht bekannt, es könnte das in Jos 15,61 erwähnte Sechacha gewesen sein.

In der Umgebung von Qumran wurden in elf Höhlen die berühmten *Handschriften vom Toten Meer,* häufig einfach *Qumranrollen* genannt, gefunden, insgesamt über 900 Handschriften (Schriftrollen), von den meisten freilich bloß Fragmente. Von ungefähr einem Dutzend Manuskripten kann man den größeren Teil des Textes lesen oder die fehlenden Teile durch Abschriften desselben Textes rekonstruieren. Auf der Suche nach einem verlorenen Schaf entdeckte 1947 ein Beduinenjunge in einer Höhle Tonkrüge mit Lederrollen (nach anderer Darstellung war er ein Schmuggler auf der Suche nach einem Versteck). In der Hoffnung, einen Schatz entdeckt zu haben, brachte er sie zu einem Antiquitätenhändler nach Betlehem. Dieser, ein syrisch-orthodoxer Christ, konnte die Texte, die großteils in einer alten Form der hebräischen Schrift geschrieben waren, zwar nicht lesen, aber er erkannte ihren Wert und brachte sie zum Bibliothekar des syrisch-orthodoxen Markusklosters in Jerusalem. Mit Hilfe der Dominikaner aus der École Biblique in Jerusalem, bald darauf auch mit Hilfe jüdischer Wissenschaftler aus New York – im Heiligen Land tobt gerade der israelisch-arabische Unabhängigkeitskrieg! –, konnten die ersten der Rollen entziffert werden. Aufschlussreich war vor allem eine vollständig erhaltene Jesajahandschrift, welche die bis dahin ältesten hebräischen Bibelhandschriften um runde 1000 Jahre übertraf – eine wissenschaftliche Sensation ersten Ranges. Neben der Bibel – etwa einem Viertel der Schriften – gibt es aber auch andere Texte, wie Schriftauslegungen, Hymnen, Zukunftsvisionen, die einer biblischen Gestalt als eine Art Testament zugeschrieben wurden, Gemeinschaftsregeln und einen Text, der einen endzeitlichen „Krieg der Söhne des Lichtes gegen die Söhne der Finsternis" beschreibt.

Von der École Biblique wurden daraufhin die Qumranruinen ausgegraben und von den Israelis nach 1967 in einen Nationalpark einbezogen. Von einem Wachtturm gleich beim Eingang sind sie gut zu überblicken. Man folgt am besten dem angegebenen Rundweg durch die Ruinen. Man sieht den großen Speisesaal mit dem Postament einer Art Kanzel. In einem Raum fanden sich Schreibwerkzeug und Tintenfässer, so dass es wahrscheinlich ist, dass zumindest ein Teil der Schriften hier entstanden sind – auch wenn die verwunderliche Tatsache bestehen bleibt, dass keine einzige Schriftrolle *innerhalb* der Ruinen gefunden wurde. Sie befanden sich *alle* in Höhlen, teils in unmittelbarer Nähe der Ruinen (z.B. die sogenannte Höhle 4, deren Eingang man von einem überdachten Aussichtspunkt wenige Meter westlich der Ruinen sehen kann), teils einige Kilometer davon entfernt. Diese Höhle 4 enthielt die weitaus größte Zahl von Handschriften und -fragmenten, leider fast alle in besonders schlechtem Zustand.

Neben den Kanälen und Zisternen, in denen Regenwasser aus dem
Gebirge gesammelt wurde, erstaunt die hohe Anzahl von zehn rituellen Bädern. Für das rituelle Bad (*Mikwe*) ist vorgeschrieben, dass
man in fließendes Wasser hineinsteigen kann. Mehrere der Treppen
sind zweigeteilt, so dass die hinuntersteigenden „Unreinen" klar von
den heraufsteigenden „Reinen" getrennt waren. Die starken Risse in
einigen Zisternen sind auf Erdbeben zurückzuführen. Weitere Beob-
achtungen lassen vermuten, dass das starke Erdbeben des Jahres 31
v. Chr. die Siedlung für einige Zeit zum Erliegen brachte, bis sie zur
Zeit des Herodessohnes Archelaus (4 v. Chr. – 6 n. Chr.) wieder auf-
lebte.

Aus den Ausgrabungen und den Schriften selbst lässt sich ungefähr
Folgendes rekonstruieren: Eine religiöse Gemeinschaft hatte ihre
heiligen Bücher beim Herannahen der Römer im Jüdischen Krieg
um 68 n. Chr. in den umliegenden Höhlen versteckt. Da die Gemeinschaft den Krieg nicht überlebte, blieben die Handschriften im trockenen Wüstenklima fast 2000 Jahre lang teilweise gut erhalten, andere sind aber auch in kleine und kleinste Fetzchen zerfallen. Die
Fachleute schätzen, dass von den vorhandenen Handschriften nur etwa ein Drittel am Ort geschrieben, zwei Drittel dagegen hergebracht
wurden und schon aus der Mitte des 2. Jh. v. Chr., einige sogar aus
dem 3. Jh. v. Chr. stammen. Unter den Bibeltexten sind am häufigs-
ten die Bücher Deuteronomium, Jesaja und die Psalmen vertreten,
wenigstens in Stückchen finden sich alle Bücher der hebräischen Bibel mit Ausnahme des Buches Ester. Das Alter der Handschriften ist
zwar sensationell und es kommen interessante Abweichungen bei
der Abschreibearbeit vor; der überlieferte Bibeltext musste deswegen aber nicht geändert werden, im Gegenteil: Diese alten Handschriften haben gezeigt, dass der Bibeltext bei Weitem genauer
überliefert wurde, als man bis dahin angenommen hatte. Einige der
Qumranrollen sind im Schrein des Buches im Israel-Museum ausgestellt, die meisten anderen waren zunächst im Palästinensischen Archäologischen Museum (heute: Rockefeller-Museum) in Ost-Jerusalem, wurden aber in den 90er-Jahren in einer Nacht-und-Nebel-Ak-
tion ebenfalls ins Israel-Museum in den Westteil der Stadt gebracht,
wo sie sicher verwahrt sind, ohne aber der Öffentlichkeit zugänglich
zu sein.

Wer war der Urheber dieser Schriften? Die zwar nicht unumstrittene, aber nach wie vor wahrscheinlichste Hypothese ist die: Es handelte sich dabei um die Esséner, von denen zumindest ein Teil in
Qumran wohnte. Aus antiken Schriftstellern wusste man schon früher von den Essenern, einer jüdischen Gruppierung neben Sadduzä-
ern und Pharisäern. Über sie schrieb der römische Schriftsteller Pli-
nius in großer Verwunderung:

Westlich vom Toten Meer ... leben die Essener, einsame und ungemein verwunderliche Leute, die, gänzlich ohne Frauen, allem Liebesgenuss entsagt haben und ohne Geld unter Palmen beisammen sind. Immer wieder erneuert sich das Häufchen der Gemeinschaft ausreichend, weil das Schicksal von der Unruhe des Lebens Ermüdete ihrer Lebensweise zutreibt. So hat eine Gemeinde, in der niemand geboren wird, – unglaublich zu sagen – seit eh und je Bestand; so fruchtbar ist für sie das verfehlte Leben anderer.

Nach den Qumranfunden hatte man plötzlich Dokumente aus der Gemeinschaft selbst, aus denen ihre Ideenwelt deutlich wird. Es waren „mönchisch" lebende Männer mit einer „Ordensregel", die sich als „Gemeinde des erneuten Bundes" und als „Söhne des Lichts" verstanden und sich auf eine endzeitliche Auseinandersetzung mit den „Söhnen der Finsternis" vorbereiteten. Die Gemeinschaft wurde geleitet von einem Rat, der aus zwölf Laien und drei Priestern (nach anderer Interpretation: zwölf Personen, darunter drei Priester) bestand. Gründer war der „Lehrer der Gerechtigkeit", der bis heute nicht schlüssig identifiziert werden konnte; er wurde von dem „Frevelpriester" verfolgt. Unter Letzterem darf man einen Hohenpriester in Jerusalem verstehen, am ehesten den Hasmonäerherrscher Alexander Jannai (103–76 v.Chr.), unter dem der Bruch mit dem Tempelgottesdienst und der Auszug aus Jerusalem erfolgt wäre. Die Gemeinschaft führte ein strenges, asketisches Leben in der Wüste mit vorgeschriebenen Gebeten, Studium der Schrift, mit gemeinsamen Mahlzeiten und vielen rituellen Waschungen. Sie bezog sich dabei schon hundert Jahre früher als Johannes der Täufer auf den berühmten Jesajatext:

Eine Stimme ruft: *In der Wüste* bahnt einen Weg für den HERRN! (Jes 40,3).

Daher die berechtigte Frage: War nicht vielleicht Johannes der Täufer ein Essener – oder auch Jesus, da er sich taufen ließ? Selbstverständlich war man anfangs fasziniert von den Berührungen mit den Evangelien und überschätzte sie. Doch man hat gelernt, bei aller Begeisterung über die Neuentdeckung auch die vielen Unterschiede wahrzunehmen: Die „Gemeinde des erneuten Bundes" schloss sich ab und setzte auf viele Waschungen; Johannes sammelte keine reglementierte Elitegruppe um sich, sondern wandte sich an „ganz Judäa und alle Einwohner Jerusalems" und spendete *eine* „Taufe zur Vergebung der Sünden" (Mk 1,4). So wäre es zwar nicht ganz auszuschließen, dass Johannes anfangs mit der Qumransekte Kontakt hatte, da es heißt:

Und Johannes lebte *in der Wüste* bis zu dem Tag, an dem er
den Auftrag erhielt, in Israel aufzutreten (Lk 1,80).

Wahrscheinlich ist es aber nicht; denn seine Botschaft hebt sich
deutlich von den Lehren der Qumrangemeinde ab. Die Verbindung
zwischen Johannes dem Täufer und der Qumrangemeinschaft, die
der Film am Eingang des Nationalparks anführt, ist wohl eher als
Captatio Benevolentiae, als „Werbung um die Gunst" christlicher
Pilger, zu interpretieren.

Trotz fehlender direkter Kontakte haben die Schriften vom Toten
Meer zum exakteren Verständnis des Neuen Testamentes nicht wenig beigetragen. In der Lehre der Gemeinschaft fallen die Gegen-
satzpaare Licht und Finsternis, Wahrheit und Lüge, auf, wie wir sie
auch aus dem Johannesevangelium kennen. Früher glaubte man, das
seien Einflüsse der griechischen Welt auf das Johannesevangelium –
jetzt hat man eine Bestätigung, dass sie bereits im Judentum der Zeit
Jesu beheimatet waren.

Haltlos und absurd sind Sensationsbücher wie das 1993 erschienene
„Verschlußsache Jesus" von Michael Baigent und Richard Leigh.
Wissenschaftlern jedweden Glaubens bleibt nur Verwunderung über
den publizistischen Erfolg dieser Machwerke. In ihnen wird dem
Vatikan unterstellt, er halte Qumranschriften unter Verschluss, damit nicht herauskomme, dass seit den Qumranfunden von der Lehre
des Jesus von Nazaret nichts mehr übrig bleibe. Der Vatikan würde
sich glücklich preisen, wenn er neben seinen wertvollen Bibelhandschriften auch Qumranhandschriften hätte. Freilich, ein Körnchen
Wahrheit gab es: In der Tat verlief die Veröffentlich der Qumrantexte skandalös langsam. Das war zum einen darin begründet, dass
es sich dabei um ein enormes Puzzlespiel handelte; auf vielen der
findernagelgroßen Fragmente ist nicht ein einziges komplettes Wort
zu lesen! Aber zum anderen steckte auch viel Menschlich-Allzu-
menschliches bei den Wissenschaftlern dahinter, die mit der Veröffentlichung betraut waren, persönliche Tragödien oder auch ungu-
tes Konkurrenzdenken. Einige von ihnen waren kirchliche Wissenschaftler, aber die meisten gehörten zu nicht-kirchlichen akademi-
schen Institution, darunter Christen verschiedener Konfessionen,
aber auch Juden und Personen ohne religiöses Bekenntnis. Immerhin, eine positive Folge solcher Werke war, dass danach die Veröffentlichungen der Texte zügiger voranging. Heute sind alle bekannten Texte veröffentlicht und auch in mehrere moderne Sprachen
übersetzt. Leider fehlt immer noch eine aktuelle und komplette
Übersetzung ins Deutsche.

Konservative christliche Kreise wurden vor einigen Jahren elektri-
siert von Berichten, das Markusevangelium sei unter den Qumranfunden aufgetaucht und damit ein gutes Stück älter als die Fachtheo-

logen glauben wollten. Tatsächlich wurde 1962 ein griechisches Papyrusfragment aus Qumran veröffentlicht (7Q5), das nach einzelnen Fachleuten Wörter aus Mk 6,52-53 enthalte und damit dieses Evangelium als vor dem Ersten Jüdischen Krieg geschrieben bezeuge. Doch dieser Beweis steht auf tönernen Füßen. Zunächst kann schon niemand überzeugend erklären, was die Bewohner von Qumran mit dem Markusevangelium zu tun haben sollten; sie waren ja keine Christen. Zum anderen handelt es sich bei dem „Beweis" um ganze 20 auf fünf Zeilen verteilte Buchstaben, von denen nur neun zweifelsfrei zu erkennen sind. Im vorliegenden Fall könnten die vier Buchstaben *nnes,* von denen das *s* schon wieder unsicher ist, zu „Ge]*nnes*[aret" ergänzt werden, sie könnten aber ebenso gut als Bestandteil von „egé]*nnes*[en", „er zeugte" (wie es in Stammbäumen, auch biblischen, häufig vorkommt) betrachtet werden, was in eine ganz andere Richtung weist. Andere Buchstabengruppen dieses Fragments wie „und" oder „dem" bringen nichts für eine Entscheidung. Und selbst wenn man sich für „Ge]*nnes*[aret" entscheidet, ist das wirklich Markusevangelium? Die passenden Worte zu ergänzen ist ja kein Beweis. Richtig ist dagegen, dass in Qumran und anderen Höhlen am Toten Meer das Alte Testament in griechischer Übersetzung gefunden wurde.

Zwischen Qumran und En-Gedi

Fährt man von Qumran weiter Richtung Süden (Richtung En-Gedi), erreicht man nach 3 km *Ein Feschka/Einot Zuqim.* Die kleine landwirtschaftliche Siedlung mag zu Qumran gehört haben. Die Quelle liefert Wasser, durch das an das Klima angepasste Pflanzen wie Dattelpalmen gedeihen. In byzantinischer Zeit trug sie zum Lebensunterhalt der Mönche von Hyrkania (siehe S. 341) bei. Heute ist der wasserreiche Platz touristisch zugänglich gemacht.
Nach weiteren 4 km beginnt links (östlich) der Straße ein von Gebirgsbächen angeschwemmter Küstenstreifen. Das erste der hier herabkommenden Wadis ist das Kidrontal von Jerusalem, das hier ins Tote Meer mündet. Leider besteht der Bach heute hauptsächlich aus den Abwässern Jerusalems, die notdürftig geklärt werden, bevor sie ins Tote Meer fließen. Weiter oben (10 km Luftlinie) in diesem Wadi liegt das Wüstenkloster Mar Saba (S. 595).
Nach 11 km kommt man zu einem Checkpoint, dort zweigt rechts eine Asphaltstraße ab, die zur modernen Siedlung *Mezuqe Deragot* führt. Von dort hat man bei schönem Wetter einen guten Blick über das Tote Meer hinweg zur Festung Machärus (S. 755).
Weiter auf der Hauptstraße kommt man nach 2 km zu einem weiteren Bachdelta. Es verdankt seine Existenz dem *Wadi Murabbaat.*

Einige seiner Höhlen erwiesen sich für die Archäologen als er-
giebig. Man fand 1952 eine Menge Gebrauchsgegenstände, vor allem aber hebräische, aramäische, griechische und lateinische Texte,
Briefe und Verträge aus der Zeit des Bar-Kochba-Aufstandes. Münzen tragen die Umschrift: „Jahr eins (bzw. zwei) der Befreiung Israels". Die Höhlen waren offensichtlich Zufluchtsort prominenter
Aufständischer.

Hier, längs des Toten Meeres empfiehlt es sich, eine der Zukunftsvisionen des Buches Ezechiel zu lesen:

> Dann führte er (der Führer des Propheten) mich zum Eingang
> des Tempels zurück und ich sah, wie unter der Tempelschwel-
> le Wasser hervorströmte und nach Osten floss; denn die vorde-
> re Seite des Tempels schaute nach Osten. Das Wasser floss
> unterhalb der rechten Seite des Tempels herab, südlich vom
> Altar. Dann führte er mich durch das Nordtor hinaus und ließ
> mich außen herum zum äußeren Osttor gehen. Und ich sah das
> Wasser an der Südseite hervorrieseln. Der Mann ging nach
> Osten hinaus, mit der Mess-Schnur in der Hand, maß tausend
> Ellen ab und ließ mich durch das Wasser gehen; das Wasser
> reichte mir bis an die Knöchel. Dann maß er wieder tausend
> Ellen ab und ließ mich durch das Wasser gehen; das Wasser
> reichte mir bis zu den Knien. Darauf maß er wieder tausend
> Ellen ab und ließ mich hindurchgehen; das Wasser ging mir
> bis an die Hüften. Und er maß noch einmal tausend Ellen ab.
> Da war es ein Fluss, den ich nicht mehr durchschreiten konn-
> te; denn das Wasser war tief, ein Wasser, durch das man
> schwimmen musste, ein Fluss, den man nicht mehr durch-
> schreiten konnte. Dann fragte er mich: Hast du es gesehen,
> Menschensohn? Darauf führte er mich zurück, am Ufer des
> Flusses entlang. Als ich zurückging, sah ich an beiden Ufern
> des Flusses sehr viele Bäume. Er sagte zu mir: Dieses Wasser
> fließt in den östlichen Bezirk, es strömt in die *Araba* hinab
> und läuft in das Meer, in *das Meer mit dem salzigen Wasser*.
> So wird das salzige Wasser gesund. Wohin der Fluss gelangt,
> da werden alle Lebewesen, alles, was sich regt, leben können
> und sehr viele Fische wird es geben. Weil dieses Wasser dort
> hinkommt, werden (die Fluten) gesund; wohin der Fluss
> kommt, dort bleibt alles am Leben. Von *En-Gedi* bis *En-Egla-
> jim* werden Fischer am Ufer des Meeres stehen und ihre Netze
> zum Trocknen ausbreiten. Alle Arten von Fischen wird es ge-
> ben, so zahlreich wie die Fische im großen Meer. Die Lachen
> und Tümpel aber sollen nicht gesund werden; sie sind für die
> Salzgewinnung bestimmt. An beiden Ufern des Flusses wach-
> sen alle Arten von Obstbäumen. Ihr Laub wird nicht welken

und sie werden nie ohne Frucht sein. Jeden Monat tragen sie frische Früchte; denn das Wasser des Flusses kommt aus dem Heiligtum. Die Früchte werden als Speise und die Blätter als Heilmittel dienen (Ez 47,1-12).

En-Eglajim ist bis heute unbekannt, manche wollen es mit *Ein Feschka,* andere mit *Ain Hodschla* (östlich von Jericho) identifizieren; dagegen ist *En-Gedi* seit alters her und bis heute bekannt und berühmt.

En-Gedi

Die Oase von *En-Gedi* hat mit seinen Bergen, Schluchten und Wasserfällen eine eigene Romantik. In der Poesie Israels sind die Palmen und Weinberge von En-Gedi sprichwörtlich für Schönheit, Wohlduft, jugendliche Kraft und Lebensfreude:

> Eine Hennablüte ist mein Geliebter mir, aus den Weinbergen von *En-Gedi* (Hld 1,14).

> Wie eine Palme in *En-Gedi* wuchs ich empor, wie Oleandersträucher in Jericho (Sir 24,14).

Der jüdische Historiker Flavius Josephus fügt als Besonderheit noch die Balsamstauden hinzu. Die Königin von Saba soll sie König Salomo mitgebracht und Kleopatra sie nach Heliopolis bei Kairo verpflanzt haben! Selbst der hl. Willibald (8.Jh.) hat in Jerusalem Balsam gekauft und in Tyrus durch den Zoll geschmuggelt!

Von der Staatsgründung 1948 bis zum Jahr 1967 war En-Gedi israelisch, während sich unmittelbar nördlich und westlich daran jordanisches Gebiet anschloss, so dass En-Gedi nur über eine einzige Straße nach Süden mit dem Rest Israels verbunden war. Das heutige En-Gedi besteht aus einem großen Kibbuz mit einem Hotel und einer Jugendherberge sowie einem ausgedehnten Nationalpark, der sowohl spektakuläre Natur als auch mehrere archäologische Stätten umfasst. Außerdem gehören zu En-Gedi zwei Strände: *Ein Gedi Beach* lädt zu einem Bad im Toten Meer ein, *Ein Gedi Spa* verfügt überdies über Schwefelquellen. In Ein Gedi Spa ist das Ufer flach. Durch den Rückgang des Wasserspiegels des Toten Meers liegt der Strand inzwischen so weit von den Badeanlagen entfernt, dass man einen motorisierten Pendelverkehr eingerichtet hat.

Um zum Nationalpark zu kommen, nimmt man, kommt man von Norden (von Jerusalem) her, die erste Einfahrt nach rechts. Der Nationalpark besteht aus mehreren Teilen mit verschiedenen Eingängen. Von der Hauptstraße kommend erreicht man zunächst den Parkplatz und den Eingang zum *Nachal David* („David-Tal"). Die-

ser moderne hebräische Name ist eine Erinnerung an den Aufenthalt
Davids in dieser Gegend:

> Von dort zog David hinauf und setzte sich *in den schwer zu-
> gänglichen Bergen bei En-Gedi* fest. Als Saul von der Verfol-
> gung der Philister zurückkehrte, berichtete man ihm: Gib
> Acht, David ist *in der Steppe von En-Gedi*. Da nahm Saul
> dreitausend Mann, ausgesuchte Leute aus ganz Israel, und zog
> aus, um David und seine Männer bei den *Steinbock-Felsen* zu
> suchen. Auf seinem Weg kam er zu einigen Schafhürden. Dort
> war eine Höhle. Saul ging hinein, um seine Notdurft zu ver-
> richten. David aber und seine Männer saßen hinten in der
> Höhle. Da sagten die Männer zu David: Das ist der Tag, von
> dem der HERR zu dir gesagt hat: Sieh her, ich gebe deinen
> Feind in deine Gewalt und du kannst mit ihm machen, was dir
> richtig erscheint. Da stand David auf und schnitt heimlich ei-
> nen Zipfel von Sauls Mantel ab. Hinterher aber schlug David
> das Gewissen, weil er einen Zipfel vom Mantel Sauls abge-
> schnitten hatte ... Als Saul die Höhle verlassen hatte und sei-
> nen Weg fortsetzte, stand auch David auf, verließ die Höhle
> und rief Saul nach: Mein Herr und König! Als Saul sich um-
> blickte, verneigte sich David bis zur Erde und warf sich nie-
> der. Dann sagte David zu Saul: Warum hörst du auf die Worte
> von Leuten, die sagen: Gib Acht, David will dein Verderben.
> Doch heute kannst du mit eigenen Augen sehen, dass der
> HERR dich heute in der Höhle in meine Gewalt gegeben hat.
> Man hat mir gesagt, ich solle dich töten; aber ich habe dich
> geschont. Ich sagte: Ich will nicht die Hand an meinen Herrn
> legen; denn er ist der Gesalbte des HERRN. Sieh her, mein Va-
> ter! Hier, der Zipfel deines Mantels ist in meiner Hand. Wenn
> ich einen Zipfel deines Mantels abgeschnitten und dich nicht
> getötet habe, dann kannst du erkennen und einsehen, dass ich
> weder Bosheit noch Aufruhr im Sinn habe und dass ich mich
> nicht gegen dich versündigt habe; du aber stellst mir nach, um
> mir das Leben zu nehmen ... Als David das zu Saul gesagt
> hatte, antwortete Saul: Ist das nicht deine Stimme, mein Sohn
> David? Und Saul begann laut zu weinen und sagte zu David:
> Du bist gerechter als ich; denn du hast mir Gutes erwiesen,
> während ich böse an dir gehandelt habe. Du hast heute bewie-
> sen, dass du gut an mir gehandelt hast; obwohl der HERR mich
> in deine Gewalt gegeben hatte, hast du mich nicht getötet ...
> Jetzt weiß ich, dass du König werden wirst und dass das Kö-
> nigtum in deiner Hand Bestand haben wird ... Saul zog nach
> Hause, David aber und seine Männer stiegen wieder *in die un-
> zugänglichen Berge hinauf* (1 Sam 24,1-23, gekürzt).

Auf Arabisch heißt *Nachal David* bezeichnenderweise *Wadi Sdeir* („Tal des kleinen Christusdorns"), wie der hebräische Name der ganzen Oase *En-Gedi* ebenso poetisch „Böcklein-Quelle" bedeutet und eventuell mit den Steinbock-Felsen des biblischen Berichtes zu tun hat. Der Steinbock ist in diesen Bergen heimisch, man kann ihn vor allem am späteren Nachmittag im *Nachal David* beobachten. *Nachal David* lädt, wie der ganze Nationalpark, zu Spaziergängen oder auch zu größeren Wanderungen ein; am Eingang des Parks bekommt man eine Wanderkarte. Mit dieser kann man sich auf den gut markierten und beschilderten Wegen leicht zurechtfinden. Außerdem lädt der Davidbach zum Bade ein: Wo sonst kann man sich einen Wasserfall auf den Rücken plätschern lassen, ohne sich zu erkälten? Natürlich ist heute nicht mehr feststellbar, in welche der zahlreichen Höhlen Saul sich zurückgezogen hatte; nach 3000 Jahren gibt es von seinem Aufenthalt dort keine Spuren mehr!

Vom *Nachal David* aus kann man in einem knapp einstündigen Aufstieg die bescheidenen Überreste eines Tempels aus der letzten Phase der Kupfersteinzeit (Chalkolithikum, um 3150 v.Chr.) auf einem Felsplateau etwas oberhalb der Hauptquelle von En-Gedi erreichen. Der Komplex besteht aus den Resten zweier Gebäude und einem geräumigen (ca. 20 × 25 m) ummauerten Hof. In der Mitte des Hofes ist ein rundes Steinpodest mit einem Bassin zu erkennen. Im größeren der beiden Gebäude sind entlang der Wände umlaufende Bänke zu erkennen, die wohl zum Abstellen von Opfergaben dienten. Das kleinere Gebäude dürfte als „Sakristei" oder als Unterkunft der Hüter des Heiligtums gedient haben.

Fährt man vom Parkplatz am *Nachal David* die Asphaltstraße weiter, sieht man nach einer Linkskurve links (östlich) der Straße das moderne Schutzdach über der Synagogenruine. Sie entstand im 3.Jh. n.Chr. und war, mehrfach umgebaut, bis ins 6.Jh. in Gebrauch. Das entspricht dem Bericht von Eusebius von Cäsarea, der En-Gedi „ein großes jüdisches Dorf" nennt. Die Synagoge ist nach Norden ausgerichtet, also ungefähr in Richtung Jerusalem. Der Innenraum ist mit einem großen, bestens erhaltenen Mosaik geschmückt, das im Mittelteil vier Wasservögel zeigt und an den Ecken je ein Pfauenpaar; Inschriften nennen die Geschlechterfolge der ersten Menschen, ferner die Patriarchen und die drei Gefährten Daniels, aber auch Wohltäter der Synagoge. Im Vergleich zu anderen Synagogenmosaiken aus der gleichen Zeit fallen zwei Unterschiede auf: Die Inschriften sind länger als sonst üblich, Darstellungen von Menschen fehlen.

Fährt man auf der Asphaltstraße weiter, erreicht man bald einen weiteren Parkplatz. Oberhalb davon liegt der Tell von En-Gedi (*Tel Goren,* „Tennen-Hügel"), der dem Auge wenig zu bieten hat. Er enthält Reste einer Stadt vom Ende der Eisenzeit bzw. der judäischen Monarchie (7. Jh. v. Chr.). Das bestätigt die biblische Darstellung, die in davidischer Zeit, zu Anfang der Monarchie, nur von den schwer zugänglichen Bergen und von der Steppe von En-Gedi, nichts aber von einer Stadt, weiß. Die Stadt wurde schon bald wieder zerstört, wahrscheinlich im Zusammenhang mit der Zerstörung Jerusalems durch die Babylonier (586 v. Chr.). Auch spätere Neubesiedlungen in persischer, hellenistischer und römischer Zeit blieben nur von kurzer Dauer.

Oberhalb von Tel Goren wurde 1998 ein bescheidenes Dorf ausgegraben. Der israelische Archäologe Yizhar Hirschfeld deutete dieses als Essenerdorf (und lehnte damit die These ab, in Qumran hätten Essener gelebt). Freilich bleibt diese Deutung hypothetisch; es könnte sich auch um die Unterkünfte von Saisonarbeitern bei der Ernte gehandelt haben.

Von diesem Parkplatz aus führt ein weniger steiler, aber längerer Weg hinauf zum chalkolithischen Tempel. Er führt an den Resten von meist landwirtschaftlichen Einrichtungen aus verschiedenen Epochen, z.B. einer Mühle aus der Kreuzfahrerzeit, vorbei.

Am Parkplatz liegt der Eingang zum *Nachal Arugot* („Bach der Beete"), dessen Name an die biblischen Balsambeete (Hld 6,2) erinnert. Auch dieses Tal lädt zu Wanderungen oder auch zum Bade ein, vor allem an Wochenenden und zur Ferienzeit, wenn *Nachal David* von Gruppen und Schulklassen überrannt wird.

En-Gedi gegenüber, auf der anderen Seite des Toten Meeres, erkennt man das tief eingeschnittene *Arnontal* (arab. *Wadi Mudschib,* siehe S. 764), den Hauptzufluss auf der Ostseite.

Zwischen En-Gedi und Massada

Auf den 16 km zwischen En-Gedi und Massada gibt es (außer dem kleinen Flugplatz kurz vor Massada) keine modernen menschlichen Ansiedlungen. Diese Gegend ist reich an Höhlen, die in Krisenzeiten immer wieder als Zuflucht genutzt wurden. Nach den spektakulären Funden von Qumran suchte man in den 50er- und 60er-Jahren systematisch alle Höhlen auf der Westseite des Toten Meeres ab, sowohl auf der israelischen als auch auf der jordanischen Seite der damaligen Grenze. Man entdeckte dabei weitere Schriften, aber auch Gegenstände aus dem alltäglichen, dem kultischen und dem militärischen Leben. – Zur Rechten der Straße sieht man drei tief eingeschnittene Täler:

Zunächst das *Nachal Chever*: Der hebräische Name leitet sich vom arab. *Wadi Habra* ab, das seinerseits von *Hebron* seinen Namen hat, in dessen Nähe es entspringt. Das Tal ist gegenwärtig für Besucher (auch für Wanderer) gesperrt, da hier eines der letzten Brutgebiete von Geiern liegt, die es in Israel noch gibt. Vor allem in zwei Höhlen hat man wichtige Funde gemacht (heute im Israel-Museum in Jerusalem) und diese nach den Funden „Briefhöhle" und „Schreckenshöhle" genannt. In der Briefhöhle fand man ehemals heidnische Kultgegenstände, die bestatteten Gebeine von Widerstandskämpfern, vor allem aber Briefe aus der Zeit des Bar-Kochba-Aufstands (132–135 n.Chr.). Sie geben einzigartige Einblicke in das alltägliche Leben jener Zeit, z.B. Scheidungsbriefe (vgl. Mt 5,31) oder Schuldscheine (vgl. Lk 16,6). Aufsehenerregend ohnegleichen waren aber einige Briefe, die von Simon bar Kochba selbst unterzeichnet waren. Bis zu diesem Fund waren nämlich nicht alle Historiker überzeugt, ob es sich bei diesem Freiheitskämpfer – sein Name bedeutet „Sternensohn" – nicht etwa um einen Mythos handelte. Sofort nach der Entdeckung ließ der damalige israelische Ministerpräsident David Ben-Gurion das abendliche Radioprogramm unterbrechen und wandte sich in einer Rundfunkansprache an das Volk, um diese frohe Botschaft zu verkünden. In der „Schreckenshöhle" dagegen fand man die unbestatteten Skelette von ca. 40 Personen, die hier während jenes Aufstandes buchstäblich ausgehungert wurden.

Nach weiteren 4 km kommt zur Rechten das *Nachal Mischmar,* arab. *Wadi Mahras,* „Tal der Wache". Dieses enge Tal endet nach 4 km bei einer kleinen, aber stetig fließenden Quelle. Hoch über diesem Tal fand man 1960 in einer schwer zugänglichen Höhle einen Schatz von über 400 Kupfer- und Elfenbeinobjekten (heute in der archäologischen Abteilung des Israel-Museums). Wahrscheinlich gibt es eine Verbindung zwischen diesem Schatz und dem steinzeitlichen Heiligtum von En-Gedi. Diese Gegenstände von herausragender Schönheit zeugen von bewundernswerten handwerklichen Fähigkeiten – sie sind über 5000 Jahre alt! Vielleicht wurden sie hierher gebracht, um sie vor Plünderung oder Entweihung zu schützen.

Nach noch einmal 4 km öffnet sich das *Nachal Zeelim,* „Akazien-Tal". Schon von der Straße aus sieht man viele dieser stattlichen Bäume mit der typischen Schirmform. Auch in diesem Tal hat man in einigen Höhlen Schriftstücke und andere Gegenstände gefunden, die Fliehende hierher gebracht hatten; sie sind freilich weniger spektakulär als die Funde an anderen Orten in der Gegend. Das tief eingeschnittene Tal formt einen engen Canyon, der sich weit ins Hügelland hinaufzieht.

Massada

Schon von Ferne sieht man 3 km rechts (westlich) der Hauptstraße *Massada* (hebr. *Mezadá,* „Festung") aufragen, ein nach allen Seiten hin steil abfallendes Hochplateau (600 × 320 m, 450 m über dem Toten Meer, aber nur 50 m ü. d. M.), das eine einzigartige Naturfestung darstellt. Nach Flavius Josephus soll sie von einem *Priester Jonatan* eingerichtet worden sein. Es ist umstritten, ob damit der Bruder von Judas dem Makkabäer (152 – 142 v. Chr.) oder der spätere Alexander Jannai (103 – 76 v. Chr.) gemeint ist, der durch zahlreiche Münzfunde bezeugt wird. Herodes dem Großen diente die Festung, um seine Familie dort in Sicherheit zu bringen, als er sich nach dem Partherüberfall 40 v. Chr. erst sein Königreich erobern musste. Später stattete er sie in jeder Hinsicht großartig aus, so dass man dort angenehm und beruhigt und gleichzeitig in sicherer Entfernung von Jerusalem wohnen konnte.

Berühmtheit und für Israel symbolische Bedeutung erlangte Massada zur Zeit des Ersten Jüdischen Krieges. Denn nach der Eroberung Jerusalems (70 n. Chr.) wurde es unter Führung jüdischer Zeloten in verzweifelter Gegenwehr noch drei Jahre gehalten und erst nach achtmonatiger Belagerung und Aufschüttung eines Dammes für den Angriffsturm auf der Westseite vom Gebirge her im Jahre 73 oder 74 von den Römern genommen. Die Verteidiger nahmen sich vorher fast ausnahmslos selbst das Leben. Hier einige Auszüge aus der Rede, die Flavius Josephus dem Anführer der Aufständischen, Eleasar Ben-Jaïr, am Tag vor der absehbaren Eroberung durch die Römer in den Mund legt:

> Schon lange sind wir, meine Mitkämpfer, entschlossen, weder den Römern noch sonst jemandem untertan zu sein außer dem Gott allein, der der wahre und rechtmäßige Gebieter der Menschen ist; jetzt ist der Augenblick gekommen, unseren Entschluss durch Taten zu verwirklichen. Entehren wir uns nicht selbst, indem wir, die wir früher nicht einmal eine ungefährliche Sklaverei ertragen wollten, jetzt mit der Sklaverei uns freiwillig die schrecklichsten Qualen aufbürden, die uns sicher bevorstehen, wenn wir in die Hände der Römer fallen … Ich halte es für eine besondere Gnade Gottes, dass er uns in den Stand setzt, ehrenvoll als freie Menschen unterzugehen, was anderen, die unversehens überwältigt wurden, nicht vergönnt war. Wir wissen ja, dass wir morgen früh in Feindeshand geraten werden; aber noch haben wir die freie Wahl, mit unseren Lieben einen edlen Tod zu sterben … Ungeschändet sollen unsere Frauen sterben und unsere Kinder, ohne die Sklaverei zu kennen. Und sind sie vorangegangen, wollen wir selbst einander den Liebesdienst erweisen – dann wird der Ruhm, die Freiheit hochgehalten zu haben, uns ein ehrenvolles Begräbnis ersetzen. Zuvor aber wollen wir unser Hab und Gut und die gesamte Burg durch Feuer vernichten; denn ich bin sicher, dass die Römer voller Zorn sein werden, wenn sie weder uns

noch die Beute in die Hände bekommen. Nur die Nahrungs-
mittel wollen wir übrig lassen, damit sie nach unserem Tod
zum Zeugnis dienen, dass nicht der Hunger uns bezwang, sondern dass wir, wie von Anfang an so auch jetzt noch, entschlossen waren, den Tod der Sklaverei vorzuziehen.

Der Bericht des Flavius Josephus ist zwar keine objektive Geschichtsschreibung im modernen Sinne (im Heiligen Land fragt man
sich immer wieder, ob es *objektive* Geschichtsschreibung überhaupt
gibt) und schon gar kein Augenzeugenbericht. Aber im Kern verdient er doch Beachtung, nicht nur weil er der einzige Bericht über
diese Ereignisse ist, den wir haben, sondern auch, weil die Ausgrabungen manches Detail bestätigen konnten.
Für einige Jahrzehnte blieb eine römische Garnison zurück. Später
wurde das Plateau nur noch im 5. Jh. und 6. Jh. genutzt, als sich
christliche Mönche hier niederließen. Im 19. Jh. wurde Massada
wiederentdeckt; vor und während des Zweiten Weltkrieges wurde es
zu einem wichtigen zionistischen Symbol.
Bald nach der israelischen Staatsgründung begannen archäologische
Untersuchungen, 1963-65 wurde das ganze Plateau unter der Leitung des israelischen Archäologen, Generals und Politikers Yigal
Yadin (er war 1977 – 1981 stellvertretender Ministerpräsident, starb
1984 67-jährig) systematisch ausgegraben. Die Ausgrabungen legten eine weitläufige Anlage frei, die heute bequem zu besichtigen
ist. Mustergültig ist durch eine schwarze Linie kenntlich gemacht,
welche Teile der Ruinen die Ausgräber vorgefunden haben und welche rekonstruiert sind.
Eine Seilbahn (1999 von der Schweizer Firma Von Roll erneuert)
erleichtert heute den Besuch der Ruinen und führt in wenigen Minuten auf den berühmten Felsen. Wer über Kondition und etwas mehr
Zeit verfügt, kann den Berg zu Fuß über den Schlangenpfad bestei-
gen (der Name ist historisch und schon bei Flavius Josephus belegt.
Er heißt nicht so weil es dort Schlangen gäbe, sondern weil er sich
den Berg hinaufschlängelt). Eine weitere Variante ist der Aufstieg
von Westen: Von Arad aus fährt man auf der kleinen Straße Nr.
3199 bis nach Massada (20 km; die Straße endet hier). Der Weg
über die römische Rampe ist nicht sehr anstrengend, wenn man
nicht gerade die heißen Nachmittagsstunden wählt. Nach Besichtigung des Felsplateaus begibt man sich dann entweder mit der Seilbahn oder zu Fuß über den Schlangenpfad nach Osten hinunter und
lässt sich beim dortigen Parkplatz vom Bus weitertransportieren
oder von einem Wagen aufnehmen, der inzwischen nach Arad zurück und über die Straße Nr. 31 nach Massada hinuntergefahren ist.
Von der Seilbahn oder vom Schlangenpfad kommend, betritt man
die Festung durch das Osttor. Noch vor dem Tor hat man eine gute

Aussicht über das hier inzwischen verlandete Tote Meer bis nach Jordanien. Am Fuß des Berges sieht man einige der insgesamt acht quadratischen Römerlager und die Mauer, die die Römer bei der Belagerung rings um den Berg errichtet hatten. Die Römer wandten diese Belagerungstechnik häufig bei strategisch wichtigen Festungen oder Städten an, aber nirgendwo sonst auf der Welt hat sich eine solche Anlage so gut erhalten.

Der empfohlene Rundgang wendet sich nach dem Eingang nach rechts (Norden). Zunächst kommt man zu einer großzügigen, freskengeschmückten Wohnanlage, eventuell die des Befehlshabers, danach zu den Vorratsräumen. Diese sind besser erhalten als viele andere Teile der Festung, was den erwähnten Bericht des Flavius Josephus bestätigt, nach welchem diese nicht vor der römischen Eroberung niedergebrannt worden seien. Danach erreicht man den oberen Teil des aufwendigen Herodespalastes in drei Terrassenstufen an der Nordkante des Felsens.

Die nächste Station des Rundgangs ist ein elegantes römisches Bad, gut erhalten und zum Teil rekonstruiert. Selbst in dieser wasserlosen Wüste wollte Herodes nicht auf den Luxus einer Badeanlage verzichten. Zur Zeit des Aufstands wurde in diese Anlage ein jüdisches Ritualbad (eine *Mikwe*) eingebaut – ein Hinweis darauf, dass sich unter den Aufständischen neben den Zeloten (nationalistische „Eiferer") auch religiöse Juden befanden, wahrscheinlich sogar Essener, die nach der Zerstörung von Qumran wenige Jahre zuvor hierher geflohen waren. In der Nähe fand man *Ostraka* (beschriftete Tonscherben) mit Namen, deren Deutung umstritten ist: Nach einigen waren sie Teil der Verwaltung, nach anderen könnte es sich hierbei um die Lose handeln, die die letzten Überlebenden warfen, um den auszulosen, der zunächst die anderen und schließlich sich selbst töten sollte, um der Sklaverei zu entgehen.

Unweit von hier führt eine neu gebaute Treppe an der Nordwestflanke des Berges hinab zu den beiden unteren Terrassen des Herodespalasts. In der Nähe dieser Treppe befand sich das „Wassertor", so genannt, weil es zu einigen großen Zisternen weiter unten führte. Ein Modell der Festung stellt anschaulich dar, wie diese Wasserversorgung funktionierte. Der Rundweg führt weiter zu einer Synagoge, die die Aufständischen in einem Saal an der Nordwestseite des Berges eingerichtet hatten; sie ist somit eine der ältesten des Landes. Hier, im Fußboden verborgen, und auch an einigen anderen Stellen in Massada fand man Fragmente von Schriftrollen, ähnlich der berühmten Qumranrollen, z.B. Teile des Buches Deuteronomium, eine Rolle mit dem hebräischen Text des Buches Jesus Sirach, der bisher nur teilweise aus mittelalterlichen Handschriften aus Kairo bekannt war, oder auch möglicherweise essenische Schriften.

Von dort kann man sich ins Innere des Plateaus wenden, zur byzantinischen Kapelle aus dem 5.Jh. n.Chr. Euthymius (siehe S.339) und eine Gruppe christlicher Mönche kamen nicht aus historischem Interesse hierher, sondern sie suchten hier, wie an vielen anderen Orten der Judäischen Wüste, die Einsamkeit. Interessant sind die schlichten Wandornamente in der Kapelle, die aus Tonscherben gemacht wurden. Leider ist nur mehr das Mosaik im seitlichen Anbau der Kapelle gut erhalten. Es zeigt in 16 Medaillons neben Pflanzen und Früchten auch einen Korb mit zwölf aufgeschichteten Broten (?). Man ist versucht, an die zwölf Körbe mit Broten zu denken, die bei der Speisung der Menge in der Wüste durch Jesus übrig blieben (Mk 12,42); freilich stört dabei, dass dieser Korb keinerlei zentralen Platz einnimmt.

Zurück zur Außenmauer kommt man zur Bresche, die die Römer in die Mauer schlugen, als sie die Festung über die Rampe erreichten. Diese massive Rampe lässt heute noch erahnen, welche Anstrengungen nötig waren, um Massada endlich erobern zu können. Wenig südlich (links) der Bresche befindet sich das Westtor, welches als Zugang zur byzantinischen Klosteranlage diente. Man kann von hier das Plateau verlassen und kommt über die Rampe zum westlichen Ausgang von Massada (Richtung Arad). Man sieht am gegenüber liegenden Hang das „Lager F", das größte der römischen Lager. Es wurde nach der Belagerung verkleinert, um die Garnison zu beherbergen, die zunächst noch hier blieb.

Von der Rampe aus führt ein Weg an der Nordwestflanke des Felsens entlang zu zwei enormen Zisternen. Wasser war ja in großen Mengen nötig – für den herodianischen Lebensstil mit den Badeanlagen, für die jüdischen Reinigungsbäder und natürlich während der langen Zeit der Belagerung. Man staute mit einem (nicht mehr erhaltenen) Damm das von Westen kommende Wadi auf und leitete nach den seltenen Regenfällen das Wasser über eine Leitung in diese unteren Zisternen. Von hier musste es mühsam auf das Plateau hinaufgetragen werden. Es wurden insgesamt zwölf Zisternen gefunden, mit einem Fassungsvermögen von 40 000 (!) m^3.

Wieder auf dem Plateau zurück, sieht man zur Rechten den Westpalast, den zweiten herodianischen Palast. Im Gegensatz zum eher privaten Nordpalast war dieser weitläufiger und diente mehr der Repräsentation. Die erhaltenen Mosaike lassen die Pracht dieser Anlage erahnen. Auch diese wurde später umgestaltet und diente den Aufständischen als Wohnungen, wie eingebaute Mauern, Öfen und Mikwen zeigen. Der südliche Teil von Massada ist weniger spektakulär, aber auch weniger überlaufen. Man sieht die Kasemattenmauer (doppelte, verstärkte Mauer), Wohnräume und Zisternen.

Das Tote Meer (Südteil)

Auf der Höhe von Massada ist das Tote Meere völlig verlandet. Danach folgt der flache, am stärksten salzhaltige Teil des Toten Meeres, was man schon am Ufer überdeutlich beobachten kann. Ein großer Teil dieses Gewässers ist durch künstliche Dämme in Sektoren unterteilt, die dem Salz- und Mineralienabbau dienen, sowohl von der westlichen, der israelischen Seite aus als auch von der gegenüberliegenden, der jordanischen.

Am Westufer liegen zwei miteinander verbundene Hotelstädte, *Ein Bokek* („üppige Quelle") und *Neve Sohar* („Glanz-Oase"). Die modernen Hotelkomplexe wirken fast surreal mitten in der Wüste. Das extrem heiße Klima lädt nicht so sehr zum Badeurlaub ein als vielmehr zum Kuraufenthalt. Patienten aus aller Welt kommen hierher zur Behandlung von Hautkrankheiten (v.a. Psoriasis, d.h. Schuppenflechte) und von Atemwegserkrankungen. Das Salzwasser des Toten Meeres, die trocken-heiße Luft, die tiefe Lage (über 400 m u.d.M.), durch welche die UV-Strahlung des Sonnenlichts vermindert wird, und die pollenarme Umgebung der fast vegetationslosen Umgebung wirken bei den Behandlungen in einzigartiger Weise zusammen. Ein kleines Museum in Neve Sohar macht die natürlichen Gegebenheiten und die wirtschaftliche Nutzung des Toten Meeres anschaulich. Ein antikes Kastell, *Mezad* („Festung") *Sohar,* 3 km oberhalb von *Neve Sohar,* beschützte den Weg ins Gebirge; am eindrucksvollsten präsentiert es sich vom zweiten Aussichtspunkt an der Straße nach Arad (Nr. 31).

Sodom

Die Straße südlich von Neve Sohar führt am Sodomsberg (arab. *Dschebel Usdum*) entlang. Er besteht zum größten Teil aus abgelagertem Salz, das sich durch tektonische Bewegung bis zu 230 m hoch aufgewölbt hat.

Sodom steht zusammen mit *Gomorra* in der Bibel sprichwörtlich für extreme Verkommenheit, die Gott durch Feuer und Schwefel bestrafte. So ruft der Prophet Jesaja warnend Jerusalem zu:

> Hätte der HERR der Heere nicht einen Rest für uns übriggelassen, wir wären wie *Sodom* geworden, wir glichen *Gomorra.* Hört das Wort des HERRN, ihr Herrscher von *Sodom*! Vernimm die Weisung unseres Gottes, du Volk von *Gomorra*! (Jes 1,9-10).

Vom Propheten Ezechiel wird Sodom getadelt, weil es in Saus und
Braus dahinlebte (Ez 16,46), aber beide Propheten, Jesaja wie Eze-
chiel, lassen dem als Sodom angesprochenen Jerusalem doch die
Chance der Umkehr und Wiederherstellung:

> Aber ich werde ihr Schicksal wenden, das Schicksal *Sodoms*
> und ihrer Töchter, das Schicksal Samarias und ihrer Töchter,
> und ich werde auch dein (Jerusalems) Schicksal wenden zu-
> sammen mit ihrem Schicksal (Ez 16,53).

Gemeinsame Basis dieser Anspielungen ist die Erzählung von der
Verdorbenheit Sodoms und seiner Vernichtung im Buch Genesis:

> Die beiden Engel kamen am Abend *nach Sodom*. Lot saß im
> Stadttor von *Sodom*. Als er sie sah, erhob er sich, trat auf sie
> zu, warf sich mit dem Gesicht zur Erde nieder und sagte: Mei-
> ne Herren, kehrt doch im Haus eures Knechtes ein, bleibt über
> Nacht und wascht euch die Füße! Am Morgen könnt ihr euren
> Weg fortsetzen. Nein, sagten sie, wir wollen im Freien über-
> nachten. Er redete ihnen aber so lange zu, bis sie mitgingen
> und bei ihm einkehrten. Er bereitete ihnen ein Mahl, ließ un-
> gesäuerte Brote backen und sie aßen.
> Sie waren noch nicht schlafen gegangen, da umstellten die
> Einwohner der Stadt das Haus, *die Männer von Sodom,* jung
> und alt, alles Volk von weit und breit. Sie riefen nach Lot und
> fragten ihn: Wo sind die Männer, die heute Abend zu dir ge-
> kommen sind? Heraus mit ihnen, wir wollen mit ihnen ver-
> kehren. Da ging Lot zu ihnen hinaus vor die Tür, schloss sie
> hinter sich zu und sagte: Aber meine Brüder, begeht doch
> nicht ein solches Verbrechen! Seht, ich habe zwei Töchter, die
> noch keinen Mann erkannt haben. Ich will sie euch heraus-
> bringen. Dann tut mit ihnen, was euch gefällt. Nur jenen Män-
> nern tut nichts an; denn deshalb sind sie ja unter den Schutz
> meines Daches getreten. Sie aber schrien: Mach dich fort!,
> und sagten: Kommt da so ein einzelner Fremder daher und
> will sich als Richter aufspielen! Nun wollen wir es mit dir
> noch schlimmer treiben als mit ihnen. Sie setzten dem Mann,
> nämlich Lot, arg zu und waren schon dabei, die Tür aufzubre-
> chen. Da streckten jene Männer die Hand aus, zogen Lot zu
> sich ins Haus und sperrten die Tür zu. Dann schlugen sie die
> Leute draußen vor dem Haus, groß und klein, mit Blindheit, so
> dass sie sich vergebens bemühten, den Eingang zu finden. Die
> Männer sagten dann zu Lot: Hast du hier noch einen Schwie-
> gersohn, Söhne, Töchter oder sonst jemand in der Stadt? Bring
> sie weg von diesem Ort! Wir wollen nämlich diesen Ort ver-
> nichten; denn schwer ist die Klage, die über die Leute zum
> Herrn gedrungen ist. Der Herr hat uns geschickt, die Stadt zu

vernichten. Da ging Lot hinaus, redete auf seine Schwieger-
söhne ein, die seine Töchter heiraten wollten, und sagte:
Macht euch auf und verlasst diesen Ort; denn der Herr will
die Stadt vernichten. Aber seine Schwiegersöhne meinten, er
mache nur Spaß. Als die Morgenröte aufstieg, drängten die
Engel Lot zur Eile: Auf, nimm deine Frau und deine beiden
Töchter, die hier sind, damit du nicht wegen der Schuld der
Stadt hinweggerafft wirst. Da er noch zögerte, fassten die
Männer ihn, seine Frau und seine beiden Töchter an der Hand,
weil der Herr mit ihm Mitleid hatte, führten ihn hinaus und
ließen ihn erst draußen vor der Stadt los. Während er sie hinaus ins Freie führte, sagte er: Bring dich in Sicherheit, es geht
um dein Leben. Sieh dich nicht um und bleib in der ganzen
Gegend nicht stehen! Rette dich ins Gebirge, sonst wirst du
auch weggerafft. Lot aber sagte zu ihnen: Nein, mein Herr,
dein Knecht hat doch dein Wohlwollen gefunden. Du hast mir
große Gunst erwiesen und mich am Leben gelassen. Ich kann
aber nicht ins Gebirge fliehen, sonst lässt mich das Unglück
nicht mehr los und ich muss sterben. Da, die Stadt in der Nähe, dorthin könnte man fliehen. Sie ist doch klein; dorthin will
ich mich retten. Ist sie nicht klein? So könnte ich am Leben
bleiben. Er antwortete ihm: Gut, auch das will ich dir gewähren und die Stadt, von der du sprichst, nicht zerstören. Schnell
flieh dorthin; denn ich kann nichts unternehmen, bevor du dort
angekommen bist. Deshalb nannte er die Stadt Zoar (Kleine).
Als die Sonne über dem Land aufgegangen und Lot in Zoar
angekommen war, ließ der Herr auf *Sodom und Gomorra*
Schwefel und Feuer regnen, vom Herrn, vom Himmel herab.
Er vernichtete von Grund auf jene Städte und die ganze Gegend, auch alle Einwohner der Städte und alles, was auf den
Feldern wuchs. Als Lots Frau zurückblickte, wurde sie zu einer Salzsäule (Gen 19,1-25).

Wo die Stadt Sodom gelegen haben könnte, ist unbekannt. Alle Versuche, sie am Südende des Toten Meeres wieder aufzuspüren, waren
vergeblich. Dass aber diese schaurige Gegend gemeint ist, das zeigt
nicht nur die kleine Nebenbemerkung von der zur Salzsäule erstarr-
ten Frau des Lot, sondern lässt sich ziemlich weit zurückverfolgen.
Schon Galenus, ein berühmter Arzt der Antike und Leibarzt von
Kaiser Mark Aurel, wusste vom Salz von Sodom. Die zur Salzsäule
erstarrte Frau Lots wurde und wird da und dort gesehen, doch sollte
die antike Pilgerin Aetheria zur Vorsicht mahnen. Sie schreibt nämlich an ihre Schwestern:

Es wurde uns auch die Stelle gezeigt, wo die Säule von Lots Frau stand ... Aber glaubt mir, verehrte Damen, wenn auch die Säule selbst schon nicht mehr sichtbar ist, so wird doch noch ihr Standort gezeigt: Man erzählt, dass die Säule selbst vom Toten Meer überflutet wurde. Jedenfalls erblickten wir, als wir die Stelle sahen, keine Säule mehr und deshalb will ich euch über die Sache nicht täuschen.

Zwischen der Straße und dem Toten Meer reihen sich die *Dead Sea Works* aneinander. Sie dienen der Bromgewinnung und der industriellen Verarbeitung der gewonnenen Salze zu Pottasche (Kunstdünger). Die Arbeiter leben heute nicht mehr hier unten im Glutofen von Sodom, sondern oben in den klimatisch günstigeren Städten Arad und Dimona – Zur Fortsetzung der Straße durch die Arava nach Süden siehe S.688.

39. DER NEGEV

Der *Negev* (die Einheitsübersetzung schreibt *Negeb*; das hebr. Wort *Negev* bedeutet sowohl „Süden" als auch „Trockenland") ist die Wüste, die ungefähr die Südhälfte des Staates Israel einnimmt. Sie hat die Form eines auf die Spitze gestellten Dreiecks. Im Norden wird sie begrenzt durch die Küstenebene um Gaza, das fruchtbarere Hügelland um Hebron und die Judäische Wüste, im Osten durch die Aravasenke, im Westen geht sie in die Sinaiwüste über, wobei der klassische Negev weiter nach Westen reichte als die heutige Staatsgrenze zwischen Israel und Ägypten.

Für die biblische Geschichte – nur für das Alte Testament; das Neue wendet seinen Blick in andere Richtungen – spielt fast nur der nördliche Negev eine Rolle, und auch dieser meist als Rand- und Durchgangsgebiet. Abraham und Isaak führten hier das unstete Leben der Nomaden, die in Notzeiten gezwungen waren weiterzuziehen, selbst bis nach Ägypten (Gen 12,10; 13,1-4; 20,1; 21; 26). Die Söhne Jakobs machten mehrfach diese Wege, um auf ihren Bruder Josef zu stoßen und schließlich ihren Vater selbst dorthin zu führen (Gen 42–46). Beim Auszug aus Ägypten zogen die Israeliten quer durch den Negev (Num 20–21, Deut 2). Nach der Landnahme wurde der nördliche Negev (Num 34,1-4) dem Stamm Simeon zugesprochen (Jos 10,40-43; 19,1-9). Den judäischen Königen gelang es vereinzelt, ihren Einflussbereich bis weit in den Süden auszudehnen, einige Male bis zum Roten Meer (unter den Königen Salomo, 1 Kön 9,26-28; Joschafat, 1 Kön 22,48-50 und Asarja, 2 Kön 14,22). Immer wieder tauchen die südlichen Nachbarn in der biblischen Geschichte auf, wie Amalekiter, Keniter, Midianiter, Ismaeliten und Edomiter. Vor allem zu den letzten beiden wird das verwandtschaftliche Verhältnis mit Israel betont, aber auch ein solches konnte nicht immer eine Konkurrenz oder gar eine Feindschaft verhindern.

Geologisch wird der Negev in drei ungefähr gleich große Zonen unterteilt. Das nördliche Drittel nimmt das Beerschebabecken ein, ein sandiges oder staubiges, flaches oder gewelltes Gebiet, das nach Westen zum Mittelmeer hin abfällt. Daran schließen sich die Negevberge an, die sich bis über 1000 m erheben; dort befinden sich vier landschaftlich interessante Einbrüche, die Wüste Zin (siehe S. 685) sowie drei Erosionskrater (siehe S. 687 und 689). Die nach Osten geneigte Paranhochfläche bildet den südlichen Teil. Die Elatberge im äußersten Süden von Israel werden geologisch nicht mehr zum Negev gerechnet. Die geologische Gliederung spiegelt sich jedoch weder in den klassischen Kulturräumen, die außerdem in verschiedenen Epochen unterschiedlich waren, noch im Verlauf der modernen Verkehrswege und Staatsgrenzen wieder.

Drei Straßen führen heute zu Israels Südspitze, nach Elat am Roten
Meer. Die östliche Route (Nr. 90) führt von Sodom am Südende
vom Toten Meer aus durch die Arava bis nach Elat. Von Jerusalem
aus ist dies die schnellste Verbindung. Die mittlere Route (Nr. 40)
führt über Beerscheba, Avdat und Mizpe Ramon; ca. 50 km vor Elat
stößt sie auf die Nr. 90. Die westliche Route (Nr. 10) verläuft nahe
der ägyptischen Grenze und ist häufig vom Militär gesperrt.

Arad

Die moderne Stadt *Arad* (gegründet 1962, 24 000 Einwohner, viele
von ihnen Neueinwanderer) dient vor allem als Wohnort derer, die
in Industrie und Tourismus am Toten Meer beschäftigt sind. Die
Höhenlage (ca. 600 m ü. d. M.) macht das Klima etwas angenehmer
als im Glutofen des 1000 m tiefer liegenden Toten Meers.
Die antike Stadt Arad, heute *Tell Arad,* liegt 5 km westlich davon,
2 km nördlich der Straße Nr. 31. Diese Stadt blühte schon in der Frühen Bronzezeit, etwa 2900 bis 2600 v. Chr., also mehr als tausend
Jahre vor Abraham. Sie hatte eine überraschende Ausdehnung und
wurde in einem weiten Kreis von einer starken Mauer mit Rundtürmen umschlossen. Sie lebte von der Viehzucht und vom Handel. Ihr
besonderer Vorteil war, dass die Erde hier wasserundurchlässig war
und damit jeder Niederschlag zusammenlief und in Zisternen ge-
speichert werden konnte. In der Bibel begegnet ein König von Arad,
der den Israeliten bei der Einwanderung nach Kanaan Widerstand
leistete:

> Als der kanaanitische König von *Arad, der im Negeb saß,* hör-
> te, dass Israel auf dem Weg von Atarim heranzog, griff er die
> Israeliten an und machte einige Gefangene. Da gelobte Israel
> dem HERRN: Wenn du mir dieses Volk in meine Gewalt gibst,
> dann weihe ich ihre Städte dem Untergang. Der HERR hörte
> auf Israel und gab die Kanaaniter in seine Gewalt. Israel weih-
> te sie und ihre Städte dem Untergang. Daher nannte man den
> Ort Horma (Untergangsweihe) (Num 21,1-3).

Hier handelt es sich um ein viel späteres und kleineres Arad aus der
Eisenzeit (12./11. Jh. v. Chr.), das sich auf den oberen Teil der früheren Stadt beschränkte. Man fand hier eine Tempelanlage aus der
Zeit von König Salomo oder einem seiner Nachfolger. Sie kommt
dem Tempel von Jerusalem nahe: einen Breitraum mit Nische, der
den Eingang im Osten hatte und davor einen Opferaltar im Hof. Die
originalen Reste befinden sich heute in der archäologischen Abteilung (Raum 3) des Israel-Museums. Geistige Mitte des Tempels waren zwei *Mazebot* (hebr. „Kultstelen"), nicht bildhafte Darstellungen

der Gottheit, die damit eine wichtige Zwischenstufe zur Gottesver-
ehrung der Bibel mit ihrem strengen Bildverbot (Deut 5,8, Teil des
Ersten Gebotes) sind. Ende des 8.Jh. wurde der Tempel zerstört,
wohl im Zuge der Kultreform von König Hiskija, der nur noch den
Jerusalemer Tempelgottesdienst zuließ (2 Kön 18,1-7). Auch die
späte Königszeit, um 700 bis 600 v.Chr., ist gut vertreten mit zahl-
reichen Briefen und Mitteilungen auf Tonscherben (*Ostraka*). Die
Ruinen sind heute in einem Nationalpark zugänglich. Bei einer Neu-
gestaltung der Tempelanlage 2013 wurde die kleinere der beiden
Kultstelen etwas versteckt angebracht, möglicherweise weil eine
Aschera (kanaanäische Muttergottheit) an der Seite Gottes strenge
Monotheisten beleidigen könnte.

Beerscheba

Die Stadt Beerscheba (240 m ü.d.M.) liegt in einer Senke. Die ältesten Besiedlungsspuren sind Höhlenwohnungen im Lehm unmittelbar am *Wadi Beer Scheva*; sie gehen in die Kupfersteinzeit (5. Jahrtausend v.Chr.) zurück, also weit vor Abraham. Sie hören aber nach
einigen Jahrhunderten wieder völlig auf. Erst seit der Römerzeit erhebt sich Beerscheba wieder dort, wo sich das Zentrum der modernen Stadt befindet. Von der arabischen Eroberung bis gegen 1900
war Beerscheba nur eine Wegstation. Erst als die Osmanen einen
Gouverneur hierher beorderten, gewann Beerscheba wieder an Bedeutung. 1948 wurde Beerscheba von den Israelis erobert und vom
Staatsgründer Ben-Gurion sehr gefördert. Die Stadt zählt heute
200 000 Einwohner, ihre Universität trägt seinen Namen.
Die moderne Stadt hat dem Pilger wenig zu bieten. Seit der byzantinischen Zeit wird ein Brunnen als *Abrahamsbrunnen* verehrt; momentan ist er eine Baustelle. Das Zentrum der osmanischen Kleinstadt ist erhalten, aber ziemlich vernachlässigt. Eine Attraktion ist
der Beduinenmarkt jeden Donnerstagmorgen.
Die Mehrheit der über 100 000 Beduinen des Negev leben in der
Gegend um Beerscheba, die meisten sind inzwischen sesshaft geworden. Diese Beduinen sind israelische Staatsbürger, ihre Integra-
tion in die israelische Gesellschaft ist nicht immer einfach. Ein Problem ist, dass manche der ärmlichen Siedlungen keine staatliche
Anerkennung haben, das bedeutet fehlende Infrastruktur, teils auch
eine drohende Räumung.
Beerscheba spielt in der Geschichte der Erzväter Abraham und
Isaak eine wichtige Rolle, allerdings nicht als Stadt, sondern als
Siedlungsort von Nomaden an einem Brunnen. Die Bibel gibt sich
große Mühe, gerade diesen Brunnen als Eigentum der biblischen Patriarchen zu erweisen. Den Brunnen habe Abraham nach der Geburt

Isaaks gegraben, der Philisterkönig Abimelech habe ihn nach einer Zeremonie mit sieben Lämmern eidlich zugesichert:

> Um jene Zeit sagten Abimelech und sein Feldherr Pichol zu Abraham: Gott ist mit dir bei allem, was du unternimmst. Aber nun schwör mir hier bei Gott, dass du weder mich, noch meinen Thronerben, noch meine Nachfahren hintergehen wirst. Das gleiche Wohlwollen, das ich dir erwiesen habe, sollst du mir erweisen und dem Land, in dem du dich als Fremder aufhältst. Abraham erwiderte: Gut, ich will den Eid leisten. Abraham stellte aber Abimelech zur Rede wegen des Brunnens, den ihm Abimelechs Knechte weggenommen hatten. Abimelech antwortete: Ich weiß nicht, wer das getan hat. Du hast es mir noch nicht gemeldet und auch ich habe erst heute davon gehört. Da nahm Abraham Schafe und Rinder und gab sie Abimelech; so schlossen beide einen Vertrag. Abraham stellte aber *sieben* (hebr.: *scheva*) Lämmer der Herde beiseite. Da fragte ihn Abimelech: Was sollen die sieben Lämmer da, die du beiseite gestellt hast? Die sieben Lämmer, sagte er, sollst du von mir annehmen als Beweis dafür, dass ich diesen Brunnen gegraben habe. Darum nannte er den Ort *Beerscheba*; denn dort leisteten beide einen *Eid* (hebr.: *nischba*). Sie schlossen also *zu Beerscheba* einen Vertrag. Dann machten sich Abimelech und sein Feldherr Pichol auf und kehrten ins Philisterland zurück. Abraham aber pflanzte eine Tamariske *in Beerscheba* und rief dort den HERRN an unter dem Namen: Gott, der Ewige (Gen 21,22-33).

Der Name *Beerscheba* kann sowohl mit „Sieben-Brunn" als auch mit „Eid-Brunn" übersetzt werden; der biblische Erzähler sucht beide Deutungen miteinander zu verbinden.

Auch Isaak nahm den Ort für sich in Anspruch und erhielt dort von Gott eine Segensverheißung:

> Von dort (Gerar) zog er (Isaak) nach *Beerscheba* hinauf. In jener Nacht erschien ihm der HERRN und sprach: Ich bin der Gott deines Vaters Abraham. Fürchte dich nicht, denn ich bin mit dir. Ich segne dich und mache deine Nachkommen zahlreich wegen meines Knechtes Abraham. Dort baute er einen Altar, rief den Namen des HERRN an und schlug sein Zelt auf. Isaaks Knechte hoben dort einen Brunnen aus (Gen 26,23-25).

Es wird dann die Geschichte von der eidlichen Zusicherung des Brunnens noch einmal für Isaak erzählt (Gen 26,26-32). In dieser Gegend versteht man ohne Weiteres, welche Bedeutung Brunnen einstmals gehabt haben müssen und wie oft man um sie gestritten hat (vgl. Gen 26,12-22).

Das Beerscheba Abrahams und Isaaks glaubt man 6 km weiter östlich am *Tell as-Saba* gefunden zu haben. Ursprünglich in der Wüste
gelegen, ist dieser Tell heute ein Nationalpark, am östlichen Rand
der modernen Stadt (ausgeschildert). Das Problem ist, dass man dort
für die Zeit der Patriarchen keine Siedlungsspuren gefunden hat.
Der Ort war erst vom 12. Jh. v. Chr. ab bewohnt und hatte vom
11. Jh. an eine Mauer. Aus dieser Zeit stammt ein Hörneraltar, dessen Reste in einer späteren Mauer wiederverwendet wurden. Die
Originalteile sind heute im Israel-Museum in Jerusalem, an Ort und
Stelle steht eine Rekonstruktion. Die Stadt diente später, in persischer, hellenistischer und römischer Zeit, als Festung.
Die Frage bleibt: Wo war das Beerscheba Abrahams, das gut 500
Jahre früher bestanden haben müsste? Dabei muss man sich erinnern, dass die Bibel bei den Erzvätern nur von Brunnen spricht; die
nomadische Lebensweise hinterlässt nur geringe Spuren. So nimmt
man auch an, der Stamm Simeon, dem Beerscheba ursprünglich gehörte (Jos 19,2) und der nachher aus der Geschichte völlig verschwand, habe länger nomadisch gelebt und sein Gebiet sei von
den schon sesshaft gewordenen Judäern übernommen und besiedelt
worden.
Die israelitische Zeit ist dagegen gut belegt und die biblische Formel der Ausdehnung Israels *von Dan bis Beerscheba* (Ri 20,1,
1 Sam 3,20, 2 Sam 3,10 und öfter) gerechtfertigt. Beerscheba war
Grenzort; südlich und südöstlich davon lebten die Edomiter und
später die Nabatäer. In der Zeit der Monarchie gehörte Beerscheba
zu Juda, wie aus der Geschichte des Elija auf seiner Flucht zum
Berg Horeb hervorgeht:

> Ahab erzählte Isebel alles, was Elija (auf dem Berg Karmel)
> getan, auch dass er alle Propheten mit dem Schwert getötet ha-
> be. Sie schickte einen Boten zu Elija und ließ ihm sagen: Die
> Götter sollen mir dies und das antun, wenn ich morgen um
> diese Zeit dein Leben nicht dem Leben eines jeden von ihnen
> gleich mache. Elija geriet in Angst, machte sich auf und ging
> weg, um sein Leben zu retten. Er kam nach *Beerscheba in Ju-
> da* und ließ dort seinen Diener zurück. Er selbst ging eine Ta-
> gereise weit in die Wüste hinein. Dort setzte er sich unter ei-
> nen Ginsterstrauch und wünschte sich den Tod. Er sagte: Nun
> ist es genug, HERR. Nimm mein Leben; denn ich bin nicht bes-
> ser als meine Väter. Dann legte er sich unter den Ginster-
> strauch und schlief ein. Doch ein Engel rührte ihn an und
> sprach: Steh auf und iss! Als er um sich blickte, sah er neben
> seinem Kopf Brot, das in glühender Asche gebacken war, und
> einen Krug mit Wasser. Er aß und trank und legte sich wieder
> hin. Doch der Engel des HERRN kam zum zweiten Mal, rührte

ihn an und sprach: Steh auf und iss! Sonst ist der Weg zu weit
für dich. Da stand er auf, aß und trank und wanderte, durch
diese Speise gestärkt, vierzig Tage und vierzig Nächte bis zum
Gottesberg Horeb (1 Kön 19,1-8; Fortsetzung S. 705).

25 km nordwestlich von Beerscheba, an der Straße Nr. 25 in Richtung Gaza, liegt der *Tell Haror* (im *Nakhal Grar Park*), der heute
als *Gerar* im Philisterland betrachtet wird. Sowohl Abraham (Gen
20,1-18) als auch sein Sohn Isaak (Gen 26,1-14) sollen dort im Land
des Königs Abimelech auf ähnliche, nicht sehr ruhmvolle Weise zu
Reichtum gekommen sein.
Der früher für Gerar in Anspruch genommene *Tell asch-Scheria*,
7 km östlicher, wird heute als *Ziklag* angesehen, wohin sich David
vor König Saul endgültig in Sicherheit brachte (1 Sam 27,1-7;
S. 638) und wo er vom Tod Sauls und dessen Sohnes Jonatan erfuhr
(2 Sam 1,1-4).

Die Nabatäerstädte

Im zentralen Negev liegen zum Teil sehr gut erhaltene Ruinen von
sechs Nabatäerstädten (Elusa, Nitzana und Avdat, Ruhebe, Schivta
und Mamschit), dazu kommt das spektakuläre Petra (siehe S. 769)
auf der anderen Seite der israelisch-jordanischen Grenze, die seit
1948 diesen ursprünglich zusammengehörenden Kulturraum in zwei
Teile trennt.
Die Nabatäer waren im 3. Jh. v. Chr. von der arabischen Halbinsel
ins Ostjordanland eingewandert, in den Bergen des alttestamentlichen Edom sesshaft geworden und hatten dort eine hohe eigenstän-
dige Kultur hervorgebracht. Durch Handel und Erhebung von Zöl-
len an den Karawanenstraßen – der Weihrauch-, Gewürz- und Sei-
denstraße zwischen China, Indien, Südarabien und Syrien, Ägypten
bis über das Mittelmeer hinaus – erwarben sie beträchtlichen Reichtum. Es gelang den Nabatäern auch, durch ausgeklügelte Bewässe-
rungssysteme und Anbaumethoden in der Wüste Landwirtschaft
(v. a. Öl, Getreide und Wein) und Tierzucht (Schafe, Ziegen, Pferde
und Kamele) zu betreiben. Die weiteste Ausdehnung hatte das Nabatäerreich unter Aretas IV. (9 v. Chr.–40 n. Chr.), der sogar über
das reiche Damaskus herrschte. Die nabatäische Sprache ist ein aramäischer Dialekt. Sie wurde in einer eigenen Schrift geschrieben,
die ein Bindeglied zwischen dem hebräischen und dem arabischen
Alphabet darstellt.
Trotz der unmittelbaren Nachbarschaft treten die Nabatäer in der biblischen Geschichte nur am Rande auf, oft sind sie im allgemei-
neren Begriff „Araber" mit eingeschlossen. Ob Nebajot, der älteste

Sohn Ismaels (Gen 25,13), als Stammvater der Nabatäer galt, ist
umstritten. In den Makkabäerbüchern ist von guten Beziehung zwischen Juden und Nabatäern die Rede (1 Makk 5,25; 9,35), freilich
gab es auch Grenzzwischenfälle (2 Makk 12,10-12). Der Nabatäer-
könig Aretas I. ließ 168 v.Chr. Jason, den skrupellosen Usurpator
des Hohepriesteramts, gefangennehmen, als dessen Angriff auf Jerusalem fehlgeschlagen und er zu den Nabatäern geflohen war. Allerdings entkam Jason und starb in Sparta (2 Makk 5,6-10). Der Idumäer Antipater war mit der vornehmen Nabatäerin Kypros verheiratet, die so Mutter des Herodes des Großen wurde; nach ihr ist die
Herodesfestung *Kypros* bei Jericho benannt. Justin der Märtyrer
(† 166 n.Chr.) hielt die Weisen aus dem Morgenland für Nabatäer.
Der bereits genannte König Aretas IV. trat gleich zweifach in die
neutestamentliche Zeitgeschichte ein. Zuerst hatte er seine Tochter
innerhalb der Verwandtschaft mit Herodes Antipas, dem Tetrarchen
(Vierfürsten) von Galiläa und Peräa, verheiratet. Als dieser aber mit
Herodias, der Frau des Herodes Philippus, zusammenlebte, nahm
Aretas das sehr übel und holte seine Tochter zurück. Aus Rache besetzte er dessen Burg *Machärus,* auf der später Johannes der Täufer
auf Betreiben dieser Herodias den Märtyrertod erleiden musste (Mk
6,17-29; siehe S.755). Beim zweiten Mal wird Aretas IV. im Neuen
Testament direkt genannt. Paulus berichtet nämlich, wie er sich vor
dem nabatäischen Statthalter in Damaskus abenteuerlich in Sicherheit bringen musste:

> In Damaskus ließ der Statthalter des Königs Aretas die Stadt
> der Damaszener bewachen, um mich festzunehmen. Aber
> durch ein Fenster wurde ich in einem Korb die Stadtmauer
> hinuntergelassen und so entkam ich ihm (2 Kor 11,32-33).

Nach seiner Bekehrung zog Paulus *nach Arabien* (Gal 1,17).
Lange Zeit waren die Nabatäer Verbündete der Römer, um die östlichen Provinzen des römischen Reiches vor Einfällen aus der arabischen Wüste schützten. Man kann vermuten, dass es sich der römische Staat etwas kosten ließ, wenn die Nabatäer die Grenzsicherung
am *Limes Palaestinae* übernahmen, der nicht so ausgebaut werden
konnte wie der *Limes Germaniae.*
106 n.Chr. unter Kaiser Trajan wurde das Nabatäerreich zur römischen Provinz *Arabia*; ihr Reich wurde dem Römischen Reich einverleibt und erlebte dabei eine erstaunliche Nachblüte. Im 4./5.Jh.
wurden die Nabatäer christlich (zuletzt die Hauptstadt Petra), wovon
die großen Kirchen zeugen, die in byzantinischer Zeit in den Nabatäerstädten errichtet wurden. Während dieser Zeit übernahmen die
Nabatäer allmählich die Kultur und die griechische Sprache der Byzantiner, so dass man nur noch im übertragenen Sinn von Nabatäern
sprechen kann.

Am Ende des 6. Jh. erlahmte im geschwächten byzantinischen Reich das Interesse an den fernen Randprovinzen. Der Klerus übernahm die Herrschaft in den Nabatäerstädten, die Bischöfe zogen sogar nach Mekka, um dort mit Mohammed zu verhandeln. So empfing man die nahenden muslimischen Araber freundlich. Obwohl der Übergang zu den neuen Herrschern friedlich vonstatten ging, begann damit eine Zeit raschen und endgültigen Niedergangs. Durch die neuen Herrschaftsverhältnisse änderten sich die Handelsrouten. Die Nabatäerstädte lagen plötzlich im Abseits, die Quelle des Wohlstands versiegte, im 8. Jh. wurden die Städte verlassen. Erst im 19. Jh. wurden sie wiederentdeckt. Da sie nie gewaltsam zerstört wurden, sind die Ruinen gut erhalten und legen eindrucksvoll Zeugnis ab von einer blühenden Kultur in der lebensfeindlichen Wüste. Südlich von Avdat gibt es heute eine landwirtschaftliche Versuchsanstalt, in der die Geheimnisse der nabatäischen Landwirtschaft unter wüstenhaften Bedingungen erforscht werden. 2005 wurden die Nabatäerstädte und die Weihrauchstraße in die Liste des Weltkulturerbes aufgenommen.

Mamschit liegt 8 km östlich der modernen Stadt Dimona, die gut erhaltenen Ruinen sind heute ein Nationalpark. Die Stadt wurde im 1. Jh. v. Chr. gegründet. Ihre größte Blüte erlebte sie im 2. Jh. n. Chr., da seit dem Jahr 106 eine neue Handelsstraße, die *Via Nova Trajana,* hier vorbeilief. Möglicherweise wurde Mamschit schon vor der islamischen Eroberung 636 von Beduinenstämmen zerstört. Besonders sehenswert sind die gut erhaltenen Ruinen von zwei Kirchen. Die westliche wird Niloskirche genannt, nach dem Stifter, der sich in zwei Mosaikinschriften verewigt hat. Die östliche, Teil eines Klosterkomplexes, trägt den Namen Märtyrerkirche, nach Reliquienschreinen von Märtyrern, die man dort gefunden hat. Im Wadi südlich der Stadt haben sich die Reste von Dämmen erhalten, die zum nabatäischen Bewässerungssystem gehörten.

Elusa (auch *Chaluza*) war die wichtigste und größte der nabatäischen Negevstädte, in der byzantinischen Zeit der einzige Bischofssitz. Im krassen Gegensatz dazu steht ihr heutiger Zustand: Von der einstigen Bedeutung ist so gut wie nichts mehr zu sehen. Das hat folgende Gründe: Die Stadt wurde zwar wie die anderen Nabatäerstädte nie zerstört, sie lag aber in der Nähe zu weiterhin bewohnten Zentren, v. a. Gaza, so dass die Stadt, einmal verlassen, als Steinbruch dienen konnte. Ein Weiteres tat dann die Natur: Der Sand der Umgebung bedeckte die Ruinen.
Man erreicht die Stadt von der *Mashabim Junction* aus (an der Straße Nr. 40 auf halber Strecke zwischen Beerscheba und Mizpe Ramon) auf der Straße Nr. 222. 9 km nach der landwirtschaftlichen

Siedlung Revivim sieht man links (westlich) der Straße bescheidene
Ruinen auf einem flachen Hügel. Sie stammen erst aus dem vergangenen Jahrhundert, aber sie markieren den unscheinbaren Tell. Von
der ovalen Stadtanlage mit über 1 km Durchmesser ist nur ein von
Steinen und Tonscherben übersätes Ödland geblieben. Selbst die an
wenigen Stellen vorgenommenen Ausgrabungen sind inzwischen
wieder von Sand bedeckt.

Ruhebe liegt ca. 10 km südwestlich von Elusa. Die Stadt ist nur zu
Fuß oder mit einem geländegängigen Fahrzeug zu erreichen und
liegt in einem militärisch genutzten Übungsgebiet. Systematische
Ausgrabungen wurden nie vorgenommen, obwohl die Stadt sehr gut
erhalten ist. Man hat hier, wie kaum anderswo, die Gelegenheit,
durch die Gassen einer antiken Ruinenstadt zu spazieren und sie in
dem Zustand zu sehen, wie die Pioniere der Archäologie vor Jahrzehnten die Stätten antrafen. Lediglich nördlich der Stadt hat man
eine Basilika mit einer Krypta – ungewöhnlich in dieser Gegend –
ausgegraben. Über die Geschichte der Stadt wissen wir wenig, sie
scheint zu den späten nabatäischen Gründungen (1. oder 2. Jh.
n. Chr.) zu gehören. Wir kennen nicht einmal den ursprünglichen
Namen der Stadt. Das Alter des arabischen Namens *Ruhebe* ist unbekannt, von ihm ist der moderne hebräische Name *Rechovot* (oder
Rechovot ba-Negev, „im Negev", um es von der gleichnamigen modernen Stadt südlich von Tel Aviv zu unterscheiden) abgeleitet.

Schivta erreicht man auf der Straße Nr. 211: ca. 17 km westlich der
Tialim-Kreuzung (zwischen Beerscheba und Mizpe Ramon) kommt
die *Shivta Junction,* von dort zweigt eine Nebenstraße nach links
(Süden) ab, die nach knapp 10 km beim Nationalpark Schivta endet.
Wer Zeit hat, wird von den Ruinen mit seinen drei byzantinischen
Kirchen alles andere als enttäuscht sein. Die Stadt hat keine Stadtmauer; offenbar war es nicht nötig, sich gegen Feinde zu schützen,
da die Stadt nie militärische Bedeutung hatte. Schivta wurde im
1. Jh. n. Chr. gegründet, zunächst als landwirtschaftliches Zentrum
zur Versorgung der benachbarten Städte. Zur Blüte kam die Stadt
erst im späten 5. und vor allem im 6. Jh., wohl hauptsächlich durch
christliche Pilger. Sie wurde nie zerstört, weswegen sie heute die am
besten erhaltene der Nabatäerstädte ist; im 8. Jh. wanderte die Bevölkerung allmählich ab.
Die Ruinen von Schivta sind ein Nationalpark. Weil aber nur wenige Besucher bis hierher kommen, sind Kassenhäuschen und Kiosk
meist nicht besetzt. Man betritt die Stadt von Westen und erreicht
zunächst die südliche Kirche mit einer großen vorgelagerten Zisterne. Diese Kirche wurde im 4. Jh. erbaut, indem man sie zwischen
die schon bestehenden Gebäude einzwängte. In der islamischen Zeit

wurde sie restauriert, Fresken aus dieser Zeit sind zwar verblasst, aber noch zu erkennen. Nördlich neben der Taufkapelle im Vorraum wurde eine kleine Moschee angebaut, deren nach Süden (nach Mekka) ausgerichtete Gebetsnische noch zu sehen ist. Folgt man von dieser Kirche aus dem Weg nach Norden, sieht man neben einem Turm die kleinere Mittlere Kirche, errichtet um 600. Die größte und am besten erhaltene Kirche ist die Nordkirche, am nördlichen Rand der Stadt. Sie wurde 505 vollendet und gehörte zu einem Kloster. Man beachte den schönen Türsturz mit Kreuzen und Christussymbolen. Der Vorhof ist von ursprünglich zweistöckigen Gebäuden umgeben. Hier verstarb 1968 während einer Exkursion der bedeutende deutsche Alttestamentler Martin Noth (er lehrte in Königsberg, später in Bonn).

Nitzana erreicht man auf derselben Straße Nr. 211, ca. 40 km westlich der Tialim-Kreuzung. Im modernen Nitzana angekommen, nimmt man die erste Abzweigung links. Man umrundet den Ruinenhügel und nähert sich ihm von Osten. Würde man auf der Straße Nr. 211 weiterfahren, käme man zum Grenzübergang Nitzana, der für Ausländer nicht geöffnet ist.

Schon zur biblischen Zeit befand sich in dieser Gegend die Grenze zu Ägypten (z. B. Ex 15,22, wo diese Gegend als *Wüste Schur* bezeichnet wird). Die Nabatäer gründeten im 3. Jh. v. Chr. die Stadt, um ihre westliche Grenze zu schützen. Zur Blüte kam sie aber erst, inzwischen christlich geworden, im 5. Jh. n. Chr. Wie die anderen Nabatäerstädte wurde Nitzana im 8. Jh. allmählich verlassen. Die große Ruine, die heute das alte Nitzana überragt, hat freilich mit den Nabatäern nichts zu tun; sie war ein türkisch-deutsches Militärlazarett aus der Zeit des Ersten Weltkriegs. Die ersten Ausgrabungen wurden kurz vor dem Weltkrieg von Thomas Edward Lawrence vorgenommen, der freilich weniger als Archäologe denn als Kriegsheld bekannt ist, unter dem Namen Lawrence von Arabien. In den 30er- und den 90er-Jahren wurden weitere Ausgrabungen durchgeführt.

Die Ausgrabungsstätte wirkt heute ziemlich verwahrlost. Es gibt bescheidene Reste von Kirchen und anderen Gebäuden, aber die antiken Bauten sind schlecht erhalten, weil das hiesige Gestein weich ist. Noch bevor man auf den Hügel steigt, sieht man links Säulen. Sie gehören zu einer Kirchenanlage mit einer Taufkapelle. Nördlich (aufsteigend rechts) von der Lazarettruine liegen die Ruinen einer Kirche, die den heiligen Sergius und Bacchus geweiht war. In einem Nebenraum dieser Kirche wurden die „Nitzanapapyri" gefunden: 195 griechische Dokumente aus dem 6. und 7. Jh., die einzigartige Einblicke in das religiöse und zivile Leben der damaligen Stadt geben. Südlich vom Lazarett finden sich Reste der byzantinischen Kaserne und einer Theotokos-(Marien-)Kirche vom Anfang des 7.Jh.

Die Ruinen von *Avdat* (nabatäisch: *Oboda*) geben schon von der Straße (Nr.40, von Norden kommend auf der linken Seite) ein beeindruckendes Bild ab. Avdat war ein wichtiger Umschlagplatz für Karawanen auf dem Weg von Arabien über Petra nach Gaza. Die Stadt hatte keine Stadtmauer, da man hier offenbar nicht mit einer kriegerischen Eroberung rechnen musste. Sie wurde ab 1958 ausgegraben, hauptsächlich vom israelischen Archäologen Avraham Negev. Heute ist die Ruinenstadt ein Nationalpark, aber auch das konnte nicht verhindern, dass 2009 in einem Akt von Vandalismus Beduinen aus der Umgebung großen Schaden an den Monumenten anrichteten, angeblich ein Racheakt für die Zerstörung ihrer Häuser durch israelisches Militär.

Vom oberen Parkplatz aus kommt man zuerst an einen spätrömischen Wachturm aus dem Jahr 298 n.Chr. und zu einer großen Weinkelteranlage aus byzantinischer Zeit. Anschließend erstreckt sich nördlich ein ummauerter großer Platz (40×61m), die Festung von Avdat, wahrscheinlich aus der Zeit Konstantins des Großen (306–337). Im Nordosten ist eine kleine Kapelle eingefügt, deren Datierung schwierig ist; sie scheint noch nach der arabischen Eroberung benutzt worden zu sein.

Westlich dieses Platzes gelangt man zuerst zur *Kirche des hl. Theodor* (13×18m), wohl aus dem 5.Jh. Theodor, Märtyrer aus Elat, dargestellt als Soldat mit einer Lanze, war der wichtigste Heilige im christlichen Negev. Die Kirche hatte drei Schiffe und drei geostete Apsiden. Gut erhalten ist die Chorschranke. Eine seltene, theologisch bedeutsame Besonderheit ist die Altarplatte der Kirche, die leider durch den Vandalismus fast ganz zerstört wurde. Sie zeigte noch die Rille, in der das Blut der heidnischen Opfertiere ablaufen sollte, obwohl das Christentum ja keinerlei blutige Opfer mehr kennt. In der Diskussion, wie weit die Eucharistiefeier als Opfer zu verstehen sei, ein interessantes Argument aus der christlichen Antike! Im Boden der Kirche sind vier Gräber eingelassen, deren Inschriften die Jahre 541 bis 618 n.Chr. umfassen; am interessantesten das des „seligen Germanos, Sohn des Alexander, der mit 17 Jahren und 7 Monaten seinen Lebenslauf unverheiratet vollendete im Jahr 551" (umgerechnet). Für die abschließende Menora zwischen zwei Kreuzen hat man noch keine überzeugende Erklärung. Oder sollte man sie eher als Palme deuten? Am Mitteleingang fallen die einfachen nabatäischen Hörnerkapitelle auf, die es auch in Petra gibt. Das Fehlen eines Baptisteriums und die Wohnräume um den Vorhof lassen auf ein Kloster schließen.

Hundert Jahre älter ist die gleich große *Nordkirche* an der Nordwestecke der Stadt, die auf einer nabatäischen Tempelterrasse im
4. Jh. erbaut wurde. Das Außenportal stammt vom nabatäischen
Tempel; aus der Inschrift des Türsturzes errechnet sich als Bauda-
tum das Jahr 267 n. Chr. Das Baptisterium mit kreuzförmigem Taufbecken nimmt die Nordecke der Vorhalle des nabatäischen Tempels
ein. Die Kirche hat nur eine Apsis, was ebenfalls auf ein frühes Bau-
datum hindeutet. Im Presbyterium ist noch der erhöhte Platz für den
Bischofsstuhl und die Stufen eines *Synthronons* (Priesterbänke, griechisch wörtlich: „Bei-Sitz") erhalten. Die Chorschranke umfasst
hier nur das Presbyterium der Mittelapsis. Wer beim Besuch der
Kirche ein Déjà-vu-Erlebnis hat, erinnert sich vielleicht an die Ver-
filmung des Musicals *Jesus Christ Superstar* (1972, Andrew Lloyd
Webber); diese Kirchenruine diente als Kulisse.

Beim Abstieg vom heiligen Bezirk sieht man Reste von Wohnungen
mit Vorratsräumen, meist Höhlen im Berg mit gemauerten Vorbau-
ten. In einem dieser Räume sind in der Decke schön gemeißelte
Kreuze zu erkennen. In der Nähe des unteren Parkplatzes kann man
ein hervorragend erhaltenes Badehaus besichtigen.

Der Exodus

Auf ihrer 40-jährigen Wanderung durchzogen die Israeliten auf dem
Weg von Ägypten ins Gelobte Land den Negev, und zwar zwischen
Kadesch-Barnea und dem Gebiet von Moab im heutigen südlichen
Jordanien. Dieses Wegstück ist in Num 20 und 21 und rückblickend
noch einmal in Num 33 und in Deut 2 beschrieben; nicht alle Details
stimmen überein. Es gibt in diesen Berichten zwar mehrere Ortsangaben; ihre Identifizierung bereitet aber große Schwierigkeiten, da
es in diesem Gebiet im Lauf der Jahrhunderte keine kontinuierliche
Bevölkerung gab, welche alte Namen oder alte Traditionen hätte
überliefern können. Die biblischen Berichte sind zu wenig detail-
liert, als dass man die Ortsnamen einfach mit bekannten Ruinen
gleichsetzen könnte. Freilich liefert die Geographie einen wichtigen
Hinweis: Nur in der *Wüste Zin* gibt es einige Quellen, die einen
Durchzug einer größeren Gruppe ermöglichten. Die Bibel bezeichnet als Wüste Zin einen nicht näher umgrenzten Landstrich in der
Gegend von Kadesch-Barnea (siehe S. 710), die als äußerste Südgrenze des Stammes Juda (Jos 15,1-4) und damit des ganzen Zwölfstämmevolkes gilt (Num 34,3-4). Im modernen Sprachgebrauch ist
der Name auf ein Tal übergegangen: den *Nachal Zin*, „Zin-Tal" (die
Herleitung des Namens *Zin* ist unbekannt). Man sieht das Zin-Tal
von der Straße Nr. 40 südlich vom Kibbuz Sde Boqer. David Ben-
Gurion, der erste israelische Ministerpräsident, lebte hier einige Jah-

re und wurde auch hier begraben. Sein Grab lohnt einen Besuch
schon wegen der Aussicht auf das Zintal. Es durchzieht den mittleren Negev in Richtung Nordosten. Bei Sde Boqer ist das Tal
schmal und tief, weitet sich aber bald zu einer Ebene, die industriell
zum Phosphatabbau genutzt wird.

Ein Avdat ist die westliche von drei Quellen (weiter östlich liegen
Ein Akev und *Ein Sik*), sie ist die am leichtesten zugängliche und
wohl auch die landschaftlich beeindruckendste. Man erreicht sie
vom Kibbuz Sde Boqer aus (ausgeschildert), indem man vom Kibbuz (in der Nähe des Ben-Gurion-Grabes) in Serpentinen ins Zintal
hinabfährt. Vom Parkplatz zum Wasserfall bei der Avdatquelle sind
es etwa 15 min Fußweg, ohne große Höhenunterschiede. Entweder
man kehrt von dort wieder zum Parkplatz zurück oder man steigt
vom Tal aus zum oberen Parkplatz hinauf. Dieser Weg ist steil, man
hat über 100 Höhenmeter zu überwinden.

Nach dem Aufbruch aus Kadesch-Barnea berichtet die Bibel:

> Die Israeliten brachen von Kadesch auf und die ganze Ge-
> meinde kam zum Berg Hor. Am Berg Hor, an der Grenze von
> Edom, sprach der Herr zu Mose und Aaron: Aaron wird jetzt
> mit seinen Vorfahren vereint; er wird nicht in das Land kom-
> men, das ich für die Israeliten bestimmt habe; denn ihr habt
> euch am Wasser von Meriba gegen meinen Befehl aufgelehnt.
> Nimm Aaron und seinen Sohn Eleasar und führ sie auf den
> Berg Hor hinauf! Dann nimm Aaron seine Gewänder ab und
> leg sie seinem Sohn Eleasar an! Aaron wird dort mit seinen
> Vätern vereint werden und sterben. Mose tat, was ihm der
> Herr befohlen hatte. Sie stiegen vor den Augen der ganzen
> Gemeinde auf den Berg Hor. Mose nahm Aaron die Gewänder
> ab und legte sie seinem Sohn Eleasar an. Dann starb Aaron
> dort auf dem Gipfel des Berges, Mose aber und Eleasar stie-
> gen vom Berg herab. Als die Gemeinde sah, dass Aaron da-
> hingeschieden war, beweinte ihn das ganze Haus Israel dreißig
> Tage lang (Num 20,22-29).

Die Lage des Berges Hor (hebr. *Hor ha-Har*) gibt Rätsel auf. Die
traditionelle Lokalisierung dieses Berges in der Nähe von Petra in
Jordanien passt nicht so recht zum biblischen Bericht und hält kriti-
scher Überprüfung kaum stand (siehe S. 775). Moderne israelische
Landkarten verzeichnen den Hor ha-Har ca. 25 km östlich von Sde
Boqer, 10 km südwestlich der Skorpionensteige. Dieser auffällige
weiße Berg bietet aber keine archäologischen Reste. Manche Forscher identifizieren den Berg Hor mit Amaret Churasche, einem flachen Felsplateau, ca. 20 km südöstlich von Nitzana.

Die nächsten Begebenheiten, die in der Bibel genannt werden, sind
die Zerstörung von Horma (Num 21,1-3; siehe S. 675 – evtl. Tell

Malchata, zwischen Arad und Beerscheba), die erhöhte Kupferschlange (Num 21,4-9; siehe S.750) und mehrere Wegstationen, die
allesamt unbekannt sind. Danach finden wir die Kinder Israels in
Moab, im Ostjordanland.

Der südliche Negev

Das moderne Zentrum des südlichen Negev ist *Mizpe Ramon.* Schon
der Name der hochgelegenen Stadt („Ramon-Blick") verrät, dass sie
eher zufällig entstanden ist, als man 1951 eine neue Straße von Tel
Aviv zum Hafen von Elat anlegen wollte. Von einem Aussichtspunkt mit kleinem Museum (knapp 900 m ü.d.M.) genießt man einen eindrucksvollen Blick über den *Machtesch Ramon,* „Ramon-
Krater", eigentlich „Ramon-Mörser", der 35 km lang ist, weiter östlich bis zu 10 km Breite misst und etwa 350 m tief ist. Der Ramon-
Krater ist der größte dreier solcher Krater in Israel. Diese entstanden
nicht durch einen Meteoriteneinschlag wie das Ries im nördlichen
Schwaben, sondern sind geologische Einbrüche, ähnlich dem großen Nord-Süd-Einbruch der Arava mit dem Toten Meer. Auch sie
waren einst von Wasser bedeckt, wie charakteristische Fossilien beweisen. Über dem südwestlichen Ende des Kraters erhebt sich der
Ramonberg, mit 1035 m ü.d.M. die höchste Erhebung des Negev,
nur 8 km von der Grenze zu Ägypten entfernt. Die Straße Nr.40
führt in den Krater hinab, durchquert ihn und gewährt Blicke auf
eine beeindruckende Landschaft: Fast vegetationslos, ist sie geprägt durch verschiedenfarbigen, von Erosion geformtem Sand und
Gestein.
Ungefähr 45 km südlich von Mizpe Ramon überquert die Straße das
Wadi Paran, das dann und wann so viel Wasser führt, dass keine
Brücke standhält. Dieses Wadi verläuft ebenfalls von Westen nach
Osten zur *Arava* und trägt den Namen der biblischen Wüste Paran.
Heute bezeichnet man als Wüste Paran den südlichen Teil des Ne-
gev (Abbildung: Tafel XXXIIa), zur biblischen Zeit war dieser Teil
der Wüste nicht genau eingegrenzt, auch der Zentralort der israeliti-
schen Wüstenwanderung Kadesch-Barnea wird ihr gelegentlich zu-
gerechnet (Num 13,26). Hier lebt die Erinnerung an Mose und die
Israeliten auf ihrem Weg in das „Gelobte Land" auf:

> Da brachen die Israeliten von der Wüste Sinai auf, wie es die
> Ordnung für den Aufbruch vorsah, und die Wolke ließ sich *in
> der Wüste Paran* nieder (Num 10,12).

Die Wüste Paran galt als Stammesgebiet der Ismaeliter. Ismael ist in
der Bibel der Sohn, den Saras Magd Hagar dem Abraham geboren
hatte. Von ihm heißt es:

Er ließ sich *in der Wüste Paran* nieder und seine Mutter nahm
ihm eine Frau aus Ägypten (Gen 21,21).

Har („Berg") *Karkom*: Nordwestlich vom Oberlauf des *Wadi Paran*
liegt das *Karkomplateau,* eine Hochebene, deren höchste Erhebung
842 m ü.d.M. erreicht. Dieser Berg soll nach seinem Erforscher,
dem Italiener Emmanuel Anati (1955), allen Erfordernissen des biblischen Berges Sinai entsprechen. Man muss diese Deutung und
die Begeisterung dafür, die es verschiedentlich auch in die Massenmedien geschafft hat, nicht teilen – es gibt ungefähr ein Dutzend
Berge, die schon für den Moseberg gehalten wurden. Aber die Gegend ist reich an archäologischen Funden aus einer fernen Vergangenheit: An über 300 Stellen wurden Felszeichnungen, Steinkreise,
Steinmale und Hüttenplätze entdeckt, von denen eine ganze Reihe
als Heiligtümer gedeutet werden können. Die Gegend war von der
Späten Steinzeit bis zum Anfang der Mittleren Bronzezeit (etwa
2000 v.Chr.) bewohnt. Dann brechen die Zeichen menschlichen
Aufenthalts ab, nur aus byzantinischer Zeit gibt es Reste, die wahrscheinlich von Karawansereien stammen. Daher und aufgrund des
extrem trockenen Klimas haben diese oft unscheinbaren archäologischen Überreste die Jahrtausende überdauert. Leider ist die Gegend
schwer zu erreichen. Zum einen braucht man ein geländegängiges
Fahrzeug, zum anderen liegt sie im Militärgebiet und ist nur am
Sabbat für Besucher offen. Von Osten verlässt man die Straße
Nr.40 in der Nähe der *Tsikhor Junction*. Näher ist es von Westen,
von der Straße Nr.10 entlang der ägyptischen Grenze; diese ist aber
meistens vom Militär für den zivilen Verkehr gesperrt.

Die Arava

Im modernen Sprachgebrauch bezeichnet man als *Arava* die trockene Senke zwischen dem Toten und dem Roten Meer (die Einheitsübersetzung schreibt *Araba*; das hebräische *Aravá* bedeutet „Trockenland" oder auch „fernes Land" – die Bezeichnung „Araber" ist
möglicherweise von derselben Wortwurzel abzuleiten). Im biblischen Sprachgebrauch ist dieser geographische Begriff nicht fest
umrissen. Er bezieht sich meistens auf das untere Jordantal, die weitere Umgebung von Jericho. Auch das Tote Meer wird bisweilen
„Meer der Arava" genannt.
Eine Straßenverbindung in Nord-Süd-Richtung durch die Arava
vom Toten bis zum Roten Meer gibt es erst seit wenigen Jahrzehnten (beiderseits der Grenze). In früherer Zeit war die Gegend man-
gels ausreichender Wasserquellen in dieser Richtung praktisch un-
passierbar, die Verkehrswege in den Süden verliefen entweder

durch den westlichen Negev oder auf der Königsstraße im heutigen
Jordanien (siehe S.736). Es gab dagegen mehrere Wege, welche die
Arava in Ost-West-Richtung durchquerten. Sie sind durch die mo-
derne Grenze zwischen Israel und Jordanien abgeschnitten.

An der *ha-Arava Junction* am Südende des Toten Meeres zweigt die
Straße Nr.25 von der Nord-Süd-Verbindung Nr.90 ab. Die Nr.25
führt über die *Maale Tamar,* die „Palmen-Steige", nach Dimona
hinauf, die Nr.90 führt durch die Arava immer geradeaus bis nach
Elat. Ca.4km östlich der Kreuzung liegt die Quelle Ein Tamar, weitere 4km südlich davon eine 1982 gegründete landwirtschaftliche
Siedlung gleichen Namens. Der Name *Tamar,* „Palme", geht auf die
biblische Stadt *Tamar* zurück, die aber nach neueren Erkenntnissen
weiter südlich zu suchen ist, in Ein Chazeva (s.u.). Derselbe Name
wurde auch einer Festung gegeben, die nach 11km rechts unterhalb
(nordöstlich) der Straße Nr.25 liegt: *Mezad Tamar,* „Tamar-/Pal-
men-Festung". Diese gut erhaltene Festung (38×38m) wurde von
den Nabatäern erbaut, von den Römern als Teil des Limes erweitert,
später um eine landwirtschaftliche Siedlung erweitert und von den
Persern 614 zerstört. Der alte Name der Festung ist nicht bekannt.
Von derselben Straße Nr.25 zweigt ca.5km westlich (oberhalb) der
ha-Arava Junction eine kleine Straße nach links (Süden) ab, auf der
man nach gut 10km (der letzte Teil ist eine Schotterpiste) den Kleinen Krater (*Machtesch Katan*) erreicht. Dieser kleinste der drei Erosionskrater im Negev lässt am besten die Kraterform und den engen
Kraterausfluss nach Südosten erkennen.

Auf der Straße Nr.90 überquert man ca.6km südlich der *ha-Arava
Junction* auf einer neuen Brücke das *Wadi Zin* (siehe S.770). Nach
weiteren 16km, an der *Ein Khatseva Junction,* biegt die Straße
Nr.227 nach rechts (Westen) ab. Auf dieser erreicht nach 100m eine kleine Stichstraße nach links, die nach *Ein Chazeva* führt.
Ein Chazeva wurde von amerikanischen Archäologen ausgegraben.
Die Ergebnisse dieser Untersuchungen machen eine Identifizierung
des Ortes mit dem biblischen *Tamar* wahrscheinlich. *Tamar,* „Palme", oder *Ir ha-Temarim,* „Palmen-Stadt", wird in der Bibel mehrfach erwähnt, z.B. Ri 1,16 (in der Gegend von Arad), möglicherweise auch in Deut 34,1-3:

> Mose stieg aus den Steppen von Moab hinauf auf den Nebo,
> den Gipfel des Pisga gegenüber Jericho, und der HERR zeigte
> ihm das ganze Land. Er zeigte ihm Gilead bis nach Dan hin,
> ganz Naftali, das Gebiet von Efraim und Manasse, ganz Juda
> bis zum Mittelmeer, den Negeb und die Jordangegend, den
> Talgraben von Jericho, der *Palmenstadt,* bis Zoar.

Die Einheitsübersetzung deutet Jericho als die Palmenstadt. Dahinter steckt die (richtige) Beobachtung, dass eine so weit im Süden gelegene Palmenstadt vom Berg Nebo aus nicht zu sehen wäre. Aber diese Beschreibung des verheißenen Landes geht über das sichtbare hinaus; auch Dan oder das Mittelmeer sind vom Berg Nebo aus nicht zu sehen. Deshalb handelt es sich wahrscheinlich bei Jericho und der Palmenstadt um zwei verschiedene Orte, man sollte besser übersetzen: „den Talgraben von Jericho, *die* Palmenstadt, bis Zoar." Später hat König Salomo *Tamar in der Steppe* ausbauen lassen (1 Kön 9,18). Die Ausgrabungen haben eine große Festung zu Tage gebracht, bei der es sich wahrscheinlich um die aus der Zeit Salomos handelt. Die Römer haben diese dann erweitert und eine gut erhaltene Badeanlage angefügt. Danach zerfiel der Ort, erst in den 30er-Jahren wurde er wieder militärisch genutzt, wobei die Ruinen Schaden genommen haben. Die Quelle, die bis in die 60er-Jahre sprudelte, ist heute trocken, da durch Brunnenbohrungen in der Umgebung der Grundwasserspiegel gesunken ist. An der höchsten Stelle der Ruinen erhebt sich ein mächtiger Christusdorn. Dieser Baum war den Beduinen der Gegend heilig. Er ist vielleicht keine 1200 Jahre alt, wie es die volkstümliche Beduinenüberlieferung wissen will, aber in seiner Größe ist er trotzdem beeindruckend.

Die *Skorpionensteige*: Fährt man von Ein Chazeva die Straße Nr. 227 nach Westen, erreicht man nach einigen Kilometern leichter Steigung zunächst eine Ebene – das hier fast 5 km breite Zin-Tal (siehe S. 685). Der 10 km westlich davon liegende auffällige Bergkegel (268 m ü. d. M.) in der industriell genutzten Ebene ist der Berg Zin; er wird in modernen israelischen Landkarten häufig als *Hor ha-Har*, „Berg Hor", bezeichnet, auf dem der biblische Aaron gestorben und begraben worden sein soll (Num 20,22-29; vgl. aber zu den konkurrierenden Traditionen S. 686). Auf der anderen Seite des Tals erhebt sich ein 400 m hoher zerklüfteter Abhang, die *Skorpionensteige* (hebr.: *Maale ha-Akrabim*). Diese ist in der Bibel einige Male als südliche Grenze des israelitischen Gebiets erwähnt (z. B. Ri 1,36). Am Beginn der Steigung sieht man links (westlich) der Straße die Überreste eines kleinen römischen Forts. Dieses sowie zwei andere weiter oben sollten den wichtigen Pass schützen. Die römische Straße, die zum Teil über Stufen führte, die noch zu erkennen sind, verlief westlich (links) der modernen Straße. Man kann ihren Verlauf von unten erkennen. Die moderne Straße wurde 1950 gebaut und war für einige Jahre die einzige Straßenverbindung in den Süden des Landes bis nach Elat.

Gegenüber der *Menukha Junction,* wo die Straße Nr. 13 von Westen kommend in die Nr. 90 einmündet, liegt in den roten Sandsteinbergen von Edom, auf der anderen Seite der Arava, die Stadt *Petra*. Bei klarem Wetter sieht man auf dem höchsten Berg, dem *Dschebel Harun* („Aaron-Berg"), am besten im Licht der tief stehenden Nachmittagssonne, das kleine weiße muslimische Heiligtum, das dort das Grab Aarons verehrt (siehe S. 695).

Der *Kibbuz Jotvata* ist ein guter Rastplatz, der die Milch der benachbarten Kibbuzim verarbeitet und so mitten in der Wüste Milchprodukte anbieten kann. Der Name ist einem der Rastplätze der Israeliten in der Wüste entlehnt (Num 33,34), der schon damals durch wasserführende Bäche hervorstach (Deut 10,7). An den Kibbuz schließt sich ein biblisches Wildreservat an (*Hay Bar Park*), in dem man Antilopen, Gazellen, Strauße und Wildesel hegt, die in biblischen Zeiten im südlichen Negev lebten.

8 km südlich von Jotvata führt eine Straße in westlicher Richtung in den *Timnapark,* ein Gebirgstal, das durch seine verschiedenfarbigen Gesteinsschichten und Felsformationen einen großen Eindruck macht. Der Name *Timna* ist die moderne Bezeichnung mit einem öfter vorkommenden biblischen Namen (Gen 36,40, Ri 14,2). Wie das Tal in biblischen Zeiten geheißen hat, ist unbekannt. Zu den Sehenswürdigkeiten zählen Kupferminen, die als die ältesten Bergbaustollen der Welt gelten, und die sogenannten *Säulen Salomos,* 50 m hohe Felstürme an der Südwestflanke des Timnaberges.
Der Bergbau in diesem Tal geht bis in die Kupfersteinzeit zurück. Kupfer ist das erste Metall, das der Mensch zu gewinnen und zu verarbeiten lernte. Die Steinzeit geht etwa um 4500 v. Chr. in die Kupfersteinzeit über, während die Eisenzeit in den biblischen Ländern 1200 v. Chr. beginnt (viel früher als in Europa). Zwischen beiden liegt die lange Periode der Bronzezeit (3300–1200 v. Chr.), in der man es bereits verstand, das verhältnismäßig weiche Kupfer durch Beimengung anderer Metalle zu härten. Die stärker mit Kupfer durchsetzten Steine sind unter dem Namen Elatsteine bekannt geworden; der schönste von ihnen ist der blaugrüne Malachit, ein Edelstein, der sehr teuer sein kann, wenn er groß und rein ist.
Es waren aber erst die Ägypter, die in der Späten Bronzezeit (ab dem 13. Jh. v. Chr.) die Kupferadern von Timna im großen Stil ausbeuteten. Die ersten Lager und Verarbeitungsstätten waren befestigt, was auf Bedrohungen durch die benachbarte Bevölkerung hinweist. Später scheint es zu friedlicherer Zusammenarbeit gekommen zu sein, in einer letzten Phase haben einheimische Stämme, wohl Midianiter, den Kupferabbau ohne die Ägypter weitergeführt. Das Volk der Midianiter war wahrscheinlich in der nordwestlichen arabischen Halbinsel beheimatet. Sie kamen im 2. Jahrtausend v. Chr. zu Wohlstand und Einfluss, indem sie das Kamel zähmten und so

lange Strecken in wasserloser Wüste zurücklegen konnten, sowohl als Händler als auch als Krieger (z.B. Gen 37,28 und Ri 6,1-6).

Der ägyptische *Hathortempel* am Fuß der Säulen Salomos stammt vom Ende der Bronzezeit im 13.Jh. und wurde später in ein midianitisches Heiligtum umgewandelt. Dabei wurden die alten Götterbilder zerschlagen (Hathor wird meistens als Frau mit Kuhhörnern dargestellt) und durch unbehauene Stelen ersetzt, evtl. eine Parallele zum biblischen Bilderverbot (Ex 20,4). Eine weitere Parallele zum biblischen Kult ist die große Menge von zusammengefalteten gefärbten Stoffen aus Leinen und Wolle, die man im Tempelbezirk gefunden hat. Man brauchte diese vielleicht für ein heiliges Zelt, wie es auch die Israeliten bei ihrem Wüstenzug hatten (Ex 33,7-11, Num 11,16.24-25). Mose scheint einiges von den Midianitern übernommen zu haben; war er doch aus Ägypten zu den Midianitern geflohen, hatte dort die Tochter eines midianitischen Priesters geheiratet (Ex 2,15-21) und hörte auf den Rat seines Schwiegervaters Jitro (Ex 18, besonders Verse 17-24). Auffälligerweise finden sich auch einige der wenigen außerbiblischen Zeugnisse für den Gottesnamen JHWH in midianitischen Texten; und auch die Offenbarung dieses Namens an Mose im brennenden Dornbusch hat eine Verbindung zu Midian: „Mose weidete die Schafe und Ziegen seines Schwiegervaters Jitro, des Priesters von Midian" (Ex 3,1; Fortsetzung: S.698).

Elat liegt am Golf von Elat/Aqaba, dem Teil des Roten Meeres, der die Sinaihalbinsel im Osten begrenzt. Der israelische Landstreifen zwischen ägyptischer und jordanischer Grenze ist hier nur 12 km breit. Das jordanische Aqaba in der Nordostecke desselben Golfs hatte weitaus bessere Voraussetzungen, vor allem hatte es von Natur aus Trinkwasser. Israel aber erwirkte aus Sicherheitsgründen einen eigenen Zugang zum Indischen Ozean und nach Fernost und baute ab 1951 seinen eigenen Überseehafen. Den Namen gab wie üblich die Bibel her, wenngleich die Bibel mit *Elat* wohl einen Platz bei Aqaba meinte (vgl. S.777).

Elat mit seinen ca.57 000 Einwohnern ist heute vor allem eine Touristenstadt zum Baden und Schnorcheln am Roten Meer und überdies Freihandelszone. In den großen Festwochen des Jahres, zu Pesach und zum Laubhüttenfest, wird es vor allem von israelischen Touristen überschwemmt, die von den Badestränden diesseits und jenseits der Grenze zu Ägypten angezogen werden. Die größte Attraktion ist das Unterwassermeeraquarium (kurz vor der ägyptischen Grenze), das Einblicke in die Meeresfauna ermöglicht, wie sie wohl auf der ganzen Erde einmalig sind. Für Heilig-Land-Pilger ist Elat als Zwischenstation auf dem Weg zum Katharinenkloster auf dem Sinai von Bedeutung.

40. DER SINAI

Die Sinaihalbinsel ist ein auf die Spitze gestelltes Dreieck, das sich zwischen dem Golf von Aqaba und dem Golf von Suez nach Süden erstreckt. Die Küste von Elat zur Südspitze bei Scharm asch-Scheich ist 250 km lang, die Küste auf der anderen Seite (der Golf von Suez) 120 km länger. In der Wüste *at-Tih,* die zunächst nur mäßig hoch an die Wüste Paran anschließt, geht der Sinai im Süden in Hochgebirge über (Abbildung: Tafel XXXIa). Auf der Sinaihalbinsel (fast dreimal so groß wie der Staat Israel) leben etwa 1,3 Millionen Menschen, zur Hälfte Beduinen, von denen viele sesshaft wurden und direkt oder indirekt durch den Tourismus ihr Geld verdienen. Die Beduinen verteilen sich auf etwa 30 Stämme, nur mehr etwa 70 000 von ihnen leben in ihrer traditionellen Lebensform als Nomaden.

Der Sinai wurde 1906 vom Osmanischen Reich abgetrennt und gehört seitdem zu Ägypten. 1967 besetzte Israel die Halbinsel. Nach dem Friedensvertrag zwischen Israel und Ägypten 1979 wurde sie schrittweise an Ägypten zurückgegeben. Die meisten Pilger erreichen den Sinai von Israel aus über den Grenzübergang Taba.

Ägypten hat eine lange und glorreiche Geschichte und ist reich an beeindruckenden Zeugnissen dieser Vergangenheit; die Pyramiden sind die berühmtesten davon, aber keineswegs die einzigen. Für den biblisch Interessierten ist Ägypten der Schauplatz der Josefsgeschichte (Gen 37–50), das „Sklavenhaus" (Ex 1–2) und vor allem der Ort *der* Paschafeier und des Auszugs (lat. *Exodus*) aus diesem Sklavenhaus (Ex 3–15). Von Bibel- und Geschichtswissenschaftlern wird diese Zeit mit der 19. Dynastie am Ende des „Neuen Reiches" unter Pharao Ramses II. in Verbindung gebracht (13. Jh. v. Chr.). Ein großer Teil des 40-jährigen Zuges der Kinder Israels durch die Wüste dürfte sich auf der Sinaihalbinsel zugetragen haben. In der weiteren biblischen Zeit gab es immer wieder Berührungspunkte zwischen den Nachbarn Ägypten und Israel, teils freundlich (z. B. 1 Kön 3,1: König Salomo war mit einer Tochter des Pharaos verheiratet), teils feindlich (z. B. 2 Kön 23,29: Der Pharao Necho besiegte 609 v. Chr. bei Megiddo die Judäer und tötete König Joschija). Der Prophet Jeremia musste nach Ägypten fliehen (Jer 43) und ist vermutlich auch dort gestorben. Im Neuen Testament kommt Ägypten nur am Rande vor: Das Matthäusevangelium überliefert den Bericht der (historisch nicht fassbaren) Flucht der Heiligen Familie nach Ägypten (Mt 2,13-15; siehe S. 585). In den ersten Jahrhunderten der christlichen Geschichte war Ägypten ein wichtiges Zentrum von Theologie und Spiritualität; hier ist das Mönchtum entstanden – als „Vater des Mönchtums" gilt der hl. Antonius von

Ägypten, 251–356 (!). Im Gegensatz zum restlichen arabischen Nordafrika konnte sich das Christentum in der koptischen Kirche (siehe S.46) bis in die Gegenwart halten. Es gab und gibt zwar immer wieder Zeiten von Anfeindungen, selbst Verfolgungen, aber trotzdem gibt es eine stattliche Minderheit von Christen im ansonsten muslimisch geprägten Land: Es ist die Rede von ca. 10 % der gut 80 Millionen Einwohner, genaue Zahlen sind nicht zu ermitteln. Es bleibt zu hoffen, dass auch nach der ägyptischen Revolution 2011/12 ein einigermaßen geordnetes Nebeneinander von Christen und Muslimen weiterhin möglich bleibt.

Es würde den Rahmen dieses Buches sprengen, alle biblischen oder christlichen Erinnerungsorte Ägyptens zu beschreiben. Wir beschränken uns auf die Sinaihalbinsel, da viele Besucher des Heiligen Landes diese von Israel aus besuchen.

Der einzige Grenzübergang von Israel nach Ägypten, der für Ausländer offen ist, ist gegenwärtig Taba, 9 km von Elat entfernt. An der Grenze bekommt man ein ägyptisches Visum, das allerdings nur für den Ostsinai (die Ostküste und die Gegend bis zum Katharinenkloster) gültig ist. Wer vorhat, weiter nach Ägypten hinein zu reisen, muss sich vorher bei einer ägyptischen Vertretung um ein Visum bemühen. Bei der Rückreise nach Israel bekommt man nach umfangreichen Sicherheitskontrollen ein neues israelisches Touristenvisum, das in der Regel nur für einen Monat gültig ist (im Gegensatz zum Visum, das am Flughafen ausgestellt wird und das drei Monate lang gilt).

Die ganze Ostküste des Sinai ist bei Tauchern sehr beliebt und wird mehr und mehr für den Tourismus erschlossen, wodurch leider die Unberührtheit der Natur nicht wenig beeinträchtigt wird und Schaden leidet.

6 km nach der Grenze sieht man links vor der Küste die *Pharaoneninsel*. Sie heißt auch Koralleninsel, denn um den Granitkern der kleinen Insel haben sich Korallen angelagert. Den größten Teil der Insel (150×320 m) nimmt eine Burg ein, die 1115 n. Chr. als südlichste Bastion des lateinischen Königreichs von den Kreuzfahrern gebaut und bereits 1170 wieder an Saladin verloren wurde. Die heutige Burg ist islamisch; es gibt wohl byzantinische Spuren, aber nichts erinnert mehr an die Kreuzfahrer. Sie wurde 1988 restauriert; Fährboote ermöglichen den Besuch der Insel.

Die Ebene ar-Raha (die Rast)

Kurz bevor man das Katharinenkloster am Fuße des Moseberges erreicht, nach über 180 km Fahrt auf oft kurviger, aber landschaftlich beeindruckender Strecke, erreicht man die *ar-Raha-Ebene* (arab. „die Rast"). Geradeaus erreicht man von dort nach einem weiteren Kilometer das kleine Dorf *St. Catherine,* links führt das *Wadi ad-Der* („Kloster-Tal") nach 2 km zum *Katharinenkloster.*

Vielleicht hat sich der aufmerksame Sinaipilger schon lange gefragt, wo und wovon die Stämme der Israeliten im Sinai gelebt haben, zumal die Bibel gewaltige Zahlen dafür nennt. Beim Auszug sind es nach der Bibel „an die 600 000 Mann zu Fuß, nicht gerechnet die Kinder" (Ex 12,37)! Und bei einer späteren Musterung sind es „603 550 Mann" – ohne die Leviten, die keinen Wehrdienst zu leisten hatten (Num 1,46-47). Demgegenüber ist zu bedenken, dass alte Geschichte nicht Geschichte im modernen Sinn sein kann. Alte Geschichte ist nicht wissenschaftlich erarbeitet, sondern besteht hauptsächlich aus *Geschichten,* Geschichten verschiedenster Art, vieles ist *Stammesgeschichte.* Die Geschichte des Stammes wird in Geschichten des Stammvaters hineingelegt und umgekehrt. Früheres und Späteres werden ohne Bedenken miteinander verbunden. Dabei bleibt es dennoch immer wieder erstaunlich, wie viele Einzelheiten sich wieder als richtig erweisen, also echte Erinnerungen über Jahrhunderte hinweg sind, obwohl sie nur vom Vater auf den Sohn weitererzählt wurden. Die biblische Tradition vom Auszug aus Ägypten und der Gesetzgebung am Sinai ist eine kunstvolle Zusammenfügung verschiedener Traditionen. Das Volk Israel war am Sinai noch kein Zwölfstämmevolk und die Zahlen von Musterungen so großer Volksmassen sind sicherlich künstliche Gebilde. Der große König David sah es Jahrhunderte später noch als große, schwer bestrafte Sünde an, dass er versucht hatte, das Volk zu zählen (2 Sam 24, 1-15) und damit einen moderneren Staat aufzubauen; und die Beduinenstämme im Sinai und in Israel können bis heute nur geschätzt werden. So hatte der biblische Erzähler Jahrhunderte später sicherlich keine wirklichen Zahlen, die er hätte verwenden können. Ihm ging es mehr darum, die Macht und Größe Gottes zu betonen. Durch eine riesige Zahl kommt die Fürsorge Gottes für sein Volk, etwa beim Mannaregen (Ex 16,1-36) oder beim Wasser aus dem Felsen (Ex 17,1-7, Num 20,2-11), sinnfällig zum Ausdruck. Nachzurechnen, wie lange es dauert, bis ein Millionenvolk mit seinem Vieh aus einer starken Quelle getrunken hat, kommt dem biblischen Schriftsteller nicht in den Sinn.

Wenn aber irgendwo das Lager der Israeliten vor dem Gottesberg Sinai gesucht werden soll, dann hier auf diesem Platz, der wie ein Naturauditorium ansteigt, während das Bergmassiv mit dem Moseberg gerade gegenübersteht. Dieses fängt mit dem *Ras Safsafe* an und erreicht 2 km weiter südlich mit dem *Dschebel Musa,* dem „Mose-Berg" seinen Gipfel (2285 m). Ob in frühbyzantinischer Zeit der dreigipflige *Ras Safsafe* (arab. „armseliger Gipfel", 2168 m) im Un-

terschied zum eigentlichen *Sinai* als *Berg Horeb* gegolten hat, sei
dahingestellt; die Schilderung der Pilgerin Aetheria bei ihrem Abstieg wird verschieden ausgelegt. Heute herrscht die Meinung vor,
Sinai und *Horeb* seien verschiedene Namen des gleichen Berges.

In dieser Gebirgsszenerie mit ihrer ehrwürdigen Tradition sollte
man sich die Zeit nehmen, um aus der Bibel lesen:

> Im dritten Monat nach dem Auszug der Israeliten aus Ägyp-
> ten – am heutigen Tag – kamen sie *in der Wüste Sinai* an. Sie
> waren von Refidim aufgebrochen und kamen in die Wüste
> Sinai. Sie schlugen in der Wüste das Lager auf. Dort lagerte
> Israel gegenüber dem Berg.
>
> Mose stieg zu Gott hinauf. Da rief ihm der HERR *vom Berg* her
> zu: Das sollst du dem Haus Jakob sagen und den Israeliten
> verkünden: Ihr habt gesehen, was ich den Ägyptern angetan
> habe, wie ich euch auf Adlerflügeln getragen und hierher zu
> mir gebracht habe. Jetzt aber, wenn ihr auf meine Stimme hört
> und meinen Bund haltet, werdet ihr unter allen Völkern mein
> besonderes Eigentum sein. Mir gehört die ganze Erde, ihr aber
> sollt mir als ein Reich von Priestern und als ein heiliges Volk
> gehören. Das sind die Worte, die du den Israeliten mitteilen
> sollst. Mose ging und rief die Ältesten des Volkes zusammen.
> Er legte ihnen alles vor, was der HERR ihm aufgetragen hatte.
>
> Das ganze Volk antwortete einstimmig und erklärte: Alles,
> was der HERR gesagt hat, wollen wir tun. Mose überbrachte
> dem HERRN die Antwort des Volkes. Der HERR sprach zu Mo-
> se: Ich werde zu dir in einer dichten Wolke kommen; das Volk
> soll es hören, wenn ich mit dir rede, damit sie auch an dich
> immer glauben. Da berichtete Mose dem HERRN, was das Volk
> gesagt hatte.
>
> Der HERR sprach zu Mose: Geh zum Volk! Ordne an, dass sie
> sich heute und morgen heilig halten und ihre Kleider waschen.
> Sie sollen sich für den dritten Tag bereithalten. Am dritten
> Tag nämlich wird der HERR vor den Augen des ganzen Volkes
> auf *den Berg Sinai* herabsteigen. Zieh um das Volk eine Gren-
> ze und sag: Hütet euch, auf den Berg zu steigen oder auch nur
> seinen Fuß zu berühren. Jeder, der den Berg berührt, wird mit
> dem Tod bestraft. Keine Hand soll den Berg berühren. Wer es
> aber tut, soll gesteinigt oder mit Pfeilen erschossen werden; ob
> Tier oder Mensch, niemand darf am Leben bleiben. Erst wenn
> das Horn ertönt, dürfen sie auf den Berg steigen.
>
> Mose stieg vom Berg zum Volk hinunter und ordnete an, das
> Volk solle sich heilig halten und seine Kleider waschen. Er
> sagte zum Volk: Haltet euch für den dritten Tag bereit! Be-
> rührt keine Frau! Am dritten Tag, im Morgengrauen, begann

es zu donnern und zu blitzen. Schwere Wolken lagen über dem Berg und gewaltiger Hörnerschall erklang. Das ganze Volk im Lager begann zu zittern. Mose führte es aus dem Lager hinaus Gott entgegen. Unten am Berg blieben sie stehen (Ex 19,1-17).

Die Bibel weiß allerdings auch vom Treuebruch, den die Israeliten noch am Sinai begangen haben, und von der Vergebung der Sünde, die Mose durch seine selbstlose Fürsprache für das Volk erlangte:

Als das Volk sah, dass Mose noch immer nicht *vom Berg* herabkam, versammelte es sich um Aaron und sagte zu ihm: Komm, mach uns Götter, die vor uns herziehen. Denn dieser Mose, der Mann, der uns aus Ägypten heraufgebracht hat – wir wissen nicht, was mit ihm geschehen ist. Aaron antwortete: Nehmt euren Frauen, Söhnen und Töchtern die goldenen Ringe ab, die sie an den Ohren tragen, und bringt sie her! Da nahm das ganze Volk die goldenen Ohrringe ab und brachte sie zu Aaron. Er nahm sie von ihnen entgegen, zeichnete mit einem Griffel eine Skizze und goss danach ein Kalb. Da sagten sie: Das sind deine Götter, Israel, die dich aus Ägypten heraufgeführt haben. Als Aaron das sah, baute er vor dem Kalb einen Altar und rief aus: Morgen ist ein Fest zur Ehre des HERRN. Am folgenden Morgen standen sie zeitig auf, brachten Brandopfer dar und führten Tiere für das Heilsopfer herbei. Das Volk setzte sich zum Essen und Trinken und stand auf, um sich zu vergnügen.

Da sprach der HERR zu Mose: Geh, steig hinunter, denn dein Volk, das du aus Ägypten heraufgeführt hast, läuft ins Verderben. Schnell sind sie von dem Weg abgewichen, den ich ihnen vorgeschrieben habe. Sie haben sich ein Kalb aus Metall gegossen und werfen sich vor ihm zu Boden. Sie bringen ihm Schlachtopfer dar und sagen: Das sind deine Götter, Israel, die dich aus Ägypten heraufgeführt haben. Weiter sprach der HERR zu Mose: Ich habe dieses Volk durchschaut: Ein störrisches Volk ist es. Jetzt lass mich, damit mein Zorn gegen sie entbrennt und sie verzehrt. Dich aber will ich zu einem großen Volk machen.

Da versuchte Mose, den HERRN, seinen Gott, zu besänftigen, und sagte: Warum, HERR, ist dein Zorn gegen dein Volk entbrannt? Du hast es doch mit großer Macht und starker Hand aus Ägypten herausgeführt. Sollen etwa die Ägypter sagen können: In böser Absicht hat er sie herausgeführt, um sie im Gebirge umzubringen und sie vom Erdboden verschwinden zu lassen? Lass ab von deinem glühenden Zorn und lass dich das Böse reuen, das du deinem Volk antun wolltest. Denk an deine Knechte, an Abraham, Isaak und Israel, denen du mit einem Eid bei deinem eigenen Namen zugesichert und gesagt hast: Ich will eure Nachkommen zahlreich machen wie die Sterne am Himmel, und: Dieses ganze Land, von dem ich gesprochen habe, will ich euren Nachkommen geben und sie sollen es für immer besitzen. Da ließ sich der HERR das Böse reuen, das er seinem Volk angedroht hatte.

Mose kehrte um und stieg den Berg hinab, die zwei Tafeln der Bundesurkunde in der Hand, die Tafeln, die auf beiden Seiten beschrieben waren. Auf der einen wie auf der andern Seite waren sie beschrieben. Die Tafeln hatte Gott selbst gemacht und die Schrift, die auf den Tafeln eingegraben war, war Gottes Schrift (Ex 32,1-16).

Links am Eingang des Tals zum Kloster liegt auf einer Anhöhe die *Aaronskapelle,* die herkömmlich als der Ort gilt, wo das „Goldene Kalb" verehrt wurde. Gemeint war wohl ein Stier, Symbol der Kraft und der Fruchtbarkeit, der in der Polemik der Propheten als „Kalb" verächtlich gemacht wurde.

Das Katharinenkloster

Das Katharinenkloster (Abbildung: Tafel XXXIb) liegt auf 1582 m Höhe, der *Dschebel Musa* der „Mose-Berg" erreicht 2285 m, ist also 700 m höher, aber zunächst noch nicht sichtbar. Der östlich gegenüberliegende Berg (2065 m ü. d. M.) heißt *Dschebel ad-Der,* „Kloster-Berg" oder *Berg der hl. Episthemia,* weil in einem Seitental diese Heilige ein Frauenkloster gegründet hatte, das nicht mehr besteht. Hier in der Granitwüste des Gebirgstales erspürt auch der moderne Mensch das Besondere, das den Menschen vor urdenklichen Zeiten bereit machte, die Offenbarung von einem einzigen rettenden Gott zu empfangen: „Ich bin der HERR, dein Gott, der dich aus Ägypten geführt hat" (Ex 20,2). Wie es angefangen hat, davon erzählt die Bibel:

Mose weidete die Schafe und Ziegen seines Schwiegervaters Jitro, des Priesters von Midian. Eines Tages trieb er das Vieh über die Steppe hinaus und kam *zum Gottesberg Horeb.* Dort erschien ihm der Engel des HERRN in einer Flamme, die aus einem Dornbusch emporschlug. Er schaute hin: Da brannte der Dornbusch und verbrannte doch nicht. Mose sagte: Ich will dorthin gehen und mir die außergewöhnliche Erscheinung ansehen. Warum verbrennt denn der Dornbusch nicht? Als der HERR sah, dass Mose näher kam, um sich das anzusehen, rief Gott ihm aus dem Dornbusch zu: Mose, Mose! Er antworte-

te: Hier bin ich. Der HERR sagte: Komm nicht näher heran!
Leg deine Schuhe ab; denn der Ort, wo du stehst, ist heiliger
Boden.

Dann fuhr er fort: Ich bin der Gott deines Vaters, der Gott
Abrahams, der Gott Isaaks und der Gott Jakobs. Da verhüllte
Mose sein Gesicht; denn er fürchtete sich, Gott anzuschauen.
Der HERR sprach: Ich habe das Elend meines Volkes in Ägypten gesehen und ihre laute Klage über ihre Antreiber habe ich
gehört. Ich kenne ihr Leid. Ich bin herabgestiegen, um sie der
Hand der Ägypter zu entreißen und aus jenem Land hinaufzu-
führen in ein schönes, weites Land, in ein Land, in dem Milch
und Honig fließen, in das Gebiet der Kanaaniter, Hetiter,
Amoriter, Perisiter, Hiwiter und Jebusiter. Jetzt ist die laute
Klage der Israeliten zu mir gedrungen und ich habe auch gesehen, wie die Ägypter sie unterdrücken. Und jetzt geh! Ich
sende dich zum Pharao. Führe mein Volk, die Israeliten, aus
Ägypten heraus!

Mose antwortete Gott: Wer bin ich, dass ich zum Pharao gehen und die Israeliten aus Ägypten herausführen könnte? Gott
aber sagte: Ich bin mit dir; ich habe dich gesandt und als Zeichen dafür soll dir dienen: Wenn du das Volk aus Ägypten
herausgeführt hast, werdet ihr Gott an diesem Berg verehren.
Da sagte Mose zu Gott: Gut, ich werde also zu den Israeliten
kommen und ihnen sagen: Der Gott eurer Väter hat mich zu
euch gesandt. Da werden sie mich fragen: Wie heißt er? Was
soll ich ihnen darauf sagen? Da antwortete Gott dem Mose:
Ich bin der „Ich-bin-da".

Und er fuhr fort: So sollst du zu den Israeliten sagen: Der
„Ich-bin-da" hat mich zu euch gesandt. Weiter sprach Gott zu
Mose: So sag zu den Israeliten: der HERR, der Gott eurer Väter, der Gott Abrahams, der Gott Isaaks und der Gott Jakobs,
hat mich zu euch gesandt. Das ist mein Name für immer und
so wird man mich nennen in allen Generationen (Ex 3,1-15).

Das altehrwürdige Katharinenkloster ist geschichtlich und religiös
von höchstem Rang. Bereits um die Mitte des 3.Jh. entwickelten
sich im Sinai Einsiedeleien von christlichen Mönchen. Ein erstes
Zentrum war das Kloster *Raithu* (heute: *at-Tor,* an der Sinaiwest-
küste). Der Überlieferung nach ließ dann die hl. Helena am Ort des
brennenden Dornbusches eine Kapelle errichten. Sicher ist, dass bereits die unermüdliche Pilgerin Aetheria im Jahr 383 eine Kirche
beim Brennenden Dornbusch mit „einem sehr anmutigen Garten davor" aufgesucht hat, nachdem sie am Moseberg gewesen war und
dort der Eucharistie beigewohnt hatte. So nimmt es auch nicht Wunder, dass sich der große Bauherr Kaiser Justinian der Mönche am Si-

nai annahm. Nach 547, dem Todesjahr der Kaiserin Theodora, ließ
er durch den Architekten Stephanos von Aila (Elat) die heute noch
bestehende prächtige Kirche errichten, sie mit einer mächtigen Mauer umgeben und siedelte zum Schutz des Klosters Christen aus
Alexandrien und der Schwarzmeerküste hier an. Diese Klosterburg
überstand alle Fährnisse der Jahrhunderte ohne Zerstörung und
Plünderung.

Nach der arabischen Eroberung der Sinaihalbinsel konnte sich das
christliche Mönchtum im Katharinenkloster (nicht aber das von *Raithu*) halten. Nicht wenig hat dazu die Abschrift eines Schutzbriefes
im Besitz des Klosters beigetragen, der von Mohammed im Jahr 625
selbst erlassen worden sein soll und spätere Kalifen und Sultane zu
ähnlichen Gunsterweisen anregte. Doch mussten die Mönche auch
Entgegenkommen zeigen und für die Muslime im 10. Jh. eine kleine
Moschee im Inneren der Klosters, der Kirche gegenüber, zulassen.

Auch die Kreuzfahrer nahmen das Kloster unter ihren Schutz, das
von der Kirchenspaltung des Jahres 1054 anscheinend keine Notiz
nahm und weiterhin gute Beziehungen zum Abendland pflegte. Namen und Wappen von lateinischen Gästen an den Stützbögen des
alten Refektoriums (*Trapeza*) zeugen davon. Selbst Päpste setzten
sich für das Kloster ein und fanden in abendländischen Herrschern
Gefolgschaft; z. B. schenkte König Karl VI. von Frankreich im Jahr
1411 dem Kloster einen kostbaren Kelch. Auch Napoleon stellte
1798 einen Schutzbrief aus und bestätigte den Klosterbesitz. Der
von keinem Patriarchat abhängige Abt-Erzbischof des Sinaiklosters
nennt sich bis heute „Erzbischof des Sinai und von Raithu".

Es ist erstaunlich, dass sich auf dem Sinai vor dem 10. Jh. keine
Verehrung der hl. Katharina von Alexandrien nachweisen lässt. Die
legendarische Auffindung ihrer Gebeine auf dem höchsten Gipfel
des Sinai, dem *Dschebel Katerin,* „Katharinen-Berg", wohin sie
durch Engel gebracht worden seien, lässt sich dagegen leicht erklären. Natürlich hatte das Katharinenkloster Beziehungen zu Ägypten.
Dass man sich im frühen Mittelalter, als der Reliquienkult gewaltige
Ausmaße annahm, auch auf dem Sinai Reliquien besorgen wollte
und durch Boten (griech. *Angeloi*) bringen ließ, ist nur zu verständlich. Und ebenso, dass die irdischen Boten zu „Engeln" (ebenfalls
Angeloi) aufgewertet wurden.

Das Klostergeviert ist nicht ganz quadratisch: Die Ost- und West-
mauern messen 75 m, die mit byzantinischen Kreuzen und anderen
Reliefs versehene Südmauer ist 80 m lang und 8 m hoch, die weiter
im Tal gelegene Nordmauer aber 88 m lang und bis zu 25 m hoch.
An die Mauern angebaut befinden sich, zum Teil auf Stützbögen,
die Mönchszellen und Gemeinschaftsräume.

Mittelpunkt des Klosters ist natürlich die *Basilika,* zusammen mit
der Basilika von Betlehem eine der ältesten und ursprünglichsten

der Christenheit. Die äußere Holztüre, welche in den Narthex, die Vorhalle der Basilika, führt, stammt aus dem 12. Jh. und wurde von den Kreuzfahrern gestiftet. Noch einmal 600 Jahre älter sind die Türflügel der eigentlichen Basilika aus libanesischem Zedernholz; in die einzelnen Felder sind Tiere und Pflanzen geschnitzt. Auf der rechten Seite der Vorhalle wurde oben ein elegantes romanisches Doppelfenster freigelegt.

In der Vorhalle selbst sind 90 der bemerkenswertesten *Ikonen* des Klosters ausgestellt. Herausragend sind vor allem: ein Christus *Pantokrator,* griech. „Allherrscher", mit dem Evangelienbuch in der Hand, aus dem 6. Jh.; eine thronende Muttergottes mit zwei Heiligen und zwei Engeln, ebenfalls vom 6. Jh.; eine farbenfrohe Geburt Christi mit Engeln, Hirten und den drei Weisen (7. Jh.); ein souverän einfach wirkender grauköpfiger Petrus, über dem drei Medaillons (Mose, Christus, Maria?) angebracht sind, ebenfalls vom Ende des 6. Jh. Natürlich ist auch hier die hl. Katharina mehrfach vertreten. Zwei der Tafeln stellen die zwölf Hauptfeste (griech. *Dodeka-Orton*) des orthodoxen Kirchenjahres zusammen. Auffällig ist auch die Himmelsleiter; sie geht auf das berühmte Werk des Mönches Johannes Scholastikos mit dem Titel *Klimax tu Paradeisu,* „Paradieses-Leiter", zurück; dieses Werk trug dem ebenso gelehrten wie frommen späteren Abt des Klosters den Namen *Johannes Klimax* ein.

Das Innere der Basilika wird von zweimal sechs Granitsäulen in drei Schiffe geteilt, die mit Kandelabern, Straußeneiern und zahlreichen Ikonen behängt sind. Die Säulen weisen je ein Reliquienkästchen auf, jede trägt eine Monatsikone mit den Bildern der Heiligen eines ganzen Monats. Auch die Ikonen gleich an der Eingangswand, unter ihnen eine hl. Katharina, verdienen Beachtung. Die Tragebalken der Holzdecke erweisen sich durch ihre Schnitzereien als Werk der Erbauungszeit, während die mit Sternen übersäten Bretter dazwischen im 18. Jh. entstanden sind. Dabei sind ungefähr in der Mitte Sonne und Mond in der Weise ausgespart, dass am Nachmittag die wirkliche Sonne hereinscheinen kann. Auffällig ist an der Decke eine Darstellung von Johannes dem Täufer mit Flügeln. Dieser geflügelte Bußprediger erklärt sich aus dem Wort des Propheten Maleachi: „Seht, ich sende meinen Boten; er soll den Weg für mich bahnen" (Mal 3,1; vgl. Mt 11,10). Das griechische Wort für „Bote", *Angelos,* heißt, wie erwähnt, zugleich auch „Engel". Deshalb gab man dem „Vorboten" des Messias Flügel.

Das Mittelschiff wird von einer reichgegliederten *Ikonostase,* der „Bilderwand" (aus Kreta, um 1612) abgeschlossen, die von einer Kreuzigungsgruppe mit Maria und Johannes überragt wird; vor der Ikonostase der Basilika stehen zwei Leuchter, eine Nürnberger Stiftung von 1799. Hinter der Ikonostase befindet sich rechts unter einem Marmorbaldachin der kostbare Reliquienschrein der hl. Ka-

tharina; er enthält den Schädel und eine Hand der Heiligen. Die
Apsis über dem Presbyterium, vom Kirchenschiff aus leider nur teilweise sichtbar, schmückt das wunderschöne Mosaik aus dem 6. Jh.
der Verklärung Christi mit den alttestamentlichen Führergestalten
Mose und Elija und den bevorzugten Aposteln Petrus, Jakobus und
Johannes (Lk 9,28-36; siehe S. 232). Theologisch setzt dieses Mosaik die Gottesoffenbarung am Sinai mit der Verklärungsoffenbarung
Christi am Tabor in Beziehung, während es künstlerisch mit den nur
wenig älteren Mosaiken von Ravenna (San Vitale) in Italien vergli-
chen werden kann. In der Leiste unter dem Hauptbild sind die vier
großen und die zwölf kleinen Propheten zusammengebracht, denen
in der Mitte David beigesellt ist; ihnen sind in der Bogenlaibung die
Apostel gegenübergestellt.

An die Apsis der Basilika angebaut sind drei Kapellen, deren mittlere die *Kapelle des brennenden Dornbusches* ist. Gemäß der biblischen Weisung an Mose, „Leg deine Schuhe ab; denn der Ort, wo
du stehst, ist heiliger Boden" (Ex 3,5), darf die Kapelle nur barfuß
betreten werden, meist ist sie überhaupt unzugänglich. Diese mittelalterliche Kapelle ist der Gottesmutter Maria geweiht, weil man in
dem nicht verbrennenden Dornbusch ein Symbol ihrer Jungfräulichkeit sah. Deshalb feiern die Mönche ihre Liturgie am Samstag, der
dem *Tag des Herrn* vorausgeht und deswegen der Muttergottes geweiht ist, in dieser Kapelle. Die Apsis ziert ein Mosaik des 10. Jh.
mit der Darstellung des Heiligen Kreuzes. Von einer Kapelle des
Brennenden Dornbusches berichtet bereits die Pilgerin Aetheria.
Der Ort dieser Kapelle darf also als der Ursprungsort des Sinaiklosters angesehen werden. Ein einzigartiger Dornbusch ist jenseits des
schmalen Gangs hinter der Kapelle gepflanzt. Man sagt, alle Versuche, Zweige von ihm anderswo einzupflanzen, seien gescheitert.

Ein einzigartiger Schatz des Klosters ist seine *Bibliothek* mit 3000
Handschriften und 5000 alten Drucken sowie der einzigartige Bestand von rund 2000 Ikonen. Aber ausgerechnet das Prunkstück der
Bibliothek, der griechische *Codex Sinaiticus,* eine fast vollständig
erhaltene Bibel aus dem 4. Jh., zusammen mit dem gleichaltrigen
Codex Vaticanus in Rom die Grundlage aller griechischen Bibelaus-
gaben bis heute, befindet sich nicht mehr im Sinaikloster. Diese Bibel von unschätzbarem Wert gelangte über den deutschen Theologen Constantin von Tischendorf unter umstrittenen Umständen 1859
an den Zarenhof in Russland und wurde 1933 von der Sowjetunion
an das Britische Museum in London verkauft, wo sie sich bis heute
befindet.

Es ist verständlich, dass die eigentliche Bibliothek heutzutage nicht
mehr besucht werden kann und auch die Besuchszeit des Klosters
auf den Vormittag eingeschränkt wurde. An den Sonn- und Feiertagen des orthodoxen Kalenders und den Freitagen, dem christli-

chen Fasttag und Feiertag der Muslime, bleibt das Kloster ganz geschlossen.

Im Tal vor dem Kloster bildet der grüne Obst- und Gemüsegarten, wie schon im Altertum, einen überraschenden Kontrast zu der granitenen Steinwüste, die das Kloster umgibt. An seiner Südseite liegen der Friedhof und das Beinhaus des Klosters. Da der kleine Friedhof nicht beliebig erweitert werden konnte, wurden die Knochen der Verstorbenen nach einiger Zeit herausgenommen und im Beinhaus gesammelt. In der linken Hälfte des Beinhauses sind die Gebeine der Mönche gestapelt, auf der rechten Seite die der Abt-Erzbischöfe des Sinaiklosters. In der Mitte ist das Skelett des als Heiligen verehrten Mönches Stephanos aus dem 6. Jh., der sich insbesondere als Beichtpriester beim Aufstieg auf den Moseberg verdient machte. Nicht wenige moderne Besucher finden die gesammelten Totengebeine schockierend, aber es ist wirklichkeitsfremd, den Gedanken an den Tod aus dem Leben auszublenden. Solche Beinhäuser waren früher auch in unseren Landen gang und gäbe und finden sich mancherorts bis heute.

Der Moseberg

Das Katharinenkloster war und ist für nicht wenige Sinaipilger eine Station auf dem Weg zum Moseberg der Zehn Gebote. Wer vorhat, den Moseberg zu ersteigen, sollte sich vorher fragen, ob die Kräfte für einen Aufstieg von zweieinhalb bis dreieinhalb Stunden reichen und ob man mit geeignetem Schuhwerk ausgerüstet ist. Es handelt sich um eine Gebirgstour, bei der Vorsicht (besonders beim Fotografieren) und Ausdauer (700 m Höhenunterschied!) geboten sind. Es gibt keine Bergwacht und keinen Rettungshubschrauber! Die ersten zwei Drittel des Weges können auch weniger mühsam auf einem Kamelrücken zurückgelegt werden. Das obere Drittel mit seinen 734 Granitstufen muss man aber auf jeden Fall zu Fuß machen; der Weg ist für Reittiere zu steil. Der Fußpilger wird dankbar zur Kenntnis nehmen, dass er sich dieses Wegstück nicht mit Kamelen teilen muss.

Es haben sich zwei Alternativen für den Besuch des Moseberges herausgebildet: der Aufstieg während der Nacht zum Sonnenaufgang auf dem Berg, oder der Aufstieg am frühen Nachmittag zum Sonnenuntergang. Ein besonderes Erlebnis ist der Sonnenaufgang, das man sich freilich oft mit Hunderten anderer, teils lärmender Besucher teilen muss. Vor dem heraufziehenden Tagesgestirn steht die Gebirgslandschaft zuerst gegen einen fahl rosa schimmernden Himmel, der allmählich in kräftiges Rot und Rotorange übergeht, bevor die Sonne erscheint und alles in ihr strahlendes Weiß taucht. Man bedenke aber: Im Gegensatz zur oft fast unerträglichen Hitze des Tages ist der nächtliche Wüstenwind von schneidender Kälte!

Uralt ist der steile *Pilgerweg,* ein Weg von etwa 3750 Steinstufen ungleicher Höhe, der im Tal kurz hinter dem Kloster durch eine Schlucht aufwärts führt. Auffallend sind dabei zwei schmale Tordurchgänge im zweiten Teil des Aufstiegs, das *Beichttor* und das *Stephanostor*; bei letzterem pflegte der als Heiliger verehrte Priester Stephanos die Beichten der Pilger zu hören. Beide Tore werden schon vom mittelalterlichen Magister Thietmar im Jahr 1217 erwähnt. Der fromme Brauch, beim Aufstieg zu beichten, erklärt sich durch die Psalmverse:

> Wer darf hinaufziehn zum Berg des HERRN, wer darf stehn an seiner heiligen Stätte? Der reine Hände hat und ein lauteres Herz (Ps 24,3-4).

Hinter dem Stephanostor erreicht man eine grandiose Hochfläche zwischen Felsen und ist überrascht, dass es hier wieder Zypressen und etliches Grün gibt. Diese hochgelegene Fläche wird *Plateau der 70 Ältesten* genannt – in Erinnerung daran, dass beim Abschluss des Sinaibundes, anders als vorher bei den Zehn Geboten, 70 Älteste Mose begleiten durften. Im Buch Exodus heißt es:

> Zu Mose sprach er: *Steig zum Herrn hinauf* zusammen mit Aaron, Nadab, Abihu und mit siebzig von den Ältesten Israels; werft euch in einiger Entfernung nieder! Mose allein soll sich dem HERRN nähern, die anderen dürfen nicht näherkommen und das Volk darf den Berg nicht mit ihm zusammen besteigen. Mose kam und übermittelte dem Volk alle Worte und Rechtsvorschriften des HERRN. Das ganze Volk antwortete einstimmig und sagte: Alles, was der HERR gesagt hat, wollen wir tun.
>
> Mose schrieb alle Worte des HERRN auf. Am nächsten Morgen stand er zeitig auf und errichtete am Fuß des Berges einen Altar und zwölf Steinmale für die zwölf Stämme Israels. Er schickte die jungen Männer Israels aus. Sie brachten Brandopfer dar und schlachteten junge Stiere als Heilsopfer für den HERRN.
>
> Mose nahm die Hälfte des Blutes und goss es in eine Schüssel, mit der anderen Hälfte besprengte er den Altar. Darauf nahm er die Urkunde des Bundes und verlas sie vor dem Volk. Sie antworteten: Alles, was der HERR gesagt hat, wollen wir tun; wir wollen gehorchen. Da nahm Mose das Blut, besprengte damit das Volk und sagte: Das ist das Blut des Bundes, den der HERR aufgrund all dieser Worte mit euch geschlossen hat.
>
> Danach stiegen Mose, Aaron, Nadab, Abihu und die siebzig von den Ältesten Israels hinauf und sie sahen den Gott Israels.

Die Fläche unter seinen Füßen war wie mit Saphir ausgelegt und glänzte hell wie der Himmel selbst. Gott streckte nicht seine Hand gegen die Edlen der Israeliten aus; sie durften Gott sehen und sie aßen und tranken.

Der HERR sprach zu Mose: Komm herauf zu mir auf den Berg und bleib hier! Ich will dir die Steintafeln übergeben, die Weisung und die Gebote, die ich aufgeschrieben habe. Du sollst das Volk darin unterweisen. Da erhob sich Mose mit seinem Diener Josua und stieg den Gottesberg hinauf. Zu den Ältesten sagte er: Bleibt hier, bis wir zu euch zurückkehren; Aaron und Hur sind ja bei euch. Wer ein Anliegen hat, wende sich an sie.

Dann stieg Mose auf den Berg und die Wolke bedeckte den Berg. Die Herrlichkeit des HERRN ließ sich auf den Sinai herab und die Wolke bedeckte den Berg sechs Tage lang. Am siebten Tag rief der HERR mitten aus der Wolke Mose herbei. Die Erscheinung der Herrlichkeit des HERRN *auf dem Gipfel des Berges* zeigte sich vor den Augen der Israeliten wie verzehrendes Feuer. Mose ging mitten in die Wolke hinein und stieg auf den Berg hinauf. Vierzig Tage und vierzig Nächte blieb Mose auf dem Berg (Ex 24,1-18).

Auf dem Plateau gibt es an der rechten Flanke des Gipfels und über das ganze Plateau verstreut Einsiedeleien von heiligen Mönchen, darunter die des hl. Stephanos auf der Westseite.

Nach einem Stück Weiterweg in südlicher Richtung kommt man zur *Elijakapelle,* einer Doppelkapelle mit einer Höhle. Weil es eine Doppelkapelle ist, wurden unterschiedlich auch die Namen von Mose oder Elischa damit verbunden. Elijakapelle heißt sie deswegen, weil der leidenschaftliche Elija bei seiner Übernachtung in einer Höhle am Berg Horeb die Offenbarung des HERRN, ganz anders als gedacht, im sanften Säuseln empfing (vorausgehender Text: siehe S. 678)

Da stand er (Elija) auf, aß und trank und wanderte, durch diese Speise gestärkt, vierzig Tage und vierzig Nächte bis zum *Gottesberg Horeb.* Dort ging er in eine Höhle, um darin zu übernachten. Doch das Wort des HERRN erging an ihn: Was willst du hier, Elija? Er sagte: Mit leidenschaftlichem Eifer bin ich für den HERRN, den Gott der Heere, eingetreten, weil die Israeliten deinen Bund verlassen, deine Altäre zerstört und deine Propheten mit dem Schwert getötet haben. Ich allein bin übriggeblieben und nun trachten sie auch mir nach dem Leben.

Der HERR antwortete: Komm heraus und stelle dich auf den Berg vor den HERRN! Da zog der HERR vorüber: Ein starker, heftiger Sturm, der die Berge zerriss und die Felsen zerbrach, ging dem HERRN voraus. Doch der HERR war nicht im Sturm.

Nach dem Sturm kam ein Erdbeben. Doch der HERR war nicht
im Erdbeben. Nach dem Beben kam ein Feuer. Doch der HERR
war nicht im Feuer. Nach dem Feuer kam ein sanftes, leises
Säuseln. Als Elija es hörte, hüllte er sein Gesicht in den Mantel, trat hinaus und stellte sich an den Eingang der Höhle
(1 Kön 19,8-13).

Wahrscheinlich hat schon die Pilgerin Aetheria diese Elijahöhle besucht, auf dem Abstieg vom Gottesberg; sie spricht vom *Berg Horeb* als einem „anderen Berg, der dem Berg Gottes eng verbunden
ist", und gelangt anschließend zum *Brennenden Dornbusch* im Tal.

Bei der Elijakapelle trifft man auf den oben erwähnten weniger steilen Reitweg, von hier sind es noch 734 Granitstufen. Am Weg zeigen die Beduinen den Abdruck des Kamels ihres Propheten Saleh
auf seinem Ritt zum Himmel – auch für sie ist der Gipfel ein heiliger Berg, auf dem sie Kamelmilch als Opfer darbringen.

Der Gipfelweg endet in 2285 m Höhe, rund 150 m über der Elijahöhle, bei einer 1934 erbauten Kapelle, welche dem Dreifaltigen Gott
geweiht ist. Eine kleine Moschee ist seitlich angebaut. Die erste Kapelle wurde hier schon im Jahr 363 vom Mönch Julian Sabas errichtet, dem Begründer des syrischen Mönchtums. Kaiser Justinian ließ
dann auf dem Gipfel dieses Berges eine größere Kirche erbauen, deren Fundamente noch teilweise zu sehen sind; der jetzige Bau macht
nur den kleineren Teil davon aus.

Es ist der Berg der Gottesoffenbarung, zuweilen auch Berg der Zehn
Gebote genannt. Im Buch Exodus wird der vorher für die ar-Raha-
Ebene angegebene Text (S. 696) weitergeführt:

> Der ganze *Sinai* war in Rauch gehüllt, denn der HERR war im
> Feuer auf ihn herabgestiegen. Der Rauch stieg vom Berg auf
> wie Rauch aus einem Schmelzofen. Der ganze Berg bebte ge-
> waltig und der Hörnerschall wurde immer lauter. Mose redete
> und Gott antwortete im Donner. Der HERR war auf den Sinai,
> auf den Gipfel des Berges, herabgestiegen. Er hatte Mose zu
> sich auf den Gipfel des Berges gerufen und Mose war hinauf-
> gestiegen.

> Da sprach der HERR zu Mose: Geh hinunter und schärf dem
> Volk ein, sie sollen nicht neugierig sein und nicht versuchen,
> zum HERRN vorzudringen; sonst müssten viele von ihnen um-
> kommen. Auch die Priester, die sich dem HERRN nähern, müs-
> sen sich geheiligt haben, damit der HERR in ihre Reihen keine
> Bresche reißt. Mose entgegnete dem HERRN: Das Volk kann
> nicht auf den Sinai steigen. Denn du selbst hast uns einge-
> schärft: Zieh eine Grenze um den Berg und erklär ihn für hei-
> lig! Doch der HERR sprach zu ihm: Geh hinunter und komm
> zusammen mit Aaron wieder herauf! Die Priester aber und das

Volk sollen nicht versuchen, hinaufzusteigen und zum Herrn vorzudringen, sonst reißt er in ihre Reihen eine Bresche. Da ging Mose zum Volk hinunter und sagte es ihnen.

Dann sprach Gott alle diese Worte:

Ich bin der Herr, dein Gott, der dich aus Ägypten geführt hat, aus dem Sklavenhaus.

Du sollst neben mir keine anderen Götter haben. Du sollst dir kein Gottesbild machen und keine Darstellung von irgend etwas am Himmel droben, auf der Erde unten oder im Wasser unter der Erde. Du sollst dich nicht vor anderen Göttern niederwerfen und dich nicht verpflichten, ihnen zu dienen. Denn ich, der Herr, dein Gott, bin ein eifersüchtiger Gott: Bei denen, die mir feind sind, verfolge ich die Schuld der Väter an den Söhnen, an der dritten und vierten Generation; bei denen, die mich lieben und auf meine Gebote achten, erweise ich Tausenden meine Huld.

Du sollst den Namen des Herrn, deines Gottes, nicht missbrauchen; denn der Herr lässt den nicht ungestraft, der seinen Namen missbraucht.

Gedenke des Sabbats: Halte ihn heilig! Sechs Tage darfst du schaffen und jede Arbeit tun. Der siebte Tag ist ein Ruhetag, dem Herrn, deinem Gott, geweiht. An ihm darfst du keine Arbeit tun: du, dein Sohn und deine Tochter, dein Sklave und deine Sklavin, dein Vieh und der Fremde, der in deinen Stadtbereichen Wohnrecht hat. Denn in sechs Tagen hat der Herr Himmel, Erde und Meer gemacht und alles, was dazugehört; am siebten Tag ruhte er. Darum hat der Herr den Sabbattag gesegnet und ihn für heilig erklärt.

Ehre deinen Vater und deine Mutter, damit du lange lebst in dem Land, das der Herr, dein Gott, dir gibt.

Du sollst nicht morden.

Du sollst nicht die Ehe brechen.

Du sollst nicht stehlen.

Du sollst nicht falsch gegen deinen Nächsten aussagen.

Du sollst nicht nach dem Haus deines Nächsten verlangen.

Du sollst nicht nach der Frau deines Nächsten verlangen, nach seinem Sklaven oder seiner Sklavin, seinem Rind oder seinem Esel oder nach irgend etwas, das deinem Nächsten gehört.

Das ganze Volk erlebte, wie es donnerte und blitzte, wie Hörner erklangen und der Berg rauchte. Da bekam das Volk Angst, es zitterte und hielt sich in der Ferne. Sie sagten zu Mose: Rede du mit uns, dann wollen wir hören. Gott soll nicht mit uns reden, sonst sterben wir. Da sagte Mose zum Volk: Fürchtet euch nicht! Gott ist gekommen, um euch auf die Probe zu stellen. Die Furcht vor ihm soll über euch kommen, damit ihr nicht sündigt. Das Volk hielt sich in der Ferne und Mose näherte sich der dunklen Wolke, in der Gott war (Ex 19,18 – 20,21).

Die herrliche Aussicht reicht an klaren Tagen über die grandiose Gebirgslandschaft hinweg bis zum Golf von Suez im Westen und dem von Elat im Osten, ja darüber hinaus bis nach Afrika und Arabien. Südlich dominiert der höchste Gipfel des Sinai, der *Dschebel Katherin,* der „Katharinen-Berg" (2642 m). Von diesem einzigartigen Erlebnis zeigte sich schon im Jahr 383 die Pilgerin Aetheria begeistert. Sie vergaß auch nicht, den eigentlichen Grund ihres Glücks zu nennen:

> Die Anstrengung spürte ich nicht, und zwar deshalb, weil ich sah, wie mein sehnlicher Wunsch von Gott gewährt in Erfüllung ging. Zur vierten Stunde also gelangten wir auf den Gipfel jenes heiligen Gottesberges Sinai, wo das Gesetz gegeben wurde, und das heißt, an den Ort, wo am Tag, da der Berg rauchte, die Herrlichkeit Gottes herabstieg.

Der Katharinenberg

Vom Dorf St. Catherine kann man einen Ausflug in das südlich gelegene, wasserreiche *Lejatal* machen. *Leja* soll nach arabischer Überlieferung eine Tochter des Priesters Jitro und Schwester der Zippora, der Frau des Mose, gewesen sein. Man kommt links vorbei am Kloster *al-Bustan* (arab. „der Garten") mit einer Marienkapelle, in dem bis zum 16. Jh. georgische Mönche lebten. Rechts berührt man *Der ar-Ribua,* ein Kloster, das den zwölf Aposteln geweiht war. Im Jahr 370 n. Chr. sollen hier zwölf Mönche umgebracht worden sein. Weiter aufwärts bringt die *Eremitenquelle* eine üppige Vegetation hervor, ebenso die Quellen bei *al-Qantare* („die Brücke"). Nach etwa einer halben Stunde erreicht man links den „Mosefelsen" (*Hadschar Musa*), einen 3,50 m hohen roten Granitblock mit einer von oben nach unten verlaufenden grünlichen Porphyrader. Man zählt daran zehn (oder gar zwölf) Quellöffnungen. Nach den Mönchen des Sinaiklosters soll es der *Stein von Refidim* sein, von dem wir in der Bibel lesen:

> Die ganze Gemeinde der Israeliten zog von der Wüste Sin weiter, von einem Rastplatz zum andern, wie es der HERR jeweils bestimmte. In *Refidim* schlugen sie ihr Lager auf. Weil das Volk kein Wasser zu trinken hatte, geriet es mit Mose in Streit und sagte: Gebt uns Wasser zu trinken! Mose aber antwortete: Was streitet ihr mit mir? Warum stellt ihr den HERRN auf die Probe? Das Volk dürstete dort nach Wasser und murrte

gegen Mose. Sie sagten: Warum hast du uns überhaupt aus Ägypten hierher geführt? Um uns, unsere Söhne und unser Vieh verdursten zu lassen? Mose schrie zum HERRN: Was soll ich mit diesem Volk anfangen? Es fehlt nur wenig und sie steinigen mich. Der HERR antwortete Mose: Geh am Volk vorbei und nimm einige von den Ältesten Israels mit; nimm auch den Stab in die Hand, mit dem du auf den Nil geschlagen hast, und geh! Dort drüben auf dem *Felsen am Horeb* werde ich vor dir stehen. Dann schlag an den Felsen! Es wird Wasser herauskommen und das Volk kann trinken. Das tat Mose vor den Augen der Ältesten Israels (Ex 17,1-6).

Diese Auflehnung bei Refidim steht in der Bibel *vor* der Ankunft am Sinai. Die Mönche behaupten jedoch gar nicht, dass das *Lejatal* das wüstenhafte *Refidim* sei: Bereits dem Pilger Thietmar wurde im Jahr 1217 erklärt, der Fels von Refidim sei dem Volk auf seinem Wüstenzug gefolgt und dann hierher an den Sinai zurückgekehrt. Diese Tradition reicht weit zurück. Der Koran meint, dass der Felsen zwölf Quellöffnungen hatte, für jeden der zwölf Stämme eine; und nach einem jüdischen Targum (aramäische Übersetzung der Bibel, vermischt mit erbaulichen Erzählungen) wäre nicht der *Fels* dem Volk gefolgt, sondern das *Wasser aus dem Felsen*. Dabei wird der christliche Pilger hellhörig, denn Paulus schreibt:

> Unsere Väter … tranken alle den gleichen gottgeschenkten Trank; denn sie tranken aus dem lebenspendenden Felsen, der mit ihnen zog. Und dieser Fels war Christus (1 Kor 10,1.4).

Nach weiteren 20 Minuten breiten sich im Tal die Gärten von *Der al-Arbaïn* aus, des „Klosters der 40 (Märtyrer)". Dabei handelt es sich um 40 sinaitische Mönche, die nach dem Bericht des Ammonios von Ägypten um 375 n.Chr. von feindlichen Nomaden umgebracht wurden. Zu Anfang verehrten die Mönche in einer Höhlenkapelle den hl. Onuphrius, einen aus Ägypten stammenden Eremiten. Dagegen besaß die altertümliche Hauptkirche mehrere Märtyrergräber. Die Gärten bringen Oliven, Feigen, Granatäpfel, Mandeln und Zitronen hervor.

Bei *Der al-Arbaïn* stößt man auf den Pfad, der von der Elijakapelle des Moseberges herunterkommt. Gegenüber beginnt der Aufstieg zum *Dschebel Katherin,* dem „Katharinen-Berg" – mit seinen 2642 m der höchster Gipfel der Sinaihalbinsel. Der Aufstieg ist nicht schwierig, nimmt aber gegen fünf Stunden in Anspruch. Die örtlichen Beduinen verlangen, dass man den Berg nur mit einem Führer besteigt. Diese Forderung ist sinnvoll, da es keine Wegmarkierungen gibt und Besucher die Anforderungen einer Hochgebirgswüstenwanderung oft nicht kennen. Wer über genügend Zeit und Kondi-

tion verfügt, für den ist der Aufstieg zum Katharinenberg eine erwä-
genswerte Alternative zum oft überlaufenen Moseberg. Die kleine
Kapelle zu Ehren der hl. Katharina auf dem Gipfel ist von weitem
sichtbar. Dort sollen gemäß der Vision eines Mönches die Reliquien
der hl. Katharina aufgefunden worden sein.

Kadesch-Barnea

Die biblische Oase Kadesch (oft Kadesch-Barnéa genannt, z.B. in
Deut 1,19, zur Unterscheidung von anderen Städten mit gleichem
oder ähnlichem Namen, z.B. Kedesch-Naftali in Galiläa, siehe
S.213) darf als Zentrum der israelitischen Nomadenstämme vor ihrer Einwanderung nach Kanaan, ins „Gelobte Land", gelten. Dieser
bedeutende biblische Ort liegt im Nordosten der Sinaihalbinsel. Er
ist auch von ägyptischer Seite aus nur schwer zugänglich, da er im
Grenzgebiet liegt. Könnte man von Nitzana (siehe S.683) aus nach
Westen weiterfahren, käme man nach ca.20 km dorthin.

> Im ersten Monat kam die ganze Gemeinde der Israeliten in die
> Wüste Zin und das Volk ließ sich in *Kadesch* nieder. Dort
> starb Mirjam und wurde auch dort begraben (Num 20,1).

Nach biblischer Erinnerung wurde von hier aus ein erster Versuch
unternommen, durch edomitisches Gebiet hindurch nach Kanaan zu
ziehen:

> Mose schickte von *Kadesch* aus Boten zum König von Edom
> und ließ ihm sagen: So sagt dein Bruder Israel: Du kennst alle
> Mühsal, die uns getroffen hat. Unsere Väter sind nach Ägyp-
> ten gezogen und wir haben viele Jahre in Ägypten gewohnt.
> Aber die Ägypter haben uns und unsere Väter schlecht be-
> handelt. Da haben wir zum HERRN geschrien und er hat uns
> gehört. Er schickte einen Boten und der Bote führte uns aus
> Ägypten heraus. Jetzt sind wir in *Kadesch, einer Stadt an der
> Grenze deines Gebietes.* Wir möchten durch dein Land ziehen.
> Wir werden eure Felder und Weinberge nicht betreten und
> kein Brunnenwasser trinken. Wir werden die Königsstraße be-
> nutzen und weder rechts noch links davon abbiegen, bis wir
> dein Gebiet durchzogen haben. Edom aber ließ dem Mose sa-
> gen: Du wirst bei mir nicht durchziehen, sonst ziehe ich dir
> mit dem Schwert entgegen. Da ließen ihm die Israeliten sagen:
> Wir wollen auf der Straße ziehen. Und wenn wir von deinem
> Wasser trinken, ich und meine Herden, dann zahle ich dafür.
> Ich will nichts anderes, nur zu Fuß durch dein Land ziehen.
> Aber Edom ließ wieder sagen: Du wirst nicht durchziehen.
> Und Edom zog mit schwer bewaffneten Kriegern Israel entge-

gen, zur Abwehr entschlossen. Da Edom sich also weigerte, Israel durch sein Gebiet ziehen zu lassen, musste Israel einen Umweg machen (Num 20,14-21).

Zwar gibt es Prophetensprüche gegen Edom zuhauf. Umso bemerkenswerter ist es, wie sich Israel bewusst bleibt, dass es auch mit Edom verwandt ist. Edom wird mit Esau gleichgesetzt (Gen 36,1), der sein Erstgeburtsrecht an seinen Bruder Jakob um ein Linsengericht verkauft hat (Gen 25,29-34).

Die Wüstenzone von Kadesch-Barnea zeigt Spuren menschlichen Lebens seit der älteren Steinzeit. Sie ist mit guten Quellen ausgestattet. Die Quelle *Ain Qudeis* bewahrt den Namen *Kadesch* bis heute, die Quelle *Ain Qudeirat* versorgte den *Tell Qudeirat,* in dem man das einstmalige Kadesch-Barnea sehen darf, mit Wasser.

41. JORDANIEN

Jordanien umfasst eine Fläche von 90 650 km^2 (etwas größer als Österreich) am Nordwestrand der arabischen Wüste; 80% seines Gebietes sind Wüste. Der Staat hat seinen Namen vom Jordanfluss, der heute die Grenze zu Israel/Palästina bildet. Im Englischen (*Jordan*) oder Arabischen (*al-Urdun*) ist der Name für das Land und den Fluss sogar identisch. Das Kerngebiet des Landes und seiner Geschichte liegt tatsächlich in einem 40–60 km breiten Streifen längs des Jordans, wo die meisten Einwohner leben. Über die Hälfte der ca. 6,5 Millionen Jordanier sind palästinensische Flüchtlinge oder deren Nachkommen, mehr als 90% sind sunnitische Muslime.

Jordanien ist im Gefolge der beiden Weltkriege aus der Erbmasse des Osmanischen Reiches hervorgegangen. Ein erster Versuch mit einem *Arabischen Königreich* (Groß-)*Syrien* scheiterte, es zerfiel sehr schnell wieder. König Feisal I. musste das Land verlassen und wurde später König des Irak, freilich ganz von Englands Gnaden. Erfolgreicher war *Abdallah,* der ältere Bruder Feisals, als *Emir von Transjordanien.* Das Ostjordanland wurde zwar 1920 ebenso wie Palästina vom Völkerbund unter britische Verwaltung gestellt, Abdallah erlangte aber 1922 vertraglich die Unabhängigkeit. Feisal und Abdallah stammten aus der Familie der Haschemiten, die sich vom Propheten Mohammed ableiten, und sind mit dem saudischen Königshaus verwandt.

Im Zweiten Weltkrieg wurde das Emirat Transjordanien von den Briten besetzt. Am 25.5.1946 zogen sie sich zurück, Transjordanien wurde Königreich und *Abdallah* sein erster König. Als 1948 die Briten Palästina verließen, Ben-Gurion am 14.5.1948 den Staat Israel ausrief und es zum israelisch-arabischen Krieg kam, war die jordanische Armee zur Stelle, um den Palästinensern zu helfen. Die Altstadt von Jerusalem sowie das zentralpalästinensische Gebirge mit Ausnahme eines heftig umkämpften Korridors nach Jerusalem konnte gehalten werden, nicht aber Galiläa. Nach dem Waffenstillstand von 1949 wurde der arabische Teil von Palästina, das Westjordanland (engl. *West Bank*), Transjordanien angegliedert und dieses neue Gebilde zum *Haschemitischen Königreich Jordanien* erklärt.

Diese Vergrößerung des Staatsgebietes hatte aber zwei Seiten: 1951 wurde König Abdallah von palästinensischen Nationalisten am Eingang zur *al-Aqsa-Moschee* in Jerusalem ermordet, und als im dritten israelisch-arabischen Krieg 1967 Israel das ganze Westjordanland besetzte, kamen erneut sehr viele Palästinaflüchtlinge über den Jordan ins Ostjordanland. Dennoch gelang es *König Hussein,* dem Enkel von König Abdallah, der 1952 mit erst 17 Jahren für seinen erkrankten Vater Talal die Regierung übernehmen musste, eine anerkannte Autorität zu werden und das kleine Land sicher zu steuern. Es war keine einfache Aufgabe, zwischen dem arabischen Nationalismus, den Aspirationen der größeren Nachbarn und dem israelischen Nationalismus eine Politik des Augenmaßes zu betreiben. Besondere internationale Anerkennung erhielt er durch den Friedensschluss mit Israel am 16.7.1994, unter Verzicht auf das Westjordanland zugunsten von Palästinenserführer Jassir Arafat. Nach dem Tod von König Hussein 1999 wurde sein Sohn *Abdullah II.* König. Er führt die gemäßigt prowestliche Politik seines Vaters fort und damit auch die korrekten Beziehungen zum israelischen Nachbar. In den vergangenen Jahren hat Jordanien mehrfach große Flüchtlingsströme aufgenommen – Iraker nach den beiden Golfkriegen, Syrer seit dem Ausbruch des syrischen Bürgerkriegs 2011, seit der Errichtung eines muslimischen Gottesstaates im Nordirak 2014 wieder Iraker –, was das kleine Land vor erhebliche Probleme stellt. Es ist die Rede von drei bis vier Millionen Flüchtlingen und Gastarbeitern – genaue Zahlen sind nicht zu ermitteln –, die zu den ca. 6,5 Millionen Einwohnern Jordaniens dazukommen.

Seit dem Friedensschluss zwischen Israel und Jordanien ist es kein Problem mehr, beide Länder auf der gleichen Reise zu besuchen. Deutsche, Österreicher oder Schweizer brauchen für Jordanien ein Visum, das man am Flughafen oder an den meisten Grenzübergängen bekommt. Für die Fahrt von Israel nach Jordanien oder umgekehrt kommen drei Jordanübergänge in Frage:

- Die *Scheich-Hussein-Brücke,* 23 km südlich vom See Gennesaret, bei Bet-Schean (auf der israelischen Seite heißt der Grenzübergang *Jordan River,* „Jordan-Fluss").
- Die *König-Hussein-Brücke,* 12 km nördlich des Toten Meeres, bei Jericho (auf der westlichen Seite: *Allenby-Brücke).* Reist man von Israel nach Jordanien, bekommt man hier *kein* jordanisches Visum, man muss es sich vorher bei einer jordanischen Botschaft besorgen.
- Der Grenzübergang zwischen *Aqaba* und *Elat,* 5 km nördlich des Roten Meeres.

Jordanien ist ein bedeutendes biblisches und war durch Jahrhunderte auch ein bedeutendes christliches Land. Das Volk Israel durchzog das Ostjordangebiet und besiegte dessen Könige. Die Stämme Ruben und Gad sowie ein Teil von Manasse blieben dort (Num 32). Der große Gesetzgeber und religiöse Führer Mose fand hier den Tod, ohne das Gelobte Land je betreten zu haben (Deut 34,1-6; siehe S.745).

Zur Zeit Jesu gehörten Teile des Ostjordanlandes zum Zehnstädtebund der *Dekapolis,* die *Gerasa* einschloss, das bei der Heilung eines Besessenen durch Jesus zur Ortsangabe dient (Mk 5,1.20). Weitere Orte in der Dekapolis werden in den Evangelien nicht genannt

(außer dem allgemeinen Hinweis auf „das Gebiet der Dekapolis",
Mk 7,31). Bezüglich des südlicheren *Peräa,* das dem Tetrarchen
Herodes Antipas unterstand, war es den Evangelisten ein Anliegen,
Jesu Wirksamkeit dort festzuhalten. Wir erfahren zwar keinen ande-
ren Ort außer den der Johannestaufe *in Betanien, auf der anderen
Seite des Jordan* (Joh 1,28), aber der Evangelist Johannes spricht
von einem zweiten Aufenthalt Jesu vor seinem Weg hinauf nach Je-
rusalem:

> Dann ging Jesus wieder weg *auf die andere Seite des Jordan,*
> an den Ort, wo Johannes zuerst getauft hatte; und dort blieb er
> (Joh 10,40; vgl. auch Mk 10,1).

In byzantinischer Zeit wurde das Ostjordanland christlich. Christlich
gewordene Araber, die Ghassaniden, übernahmen den Schutz der
Randzone an der Wüste. Es entstand eine große Zahl von Kirchen
und Klöstern, nicht nur in *Jarasch* und im *Madaba-Nebo*-Gebiet,
sondern auch in weiter entfernten Landesteilen.

Unter den Omaijaden (661–750 n.Chr, Hauptstadt Damaskus) erlebte das Land eine Blüte. Die Schlösser in der Wüste, die die östliche Landeshälfte umfasst, legen davon bis heute ein beredtes Zeugnis ab. Unter dieser muslimischen Herrschaft blühte das Christentum weiter; wir wissen von über 40 Kirchen, die in dieser Zeit wei-
terbestanden, mindestens fünf wurden sogar neu gebaut. Nach dem
Ende der Omaijadendynastie wurde die Hauptstadt unter den neuen
Herrschern, den Abbasiden, nach Bagdad verlegt, das Land geriet in
eine Randlage, ein allmählicher Niedergang setzte ein. Einige Jahrhunderte später hinterließen die Kreuzfahrer ihre Spuren. Mehrere
Burgen, mit denen sie die Ostgrenze ihrer Herrschaft sicherten, sind
davon noch heute ein eindrucksvolles Zeugnis.

Heute sind die Christen eine Minderheit, etwa 3 % (ca. 220000), davon 50000 Katholiken. Jordanien dürfte das arabische Land sein, in
dem die Christen den besten Minderheitenschutz genießen. Zu den
einheimischen Christen kommen ca. 30000 ausländische, die im
Land leben; die Zahl der Christen unter den irakischen und syrischen Flüchtlingen ist unbekannt. Die lateinische Kirche von Jordanien ist Teil des lateinischen Patriarchats von Jerusalem mit einem
Regionalbischof, der in Amman residiert. Sie zählt 32 Pfarreien. Der
gegenwärtige lateinische Patriarch von Jerusalem, Fuad Twal, ist
Jordanier (* 1940 in Madaba).

Das Jordantal (östliche/jordanische Seite)

Die Hauptstraße des Jordantales Nr.65 verläuft parallel zu Fluss und
Grenze. Zwischen der Straße und dem Fluss befindet sich der Kö-

nig-Abdallah-Kanal, der von 1959 ab zur Bewässerung des östlichen Jordangrabens bis hinunter zum Toten Meer geschaffen wurde. In neutestamentlicher Zeit gehörte diese Gegend zu *Peräa*, das ebenso wie Galiläa Territorium des Herodes Antipas (4 v.Chr.–39 n.Chr.) war und bis zur Festung Machärus im Süden reichte. Schon der Name *Peräa*, „das jenseitige (Land)", macht den jüdischen Herrschaftsanspruch trotz der Lage jenseits des Jordan deutlich. Im Alten Testament war es Stammesgebiet von Ruben und Gad. Auch Jesus hat dieses jenseitige Land aufgesucht; die Verkehrswege, die durch das Jordantal Galiläa mit Judäa und Jerusalem verbanden, verliefen nämlich östlich des Flusses.

Pella (arab. *Tab(a)qat al-Fahl*): Der Ruinenhügel des antiken *Pella* liegt wenige Kilometer südlich der *Scheich-Hussein-Brücke*. Von dort kommend, biegt man im ersten Städtchen entlang der Straße Nr.65, *Tabaqat al-Fahl,* kurz nach dem Ortseingang links auf die Straße nach *Jarash/Ajlun* (man kann hier nicht links abbiegen, sondern muss an der ersten folgenden Kreuzung wenden und dann nach rechts abbiegen). In einer Linkskurve sieht man links der Straße Ruinen (der Westkirche, s.u.), die archäologische Zone ist zur Rechten der Straße.

Die das ganze Jahr über sprudelnden Quellen von *Pella* führten dazu, dass der Ort schon früh besiedelt wurde. Die Stadt erhob sich auf zwei Hügeln, die das *Wadi Malawi*, „Windungs-Tal", trennt. Auf dem Südhügel gibt es Funde menschlicher Präsenz seit der Altsteinzeit, Gräberfunde reichen in die Frühe Bronzezeit um 3000 v.Chr. zurück. Pella wird in zahlreichen Texten, von ägyptischen Verwünschungssprüchen des 19.Jh. v.Chr. bis hinein ins Mittelalter, genannt. In der Bibel kommt Pella nirgends vor, obwohl es nach archäologischem Befund im 2. und 1. Jahrtausend v.Chr. eine bedeutende Stadt war. In hellenistischer Zeit nannte es sich ohne falsche Bescheidenheit *Pella,* wie der Ort in Mazedonien, in dem Alexander der Große geboren war. Da es dem Hasmonäerkönig Alexander Jannai 83 v.Chr. Widerstand leistete, wurde es eingeäschert. Es erholte sich aber schnell, wurde unter den Römern unabhängig und gehörte zum Zehnstädtebund der Dekapolis. Eusebius berichtet, dass die Jerusalemer Christen beim Ausbruch des Ersten Jüdischen Krieges 67 n.Chr. nach Pella geflüchtet seien. Tatsächlich wird ein christlicher Sarkophag, der in Pella gefunden wurde, auf etwa 100 n.Chr. datiert. Ihre höchste Blüte erreichte die Stadt in byzantinischer Zeit. 635 n.Chr. erlitt Kaiser Heraklius bei Pella die entscheidende Niederlage mit angeblich 80 000 Toten. Diese Niederlage öffnete den Muslimen den Weg nach Palästina. Handel und Reichtum der Stadt gingen zurück, die Kirchen wurden aber erst nach und nach aufgegeben. Den entscheidenden Schlag versetzten der Stadt mehrere

Erdbeben des 8.Jh., besonders das von 749, das, wie im nahen Bet-
Schean, von einem Moment auf den anderen die Bauten einstürzen
ließ. In bescheideneren Verhältnissen wurde Pella im Mittelalter
wieder bewohnt; davon zeugt eine mamlukische Moschee an der
Westseite des nördlichen Hügels. Erst im 16.Jh. verfiel Pella völlig,
bis im 19.Jh. Bauern den alten Namen mit dem Dorf *Tabaqat Fahl*
(„*Fahl*-Terrassen") wiederbelebten und seit 1967 amerikanische und
australische Archäologen die ruhmreiche Vergangenheit in die Gegenwart zurückholten.

Die *Westkirche* auf dem Nordhügel von Pella (außerhalb der archäologischen Zone) mit drei Säulen ihres Hofes wird wegen aufgefun-
dener Anbauten als Kirche eines Klosters betrachtet; sie könnte um
500 n.Chr. errichtet worden sein. Eine große Zisterne nördlich davon konnte an die 300 m³ Wasser aufnehmen. Östlich schlossen sich
spätantike Wohnbauten an.

Bei den Quellen zwischen den beiden Hügeln waren schon in römischer Zeit das *Odeon* – eine Art kleines Theater –, Bäder und Läden
entstanden. Um 400 wurde oberhalb dieses Stadtzentrums eine Basilika, die *Kathedrale,* errichtet; die Basis des Bischofssitzes in der
Apsis ist gut zu sehen. Die Kirche hatte ihren ursprünglichen Eingang von Norden her. Im 7.Jh. wurde ihre Umgebung völlig neugestaltet, die Läden, Bäder und das Theater aufgegeben und mit dem
vorhandenen Material eine repräsentative Freitreppe zum vergrößer-
ten Platz vor der Kirche angelegt. Seit die Altertumsbehörden die
vorhandenen Säulen wiederaufrichten ließen, hat man hier eines der
imposantesten römisch-byzantinischen Ensembles von Jordanien
vor sich. Eine weitere dreischiffige Basilika vom Ende des 5.Jh., die
Ostkirche, thront 30 m höher auf einer Terrasse des südöstlichen
Berghanges, man sieht von weitem einige der Säulen des Atriums.
Auch sie war mit einem monumentalen Treppenaufgang hervorgehoben.

Das waldige Gebirge um Pella hat in der Bibel den Namen *Gilead*.
Aus Gilead stammten die Richter Jaïr (Ri 10,3-5) und Jiftach (Ri
10–12), ein Zeichen für die Bedeutung der ostjordanischen Stämme
in der Frühzeit Israels. Der berühmteste Gileaditer war aber der Prophet Elija aus *Tischbe,* der sich zeitweise am Bach *Kerit* aufhielt:

> Der Prophet Elija *aus Tischbe in Gilead* sprach zu Ahab: So
> wahr der HERR, der Gott Israels, lebt, in dessen Dienst ich ste-
> he: in diesen Jahren sollen weder Tau noch Regen fallen, es
> sei denn auf mein Wort hin. Danach erging das Wort des
> HERRN an Elija: Geh weg von hier, wende dich nach Osten und
> verbirg dich *am Bach Kerit östlich des Jordan*! Aus dem Bach
> sollst du trinken und den Raben habe ich befohlen, dass sie

dich dort ernähren. Elija ging weg und tat, was der HERR befohlen hatte; er begab sich *zum Bach Kerit östlich des Jordan* und ließ sich dort nieder. Die Raben brachten ihm Brot und Fleisch am Morgen und ebenso Brot und Fleisch am Abend und er trank aus dem Bach. Nach einiger Zeit aber vertrocknete der Bach; denn es fiel kein Regen im Land (1 Kön 17,1-7).

Die beiden geographischen Angaben aus der Geschichte des großen Kämpfers für den HERRN, seine Heimat Tischbe und der Bach Kerit, können bis heute nicht einwandfrei lokalisiert werden.

5 km nördlich von Pella liegt der *Tell Abu al-Charaz,* evtl. das in der Bibel mehrfach genannte Jabesch-Gilead, z.B. Ri 21,10-14: Die dort berichtete gewaltsame Zerstörung fand in den archäologischen Ausgrabungen (in den 90er-Jahren durch die Universität Göteborg), bei der auch ein Massengrab entdeckt wurde, eine Bestätigung. Der Ort war zwischen 3400 und 600 v.Chr. besiedelt und entwickelte besonders in der Spätbronzezeit eine glänzende Kultur. Es waren die Männer von Jabesch-Gilead, die den Leichnam König Sauls und seiner Söhne von der Schande der öffentlichen Zurschaustellung befreiten, des Nachts aus Bet-Schean holten und bei sich bestatteten:

Als die Einwohner von *Jabesch-Gilead* hörten, was die Philister mit Saul gemacht hatten, brachen alle kriegstüchtigen Männer auf, marschierten die ganze Nacht hindurch und nahmen die Leiche Sauls und die Leichen seiner Söhne von der Mauer von Bet-Schean ab; sie brachten sie nach Jabesch und verbrannten sie dort. Dann nahmen sie die Gebeine, begruben sie unter der Tamariske von Jabesch und fasteten sieben Tage lang (1 Sam 31,11-13).

6 km südlich von Pella überquert man das *Wadi al-Jabis,* in dem sich der Name von Jabesch-Gilead erhalten hat.
Nach weiteren 14 km liegt in Nähe des Jordan der hoch aufragende Ruinenhügel *Tell as-Saidije,* in dem man das *Zaretan* der Bibel vermuten kann, bei dem sich die Wasser des Jordan stauten und den Israeliten den Durchzug trockenen Fußes ermöglichten:

Als dann das Volk seine Zelte verließ und aufbrach, um den Jordan zu überschreiten, gingen die Priester, die die Bundeslade trugen, an der Spitze des Volkes. Und als die Träger der Lade an den Jordan kamen und die Füße der Priester, die die Lade trugen, das Wasser berührten – der Jordan war aber während der ganzen Erntezeit über alle Ufer getreten –, da blieben die Fluten des Jordan stehen. Das von oben herabkommende Wasser stand wie ein Wall in weiter Entfernung, bei der Stadt Adam, die in der Nähe von *Zaretan* liegt. Die zum Meer der

Araba, zum Salzmeer, hinabfließenden Fluten dagegen liefen vollständig ab und das Volk zog Jericho gegenüber durch den Jordan. Die Priester, die die Bundeslade des Herrn trugen, standen, während ganz Israel trockenen Fußes hindurchzog, fest und sicher mitten im Jordan auf trockenem Boden, bis das ganze Volk den Jordan durchschritten hatte (Jos 3,14-17).

Derselbe Ort wird auch im Zusammenhang mit der Herstellung der Geräte für den salomonischen Tempel erwähnt (siehe nächste Seite).

Tell Der Alla: Der große 28 m hohe Tell (201 m u.d.M.) hat auch der Ortschaft den Namen gegeben. Der Name bedeutet „hohes Kloster" und würde also auf ein früheres Kloster deuten. Ausgrabungen der Universität Leiden erbrachten ein Heiligtum des 15.–12. Jh. v.Chr. und eine umfängliche Inschrift aus der Zeit von etwa 800 v.Chr., mit Tinte auf den Wandverputz geschrieben (heute im *Jordan Museum* in Amman). Darin ist die Rede von einem „Seher der Götter, Bileam, Sohn des Beor", ähnlich wie im Buch Numeri der Bibel (Num 22–24; siehe S.744). Wenn man Unsicherheiten in der Lesung dieses Textes beiseite lässt, ergibt sich etwa folgender Sinn:

> Buch des Bileam, Sohn des Beor, der Mann, der die Götter schaute. Die Götter kamen nachts zu ihm und sprachen wie folgt zu Bileam, dem Sohn des Beor: Die letzte Flamme ist da, ein Feuer als Strafgericht ist gekommen! … Schaut, was die Götter vorhaben. Die Götter sind zusammengekommen und *Schaddajim* („die Mächtigen") haben Rat gehalten. Dann haben sie zu Schagar gesagt: Verschließ den Himmel mit deiner Wolke, dass Dunkelheit herrsche und nicht mehr das Licht.

Dieser berühmte Seher wäre es also gewesen, den der König von Moab herbeigeholt hat, um Israel zu verfluchen. Es ergeben sich noch weitere Verwandtschaften zu Texten der Bibel. So lesen wir in einem Psalm ganz ähnlich:

> Gott steht auf in der Versammlung der Götter,
> im Kreis der Götter hält er Gericht (Ps 82,1).

Israel hat noch lange mit anderen Göttern gerechnet, doch ist der HERR, Israels Gott, der höchste und Israel darf keine fremden Götter neben ihm haben. Auch in der Gottesbezeichnung ergeben sich Berührungen. *Schaddajim* ist auch in Israel als Bezeichnung für Gott bekannt, aber in der Einzahl: *El-Schaddai,* was mit *Gott, der Allmächtige,* übersetzt wird. So sprach der HERR zu Mose in Ägypten:

> Ich bin der HERR. Ich bin Abraham, Isaak und Jakob als *El-Schaddai* (Gott, der Allmächtige) erschienen, aber unter meinem Namen YHWH habe ich mich ihnen (noch) nicht zu erkennen gegeben (Ex 6,2-3).

Man hält *Der Alla* für das *Sukkot* der Bibel, in dessen Nähe König Salomo Bronzegeräte für seinen Tempel gießen ließ:

> Alle diese Geräte, die Hiram dem König Salomo für das Haus des HERRN anfertigte, waren aus glatter Bronze. In der Jordanau *zwischen Sukkot und Zaretan* ließ sie der König in Formen aus festem Lehm gießen. Und Salomo gab allen Geräten ihren Platz (1 Kön 7,44-47) .

Bei den Ausgrabungen wurden tatsächlich Schmelzöfen für Bronzeguss gefunden, aber wenige Wohnräume. Eigentlich kein Wunder in dieser heißen Zone, in der man gut in Zelten leben kann; *Sukkot* heißt ja „Hütten" (es ist auch die Bezeichnung für das jüdische Laubhüttenfest).

Sukkot begegnet auch dem Psalmenbeter in einem auf den ersten Blick etwas sonderbaren Text:

> Gott hat in seinem Heiligtum gesprochen: Ich will triumphieren, will Sichem verteilen und das *Tal von Sukkot* vermessen.
> Mein ist Gilead, mein auch Manasse, Efraim ist der Helm auf meinem Haupt, Juda mein Herrscherstab.
> Doch Moab ist mein Waschbecken, auf Edom werfe ich meinen Schuh, ich triumphiere über das Land der Philister (Ps 60,8-10).

Gott will über all die genannten Stämme und Landschaften souverän herrschen. *Efraim* und *Juda* erhalten als *Helm* und *Herrscherstab* die meiste Ehre. Weniger ruhmvoll kommen die Fremdvölker östlich des Toten Meeres, *Moab* und *Edom,* davon; sie werden nur in Dienst genommen. Das *Tal von Sukkot,* das wegen des stets wasserführenden Jabbokbaches schon immer fruchtbar war, gehört zu den ostjordanischen Stammlanden; wie *Sichem* wird es vermessen und an die Israeliten als Erbbesitz verteilt.

2 km südlich von *Der Alla* überquert man den Jabbok (arab. *Wadi az-Zarqa,* „blaues Tal"). Dort rang Jakob nach der Überquerung des Jabbok mit Gott:

> In derselben Nacht stand er (Jakob) auf, nahm seine beiden Frauen, seine beiden Mägde sowie seine elf Söhne und durchschritt *die Furt des Jabbok.* Er nahm sie und ließ sie den Fluss überqueren. Dann schaffte er alles hinüber, was ihm sonst noch gehörte.
> Als nur noch er allein zurückgeblieben war, rang mit ihm ein Mann, bis die Morgenröte aufstieg. Als der Mann sah, dass er ihm nicht beikommen konnte, schlug er ihn aufs Hüftgelenk. Jakobs Hüftgelenk renkte sich aus, als er mit ihm rang. Der Mann sagte: Lass mich los; denn die Morgenröte ist aufgestie-

gen. Jakob aber entgegnete: Ich lasse dich nicht los, wenn du mich nicht segnest. Jener fragte: Wie heißt du? Jakob, antwortete er. Da sprach der Mann: Nicht mehr Jakob wird man dich nennen, sondern Israel (Gottesstreiter); denn mit Gott und Menschen hast du gestritten und hast gewonnen. Nun fragte Jakob: Nenne mir doch deinen Namen! Jener entgegnete: Was fragst du mich nach meinem Namen? Dann segnete er ihn dort.

Jakob gab dem Ort den Namen *Penuël* (Gottesgesicht) und sagte: Ich habe Gott von Angesicht zu Angesicht gesehen und bin doch mit dem Leben davongekommen. Die Sonne schien bereits auf ihn, als er *durch Penuël* zog; er hinkte an seiner Hüfte (Gen 32,23-32).

Aus Ri 8,4-9 wissen wir, dass *Sukkot* und *Penuël* nicht weit auseinander lagen.

4 km nach der Einmündung der Straße Nr. 40 nach Amman liegt in der unscheinbaren trockenen Ebene links (südlich) der Straße eine der wichtigsten Ausgrabungsstätten der Frühgeschichte: *Tulelat al-Ghassul,* das 1928-38 vom Päpstlichen Bibelinstitut in Jerusalem und in den 70er-Jahren von Engländern erforscht wurde. Es ist kaum zu glauben, zu welcher kulturellen Leistung der Mensch am Ende der Steinzeit im 5. Jahrtausend v.Chr. hier schon fähig war; man spricht deshalb von der „Ghassulkultur". Man ordnete diese Siedlungen zunächst in die Kupfersteinzeit (ab 4500 v.Chr.) ein, kommt aber jetzt aufgrund der Radiokarbonmethode und dem spärlichen Vorkommen von Metallgegenständen eher zu noch früheren Datierungen. Berühmt sind insbesondere mehrere Masken und ein 1,8 m großer farbiger Stern auf Wandputz. Zu sehen ist von diesen Kostbarkeiten an Ort und Stelle natürlich nichts, die Funde sind im *Jordan Museum* in Amman ausgestellt.

Die Taufstelle (jordanische Seite)

Als Folge des Friedensvertrags mit Israel (1994) wurde die Abriegelung des Grenzgebietes etwas gelockert, seit 1998 ist daher der traditionelle Ort der Taufe Jesu am Ostufer des Jordans in einen Nationalpark integriert und zugänglich, 1994 – 2000 konnten Ausgrabungen durchgeführt werden. Freilich, man befindet sich weiterhin im Militärgebiet, man kann den Park nicht auf eigene Faust besuchen, auch Einzelpilger müssen sich geführten Gruppen anschließen. In diesem Nationalpark entsteht eine einzigartige Kirchenlandschaft, noch größer als die, die sich bis 1967 am gegenüberliegendem Ufer

befand (siehe S. 318): Verschiedene christliche Konfessionen bauen
Kirchen und Klöster an diesem biblischen Ort.

Der erste Teil der Gruppenführungen erfolgt in Bussen. Nach einem
Kreisverkehr kommt man zu einem Aussichtspunkt, bald danach
sieht man rechts der Straße einen römischen Meilenstein, der als
Denkmal für den 2008 verstorbenen Franziskanerarchäologen Michele Piccirillo errichtet wurde. Dieser war in Jordanien sehr aktiv
und hatte sich besonders auch um die Erforschung und Restaurierung der Taufstelle verdient gemacht.

Auf der Weiterfahrt sieht man rechts einen Steinbogen. Hier befin-
det sich der *Tell Mar Lijas* („St.-Elias-Hügel") im *Wadi Charrar*
(„Seidenweber-Tal"). Es handelt sich dabei um den traditionellen
Ort der Aufnahme des Propheten Elija in den Himmel:

> An dem Tag, da der HERR Elija im Wirbelsturm in den Him-
> mel aufnehmen wollte, ging Elija mit Elischa von Gilgal weg.
> Er sagte zu Elischa: Bleib hier; denn der HERR hat mich nach
> Bet-El gesandt. Doch Elischa erwiderte: So wahr der HERR
> lebt und so wahr du lebst: Ich verlasse dich nicht. So gingen
> sie nach Bet-El. Dort kamen die Prophetenjünger, die in Bet-
> El waren, zu Elischa heraus und sagten zu ihm: Weißt du, dass
> der HERR heute deinen Meister über dein Haupt hinweg auf-
> nehmen wird? Er antwortete: Auch ich weiß es. Seid still! Eli-
> ja aber sagte zu ihm: Bleib hier, Elischa; denn der HERR hat
> mich nach Jericho gesandt. Elischa erwiderte: So wahr der
> HERR lebt und so wahr du lebst: Ich verlasse dich nicht. So ka-
> men sie nach Jericho. Dort traten die Prophetenjünger, die in
> Jericho waren, an Elischa heran und sagten zu ihm: Weißt du,
> dass der HERR heute deinen Meister über dein Haupt hinweg
> aufnehmen wird? Er antwortete ihnen: Auch ich weiß es. Seid
> still! Elija aber bat ihn: Bleib hier; denn der HERR hat mich an
> den Jordan gesandt. Elischa erwiderte: So wahr der HERR lebt
> und so wahr du lebst: Ich verlasse dich nicht. So gingen beide
> miteinander. Fünfzig Prophetenjünger folgten ihnen und blie-
> ben dann seitwärts in einiger Entfernung stehen. Die beiden
> traten an den Jordan.
> Hier nahm Elija seinen Mantel, rollte ihn zusammen und
> schlug mit ihm auf das Wasser. Dieses teilte sich nach beiden
> Seiten und sie schritten trockenen Fußes hindurch. Als sie
> *drüben* angekommen waren, sagte Elija zu Elischa: Sprich ei-
> ne Bitte aus, die ich dir erfüllen soll, bevor ich von dir wegge-
> nommen werde. Elischa antwortete: Möchten mir doch zwei
> Anteile deines Geistes zufallen. Elija entgegnete: Du hast et-
> was Schweres erbeten. Wenn du siehst, wie ich von dir weg-
> genommen werde, wird es dir zuteil werden. Sonst aber wird

es nicht geschehen. Während sie miteinander gingen und redeten, erschien ein feuriger Wagen mit feurigen Pferden und
trennte beide voneinander. Elija fuhr im Wirbelsturm zum
Himmel empor. Elischa sah es und rief laut: Mein Vater, mein
Vater! Wagen Israels und sein Lenker!
Als er ihn nicht mehr sah, fasste er sein Gewand und riss es
mitten entzwei. Dann hob er den Mantel auf, der Elija entfallen war, kehrte um und trat *an das Ufer des Jordan*. Er nahm
den Mantel, der Elija entfallen war, schlug mit ihm auf das
Wasser und rief: Wo ist der HERR, der Gott des Elija? Als er
auf das Wasser schlug, teilte es sich nach beiden Seiten und
Elischa ging hinüber.
Die Prophetenjünger von Jericho, die in der Nähe standen, sahen ihn und sagten: Der Geist des Elija ruht auf Elischa. Sie
kamen ihm entgegen und warfen sich vor ihm zur Erde nieder
(2 Kön 2,1-15).

Auf dem nächsten Wegstück sieht man zur Rechten eine neu gebaute koptische Kirche (mit einem gewölbten, freistehenden Turm) und
eine armenische (erkennbar an der typischen achteckigen, spitz zulaufenden Kuppel). Eine syrische, eine äthiopische, eine lutherische,
eine maronitische und eine melkitische Kirche sind in Planung. Ein
Stück weiter wurde links der Straße eine kleine Moschee errichtet,
in Erinnerung an den auch im Koran erwähnten Johannes den Täufer. Dort wird er als Prophet *Jahja bin Sakarija* bezeichnet, worin
man unschwer den „Johannes, Sohn des Zacharias" erkennen kann.
An einem griechisch-orthodoxen Zentrum angekommen, geht es zu
Fuß weiter.
Hier hat man zwei Möglichkeiten. Folgt man dem Weg, der direkt
vom Parkplatz aus abgeht, kommt man zunächst an ein modernes
Taufbecken. Danach erreicht man am Fuß des Elijahügels die Jo-
hannesquelle, die aber nur in der regenreichen Zeit Wasser führt.
Weiter geht es auf einem Pfad, der durch üppige Vegetation, v.a.
Tamarisken, führt. Ein etwas kürzerer Weg geht vom griechisch-or-
thodoxen Zentrum ab, mit einem großen Wegweiser markiert. Von
diesem aus sieht man zur Linken die große neue lateinische Kirche
und die russisch-orthodoxe mit einem goldenen Zwiebelturm.
Beide Wege führen zu den Ruinen von drei byzantinischen Kirchen,
die durch Erdbeben oder Überschwemmungen zerstört wurden.
Marmorne Stufen führen zu einer Quelle hinab; von ihnen berichtet
schon der anonyme Pilger von Piacenza um 570 n.Chr. Über dieser
Quelle liegen die Reste einer kleinen Kapelle, wahrscheinlich die,
die der russische Abt Daniel erwähnt, der Anfang des 12.Jh. das
Land bereiste. Möglicherweise floss hier in der Antike ein Seiten-
arm des Jordans, der aber heute, da der Wasserstand des Flusses viel

niedriger ist, verschwunden ist. Oberhalb liegen die Ruinen der beiden anderen Kirchen. Die eine von ihnen wurde um 500 erbaut und 551 durch ein Erdbeben zerstört. Nach dem Pilgerbericht des Theodosius (um 520) stand sie auf Pfeilern (noch erkennbar) über dem Wasser. Die zweite Kirche (unter dem modernen Holzdach) hat ein Tor nach Osten, von wo aus Stufen hinab zum Wasser führten.

Einige Meter weiter kommt man zu einer neuen griechisch-orthodoxen Kirche mit goldener Kuppel, die 2003 direkt am Ufer errichtet wurde (sie ist auch vom anderen Ufer aus gut zu sehen). Beachtenswert sind die Fresken, welche die beiden biblischen Ereignisse darstellen, derer hier gedacht wird: die Himmelfahrt des Elija (an der Rückwand über der Tür) und die Taufe Jesu durch Johannes im Jordan (über dem Torbogen vor dem Geviert: die Weigerung Johannes, Jesus zu taufen – Mt 3,14 –, im Geviert links: die Taufe). – Zum biblischen Text der Taufe Jesu und der theologischen Diskussion darüber siehe S. 320.

Von hier aus kann man entweder auf der Straße Nr. 65 am Ostufer des Toten Meeres entlang nach Süden fahren (siehe S. 736) oder auf der Autobahn Nr. 40 hinauf in Richtung Amman. Auf der letztgenannten sieht man rechts vor sich die Berge von Moab mit dem *Berg Nebo* (siehe S. 744). Links der Straße erstrecken sich die *Moabauen,* ein Gebiet, das seine Fruchtbarkeit nicht erst durch den neuen Bewässerungskanal erhalten hat, sondern schon vorher vom *Wadi Kefrein* und vom *Wadi Schueib* gut bewässert war, die jetzt aufgestaut werden. Insofern erweckt die Einheitsübersetzung einen falschen Eindruck, wenn sie die Stämme Israels vor der Jordanüberschreitung in den *Steppen* Moabs lagern lässt (Num 33,48-49). Besser wäre die neutralere Übersetzung: im *Tiefland* Moabs, zumal sich dort schon in kanaanäischer und biblischer Zeit eine ganze Reihe von Siedlungen befanden, wenn sich auch die einzelnen Tells nicht sicher identifizieren lassen. Hart an der Straße liegt der spitze Hügel *Tell Iktanu,* wahrscheinlich das *Bet-Haran* der Bibel (Num 32,36), nicht weit davon der *Tell ar-Rame,* in römischer Zeit *Livias* genannt, ferner *Tell Hamman* und *Tell Kefrein,* das man mit *Abel-Schittim* identifiziert. Südlich der Hauptstraße liegt *Chirbet Suweime,* das man mit *Bet Jeschimot,* dem südlichsten Punkt des israelitischen Lagers (Num 33,49), gleichsetzt. Hier ist also nach dem Buch Numeri das Lager der Israeliten zu denken, dem der Moabiterkönig Balak vom hochgelegenen Pisga aus durch einen Fluch des Sehers Bileam schaden wollte (Num 22–24; siehe S. 744). Mit *Schittim,* wohl das gleiche wie *Abel-Schittim,* sind noch besondere Erinnerungen verbunden. Zum einen, dass sich dort die Israeliten mit den Moabiterinnen einließen und dafür harte Bestrafung erlitten (Num 25,1-18), zum anderen, dass Josua von Schittim aus Kundschafter nach Jericho sandte, um die Stärke der Stadt zu erkunden (Jos 2,1).

Amman

Amman wurde 1922 Hauptstadt von Transjordanien anstelle des vorherigen Hauptortes *as-Salt*. Dabei blieb es auch, als 1950 das Königreich Jordanien errichtet wurde. Amman hat seither einen rapiden Aufschwung genommen: 1922 noch ein unbedeutendes, hauptsächlich von Tscherkessen bewohntes Dorf, entwickelte es sich zu einer Großstadt mit fast zwei Millionen Einwohnern, also beinahe ein Drittel der Bewohner des Landes. Die Mehrheit der Bevölkerung bilden palästinensische Flüchtlinge oder deren Nachkommen.
Etwa 10 % der Einwohner der Stadt sind Christen. Es gibt neun römisch-katholische Pfarreien, Amman ist Sitz eines Patriarchalvikars und Regionalbischofs, derzeit (seit 2012) Maroun Lahham, ein gebürtiger Jordanier. Die Griechisch-Katholischen (Melkiten) haben in Amman sogar ein eigenes Bistum („Erzeparchie von Petra und Philadelphia") mit ca. 30 000 Gläubigen in 28 Pfarreien. Die evangelisch-lutherische Kirche unterhält in Amman eine kleine Pfarrei (etwa 200 Gläubige), zumeist palästinensische Flüchtlingsfamilien. Daneben gibt es eine Reihe anderer christlicher Gemeinden in der Stadt. Auf dem *Dschebel Weibde* (auch *Luweibdeh* geschrieben) unterhalten die Franziskaner seit 1950 das *Terra Santa College,* eine der angesehensten Schulen des Landes, die vom Kindergarten bis zum Abitur reicht und allen offen steht. Unter den etwa 1150 Schülern haben die Muslime knapp die Mehrheit, auch Kinder aus dem Königshaus gehören zu seinen Schülern.

Geschichte: Ammans Geschichte reicht weit zurück. In der Bibel heißt es *Rabbat Ammon* oder einfach *Rabbat. Rabba(t)* bedeutet *die Große* (Stadt), vgl. *Rabat* in Marokko – das Wort ist uns geläufiger als Titel für einen Gesetzeslehrer: Auch *Rabbi* heißt wörtlich „mein Großer". *Ammon* dagegen ist Kurzform für *Söhne Ammons* (2 Sam 11,1; 12,26). Archäologische Funde zeigen, dass Rabbat Ammon seit der Jungsteinzeit nahezu ohne Unterbrechung besiedelt war. Die Ammoniter galten ebenso wie die Moabiter als Abkömmlinge Lots (Gen 19,30-38; siehe S. 737). Im Buch Deuteronomium findet sich die kuriose Nachricht, in Rabbat Ammon hätte man als Trophäe das Bett von Og, dem Amoriterkönig aus Baschan, gezeigt, der als Riese galt und ein eisernes Bett von 9×4 Ellen (4,5×2 m) gehabt habe (Deut 3,11). Rabbat Ammon war der Ort, an dem König David den Hetiter Urija im Kampf sterben ließ, damit er dessen Frau Batseba, die er verführt hatte, zur Ehe nehmen konnte. Mit einer eindrücklichen Parabel kündigte aber der Prophet Natan dem Sünder David die Strafe Gottes an. Batseba wurde dann die Mutter Salomos, seines Lieblingssohnes und Nachfolgers (2 Sam 11 – 12).

Rabbat blieb eine bedeutende unabhängige Stadt, die Nebukadnezzar 581, fünf Jahre nach der Zerstörung Jerusalems, zerstörte. Als nach der Rückkehr aus der Babylonischen Gefangenschaft Nehemia die Stadtmauer Jerusalems wieder aufbaute, gehörte ein Statthalter von Ammon mit Namen Tobija, der mit Jerusalemer Familien verschwägert war (Neh 6,17-19), zu den Gegnern, die alles versuchten, den Wiederaufbau der Jerusalemer Stadtmauer zu verhindern (Neh 2,10.19; 4,1-2; 6,1-9) – daher der kategorische Ausschluss der Ammoniter im deuteronomischen Gesetz (Deut 23,4-5). Dagegen spielt der *Ammoniter Achior* im Buch Judit eine Israel wohlgesinnte Rolle (Jdt 5,5 – 6,20) und kommt zum Glauben an Israels Gott (Jdt 14,6-10).

Unter dem Ptolomäerherrscher Philadelphus (285 – 246 v.Chr.) wurde Rabbat Ammon zunächst ägyptisch und erhielt den Namen *Philadelphia*. In der Folge wurde es syrisch, nabatäisch und schließlich römisch. Als Stadt der Dekapolis und der 106 n.Chr. neu errichteten römischen Provinz Arabia gelangte es durch Handel zu beträchtlichem Wohlstand. Philadelphia hatte keine Stadtmauer, die Lage in einem geweiteten Tal machte einen Mauerring sinnlos. Im Ernstfall blieb nichts anderes übrig, als auf dem Burgberg Schutz zu suchen, der über eine große Zisterne verfügte. Diese Besonderheit ist schon in der Bibel zu erkennen, wo Joab, der Feldherr Davids, den König einlädt, den Burgberg selbst zu erobern:

> Ich habe gegen *Rabba* gekämpft und dabei auch die Wasserstadt eingenommen. Darum versammle jetzt den Rest des Heeres, belagere die Stadt und nimm sie selbst ein, damit nicht ich sie einnehme und mein Name über ihr ausgerufen wird (2 Sam 12,27-28).

Das Christentum fasste hier früh Fuß. In der späten Römerzeit, unter Kaiser Diokletian, hatte Philadelphia sechs namentlich bekannte Märtyrer. Ein Bischof *Kyrion von Philadelphia* nahm am Konzil von Nizäa (325 n.Chr.) teil.

Nach der arabischen Eroberung 635 errichteten die Omaijadenherrscher auf der Zitadelle einen Palast. Mit dem Ende der Herrschaft dieser Dynastie (750) und der Verlegung der Residenz der neuen Herrscher, der Abbasiden, von Damaskus nach Bagdad, geriet die Stadt in eine Randlage und verkam zu einem unbedeutenden Dorf, was es bis zur Ansiedelung von Tscherkessen durch Sultan Abd ul-Hamid II. im letzten Viertel des 19.Jh. geblieben ist.

Besichtigung: Amman, in der angenehmen Höhe von bis zu 900 m
ü. d. M. gelegen, erstreckt sich über mittlerweile ungefähr 20 Hügel.
Vom Burgberg (*Dschebel al-Qalaat*) genießt man einen schönen
Blick auf einen Teil der sich zwischen Bergen und Tälern ausdeh-
nenden Stadt. Er liegt nördlich des antiken Zentrums, dem *Dschebel
Aschrafije* gegenüber, und ist als Kern des alten *Rabbat Ammon* zu
betrachten. Der L-förmige Burgberg erstreckt sich zunächst in ost-
westlicher Richtung, um dann nach Norden umzuschwenken. Schon
bei der Anfahrt von Norden her sieht man rechts oberhalb der Straße
die mächtigen Mauern der Omaijadenfestung.
Man betritt den Burgberg von Osten her. Nach dem Eingang hat
man zur Linken einen Aussichtspunkt auf das Tal mit dem römischen Theater. Geradeaus sieht man die gewaltigen Säulen eines *römischen Tempels*. Er stammt aus der Zeit Mark Aurels (161–180
n. Chr.), Reste einer kolossalen Statue legen nahe, dass er Herkules
geweiht war. In römischer Zeit führte zu dem Tempel eine monumentale Treppe vom Tal herauf. Eine Inschrift aus dem 9. Jh. v. Chr.
belegt, dass der im Tempel freigelegte Felsen schon früher ein Heiligtum des ammonitischen Gottes Milkom trug, der auch im Alten
Testament mehrfach erwähnt ist, z. B. 1 Kön 11,5, wo König Salomo
getadelt wird: „Er verehrte Astarte, die Göttin der Sidonier, und *Milkom, den Götzen der Ammoniter*." Nördlich (rechts) neben dem Her-
kulestempel zeigen freigelegte Säulen mit korinthischen Kapitellen
eine dreischiffige *byzantinische Basilika* (20 × 12 m) des ausgehenden 5. Jh. an. An der Basilika vorbeigehend erreicht man den Palast
(arab.: *al-Qasr*, 837 m ü. d. M.), der von den Omaijaden im ersten
Drittel des 8. Jh. n. Chr. erbaut wurde. Vor ihm liegt ein stattlicher
Vorplatz und östlich (rechts) davon eine ausgemauerte Zisterne, in
die Stufen hinunterführen. Die repräsentative, kreuzförmig angeleg-
te Eingangshalle des Palasts nimmt in Säulen und Bögen römische
Elemente auf und fügt sie, verkleinert und vervielfacht, zur typischen Omaijadenkunst zusammen. Die (nicht unumstrittene) Rekonstruktion, insbesondere der Kuppel, gibt einen guten Eindruck, wie
die Halle ausgesehen haben könnte. Nördlich dahinter erstreckte
sich, von der römischen Umfassungsmauer getragen, die Zitadelle:
vier ähnlich gehaltene Wohngebäude, zwischen welchen eine Kolonnadenstraße hindurchführte. An der Südwestecke des Burgberges
steht das kleine *Archäologische Museum*. Einige der wichtigsten
Ausstellungsstücke wurden 2013 ins neu gebaute *Jordan Museum*
(s. u.) gebracht.
Östlich vom Burgberg liegen die Paläste der königlichen Familie,
der *Raghdan*- und der *Basmanpalast*. Hinter der Königsresidenz befinden sich die Mausoleen des 1951 in Jerusalem ermordeten Königs Abdallah I. und des 1999 verstorbenen Königs Hussein.

Unterhalb (südlich) des Burgbergs befindet sich das größte antike Bauwerk Ammans, das *römische Theater* aus dem 2.Jh. n.Chr. In den Berg hineingebaut, fasste es in 44 Sitzreihen etwa 6000 Zuschauer. Restauriert, wird es wegen seiner guten Akustik auch heute wieder für Aufführungen benutzt. In den Flügeln des Theaters sind kleine Museen untergebracht. Der Westflügel beherbergt das *Folkloremuseum*. Im Ostflügel befindet sich das *Museum der jordanischen Volkstraditionen*. Darin sind auch einige interessante römische und byzantinische Mosaike dokumentiert. An das römische Theater schloss sich ein kleineres Theater, das *Odeon,* an, das, wohl mit einem Dach versehen, für musikalische Darbietungen diente. Vor den beiden Theatern erstreckte sich das Forum, das auf drei Seiten mit Kolonnaden umgeben war; die Säulen seitlich des römischen Theaters gehören dazu.

Im Stadtteil *Ras al-Ain* („Quell-Haupt") wurde 2013 das *Jordan Museum* mit einer reichhaltigen und modern präsentierten Sammlung von Altertümern aus Jordanien eröffnet. Höhepunkte sind einige jungsteinzeitliche Götterbilder aus *Tulelat al-Ghassul,* die zu den weltweit ältesten figürlichen Darstellungen gehören, die man entdeckt hat, und einige der Qumrantexte (Qumran gehörte zum Zeitpunkt der Entdeckung der Rollen zu Jordanien). Zu sehen ist u.a. die rätselhafte Kupferrolle, eine in Kupferplatten eingravierte Beschreibung von Schatzverstecken – nicht eines von ihnen konnte trotz der detaillierten Ortsangaben gefunden werden. Daher gehen die meisten Forscher davon aus, es handle sich nicht um tatsächliche Schätze und ihre Verstecke, sondern um einen mystischen Text.

Aufgrund seiner zentralen Lage ist Amman ein guter Ausgangspunkt für weitere Besichtigungen. Nach Westen führt die Straße Nr.40 zum Jordantal und zum Toten Meer hinab. Um in den Süden zu kommen, hat man drei Möglichkeiten: Man kann die Straße entlang des Toten Meeres und durch die Arava nehmen (siehe S.736); die mittlere Route (Nr.35) ist landschaftlich reizvoll, auf ihr liegen zahlreiche Orte, die zu besuchen sich lohnt; wer schnell vorankommen will, sollte die östliche, gut ausgebaute Straße Nr.15 wählen. Nach Osten führen die beiden Straßen Nr.30 und 40 zur Oase *al-Azraq* („die Blaue"). Der Weg durch die ebene, fast unbewohnte Wüste führt an einigen der *Wüstenschlösser* vorbei. Diese wurden in der Zeit der Omaijaden errichtet (7./8.Jh.) und dienten teils als Verteidigungsanlagen, teils als luxuriöse Residenzen mitten in der Wüste (ähnlich dem Hischamspalast bei Jericho, S. 334).

Nach Norden führt die Autobahn Nr.35 in den heute wie in der Vergangenheit dicht besiedelten Nordwesten des Landes. Höhepunkt dieser Tour sind die beeindruckenden Ruinen von Jarasch (ca.40 km nördlich von Amman). Einige Kilometer vor Jarasch durchquert

man das Tal des biblischen Jabbok (*Wadi az-Zarqa,* siehe S.719)
mit dem *König-Talal-Stausee,* den man links in der Tiefe sieht.

Gerasa (Jarasch)

Jarasch (oder *Dscharasch*), auf jordanischen (englischsprachigen)
Schildern und Karten meist *Jarash* oder *Jerash* geschrieben, ist das
antike *Gerasa.* Für Besucher, die an Archäologie und Geschichte interessiert sind, sind die Ruinen einer der Höhepunkte der Reise. Die
antike Stadt lag zu beiden Seiten des Flüsschens *Chrysorrhoas*
(„Goldener Fluss"). In der Nordhälfte, der heutigen archäologischen
Zone, befand sich das Zentrum mit den meisten öffentlichen Gebäuden, während die genauso große Südhälfte hauptsächlich aus Wohnvierteln bestand; dort erhebt sich auch das moderne *Jarasch,* Ausgrabungen sind in diesem dicht besiedelten Bereich kaum möglich.
Beide Stadtteile waren im Altertum durch drei Brücken miteinander
verbunden.

Geschichte: *Gerasa* wurde vermutlich nach Ende des 4.Jh. v.Chr.
von einem General Alexanders des Großen gegründet. Volksetymo-
logie leitet den Namen vom griechischen *Gerontes* („die Alten") ab,
weil der General Veteranen angesiedelt habe. Unter den syrischen
Seleukiden erhielt es im 2.Jh. v.Chr. auch den Namen *Antiocheia
am Chrysorrhoas* und war so eines der vielen *Antiochien.* Um 80
v.Chr. eroberte es der Hasmonäerkönig Alexander Jannai, 63 v.Chr.
der römische Feldherr Pompeius. Die Stadt trat dem Städtebund der
Dekapolis bei und beteiligte sich am Aufstand der Juden gegen die
Römer (67 n.Chr.), wofür es von Vespasian mit Plünderung bestraft
wurde. Doch der Zeustempel wurde bald wieder aufgebaut. Die
Stadt nahm einen gewaltigen Aufschwung durch die neue Römer-
straße, die *Via Traiana* von *Petra* über *Philadelphia* (*Amman*) nach
Damaskus mit Zugang über *Pella* auch von *Cäsarea am Meer* her.
Ende des 1.Jh. n.Chr. wurde das erste Theater errichtet, viele andere
Monumentalbauten folgten im 2.Jh. n.Chr.
Im 4.Jh. wurde Gerasa Bischofssitz. Zahlreiche Kirchenruinen be-
zeugen das rege christliche Leben der Stadt in byzantinischer Zeit.
Kriegseinwirkungen bei der Invasion der Perser und Araber im 7.Jh.
zusammen mit Erdbeben führten seinen Niedergang herbei, der im
Mittelalter endgültig wurde. Erst anfangs des 19.Jh. wurde Gerasa
wieder entdeckt. Neues Leben kam hierher, als 1878 die osmanische
Regierung Tscherkessen ansiedelte. Es gibt in Jarasch eine griechisch-katholische und eine griechisch-orthodoxe Pfarrei. 1925 hat
man begonnen, Gerasa auszugraben, und fand dabei eine der prächtigsten römischen Städte – am Rand der Wüste!

Besichtigung: Ein Besuch der imposanten Ruinen beginnt ganz im Süden der Stadt. Zuerst durchschreitet man den *Triumphbogen,* den die Stadt für den Besuch des Kaisers Hadrian im Jahr 129 n.Chr. errichtete. Ursprünglich einiges höher, zeigt er noch heute den einstmaligen Glanz und Reichtum der Stadt. Zur Linken entstand im 2.Jh. n.Chr. die 265 m lange Pferderennbahn (*Hippodrom*), angelegt für etwa 17000 Zuschauer. Rechts unterhalb der Straße (noch außerhalb der antiken Stadt) war eine Gräberzone mit einer Friedhofskirche (erbaut im Jahr 570), die man nach einer Inschrift *Kirche des Bischofs Marianus* nennt.

Nach gut 300 m kommt man zum *Südtor,* betritt durch dieses die Stadt und steht zunächst auf einem Marktplatz. Links und oberhalb von Südtor und Markt befindet sich ein älterer Teil der Stadt mit dem *Zeustempel* und einem *Theater* (s.u.). Unter dem Zeustempel ist eine kleine Ausstellung von Architektur- und Dekorationselementen (meistens verschlossen). Geradeaus weiter kommt man auf einen einzigartigen *ovalen Platz.* Mit seinen 63 ionischen Säulen – einige von ihnen stehen noch im Original – in elliptischer Anordnung vermittelt er Größe und Weitläufigkeit; man möchte meinen, Bernini habe sich hier die Anregung für den Petersplatz in Rom geholt. Seine unregelmäßige Form verdankt er der im 2.Jh. n.Chr. meisterlich gelösten städtebaulichen Herausforderung, bereits existierende Bauten miteinander in Einklang zu bringen: das Südtor, den Zeustempel und den Cardo.

Danach beginnt die gepflasterte Hauptstraße, der *Cardo Maximus,* der die Stadt auf einer Länge von 600 m bis zum *Nordtor* durchzieht. Er ist von heute noch mehr als 250 korinthischen und ionischen Säulen flankiert, hinter denen sich einst Läden anschlossen. Man ist bis heute beeindruckt vom großartigen Flair, das diese orientalische Prachtstraße auszeichnet – wieviel mehr musste diese Straße in der Antike wirken, als Karawanen sie nach wochenlangen Märschen durch die Wüste durchschritten! Die Straße selbst zeigt die Spuren von Rädern; ihre Unebenheiten sind auf Erdbebenschäden zurückzuführen.

Bald öffnet sich zur Linken das *Macellum* (lat., eigentlich „Schlächterei"), ein Markplatz, mittels einer Inschrift auf 211 n.Chr. datiert. Zwei Straßenkreuzungen werden durch *Tetrapylone* („Vierbogentore") hervorgehoben. Auch die beiden Querstraßen, *Decumanus* genannt, vermitteln durch eine größere Anzahl wiederaufgerichteter Säulen etwas von ihrer früheren Pracht.

Ein Stück nach der ersten dieser Kreuzungen führen links Stufen zur *Kathedrale* hinauf. Diese bildete die Mitte eines ausgedehnten heiligen Bezirks. Sie war wohl die älteste Kirche von Gerasa, erbaut im letzten Drittel des 4.Jh. An einer Biegung des Treppenaufganges war in einer Nische ein kleines Marienheiligtum. Die Kathedrale

selbst war eine dreischiffige Basilika mit 2×12 Säulen. Die Löcher
in den Wänden im Inneren der Kathedrale dienten zur Verankerung
von Marmorplatten. Im Hof westlich der Kathedrale gab es einen
Brunnen, an dem, wie Epiphanius von Salamis um 375 n.Chr. berichtet, am Fest Epiphanie Wein gespendet wurde (die ostkirchliche
Liturgie gedenkt bis heute des Weinwunders an Epiphanie/Dreikö-
nig). Diese Gedächtnisfeier des Wunders von Kana sollte vermutlich ein vorheriges Dionysosfest verdrängen. So liegt es nahe anzunehmen, die vorbyzantinischen Elemente des Aufgangs und ältere
Strukturen unter der Kathedrale haben zu einem früheren *Dionysostempel* bzw. nabatäischen *Duscharatempel* gehört.

Der Brunnenhof vor dem Eingang der Kathedrale wurde um 495
n.Chr. um die Hälfte verkleinert. Damals wurde westlich, einen Ab-
satz höher und durch eine Treppe verbunden, die *Kirche des heiligen Märtyrers Theodor* erbaut; deren Apsis ragt in den Hof herein.
In dieser Kirche ist die Basis des Ambos gut erhalten.

Nördlich der Kathedrale, zwischen ihr und dem Artemistempel
(s.u.), lag ein Badehaus, von Bischof Placeus 451 errichtet. Er verwendete dafür Schmuckelemente aus dem Tempel wieder, der zu jener Zeit nicht mehr in Betrieb war.

Wieder zurück auf dem Cardo erhebt sich rechts der prächtige zwei-
stöckige Bau des *Nymphaeums,* das 191 n.Chr. eingeweiht wurde.
In den wasserarmen Ländern fühlte man sich naturgemäß den Quell-
göttinen, den Nymphen, besonders verpflichtet und ehrte sie mit solchen Prunkbrunnen.

Wenig später eröffnet eine 20 m breite Freitreppe den Aufgang zum
majestätischen *Artemistempel* (s.u.), der von hier noch gar nicht
recht sichtbar ist, da er durch die osmanische Polizeistation verdeckt
wird, die Ende des 19.Jh. als erstes Gebäude der Neuzeit hier errichtet wurde. Zum Tempel führte eine 11 m breite *Prozessionsstraße* von den Wohnquartieren jenseits des Flusses herüber, von denen
man aus der Ferne die Ruinen der *östlichen Bäder* gut erkennen
kann. Den Cardo kreuzte diese *Via Sacra* („heilige Straße") mit eigenen repräsentativen Torbauten.

Nochmals einen Höhepunkt bildet der weitgehend wiederhergestellte *zweite Tetrapylon,* ein Kuppelbau. Von ihm weiß man, dass er der
syrischen Prinzessin Julia Domna, der Frau des Kaisers Septimius
Severus (193–211 n.Chr.), geweiht war. Östlich davon liegen die
bis in eine beträchtliche Höhe erhaltenen Ruinen einer Therme.

Kurz vor dem zweiten (nördlichen) *Decumanus* gelangt man links
aufwärts zunächst zum hübsche kleine *Nordtheater.* Die davor neu
aufgerichteten Säulen geben einen Eindruck von der Monumentali-
tät des *Decumanus.* Das Theater ist in zwei Phasen errichtet worden.
Die unteren vierzehn, etwa 800 Personen fassenden Ränge wurden
um das Jahr 163 n.Chr. unter Kaiser Mark Aurel geschaffen und

könnten für die Stadtversammlung gedient haben; die oberen acht Ränge sind deutlich als Erweiterung davon abgehoben und stammen aus dem 3. Jh., als das Nordtheater als *Odeon* diente.

Gleich hinter dem Theater fand man die kleine *Kirche des Bischofs Isaias* (28 × 18 m) aus dem Jahr 559 n. Chr. Die Mosaike mit geometrischen Mustern sind gut erhalten, bildliche Darstellungen wurden von Ikonoklasten (Bilderstürmern) „ausgebessert".

Südlich schließt sich der große *Artemistempel* an. Aufwendige Substrukturen waren notwendig, um die von Säulenhallen gesäumte riesige Plattform von 160 × 121 m in dieser Hanglage zu schaffen – einige ihrer Säulen stehen noch, teils im Schutt der Jahrhunderte versunken. Das eigentliche Tempelgebäude war von 13,5 m hohen korinthischen Säulen umgeben; die elf noch stehenden der einstmaligen 32 Säulen geben eine Vorstellung der früheren Pracht. In justinianischer Zeit (Mitte 6. Jh.) wurde der Tempel durch den Einbau von Töpferwerkstätten profaniert; den Arabern diente er als Verteidigungsfort, der Kreuzfahrerkönig Balduin II. zerstörte ihn 1122.

Wenig über dem Artemistempel liegt etwas abseits die sogenannte *Synagogenkirche*: eine Kirche, die über einer Synagoge erbaut war. Die beiden Bauwerke waren verschieden orientiert: die Synagoge nach Westen auf Jerusalem zu, die Kirche nach Osten; man kann gut erkennen, wie die Ostapsis nachträglich angefügt worden ist. Das Mosaik der Synagogenvorhalle (nicht zu sehen) zeigt die verschiedensten Tiere vor der Arche Noachs. Im Schiff selbst besagt eine Inschrift: „Friede über ganz Israel. Amen, Amen". Es folgen drei Stifternamen: „Pinhas, Sohn des Baruch, Jose, Sohn des Samuel, Judan, Sohn des Hiskija" (auch in einigen Handschriften des Neuen Testament kommt die Form *Jose* für *Josef* vor). Die Synagoge könnte um 400 gebaut worden sein, die Kirche kann auf 530/31 datiert werden. Vielleicht wurden die Juden wegen ihrer Beteiligung am Samaritaneraufstand 529 n. Chr. ihrer Synagoge beraubt und aus ihr vertrieben.

Wendet man sich vom Artemistempel nach Süden (auf dem oberen Weg Richtung Eingang), oberhalb von Kathedrale und St. Theodor, trifft man auf ein beeindruckendes Ensemble von *drei Kirchen*. Sie wurden zwischen 529 und 533 zeitgleich entworfen und gebaut. Die mittlere, die *Johannes dem Täufer* geweiht war, hatte einen sehr anspruchsvollen, fast barocken Grundriss: Ein Rundbau ist in ein Quadrat eingefügt, dessen Ecken wieder mit Halbrunden ausgefüllt sind. Vier Säulen trugen das Dach, wahrscheinlich eine Kuppel. In der nördlichen Seitenapsis ist ein Baptisterium mit einem kreuzförmigen Taufbecken. Die seitlich angefügten Basiliken waren den heiligen Ärztebrüdern *Kosmas und Damian* (im Norden) und dem *hl. Georg* (im Süden) geweiht. Sehr schön und gut erhalten ist der Mosaikteppich bei den heiligen Kosmas und Damian: Neben einer langen Inschrift vor dem Altarraum sind die Stifter *Theodor* und seine Frau *Georgia* abgebildet.

Auf dem Weg zurück zum Ausgang kommt man zum *Burgberg,* dem ältesten Teil der Stadt. Das gut erhaltene *Südtheater* gehört zu den früheren Bauwerken und stammt aus der Zeit des Kaisers Domitian (um 90 n.Chr.). In 32 Reihen, von denen die untersten numeriert sind, bot es über 3000 Zuschauern Platz und beeindruckt mit seiner geräumigen, abwechslungsreich gestalteten Bühne. Ebenfalls in die Frühzeit reicht der *Zeustempel* zurück. Seine beiden klar voneinander geschiedenen Bauteile stammen aus zwei verschiedenen Epochen. Die ein halbes Hektar große, von einem Korridor umgebene Terrasse stammt aus dem Jahr 27 n.Chr. Der heute sichtbare Tempel wurde 163 n.Chr. vollendet. Die ganze Anlage wurde infolge der Christianisierung aufgegeben und als Steinbruch benutzt.

Ca.20 km westlich von Jarasch liegt die Stadt *Adschlun,* meist *Ajlun* geschrieben – zu erreichen von Jarasch aus auf der Straße Nr.20, in Anjara biegt man nach rechts auf die Nr.55. Sie gibt der umliegenden waldigen Gebirgszone den Namen, der dem biblischen *Gilead* entspricht. Das quadratische Minarett der Hauptmoschee steht auf einer mittelalterlichen Kirche und wird deren Turm gewesen sein. Die hier lebenden orthodoxen und lateinischen Christen kamen vor 200 Jahren aus der Gegend von Kerak.

3 km westlich der Stadt erhebt sich auf einem isolierten, gut erreichbaren Berg (1023 m hoch) die restaurierte Burg *Qalaat ar-Rabad.* Sie war um 1185 von einem General Saladins gegen die Kreuzfahrer erbaut worden und wurde 1187 nach dem Sieg Saladins über die Kreuzritter Verwaltungszentrum. An klaren Tagen reicht der Blick vom See Gennesaret bis zum Toten Meer.

Die waldreiche Gegend nordwestlich von Ajlun darf als Schauplatz des Todes des rebellischen Davidssohnes Abschalom gelten (2 Sam 18,6-18). Dieselbe Gegend muss auch die Heimat des Propheten Elija gewesen sein, ohne dass man den Ort *Tischbe* oder den *Bach Kerit* (1 Kön 17,1-7; siehe S.716) wirklich kennt. Die Kirchenruine *Chirbet Mar Elija,* 4 km nordwestlich Ajlun auf einem 900 m hohen Berg gelegen, weist zurück auf ein aramäisches Heiligtum des Propheten Elija; das 100 m tiefer gelegene *Chirbet Lischtib* versucht man mit *Tischbe* gleichzusetzen.

Ca.30 km nördlich von Jarasch liegt *Irbid,* die drittgrößte Stadt Jordaniens (350 000 Einw.). Im arabischen Namen ist der antike Name *Arabella* zu erkennen. Die Gegend ist sehr fruchtbar, in byzantinischer Zeit war sie Zentrum des Weinanbaus, in islamischer Zeit wechselte man zu Oliven. Von hier aus erreicht man nach Nordwesten *Gadara* (*Umm Qais*), nach Osten *Umm al-Dschimal.*

Gadara (Umm Qais)

Umm Qais ist die antike Dekapolisstadt *Gadara,* ganz im Norden
Jordaniens gelegen. Ein Besuch lohnt sich für an byzantinischen Ru-
inen Interessierte, aber auch wegen der Lage: Der Blick auf den See
Gennesaret jenseits der Grenze ist grandios, im Westen kann man
den Berg Tabor erkennen, im Norden sieht man jenseits des tief ein-
geschnittenen Jarmuktals den Golan, bei klarem Wetter reicht der
Blick bis zum fast 100 km entfernten Hermon.
Die fruchtbare Gegend ist seit dem 3. Jahrtausend v.Chr. besiedelt.
Im 3.Jh. v.Chr. bestand in Gadara eine Festung, welche die ägyptischen Ptolemäer um 200 v.Chr. von den syrischen Seleukiden eroberten. Nach mehreren Eroberungen und Herrscherwechseln gehörte die Stadt in neutestamentlicher Zeit zum Zehnstädtebund der
Dekapolis. Das Matthäusevangelium erwähnt das „Gebiet der Gada-
reniter" (Mt 8,28; die Einheitsübersetzung vereinfacht: „Gebiet von
Gadara") als Ort der Heilung der beiden Besessenen (so bei Matthäus; zur Diskussion über die Lokalisierung siehe S.205) oder des Besessenen (so das Markus- und Lukasevangelium, allerdings bei anderer Lokalisierung). In byzantinischer Zeit war Gadara Bischofssitz. Nach der arabischen Eroberung (636 schlugen die Araber unter
dem Kalifen Omar am nahen Jarmuk das oströmische Heer unter
Kaiser Heraklius) und nach Zerstörungen durch mehrere Erdbeben
wurde die Stadt allmählich aufgegeben.
Seit den 70er-Jahren wird die Stadt ausgegraben, unter anderem
vom Deutschen Evangelischen Institut für Altertumswissenschaften
in Amman und (seit 1987) vom Deutschen Archäologischen Institut
(daher die Beschilderung der Ausgrabungen auch auf Deutsch).
Die antike Stadt lag auf auf einem Hügelrücken in Ost-West-Richtung und hatte die Form eines unregelmäßigen Ovals, dessen längs-
ter Durchmesser fast 1 km betrug. Vom Parkplatz aus betritt man die
Stadt von Süden. Die zuerst sichtbaren Ruinen stammen aus der jüngeren Vergangenheit, vom Dorf *Umm Qais,* das zu Beginn des
20.Jh. hier entstand. Seit den 70er-Jahren wurden seine Bewohner
umgesiedelt, um die Ausgrabungen zu ermöglichen.
Nachdem man die antike Stadt betreten hat, kommt man zum gut erhaltenen *Westtheater* aus dem 2.Jh. n.Chr., das ca.3000 Besuchern
Platz bot. Nördlich daneben liegt die *Kirchenterrasse* und die achteckige *Marktbasilika* aus dem 6.Jh., die sich über einem Märtyrergrab erhebt. Welcher Heilige hier verehrt wurde, ist unbekannt.
Zwischen Marktbasilika und Theater liegen die Reste einer kleineren Kirche, möglicherweise einer Taufkapelle.
Die Kirchenterrasse stößt im Norden auf die *Achsenstraße,* die die
ganze Stadt in Ost-West-Richtung durchzog. Folgt man dieser Straße nach Westen (links), erreicht man bald zur Rechten das *Nymphä-*

um (Brunnenhaus). Nach ungefähr 500 m sieht man zur Linken einen großen achteckigen Marktplatz und eine byzantinische Therme.
Nach weiteren 300 m erreicht man das westliche *Tiberiastor* mit
zwei runden Türmen. Links (südlich) der Straße stand eine fünfschiffige *Basilika,* die im 4. Jh. unter Kaiser Konstantin errichtet
wurde. Sie erhebt sich über einem unterirdischen römischen *Mausoleum.* Die Bedeutung der Kirche über der Grabanlage konnte nicht
eindeutig geklärt werden; vielleicht handelte es sich um einen Erinnerungsort an die erwähnte Heilung des (bzw. der) Besessenen,
denn dieser lebte „nicht mehr in einem Haus, sondern in Grabhöhlen" (Lk 8,27). Noch weiter westlich liegen die Reste eines über
200 m langen Stadions und eines Triumphbogens. Beide liegen außerhalb der archäologischen Zone in landwirtschaftlich genutztem
Gebiet. Geradeaus nach Westen blickend sieht man das gleichmäßige Rund des Berges Tabor.
Wieder zurück im oberen Teil der Stadt liegt, am höchsten Punkt
der Dorfruinen, die *Madáfat* („Gästehaus"), eine Art Rathaus und
gleichzeitig das Wohnhaus des *Muchtars* („Gewählter", so etwas
wie ein Bürgermeister). Hier wurde ein Museum für Ausgrabungsfunde eingerichtet. Nördlich von den Dorfruinen liegen die Ruinen
eines zweiten Theaters, des *Nordtheaters,* das zwar ursprünglich das
größere war, aber schlechter erhalten ist. Noch weiter nördlich, auf
einer großen, künstlich eingeebneten Fläche, befand sich das um
100 v. Chr. errichtete Hauptheiligtum, das um 100 n. Chr. völlig neu
gestaltet wurde.

Umm al-Dschimal

Das wasserlose Basalttrümmerfeld liegt nördlich der Straße von
Mafraq nach Bagdad (Nr. 10), am Rand der Wüste, nur wenige Ki-
lometer von der syrischen Grenze entfernt. Der moderne arabische
Name bedeutet „Mutter der Kamele", nach anderer Lesart (*Umm al-
Dschamal*) „Mutter der Schönheit". Gerne wird es auch als *Stadt
der Stille* bezeichnet, sowohl aufgrund der Stille, die den Besucher
hier umfängt, als auch wegen der Stille, in die die Geschichte des
Ortes gehüllt ist. Wir kennen nicht einmal seinen antiken Namen!
Es fällt schwer, sich vorzustellen, dass diese Gegend im Altertum –
in biblischer Zeit trug sie den Namen *Hauran* (Ez 47,16) – fruchtbar
und für ihren Wein berühmt war.
Das Ruinenfeld ist ein unregelmäßiges Rechteck mit einer Längsseite von ca. 600 m. Obwohl man fünfzehn Kirchen kennt, war es wohl
nur eine der zahlreichen Kleinstädte, die in dieser Gegend des byzantinischen Reiches bestanden. Zahlreiche ähnliche Anlagen sind
(oder waren bis vor Kurzem) im nördlichen Syrien erhalten, die so-

genannten „Toten Städte". Die Stadt wurde von den Nabatäern gegründet (1.Jh. v.Chr.), nach 106 n.Chr. wurde sie römisch und somit nach der Reichsteilung und der Christianisierung byzantinisch. Nach der arabischen Eroberung und vor allem nach der Zerstörung durch ein Erdbeben (749?) wurde die Stadt allmählich verlassen. Zu Beginn des 20.Jh. besiedelten Drusen den Ort neu. In der jüngsten Vergangenheit entstand südlich davon ein enormes Zeltlager für Bürgerkriegsflüchtlinge aus dem nahen Syrien.

Beeindruckend ist der Zustand der Ruinen: Von vielen Gebäuden sind zwei, teils noch mehr Stockwerke erhalten. Systematische Ausgrabungen stehen aus, nur in einigen Gebäuden wurden Untersuchungen durchgeführt und die Ruinen gesichert. Man betritt die Stadt von Süden her. Ein Spaziergang durch Ruinen weckt Erinnerungen an biblische Zerstörungsszenarien, wie:

> Das Land ist für Generationen verödet, nie mehr zieht jemand hindurch. Dohlen und Eulen nehmen es in Besitz, Käuze und Raben hausen darin. Der HERR spannt die Messschnur „Öde" darüber, er legt das Senkblei „Leere" an. Die Bocksgeister werden dort ihr Unwesen treiben … An seinen Palästen ranken sich Dornen empor, in den Burgen wachsen Nesseln und Disteln. Das Land wird zu einem Ort für Schakale, zu einem Platz für die Strauße. Wüstenhunde und Hyänen treffen sich hier, die Bocksgeister begegnen einander. Auch Lilit (das Nachtgespenst) ruht sich dort aus und findet für sich eine Bleibe (Jes 34,10-14).

Ein interessantes Detail gibt es in der *Westkirche* am westlichen Rand der Ruinen (von Ferne zu erkennen an den großen erhaltenen Bögen). Mehrfach ist, in Kapitelle eingemeißelt, ein sogenanntes „Kosmisches Kreuz" zu sehen: ein großes Kreuz; in den vier Winkeln zwischen den Kreuzesbalken sind kleinere Kreuze zu finden. Dem Pilger im Heiligen Land begegnet diese Kreuzdarstellung immer wieder. Häufig wird sie als *Jerusalemkreuz* bezeichnet; man deutet das große Kreuz als das Jerusalemer Kreuz, das Kreuz Christi, die vier kleinen als Symbole für die Kirche in den vier Himmelsrichtungen, also in der ganzen Welt. Eine solche Deutung mag möglich sein, das Vorkommen hier zeigt aber, dass es schon in der Antike weit über die Heilige Stadt hinaus benutzt wurde. Klar ist, dass nicht erst, wie oft behauptet, die Kreuzfahrer oder gar die Franziskaner des Heiligen Landes, die es als Wappen benutzen, dieses Symbol „erfunden" haben.

Die Wege in den Süden

Während die Talstraße am Toten Meer entlang und durch die Arava eine moderne Errungenschaft ist, führten die Handelswege und Kriegsstraßen des Altertums über die Hochflächen des heutigen Jordaniens. Man hat die Wahl zwischen der geschichtsträchtigen *Königsstraße* und der schnelleren, östlichen *Wüstenstraße*.

Die *Wüstenstraße* (Nr. 15, Entfernung von Amman nach Aqaba: 340 km) bleibt am Rand der östlichen Wüste und hat den Vorzug, dass die Taleinschnitte weiter weg vom Toten Meer sehr gering sind. Auf dieser Route ließ das Osmanische Reich durch deutsche Ingenieure die Hedschaseisenbahn für die Mekkapilger von Damaskus nach Medina in den Jahren 1902-08 bauen. Heute wird auf dieser Route der Schwerlastverkehr zum Hafen Aqaba abgewickelt. Man verlässt Amman auf der südlichen Autobahn Richtung *Queen-Alia-Flughafen* und trifft nach 19 km auf die Straße Nr. 15, die zum größten Teil vierspurig ausgebaut ist. Wer nach Petra will, zweigt 3 km nach *Haschmije* (190 km nach Amman) nach Westen auf die Straße Nr. 88 ab und trifft vor *Schaubaq* auf die Königsstraße.

Unterwegs weit mehr zu sehen gibt es auf der westlicheren Route (Straße Nr. 35), im Altertum die *Straße der Könige* genannt (Num 20,17) und vielleicht von König Mescha auf einem Gedenkstein erwähnt, wenn es dort heißt: „Ich baute die Straße durch das Arnontal". Sie verläuft in der kultivierten Zone des Hochlands, an ihr liegen bedeutende Orte der Bibel und der christlichen Geschichte, ein krasser Gegensatz zu den weiten Einöden der Wüste. Weit im Süden treffen sich dann die beiden Hochlandstraßen zum Roten Meer. Auch für diese Route kann man Amman wie oben in südlicher Richtung verlassen; wenn man die Straße Nr. 15 erreicht hat, folgt man dem Wegweiser nach *Madaba*.

Eine landschaftlich reizvolle Alternative ist die Route entlang des Toten Meeres. Man verlässt Amman auf der Autobahn Nr. 40 Richtung Westen. Bei der Einmündung auf die Jordantalstraße Nr. 65 nimmt man deren südlichen Arm Richtung Totes Meer. Diese Straße, die bis hinunter nach Aqaba weitergeführt ist, wurde erst in den 80er-Jahren fertiggestellt, weil das Gebirge an mehreren Stellen bis zum Toten Meer vorspringt und damit für die Straßenbauer lange Zeit ein schwer zu überwindendes Hindernis war.

Auf der letztgenannten Route erreicht man nach ca. 30 km auf der Nr. 65 die Mündung des *Wadi Zarqa Maïn*. In diesem Wadi entspringen einige hundert Meter höher die berühmten heißen Quellen von *Hammamat Maïn* (siehe S. 754). Nach weiteren 5 km gelangt man zu den Heißen Quellen von *az-Zara*, möglicherweise das antike *Kallirrhoe*. Östlich davon, 1000 m höher, befand sich die Herodesburg *Machärus,* arabisch *Mukawir* genannt, in der Johannes der Täufer den Märtyrertod erlitt (vgl. S. 755). Einige Kilometer südlich hat man von einer neuen Brücke aus einen schönen Blick auf den *Arnon* der Bibel (*Wadi al-Mudschib*), den nach dem Jordan stärksten Zufluss des Toten Meeres. Die wildromantische Schlucht kann bei Regen wegen der ganz plötzlich anschwellenden Wassermassen schnell lebensgefährlich werden.

Am Südende des Toten Meers entdeckten Archäologen am Abhang des *Dschebel al-Hasa* das byzantinische *Kloster des hl. Ijob,* wie eine Inschrift auf einem wiederverwendeten Steinblock vermuten lässt (arab. *Der Ain Abata,* „Kloster der Abts-Quelle"). Eine Inschrift im Nordschiff datiert die Kirche in das Jahr 606 n. Chr., in die Zeit eines *Bischofs Jakobus* und eines *Abtes Sozomenos.* Das nur teilweise erhaltene Mosaik des Hauptschiffes (gefertigt 696) nennt überraschenderweise einen Bischof mit dem Namen *Christos.* Noch außergewöhnlicher ist das Mosaik des Chorraums mit Tiermotiven und einem griechischen Kreuz am Boden, auf dessen Längsbalken „Ende" (griech. *Telos*) und auf dem Querbalken „schön" (griech. *kalon*), also in etwa „Seliges Ende", geschrieben steht.

Die Madabakarte zeigt in dieser Gegend am Südende des Toten Meeres ein *Zoora* und meint damit die *kleine Stadt Zoar,* in die sich Lot beim Untergang von Sodom und Gomorra retten konnte (Gen 19,20-23; siehe S. 671). So gelten die Moabiter und die Ammoniter, antike Bewohner des Ostjordanlandes, in der Bibel als Abkömmlinge Lots und damit als, freilich entartete, Verwandte Abrahams:

> Lot zog *von Zoar weiter hinauf* und ließ sich mit seinen beiden Töchtern *im Gebirge* nieder. Er fürchtete sich nämlich, *in Zoar* zu bleiben, und wollte lieber mit seinen beiden Töchtern in einer Höhle wohnen. Eines Tages sagte die Ältere zur Jüngeren: Unser Vater wird alt und einen Mann, der mit uns verkehrt, wie es in aller Welt üblich ist, gibt es nicht. Komm, geben wir unserem Vater Wein zu trinken und legen wir uns zu ihm, damit wir von unserem Vater Kinder bekommen. Sie gaben also ihrem Vater am Abend Wein zu trinken; dann kam die Ältere und legte sich zu ihrem Vater. Er merkte nicht, wie sie sich hinlegte und wie sie aufstand. Am anderen Tag sagte die Ältere zur Jüngeren: Ich habe gestern bei meinem Vater gelegen. Geben wir ihm auch heute Abend Wein zu trinken, dann geh und leg du dich zu ihm. So werden wir von unserem Vater Kinder bekommen. Sie gaben ihrem Vater also auch an jenem Abend Wein zu trinken; dann legte sich die Jüngere zu ihm. Er merkte nicht, wie sie sich hinlegte und wie sie aufstand. Beide Töchter Lots wurden von ihrem Vater schwanger. Die Ältere gebar einen Sohn und nannte ihn Moab. Er gilt

als Stammvater der Moabiter bis heute. Auch die Jüngere gebar einen Sohn und nannte ihn Ben-Ammi. Er gilt als Stammvater der Ammoniter bis heute (Gen 19,30-38).

Heschbon

Biegt man von der Straße Nr. 40 (von Amman nach Westen, Richtung Totes Meer) bei *Na'ur* nach links (Süden) auf die Nr. 35 ab, erreicht man nach 8 km das Dorf *Hisban,* in dessen Namen unschwer
das biblische *Heschbon* zu erkennen ist. Dessen Ruinen liegen im
Dorf auf einem Tell westlich (rechts) der Straße. *Heschbon* war die
Stadt von „Sihon, dem König der Amoriter". Von ihr ist in der Bibel
beim Einzug der Israeliten nach Kanaan ausführlich die Rede:

> Israel schickte (aus der Wüste) Boten zum Amoriterkönig Si-
> hon und ließ ihm sagen: Ich möchte durch dein Land ziehen.
> Wir werden nicht in die Felder und Weinberge abbiegen und
> wir werden kein Wasser aus euren Brunnen trinken. Wir wol-
> len nur die Königsstraße benutzen, bis wir dein Gebiet durch-
> zogen haben. Doch Sihon ließ Israel nicht durch sein Gebiet
> ziehen. Er versammelte sein ganzes Volk und zog Israel in die
> Wüste entgegen. Als er nach Jahaz gekommen war, griff er
> Israel an. Aber Israel schlug ihn mit scharfem Schwert und
> besetzte sein Land vom Arnon bis zum Jabbok, das heißt bis
> zu dem Gebiet der Ammoniter, denn Jaser bildete damals die
> Grenze zu den Ammonitern.
> Die Israeliten nahmen alle jene Städte ein und ließen sich in
> den Amoriterstädten nieder, in *Heschbon* und allen seinen
> Tochterstädten. *Heschbon war nämlich die Hauptstadt Sihons,
> des Amoriterkönigs.* Sihon hatte aber zuvor gegen den ersten
> König von Moab Krieg geführt und hatte ihm sein ganzes
> Land bis zum Arnon abgenommen. Darum sagen die Spruch-
> dichter:
> Kommt nach *Heschbon*! Aufgebaut, neu gegründet wird *Si-
> hons Stadt.* Denn von *Heschbon* ging ein Feuer aus, eine
> Flamme von *Sihons Burg,* sie hat Ar-Moab gefressen und
> die Arnonhöhen verschlungen. Weh dir, Moab, mit dir ist es
> aus, Volk des Kemosch. Seine Söhne hat er zu Flüchtlingen
> gemacht, seine Töchter zu Gefangenen des Amoriterkönigs
> Sihon. Ihre Scholle ist dahin *von Heschbon* bis Dibon, von
> Naschim bis Nofach bei Medeba (Num 21,21-30).

Dieser Bibeltext bleibt in sich schwierig, zumal er im zweiten Teil
ein Lied einfügt, das vielleicht in einer damals schon antiquierten
und schwer verständlichen Sprache der östlichen Nachbarn Israels

abgefasst ist. In Israel blieb dieser Sieg vor allem deshalb im Gedächtnis, weil es hier im Ostjordanland erstmals ein Gebiet bekam, das später zum Zwölfstämmevolk gezählt wurde:

> Da übergab Mose den Gaditern, den Rubenitern und dem halben Stamm des Manasse, des Sohnes Josefs, das Reich des *Amoriterkönigs Sihon* und das Reich Ogs, des Königs des Baschan, das Land mit seinen Städten und deren ganzen Umgebung, soweit das Land reichte (Num 32,33).

Auch in den Psalmen kehren die Siege über den Amoriter Sihon und über Og, den König von Baschan weiter im Norden, im heutigen Golan, mehrfach wieder, z.B.:

> Er schlug viele Völker nieder und tötete mächtige Könige: *Sihon, den König der Amoriter,* Og, den König von Baschan, und alle Reiche Kanaans. Ihr Land gab er Israel zum Erbe, zum Erbe Israel, seinem Volk (Ps 135,10-12).

Allerdings fanden amerikanische Archäologen bei ihren Grabungen 1968-76 nicht, was sie erhofften. Die Überbleibsel der Stadt gehören erst der Eisenzeit an, reichen also nicht in die Mosezeit zurück, in der es die Hauptstadt des Amoriterkönigs Sihon gewesen sein soll. Heschbon war vom 12.Jh. v.Chr. bis 1500 n.Chr. besiedelt. Auf dem Konzil von Nizäa 325 n.Chr. war bereits ein *Bischof Gennadius* von Heschbon vertreten; die Stadt, damals *Esbus* genannt, wurde also früh christlich. Man hat drei christliche Bauten gefunden. Am interessantesten ist die Kirche am Nordfuß des Tells (1978 ausgegraben), deren Apsis zwei Mosaike übereinander aufwies. Das obere, von Ikonoklasten beschädigte, ist verhältnismäßig einfach. Es zeigt zwei Gazellen neben einer Vase und nennt einen Diakon Johannes; leider ist die angegebene Entstehungszeit nicht erhalten geblieben. Bemerkenswerter ist das darunter liegende mit seinen vielerlei Tieren, sogar einem Vogel im Käfig. Die in den Inschriften erwähnten „Priester Philadelphus und Quintianus" waren verheiratet, bei Philadelphus ist von seinem Sohn Elias die Rede, bei Quintianus von seinen Kindern.

Auch das Dorf *Massuh,* 3 km östlich von Heschbon, hatte eine überraschend große Kirche mit zwei Mosaiken übereinander, die aber weniger gut erhalten sind. Man kann hier infolge von Vergrößerungen des Presbyteriums sogar vier Bauphasen unterscheiden; nach der Beschädigung der Bilder durch Ikonoklasten wurde das obere Mosaik noch einmal ausgebessert. Hier werden ein Bischof Theodosius und ein Erzpriester Sabbatius genannt.

Madaba

Madaba liegt in beherrschender Lage (800 m ü.d.M.) über einer
fruchtbaren Hochebene. Die moderne Stadt Madaba wurde 1879 auf
den Ruinen der gleichnamigen antiken Stadt wiedergegründet, als
sich 90 christliche Familien aus der Gegend um Kerak hier ansiedelten. Heute hat sie ca. 70 000 Einwohnern, davon etwa ein Drittel
Christen (meist griechisch-orthodox), was im Stadtbild mit einer
Reihe von Kirchen sichtbar ist. Auf dem höchsten Punkt der Stadt
steht die katholische Pfarrkirche St. Johannes der Täufer.
Die biblische Form des Namens ist *Medeba,* was wohl „Wasser der
Stärke" (d.h. „starke Wasser") bedeutet. Die Stadt ist im erwähnten
Heschbonlied (Num 21,30; s.o., S.738) erstmals erwähnt. Nach diesem Text hatte Moab die Landstriche nördlich des Arnon verloren.
Um 850 v.Chr. konnte König Mescha aber das Gebiet der Moabiter
wieder über Madaba hinaus ausdehnen. Davon spricht König Mescha selbst auf seinem Gedenkstein (siehe S.760) und erwähnt dabei
ausdrücklich *Medeba.* Indirekt lässt dies auch die Bibel erkennen,
wenn es heißt:

> Mescha, der König von Moab, betrieb Schafzucht und musste
> dem König von Israel hunderttausend Lämmer und die Wolle
> von hunderttausend Widdern liefern. Nach dem Tod Ahabs
> aber fiel der König von Moab vom König von Israel ab (2 Kön
> 3,4-5).

Unter den Hasmonäerkönigen wurde Madaba wieder jüdisch, danach nabatäisch und schließlich (mit dem Nabatäerreich) 106 n.Chr.
römisch. Das Christentum fasste frühzeitig in Madaba Fuß. In byzantinischer Zeit erreichte Madaba seine höchste Blüte. Überragen-
de Zeugnisse dafür sind die vielen hervorragenden Mosaike, die aus
dieser Zeit stammen und bis heute zu bewundern sind.
Im 8.Jh. sank es zu völliger Bedeutungslosigkeit herab und wurde
aufgegeben, bis es Ende des 19.Jh. neu besiedelt wurde. Die neuen
Bewohner lebten zuerst in Höhlen. Aber bei der einsetzenden Bautätigkeit wurden dann bis um 1900 immer mehr Mosaike gefunden;
weitere Entdeckungen kamen in den letzten Jahrzehnten hinzu, als
erneut viel gebaut wurde. Madaba erwarb sich den Ruf einer *Mo-
saikstadt.* Dank der erhaltenen Inschriften ist man auch über andere
Daten der Geschichte von Madaba, wie z.B. die Namen von Bischöfen und Bürgern vom 5. bis zum 8.Jh., recht gut unterrichtet. Die archäologischen Ausgrabungen stellten freilich Privatleute und Behörden vor die schwierige Aufgabe, für den Schutz und die Konservie-
rung all dieser „Bodenschätze" in geeigneter Weise Sorge zu tragen.
Mit internationaler Hilfe konnten gute und vielversprechende Ent-
wicklungsprojekte in die Wege geleitet werden. Aus den USA, Ka-

nada und Deutschland kamen Fachleute und Geld, Italien gründete
eine Mosaikschule, um seine Erfahrungen mit Mosaiken weiterzu-
geben und einheimische Konservatoren auszubilden. Große Ver-
dienste um die Mosaiken von Madaba und Umgebung hat das Studium Biblicum Franciscanum in Jerusalem, besonders dessen Professor für Christliche Archäologie, Michele Piccirillo († 2008).

Das berühmteste dieser Mosaike ist die *Mosaikkarte von Madaba,*
die aus der Zeit um 560 n.Chr. stammt (Abbildungen: Tafeln IV
und XVIIa). Sie wurde 1884 beim Bau der Georgskirche entdeckt,
daher befindet sie sich heute nicht in einem Museum oder in einem
archäologischen Park, sondern, wie ja ursprünglich gedacht, in einem Gotteshaus, nämlich der Pfarrkirche der ca. 10 000 griechisch-
orthodoxen Gläubigen von Madaba. Als 1896 der Bibliothekar des
griechisch-orthodoxen Patriarchats in Jerusalem, Kleopas Koikyli-
des, das Mosaik sah, erkannte er seinen außerordentlichen Rang und
veröffentlichte im Jahr darauf einen ersten Bericht, wodurch es der
Weltöffentlichkeit bekannt wurde. Das Mosaik (ursprünglich 5,6×-
15,7 m) enthält mit griechischer Beschriftung bei erstaunlicher De-
tailgenauigkeit eine große Anzahl von Orten. Davon sind 157 erhalten, was ungefähr einem Viertel der ursprünglichen Fläche entspricht. Auf der Madabakarte ist nicht, wie auf modernen Karten,
Norden oben, sondern, wie in der Antike üblich, Osten: Der Blick
wendet sich Richtung Sonnenaufgang (lat.: *Oriens*), wie in den üblicherweise ebenfalls geosteten („orientierten") Kirchen. Die Karte
reicht von Änon bei Salem am Jordan bis zum Nildelta (das um 90°
gedreht ist), von Kerak in Transjordanien bis nach Aschdod am Mittelmeer. Dazu kommen zwei kleine (gewöhnlich zugedeckte) Fragmente weiter links (nördlich). Die Darstellung Jerusalems im Zentrum der Karte ist geradezu ein Stadtplan. So ist die Karte eine einzigartige Informationsquelle über Städte, Orte und Kirchen des Heiligen Landes in byzantinischer Zeit. Auch hier waren Ikonoklasten
am Werk und haben die (wenigen) Figuren ausgemerzt, wie die See-
leute im Toten Meer.

Vom Hof der Georgskirche kommt man in eine kleine Ausstellung
mit Schautafeln, in der man die Karte auf einen Blick betrachten
kann, was in der Kirche nicht möglich ist. Auf dem Grundstück der
Kirche wurde 1992 eine Zisterne entdeckt (17 m weit und 12–14 m
tief); an ihrem oberen Rand fand sich ein Kreuz mit den griechischen Buchstaben X und C (für: **XPICTOC** *Christos*) und A und Ω
(*Alpha* und *Omega,* der erste und letzte Buchstabe des griechischen
Alphabets), angeordnet wie es bei der Osterkerze üblich ist.

1991 wurde der Plan gefasst, in Madaba einen *Archäologischen
Park* einzurichten und darin eine Reihe von byzantinischen Stätten
zusammenzufassen und zu schützen. Der Archäologische Park liegt

südöstlich der Georgskirche, seine einzelnen Teile sind durch ein
rötliches Marmorband im Gehsteig miteinander verbunden. Man gelangt dorthin, wenn man beim Verlassen der Georgskirche zweimal
nach links geht. Es ist hier nicht möglich, alle Mosaike im Einzelnen zu beschreiben, zumal auch weitere Mosaike der Umgegend
hierher gebracht wurden.

Dem Eingang zum archäologischen Park gegenüber hängt ein einfaches, geometrisches, schwarz-weißes Mosaik. Es ist das älteste bekannte Mosaik aus Jordanien und stammt aus dem Herodespalast
von Machärus (siehe S. 755). Im selben Vorhof zur Linken ist an der
Wand das Mosaik von Maïn angebracht (siehe S. 754).

Von diesem Hof aus kommt man in die *Kirche der Theotokos*
("Gottes-Gebärerin") *Maria* und den *Hippolytussaal.* Die Kirche mit
länglichem Presbyterium und einem runden Schiff wurde 1887 identifiziert. Die archäologische Untersuchung ergab, dass an dieser
Stelle im 2./3. Jh. n. Chr. ein römisches Monument stand. Von den
zwei übereinanderliegenden Mosaiken der Kirche wird das ältere
gegen 600 datiert, das jüngere entstand 767 n. Chr., also in einer
Zeit, als das Land seit Langem islamisch war. Die Inschrift im Zen-
tralmedaillon scheint mit der Betonung des Einzigen Gottes christ-
lich-islamische Auseinandersetzung zu reflektieren und ist daher um
theologische Exaktheit bemüht:

> Wenn du aufschaust zu Maria, der jungfräulichen Gottesmut-
> ter, und zu Christus, den sie gebar, den Weltenherrscher, den
> Einzigen Sohn des Einzigen Gottes, reinige Geist, Fleisch und
> Werke. Mit Gebet reinige das Volk Gottes!

Die datierte Widmungsinschrift vor den Chorschranken besagt, die
Kirche sei zur Zeit des Bischofs Theophanes "dank des hingebenden
Eifers des Volkes, das in dieser Stadt Madaba Christus liebt" erbaut
worden.

Die Kirche lag 1,30 m über einem prächtig dekorierten Saal. Dessen
Meistermosaik (erste Hälfte des 6. Jh.) zeigt oben Personifizierungen
der Städte *Rom, Gregoria* (Babylon?) und *Madaba,* dann, unterhalb
eines dunklen Bandes mit Jagdszenen, die Landwirtschaftsgöttin
Agroikis (mit Früchtekorb), *Aphrodite* und *Adonis,* dazwischen
mehrfach *Eros* und *Charis* – die sinnliche Liebe und die Nächsten-
liebe. Den Namen gibt dem Saal das darunter dargestellte Liebes-
drama zwischen Phädra, der Gemahlin des Theseus, und ihrem
Stiefsohn *Hippolytus*; doch gerade diese Figur ist völlig zerstört.
Oben links, im ehemaligen Eingangsbereich, sieht man die Mosaikdarstellung eines Paares Sandalen (was wohl sagen sollte: "Schuhe
ausziehen!"). Der Westteil dieses Saales (der untere Teil des Mosaiks) war 1905 vom Eigentümer *Suleman Sunna* entdeckt und zum
Diwan, seiner guten Stube, gemacht worden. 1982 legte Michele

Piccirillo den östlichen Teil frei, der durch eine Mauer bereits im Altertum abgetrennt worden war.

Neben (südlich) der Kirche der Theotokos verlief die ca.6m breite Römerstraße, die, wie man noch erkennen kann, von Säulen flankiert war. Auf der anderen Seite der Römerstraße liegt die *Kirche des Propheten Elija* mit der *Krypta des hl. Elianus.* Die Kirche wurde 1897 entdeckt und teilweise erforscht, aber vernachlässigt und weiter beschädigt. 1992 konnte man noch einige Mosaike im westlichen Seitenschiff retten mit einer Inschrift von 607 n.Chr.:

> Du, der durch sein Gebet die Regenwolken rechtzeitig in Bewegung setzt und dem Volk Gnade erweist, o Prophet, gedenke auch der Wohltäter und dieser demütigen Stadt.

Das Mosaik der Krypta ist besser erhalten und noch vor Ort zu besichtigen. Die Widmungsinschrift ist datiert (595 n.Chr.) und nennt einen Bischof und einen Priester, beide mit dem Namen *Sergius.*

In der zweiten Sektion des archäologischen Parks liegt die *Märtyrerbasilika,* von den Einheimischen *al-Chader-Kirche* genannt (*al-Chader,* eigentlich „der Grüne" ist eine arabische Bezeichnung sowohl für den hl. Georg als auch für den Propheten Elija). Sie wurde Anfang des 20.Jh. entdeckt, aber erst 1966 durch das Deutsche Evangelische Institut ausgegraben. Das Bodenmosaik zeigt Jagd, Viehzucht und Weinproduktion, Bäume und Blumen; alle menschlichen und tierischen Darstellungen wurden durch Bilderstürmer zerstört.

Im gleichen Grundstück liegt der „abgebrannte Palast" (*Burnt Palace*). 1905 glaubte man, die Ruinen einer Kirche vor sich zu haben, aber später fand man heraus, dass es sich um Privatgemächer aus dem 7.Jh. handelt, die durch Feuer zerstört wurden. Bei amerikanischen Ausgrabungen 1993/94 wurde das ganze Ausmaß des Palastes klar, der sich mit drei Flügeln um einen gepflasterten Hof erstreckte.

Abseits vom Archäologischen Park liegen südlicher das *Archäologische Museum* und, nahe der Hauptstraße, die *Apostelkirche.* Das *Archäologische Museum* enthält Schaustücke verschiedener Art wie Gläser, Schmuck, Trachten und Waffen.

Die *Apostelkirche* wurde 1902 identifiziert, dank einer Inschrift des Jahres 578 n.Chr. in einem Nebenraum, der heute verloren ist. 1967 wurde sie vom Deutschen Evangelischen Institut ausgegraben. Da das Mosaik nicht von Bilderstürmern beschädigt wurde, hat man hier ein datiertes, vollständiges Mosaikprogramm vor sich. Während die Seitenschiffe schlicht sind, ist im Mittelschiff inmitten von Vögeln, Früchten und Tieren in einem Medaillon eine Frauenfigur dargestellt, die das Meer personifiziert. Um dieses herum steht geschrieben: „Herr Gott, Schöpfer des Himmels und der Erde, gib Le-

ben Anastasios, Thomas, Theodora und Salaman, dem Mosaizisten"; im letzten Namen erkennt man unschwer den biblischen Namen Salomo in arabischer Form.

Der Berg Nebo

8 km nordwestlich von Madaba liegt der *Berg Nebo*. Es handelt sich
um den Westrand eines Plateaus mit mehreren Kuppen, das nördlich
vom *Wadi Ujun Musa* („Tal der Mose-Quellen") begrenzt wird, südlich vom *Wadi Afrit*. Der höchste Punkt links (südlich) der Straße
mit einigen Dolmen ist der eigentliche Berg Nebo (arab.: *Dschebel
an-Neba*, 802 m). Weiter nach Westen vorgeschoben, aber niedriger
ist der *Ras Sijaga* (710 m), der dem *Pisga* der Bibel entspricht. Eine
südlicher gelegene Anhöhe (*Chirbet al-Muchajat*, 790 m) trug die
Stadt Nebo.

Geschichte: Der *Pisga* wird in der Bibel in zweierlei Zusammenhängen genannt. Zum Einen macht der Moabiterkönig Balak drei Versuche, den Seher Bileam zum Verfluchen der Israeliten zu bewegen,
erreicht aber immer das Gegenteil; der zweite dieser Versuche findet
auf dem Pisga statt:

> Da sagte Balak zu Bileam: Was hast du mir angetan? Ich ha-
> be dich geholt, damit du meine Feinde verwünschst, und nun
> hast du sie statt dessen gesegnet. Bileam antwortete: Muss ich
> nicht das sagen, was der HERR mir in den Mund legt?
> Darauf sagte Balak zu ihm: Geh mit mir an einen anderen Ort,
> von wo aus du das Volk sehen kannst. Du wirst freilich nur
> den äußersten Rand sehen; ganz wirst du es nicht sehen. Von
> dort aus verwünsch es mir! Er nahm ihn mit zum *Späherfeld
> am Gipfel des Pisga,* errichtete dort sieben Altäre und brachte
> auf jedem Altar einen jungen Stier und einen Widder dar. Bi-
> leam sagte zu Balak: Bleib hier bei deinem Brandopfer stehen,
> ich aber will dort drüben auf die Begegnung mit dem HERRN
> warten. Der HERR begegnete Bileam, legte ihm ein Wort in
> den Mund und sagte: Kehr zu Balak zurück und sag ihm das
> und das!
> Als Bileam zu Balak kam, stand er bei seinem Opfer und die
> Hofleute Moabs waren bei ihm. Balak fragte ihn: Was hat der
> HERR gesagt? Da begann Bileam mit seinem Orakelspruch und
> sagte:
> Auf, Balak, höre, lausche mir, Sohn Zippors! Gott ist kein
> Mensch, der lügt, kein Menschenkind, das etwas bereut.
> Spricht er etwas und tut es dann nicht, sagt er etwas und hält

es dann nicht? Sieh her, ich habe es übernommen zu segnen; so muss ich segnen, ich kann's nicht widerrufen. Man erblickt kein Übel in Jakob, man sieht kein Unheil in Israel. Der HERR, sein Gott, ist bei ihm, seinem König jubelt Israel zu. Gott hat sie aus Ägypten geführt. Er hat Hörner wie ein Wildstier. Zauberei wirkt nicht gegen Jakob, Beschwörung hilft nicht gegen Israel (Num 23,11-23).

Die Orte, an denen Balak die beiden anderen Versuche unternahm, Bileam zu einem Fluch über Israel zu bringen (*Kirjat-Huzot,* Num 22,39, und der *Gipfel des Pegor,* Num 23,28), sind nicht identifizierbar. Es ist aber bemerkenswert, dass der Pisga zugleich *Späherfeld* genannt wird. Dieser Bezeichnung entspricht der Naturbalkon hervorvorragend.

In einem zweiten Zusammenhang spielt der Pisga eine noch größere Rolle: Mose durfte zwar das „Gelobte Land" nicht betreten, aber er durfte es von hier aus sehen:

Am selben Tag sagte der HERR zu Mose: Geh hinauf in das Gebirge Abarim, das du vor dir siehst, steig auf den *Berg Nebo,* der in Moab gegenüber Jericho liegt, und schau auf das Land Kanaan, das ich den Israeliten als Grundbesitz geben werde. *Dort auf dem Berg,* den du ersteigst, sollst du sterben und sollst mit deinen Vorfahren vereint werden, wie dein Bruder Aaron auf dem Berg Hor gestorben ist und mit seinen Vorfahren vereint wurde. Denn ihr seid mir untreu gewesen inmitten der Israeliten beim Haderwasser von Kadesch in der Wüste Zin und habt mich inmitten der Israeliten nicht als den Heiligen geehrt. Du darfst das Land von der anderen Talseite aus sehen. Aber du darfst das Land, das ich den Israeliten geben werde, nicht betreten (Deut 32,48-52).

Bei der Ausführung dieser Weisung fügt der biblische Text noch die Präzisierung auf den Pisga ein:

Mose stieg aus den Steppen von Moab hinauf auf den *Nebo, den Gipfel des Pisga* gegenüber Jericho, und der HERR zeigte ihm das ganze Land. Er zeigte ihm Gilead bis nach Dan hin, ganz Naftali, das Gebiet von Efraim und Manasse, ganz Juda bis zum Mittelmeer, den Negeb und die Jordangegend, den Talgraben von Jericho, der Palmenstadt, bis Zoar.
Der HERR sagte zu ihm: Das ist das Land, das ich Abraham, Isaak und Jakob versprochen habe mit dem Schwur: Deinen Nachkommen werde ich es geben. Ich habe es dich mit deinen Augen schauen lassen. Hinüberziehen wirst du nicht. Danach starb Mose, der Knecht des HERRN, dort in Moab, wie es der HERR bestimmt hatte. Man begrub ihn im Tal, in Moab, gegen-

über Bet-Pegor. Bis heute kennt niemand sein Grab (Deut 34,1-6).

Und noch einmal kommt der Berg Nebo/Pisga (ohne Namen) im Zweiten Buch der Makkabäer vor. In einem Brief an die Juden von Ägypten beziehen sich die Jerusalemer Juden auf ein verlorenes Buch, nach dem der Prophet Jeremia vor der Zerstörung des Salomonischen Tempels durch die Babylonier das Heilige Zelt, die Bundeslade und den Rauchopferaltar am Nebo verborgen habe:

> In dem Buch stand weiter zu lesen, dass der Prophet einen Gottesspruch empfangen habe und daraufhin das Zelt und die Lade hinter sich hertragen ließ. Er sei hinausgegangen *zu dem Berg, auf den Mose gestiegen war, um das von Gott verheißene Erbteil zu sehen.* Dort fand Jeremia eine Höhle wie ein Haus. Er trug das Zelt, die Lade und den Rauchopferaltar hinein; dann verschloss er den Eingang. Einige von seinen Begleitern gingen hin, um sich den Weg zu markieren; aber sie konnten ihn nicht finden. Als Jeremia davon hörte, schalt er sie und sagte: Die Stelle soll unbekannt bleiben, bis Gott sein Volk wieder sammelt und ihm wieder gnädig ist. Dann aber bringt der Herr dies alles wieder ans Licht und die Herrlichkeit des Herrn wird erscheinen und auch die Wolke, genauso wie sie sich in den Tagen des Mose gezeigt hat und in der Zeit, als Salomo betete, dass der Ort hochheilig werden möge (2 Makk 2,4-8).

1932 konnten die Franziskaner die Kuppe des *Ras Sijaga* und 1935 auch die von *Chirbet al-Muchajat* erwerben; man wusste damals noch nicht, was als Nebo und Pisga zu gelten hatte, und bemühte sich deshalb um beide. Ohne den kroatischen Franziskaner Bruder Hieronymus Mihaic in Jericho, einen Mann ohne Studien, der aber mit seiner ansteckenden Fröhlichkeit und den Früchten des von ihm betreuten Klostergartens das Vertrauen des damaligen Emirs und späteren Königs Abdallah I. gewonnen hatte – er soll Br. Hieronymus während seiner Abwesenheiten sogar die Aufsicht über seinen Harem anvertraut haben –, wäre diese ungewöhnliche Übertragung von Beduinenland an Ausländer nicht möglich gewesen. Mit methodischem Fleiß und bescheidensten Mitteln führten die Franziskanerarchäologen Sylvester Saller und Bellarmino Bagatti vom Studium Biblicum Franciscanum vor dem Zweiten Weltkrieg erfolgreiche Ausgrabungen durch. Von 1976 bis zu seinem Tod 2008 leitete Michele Piccirillo, der hier seine letzte Ruhe fand, die Forschungen der Franziskaner auf dem Nebo und in der Umgebung.

Die Ausgrabungen auf dem Ras Sijaga brachten über sechs Gräbern einen kleinen kreuzförmigen, vielleicht noch vorchristlichen Bau zum Vorschein, eine Art Begräbniskapelle, die innen auf drei Seiten gerundet und mit einem hübschen Bodenmosaik geziert war. In die Mittelapsis wurde im 4. Jh. ein *Synthronon* (griech. „Priesterbank") eingebaut und eine Vorhalle hinzugefügt. In dieser Vorhalle befand sich ein geflochtenes Mosaikkreuz. Nach einer Inschrift war das „eine Stiftung des Kaisarios zu Zeiten der Presbyter Alexios und Theophilos". Eine andere Inschrift spricht von einer Renovierung „unter dem sehr ehrwürdigen und frommen Presbyter Abt Alexios".

In einer links angeschlossenen Kapelle kam später einen Meter tiefer ein byzantinisches *Baptisterium* hinzu. Ein sehr schönes Mosaik mit Jagd- und Hirtenszenen ist nach den langen Inschriften darüber und darunter ins Jahr 531 zu datieren. Nicht nur Autoritäten wie „Bischof Elias" sind genannt, auch die Mosaizisten „Soëlos (Saul) und Kaiomos und Elias und ihre Familien" werden dem Herrn anempfohlen.

Im 6. Jh. wurde die ursprüngliche Kapelle zum Presbyterium einer dreischiffigen Basilika gemacht, von der die einfachen Mosaike der Seitenschiffe gut erhalten sind, vom Mosaikschmuck des Hauptschiffes dagegen nur wenig. Originell waren die Kapitelle; sie laufen an den vier Kanten in etwas wie Mimosenzweige aus. Auch das alte Baptisterium, das sich links anschloss, wurde aufgegeben, dem Niveau der Basilika angeglichen und mit geometrischen Mustern mosaiziert.

Dafür wurde im Jahr 597 rechts (südlich) von der Basilika über der alten Begräbniskapelle ein neues Baptisterium gebaut und zu Anfang des 7. Jh. westlich eine *Kapelle der Theotokos,* der Gottesmutter, angefügt. Die Kirche maß so mit ihren seitlichen Kapellen 30 × 37 m. Etwas überraschend ist in der Theotokoskapelle das von Bilderstürmern beschädigte Mosaik vor der Apsis aus der Zeit des Bischofs Leontios (603–608): Es bezieht sich offensichtlich auf den erwähnten Text aus dem Zweiten Makkabäerbuch und zeigt zwischen zwei Gazellen, zwei Blumensträuchern und zwei Stieren einen stilisierten Tempel von Jerusalem oder die „Höhle wie ein Haus", die Jeremia am Nebo gefunden habe. Man erkennt das Feuer des Brandopferaltars und darüber den Schaubrotetisch in einem Tabernakelaltar. Die griechische Inschrift nennt den Psalmvers: „Dann opfert man Stiere auf deinem Altar" (Ps 51,21). Die Anführung dieses Psalmverses ist nur zu verstehen, wenn man bedenkt, dass auf dem Altar der Kapelle das christliche Opfer des Neuen Bundes gefeiert wurde, also der Psalmvers sich erfüllt hat.

Die Kirche war auf drei Seiten – allein die Front östlich der ursprünglichen Kapelle ausgenommen – mit den Räumen eines beachtlichen Klosters umgeben (78 × 82 m). Man darf die Kirche als die Mosegedächtnisstätte betrachten, die die unermüdliche Aetheria in einem anstrengenden Ausflug von Jerusalem auf den Nebo aufsuchte. Sie bezeugt „auf der *Höhe des Berges Nabau* selbst eine

nicht allzu große Kirche" als Erinnerung an das Mosegrab. Die Pilgerin hat Mühe zu erklären, wie diese Kirche entstanden ist; denn
nach der Bibel „kennt bis heute niemand sein Grab" (Deut 34,6).
Es ist aber auch verständlich, dass man sich mit dieser Auskunft nur
schwer abfinden konnte. Eine jüdische apokryphe Schrift, die *Himmelfahrt des Mose,* beschäftigt sich damit. Auch der Judasbrief des
Neuen Testaments berührt diese Thematik, wenn er sogar von einem
Kampf des Erzengels Michael um den Leichnam des Mose spricht:

> Als der Erzengel Michael mit dem Teufel rechtete und über
> den Leichnam des Mose stritt, wagte er nicht, den Teufel zu
> lästern und zu verurteilen, sondern sagte: Der Herr weise dich
> in die Schranken (Jud 9).

Nach der Lebensbeschreibung Petrus des Iberers, der um 430 hier
war, erfuhr man auf dem Nebo von der Grabstätte durch einen Hirten, der nach einer Vision hier eine lichtvolle, wohlduftende Grotte
fand, in der Mose als ein ehrwürdiger Greis mit leuchtendem Angesicht auf einem von Herrlichkeit und Gnade strahlendem Bett lag.
Als die Einwohner die Kirche gebaut hatten, zeigte der große Prophet und Gesetzgeber „seine Güte und Macht durch die Zeichen,
Wunder und Heilungen, die seither ununterbrochen da geschehen
sind." Die Mosegedächtnisstätte wurde also in christlicher Zeit
schnell zu einem berühmten Wallfahrtsort. Der deutsche Pilger
Thietmar besuchte ihn noch im Jahr 1217.

Besichtigung: Der Ausblick vom Pisga ist oft durch starken Dunst
aus dem Jordangraben beeinträchtigt. Am ehesten zeigt sich das Gelobte Land morgens, wie es Mose vom Pisga aus gesehen hat: vom
Toten Meer über Herodion, Betlehem und Jerusalem (Entfernung:
46 km Luftlinie) bis zum spitzen Bergkegel des Alexandreion und
zu Füßen Jericho. Des Nachts kann man die Lichter der Städte fun-
keln sehen.
Die Anlage wird von der Franziskanern der Kustodie des Heiligen
Landes betreut. Ihr Herzstück ist die neu gebaute Basilika, ringsum
liegen die Ruinen des weitläufigen byzantinischen Klosters.
Nach dem Eingang zum Gelände steht ein ca. 6 m hoher Gedenk-
stein, der an den Besuch durch Papst Johannes Paul II. im Heiligen
Jahr 2000 erinnert. Auf der Vorderseite steht auf Lateinisch: „Ein
Gott, der Vater aller, über allen". Auf der rechten (nördlichen) Seite
sind die Gesichter der Propheten dargestellt, die noch verhüllt die
Zukunft erblickten. Die Rückseite ziert auf Arabisch: „Gott ist die
Liebe – Einladung des Himmels und Botschaft der Propheten". Auf
der linken (südlichen) Seite ist auf Griechisch zu lesen: „Gott ist die
Liebe" (1 Joh 4,8). Darüber ist das Wappen der Kustodie des Heili-
gen Landes angebracht.

Im kleinen Museum finden sich neben Modellen und Schautafeln einige Kleinfunde (v. a. Keramik) und zwei Meilensteine der Römerstraße *Heschbon – Livias* (heute: *Tell ar-Rame,* in der Nähe der Taufstelle am Jordan), die nördlich am Berg Nebo vorbeiführte. Die mittlere von drei Marmorsäulen, aus erlesenem schwarz-weißen Marmor, stammt aus einem kaiserlichen Steinbruch und ist wohl ein Geschenk des Kaiserhauses (Konstantin?).

In der byzantinischen *Basilika* fand man drei, an manchen Stellen sogar vier Schichten von Mosaiken, insgesamt über $700\,m^2$! Sie wurden gesichert und gehoben und finden fast vollständig Platz in der neu gebauten Basilika. Diese bestand seit 1963 zunächst aus einem einfachen Schutzdach für die aufgefundenen Überreste der Mosegedenkstätte. 2008 begann man mit dem Neubau der Basilika, die gleichzeitig Wallfahrtskirche, Museum und Schutz der Altertümer sein will. Der Neubau verzögerte sich zunächst durch den plötzlichen Tod des Archäologen und Bauleiters, Michele Piccirillo, dann durch die Anwendung neuer Konservierungstechniken, genauer gesagt: durch den Rückgriff auf antike Mosaiktechnik. Es hat sich nämlich zwischenzeitlich gezeigt, dass durch die Methoden der 60er- und 70er-Jahre – man fixierte die Mosaike mit Beton – diese langfristig beschädigt wurden. Man hat nun die alten Techniken – die Fixierung durch Kalkmörtel – neu gelernt, was zeitraubender, aber hoffentlich nachhaltiger ist.

Die neue Kirche ist breiter als ihre byzantinische Vorgängerin, da man Nebenräume und Seitenkapellen in sie integriert hat. Dem Original entspricht dagegen der außergewöhnliche kleeblattförmige Altarraum mit drei Apsiden. In den unteren, originalen Steinlagen kann man erkennen, dass darin Bauelemente eines älteren Monumentes wiederverwendet wurden, z. B. eine jetzt hochkant gestellte Säulenbasis. Leider wissen wir fast nichts über diesen Vorgängerbau, da es sonst aus jener Zeit kaum Funde gibt. Es könnte ein heidnischer Bau gewesen sein, aber auch eine jüdische oder samaritanische – man hat schwer deutbare Reste einer samaritanischen Inschrift entdeckt (heute im Museum des Studium Biblicum Franciscanum, Jerusalem) – Gedenkstätte an den Tod Moses.

Die Glasfenster in der Apsis, die aus der Notkirche übernommen wurden, zeigen links Mose und Aaron mit dem Wasser aus dem Felsen (Ex 17,1-6; Text: S.708), in der Mitte Mose, der, gestützt von Aaron und Hur, für sein Volk betet (Ex 17,8-13), rechts den Tod Mose hier auf dem Berg Nebo.

Im Mittelschiff hat man beim Neubau durch Zufall einen bedeutenden Fund gemacht: Ein Grab, das aber nie als solches verwendet wurde – dafür ist es zu flach und es zeigt keinerlei Spuren einer Benutzung. Für das Grab hat man Alabaster eines älteren (herodianischen?) Monumentes wiederverwendet. Möglicherweise ist es das Grabmal Mose, von der die Pilgerin Aetheria berichtete:

> In dieser Kirche, dort, wo das Lesepult steht, sah ich einen Platz, ein wenig erhöht, etwa so groß wie ein Grab. Da fragte ich also jene Heiligen, was denn dies sei; sie antworteten: „Hier ist der heilige Moses von Engeln bestattet worden; weil, wie geschrieben steht, kein Mensch von seinem Begräbnis weiß (Deut 34,6), daher ist es sicher, dass er von Engeln bestattet wurde."

Für die Anordnung der Mosaike folgte man folgendem Grundsatz: Von den verschiedenen Mosaiklagen wurde das am besten erhaltene oder das am reichsten geschmückte an den ursprünglichen Platz zurückgebracht, die weiteren Mosaike wurden möglichst nahe an der ursprünglichen Stelle an den Wänden angebracht. So fanden fast alle Mosaike der unterschiedlichen Bauphasen einen Platz in der neuen Kirche.

Die moderne Skulptur auf dem Platz vor der Basilika wurde 1983/84 von J.P. Fantoni aus Florenz geschaffen. Sie verbindet, wie schon der Evangelist Johannes, alttestamentliche Geschichte mit christlicher Theologie: Die kupferne Schlange ist erhöht an einem Stab, der auch als Kreuz angesehen werden kann:

> Die Israeliten brachen vom Berg Hor auf und schlugen die Richtung zum Schilfmeer ein, um Edom zu umgehen. Unterwegs aber verlor das Volk den Mut, es lehnte sich gegen Gott und gegen Mose auf und sagte: Warum habt ihr uns aus Ägypten heraufgeführt? Etwa damit wir in der Wüste sterben? Es gibt weder Brot noch Wasser. Dieser elenden Nahrung sind wir überdrüssig. Da schickte der Herr Giftschlangen unter das Volk. Sie bissen die Menschen und viele Israeliten starben. Die Leute kamen zu Mose und sagten: Wir haben gesündigt, denn wir haben uns gegen den Herrn und gegen dich aufgelehnt. Bete zum Herrn, dass er uns von den Schlangen befreit. Da betete Mose für das Volk. Der Herr antwortete Mose: Mach dir eine Schlange und häng sie an einer Fahnenstange auf! Jeder, der gebissen wird, wird am Leben bleiben, wenn er sie ansieht. Mose machte also eine Schlange aus Kupfer und hängte sie an einer Fahnenstange auf. Wenn nun jemand von einer Schlange gebissen wurde und zu der Kupferschlange aufblickte, blieb er am Leben (Num 21,4-9).

> Und wie Mose die Schlange in der Wüste erhöht hat, so muss der Menschensohn erhöht werden, damit jeder, der glaubt, in ihm das ewige Leben hat (Joh 3,14-15).

Wo die biblische Kupferschlange erhöht wurde, ist ungeklärt, auch die Nähe zum Berg Hor hilft nicht weiter (zur Diskussion darüber siehe S. 775).

Wadi Ujun Musa („Tal der Mose-Quellen"): 1 km vor dem Ras Sijaga führt eine kleine Straße nach rechts (Norden) hinunter ins *Wadi Ujun Musa,* in dem drei Quellen landwirtschaftliche Bebauung ermöglichen. Man wusste aus dem Bericht der Aetheria längst von einer kleinen Kirche „bei dem Wasser, das der heilige Mose den Kindern Israels in dieser Einöde gab", aber erst 1984 wurde der vermutete Zusammenhang archäologisch aufgeklärt.

Außer einer eisenzeitlichen Befestigung des 8./7. Jh. v. Chr. fand man ein byzantinisches Kloster und zwei Kirchen, beide mit rechteckigen Presbyterien. Die erste, die *Kajanoskirche* (etwa 12 × 15 m), wies ein doppeltes Mosaik auf. Sie wurde anfangs des 6. Jh. über zwei Grabanlagen gebaut, „zur Zeit des Bischofs Kyros von Madaba und zum Gedenken an Kajanos und Johannes, für das Heil von Kasiseos und für die Ruhe unseres Vaters Rabebos". Diese griechische Inschrift kehrt inhaltlich noch in einer syrischen Inschrift wieder. Da der Name Rabebos auch oben auf dem Ras Sijaga erwähnt wird, kann man in ihm einen Abt sehen, der für beide Orte zuständig war. Das Mosaik mit Blumenmotiven im Presbyterium und Tierbildern im Schiff ist von geringerer Qualität; es wurde zum Schutz wieder zugedeckt. In der zweiten Hälfte des 6. Jh. wurde die Kirche neu gebaut und ein neues Mosaik gelegt. Darauf waren drei Männer zu sehen, ein *Fidos* (es fehlen die Beine), ein *Johannes* (fast ganz zerstört) und, gut erhalten, aber ohne Namen, ein halbnackter Mann mit Schwert, Bogen, Peitsche und einem Kamel. Die Fachleute halten diesen für einen Ghassaniden, d. h. einen Soldaten eines christlich gewordenen arabischen Volkes, das den byzantinischen Kaisern im 6. Jh. half, die Perser vom Heiligen Land fernzuhalten.

Einige hundert Meter weiter nördlich, am früheren Weg zum Nebo von Heschbon aus, stand eine weitere Kirche. Sie war größer (14,30 × 17,85 m), stammt aus dem 6. Jh. und heißt *Kirche des Diakons Thomas,* weil dieser Name in einem Medaillon im rechten Seitenschiff auftaucht. Das Medaillon zeigt einen schwarzen Adler mit den Buchstaben A und Ω. Die gut erhaltenen Mosaike sind in den Seitenschiffen sehr einfach, hervorragend mosaiziert ist aber das Mittelschiff. Mit dichtem Akanthuslaub eingerahmt, sind zwischen Ranken mit Weintrauben viele Tiere und dazu einige Männer dargestellt, die mit Jagd, Viehhüten und Weinlese beschäftigt sind. Der Jäger hat sogar einen Namen, *Stephanos.* Es ist immer wieder erstaunlich, wie viel Alltagsleben in den Kirchenmosaiken dargestellt ist. Selbst im Presbyterium geht ein Löwe auf einen Büffel los, während zwischen Fruchtbäumen unter dem Altarstein sich ein Lamm befindet.

Die Stadt Nebo: Kurz vor dem Ras Sijaga zweigt eine Straße nach Süden ab, ein unscheinbares Schild weist auf die Abzweigung hin. Auf ihr gelangt man nach 2 km auf die Kuppe von *Chirbet al-Muchajat* (arab. „Ruine des Zeltlagers"), das heute als *Stadt Nebo* betrachtet wird. Gräber am Rand des Tells gehen bis ins 2. Jahrtausend v. Chr. zurück. In der Bibel erscheint Nebo unter den Orten des Stammes Ruben und war von Herdenbesitzern bewohnt (Num 32, 1-4.37-38). Herodianische Bautätigkeit am Ort ist nachzuweisen. Zur Zeit des Bischofs Eusebius (Anfang 4. Jh. n. Chr.) war Nebo ein verlassenes Dorf, im 5. Jh. aber lebte es wieder auf, im 6. Jh. zeigte es sich sogar wohlhabend.

Vor dem Zweiten Weltkrieg wurden hier vier Kirchen aufgefunden. Eine dieser Kirchen ist den *heiligen Lot und Prokopios* geweiht, zum Schutz wurde über den Ruinen ein Steingebäude errichtet. Vom gebildeten Lektor Prokopios aus Skythopolis (Bet-Schean) berichtet Eusebius von Cäsarea, dass er im Jahr 303 in Cäsarea als erstes Opfer der diokletianischen Verfolgung enthauptet wurde. Das Mosaik der kleinen Kirche (16,25 × 8,65 m), eines der lebendigsten und am besten erhaltenen des Landes, wurde schon 1913 beim Bau einer Wohnung gefunden. Es ist nur an zwei Stellen durch offene Feuer geschwärzt – ausgerechnet die Beduinen, die mit dem Schutz der Ausgrabungsstätte beauftragt waren, hatten hier aus Unwissenheit ein wärmendes Feuer entfacht. In zwanzig durch Weinranken gebildeten Medaillons ist viel ländliches Leben dargestellt: Jagd, Hirtenszenen, Weinlese. Das hintere (westliche) Drittel des Hauptmosaiks zeigt Obstbäume, Hasen und Hirsche und den Brandopferaltar von Jerusalem mit zwei Stieren und dem Psalmvers: „Dann opfert man Stiere auf deinem Altar" (Ps 51,21), wie in der Kapelle der Theotokos in der Basilika auf dem Berg Nebo. In den Streifen zwischen den Säulen sind hübsche Nilszenen zu sehen, darunter eine Kirche, neben der ein Mann im Boot rudert, ein anderer angelt – die Befürchtung, er könne das während des Gottesdienstes getan haben, scheint damals fern gelegen zu sein. Nach den Inschriften wurde die Kirche 556 n. Chr. unter Bischof Johannes gestiftet. Der Fürbitte der heiligen Märtyrer empfehlen sich eine Reihe von Wohltätern, darunter auch eine Frau mit Namen *Roma*.

Im Jahr 1935 wurde auf der Spitze des Tells die kleine dreischiffige *Kirche des hl. Georg* entdeckt, erbaut unter dem Bischof Elija im Jahr 536. Sie maß 12 × 12,50 m, war in einen Klosterkomplex eingebettet und hatte unter dem Presbyterium eine Zisterne. Gut erhalten ist auch der Mosaikfußboden. Gleich beim Haupteingang auf der Nordseite findet sich die Darstellung eines jungen Mannes in Gebetshaltung mit Namen *Johannes, Sohn des Ammonius*. Das Mosaik der Südsakristei nennt einen *Erzdiakon Saola* (= Saul) auf Grie-

chisch und Syrisch als Wohltäter, das der Nordsakristei verrät die
Namen der Mosaikkünstler *Nahum, Kyriakos* und *Thomas*.

Östlich, am Hang zum Wadi Afrit (vom Eingang der Ruinenstätte
aus gesehen links unten), entdeckte man die *Kirche von Amos und
Kasiseos*; wem sie geweiht war, lässt sich nicht feststellen, aber die
Chorschrankenstützen, die in einem arabischen Haus Wiederverwendung gefunden hatten, waren mit Stifternamen versehen und
verhalfen so der Kirche zu diesem Namen. Sie ist wohl die älteste
Kirche des Ortes gewesen. Diese Kirche hatte an der Nordseite einen Anbau, der zwei Mosaikböden übereinander aufwies. Der obere
stammt aus dem Jahr 565, gestiftet von einem *Priester Johannes* zur
Zeit des *Bischofs Johannes*. Auch in dieser Kapelle fanden sich Mosaike mit üppigen Akanthusblättern; freilich ist seit den ersten Fotografien des Jahres 1939 einiges beschädigt worden. Themen sind
wieder die Jagd, das Hirten- und Bauernleben. Die Frau *Erde* ist
heute nicht mehr zu erkennen, aber die Giebelinschrift zwischen
Pfauen, Hähnen und vier massigen Säulen ist gut zu lesen: „Für das
Heil und als Gabe deiner Diener Sergios, Stephanos und Prokopios,
Porphyria, Roma und Maria und des Mönches Julian". Dieses
Mosaik stammt von denselben Künstlern wie das der Kirche der heiligen Lot und Prokopios. Das darunterliegende Mosaik (1985 entdeckt) gehörte zu einer kleineren Kapelle, die knapp hundert Jahre
früher von einem *Diakon Kaiumos* gestiftet war, in der Zeit des *Bischofs Fidus* (zweite Hälfte des 5.Jh.). Auch dieses Mosaik, eines
der ältesten, offenbart bereits das hervorragende Können der Mosaizisten.

Am Abhang des Hügels auf der anderen Seite des Wadi Afrit wurde
eine kleine Klosteranlage ausgegraben, die aus einer Kapelle (12×
9 m) und drei anliegenden Räumen besteht. Die einheimische arabische Bevölkerung wusste bereits davon, sie nennt den Ort *al-Kanise*
(„die Kirche"). Vom Bodenmosaik der Kapelle ist nur ein kleiner
Rest vor dem Altar geblieben, der eine Vase darstellt, aus der eine
Rebe mit zwei verschiedenfarbigen Weintrauben herausschaut.

Davon zu unterscheiden ist das *Kloster der Theotokos* (Gottesmutter) an einem südlichen Sporn des Berges Nebo, östlich der Quelle,
welche die Beduinen *Ain al-Kanise* („Kirch-Quelle") nennen. Auch
dieser Ort wurde von Saller und Bagatti schon in den 30er-Jahren
identifiziert, die Ausgrabung erfolgten aber erst in den 90er-Jahren.
Sowohl der Hof über einer Zisterne wie die Kirche selbst waren mit
Mosaiken geschmückt: im Altarraum ein muschelförmiges Orna-
ment, im Schiff wieder von Weinranken umrahmte Medaillons mit
Blumen, Früchten und Tieren, die von Ikonoklasten beschädigt wurden. Das Wichtigste sind aber die Inschriften am Anfang und Ende
des Bildteppichs, nach denen zwei Phasen zu unterscheiden sind.

Die östliche Inschrift vor dem Altar aus der zweiten Hälfte des 6. Jh. gibt Gott die Ehre und fährt fort: „Auf die Gebete der Heiligen, Herr, gewähre den Lohn dem heiligsten Herrn Abraham, dem Hegumenos (Abt) und Archimandriten der gesamten Wüste, und dem von Gott geliebten Abba Longinus, dem Styliten, und dem Abba Johannes". Die Inschrift nahe dem Eingang liest: „Durch die göttliche Vorsehung wurde dieses ehrwürdige Kloster der heiligen Theotokos wieder aufgebaut zur Zeit des Bischofs Hiob von Madaba und des Mönches Georg", als Datum wird das Jahr 762 n. Chr. genannt.

Zahlreiche Mönche haben im christlichen Altertum in dieser Gegend gelebt und im Anblick des Heiligen Landes das Paradox verinnerlicht, dass Mose das Gelobte Land nur sehen, nicht betreten durfte. Diese christliche Präsenz ging beträchtlich über die Zeit hinaus, als die Gegend unter byzantinischer, also christlicher, Herrschaft stand; sie dauerte sogar bis in die Epoche, als das Kalifat von Damaskus nach Bagdad verlegt worden war.

Maïn (8 km südwestlich von Madaba): Hier wurden die Archäologen, besonders die französischen Dominikaner der École Biblique von Jerusalem, mehrfach fündig. Der Ort entspricht dem *Baal-Meon,* das in der Bibel (Num 32,38) wie auf dem Gedenkstein des Königs Mescha (vgl. S. 760) zusammen mit dem *Nebo* genannt wird. 1886 wurden hier Christen aus Kerak angesiedelt. Beim Bau eines Hauses auf dem höchsten Punkt des Hügels kamen 1934 die Mosaike einer Kirche zum Vorschein. Nach einer datierten Inschrift stammten sie aus den Jahren 719/20.
Ein Gesamtbild des Mosaikschmucks der Kirche ist wegen des darüber stehenden Hauses leider nicht mehr möglich, ein großer Teil davon wurde in den archäologischen Park nach Madaba gebracht (siehe S. 742). Vor dem Altar findet sich der Psalmvers: „Dann opfert man Stiere auf deinem Altar" (Ps 51,21), während der Beter am Eingang gemahnt wurde: „Das ist das Tor zum Herrn, nur Gerechte treten hier ein" (Ps 118,20) und: „Mehr als all seine Stätten in Jakob liebt er die Tore Zions" (Ps 87,2). Vor allem aber waren als Einrahmung des Mosaiks eine Reihe von Städten des Landes dargestellt; man erkennt *Gadoron* (Gadara in Peräa, heute *Tell Jadur,* unterhalb von *as-Salt*), *Nikopolis* und *Askalon* (Aschkelon). Das verstümmelte Mosaik im nördlichen Anbau ist überhaupt nur mehr durch die griechische Inschrift, „der Löwe frisst Stroh wie das Rind" (Jes 11,7), als Darstellung paradiesischer Zustände deutbar.
Von *Maïn* führt in 18 km eine landschaftlich eindrucksvolle Straße zum Badeort *Hammamat Maïn* hinab. Seine berühmten heißen Quellen stürzen in Kaskaden herab, auch heute noch laden die heißen Wasserfälle zum Bade ein. Man hielt diese heißen Quellen frü-

her für die antiken Thermen von *Kallirrhoe,* in denen Herodes der
Große noch wenige Tage vor seinem Tod Heilung gesucht hat. Da
es in der Nähe weitere heiße Quellen gibt, die vom Toten Meer her
leichter zu erreichen sind, neigt man heute dazu, das antike Kallirrhoe weiter unten zu suchen.

13 km südlich von Madaba liegt *Libb.* Manche halten dieses Dorf
für das biblische *Jahaz,* wo der Amoriterkönig Sihon den Stämmen
Israels entgegentrat und von ihnen geschlagen wurde (vgl. S. 738).

Machärus

In *Libb* zweigt eine Straße (ausgeschildert: *Mukawir*) nach Westen
ab, auf der man nach 20 km zum Dorf *Mukawir* kommt. In diesem
arabischen Namen kann man noch den griechischen Namen von
Machärus („Schwert") erkennen.
Eine erste Kirche im Norden des Dorfes wurde 1965 von der jordanischen Altertumsverwaltung erforscht. Eine Mosaikinschrift ergab
die Namen eines *Sergius* und eines *Abtes Theodor* sowie das verhältnismäßig frühe Jahr 496. Die Kirche war also wahrscheinlich
Teil eines Klosters. 1990 wurde in der Mitte des Dorfes die *Kirche
des Bischofs Malechius* (= Malchus) aus der ersten Hälfte des 7. Jh.
entdeckt.
1 km weiter ragt der eigentliche Burgberg von *Machärus* auf (730 m
ü. d. M., 1130 m über dem Toten Meer), der von den Einheimischen
Qalaat al-Meschnaqa, „Galgen-Burg", genannt wird. Gemeint ist
jene Herodesburg, in der Johannes der Täufer auf Betreiben der Herodias den Märtyrertod gestorben ist. Davon berichtet der Evangelist
Markus:

> Herodes hatte nämlich Johannes festnehmen und ins Gefäng-
> nis werfen lassen. Schuld daran war Herodias, die Frau seines
> Bruders Philippus, die er geheiratet hatte. Denn Johannes hatte
> zu Herodes gesagt: Du hattest nicht das Recht, die Frau deines
> Bruders zur Frau zu nehmen. Herodias verzieh ihm das nicht
> und wollte ihn töten lassen. Sie konnte ihren Plan aber nicht
> durchsetzen, denn Herodes fürchtete sich vor Johannes, weil
> er wusste, dass dieser ein gerechter und heiliger Mann war.
> Darum schützte er ihn. Sooft er mit ihm sprach, wurde er un-
> ruhig und ratlos und doch hörte er ihm gern zu.
> Eines Tages ergab sich für Herodias eine günstige Gelegen-
> heit. An seinem Geburtstag lud Herodes seine Hofbeamten
> und Offiziere zusammen mit den vornehmsten Bürgern von
> Galiläa zu einem Festmahl ein. Da kam die Tochter der He-

rodias und tanzte und sie gefiel dem Herodes und seinen Gästen so sehr, dass der König zu ihr sagte: Wünsch dir, was du willst; ich werde es dir geben. Er schwor ihr sogar: Was du auch von mir verlangst, ich will es dir geben, und wenn es die Hälfte meines Reiches wäre. Sie ging hinaus und fragte ihre Mutter: Was soll ich mir wünschen? Herodias antwortete: Den Kopf des Täufers Johannes. Da lief das Mädchen zum König hinein und sagte: Ich will, dass du mir sofort auf einer Schale den Kopf des Täufers Johannes bringen lässt. Da wurde der König sehr traurig, aber weil er vor allen Gästen einen Schwur geleistet hatte, wollte er ihren Wunsch nicht ablehnen. Deshalb befahl er einem Scharfrichter, sofort ins Gefängnis zu gehen und den Kopf des Täufers herzubringen. Der Scharfrichter ging und enthauptete Johannes. Dann brachte er den Kopf auf einer Schale, gab ihn dem Mädchen und das Mädchen gab ihn seiner Mutter. Als die Jünger des Johannes das hörten, kamen sie, holten seinen Leichnam und legten ihn in ein Grab (Mk 6,17-29).

Dass dies auf der Burg Machärus geschah, steht nicht in den Evangelien, wird aber vom jüdischen Geschichtsschreiber Flavius Josephus bezeugt. Diese Nachricht ist durchaus glaubhaft, war doch Machärus der einzige Palast, den Herodes Antipas – um diesen handelte es sich in der Erzählung – von seinem Vater Herodes den Großen geerbt hatte. Auch Eusebius von Cäsarea (4. Jh. n. Chr.) erwähnt Machärus als Ort des Martyriums des Johannes.

Geschichte: Möglicherweise ist der Ort unter dem Namen *Aharot* schon auf dem Gedenkstein des Moabiterkönigs Mescha (um 850 v. Chr.) erwähnt. Freilich gibt es aus dieser Zeit keinerlei Funde.
90 v. Chr. wurde hier durch Alexander Jannai eine Festung gebaut und 57 v. Chr. durch den römischen Feldherrn Gabinius zerstört. Herodes der Große fand 30 v. Chr. wieder Gefallen an dem imposanten Berg und errichtete eine 4000 m^2 umfassende Festung mit Türmen. Sie war sozusagen ein Gegenstück zu den Festungen auf der anderen Seite des Toten Meeres und hatte eine ähnliche Funktion: Sie sollte das Land gegen eindringende arabische Stämme sichern helfen und zugleich dem Herrscher einen angenehmen Aufenthalt am Rand der Wüste bieten. Ihre Lage verlieh der Festung eine einzigartige strategische Bedeutung, so dass Flavius Josephus sie als die wichtigste der herodianischen Burgen bezeichnete. Von hier aus kann man nämlich sowohl Jerusalem als auch alle anderen Herodesfestungen sehen: Massada, Herodion, Hyrkania, Kypros (über dem Wadi Kelt), Dok (auf dem „Berg der Versuchung" oberhalb von Jericho) und Alexandreion. Der Blick ist zwar selten klar

genug, um all diese Orte wirklich erkennen zu können, aber des Nachts konnte man sich, als es kaum andere nächtliche Lichter gab, mit Feuerzeichen durchaus verständigen. Die weitläufige Anlage war nicht nur eine schwer einnehmbare Festung, sondern bot auch alle Annehmlichkeiten römischen Lebens, wie es Herodes und seine Söhne schätzten – nicht umsonst feierte Herodes Antipas hier seinen Geburtstag!

Nach dem Tod Herodes des Großen wurde sein Reich aufgeteilt, sein Sohn Herodes Antipas erbte Galiläa und *Peräa* (Transjordanien) und damit Machärus. 36 n.Chr. wurde die Festung von den Nabatäern zerstört. Im Ersten Jüdischen Krieg verschanzten sich hier, ähnlich wie in Massada, Zeloten, aber, anders als dort, ergaben sie sich im Laufe der Belagerung. Der römische General Lucilius Bassus schleifte 71 n.Chr. die Festung, fortan blieb sie unbewohnt, zerfiel und geriet in Vergessenheit.

Für den Archäologen bedeutet dies einen seltenen Glücksfall: Alles, was man hier entdeckt, gehört in die nicht einmal zwei Jahrhunderte (90 v.Chr.–71 n.Chr.), während derer der Ort benutzt war. Es gibt kein unübersichtliches Gewirr von Bauphasen, die aufgrund von Zerstörungen und Neubauten durcheinanderpurzeln.

Es bleibt die schwierig zu beantwortende Frage, warum der Ort in byzantinischer Zeit unbeachtet blieb, als doch an fast allen christlichen Erinnerungsstätten Kirchen entstanden. Neben der damals schwer zugänglichen Randlage dürfte zum einen das Schweigen der Evangelien über den Ort der Hinrichtung des Johannes eine Rolle gespielt haben, zum anderen gab es zwei konkurrierende Orte, an welchen das Grab des Täufers verehrt wurde, wo man also seiner Enthauptung gedachte: Sebaste (siehe S.251) und Damaskus. Um diese Doppeltradition zu erklären, half man sich übrigens mit der Annahme, an dem einen Ort ruhe der Leib, am anderen der Kopf des Enthaupteten.

Die Ruinen wurden 1807 wiederentdeckt. 1966 identifizierte August Strobel, Professor an der evangelischen Hochschule in Neuendettelsau, den römischen Belagerungswall aus dem Ersten Jüdischen Krieg und lieferte damit den Beweis, dass es sich hier um die Festung *Machärus* handelte. 1968 begannen amerikanische Baptisten (das Wort bedeutet „Täufer") erste Ausgrabungen, da sie an der Figur des Täufers besonders interessiert waren. Leider wurden deren Ergebnisse nie veröffentlicht. Seit 1978 nahmen sich die Franziskaner vom Jerusalemer Studium Biblicum Franciscanum der Ruinen an. Sie wurden zunächst durch Virgilio Corbo, seit seinem Tod 1991 durch Michele Piccirillo ausgegraben. Nach dessen Tod führt seit 2009 der Ungar Győző Vörös die Arbeiten weiter, seine Ergebnisse werden in der wissenschaftlichen Reihe des Studium Biblicum Franciscanums veröffentlicht.

Besichtigung (zur Rekonstruktion der Herodesfestung siehe Tafel
XXXIIb): Bald nach dem Dorf *Mukawir* überquert die Straße eine
Kuppe und man hat den isoliert stehenden Berg vor sich, der einst
den Herodespalast trug. Die Festung selbst befand sich auf dem re-
lativ kleinen Gipfelplateau, den östlichen Abhang herab (der dem
Betrachter von hier aus zugewandt ist) zog sich die Unterstadt mit
den Wohnquartieren, die bisher nur zu einem kleinen Teil ausgegraben wurde. Sie war etwa doppelt so groß wie die Burg.
An einem kleinen Parkplatz angelangt, geht es zu Fuß weiter. Die
Festung ist über einen um den Berg herumführenden bequemen
Pfad zu ersteigen. Dieser folgt zunächst dem nur spärlich erhaltenen
Aquädukt (ursprünglich 187 m lang, 28 m hoch), über das die Festung mit Wasser versorgt wurde. Kurz bevor man auf dem Plateau
angelangt ist, sieht man in einer scharfen Rechtskurve links unten
die angefangene Rampe, mit der die Römer den Berg einnehmen
wollten. Dazu kam es freilich nicht, da sich die Zeloten auf dem
Berg vorher ergaben. Von hier aus kann man auch den Wall gut erkennen, der sich auf den gegenüberliegenden Hängen um den Berg
herumzieht, sowie (auf demselben Höhenrücken wie die Rampe) eines der quadratischen Heerlager. Rampe, Wall und Lager haben ihre
Parallelen im römischen Belagerungsring um Massada.
Der Palast selbst ist für herodianische Verhältnisse relativ klein, da
der Berggipfel nicht mehr Platz bot. Von den vielen Säulen, die zu
seiner Ausstattung gehören, stehen zwei noch (genauer: wieder) an
Ort und Stelle. Die Franziskaner fanden diese 1978 noch stehend
vor, im darauf folgenden Winter wurden sie jedoch von Vandalen
umgestürzt. Immerhin war ihr Aussehen und ihr genauer Standort
dokumentiert, so dass sie 2014 von der ungarischen Mission restauriert und wieder aufgerichtet werden konnten.
Geht man vom heutigen Eingang geradeaus und folgt dem Hauptweg, kommt man zur dorischen Säule. Sie war Teil eines Säu-
lenganges, der einen gepflasterten Hof umgab; sein Steinpflaster
(griech.: *Lithostrotos*) ist zu einem guten Teil original erhalten. Da
dieser Hof der größte und repräsentativste Raum des Palastes war,
kann es als sicher gelten, dass sich die oben geschilderte Szene aus
dem Evangelium hier zutrug. Somit befindet sich der Pilger hier an
einem der ganz wenigen Orte, an denen kaum Zweifel möglich
sind – die biblische Geschichte hat sich *hier* abgespielt! – und die
nicht durch spätere Überbauungen verändert wurden. Man kann sogar noch einen Schritt weitergehen: An der Nordwestseite ist eine
kleine Apsis zu erkennen. Nach allem, was man über die herodianische Hofhaltung weiß, befand sich hier der erhöhte Thron, aramäisch *Gabbata* genannt, was wir ja auch aus der Passionsgeschichte
Jesu kennen (Joh 19,13). *Von hier aus* hat Herodes Antipas dem
Tanz der Tochter der Herodias – Flavius Josephus überliefert auch

ihren Namen, Salome – zugesehen, *von hier aus* befahl er dem
Scharfrichter, „den Kopf des Täufers herzubringen". An der Histori-
zität dieser Erzählung sind kaum Zweifel möglich, ist sie doch in
der gesamten antiken orientalischen Literatur einzigartig. Solche
Feiern fanden (und finden) nämlich im Orient in strenger Ge-
schlechtertrennung statt. Dass eine Fürstentochter zu den Männern
ging und tanzte, war schlicht unerhört (und ungehörig). Weder ein
Evangelist noch Flavius Josephus hätten solch eine Szene erfinden
können. Und in der Tat, Herodes war davon so angetan und überrascht, dass er Salome gleich die Hälfte seines Reiches geschenkt
hätte. Die Tänzerin jedoch ging *hinaus,* nämlich an den Ort, wo die
Frauen feierten, um sich von ihrer Mutter beraten lassen. Deren eifersüchtigen „Rat" kennen wir.

Unter dem Steinpflaster des Hofes befand sich eine Zisterne, 9,5 m
tief, 23 m lang, mit einem Fassungsvermögen von über 500 m³. In
dieser Zisterne ist ein Besucherzentrum in Planung. Die ersten Ausgräber vermuteten hier das Gefängnis des Johannes, den man sich,
wie einst Jeremia, in eine Zisterne geworfen vorstellte (Jer 38,6).
Die Gefangenschaft des Täufers war jedoch eher eine Art Hausarrest, ähnlich wie später Paulus in Cäsarea (vgl. S. 84) und in Rom
(Apg 28,16-31). Nur so ist es zu erklären, dass Herodes gerne mit
ihm sprach (und dabei „unruhig und ratlos" wurde; „und doch hörte
er ihm gern zu", Mk 6,20) und dass Johannes vom Gefängnis aus
Kontakt nach außen halten konnte:

> Johannes hörte im Gefängnis von den Taten Christi. Da
> schickte er seine Jünger zu ihm und ließ ihn fragen: Bist du
> der, der kommen soll, oder müssen wir auf einen andern war-
> ten? (Mt 11,2-3)

Nachdem Jesus vom Tod des Johannes erfahren hatte, zog er sich
zurück, zunächst an einen einsamen Ort, „gleich darauf nach Betsaida" (Mk 6,30-32.45; siehe S. 179 und 199). Dieser Rückzug geschah
wohl nicht nur aus Trauer, sondern kann auch als Flucht interpretiert
werden: Nachdem Herodes nicht davor zurückgeschreckt war, Johannes zu enthaupten, verließ Jesus Galiläa, das ebenfalls zu dessen
Herrschaftsbereich gehörte, und begab sich in das Gebiet des Philippus. Wenn der Evangelist jetzt von einer Menschenmenge spricht,
die Jesus nachfolgte („fünftausend Männer", Mk 6,44), so kann man
das durchaus so verstehen, dass Jesus jetzt das Erbe Johannes' antrat, dem ja auch die Menschenmengen gefolgt waren. Den Täufer-
jüngern war es dagegen immerhin noch möglich, den Leichnam zu
begraben (Mk 6,29).

Neben der dorischen Säule fand man eine Mikwe (ein jüdisches rituelles Bad), die zu einer früheren Bauphase, zur Festung des Alexan-

der Jannai gehörte. Sie ist damit eine der ganz wenigen Mikwen, die aus jener Zeit, der Hasmonäerzeit, erhalten sind.
Weiter südlich sieht man die zweite aufrechte Säule, eine ionische. Um diese herum befand sich das Badehaus – ein Luxus, der in keinem herodianischen Palast fehlte. An Größe wird es nur von den Anlagen in Massada und Herodion übertroffen. Hier wurde das älteste Mosaik Jordaniens gefunden (heute im Archäologischen Museum in Madaba, siehe S. 742).

Zurück auf der Hauptstraße, durchquert man auf der Weiterfahrt nach Süden zunächst das 150 m tief eingeschnittene *Walatal*. Es heißt weiter unten *Wadi al-Hajdan* und vereinigt sich mit dem berühmten *Wadi al-Mudschib*. Auf der fruchtbaren Hochfläche jenseits des Tales erreicht man *Dibon* (arab. *Dhiban*). Der antike Ort, von dem kaum mehr etwas zu sehen ist, wird mehrfach in den Ortslisten der östlichen Stämme (z. B. Num 32,34-38, Jos 13,8-13) und in Drohworten der Propheten Jesaja und Jeremia erwähnt, z. B.:

Steig herab von deiner Würde, setz dich in den Kot, du thronende Tochter *Dibon*! Denn Moabs Verwüster zieht hinauf zu dir, zerstört deine Burgen (Jer 48,18).

Eigentlich berühmt wurde Dibon aber erst, als 1868 dort die *Meschastele* entdeckt wurde, ein Gedenkstein, in dem sich der Moabiterkönig *Mescha* (um 850 v. Chr.) in 34 Zeilen seiner Siege mit Hilfe des Gottes *Kemosch* rühmt. Er berichtet auch von seinem Sieg über Omri, den König von Israel, und steht damit im Gegensatz zum biblischen Bericht über denselben Krieg (2 Kön 3). Dieser Basaltstein ist eines der ältesten Dokumente in althebräischer Schrift, verfasst in Moabitisch, einer Sprache, die dem Hebräischen sehr ähnlich war. Die Geschichte seiner Entdeckung macht die Probleme deutlich, mit denen die Pionierarchäologen zu kämpfen hatten (und teils heute noch haben). Der aus Straßburg stammende anglikanische Missionar F. A. Klein entdeckte die fast gänzlich erhaltene Basaltstele (nur die oberen Zeilen waren etwas verwittert), der französische Konsul von Jerusalem, C. S. Clermont-Ganneau, ließ einen Pappmachéabklatsch von ihr anfertigen. Die einheimischen Beduinen beobachteten das Interesse der Fremden teils mit Aberglauben (darin könnte ein Dämon hausen), teils mit Hoffnung (darin könnte ein Schatz verborgen sein) und zertrümmerten den Stein. 1873 gelang es Clermont-Ganneau, Bruchstücke des Steins (ungefähr zwei Drittel) zu bergen. Der Rest blieb verloren, der Text kann großteils mit Hilfe des Abklatsches ergänzt werden. Die Bruchstücke wurden nach Paris gebracht und die Stele rekonstruiert. Sie befindet sich heute im Louvre.

Diese Gegend ist sehr fruchtbar und vor allem im Frühjahr überraschend grün. Die gute Lage dieser Zone zeigt nicht zuletzt die Einleitung des Büchleins Rut, wo es heißt:

> Zu der Zeit, als die Richter regierten, kam eine Hungersnot über das Land. Da zog ein Mann mit seiner Frau und seinen beiden Söhnen aus Betlehem in Juda fort, um sich als Fremder *im Grünland Moabs* niederzulassen (Rut 1,1).

Während man in Betlehem Hungersnot litt, konnte man also *im Grünland* von Moab sogar als Fremder ein Auskommen finden!

Umm ar-Rasas

Sowohl von Dibon als auch von der Wüstenstraße weiter östlich (Nr. 15) zeigen Wegweiser den Weg nach *Umm ar-Rasas* (arab. „Mutter des Bleis", weil nach einer lokalen Legende die Mauern mit Blei verstärkt gewesen sein sollen). Die antike Stadt ist heute ein enormes Ruinenfeld auf einer Hochebene (747 m ü. d. M.) mitten in der Wüste – der aus der Gegend von Neapel stammende Archäologe Michele Piccirillo ließ sich dabei zu einem Wortspiel in seinem einheimischen Dialekt hinreißen: *um Mar 'e Sass,* „ein Meer von Steinen". Sehenswert ist das Steinmeer vor allem aufgrund der hervorragend erhaltenen Mosaikfußböden mehrerer byzantinischer Kirchen. 2004 wurde die Ausgrabungsstätte von der UNESCO als Weltkulturerbe eingetragen und ein *Visitor Center* errichtet.

Es handelte sich zunächst um ein römisches Militärlager für einheimische Hilfstruppen, wie der römische Name, *Kastron* („Lager") *Mefaa,* und die rechteckige Anlage (150 × 120 m) verraten. Von hier aus konnte der Arnonübergang kontrolliert werden. Die Geschichte des Ortes geht aber viel weiter zurück, denn die Bibel nennt unter den Orten des Stammes Ruben und als Levitenstadt bereits ein *Mefaat* (Jos 13,18; 21,37); in byzantinischer Zeit dehnte sich die Stadt vor allem nördlich über die Mauern hinaus aus.

Der Ort ist seit der Orientreise des Deutschen Ulrich Seetzen (1807) bekannt und wurde danach verschiedentlich besucht und beschrieben. Aber erst 1986 machte sich das Studium Biblicum Franciscanum unter Leitung von Michele Piccirillo daran, einen Teil der Ruinen auszugraben. Das Unternehmen wurde ein Glücksgriff. In dem Rechteck und auf der nördlich anschließenden Fläche fanden sich nicht weniger als sechzehn Kirchen!

Vom *Visitor Center* aus immer geradeaus erreicht man ein Schutzdach am Nordrand des Ruinenfeldes. Es ist über einem Komplex von mehreren Kirchen aus verschiedenen Epochen errichtet.

Die erste davon ist die *Kirche des Bischofs Sergius*. Nach einem Rundmedaillon vor dem Altar, das von zwei Widdern und zwei Bäumen flankiert wird, geht das Bodenmosaik auf einen *Priester Prokopios* im Jahr 587 zurück. In der Einleitung dieser Inschrift werden die „guten Zeiten unseres Herrn, des heiligsten und seligsten Bischofs Sergius" gerühmt. Der Mosaikteppich des Kirchenschiffs mit Weinranken in der Umrandung und Akanthusblättern im Mittelteil wurde von Ikonoklasten (Bilderstürmern) „ausgebessert", d. h. schwer beschädigt; nur wenige Szenen ländlichen Lebens, Stifterbilder und -namen sind noch zu erkennen. Weitere Namen von wohltätigen Gläubigen nennt eine Inschrift vorne links: *Soelos, Kasiseos, Abdalla* (man erkennt den arabischen Namen, „Diener Gottes"), *Obed* und *Elias*.

Südlich der Kirche des Bischofs Sergius befand sich ein Hof, der nachträglich zu einer Kirche umgestaltet wurde. Ihre Apsis richtet sich, verständlich, aber unorthodox, nach Westen. Westlich von ihr liegt, wieder geostet und auf einem höheren Niveau, ein weiteres Kirchlein. Sein Presbyterium ist vom Schiff durch einen freigelegten Gang aus einem Vorgängerbau getrennt.

Südlich der Kirche des Bischofs Sergius schließt sich, nach Osten vorgeschoben und einen Meter höher liegend, die *Kirche des hl. Stephanus* an. Ihre zahlreichen Inschriften und die hohe Qualität ihrer Mosaike machen sie zu einem der bedeutendsten Monumente von ganz Jordanien, obwohl auch hier die Ikonoklasten gewütet und die szenischen Darstellungen zerstört haben. Die Mosaike stammen von den Künstlern „Staurachius und Euremius zur Zeit des Bischofs Job", wohl aus dem Jahr 756 n. Chr., wie die Inschriften neben dem Altar anzeigen. Hinter dem Altar ist als einzige Frau eine *Maria* erwähnt. Die Kirche hatte eine Vorgängerin, von der unter dem Altar ein Mosaikrest aufgefunden wurde. Vor dem Presbyterium waren unter einer langen Inschrift, die von der Wiederherstellung der Mosaike unter Bischof Sergius (II.) spricht, Wohltäter mit Gabenkörben dargestellt. Am stärksten unter den Ikonoklasten gelitten hat der Mosaikteppich im Schiff. Von den Flussdarstellungen der Umrahmung ist einiges erhalten geblieben, unbeschädigt sind die Symbole von zehn Städten des Nildeltas, von denen die berühmteste *Alexandria* ist, nördlich vom Eingang. Vertrauteren Boden betritt man bei den Städten des Heiligen Landes, die in den Zwischenräumen zwischen den Säulen abgebildet und hervorragend erhalten sind. Links vorne ist die „Heilige Stadt" Jerusalem dargestellt, mit der Kuppel der Grabeskirche im Zentrum. Dann folgen: *Neapolis* (Nablus) – der dargestellte Tempel ist der Zeustempel auf dem Berg Garizim, *Sebastis* mit der Johannesbasilika, *Cäsarea* am Meer mit der achteckigen Kathedrale, *Diospolis* (Lydda/Lod) mit dem Georgsheiligtum; *Eleutheropolis* (Bet Guvrin), *Askalon* (Aschkelon) und *Gaza*. Auf der rechten Seite finden sich zwischen den Säulen die transjordanischen Städte, zunächst *Kastron Mefaa* – das Selbstbewusstsein der Stadt drückt sich sowohl durch die doppelte Größe aus als auch dadurch, dass es der Heiligen Stadt Jerusalem gegenüberliegt. Man erkennt in der oberen Hälfte den viereckigen Grundriss der Stadt, unterhalb davon eine Säule in der Stadt, die bisher nicht gefunden wurde, zuunterst die Darstellung der Stephanuskirche selbst. Dann folgen: *Philadelphia* (Amman), *Madaba, Esbunta* (Heschbon), *Belemunta* (Maïn), *Areopolis* (Rabbat Moba) – ca. 15 km nördlich von Kerak, Ausgrabungen stehen noch aus – und *Charach Muba* (Kerak). In den Seitenschiffen vorne sind noch die Dörfer *Limbon* und *Diblaton* eingefügt, die mit Inschriften erläutert und mit Stifterbildern versehen sind.

Halbwegs in der Mitte zwischen dem Komplex der Stephanuskirche und der Nordostecke der Lagerumwallung befand sich die *Kirche der Löwen,* ebenfalls in der Zeit des Bischofs Sergius, wohl 589, entstanden. Rechts und links des Altars in der Mittelapsis waren zwei Stiere zu sehen, die eine Glocke um den Hals trugen. Ebenfalls innerhalb der Chorschranken des Presbyteriums sind drei reichlich tragende Fruchtbäume gut, zwei Löwen – von ihnen hat die Kirche ihren modernen Namen – halbwegs gut und von zwei Gazellen eine vollständig erhalten. Diese Mosaike sind von ganz hervorragender künstlerischer Qualität, ebenso wie die einzelnen Vögel, die sich mit verschiedenen Früchten auf dem Einrahmungsband abwechseln. Vom Ambo an der Südseite vor den Chorschranken ist die Treppe noch erhalten. Mit den Wohltäterportraits vor den Presbyteriumsstufen, der Dekoration der kleineren Seitenapsiden und dem Mosaik im Kirchenschiff gingen die Ikonoklasten wieder rigoroser um; davon sind außer den Akanthusblättern fast nur Namen erhalten: „Johannes der Ägypter, Salaman, Sohn des Soban, Johannes, Sohn des Saol, Toemus, Paulos, Sohn des Kassianus, Pafanon, Talitha, Johannes, Sohn des Souelos". Dabei fällt die Vielzahl semitischer Namen auf; man hat es hauptsächlich mit aramäischen oder arabischen Christen zu tun.

Südlich der Löwenkirche liegt außerhalb der antiken Stadt ein kleiner Hügel, der einen guten Überblick über die ganze Stadt gewährt. In der Antike war dies der Müllberg der Stadt, in der jüngeren Vergangenheit wurde er als Beduinenfriedhof genutzt.

Ebenfalls außerhalb der Nordwestecke der Lagerumwallung wurde ein Kirchenkomplex entdeckt und teilweise freigelegt. Die Hauptkirche, aus dem Jahr 586 stammend, gehört ebenfalls der Zeit des Bischofs Sergius an und wird „dem Eifer des Priesters Waselos" zugeeignet. Auch diese Kirche besaß einstmals hübsche Mosaike, die aber stärker schematisiert erscheinen. Beispielsweise waren im Raum zwischen den südlichen Säulen vier Brustbilder von Frauen,

welche die vier Jahreszeiten darstellten, aber weitgehend gleich
sind. Dasselbe gilt für die öffentlichen Gebäude mit Türmen, die dazwischen stehen. Auf dem nördlichen Band blieb hinten ein nackter
Fischer im Boot und ein Fisch gut erhalten.
Innerhalb der Umwallung des Lagers sind vier Kirchen erforscht;
zwei davon liegen direkt nebeneinander an der Ostmauer. Von der
nördlichen der beiden ist etwas mehr erhalten. Man nennt sie die
Kirche der vier Flüsse, weil an den Ecken des Hauptmosaiks vier
Flüsse dargestellt waren, von denen aber nach dem Bildersturm nur
noch einer einigermaßen zu erkennen ist. Im Presbyterium ist ein
gänzlich erhaltener Fruchtbaum und vier Rebhühner, die sich über
Weintrauben hermachen, recht beachtlich. Größere Partien im Kirchenschiff kommen dazu. Auch diese Kirche gehört in das späte
6. Jh., in die Zeit des Bischofs Sergius. Die südliche *Kirche mit der
Palme* hat ihren Namen von einer Palme, die im Presbyterium zusammen mit einem Pfau dargestellt ist.
Etwa 2 km nördlich der Stadt steht ein weithin sichtbarer quadra-
tischer Turm (15 m hoch, Grundfläche 2×2 m). Der Zweck dieses
massiven Gebäudes ist nicht sicher geklärt, eingehauene Kreuze
deuten auf einen christlichen Bau hin. Vielleicht „wohnte" auf ihm
ein Säulenheiliger. Diese Extremform asketischen Lebens geht auf
Simon, den *Styliten* (griech. „Säulenmann"), zurück, der sich in Syrien als Einsiedelei eine Säule erwählte, auf der er 37 Jahre bis zu
seinem Tod 459 lebte. Sein Beispiel fand in byzantinischer und späterer Zeit im christlichen Osten zahlreiche Nachahmer. Neben der
Säule sieht man die Ruinen einer kleinen Kirche mit einem Grab
(des Säulenheiligen?).

Südlich von Dibon senkt sich die Straße und eröffnet an einem Aussichtspunkt ein atemberaubendes Panorama über das *Wadi al-Mudschib,* das als der „Grand Canyon Jordaniens" eine der berühmtesten Natursehenswürdigkeiten das Landes ist. Links unten (westlich)
im Tal sieht man einen im Jahr 2000 errichteten Stausee.
Links oben, am Rand der Hochebene, liegen die (spärlichen) Ruinen
von *Aroër.* Diese Stadt wird in der Bibel mehrfach erwähnt, und
zwar meist als Grenzstadt, so in Deut 2,36: „von Aroër am Rand der
Arnontals". Von hier aus konnte der Verkehr entlang der Königsstraße durch das Arnontal, eine natürliche Grenze, kontrolliert werden. Der biblische Name hat sich im kleinen arabischen Dorf *Araïr*
erhalten.
Die Straße führt in langen Kehren hinab, 9 km Abstieg und 10 km
Wiederaufstieg sind nötig, um den 400 m tiefer gelegenen Bach zu
überqueren. Der Fluss, der im Wadibett fließt, in biblischer Zeit *Arnon* genannt, ist nach dem Jordan der größte Zufluss des Toten Mee-

res. In der Bibel beginnt mit der Überquerung des Arnon der Einzug ins *Gelobte Land*:

> Steht auf, brecht auf und überquert *das Tal des Arnon*! Hiermit gebe ich Sihon, den König von Heschbon, den Amoriter, mit seinem Land in eure Gewalt. Fang an, in Besitz zu nehmen! Bei Sihon sollst du den Kampf beginnen (Deut 2,24).

Der Arnon bildete in verschiedenen Epochen die Grenze zwischen Moabitern und Amoritern oder Israel (Num 21,13), das Kernland Moabs lag ursprünglich südlich davon. In der Zeit der israelitischen Monarchie hatte Moab jedoch seine Herrschaft weit nach Norden bis nach Amman ausgedehnt. So konnte man nordöstlich des Toten Meeres vom *Tiefland Moabs* sprechen (vgl. S. 723).

Kerak

Die betriebsame Stadt *Kerak* (20 000 Einw.) wird im Südwesten von einer imposanten Burgruine (949 m ü. d. M.) beherrscht. Kerak entspricht dem biblischen *Kir-Moab* bzw. *Kir-Heres*. Die Stadt spielt in der Bibel eine nicht geringe Rolle. Dort wird die schaurige Geschichte berichtet, wie König Mescha von Moab im verzweifelten Kampf gegen die Könige von Juda, Israel und Edom seinen erstgeborenen Sohn dem Gott Kemosch opferte:

> Als ganz Moab erfuhr, dass die Könige zum Krieg gegen das Land anrückten, wurden alle aufgeboten, die Waffen tragen konnten; sie stellten sich an der Grenze auf. Frühmorgens aber, als die Sonne über dem Wasser aufging, erschien ihnen das Wasser drüben rot wie Blut. Sie sagten: Das ist Blut. Die Könige haben sich selbst umgebracht; einer hat den andern erschlagen. Auf jetzt, zur Beute, ihr Moabiter! Doch als sie sich dem Lager der Israeliten näherten, erhoben sich diese und schlugen die Moabiter in die Flucht. Unaufhörlich drängten die Israeliten nach und machten sie nieder. Sie zerstörten die Städte und auf alle guten Äcker warf jeder seinen Stein, bis sie ganz bedeckt waren. Auch schütteten sie alle Wasserquellen zu und fällten alle wertvollen Bäume. Zuletzt blieb nur noch *Kir-Heres* übrig; diese Stadt umstellten und beschossen die Schleuderer. Als der König von Moab sah, dass er dem Angriff nicht mehr standhalten konnte, sammelte er siebenhundert mit dem Schwert bewaffnete Männer um sich und versuchte beim König von Edom durchzubrechen. Doch es gelang ihnen nicht. Nun nahm er seinen erstgeborenen Sohn, der nach ihm König werden sollte, und brachte ihn auf der Mauer als Brandopfer dar. Da kam ein gewaltiger Zorn über Israel.

Sie zogen von Moab ab und kehrten in ihr Land zurück (2 Kön 3,21-27).

Ein ganz anderes Thema bringt der Prophet Jesaja in einem Gerichtsspruch über Moab zur Sprache; er kennt die Fruchtbarkeit der Gegend und verkündet dementsprechend:

> Wir haben von Moabs Stolz gehört – es ist stolz über die Maßen – von seinem Dünkel, von seinem Stolz und Übermut und sein Geschwätz ist nicht wahr. Darum jammert Moab laut um Moab, alle jammern laut. Den Traubenkuchen von *Kir-Heres* weinen sie nach; sie sind ganz niedergeschlagen ... Verschwunden sind Freude und Jubelgeschrei aus dem fruchtbaren Land; in den Weinbergen jauchzt man nicht mehr und jubelt nicht mehr. Niemand stampft mehr in der Kelter die Trauben. Verstummt ist das Jauchzen. Darum jammert mein Herz um Moab wie eine Zither, mein Inneres klagt um *Kir-Heres* (Jes 16,6-11).

In byzantinischer Zeit wurde die Stadt Bischofssitz. Sie hieß jetzt *Charcha,* in der *Stephanuskirche* von *Umm ar-Rasas* erscheint sie als *Charach Muba,* wobei *Muba* nichts anderes als *Moab* ist. Der Kreuzfahrerkönig Fulk errichtete 1136 zum Schutz des Heiligen Landes von Osten her die fast uneinnehmbare Burg, die ihrem späteren Besitzer Rainald von Chatillon trotz ausgehandeltem Waffenstillstand als Basis für seine Überfälle und Raubzüge diente, mit denen er unseligerweise Saladin zum entscheidenden Kampf mit dem Kreuzfahrerstaat provozierte und die katastrophale Schlacht bei den Hörnern von Hittim 1187 heraufbeschwor. Dem ersten Angriff Saladins im Jahr 1183 widerstand die Burg, 1188 aber gelang es Saladin, sie nach einjähriger Belagerung auszuhungern und den Intrigen des Rainald mit seiner Hinrichtung ein Ende zu bereiten.

Nach dem Tod des letzten Ayyubidensultans im Jahr 1250 spielte Kerak beim Aufstieg der Mamluken – die neuen Herrscher von Kairo, die die Küstenfestungen der Kreuzfahrer eine nach der anderen eroberten – wieder eine bedeutende Rolle. Nach einer anfänglichen Niederlage der Mamluken im Jahr 1254 floh der spätere Sultan Baibars (1260–1277) nach Kerak, wo noch ein Ayyubidenprinz herrschte. Mit einem Wortbruch lockte er diesen in seine Gewalt und lieferte ihn dem Tode aus. Der Gouverneur von Kerak wollte Baibars danach nicht mehr in die Stadt lassen, so stürmte sie Baibars 1263. Auch sein Sohn Said zog sich nach Kerak zurück, als er 1279 nach zweijähriger Regierung von Qala'un, dem Mitstreiter und Konkurrenten Baibars', zur Abdankung gezwungen wurde. In den folgenden hundert Jahren wurde Kerak immer wieder zum Zufluchtsort für abgesetzte oder abgedankte Sultane und zu einer zuverlässigen Basis, um wieder ins Zentrum der Macht zurückzukehren. Erst von 1390 ab verblasste der Ruhm von Kerak.

Kerak blieb bis weit in die Mamlukenzeit hinein ein arabisch-christliches Zentrum. Sultan Nasir hatte 1305 ein die Christen und Juden sehr demütigendes Dekret erlassen; in Kerak wurde es nicht einmal verkündet und noch weniger angewendet. Viele Christen in Jordanien und auch westlich des Jordans haben Vorfahren aus Kerak, die in früheren Jahrhunderten ausgewandert sind.

Vor und nach dem Ersten Weltkrieg gewann Kerak noch einmal an Bedeutung. Die Osmanen machten es 1894 zur Distrikthauptstadt. unter den Engländern gab es nach dem Ersten Weltkrieg sogar einmal Briefmarken von Kerak.

Heute gibt es in Kerak eine griechisch-orthodoxe, eine griechisch-katholische und eine lateinische Kirche, die zum Teil ebenso wie die Hauptmoschee den Platz byzantinischer und mittelalterlicher Kirchen einnehmen. Die Ruinen der Kreuzfahrerburg lohnen einen Besuch, weite Teile der weitläufigen Anlage sind bestens erhalten.

12 km südlich von Kerak liegt die Ortschaft *Muta*. Östlich davon kreuzten im Jahr 629 die Truppen Mohammeds erstmals die Waffen mit den Byzantinern. Der Kampf wurde mit großer Hartnäckigkeit geführt; es ging um die hervorragenden Schwerter, die in dieser Gegend geschmiedet wurden und beim Sturm auf Mekka Verwendung finden sollten. Diesmal siegten noch die Byzantiner. Drei Anführer der Muslime fielen in der Schlacht, darunter Said, der Adoptivsohn des Propheten.

Der Ort *al-Mazar* (3 km südlich von Muta) besitzt eine überraschend große Moschee, in der zwei der bei *Muta* gefallenen muslimischen Kommandeure bestattet sind. Eine Inschrift im Grabvorraum lautet: „Beklagt nicht die, die auf dem Weg Allahs fielen. Sie sind nicht tot. Sie leben und ihr Gott gibt ihnen Lohn."

20 km südlich davon durchquert man das *Wadi al-Hasa*. Der 600 m tiefer fließende Bach ist der biblische *Bach Sered* (Num 21,12, Deut 2,13-14), der die Grenze zwischen Edom und Moab bildete. Von hier ab wandelt sich die Landschaft, die freien Hochflächen werden zerklüfteter, es erscheinen richtige Gipfel. Der Wiederanstieg führt an der östlichen Flanke des *Dschebel at-Tannur* entlang (550 m ü.d.M.), der auf seinem Gipfel einen nabatäischen Tempel trug. Wie die Steine auf den einsamen Gipfel hinaufgebracht werden konnten, ist bewundernswert. Erst recht überraschend ist, dass hier zwischen 25 v.Chr. und 125 n.Chr. ein Pantheon verehrt wurde, das größer war als das von Petra.

Bei *Ain Baida* zweigt rechts (westlich) eine kleine Straße ab und führt nach 5 km zu einem Dörfchen, das als *Miniaturpetra* bezeichnet wird. Es heißt auch so, nämlich *as-Sela,* was in den semitischen

Sprachen „Fels" (also *Petra*) bedeutet. Wahrscheinlich ist dieses *Sela* gemeint, wenn im zweiten Buch der Könige über König Amazja von Juda berichtet wird:

> Er besiegte die Edomiter, zehntausend Mann, im Salztal, nahm *Sela* im Kampf und nannte es Jokteel, wie es bis heute genannt wird (2 Kön 14,7; vgl. auch 2 Chr 25,11-12).

Natürlich haben auch die Nabatäer dieses *Sela* entdeckt, Zisternen und Wasserleitungen eingerichtet und seine Höhlen als Schutz- und Rückzugsort genutzt. Allein das überaus malerische Dörfchen und die Ausblicke auf dem Weg dahin sind den Abstecher wert.

Wenige Kilometer südlich sieht man rechts (westlich) in einiger Entfernung *Buseira* auf einem Plateau liegen. Man darf den Ort für das kleine *Bozra* (Gen 36,33) halten, im Unterschied zum großen Bozra im südlichen Syrien. Diesem edomitischen *Bozra,* wahrscheinlich der Hauptstadt Edoms, drohte der Prophet Amos:

> So spricht der HERR: Wegen der drei Verbrechen, die Edom beging, wegen der vier nehme ich es nicht zurück: Weil Edom seinen Bruder mit dem Schwert verfolgte und jedes Mitleid unterdrückte, weil es unversöhnlich festhielt an seinem Zorn und nie abließ von seinem Groll, schicke ich Feuer gegen Teman; es frisst *Bozras* Paläste (Am 1,11-12).

Bald erreicht man das Dörfchen *Dana.* Der *Dschebel al-Ataïta* (1641 m ü.d.M.) östlich der Hauptstraße ist der höchste Gipfel weit und breit. Der Blick rechts von der Anhöhe der Hauptstraße (1500 m ü.d.M.) in das Wadi mit seiner Ortschaft ist grandios, seine Luft wird gerühmt als die klarste von ganz Jordanien. In den Schluchten unterhalb ist wegen der hier vorkommenden seltenen Tier- und Pflanzenarten ein Naturschutzgebiet eingerichtet.

Nach Westen, zur Arava hin, lag das antike *Feinan,* hebr. *Punon,* eine der Stationen des Wüstenzuges der Israeliten (Num 33,42). In der Antike gab es hier Eisen- und Kupferminen, ähnlich wie im gegenüberliegenden Timna. Während der diokletianischen Christenverfolgung wurden (303–311) wurden viele Christen, darunter mehrere Bischöfe, zur Zwangsarbeit hierher geschickt.

Nachdem die *Königsstraße* eine Querverbindung von der *Wüstenstraße* her aufgenommen hat (Nr. 814), erreicht man die lang gezogene Kreuzfahrerruine *Schaubaq,* die fast uneinnehmbar auf einem Bergkegel thront. Die Burg wurde 1115 als erste der transjordanischen Kreuzfahrerburgen von Balduin I. erbaut und *Mons Regalis,* französisch *Montréal* („Königs-Berg") genannt. Saladin brauchte eineinhalb Jahre, um sie 1189 einzunehmen, und machte sie dann seinen Zielen zunutze. Mamluken und Ayyubiden diente sie lange als Verwaltungszentrum, um danach allmählich zu verfallen. Im vergangenen Jahrhundert hatten sich einige Beduinenfamilien in den Ruinen niedergelassen. Die Außenmauern wurden jüngst restauriert und ein kleines Besucherzentrum errichtet, im Innern der Burg sind Ausgrabungen und Restaurierungen im Gange. Wer mutig ist, mag in völliger Dunkelheit über 356 Stufen zu einer Quelle hinabsteigen.

Petra

Petra liegt ungefähr in der Mitte zwischen dem Toten und dem Roten Meer. Es ist sowohl als Naturschauspiel als auch als archäologische Stätte beeindruckend: die Hauptstadt der Nabatäer, in einzigartiger Umgebung gelegen. Um das ganze Areal kennen zu lernen, braucht es mehrere Tage, aber auch ein eintägiger Besuch – einen ganzen Tag sollte man sich unbedingt Zeit nehmen – bleibt ein unvergessliches Erlebnis.

Geschichte: Die bizarren Felsschluchten sind Erklärung genug für den antiken griechischen Namen der Stadt, *Petra* („„Fels", vgl. den „Zweitnamen" von *Petrus,* dem „Fels"), der erstmals für das Jahr 312 v.Chr. bezeugt wird. Auf Nabatäisch hieß die Stadt dagegen *Raqmu,* dieser Name ist auch bei Flavius Josephus und in den aramäischen Bibelübersetzungen (Targumen) als *Reqem* belegt.
Zur Geschichte Petras als Hauptstadt des Nabatäerreiches siehe S.679. Nach der Einverleibung der Nabatäer ins Römische Reich (106 n.Chr.) geriet Petra ins Abseits, der Haupthandel verlief nun südlicher direkt nach Gaza und östlicher auf der *Via Traiana* über Bozra (Syrien) nach Damaskus. Immerhin wurde Petra im 4.Jh. Bischofssitz und im 5.Jh. Hauptstadt der Provinz *Palaestina Tertia.* Nach der persischen und arabischen Eroberung (Anfang des 7.Jh.) scheint die Stadt aufgegeben worden zu sein; es gibt weder für eine gewaltsame Zerstörung noch für eine spätere Besiedlung archäologische Spuren. Für die Absicherung des Kreuzfahrerstaates gegen Arabien zu wurde sie ein letztes Mal interessant. König Balduin II. nahm Petra im Jahr 1127 ein und erbaute eine kleine Festung. Nach den Kreuzfahrern geriet Petra in Vergessenheit, bis zur Wiederentdeckung 1812 durch den Schweizer Johann Ludwig Burckhardt. Bei der Erforschung von Petra taten sich vor und während des Ersten Weltkriegs die Deutschen Gustav Dalman, Hermann Kohl und Carl Watzinger hervor. Seit den 50er-Jahren sind vor allem jordanische, amerikanische und britische Archäologen fast ununterbrochen aktiv. Man kennt heute zwar die Städte der Nabatäer recht gut, aber über ihre Gedankenwelt und ihre Religion weiß man bisher nicht viel. Aus Inschriften ergibt sich, dass sie eine männliche Hauptgottheit, *Duschara,* und eine weibliche Gottheit, *al-Uzza,* verehrten, die mit

den Quellen und dem Lebenselement Wasser verbunden war. *Duschara* wurde später mit dem griechischen Weingott *Dionysos* gleichgesetzt, seine Gefährtin *al-Uzza* mit *Aphrodite*.

Die *Mosequelle*: Bevor man nach Petra gelangt, kommt man an der wasserreichen Mosequelle (arab. *Ain Musa*) vorbei, die dem Wadi und dem modernen Städtchen den Namen gegeben hat: *Wadi Musa*. Ausgrabungen von 1996 haben ergeben, dass dieser Ort schon zur Steinzeit besiedelt war, seine Blüte erreichte er freilich zur nabatäischen Zeit, als Vorort von Petra.

Die Quelle selbst ist durch einen Drei-Kuppel-Bau am Ortseingang rechts der Straße unübersehbar hervorgehoben. Nach der örtlichen Tradition ist dies die Quelle, welche Mose strömen ließ, indem er mit seinem Stab an den Felsen schlug. Gemeint ist damit nicht das (erste) *Wasserwunder von Refidim* auf dem Weg zum Sinai (Ex 17,1-6; Text: S. 708), sondern ein ähnliches zweites, schon auf dem Weg ins Gelobte Land (Num 20,2-11). Im Anschluss daran suchte Mose mit dem Volk das Gebiet von *Edom* zu passieren (Num 20, 14-21). Andererseits aber ist unmittelbar vorher und nachher vom Aufenthalt der Israeliten in der *Wüste Zin* und in *Kadesch* die Rede (Num 20,1.14; siehe S. 710), zudem wird anschließend noch der kanaanitische König von *Arad* genannt, „der im Negeb saß" (Num 21,1). Deshalb wird die Lokalisierung des zweiten Wasserwunders des Mose im *Wadi Musa* heute von den meisten Wissenschaftlern abgelehnt; es könnte ja gewesen sein, dass der Name *Petra*, „Fels", schon in der Antike die biblische Erinnerung vom *Wasser aus dem Felsen* an sich gezogen hat.

Bald nach der *Mosequelle* eröffnet sich ein schöner Blick auf das Städtchen *Wadi Musa*. Es ist in den letzten Jahren sehr gewachsen (15 000 Einw.) und hat durch die Neubauten einiges von seinem Charme verloren. In dem umgebenden Gebirge kann man im Südwesten (links) den *Dschebel Harun,* den „Aarons-Berg", entdecken – kenntlich durch den weißen Bau des *Aaronsgrabes* auf seinem Gipfel.

Talabwärts findet man neben einem großen Busparkplatz das *Besucherzentrum* von Petra. Hier kann man Tickets (und Souvenirs) erhalten. Der stolze Eintrittspreis für die archäologische Zone kann vor allem zur Hauptreisezeit nicht verhindern, dass sich Besuchermassen durch die Ruinenstadt drängen.

Auf dem Weg zur berühmten Schlucht sieht man rechts drei aus dem Stein herausgearbeitete Blöcke, deren Bedeutung nicht recht klar ist; entweder waren es Gräber oder aber Opferstätten für die Wassergottheiten. Gegenüber liegen jedenfalls die ersten der für Petra typischen Gräber. Auffällig ist das *Obeliskengrab*, dessen vier

Obelisken ägyptischen Einfluss verraten. Nach 15 Minuten erreicht man den *Siq*:

As-Siq, „die Schlucht", zwischen 70 m hoch aufragenden Felsen hindurch, ist ein Naturschauspiel besonderer Art. Ursprünglich ein Werk des Wassers, in römischer Zeit aber mit einer gepflasterten Straße und rechts und links mit Wasserrinnen versehen, erregt die Schlucht immer neu die Bewunderung, weil ihre Felswände verschiedenste Strukturen, Zeichnungen und Farben bieten. Die Schlucht machte Petra zur uneinnehmbaren natürlichen Festung und noch heute drängen sich die gesamten Besuchermassen durch dieses Nadelöhr. Bis vor einigen Jahren konnte man den *Siq* hoch zu Ross durchreiten, was bei der Enge der Schlucht für die, die sie auf Schusters Rappen durchquerten, nicht sehr angenehm war. Wer den Marsch scheut, kann sich mit einer Kutsche fahren lassen, der Ritt durch die Schlucht ist nicht mehr gestattet. Am Eingang zum *Siq* wurde 1962 ein Damm errichtet, der die Schlucht bei den seltenen, aber heftigen Regenfällen vor plötzlichen Wasserschwällen schützen soll und die Wasser durch einen Tunnel (gegraben im 1.Jh. v.Chr., 88 m lang) umleitet.

Besichtigung: Absoluter Höhepunkt ist nach etwa 20 Minuten Weges das *Schatzhaus des Pharao,* das nach einer Wegbiegung ganz unvermittelt auftaucht wie ein Märchen aus Tausendundeiner Nacht. Arabische Phantasie nannte das wundervoll ausgewogene, bei entsprechendem Licht (vor allem am späten Vormittag) rosafarbene Bauwerk „Schatzhaus des Pharao" (arab.: *Chaznet al-Firaun*), weil man in der großen Steinurne über der Fassade Schätze vermutete und ein solches Bauwerk nur einem Pharao zutrauen wollte. Tatsächlich ist die Fassade im griechischen Stil errichtet. Die figürlichen Darstellung wurden erst im 20.Jh. von Bilderstürmern zerstört, auf Darstellungen aus dem 19.Jh. sind sie noch intakt. Man nimmt an, der elegante Bau sei die Grabanlage für einen nabatäischen König gewesen und dürfte aus der Zeit des 1.Jh. vor bis zum 2.Jh. n.Chr. stammen. Es ist nicht sicher, für wen dieser Prachtbau bestimmt war. Eine gute Vermutung ist Aretas IV., also aus der Zeit des hl. Paulus; andere denken an Aretas III. (82–67 v.Chr.). Der tempelartige Bau mag ein Hinweis darauf sein, dass der darin bestattete König als Gott verehrt wurde. Das Innere ist leer – im Gegensatz zur Schluss-Szene von Indiana Jones' *Letztem Kreuzzug,* der er als Kulisse diente.

Vom Schatzhaus aus wendet sich das Tal nach rechts, man kommt zur *Straße der Fassaden* – alle teils prachtvollen Fassaden sind, wie das Schatzhaus, Eingänge zu Gräbern. Bald öffnet sich links das Halbrund des *römischen Theaters* mit 40 Rängen. Mag das Halbrund in späterer Römerzeit als Theater gedient haben – aber ein Theater hier inmitten einer „Totenstadt"? Zumal bei seinem Bau auch vorhandene frühere Gräber nicht geschont wurden? Die Vermutung hat etwas für sich, dass das „Theater" ursprünglich ebenfalls dem Totenkult diente.

Durch ein kleineres Wadi vor dem Theater führt ein Weg über 650 Stufen hinauf auf den *High Place* („Hochstätte", arab. *al-Mazbah,* „der Altar"). Es ist ein geebneter Platz (1067 m ü.d.M.) mit Bänken auf drei Seiten und einem freistehenden Opferaltar auf der vierten, 200 m über der Stadt gelegen. Er kann aus früher nabatäischer oder sogar aus edomitischer Zeit stammen. Ganz merkwürdig sind zwei 7 m hohe *Obelisken* südlich der Opferstätte, die aber nicht aufgestellt, sondern aus der felsigen Umgebung herausgemeißelt wurden. Man deutet sie als Symbole der nabatäischen Gottheiten Duschara und al-Uzza.

Zwar bezieht sich ein Spruch des Obadja auf eine Zeit Jahrhunderte vor den Nabatäern, doch könnte man meinen, der Prophet habe die Felsszenerien von Petra vor Augen, wenn er verkündet:

> So spricht Gott, der HERR, zu Edom: Siehe, ich mache dich klein unter den Völkern, du wirst tief verachtet sein. Dein vermessener Sinn hat dich betört; du wohnst in Felsenklüften, du sitzt auf dem hohen Berg und denkst: Wer stürzt mich hinab? Erhebst du dich auch wie der Adler und baust dein Nest zwischen den Sternen, ich stürze dich von dort hinab – Spruch des HERRN (Obd 1-4).

Will man vom Opferplatz aus nicht den gleichen Rückweg nehmen, kann man einen alternativen Abstieg wählen. Man steigt die obersten Stufen wieder hinab, bis kurz vor die Obelisken. Dort zweigt ein Pfad nach rechts (zunächst nach Süden) ab, der sich bald nach Westen, später nach Norden wendet. Der Pfad führt durch eine zerklüftete, bunte Sandsteinlandschaft, vorbei an einer Vielzahl interessanter Monumente, auch diese großteils Grabanlagen.

Geht man dagegen vom Theater aus weiter auf der *Straße der Fassaden,* weitet sich diese nun. Neben den einfachen Gräbern in der Umgebung des Theaters werden immer mehr geglättete und dekorierte Fassaden bis hin zu den wahrlich monumentalen Fassaden von vermutlichen Königsgräbern rechts vom Tal sichtbar, an der Felswand des Berges, der den eigenartigen Namen *Dschebel al-Chubtha,* „Bosheits-Berg", trägt. Besonders imposant ist eine Reihe von vier Prachtgräbern nebeneinander: *Urnengrab, Seidengrab, Korinthisches Grab* und *Palastgrab.* Man musste sich bei den Bezeichnungen an Äußerlichkeiten halten, weil man ihre jeweilige Bestimmung nicht kennt.

Eine besondere Geschichte hat das erste von ihnen, das *Urnengrab*, das man nach früherer Vermutung auch *Tribunal* („Gerichtshalle") nannte. Zu seiner hohen Fassade hinter einem in den Fels geschnittenen Hof kann man über Rampen hinaufsteigen; eine Urne über dem Giebel gibt ihm den heutigen Namen. Man kann vermuten, dass es um 70 n.Chr. als Grabmal für König *Malichus* (= Malchus, vgl. Joh 18,10) II. (40–70 n.Chr.) entstanden ist. Erstaunlich das weiträumige Innere im Felsen; eine Inschrift verrät, dass es unter Bischof Jason im Jahr 446 in eine Kirche umgestaltet wurde.

In einigem Abstand folgt weiter unten das *Seidengrab*. Es hat seinen Namen von den feinen Maserungen, die den Stein besonders bei abendlichem Seitenlicht wie ein Seidengewebe erscheinen lassen, während bei dem *Korinthischen Grab* die „korinthischen" Säulen die Bezeichnung abgeben. Beide haben durch Erosion und menschlichen Unverstand ziemlich stark gelitten. Ähnliches gilt auch für das *Palastgrab*, dessen Fassade einem dreistöckigen römischen Palast nachempfunden ist. Sein oberstes Stockwerk war zum großen Teil gemauert, weil die Felswand nicht ausreichte, und ist daher weitgehend verschwunden, aber was erhalten ist, macht immer noch einen festlichen Eindruck.

Infolge Verwitterung nicht mehr so ansehnlich ist, 300 m weiter hinten im Seitental des *Wadi al-Mataha*, das *Mausoleum des Sextius Florentinus* († 127 n.Chr.), das einzige Grab, von dem man weiß, wem es gehörte. Nach der Inschrift in der Fassade ließ es der Sohn für seinen verstorbenen Vater errichten, der römischer Gouverneur von Petra gewesen war.

Anschließend wendet sich das Tal nach Westen. In diesem Bereich gleicht Petra wieder mehr dem Bild, das man von anderen antiken Städten kennt. Vom säulengesäumten *Cardo* ist nur ein Stück einigermaßen erhalten – bis zum dreigeteilten *Temenostor*, das den heiligen Bezirk eröffnete. Jenseits des Baches war der *Tempel der geflügelten Löwen*, 1974 entdeckt und freigelegt. Man vermutete zunächst, er sei der Göttin *al-Uzza* geweiht gewesen. In seinen Ruinen lagen zahlreiche Trümmer von Statuen, von denen man sich aber kein Gesamtbild machen konnte. Heute ist die Deutung als Tempel umstritten, manche vermuten eine Art Rathaus.

Außerhalb des Tores setzt sich der Cardo als einstmalige *Via Sacra*, als *Prozessionsstraße*, bis vor einen großen Opferaltar und einen erhöht stehenden Tempel zur Linken fort. Der 23 m hohe Tempel – missverstanden als *Qasr al-Bint* oder *Qasr Bint al-Firaun*, arab. „Palast der Tochter (des Pharao)" – wurde in der zweiten Hälfte des 1.Jh. v.Chr. zu Ehren des Gottes *Duschara* und der Göttin *al-Uzza* erbaut. Im 4.Jh. n.Chr. wurde der Tempel durch Feuer und Erdbeben zerstört. Danach bestand wohl kein Bedürfnis, ihn wieder aufzubauen, weil Petra allmählich christlich wurde.

Davon zeugt die *byzantinische Kirche* (26×15 m), die auf dem Hügel außerhalb (nördlich) des Temenostores 1990 entdeckt und 1992/
93 ausgegraben wurde. Die Mosaike wurden 2004 und nach einem
Wasserschaden erneut 2010-12 von italienischen Spezialisten restauriert. Die Kirche, durch ein weithin sichtbaren helles Schutzdach
gesichert, war der Jungfrau Maria geweiht. Zweimal sechs Säulen
teilten sie in drei Schiffe, das Presbyterium ist weit vorgezogen. Das
Mittelschiff war mit Marmorplatten belegt – Marmor galt als luxuri-
öser denn Mosaike: Arbeitskraft kostete wenig, dagegen war der
von weither gebrachte Marmor kostbar. In den Seitenschiffen ist der
Mosaikfußboden mit reicher Dekoration – Tiere und Pflanzen – gut
erhalten; auch an den Wänden befanden sich Mosaike. Die Kirche
wurde Ende des 5. Jh. erbaut, später mehrfach umgestaltet und Mitte
des 6. Jh. durch Feuer zerstört. In einem Nebenraum fand man eine
Sammlung verkohlter Papyri aus dem 6. Jh. in griechischer Sprache.
Die Dokumente sind privater Natur und handeln von Vermögensan-
gelegenheiten und -auseinandersetzungen. Es kommen mehr als 150
Namen vor, darunter noch typisch nabatäische Namen wie *Obodia-
nus* (vgl. den Namen mehrerer Könige, Obodas), aber auch lateinische und griechische Namen. Es ist unklar, ob ein Kirchenmann
der Besitzer dieses Archivs war, aber auf alle Fälle war die Kirche
Petras wohlhabend; der Bischof von Petra war Metropolit der Kir-
chenprovinz *Palaestina Tertia*. Noch heute trägt der griechisch-
katholische Bischof von Amman den Titel *Erz-Eparch von Petra*.
Oberhalb der Marienkirche wurden in den 2010er-Jahren zwei weitere kleinere Kirchen ausgegraben. Man weiß nicht, wem sie in der
Antike geweiht waren oder welche Funktion sie hatten. Die sogenannte *Blaue Kapelle* hat diesen modernen Namen von vier blauen
Marmorsäulen. Sie wurde im 6. Jh. errichtet. Aufgrund des erhaltenen Bischofsthrons in der Apsis deutet man sie als Kapelle der Bi-
schofsresidenz. Auf dem Gipfel des kleinen Hügels liegen die Ruinen einer weiteren Kapelle.
Ein weiterer beeindruckender nabatäischer Felsenbau wird arabisch
ad-Der („das Kloster", meist *Deir* geschrieben) genannt. Auch dieser Bau war ursprünglich eine Grabanlage, seinen Namen verdankt
er der Tatsache, dass sich zeitweilig Mönche hier niederließen; im
Inneren eingezeichnete Kreuze zeugen noch davon. Seine Fassade
(40 m hoch, 47 m breit) ist an Schönheit mit dem Schatzhaus des
Pharao vergleichbar. Der Kirchenhistoriker Eusebius (4. Jh. n. Chr.)
vermutete hier das Grab von Miriam, der Schwester von Mose und
Aaron (Num 20,1). Dieses Monument liegt fast 2 km nördlich des
Stadtzentrums, auf einem Felsplateau (*Dschebel ad-Der,* „Kloster-
Berg"), zu dem man 1200 Stufen überwinden muss. Man kann sich
den Aufstieg erleichtern, indem man ihn auf einem Esel reitend zu-
rücklegt.

Wer den Besucherströmen ausweichen möchte, für den ist der Berg *Umm al-Bijara*, „Mutter der Zisternen", eine interessante Alternative. Er liegt südwestlich vom Stadtzentrum, zwischen *ad-Der* und dem *Aaronsgrab* (s. u.). Der ungefähr einstündige Aufstieg führt über einen gut ausgebauten Stufenweg, der zum Teil einem antiken Pfad folgt, der ebenfalls in Stufen auf den Berg führte. Man kann auch diesen auf einem Eselsrücken zurücklegen, an einigen steileren Stellen muss man freilich absteigen. Die Ruinen auf dem Hochplateau sind vergleichsweise bescheiden. In den 60er-Jahren wurden hier einige edomitische Gebäude ausgegraben, 2014 legten Schweizer Archäologen nabatäische, eventuell auch römische, Ruinen frei. An mehreren Stellen trifft man im Boden auf runde Zisternen, die dem Berg den arabischen Namen gegeben haben. Einige von ihnen füllen sich in der Regenzeit noch heute mit Wasser. Mehr noch als die Ruinen beeindruckt die Aussicht: Nach Osten über die Stadt, nach Westen in die Arava, im Norden sieht man den oberen Teil von *ad-Der*, im Süden den weithin sichtbaren Aaronsberg.

Aaronsgrab: Der höchste Gipfel in der Nachbarschaft von Petra, 3,5 km südwestlich der Stadt gelegen und 1353 m hoch, heißt auf Arabisch *Dschebel Harun*, „Aarons-Berg"; dort wird das *Aaronsgrab* verehrt. Einheimische Führer raten von einem Ausflug dorthin ab, weil man angeblich sechs Stunden dorthin brauche. Das ist übertrieben, aber eine gute Kondition ist für den ca. dreistündigen Weg mit beträchtlichem Höhenunterschied und in praller Sonne unabdingbar. Es gibt keine Wegmarkierungen, aber da der Gipfel weithin sichtbar ist, ist der Pfad leicht zu finden.
Die Bibel nennt als Ort des Todes Aarons den *Berg Hor* (Num 20, 22-29; siehe S. 686). Die Lage dieses Berges ist schon in biblischer Zeit in Vergessenheit geraten. Die Ortsangabe, der Berg Hor liege *an der Grenze von Edom* (Num 20,23), stiftete Verwirrung, weil das Gebiet von Edom zu manchen Zeiten den Negev mit umfasste, zu anderen nicht. Um die Zeitenwende suchte man mehrere Stationen des Exodus in der Gegend von Petra, z. B. Kadesch (siehe S. 710) oder eben den Berg Hor. So erzählt der jüdische Schriftsteller Flavius Josephus:

> Nach dem Tod Miriams führte er (Mose) seine Streitkräfte durch die Wüste und kam an einen Ort in Arabien, den die Araber als ihre Hauptstadt betrachten, der früher *Reqem* hieß, heute aber *Petra* genannt wird. Dort bestieg Aaron einen hohen Berg, der den Ort umgibt.

Dieser Meinung schlossen sich sowohl der Kirchenschriftsteller Eusebius als auch die spätere arabisch-muslimische Tradition an.

Unterhalb des Gipfels brachten 1997 Ausgrabungen durch die Universität Helsinki ein byzantinisches Kloster zu Tage, das bis ins 10. Jh. bestand. Das weithin sichtbare Mausoleum auf dem Gipfel geht auf den Mamlukensultan Nasir (1293–1340) zurück. Es besteht aus einem Kuppelraum mit einem Kenotaph (Leergrab), das eigentliche Grab Aarons soll sich in einer Höhle darunter befinden. Das Heiligtum ist zwar in der Regel verschlossen, aber der anstrengende Aufstieg lohnt sich schon wegen der buchstäblich atemberaubenden Aussicht über die Berge Petras und nach Westen weit in die Arava hinein.

Es sind fast nur die Totenhäuser, die von Petra übrig geblieben sind. Die zahlreichen, aus rotem Sandstein gemeißelten Gräber mit ihren zum Teil überwältigenden Fassaden sind nicht nur prachtvoll, sondern laden auch zum Nachdenken ein. Wem galten sie? Warum wurde dieser Aufwand getrieben? Was ist von der Pracht übriggeblieben?

Für den Weg von Petra nach Süden hat man zwei Routen zur Wahl. Der schnellere Weg ist der über *Basta,* einem schon in der Jungsteinzeit besiedelten Ort, nach *Murajgha* („kleine Höhle"; *Mregha* ist nur eine andere Schreibweise), da die Wüstenstraße Nr. 15 besser ausgebaut ist. Landschaftlich schöner und abwechslungsreicher ist es, zunächst der *Straße der Könige* zu folgen. Schon innerhalb des Städtchens *Wadi Musa* kann man rechts auf die Straße nach *Taibe* abbiegen. In den zahlreichen Kurven, mit denen man wieder die Höhe von 1400 m gewinnt, wechseln schöne Rückblicke auf die Berge um Petra mit seitlichen Tiefblicken in eine romantische Wüstenlandschaft mit bizarren Kegelfelsen, umrahmt von hohen Bergmassiven.
Nach etwa 40 km erreicht man den Steilabfall von *Ras an-Naqab* (1500 m ü.d.M.), mit einem weit schweifenden Blick in die Ebene von *Quweira* (etwa 900 m ü.d.M.). Die eindrucksvollen Berge zur Rechten sind das Gebirge Seïr, das die Berge bei Petra und Bozra mit einschließt. Es gilt als Wohngebiet Esaus, des Bruders Jakobs, und der Edomiter (Gen 36,9, Deut 2,5) und hat besonders in dichterischen und sehr alten Bibeltexten einen überraschend hohen Stellenwert, etwa im Anfang des Mosesegens:

> Der HERR kam hervor aus dem Sinai, er leuchtete vor ihnen auf aus *Seïr,* er strahlte aus dem Gebirge Paran, er trat heraus aus Tausenden von Heiligen. Ihm zur Rechten flammte vor ihnen das Feuer des Gesetzes (Deut 33,2).

Oder im Deboralied:

> HERR, als du auszogst aus *Seïr,* als du vom Grünland Edoms
> heranschrittest, da bebte die Erde, die Himmel ergossen sich,
> ja, aus den Wolken ergoss sich das Wasser. Die Berge wank-
> ten vor dem Blick des HERRN – das ist der Sinai –, vor dem
> Blick des HERRN, des Gottes Israels (Ri 5,4-5).

Nach weiteren 35 km erreicht man das *Wadi Ram* (oft auf englische
Art *Rum* geschrieben), berühmt für seine atemberaubende ursprüngliche Wüstenlandschaft zwischen aus dem gelben Wüstensand auf-
wachsenden rotgrauen Bergen, den höchsten des Landes (*Dschebel
Umm ad-Dami*: 1832 m; *Dschebel ar-Ram*: 1754 m). Der legendäre Lawrence von Arabien und der Film über ihn taten ein Übriges
für den Ruhm dieser Landschaft. Die Felsen dieser Region bis hinein nach Saudi-Arabien sind voller Inschriften, die meisten von ihnen auf Nabatäisch. Die örtlichen Beduinen bieten geführte Touren
durch das Wadi Ram an, je nach Geschmack zu Fuß, zu Pferd, auf
einem Kamel oder im Jeep.

Aqaba

Es gehört zu den Ironien der Geschichte, dass *Aqaba* eigentlich *Elat*
heißen sollte, so dass der Streit, ob der hier beginnende Golf des Roten Meeres die Bezeichnung *von Aqaba* oder *von Elat* tragen sollte,
geschichtlich gesehen müßig ist, weil beide Namen ursprünglich
denselben Ort meinten. In der Bibel wird berichtet:

> König Salomo baute auch eine Flotte in *Ezjon-Geber,* das bei
> *Elat* an der Küste des Schilfmeers in Edom liegt. Hiram
> schickte seine Leute, geübte Seefahrer, mit den Leuten Salo-
> mos zu Schiff aus. Sie fuhren nach Ofir, holten von dort vier-
> hundertzwanzig Talente Gold und brachten es dem König Sa-
> lomo (1 Kön 9,26-28).

Der angeführte biblische Text verrät aber, dass die alten Israeliten
keine großen Seefahrer waren und sich phönizischer Hilfe bedienen
mussten. Ein anderer Versuch von König Joschafat (867–846), See-
handel zu treiben, scheiterte und wird kontrovers berichtet (1 Kön
22,49 und 2 Chr 20,35-37). König Amazja (798–769) konnte Elat
noch einmal für Juda gewinnen (2 Kön 14,22), König Ahas (um 730
v. Chr.) verlor es aber an Edom, wie die Bibel sagt, „bis zum heutigen Tag" (2 Kön 16,6).
Allerdings sind *Ezjon-Geber* und *Elat* bis heute archäologisch nicht
gesichert. Wir wissen nicht einmal, ob es sich um zwei Orte oder
um einen Ort mit verschiedenen Namen handelte. 300 m östlich der

israelisch-jordanischen Grenze, 500 m vom Meer entfernt, wurde
auf dem *Tell al-Cheleife* eine eisenzeitliche Festung von 45 m im
Geviert ausgegraben, die später über die Mauern hinauswuchs.
Wahrscheinlich handelt es sich dabei um *Ezjon-Geber/Elat.* Die
ausgegrabenen Bau- und Zerstörungsschichten stimmen ungefähr
mit den erwähnten biblischen Berichten überein.

Später kamen die Nabatäer, die als Handelsherren den Hafen zu nutzen wussten. Die Römer legten 289 n.Chr. ihre 10. Legion, die *Fretensis,* hierher. Bald wurde *Aila,* wie es jetzt hieß, christlich und Bi-
schofsstadt, bereits auf dem Konzil von Nizäa 325 n.Chr. war ein
Bischof Peter von Aila dabei. Von Aila stammte auch der Architekt
Stephanus, der für Kaiser Justinian die Basilika des Sinaiklosters erbaute. Von einer byzantinischen Kirche der Stadt existieren zwei
Kapitelle, die zwei Erzengel und die Soldatenheiligen Theodor und
Longinus zeigen.

Auch die Araber und die Kreuzfahrer zeigten ihr Interesse an dem
Ort. Für die Muslime war der Ort als Durchgangsstation auf der Pilgerreise nach Mekka wichtig. Die Kreuzfahrer suchten ihre Südgrenze mit einer Burg auf der Pharaoneninsel an der anderen Seite
des Golfs zu sichern. Während der ganzen Zeit bis hinein ins 15. Jh.
hieß der Ort noch immer *Aila*.

Daneben kam aber im Mittelalter auch der Name *Aqaba,* „Aufstieg", auf – vermutlich weil der Statthalter von Ägypten, Achmed
Ibn Tulun, um 870 n.Chr. einen bequemeren Aufstieg ins östliche
Gebirge für den Weg nach Mekka angelegt hatte. Dem Schutz dieses Pilgerweges diente die Burg von Aqaba, an deren Bau Sultan
Nasir (um 1320) und der letzte Mamlukensultan, Qansuh al-Ghuri,
um 1505 beteiligt waren. Aqaba blieb eine wichtige Station für
Mekkapilger – die aus Afrika kommenden wechseln heute freilich
meistens, ohne Israel zu berühren, mit dem Schiff von der ägyptischen zur jordanischen und saudiarabischen Seite des Golfs über.

Wenn auch das biblische *Elat* noch nicht sicher ausgemacht ist, das
spätmittelalterliche *Aila* lag nicht weit vom Zentrum des heutigen
Aqaba und war von einer Mauer umgeben (etwa 120 × 160 m). Bis
nach dem Zweiten Weltkrieg blieb *Aqaba* ein Dorf, ist aber seither
gewaltig gewachsen (fast 100 000 Einw.), vor allem seit 1960 der
neue Hafen in Betrieb genommen wurde und fünf Jahre später ein
zweiter internationaler Flughafen für Jordanien hinzukam.

Von Aqaba, dem Vierländereck aus, schaut man hinüber auf das
moderne Elat (Israel), den Sinai (Ägypten) und diesseits nach Saudi-
Arabien (17 Straßenkilometer entfernt). Es gibt eine regelmäßige Fährverbindung zwischen Aqaba und Nuweiba in Ägypten. Im
kristallklaren Meerwasser kann man farbenfrohe Korallenbänke bewundern.

42. ABSCHLUSS UND ANHÄNGE

Das Wort, mit dem das Johannesevangelium schließt, bleibt wahr:

> Wenn man alles aufschreiben wollte, so könnte, wie ich glaube, die ganze Welt die Bücher nicht fassen, die man schreiben müsste (Joh 21,25).

Ein biblischer Führer durch das Heilige Land mit seiner komplexen Geschichte und Gegenwart bleibt notwendigerweise Stückwerk. Die Beschränkung auf Israel/Palästina, Jordanien und den Sinai erfolgte aus praktischen Gründen. Geschichtlich oder biblisch ist sie nicht zu rechtfertigen.

Die Urgeschichte auf den ersten Seiten der Bibel kann kaum auf konkrete Orte festgelegt werden. Die Geschichte Abrahams beginnt im Zweistromland, dem heutigen Irak. Die Patriarchen zogen mehrfach nach Ägypten. Die Bücher Exodus bis Deuteronomium berichten vom Auszug von dort. Im weiteren Verlauf der biblischen Geschichte treten immer wieder Israels Nachbarvölker in den Blick – als Nachbarn und Verbündete, als Handelspartner (bis nach Spanien, Äthiopien und Indien), als Zufluchtsort, oft auch als Feinde.

Jesus hat das Gebiet, welches heute Israel und Palästina ist, nicht oft verlassen: Als Kind floh er nach Ägypten, seine Taufe war wohl östlich des Jordans, einmal zieht er „in das Gebiet von Tyrus" (Mk 7, 24-31) im heutigen Libanon.

Nach seiner Auferstehung weitet sich der Kreis wieder. Der aus Tarsus (heute Türkei) stammende Paulus wird in Damaskus zum Völkerapostel berufen, in Antiochien diskutiert er mit Petrus, seine Reisen führen ihn durch die heutigen Länder Zypern, Türkei und Griechenland und schließlich über Malta nach Rom. Das letzte Buch der Bibel, die Offenbarung des Johannes, auf der griechischen Insel Patmos geschrieben (Offb 1,9), verlässt wieder konkrete irdische Orte und wendet unseren Blick auf des himmlische Jerusalem.

Der Pilger kehrt wieder heim. Erinnerungen und Bilder begleiten ihn. Er hört oder liest die Bibel mit anderen Augen. Der Auftrag und die Verheißung Jesu am Ende des Matthäusevangeliums (28,20) bleiben aktuell:

> Lehrt, alles zu befolgen, was ich euch geboten habe. Seid gewiss, ich bin bei euch alle Tage bis zum Ende der Welt.

Ausgewählte Literatur

Die wichtigste Pilgerliteratur ist natürlich die Bibel. Viele Bibelstellen wurden hier ausführlich und im Wortlaut der Einheitsübersetzung zitiert. Auf andere wurde nur allgemein verwiesen, was zum Weiterlesen einladen soll.

Orte und Landschaften der Bibel von Othmar Keel und Max Küchler ist für eine weiterführende Lektüre zu empfehlen (wir haben es reichlich benutzt). Die bisher im Verlag Vandenhoeck & Ruprecht (Göttingen) erschienenen fünf Bände decken, neben allgemeinen Einführungen, den Süden des Landes und Jerusalem ab.

Donner, Herbert, *Pilgerfahrt ins Heilige Land: Die ältesten Berichte christlicher Palästinapilger,* Stuttgart: Katholisches Bibelwerk 1979.

Kroll, Gerhard, *Auf den Spuren Jesu,* Stuttgart: Katholisches Bibelwerk 1983.

Egeria. Itinerarium – Reisebericht: Übersetzt und eingeleitet von Georg Röwekamp (Fontes Christiani 20), Freiburg: Herder 1995.

Krüger, Jürgen, *Die Grabeskirche zu Jerusalem: Geschichte – Gestalt – Bedeutung,* Regensburg: Schnell & Steiner 2000.

Lauda Jerusalem: Gebete, Gesänge und Texte für die Pilgerfahrt ins Heilige Land, herausgegeben von den Kommissariaten des Heiligen Landes im deutschen Sprachraum.

Im Land des Herrn: Franziskanische Zeitschrift für das Heilige Land, vierteljährlich herausgegeben von den Kommissariaten des Heiligen Landes im deutschen Sprachraum.

Die deutschsprachigen Kommissariate des Heiligen Landes

Kommissariat Werl
Klosterstraße 17
D-59457 Werl/Westfalen
www.heilig-land.de

Generalkommissariat Wien
Franziskanerplatz 4
A-1010 Wien
www.pilgerreise.at

Kommissariat Schweiz
Franziskanerkloster Mariaburg
CH-8752 Näfels/Kanton Glarus
www.franziskaner.ch

Die Kustodie des Heiligen Landes:
www.custodia.org
www.cicts.org
www.proterrasancta.org
www.sbf.custodia.org

Bildnachweis

CTS (*Custodia Terrae Sanctae*), Marie-Armelle Beaulieu: I, XIIIa, XXb, XXI, XXIVb, XXVb, XXIXa, XXIXb – CTS, Jerzy Kraj ofm: VIII, Xb – CTS, Enrique Bermejo ofm: Xa, XXIVa, XXVIIIb – CTS, Mauro Gottardo: XVIIb – CTS, Stanislao Loffreda: XXXIa, XXXIb – CTS, technisches Büro, Alice Sartori: II, III, V, VI, XIV, XV, XVI, XXVI – SBF (*Studium Biblicum Franciscanum*), Archiv: IXa – SBF, Michele Piccirillo ofm: IV, XVIIa – SBF, Eugenio Alliata ofm und Abraham Sobkowski ofm: VII, IXb, XI, XIIa, XIIIb, XVIII, XXIIa, XXIIb, XXIII, XXVa, XXVII, XXVIIIa, XXX – SBF, Stanislao Loffreda ofm: XIIb – ATS (*Association pro Terra Sancta*), Paola Pozzo und Raffaella Zardoni): XIXa, XIXb, XXa – Machaerus Research Project, Győző Vörös (mit freundlicher Genehmigung): XXXIIb – Matthäus Friedrich: XXXIIa.

Index der Bibelstellen

Fettgedruckte Zahlen verweisen auf Seiten, auf welchen die Bibelstelle im Wortlaut wiedergegeben ist.

Genesis

2,10-14	528
3,14-15	**116**
3,15	479
3,24	479
4,1-16	614
5,24	506
5,32	74
8,4	368
10,3	60
10,8-12	222
10,21-24	158
12,6-7	**257**
12,6-9	603
12,8	281, 283
12,10	674
13,1-4	674
13,3	283
13,14-18	**616**
13,18	618
14,13	57, 618
14,15	316
14,17-20	**314**
14,18	314, 347, 436
14,18-20	236
15,5-6	**616**
18,1-22	**617**
18,2	407
18,22-33	**606**
19,1	652
19,1-25	**671**
19,20-23	737
19,27-29	**607**
19,30-38	544, 605, 724, **737**
20,1	674
20,1-18	679
21	56, 674
21,9-21	181
21,21	**688**
21,22-33	**677**

Genesis

21,34	627
22	271
23,1-20	**610**
23,2	610, 616
25,7-11	611
25,13	680
25,23	567
25,29-34	711
26	674
26,1-14	627, 679
26,12-22	677
26,23-25	**677**
26,26-32	677
27	56, 258
28,10-22	**281**, 282
30,21	210
30,6	560
32,23-32	550, **719**
33	211
33,18	261
33,18-20	**257**, 266
34	258
34,1-5	210
34,17-20	618
34,25-31	559
35,1	618
35,9-13	**258**
35,16-20	**587**
35,19-20	300
35,21	591
35,27	618
35,27-29	611
36,1	711
36,1-8	619
36,9	776
36,33	768
36,40	691
36,42-43	611
37−50	693

Genesis	
37,3-36	**249**
37,23-36	210, 343
37,28	692
37,29-36	158
39,14	57
41,50-52	258
41,52	252
41,53-57	181
42–46	674
49,1-28	559-561
49,3-4	56
49,8-10	116, 407
49,10	527
49,29-33	611
50,24-25	266

Exodus	
1–2	693
1,1-6	629
2,15-21	692
2,21	150
3–15	693
3,1	150, 692
3,1-15	**698**
3,5	150, 702
4,25	150
6,2-3	**718**
12	270
12–15	58
12,37	695
12,43	271
13,1-6	424
13,3	428
15,22	683
16,1-36	695
16,2-35	181
17,1-6	181, **708**, 749, 770
17,1-7	695
17,8-13	749, 549
18,2	150
18,17-24	692
19,1-17	**696**
19,18 – 20,21	**706**
20,4	692

Exodus	
23,19	**427**
24,1-18	**704**
25,31-39	438
27,1-2	**217**
32,1-6	215, 282
32,1-16	**697**
33,7-11	692

Levitikus	
11,1-9	**427**
16,2	441
16,8-10	334
16,21-22	**333**
17,13-15	**427**
19,18	550
19,27	423

Numeri	
1,46-47	695
5,11-31	524
6,24-26	563
10,12	**687**
11,16.24-25	692
13,22	610
13,22-24	**603**
13,26	687
13,30-31	274
13,31-33	641
14,6-9.23-24	274
14,30.38	274
15,37-40	**423**
15,38	90
17,1-5	273
20–21	674, 685
20,1	**710**, 774
20,2-11	695, 770
20,14-21	**710**, 770
20,17	736
20,22-29	**686**, 775
21,1-3	675, 686
21,4-9	687, **750**
21,12	767
21,13	765
21,21-30	**738**

Numeri

21,30	740
22–24	718, 723
22,39	745
23,11-23	**744**
23,28	745
24,4	425
24,17	550, 570
25,1-18	273, 723
26,65	274
32	713
32,1-4	752
32,33	**739**
32,34-38	760
32,36	723
32,37-38	752
32,38	754
33	685
33,34	691
33,42	768
33,48-49	723
34,1-4	674
34,3-4	685
34,11	163

Deuteronomium

1,19	710
2	674, 685
2,5	776
2,13-14	767
2,24	**765**
2,36	764
3,11	540, 724
3,17	652
4,41-43	**218**
5,8	676
6,1	**428**
6,4	294, 548
6,4-9	270, **424**, 425
10,7	691
11,13-21	424, 425
12,10-14	270
15,1	**428**
22,5	423
23,4-5	725

Deuteronomium

27,4	**269**, 272
32,48-52	**745**
33,2	**776**
33,6-25	559
33,12	561
33,24	560
34,1-3	**689**
34,1-6	340, 653, 713, **745**
34,6	748, 750

Josua

1,1	273
1,1-3	274
2,1	724
3,14-17	317, 319, **717**
4,1-9	272
4,19-20	**321**
6,1-20	**325**
7,2	283
9,3-27	**286**
10,1-10	634
10,1-27	632
10,31-33	643
10,40-43	674
11,1-14	211
11,2	90, 173
12,12	626
12,22	134
12,24	248
13,1-5	80
13,8-13	760
13,18	761
14,6-14	274, **611**
15,1-4	685
15,5	653
15,7	336, 343
15,8	531, 564
15,11	644
15,13-19	274
15,59	296, 605
15,61	654
16,7	331
16,10	626
17,11	247

Josua

18,1	**274**
18,16	531
18,21.26	300
18,23	302
18,25-26	298
18,26	297
19,1-9	674
19,2	678
19,11	134
19,12	131, 231
19,12-13	143
19,15	131, 132
19,21	247
19,25-31	101
19,35	165, 173
19,40-47	215
19,41	628
19,45-47	74
19,49-50	279
20,1-3.7	**213**
21,34	134
21,35	131
21,37	761
24,1-28	258
24,26	265
24,29-30	274, 279
24,32	**266**, 616
24,33	273

Richter

1,10	611
1,16	689
1,18	633
1,20	611
1,22-25	282
1,27	247
1,31-32	101
1,33-35	80
1,36	690
4 – 5	133, 232
4,1-16	242
4,5	280
4,6	213
4,11	150

Richter

4,12-16	245
5,4-5	**777**
5,19	245
5,19-21	**242**
6,1-6	692
7	226
7,1-8	240
8,1-3	259
8,4-9	720
8,22-23	258
9,6-21	**259**
9,50-57	248
10 – 12	716
10,3-5	716
12,1-7	259
12,8-10	132
13,2.24-25	628
14,2	691
16,23-31	**649**
16,31	628
17 – 18	215
17,6	258
18	628
18,29	215
20,1	285, 678
20,4.10	301
20,26-27	282
21,10-14	717

Rut

1,1	594, **761**
1,16-17	**594**
4,1-2	216

1. Buch Samuel

1	274
1,1	280
1,19	279
2,12-16	**287**
3,1-21	**274**
3,3	277
3,20	678
4,1-11	78
5,10 – 6,18	633

1. Buch Samuel

6,1-17	275, **629**
7,5-6	**285**
7,15-16	282
7,17	279
9,11-25	202
10,2	301
10,17-27	285
10,26	301
16,1-13	473, 570, 584
17,1-54	**634**
17,12	570
17,39	16
17,41-54	633
17,52-54	641
21,11-16	638
22,1-2	**637**
23,14-24	608
23,25-26	**608**
24,1-23	**662**
25,1	279
25,25	608
27,1 – 28,2	637, **638**
28,3-25	**228**
29,1-11	**640**
31	307
31,1-10	**240**
31,10	**308**
31,11-13	316, **717**

2. Buch Samuel

1,1-4	679
2,1-4	612
3,3	201
3,10	678
5,4-5	612
5,6-9	347, 520, **522**
5,9.11	521
5,18	564
7,1-2	436
7,2-17	603
7,16	116
8,17	518
11 – 12	725
11,1	724

2. Buch Samuel

11,3	347
12,1-15	603
12,20	437
12,26	724
12,27-28	**725**
13 – 16	201
13,23-37	280
15,7-8	**618**
15,30.32	**489**
18,6-18	732
18,17-18	**517**
19,9	216
20,1-22	214
21,6	301
24,1-15	695
24,11-19	603
24,18-25	436

1. Buch der Könige

1,1-4	236
1,5-11	530
1,32	57
1,32-39	**524**, 530
1,50-51	**545**
2,10	472, **526**
2,11	612, 621
3,1	693
5,5	**215**
5,15-25	437
6,1-38	277, 437
6,36	441
7,12	441
7,13-51	437
7,44-47	**719**
7,49	438
8,12	**437**
9,15	211, 243, 626
9,18	690
9,26-28	674, **777**
10,1-13	407
10,25	243
11,4-8	**519**
11,5	726
11,43	526

1. Buch der Könige

12,1-19	260
12,25	260
12,26-31	215
12,26-33	282
13	282
15,16-22	300
15,22	285
15,33	248, 260
16,6-18	248
16,23-24	251
16,31-32	251
17,1	316
17,1-7	338, **716**, 732
18,4	99
18,16-40	**98**
18,21	100
18,31	100
18,40	100
19,1-3	568
19,1-8	**678**
19,8-13	100, **705**
19,16	316
19,19-21	316
20,34	251
22,39	254
22,48-50	674
22,49	777
22,51	517

2. Buch der Könige

2,1-3	282
2,1-15	**721**
2,19-22	**327**
3	760
3,4-5	**740**
3,21-27	**765**
4,8-37	100, 227, **236**
7,1	408
9,27	247
10,32	216
12,1-4	202
12,7-17	487
12,18	641
13,3	216

2. Buch der Könige

14,7	768
14,17-20	643
14,22	674, 777
14,25	143
15,29	211
16,6	777
17	60
17,5-6	251
17,26-28	282
18−20	516
18,1-7	676
18,13−19,36	643
18,17-18	**530**
20,20	414, 525
22,14-20	491
23,29	693
25,1-7	410

1. Buch der Chronik

4,4	588
5,38-40	518
6,56	218
8,12	69
24,15	517
26,16	421
29,29-30	603

2. Buch der Chronik

1,1-13	**290**
2,15	**74**
3,1	436
4,9	441
11,6	605
20,35-37	777
24,20-22	518
24,21-22	638
25,11-12	768
26,6	644
26,10	341
31,2	553
32,3-4	525
32,30	525
33,14	520

Esra	
1,1-4	438
3,2-3	438
4,1-3	61
4,4-6	61, 268
5,1-2	438
6,14-20	438
6,3.7	438
6,5	438

Nehemia	
2,10.19	725
3,1	384
3,5	601
3,8	434
3,14	566
3,15	528
3,16	**526**
3,33-34	**252**
3,33–4,3	61, 268
4,1-2	725
6,1-9	61, 268, 725
6,17-19	725
12,1-22	553
12,38	434

Tobit	
1,1-2	**214**
1,2	245
13,10-13	**348**
13,18	**348**
14,11	158

Judit	
5,5–6,20	725
14,6-10	725

Ester	
2,7	559

1. Buch der Makkabäer	
1,21	438
2,1-28	**298**
3,38–4,25	294
3,40	292

1. Buch der Makkabäer	
3,46-48	**285**
4,26-35	605
4,41	389
4,49	438
5,25	680
5,65	**612**
9,2	150
9,35	680
10,15-21	102
10,49-63	**102**
11,3-5	**646**
11,67	163
12,33	74
12,39-48	**103**
13,11	74
13,43	626
13,49-51	389
14,5-6	**75**
15,10-14	90
16,11-17	**333**

2. Buch der Makkabäer	
2,4-8	**746**
5,6-10	680
12,1-9	645
12,10-12	680
12,40	644

Ijob	
2,7	185
6,11-12	**405**
19,21	**405**

Psalmen	
2,2	**399**
16,9-11	**378**
22,1	212
22,7-9	**406**
22,13	218
22,16	**405**
22,17-19	**374**
23	**336**
24	451
24,3-4	**704**

Psalmen
24,7   451
26,6-8   **441**
35,10   426
51,21   747, 752, 754
60,8-10   **719**
76,3   316
82,1   **718**
84,6-7   **313**
87,2   754
89,13   226, 233
100,4   **440**
102,7   471
106,4-5   602
110   314
110,1-2   **473**
115,13   330
118,20   600, 754
118,22   210, 419
118,27   **545**
121,8   481
122   **345**
122,1   369
122,6-7   **37**
125,1-2   **520**
132,7   490
132,14   585
135,10-12   **739**

Kohelet
2,4-6   **597**

Hoheslied
1,1-4   **597**
1,14   **661**
2,1   80
2,13   478
4,12   **597**
6,2   664
6,4   248
7,6   90, 97
8,6   80

Jesus Sirach
24,14   **661**
43,14   80
48,17   414, 525

Jesaja
1,9-10   **670**
5,1-2   **562**
7,2-16   **529**
7,3   525
7,14   **116**, 477
8,23 – 9,1   181
11,6   549
11,7   754
16,6-11   **766**
22,10   **434**
22,15-18   **520**
28,1-4   **251**
32,18   625
33,9   80
34,10-14   **735**
35,2   80, 97
40,3   478, **657**
40,9   **622**
41,8   609
53,2-3   **405**
53,4   **399**
53,6-7   **402**
53,7   **270**
56,7   346, **551**
66,14   430

Jeremia
1,1   301, 623
6,1   601
7,12-15   **276**
7,23   346
7,31-32   **532**
13,1-11   **302**
31,15   300, 588
34,7   634
36,9-26   522
38,1-13   483
38,6   759
40,6-12   285

Jeremia
43   693
48,18   **760**

Klagelieder
1,12   **374**
1,15-16   **403**

Ezechiel
3,15   73
9,4   117
10,18-19   450, 495
11,23   450, 490
16,3   **347**
16,46   671
16,53   **671**
37,1-14   549, 551
37,12-13   **552**
40,37   441
43,1-2   495
43,4   450
47,1-12   **660**
47,10   322
47,16   734
47,18   652

Hosea
4,11-13   **618**

Joël
4,12-16   **495**

Amos
1,1   601
1,6-8   **627**
1,11-12   **768**
3,9-15   251
3,14   282
3,15   254

Amos
4,1   218
4,4-5   282
6,1-2   **627**
7,12-15   282
7,14   601
9,7   645

Obadja
1-4   **772**

Jona
1,3   74

Micha
1,6   251
1,15-16   **637**
4,8   **591**
5,1   570, 588

Habakuk
3,5   80

Zefanja
2,4   **627**

Haggai
1,2-15   438

Sacharja
1,1.7   518
4,1-2   438
4,6   **548**
14,4   490

Maleachi
1,10-11   **496**
3,1   701
3,23-24   **496**

Matthäusevangelium

1,1-17	478, 570
1,14-15	579
1,17	**581**
1,18-24	**123**
2,1-8	**457**
2,6	570
2,9-11	**582**
2,12	595
2,13-15	693
2,13-16	**585**
2,16	557
2,16-18	329
2,18	300, **588**
2,22	318
2,22-23	**123**
3,1	320
3,14	723
3,13-17	**320**
4,1-11	331
4,3	181
4,12-17	**186**
4,15-16	143
4,18	163
5–7	174
5,1-12	**174**
5,14	154
5,17-18	**429**
5,31	665
6,1-18	63
6,9-13	493
8,5-13	198
8,23-27	198
8,28	205, 733
9,1	186
9,9-13	195
9,20	424
9,27-31	198
9,32-34	198
10,2	197
11,2-3	**759**
11,10	701
11,20-21	200
11,20-24	**188**, 198
11,23	186

Matthäusevangelium

12,9-14	198
12,46-50	**113**
13,54-58	**113**
14,13	176, 180
14,13-21	178
14,22-33	**164**
14,36	424
15,29	150
15,32-39	178, 202
15,39	180
16,13-20	**220**
16,18	482
17,1-9	233
17,14-20	198
17,24-27	197, 198
18,4	195
19,3	159
19,28	482
21,1	510
21,33	562
21,42-43	**419**
22,41-46	473
23,1	199
23,5	**424**
23,29-30	**519**
23,35	**518**
24,23-27	**495**
24,30	482
25,40	**404**
26,6	514
26,32	292
26,57	546
26,57-75	**480**
26,74	482
26,75	482, 483
27,3-8	**532**
27,11-26	**394**
27,35	401
27,51	375
27,55-56.61	170
27,57-60	71
28,1-8	170
28,2-3	**377**
28,5-6	**380**

Matthäusevangelium

28,16-20	**176**
28,20	**779**

Markusevangelium

1,3	478
1,4	320, 657
1,16	163
1,16-39	**187**
1,19-20	460
1,21-39	190
1,23-28	198
1,27	174
1,29-31	198
1,29-34	195
1,35	176
2,1-12	180, **195**
2,4	**196**
2,13-17	**182**
2,23-28	**149**
3,17	460
3,20-21	**112**
3,21.31-35	197
4,35-40	**164**
5,1	713
5,1-18	**204**
5,20	713
5,21-24.35-43	195, 198
5,24-34	198, 221
6,3	**111**
6,17-29	680, **755**
6,20	759
6,29	**256**, 759
6,30-32	759
6,30-44	178
6,31	180
6,32-44	**179**
6,44	759
6,45	180, 759
6,52-53	659
7,24-31	779
7,31	714
7,31-37	180
8,1-10	178, **202**

Markusevangelium

8,2	203
8,10	180, 183
8,22-26	181, 198, **200**
8,27–11,11	304
9,2-10	233
9,9-13	**234**
9,14-29	**231**
9,33-50	197
10,1	714
10,13-16	198
10,32-34	**335**
10,35-40	460
10,46	327
10,46-52	**323**
11,1-11	**509**
11,11	450
11,17	346
12,18	57
12,28-30	424
12,42	669
13,1-8	**492**
14,3	514
14,12-16	**464**
14,13	475
14,15	470
14,17-26	**465**
14,26-42	**499**
14,26-72	483
14,26.53	484
14,28	292
15,1	**483**
15,7	401
15,20-21	**404**
15,21	497
15,27	353
15,29-32	**367**
15,40	461, 498
15,40-41	**376**
15,40-47	**350**
15,43-46	279
16,1-7	**350**
16,3-4	538, 543

Lukasevangelium

1,8-9	**441**, 553
1,8-22	556
1,17	321
1,23-25	**556**
1,26-38	**118**
1,28	629
1,39	553, 558
1,39-56	**556**
1,54-55	**400**, 612
1,56	293
1,57-79	**554**
1,72-73	612
1,80	**658**
2,1-2	225
2,1-7	**570**
2,4	592
2,7	571
2,8-20	336, **591**
2,15	592
2,20	**592**
2,22-38	441, 541
2,24	643
2,32	**121**
2,34	127, 567
2,34-35	**373**
2,36	498
2,41-42	**425**
2,41-50	278, **284**, 436
2,51-52	**111**, 124
3,1	86
3,2	320
3,23-38	478, 570
4,1-13	**332**, 447
4,14-30	**126**
4,16-30	129
5,1	163
5,1-3	181
5,1-11	198
5,12-16	198
6,13	**116**
6,17-23	174
7,1-10	**190**

Lukasevangelium

7,11-16	**227**
7,17	57
7,36	58
7,36-50	170
8,2	170, 498
8,13	170
8,26	204, 734
8,43-48	221
9,10	180
9,10-17	178
9,28-36	**232**, 702
9,51-55	**246**
10,25-37	61, **342**
10,38-42	**512**
11,1-4	174, **493**
11,39-41	**429**
13,34	**406**
13,34-35	**497**
16,5-6	**255**
16,6	665
17,11-19	**247**
18,10	442
18,13	**442**
18,31	346
18,35	327
19,1-10	**323**, 327
19,39-40	**462**
19,41-44	346, **497**
19,42	498
22,41	503
22,42	501
23,6-12	**458**
23,25	**399**
23,26	**404**
23,27-31	**406**
23,33-48	**370**
23,40-43	625
24,13-35	**291**, 624
24,13	293
24,26	347
24,29	295

Johannesevangelium		Johannesevangelium	
1,14	116	11,1-6.17-45	**512**
1,17-18	**174**	11,20-27	511
1,28	293, 320, 714	11,25	515
1,29	320, 478	11,50	**565**
1,43-50	**147**	11,54	280
1,44	200	12,1-8	**513**
1,46	111	12,20-26	38
2,1-11	139, **144**	12,27-28	**374**
2,4	387	12,32	347, 371
2,13-22	436, **440**	13,1	335, 370
2,20	**439**	13,1-19	**466**
3,1-21	631	13,30	501
3,14-15	**750**	14,1-2	**363**
3,22-23	**313**	17,20	**374**
3,23	605	18,1-11	**502**
4,1-42	181	18,10	773
4,5-6	260	18,28 – 19,16	**389**
4,5-42	**261**	19,5	399
4,9	246, 268	19,13	401, 758
4,20-24	436	19,16-37	**371**
4,35-36	**252**	19,17	**399**
4,35-38	273	19,23-24	367
4,43-54	**147**	19,25-27	403
4,46-54	197	19,27	475, 504
5,2-9	**383**, 548	19,34	367
5,3-4	**385**	19,38-39	279
5,19-30	385	19,38-42	71
6,1	163	19,40	**375**
6,1-13	178	19,41	413, 506, 536
6,23-69	**191**	19,41-42	**352**
6,26-27	**179**	20,1-2	498
6,68	369, 482	20,8-9	**378**
7,2	59	20,11-18	170, **379**, 498
7,2-5	**113**	20,19-23	465
7,14	436	20,19-29	**467**
7,37-38	**528**	20,26	465
8,2-11	441	21,1-8	198
8,12	477	21,1-17	**183**
9,1-7	**527**	21,9-14	198
10,22	436	21,15-18	195
10,23	440	21,17	482
10,40	**714**	21,25	**779**

Apostelgeschichte
1,4-9	492
1,4-12	**489**
1,8	**253**
1,11	487, 490, 493
1,12	485
1,12-14	**465**
1,13	461
1,13-14	503
1,14	**113**, 504
1,19	532
2	59
2,1-11	**468**
2,2	478
2,16-21	159
2,29	471, 472
3,2	441
3,10	450
3,11	440
5,12	**440**
5,34	279
5,34-42	645
5,37	225
6,1-6	508
6,8-7,2	**381**
6,9	526
7,16	612
7,44-60	**381**
7,58-8,3	535
8,4-25	253
8,26	650
8,26-39	47, **604**
8,40	81, **646**
9,1-19	535
9,10-19	642
9,32-35	**70**
9,36-43	**75**
10,1-48	**81**
10,5-6	77
10,14	429
11,5-17	**75**, 81
12,1-2	**460**
12,2	87
12,10-12	**459**
12,17	459

Apostelgeschichte
12,19-23	**87**
15,1-21	461
15,28-29	**429**
19,1-7	504
19,23-40	504
21,7	**103**
21,7-8	83
21,8	81
21,28-29	**441**
21,30-36	**453**
21,31-32	**396**
21,39	159
22,3	631, 645
23,8	57
23,23-26,32	83
23,31	78
24,12	526
24,27-25,12	**84**
25,13	405
28,16-31	759

Römerbrief
4,3	617
4,25	**399**
5,12-21	375
11,16-19	500
14,20-21	**428**
15,20	504

1. Korintherbrief
1,18	**374**
10,1.4	709
11,4	**422**
11,23-24	499
15,3-4	**378**
15,3-6	**176**
15,22	375
15,52-53	602
16,22	319

2. Korintherbrief
8,9	**374**
11,32-33	**680**

Galaterbrief
1,17   680
1,19   **113**
2,9   **113**, 461
3,6-9   612

Kolosserbrief
1,24   **403**
3,11   307

2. Timotheusbrief
2,11   **374**

Hebräerbrief
1,1   **116**
6,19   **169**
9,6-7   441
10,10-12   **442**
11,5   506

Jakobusbrief
1,1   461
2,23   609, 617
3,18   347

2. Petrusbrief
1,18   **233**

1. Johannesbrief
4,8   748

Judasbrief
9   748

Offenbarung des Johannes
1,9   779
1,17   62
12,13-14   505
16,13-16   **243**
21,2   264
21,14   264

Index der Ortsnamen

Die Schreibweise der biblischen Orte folgt gewöhnlich der Einheits-übersetzung. Nicht-biblische Namen sind meist ungefähr dem deutschen Schreibsystem angepasst. Bei größeren Abweichungen finden sich Querverweise. Die hebräischen und arabischen Artikel *ha-* und *al-* (einschließlich der Nebenformen) sowie die Abkürzung *St.* sind bei der alphabetischen Ordnung übergangen. Fettgedruckte Zahlen verweisen auf den Anfang der ausführlichen Beschreibung eines Ortes, römische Ziffern auf die Tafeln (Karten und Fotos) in der Mitte des Buches.

Abel-Bet-Maacha   214
Abel-Mehola   316
Abel Schittim   723
Abellin: s. Ibellin
Abu Dis: s. Jerusalem
Abud   **279**
Abu Gosch   291, **295, 623**
Abu Schuscha   626
Achsib   109
Aderet   634, 637
Adschlun: s. Ajlun
Adullam   634, **637**
Afek   **78**, 640
Afula   226, 230, 236, 242, 245, 246
Agrippina: s. Belvoir
Aharot   756
Ai   281, **283**, 286
Aila: s. Elat
Ain al-Arrub   603
Ain Audscha   328
Ain al-Baida (Samarien)   248
Ain Baida (Jordanien)   767
Ain ad-Dirwe   604
Ain ad-Dujuk   328, 331
Ain Dur: s. En-Dor
Ain al-Habis: s. St. Johannes in der Wüste
Ain Fara: s. Wadi Fara
Ain Fawwar   336
Ain Hodschla: s. En-Eglajim
Ain Karim: s. Jerusalem

Ain Kelt   336
Ain Natuf   601
Ain Qudeirat   711
Ain Qudeis   711
Ain Schams: s. Bet Schemesch
Ain …: s. auch Ein …/En-…
Ainon: s. Betanien am Jordan und Änon bei Salim
Ajjelet ha-Schachar   212
Ajlun   732
Akaba: s. Aqaba
Akko   28-30, 40, 41, 66, 91, 92, 95, 96, **101**, 114, 139, 140, 143, 152, 160, 161, 306, 411, XIIIb
Akraba   273
Alexandreion   273, 305, **317**, 748, 756
Allenby-Brücke: s. König-Hussein-Brücke
Almon: s. Anatot
Alone Abba: s. Waldheim
Alte Laura: s. Charitonskloster
Amaret Churasche   686
Amman   33, 714, 718, 720, **724**, 728, 736, 738, 763, 774
Ammaus: s. Emmaus
Amosa: s. Moza
Amwas: s. Emmaus
Anatot/Anata   300, **301**, 623
Anjara   732

Änon bei Salim   232, **313**, 320,
    605, 741
Anthedon: s. Gaza
Antiocheia am Chrysorrhoas: s.
    Jarasch
Antipatris: s. Afek
Apollonia   80
Aqaba   304, 692, 693, 713,
    736, **777**
Aqua bella: s. Ein Hemed
Ar-Moab   738
Arabella: s. Irbid
Arad   667, 669, 670, 673, **675**,
    687, 689, 770
al-Aradsch   200
Araïr: s. Aroër
Aravot ha-Jarden   317
Arbel/Arbela   **150**, 151, 172
Archelaïs   318
Areopolis: s. Rabbat Moba
Ariël   273
Ariha: s. Jericho
Arimathäa: s. Rama (Efraim)
Aristobulias   **608**
Arnon: s. Wadi al-Mudschib
Aroër   764
Arsuf   28, **80**
Artas   **597**, 600
Aschdod   627, 630, **645**, 741
Aschkelon   241, 627, 630, **647**,
    754, 762
Aschtwail: s. Eschtaol
Aseka   632, **634**
Askalon: s. Aschkelon
Askar   263
Atarim   675
Atlit   91
Audscha at-Tahta   318
Avdat   675, 679, 681, **684**
Awarta   273
al-Azraq   727
Baal-Hazor   280
Baal-Meon   754
Bach …: s. zweiter Namensbe-
    standteil

Bait/Bajt …: s. Bet …
Balata: s. Tell Balata
Bani Naïm   **605**
Banjas   23, 218, **219**, 233, 304
Baram   **152**
al-Bassa: s. Schlomi
Basta   776
Bat Jam   72
Beatitudes: s. Berg der Selig-
    preisungen
Beerot   287, 298
Beerscheba/Beer Scheva   20,
    215, 275, 281, 546, 603, 653,
    674, 675, **676**, 681, 682, 687
Beisan: s. Bet-Schean
Beit …: s. Bet …
Beitin: s. Bet-El
Belemunta: s. Maïn
Belvoir   **305**, 317
Bene-Berak   72, 74
Berg der Seligpreisungen   173,
    174, 185, 210
Berg der Versuchung   329,
    331, 337, 756
Berg Hor: s. Hor ha-Har
Berg Morija: s. Jerusalem
    (Tempel)
Berg …: s. auch zweiter Na-
    mensbestandteil
Bet Ainon: s. Betanien (am
    Jordan)
Bet Alfa   169, **241**, 312
Bet-Anot/Bet Anun   605
Bet Dschala   182
Bet Dschemal   161, 568, **631**
Bet Dschibrin: s. Bet Guvrin
Bet-El   20, 215, **280**, 283, 587,
    603, 618, 619, 721
Bet Guvrin   **641**, 762
Bet-Haran   723
Bet Horon   622
Bet Jala: s. Bet Dschala
Bet Jerach   208
Bet Jeschimot   723
Bet Jimal: s. Bet Dschemal

Bet-Kerem   566
Bet Keschet   236
Bet Lahm: s. Betlehem
Bet Sahur   589, 590, 594; s.
    auch Hirtenfelder
Bet-Schean   103, 240, 265, 306,
    307, 316, 339, 539, 713, 752
Bet Schearim   **132**, 137, 140
Bet-Schemesch   624, **629**, 633
Bet ha-Schita   241
Bet-Zur   604
Betanien (am Jordan)   293,
    320, 714
Betanien (am Ölberg): s. Jeru-
    salem
Bethabara: s. Betanien (am
    Jordan)
ha-Beticha   202
Betlehem   25, 26, 28, 30, 31,
    36, 41, 42, 68, 124, 132, 141,
    142, 182, 297, 300, 301, 312,
    329, 352, 360, 362, 369, 395,
    414, 458, 473, 474, 540, 543,
    552, 557, 563, 568, **569**, 603,
    620, 623, 653, 655, 748,
    XXVI-XXIX
Betlehem in Galiläa   **131**
Betsaida   38, 147, 173, 180,
    181, 188, 198, **199**, 219, 759
Bezer   218
Bezet: s. Schlomi
Biddu   297
Binjamina   90
Bir Zeit   278
al-Bire   **284**
Birim: s. Baram
Birkat Ram   218, **223**
Blanche Garde: s. Gat
ha-Bonim   91
Bozra   768, 776
Brotvermehrungskirche: s.
    Tabgha
Brücke der Töchter Jakobs   210
Buqea (Galiläa)   **159**
Burdsch al-Fara   248

Burdsch al-Malih   316
Burkin   247
Buseira: s. Bozra
Cadasa/Cadisos: s. Kedesch-
    Naftali
Caimont: s. Jokneam
Caparbaricha   339
Capharlet: s. (ha-)Bonim
Cäsarea (am Meer)   25, 26, 29,
    76, 78, **80**, 90, 132, 220, 233,
    273, 307, 391, 457, 546, 571,
    728, 752, 759, 762
Cäsarea Philippi: s. Banjas
Castel   622
Castrum Boni Latronis: s.
    Latrun
Castrum Novum   214
Castrum Regis: s. Miilja
St. Catherine   695, 708
al-Chader   596
Chai Bar: s. Hay Bar
al-Chalil: s. Hebron
Chaluza: s. Elusa
Chan al-Ahmar: s.
    Euthymiuskloster
Chan Hatrur: s. Herberge des
    Barmherzigen Samariters
Chan at-Tawadschir   236
Charcha/Charach Muba: s.
    Kerak
Charitonskloster   302, 337, **600**
Château Béroard: s. Aschdod
Chazor: s. Hazor
Chebron: s. Hebron
Chefzi-ba   241
Chirbet Alamit   301
Chirbet al-Bajudat   318
Chirbet Balame: s. Jibleam
Chirbet Burdsch az-Zur: s. Bet-
    Zur
Chirbet Chan al-Ahmar: s. Eu-
    thymiuskloster
Chirbet ad-Der   602
Chirbet Drusije: s. Chirbet
    Madras

Chirbet Hescheq **162**
Chirbet Istabul: s. Aristobulias
Chirbet Kana **139**, 144, 145; s. auch Kana
Chirbet Karraza: s. Chorazin
Chirbet Kejafa 632
Chirbet Lischtib 732
Chirbet Madras **638**
Chirbet al-Mafdschar: s. Hischamspalast
Chirbet Mahoz 162
Chirbet al-Maqarri 341
Chirbet Mar Elija 732
Chirbet al-Minje 173, 186
Chirbet al-Mird: s. Hyrkania
Chirbet al-Muchajat: s. Nebo
Chirbet Naaran 331
Chirbet an-Nitla 330
Chirbet Omrit 221, **222**
Chirbet as-Samra 341
Chirbet Seilun: s. Schilo
Chirbet Sif: s. Sif
Chirbet Sijar al-Ghanam: s. Hirtenfelder
Chirbet Suweime 723
Chirbet Tibna: s. Timnat-Serach
Chirbet Zafzafot: s. En-Dor
Cholon: s. Holon
Chorazin 152, 161, 188, **198**, 210
Chorvat …: s. Chirbet …
Dabburije/Daberat 230, 231
Daliyat al-Karmel 98
Dalmanuta 180, 183, 203
Dan 74, **215**, 219, 275, 282, 304, 546, 566, 678, 689, 690, 745
Dana 768
Deganja 208
Deir …: s. Der …
Der Ain Abata 737
Der Alla **718**
Der al-Arbaïn (Hebron) 621
Der al-Arbaïn (Sinai) 709
Der al-Balah 651

Der Dibwan 283
Der Dosi: s. Theodosiuskloster
Der Hanna 161
Der Hodschla: s. Gerasimoskloster
Der Ibn Obed: s. Theodosiuskloster
Der Jassin: s. Jerusalem
Der Keruh 224
Der Rafat **629**
Der ar-Ribua 708
Dhiban: s. Dibon
Diblaton 763
Dibon 738, 760, 761, 764
Dimona 673, 681, 689
Diocäsarea: s. Sepphoris
Diospolis: s. Lod
Doha 596
Dok 302, 331, **332**, 601, 756
Dor **90**
Dotan **249**
Drusias: s. Chirbet Madras
Dschalame 246
Dschammala 279, 631
Dscharasch: s. Gerasa
Dschebel al-Afrandsch: s. Herodion
Dschebel al-Ataïta 768
Dschebel Catherine: s. Katharinenberg
Dschebel al-Fureidis: s. Herodion
Dschebel Harun 770, 775
Dschebel Katherin: s. Katharinenberg
Dschebel Muntar 342
Dschebel Musa: s. Moseberg
Dschebel an-Neba: s. Nebo
Dschebel Qarantal: s. Berg der Versuchung
Dschebel ar-Rumeide 609, **621**
Dschebel at-Tannur 767
Dschebel at-Tur (Jerusalem): s. Ölberg (Jerusalem)

Dschebel at-Tur (Nablus): s. Garizim

Dschenin: s. Jenin

Dscharasch: s. Gerasa

al-Dschib: s. Gibeon

Dschifna **278**

Dschisch: s. Jish

Dschub Jusuf 210

Duka: s. Dok

Ebal 257, 267, 269

Efes-Dammim 634

Efraim: s. Taybe

Efrata 587

Eglon 632

Eilabun 161

Ein Akev 686

Ein Avdat 686

Ein Bokek 653, 670

Ein Chazeva **689**

Ein Dor: s. En-Dor

Ein Eglajim: s. En-Eglajim

Ein Feschka 659, 661

Ein Gedi: s. En-Gedi

Ein Gev 164, 206, 207, 218

Ein Harod 240

Ein Hemed 622

Ein Kerem: s. Ain Karim (Jerusalem)

Ein Mabbua: s. Ain Fawwar

Ein Prat: s. Wadi Fara

Ein Sik 686

Ein Tamar 689

Ein …: s. auch Ain …

Einot Zuqim: s. Ein Feschka

Ekron 627, 630, **633**, 637

Elad 78

Elat 33, 208, 653, 674, 675, 687, 690, **692**, 693, 694, 713, 777, 778

Eleutheropolis: s. Bet Guvrin

Elisabetgrab: s. (St.) Johannes in der Wüste

Elusa 679, **681**

Emmaus/Nikopolis 208, **293**, **624**, 754

Emmaus/Qubeibe **291**

Emmaus: s. auch Abu Gosch und Moza

En-Dor **227**

En-Eglajim 322, 661

En-Gedi 606, 641, 653, 659, 660, **661**, 664

En-…: s. auch Ein …/Ain …

Esbus: s. Heschbon

Eschtaol **628**

Eschtemoa **609**

Euthymiuskloster **339**

Even Sapir 561

Evron 108

Ezjon-Geber: s. Elat

Fasaïl/Fatsael: s. Phasaëlis

Feinan: s. Punon

Feld Dans 629

Fara (östlich von Nablus): s. Tell al-Fara

Fara (östlich von Ramallah): s. Wadi Fara

Flavia Neapolis: s. Sichem

Fontenoid: s. Abu Gosch

Fureidis 90

Gadara (Dekapolis) 205, 207, **733**

Gadara in Peräa (Gadoron) 754

Galgala: s. Gilgal

Gamla 199, 202, **224**

Garizim 61, 257, 260, 264, **267**, 762

Gat 241, 627, 630, 635, 637, **638**, 644

Gat-Hefer 143

Gat-Rimmon 74

Gaza 25, 33, 35-38, 68, 318, 323, 576, 605, 627, 630, **648**, 674, 681, 684, 762, 769

Gazara: s. Geser

Gefen 633

Gennesaret 163, 164, 172, 173, 560, 659

Georgskloster (Wadi Kelt) 303, 336, **337**, 654

Gerar   677, 679
Gerasa   204, 205, 713, 715,
   727, **728**, 732
Gerasimuskloster   322
Geschur   201, 618
Geser   **625**
Gibea in Benjamin/Gibea Sauls:
   s. Tell al-Ful
Gibelin: s. Bet Guvrin
Gibeon   **286**, 289, 290, 298
Gilgal   286, **321**, 330
Ginnosar: s. Gennesaret
Giskala: s. Jish
Givat Schemesch   629
Givatajim   72
Golan (Stadt)   218
Gomorra   605, 607, 618, 654,
   670, 672, 737
Gophna: s. Dschifna
Goren   160
Grar: s. Gerar
Große Laura: s. Mar Saba
Grotte der Seligpreisungen   185
Gusch Chalav: s. Jish
Haifa   29, 32, 50, 66, 69, 90,
   92, 101, 105, 131, 134, 139,
   142, 221, 306, 560, 645
Halhul   603, 604, 619
Hammamat Maïn   736, 754
Hammat Gader   **207**
Hammat Tiberias/Tverja   165,
   168, **169**, 209, 292
Har Choma   592, 603
Har Karkom   **688**
Haram al-Chalil: s. Machpela
Hararit   161
Harmagedon: s. Megiddo
Haschmije   736
Hay Bar   691
Hazor   21, **211**, 214, 242, 245,
   265, 566
Hebron   20, 21, 33, 35, 274,
   339, 474, 596, 603, **609**, 632,
   653, 664, 674

Herberge des Barmherzigen
   Samariters   339, **342**
Herodion   329, 395, 543, **598**,
   748, 756, 760
Herzlija   72, 80
Heschbon   **738**, 749, 763, 765
Hippos   182, **206**
Hirtenfelder   **589**
Hischamspalast   **334**
Holon   61, 72, 269
Hor ha-Har   686, 745, 751, 775
Horeb: s. Sinai
Horma   524, 686
Hörner von Hittim   28, 104,
   115, **149**, 160, 233
Hortus Conclusus: s. Artas
Horvat …: s. Chirbet …
Hule   **212**
Hunin   214
Hyrkania   **341**, 659, 756
I ha-Schalom   305
Ibellin   97, **141**, 294
Id al-Minje: s. Adullam
Iksal   230
Imwas: s. Emmaus/Nikopolis
Ir ha-Temarim: s. Tamar
Irbid   732
Ischwa: s. Eschtaol
Isdud: s. Aschdod
Isfija   98
Jabesch-Gilead   316, 717
Jabneel: s. Javne
Jafa (Galiläa)   131
Jaffa   29, 32, **74**, 80, 81, 124,
   132, 215, 540, 622, 623, 647,
   XXX
Jafia: s. Jafa (Galiläa)
Jahaz   738, 755
Jamnia: s. Javne
Janun   273
Jarash: s. Gerasa
Jardenit   **208**
Jarmut   632
Javne   72, 132, 140, 166, 549,
   644

Jebel …: s. Dschebel …
Jechiam   160
Jenin   244, **247**, 248, 249
Jerash: s. Gerasa
Jericho   20, 21, 35, 208, 280,
    286, 303, 318, 321-**323**, 335,
    336, 340, 342, 539, 601, 648,
    654, 661, 680, 689, 690, 718,
    721, 722, 724, 727, 745, 746,
    748, 756
Jerusalem: s. detaillierter Index
    ab S. 809
Jesreel   226, **238**
(al-)Jib: s. Gibeon
Jibleam   247
Jifna: s. Dschifna
Jisch   **159**
Jodfat: s. Jotapata
St. Johannes in der Wüste   **561**
Jokneam   100, **134**
Jokteel: s. Sela
Joppe: s. Jaffa
Jotapata   **140**
Jotvata   691
Judin: s. Jechiam
Julias: s. Betsaida
Jutta   608
Kabri   108, 161
Kadesch(-Barnea)   213, 611,
    685-687, **710**, 745, 770, 775
Kadesch(-Naftali): s. Kedesch
Kafarnaum   42, 115, 147, 151,
    173-176, 178, 180, **186**, 198,
    199, 208, 218, 224, 395, XI-
    XIIIa
Kafr Kama   236
Kafr Kana: s. Kana
Kafr Lam: s. (ha-)Bonim
Kafr Manda   139
Kafr …: s. auch Kfar …
Kallirrhoe   328, 736, 755
Kana   41, 117, 139, **143**, 197,
    387, 558, 730; s. auch Chir-
    bet Kana

Kaniset ar-Rawat: s. Hirten-
    felder
Kapernaum: s. Kafarnaum
Karkom: s. Har Karkom
Karme Josef   625
Karmel (Berg)   30, 65, **94**, 161,
    678
Karmel (Judäa)   608
Karmiël   161, 162
Karne Chittim: s. Hörner von
    Hittim
Kastellion: s. Hyrkania
Kastron Mefaa: s. Umm ar-
    Rasas
Katharinenberg   700, **708**
Katharinenkloster   692, 694,
    695, **698**, XXXIb
Kaukab al-Hawa: s. Belvoir
Kazrin   **223**
Kedesch(-Naftali)   **213**, 245,
    710
Kedesch (bei Megiddo)   245
Kefargamala   279, 631
Kefira   287, 298
Kefr Kenna: s. Kana
Kelt: s. Wadi Kelt
Kerak   732, 740, 741, 754, 763,
    765
Kerit   338, 716, 717, 732
Kfar Baram: s. Baram
Kfar Barucha: s. Bani Naïm
Kfar Nahum: s. Kafarnaum
Kfar Sava   72
Kfar Tavor   230, 236
Kfar Tikwa   133
Kh…: s. Ch…
Kifil Harit   **273**
King Hussein Bridge: s. König-
    Hussein-Brücke
Kinneret   163, 173, 208
Kir-Heres: s. Kerak
Kir-Moab: s. Kerak
Kirjat-Arba: s. Hebron
Kirjat Ata   140
Kirjat Bialik   101

Kirjat Gat   644
Kirjat-Huzot   745
Kirjat-Jearim   275, 287, **624**
Kirjat Schmona   214, 215
Kirjat Tivon   132-134
Kischon   99, 100
Kisrin: s. Kazrin
Kochav ha-Jarden: s. Belvoir
König-Hussein-Brücke   713
Koralleninsel: s. Pharaoneninsel
Korazim: s. Chorazin
Koziba   338
Krater: s. Machtesch
Kulon   296
Kursi   **203**, 219
Kypros   329, 680, 756
Lachisch   632, 634, **643**
Lajisch: s. Dan
Latrun   291, 624, **625**
Laura Netofa: s. Netofa
Layon   162
Libb   755
Limbon   763
Livias   723, 749
Lochame ha-Getaot   108
Lod   **69**, 71, 72, 75, 81, 92,
   294, 337, 762
Lus: s. Bet-El
Lydda: s. Lod
Maale Adumim   339, 343, 511
Maale ha-Akrabim: s. Skorpio-
   nensteige
Machärus   255, 395, 659, 680,
   715, 737, 742, **755**, XXXIIb
Machpela   609, **611**
Machtesch Katan   689
Machtesch Ramon   687
Madaba   319, 320, 322, 355,
   403, 714, 736, **740**, 754, 760,
   763, 755, IV, XVIIa
Madras: s. Chirbet Madras
Madschdel asch-Schams   223
Mafraq   734
Magadan   180

Magdala   131, 149, 150, 166,
   170, 180, 482
al-Maghtas: s. Taufstelle (bei
   Jericho)
Mahanajim   287
Maimuna: s. Gaza
Maïn   754, 763
Makkeda   632
Malul   131
Mamre   20, 606, 607, 612, **616**
Mamschit   679, **681**
Maon   **608**
Mar Elias   568
Mar Saba   27, 30, 337, 573,
   595, 654, 659
Marescha   637, **641**
Margalijot   214
Marissa: s. Marescha
Martyriuskloster   **339**
Masada: s. Massada
Masade (Golan)   223
Maschhad   143
Masor   78
Massada   252, 652, 664, **665**,
   756, 760
Massuh   739
al-Mazar   767
Mazor: s. Masor
Me-Jarkon   74
Mechola   316
Medeba: s. Madaba
al-Medschdel: s. Magdala
Mefaat: s. Umm ar-Rasas
Megiddo   22, **242**, 245, 246,
   265, 566, 643, 693
Merchavja   236
Meriba   686
Merle: s. Dor
Meron   129, 153, 157, **158**,
   173, 210
Metulla   208, 214
Mevasseret Zion   295, 524
Mezad Sohar   670
Mezad Tamar   689
Mezada: s. Massada

Mezudat Jischa 213
Mezuqe Deragot 659
al-Midie: s. Modeïn
Migdal: s. Magdala
Migdal Afek 78
Migdal Eder 591, 593
Migdal ha-Emek 131
Miilja 160
Minet al-Qala: s. Aschdod
Mirabel: s. Migdal Afek
Mischor Adumim 339
Mizpa/Mizpe: s. Tell an-Nasbe
Mizpe Jericho 337
Mizpe Ramon 675, 681, 682,
 687
Modeïn/Modiin 72, **298**, 624
Mons Cain: s. Jokneam
Mons Gaudii: s. Nabi Samuil
Mons Regalis: s. Schaubaq
Montfort **160**
Montreal: s. Schaubaq
Moseberg: s. Sinai (Berg)
Moza 292, **297**, 622
Mregha: s. Murajgha
Muchajjam Fara 248
al-Mudscheidel: s. Migdal ha-
 Emek
(al-)Muhraka 90, **97**, 134
Mukawir: s. Machärus
Murajgha 776
al-Musairija: s. Masor
Muta 767
Naara(n) 331
Nabau: s. Nebo
Nabi Huda 222
Nabi Jaqin 606, 607
an-Nabi Juscha 213
Nabi Lut 605
Nabi Musa 339, **340**
Nabi Saleh 279
Nabi Samuil **288**, 296, 559, 622
Nabi Schuweib **150**
Nabi Yehuda: s. Nabi Huda
Nablus: s. Sichem
Nachal Amud: s. Wadi Amud

Nachal Og: s. Wadi Mukellik
Nachal Prat: s. Wadi Fara
Nachal Zin: s. Zin
Nachscholim 90
Nahalal 131
Naharija 108, 152, 210
Naïn **226**, 235
Naschim 738
an-Nasra: s. Nazaret
Natsrat: s. Nazaret
Na'ur 738
Nazaret 19, 35, 30, 41, 42,
 101, **111**, 131, 135, 136, 140,
 142-145, 147, 151, 161, 186,
 188, 189, 226, 230, 234, 235,
 244, 246, 294, 322, 387, 395,
 415, 507, 552, 570, VI-VIII
Nazaret Illit 111, 235
Neapolis: s. Sichem
Nebi …: s. Nabi …
Nebo 340, 395, 653, 689, 690,
 714, 723, **744**
Nes Amim 108
Netofa 139, 161
Neue Laura: s. Wadi at-Tina
Neve Ativ 223
Neve Schalom 625
Neve Sohar 670
Nevi …: s. Nabi …
Nikopolis: s. Emmaus
Nimrod **222**, 223
Niran 318
Nitzana 679, **683**, 686, 710
Nofach 738
Nuweiba 778
Nysa: s. Bet-Schean
Oboda: s. Avdat
Or Akiba 89
Palaia Laura: s. Charitonskloster
Palmenstadt: s. Tamar
Paneas: s. Banjas
Para 302
Pegor 745
Pekiin: s. Buqea
Pella 24, **715**, 728

Penuël 720
Petach Tikva 72, 78
Petra 516, 595, 679, 680, 684, 686, 691, 724, 728, 736, 767, **769**
Petsael: s. Phasaëlis
Pharaoneninsel 694, 778
Phasaëlis 317
Philadelphia: s. Amman
Philippusbrunnen **603**
Philoteria: s. Bet Jerach
Pisga: s. Nebo
Prat: s. Wadi Fara
Primatskapelle: s. Tabgha
Ptolemaïs: s. Akko
Punon 524
Qalaat al-Burak 597
Qalaat al-Meschnaqa: s. Machärus
Qalaat al-Minje: s. Aschdod
Qalaat ar-Rabad 732
Qalandija 300, 301
Qalonja 295, 622
Qarn Sartabe: s. Alexandreion
Qasr al-Jahud: s. Taufstelle (bei Jericho)
al-Qatrawani 278
Qelt: s. Wadi Kelt
(al-)Qubeibe: s. Emmaus
Qubur (Umm) Bani Israïl 301
Qumran 58, 338, 538, 544, 545, 599, **654**, 664, 727
Qurun Hattin: s. Hörner von Hittim
Raanana 72
Rabbat Ammon: s. Amman
Rabbat Moba 763
Rafidja 267
ar-Raha **694**
Rahelgrab 474, **587**, 611
Raithu 699, 700
Rakkat 165
Rakkon 74
ar-Ram: s. Rama (Benjamin)

Rama (Benjamin) 280, 284, 288, 298, **300**, 588
Rama (Efraim) 71, 228, **279**, 284, 288
Ramallah 68, **284**, 297, 300, 301, 331
Ramat al-Chalil: s. Mamre
Ramat Gan 72, 641
Ramat Rahel **566**
Ramatajim: s. Rama (Efraim)
Ramle **71**, 72, 124, 141, 294, 433
Ramot (Gilead) 218
Rantis: s. Rama (Efraim)
Raqmu: s. Petra
Ras an-Naqab 776
Ras an-Naqura: s. Rosch ha-Nikra
Ras Sijaga: s. Nebo
Rechov **313**
Rechovot (bei Tel Aviv) 682
Rechovot ba-Negev: s. Ruhebe
Refidim 696, 708, 709, 770
Regba 108
Reina 143
Remphis: s. Rama (Efraim)
Reqem: s. Petra
Retorno 629
Revadim 633
Revivim 682
Rihanja 236
Rischon le-Zion 72
Rosch ha-Ajin 78
Rosch ha-Nikra 110, 213
Rosch Pinna 200, 210
Rudschm al-Hiri **225**
Ruhebe 679, **682**
Sababde 248
Sabaskloster: s. Mar Saba
Safed 29, 152, **154**, 210, 211, 305, 613
Saffurije: s. Sepphoris
Salem/Salim 232, 313-316, 320, 347, 436,
as-Salt 724, 754

Samaria (Stadt): s. Sebaste
Samua: s. Eschtemoa
Sara: s. Zora
Sartabe: s. Alexandreion
Sataf   562
Schaar ha-Golan   305
Schaarajim   637
Schafa-Amr: s. Schefaram
Scharm asch-Scheich   693
Schatte: s. Gaza
Schaubaq   284, 736, **768**
Schave Zion   108
Schchem: s. Sichem
Schefaram   134, **140**
Scheich Abrek   133
Scheich-Hussein-Brücke   713,
   715
Schibli   230
Schilo   **274**
Schittim   723
Schivta   679, **682**
Schlomi   153
Schunem   100, 227, 228, **236**
Sde Boqer   685, 686
Sdom: s. Sodom
Sebaste/Sebastije   22, 60, 248,
   251, 260, 566, 757, 762
Sechacha: s. Qumran
Secharja   634
(as-)Sela   767
Seligpreisungen: s. Berg der ...
Sepph: s. Safed
Sepphoris   58, 115, 133, **135**,
   140, 149, 171, 208, 242, 387
Sered: s. Wadi al-Hasa
Sh...: s. Sch...
Sichem   20, 25, 61, 248, 251,
   257, 273, 316, 603, 612, 615,
   618, 762
Sichron Jaakov   90, 91
Sif   **607**
Sinai (Berg)   21, 26, 34, 36, 346,
   461, 583, 695, 696, 698, **703**,
   XXXIa
Sindschil   278

Skorpionensteige   686, **690**
Skythopolis: s. Bet-Schean
Socho   **634**
Sodom   605-607, 618, 652,
   670, 737
Späherfeld: s. Nebo
Stratons-Turm   81
Subeibe: s. Nimrod
Suka: s. Charitonskloster
Sukkot   618, 719, 720
Sulam: s. Schunem
Susita: s. Hippos
Susja   **608**
Sychar   260, 261, 263
Taanach   245, 246
Taba   693, 694
Tabaqat al-Fahl: s. Pella
Tabgha   174, 175, **177**, 207,
   476, X
Tabor   30, 41, 124, 145, 149,
   209, 226, **230**, 306, 461, 560,
   733, IX
Taibe (Jordanien)   776
Taibe (bei Ramallah): s. Taybe
Tajasir   316
Tamar   **689**, 745
Tannur   214
Tantur   568
Tantura: s. Dor
Tarichäa: s. Magdala
Taufstelle (bei Jericho)   **318**,
   461, **720**
Taufstelle (beim See Gennesa-
   ret): s. Jardenit
Tauros: s. Kypros
Taybe (bei Ramallah)   248, **280**
Tebez   248
Tefen   162
Teiche Salomos   **596**
Tekoa   600, **601**
Tel Aviv   32, 33, 35, 61, 69,
   71, **72**, 269, 337, 433, 540,
   564, 624, 628, 634, 641, 644,
   645, 682, 687
Tel Goren: s. En-Gedi

Tel Hadar 202
Tel Kasile 77
Tel Mikne: s. Ekron
Tel Mor: s. Aschdod
Tel Qaschisch 100
Tel Schalem: s. Änon bei Salim
Tel Scheva: s. Beerscheba
Tel Schiqmona 92
Tel Tsafit: s. Gat
Tel (hebr.): s. auch Tell (arab.)
Tel …: s. auch zweiter Namens-
    bestandteil
at-Tell (bei Ramallah): s. Ai
at-Tell (See Gennesaret): s. Bet-
    saida
Tell Abu al-Charaz 717
Tell Abu Kudeis: s. Kedesch
Tell al-Akabe: s. Kypros
Tell Balata 265, 272
Tell al-Cheleife: s. Elat
Tell Ejreni: s. Kirjat Gat
Tell al-Fara 248
Tell al-Ful 301
Tell Hamman 723
Tell Haror: s. Gerar
Tell Hum: s. Kafarnaum
Tell Iktanu 723
Tell Jadur: s. Gadara in Peräa
Tell Kefrein 723
Tell Malchata 686
Tell Mar Lijas 721
Tell Murra: s. Aschdod
Tell al-Mutesellim: s. Megiddo
Tell an-Nasbe 285, 289, 298,
    300
Tell al-Oreme: s. Gennesaret
Tell al-Qadi: s. Dan
Tell Qudeirat 711
Tell ar-Rame: s. Livias
Tell ar-Rumeida: s. Dschebel ar-
    Rumeida
Tell as-Saba: s. Beerscheba
Tell as-Safi: s. Gat
Tell as-Saidije 717
Tell as-Samrat 329

Tell Sandahanna: s. Marescha
Tell asch-Scheria: s. Ziklag
Tell as-Sultan: s. Jericho
Tell (arab.): s. auch Tel (hebr.)
Tell …: s. auch zweiter Na-
    mensbestandteil
Theodosiuskloster 337, **594**
Theoktistkloster **339**, 341
Tiberias 58, 114, 124, 135,
    143, 145, 148, 150, 151,
    163-**165**, 171, 182, 200, 208,
    209, 242, 292, 395, 613
Timna (Negev) **691**
Timnat-Serach 279
Tirza 248, 251, 260, 316
Tisbe 214
Tischbe 214, 239, 716, 717, 732
Tkoa: s. Tekoa
al-Torun/Toron des Chevaliers:
    s. Latrun
Traubental 603
Tubas 248, 316
Tulelat al-Ghassul 720, 727
Tulul Abu Alajik 328
Tuqu: s. Tekoa
Tverja: s. Tiberias
Tyrische Steige 109
Ubeidije 594, 595
Umm al-Dschimal 732, **734**
Umm ar-Rasas **761**, 766
Umm Qais: s. Gadara
Urtas: s. Artas
Uscha 140
Versuchungskloster: s. Berg der
    Versuchung
Wadi Amud 157
Wadi Chariton 600
Wadi Fara **301**, 337, 600
Wadi al-Hasa 767
Wadi Kelt 301, 303, 327-329,
    335, **336**, 337, 756
Wadi al-Mudschib 760, **764**
Wadi Mukellik 339, 341
Wadi Musa: s. Petra

Wadi Nar: 594; s. auch
  Kidrontal
Wadi Nueime 331
Wadi Ram/Rum **777**
Wadi at-Tina 602
Wahat as-Salam: s. Neve
  Schalom
Waldheim **131**
Yata: s. Jutta
Yirka 162
az-Zara 736
Zaretan 717, 719
Zefat: s. Safed

Zelzach 300
Zer 201
az-Zib: s. Achsib
Zichron Yaakov: s. Sichron
  Jaakov
Ziklag 639, 679
Zin: 674, 685, 689, 690, 710,
  745, 770
Zippori: s. Sepphoris
Zoar 672, 689, 690, 737, 745
Zora **628**
Zubube 245

Jerusalem (Stadtpläne: XIV-XVI):

Abschalomsgrab: s. Kidrontal
Abendmahlssaal 29, 30, 41,
  346, 359, 362, 366, 415, 446,
  463, **464**, 542, 547
Abu Dis 472
Ain Karim 124, 485, 539, **552**
Ain Siloam: s. Schiloachteich
Ain Sitti Marjam: s. Gihonquelle
Ain Umm ad-Deradsch: s. Gi-
  honquelle
Akra 389, 430
Alexanderhospiz 407, **412**, 434
Anastasis: s. Grabeskirche
St. Andreas (schottisch) 563,
  564
Anglikanischer Friedhof 474
St.-Anna-Kirche 136, 167,
  383, 393, 510
Antonia 31, **389**, 393, 396,
  410, 453, 548
al-Aqsa-Moschee **445**; s. auch
  Tempel
Armenisches Patriarchat: s. Ja-
  kobuskathedrale
Auferstehungskirche: s. Grabes-
  kirche
Auguste-Viktoria 32, 343, **486**
Bab al-Amud: s. Damaskustor

Bab al-Chalil: s. Jaffator
Bab al-Hadid 453
Bab al-Mathara 453
Bab an-Nabi Da'ud: s. Zionstor
Bab an-Nazir 453
Bab al-Qattanin 453
Bab as-Sahira: s. Herodestor
Bab as-Silsile: s. Kettentor
Bab Sitti Marjam: s. Stefanstor
Bach Kidron: s. Kidrontal
al-Baqa: s. Rafaïter-Ebene
Belz-Synagoge 622
Ben-Jehuda-Straße 541
Benedictus: s. Ain Karim
Berg des Ärgernisses 484, 519
Berg des Bösen Rates 484, **565**
Berg Zion: s. Zion
Ben-Hinnom-Tal: s. Hinnomtal
Bet Hanina 301
Betanien (am Ölberg) 42, 320,
  343, 362, 488, 493, 509, **511**,
  XXVa
Betesdateich 26, **383**, 392,
  484, 548; s. auch St.-Anna-
  Kirche
Betfage 488, **509**
Bible Hill 563
Bible Lands Museum 548

Jerusalem (Fortsetzung)

Bir Ajjub: s. Rogelquelle
Bir al-Kadismu: s. Kathisma
Birket al-Hamra: s. Schiloach-
    teich
Birket Bani Israïl: s. Schafteich
Blutacker   532
Breite Mauer   433
Brigham Young University   487
Broad Wall: s. Breite Mauer
Burg Antonia: s. Antonia
Burnt House: s. Verbranntes
    Haus
Calvaria: s. Golgota
Cardo   253, 352, 405, 408, 411,
    421, 434, 455
Cedrontal: s. Kidrontal
Cenacolino   464, 472
Chagall-Fenster: s. Hadassa-
    klinik
Chanqamoschee   416
St. Charles Hospice   564
Christ Church   53, 459
Christian Information Center
    416, 458, 582
Coenaculum: s. Abendmahlssaal
Damaskustor   392, 407, 417,
    534, 536
Davidsgrab   470-472, 526, 547
Davidson Center   429
Davidspalast: s. Zitadelle
Davidstadt   463, 484, 516, 520,
    566
Davidsturm: s. Zitadelle
Decumanus   411, 416, 421
Der Jassin   33
Der az-Zeituni   462
Dominus Flevit   345, 366, 395,
    496, XVIIb
Dormitio   32, 178, 345, 346,
    463, 469, 475, 503, 547, 632
Dornenkrönungskapelle   396
Dreifaltigkeitskathedrale   540
Dritte Mauer   537

Jerusalem (Fortsetzung)

Dung Gate: s. Misttor
Ecce Homo   391, 394, 399, 484
École Biblique   26, 32, 536,
    545, 631, 655
Ehrwürdiger Bezirk: s. Tempel
Ein Kerem: s. Ain Karim
Eleona: s. Paternosterkirche
Erlöserkirche   32, 38, 53, 345,
    411, 412
Essenertor   475
St. Étienne: s. École Biblique
Evangelischer Friedhof   474
al-Ezarije: s. Betanien
Felsendom   91, 194, 344, 345,
    355, 447; s. auch Tempel
Flagellatio   16, 31, 33, 42, 393,
    420
French Hospital   533
Gabbata: s. Lithostrotos
Galiläator: s. Damaskustor
Gan ha-Tequma   435
Gartengrab   535
Gat Schmanim: s. Getsemani
Gefängnis Christi   401
Gehenna: s. Hinnomtal
Geißelungskapelle: s. Flagellatio
St.-Georgs-Kathedrale (angli-
    kanisch)   53, 537
German Colony   564
Getsemani   41, 366, 392, 475,
    499, XXIIb
Ghawanima-Minarett   452, 453
Gihonquelle   547, 522, 523, 528
Givat ha-Mivtar   439, 570
Givat Ram   485, 550
Givati Area   530
Goldenes Tor   346, 441, 450
Golgota   370; s. auch Grabes-
    kirche
Gorny (Ain Karim)   558
Gräber des Hauses Davids   526
Gräber der Propheten   496, 518

Jerusalem (Fortsetzung)

Grabeskirche 25, 27, 29, 31,
  38, 40, 41, 43, 47, 55, 65, 91,
  345, 346, **349**, 392, 395, 397,
  407-409, 411, 412, 414, 416,
  442, 455, 458, 473, 482, 535,
  536, 539, 540, 547, 576, 579,
  I, XVIII-XXI
Griechisch-katholisches Patri-
  archalvikariat 51, **415**
Griechisch-orthodoxes Patri-
  archat **414**
Haaz Promenade 565
Hadassaklinik (Ain Karim) **559**
Hagia Sion: s. Dormitio
Hakeldamach: s. Onuphrius-
  kloster
Halle Salomos 440
Hammam al-Ain 404
Har ha-Bajt: s. Tempel
Har Herzl: s. Herzlberg
Har ha-Zikaron: s. Yad Vashem
Haram asch-Scharif: s. Tempel
Haus des Kajaphas: s. Kajaphas-
  palast 463
Hebräische Universität 485, 550
Hebrew Union College 543
Heiliges Grab: s. Grabeskirche
Heimsuchungskirche: s. Ain
  Karim
Herodespalast: s. Zitadelle
Herodestor 389, **410**, 538
Herodianisches Viertel **433**
Herzlberg 550
Himmelfahrtskapelle (-moschee)
  26, 88, 194, 362, **489**, XXVb
Himmelfahrtskirche (russisch-
  orthodox) 343, 348, **488**
Hinnomtal 484, 516, **531**, 563
Hiskijateich **414**
Hiskijatunnel **525**, 528
Holyland-Modell **546**
Huldator 430, 446
Hurva-Synagoge 345, **433**, 472

Jerusalem (Fortsetzung)

Imbomon: s. Himmelfahrts-
  kapelle
Independence Park 542
Institute of Holy Land Studies
  475
Islamisches Museum 445, 446
Israel-Museum 153, 199, 212,
  216, 308, 312, 538, **544**, 651,
  656, 665
Italienische Synagoge 535, **541**
Jad wa-Schem: s. Yad Vashem
Jaffastraße 540
Jaffator 348, 391, 402, 409,
  411, **416**, 540, 542, 563, 582
Jakobuskathedrale 46, 455,
  460, 472
St. Johannes (Muristan) 411
St. Johannes im Gebirge: s. Ain
  Karim
St. Johannes in der Wüste: s. au-
  ßerhalb Jerusalems
Joschafat (Tal) **494**, 506, 507,
  517
Jüdischer Friedhof (Ölberg) **494**
Kajaphaspalast **463**, 468, 482
Kalvarienberg: s. Golgota
Karäersynagoge **432**
Kathisma **567**, 594
Kehila 541
Kettendom 449
Kettentor 420, 452
Kidrontal 345, 487, 494, 495,
  499, **516**, 531, 547, 548, 594,
  596, XXIIb
Kikkar Zion: s. Zionsplatz
King David Hotel 472, 543
King George Street 541
Kirche der Nationen: s. Get-
  semani
Kischle-Komplex 456, 462
Klagemauer 346, 362, 392,
  396, 404, 408, **418**, 445, 452,
  474, 530, 547

Jerusalem (Fortsetzung)

Klagemauertunnel   396, 401,
   420
Klarissenkloster   **564**
Knesset   548, 550
Königsgarten   525, 528
Königsgräber   525, **537**
Konkathedrale: s. Lateinisches
   Patriarchat
Kotel: s. Klagemauer
Kreuzkloster   **543**
Kreuzweg: s. Via Dolorosa
Kreuzwegstation 1   **399**
Kreuzwegstation 2   **399**,
   s. auch Flagellatio
Kreuzwegstation 3   52, **402**
Kreuzwegstation 4   **403**
Kreuzwegstation 5   **404**
Kreuzwegstation 6   **405**
Kreuzwegstation 7   **405**
Kreuzwegstation 8   **406**
Kreuzwegstation 9   47, 352,
   406, 412
Kreuzwegstation 10   **374**,
   Stationen 10-14: s. auch
   Grabeskirche
Kreuzwegstation 11   **374**
Kreuzwegstation 12   **374**
Kreuzwegstation 13   **374**
Kreuzwegstation 14   **378**
Lateinisches Patriarchat   43, **416**
Lazarium: s. Betanien
Lazarusgrab: s. Betanien
Lithostrotos   391, 394, **400**
St. Louis: s. French Hospital
Löwentor: s. Stefanstor
Magdalenenkirche   **498**
Maghrebinertor   418, 420, 445,
   452
Magnificat: s. Ain Karim
Maison d'Abraham   523
Malcha   564
Mamilla Mall   543
Mamillateich   414, 542

Jerusalem (Fortsetzung)

Mandelbaumtor   534
al-Maqassed: s. Auguste-
   Viktoria
St. Maria Latina: s. Erlöser-
   kirche
Maria Rast: s. Kathisma
St. Marien von den Deutschen
   432
Mariengrab   41, 360, 362, **503**
Markuskirche (syrisch-ortho-
   dox)   46, **459**, 465, 655
Mea Schearim   408, **533**
Melkitenkirche: s. Griechisch-
   katholisches Patriarchal-
   vikariat
Menora (Knesset)   **548**
Millo   521, 523, 547
Misttor   421
Mons Skopus: s. Skopus
Montefioreviertel   563
Mormonenuniversität: s.
   Brigham Young University
Mount Herzl: s. Herzlberg
Muristan   **411**
Nea   26, **434**, 444, 484
Neue Marienkirche: s. Nea
Neues Tor   416, 417, **533**
Nikanortor   441
Notre Dame   **533**
Ofel: s. Davidstadt
Ölberg   26, 34, 38, 181, 317,
   320, 343, 345, 348, 355, 362,
   395, 450, 465, 466, 472, 482,
   485, 518, 519, 565, XVIIb
Omarijemoschee   **414**
Omarijeschule   396
Omarmoschee: s. Felsendom
Onuphriuskloster   532
Oskar-Schindler-Grab   484
Österreichisches Hospiz   **401**
Paternosterkirche   345, **491**
Patriarchenteich: s. Hiskijateich
Paulushaus: s. Schmidt-Schule

Jerusalem (Fortsetzung)

Pelagiagrotte **491**
St. Peter in Gallicantu 346,
463, **480**
Pferdeställe Salomos: s. Ställe
Salomos
Phasaëlturm 455, 456
Pilgrims Office: s. Christian In-
formation Center
Porta Iudiciaria: s. Richttor
Prätorium 389-392, 397
Prophetengräber: s. Gräber der
Propheten
Psephinusturm 547
al-Qaimari-Moschee 416
Qubbat as-Sahra: s. Felsendom
Rafaïter-Ebene 564
Ramban-Synagoge **433**
Refaïmtal: s. Rafaïter-Ebene
Richttor 406
Robinsonbogen 430
Rockefeller-Museum 308,
334, 364, **538**, 555, 656
Rogelquelle 524, 530
Roman Plaza 409
Russian Compound 540
Sabil Qaitbai 453
St. Salvator (Franziskaner) 30,
32, 345, 395, **415**, 417, 462,
490
St. Salvator (Armenier): s. Kaja-
phaspalast
Sancta Maria Latina: s. Erlöser-
kirche
Schaar ha-Prachim: s. Herodestor
Schaar Schchem: s. Damaskustor
Schafteich 384, 387
Schaftor 383, 384, 524
Schallechettor 421
Scherover Promenade 565
Schiloachteich 26, 483, 484,
519, 525-**527**
Schlangenteich: s. Sultansteich
Schmidt-Schule 32, **535**, 541

Jerusalem (Fortsetzung)

Schöne Pforte: s. Goldenes Tor
Schrein des Buches: s. Israel-
Museum
Sidna-Omar-Moschee 433
Silwan 472, 484, **519**
Sion: s. Zion
Skopus 343, **485**, 550
Späherberg: s. Skopus
Ställe Salomos 439, 444, 447
Stationen 1-14: s. Kreuzwegsta-
tionen
Stefanstor 346, **381**, 410, 536
Stephanuskirche (Dominikaner):
s. École Biblique
Stephanuskirche (Kidrontal):
508
Steinbrüche Salomos **409**
Storchenturm 410
Struthionteich 391, **400**
Studium Biblicum Francisca-
num: s. Flagellatio
Sultansteich 563
Suq al-Qattanin 404
Tal Ben-Hinnom: s. Hinnomtal
Tal Joschafat: s. Joschafat
Tempel(-berg) 21, 23, 25, 36,
57, 61, 216, 241, 268, 276,
277, 331, 332, 345, 346, 355,
387, 389, 392, 396, 404, 408,
418, 420, 430, 432, **436**, 457,
461, 463, 472, 474, 492, 495,
496, 507, 509, 518, 521, 523,
526-528, 530, 532, 535, 539,
547-549, 553, 556, 557, 597,
612, 619, 623, 643, 644, 660
Tempelzinne 332, 447, 450
Temple Institute **432**
Tenne des Arauna 463
Terra Sancta College 541
Tiferet Jisrael **432**
Todesangstbasilika: s. Getsemani
Tofet 532

Jerusalem (Fortsetzung)

Tombeaux des Rois: s. Königs-
    gräber
Töpferacker   532
at-Tur: s. Ölberg
Verbranntes Haus: **432**
Verurteilungskapelle: s.
    Flagellatio
Via Dolorosa   **381**, 420, 421,
    457, 497, XXIIa; Stationen
    1-14: s. Kreuzwegstationen
Viri Galilaei   **487**
Visitatio: s. Ain Karim
Wadi al-Dschoz   487
Warrenschacht   **522**, 524
Westmauer: s. Klagemauer
Wilsonbogen   419, 420
Wohl-Museum: s. Herodiani-
    sches Viertel

Jerusalem (Fortsetzung)

Yad wa-Shem   **551**
YMCA (West)   543
Zedrontal: s. Kidrontal
Zidkijahöhle: s. Steinbrüche
    Salomos
Zinnor   522, 523
Zion   366, 392, **463**, 484, 495,
    509, 523, 549, 591, 622, 627,
    637, XXIII
Zionsplatz   541
Zionstor   462, 463
Zitadelle   30, 348, 391, 416,
    455, 462, 468, 547, 594
Zur Baher   592
Zurimtal   487

Buslinien

Die Buslinien und Öffnungszeiten sind vom Christian Information Center am Jaffator zusammengestellt. Aktualisierte Listen finden sich im Internet: www.cict.org
Tel. +972 - (0)2 - 627 26 92
e-Mail: cicinfo@cicts.org

Innerstädtische Buslinien in Jerusalem (Auswahl):

Egged-Busse in Jerusalem, Tel: 03 - 694 88 88
www.egged.co.il oder www.bus.gov.il

Von / Nach	Jaffator	Stadt-zentrum/ King George Street	Damas-kustor	Zentraler Busbahn-hof	Herzl-berg
Ain Karim					28/28א
Bahnhof (Malcha)	18 (ab King David Hotel)			14, 18 (ab Con-vention Center)	
Cinema-teque/ Abu Tor	38, 8 (ab Polizei)	7, 72, 75		75, 74	
Even Sapir/ St. Johan-nes in der Wüste					27/27א
Gilo		32		31, 32	
Givat Ram				14	
Hadassa-klink (Ain Karim)					27/27א
Israel-Mu-seum/ Knesset		7, 9		9, 14	35

Von / Nach	Jaffator	Stadt-zentrum/ King George Street	Damas-kustor	Zentraler Busbahn-hof	Herzl-berg
Jerusalem Theatre				14	
Klagemauer	38/38א (ab Poli-zei), 8	38	1, 3	1, 3	
Kreuz-kloster		22	17 (ab Mu-rascha)	14	
Mea Schearim			1, 3	1	
Ölberg			51 (selten)		
Skopus-berg/ Hebräische Universität	19 (ab Rathaus/ Safra Square)	4/4א, 17/17א, 19/19א		68	
Talpiot, Hebron-straße	13 (ab King David Hotel)	13, 74, 75, 78		74, 75	21/21א

Die Straßenbahn (*Jerusalem Light Rail System/ha-Rakevet ha-Kala*) verbindet Pisgat Zeev mit dem Herzlberg. Von Sonntag bis Donnerstag fährt sie etwa alle 10 Minuten (5.30 – 0.00).

Die *Egged*-Busse und die Straßenbahn fahren von Freitagnachmittag bis Samstagabend nicht. Die Zeiten hängen vom Sabbatbeginn und -ende ab.
Für *Egged*-Busse und Straßenbahn gilt das gleiche Ticket.

Arabische Buslinien (Ost-Jerusalem/Palästina)
Tel. 02 - 627 43 34

Richtung Süden (Bushaltestelle vom Damaskustor kommend links):

Betlehem	231, 234
Bet Dschala	231
Hebron	231,
	Umsteigen in Betlehem, *Bab az-Zqaq*
Silwan/Abu Tor	276

Richtung Osten (Bushaltestelle vom Damaskustor kommend rechts):

Abu Dis	263
Betanien	263
Jericho	263, ab Betanien Sammeltaxi
Ölberg	255

Richtung Norden (Bushaltestelle vom Damaskustor kommend geradeaus, Nablusstraße):

Emmaus/Qubeibe	218, 219,
	ab Ramallah Sammeltaxi nach Biddu
Hebräische Universität/Skopus	201
Nablus	218, 219,
	ab Ramallah Sammeltaxi oder Bus
Qalandija	246, 274, 281
Ramallah	218, 219
Scheich Jarra/Bet Hanina	274
Taybe	218, 219,
	ab Ramallah Sammeltaxi

Egged-Busse außerhalb Jerusalems, vom zentralen Busbahnhof (*Egged Central Bus Station/ha-Tachana ha-Merkasit*), Jaffastraße
Tel. 03 - 694 88 88, www.egged.co.il

Ziel	Busnummer	Abfahrtszeiten
Allenbybrücke/ Bet-Schean	948, 961, 966	7.00 – 20.00 häufig
Aschdod	438, 448	6.30 – 22.30 häufig
Aschkelon	437	6.20 – 23.00 häufig
Beerscheba	446, 470	6.00 – 23.00 häufig
Berg der Seligpreisungen (über Afula)	953 bis Afula, von dort: 541	953: 6.30 – 19.30 stündlich 541: 6.20 – 18.20 stündlich
Elat	444	7.00; 10.00; 14.00; 17.00 (Reservierung nötig)
Haifa (direkt)	940, 960	6.30 – 20.00 häufig
Haifa (via Flughafen/Netanja)	947	6.05 – 20.40 häufig
Latrun/Ramle	403, 404, 433	6.10 – 19.30 häufig
Maale Adumim	122, 124, 126, 174, 175, 176, 177	6.00 – 00.30 häufig
Nazaret (direkt)	955	So – Do 16.00; 18.20 Fr 12.45
Qumran En-Gedi Massada	421, 486	8.00; 8.50; 9.30; 10.30; 11.30; 12.30; 13.30; 15.15; 16.15; 20.30
Tel Aviv direkt	405	5.50 – 22.55, ca. viertelstündlich
Tiberias	961 (durch das Jordantal), 959, 962	So – Do 8.15; 11.15; 12.15; 13.15; 14.15; 15.15; 16.00; 17.15; 19.00; 20.00; 21.00; 22.00 Fr 7.15 – 14.30

Superbus: Abfahrt gegenüber vom zentralen Busbahnhof (*Convention Center*), Jaffastraße
www.superbus.co.il

Ziel	Busnummer	Abfahrtszeiten
Abu Gosch/ Kirjat Jearim	185	6.30 – 23.30 häufig
Bet Schemesch	415, 416, 420/ 417, 418 (Egged)	6.30 – 23.00 häufig

Nesher Taxi (Sammeltaxi zum Ben-Gurion-Flughafen):
Service rund um die Uhr; Reservierung nötig; Fahrgäste werden bei der gewünschten Adresse (nicht aber in Ost-Jerusalem) abgeholt; Reservierungsbüro am Sabbat geschlossen
Büro: Ben-Jehuda-Straße 23
Tel. 02 - 623 12 31
www.neshertours.co.il
E-Mail: roni@neshertours.co.il

Sammeltaxi nach Tel Aviv: ab ha-Rav-Kook-Straße (beim Zionsplatz) oder ab zentralem Busbahnhof
Sammeltaxi nach Bet Schemesch: ab zentralem Busbahnhof
Sammeltaxi nach Haifa: AVIV-Offices, Shamai Street 12

Sammeltaxi zur Allenby-Brücke:
Abdo Office (gegenüber vom Damaskustor); Tel. 02 - 628 32 81
Al-Nijmeh Taxi Services (Sultan-Suleiman-Straße, Nähe Damaskustor), halbstündlich; Tel. 02 - 627 74 66

Öffnungszeiten

Kirchen und Klöster in Jerusalem	Sommer April – September	Winter Oktober – März
Abendmahlssaal	8.00 – 18.00	8.00 – 18.00
Ain Karim, Gorny (russisch-orthodox) 02 - 641 28 87	10.00 – 12.00 15.00 – 17.00	10.00 – 12.00 15.00 – 17.00
Ain Karim, St. Johannes 02 - 632 30 00	8.00 – 12.00 14.30 – 17.45	8.00 – 12.00 14.30 – 16.45
Ain Karim, Visitatio/ Heimsuchung 02 - 641 72 91	8.00 – 11.45 14.30 – 18.00	8.00 – 11.45 14.30 – 17.00
Alexanderhospiz (russisch-orthodox) 02 - 627 49 52	9.00 – 18.00	9.00 – 18.00
St.-Anna-Kirche/ Betesda 02 - 628 32 85	8.00 – 12.00 14.00 – 18.00	8.00 – 12.00 14.00 – 17.00
Auguste-Viktoria (evangelisch) 02 - 628 77 04	8.00 – 13.00 So geschlossen	8.00 – 13.00 So geschlossen
Betanien/Lazaruskirche 02 - 279 92 91	8.00 – 11.45 14.00 – 18.00	8.00 – 11.45 14.00 – 17.00
Betfage 02 - 628 43 52	8.00 – 12.00 14.00 – 17.00	8.00 – 12.00 14.00 – 16.30
Christian Information Centre 02 - 627 26 92	Mo – Fr 8.30 – 17.30 Sa 8.30 – 12.30 So geschlossen	Mo – Fr 8.30 – 17.30 Sa 8.30 – 12.30 So geschlossen
Christ Church (angli- kanisch/messianisch) 02 - 627 77 27	9.30 – 17.00	9.30 – 17.00
Dominus Flevit 02 - 626 64 50/6	8.00 – 11.45 14.00 – 18.00	8.00 – 11.45 14.00 – 17.00

Kirchen und Klöster in Jerusalem	Sommer April – September	Winter Oktober – März
Dormitio 02 - 565 53 30	9.00 – 17.30 So 12.45 – 17.30	9.00 – 17.30 So 12.45 – 17.30
Dreifaltigkeits- kathedrale (russisch-orthodox) 02 - 625 25 65	9.00 – 13.00 Sa 9.00 – 12.00 So geschlossen	9.00 – 13.00 Sa 9.00 – 12.00 So geschlossen
Ecce Homo/ Lithostrotos 02 - 627 72 92	8.00 – 17.00	8.00 – 17.00
Erlöserkirche (evangelisch) 02 - 626 68 00	10.00 – 17.00 So geschlossen	10.00 – 17.00 So geschlossen
Flagellatio 02 - 627 04 44	8.00 – 18.00	8.00 – 17.00
Gartengrab (anglikanisch) 02 - 539 81 00	8.30 – 12.00 14.00 – 17.30 So geschlossen	8.30 – 12.00 14.00 – 17.30 So geschlossen
	Gruppen reservierungspflichtig	
Getsemani (Basilika) 02 - 626 64 44	8.00 – 18.00	8.00 – 17.00
Getsemani (Grotte) 02 - 626 64 44	8.30 – 12.00 14.30 – 17.00 So & Do: bis 16.00	8.30 – 12.00 14.30 – 17.00 So & Do: bis 16.00
Grabeskirche 02 - 626 70 11	5.00 – 21.00	Nov. – Febr.: 4.00 – 19.00
	März & Sept.: Winterzeit: 4.00 – 19.30 Sommerzeit: 5.00 – 20.30 Oktober: Winterzeit: 4.00 – 19.00 Sommerzeit: 5.00 – 20.00	
Himmelfahrtskapelle/ -moschee 050 - 678 06 71 054 - 526 10 92	Bei Bedarf läuten	

Kirchen und Klöster in Jerusalem	Sommer April – September	Winter Oktober – März
Himmelfahrtskirche (russisch-orthodox) 02 - 628 43 73	Di & Do 10.00 – 12.00	Di & Do 9.00 – 12.00
Jakobuskathedrale (armenisch-orthodox) 02 - 628 23 31	6.30 – 7.30 (Sa 6.30 – 9.30) 15.00 – 15.40	6.30 – 7.30 (Sa 6.30 – 9.30) 15.00 – 15.40
Kreuzkloster 052 - 221 51 44	10.00 – 17.00 So geschlossen	10.00 – 16.00 So geschlossen
	Gruppen reservierungspflichtig	
Magdalenenkirche (russisch-orthodox) 02 - 628 43 71	Di & Do 10.00 – 12.00	Di & Do 10.00 – 12.00
Markuskirche (syrisch-orthodox) 02 - 628 33 04 052 - 509 04 78	9.00 – 17.00 So 11.00 – 16.00	9.00 – 16.00 So 11.00 – 16.00
Mariengrab	5.00 – 12.00 14.30 – 17.00	6.00 – 12.00 14.30 – 17.00
Onuphriuskloster/ Hakeldamach (griechisch-orthodox) 050 - 531 55 30	Di & Do 9.00 – 12.00 16.00 – 19.00	Di & Do 9.00 – 12.00 15.00 – 17.00
	Gruppen reservierungspflichtig	
Paternosterkirche 02 - 626 49 04	8.00 – 12.00 14.30 – 16.30 So geschlossen	8.00 – 12.00 14.30 – 16.30 So geschlossen
St. Peter in Gallicantu 02 - 673 17 39	8.30 – 17.00 So geschlossen	8.30 – 17.00 So geschlossen
Stephanusbasilika (École Biblique) 02 - 626 44 68/9	Läuten	

Kirchen und Klöster außerhalb Jerusalems	Sommer April – September	Winter Oktober – März
Abu Gosch 02 - 534 27 98	8.30 – 11.30 14.30 – 17.30 So geschlossen	8.30 – 11.30 14.30 – 17.30 So geschlossen
Akko, St. Johannes Tel. 04 - 991 73 33 Fax. 04 - 991 29 10	Juli & August 9.00 – 12.30 15.30 – 18.30	September – Juni: Reservierung mittels Fax
Berg der Seligpreisungen 04 - 671 12 00	8.00 – 11.45 14.00 – 16.45	8.00 – 11.45 14.00 – 16.45
Bethlehem, Gcburtskirchc 02 - 274 24 40	6.30 – 19.30 So Vormittag: Grotte geschlossen	5.30 – 18.00
Bethlehem, St. Katharina 02 - 274 24 25	6.00 – 19.00 So Vormittag: Grotten geschlossen	5.30 – 18.00
Betlehem, Milchgrotte 02 - 274 38 67	8.00 – 18.00 So 8.00 – 11.45 14.00 – 18.00	8.00 – 17.00 So 8.00 – 11.45 14.00 – 17.00
Bet Sahur, Hirtenfelder (lateinisch) 02 - 277 24 13	8.00 – 17.30 So 8.00 – 11.30 14.00 – 17.30	8.00 – 17.30 So 8.00 – 11.30 14.00 – 16.30
Bet Sahur, Hirtenfelder (griechisch-orthodox) 02 - 277 31 35	9.00 – 15.00 So geschlossen	9.00 – 15.00 So geschlossen
Emmaus/Nikopolis 08 - 925 69 40 052 - 356 20 71	8.30 – 12.00 14.30 – 17.30 So geschlossen	8.30 – 12.00 14.30 – 17.00 So geschlossen
Emmaus/Qubeibe 02 - 247 36 12 02 - 247 36 13	8.00 – 12.00 14.00 – 17.00	8.00 – 12.00 14.00 – 17.00
Georgskloster (Wadi Kelt) 054 - 730 65 57	9.00 – 13.00 So geschlossen	9.00 – 13.00 So geschlossen

Kirchen und Klöster außerhalb Jerusalems	Sommer April – September	Winter Oktober – März
Gerasimuskloster (bei Jericho) 02 - 994 30 38 050 - 534 88 92	8.00 – 18.00	8.00 – 18.00
Haifa, Stella Maris 04 - 833 77 58	6.00 – 12.30 15.00 – 18.00	6.30 – 12.30 15.00 – 18.00
Jaffa, St. Peter 03 - 682 28 71	8.00 – 11.45 15.00 – 17.00	8.00 – 11.45 15.00 – 17.00
St. Johannes in der Wüste 02 - 641 67 15	8.00 – 18.00	8.00 – 17.00
Kana 04 - 651 70 11	8.00 – 17.30 So 12.00 – 17.30	8.00 – 17.00 So 12.00 – 17.00
Kafarnaum 04 - 672 10 59	8.00 – 17.00	8.00 – 17.00
Kirjat Jearim, 02 - 534 28 18	8.30 – 11.30 14.30 – 17.00	8.30 – 11.30 14.30 – 17.00
	Sonntag: nach telefonischer Anmeldung	
Mar Saba 02 - 276 29 15	8.00 – Sonnenuntergang Mi & Fr geschlossen Zutritt nur für Männer	
Muhraka 04 - 836 72 69 052 - 877 96 86	9.00 – 16.45	9.00 – 16.45
Nablus, Jakobsbrunnen 09 - 231 31 23	7.00 – 12.00 14.00 – 16.00	7.00 – 12.00 14.00 – 16.00
Nazaret, Gabrielskirche (griechisch-orthodox) 04 - 657 64 37	7.00 – 18.00 So 7.00 – 14.00	7.00 – 18.00 So 7.00 – 14.00
Nazaret, Synagogenkirche 050 - 550 69 81	8.00 – 17.00 So 9.00 – 12.00	8.00 – 16.00 So 9.00 – 12.00

Kirchen und Klöster außerhalb Jerusalems	Sommer April – September	Winter Oktober – März
Nazaret, Verkündigungskirche 04 - 6572501	8.00 – 18.00 Unterkirche: 5.45 – 21.00	8.00 – 18.00 Unterkirche: 5.45 – 21.00
Tabor 04 - 662 07 20	8.00 – 17.00	8.00 – 17.00
Tabgha, Primatskapelle 04 - 672 47 67	8.00 – 17.00	8.00 – 17.00
Tabgha, Brotvermehrungskirche 04 - 667 81 00	8.00 – 17.00 Sa 8.00 – 15.00 So geschlossen	8.00 – 17.00 Sa 8.00 – 15.00 So geschlossen
Theodosiuskloster (bei Betlehem) 02 - 276 12 23	8.00 – 15.00	8.00 – 15.00
Tiberias, Peterskirche 04 - 672 05 16	8.00 – 12.30 14.30 – 17.30	8.00 – 12.30 14.30 – 17.30
	Sonntag: nach telefonischer Anmeldung	
Versuchungskloster (Jericho) 02 - 232 28 27	9.00 – 13.00 15.00 – 16.00 Sa 9.00 – 14.00 So geschlossen	9.00 – 13.00 15.00 – 16.00 Sa 9.00 – 14.00 So geschlossen

Weitere Sehenswürdig-keiten in Jerusalem	Sommer April – September	Winter Oktober – März
Bible Lands Museum, Givat Ram 02 - 561 10 66	So – Di & Do 9.30 – 17.30 Mi 9.30 – 21.30 Fr 10.00 – 14.00 Sa 10.00 – 14.00	So – Di & Do 9.30 – 17.30 Mi 9.30 – 21.30 Fr 10.00 – 14.00 Sa 10.00 – 14.00
	An jüdischen Feiertagen geschlossen	
Biblischer Zoo 02 - 675 01 11	So – Do 9.00 – 17.00 Fr 9.00 – 16.30 Sa 10.00 – 17.00	So – Do 9.00 – 17.00 Fr 9.00 – 16.30 Sa 10.00 – 17.00
Chagall-Fenster (Hadassaklinik) 02 - 677 62 71	Nach telefonischer Anmeldung	
Davidsgrab (Zion)	8.00 – Sonnen-untergang	8.00 – Sonnen-untergang
Davidson Center (bei der Klagemauer)	So – Do 8.00 – 17.00 Fr 8.00 – 14.00 Sa geschlossen	So – Do 8.00 – 17.00 Fr. 8.00 – 14.00 Sa geschlossen
Davidstadt 02 - 626 87 00	Juli & August: 8.00 – 19.00 Fr 8.00 – 16.00 Sa geschlossen	September – Juni: 8.00 – 17.00 Fr 8.00 – 14.00 Sa geschlossen
Gräber der Propheten (Ölberg) 054 - 698 76 88	Mo – Do 9.00 – 15.00 Fr – So geschlossen	Mo – Do 9.00 – 15.00 Fr – So geschlossen
Herodianisches Viertel 02 - 628 34 48	So – Do 9.00 – 17.00 Fr 9.00 – 13.00 Sa geschlossen	So – Do 9.00 – 17.00 Fr 9.00 – 13.00 Sa geschlossen
Hurva-Synagoge 02 - 626 59 06 - 102	Nur geführte Touren	